国家电网绩效管理工具箱

—— 上册 ——

国家电网有限公司 编

中国电力出版社
CHINA ELECTRIC POWER PRESS

图书在版编目（CIP）数据

国家电网绩效管理工具箱：全 3 册／国家电网有限公司编．—北京：中国电力出版社，2021.5
ISBN 978-7-5198-5060-9

Ⅰ.①国…　Ⅱ.①国…　Ⅲ.①电力工业－工业企业管理－企业绩效－中国　Ⅳ.① F426.61

中国版本图书馆 CIP 数据核字（2020）第 194910 号

出版发行：中国电力出版社
地　　址：北京市东城区北京站西街 19 号（邮政编码 100005）
网　　址：http：//www.cepp.sgcc.com.cn
责任编辑：石　雪（010-63412557）　孙世通　胡堂亮　高　畅
责任校对：黄　蓓　郝军燕　李　楠　王海南
装帧设计：北京宝蕾元科技发展有限责任公司
责任印制：钱兴根

印　　刷：北京瑞禾彩色印刷有限公司
版　　次：2021 年 5 月第一版
印　　次：2021 年 5 月北京第一次印刷
开　　本：787 毫米 ×1092 毫米　16 开本
印　　张：83.75
字　　数：1150 千字
定　　价：368.00 元（全三册）

绩效管理是企业管理的"指挥棒"，是保障企业战略执行、提升效益效率的有力工具，是调动各级管理者与员工工作积极性的重要手段，是人力资源管理的核心工作之一。无论是营利性组织还是非营利性组织，大企业还是小企业，本土化企业还是全球化企业，绩效管理对于提升企业经营效益和管理效率都是至关重要的。

国家电网有限公司自成立以来就高度重视绩效管理工作。多年来，公司认真贯彻落实国务院国资委关于中央企业经营管理的各项工作要求，结合集团公司特点和改革发展实际，先后经历了建章立制、探索实践、统一规范、纵深推进、支撑高质量发展五个阶段，通过持续创新绩效考核激励方式，探索构建了一套较为完备的适用于大型集团公司的分级分类绩效管理体系。公司紧紧围绕"建设具有中国特色国际领先的能源互联网企业"战略目标和"一业为主、四翼齐飞、全要素发力"的发展布局，建立了"全方位、全动力"企业负责人业绩考核体系，对所属企业开展分级分类差异化考核，将指标任务层层分解落实到每一级组织和每一位员工；建立了"多元化、强激励"全员绩效管理体系，顶层设计体系框架和管理流程，各级组织以"实用、适用、管用"为原则，因地制宜创新丰富各类人员考核方式，统一实行考核结果分级制度，将绩效考核结果与员工薪酬分配、职业发展、评优评先等紧密挂钩，不断提高考核针对性和实效性，精准评价各级组织和各类人员业绩贡献，有效激发各级组织和广大干部员工干事创绩的积极性。公司连续 16 年、5 个任期获评国务院国资委业绩考核 A 级，持续保持《财富》世界 500 强排名前列。公司系统各单位积极开展绩效管理实践，涌现出一大批行之有效的做法。为固化实践成果，加快优秀经验的推广，促进系统内各单位相互学习借鉴，共同提升绩效管理水平，推动公司经营管理再上新台阶，公司组织系统内相关专家编制了本书。

本书分为上中下三册，共八章，系统阐述了公司绩效管理体系，收录了近年来公司系统内 171 项最具代表性、操作性和推广性的优秀实践工具，覆盖了绩效计划、绩效考核、绩效监控与辅导、绩效结果应用等绩效管理各个环节，并将绩效考核工具按业务类别进行细分，划分为电力生产、电力营销、科研、产业、金融等章节。每项工具从工具概述、实施步骤、经验心得、实践案例等四个方面，全景展现了工具产生的背景、管理思路、实操做法和解决的重难点问题，并附有实际工作中使用到的指标体系、文件表单、成效数据等内容，图文并茂，便于理解和借鉴推广。

第一章系统介绍了公司绩效管理体系、主要做法和特点；第二章收录了 13 项绩效计划制订工具，重点解决如何有效分解战略目标、承接上级指标、分配临时工作等问题，是绩效管理的发端源头；第三至六章收录了 106 项绩效考核工具，涵盖了电力生产、电力营销、职能管理、科研和产业金融等各类业务考核工具，是绩效管理的关键环节；第七章收录了 29 项绩效监控与辅导工具，重点解决绩效实施过程监控难、绩效经理人履职缺位、绩效沟通改进效果不佳等问题，是绩效管理的全面监测；第八章收录了 23 项绩效结果应用工具，重点介绍了绩效结果在员工薪酬分配、职业发展、评优评先等方面的全面应用，以更好激发员工内生动力，强化正向激励，是绩效管理的闭环体现。

本书源于基层实践，是公司广大员工集体智慧的结晶，既可以作为企业各级人力资源管理者的指导用书，也可以作为各级绩效经理人的工具用书，同时也可供其他企业借鉴参考。希望本书能让广大读者进一步了解国家电网有限公司绩效管理工作，从中汲取对日常管理工作有启发、有帮助的绩效管理理念、思路、技巧、方法。

本书收录的工具案例，来源于近年来各级单位总结提炼的 600 余项绩效实践案例，经不断丰富完善，系统内相关专家精心审核，数易其稿、最终成书。本书的编制和出版，得到了公司各级领导和各单位的大力支持，由公司人力资源部牵头，国网江苏、天津电力大力协助，国网河北、冀北、山西、山东、上海、浙江、福建、湖南、江西、四川、陕西、宁夏电力，国网电商公司、英大传媒集团、中国电科院、英大长安等多家单位积极参与编审。在此，向所有参与本书编制、编辑、审核的单位和人员致以诚挚的谢意。

全书最后设置了名词解释和索引，便于读者查阅使用。书中出现的各项指标、薪酬数据仅作示例使用。

由于时间仓促，如有不足或疏漏之处，敬请读者指正。

编者

2021 年 4 月

前言

上　册

第三章　电力生产考核工具 …………………………………………… 109

生产类通用考核工具

中　册

第六章　科研和产业金融业务考核工具 …………………………………………… 771

科研类业务考核工具

产业金融业务考核工具

下　册

第七章　绩效监控与辅导工具 ……………………………… 933

绩效信息化与业务融合工具

绩效过程监控工具

第一章
国家电网有限公司绩效管理体系

国家电网有限公司自 2004 年在公司系统层面开始全面实施绩效管理，经过多年的探索实践，形成了一套适用于大型国有集团公司的绩效管理体系。其间，主要经历了五个阶段：

2004-2008 年，建章立制，从无到有。公司成立初期，着力转变思想观念，夯实管理基础，第一时间引进并推行了绩效考核。在借鉴国务院国资委关于中央企业负责人经营业绩考核制度的基础上，建立了集资产经营、安全生产、党风廉政建设和相关分类业务指标在内的综合业绩考核制度。印发《企业负责人年度业绩考核管理暂行办法》《员工绩效考核管理办法（试行）》，建立了绩效考核制度，开始推行绩效考核。

2009-2011 年，明确方向，积极探索。随着公司系统主辅分离，直属单位功能定位优化，产业、科研单位重组整合，公司实行人财物集约化管理。印发《关于加强全员绩效管理的意见》，明确绩效管理制度建设与工作实施要求，完善绩效管理工作流程，引导各单位从绩效考核向绩效管理转变。各单位结合实际情况，在考核模式、方法等方面积极探索实践。

2012-2017 年，统一理念，规范实践。公司持续加强集团化运作、集约化发展、精益化管理、标准化建设，开展绩效管理等人力资源"六统一"工作。印发《国家电网公司绩效管理办法》，统一制度标准和工作流程，实行"分级管理，分类考核"，规范三类人员（企业负责人、管理人员、一线业务人员）考核模式，明确绩效管理结果的刚性应用要求，实现了制度化、规范化、标准化，建成了全员全覆盖的绩效管理信息系统。

2018-2020 年，放管结合，纵深推进。面对电力体制改革和国资国企改革新形势，公司不断优化创新企业负责人业绩考核工作，形成"全方位、全动力"业绩考核体系，对所属单位统一设置考核模块，开展全方位考核，结合所属单位业务特点实施分类差异化考核，全面激发企业内生动力。落实"三项制度"改革和"放管服"改革要求，打造"多元化、强激励"全员绩效管理体系，印发《关于深入推进全员绩效管理工作的通知》，鼓励各单位结合业务特点，因地制宜创新丰富各类人员考核方式，不断提高考核的针对性和实效性。

2021 年，开启支撑公司高质量发展新阶段。紧紧围绕公司战略落地，贯彻落实"十四五"发展思路和"一业为主、四翼齐飞、全要素发力"发展布局，以"高质量、高效率"为目标，更加突出提质增效、绿色发展、创新驱动、风险防范，优化完善关键业绩指标体系、考评方式和激励约束机制，推动公司高质量发展。修订印发《国家电网有限公司绩效管理办法》，全面优化各级组织、员工的绩效管理流程、考评方式和结果应用要求，更加注重投入产出效率效益考评，更加注重考核分配大数据分析诊断，更加注重激发内生动力和员工活力，持续推动组织和员工绩效双提升。

国家电网有限公司成立于 2002 年 12 月 29 日，是根据《公司法》设立的中央直接管理的国有独资公司，是关系国家能源安全和国民经济命脉的特大型国有重点骨干企业。公司以投资建设运营电网为核心业务，承担着保障安全、经济、清洁、可持续电力供应的基本使命。

公司经营区域覆盖我国 26 个省（自治区、直辖市），供电范围占国土面积的 88%，供电人口超过 11 亿。近 20 多年来，国家电网持续创造全球特大型电网最长安全纪录，建成多项特高压输电工程，成为世界上输电能力最强、新能源并网规模最大的电网，专利拥有量连续 10 年位列央企第一。公司注册资本 8295 亿元，资产总额 4.35 万亿元，投资运营菲律宾、巴西、葡萄牙、澳大利亚、意大利、希腊、阿曼、智利和中国香港等 9 个国家和地区的骨干能源网，截至 2020 年年底，公司在《财富》世界 500 强中排名第 3 位，连续 16 年、5 个任期获得国务院国资委业绩考核 A 级，连续 8 年获得标准普尔、穆迪、惠誉三大国际评级机构国家主权级信用评级。

作为全球最大的公用事业企业，公司运营内容涉及电网建设运营、科研教培、装备产业、衍生金融以及国际化等多类业务，管理二级机构 60 余家、三四级机构上千家（见图 1），全口径用工达 150 多万人，地域广、层级多、业务特性各异。

为推进战略有效落地，公司按照"战略导向、业务融合，分级管理、覆盖全员，注重实绩、科学量化，强化应用、持续改进"原则，构建了分级分类的绩效管理体系（见图 2）。

公司绩效管理工作实行分级管理，结合功能定位和业务特点，实施差

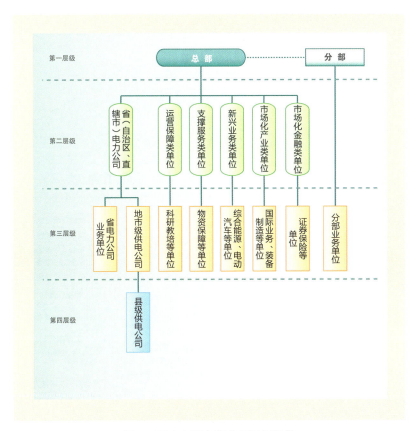

图 1 国家电网有限公司组织架构

异化考核，层层分解考核指标，落实考核责任。公司考核评价二级单位，各二级单位逐级对所属企业及内设机构开展业绩考核，各级绩效经理人考核所属员工。公司对各级单位主要实行"全方位、全动力"业绩考核，对各级内设机构、柔性团队以及管理人员主要实行"目标任务制"考核，对一线业务人员，根据其工作性质和业务特点，主要采用多元量化考核方式。

公司各级单位均建立绩效考核委员会和绩效管理制度，逐级分解落实上级考核指标和任务，按照统一的绩效管理流程、考核结果应用规则开展工作，年度考核结果在公司内部通用。

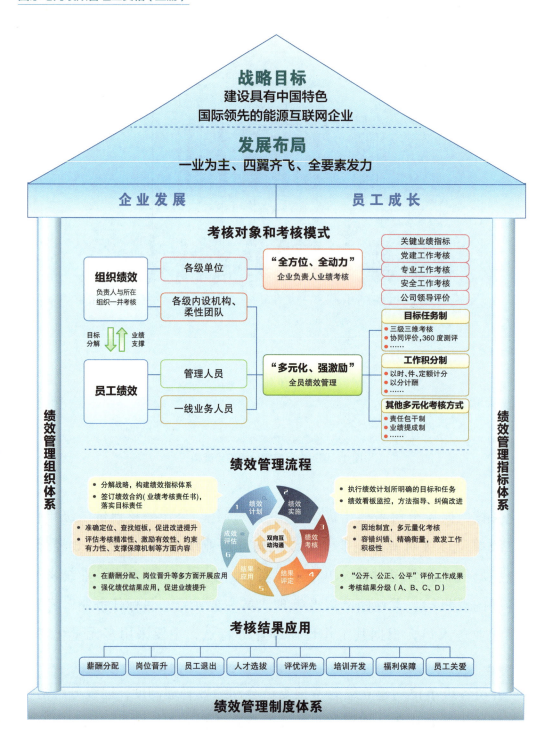

图2　国家电网有限公司绩效管理体系

一、"全方位、全动力"企业负责人业绩考核体系

公司全面落实国务院国资委经营业绩考核要求，紧紧围绕战略目标，聚焦"中国特色""国际领先""能源互联网"三个方面，结合各单位业务特点、发展阶段和管控模式，应用平衡计分卡（BSC）与战略地图（SM）相关理论、方法，提炼战略关键成功要素和驱动要素（见图3），将公司战略目标指标化、具体化、责任化，根据战略关键成功因素和驱动要素创造价值的不同方式，厘清考核方式和内容，构建了"全方位、全动力"企业负责人业绩考核体系（见图4）。

（一）全方位

"全方位"是指统筹考虑公司改革发展、经营管理、依法治企、党的建设等各方面工作需要，考核内容设置关键业绩考核、党建工作考核、专业

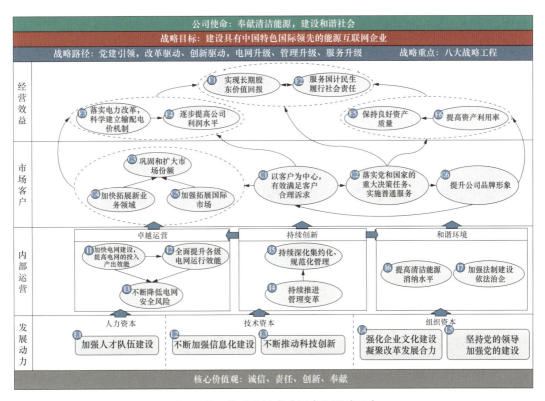

图3 公司战略关键成功要素和驱动要素

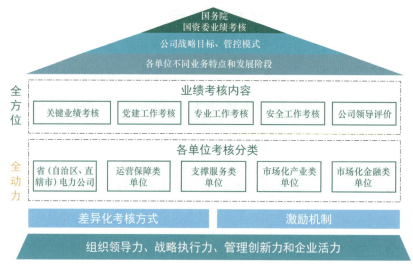

图4 "全方位、全动力"企业负责人业绩考核体系

工作考核、安全工作考核、公司领导评价五大模块，全面衡量企业负责人业绩贡献。

关键业绩考核按照"结果导向、量化可比"的原则精选战略关键成功要素和驱动要素，结合管控模式和各单位功能定位，差异化设置考核指标和考评方式，指标数量少而精，突出考重点、考短板，引导企业加快实现"国际领先"。**省（自治区、直辖市）电力公司**按"战略＋运营"管控要求，既考核经营效益，又考核运营效率、优质服务、创新发展等内容；**市场化产业类和金融类单位**按"战略＋财务"管控要求，突出市场和效益导向，重点考核经营效益、市场竞争和风险防范；**运营保障类和支撑服务类单位**根据功能定位"一企一策"设置考核指标，运营保障单位重点考核专业支撑能力和成本控制，支撑服务单位重点考核服务水平和经营效益。

党建工作考核重点考核基层党建工作、领导人员队伍建设、党风廉政建设等内容，引导企业增强"中国特色"政治本色。

专业工作考核主要考核年度重点工作任务和其他专业管理指标，根据目标任务完成的"量、质、期"进行考核评价，确保公司重点工作任务和专业管理要求执行到位。

安全工作考核重点对安全生产责任事故、违规违纪事件进行扣分考核，树立"大安全"理念，强化安全生产、党风廉政、依法治企管理，增强安全意识、底线意识、风险意识。

公司领导评价由领导班子成员对各单位整体业绩表现进行评价，引导各单位树立全局意识、找准战略定位。

（二）全动力

"全动力"是指以公司发展战略为引领，结合各单位职能定位和发展环境、基础条件分类开展考核，差异化设置考核指标，实行差异化目标值核定机制和考评方式，增强考核的针对性，发挥激励约束作用，提升企业负责人组织领导力、战略执行力、管理创新力和企业活力，实现公司战略牵引和企业内生动力有机结合，形成合力推动公司持续健康发展。

1. 考核分类

公司总部根据国务院国资委考核分类原则，结合各单位的管控模式和业务特点，按照与电网主营业务联系紧密程度和市场竞争程度，将二级单位分为五类开展企业负责人业绩考核（见图5）。

2. 考评方式

省（自治区、直辖市）电力公司实行"三维比较"考评方式。目标值根据公司战略阶段目标和国务院国资委年度考核目标分解确定，与公司综合计划、财务预算、专业管理相衔接，统筹考虑各单位地域特点、经营基础、承担社会责任和普遍服务等因素，进行差异化设置。依据指标与目标比、与历史比、与标杆比情况量化评分。

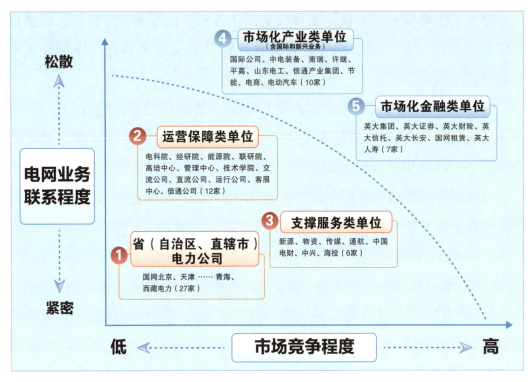

图 5　企业负责人业绩考核分类

市场化产业类和金融类单位实行"赛马制＋行业对标"考评方式。考核目标分卓越、进取、基本三档，由各单位自主申报，档位越高完成后得分越高，并选取营业收入增长率、净资产收益率等指标与所在行业对标考核，引导企业提高市场竞争力和效益贡献度。

运营保障类和支撑服务类单位实行"基本得分＋突出贡献加分"考评方式，完成目标值得指标基本分，并由各单位自主申报突出贡献加分事项（包括科研成果、优质工程奖项以及服务质量、管理效率大幅提升等），由公司业绩考核办公室成员（各部门主要负责人）评议打分，引导企业不断提升支撑保障能力。

3. 激励约束

企业负责人业绩考核结果，按单位分类和考核得分划分为 A+、A、B、C、D 五个等级（见表 1），实行"过线晋级"和"红线降级"制度。

表 1 　　　　　　　　　　　企业负责人业绩考核等级和评级条件

考核等级	评级条件	
	晋级条件	安全工作考核、领导班子年度考核约束条件
A+	A 级且本类单位中考核得分排名前 10%	发生安全生产、党风廉政扣分，不得为 A+
A	考核得分≥ 180 分且本类单位中排名前 35%	安全扣分达到 5 分或经营亏损的，不得为 A
B	考核得分≥ 170 分	安全扣分达到 7.5 分或发生较大责任事故（三类单位发生一般责任事故），以及领导班子年度考核为"一般"的，不得为 B
C	考核得分≥ 150 分	安全扣分达到 15 分或发生重大责任事故（二类单位发生较大责任事故），领导班子年度考核"较差"的，不得为 C
D	考核得分＜ 150 分	

考核结果与企业负责人绩效年薪紧密挂钩，绩效年薪占比达 70%，业绩升、薪酬升，业绩降、薪酬降。同时实行特殊贡献奖励和安全事故惩处，对企业在效益贡献、科技创新、社会责任等方面作出的突出贡献情况进行专项奖励；对企业发生安全责任事故、企业负责人受党纪政纪处分的，扣减负责人薪酬，最高扣减全部绩效年薪和任期激励收入。

二、"多元化、强激励"全员绩效管理体系

公司深入落实"三项制度"改革和"放管服"改革要求，对绩效管理工作实行分级管理、分类考核，公司顶层设计"多元化、强激励"绩效管理制度体系，规范考核流程和结果应用，各单位结合实际制定考核细则并组织实施，各类人员因地制宜开展多元量化考核，考核结果与个人绩效工资、岗位晋升、评优评先、人才培养等各方面挂钩，实现考核更精准、激励更直接、约束更有力。

（一）多元化

"多元化"是指在"目标任务制""工作积分制"为主要考核方式的基础上，各级单位、绩效经理人结合管理实际，创新丰富多元化量化考核方式，由统一向多样发展，进一步提升考核激励的科学性和准确性（见图6）。

图6　一线员工多元化考核方式

管理人员推行以"目标任务制"为主的考核方式，层层分解落实考核指标和目标任务，明确各级管理部门和管理技术人员的考核标准，强化绩效计划的契约作用，严格考核评价。指标任务依据重要程度分为"单位级""部门级""日常工作级"三个级别，设置不同的加减分幅度，从"量、质、期"三个维度制定评价标准。承担指标任务级别越高、数量越多、完成越好，得分越高，有效区分业绩贡献；对在安全生产、依法治企、反腐倡廉等方面发生不良影响和违规违纪事件的，进行考核扣分；同时，管理人员注重专业协同考核，采用部门互评或360度测评等评价方式，拉开考核差距。

一线员工根据工作性质和业务特点，采用多元量化考核方式。电力生产人员主要采用工作积分制考核方式，依据值班时间、设备运维、检修、试验、倒闸操作、事故处理、应急抢修等工作的数量和质量开展量化考评。电力营销人员主要采用目标任务制、工作积分制考核方式，依据服务数量、服务质量、流程规范等开展量化考评。供电所台区经理主要采用责任包干制、目标任务制、工作积分制等考核方式，依据台区基础数据和用户平均停电时间、线损率、客户满意率等指标开展量化考评。其他一线人员，结合业务特点，以"实用、适用、管用"为原则，灵活采用差异化考核方式。

柔性团队根据不同业务特点，灵活设置考核内容，采用差异化考核方式。科研技术攻关团队、产品研发团队采用目标任务制考评方式，重点考核项目进度、成果产出、效益转化等内容。营销服务团队采用业绩承诺责任制考评方式，重点考核经济效益、市场开拓、客户服务等内容。工程建设团队、生产作业团队采用目标任务制、项目全周期考评法等考评方式，重点考核里程碑进度、安全质量、成本控制等内容。应急响应团队、管理提升团队采用目标任务制考评方式，重点考核任务达成、指标提升等内容。

（二）强激励

"强激励"是指各级组织、员工的物质激励与非物质激励，均与绩效考核结果紧密挂钩，营造浓厚高绩效氛围，持续加大考核激励力度，实现"按劳分配、优绩优酬""绩优人员如鱼得水、绩劣员工度日如年"。

公司各级组织、各类员工年度绩效考核结果按管理层级或岗位层级划分为A、B、C、D四个等级。设置员工绩效积分，A、B、C、D绩效等级分别对应2、1.5、1、0分，连续2年获得A级的员工，可奖励0.5分。公司三、四级单位及各级内设机构、柔性团队的A级占比不超过30%，员工的A级占比不超过20%；绩效考核结果为A级的内设机构和柔性团队，A级员工占比适当提高，最高不超过25%。考核结果与岗位调整、职务职级晋升、评优评先、人才选拔等紧密挂钩，并结合实际拓展丰富激励措施，加大绩优人员激励力度，鼓励员工立足岗位成才（见图7）。

各级组织

绩效等级比例

C 级和 D 级：
结合管理实际、自主确定

A 级占比：≤30%

B 级

结果应用

01 单位工资总额

02 领导班子成员薪酬

03 评优评先

全体员工

绩效等级比例

C 级和 D 级：
结合管理实际、自主确定

A 级占比：≤20%

B 级

C 级和 D 级评定条件

违反党的纪律、政治纪律、劳动纪律和公司相关制度规定等，造成不良影响的，具体见《国家电网有限公司绩效管理办法》（国家电网人资〔2021〕55 号）。

结果应用

1 薪酬分配
- 考核结果：绩效工资
- A 级：不低于同层级平均绩效工资的 1.15 倍
- C 级：不高于同层级平均绩效工资的 0.9 倍
- 连续 3 年 A 级：一次性特别奖励
- 连续 2 年 A 级：可奖励 0.5 分
- 绩效等级积分：薪酬调整

2 岗位晋升
近 3 年积分累计 4.5 分且上年达到 B 级及以上
- 岗位职务职级晋升资格
近 3 年积分累计 5.5 分
- 优先推荐聘任资格
连续 3 年绩效为 A 级的员工
- 适当缩短职员职级晋升、岗位晋升年限要求

3 员工退出
本年度 D 级且上年度 C 级
- 予以降岗
本年度 D 级且不能胜任的，连续 2 年 D 级
- 予以待岗
待岗期内未参加培训、考试不合格、上岗后考核为 D 级
- 解除劳动合同
首次订立固定期限劳动合同的员工连续两个年度绩效等级均为 D 级
- 原则上用人单位不得与其续订劳动合同

4 人才选拔
近 3 年积分累计 4.5 分且上年达到 B 级及以上
- 人才选拔资格
近 3 年积分累计 5.5 分
- 优先评聘各类专家人才
连续 3 年绩效为 A 级的员工
- 适当缩短评聘专家人才、职称和技能等级评定等方面的年限要求
各类专家人才年度绩效为 D 级
- 取消称号

5 评优评先
A 级、B 级
- 评优评先资格
上年度绩效考核结果为 A 级的
- 优先推荐

6 培训开发
结合考核结果、能力素质优化培训项目，针对性培训
- A 级：发展性培训
- B 级：提高性培训
- C 级、D 级：基础性培训

7 福利保障
- 年度绩效为 A 级，优先安排职工疗养和体检
- 企业年金的企业缴费分配与员工个人业绩贡献挂钩，向年度绩效为 A 级员工适度倾斜

8 员工关爱
送温暖、灵活休假、改善办公条件、保障后勤服务
- 充分满足员工多样化的激励需求

图 7　员工绩效考核结果应用

1. 员工薪酬分配

员工绩效工资与所在组织、本人绩效考核结果挂钩，合理拉开差距，A级员工与相同岗位层级员工平均绩效工资倍比不低于1.15，C级员工与相同岗位层级员工平均绩效工资倍比不高于0.9。连续3年绩效A级的员工，由所在单位结合实际给予一次性特别奖励。员工绩效等级积分与薪档调整挂钩。

2. 员工岗位晋升

员工近3年绩效等级积分累计达到4.5分且上年绩效达到B级及以上的，方可聘任更高层级岗位、职务和职员职级，上年考核评级为C、D级的不得列为领导人员选拔培养对象；近3年积分累计达到5.5分的，优先聘任更高层级岗位、职务和职员职级；连续3年绩效为A级的员工，缩短职员职级晋升、岗位晋升年限要求。

3. 员工退出

员工年度绩效为D级且上年度绩效为C级的，予以降岗；年度绩效为D级且不能胜任岗位工作要求的，或连续两年绩效为D级的，予以待岗；员工待岗期内未按规定参加待岗学习培训的，待岗期满考试不合格的，以及考试合格重新上岗后当年绩效仍为D级的，依法解除劳动合同；首次订立固定期限劳动合同的员工，连续两个年度绩效等级均为D级，不与其续订劳动合同。

4. 员工人才选拔

员工近3年绩效等级积分累计达到4.5分且上年绩效达到B级及以上的，方可参加各类专家人才选拔；近3年积分累计达到5.5分的，优先评聘各类专家人才；连续3年绩效为A级的员工，适当缩短评聘专家人才、职称和技能等级评定等方面的年限要求。各类专家人才年度绩效为D级的，取消称号。

5. 员工评优评先

员工年度绩效考核结果达到 B 级及以上的，方可推荐参加生产经营类综合性先进评选；员工上年度绩效考核结果为 A 级的，优先推荐参加各类先进评选。

6. 员工培训开发

各级单位结合员工绩效考核结果和能力素质情况，优化培训项目，开展针对性培训，优先推荐年度绩效为 A 级的员工参加发展性培训，年度绩效为 B 级的员工参加提高性培训，年度绩效为 C、D 级的员工参加基础性培训。

7. 员工福利保障

员工年度绩效考核结果为 A 级的，按本单位制度优先安排职工疗养和体检；企业年金缴费分配与员工个人业绩贡献挂钩，向年度绩效为 A 级的员工适度倾斜。

8. 员工关爱

各级单位可积极探索绩效考核结果在员工送温暖、灵活休假、办公条件改善和后勤服务保障等方面的关联应用，充分满足员工多样化的激励需求，更好发挥绩优人员激励示范作用。

三、公司绩效管理工作流程和实施要点

（一）绩效计划

考核期初，公司法定代表人与各单位主要负责人签订业绩考核责任书（见图 8）。各级单位主要负责人与副职签订绩效合约。各级单位内设机构、柔性团队根据所承担的指标任务和员工岗位职责，由绩效经理人与员工沟通确定考核内容、绩效目标和评价标准，并签订绩效合约（见图 9）。

国家电网有限公司
企业负责人业绩考核责任书
（2021 年度）

甲方：国家电网有限公司
乙方：国网江苏省电力有限公司

为明确企业负责人经营管理目标和责任，强化考核激励约束，确保全面完成 2021 年各项任务，加快建设具有中国特色国际领先的能源互联网企业，根据《国家电网有限公司企业负责人业绩考核管理办法》，签订本责任书。

一、乙方年度业绩考核目标和任务

（一）关键业绩考核

1. 利润：净利润 455759 万元，利润总额 596932 万元；

2. 经济增加值（EVA）：-58333 万元；

3. 资产负债率：51.26%；

4. 综合线损率：3.25%；

5. 发展投资效率：100%；

6. 电网优质运行指数：城乡用户平均停电时间 4.2 小时/户，输电线路故障停运率 0.065 次/百公里•年（交流 330 千伏及以上，直流 ±400 千伏及以上），变电设备故障停运率 0.11 次/百台•年（330 千伏及以上），直流系统强迫停运率 0.3 次/极•年，直流系统能量可用率 95%，城乡综合供电电压合格率 99.87%，主网停电计划完成率 90%，电网装备质量保障指数 90%；

7. 客户服务满意度：供电服务合规率 94%，获得电力指数 95%；

— 1 —

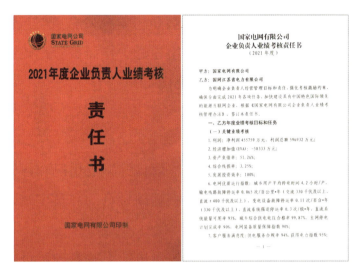

图 8　省（自治区、直辖市）电力公司企业负责人业绩考核责任书

**部门（单位）2019年度 绩效合约

部门：营销部　岗位：营销主任　姓名：***　履约周期：2019年1月1日-2019年12月31日

序号	指标名称	指标层级	标准分值	评价标准	目标值
一、目标任务指标（80分）					
（一）关键业绩指标					
1	优质服务（投诉）	部门级	15	每月发生投诉一次扣15分，超过一次扣罚全月绩效工资。	全年零投诉
2	[illegible]全年综合线损和各台区线损指标，定期组织召开月线损分析会	部门级	15	月线损指标未完成扣10分，未定期组织召开月线损分析会扣5分。	全局综合线损指标[illegible]
3	电费结零	部门级	15	每月[illegible]，[illegible]电费100%结零，[illegible]100%结零，出现延期扣15分。	电费结零100%
4	售电量和售电平均单价	部门级	10	未完成售电量和售电平均单价指标扣10分。	按公司计划指标执行
5	营销基础管理	部门级	5	业扩报装、电费收缴流程等，未完成各部门下发的指标扣5分。	按公司营销部各部门工作标准执行
6	智能交费业务推广工作	部门级	5	每月互联网+营销线上交费率（微信支付宝交费率）达到60%，未达到扣5分。	完成公司营销部月度计划
7	抄表率	部门级	3	采集成功率未达到95%以下扣1分，人工抄表未达到100%扣2分。	抄表发行率100%
8	开展营业普查工作	部门级	2	未定期开展营业普查工作扣2分	定期普查
9	制定好班组全员绩效考核细则	部门级	2	未定制或不按绩效合约执行的每月扣3分。	制定好考核细则
10	按时组织参加业务范围内的培训、会议	部门级	2	未参加培训、会议或不按要求执行扣2分。	按会议要求执行
11	日常报表上报数据准确，及时	部门级	2	报表数据不准确或报表不及时扣2分	数据准确
12	临时性部署的工作要保质保量完成	部门级	2	一分部署、九分落实，未落实好会议精神扣罚2分。	保质保量
13	每月发表新闻稿件一篇	部门级	2	未完成扣2分。	每个月一篇投稿

二、综合评价（20分）

指标分类		评价指标名称	权重	评价标准（考核得分=∑级别分×指标权重）				目标值
				I级（0-3	II级（4-10分）	III级（11-16分）	IV级（17-20分）	
1	综合评价指标	劳动纪律	20%	无故缺勤 工作消极	按规出勤 态度端正	主动作为 勤奋敬业	率先垂范 勇于担当	4
2		工作态度	20%	缺乏自律 工作懈怠	遵章守纪 严谨细致	以身作则 执行有力	富有激情 甘于奉献	4
3		工作能力	40%	业务生疏 协调不畅	履职尽责 团结协作	业务熟练 破解难题	业务精通 驾驭全局	8
4		创新精神	20%	墨守成规 [illegible]	主动学习 [illegible]	激励他人 行动有力	系统思考 科学决策	4

绩效经理人签名：　　　　被考核人签名：

图 9　公司员工绩效合约

（二）过程监控

各级组织建立绩效看板，按月（季）度、年度公布各类绩效目标完成情况和考核结果。公司绩效考核办公室每月汇总分析考核指标，编制“企

业负责人业绩考核看板"（见图10）。各单位定期发布所属组织的（月）季度考核结果和相关指标，各部门、班组通过工作简报等形式展示具体的考核结果数据和薪酬差异化分配情况（见图11）。

（三）考核实施和应用

每个考核周期末，各级组织根据绩效目标完成情况和评价标准对下级组织实施考核评价，各级绩效经理人根据绩效合约和员工绩效表现对员工进行考核评价。

公司各级组织、各类员工年度绩效考核结果按管理层级或岗位层级划分为A、B、C、D四个等级。公司三级和四级单位、各级内设机构、柔性团队以及员工的绩效结果和应用与前文所述一致，不再重复。

公司企业负责人薪酬主要由基本年薪、绩效年薪、任期激励收入三部分构成，对艰苦边远地区企业负责人给予艰苦地区补贴。其中基本年薪是企业负责人的基本收入，每年核定一次。绩效年薪是与年度考核结果及突出贡献相挂钩的收入，包括考核年薪和奖励年薪（特殊贡献奖励）。任期激励收入根据任期业绩考核结果确定，不超过企业负责人任期内3年年薪（基本年薪和绩效年薪）总水平的10%。

随着全员绩效管理工作的深入推进，考核结果已实现全方位刚性应用。在绩效等级方面，评定规范率逐年提升，评定标准更加科学，"轮流坐庄"现象逐年减少；在职业发展方面，岗位调整、职级晋升、评先评优、人才选拔、职称评定与绩效等级强制挂钩；在员工考核退出方面，降岗、待岗、依法解除劳动合同与考核结果相匹配；在薪酬分配方面，建立与考核方式相匹配的绩效工资分配机制，合理拉开各类人员考核分配差距，实现员工绩效工资与所在组织、个人考核结果直接挂钩。

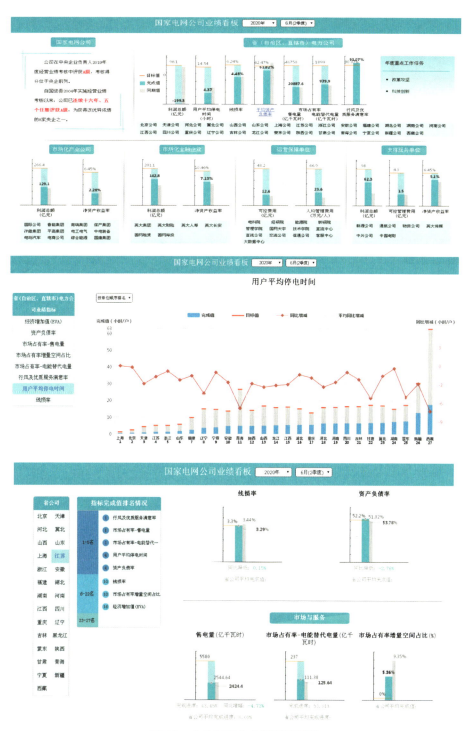

图 10　企业负责人业绩考核看板

图 11　班组绩效看板

（四）改进提升

各级单位定期召开由主要领导、各部门负责人参加的业绩考核分析会（见图12），对当期指标完成情况进行全面梳理，分析指标优势，剖析存在不足，制定下一步指标提升措施，并将管控措施纳入单位重点工作任务池，实现同步管控、同步推进。

基层班组按照上级部门的要求，进一步细化工作内容，对各类一线班组生产经营活动工作进行分工并赋予对应绩效积分。班组长定期通过会议形式对责任人的履责情况进行监督指导和面谈反馈（见图13）。

公司每年开展全员绩效管理工作成效评估和问卷调查，从考核精准性、激励有效性、约束有力性和支撑保障机制等方面量化评价各单位绩效管理水平，强化过程监控和分析诊断，编制各单位诊断分析报告并一对一反馈考评结果（见图14），指导各单位总结优势指标经验，制定劣势指标改进措施。

图 12　业绩考核分析会现场

图 13　班组月度绩效分析会现场

关于反馈国网 XX 电力 2018 年全员绩效管理考评工作结果的通知

国网 XX 电力：

　　根据《国网人资部关于开展 2018 年度全员绩效管理工作考核评价的通知》（人资绩〔2018〕93 号）文件要求，公司开展了 2018 年全员绩效管理考评工作，按指标体系和系统数据量化评分。指标体系包含"制度规范及执行、绩效管理责任落实、各类人员考核情况、支撑保障机制"共 4 方面 13 项指标，满分 100 分。现将考评情况反馈给你们，希望你单位能总结提炼优势保持类指标工作经验，分析待提升指标存在问题并进行改进，在 2019 年取得更好的成绩。

　　一、得分与排名情况

　　国网 XX 电力 2018 年全员绩效管理考评工作得分为 98.70 分，各项指标得分排名情况见图 1。

图 1 2018 年全员绩效考评指标排名（省公司）

二、优势保持类指标

　　你单位部分指标完成值优于省公司平均值，详细情况见表 1。

表 1 国网 XX 电力优势保持类指标情况表

指标类别		指标名称	指标值		指标得分	
			排名	本单位	省公司平均值	排名	本单位	省公司平均分

指标类别	指标名称		排名	本单位	省公司平均值	排名	本单位	省公司平均分
一、制度规范与执行	制度建设情况（5分）	全员绩效管理制度数量（2.5分）	1	1	1.41			
		负责人业绩考核修订制度数量（2.5分）	1	1	0.96	1	5	4.91
	绩效合约签订率（5分）	企业负责人签订率（1分）	1	100.00%	99.89%			
		员工签订率（4分）	17	99.68%	99.44%	1	5	4.99
	考核结果覆盖率（5分）		1	100.00%	99.90%	1	5	5
	考核结果分级偏差率（5分）		1	0.00%	0.53%	1	5	4.97

三、待提升指标

　　你单位部分指标有待进一步提升，详细情况见表 2。

表 2 国网 XX 电力待提升指标情况表

指标类别	指标名称		指标值			指标得分		
			排名	本单位	省公司平均值	排名	本单位	省公司平均分
三、各类人员考核情况	企业负责人（10分）	地市级公司关键业绩指标数量（3分）	20	9.76	8.94	1	3	3
	管理人员（20分）	绩效薪金倍比（A级）（2分）	13	1.10	1.10	13	1.84	1.81
	一线人员（20分）	绩效薪金倍比（A级）（2分）	22	1.11	1.15	22	1.88	1.94
		绩效薪金倍比（C级）（2分）	25	0.92	0.84	24	1.96	1.99
		人才选拔平均积分（2分）	13	5.50	5.57	1	2	1.95

图 14　全员绩效评价反馈示例

公司建立全员绩效管理工作定期通报机制，从 2018 年开始，编制绩效管理工作双月报、季报，通报各级单位全员绩效工作推进情况，总结提炼一线业务绩效管理优秀做法，持续加强绩效经理人履职能力建设。

（五）保障体系建设

1. 组织制度保障

公司及所属各单位逐级设立绩效管理委员会，并在绩效管理委员会下设绩效考核办公室，为确保绩效管理实施、推进、监督提供组织保障。各单位建立绩效管理委员会常态工作机制，主要负责人定期组织召开会议，研究审定绩效管理制度（见表2），决策绩效管理重大事项，紧密结合企业经济活动分析、预算管理、风险控制、安全生产、同业对标、巡视（巡察）审计等经营活动，协同推进绩效管理高效开展。考核办公室制定、宣贯绩效管理制度，组织开展绩效管理工作，并进行督导评价。各专业部门提出本专业考核指标，跟踪分析执行情况，提出评价建议。各级机构均同步设立绩效考核工作小组，履行相关职责。

表 2　　　　　　　　　　　　　绩效管理制度

序号	类别	办法制度
1	业绩考核	《国家电网有限公司企业负责人业绩考核管理办法》
2		《各单位企业负责人业绩考核指标体系》
3		《国家电网公司企业负责人薪酬管理办法》
4		《国家电网公司所属各级单位企业负责人履职待遇、业务支出管理办法》
5	全员绩效	《国家电网有限公司绩效管理办法》
6		《国家电网有限公司关于深入推进全员绩效管理工作的通知》
7		《国网人资部关于优化全员绩效考核结果评定和应用的通知》
8		《国网人资部关于加强柔性团队建设管理工作的通知》

绩效经理人是公司深入开展绩效管理工作的中坚力量，是各级组织完成经营业绩的第一责任人，既对组织目标负责，又对下属员工的绩效提升负责，确保公司整体绩效目标与员工个人绩效目标相一致，具有承上启下的关键作用。各单位充分授予绩效经理人考核权、绩效工资分配权和员工发展建议权；不断加强绩效理论和方法培训，开展经验交流，提高履职能力；建立绩效经理人履职评估机制，评估结果作为绩效经理人考核的重要内容。

2. 信息系统支撑

自 2014 年启动信息系统建设，公司逐步形成了集日常考核监控、年度考核评价、用户交流学习等功能为一体的全员绩效管理平台（见图 15），涵盖十三大业务模块。2017 年年底，全员绩效管理平台在公司所属各单位全部上线运行，实现公司各单位的组织、人员全覆盖，涉及注册用户 70 余万人。

近年来，公司以用户需求为导向，以高效、易用为原则，不断优化升级信息系统，以信息化为手段固化绩效管理工作流程，实现绩效计划编制、合约签订、考核评价、沟通反馈、改进提升全过程闭环管理；实现了在岗人员考核全覆盖，各类员工绩效合约签订率达到 99.4%，绩效看板覆盖率达到 99%，绩效管理实现全过程覆盖。

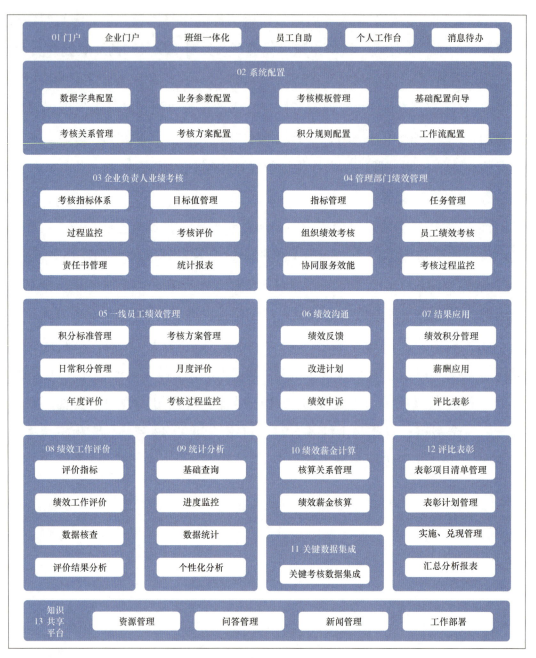

图15　全员绩效管理平台功能示意图

四、公司绩效管理体系特点

（一）"全方位、全动力"企业负责人业绩考核体系特点

"全方位、全动力"企业负责人业绩考核体系着力于优化考核分类、指标设置、考核评级、结果应用四个环节，健全组织协调、过程管控、沟通反馈三个机制，促进各单位持续提升经营业绩和综合实力。

（1）统一性与差异性相结合。在统一考核框架（五大考核模块）基础上，根据不同企业功能定位和业务特点，实施分类差异化考核，实行差异化的指标设置方案、目标值确定机制、考核评分方式，确保考核的针对性和有效性。

（2）短期效益和长期发展相结合。实行年度与任期相结合的考核方式，任期考核以三年为一个周期，重点考核资产保值增值、营业收入增长率等指标，全面构建立足当前、着眼长远的考核体系，促进企业持续健康发展。

（3）经营责任与社会责任相结合。既考核经营效益、管理效率、安全生产等经营性指标，也考核党建工作、优质服务、社会责任风险等内容，并对各单位承担的政策性降价让利、抢险救灾、政治保电、扶贫攻坚等履行政治责任、社会责任事项，在考核时合理还原效益影响，充分体现了中国特色和国企特色。

（4）激励与约束并重。年度和任期考核实行"过线晋级制"和"红线降级制"，强化正向激励和风险管控。考核结果与企业负责人薪酬、单位年度工资总额紧密挂钩，实行突出贡献奖励和安全责任、违规违纪惩处机制，充分发挥考核激励约束作用，激发企业负责人干事创业热情。

（二）"多元化、强激励"全员绩效管理体系特点

"多元化、强激励"全员绩效管理体系以"实用、适用、管用"为原则，充分赋予各级绩效经理人考核权、分配权和员工发展建议权，因地制宜，导向清晰、评价科学、激励有效，能够精准衡量员工的业绩贡献，推动公

司三项制度改革。

（1）**考核导向保持上下统一性**。各单位对各级组织和部门的考核，以落实上级考核指标目标和年度重点工作任务为重点，将目标任务分解至各级组织和部门，确保上下一致、目标一致、行动统一。

（2）**业绩评价力求精准性**。市、县公司创新推行内部模拟市场考核，根据电量、电价和分摊成本核算分公司效益贡献；支撑服务单位建立内部业务定价机制，通过内部服务交易量模拟核算效益贡献，量化评价价值贡献，提升考核精准度。

（3）**考核工具采用多样性**。鼓励各级组织、柔性团队结合工作性质，通过民主参与方式，创新实用、管用的多元化考核工具，实施KPI、OKR、工作积分制、项目包干制、网格承包制、目标任务制、销售提成制、任务抢单制等多种考核方式，提升考核的针对性、公正性和认可度。

（4）**结果应用执行刚性**。各级组织的考核结果与负责人薪酬和工资总额挂钩，员工的考核结果广泛应用于薪酬分配、岗位调整、人才评价、评先评优等多个方面，对考核为C、D级及近三年绩效积分达不到4.5分的员工，取消岗位调整、人才评价、评先评优的资格。

总之，从多年的绩效管理实践来看，建立大型集团公司的绩效管理体系，无法一蹴而就。从企业战略出发，到培育价值理念、根植绩效文化，再到建章立制、落地见效，不断循环往复、螺旋上升，这其中需要高层领导的决策支持，需要各级绩效经理人的理念认同和实践创新，需要全体员工的理念转变和共同认可，需要广大人力资源工作者的辛苦耕耘，更需要健全完善的组织、制度、信息系统等支撑保障体系。随着国家电网绩效管理工作的深入推进，组织绩效与员工绩效持续提升，各类绩效工具、实践创新将喷薄涌现，推动绩效管理体系持续迭代更新，朝着更科学、更精准的方向不断前进。

第二章
绩效计划制订工具

绩效计划（Performance Planning）是评估者和被评估者之间就组织、员工应该达成的绩效目标进行深入沟通，并将双方协商一致、达成共识的沟通结果明确为正式书面协议（绩效合约、业绩责任书等）的管理过程。作为成功绩效管理的第一步，绩效计划是绩效管理的基础和依据，应围绕公司战略目标实现，将绩效目标层层分解到各级单位及部门，最终落实到个人，并注重强化纵向之间的衔接、横向之间的协同，确保公司各级组织、全体员工为战略目标达成而共同努力。

国家电网有限公司于每年初，组织各单位结合上级下达的业绩考核目标和年度重点工作任务，逐级分解确定所属单位、部门、车间、班组、项目团队的目标任务和评价标准；各级组织根据所承担的指标任务和员工岗位职责，由绩效经理人与员工双向沟通确定考核内容、绩效目标和评价标准，并签订绩效合约（业绩考核责任书）。

本章围绕如何有效分解落实战略目标、如何分配临时性工作任务等问题，总结提炼了逐级承接分解法、非常规工作增量定价考核法等绩效管理工具共 13 项，引导各单位和各级绩效经理人分解落实上级考核指标目标和年度重点工作任务，确定绩效目标、绩效指标、考核评价标准和行动方案，确保上下一致、目标一致、行动统一。

指标任务分解工具

1 逐级承接分解法
——有效分解落实战略目标

> **导 入：** 在上级考核下级时，经常会遇到总目标与分解后各子目标的方向不一致、各紧密关联的子目标过程、进度不同步、无法有效设定各层级的管理目标等问题。国网山西电力创新采用逐级承接分解法，对战略目标进行分解、承接、落地，确保考核责任层层精准落实，有效保障完成目标任务。

工具概述

逐级承接分解法，是指从任务方向（Direction）、任务目标（Objective）、任务计划（Action）和衡量标准（Measure）四个维度对目标任务进行快速分解，准确定位目标责任，实现各级组织目标高度统一，确保战略目标全面实现。因此，又称为 DOAM 法，其原理见图 1。

适用场景：本工具适用于省、市、县级单位组织目标任务的分解。

实施步骤

DOAM 法的实施步骤包括：建立工作任务、逐级对接承诺、细化任务计划、明确衡量标准、组织所需资源。

1. 建立工作任务

从第一级，即任务发起层起，建立具体工作任务，明确该任务的任务方向和工作目标，并制订任务计划和衡量标准。

2. 逐级对接承诺

将上一级的任务计划分解作为下一级的任务方向，将上一级对应任务计划的衡量标准分解作为下一级的任务目标，形成层层分解、对应明确的工作任务逐级分解体系，见图1。

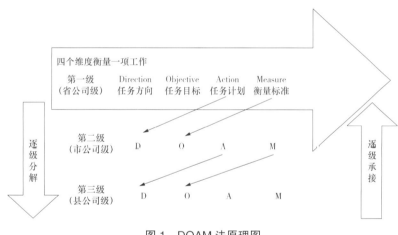

图1　DOAM 法原理图

3. 细化任务计划

依据每层级的任务方向和工作目标，设计本层级工作任务的计划，明确责任部门和责任人员，确保工作任务落地执行。

4. 明确衡量标准

针对每一层级的任务计划，制订可量化、可考核的成果标准，确保各级任务的量化考核。

5. 组织所需资源

根据每个层级的任务目标及任务计划，明确工作任务完成所需的人、财、物、技术等相关资源。

◎ 经验心得

（1）拟分解的工作任务或项目必须是重要且具体的。

（2）各个层级细化 DOAM 四个维度时，要有明确的工作内容、具体的工作计划、确定的完成时间、清晰的衡量标准，才能确保上下层级工作的有序衔接。

✍ 实践案例

国网山西电力于 2019 年 6 月实施 DOAM 法完成动力体系升级工程任务分解和管理，通过 3 个月的实施反馈，对县公司强化管理短板起到很好的指导作用。

1. 建立工作任务

省公司作为分解战略目标的第一层级，建立实施动力体系升级工程工作任务，见表 1。

表 1　　　　　　　　　　　实施动力体系升级工程工作任务表

工作方向 （Direction）	实施动力体系升级工程，提高人力资源管理的引领力和穿透力
工作目标 （Objective）	成立课题组，搭建县公司指标体系，实现直采指标数据，对 102 个县公司进行排名
工作计划 （Action）	（1）搭建通用的县公司指标体系（国网运城供电公司承接）。 （2）建立指标数据采集流程（国网临汾供电公司承接）。 （3）编制指标排名小程序（国网长治供电公司承接）。 （4）筛选各指标标杆单位，提炼典型经验，对所有单位进行指导
衡量标准 （Measure）	（1）6 月底前，核心指标提取不超过 10 个。 （2）6 月底前，明确取数时间、取数规则等，建立省市县一体化流程。 （3）7 月底前，使用 EXCEL 编制小程序，模拟计算全省所属县公司排名。 （4）9 月底前，按月通报指标排名情况，发布典型经验

续表

责任人	省公司人资部员工处副处长　李＊
所需资源	各地市公司绩效专责

2. 逐级对接承诺

地市公司作为第二层级，将上一级任务计划对接本级任务方向，以国网运城供电公司承接的单项任务"搭建通用的县公司指标体系"为例进行对接分解，见表2、表3。

表2　　　　　　　国网运城供电公司承接搭建指标体系工作任务

工作方向 （Direction）	搭建通用的县公司指标体系
工作目标 （Objective）	核心指标提取不超过 10 个
工作计划 （Action）	（1）提取运检、营销等主营业务指标，组织县公司讨论合理性。 （2）将指标体系初稿发至其他地市单位，征求意见。 （3）确定指标定义和评价标准，递交省公司审阅。 （4）下达县公司指标体系。 （5）组织县公司学习宣贯
衡量标准 （Measure）	（1）5月底前，组织运检、营销专业各提取指标小于5项，由县公司讨论。 （2）6月中旬前，将确定的指标体系发送给其他地市公司，征求意见。 （3）6月20日前，将明确的指标定义和评价标准交省公司审阅。 （4）6月底前，下达指标体系。 （5）指导县公司查找管理短板，提升管理水平
责任人	国网运城供电公司组织部五级职员　徐＊
所需资源	运检部、营销部、各县公司配合

表 3   搭建的县公司"6+2"指标体系

营销专业考核管理指标（50%）	1	优质服务管理	客户服务规范率 =100%–[营销服务重点投诉数量 /（户数 /100）×70%+ 其他非运检类投诉数量 /（户数 /100）×30%]
	2	台区线损管理	日通报台区线损合格率 = 当日合格台区数量 / 当日考核台区数量 ×100% 月考核台区线损合格率 = 日累计台区线损合格率 ×40%+（月度台区线损合格率 – 台区总表异常率）×60% 年度台区线损合格率 =Σ 月考核台区线损合格率 /12 其中：日累计台区线损合格率 =Σ 月考核台区线损合格率当月每日合格台区数量 /Σ 当月每日考核台区数量，小电量台区视为合格台区
	3	营配调贯通管理	营配调贯通管理成效率 = 业扩交互应用率 ×75%+ 客户档案维护率 ×25% 业扩交互应用率 =（1– 未应用数 / 应用数）×100%，其中未应用数为 "7009 管控平台" 中业扩交互明细中未应用明细数（在途工单不在通报范围），应用数为专变、表箱和箱表关系应用数之和 客户档案维护率 =（1– 各单位异常数 / 公司异常总数）×100%，其中各单位异常数为 "7009 管控平台" 中供电所的客户标准地址和证件信息的异常数之和，公司异常总数为公司客户档案异常总数
生产专业考核管理指标（50%）	1	95598 客户报修	万户报修率 =95598 客户报修数量 / 供电所（营业站、厅）营业户数 ×10000
	2	运检类投诉	运检类投诉率 = 运检类投诉数量 / 供电所（营业站、厅）营业户数 ×10000
	3	10 千伏公用配电变压器平均停运时长	10 千伏公用配电变压器停运率 =Σ 公用配电变压器总停电时长 / Σ 配变总台数 ×100% 统计范围为供电所辖区内运维的 10 千伏公用配电变压器 公用配电变压器总停电时长：计划停运、故障停运以及各类外界因素影响的配变停运的总时长，即可视化系统统计时长 配变总台数：PMS2.0 系统、可视化系统呈现的公用配变数量
否决性指标	1	安全管理	发生轻伤人身事件，本季度运检类得分为零，发生重伤及以上人身事件，本年度运检类得分为零
	2	电费回收率	未完成季度末应收用户电费余额目标，每发生一次减 0.3 分；未完成季度末当年电费回收率目标，每发生一次减 0.6 分；未完成季度末陈欠电费回收率目标，每发生一次减 0.3 分。以上 3 项按季度统计并年度累计考核。电费回收弄虚作假的，每发现一次减 2 分

3. 细化任务计划及衡量标准

县公司作为末端应用层级，需明确责任部门和责任人员，针对本层级的任务计划，制定可量化、可考核的成果标准，见表4。

表4　　　　　　　　　　县公司末端工作任务计划及衡量标准

工作方向 （Direction）	学习宣贯"6+2"指标体系
工作目标 （Objective）	查找管理短板，提升管理水平
工作计划 （Action）	（1）认真学习指标定义和评价标准，对照排名分析管理差距。 （2）宣贯标杆经验，根据短板事项制订整改措施。 （3）落实整改措施，监控指标情况
衡量标准 （Measure）	（1）指标发布3日内，分析排名情况，学习典型经验。 （2）指标发布5日内，制订整改措施，责任到人。 （3）落实整改任务，做好指标监控
责任人	国网山西河津县供电公司人资专责　张*
所需资源	县公司相关部门

采用DOAM法实施的动力体系升级工程，形成自上而下的任务分解、自下而上的目标对接体系，确保各级任务的产生、分解、落实衔接有序，稳步推进。通过全省范围内的标杆引领、整改提升，国网运城供电公司下属县公司由8月份的最佳排名第16名，提升至9月份2家入围前6名（临猗公司第2，稷山公司第4），两项指标管理作为标杆经验在省公司范围内发布，对基层单位提升经营业绩和管理水平起到极大的推动作用。

报送单位：国网山西电力

编制人：文　莹　高　蓉

2 安全生产指标 OKR 考核法
——强化安全生产关键业绩指标目标及行动管控

> **导　入：** 安全稳定是电网和公司高质量发展的根本，供电可靠率更是位于"十项承诺"之首，如何稳步提升供电可靠率，确保电网安全稳定运行，是摆在公司管理者面前的重要课题。国网上海嘉定供电公司将目标与关键成果法（OKR）深入应用于安全生产，以协调全员目标的统一，培育部门的目标导向、结果意识，加强跨部门协作，助力圆满完成安全生产年度目标。

工具概述

　　安全生产指标 OKR 考核法，是将 OKR 的管理思维、管理过程应用于供电企业的安全生产，形成一套设定、跟踪安全生产目标及其完成情况的方法。通过聚焦、协同、追踪，帮助公司协调目标的统一、识别关键成果、激发员工的内驱力，促进目标的完成。

　　适用场景：本工具适用于需要强化安全生产目标及行动，加强关键行动过程监控的群体或个人。

实施步骤

　　安全生产指标 OKR 考核法实施步骤包括：设定目标、设置关键成果、推进执行、评估沟通。

1. 设定目标

依据企业战略及年度重点工作，逐层级设定符合 SMART 原则的目标（O），目标设定顺序从公司到部门再到个人，由公司领导与部门管理者、各级管理者与员工充分沟通，以达成共识、一致认可，确保各层级目标与公司整体目标一致。

2. 设置关键成果

把每个目标量化为 3~5 个关键成果（KR），以明确每个目标的具体任务，即为了完成这个目标必须做什么，用于衡量目标的进展情况。关键成果设置完成后，统一公示 OKR，确保全体员工对目标的理解一致。

3. 推进执行

依据关键成果，分解派生具体工作任务，明确具体工作责任岗位、责任人，并重点实施"定期检查，必要时调整"，通过月度检查，明确每项 OKR 的"目标、当前进度、遇到的问题、问题的原因、需要的支持、下一步计划"，同时跟踪记录每项任务的完成情况，以便追溯全过程。

4. 评估沟通

每季度初，根据设立的 OKR，组织员工对自身关键成果的完成情况和完成质量打分，分数范围为 0~1 分。OKR 鼓励员工制订有挑战性的目标，其最理想的得分为 0.6~0.7 分。如果达到 1 分，说明目标可能定得太低；如果低于 0.4 分，则说明可能存在问题，应通过工作分析，找到改进方法。

◎ 经验心得

（1）目标要"少而精"，不宜超过 5 个，同时目标需要有挑战性，鼓励员工走出舒适区。

（2）设定关键成果时，需要满足 5 个条件：内容必须明确，不能含糊；必须有明确的完成时间；既有挑战性，也不能脱离能力范围；必须有明确的衡量标准，判断是否完成；必须能在完成后被验证。

（3）OKR 需要领导层、管理层、员工层各层级的参与、支持，是一个 PDCA 循环（又称戴明环，包括 Plan、Do、Check、Action 四个阶段）、持续改进的过程。

实践案例

国网上海嘉定供电公司于 2019 年 1 月开始应用安全生产指标 OKR 考核法，实现了供电可靠率指标稳步提升，形成了公司、部门、个人目标的协调，加强了跨部门、跨专业协作，下面以供电可靠率为例进行展示。

1. 设定目标

组织设定各层级全口径供电可靠率的目标（O）。

公司层目标：全口径供电可靠率目标值为 99.99%。

部门层目标：运检部通过自我评估，与相关配合部门（调控中心、建设部、营销部）沟通，明确公司年度计划停电 8700 时户数，包括运检部 4200 时户数、建设部 4200 时户数、营销部 300 时户数。

个人层目标：运检部员工通过深入理解公司层目标、部门层目标，结合自己工作现状，制定个人目标。如运检部张 * 设置个人的目标为：制订《国网上海嘉定供电公司供电可靠性提升工作质量考核管理规范》，并严格按照该管理规范开展管控工作。

2. 设置关键成果

公司层、部门层（运检部）及个人层的 OKR 见表 1。

表 1　　　　　　　　　　　　　　　不同层级的 OKR

OKR 层面	主要目标	关键成果
公司层	全口径供电可靠率目标值为 99.99%	（1）制订《国网上海嘉定供电公司供电可靠性提升工作质量考核管理规范》。 （2）建立指标管控看板。 （3）提升公司 2019 年供电可靠率

续表

OKR 层面	主要目标	关键成果
部门层（运检部）	年度计划停电时户数为 4200 时户数	（1）在 3 月底前完成《国网上海嘉定供电公司供电可靠性提升工作质量考核管理规范》的制订，并严格按照该管理规范开展管控工作。 （2）压降预安排项目平均停电时长，即对超 100 时户的工程召开针对性施工协调会，优化施工方案，合理安排施工时间。 （3）压降故障停电时户数，即开展线路绝缘化治理工作、反外破工作、加装故障指示器、优化抢修流程缩短故障处理时间，确保故障平均停电时间减少 0.3 小时。 （4）深入开展不停电作业，保证带电作业复杂项目作业次数较 2018 年提升 60% 以上。 （5）开展科技创新，提升安全可靠性和作业效率，即研究带电作业工具，保证当年申请 1 项专利
个人层（张＊）	制订《国网上海嘉定供电公司供电可靠性提升工作质量考核管理规范》，并严格按照该管理规范开展管控工作	（1）1 月底前完成供电可靠性相关文件的学习。 （2）1 月底前完成对公司供电可靠性管理现状的分析，对目标进行量化分解。 （3）2 月底前草拟《国网上海嘉定供电公司供电可靠性提升工作质量考核管理规范》，内容包括组织机构、相关部门的量化目标值、奖惩机制等。 （4）3 月底前与相关部门讨论管理规定，收集意见建议不断完善，管理规定呈公司领导小组审议，通过后发文执行。 （5）4 月起，每个月严格按照该管理规范开展管控工作，对计划停电时户数进行"日监控，周统计，月分析，半年度考核"

3. 推进执行

运检部每个月召开例会检查每位员工的目标与关键成果完成情况。工作小组每位成员汇报自己的目标、关键成果的当前进度、遇到的问题、问题的原因、需要的支持、下一步计划。部门负责人对每个人的目标与关键成果的完成情况进行公示，通过沟通辅导、共同讨论，制订下一步方案（示例见表 2）。

表 2　　　　　　　　　　个人 OKR 执行情况示例

姓名：张＊	部门：运检部	
序号	项目	完成情况
1	目标	制订《国网上海嘉定供电公司供电可靠性提升工作质量考核管理规范》

2	关键成果	2月底前草拟《国网上海嘉定供电公司供电可靠性提升工作质量考核管理规范》，内容包括组织机构、相关部门的量化目标值、奖惩机制等
3	关键成果的当前进度	组织机构、各部门的目标值已制订但还未沟通确定，奖惩机制没有写完整
4	遇到的问题	奖惩考虑不够全面，奖惩标准不好把握
5	问题的原因	考虑问题不够全面，对奖惩颗粒度划分不准确
6	需要的支持	召集相关部门开专题会议讨论
7	下一步计划	开专题会讨论，不断优化完善该管理规范

4. 评估沟通

每季度末，运检部召开季度评估会，每位员工上报关键成果的完成情况和完成质量的自评分数（示例见表3）。当分数小于0.4或者大于0.8时，部门组织员工重新优化关键成果，审定关键成果的挑战性。同时，为员工建立OKR考核评分记录专项档案，用作评优评先、岗位竞聘的参考资料。

表3　　　　　　　　　　　　个人OKR考核评分示例

姓名：张*		部门：运检部	岗位：安全督查专职	考核周期：2019年一季度	日期：2019.3.29	
序号	目标	关键成果	关键成果权重	目标分值	关键成果完成情况	关键成果得分	OKR最终得分
1	制订《国网上海嘉定供电公司供电可靠性提升工作质量考核管理规范》	（1）1月底前完成供电可靠性相关文件的学习	10%	1	1月底完成文件学习	0.8	0.68
		（2）1月底前完成对公司供电可靠性管理现状的分析，对目标进行量化分解	20%		1月底完成分析，对目标进行初步量化	0.7	

姓名：张*		部门：运检部		岗位：安全督查专职	考核周期：2019 年一季度	日期：2019.3.29	
序号	目标	关键成果		关键成果权重	目标分值	关键成果完成情况	关键成果得分	OKR最终得分

序号	目标	关键成果	关键成果权重	目标分值	关键成果完成情况	关键成果得分	OKR最终得分
1	制订《国网上海嘉定供电公司供电可靠性提升工作质量考核管理规范》	（3）2 月底前草拟《国网上海嘉定供电公司供电可靠性提升工作质量考核管理规范》，内容包括组织机构、相关部门的量化目标值、奖惩机制等	30%	1	2 月底文件未形成整稿，还在和相关部门沟通中	0.6	
		（4）3 月底前与相关部门讨论管理规定，收集意见建议不断完善，管理规定呈公司领导小组审议，通过后发文执行	40%		3 月底文件通过审议并已发文	0.7	

2019 年，国网上海嘉定供电公司累计供电可靠率达 99.9924%，同比上升 0.0231 个百分点；累计计划停电时户数为 7180.13 时户，同比下降 74.4%，小于年度计划停电时户数目标值 8700 时户数；用户平均停电时间为 0.6672 小时 / 户，同比减少 2.0235 小时 / 户，同比下降 75.2%。

报送单位：国网上海嘉定供电公司
编 制 人：彭思伟

3 指标分类定责法
——解决业绩指标分类定责难题

导　入： 在年度业绩考核指标分解和月度考核责任分解过程中，对于类似线损率等跨部门、跨专业的指标，容易存在分解难、管控难的问题。国网上海市南供电公司根据业绩指标特点，采用指标分类定责法，划分指标分类，针对性地进行责任分解，提高指标管控成效。

🗨 工具概述

指标分类定责法，是通过分析指标管理模式和业务流程，将业绩考核指标划分为综合类指标、任务类指标和流程类指标三类，确定指标在主要负责部门和配合部门间的责任分担方式，以便于进一步实施有针对性的指标管控。

适用场景：本工具适用于跨部门、跨专业指标的分解和管控。

⚙ 实施步骤

指标分类定责法的实施步骤包括：划分指标类型、分类开展责任分解。

1. 划分指标类型

根据业绩考核指标所涉及的业务模式、业务流程等内容，将业绩考核指标分为综合类指标、任务类指标和流程类指标。

（1）综合类指标：较易区分主要负责部门和配合部门，主要负责部门承担计划、组织和数据归口职能，但在业务实施中不占据主导地位，需依靠配合部门开展工作。综合类指标的配合部门数量相对较多甚至包括公司所有部门，如售电毛利、人才贡献综合得分指标。

（2）任务类指标：较易区分主要负责部门和配合部门，主要负责部门除计划、组织和数据归口职能外，在业务实施中也占据主导地位。任务类指标的配合部门数量相对较少，也可无配合部门，如电费抄核收、电价执行管理成效指标。

（3）流程类指标：较难区分主要负责部门和配合部门，指标业务流程涵盖多个部门，涉及部门串联同责，任何一个部门发生质量问题均会导致该指标无法完成。流程类指标不设主要负责部门，只设归口部门进行数据汇总，如工程竣工决算完成率、线损率指标。

2. 分类开展责任分解

（1）综合类指标运用"管控细则 + 重点工作"的方式进行责任分解。公司确认指标主要负责部门和配合部门范围，由主要负责部门负责制订指标管控细则。管控细则主要是相关细分指标的任务目标分解，并通过重点工作评价进行分数调节。综合类指标主要负责部门的责任分担比例原则上为 20%，余下 80% 的考核责任由各配合部门共同承担，按管控细则进行评价。

（2）任务类指标运用"主责 + 次责"的方式进行责任分解。首先明确指标主要负责部门，然后由主要负责部门根据考核内容确定配合部门范围。主要负责部门直接对配合部门进行评价，但评价成绩不能低于主要负责部门自身成绩。任务类指标主要负责部门的责任比例原则上不低于 50%，其他 50% 由次责部门共同承担。

（3）流程类指标运用"流程节点管控"的方式进行责任分解。找出工作流程各节点涉及的所有部门，一并列为责任部门。流程类指标一般不事先设置责任分担比例，一旦发生考核，由发生质量坏点的责任部门承担 100% 考核责任。

◎ **经验心得**

（1）在责任分解过程中，特别是制定综合类指标的管控细则时，主要负责部门要立足目标达成认真考虑对配合部门的工作要求，确保管控细则的可操作性和有效性。

（2）在责任分担比例设置中，要充分考虑多方原因，选择合适的主要负责部门与配合部门承担比例，既要体现考核的公平性，也要符合企业实际。

📝 **实践案例**

国网上海市南供电公司于 2018 年 5 月开始应用"指标分类定责法"开展业绩指标责任分解，实现了业绩指标准确定位部门责任，更有利于开展指标管控和精准衡量部门贡献，以下分别以综合类、任务类、流程类指标为例进行展示。

1. 划分指标类型

根据国网上海电力下达的业绩考核体系，将 14 项一级指标分解为 27 项二级指标，并根据业务特点开展指标分类，共形成综合类指标 10 项、任务类指标 12 项、流程类指标 5 项（见表 1）。

表 1　　　　　　　　国网上海市南供电公司业绩指标分类表

序号	一级指标	二级指标	指标类型
1	售电毛利	售电毛利	综合类
2	可控成本完成率	可控成本完成率	综合类
3	工程竣工决算完成率	电网出资项目转资率	流程类
4		项目竣工（暂估）决算按期完成率	流程类
5	线损率	线损率	流程类

续表

序号	一级指标	二级指标	指标类型
6	发展投资效率	发展投资效率	综合类
7	售电量	售电量	综合类
8	人才贡献综合得分	人才贡献综合得分	综合类
9	用户供电可靠率	用户供电可靠率	任务类
10	市场营销质量	电费抄核收及电价执行管理成效	任务类
11		计量重点工作完成率	任务类
12		智能充换电服务网络建设运营成效	任务类
13		营销管理贡献度	任务类
14	客户服务管理	业扩报装服务规范率	流程类
15		维护用电秩序工作成效	任务类
16		台区同期线损治理完成率	任务类
17		客户服务水平	流程类
18	调控综合管理	电网检修计划管理	任务类
19		调控专业管理	任务类
20		二次设备管理	任务类
21	运维检修质量	运维检修质量	任务类
22	电网建设投运率	电网建设投运率	任务类
23	企业管理成效指数	管理创新指数	综合类
24		质量管理指数	综合类
25		卓越管理年任务完成率	综合类
26		制度标准执行指数	综合类
27		改革任务完成率	综合类

2. 分类开展责任分解

以下分别以"企业管理成效指数—管理创新指数""运维检修质量""线损率"

三个指标为例，明确指标主要负责部门和配合部门，及其相关责任分配。

（1）以"企业管理成效指数—管理创新指数"为例，归口部门为办公室，其仅负责管理创新成果的组织、数据统计，具体实施仍由各部门具体开展，由此将其分类为综合类指标。综合类指标由主要负责部门根据考核内容制订管控细则，作为对配合部门的月度/季度考核依据。因此，归口部门办公室从课题立项、课题实施和成果形成三方面对各配合部门进行考核，管控细则见表2。

表2　　　　　　"企业管理成效指数—管理创新指数"指标管控细则表

指标名称	管控内容	管控细则	配合部门
企业管理成效指数—管理创新指数	课题立项	（1）根据科技项目申报立项情况进行评价：每立项1项，加0.2分。 （2）根据管理创新项目申报立项情况进行评价：每立项1项，加0.2分。 （3）根据QC活动注册开题情况进行评价：班组QC活动开展覆盖率未达到100%的，每下降1%，扣0.1分	各部门 （QC活动注册开题仅考核运检部、营销部、调控中心和项目管理中心）
	课题实施	课题实施过程规范性、成果规范性由办公室按照具体创新工作实施办法进行评价	各部门
	成果形成	（1）根据项目申报选送情况进行评价： ① 每上报一项国网公司级科技/管理/QC项目，分别加0.8、0.5、0.3分； ② 每上报一项市级科技/管理/QC项目，分别加0.5、0.3、0.2分； ③ 每上报一项省公司级科技/管理/QC项目，分别加0.3、0.2、0.1分。 （2）根据项目获奖情况进行评价： ① 每获得一项国网公司级科技/管理/QC项目，分别加1.5、1.2、1分； ② 每获得一项市级科技/管理/QC项目，分别加1.2、1、0.8分； ③ 每获得一项省公司级科技/管理/QC项目，分别加1、0.8、0.5分。	各部门

指标名称	管控内容	管控细则	配合部门
企业管理成效指数—管理创新指数	成果形成	（3）根据获得专利授权或论文发表情况进行评价： ① 每获得一项发明专利授权，加 0.5 分；每获得一项其他专利授权，加 0.3 分； ② 每发表一篇 EI 收录论文，加 0.8 分；每发表一篇核心期刊收录或 EI 会议论文，加 0.5 分；每发表一篇普通期刊收录或会议论文，加 0.3 分	各部门

（2）以"运维检修质量"为例，归口部门为运检部，其占据电网设备运维检修的主导地位，由此将其分类为任务类指标。主要负责部门是运检部，责任承担比例设定为 60%；配合部门包括营销、调控中心等，责任承担比例为 40%，所有配合部门均摊（见表 3）。考核评价由运检部直接对配合部门进行，但评价成绩不能低于运检部自身成绩。

表 3　　　　　　　　　　　运维检修质量指标分解定责表

序号	考核内容（二级指标）	考核目标	主要负责部门	责任承担比例	配合部门	责任承担比例
1	运维检修质量	100 分	运检部	60%	营销部、调控中心、项目管理中心、发展部、供电服务指挥中心	40%

（3）以"线损率"为例，归口部门为发展部，但具体开展线损治理工作则为运检部、营销部等，发展部主要负责每月数据统计工作，较难区分主要负责部门和配合部门，相关部门发生质量问题均会导致线损率指标无法完成，由此将其分类为流程类指标。发展部、营销部、运检部、调控中心同为责任部门，不事先设置责任分担比例，根据实际发生情况，由发生质量坏点的责任部门承担 100% 考核责任，多个责任部门发生坏点时，则由其均摊考核责任（见表 4）。

表 4   线损率指标定责表

序号	考核内容（二级指标）	考核目标	责任部门
1	线损率	完成公司目标值，发生坏点部门承担 100% 责任	发展部、营销部、运检部、调控中心

通过开展指标分类定责法，国网上海市南供电公司进一步明确了业绩指标类型，快速完成指标分解，准确定位部门责任，更有利于开展指标管控和精准衡量部门贡献。特别是线损率指标，2018、2019 年度指标得分分别较 2017 年提升了 2.38%、3.17%。

报送单位：国网上海市南供电公司
编 制 人：徐 莹 虞 劼

4 指标目标导向分解考核法
——解决指标目标精准设置的管理难题

> **导 入：** 为解决管理部门不愿设置或盲目设置高目标名次，实际完成名次与目标名次偏差较大，组织指标整体结果不理想的问题，国网福建莆田供电公司提出"指标目标导向分解考核法"，充分发挥指标目标的导向作用，引导各部门精准设置目标名次，并将目标转换为过程行动，打造"目标＋过程＋结果"的全过程分解考评体系，确保公司目标实现与业绩提升。

🗨 工具概述

指标目标导向分解考核法，是按照"目标导向＋过程管控"并重的原则，通过设置目标名次，传递指标责任，细化提升措施，构建计算模型，以目标为导向，以"控过程、抓短板""定责、定时、定人"为抓手，以目标偏差考核为手段，全过程推动各部门完成指标目标的管理方法。

适用场景：本工具适用于承担上级下达业绩指标的各级各类管理部门（机构）。

⚙ 实施步骤

指标目标导向分解考核法的实施步骤包括：设置指标目标名次、建立指标溯源体系、构建指标名次偏差计算模型、计算指标得分并兑现指标考核结果。

1. 设置指标目标名次

在公司整体绩效目标最优的前提下，结合各部门关键业绩指标历史表现、行业环境及工作实际，确定年度关键业绩指标目标名次。鼓励各部门争先进位，守住优势指标，攻坚短板指标，为组织和员工提供清晰的方向，充分激发部门和员工的动力和潜能。

2. 建立指标溯源体系

（1）传递主体责任。各指标归口部门根据关键业绩指标评价标准和计算公式，对指标逐个进行因子分解，并明确各指标的部门分管领导、指标负责人及最后一级因子的责任人，建立健全清晰的指标责任体系，将指标责任落实到归口部门和配合部门，将目标压力传递到班组及具体人员。

（2）细化提升措施。以目标为导向，细化指标管控行动计划，实现指标全过程闭环管控，以"控过程、抓短板"的思路常态化开展指标的弱项短板分析，提醒专业部门进行纠偏。每月根据指标完成情况，对排名靠后的指标开展原因分析，在行动计划的基础上动态调整指标改进提升措施，"定责、定人、定时"，便于对指标提升情况实时跟踪，确保指标管理可控、在控。

3. 构建指标名次偏差计算模型

通过构建关键业绩指标实际与目标名次对应取值二维表，对指标名次偏差进行调整，引导各部门精准设置并努力完成目标名次。指标目标名次越靠前，实际完成名次与目标名次越接近，得分越高。

4. 计算指标得分并兑现指标考核结果

设置"单项指标得分 ＝ 实际名次得分 ± 实际名次较目标名次偏差系数"的指标评价标准，衡量各部门业绩指标贡献，由指标归口部门根据配合部门责任大小将指标二次分解至"1+N"个部门团队中，按月滚动分解责任，避免指标责任"平均化"。

建立指标考核结果与部门组织绩效、员工个人绩效双挂钩机制。部门与指标挂钩的绩效奖金 ＝ 指标得分 × 部门绩效奖金基数，同时，根据指标溯源分解责任体系，将部门与指标挂钩的绩效奖金二次分配到个人，指标好，则绩效高，推动指标考核结果分解到部门、落实到个人、反映到工作。

经验心得

（1）目标设定方面，应组织召开指标目标审定会，由各部门汇报目标名次并阐述理由。会后，要以正式文件的形式将目标名次固化，用于指标计算与绩效兑现。

（2）指标溯源方面，一是责任分担上，可结合管理实际，采取归口部门与配合部门承担不同权重的方式进行责任分担，或者可以由归口部门点评配合部门的方式进行关联奖惩。二是因子分析上，要逐级细化，关键在于找到弱项因子，避免盲目分析，"胡子眉毛一把抓"。

（3）指标计算方面，要合理设置实际名次较目标名次偏差系数，重奖轻罚或重罚轻奖的考核导向对应的偏差系数设置也不相同。

实践案例

国网福建莆田供电公司于2018年3月开始应用指标目标导向分解考核法，实现了指标目标设置精准合理、指标管控措施分解到位，考核结果差距有效拉开，以下以地市公司关键业绩考核指标体系为例进行展示。

1. 设置指标目标名次

根据上级公司下达的业绩考核体系，将12个一级指标按部门分解出48项二级指标，并根据各指标历史成绩和现实情况，逐一设置目标名次。原则上目标名次不得低于近三年平均值。关键业绩指标目标名次设置见表1。

表1 关键业绩指标目标名次设置表

序号	考核要素	责任部门	目标名次
1	综合线损率	发展部	5
2	社会效益实现率		5
3	人工成本利润率（5）	组织部	5
4	利润总额（15）	财务部	5
5	内模利润同比增长率		5
6	单位资产售电收入		7
7	单位资产生产性费用		4
8	人均可控管理性费用		4
9	0.4千伏分台区同期线损质量	营销部	5
10	35千伏及以上电网工程年度建设投运率	建设部	7

2. 建立指标溯源体系

组织各部门开展指标责任分解，由指标归口部门提出责任分担比例，并说明原因，配合部门表态并签字确认分担比例，建立健全指标责任体系；以目标为导向，溯源分析指标因子并提取弱项因子，有针对性地提出改进提升措施，要求每一项措施都有相应的责任人和完成时限，确保指标稳步提升并实现全年目标。关键业绩指标溯源分析见表2。

表2 关键业绩指标溯源分析表

序号	指标名称	目标名次	责任部门	归口部门责任领导	归口部门责任专工	配合部门与责任领导	弱项因子分析	管控、提升措施
1	0.4千伏分台区同期线损质量	5	营销部	**	**	配电运检中心：**、**		（1）按日通报连续3天及以上采集失败表计情况，督促三个中心、县公司对计量异常表计及时进行消缺，确保10月份月平均线损监测率完成98%及以上。责任领导：**；责任专责：**；完成时限：**

续表

序号	指标名称	目标名次	责任部门	归口部门责任领导	归口部门责任专工	配合部门与责任领导	弱项因子分析	管控、提升措施
1	0.4千伏分台区同期线损质量	5	营销部	**	**	配电运检中心：**、**		（2）开展同一站房捆绑住宅小区的户变核对工作，并同步完成营销系统、采集系统流程和营配建模异动等工作 责任领导：**；责任专责：**；完成时限：** （3）完成38台负损台区的计量异常消缺工作，现场无法处理的上报配网抢修工程进行消缺。其中：城区14台，涵江1台，仙游23。 责任领导：**；责任专责：**；完成时限：**
2	35千伏及以上电网工程年度建设投运率	7	建设部	**	**		指标评价规则中投产量因子2、3季度全省排名第7名。新度—笏石、忠田扩建、三山、园庄、菜溪滞后投产	（1）超长工期管控。园庄输变电（已全线贯通）、菜溪输变电工程（共3个单体，已投运2个单体）线路走廊涉及大面积木林，协调难度大、周期长，要加强协调，缩短周期。 责任领导：**；责任专责：**；完成时限：** （2）过程进度管控。钟山—游洋、钟山T接兴山—庄边线路工程因青赔原因进度滞后，10月份需确保无障碍施工。 责任领导：**；责任专责：**；完成时限：** （3）计划调整管控。忠田变扩建工程因主变及GIS到货原因，投运节点滞后；新度间隔扩建工程因停电批复问题，投运节点滞后。拟结合月度和年度计划安排，向上级单位申请调整计划。 责任领导：**；责任专责：**；完成时限：**

3. 构建指标名次偏差计算模型

首先，设置实际名次得分：80 ～ 120 分不等，公差为5。

其次，设置实际较目标名次偏差系数：当实际名次优于目标名次时，偏差系数为3；当实际名次差于目标名次时，偏差系数为6。即当实际名次优于目标名次时，每偏差1名加3分，但加分后不超过实际名次等于目标名次时的得分；当实际名次差于目标名次时，每偏差1名扣6分。

最后，设置关键业绩指标实际与目标名次偏差对应取值二维表（见表3）。

表3　　　　　　　关键业绩指标实际与目标名次偏差对应取值二维表

名次	1	2	3	4	5	6	7	8	9
1	120	114	108	102	96	90	84	78	72
2	118	115	109	103	97	91	85	79	73
3	116	113	110	104	98	92	86	80	74
4	114	111	108	105	99	93	87	81	75
5	112	109	106	103	100	94	88	82	76
6	110	107	104	101	98	95	89	83	77
7	108	105	102	99	96	93	90	84	78
8	106	103	100	97	94	91	88	85	79
9	104	101	98	95	92	89	86	83	80

注　1. 表中对角线上的得分为实际名次得分。

　　2. 实际名次等于目标名次，名次越靠前，分数越高。

4. 计算指标得分并兑现指标考核结果

根据指标完成名次与目标名次偏差，计算单项指标得分。单项指标得分 = 实际名次得分 ± 实际名次较目标名次偏差系数。

根据指标责任分担比例，计算部门指标得分。部门指标得分 =100+Σ 单项指标奖扣分。

发展部、营销部指标目标考核得分表以及与部门绩效奖金挂钩情况示例见表 4、表 5。

表 4 发展部、营销部指标目标考核得分表

序号	指标名称	目标名次	完成名次	单项指标得分	单项指标奖扣分	分担权重 归口部门	发展部	建设部	营销部
1	社会效益实现率	5	2	109	9	发展部	90%	10%	—
2	经济效益提升率	5	8	82	−18		80%	—	20%
3	经济效益贡献率	5	3	106	6		80%	—	20%
4	0.4 千伏分台区同期线损质量	5	5	100	0	营销部			100%
5	电能替代及综合能源营收目标完成率	5	2	109	9		—		100%
6	售电量	7	5	96	−4		—		100%
部门指标得分							98.5	—	102.6

以发展部考核得分为例，"社会效益实现率"指标加分 9 分，分担权重为 90%，实际加分 8.1 分；"经济效益提升率"指标扣分 18 分，分担权重为 80%，实际扣分 14.4 分；"经济效益贡献率"指标加分 6 分，分担权重为 80%，实际加分 4.8 分；总体考核得分 =100+8.1−14.4+4.8=98.5（分）。

表 5 发展部、营销部指标得分与部门绩效奖金挂钩表

序号	部门名称	指标得分	部门绩效奖惩（元）	人均绩效奖惩（元）
1	发展部	98.5	−9645	−536
2	营销部	102.6	83603	804

通过实施"指标目标分解考核法"，国网福建莆田供电公司有效引导各部门精准设置指标目标名次，调动了员工积极性，促进实现整体业绩目标。一是指标目标名次更精准。共矫正目标名次 16 项。二是指标过程支撑更有力。健全指标责任分解体系，剥离指标弱项因子，有针对性制订管控提升措施，指标名次提升明显。发展部的社会效益实现率由第 5 名提升至第 2 名；营销部的 0.4 千伏分台区同期线损质量指标由第 9 名提升至第 5 名。三是指标考核激励更有效。部门间指标得分差距最大可达 25 分，人均绩效最大差距超过 20%。有效激励各部门努力实现高目标名次，赚取高分，赚多绩效。

报送单位：国网福建莆田供电公司

编 制 人：翁小翠　郑熠旻　郑丽默

5 业绩指标 QQCT 分解法
——指导部门（班组）关键业绩指标分解

> **导 入：** 绩效考核开展初期，国网黑龙江黑河供电公司部分绩效经理人缺乏科学的管理方式，指标分解往往是将上级单位下发的关键业绩指标按数量平均分配给部门内人员，考核压力没有做到层层传递。为有效分解业绩指标和工作任务，建立一套标准化、可借鉴的业绩指标分解模式，避免绩效考核流于形式，国网黑龙江黑河供电公司创新应用业绩指标 QQCT 分解法，从数量、质量、成本、时效四个维度，分解关键业绩指标、重点工作任务，促进公司整体业绩提升。

工具概述

业绩指标 QQCT（Quantity Quality Cost Time）分解法，是基于"格里波特"四分法，从数量、质量、成本、时效四个维度分解指标。数量是指针对部门总的业务量按一定比例分给责任人；质量是对责任人业务精确性和创新性的评价；成本是指完成工作所消耗的人工和管理成本；时效是指从工作完成需要的时间和工作的频率两个维度来做出规范。

适用场景：本工具适用于承担关键业绩指标、重点工作任务的部门和班组。

实施步骤

业绩指标 QQCT 分解法的实施步骤包括：分析指标构成、明确指标要求、确定责任岗位及明确考核标准。

1. 分析指标构成

根据关键业绩指标、重点工作任务的构成，梳理指标的计算公式、评价标准，明确指标内容之间的相互关系，初步识别指标的数量、质量、成本、时效等要求。

2. 明确指标要求

根据关键业绩指标、重点工作任务的全部分项考核内容，从数量、质量、成本、时效四个维度制定分项指标要求。

3. 确定责任岗位及明确考核标准

根据部门职责分工，由绩效经理人明确各指标数量、质量、成本、时效的责任岗位及责任人，同时制定相应考核标准。

◎ 经验心得

需要对关键业绩指标的数量、质量、成本、时效四个维度进行量化，形成衡量标准，使员工清楚了解到绩效经理人希望他做什么，做到哪种程度。

✐ 实践案例

国网黑龙江黑河供电公司于2018年1月开始应用业绩指标QQCT分解法，对关键业绩指标进行分解，实现了"优质服务满意率""营销服务规范率"等指标稳步提升，以下以"优质服务满意率"指标为例进行展示。

1. 分析指标构成

分析"优质服务满意率"指标的构成，绘制指标的"鱼骨图"（见图1）。

优质服务满意率＝业扩报装时限达标率×50%+客户服务规范率×50%。

（1）业扩报装时限达标率＝（业务办理时限达标的已归档业扩新装、增容流程数）/（已归档的业扩新装、增容流程数总和）×100%。

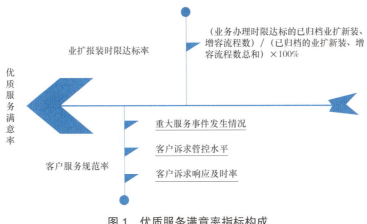

图1 优质服务满意率指标构成

（2）客户服务规范率＝重大服务事件发生情况 ×50%+ 客户诉求管控水平 ×40%+ 客户诉求响应及时率 ×10%。

① 重大服务事件发生情况：未发生重大服务事件的，该项得满分，发生重大服务事件的按照减分项扣减分值。

② 客户诉求管控水平 –[1– 营销服务不规范投诉数 /（人工话务量 /100×50%+ 当期营业户数 /1000×50%）]×40%+[1– 供电质量投诉数 /（人工话务量 /100×50%+ 当期营业户数 /1000×50%)]×30%+[1– 停送电投诉数 /（人工话务量 /100×50%+ 当期营业户数 /1000×50%）]×30%。

③ 客户诉求响应及时率＝规定时限内回单确认工单数 / 应及时回单确认工单总数 ×100%。

经初步分析，业扩报装时限达标率、客户诉求响应及时率主要侧重于工作时效，重大服务事件发生情况、客户诉求管控水平侧则重于次数。

2. 明确指标要求

依据优质服务满意率指标的构成，明确各分项指标的数量、质量、成本、时效要求，优质服务满意率指标 QQTC 分解见表1。

表 1   优质服务满意率指标 QQCT 分解表

指标	业扩报装时限达标率	重大服务事件发生情况	客户诉求管控水平	客户诉求响应及时率
数量	所有工单	—	零投诉	所有发生工单
质量	无超期	—	以客户为中心，提高供电可靠性，减少频繁停电	按标准回单
成本	按规定执行	—	—	—
时效	≤ 3 个工作日	—	—	按时限要求回单

重大服务事件发生情况、客户诉求管控水平、客户诉求响应及时率达标，保证客户服务规范率达标。

业扩报装时限达标率、客户服务规范率达标，保证优质服务满意率达标。

3. 确定责任岗位及明确考核标准

通过分析指标考核计算方式，明确完成该指标涉及业扩报装专业、供电服务专业、配电检修专业，即包括业扩报装员、95598 服务代表、抄表催费员等岗位，结合各岗位职责，提出具体要求。以业扩报装受理员、95598 服务代表、抄表催费员为例。

业扩报装受理员：及时归档业扩新装、增容流程，不发生超期工单。对于业务办理时间与系统记录时间相差 3 个工作日及以上的业务流程，若其所占回访工单总数的比重高于 3%，每高 0.5%，扣 1 分。

95598 服务代表：一旦发生 95598 投诉工单，及时回单率必须达到100%，未及时回单每次扣 1 分。

抄表催费员：发生供电服务质量事件、供电服务过错、行风事件等有损于公司形象、有损于用户利益的供电服务错误行为的，每发生一次属实投诉事件扣相关被考核人 1 分，扣完为止。

通过应用业绩指标QQCT分解法，国网黑龙江黑河供电公司2018年四个季度的"优质服务满意率"分别是：一季度95.23%、二季度97.38%、三季度98.05%、四季度99.60%，呈现稳步提升的趋势，成效显著。

报送单位：国网黑龙江黑河供电公司

编 制 人：李本松 额日和图 刘 卓

6 KPI+OKR 组合式考核法
——提升"项目型 + 产品型"复合型团队工作业绩

> **导　入：**业务团队通常包含生产项目型和产品研发型两种，生产项目型团队以项目进度、成本、质量为导向，产品研发型团队以产品输出为导向。对于"项目型 + 产品型"复合型团队，单独运用 KPI、OKR 考核无法有效对生产项目团队的定量产出与对产品研发团队的定性产出的评估。国网信通产业集团采用 KPI+OKR 组合式考核法，通过"促进绩效生产 + 评估绩效结果"，帮助业务团队成员聚焦目标，解决多元化业务团队量化考核评价问题。

工具概述

KPI+OKR 组合式考核法，是以关键绩效指标（KPI）分解设定复合团队的总体目标，并进一步分解出生产项目子团队的 KPI 目标和产品研发子团队的子目标（Object），并在传统 KPI 评估关键业绩的基础上，通过目标与关键成果法（OKR）精准衡量研发团队的关键任务达成情况，激励团队效益最大化。

适用场景：本工具适用于生产项目型和产品研发型并存的组织。

实施步骤

KPI+OKR 组合式考核法实施步骤包含：KPI 目标设定与分解、OKR 目标设定与管控。

1. KPI 目标设定与分解

（1）运用目标管理设定目标。将组织层目标分解到部门，形成组织绩效考核体系，各部门将绩效考核内容进一步分解，落实到团队与个人。各部门进行自下而上的目标汇集，每位员工依据工作内容设定自身目标，并与直接绩效经理人确认，绩效目标体系见图1。

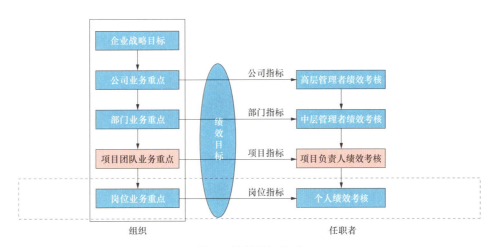

图1　绩效目标体系

（2）基于平衡记分卡分解目标。根据目标管理制订的目标，从财务、客户、内部流程和学习成长四个维度分析目标设定是否完善。确定目标完整性后，再从财务、客户、内部流程和学习成长四个维度分解目标。

（3）设定生产项目子团队考核指标。根据关键工作内容和岗位职责设置，针对负责完成生产经营任务的子团队设置绩效指标。

（4）设定产品研发团队核心目标。为了突出针对产品研发子团队的目标管理导向，有效评估和管理产品研发过程，需要将 KPI 分解为产品研发团队的总体目标 O，以及团队级别的子目标 $O_1 \cdots O_n$。

（5）目标考核。对生产项目子团队成员设定的绩效指标实行月度、季度和年度考核，团队成员根据绩效指标制定个人绩效承诺书，团队负责人根据承诺书进行周期性考核，并在每月末汇总考核情况，发起团队考核公示，公示期间受理申诉，确认申诉结果后执行考核，针对绩效目标达成较差的员工，开展绩效改进，实现闭环管理。

2. OKR目标设定与管控

（1）OKR目标设定。产品研发团队员工依据团队子目标 $O_1 \cdots O_n$ 并结合岗位职责制定自己的 $KR_1 \cdots KR_n$，KR应做到具体明确、量化可控、切实可行并具有时限性。团队负责人与员工应共同参 O 与 KR 的分解和设定，通常 OKR 的制定和迭代周期是以季度为单位的。团队负责人应设定有挑战性的、鼓舞人心的目标，确保团队聚焦到重要目标上，并可以用关键结果衡量工作绩效，在绩效期望方面达成共识。

（2）目标执行。产品研发团队成员在目标执行的过程中应进行定期评估，一般采用周会的方式，在每次的周会中对所有 OKR 执行进程进行检查，了解当前进度，判断达成概率，如果出现明显受阻的 KR 执行，应利用会议机会讨论办法和协调资源。

（3）过程评估。在半个季度时应做期中评估，在季度末对 OKR 进行复盘分析，并在半年后、一年后分别进行成果复盘，为下一个 OKR 的实施提供经验，以计划、执行、检查、行动的管理模型不断优化绩效管理方法。

◎ **经验心得**

（1）KPI的制定应当围绕企业发展战略自上而下层层分解、层层递进。

（2）O 和 KR 的设定不应过多，一般来说每个季度设定 1~5 个 O，每个 O 设定不超过 4 个 KR，应用时应根据自身研发团队的特性进行调整。

（3）KR的设定是由下至上的，KR 设定时应避免过于长效，一定要有可以随时检查的中期进度，所有的 KR 必须有明确的负责人。

（4）KPI与OKR应结合使用，KPI可以很好地评估员工绩效结果，但过程管控中，需要将OKR作为管理工具进行应用。

实践案例

国网信通产业集团于2019年4月开始应用KPI+OKR组合式考核法，实现了生产型项目业绩保质增效，研发型项目顺利完成研发任务并输出核心产品。下面以四川中电启明星信息技术有限公司（以下简称中电启明星）绩效考核为例进行展示。

1. KPI目标设定与分解

（1）根据中电启明星的战略目标和业务重点，层层分解出公司指标、部门指标、项目指标和岗位指标。其中，项目指标通过项目团队实现，包括业绩指标（权重占80%）和个人发展指标（权重占20%）。

（2）业绩指标可根据平衡记分卡的思路，主要分为财务、客户、内部流程、学习与成长四大指标；个人发展指标根据团队成员角色设计管理行为指标和员工发展指标。根据子团队性质不同，分解生产项目子团队的考核指标和产品研发团队的核心目标（不超过3个）。

（3）设定生产项目子团队考核指标。基于财务、客户、内部流程、学习成长四大业绩指标，生产项目子团队成员根据岗位类型在上级管理人员的指导和帮助下，有针对性地选择符合本岗位的绩效指标，制订个人工作目标，此类指标占75%～95%；同时依据个人职业生涯规划制订个人发展目标，其中管理人员偏重管理行为指标，员工偏重员工发展指标，此类指标占5%～25%，见表1。目标分解清晰后转化为工作内容和岗位职责，并签订个人绩效承诺书。

表 1 生产项目团队指标体系设计

一级指标	二级指标	三级指标
业绩指标	财务	目标利润完成率
		签单完成率
		收款完成率
		净现金流贡献
		成本费用控制率
	客户	新产品市场占有率
		新客户获得率
		现有客户维持率
		客户满意度
		客户投诉解决情况
	内部流程	项目进度偏差率
		产品转换率
		项目阶段成果验收合格率
		科技项目成果
		技术（评审）材料准确率
		出厂测试两轮通过率
		出厂测试缺陷率
		科技项目申报
		技术文档编写质量
	学习与成长	员工的离职率
		创新性建议的采纳率
		员工满意度
个人发展指标	管理行为	工作计划执行偏差率
		团队成员组建与释放情况、团队内部管理规范或制度建设情况
		对下属指导次数，正式/非正式的与下属分享经验情况
		下属绩效辅导次数、辅导后工作任务效率和质量提升情况
	员工发展	个人学习计划达成率

（4）设定产品研发团队核心目标。为支撑业绩指标达成，产品研发团队提炼出科技成果指标、产品安全质量和重点工作目标三个核心目标（O），团队成员依据岗位角色和职责划分拆解为子目标 $O_1 \cdots O_n$，见表 2。

表 2　　　　　　　　　　产品研发团队目标示例

核心目标（O）	子目标（$O_1 \cdots O_n$）
完成科技成果指标	完成 x 项软件著作权
	完成 x 篇核心期刊论文发表
	…
保证产品安全质量	项目阶段成果验收合格率达 $x\%$ 以上
	出厂测试缺陷率低于 $x\%$
	…
完成重点工作目标	代表公司进行外部专业交流
	制作培训课件、案例等组织资产经采纳并推广应用
	…

（5）目标考核。对生产项目团队成员依据个人绩效承诺书进行目标考核，由团队负责人总负责考核流程，按照"考核评价、考核结果合并、团队公示、团队成员申诉、考核执行、绩效改进"执行闭环管理。

2. OKR 目标设定与管控

（1）OKR 目标设定。年初，项目负责人带领团队中的产品研发人员依据 KPI 分解的核心目标（O），拆解各个阶段的子目标 $O_1 \cdots O_n$。每个月末的总结月度例会由项目经理带领团队成员讨论确定下个月的 O，一般先分组讨论再拿出来展示，然后勾出可行与合适的 O。

每个月讨论完后，由直接小组负责人或者直接主管帮助被考核人确定个人目标。

（2）目标执行。每个月目标执行过程中要进行目标监控，从团队到个人的 O 及 KR 均是公开的，可供大家监控并用于月末讨论确定下个月方案。

（3）过程评估。每个月月初报上个月个人及团队目标实现情况（由于 OKR 是敏捷管理，所以月度考核就必须进行月度汇报及调整修模 KR），每个月重复如上流程。某员工 OKR 设置情况见图 2。

目标树	负责人	目标（O）	目标进度	关键成果（KR）	目标值	完成值	完成说明	完成比例	更新时间
	董某某	[个人目标] [权重50%] 提升方案输出能力	100%	整理需求评审的相关意见、形成模板，便于以…	100%	100 %	收集了评审反馈意见，并对重要问题…	100%	45天前
				一次性通过公司需求评审	100%	100 %	需求评审一次性通过了公司评审	100%	45天前
				根据部门和公司的需求评审意见完善对国网电子…	100%	100 %	完成了需求的修改，并通过了颜门、机…	100%	45天前
				完善国网电子身份库的原型修改	100%	100 %	国网电子身份库原型在开发过程中不提…	100%	45天前
	董某某	[个人目标] [权重50%] 提升原型设计输出能力	100%	完成权限功能优化试点web端原型设计	100%	100 %	完成了web端权限试点原型设计，提交…	100%	45天前
				完成权限功能优化试点移动端功能原型设计	100%	100 %	完成了移动端权限试点原型设计，提交…	100%	45天前
				整理原型设计过程中的相关问题、成果和经验，…	100%	100 %	对原型设计的功能逻辑问题、交互问题…	100%	45天前

图 2　某员工 OKR 设置情况

在 2019 年 12 月底，支撑产品研发的团队采用了 OKR 绩效改进模式后，基本完成了设定的各项 KR，未完成 KR 的团队成员进行了绩效考核处理同时制订了改进计划，全体团队成员对于综合使用 KPI 和 OKR 的绩效考核办法非常认可，在施行的过程中，员工主动性提高，同时实现了绩效的考核机制和激励机制。支撑项目运营的团队 2019 年顺利完成生产目标并实现了 3.51% 的增长。

报送单位：国网信息通信产业集团有限公司
编 制 人：陈　庆　刘秋辉　张　勇　周子轩　王　丹

7 业绩指标战略地图分解法
——解决员工绩效指标与公司战略目标脱节问题

> **导　入：** 目前，在全员绩效管理体系的实际操作中，仍然存在公司战略目标落地难、员工绩效指标与公司战略规划相脱节等问题。平高集团运检服务公司通过实施业绩指标战略地图分解法，立足经营管理实际，细化战略目标，层层分解指标任务，持续优化战略绩效指标体系，促进企业战略有效落地。

工具概述

业绩指标战略地图分解法，是指实施以战略为导向的绩效管理，将公司战略转化为战略地图，量化分解为公司、部门、员工的绩效指标，实现员工绩效与组织绩效、公司经营业绩和战略目标一体化联动。

适用场景：本工具适用于战略导向明确的各级组织。

实施步骤

业绩指标战略地图分解法实施步骤包括：绘制战略地图、提取公司级KPI、确定部门级 KPI、明确员工 KPI。

1. 绘制战略地图

根据公司战略目标，结合经营实际，参考平衡计分卡理念，明确公司战略主题，从财务、客户、内部运营和学习成长等四个维度细化关键战略举措。

2. 提取公司级 KPI

将公司关键战略举措细化、分解至可实现的指标任务，提取具体、可量化的公司级 KPI 指标。

3. 确定部门级 KPI

公司结合各部门职责和下属单位经营特性，将公司级 KPI 指标分解至各部门各单位，依据核心职责与任务目标的关联程度、承担任务目标值的责任大小、承担任务目标总数量等因素，差异化设置部门级 KPI 指标权重，主要分为强相关、弱相关、间接相关三种情况，权重分别为 70%~100%、10%~20%、5% 以下。公司根据部门级 KPI 及部门职责与各部门各单位负责人签订业绩考核责任书。

4. 明确员工 KPI

各部门和下属单位负责结合各岗位特点将部门级 KPI 全部分解至员工，明确个人绩效考核目标，签订绩效合约。

经验心得

（1）通过从公司发展战略中提取、量化、分解 KPI 指标，可进一步规范指标和目标值获取的标准化工作程序和方法，形成可视化、可复制、可操作的标准化绩效指标提取流程。

（2）通过业绩指标战略地图分解法，有助于营造以公司发展战略为导向、以绩效合约为基础、将契约化精神根植于心的绩效文化氛围。

实践案例

平高集团运检服务公司于 2020 年 1 月开始应用业绩指标战略地图分解法，初步实现了员工绩效考核指标与公司战略目标统一，下面以平高集团运检服务公司年度考核指标分解为例进行展示。

1. 绘制战略地图

基于平高集团运检服务公司"建成国内领先、国际知名的电网设备运维检修整体方案提供商"的愿景和"服务电网安全运行、提升设备质量效益"的使命，从财务、客户、内部运营和学习成长等四个维度明确增加销售收入、降低运营成本、提高客户满意度、维护客户关系和提升品牌知名度等战略主题，细化提高新兴业务销售收入及合同占比、提高系统外销售收入和加大资金回收力度等关键战略举措，见图 1。

图 1　平高集团运检服务公司 2020 年战略地图

2. 提取公司级 KPI

对照关键战略举措，设置具体、可量化的公司级 KPI。以达成"提高新兴业务销售收入及合同占比"战略举措为例，设置营业收入、新增合同、新业务合同占比三项公司级 KPI 指标，其他公司级 KPI 提取情况见表 1。

表 1　　　　　　平高集团运检服务公司 2020 年公司级 KPI 提取情况

BSC维度	战略主题	关键战略举措	公司级 KPI
财务层面	增加销售收入	（1）提高新兴业务销售收入及合同占比。 （2）提高系统外销售收入。 （3）加大资金回收力度	（1）新增合同 x 亿元。 （2）营业收入 x 亿元。 （3）新兴业务合同占比 75% 以上。 （4）系统外收入 x 万元。 （5）资金回收 x 亿元。 （6）费用执行率 95% 以上。 （7）人事费率 1.68% 以下
	降低运营成本	（1）控制检修业务采购成本、管理成本。 （2）控制人事费率	
客户层面	提高客户满意度	（1）提升运检技术服务能力、集成能力，提供整体解决方案。 （2）提升项目管理及交付能力。 （3）提升现场专业服务水平	（8）检修技术方案准确率 97% 以上。 （9）检修现场人员到达及时率 88%。 （10）检修物资到货及时率 85%、准确率 88%。 （11）核心客户台账梳理完成率 100%。 （12）战略客户保有率 97% 以上。 （13）关键客户增长率 30% 以上。 （14）客户改进意见及时反馈率。 （15）检修服务投诉次数少于 20 次。 （16）客户满意度 97% 以上
	维护客户关系	（1）与国家电网有限公司、网省公司、系统外单位建立稳定良好的合作关系。 （2）做好客户关系管理	
	提升品牌知名度	打造国内变电运检服务第一品牌	
运营层面	增强运检技术研发、集成能力	（1）组建运维检修技术中心，强化研发与市场协同。 （2）加快推进国家电网公司运维检修技术服务中心建设。 （3）基于四大核心业务提升运维检修技术研发效率	（17）检修服务化产品开发上市的数量 5 个以上。 （18）检修服务化产品研发各阶段按期完成率 95% 以上。 （19）国家电网公司、集团科研项目目标达成率 100%
	提高供应链管理水平	（1）加快推进设备仓储备件中心建设。 （2）提升供应商资源整合能力，加强核心供应商考核	（20）超特高压备件中心建设目标达成率 100%。 （21）库存盘点账实相符率 97%。 （22）采购订单按时完成率 90%。 （23）检修订单按时完成率 80%。 （24）核心供应商档案资料完备率

续表

BSC维度	战略主题	关键战略举措	公司级KPI
运营层面	提高培训水平	加快推进国家电网公司运检技能培训中心建设	（25）运检技能培训中心建设目标达成率100%
	提升营销管理水平	（1）加快推进5大营销平台建设。 （2）分级分类建立客户关系档案。 （3）积极拓展覆盖全国地市公司、重要变电站的营销网络	（26）市场调研计划完成率。 （27）3家修试公司基地建设目标达成率。 （28）15类检修服务化产品市场份额分析及目标完成率。 （29）关键营销网络覆盖率
	提高项目管理水平	（1）贯彻一次做好质量理念，降低检修事故率。 （2）严格控制项目过程管控、提升质量、缩短周期、控制成本。 （3）专业化售后服务及跟踪客户满意度	（30）检修项目安全、质量体系建设目标达成率。 （31）降本增效目标完成率85%。 （32）检修项目人员利用率。 （33）检修项目按时达成率。 （34）项目改进提升任务完成率
学习成长	提升人力资本	（1）建立战略绩效薪酬分配管理机制并实施。 （2）优化人才结构，建立多元化人才引进渠道。 （3）构建职业通道强化培训体系	（35）管理流程制度修编计划完成率。 （36）校企合作项目目标完成率。 （37）员工培训计划完成率。 （38）CRM系统建设完成率。 （39）云视频系统使用率
	提升信息资本	加强信息化工具对业务的高效支撑	
	提升组织资本	（1）提升员工满意度。 （2）建立完善的运检技术研发体系及销售体系。 （3）提炼公司文化，塑造公司价值	

3. 确定部门级 KPI

平高集团运检服务公司 2020 年部门级 KPI 指标见表 2。以新增合同指标为例。市场支持部主要负责考核期内新签订的检修业务销售合同总价款，与考核指标强相关，目标值权重 97%；运检技术中心主要负责考核期内新承接的科研项目所签订的合同总价款，与考核指标弱相关，目标值权重 3%。

以检修服务投诉次数指标为例。项目管理部主要负责管理现场服务人员和检修业务现场实施，直接体现公司服务质量，与考核指标强相关，指标权重 70%；市场支持部主要负责客户沟通和客户管理，与考核指标弱相关，指标权重 20%；安全质量部主要负责因安全质量事件导致客户投诉情况的处置及管理工作，与考核指标弱相关，指标权重 10%。

表 2　　　　　　　平高集团运检服务公司 2020 年部门级 KPI 示例

序号	指标	综合管理部	市场支持部	项目管理部	运检技术中心	安全质量部
1	新增合同 x 亿元		☆☆☆		☆	
2	营业收入 x 亿元		☆☆☆	☆☆	☆	
3	新兴业务合同占比 75% 以上		☆☆☆		☆☆	
4	系统外收入 x 万元		☆☆☆			
5	资金回收 x 亿元		☆☆☆			
6	费用执行率 95% 以上	☆☆☆				
7	人事费率 1.68% 以下	☆☆☆				
8	检修技术方案准确率 97% 以上		☆		☆☆☆	

续表

序号	指标	综合管理部	市场支持部	项目管理部	运检技术中心	安全质量部
9	检修现场人员到达及时率99%			☆☆☆		
10	检修物资到货及时率95%、准确率97%			☆☆☆		☆
11	核心客户台账梳理完成率100%		☆☆☆			
12	战略客户保有率97%以上		☆☆☆			
13	关键客户增长率30%以上		☆☆☆			
14	客户改进意见及时反馈率		☆☆		☆☆	☆
15	检修服务投诉次数少于20次		☆☆	☆☆☆		☆☆

注 "☆☆☆"表示与考核指标强相关,"☆☆"表示与考核指标弱相关,"☆"表示与考核指标间接相关。

4. 明确员工KPI

按照效益类指标垂直分解、任务类指标目标一致的原则,各部门将部门级指标分解至员工,编制员工绩效合约,包括关键绩效指标(定量考核指标)、重点工作任务指标(定性考核指标)及综合评价部分。以市场支持部为例,部门级KPI指标新增合同 x 万元,则部门内所有销售岗位销售员承担的新增合同指标 x_1、x_2、x_3 至 x_n 总和为 x 万元;以项目管理部为例,部门级KPI指标检修现场人员到达及时率99%,则部门所有现场服务工程师岗位员工关键KPI指标到场及时率设置为99%以上。

平高集团运检服务公司立足自身经营管理实际,通过实施业绩指标战略地图分解法,基于公司发展战略目标,提取39项KPI指标,分解至5个部门,与全员108名各层级负责人和员工签订年度业绩考核责任书、绩效合约,层层分解指标任务，实现了精准考核与激励，有效保障了公司经营目标达成和战略落地实施。截至 2020 年 6 月底，公司营业收入同比增长 19.12%，利润总额同比增长 21.27%，新增合同同比增长 10.93%，有效激发了干部队伍活力，调动了正能量的绩效文化。

报送单位：平高集团运检服务公司

编　制　人：赵献臣　武耀平

8 信息运维内控考核法
——解决信通专业指标管控的关口前移问题

> **导　入：** 信息通信运维单位以服务保障大电网安全和国家电网有限公司高效运营为使命，其核心业务指标的完成情况至关重要。在分解落实上级下达的关键业绩指标方面，传统做法是直接分解落实5项信息通信核心业务考核指标，但不利于实现"预防为主、关口前移、主动防御"的精益运维。国网信通公司立足行业特性和企业实际，建立了指标内控机制，打出内控"富余量"和"提前量"，通过加强指标内控管理，促进指标提升。

工具概述

信息运维内控考核法，是指为确保完成上级下达的关键业绩指标，制定针对三级单位的内控指标，内控指标紧密围绕运营保障单位考核导向，充分体现信通特色和公司定位，评价标准更严、考核周期更短。同时通过定义不同等级的"风险事例"并纳入内控指标管理，实现关口前移，确保指标目标顺利实现。

适用场景：本工具适用于信息通信运维单位。

实施步骤

信息运维内控考核法实施步骤包括：制定内控考核指标评价体系、分解落实内控考核指标、考核评价与分析反馈。

1. 制定内控考核指标评价体系

根据总部下达的 KPI，考核责任部门组织相关考核管理部门制定年度公司内控考核指标评价体系，以更高的标准、更严的要求，确定内控指标评价标准和考核周期，形成与绩效考核管理实施细则配套的季度、年度绩效考核执行依据。

2. 分解落实内控考核指标

内控考核指标充分征求三级单位意见后，经公司绩效考核管理委员会审定后下发，分解落实到各职能部门、业务中心。

3. 考核评价与分析反馈

按季度考核各三级单位的内控指标完成情况，将考核情况一对一进行反馈，倒逼各相关责任部门切实提高工作标准，提升工作业绩。

◎ 经验心得

（1）内控指标选择上采取分级分类模式，区分不同指标要求，充分体现信息通信行业特性和电力信息通信企业特色。如按照信息系统、通信系统两类，一级风险事例、二级风险事例两级进行可靠率内控指标设计。

（2）内控指标考核上采用分级分类模式，区分不同三级单位性质，突出责任结果导向。考虑到国网信通公司实际情况，在具体内控指标考核实施上，改变以往所有三级单位大排序的方式，自 2019 年起区分部门、中心两个序列进行考核排序，更好地体现了差异性、可比性。

✎ 实践案例

国网信通公司于 2019 年起开始实施绩效考核指标的内控机制，对总部下达的 5 项核心业务指标，即信息系统运行可靠率、通信系统运行可靠率、电力物联网任务完成率、信息通信服务满意率、网络与信息安全任务完成率，建立高标准、严要求的内控指标体系。

信息系统运行可靠率：增加了 2 项内控考核指标，一是每发生 1 次一级风险事例，对责任部门进行减分，减指标分值的 1%。二是每发生 1 次总部认定的信息工作不达标或问题通报，对责任部门进行减分，减指标分值的 2%；发生总部工作任务、安全培训和资格认证、信息系统管理等信息运行相关各项工作完成不及时、不到位等情况，每项减指标分值的 1%。

通信系统运行可靠率：增加了 1 项内控考核指标，即每发生 1 次总部认定的通信工作不达标或问题通报，对责任部门进行减分，减指标分值的 2%；发生总部工作任务、隐患治理、应急管理、安全培训、资质认证等通信运行相关各项工作完成不及时、不到位等情况，每项减该指标分值的 1%。

电力物联网任务完成率：增加了 2 项内控考核指标，一是项目建设关键里程碑节点完成率低于 100%，每降低 1%，减该指标分值的 2%；二是每发生 1 次总部认定（通过各种渠道下发和反馈）的任务不达标或问题通报，对责任部门进行减分，减指标分值的 2%；发生总部工作任务、IRS 项目进度提报、后评估整改等建设相关各项工作完成不及时、不到位等情况，每项减该指标分值的 1%。

信息通信服务满意率：增加了 1 项内控考核指标，即每发生 1 次总部认定的服务不达标或问题通报，对责任部门进行减分，减指标分值的 2%；发生总部工作任务等信息通信服务相关各项工作完成不及时、不到位等情况，每项减该指标分值的 1%。

网络与信息安全任务完成率：增加了 1 项内控考核指标，即每发生 1 次总部认定的网络安全不达标或问题通报，对责任部门进行减分，减指标分值的 2%；发生总部工作任务、安全培训和资质认证等网络与信息安全相关各项工作完成不及时、不到位等情况，每项减该指标分值的 1%。

通过上述更加严格、更加细化的评价标准，按季度对三级单位设置"五率"的内控指标进行考核，确保能够提前发现信息通信安全生产、工程建设和客户服务等方面存在的隐患，并针对性地采取有效措施，防微杜渐，防患未然，有力保障公司各项核心业务指标圆满完成。

报送单位：国家电网有限公司信息通信分公司
编 制 人：李莉敏 吴 珍 刘思琦

9 三维绩效计划管理法
——提高管理与业务双职能组织的绩效计划质量

> **导　入：**绩效计划是绩效管理的起始环节，企业通过绩效计划形成工作导向，针对兼具职能管理与业务指标的各级单位，单纯使用目标管理法或KPI考核法难以做到合理设置考核目标。国家电网有限公司大数据中心运用三维绩效计划管理法建立了一套科学实用、可操作性、针对性较高的绩效指标体系，有效推动企业提高管理效率效益与绩效计划质量、充分调动领导人员和员工队伍工作积极性。

工具概述

　　三维绩效计划管理法是指建立以目标任务、关键业绩和全面评价三个维度的绩效计划管理体系，通过目标设置、关键绩效指标分解和综合评价，全方位规划各级工作绩效计划的方法，是落实各专业重点工作任务、明确核心关键业务目标的重要工具。

　　适用场景：本工具适用于兼具管理职能和业务实施职责的各级单位对组织进行绩效计划管理。

实施步骤

　　三维绩效计划管理法的实施步骤包括：分解年度重点工作任务指标、制定核心业绩指标、确定综合评价标准、构建绩效计划指标管理体系。

1. 分解年度重点工作任务指标

每年年初，以公司年度重点工作安排为基础，以发展战略与工作任务相一致、长期目标与短期任务相结合为原则，逐条进行分解落实，明确年度目标、分管领导、责任部门和完成时间，并制订季度分解计划，明确评价标准。重点工作任务可根据上级单位要求，中心党委会、主任会、年中会等工作部署，修订完善并滚动纳入考核。

2. 制定核心业绩指标

核心业绩指标包括公司级指标和部门级指标。公司级指标是对上级下达的业绩指标进行分解，明确牵头责任部门和配合部门。部门级指标是由责任部门提出业绩指标及评价标准，经分管领导审核后报绩效办公室后确定。目标值设定时，公司级指标一般采用其下达的目标值；部门级指标的目标值一般不低于上一年度或前三个年度平均值。

3. 确定综合评价标准

针对部门综合表现制定维度考核评价标准，包括中心领导评价和部门互评。中心领导从"政治素质、管理水平、队伍建设、作风形象"四个维度评价部门。各部门从"管理规范、协同配合、沟通服务、工作效能"四个维度开展互评。

4. 构建绩效计划指标管理体系

以公司主要职责为基础，结合上述重点工作任务指标、核心业绩指标和综合评级指标三个维度的绩效计划指标设计，分配不同权重，明确绩效计划考核重心。

◎ 经验心得

（1）以战略为导向，突出重点与关键。考核指标内容来源于中心战略和上级单位考核指标，层层分解落实到部门和岗位，确保各部门、各岗位工作目标与中心战略协调一致。指标设定强调核心业务，突出重点工作和关键行为，遵循二八原则，不搞面面俱到。

（2）兼顾长期目标与短期任务，确保稳定性与灵活性。考核指标的设定在一定周期内应保持稳定，但遇到企业发展战略、外部环境、上级单位部署发生较大变化时，需及时修订部门、员工绩效指标体系。

📝 **实践案例**

国家电网有限公司大数据中心于 2020 年 1 月开始应用三维绩效计划管理法制订各部门绩效计划，构建全方位绩效指标体系，有效推动中心发展战略落地，下面以数据分析中心为例进行展示。

1. 分解年度重点工作任务指标

根据中心年度工作会议部署，分解形成数据分析中心 19 项重点工作任务，示例见表 1。

表 1　　　　　　　2020 年度数据分析中心 19 项重点工作示例

序号	部门	内容	牵头领导	责任部门	完成时间
1	数据分析中心（19项）	持续推进外部数据归集。建立外部数据统一纳管和共享服务机制，完成气象、地图、经济、能源、工商等 9 类数据的获取与数据接入，常态化支撑公司各单位外部数据共享及应用需求	程 *	数据分析中心（牵头），技术支持中心	2020 年 12 月
2		设计发布公司数据标签体系。完成公司数据标签库建设运营规范及公司两级数据标签库建设指导意见等的征求意见稿，指导各部门、各单位基于两级数据中台规范开展两级数据标签建设及运营	程 *	数据分析中心	2020 年 4 月
3		完成总部数据标签库相关组件建设。基于数据中台构建公司统一标签库，以业务需求为导向，选取电费风险防控、金融风险防范、设备健康评价、成本优化分析等具体场景开展应用	程 *	数据分析中心	2020 年 11 月

续表

序号	部门	内容	牵头领导	责任部门	完成时间
4	数据分析中心（19项）	建成公司企业级报表中心。研发核心功能并部署上线，完成报表模版、报表共享、报表服务目录分类体系等标准规范编制	程*	数据分析中心	2020年6月
5		丰富完善报表服务目录。基于数据中台实现报表自动生成，试点开展总部经营日报、战略例会报表、售电量等营销报表，经济活动分析等报表生成工作，完成两级报表贯通试点	程*	数据分析中心	2020年12月
6		完成数智国网的功能开发及优化。提升用户体验，实现内网版、移动版、外网版正式上线，完成在各单位的运营推广，实现在公司系统应用的全覆盖	程*	数据分析中心（牵头），技术支持中心	2020年12月
…		…	…	…	…

针对每项重点工作任务，制订季度分解计划，明确评价标准示例，具体见表2。

表2　　　　　　　　　2020年度重点工作季度分解计划示例

序号	牵头责任部门	年度重点工作任务	牵头领导	季度分解计划			
				季度	工作内容	预期目标	完成时限
1	数据分析中心	持续推进外部数据归集。建立外部数据统一纳管和共享服务机制。完成气象、地图、经济、能源、工商等9类数据的获取与数据接入。常态化支撑公司各单位外部数据共享及应用需求。	程*	一季度	开展外部数据管理办法编制工作；开展外部数据采购项目储备工作；推进中国测绘科学研究院、水利院、国家气象局等外部单位战略合作协议签订工作；开展外部数据共享服务能力建设工作。	完成外部数据采购项目储备汇报工作；完成中国测绘科学研究院、水利院、国家气象局、国家基础地理信息中心四个单位战略合作协议签订工作；完成外部数据共享组件的开发和内部测试	3月底

序号	牵头责任部门	年度重点工作任务	牵头领导	季度分解计划			
				季度	工作内容	预期目标	完成时限
1	数据分析中心	持续推进外部数据归集。建立外部数据统一纳管和共享服务机制。完成气象、地图、经济、能源、工商等9类数据的获取与数据接入。常态化支撑公司各单位外部数据共享及应用需求	程*	二季度	开展公司存量外部数据的沟通和接入工作，开展新增外部数据的获取和接入工作；开展外部数据相关国家部委的沟通交流工作	完成气象、地图、经济等9类数据50项外部数据的获取和接入；完成外部数据接入中台的技术方案和安全方案	6月底
				三季度	持续开展存量和新增外部数据获取接入工作；推动战略合作协议内容落地，建立电力数据对外共享机制。在获取外部数据资源的同时，有选择性地向战略合作签订单位提供电力大数据共享	建立外部数据统一纳管和共享服务机制。建立电力数据对外共享机制	9月底
				四季度	持续开展存量和新增外部数据获取接入工作；开展统筹采购外部数据的数据验证和接入存储工作；完成外部数据资源目录建设。全部外部数据以资源目录形式在数智国网超市进行上架。常态化支撑公司各单位外部数据共享和应用需求	完成气象、地图、经济等9类数据200项外部数据的获取和接入，实现外部数据共享常态化运营	12月底
2	数据分析中心	35.设计发布公司数据标签体系。完成公司数据标签库建设运营规范及公司两级数据标签库建设指导意见等的征求意见稿。指导各部门、各单位基于两级数据中台规范开展两级数据标签建设及运营	程*	一季度	编制公司数据标签体系设计方案、公司数据标签库建设运营规范、公司两级数据标签库建设指导意见等初稿	完成初稿。并启动初步意见征求工作	3月底
…	…	…	…	…	…	…	…

2. 制定核心业绩指标

各部门制定关键绩效指标，由责任部门提出目标值和评价标准，经分管领导审核后报绩效办公室确定，示例见表3。

表3　　　　　　　　　　数据分析中心 2020 年度关键指标示例

指标名称	指标定义（考核要素）	目标值	分值（合计35分）	评价标准	数据来源（考评依据）
数据应用任务完成率	重点考核数据分析应用、成果评估共享等情况，提升辅助决策、精益管理的支撑服务水平。 对年度承担数据应用任务完成情况进行综合评价。 数据应用任务完成率=0.5×监测分析任务完成率+0.5×大数据应用任务完成率	98%	4	完成目标值得指标分值的100%。根据以下因素减分，减分最多减至0分： （1）数据应用任务完成率未达到目标值的，每降低1%，减指标分值的1%； （2）未按照质量、进度要求完成本单位承担监测分析、大数据应用等工作任务，每项任务减指标分值的2%	互联网部考核结果
商务拓展任务完成率	重点考核大数据增值变现、能源生态园建设情况，提高大数据业务和商业模式创新能力。 对年度承担商务拓展任务完成情况进行综合评价。 商务拓展任务完成率=按期完成的商务拓展任务数量/自身承担的商务拓展任务数量×100%	98%	4	完成目标值得指标分值的100%，根据以下因素减分，减分最多减至0分： （1）商务拓展任务完成率未达到目标值的，每降低1%，减指标分值的1%； （2）未按照质量、进度要求完成创新研究任务或商务拓展任务，每项任务减该指标分值的2%	互联网部考核结果
电力物联网任务完成率	重点考核电力物联网建设任务完成情况，提升建设支撑能力。 对年度承担电力物联网工作完成情况进行综合评价。	100%	3	完成目标值得指标分值的100%，根据以下因素减分，减分最多减至0分： （1）电力物联网任务完成率未达到目标值的，每降低1%，减指标分值的1%；	

指标名称	指标定义（考核要素）	目标值	分值（合计35分）	评价标准	数据来源（考评依据）
电力物联网任务完成率	电力物联网任务完成率=0.2×研究设计任务完成率+0.2×电力物联网项目任务完成率+0.2×技术创新任务完成率+0.2×标准体系建设任务完成率+0.2×数据中台建设任务完成率	100%	3	（2）违反公司电力物联网统一技术路线、技术政策、构架设计、数据模型、接口标准和安全防护等要求，每发生一次，减指标分值的1%；（3）未按照质量、进度要求完成研发设计任务、技术创新任务或标准体系建设任务，每项减值标分值的2%；（4）未按照质量、进度要求完成公司数据中台任务，每项任务减指标分值的2%	互联网部考核结果
数据共享需求响应率	指标定义：数据共享需求响应率=（需求响应次数）/（有效需求次数）×100% 注： （1）主要针对数据共享需求，不包括报表、系统接口要求等。 （2）统计口径为统计周期为通过数智国网在线提报的数据需求数量（通过公邮或发文等其他形式收集到的需求将统一录入至数智国网）	100%	3	（1）全年数据共享需求响应率为100%，得3分；（2）年度每低于目标值1%，扣指标分值的1%	数智国网–国网数超市
…	…	…	…	…	…

3. 确定综合评价标准

确定中心领导评价部门的四个综合评价指标，形成绩优部门画像，具体见表4。

表4 部门综合评价指标及评价标准

评价指标	评价参考标准
（一）中心领导评价部门指标	
政治素质	政治立场坚定，深入学习贯彻习近平新时代中国特色社会主义思想。牢固树立"四个意识"，坚定"四个自信"，坚决做到"两个维护"，在思想上政治上行动上同以习近平同志为核心的党中央保持高度一致，贯彻公司党组决策部署坚决有力；严守党规党纪，严格落实党建责任制，全面从严加强党的思想、组织、作风、反腐倡廉和制度建设，党组织领导核心和政治核心作用、战斗堡垒作用和党员先锋模范作用充分发挥
管理水平	坚定不移贯彻公司和中心发展战略，不断深化改革，破解发展难题，勇于开拓创新，业务管理水平和工作质量不断提升；坚持民主集中制，"三重一大"事项坚持集体讨论决定，广泛听取各方面意见
队伍建设	民主意识强，部门内相互间畅所欲言、凝聚共识，坦诚开展批评和自我批评；班子分工明细，配合默契，运转高效，团结共事，班子整体功能充分发挥；重视队伍建设和人才培养，知人善任、人尽其才，建设素质优秀、结构合理、作风过硬的员工队伍，统筹抓好系统内本业务人才队伍建设
作风形象	贯彻落实中央八项规定精神和公司实施细则，部门负责人深入基层；关心关爱员工，员工主人翁作用充分发挥；贯彻"三严三实"要求，求真务实、真抓实干；落实"两个责任"要求，健全廉洁从业各项制度规定，规范员工从业行为，没有违规违纪违法现象

确定部门互评的四个综合评价指标，塑造内部协同配合的工作氛围，具体见表5。

表5 各部门互评指标

评价指标	评价参考标准
（二）各部门互评指标	
管理规范	熟悉相关业务政策理论和专业管理，专业规章制度健全，工作流程科学规范，管理要求清晰具体；善于根据环境条件变化及时调整工作方向，破解发展难题，大胆开拓创新，业务管理水平和工作质量不断提升
协同配合	坚持从企业改革发展大局出发谋划和推动工作，善于优化资源配置，协调各方力量，发挥整体合力，有序组织实施；大局意识、配合意识强，分工不分家，勇于承担协同任务，积极配合其他部门开展工作，在推动企业整体发展中发挥重要作用

评价指标	评价参考标准
（二）各部门互评指标	
沟通服务	与上级沟通充分顺畅，准确把握上级工作意图，及时反映执行问题，提出意见建议；与部门外部关系良好，沟通主动顺畅，服务意识强；部门内部分工合理，协调一致，积极营造和谐的工作氛围
工作效能	贯彻中心党委决策部署坚决有力，执行力强；工作统筹计划性强，进度安排合理，能以较快的速度完成各项任务，并占用相对较少的人、财、物资源；工作亮点多或者有重大突破，没有明显的工作失误，取得突出的工作成效

4. 构建绩效计划指标管理体系

以数据分析中心主要职责为基础，结合上述重点工作任务指标、核心业绩指标和综合评级指标三个维度的绩效计划指标设计，分配不同权重，明确绩效计划考核重心。最终以重点工作任务指标占比45%，关键绩效指标35%和综合评价20%的加权计算部门考核结果。绩效管理委员会与部门进行沟通后，组织签订部门绩效责任书，最终形成绩效计划。

国网大数据中心绩效计划运用三维绩效计划管理法，能够有效融合国家电网有限公司管理要求与大数据业务发展需求，确保了绩效计划的全面性，同时将企业发展与队伍建设更紧密地结合在一起，注重内部协同和学习成长，激发队伍发挥出更多潜力。

报送单位：国家电网有限公司大数据中心

编　制　人：王移兵　张琼心

10 课题研究人员多维绩效计划管理法
——解决课题研究人员精准考核难题

> **导　入：**科研人员作为企业中最具创造力的人力资源之一，是企业保证行业领先和国际领先的关键核心力量。如何对科研人员开展绩效考核，吸引、留住并激发他们的工作积极性，进而提升他们的绩效水平，对企业来说尤为重要。中共国家电网有限公司党校（国家电网管理学院）运用课题研究人员多维绩效计划管理法，有效对科研人员开展精准绩效考核计划的制定，明确工作重心与导向，激发工作积极性。

工具概述

　　课题研究人员多维绩效计划管理法，是指从关键指标、重点工作任务、综合评价及课题研究项目激励等多个维度对课题研究人员制定绩效计划的一种管理工具。通过合理确定考核周期、确定考核主体和权重、科学确定考核内容，有效解决课题研究人员考核存在的难以进行过程监督、成果产出周期不稳定、工作难以量化、成果产出与努力程度不对等、对成果的贡献程度难以确定等问题。

　　适用场景：本工具适用于各级具有研究人员的组织。

实施步骤

　　课题研究人员多维绩效计划管理法实施步骤包括：制定考核周期、明确考核方式和设计考核内容。

（一）制定考核周期

单一的考核周期容易片面化，不能全面反映绩效状况，针对课题研究人员的特点可以使用月度与年度考核结合为常规考核期，课题研究项目考核为阶段性考核期的方式进行。

1. 月度考核

主要是为了对课题研究人员进行过程管控，进行过程绩效管理可以及时掌握课题研究团队和个人的工作进展情况，及时发现问题并适时确定是否要干涉调整。同时过程考核还能够为年度考核和项目最终考核提供依据。

2. 年度考核

对课题研究人员过去一年的工作表现进行考核，课题研究人员总结过去一年的工作情况、拟定绩效改进计划。

3. 课题研究项目考核

依据项目特性，阶段性设置课题研究考核项，在课题研究项目里程碑计划完成或者结束时，以一定的标准检查课题研究项目里程碑和最终成果是否达到预期目标并确定考核结果，其中应当对课题研究项目总体情况和课题研究项目成员在项目中承担的角色和贡献程度进行考核。

（二）明确考核方式

考核方式采用多维评分法，由关键指标完成进度、重点工作任务完成情况、综合评价以及课题研究项目考核情况四个维度构成。关键指标完成进度占比60%，重点工作任务完成30%，综合评价占比10%，课题研究项目作为加分项。

关键指标和重点工作任务，按照实际完成情况比计划完成数量得出；综合评价部分得分，由于直接上级比较了解下属的工作表现，建议直接上级的权重可以适当多一些。上级考核、团队成员评价与自我评价权重比例可按照5：3：2。

（三）设计考核内容

关键指标完成情况部分的考核内容主要围绕课题研究人员的主要职责和承担的关键责任制定，需与被考核人沟通。课题研究项目一般按照项目工作实际完成情况比计划完成确定。

重点工作任务完成情况部分考核内容主要依据公司重点工作任务的分解制定，责任到人。

综合评价部分的考核内容可以按照员工在项目中的角色分别设计，侧重考核内容与岗位职责的相关性，一般可以分为项目负责人和一般课题研究人员。项目负责人作为项目的第一责任人，对项目进度、项目成果和质量、项目成本、项目成员管理等直接负责，工作内容主要是对项目进行日常管理和决策。建议从工作业绩、工作能力、工作态度三个方面进行细化考核。"工作业绩"由项目业绩考核结果确定，工作能力和工作态度根据课题研究项目的特点，分别从项目规划与决策能力、问题解决能力、管理协调能力和工作积极性、员工培养等角度进行考核。一般课题研究人员是通过完成项目负责人安排的工作任务来间接影响项目结果。建议对课题研究人员的"工作业绩"的考核从工作进度、工作质量、工作效率方面考核；"工作能力"从专业技术、执行能力、创新能力三个方面考核；"工作态度"从工作积极性、团队协作两个方面考核。

课题研究项目考核部分的考核内容一般包括项目进度、项目成效、项目成本控制、项目团队协作等四个维度，不仅应当关注项目的直接性成果产出，同时应当关注项目团队的内部管理与协作，鼓励团队合作。

◎ 经验心得

（1）安全考核管理组织实施过程中应当建立健全相关的考核和薪酬管理组织，包括绩效考核委员会、绩效考核办公室等，并明确各组织机构的具体职责范围，保障考核和薪酬管理工作有序、高效、公正地开展。

（2）要健全申诉和反馈机制，保证绩效考核的客观、公平、公正，防止如人际关系等非考核因素对考核过程和薪酬分配结果的影响。

（3）要重视绩效改进过程，绩效考核的目的是进行绩效改进，促使课题研究人员不断进取，不断提升整体绩效水平。因此，考核结果的公布不代表考核管理的结束，课题研究人员和其直接上级需要认真总结分析问题的根源，深刻剖析，分析存在的不足。要根据存在的问题提出合理的绩效改进计划，使课题研究人员明白自身目前的水平和状态，以及上级对他的期望，并找到达到期望的办法和路径，而且在实施绩效改进过程中，课题研究人员的直接上级应该持续对其进行指导，以防偏差。

📝 实践案例

党校（学院）自 2019 年起实施课题研究人员多维绩效计划管理法，有效提升了课题研究人员绩效考核的合理性。

（一）制定考核周期

针对 17 名课题研究人员，设置月度考核与年度考核相结合的方式作为常规考核周期，辅以 6 个课题研究项目的专项考核方式。

（二）明确考核方式

考核方式采用多维评分法，由关键指标完成进度、重点工作任务完成情况、综合评价以及课题研究目考核四项构成，其中前三项为必选项，课题研究项目考核项作为可选项，考核结果计算公式如下：

考核得分 = 关键指标完成得分 ×60%+ 重点工作任务完成得分 ×30%+ 综合评价得分 ×10%+ 课题研究项目加分

具体考核方式设置如表 1 所示。

表1　　　　　　　　　　　　　考核方式设置

考核项	考核类型	考核权重	考核方式
关键指标完成进度	必选	60%	评分制，满分100分
重点工作任务完成情况	必选	30%	评分制，满分100分
综合评价	必选	10%	由上级评价、团队互评和自我评价组成，评分分值100分
课题研究项目考核项	可选	无	评分制，加分范围为0～20分

（三）设计考核内容（见表2）

表2　　　　　　　　　　　　考核内容细则与评分标准

考核项	考核细则	评分标准
关键指标完成进度	考核完成进度、完成数量、完成质量	完成率＝完成值/目标值×100分，考核得分区间为70～130分
重点工作任务完成情况	考核完成进度、完成数量、完成质量	完成率＝完成值/目标值×100分，考核得分区间为70～130分
综合评价	由上级评价、团队互评和自我评价组成	由上级评价、团队互评和自我评价组成，评分分值100分，上述三项评得分占比分别为50%、30%和20%。加权计算考核得分
课题研究项目考核项	依据课题研究项目的实际情况设定阶段性任务，考核任务完成情况	完成率＝完成值/目标值×20分

　　考核工具的实施有效激发了党校（学院）课题研究人员工作积极性，各项研究工作取得新进展。企业党建理论研究方面，围绕公司党建工作重大决策部署及重点难点问题，破解党建工作难题。积极参与中组部《加强国有基层党组织建设研究》课题，高质量完成国资委《中央企业党委（党组）发挥领导作用研究》重点课题研究，相关成果连续两年荣获公司软科学成果奖一

等奖，协同公司系统党校开展 50 项重点课题开发，形成"旗帜领航·党校姓党"专题案例等成果。领导人员队伍建设和组织人事工作研究方面，组织开展研究 75 项，构建与公司战略要求相适应的领导人员专项素质模型，深化领导人员队伍大数据平台应用，相关成果荣获国资委、中电联及公司授予的各类奖项 34 项。积极参与中组部关于全国干部教育培训规划、两个"一以贯之"等课题，得到中组部及公司党组的高度认可。坚持开放办学，与浙江清华长三角研究院签订战略合作协议，持续保持与哈佛企业学习、香港中文大学等知名院校机构交流合作。企业党风廉政建设研究方面，顺应监察体制改革要求，开展《国家监察体制改革对国有企业的影响研究》。积极参与公司《党风廉政建设指标体系研究》，相关成果已运用在公司党风廉政建设考核中。

报送单位：中共国家电网有限公司党校（国家电网管理学院）

编 制 人：程 蔚 朱心慈

急难险重任务分配工具

11 非常规工作增量定价考核法
——打破"多干、多扣"绩效"魔咒"

> **导　入：**为提高管理部门工作积极性，解决工作任务"干得多、扣的多"问题，避免部门由于担心考核扣分而在承接工作任务时出现推诿现象，国网河南周口供电公司提出非常规工作增量定价考核法，根据非常规工作的难易程度给予额外增量工资激励，有效破解了"多干、多扣"的绩效"魔咒"。

工具概述

非常规工作增量定价考核法，主要是针对本部管理部门承担的各项非常规工作，按标准进行"模拟市场定价"，根据任务完成质量，给予承担部门额外奖励。

适用场景：本工具适用于变革调整期公司对各部门的考核优化，适合非程序化工作较多的部门，如管理部室。

实施步骤

非常规工作增量定价考核法实施步骤包括：定义非常规工作范围、模拟市场定价、非常规工作"竞标"下达、根据评价结果给予额外激励。

1. 定义非常规工作范围

包括但不限于上级公司下达的改革攻坚、应急救灾抢修、重大活动保电、稳定事件处置等急难险重工作。

2. 模拟市场定价

公司绩效管理委员会综合考虑任务难易程度、时间长短、任务来源、内部价值等因素，对各项非常规工作进行分类评价和"模拟市场定价"，分别为：一类任务（4万~5万元）、二类任务（3万~4万元）、三类任务（2万~3万元）、四类任务（1万~2万元），见表1。

表1　　　　　　　　　　非常规工作任务分类评价和模拟市场定价表

任务名称：							
任务内容：							
要素分级	难易程度		时间跨度		任务来源级别		内部价值	
Ⅰ	艰难	□	1~3个月	□	国家级	□	高	□
Ⅱ	困难	□	4~6个月	□	国家电网有限公司或省政府级	□	较高	□
Ⅲ	较难	□	半年至一年	□	省公司或地市政府级	□	一般	□
Ⅳ	正常	□	一年及以上	□	公司级	□	低	□
任务得分情况：							
任务分类情况：							
模拟市场定价：							

评价规则：（1）公司绩效管理委员会针对任务实际情况，对相关任务的四项要素进行分级评价，在相应的"□"内打钩。

（2）每个Ⅰ级要素对应30分，每个Ⅱ级要素对应25分，每个Ⅲ级要素对应20分，每个Ⅳ级要素对应15分。

（3）得到101~120分的为一类任务，模拟市场定价为4万~5万元；81~100分的为二类任务，模拟市场定价为3万~4万元；71~80分的为三类任务，模拟市场定价为2万~3万元；60~70分的为四类任务，模拟市场定价为1万~2万元

3. 非常规工作"竞标"下达

进行非常规工作"竞标"下达，由承担部门组织开展任务工作。

4. 根据评价结果给予额外激励

公司绩效管理委员会进行非常规工作考核评价，根据评价结果给予承担部门绩效工资额外增量奖励。部门增量奖励金额 = $\sum$ 模拟市场定价 × 评价得分 /100。

部门绩效小组对员工承担的非常规工作进行考核评价，根据评价结果给予额外加分。根据部门全员加分情况进行部门增量奖励二次分配。

经验心得

（1）部门非常规工作范围界定必须清晰、明确，避免含混不清；非常规工作"模拟市场定价"规则必须科学规范。

（2）部门非常规工作增量奖励总金额必须可控，一般不超过公司绩效工资总额的 5% ~ 10%。

（3）要根据本单位实际情况制定非常规工作的范围、"定价"标准。要根据本单位文化氛围合理控制增量奖励总金额，有效控制收入差距。

实践案例

2019 年，国网河南周口供电公司针对本部管理部门与员工实施了非常规工作增量定价考核法。通过考核，从"增量"入手拉开了收入差距，有效破解了"多干、多扣"的绩效"魔咒"。

1. 定义非常规工作范围

2019 年，公司根据年度重点工作任务和全年工作开展情况，定期采用公司下达、部门申报相结合的方式，经公司绩效管理委员会批准，前后共确定了包括优化营商环境提升供电服务水平专项工作、全国少数民族运动会供电保障、三项制度改革等 22 项非常规工作。

2. 模拟市场定价

根据"模拟市场定价"规则，对 22 项非常规工作进行了差异化定价。22 项非常规工作合计定价总额 94 万元整。其中，三项制度改革定价 4 万元、优化营商环境提升供电服务水平专项工作定价 4.5 万元、全国少数民族运动会供电保障定价 4.5 万元。

以优化营商环境提升供电服务水平专项工作为例，难易程度为"艰难"、任务来源级别为"国家电网有限公司或省政府级"、时间跨度为"4 ~ 6 个月"、内部价值为"高"。根据定价表合计得分为 110 分，该项工作为一类任务，根据定价区间和实际得分，定价为 4.5 万元。

3. 非常规工作"竞标"下达

按部门职责分派与部门自愿认领相结合的原则，进行了任务包干分解。人力资源部牵头承担三项非常规工作，合计金额 9.5 万元整。

4. 根据评价结果给予额外激励

根据工作进度与 3 月份考核情况，人力资源部额外增量奖励金额 = ∑ 模拟市场定价 × 已经完成工作占比 × 评价得分 /100，3 月份，人力资源部整体工作完成占比 15%，领导评价得分为 98.25 分。根据计算公式，奖励为 1.4 万元。

通过非常规工作增量定价考核法，合理拉开部门绩效工资差距，打破绩效工资一次分配平均主义；同时避免了采用非常规工作加分带来的部门员工数量多占便宜、部门员工数量少吃亏的难题；部门内部员工收入差距可拉开 10% ~ 30%，能激励"奋斗者"、刺激不作为员工。

报送单位：国网河南周口供电公司

编 制 人：龚 一 魏贝贝

12 综合事务抢单考核法
——调动员工承担临时性工作的积极性

> **导　入：** 基层班组临时性工作往往由管理者指定人员完成，由于缺乏相应的激励措施，难以调动员工的积极性，导致任务完成质量不高。国网四川天府新区供电公司实施综合事务抢单考核法，通过设置抢单绩效积分，引导员工在做好本职工作基础上，积极参与班组综合事务工作，实现了综合事务高质高效完成。

工具概述

综合事务抢单考核法，是在绩效基本积分基础上，设置综合事务工作积分标准，量化综合业务考核，鼓励班组人员踊跃承担班组中具有挑战创新性的临时任务，以抢单代派单，变被动为主动，从而调动员工工作积极性。

适用场景：本工具适用于一线班组临时性工作任务分配。

实施步骤

综合事务抢单考核法实施步骤包括：设计绩效考核体系、制定基本奖惩评分标准、制定事务抢单绩效积分标准、综合绩效计算。

1. 设计绩效考核体系

按班组工作内容，划分为常规性工作和临时性工作，分别对应设置"绩效基本奖惩积分"和"事务抢单绩效积分"，将员工累计绩效积分作为绩效工资分配、绩效等级评定的依据。

2. 制定基本奖惩评分标准

绩效基本奖惩积分包含岗位职责积分与非职责类常态工作积分。岗位职责积分包括岗位职责对应加分项和减分项，非职责类常态工作积分包括常态化职责外工作积分。

3. 制定事务抢单绩效积分标准

事务抢单绩效积分由班组长根据临时任务的难易程度、紧急性等编制任务清单，包含任务内容、任务分值、完成期限、推荐参与人数、验收标准等。班组长发布绩效任务后，班组成员领取任务，班组长根据任务完成情况进行积分奖励。

4. 综合绩效计算

综合绩效由绩效基本奖惩积分和事务抢单绩效积分构成，作为计算模型的拓展，还可以设置灵活的拓展模块积分。综合绩效积分 = 绩效基本奖惩积分 + 事务抢单绩效积分 + 拓展模块积分。

经验心得

各班组要根据各自的岗位性质、工作内容，因地制宜编制对应的积分标准，不可生搬硬套。积分标准要与时俱进，坚持滚动修编更新，以适应各种新形势的发展要求。

实践案例

2019 年，国网四川天府新区供电公司调控班运用"综合事务抢单考核法"开展班组成员绩效考核，有效调动了班组成员积极性，实现了综合事务高效高质完成。

1. 设计绩效考核体系

按照班组工作性质，将工作划分为包括调控岗位职责的本职工作以及"五大员"（技术安全员、培训员、宣传员、绩效员、物资员）工作、新闻宣传工作等常规性工作和临时工作。"绩效基本奖惩积分"和"事务抢单绩效积分"设置见表1。其中，岗位职责90分，包含出勤分20分，日常工作50分，事故处理15分，其他5分。

表 1 员工考核体系表

考核模块	内容来源	基础分	激励约束导向	得分方式
绩效基本奖惩积分	岗位职责	90分	加减分双向激励	基础分上加减分
	非职责类常态工作	0分	正向加分	加分
事务抢单绩效积分	临时任务	0分	正向加分	加分

2. 制定基本奖惩积分标准

岗位职责积分标准见表2，非职责类常态工作积分标准见表3。

表 2 岗位职责积分标准表

绩效积分	工作分类		工作内容	分值	备注
岗位职责积分	加分项	表现突出	本职工作有立功表现、受到上级部门或领导表扬等	每人加 2 ~ 10 分	由绩效经理人（班组长）根据实际情况赋予
		工作量奖励	临时出现异常情况导致工作量变大但仍能圆满完成	每人加 1 ~ 3 分	
	减分项	劳动纪律	到岗情况、办公环境整洁度等	迟到一次扣0.2分，缺勤一次扣20分，办公环境不整洁每人扣0.2分	

续表

绩效积分	工作分类	工作内容	分值	备注
岗位职责积分	减分项	工作差错	业务不规范、重大失误、受到上级部门或领导批评等	个人扣分0.2~50分，团体扣分1~50分（按责任系数划分）	以调控班为例，一次事故处理不当扣5分；导致事故扩大，一次扣20分

表3　　　　　　　　　　　　　非职责类常态工作积分标准表

绩效积分	工作分类	工作内容	分值	备注
非职责类常态工作积分	加分项	宣传稿件	宣传稿件根据发表刊物级别予以加分	地市公司级1分/件，省公司级2分/件，国网级5分/件	每月累计积分不超过5分
		竞赛活动	积极参与各级单位举办的竞赛、活动	根据活动的不同级别和获奖等级，个人加分0.5~15分，团体加分3~32分	团体加分按第一责任人、第二责任人、第三责任人及参与者进行团体总分分配，定义分配权重
		合理化建议	对工作提出建设性意见并被采纳实施	班组级0.5分/条，地市公司级1分/条，省公司级3分/条，国网公司级10分/条	—
		"五大员"工作	班组"五大员"工作	每人每月加1~2分	—
		方式介绍	圆满完成汇报、介绍	讲解人员根据接待级别每次加1~2分	—

3. 制定事务抢单绩效积分标准

班组长发布任务清单，若多人报名则先到先得，若无人领取任务则由班组长采取调整任务分值等方式，增大任务激励。事务抢单任务被领取后，若多人参与则每人积分占比由参与人员内部协商，按时完成即可获得基础分（占任务总分70%），根据完成效果计算效果分（占任务总分30%），每项任务按照完成情况评定等级，并对应相应的评价系数进行积分（见表4）。

表 4   等级评价标准表

等级	评价系数	评价标准
优秀	1.1	按照验收标准圆满完成任务，效果超预期，有创新
良好	1	按照验收标准完成任务，效果较好
合格	0.9	基本完成任务

4. 综合绩效计算

综合绩效积分计算模型见图 1。

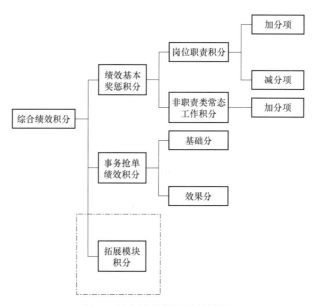

图 1　综合绩效积分计算模型

将员工个人月（季）度绩效积分进行排名，个人积分占班组总积分的比值，作为绩效分配比重的依据。以调控班 2019 年 6 月考核评价为例，6 月共发布第 9 期抢单任务 6 项，见表 5。

表5　　　　　　　　　　　　调控班第九期绩效抢单任务表

序号	任务名称	任务条件	完成时限	完成分数	申报人数限制
1	调规、操规宣贯培训班	制作课件、完成对新规程的培训	2019.07.08	每人2分	1人
2	调控宣传海报制作	每月完成1~2张，当年不重复制作	2019.12.30	每人2分	6人
3	配网创先小组	限配网班	2019.12.30	视完成质量给分	5人
4	编制天府配网调度题库	限配网班	2019.10.29	视完成质量给分	4人
5	编制天府配网培训课件PPT	限配网班	2019.12.30	视完成质量给分	不限
6	迎峰度夏反事故演习脚本编写	限配网班	2019.07.08	每人3分	1人

班组员工抢单成功后，分别获得相应的事务抢单绩效积分。按照岗位职责履行情况、创新性临时工作，班组员工分别获得绩效基本奖惩积分，加减分事项见表6。

表6　　　　　　　　　调控班绩效基本奖惩积分加减分事项明细

日期	事项
1日	五大员工：考虑本月培训任务多，C和E加分为：1.5+0.5=2（分）
2日	E、G、A、N编制220千伏尖罗一线停电方案，值长加0.4分，正值加0.32分，实习加0.28分
3日	J违反劳动纪律，扣2分
4日	E、B、J编制吉利站启动投运方案，值长加0.5分，其他人加0.25分
5日	编制端午节保电方案，N加0.25分，A加0.25分，E加0.5分
8日	E、B、K编制桃车一线启动投运期间事故处置预案，值长加0.5分，其他人加0.25分
11日	B、A、D、K现场投运，每人加3分

日期	事项
13 日	D、I、G、A 制定用户定期联系制度，总共 2 分，D 加 0.8 分，其余每人加 0.4 分
14 日	E、C、F、N 完善 220 千伏网络图，总共 2 分，E 加 0.8 分，其余每人加 0.4 分
15 日	A、E、L 发现牧马山站缺陷，值长加 1 分，A、E 各加 0.25 分，L 加 0.5 分
16 日	L 修改保护方案，临时任务加 1 分
22 日	B 介绍方式加 1.5 分，当天临时任务加 0.5 分，共加 2 分
23 日	B、F、D 制作海报，B 加 2 分，F、D 各加 1 分
24 日	H、B、K、J 编制投运方案，较复杂，修改数次，值长加 0.8 分，其余每人加 0.4 分
25 日	C 进行用户培训，加 2 分

国网四川天府新区供电公司调控班采用综合事务抢单考核法后，对员工履行职责、创新创效、宣传工作等方面都起到了良好的促进作用，同时保障了班组常规性工作和临时任务的顺利开展，充分体现了"干多干少不一样，干好干坏不一样"，激发了员工工作积极性。以 6 月为例，班组成员 15 人，绩效最高分 98.90 分，最低分 89.65 分，分差 9.25 分，员工绩效工资最高与最低差幅达到 9.35%。

报送单位：国网四川天府新区供电公司
编 制 人：汤致凯　佟晶晶　雷雯婷　孙宇乐

13 临时性工作任务竞标抢单法
——解决临时性工作任务分配考核难题

> **导 入**：各级各类组织临时性任务分配一直困扰着绩效经理人，员工担忧"干得多、错得多"，承担临时性任务的积极性不高。国网新疆检修公司运用竞标抢单法，有效解决临时性任务的工作分配难、考核评价难、质量把控难等问题。

工具概述

临时性工作任务竞标抢单法，是指通过梳理部门临时性工作任务清单，明确任务要求和考核标准，通过内部竞标的方式完成任务分配，帮助部门管理者解决临时性工作分配难、考核难、质量把控难的问题。

适用场景：本工具适用于各级各类组织一般员工临时性任务的分配及考核评价。

实施步骤

临时性工作任务竞标抢单法实施步骤包括：梳理形成临时性工作任务清单、开展内部竞标和考核评价。

1. 梳理形成临时性工作任务清单

每月中旬，由部门负责人根据部门整体工作计划梳理出次月本部门工作任务明细，形成部门临时性工作任务清单。

2. 开展内部竞标

（1）每月下旬，部门负责人在内部公示临时性工作任务清单，明确各项任务的竞价区间（如 0.1 分起步，5 分封顶）、工作质量要求、考核标准和停标时间；对于分阶段长周期完成的工作，不再重复招标，但需明确每个阶段的工作质量要求和考核标准。

（2）部门员工根据自身常规工作等情况自主选择临时性工作任务进行报价，在规定时间内将报价单密封后上报部门负责人。

（3）报价结束后，部门负责人汇总各项工作的竞标情况，原则上按照"低价中标"确定工作负责人，当报价相同时，综合考虑工作胜任力和工作负荷度确定工作负责人，最终确定的工作任务分配单在内部进行公示。公示无异议，将临时性工作任务添加到中标人的次月绩效合约内。

（4）竞标结束后，如发生无人应标的情况，部门负责人提高报价上限（如 5 分起步，10 分封顶），再次重复招标流程。

3. 考核评价

（1）到达考核节点，部门负责人根据工作完成情况按照临时性任务的工作质量要求、考核标准开展考核评价。

（2）最终考核结果，按照要求在内部进行公示。

经验心得

（1）确定临时性工作任务负责人时，报价是主要考虑因素，但不是唯一决定因素。部门负责人需统筹考虑员工胜任力、工作负荷和内部分工的均衡性，防止工作过度集中到某个员工，影响内部工作氛围或者工作任务质量。

（2）建立临时任务调整机制，对于当月新增、取消、变更工作负责人的工作任务要及时公示，根据任务调整类型重新履行相应流程。

（3）长周期专项工作应按月细化分解，采用一次性招标方式确定该项工作总分值，然后再按月分解考核。

（4）建立公示机制，畅通申诉渠道。对中标和考核情况应在部门内部及时公示，确保过程公开透明，增强公信力。对于员工投诉，应积极开展调查和处理，确保考核的公正性。

📝 实践案例

国网新疆检修公司于 2019 年 3 月开始应用临时性工作任务竞标抢单法，有效解决临时性工作任务的分配难、考核评价难、质量把控难等问题，以下以人力资源部为例进行展示。

1. 梳理形成临时性工作任务清单

部门负责人梳理本部门 3 月份相关工作任务，形成临时性工作任务清单，见表 1。

表 1　　　　　　　　　　临时性工作任务清单

序号	工作任务	任务明细	任务来源
1	办公用品采购	完成本月办公用品采购流程并入库、分发和登记	综合服务中心
2	信息运维及安全管理	定期开展部门所属信息设备的维护检查工作；配合安监部完成"三非"检查工作；配合运检部开展老旧信息设备上报工作；配合运检部开展信息设备运维相关工作	安监部 运检部
3	宣传报道工作	每周完成 1 篇公司网站上稿，月度完成 1 篇省公司网站上稿或新媒体稿件	党委宣传部
4	"下基层，讲制度"宣贯工作	按照公司工作安排，完成天山换、昌吉换等六个基层单位的本部门制度宣贯工作，同时开展交流座谈，答疑解惑	办公室
5	部门月度工作总结	汇总各专责工作总结，提炼出部门月度工作总结	办公室

2. 开展内部竞标

（1）部门负责人明确每项任务的竞标起止时间、任务内容、工作质量要求、考核标准、考核时间和竞标分值区间。2月下旬前逐项在部门内部完成发布，见表2。

表2 工作任务发布单

发布部门	人力资源部
发布人	杨＊
竞标时间	2019 年 2 月 18—22 日
工作任务名称	信息运维及安全管理
工作任务考核时间	2019 年 3 月 31 日
竞标分值区间	0.5～1.5 分（0.1 分递增）
工作任务主要内容	（1）定期开展部门内部信息设备的维护检查工作。 （2）配合安监部完成"三非"检查工作。 （3）配合运检部开展老旧信息设备上报工作。 （4）配合运检部开展信息设备运维相关工作
工作质量要求	按照各部门要求按时完成相关工作且无差错
考核标准	（1）按时保质保量完成相应工作，得基准分。 （2）工作受到相关部门批评（通报批评）或考核，根据程度扣基准分的 50%～100%。 （3）工作获得省公司以上表彰或加分，根据级别加基准分的 5%～15%
工作任务发布单发布后 5 个工作日内将竞标单反馈至 yang*@cgy.xj.sgcc.com.cn，超期视为放弃竞标	

（2）部门员工根据3月份工作情况和自身能力填报竞标单，竞标单需明确任务的完成质量、考核时间和投标分值，见表3。

表3 工作任务竞标单

投标人	顾＊
投标任务	信息运维及安全管理
工作任务考核时间	2019 年 3 月 31 日

续表

工作任务完成质量	（1）3月8日前完成部门内部信息设备的维护检查工作。 （2）3月15日前配合安监部完成"三非"检查工作。 （3）3月20日前配合运检部开展老旧信息设备上报工作。 （4）日常配合运检部开展信息设备运维相关工作
投标分值	0.7分

（3）部门负责人汇总竞标情况后，根据员工报价情况、工作负荷、胜任能力等，确定临时性工作任务负责人，见表4。

表4　　　　　　　　工作任务报价统计单

统计部门	人力资源部	
统计及发布时间	2019年2月28日	
工作任务名称	信息运维及安全管理	
工作任务考核时间	2019年3月31日	
竞标分值区间	0.5～1.5分	
竞标人及竞标分数	顾*	0.7
	李*	1
	王*	1
	张*	1.5
	赵*	0.8
中标人及中标分数	顾*	0.7

（4）所有工作竞标结束后，部门负责人将最终确定的工作任务分配单在部门内部进行公示，见表5。

表5　　　　　　　　工作分配公示单

工作任务	报价上下限	王*	张*	顾*	李*	赵*	工作负责人
办公用品采购	$0.5 \leq X \leq 1$	0.7	0.8	1	0.5	1	李*
信息运维及安全管理	$0.5 \leq X \leq 1.5$	1	1.5	0.7	1	0.8	顾*
宣传报道工作	$0.5 \leq X \leq 1.5$	1.2	1.1	1.5	1.4	1.5	赵*

续表

工作任务	报价上下限	王＊	张＊	顾＊	李＊	赵＊	工作负责人
"下基层，讲制度"宣贯工作	$0.5 \leq X \leq 1.5$	1	1	1.5	1.5	1.5	张＊
部门月度工作总结	$2 \leq X \leq 3$	2	2.5	3	2.5	3	王＊

3. 考核评价

（1）4月5日前，各专责将3月份指标和工作任务完成情况通过绩效系统反馈部门负责人。

（2）部门负责人结合各专责3月份自评情况开展考核评价，确定最终考核结果并进行公示，见表6。

表6　　　　　　　　3月份绩效考核表

姓名	关键业绩指标（40分）	重点工作任务（40分）	综合评价（20分）	临时任务加分	绩效成绩	绩效等级
王＊	39.9	40	17	2	98.9	B
张＊	40	40	17.5	2.1	99.6	A
顾＊	40	40	17	0.7	97.7	B
李＊	40	40	17.5	0.5	98	B
赵＊	39.7	40	16	0	95.7	C

通过临时性工作任务抢单，将原来的"领导派活干"转变为"员工抢活干"，管理人员自行报价抢单，提高了员工主动性和参与感，增强了公信力。临时性工作任务竞标抢单法的实施，增加了考核维度，更加全面体现员工贡献度，合理拉开考核差距。

报送单位：国网新疆电力

编 制 人：隗 勤　李金凤　程 亮

第三章
电力生产考核工具

绩效考核（Performance Assessment），是绩效管理中的关键环节，是指考核主体对照工作目标和绩效标准，采用科学的考核方式，全面客观评定组织和员工的工作任务完成情况、工作职责履行程度和发展情况的过程。常见的绩效考核方法包括 KPI（关键业绩）、MBO（目标管理）、360 度考核、BSC（平衡记分卡）等。

国家电网有限公司经过长期实践，在上述考核方法的基础上，创造性地提出了适合自身实际的"关键业绩制""目标任务制""工作积分制"等考核模式。同时各单位在推进全员绩效管理过程中，按照"实用、适用、管用"的原则，因地制宜地优化、创新了多种绩效考核方式，充分发挥了绩效考核的激励约束作用。

本章针对电力生产考核，总结提炼了三维量化积分制考核法、输电运检班组"大小"积分考核法、"能效"驱动绩效评价体系修正法等绩效工具共 30 项，引导各单位和各级绩效经理人通过科学考核，对员工的工作绩效、胜任工作岗位的程度作出客观评价，提升考核的针对性、公正性和认可度，促进考核更精准。

生产类通用考核工具

14 三维量化积分制考核法
——解决工作积分制考核重点不突出的问题

导 入： 传统的工作积分制考核模式存在考核重点不突出，数据记录工作量较大，管理成本较高等问题。国网北京朝阳供电公司通过实施三维量化积分制考核法，将积分记录维度简化为三个维度，优化积分标准规则，明确绩效薪酬激励导向，解决了工作积分制考核重点不突出的问题。

工具概述

三维量化积分制考核法，即将工作积分划分为基础分、责任贡献分、考核加减分三个维度，对积分标准库进行大幅简化，体现积分向承担重要责任、作出重要贡献的员工倾斜的考核方法。三维量化积分制考核法中基础分体现岗位基本履职情况，责任贡献分体现承担责任重要程度，考核加减分体现绩效表现优劣情况。

适用场景：本工具适用于线路专业、电缆专业、检修专业和运行专业等一线班组。

实施步骤

三维量化积分制考核法的实施步骤主要包括明确工作积分标准与兑现规

则、三维量化积分核算和绩效薪金分配兑现。

（一）明确工作积分标准与兑现规则

工区组织制定员工月度绩效积分标准与薪金兑现规则。绩效积分由基础分、责任贡献分、考核加减分三部分组成，绩效积分标准实行动态调整，每季度根据工作实际及员工反馈情况进行调整。

（二）三维量化积分核算

工区按月度召开绩效考核会，工区绩效专责人将各班组报送的员工积分情况按班组逐一提交会议审议，重点对工作考核部分的加、减分项进行充分讨论，达成一致意见。

（三）绩效薪金分配兑现

绩效薪金包下发至工区层面，由工区根据内部三维量化积分核算情况进行二次分配。积分结果经月度绩效考核会审议通过后执行，实行"按分计酬"，即根据个人绩效积分结果占工区一线员工整体积分比例情况，对绩效薪金进行分配。兑现公式如下：

$$月度考核兑现 = \frac{所属奖金包}{\sum 绩效分数} \times 绩效分数$$

◎ **经验心得**

（1）简化优化积分标准库，引导员工关注团队关键事件，多维、综合衡量员工绩效表现，加大了绩效薪金向承担重要任务、作出突出贡献员工的倾斜力度，实现多劳多得，促进团队与个人共同成长。

（2）在制定积分标准时，应组织全体团队人员进行协商讨论，达成一致意见。工作考核分的具体积分事项，应主要体现更高标准的绩效目标要求，将一般事项纳入基础分管理，防止积分库冗余庞大，以促进团队整体绩效水平提升。

实践案例

国网北京朝阳供电公司于 2018 年 9 月开始应用三维量化积分制考核法，绩效考核导向与激励效果更加明显。下面以线缆工区为例进行展示。

（一）明确工作积分标准与兑现规则

线缆工区组织制定全员月度绩效积分核算细则，明确绩效激励导向，进行民主决策后执行。绩效积分由基础分、责任贡献分、考核加减分三部分组成。

1. 基础分

每名职工的基础分为 100 分。

2. 责任贡献分

责任贡献分是指直接对人身安全、事故指标负有责任的加分，责任贡献分每季度根据所负责的资产变动情况进行动态调整；班组内勤取本班职工平均分。如下：

责任贡献分 = 资产分 + 重要用户加分 + 抢修值班加分 + 职务分

资产分 =10 千伏架空线路千米数 ×0.6+ 电缆线路千米数 ×0.2+ 柱变、箱变台区数 ×0.2。

重要用户加分：带二级及以上重要用户的线路（全年）、防汛线路（6—9 月）、中高考线路（当月），每条加 5 分（不重复加分）。

抢修值班加分：按值参加抢修值班的人员，每人加 10 分。

职务分：按照人员职务进行加分，如有兼职情况在当前职务上加10分，见表1。

表1　　　　　　　　　　　　　职务加分标准

职务	加分原因	分值
专工	协调本专业运维管理工作	40
班长	承担本班管理责任	40
副班长	协助班长承担管理责任	30
值长	承担本值管理责任	20
班组安全员	承担本班安全管理责任	10
抢修内勤	承担当值抢修内勤工作责任（两内勤平分）	15

3. 考核加减分

考核加分标准，鼓励员工争取加分，见表2。

表2　　　　　　　　　　　　　考核加分标准

序号	积分标准
1	积极上报公司加分项，并且公司兑现给专业加分的事项，当月当事人每人每件加10分，因锦旗为专业加分，每面加30分；专业排名第一，奖励相关人员每人20分
2	宣传工作，每班每月应完成1篇稿件，超出部分每篇加5分，公司报纸刊登的稿件加分增加一倍
3	积极参加专业及以上部门组织的各类活动、比赛、考试等，成绩优秀，为专业争得荣誉，当月加10分
4	积极参加各类政治保电、突发事件及各类预警、事故抢修（不含当值值班人员），现场值守人员、按要求不间断巡视人员、预警人员每天加2分
5	外力施工夜间现场看护，每人加5分（参加人员由班长安排）

考核减分标准，起到惩戒和示警作用，见表3。

表3   考核减分标准

序号	积分标准
1	发生违反E类指标库和一票否决的事件、公司组织的各项活动及各项考试按公司规定执行
2	发生电缆及架空线路有责任的外力引起的永久故障（包括巡视不到位、接到信息未采取措施、已知工地未签订保护协议及未采取措施、电杆及拉线明显在机动车路面上，未提出做保护台等），第一次扣减专责人100分，班长负管理责任扣减20分；再次发生扣减专责人当月全部绩效分，班长扣减30分；发生突发外力故障等情况，视具体情况由考核组确定
3	发生架空线路有责任的永久故障（以实际为准，下同），包括树线（恶劣天气造成树倒除外）、鸟害（含搭铁丝）、裂纹瓷瓶、缺陷未上报等原因，每次扣减专责人50分，班长每次10分；公司考核的其他永久故障，视具体情况由考核组确定
4	发生线路瞬时故障，包括树线（恶劣天气造成树倒除外）、鸟害（含搭铁丝）、裂纹瓷瓶、缺陷未上报等原因，每次扣减专责人20分、班长每次5分；公司考核的其他瞬时故障，视具体情况由考核组确定

（二）三维量化积分核算

根据三维量化积分细则，线缆专业混网班组班长张＊负责管辖10千伏架空线路10千米，电缆线路20千米，柱变、箱变台区75个，张＊责任贡献分如下：

责任贡献分 =10×0.6+20×0.2+75×0.2+40=65（分）

根据张＊某月工作情况，其月积分结果见表4。

表4   月积分结果

姓名	基础分	责任贡献分	考核加减分		总得分
			得分	考核事项	
张＊	100	65	45	（1）因锦旗为专业加分，每面加30分。 （2）积极参加专业及以上部门组织的各类活动、比赛、考试等，成绩优秀，为专业争得荣誉，当月加10分。 （3）师傅带徒弟，师傅加5分	210

（三）绩效薪金分配兑现

该工区月度奖金包为 13 万元，工区共有人数 34 人，所有人绩效总积分为 6980 分，依据绩效薪金分配规则，张 * 该月绩效工资为

张 * 绩效工资 =130000÷6980×210=3911（元）

国网北京朝阳供电公司自实施三维量化积分制考核法以来，优化简化积分内容和流程，大幅压缩了工作积分记录和核算的工作时长，降低了 50% 以上的绩效管理时间成本，在推进工作积分应用落地的同时，促使工区员工将主要精力集中在重点工作事项上，有效提升了工作效率，通过精准合理的绩效薪酬分配，按劳分配、多劳多得的意识深入人心，有效激发了员工积极性。

报送单位：国网北京朝阳供电公司

编 制 人：戴　泓　尹志明　武子超　张卫华　杨　娜

15 班组考核"尺度归一"法
——实现不同班组员工横向考核

> **导　入：**班组长是班组员工绩效考核的评价主体，在实际工作中不同班组长对考核宽严尺度理解不同、把握不一，导致不同班组内绩效表现相近的员工考核结果差异较大。国网山西运城供电公司采用班组考核"尺度归一"法，通过引入全体班组均分和所在班组均分两个基准值，对班组员工月度考核得分进行归一化处理，从而规避了评价尺度宽严不一的干扰，实现不同班组员工考核结果的横向可比。

工具概述

班组考核"尺度归一"法，是指在收集班组员工月度考核得分后，通过引入两个基准分，即全体员工绩效平均分和班组员工平均分，对员工个人绩效得分进行尺度归一化处理。此方法有效解决了因不同班组长考核宽严尺度不一造成了员工绩效结果差异问题，增强了班组员工绩效考核和奖金兑现的公平性、客观性。

适用场景：本工具适用于对各供电公司一线班组员工的绩效考核。

实施步骤

班组考核"尺度归一"法实施步骤包括：实施两层绩效评价、设置两个基准分、个人绩效得分归一化处理和采用系数相乘法进行结果兑现。

1. 实施两层绩效评价

根据指标设定和评价标准，由单位考核到班组、班组长考核到一线员工，考核结果均以百分制体现。

2. 设置两个基准分

取单位全体一线员工绩效考核平均分 A 作为一个基准分，取班组内员工平均分 C 作为一个基准分。两个基准分作为调整员工个人得分的重要准绳。

3. 个人绩效得分归一化处理

通过两个基准分对班组间绩效差异进行调整，员工最终得分 =[员工绩效原始得分 –（C–A）]/A。

4. 采用系数相乘法进行结果兑现

单位对班组考核结果除以 100 作为班组考核系数，归一化处理后的个人最终得分除以 100 作为个人考核系数，两个系数与个人月度奖金基数相乘即可得到相对公平的个人奖金。

个人月度绩效奖 = 月度绩效奖基数 × 班组考核系数 × 个人考核系数

◎ 经验心得

1. 绩效经理人要充分发挥履职作用

结合班组业务特点，制定工作任务和评价标准，并对内部员工进行客观评价，才能做到结果相对公平，调动员工积极性。

2. 不适用于班组人数较少的情形

个别班组员工数量较少（如小于 3 人时），不宜采用尺度归一考核法，建议将此类人员绩效得分单独处理。

实践案例

国网山西运城供电公司于 2019 年 5 月开始应用"尺度归一"考核法，最大程度地还原了班组和员工的绩效表现，使员工绩效得分和薪金兑现相对公平，进一步激发了员工争先创优的内生动力。下面以国网山西平陆县供电公司运检部变电运检班和配电运检班为例进行展示。

1. 实施两层绩效评价

根据指标设定和评价标准，班组采用目标任务考核、一线员工采用工作积分考核。班组考核系数 = 班组得分 /100，单位对班组考核结果以及班组长对员工考核结果分别见表 1、表 2。

表 1　　　　　　　　　　单位对班组考核结果

序号	班组	得分	奖惩原因	班组考核系数
1	变电运检班	103	圆满完成公司 2019 年春检工作	1.03
2	配电运检班	99	同业对标指标在公司排名靠后	0.99

表 2　　　　　　　　　　班组长对员工考核结果

班组	姓名	得分	班组	姓名	得分
变电运检班	王 *	85	配电运检班	刘 *	91
变电运检班	赵 *	90	配电运检班	赵 *	90
变电运检班	张 *	83	配电运检班	董 *	93
变电运检班	李 *	88	配电运检班	王 *	92
变电运检班	宋 *	91	配电运检班	孟 *	96
变电运检班	崔 *	92	配电运检班	闫 *	94
变电运检班均分		88.17	配电运检班均分		92.67
所有人员平均分			90.42		

2. 设置两个基准分

取单位全体一线员工绩效考核平均分 A 作为一个基准分，取班组内员工平均分 C 作为一个基准分。两个基准分作为调整员工个人得分的重要准绳。基准分设置表见表 3。

表 3 　　　　　　　　　　　基准分设置表

序号	班组	基准分 A	基准分 C
1	变电运检班	90.42	88.17
2	配电运检班	90.42	92.67

3. 个人绩效得分归一化处理

通过两个基准分对部门间绩效差异进行调整，个人考核系数 =[员工绩效原始得分 –（C–A）]/A。个人绩效得分归一后汇总见表 4。

王 * 个人考核系数 =[85–（88.17–90.42）]/90.42 =0.9649

表 4 　　　　　　　　　个人绩效得分归一后汇总

班组	姓名	得分	归一化个人考核系数	班组	姓名	得分	归一化个人考核系数
变电运检班	王 *	85	0.9649	配电运检班	刘 *	91	0.9815
变电运检班	赵 *	90	1.0202	配电运检班	赵 *	90	0.9705
变电运检班	张 *	83	0.9428	配电运检班	董 *	93	1.0036
变电运检班	李 *	88	0.9981	配电运检班	王 *	92	0.9926
变电运检班	宋 *	91	1.0313	配电运检班	孟 *	96	1.0368
变电运检班	崔 *	92	1.0424	配电运检班	闫 *	94	1.0147

4. 采用系数相乘法进行结果兑现

个人月度绩效奖 = 月度绩效奖基数 × 班组考核系数 × 个人考核系数，其中月度绩效奖基数取 3000 元。

个人月度绩效奖 =3000×1.03×0.9649=2982（元）

月度绩效兑现结果见表 5。

表 5 月度绩效兑现结果

班组	姓名	班组得分	个人得分	月度薪金（元）	班组	姓名	班组得分	个人得分	月度薪金（元）
变电运检班	王 *		85	2982	配电运检班	刘 *		91	2915
变电运检班	赵 *		90	3152	配电运检班	赵 *		90	2882
变电运检班	张 *	103	83	2913	配电运检班	董 *	99	93	2981
变电运检班	李 *		88	3084	配电运检班	王 *		92	2948
变电运检班	宋 *		91	3187	配电运检班	孟 *		96	3079
变电运检班	崔 *		92	3221	配电运检班	闫 *		94	3014
班组平均绩效薪金（元）			3089		班组平均绩效薪金			2970	

通过班组考核"尺度归一"法兑现的绩效薪金，能合理体现班组绩效与员工绩效一致性，即班组绩效优，员工平均绩效高；班组绩效差，员工平均绩效低，且不同班组内绩效表现相近（个人得分排名相近）的员工考核结果（归一后的系数）相近，有效消除了由班组长对考核宽严度把握不一的问题，从薪酬收入上相对公平地兑现了考核结果。采用班组考核"尺度归一"法前后员工月度薪金对比见表 6。

表 6 采用班组考核"尺度归一"法前后员工月度薪金对比

班组	姓名	班组得分	个人得分	使用前	使用后	
				直接系数相乘	尺度归一化	月度薪金（元）
变电运检班	王 *	103	85	2627	0.9649	2982

续表

班组	姓名	班组得分	个人得分	使用前	使用后	
				直接系数相乘	尺度归一化	月度薪金（元）
变电运检班	赵*		90	2781	1.0202	3152
变电运检班	张*		83	2565	0.9428	2913
变电运检班	李*	103	88	2719	0.9981	3084
变电运检班	宋*		91	2812	1.0313	3187
变电运检班	崔*		92	2843	1.0424	3221
班组平均绩效薪金（元）				2724		3089
配电运检班	刘*		91	2703	0.9815	2915
配电运检班	赵*		90	2673	0.9705	2882
配电运检班	董*		93	2762	1.0036	2981
配电运检班	王*	99	92	2732	0.9926	2948
配电运检班	孟*		96	2851	1.0368	3079
配电运检班	闫*		94	2792	1.0147	3014
班组平均绩效薪金（元）				2752		2970

报送单位：国网山西运城供电公司

编 制 人：张建学　文　莹

16 人才共享抢单考核法
——解决班组间"人才不均""忙闲不均"问题

> **导 入：**班组是各项工作任务的直接执行单元，不同班组之间人员的素质、数量、工作能力以及工作任务量的差异，直接影响工作效率和完成质量。国网福建三明供电公司创新实践变电运维人才共享抢单考核法，将工作任务按照工单形式发布，通过跨班组建立专业柔性团队，实施抢单工作模式，合理分配绩效奖金，突出多劳多得，有效激发员工的积极性，实现员工跨班组高效协作。

工具概述

　　人才共享抢单考核法是根据工作任务难易程度，综合研判后确定人员数量和能力等方面的需求，跨班组组建专业管理团队和一般作业柔性团队，有效整合人才资源，以发布任务、主动抢单的方式，统筹优化人员配置，充分发挥人才优势，集中力量办大事、要事，有效解决班组间"人才不均""忙闲不均"问题。

　　适用场景：本工具适用于同单位专业相近的班组，也可扩大至地区各县域相同专业间班组，实际使用时，应对激励机制进行相应调整。

实施步骤

　　人才共享抢单考核法主要包括三步：发布任务、进行抢单和绩效评价。

1. 发布任务

专业任务的发布由各专责根据需要提出，确定工作内容，测算工作时长并确定绩效奖励方案，报部门审批后执行。

一般作业任务的发布由计划专责按需提出，计划专责每周四依据各班组检修计划及月度巡视计划，综合考虑班组承载力，当作业量超过班组承载力且无法平衡时，报部门批准可发布待抢单任务工单，员工综合考量个人任务量和履职能力、班组根据作业承载力进行抢单。

2. 进行抢单

专业任务抢单仅限于经考核合格的专业柔性团队成员，任务发布后，根据报名先后确定各任务责任人，专责根据实际情况可对分工进行调整。

一般作业任务以班组为单位进行抢单，按报名先后及班组选派人员择优选拔，班组所派人员应能满足抢单任务需求。当无班组响应抢单时，部门可指派工作任务至班组。

3. 绩效评价

任务完成后，由对应专责牵头对任务完成情况进行评价打分，并计算相关奖励，报部门批准后落实。

（1）个人绩效奖励根据任务分、质量系数进行计算。

个人绩效奖励公式为：

$$\begin{cases} p = \alpha \cdot q \\ P = \sum_{i=1}^{n} p_i \end{cases}$$

式中：p 为单项绩效；α 为绩效任务金；q 为单项质量系数（优秀 $q=1.1$，良好 $q=1$，一般 $q=0.8$，未完成 $q=-0.5$）；P 为个人绩效奖励金总额；i 为任务数量。

（2）班组对标奖励根据部门对标奖励细则执行，对于参与柔性抢单成功的班组，给予每次 5 分奖励。

◎ 经验心得

（1）解决班组间"忙闲不均"问题，充分盘活班组间人力资源，避免人员闲置与超承载力作业。

（2）解决班组间"人才不均"问题，通过组建专业柔性团队，实现人才集约管理，便于集中力量解决急难险重问题，同时也能提升班组技能水平。

（3）优化绩效分配，提升员工积极性，通过抢单绩效激励，实现员工多劳多得。

（4）为员工提供了展示平台，依托专业柔性团队，为员工展示专业及管理能力提供平台，有利于部门团队建设。

▤ 实践案例

国网福建三明供电公司于2018年12月开始应用人才共享抢单考核工具，实现了班组间人才及人员的有效互补和高效协作，打破了班组壁垒，盘活了员工存量，提升了工作质效。下面以带电检测工作抢单为例进行展示。

2019年4月，国网福建三明供电公司安顺运维站因人员紧缺、作业量大等原因，无法完成220千伏富兴变电站、后山变电站精确测温任务，安顺运维站上报需求后，运行专责初步核实安顺运维站确实无法完成该任务，报部门批准后发布带电检测专业柔性任务。

1. 发布任务

按照检测工作量，对检测任务进行拆分，发布了6个任务包，总预计工时96工时，因该任务原责任班组为安顺运维站，由部门统筹从安顺运维站提取96工时对应绩效奖励金，按抢单情况将对应金额奖励至柔性团队成员。

2. 进行抢单

专责发布任务后，带电检测柔性团队成员进行抢单，由部门进行任务分配，确定 3 组团队成员获得任务。总工时计算表见表 1。

表 1 总工时计算表

任务内容	预计工时
富兴变电站 220 千伏设备	8×2
富兴变电站 110 千伏设备	8×2
富兴变电站其他设备	8×2
后山变电站 220 千伏设备	8×2
后山变电站 110 千伏设备	8×2
后山变电站其他设备	8×2

抢单完成后，原则上各柔性团队成员应利用休息时间完成抢单任务，若确需上班时间开展的经相应班组协调，可上班期间开展，班组可根据工作安排扣减相应工时，避免工时重复计算。

3. 绩效评价

2019 年 5 月，各柔性小组完成抢单任务，按照安顺运维站工时积分折算，每工时 X 元，根据完成质量评价，累计提取绩效奖励金 $P=97.6X$ 元。抢单绩效奖励金计算表见表 2。

表 2 抢单绩效奖励金计算表

任务内容	预计工时	单项奖励金 α	抢单人员	质量系数 q	单项绩效
富兴变电站 220 千伏设备	8×2	16X	许 *、巫 *	1.1	17.6X
富兴变电站 110 千伏设备	8×2	16X	赵 *、蒋 *	1	16X

任务内容	预计工时	单项奖励金 α	抢单人员	质量系数 q	单项绩效
富兴变电站其他设备	8×2	$16X$	许 *、巫 *	1	$16X$
后山变电站 220 千伏设备	8×2	$16X$	张 *、李 *	1	$16X$
后山变电站 110 千伏设备	8×2	$16X$	赵 *、蒋 *	1	$16X$
后山变电站其他设备	8×2	$16X$	张 *、李 *	1	$16X$

对标积分奖励，按照部门对标奖励规则，对于抢单成功人员所在班组给予每班组 5 分对标奖励。

报送单位：国网福建三明供电公司

编 制 人：邵晓非　阙玉兰

17 "注册项目制"创收抢单法
——促使变电检修降本节支、提质增效

> **导　入：** 近年来，电网建设飞速发展，变电站的数量大幅增长，变电检修人员紧缺、变电站人均维护工作量大，外包依赖程度高。同时随着企业经营压力不断增大，降本节支、提质增效的要求更加迫切。国网福建漳州供电公司创新运用"注册项目制"创收抢单法，通过绩效激励引导员工提升变电检修自主作业能力，实现安全与效益双提升。

工具概述

"注册项目制"创收抢单法，即由业务部门通过内部挖潜，将愿意自主承接的外包业务，或金点子创意、小发明创新转化为企业效益的项目，按照项目管理模式申报注册，纳入提质增效项目清单，在公司层面审核确认后实施，通过"抢单"方式，由业务部门确认承接的柔性团队，项目结束后通过财务核算给予相应激励，激发员工积极性。

适用场景：本工具适用于专业工作相近的一线班组。

实施步骤

"注册项目制"创收抢单的步骤包括：项目注册、实施抢单、项目结算、绩效兑现。

1. 项目注册，确定项目内容及预计成效

业务部门申报注册项目，明确任务内容、具体措施、增量目标、实施计

划，聚焦增加收入、节约成本，并按照"一事一议"原则进行初审，初步核定分档兑现标准，由公司领导审核后发布。

2. 实施抢单，确定抢单主体、业务及流程

（1）确定"抢单"实施主体。在满足安全有关规定的基础上，根据设备状况及工作安排，可打破班组限制组建柔性团队，由班组长担任团长，经主管部门审核同意并签订"抢单"责任书，明确责权，授权柔性团队在权限范围内履行有关权利，履约期间发生人为直接责任的设备故障问题，终止该团队项目实施并要求返还兑现的激励薪酬。

（2）确定"抢单"业务范围。

1）业务外包项目。将原非核心的业务外包项目列入"抢单"范围，提升自主作业能力，降低业务外包费用和施工调试费用。

2）自维修项目。通过局部维修代替整机采购、更换设备零部件延长整机寿命等方式节约成本支出。

3）小发明创新项目。加强五小创新及 QC 活动中的成果转化，将产品应用于实际工作中，减少材料消耗及其他支出。

4）金点子创意项目。通过集思广益、群策群力提炼的"金点子"应用，转化为现场措施节约成本。

（3）确定"抢单"业务流程。

1）发布月度"抢单"业务。主管部门根据生产计划安排，定期发布次月拟开展的抢单业务清单，明确具体的工作时限及要求。

2）柔性团队"抢单"。各柔性团队按时限要求上报"抢单意向书"。

3）确定"抢单"结果。主管部门根据"抢单"情况，结合工作安排及班组日常工作完成情况，优先考虑日常工作效率较高，完成质量较好的柔性团队，于次月初确定并发布"抢单"成功的柔性团队名单。

4）闭环管控。加强"抢单"项目全过程监督，按照发布项目→排序抢

单→过程监督→评价反馈的闭环管理机制，优化改进、及时纠偏，促进"抢单"工作安全、质量、效率。

3. 项目结算，确认绩效增量奖金

以项目制方式进行月度跟踪评价，业务部门按月汇总各"抢单"柔性团队应兑现的增量效益奖金，人资及财务部门折算成绩效加分、兑现"抢单"制工资增量金额。

4. 绩效兑现，确认团队、员工利润分成

"抢单"增量效益奖金原则上根据各柔性团队实现的"增量效益 × 绩效分成比例"进行兑现，按月（季）度预兑现、年度清算的方式进行。

月度各柔性团队增量效益奖金 =（柔性团队"抢单"制工资增量金额 / ∑部门各柔性团队"抢单"制工资增量金额）× 部门"抢单"制工资增量金额。

柔性团队"抢单"制工资增量金额 =（自开展外包业务节约的成本 + 自开展技改大修减少的成本 + 自维修节约的支出 + 小发明创新节约的成本 + 金点子转化为实际措施后节约的成本 + 拓展业务模拟利润等）× 分成比例。其中，对利润总额按照累进制设定分成比例，利润进阶，分成比例越高。

◎ 经验心得

（1）加强班组工作承载力分析，确定自主作业项目的工作内容，并进行工作量估算，预估成本节约金额。

（2）柔性团队因发生工艺质量、安全管控等问题，应视情形进行考核，如出现 2 次工作质量问题的，取消当年"抢单"资格。

（3）授予"抢单"项目负责人内部薪酬分配权，遵循"多劳多得、公平透明"原则，制定团队内部绩效分配办法，实现贡献、效益、薪酬紧密挂钩。

📝 **实践案例**

国网福建漳州供电公司于 2019 年 3 月开始应用"注册项目制"创收抢单工具，实现了降本节支、提质增效。下面以变电检修中心负责的主变压器有载开关吊芯检查工作为例进行展示。

1. 项目注册

吊芯检查业务原本属于外包业务，为了降低检修费用成本，提升检修专业技术力量，该中心决定将此项业务纳入自主施工的大修项目，通过注册纳入创收抢单项目。经过测算，实施该抢单后，预计可降本节支 70%。

2. 实施抢单

4 月 3 日，变电检修中心发布项目清单，各柔性团队开展抢单。由部门专工、变电检修二班、电气试验二班组成的柔性团队通过申报"抢单"成功，并由部门专工担任团长。

4 月 9 日，变电检修中心组织专业人员，在 110 千伏沙建变电站结合 2 号主变压器例检工作开展有载调压开关大修项目，所有工序全部自主施工，包括现场勘查、备品备件准备、吊芯修前试验、吊芯检查、修后试验、油处理等各项业务。

3. 项目结算

本次结合主变压器例检开展的有载开关大修自主施工，以外委施工服务预算为基准金额，现场扣除固有吊车 1 个台班成本，节省大修施工费用达到基准金额的 75%。通过结算，拿出降本金额的 20% 用于奖励。

4. 绩效兑现

该项目提成全部奖励实施柔性团队，柔性团队成员 12 个人，由团长根据工作情况进行内部分配，体现劳动量，实现分配差距。

国网福建漳州供电公司在实施"注册项目制"创收抢单后，变电检修中心人人都成为"经营者"，主动关注平时业务中"哪些地方"可以降本及"如何"降低成本，取得了一系列的工作成效。通过自主开展大修项目、充分运用废旧物资利旧、自主开展元器件维修等措施，合计节省近43万元的成本；涌现自主研发二次芯线隔离材料、利用废弃的安全帽用作防鸟挡板等"金点子""小发明"；累计完成220千伏东区变电站、110千伏芗城变电站等30座变电站的带电检测任务，节约了一定的外包费用支出；对团队绩效实施利润分成，根据团队成员的劳动贡献（工作质量、效益效率）分配项目绩效，员工高低倍比达到3.8倍。

报送单位：国网福建漳州供电公司

编 制 人：钟杨达惠　杨福财　林妙玉　叶东华　邹婷婷

18 派抢单积分考核法
——提升班组员工"绩劳能"匹配度

> **导　入：**部分单位简单按实际工作时长计算工时积分，容易出现员工"延长时间混工分"现象。国网湖北宜昌供电公司基于原工时积分绩效考核法，提出派抢单积分考核法，依托标准工作积分库，以工作时长、任务难度、紧急程度、承载能力、安全风险等多种因素作为综合考核指标，引入派抢单积分模式，实行工作积分"两记录""两公示"动态监控，构建"绩劳能"量化融合考核体系，提高员工绩效积分与劳动付出、工作能力的匹配度，保证积分考核公平、公正、公开，充分调动全体员工工作积极性。

🗨 工具概述

派抢单积分考核法，是指以派单、抢单两种方式分配工作任务，并依托标准工作积分库进行绩效考核的方法。班组依据该方法确定员工绩效得分并兑现绩效工资，构建"绩劳能"量化融合考核体系，从而达到绩效管理公平、公正、公开的效果。

适用场景：本工具适用于运维检修类班组员工绩效考核。

⚙ 实施步骤

派抢单积分考核法实施过程包括：统一标准工作积分、分层分级考核管理、绩效监控实时反馈、动态完善积分分值。

1. 统一标准工作积分

综合考虑工作时长、任务难度、紧急程度、承载能力（对员工生产能力的要求）、安全风险等多种因素，制定标准工作积分库。

2. 分层分级考核管理

采用分层分级方式进行绩效考核管理。班组结合关键业绩指标（KPI）与工作积分对专业组进行考核，各专业组根据工作积分对组内员工进行考核。分专业组进行考核有助于细化工作任务，提高作业标准，促进团队合作意识；采用分层分级管理可丰富绩效管理模式，激发工作与创新活力。

3. 绩效监控实时反馈

"两公示""两记录"是对绩效考核过程进行监控与反馈的有力工具。"两记录"是指班组长记录工作任务安排，员工记录工作完成情况；"两公示"是指每日对工作任务安排与员工积分进行公示。通过严格执行"两记录""两公示"，可确保工作积分有据可查，员工绩效实时反馈。

4. 动态完善积分分值

随着工作重心转移，调整工作积分库，适时通过"抢单"方式派发工作任务，依据员工抢单积极性判断工作积分分值是否合理，进而修订完善工作积分库。通过动态完善工作积分的方式，激励员工主动参与重要工作，提高员工工作积极性，鼓励员工主动追求进步，提升专业技能水平。

◎ 经验心得

（1）工作积分库应与时俱进。随着实际工作的开展，应及时完善、更新工作积分库，提倡"能者多劳"，实现"多劳多得"。

（2）绩效考核应落到实处。分层分级管理模式实施过程中，班长与员工之间应保持紧密联系，确保专业组内组员的工作积分客观真实，绩效考核合理有效。

（3）"抢单"制实施过程中可能存在恶意竞争或无人认领工作任务的情况，应及时做好协调工作。

📝 **实践案例**

国网湖北宜昌供电公司检修分公司配电运检室于 2019 年 6 月开始使用派抢单积分考核法，实现了员工"收入能增能减"，班组提质增效效果显著，员工创新发展活力也显著提升。下面以配电运检室运维一班 2019 年第三季度绩效考核为例进行展示。

1. 建立工作积分库

综合考虑工作时长、任务难度、紧急程度、承载能力、安全风险等多种因素，建立标准工作积分库。积分库主要分为通用工作、计划工作、临时工作以及其他工作。

2. 开展分层分级绩效考核

对专业组采用 KPI 与工作积分相结合的方式进行考核。配电运检室运维一班标准工作积分库 2019 版见表 1，配电运检室运维一班专业组 KPI 指标分解表见表 2。

表 1　　　　　　　配电运检室运维一班标准工作积分库 2019 版

序号	工作分类	工作项目	绩效分值	备注
1	通用工作	按时出勤	2 分 / 天	包含台账录入、办公室清洁、领取物资等工作
2		安全学习	2 分 / 次	
3		市公司、单位级、班组级新闻稿件	3、2、1 分 / 次	
4		安规考试	2 分 / 次	
5		施工验收	2 分 / 项	
6		按时上报周工作计划（总结）	2 分 / 次	
7		按时上报月工作计划（总结）	4 分 / 次	

续表

序号	工作分类	工作项目	绩效分值	备注
8	通用工作	按时上报其他汇总信息	1分/次	
9		PMS巡视记录录入	0.2分/条	
10		PMS配电第一种工作票录入	1分/条	
11		PMS其他工作票录入	0.5分/条	
12	计划工作	线路巡视	2分/条	
13		开闭所巡视	1分/座	
14		配电室巡视	0.5分/座	
15		开闭所投运检查	5分/座	
16		停电搭火	5分/次	
17		带电搭火	10分/次	
18		停电剪火	4分/次	
19		带电剪火	8分/次	
20		发现一般、紧急、重大缺陷	0.5、1、2分/个	
21		处理一般、紧急、重大缺陷	1、2、4分/个	按紧急、性质调整系数
22		操作综合票	1分/张	
23		操作逐项票	1.5分/张	每超过50项加0.5分
24		操作口令票	1分/张	
25		停电核相	1.5分/次	
26		带电核相	3分/次	
27		变压器测负荷/电压	$(1+0.5X)$分	1是基数，X代表测的台数
28		发现系统图错误核实上报	2分/处	
29		红外测温	0.2分/条记录	
30		其他计划性工作	实录	
31	临时工作	考评员、教练、讲师、QC、出差	平均分	
32		各类比武、竞赛	（平均分+2）/日	
33		获得国网公司、省公司、市公司、本单位各类比武、竞赛、QC比赛荣誉	30、20、10、5分/次	

续表

序号	工作分类	工作项目	绩效分值	备注
34	其他工作	整理库房、工器具	实录	
35		其他未涉及	实录	

注 1. 因加班产生的工作内容绩效积分双倍计算。
　　2. 带电作业处理缺陷绩效积分算双倍计算。
　　3. 公休当日绩效积分 = 班组日平均分。
　　4. 借调、参加活动人员当日绩效积分 = 班组日平均分。
　　5. 所有工作以当事人完成并纳入班组汇总信息方可终结得分。
　　6. 临时性工作结合弹性系数，根据实际情况，由班组长调整绩效分值。
　　7. 所有系数可叠加

KPI 对专业组的综合绩效表现进行考评，工作积分对专业组的生产劳动付出进行考评，将两者相结合，实现对各专业组的"绩劳"量化考核。专业组综评积分依据式（1）~式（4）。

$$专业组人均工作积分 = \frac{专业组总积分}{专业组总人数} \qquad （1）$$

$$各专业组人均工作积分的均值 = \frac{各专业组人均工作积分之和}{专业组数} \qquad （2）$$

$$同一标准专业组人均工作积分 = \frac{专业组人均工作积分}{各专业组人均工作积分的均值} \times 100 \qquad （3）$$

$$专业组综评得分 = 50\% \times 专业组 KPI 得分 + 50\% \times 同一标准专业组人均工作积分 \qquad （4）$$

配电运检室运维一班分维护组、抢修组、操巡组、带电组、电缆组。2019年9月运维一班维护组个人工作积分分别为 134、128、156、108、134 分。根据式（1）计算出运维一班维护组人均工作积分为 132 分，见表 3。

表2

配电运检室运维一班专业组 KPI 指标分解表

类别	指标项目	标准分值 100 分	考核标准	扣分值	终得分	得分说明
专业组职责	1. 无责任性线路跳闸及设备事件	2	发生一次扣 0.5 分，扣完为止			
	2. 无重大施工机械设备损坏事故	1	发生一起扣 0.5 分，当月发生两起以上全扣			
	3. 两票执行上报	2	未按月度 25 日前上报的扣 2 分			
	4. 开票率 100%	2	按工作计划或要配调指令核对，一次未开票的扣 0.1 分，2 分扣完为止			
	5. 两票合格率 100%	4	计算式：班组扣分 = 不合格率 × 不合格扣分值（设定为 5）。4 分扣完为止			
	6. 无上级安全稽查扣分。不发生恶性违章控制一般违章	3	上级安全稽查扣分的一起扣 2 分。发生本单位恶性违章一次扣 2 分，恶性违章以下的发生一次扣 0.5 分，扣完为止			
	7. 完成年度安规全员考试，上级安规调考及抽考	3	全员安规考试经补考一人不合格的扣 0.2 分；参加国网、省、宜昌公司安规抽考（调考）不合格的分别扣 2、1、0.5 分/(人・次)			
	8. 春、秋季安全大检查和重大安全隐患督办项目按要求完成，并上报整改计划和总结	2	未按要求完成扣 1 分/次			
	9. 专项安全活动按要求完成，并上报总结材料	2	未按要求完成扣 1 分/次			

续表

类别	指标项目	标准分值 100 分	考核标准	扣分值	终得分	得分说明
	10. 安全活动次数每月不得少于 4 次，内容符合要求，有记录、有录音，并由本人签名，每月至少一次挂靠领导签名。个人安全学习记录齐全	1	每少一次扣 1 分，无记录、无录音每次扣 0.5 分，个人安全学习无记录每扣 0.2 分			
	11. 质量监督工作，不发生安装质量事故	2	发生一起扣 1 分			
	12. 长期借用的安全工器具，按规定进行外观检查和到期轮换或试验。工作班组安全工器具借用后必须在五个工作日内归还	2	长期借用的每少一次扣 0.5 分。工作班组借用超期两天以上的，每次扣 0.5 分			
	13. 质量事件及安全隐患上报按要求完成	2	未上报扣 0.5 分，少上报一条扣 0.1 分			
专业组职责	14. 现场安全管控系统数据录入按要求完成	2	未录入扣 0.5 分，少录入一条扣 0.1 分			
	15. 完成省市公司下达的年度所有生产指标数据（包括供电可靠率、电压合格率等指标）	5	根据各项考核指标权重扣 0.5 ~ 5 分			
	16. 变电站公用线路事故跳闸率	10	线路故障跳闸一次扣 0.5 分，扣完为止			
	17. PMS 及状态检修工作——流程数据要求：每周、每班组完成缺陷数据记录，其中包括：危急 / 严重缺陷、一般缺陷、巡视记录、工作票、工作任务单、检修记录、停电工作记录。以上数据可波动 ±20%，但每月平均值应达到 4 倍的每周指标。对于倒负荷工作性质的操作，录入系统的停电工作对应的操作，必须填报 PMS 系统操作票	4	不满足一条扣 0.5 分			

续表

类别	指标项目	标准分值 100 分	考核标准	扣分值	终得分	得分说明
专业组职责	18.PMS 及状态检修工作——台账数据要求：每月避开 20—26 日的考核期，按照 GIS 系统中发生的设备异动，2 个工作日内完成变更台账数据的补录完整工作	4	不满足一条扣 0.1 分			
	19.PMS 及状态检修工作——状检试验、检测记录，包括：红外测温、接地电阻测试、公用变压器负荷测试；如有可靠性系统录入的故障跳闸记录，也应及时录入 PMS 系统	4	不满足一条扣 0.1 分			
	20.PMS 及状态检修工作——省考核指标要求：配电设备台账完整率、缺陷录入及时率、缺陷主要字段填写率、停电工作单和工作计划关联率，配电工作票和工作任务单关联率，工作票归档率均为 100%；缺陷原因填写为"其他"和"原因不明"率为 0	4	不满足一条扣 0.1 分			
	21.PMS 及状态检修工作——其他相关要求：（1）每周考核期为每周四中午 12：00—周五中午 12：00。在考核期前数据数量、指标要求必须满足本周要求。（2）每月考核期为 20—26 日，在此期间，不允许变更、新建台账数据；可按每周要求继续创建工单流程等，但数据需满足本月的指标要求	4	不满足一条扣 0.1 分			

续表

类别	指标项目	标准分值 100分	考核标准	扣分值	终得分	得分说明
专业组职责	22.GIS 系统中设备关键属性完整率、线路连通性，站内图完整率均 100%，GIS 数据采集录入率 100%	4	未录入一处扣 0.1 分			
	23.GIS 系统中孤立设备为 0	3	出现孤立设备一处扣 0.2 分			
	24.一、二、三班带电作业次数每月完成运维检修部下达的指标数据	3	未达标扣 3 分			
	25.配网系统图、走向图、单线图的核对、修改完整一致率为 100%	4	图纸与实际不符，每处扣 0.5 分			
	26.及时处理各类供电服务事件	4	因主观原因造成用户投诉并处理不及时的每次扣 0.5 分，扣完为止			
	27.按时上报月度检修停电计划（每月 18日之前）	2	未按时上报扣 1 分			
	28.设备重大缺陷消除率符合考核要求	4	每低 5% 扣 1 分			
	29.精益化抢修工作	2	按照精益化抢修管理办法进行考核			
	30.月度运行分析会后分析报告交运维检修部	2	未交的每月扣 2 分			
	31.文明施工措施符合要求	2	发生一起扣 0.5 分			
	32.完成领导临时交办的工作任务	5	未完成一次，按工作性质及难度扣 1～5 分			
分数		100				

表 3　　　　　　　　9 月运维一班维护组工作积分

姓名	马*	万*	周*	吴*	王*	总分	平均分
积分	134	128	156	108	134	660	132

依次计算出抢修组、操巡组、带电组、电缆组人均工作积分分别为 143、158、121、170 分。根据式（2）计算出各专业组人均工作积分的均值为 144.8 分，根据式（3）计算出同一标准专业组人均工作积分分别为 91.2、98.8、109.1、83.6、117.4 分，见表 4。

表 4　　　　　　　　9 月运维一班各专业组人均工作积分

专业组	维护组	抢修组	操巡组	带电组	电缆组	平均值
人均工作积分	132	143	158	121	170	144.8
同一标准人均工作积分	91.2	98.8	109.1	83.6	117.4	—

运维一班各专业组 KPI 得分汇总见表 5。

表 5　　　　　　　　9 月运维一班各专业组 KPI 得分汇总

专业组	维护组	抢修组	操巡组	带电组	电缆组
KPI 得分	103.5	101	102	100	99

结合表 2、表 3 数据，根据式（4）计算出 9 月运维一班各专业组月终考核得分，见表 6。

表 6　　　　　　　　9 月运维一班各专业组月终考核得分

专业组	维护组	抢修组	操巡组	带电组	电缆组
月终考核得分	97.3	99.9	105.5	91.8	108.2

采用工作积分的方式对员工的绩效积分、劳动付出与工作能力进行考核，

实现"绩劳能"量化考核，倡导"能者多得"，鼓励"多劳多得"，确保"劳有所获"。第三季度运维一班维护组各员工积分见表7。

表7　　　　　　　　　　第三季度运维一班维护组各员工积分

序号	姓名	7月积分	8月积分	9月积分	第三季度平均分
1	马＊	176	143	134	151
2	万＊	145	121	128	131.3
3	周＊	173	136	156	155
4	吴＊	143	120	108	123.7
5	王＊	151	116	134	133.7

3. 落实"两记录、两公示"

采用"两记录、两公示"，对绩效考核过程进行全面监控，保证工作任务与工作积分均可及时反馈。记录一《班长日志》见图1，记录二《员工绩效写实手册》见图2，公示一"班组工作任务公示牌"见图3，公示二"班组绩效记分公示牌"见图4。

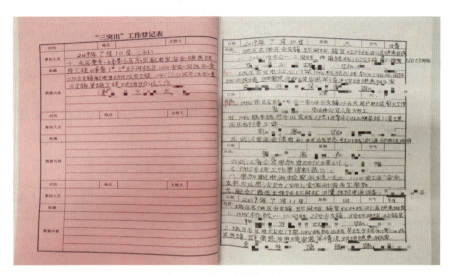

图1　记录一《班长日志》

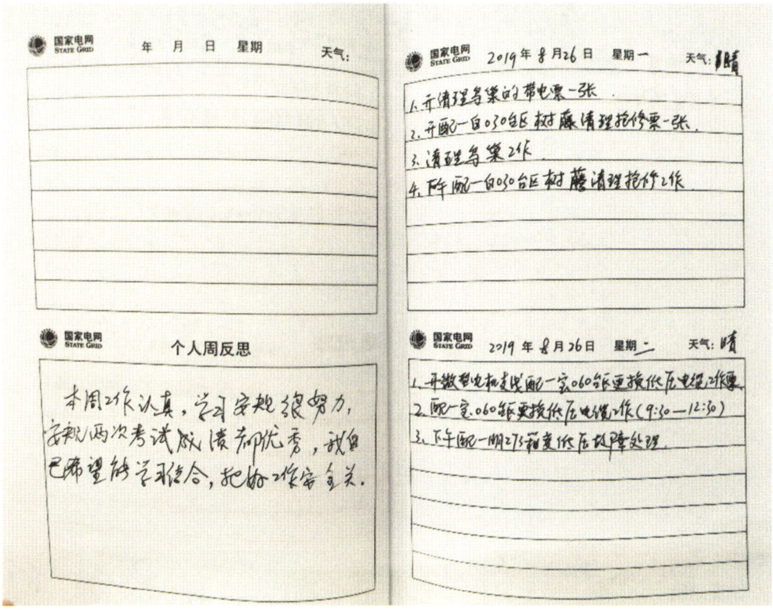

图2　记录二《员工绩效写实手册》(一)

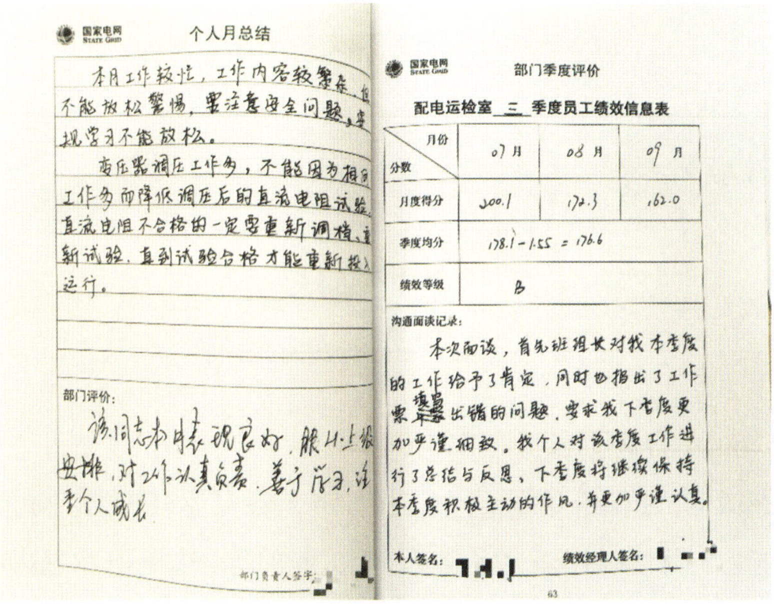

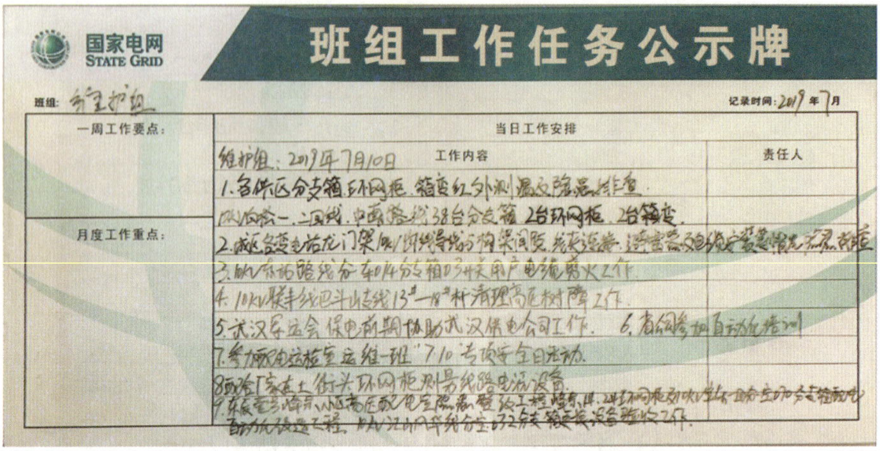

图3 公示一 "班组工作任务公示牌"

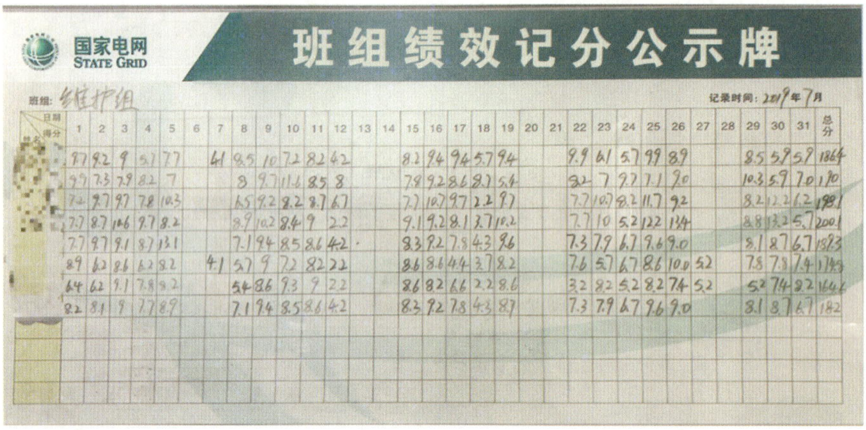

图4 公示二 "班组绩效记分公示牌"

4. 实施抢单方式动态调整工作积分

班长在微信"抢单"群内发布工作任务，各专业组根据实际情况（组内员工承载能力、月度工作任务完成度、个人意愿等）选择是否"抢单"，若"抢单"成功则完成工作后获得相应工作积分。微信抢单流程见图5。

根据抢单过程中工作的最终"成交"分值，以及各专业组或员工的积极性，选择保留或者修订积分库中的相应内容。通过这种抢单方式，检验积分库分

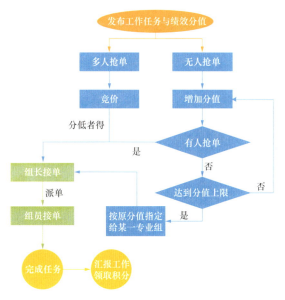

图5　微信抢单流程

值与实际工作量是否匹配，对不匹配工作量的积分进行动态调整，以此来提高工作积分与劳动付出以及工作能力的匹配度。部分微信抢单截图见图6。

图6　部分微信抢单截图

通过实施"绩劳能"量化融合绩效考核体系，充分发挥了"多劳多得、劳有所获"的优势，激发了员工工作积极性；通过倡导"能者多得"，有效地激励员工主动担当作为，提高个人专业素养。

专业组之间、组内员工之间收入差距明显拉开。2019 年第三季度维护组组内最高个人绩效薪资为最低个人绩效薪资的 1.366 倍，运维一班全体员工中最高个人绩效薪资为最低个人绩效薪资的 1.412 倍。班组内绩效薪资倍比达到 1.23 倍，对员工各类工作实现了差异化绩效评价，薪酬分配更加科学合理，三项制度改革"收入能增能减"效果显著，确保"劳有所获"，实现了"多劳多得""能者多得"。

自实行派抢单积分考核法以来，竞赛、比武、QC 等创新发展类活动在员工中的吸引力显著提升，班组内员工创新发展活力日趋浓厚，多次在省、市公司带电作业竞赛、比武，以及 QC 等相关活动中斩获佳绩。

报送单位：国网湖北宜昌供电公司

编 制 人：王运彪　陈槿然　孙　雷　韩海虹　罗　虹

19 "挣、抢、提、树"考核法
——激发运维检修班组活力

导 入：随着电网建设的不断发展，运检部门管辖设备数量急剧上升，一线运检班组长期面临工作任务重、员工工作积极性低、业务水平无法满足生产需求等问题，如何充分调动员工主观能动性、提升综合素质成为亟须解决的问题。国网湖北荆门供电公司检修分公司以问题为导向，打破以往单一的积分制考核方式，建立"挣工分＋抢项目＋提能力＋树价值观"考核模型，不仅有效解决了"日常工作难开展、重点项目难推进、能力素质难提升"的"三难"问题，同时提升了班员整体综合素质，让绩效真正成为班组管理的指挥棒和驱动力。

🗨 工具概述

"挣、抢、提、树"考核法由日常工作积分、重点项目积分、能力提升积分和价值观考核四大模块组成，是以"增强班组活力、提升技能水平、提高工作质量、培养工匠精神"为目标建立的绩效考核工具。其中日常工作积分来源于班组日常工作，以个体为单位按照工分库考核；重点项目积分来源于省、市内控项目，根据电压等级和难易程度分三级，以小组为单位竞标分配和考核；能力提升积分主要来源于岗位胜任能力考核结果，按照能力提升考核指标以小组为单位制订培训计划，每季度末考核；价值观考核以个体为单位，每季度由绩效经理人打分和员工互评打分得到。

适用场景：本工具适用于面临日常工作难开展、重点项目难推进、能力素质难提升"三难"问题的基层运检班组。

实施步骤

"挣、抢、提、树"考核法的实施步骤包括：挣日常工作积分考核、抢重点项目积分考核、提能力素质积分考核、树价值理念积分考核。

（一）挣日常工作积分考核

日常工作考核权重30%，对象为员工。以日常工作为基础，依据工分库进行考核，每类工作设置不同的标准分值、角色系数、技术难度、风险等级、时间系数来进行积分。员工每日将完成工作记录于"绩效日志"中，对照积分标准表自行计算积分，每周按时提交绩效兼职管理员复核。

（二）抢重点项目积分考核

重点项目考核权重30%，对象为团队。主要分为重点工程项目和重点创新项目。

1. 重点工程项目

项目根据电压等级、难易程度、危险系数分三级并赋予不同的分值，以小组为单位竞标分配。由绩效管理委员会根据完工质量，对小组成员按项目角色在季度绩效考核中进行加减分。若送电过程中存在缺陷，则给予扣分。

2. 重点创新项目

包括班组QC、专利、论文等，每年末对重点创新项目进行统计，并按照成果级别和作者排名给予相应加分。

（三）提能力素质积分考核

能力素质考核权重 20%，对象为员工。将员工能力提升分为初级、中级和高级三个阶段，每个阶段设置不同的考核项目和对应分值，以小组为单位制订培训计划，每季度末考核，考核通过者及所在小组组长获得对应分值。

（四）树价值理念积分考核

价值观考核权重 20%，对象为员工。从"精、细、恒"三个角度考核工匠精神、核心价值观及工作态度，采用行为锚定法，每季度由绩效经理人组织员工进行内部互评打分。

经验心得

1. 双向选择，人员均衡

小组之间是否实力相同，直接影响重点项目完成情况和组员能力提升速度，每年初选拔小组长和分配小组成员时应双向选择，尽量让组与组之间人员均衡。

2. 滚动修编，动态修正

绩效计划的制订不是一成不变的，而是不断滚动修编的，各部分考核指标的设置及标准也应围绕班组重点工作动态修正。

3. 常态沟通，改进提升

沟通应贯穿于绩效考核的各个环节，绩效经理人与班员之间需进行必要的常态化沟通，帮助班员在完成既定目标任务的过程中不断改进提升。

4. 突出导向，综合评价

价值观考核可以采用 360 度评价，由绩效经理人和班员同时对每一名成员进行考核打分，分值权重上绩效经理人打分应略高于班员互评打分。

📝 **实践案例**

国网湖北荆门供电公司检修分公司于 2019 年 1 月开始应用"挣、抢、提、树"考核法，形成了以"育人""树人""激励人"为导向的绩效考核模式，实现了多劳多得、价值趋同。下面以二次检修班为例进行展示。

年初由绩效管理委员会根据班组实际情况，推荐安全素质高、责任心强、能力突出的优秀员工担任小组长，小组长与员工之间进行双向选择，自由组建三个小组成为当年的绩效考核团队。

（一）挣日常工作积分

日常工作包含班组技改小修、计划检修、设备维护、日常消缺、班组综合性事务等，积分以个体为单位，按照工分库给予不同系数进行考核（见表 1），聚焦考核员工工作量。

表 1　　　　　　　　　　日常工作系数设置

系数种类	系数设置	
角色系数	工作负责人	工作班成员
	1.2	1.1
技术难度系数	主变压器、母线保护	线路（电容器）保护、自动装置、交直流设备
	1.2	1.1
电压等级	220 千伏	110 千伏
	1.1	1
时间系数	节日	周末
	1.2	1.1

日常工作积分利用考核工具绩效日志（见图 1）开展，员工记录每天的

工作，对照工分库进行打分汇总，每周按时提交绩效兼职管理员复核。绩效日志的应用减轻了绩效经理人的考核工作，让每项工作都有迹可循，每名员工都能清楚了解自己一年的工作情况，也可以用于开展班组承载力分析。

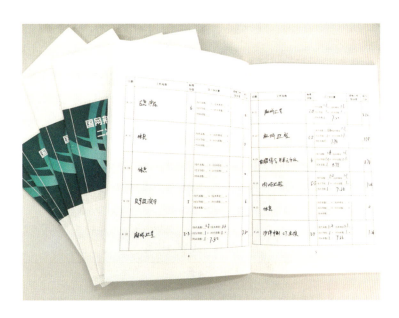

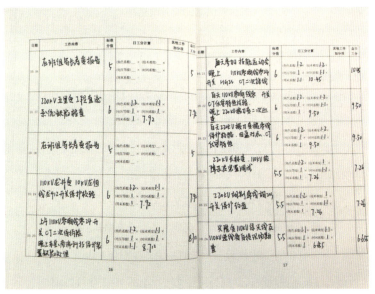

图 1　班员绩效日志

（二）抢重点项目积分

1. 重点工程项目

项目来源于省、市内控大修技改项目，根据电压等级、技术难度、危险系数分为黄、绿、红三个等级，其中黄色项目 80 分，绿色项目 60 分，红色项目 40 分（见表 2）。

项目由各小组"竞标"获得，并以小组为单位进行季度考核，根据项目完成质量情况，对小组成员按项目角色在季度绩效考核（折算前）中进行加减分。若送电过程中存在缺陷，则进行扣分（见表 3）。

2019 年二次检修班重点项目共计 12 项，根据年初项目分配情况，每小组均抢到 4 个项目，具体分配情况见图 2。

表 2 　　　　　　　　　　　重点工程管控项目分类

等级	工程项目	分值
黄色	220 千伏线路、主变压器保护测控更换	80
	220 千伏辅助设备改造	80
	220 千伏间隔二次回路改造	80
	220 千伏变电站交直流改造	80
	偏远站所需驻站改造时间跨度在 7 天以上的 110 千伏改造项目	80
绿色	110 千伏线路、主变压器保护测控更换	60
	110 千伏辅助设备改造	60
	110 千伏间隔二次回路改造	60
	110 千伏变电站交直流改造	60
	220 千伏及 110 千伏变电站后台改造	60
	110 千伏一次设备改造时相关二次配合工作	60
	偏远站所需驻站改造时间跨度在 7 天以上的 10 千伏改造项目	60

等级	工程项目	分值
红色	35（10）千伏线路	40
	35（10）千伏主变压器保护测控更换	40
	35（10）千伏间隔二次回路改造	40
	35（10）千伏一次设备改造时相关二次配合工作	40

表 3　　　　　　　　　　　重点项目加、减分系数

重点等级	基础分值	角色系数	时间系数	偏远系数	减分标准
黄色	80	项目负责人：1.0；工作负责人：0.9；安全负责人：0.9；技术负责人：0.9；工作班成员：0.8	7 天内：1.0；14 天内：1.1；21 天内：1.2	单程超过 1.5 小时：1.1	送电时如存在：一般缺陷 3 分 / 个；严重缺陷 6 分 / 个；危机缺陷 10 分 / 个
绿色	60				
红色	40				

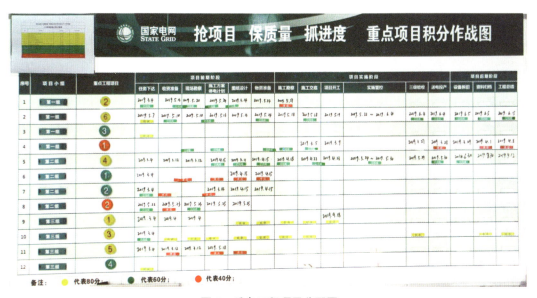

图 2　重点工程项目分配图

2. 重点创新项目

项目包含班组 QC、专利、论文等，实行年度考核，按照作者排名给予相应加分，其中第一作者得基础分值，第二作者、第三作者、第四作者分别给予 0.9、0.8、0.7 的系数（见表 4）。

表 4　　　　　　　　　　　　　重点创新项目加分值

QC	基础分值	专利	基础分值	论文	基础分值
国家奖	60	发明专利	40	SCI 收录	60
省部级	40	实用新型	20	中文核心	40
地市级	20			一般论文	20

（三）提能力素质积分

能力素质主要考核员工在安全意识、安全技能、理论水平、动手能力等方面的成长，分为初级、中级和高级三个阶段，每个阶段设置不同的考核项目和对应分值。每季度采用实操考试方式组织一次能力测试，测试通过者获得对应分值（见表 5）。

表 5　　　　　　　　　　　　　能力提升考核指标

能力阶段	指标 1（10分）	指标 2（15分）	指标 3（20分）	指标 4（25分）	指标 5（30分）
初级	工作票及二次安措票填写	继电保护装置定值整定	故障录波装置信息调阅	瓦斯继电器及温度计校验	10 千伏保护装置全部检验
中级	变电站后台系统维护及改造	110 千伏保护装置全部检验	日常性缺陷处理	安全自动装置校验及改造	110 千伏保护装置技改工程
高级	网络通信设备维护及改造	220 千伏保护装置全部检验	220 千伏母差及失灵回路改造	220 千伏保护装置技改工程	变电站二次回路图纸设计

为激励团队共同学习进步，测试以小组为单位，小组成员每通过 1 人，在季度绩效考核（折算前）给小组长加 10 分，给达标学员加对应考核指标的设定分值。按季度对小组学员获得的加分值进行累积，积分最高者，授予该小组季度“成长之星”称号。

2019 年 9 月，二次检修班开展第三季度能力素质考核，通过以考促学的方式，同期备战第十届智能变电站继电保护竞赛。考核通过情况见图 3。

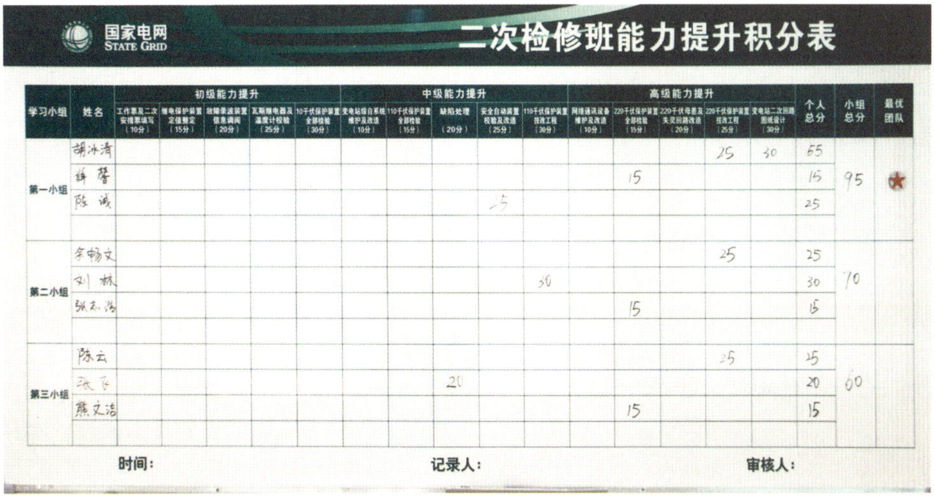
国家电网 STATE GRID 二次检修班能力提升积分表

学习小组	姓名	初级能力提升					中级能力提升					高级能力提升					个人总分	小组总分	最优团队
		工作票及二次安措票填写（10分）	继电保护装置定值整定（15分）	故障录波装置信息调阅（20分）	瓦斯继电器及温度计校验（25分）	10千伏保护装置全部检验（30分）	变电站综自系统维护及改造（10分）	110千伏保护装置全部检验（15分）	缺陷处理（20分）	安全自动装置校验及改造（25分）	110千伏保护装置技改工程（30分）	网络通讯设备维护及改造（10分）	220千伏保护装置全部检验（15分）	220千伏母差及失灵回路改造（20分）	220千伏保护装置技改工程（25分）	变电站二次回路图纸设计（30分）			
第一小组	胡冰清														25	30	55	95	★
	薛馨												15				15		
	陈诚									25							25		
第二小组	余畅文														25		25	70	
	刘林										30						30		
	张东浩												15				15		
第三小组	陈云														25		25	60	
	张飞								20								20		
	熊文浩												15				15		

时间：　　记录人：　　审核人：

图 3　二次检修班 2019 年第三季度能力素质考核得分

（四）树价值理念积分

价值观考核体现在“精、细、恒”的工匠精神（见表 6），“精”主要考核员工专业水平和综合素质，工作完成质量，以及解决重点难点工作的能力。“细”考核员工工作态度，洞察和适应变化的能力，对于困难工作的态度以及完成质效。“恒”考核员工与组织和上级的价值观契合度，工作考勤、自我加压、加班加点情况。

表6 员工价值观考核标准

考核指标	标准分值	指标内容	评价标准
精	15	专业精艺	（1）保质保量完成各项工作任务，专业素养高，对本专业工作深入精通，工作具有高度的前瞻性和系统性，经常提供本专业工作思路报告、经验材料。（15分） （2）能完成各项工作任务，专业素养较高，对本专业工作较深入，工作具有一定的前瞻性和系统性，偶尔提供本专业工作思路报告、经验材料。（10~14分） （3）基本能完成各项工作任务，专业一般，工作仅关注当前问题，在上级要求下才能提供本专业工作思路报告、经验材料。（5~9分） （4）不能完成各项工作任务，专业水平低，无法解决工作中的问题，不会提供本专业工作思路报告、经验材料。（0~4分）
	15	综合精通	（1）综合素质高，经常主动参与协助开展本专业室各项工作，能筹备各项会议，公文写作能力强，积极参与各种方案编写、信息写作及宣传报道。（15分） （2）综合素质较高，偶尔参与协助开展本专业室各项工作，筹备各项活动及会议能力一般，公文写作偶尔会出现错误，有时会参与方案编写、信息写作及宣传报道。（10~14分） （3）综合素质一般，很少参与协助开展本专业室各项工作，筹备各项活动及会议能力偏低，公文写作出现错误比例高，在领导要求下才会参与方案编写、信息写作及宣传报道。（5~9分） （4）综合素质偏低，不会参与协助开展本专业室各项工作，筹备各项活动及会议能力低下，不会起草公文，基本不会参与信息写作及宣传报道。（0~4分）
细	15	才大心细	（1）工作细致认真，从不出现错误。积极适应内外部形势的变化，大胆解放思想，积极支持变革、拥护变革、投身变革，善于用创新的办法解决难题。（15分） （2）工作不是很细致认真，偶尔出现错误。对内外部形势的变化适应稍慢，在上级的启发下，能解放思想，适应变革，有时也能创新。（10~14分） （3）工作比较马虎，偶尔出现错误。对内外部形势的变化适应很慢，在上级反复的引导、启发下，才能解放思想，被动适应变革。（5~9分） （4）工作十分马虎，经常出现错误。思想上抱残守缺，面对内外部形势的变化，行动上故步自封，拒绝变革、反对变革，甚至当变革的"绊脚石"。（0~4分）

续表

考核指标	标准分值	指标内容	评价标准
细	15	责任担当	（1）工作具有很强的责任心，勇挑重担、主动作为、敢于担当，在重点工作、困难事情面前从不低头，主动承担，对于上级和领导安排的工作从不推诿，经常能超前完成各项工作，并能及时反馈进度和结果。（15分） （2）工作有一定的责任心，能在上级指导下设定挑战性的工作目标。在困难、矛盾和问题面前有畏难情绪，或者提条件、讲价钱，需要上级指导和帮助才能完成任务，跟踪和反馈力度一般，偶尔反馈进度和结果。（10~14分） （3）工作责任心一般，能结合工作需要设置工作目标，但在困难和矛盾面前会选择性完成任务，对上级和领导安排的工作多有推诿，需要督办才能完成工作，过问后才会反馈工作情况。（5~9分） （4）工作责任心不强，工作能拖就拖。碰到困难、矛盾和问题选择回避，对上级和领导安排的工作很少完成。（0~4分）
恒	15	忠诚企业	（1）对企业高度忠诚，不讲条件、不打折扣、不找借口，能坚决贯彻、快速执行组织和上级工作要求，言行一致，做企业价值观坚定的维护者和践行者。（15分） （2）对企业具有一定的忠诚，在上级督促下能尽快落实工作部署，较拥护组织的重大决策部署、言行一致，大部分情况下能做企业价值观的维护者和践行者。（10~14分） （3）对企业的忠诚度一般，政治站位一般，不完全拥护企业的重大决策部署，大部分情况下能做企业价值观的维护者和践行者。（5~9分） （4）对企业的忠诚度差，经常拒绝执行组织和上级布置的工作任务，甚至会因为工作与上级发生争吵，政治站位低，不完全拥护企业的重大决策部署，未能践企业价值观。（0~4分）
	10	敬业奉献	（1）积极参与公司及专业室各项重点工作，工作量饱和，经常因工作任务重而加班。大局观强，任何事情能从公司角度出发，关键时刻帮助同事共同解决难题。考勤上从不迟到早退，有事请假并及时告知，且请假不影响日常工作，能做好工作交接。（8~10分） （2）在上级及领导安排下参与公司及专业室各项重点工作，工作量不是很高，偶尔因工作而加班。在上级要求下才具备大局观，不会主动帮助同事解决困难。考勤上偶尔会有迟到早退且没有及时告知，不影响正常工作。（4~7分） （3）不会参与公司及专业室各项重点工作，工作量低下，不具备大局观意识，从不帮助同事结局困难。考勤上习惯性迟到早退，对工作产生影响。（0~3分）

考核指标	标准分值	指标内容	评价标准
恒	15	持续改善	（1）工作中及时总结、举一反三，时刻对自己保持高标准、严要求。遇到问题主动查找自身原因，勇于进行自我批判，善于总结经验教训，能够不断自我完善、持续改进，进步速度快。（15分） （2）在领导引导和要求下总结工作，对自己标准和要求较高。遇到问题能够分析自身的原因，但也喜欢找一些客观原因和理由，对自身存在的问题、应承担的责任遮遮掩掩，不能及时总结工作中的经验教训进而不断提高自身，工作中进步一般。（10~14分） （3）很少总结自身工作，对自己标准要求偏低。遇到问题习惯于找客观原因和理由，对自己存在的问题避而不谈，不善于总结工作中的经验教训，同类的失误、错误经常发生，工作中进步较慢。（5~9分） （4）从不总结自身功罪，对自己标准要求低。遇到问题总是找借口和客观原因，不反省自身存在的问题，视而不见，不愿意总结工作中的经验教训，同类的失误、错误反复发生，长期得不到纠正，工作中没有进步。（0~4分）

班组员工采取"月度积分季度兑现"的方式，定期发布绩效公示看板（见表7），减少绩效管理到绩效兑现的中间环节，让考核效用最大化。

表7　　　　　　　　　　季度绩效公示看板

序号	姓名	所属小组	角色	日常工作积分（30%）	重点项目积分（30%）		能力素质积分（20%）	价值观考核（20%）	积分汇总
					重点工程项目	重点创新项目			
1	吴*	一组	组长	200	80		30	97	109.4
2	胡*	二祖	组长	194	0		55	96	88.4
3	陈*	三组	组长	200	0		30	93	84.6
...	...	...	...	...	...		...		...

　　"挣、抢、提、树"考核法针对班组症结有的放矢，注重向"团结协作、执行力强、能力高"的员工倾斜，考核范围全覆盖，考核指标更具体。通过点对点的积分激励，日常工作难开展、重点项目难推进的问题得到解决。同时，员工不再只关注自己的岗位职责，开始主动提升全方位专业技能，加强业务协同配合，班组凝聚力增强，整体氛围明显改善。2019年，二次检修班重点项目完成率由上一年的70%上升至95%，全体班员能力素质测试考核通过率达100%。

　　报送单位：国网湖北荆门供电公司
　　编　制　人：严文洁　易　平

20 班组综合任务切块承包考核法
——解决班组综合任务分配难题

> **导　入：** 班组精细化管理对各项任务的完成质量要求越来越高，导致部分班组在安排综合任务时出现无人主动承担的现象。针对这种情况，国网湖南永州信息通信公司（大数据中心）实施班组综合任务切块承包考核法，将班组综合任务按照"任务包"进行分配或竞标，依据考评结果分配绩效工资，实现班组综合任务有人认领、有人负责，激励员工"多劳多得"。

工具概述

　　班组综合任务切块承包考核法是指将班组的综合任务进行合理归类，切分为不同的"任务包"，每项"任务包"设定固定的基础积分，由班组长制定班员工作能力特长表，根据各班员的工作能力及专长初步进行"任务包"分派，由员工承包或实行竞标。通过建立班组综合任务切块承包制考核机制，避免了班组长在安排班组综合任务时出现员工相互"踢皮球"的现象；通过承包"任务包"的积分奖励，激发了员工主动承担班组综合任务的热情，提高了班组的工作效率。

　　适用场景：本工具适用于各类班组综合任务的绩效考核。

实施步骤

　　班组综合任务切块承包考核法主要有确定"任务包"内容、量化"任务包"

评价标准、分配或竞标"任务包""任务包"价值核算4个步骤。

1. 确定"任务包"内容

针对班组日常管理的综合任务进行详细分析，合理归类同类或相近任务，并制定若干个"任务包"；综合评估任务包的工作量、难度以及员工能力，使得承包人在规定的时限内能够完成；每个"任务包"至少由一人承包。

2. 量化"任务包"评价标准

深入分析各"任务包"的难度及工作量，并与员工的岗位核心工作所需工时进行比较，初步测算所需工时，根据各项任务包的工作量、工作难度合理设定各项"任务包"的基础积分，次月根据任务包的实际所需工时及工作强度再动态调整基础积分值。

班组综合"任务包"积分考评表见表1。

表 1　　　　　　　　　　班组综合"任务包"积分考评表

任务包名称	基础积分值	封顶分值	提前完成	按时完成	超期完成	未完成	通报批评	通报表扬	完成质量加权（综合评价）
班组绩效改进会及材料准备	30	39	34.5	30	28.5	0	−15	39	±15%
月度管理日常工作	40	52	46	40	38	0	−20	52	±15%
派工管理	20	26	23	20	19	0	−10	26	±15%
安全技术管理	15	19.5	17.25	15	14.25	0	−7.5	19.5	±15%
培训管理	15	19.5	17.25	15	14.25	0	−7.5	19.5	±15%
工器具管理	25	32.5	28.75	25	23.75	0	−12.5	32.5	±15%
通信电源管理	25	32.5	28.75	25	23.75	0	−12.5	32.5	±15%
光缆管理	25	32.5	28.75	25	23.75	0	−12.5	32.5	±15%
电视电话会议保障	15	19.5	17.25	15	14.25	0	−7.5	19.5	±15%

3. 分配或竞标"任务包"

每月初召开班组绩效会，对各项任务包的工作内容及要求进行详细说明，发布各项"任务包"，并由班组长根据各班员的工作能力及专长初步拟定承包人选，其他人员如对某"任务包"有承包意向，可与初步拟定人选进行积分竞标，积分出标低者将获得此"任务包"，同时承包人可自行选择与其他人共同完成所承担的"任务包"，积分分配比例由其自行协商确定。

4. "任务包"价值核算

"承包人"需按日或周向班组长报告"任务包"的完成进度情况及耗时情况，班组长核实记录，月末总结各项"任务包"的完成情况。引入"风险评分"机制，即承包人完成"任务包"中的工作内容，根据量化评价标准进行加分，最多得"任务包"基础分值的130%。当"承包人"未完成相关任务时，除所承担的"任务包"得0分外，按标准扣减其本职工作积分，默认"风险分值"为"任务包"基础分值的50%。

◎ 经验心得

（1）班组长在设置"任务包"时，一定要充分考虑该"任务包"的难度与工作量，确保"任务包"工作相对均均衡。

（2）每月对上月"任务包"的基础积分设置合理性进行评估，根据实际情况进行动态调整，并在班组月度绩效会上详细说明理由，确保公平、公开。

（3）出现某一员工过度承揽"任务包"时，要做好思想沟通，防止因任务过多导致工作质量完成不佳。

📝 实践案例

国网湖南永州供电公司于2020年初开始应用班组综合任务切块承包考核

法，班组管理水平得到提升，员工工作积极性得到普遍提高，取得了良好成效。下面以国网湖南永州信息通信公司（大数据中心）下属各班组实施情况为例进行展示。

1. 合理设置"任务包"及初步拟定承包人选

月底班组长梳理次月本班组需完成的各项综合工作任务，形成工作任务包，并在次月初召开班组绩效会现场发布各项"任务包"。发布时明确任务的任务内容、基础分值、初步拟定承包人选、风险分值下限，见表2。

表2　　　　　　　　　　　　　　工作任务包示例

任务包名称	具体任务	基础积分值（分）	初步拟定承包人选	风险分值上下限
月度管理日常工作	含月度总结及分析编写，月度、周计划编制及上报，月度运行分析会，周例会，市公司停电协调会，省信通月度分析会暨检修平衡会等工作	40	副班长	$-20 \leq X \leq 0$
派工管理	含派工单派发，派工单归档，派工看板维护等	20	黄 *	$-10 \leq X \leq 0$
安全技术管理	含工作票管理、月度安全学习，及配合公司安全员的其他工作要求	15	孙 *	$-8 \leq X \leq 0$
…	…	…	…	…

2. 发布和统计竞标情况

各班组成员根据当月岗位工作任务情况和自身能力填报竞标单。竞标单明确投标系数及未完成时扣减分值。无人竞标时，各"任务包"的承包人即初步拟定人选，按基础积分值获得"任务包"。因安全技术管理多人竞标，班组李 * 按基础积分0.9的系数获得了"任务包"，任务初步拟定人孙 * 失去了该"任务包"，见表3。

表3　　　　　　　　　　　　　　竞标任务包示例

任务包名称	投标人	基础分值	风险分值	投标系数
安全技术管理	李＊	15	−8	0.9

3. 公示竞标"任务包"

班组长汇总各班员竞标单后，根据各班员当月工作安排和报价情况综合分析，确定"任务包"承包人，对有竞标的任务进行公示，见表4。

表4　　　　　　　　　　　　　任务包竞标结果公示示例

任务包名称	投标人	基础分值	风险分值	投标系数	承包人
安全技术管理	李＊	15	−8	0.9	李＊

4. 统计并公示月度考核结果

次月初，班组长根据各承包人上月工作任务完成情况进行考核，确定考核结果并进行公示。承担派工管理的黄＊因上月未完成承担的"任务包"，该任务包得0分，另外在其日常工作积分中扣除10分，体现了"奖惩对等"的原则，见表5。

表5　　　　　　　　　　　　任务包完成情况考评公示示例

任务包名称	基础积分值	初步拟定承包人选	风险分值上下限	承包人	风险扣分	竞标系数	评价得分
月度管理日常工作	40	副班长	$-20 \leqslant X \leqslant 0$	副班长			40
派工管理	20	黄＊	$-10 \leqslant X \leqslant 0$	黄＊	−10		−10
安全技术管理	15	孙＊	$-8 \leqslant X \leqslant 0$	李＊		0.9	13.5
…	…	…	…	…	…	…	…

通过实施班组综合"任务包"管理，有效地避免了班组长在安排班组综合任务时无人愿意接受的情况，原来不太愿意服从班组长直接安排工作的李*主动参与了竞标，充分激活了人力资源，让班组员工在做好本职岗位工作的同时，更加积极参与班组管理工作。通过承担班组综合"任务包"工作任务，班员可以挣得更多绩效积分，在班组绩效分配时获得更多绩效工资，从而实现承担班组"任务包"挣工资的绩效运行模式。班员对班组综合"任务包"的工作任务，"做与不做、做好与做坏"绩效差距达 25% 以上，营造了"多劳多得"的氛围。

报送单位：国网湖南永州供电公司

编 制 人：冯海鸥　李文哲　马雪佳　彭永胜

21 词典式绩效打分法
——提高工作积分与工作任务匹配度

导　入： 在生产一线班组月度绩效考核中，班员经常为同一工作任务中的技术负责人与工作负责人、办公室技术性工作与现场一般工作谁的绩效积分应更高等问题产生争执。国网四川成都供电公司应用"词典式绩效打分法"，编制工作任务量化积分标准，形成班组积分库，科学衡量不同工作任务的工作难度和工作强度，真正实现多劳多得。

工具概述

"词典式绩效打分法"引入现代工商管理中"绩效词典"的概念，班组以月度为单位，综合考量班组成员承担的日常任务量与安全责任系数、技能水平系数与额外工作系数、弹性任务量，编制班组绩效词典，应用公式科学计算员工工作积分，使得班组绩效考核更精准。

适用场景：本工具适用于地市供电公司生产班组。

实施步骤

"词典式绩效打分法"的实施步骤包括：编制"绩效词典"、按照词典核算工作积分、公示绩效得分。

1. 编制"绩效词典"

分类确定绩效考核指标，包括现场安全风险、承担安全责任、人员技能水平、是否为额外工作、是否为弹性工作。确定各项工作任务绩效分值，编制形成"绩效词典"，示例见表1。

表1　　　　　　　　　　　　"绩效词典"示例

工作性质	工作内容	分值 （P_i, P_j）	案例说明
大修改造	220千伏母差改造	10	220千伏徐家渡站1号母差改造
	220千伏主变压器改造	9.5	220千伏徐家渡站1号主变压器改造
	…		
年检维护	一体化检修	9	110千伏普河站全站一体化检修
	220千伏母差年检	9	220千伏青白江站2号母差年检
	…		
缺陷处理	危急缺陷 说明：事故应急抢修	9	全站失压或开关柜爆炸
	严重缺陷一级 说明：需退出口压板且调试	6.5	智达保护及备投消缺（万福智能终端损坏）
	…		
…	…		…

2. 按照词典核算工作积分

班长准确详细记录每人每天工作任务、休假状况、加班工作量等，班组绩效考评员依据"词典式绩效打分法"，核算出每人每天的工作积分。

3. 公示绩效得分

在班组公示每人每月工作积分，所有班员都可以查阅"绩效词典"，核算个人绩效分数，真正做到全流程管理、公式化计算，所有分数均有据可循。

◎ 经验心得

（1）建立"班长—绩效考评员—班员"反馈机制。在每月绩效打分结果公示后，绩效考评员应及时收集班员意见建议，如有异议应及时上报班长，召开民管会进行讨论，根据调查核实情况，对不合理的词典条款及时修改完善。

（2）绩效分配日清日结。为提高绩效分配工作效率，最好做到日清日结。即在每天工作完成后，绩效考评员便根据当日工作安排核算出当日班组成员的基础绩效得分，并在月末进行整月的绩效积分加权和微调，避免留到月底一起计算，耗时费力。

（3）工作分配合理化。班组长要本着公平公正的原则，合理安排工作任务，尽量避免部分人一直没有机会担当工作负责人或者部分人一直负责风险较高的工作，做到机会均等、风险共担。

实践案例

国网四川成都供电公司于 2019 年 1 月在变电检修中心应用词典式绩效打分法，实现了工作任务积分的量化考核，工作效率显著提升。下面以变电二次运检一班的实施情况为例进行展示。

1. 编制"绩效词典"

确定 5 类绩效分配指标及 67 项工作任务绩效分值。

（1）指标 1——现场安全风险。生产班组工作种类繁多，工作地点、工作性质、工作内容不同，对应的安全风险有很大区别，实行绩效得分与安全风险正相关。

"词典式绩效打分法"从纵横两个维度来评估安全风险，较为准确地判定一项工作的安全风险等级，并合理规定绩效分值。纵向维度上对于同一电压等级、同一设备类型的工作，根据其作业类型来判定安全风险的高低。纵向维度安全风险等级由低至高应为准备（查勘）工作、年检维护、扩建调试、大修改造。横向维度上对于同一作业类型的工作，根据其对应的电压等级以及设备类型来评估安全风险的高低。横向安全风险等级评估见图 1。

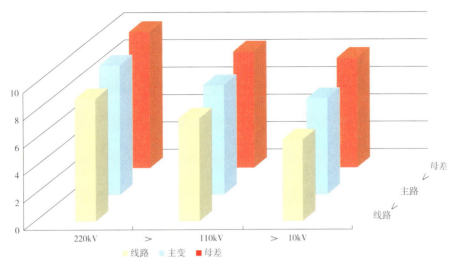

图1 横向安全风险等级评估

经班组民管会反复讨论后的基础积分表,即安全风险指标打分表,见表2。通过查阅该表,即可得出一项工作的基础绩效积分(P_i、P_j)。

P_i表示不属于额外工作的基础积分,P_j表示属于额外工作的基础积分。

表2   安全风险指标打分表

工作性质	工作内容	分值 (P_i, P_j)	案例说明
大修改造	220 千伏母差改造	10	220 千伏徐家渡站 1 号母差改造
	220 千伏主变压器改造	9.5	220 千伏徐家渡站 1 号主变压器改造
	220 千伏其他改造	9	220 千伏徐家渡站尖渡线保护改造
	110 千伏母差改造	8.5	220 千伏徐家渡站 110 千伏母差改造
	110 千伏主变压器改造	8	110 千伏桂溪站 1 号主变压器改造
	110 千伏其他改造	7.5	110 千伏桂溪站湾玉线 174 开关改造
	110 千伏内桥站半边改造	10	110 千伏龙桥站 1 号主变压器半边改造

续表

工作性质	工作内容	分值 (P_i, P_j)	案例说明
大修改造	35、10千伏设备改造	7	110千伏桂溪站912开关保护改造
	公用设备改造	6	站用、直流、UPS、GPS等改造
	危险设备改造	8	安控、录波、备自投等设备改造
	一般设备改造	6.5	消弧线圈改造
年检维护	一体化检修	9	110千伏普河站全站一体化检修
	220千伏母差年检	9	220千伏青白江站2号母差年检
	220千伏主变压器年检	8.5	220千伏青白江站3号主变压器年检
	220千伏其他年检	8	220千伏青白江站龙青西线保护年检
	110千伏母差年检	7.5	110千伏通顺站110千伏母差年检
	110千伏主变压器年检	7	110千伏金华街站1号主变压器年检
	110千伏其他年检	6.5	110千伏金华街站村金线保护年检
	110千伏内桥站半边年检	9	110千伏翠微站1号主变压器半边年检
	35、10千伏设备年检	6	110千伏中和站912开关保护年检
缺陷处理	危急缺陷 说明：事故应急抢修	9	全站失压或开关柜爆炸
	严重缺陷一级 说明：需退出口压板且调试	6.5	智达保护及备投消缺 （万福智能终端损坏）
	严重缺陷二级 说明：需退出口压板不调试	5.5	重启保护装置（测控装置闭锁）
	重要缺陷一级 说明：需退遥控压板且调试	5.5	智达测控消缺
	重要缺陷二级 说明：需退遥控压板不调试	5	重启总控装置
	一般缺陷 说明：无须退任何压板	5	信号误发处理，后台改名， Windows加固
扩建调试	220千伏主变压器扩建	9	220千伏临邛站2号主变压器扩建

工作性质	工作内容	分值 (P_i, P_j)	案例说明
扩建调试	220 千伏线路扩建	8.5	220 千伏三圣站 220 千伏圣客线扩建
	110 千伏主变压器扩建	7.5	110 千伏玉带站 3 号主变压器扩建
	110 千伏线路扩建	7	220 千伏三圣站 110 千伏圣地线扩建
	35、10 千伏整段母线扩建	6.5	110 千伏潮音站 10 千伏 Ⅲ、Ⅳ 母扩建
	公用设备扩建	6	安防、保信子站、GPS、UPS 扩建
	35、10 千伏新投保护调试	6	110 千伏银杏站 922 开关保护调试
	35、10 千伏新投监控调试	5.5	110 千伏万象站 994 开关监控调试
	公用设备新增调试	5.5	D5000 调试
配合工作	重要回路配合	7	220 千伏大面站 2 号主变压器增容配合
	更换 110 千伏开关 CT	6.5	110 千伏铁佛站更换 181 开关 CT
	一般回路配合	6	220 千伏青白江站风冷端子箱更换
基建验收	220 千伏全站验收	8	220 千伏雷剑站全站验收
	110 千伏全站验收	7	110 千伏赵塔站全站验收
	220 千伏单间隔验收	7	220 千伏大面铺站龙大东线验收
	110 千伏单间隔验收	6	110 千伏玉带站临带 T 支线验收
	35、10 千伏单间隔验收	5.5	110 千伏温家河站 932 开关验收
相关准备	220 千伏年检、改造、扩建查勘	7	220 千伏安顺桥站改造查勘
	110 千伏年检、改造、扩建查勘	6.5	110 千伏大湾站改造查勘
	35、10 千伏年检、改造、扩建查勘	6.5	110 千伏西一环站 10 千伏 Ⅰ 段保护年检查勘
	特殊设备改造查勘	6.5	安控、录波、备自投改造查勘
	公用设备改造、扩建查勘、消缺查勘	6	站用、直流、UPS、GPS 扩建等查勘
	回路整理	5.5	新屏清线、电缆敷设、土建埋管
	一般查勘	5	工作票编制查勘

续表

工作性质	工作内容	分值 (P_i, P_j)	案例说明
投运收尾	全站送电	7	指结票后其他工作日送电
	单间隔送电	6	指结票后其他工作日送电
	备自投传动	6.5	110千伏桂溪站110千伏备自投传动
	拆屏	5.5	110千伏大田站停用屏拆除
检查配合	春、秋安检查	5	220千伏曹家寺站秋安检查
	设备巡视	5	220千伏双桥子站设备巡视
	保电守站	5	220千伏安顺桥站两会保电
	废旧物资移交	5	110千伏大湾站旧屏移交
	配合查勘	5	110千伏万象站配合拆2号主变压器查勘
	取事故录波资料	5	110千伏桂溪站桂电路跳闸取录波
班组工作	创新性工作	7	标杆班组准备、QC成果准备、管理创新成果准备
	技术性工作	6	审图、编写运规、参加技术性会议
	现场工作协作	5.5	编写三措书及工作票，准备工器具及展板，传送工作票
	内务处理、其他单位帮忙、其他岗位交流学习	5	绩效打分、报账、交资、录音上传、邮箱文件处理、整理物资等
	参加讲座、培训	4	履职能力培训

（2）指标2——承担安全责任。在同一项工作中，各班组成员所承担的安全责任也不同，故每个人在同一项工作中的绩效打分也应与其所承担的安全责任成正相关。班组安全责任分布图，见图2。

图 2　班组安全责任分布图

各个"角色"应得绩效即安全责任指标打分表，见表 3。

表 3　　　　　　　　　　　　安全责任指标打分表

"角色"	工作积分标准（分/人/天）
D：技术负责人	工作积分 $=k_{1D}\times$ 相应工作基础绩效积分
A：工作负责人 A	工作积分 $=k_{1A}\times$ 相应工作基础绩效积分
B：工作负责人 B	工作积分 $=k_{1B}\times$ 相应工作基础绩效积分
普通角色	工作积分 $=1\times$ 相应工作基础绩效积分

注　k_{1D}、k_{1A}、$k_{1B}\in\{1.1，1.2\}$，具体取值要与指标 3 联合判定。

（3）指标 3——人员技能水平。在 ABD 工作制中，工作负责人 A、工作负责人 B 以及技术负责人 D 要比其他普通作业人员承担更多的安全责任。在"词典式绩效打分法"中，安全责任系数 k_1 的数值由指标 2、3 共同决定，即指标 2 确定角色分类，指标 3 根据角色岗位高低权变取值，最终系数为安全

责任系数 k_1。

生产班组的工作通常是以"老带新"的模式开展，而"老"和"新"指的就是个人技能水平的高低，可以用个人岗位的高低进行衡量，以该班组为例，班组成员技能水平排序由高至低为：班长＞副班长＞技术员＞作业组长＞高级工＞中级工＞初级工。

在同一工作当中，技能水平较高人员通常要承担全面监督和培训技能水平较低人员的责任，贡献也就更大，故同一项工作中班组成员的绩效打分还应与其岗位高低成正相关。综上，技能水平指标打分表见表4。

表4　　　　　　　　　　　　　技能水平指标打分表

日常工作情景		k_{1D}	k_{1A}	k_{1B}
现场仅有 A 角		0	1.2	0
现场仅有 A、D 角		1.2	1.1	0
现场有 A、B、D 角	A 角岗位高于 B 角	1.2	1.2	1.1
	A 角岗位低于 B 角	1.2	1.1	1.2

注　k_{1D}、k_{1A}、k_{1B} ∈ {1.1，1.2}，由于技术负责人通常由本现场岗位最高的人担任，故默认 k_{1D} =1.2；而 k_{1A}、k_{1B} 同时存在时，岗位低的取 1.1，岗位高的取 1.2。

（4）指标4——是否为额外工作。额外工作通常指加班，属于为集体奉献的行为，应获得更多的绩效奖励，因此加班工作的绩效分数采用额外工作系数 k_2 加权以示奖励，经班组民管会讨论决定。k_2 一般取值为 1.5。

（5）指标5——是否为弹性工作。弹性工作是指班组主要工作以外的，无法通过指标1～3准确量化的辅助性工作，主要包含六项：荣誉争取、日常管理、安全培训、技能培训、电话消缺以及特殊工作补充。

此类工作的绩效分值 ΔP 为班组综合考虑其难度、耗时、技术含量等多种因素，经班组民管会讨论决定。弹性工作打分表见表5。

表 5 弹性工作打分表

工作性质	工作内容	分值	案例说明
弹性工作	荣誉争取	视情况	新闻稿 5 分 / 篇，其他宣传工作视情况而定。最高 10 分 / 月
	日常管理	视情况	绩效打分 10 分 / 月，派车单 5 分 / 月
	安全培训	10 分 / 月	可根据培训次数调整，最高 10 分 / 月
	技能培训	10 分 / 月	可根据培训次数调整，最高 10 分 / 月
	电话消缺	10 分 / 月	可根据消缺次数调整，最高 10 分 / 月
	特殊工作补充	视情况	对于需要连续加班的长周期工作任务，可视实际情况给予绩效补充奖励。最高 15 分 / 月

2. 按照词典核算工作积分

工作完成后，绩效考评员根据班组工作日志，对比 5 类绩效分配指标，查阅 67 项工作任务绩效分值，运用绩效考核公式即可计算出每位班员的工作积分。核心公式为

$$P = \sum_{\substack{i=1 \\ j=1}}^{n \leqslant 31} (k_1 \cdot P_i + k_2 \cdot P_j) + \Delta P$$

式中：P_i 为班组成员本月承担的每日工作量的基础绩效积分，由指标 1 决定；k_1 为安全责任系数，由指标 2 与指标 3 共同决定；P_j 为本月日计额外工作量的基础绩效积分，由指标 1 决定；k_2 为额外工作系数，由指标 4 决定；ΔP 为本月所承担的弹性任务量的相应绩效积分，由指标 5 决定。

班组 2020 年 5 月工作积分核算表见表 6，此处仅展示 4 位班组员工的绩效评分，班员 3 长期在办公室整理班务，班员 4 为骨干员工，班员 7 为 2018 年入职的员工。

表6

班组 2020 年 5 月工作积分核算表

时间	工作内容 加班工作则为 $k_2 \cdot P_j$	基础积分 $(P_i$ $/P_j)$	班长 角色	班长 $k_1 \cdot P_i$	班员3 （班务员） 角色	班员3 $k_1 \cdot P_i$	班员4 （骨干） 角色	班员4 $k_1 \cdot P_i$	班员7 （新员工） 角色	班员7 $k_1 \cdot P_i$
2020 年 5 月 4 日 假期加班	花桥站 TV 测控闭锁	5.5		8.25						
2020 年 5 月 6 日	龙桥消缺	5					A	6		
	支援清波项目调试	6.5								6.5
	安委会	5.5		7.8		5.5				
	编制本月工作票	5.5				5.5				
2020 年 5 月 7 日	龙桥 1 号主变压器半边年检	9	D	10.8			A	9.9		9
	编制工作票	5.5				5.5				
夜间加班	准备绩效管理案例材料	6		6						6
2020 年 5 月 8 日	大圣一线年检	8	D	9.6			A	9.6		8
	编制本月工作票	5.5				5.5				
2020 年 5 月 9 日	龙桥 2 号主变压器年检	7					A	7.7		7
	清波调试	6	A	7.2						
	编制可视化安措模板	5.5				5.5				

续表

时间	工作内容 加班工作则为 $k_2 \cdot P_j$	基础积分（P_i/P_j）	班长		班员3（班务员）		班员4（骨干）		班员7（新员工）	
			角色	$k_1 \cdot P_i$	角色	$k_1 \cdot P_i$	角色	$k_1 \cdot P_i$	角色	$k_1 \cdot P_i$
2020年5月16日假期加班	清波站接入国芯保护	6		9						
2020年5月20日	三圣桃圣二线缺陷处理	6.5	D	7.8			A	7.8		
	雷剑母差缺陷查勘	6							A	7.2
	修编可视化安措	5.5				5.5				
2020年5月21日	中环南一键顺控查勘	6	D	7.2					A	7.2
	编制圣石二线标书	5.5						5.5		
	打印标书及送签	5				5				
2020年5月22日	武侯站扩建审图	6						6		
	整理清波调试报告	5.5		5.5						
	雷剑母差缺陷跟进	6								6
	传送工作票	5.5				5.5				
夜间加班	香树 TV 测控装置闭锁	5.5								8.25
2020年5月26日	中环南一键顺控调试	6.5							A	7.15
	红锋 173 年检	6.5					D	7.8		

续表

时间	工作内容 加班工作则为 $k_2 \cdot P_j$	基础积分（P_i/IP_j）	班长		班员3（班务员）		班员4（骨干）		班员7（新员工）	
			角色	$k_1 \cdot P_i$	角色	$k_1 \cdot P_i$	角色	$k_1 \cdot P_i$	角色	$k_1 \cdot P_i$
2020年5月26日	雷剑母差差流分析	6	D	7.2						
	传送工作票	5.5				5.5				
	半天假	-3		-3.6						
2020年5月27日	三圣桃圣一线缺陷处理	7					A	7.7		
	雷剑母差分析会	6		6						
	整理红峰改造方案	6						6		
	修改标书	5.5				5.5				
	整理高风险作业材料	5.5								5.5
	新闻稿	5								
加分（ΔP）	电话消缺	10		10						
	承担龙桥危险工作	10						10		5
P				195.7		101.5		160.35		153

通过表6可以看出，按照"词典式绩效打分法"，4位班组员工的绩效排名由高至低为：班长＞技术骨干＞新员工＞班务负责人，该绩效得分排名与4位员工的技能水平和所承担的工作任务较为匹配。

3. 公示绩效得分

月初班长编制工作计划，月底班长在民管会上公布最终绩效得分情况，并张贴公示。如果"绩效词典"的基础分值存在争议，由班长召开民管会讨论修编。

国网四川成都供电公司变电检修中心推行"词典式绩效打分法"后，班组员工月度工作积分能精准反映其工作任务完成情况和业绩贡献，有利于引导新员工积极担任工作负责人，老员工主动"传帮带"，培养新员工成长为技术骨干的时间周期平均压缩50%，2019年班组各项生产任务工作效率平均提升20%，人员事假总次数降低10%。

报送单位：国网四川成都供电公司

编 制 人：方　顺　梁雨耘竹　刘　丽　仇华力

22 "包干制"考核法
——解决转岗人员考核难的问题

> **导 入：** 2015年，国网青海黄化供电公司部分司机转岗分流至送电工区一线班组。面对更高强度和更高专业要求的工作任务，他们往往力不从心，对高绩效只能望而兴叹。为此，该公司扬长避短，在安排他们从事能胜任的值守类任务的同时，根据输电线路反外损值守工作特点，突破常规制订出一套"包干制"考核法，实现了工区安全目标和转岗人员高绩效的双赢。

工具概述

"包干制"考核法是针对"转岗"这一特定群体的考核方法。转岗群体的工作安排存在一定局限性，通常会考虑一些"过程简单但结果重要"的任务。相比采取工作积分制，结果导向型的考核更科学，也更公平。"包干制"考核法实行"一票否决"原则，实现了考核的简单客观精准。

适用场景：本工具适用于高龄、低起点的转岗人员。

实施步骤

"包干制"考核法实施步骤主要包括建立"包干"任务库、设定"包干"考评条款、评价及考核兑现。

1. 建立"包干"任务库

在现有的作业类型中，梳理归类出具有以下特点的任务，纳入"包干制"考核范围：

（1）结果导向型，且目标单一的任务。

（2）起止边界清晰，且效果可量化的任务。

（3）承担人员明确的任务。

（4）完成期限不固定的任务。

其余作业类型，依然按工作积分制考核。

2. 设定"包干"考评条款

"包干制"适用于特殊群体，考评条款更应简单、明了。使用在安全生产任务上时，应采用安全事件"一票否决"的办法。但应在开启"包干"任务前，向考核对象约定安全事件责任的方法，以摒除出现"远远超出考核对象能力范围"的外部因素。如：对某区段输电线路进行施工反外损值守，发现违规施工后报警，但候警期间发生安全事件时的责任界定。

3. 评价及考核兑现

包干任务终止后，按约定的考评条款，按月评价实施效果、按月兑现考核。"包干制"按每月全勤 100 分进行归算。每月实际只有部分日期执行包干任务的，按日折算。

经验心得

（1）"包干制"考核法的重点是针对结果导向类的任务，因此设立评价标准时，应尽量避免过程管控和工作量管控。

（2）"包干制"任务及考核方法适用于特定群体，从公平性角度出发，适用人群条件和"包干制"约定的考核条款应告知清楚。

实践案例

国网青海黄化供电公司于 2018 年 11 月开始，在前期探索经验的基础上，在送电工区有针对性地实施"包干制"考核法，有效解决了转岗人员任务安排难、考核评价难等问题。下面以 2019 年 8 月送电工区综合组绩效数据为例进行展示。

1. 建立"包干"任务库

送电工区输电作业班的基础作业类型，见图 1。很明显，第二大类的任务比较适合纳入"包干制"任务库。

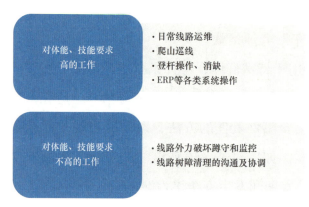

图 1　班组工作任务分类

以"线路外力破坏与蹲守"为例，工程机械司机往往电力安全意识薄弱，还经常"神出鬼没"地在高压线附近突击赶工期，输电线路防外破压力非常大。因此需要在固定工地设立监控点，24 小时蹲守，目标是不发生机械碰线。该工作符合"包干制"任务的所有典型特点。

2. 设定"包干"考评条款

输电作业班巡线发现线路走廊存在新的工程后，即开启一项"包干制"任务。根据基本施工信息，与执行该项"包干制"任务的转岗人员约定考评条款，主要包括：包干起止确认方式、后勤保障方式、责任认定条款、加减分条款，其中，加减分条款是指没有出现一票否决的情况下，小分值的加减抵扣。

3. 评价及考核兑现

"包干制"采用"一票否决"原则，也就是对每一项包干任务，一旦触发"一票否决"条款，则该任务不得分；如未发生外力破坏，在拿到按日归算的全部积分外，还可以得到额外加分（无封顶）。

例如，冯＊包干的 2 号施工现场发生有责外破，触发"一票否决"扣除全部积分（82 分），另外迟到 2 次（扣 2 分），得分仅为 16 分；索南＊＊承担两次外破的蹲守监控工作，并成功阻止了外破的发生，加 10 分，为当月全班最高 110 分。最高、最低分相差 94 分。

"包干制"考核法实施后得到如下工作成效：

（1）有效解决了转岗司机在一线班组考评难的问题。将转岗司机从原输电作业班组分离出来，建立"综合组"，为从根本上解决转岗司机在一线班组考评难的问题奠定了实施基础。

（2）合理调动利用人力资源。针对工区内转岗司机或大龄员工无法胜任日常爬山巡视、登杆运维消缺等工作的问题，通过将"线路外破蹲守与监控"及"线路树障清理沟通等协调"等工作任务以包干的形式分配给转岗司机，能够有效利用人力资源，避免了人力资源的浪费，形成了"人尽其能，各司其职"的良好局面。

（3）员工认可度增强，有效激发工作积极性。无论年轻的员工或转岗司机都对"包干制"考核法的操作模式表示认可，通过将工作任务包干到个人，对工作结果重点评价，绩效得分与个人的工作表现密切挂钩，转岗司机的工作积极性被充分调动，均能主动承担工作任务，起到了"人尽用，事尽美"的效果。

（4）外力破坏大大减少，保障了线路供电可靠性。"包干制"考核法从根本上是要服务于工作的，目的是促进组织绩效的提升。该考核法通过近半年的实施，已成功防止了近 15 次外破事件的发生，保障了线路供电的可靠性，避免了人员伤亡重大事件。

报送单位：国网青海黄化供电公司

编 制 人：郭治壮　王海成　李　凯　王海莉　姜松峰　汪鹏博

23 "1+3+4"复合式考核法
——提高一线班组绩效考核的准确性

导　入： 在开展一线班组绩效管理过程中，往往存在绩效薪金差距小，员工对绩效管理认同度低、工作积极性不高等问题，如何真正实现"多劳多得、按劳分配"成为绩效考核工作的重点。国网宁夏宁东供电公司制定出"1+3+4"复合式考核法，综合考虑班组岗位、工作时间、工作种类等因素，完善班组绩效评价体系，合理拉开薪酬差距，提升员工积极性。

工具概述

　　"1+3+4"复合式考核法是建立 1 个库（标准工时积分库），设置 3 个系数（角色系数、难度系数、时间系数），划分 4 种类型的工作（三定、不定、柔性、特殊），突出不同事项间的积分差异，更加准确衡量员工的工作绩效。

　　适用场景：本工具适用于市（县）公司一线班组。

实施步骤

　　"1+3+4"复合式考核法实施步骤包括：制定三大系数，计算单项工作积分；划分四类工作，建立标准工时积分库；计算月度工作积分，应用积分结果。

1. 制定三大系数，计算单项工作积分

针对复合类生产班组的特点，设置"角色系数""难度系数""时间系数"

三种系数，计算出单项工作积分：

单项工作积分 = 工作时长 × 时间系数 × 难度系数 × 角色系数 + 路程时段

（1）"角色系数"表示工作成员在该项工作任务中的角色。

（2）"难度系数"表示该项工作任务的难易程度。

（3）"时间系数"根据节假日、工作时间点进行设定。

在三种系数外，根据外勤工作情况还设置了"路程时段"，与从工作单位到作业现场往返所需的时间直接相关，结合统一车辆管理平台数据及专职司机经验确定。

2. 划分四类工作，建立标准工时积分库

结合实际工作任务，坚持兼顾效率、标准统一的原则，班组将工作划分为四大类，分别如下：

（1）三定工作。特点是定角色、定难度、定时间，一般情况下不会变更。

（2）不定工作。特点是时间、角色和难度都无法确定。积分由班组绩效负责人（班长）综合考虑确定，并记录公示，一周时间内如有异议可向绩效负责人进行申诉，由全体成员会议决定是否进行变更。例如参加省公司组织的培训、竞赛等工作，工作内容和工作难度都难以估量。

（3）柔性工作。特点是时间、角色和难度中部分无法确定。其中不确定系数由班组绩效负责人（班长）根据工作实际情况确定，并记录公示，一周时间内如有异议可向绩效负责人进行申诉，由全体成员会议决定是否进行变更。例如参加省公司集中办公、护网行动等，工作内容和难度可凭经验大概估量。

（4）特殊情况。主要包括培训、借调借用、请休假等。此类情况工作积分需以班组当日平均工时积分为基础，乘以工作积分系数，同时依据工作完成质量在月度积分中进行加减分修正，修正细则见表1。

表1   外出培训、借调分数修正细则

各类外出培训、借调分数修正办法（试行）		
分数修正	省级荣誉	地市荣誉
加50	1~3名	—
加30	4~6名	1~3名
加10	7~10名	4~6名
不加分	培训、借调	培训、借调
扣50	点名批评、通报	点名批评、通报

经过统计、测算，明确四类工作任务的三大系数，建立标准工时积分库，经全体班组成员讨论完善并同意后执行。

3. 计算月度工作积分，应用积分结果

依据标准工时积分库计算月度积分，计算流程如下：

（1）单项工作积分＝工作时长 × 时间系数 × 难度系数 × 角色系数＋路程时段积分。

（2）日工作积分＝单项工作积分之和 × 工作积分系数（仅四大分类中特殊情况采用）。

（3）月度工作积分＝日工作积分之和＋本月修正分数。

每月由班组长汇总考核内容，经部门绩效经理审核后形成考核结果，按单位统一的测算积分单价兑现绩效薪金，考核结果同时作为年度绩效考核的重要依据。员工对考核结果有异议的，可向绩效管理领导小组提出申诉。

◉ 经验心得

（1）班组在应用"1+3+4"复合式考核法时，一定要结合班组实际特点，准确定位三大系数和四大工作分类，制定符合本班组的系数值。同时定期召开班组绩效会议，及时针对不合理的系数及工分库进行修订，这样才能持续

改善提升绩效考核质效。

（2）四大工作分类中"柔性工作"的工作性质介于"三定工作"和"不定工作"之间，可结合班组实际科学分类。

（3）应建立动态调整机制，及时适应班组工作内容和人员调整等特殊情况，确保考核体系与时俱进、公平公正。

实践案例

国网宁夏宁东信通公司于2019年6月开始应用"1+3+4"复合式考核法对一线班组进行绩效考核，实现了不同工作种类的差异化评价，薪酬分配更加科学合理，员工认可度和工作积极性显著提高。下面以信息运检班2020年3月的绩效考核为例进行展示。

该班组共4名成员，其中3月有1名成员协助省公司开展专项工作。

1. 制定三大系数，计算单项工作积分

（1）设置角色系数，见表2。

表2　　　　　　　　　　　　　角色系数

确定标准	现场工作负责人／运维操作负责人	主要操作人员／主要工作人员	次要操作人员／次要工作人员	实习员工／辅助操作人员
角色系数	工作负责人：1.2	主要操作人：1.0	次要操作人：0.8	辅助操作人：0.6

（2）设置难度系数，见表3。

表3　　　　　　　　　　　　　难度系数

确定标准	（1）系数为1.4的作业项目，如雪天上山作业、遇灾害天气应急抢修等，或紧急抢修工作。（2）系数为1.3的作业项目，如雪、雹、大雨、大雾天气作业，或根据难度判定工作情况。（3）系数为1.2的作业项目，如大风、雷电等恶劣天气，或根据难度判定工作情况	有一定难度的工作，或工作地点较远，如麻黄山、萌城、大水坑、红井子地区等单程行车距离100km以上等偏远区域检修、抢修	日常类工作
难度系数	Ⅰ类：1.2～1.4	Ⅱ类：1.1	Ⅲ类：1.0

（3）设置时间系数，见表4。

表4　　　　　　　　　　　　　　　时间系数

确定标准	节假日、24：00~7：00	17：00~24：00/7：00~9：00	正常工作时间
时间系数	Ⅰ类：1.5	Ⅱ类：1.2	Ⅲ类：1.0

2. 划分四类工作，建立标准工时积分库

三定工作的三系数分别根据表2~表4确定即可，如变电站巡视。

不定工作根据工作实际确定三系数，如上级"专业专项督查配合工作"，按照人员责任分工确定工作角色，根据发现问题的整改难易程度确定工作难度，根据问题整改的工作量确定工作时长。

柔性工作任务的确定系数由表2~表4确定，其余根据工作实际确定，如"安全性评价检查自查工作"，角色和时间系数由表2、表4确定，难度系数由班组绩效负责人（班长）进行确定。

建立标准工时积分库，见表5。

表5　　　　　　　　　　　　　　标准工时积分库

工作性质	工作任务	角色系数	难度系数	时间系数
三定工作	变电站巡视	1.2	1	1
	三会一课上传	1.2	1.5	2
不定工作	迎接春安检查	1.2	1.5	1
	担任车辆监督员	1.2	1.5	2
柔性工作	安评自查	1.2	1.5	1
特殊情况	高危端口排查整理	1.2	1.5	1

3. 计算月度工作积分，应用积分结果

根据标准工时积分库计算员工每日工作积分，具体为：日工作积分 = 单项工作积分之和 × 工作积分系数，其中工作积分系数除特殊情况外的三类工作都是 1。

特殊情况的工作积分系数，由班组结合工作性质内部讨论确定，包括：①外出参加带有考试性质的培训或参加专项工作的，积分系数可设为 1.02；②请假（考勤办法规定三天内）可设为 0.6；③外出参加不带有考试性质的培训、临时借用工作的，积分系数可设为 0.98（接收单位反馈工作质量高或强度大按 1.05 计算）；④节假日值班可按天进行计分，比如月度人均得分为 200 分的，可按 10 分/天计算。

以信息班陈 * 为例，3 月 23 日作业工时记录审核单中，三会一课上传需要 2 小时完成，时间系数为 2；陈某某独立完成此项工作，角色系数取工作负责人系数 1.2；三会一课上传工作需确保工作质量，难度系数取 1.5。因此陈 * 当日三会一课上传工作积分：2 × 1.2 × 1.5=3.6。其他工作项同理，当天无特殊情况需要进行积分修正。

根据日积分计算月度积分，具体公式为月度工作积分 = 日工作积分之和 + 本月修正分数。翟 * 3 月共完成三定工作 78 项、不定工作 57 项，绩效得分 181.48 分，兑现金额 2722.2 元。类似地计算出王 *、陈 * 月度绩效得分分别为 147.71、160.26 分，兑现金额分别为 2215.65、2403.9 元。协助省公司工作的马 *，以第四类特殊情况按班组当日在岗人数的平均工时的 1.05 倍进行修正，月度绩效得分为 152.71 分，兑现金额 2290.65 元。

在国网宁夏宁东信通公司的 3 月绩效考核结果中，个人月度绩效最高为 2722.2 元，最低为 2215.65 元，员工绩效薪金倍比达 1.228，实现了对员工各类工作差异化绩效评价、员工收入的能增能减，薪酬分配更加科学合理。同

时根据班组平均积分高低和每名员工个人积分，能客观判断各班组工作量大小和每名员工的技能水平，为整个部门优化内部人员配置、开展针对性技能培训、年终绩效等级评定等工作提供了重要的参考依据。

报送单位：国网宁夏宁东供电公司
编　制　人：翟书林　古兴民　王　丹

24 基于工作积分的系数修正考核法

——解决一线班组不同工种劳动价值衡量难的问题

> **导　入：** 推行一线员工工时积分同价计酬多年以来，以绩取酬虽然在一线员工中形成了基本共识，但难以衡量不同工种间工作技能差异。国网宁夏石嘴山供电公司对完成各项工作所需工时进行梳理，通过实施基于工作积分的系数修正考核法，科学制定工作积分标准，合理体现各工种业务特点，有效解决了一线班组不同工种劳动价值衡量难的问题。

工具概述

基于工作积分的系数修正考核法是指在实录法的基础上，针对工种不同、业务技能要求不统一的特点，增加技术难度、安全风险和艰苦程度修正系数，制定工作积分标准，科学衡量班组员工实际贡献，合理拉开收入差距。

适用场景：本工具适用于工种及业务种类较多的生产类工区。

实施步骤

基于工作积分的系数修正考核法的实施主要包括四步：细化工作任务，确定初始积分标准；建立数据模型，合理确定工作积分；确定系数，及时调整；反复验证，不断完善。

1. 细化工作任务，确定初始积分标准

全面梳理班组工作任务，划分为核心业务和基础管理两种类型后，区分不同的工作内容，将同一工作内容按不同工作项目进行细化，用实录法计量

各工作项目基于作业工时而产生的初始积分标准，并将同一分值的不同工种工作归为一类。

2. 建立数据模型，合理确定工作积分

在基于作业工时，采用实录法确定不同工种工作初始积分标准的基础上，将技术难度、风险程度和艰苦程度用工作分值呈现，合理确定工作积分分值，具体计算模型为

$$F = t \times a + t \times a \times [(b-1)+(c-1)+(d-1)]$$

其中：t 为完成某项工作任务所需时间；a 为单位工作时间的分值标准；b 为技术难度系数；c 为安全风险系数；d 为艰苦程度系数。

3. 确定系数，及时调整

按照工作标准化作业指导书和工作标准导则，分析同一分值的不同工种工作业务特点，在技术要求、安全风险和工作环境三个维度上进行比较分析，合理确定对应系数，并根据工作任务变化等情况及时调整。

当系数等于 1 时，某项工作积分分值为基于作业工时的初始积分标准；当系数大于 1 时，技术难度越大、风险程度越高或环境越艰苦，工作积分分值越高；当系数小于 1 时，反之。

4. 反复验证，不断完善

对同一班组不同工作任务下班组人员薪酬水平进行多周期对比分析，结合实际工作任务情况衡量系数合理性，不断修正完善工作积分库，实现不同工种工作积分相对公平合理。

◎ **经验心得**

（1）要统筹考虑班组各项工作任务，细化核心业务和基础管理工作，防止出现只重视核心业务，基础工作无人问津的情形。

（2）选取实录数据时要尽可能做到长周期实录和取数，同时要在长周期

实录过程中对已形成的工作积分标准库进行滚动修订和完善。

（3）以工作标准化作业指导书和工作标准导则为依据，确定各项系数，并结合各项工作业务特点及时修订，避免出现主观因素干扰。

📝 **实践案例**

国网宁夏石嘴山供电公司于 2017 年 6 月开始应用基于工作积分的系数修正考核法，有效衡量了一线班组不同工种的劳动价值，下面以变电检修室为例进行展示。

1. 细化工作任务，确定初始积分标准

细化后的工作任务和初始积分标准见表 1。同时，对变电检修室不同班组工作积分同为 4 分的工作任务进行归类梳理，见表 2。

表 1　　　　　　　　　　　各班组梳理工作积分表

工作类型	工作分类	工作项目	工作时间	积分标准分值
核心业务工作	220 千伏设备更换	220 千伏 GIS 更换	6	6
核心业务工作	110 千伏设备更换	110 千伏隔离开关更换	5	5
核心业务工作	110 千伏设备更换	110 千伏 SF_6 电流互感器更换	5	5
基础管理工作	班组技术管理工作	备品备件、库房管理、耗材、办公用品申报	3	3
基础管理工作	班组技术管理工作	技术培训开展	2	2
基础管理工作	整理、归档	图纸、说明书、技术规范	3	3

表 2　　　　　　　　　　各班组间同分值工作梳理汇总

班组	工作分类	工作项目	工作时间	积分标准分值
变电检修一班	35 千伏变压器停电检修	油枕油位、渗油、锈蚀检查及处理	4	4
变电检修一班	35 千伏间隔设备停电检修	间隔引流线及线夹检查	4	4
变电检修二班	35 千伏设备抢修	断路器检修	4	4

班组	工作分类	工作项目	工作时间	积分标准分值
变电检修二班	35千伏断路器检查	隔离开关检修	4	4
电气试验一班	35千伏及以下设备试验工作	试验数据正确记录完整	4	4
电气试验一班	35千伏开关柜局放测试	试验数据正确记录完整	4	4
电气试验二班	变电站消缺	变电站热工仪表、电测仪表缺陷处理	4	4
电气试验二班	污秽测量	盐密灰密试验	4	4

2. 根据数据模型，确定系数和工作积分分值

按照系数确定规则，对同分值工作设置不同技术难度系数、安全风险系数和艰苦程度系数，根据数据模型计算工作积分分值，见表3。

表3　　　　　　　　　　　同分值不同任务积分分值

班组	工作任务	工作时间	技术难度系数	安全风险系数	艰苦程度系数	定额工作分值标准
电气试验一班	35千伏及以下设备试验工作：试验数据正确记录完全	4	1.2			4+4×0.2=4.8
电气试验一班	开关柜局放测试：试验数据正确记录完全	4	1.1			4+4×0.1=4.4
变电检修二班	35千伏设备抢修：断路器检修	4	1.5	1.1		4+4×（0.5+0.1）=6.4
变电检修二班	35千伏设备检修：隔离开关检修	4	1.3	1.1		4+4×（0.3+0.1）=5.6

3. 反复验证，不断完善

利用半年甚至更长时间对工作任务积分标准进行模拟验算，测定班组、员工的薪酬水平。在一个绩效考核周期内，对同一班组不同工作任务下班组人员薪酬水平进行对比分析，结合实际工作任务情况衡量系数合理性。对于

出现偏差较大的工作任务，进行系数调整后再次验证，按实际贡献合理拉开班组员工收入差距。以 2019 年 7 月变电检修一组为例，张 * 工作积分最低为 92.4 分，马 * 工作积分最高为 234.6 分。查看本月员工积分明细，马 * 本月工作任务多于张 *，主要从事设备检修等班组核心工作，同样工时工作对比，工作任务难度、安全风险系数高于张 *，同电压等级的设备检修任务由于技术难度不同拉开积分差距，同工作任务系数对比相对合理，能够反映班组成员工作技术难度。

国网宁夏石嘴山供电公司通过应用基于工作积分的系数修正考核法，客观体现了不同工种对专业技术能力的要求，差异化体现了不同工种间工作的劳动价值，如变电检修工区变电设备检修工种最高工作积分是电气试验工种的 1.45 倍，最低工作积分是电气试验工种的 1.48 倍，充分调动了班组成员的工作热情，形成了员工"比学赶超"的学习氛围，共同实现班组质效提升。

报送单位：国网宁夏石嘴山供电公司
编 制 人：顾延婷　黄婷婷　陈　炎　赵　莹

25 "ABC+X" 分级考核法
——以绩效考核促班组活力提升

> **导　入：** 当前，部分基层班组在引导员工岗位成才方面缺少有效手段，导致班组员工缺乏主动提升技能水平和绩效的意愿，既影响了青年员工成长又制约了班组内部活力。国网宁夏盐池县供电公司采取"ABC+X"分级考核法，将工作任务和人员能力分级制度引入绩效考核中，分级量化班组任务和质效，有效调动青年员工持续提升岗位技能的积极性，较好地激发了班组活力。

💬 工具概述

"ABC+X"分级考核法，是指将工作任务等级和人员都分为 A、B、C 三个等级，同时考虑参加的外部工作情况"X"，不同等级人员承担不同等级的工作任务获得不同的积分，并落实对应薪酬，利用绩效积分进行人员 ABC 等级升降，有效调动青年员工持续提升岗位技能的积极性，较好地激发了班组活力。

适用场景：适用于生产类班组。

⚙️ 实施步骤

"ABC+X"分级考核法实施步骤包括：人员和任务分级、月度绩效积分核算、季度综合评价考核。

1. 人员和任务分级

（1）人员分级。综合考虑班组成员的工作能力、业务水平和技能等级等各方面因素，将班组人员分为 A、B、C 三个等级，A 级能力最高。每一个等级最高可以承担相应等级的工作任务并获得积分，见表1。

表 1　　　　　　　　　　　　人员等级分级表

序号	员工等级	等级要求
1	A	（1）五年及以上配网运维工作经验或技能等级达到配电运维高级工及以上。 （2）参加等级晋级考试合格
2	B	（1）三年及以上配网运维工作经验或技能等级达到配电运维中级工及以上。 （2）参加等级晋级考试合格
3	C	一年及以上配网运维工作经验或技能等级达到配电运维初级工及以上

（2）内部任务分级。以运维检修班组实际应用为例，将运维检修工作按难易程度和安全风险进行分级，见表2。

表 2　　　　　　　　　　　　内部任务分级表

序号	工作任务等级	划分依据
1	A	（1）根据《配电运维工作管理规定》中要求具备三种人资格方允许完成的工作。 （2）《配电运维工作管理规定》中相关要求
2	B	（1）根据《配电运维工作管理规定》中要求至少需要 2 人完成，且需要安全监护的工作。 （2）《配电运维工作管理规定》中相关要求
3	C	（1）根据《配电运维工作管理》中允许单人完成的工作。 （2）《配电运维工作管理规定》中相关要求

（3）外部任务分类。根据员工参与的重点工作、创新成果、品牌建设、迎接上级检查、专业竞赛等工作，将任务分为上级任务和班组附加任务两类，见表3。

表3   外部任务分类示例

序号	"X"	任务内容
1. 上级任务		
1.1	专业重点工作	完成专业工作评价中分解的任务
1.2	同业对标	完成承担公司同业对标指标
1.3	公司五项考核	完成公司安全生产等五项重点工作的子任务
1.4	公司重点工作任务	按照公司办公室下达的重点任务计划进行分解
1.5	其他	承担公司临时性重点工作任务
2. 班组附加任务		
2.1	月度重点任务	完成月度工作计划和重点工作任务
2.2	专业安全管理	依据安全评价内容（安全活动、安全培训、反违章、风险管控、应急管理、隐患缺陷等）设置任务
2.3	表彰奖励	受到上级通报表扬或批评的工作
2.4	品牌建设	完成班组新闻报道任务
2.5	绩效管理	完成班组绩效管理推进任务
…	…	…

2. 月度绩效积分核算

（1）引入工作角色，承担内部任务的工作责任越大、风险越高，获得的积分就越高。如：同类工作完成情况相同，作为工作负责人积10分，而工作班成员积5分。

（2）引入质量系数，按完成情况校正工作积分。质量系数可设定为：圆满完成1.5、顺利完成1.0、基本完成0.5和没有完成0。校正后的月度工作总积分 = Σ任务工作积分 × 质量系数。

（3）根据外部任务的组织单位、任务难度分级分类，设定附加积分，见表4。

表4　　　　　　　　　　　　　　　附加积分表

附加分数 其他工作 层级	品牌建设	重点工作	创新成果	专业竞赛
地市级	1	3	10	10
自治区级	1.5	5	20	20
公司级	3	10	40	40
国家级	5	20	60	60

（4）核算月度绩效积分。根据人员 A、B、C 等级设置绩效积分系数，等级越高绩效积分系数越高，完成相同工作获得的积分就越高。绩效积分系数见表5。

表5　　　　　　　　　　　　　　绩效积分系数表

序号	员工 等级	允许担任 工作等级	绩效积分系数
1	A	A、B、C	1.2
2	B	B、C	1.1
3	C	C	1

由此可得：

月度绩效积分 = 绩效积分系数 ×（工作总积分 + 附加积分）

3. 季度综合评价考核

主要从在工作纪律、工作态度、能力素质、团队协作等四个方面进行季度综合评价。

建立员工绩效等级升降机制。每季度发布员工月度积分登记表作为看板，对 A、B 类员工进行综合考评，不合格者予以降级。每半年，B、C 等级员工满足一定的绩效积分后可以申请晋级考试，考试合格可以晋升一级。具体考核方式见表6。

表6　　　　　　　　　　员工晋级要求及考核方式

序号	目标等级	升级要求	考试内容	考核人员
1	B级	半年累计绩效积分达到500分以上	安全工作规程	A级
			理论考试	
			现场实操	
2	A级	半年累计绩效积分达到1000分以上	安全工作规程	班长
			理论考试	
			现场实操	

经验心得

（1）合理安排班组工作。班组长在安排工作时，应尽可能为C级员工提供获得积分和成长的空间，避免出现A、B级员工积极刷分、消极履责的情况。要加强A等级员工对B、C等级员工的引领带动作用，鼓励员工加强自身业务水平和工作能力，而不仅仅局限于获得积分的高低。

（2）加强监督管理和价值引导。班组长应以公平、公正、公开的方式，使季度评价考核客观反映员工的工作能力、态度等，促进班组良性高效运行，激发班组活力。

实践案例

国网宁夏盐池县供电公司于2019年6月开始试点实施"ABC+X"分级考核法，凸显了工作业绩和技能水平的关键作用，实现了对员工岗位技能晋升的精准引导。

1. 人员和任务分级

（1）人员分级，见表7。

表7　　　　　　　　　　　人员分级情况

姓名	员工等级	允许担任工作等级	绩效积分系数	综合评价分数要求
马 *	班长	监督管理	—	—
徐 *	A 级	A、B、C	1.2	16分及以上
聂 *	A 级	A、B、C	1.2	16分及以上
王 *	B 级	B、C	1.1	14分及以上
常 *	B 级	B、C	1.1	14分及以上
刘 *	C 级	C	1	—
张 *	C 级	C	1	—
邴 *	C 级	C	1	—
吴 *	C 级	C	1	—

（2）任务分级，见表8。

表8　　　　　　　　　　　工作任务及积分设置表

序号	工作内容	等级	岗位职责	分数
1	检修工作	A	工作负责人	10分 / 次
		A	工作许可人	5分 / 次
		B	专责监护人	7分 / 次
		B	工作票签发人	5分 / 次
		C	现场工作人员	5分 / 次
		C	地勤、现场安全布防	3分 / 次
2	保电工作	A	保电负责人	7分 / 次
		B	保电现场负责人	5分 / 次
		C	保电工作人员	3分 / 次

续表

序号	工作内容	等级	岗位职责	分数
3	线路巡视	B	巡线负责人	2~3分/线
		C	线路巡视人员	1~2分/线
4	故障抢修工作	A	工作负责人	10分/次
		B	专责监护人	7分/次
		C	抢修工作人员	5分/次
			现场安全布防、地勤	3分/次
5	设备验收	B	验收负责人	2分/次
		C	验收人员	1分/次
6	带电作业	A	工作负责人	7分/次
		B	作业人员	5分/次
		C	现场安全布防、地勤	3分/次
7	缺陷消除	A	工作负责人	3分/线
		B	安全监护	需二种票1分/处 不需二种票0.5分/处
		C	现场操作	需二种票0.5分/处 不需二种票0.3分/处

2. 月度绩效积分核算

以配电运检班某员工为例，其6月的积分登记表见表9，真实客观反映员工在班组日常工作以及品牌建设等工作中的参与情况。

班组全员绩效积分在班组内部记录、公示后上报，与月度薪资挂钩（见表10）。2019年6月，班组8名员工绩效分差最大达72.2分，收入差距可达上千元，员工工作及技能学习主动性明显增强，班组作业能效显著提升。

表9　某员工积分登记表实例

国网盐池县供电公司配电运检班职工积分登记表

姓名：刘*　　员工等级：C级　　考评人：常*　　考评周期：2019年6月

序号	工作内容	分数	完成情况				工作积分	附加分数					总积分
			圆满完成(1.5)	顺利完成(1)	基本完成(0.5)	没有完成(0)		品牌宣传	重点工作	创新	专业检查	资料整理	
1	检修工作	工作负责人 10分/次											
		专责监护人 7分/次											
		工作票签发人 5分/次											
		工作许可人 5分/次											
		现场工作人员 5分/次	2次				15						
		地勤、现场安全布防等 3分/次	3次				13.5						
2	保电工作	保电现场负责人 5分/次											
		保电工作负责人 7分/次											
		保电工作人员 3分/次	4次				18	3					93.5
3	线路巡视	巡线负责人 2~3分/线											
		线路巡视人员 1~2分/线	6次				12						
4	故障抢修工作	工作负责人 10分/次											
		专责监护人 7分/次											
		抢修工作人员 5分/次	2次				15						
		地勤、现场安全布防等 3分/次		2次			6						
5	设备验收	验收负责人 2分/次											
		验收人员 1分/次	2次				3						

表 10 配电运检班绩效积分情况

姓名	绩效积分系数	工作积分	专业检查	上级工作	品牌建设	创新成果	绩效得分
徐 *	1.2	113		3			139.2
聂 *	1.2	106	4				132
王 *	1.1	93	1	2			105.6
常 *	1.1	91	2	2	6		111.1
刘 *	1	82.5	4		3	4	93.5
张 *	1	76	2	2		2	82
邴 *	1	79	1	2	2		84
吴 *	1	63	1		2	1	67

3. 季度综合评价

季度综合评价考核表见表 11。

表 11 季度综合评价考核表

序号	指标名称	基本分	评价标准（考核得分 = ∑基本分 × 级别系数。A=1.0, B=0.75, C=0.5, D=0）			
			A 级	B 级	C 级	D 级
1	工作纪律	4	努力超越勇于担当	主动作为勤奋敬业	按规出勤态度端正	无故缺勤工作消极
2	工作态度	4	富有激情甘于奉献	以身作则执行有力	遵章守纪严谨细致	缺乏自律工作懈怠
3	能力素质	8	业务精通追求卓越	业务熟练破解难题	履职尽责工作主动	业务生疏协调不畅
4	团结协作	4	系统思考注重协作	激励他人行动有力	主动学习容忍差错	墨守成规推诿敷衍

6 月是第二季度综合评价月，班组综合评价情况见表 12。根据评价结果，当前员工均保留原等级。

表 12 配电运检班综合评价情况

姓名	等级	综合考评得分	结果
徐*	A级	16	保留等级
聂*	A级	18	保留等级
王*	B级	14	保留等级
常*	B级	14	保留等级

国网宁夏盐池县供电公司提出的"ABC+X"分级考核法充分体现"有劳有得、多劳多得"绩效原则。收入差距明显拉开，加强了班组内部的竞争意识。通过内部竞争的机制，有力提升了班组综合素质，同时也为员工更快更好成长提供了平台和发展空间，班组青年员工之间"比学赶超"的氛围浓厚，参与生产业务主动性大大提高。该班组获得上级公司 2019 年全面质量管理活动成果二等奖。

报送单位：国网宁夏宁东供电公司
编 制 人：马 权 牟翔宇 王 丹 侯思雨

26 三级多维积分考核法
——合理拉开绩效考核结果差距

> **导 入：** 抽水蓄能电站员工从高强度的建设期进入相对平稳的生产期后，容易产生松懈心态，工作积极性、主动性明显下降，亟须通过绩效管理持续激活员工动力，确保安全稳定运行。国网新源莲蓄公司通过建立三级多维积分考核法，合理拉开绩效考核结果和收入分配差距，以绩效赋能，不断激发员工的积极性和创造性。

工具概述

三级多维积分考核法是指将各部门的关键指标、目标任务进行细化分解，落实到具体岗位和个人。以"工作积分制"为基本框架，结合"目标任务制"分级定制，以日常工作到岗到位为基础积分，对重点工作任务按"单位级""部门级""日常工作级"三个级别进行区分并量化，全面评价员工工作业绩，拉开绩效考核结果和收入分配差距，有效实现"奖勤罚懒、奖优罚劣"，不断提升绩效管理精益化水平。

适用场景：本工具适用于工作指标难以量化，员工绩效差距无法完全体现的单位、部门或班组。

实施步骤

三级多维积分考核法实施主要分四步，分别为计算工作积分、进行综合评价、反馈绩效结果、分配绩效薪金。

（一）计算工作积分

员工每天根据相关工作积分标准对个人工作情况进行自评价计分，并提交绩效经理人审核确认，每月按照经绩效经理人审核后的日积分进行汇总统计，作为员工月度工作积分的主要依据。

1. 基础积分

本项积分包括员工出勤情况及公司集中安排的会议、培训、集体活动等。

2. 目标任务积分

单项工作（≥1小时）形成成果（含阶段性成果）且经绩效经理人审核通过，计1~5分。各部门通过集中协商研究依据"重要性""难度""工作量"将目标任务分级，设定"单位级""部门级""日常工作级"三个级别和相应分值。同时，根据在工作任务中担任的角色不同设置系数，主要负责者、主要参与者、辅助配合者的系数分别为1、0.7、0.3。

（二）进行综合评价

每月月底，绩效经理人根据关键业绩指标、重点任务、月度工作计划的完成情况，从工作数量、工作质量、岗位职责、创新创效四个维度，对部门员工开展综合评价，实施积分奖惩，同时计算出员工个人月度绩效系数。

总积分 = 月度积分 + 工作数量 + 工作质量 + 岗位职责 + 创新创效

月度绩效系数 = 总积分 / 基准分，其中：基准分 = ∑部门员工总积分 / 部门人数

（三）反馈绩效结果

建立考核结果公示常态化机制，各部门通过绩效看板、召开内部会议等形式，及时反馈月度考核结果，充分发挥绩效管理的激励导向作用。员工对绩效考核结果持有异议，经与绩效经理人沟通未果的，可向绩效办公室提出

申诉。绩效办公室及时对员工申诉内容进行调查核实，与员工绩效经理人进行协调、沟通。15 个工作日内明确答复申诉人；不能解决的申诉事件，及时上报绩效管理委员会最终裁定。

（四）分配绩效薪金

公司赋予绩效经理人考核权、绩效薪金分配权。原则上，部门内部考核不影响绩效考核委员会整体评价结果，即绩效经理人可以根据部门员工月度绩效表现，对部门员工进行绩效奖励或绩效考核，增减额应相等且在部门内部消化。

经验心得

（1）各相关部门需按部门专业要求及分工职责对所有工作进行梳理、分级、量化，制定工作积分标准。

（2）深入、广泛开展绩效经理人的培训、交流，不断提升绩效经理人绩效赋能管理意识，保证绩效经理人在审核员工工作积分时客观、公正。

（3）注重绩效反馈和面谈，畅通争议员工绩效申诉渠道，对认定属实的申诉及时调整考核结果。

实践案例

国网新源莲蓄公司于 2019 年开始实行三级多维积分考核法，该绩效工具有效拉开了绩效考核结果和收入分配差距，实现了"奖勤罚懒、奖优罚劣"。下面以公司运维二班 2020 年 5 月绩效考核评价情况为例进行展示。

（一）计算工作积分

2020 年 5 月，运维二班 12 名员工每天按照工作积分标准对个人工作情况进行自评分，提交绩效经理人审核。

1. 工作积分标准

（1）基础积分。①根据员工出勤情况进行计分。员工正常上班出勤（包括年假、出差、培训、会议等）计8分/天（按8小时工作制确定）；发现员工迟到、早退，扣1分/（人·次）；迟到、早退2小时以上扣2分/（人·次）；发现未执行请、销假制度情况，扣5分/（人·次）；当日有旷工、病假、事假者计0分；有紧急任务经部门负责人批准需在周末、节假日加班者，可根据实际加班时长2～3倍计分。②根据参加公司集中组织的会议、培训、活动情况计分。按要求参加全员会议、集中培训、集体活动等每项加1分，无正当理由未参加者每项扣1分。

（2）目标任务积分。根据员工工作任务开展情况计分。目标任务积分标准表见表1。

表1　　　　　　　　　　　目标任务积分标准表

级别	主要内容（各部门根据实际情况列明）	难度	工作量	分级代码	计分
单位级	由上级单位安排、督办或本单位年度"两会"、党委会等单位级重要会议上部署，公司企业负责人业绩关键指标涉及重点工作、公司主要领导督办、部门牵头且涉及公司全部业务范围的重要工作任务	难	大	A1	10
			普通	A2	7
		普通	大	A3	5
			普通	A4	3
部门级	各部门月度工作计划列出的重点工作，新源公司专业部门安排的各项工作任务	难	大	B1	4
			普通	B2	3
		普通	大	B3	3
			普通	B4	2
日常工作级	按照岗位职责要求正常开展的常规工作或由员工提出，经部门负责人审核后确定的其他工作任务	难	大	C1	3
			普通	C2	2
		普通	大	C3	2
			普通	C4	1

2. 个人工作自评

员工根据个人工作表现在每日积分表（见表2）中进行自评。

表2　　　　　　　　　　　　员工每日积分表示例

部门	×××	岗位	×××	姓名	**		日期	×月×日	
基础积分		正常出勤 / 出差 / 培训 / 会议 / 年假 / 病假 / 事假 / 加班						8	6（迟到）
目标任务积分	分级代码	工作内容		工作时间	工作成果	角色系数		自评分	考核评分
	例：B2	编制×××工作方案		9：00-11：00	××方案初稿	0.7		3×0.7=2.1	2.1
	C3	汇总××年度数据		15：00-17：00	×汇总表	1.0		2	2
	…	…		…	…	…		…	…
其他情况说明				积分小计				12.1	10.1
绩效经理人：×××				审核日期：			年　　月　　日		

3. 绩效经理人审核、汇总

绩效经理人对员工每日工作积分情况进行审核，并进行汇总统计。月度工作积分统计表见表3。

表3　　　　　　　　　　月度工作积分统计表

序号	姓名	积分	日期				小计
			1日	2日	3日	…	
1	张*	日积分	11.1	12.5	10.8	…	216.8
2	李*	日积分	11	10	11	…	263.4
3	王*	日积分	11	8	9	…	206
…	…	…	…	…	…	…	…

（二）进行综合评价

6月2日，绩效经理人根据评价标准对员工开展综合评价。

1. 评价标准

（1）工作数量。综合评价员工所承担单位级及部门级目标任务的数量，对完成额外或临时安排的工作按计分标准加分。对于在工作数量上弄虚作假、工作数量不实者按10分/项减分，并在当月对该同志进行通报批评。

（2）工作质量。依据上级单位或其专业部门发布的关键指标完成情况、工作简报、通报等，对完成质量优秀获得上级主管部门肯定的工作按5~10分/项加分，对于未按时完成或质量不合格的工作按5~10分/项减分。

（3）岗位职责。对于兼职党支部、工会小组、团委（团支部）工作并开展具体工作的员工应根据支部、工会、团委的意见，针对工作量不同按3~10分/项加分，对于职责范围内工作推诿、不负责任者按3~10分/项减分。

（4）创新创效。在工作中深入思考、勇于实践，提出合理化建议的给予2分/项加分，有针对性地开展创新创效，提出建设性意见和具体措施并组织实施，从而取得实效的工作按5~10分/项加分。

2. 评价结果

绩效结果汇总表见表4。

表4　　　　　　　　　绩效结果汇总表

序号	姓名	月度积分	工作数量	工作质量	岗位职责	创新创效	总积分	月度绩效系数	备注
1	张*	216.8	6	0	10	0	232.8	0.997	
2	李*	263.4	1	0	0	0	264.4	1.133	
3	王*	206	0	0	0	0	206	0.883	
…	…	…	…	…	…	…	…	…	
基准分				233.39					

（三）反馈绩效情况

6月5日，运维二班召开月度绩效情况反馈会，会上班长对班员5月绩效情况进行公布并点评。

（四）分配绩效薪金

绩效经理人按照员工的月度绩效得分进行绩效薪金分配。5月绩效分配明细表见表5。

表5　　　　　　　　　　　5月绩效分配明细表

序号	姓名	月度绩效系数	岗级	基数	发放系数	绩效基数	绩效薪金分配情况（元）
1	张*	0.997	14	320	1	4480.00	4468.67
2	李*	1.133	11	320	1	3520.00	3987.69
3	王*	0.883	11	320	1	3520.00	3106.90
…	…	…	…	…	…	…	…

运维二班参与考核员工12人，5月员工评价积分最高为263.4分，最低为206分；综合评价得分最高为16分，最低为0分；总积分最高264.4分，最低206分，兑现绩效奖金相差880元。

应用三级多维积分考核法开展绩效评价，有效拉开绩效考核结果和收入分配差距，实现"奖勤罚懒、奖优罚劣"，有效提升了员工工作积极性、主动性。

报送单位：国网新源莲蓄公司

编 制 人：方创新　邵成俊　全风云　陈　刚

检修类考核工具

27 输电运检班组"大小"积分考核法
——准确衡量班组和成员两级工作绩效

> **导　入：** 传统上，输电运检班组一般使用工作量化积分对员工个人进行考评，较少考虑个人对团队业绩的贡献。如何利用绩效手段客观衡量各班组本身的团队效能，从而更有效地调动员工积极性，是一线生产管理者迫切需要解决的问题。国网冀北张家口供电公司在工时积分制基础上，利用"大小"积分制考核法，逐级评价逐级比较团队、个人两级绩效，更便捷、精准地开展绩效考评。

工具概述

输电运检班组"大小"积分考核法，是根据大、小两套积分标准分别对一线班组、一线员工考核的方法。其中，"大积分"体现班组的团队业绩，"小积分"衡量班组成员具体的工作量，"大""小"积分所得分配系数相乘，最终应用于员工绩效激励。"大""小"积分同级相互比对，能够非常清晰、直观地显示出团队作用和个人能力，充分调动班组和员工的积极性。

适用场景：本工具适用于输电运检专业班组。

实施步骤

输电运检班组"大小"积分制考核法实施步骤包括："大积分"核定班组绩效、"小积分"核定员工绩效。

1. "大积分"核定班组绩效

（1）标准值设定。组织输电运检室负责人、专业技术骨干梳理专业工作内容，综合作业时间、作业难度等因素，研究制定与工作内容相匹配的积分标准。工作积分按作业形式分为巡视、检修两大类积分。

巡视积分按照电压等级、地形、区段等因素，差异化设置积分标准值；检修积分则根据测试、检修、通道及电力设施保护、带电作业四类技术难度差异化设置积分标准值。

（2）核定班组考核积分。每月月初，输电运检室统筹制订各班组巡视、检修计划。对照计划和"大"积分标准值，核定各班组月度积分。班组月度考核积分为总巡视积分与总检修积分之和。

（3）核定班组绩效工资。核定所有班组考核积分后，将绩效工资的考核部分按"大积分"比例分配给班组。

2. "小积分"核定员工绩效

（1）标准值设定。由输电运检室统一设定，以简单、易操作为原则。"小积分"分为巡视、检修、通用三大类。巡视、检修积分标准值不重复考虑电压等级、地形、区段等因素，只按工作次数积分；通用积分记录员工在综合事务上的工作表现，如班组日常管理、个人奖惩、科技贡献及合理化建议等。

（2）核定班组成员绩效工资。根据员工实际完成工作量，计算该员工月度工作积分。班组核定本班所有员工月度积分后，将本班绩效工资按照"小积分"比例分配给每位班员。

◎ **经验心得**

（1）"大积分"标准设定要准确衡量工作量，根据巡视线路的电压等级、地形等因素差异化设置单次巡视作业的计分差距，根据检修的作业时间和难度核定单次检修作业的积分标准。应经输电运检室负责人和专业骨干充分研究，并在全体职工范围内公示后执行。

（2）"小积分"标准设定要简单、易操作，坚持"干多干少不一样"的导向，减轻班组负担。在实际应用中，班组长应对员工负责的巡视区域或检修工作进行定期轮换，杜绝员工因长期巡视同一区域或从事同一工作而造成懈怠，防范安全质量风险。

✎ **实践案例**

国网冀北张家口供电公司于 2016 年 12 月开始应用"大小"积分考核法，实现了输电运检室各班组业绩的直观比较，在班组间营造出你追我赶的竞争氛围。以下以输电运检室各班组 2019 年 5 月绩效数据为例进行展示。

1. "大积分"核定班组绩效

（1）巡视积分。根据电压等级、地形、区段等因素差异化确定。220 千伏线路的巡视：平原每千米为 25 分，山区每千米 30 分；110 千伏线路的巡视：平原每千米为 20 分，山区每千米 25 分；35 千伏线路的巡视：平原每千米为 20 分，山区每千米 20 分。

巡视积分计算公式如下：

$$S_1=(P_1+P_2/2+P_3/3)\times 20+(M_1+M_2/2+M_3/3)\times 25+B$$

式中：S_1 是 110 千伏线路的巡视积分；P_1、P_2、P_3 分别为一月一巡、二月一巡、三月一巡的平原线路千米数；M_1、M_2、M_3 分别为一月一巡、二月一巡、三月一巡的山区线路千米数；B 为不定期巡视的线路（如临时的阶段性的隐患点看护、保电等工作）。

同理可推算出 S_2（220 千伏线路巡视积分）及 S_3（35 千伏线路巡视积分）。部分项目积分见表1。

表1　　　　　　　　　　　　输电巡视标准工时库示例

责任班组	电压等级	线路名称	长度（千米）	总基数	巡视周期	总积分	人均积分
检修三班（7人）	220 千伏	YSH 双回线	19.027	47	三个月	237.84	483 分44 千米
		ZD 二线	32.4	95	三个月	293.88	
		YD 线	31.001	83	三个月	267.66	
		SHSH 线	10.317	34	三个月	85.98	
		JSH 一线	40.742	109	三个月	355.72	
		JSH 二线	40.631	107	三个月	355.06	
		SSH 线	24.5	64	三个月	216.96	
		LSH 线	7.146	21	三个月	59.55	
		ZHCH 线（仅对单回线路进行核算）	11.85	36	平原二个月山区三个月	134.95	
		…	…	…	…	…	
	小计		3380.00				

（2）检修积分。包括测试类、检修类、通道及电力设施保护类、带电作业类四类积分，共计118项。部分项目积分见表2。

表2　　　　　　　　　　　　输电检修标准工时库示例

序号	项目	工作项目	计量单位	积分	标准工时	常规作业人数 × 有效工作时间	备注
1	测试类	输电线路导线液压耐张线夹引流板红外测温	每基	15	1	1 × 1.5	
2		输电线路导线接续管（线夹）红外测温	每处	5	0.5	0.5 × 1	

序号	项目	工作项目	计量单位	积分	标准工时	常规作业人数 × 有效工作时间	备注
3	测试类	输电线路接地电阻测量	每基	20	2	2×1	
4		绝缘子异常成像测量	每支	20	2	2×1	
…		…	…	…	…	…	
9	通道及电力设施保护类	输电线路防外破处理及签订协议	每处（份）	20	2	2×1	
10		输电线路防外破蹲守	每处	240	24	3×8	只适用于24小时蹲守
…		…	…	…	…	…	
15	检修类	输电线路检修现场勘查	每天·人	40	4	1×4	每班限2人
16		35～110千伏输电线路新投运初验	每基	40	4	2×2	
17		220千伏输电线路新投运初验	每基	60	6	2×3	
18		35～110千伏输电线路新投运复验	每基	30	3	2×1.5	
19		220千伏输电线路投运复验	每基	40	4	2×2	
…		…	…	…	…	…	

2. "小积分"核定员工绩效

员工绩效工资实施"小积分"制考核，每月按照员工个人实际从事工作，将巡视积分、检修积分和通用积分相加作为员工的月度积分，并依据月度积分核定绩效工资。

积分实际应用标准如下：巡视积分每人每天5分；检修积分每人每天10分；通用积分77项，主要包括班组日常管理、个人奖惩、科技贡献及合理化建议等，部分项目见表3。

表 3 通用工作积分标准库示例

序号	工作项目	单位	积分标准
1	获得各级先进荣誉类	项	地市公司级 5 分；网省级每项加 20 分；国网公司及以上加 20 分
2	科技成果	项	地市公司级 5 分；网省级每项加 20 分；国网公司及以上加 20 分
3	QC 成果	项	地市公司级 5 分；网省级每项加 20 分；国网公司及以上加 20 分
4	典型经验或成果类	项	地市公司级 5 分；网省级每项加 20 分；国网公司及以上加 20 分
5	发表论文	篇	公司录用 5 分；非核心刊物录用 10 分；核心刊物录用 20 分；被 SCI 收录 50 分
6	合理化建议被采纳	条	班组级 1~2 分；分部级 3 分；地市公司级 5 分；网省级每项加 10 分；国网公司及以上加 20 分
7	反事故演习	次	无故不参加每次扣 6 分；活动期间违反纪律每次扣 4 分
…	…	…	…

以 2019 年 5 月为例，输电运检室共计 18 个运检班组 120 人，当月绩效工资总额为 48 万元；某检修班班员 8 人，班组"大积分"累计 1830 分，按照当月 18.7486 元／分标准，对应兑现月度绩效工资总额共 34310 元，班组成员按照个人"小积分"兑现绩效工资，具体分配情况见表 4。

表 4 检修 X 班 2019 年 5 月班组成员绩效工资分配表

班组	姓名	月度积分	当月绩效工资（元）
检修 X 班	曹 *	235	4406
检修 X 班	常 *	235	4406
检修 X 班	姚 *	235	4406
检修 X 班	马 *	225	4218
检修 X 班	苏 *	235	4406
检修 X 班	刘 *	225	4218

续表

班组	姓名	月度积分	当月绩效工资（元）
检修 X 班	康 *	220	4125
检修 X 班	朱 *	220	4125
合　计		1830	34310

可见，该班组业绩突出，几乎所有班员绩效工资都在平均数以上；曹 * 等 3 名员工，比人均绩效工资提升 10% 以上。

国网冀北张家口供电公司通过实施输电运检班组"大小"积分考核法，员工积极性明显提升，工作效率显著提高。该输电运检室人均运维线路长度由 2015 年年底的 32.78 千米 / 人，提高到 2019 年的 50.02 千米 / 人，提升幅度高达 53%。单位内部同岗级员工年度绩效工资最高差距达到 32.5%，月度绩效工资差距最高达到 2347 元；同一班组人均年度绩效工资最高差距达到 16.2%。为跨业务类型统筹安排工作、打造既能巡视也能检修的复合型班组提供了有利空间，促进单位内部高效协同运转。

报送单位：国网冀北张家口供电公司

编 制 人：李永东　王　波　徐志军　李　琦

28 带电作业"3+1+X"考核法
——提高带电作业考核精准性

> **导　入：** 随着经济社会高速发展，用户对供电可靠性的要求越来越高，带电作业需求也日益增多，但带电作业类班组绩效考核仍然存在标准匹配度不足、考核流程粗放、内容不全、标准不合理等典型问题，绩效"指挥棒"导向作用发挥不明显。国网山东潍坊供电公司创新实施带电作业"3+1+X"考核法，进一步提高了带电作业类班组绩效考核针对性、公正性和有效性。

工具概述

带电作业"3+1+X"考核法，是指在"工作积分制"考核基础上，建立涵盖量化积分评价、带电消缺专项考核及班组综合事务性工作的考核模式。其中，"3"是指工作数量、工作质量和综合评价考核，由班组长进行量化评价；"1"是指带电消缺专项考核，根据消缺数量和类别进行量化考核；"X"是指根据员工参与公司级重点工作、创新成果、品牌建设等专项工作评价，实现对班组员工的全面、精准绩效考核。

适用场景：本工具适用于带电作业类班组。

实施步骤

带电作业"3+1+X"考核法的实施步骤包括：确定标准工时，班组派发工作；确定评价事项，班组员工月度考核；公示月度考核结果并召开绩效沟通会。

1. 确定标准工时，班组派发工作

以"标准工时"作为统一计量单位，参考国家电网有限公司《带电作业管理规范》，确定工作量化积分标准，给出建议工作人数和有效工作时间（见表1）。班组长每天合理派发工作任务，根据班组成员工作完成情况进行量化积分，做到"日清日结"。

表1　　　　　　　　　　工作数量积分标准

序号	专业工作名称	计量单位	标准工时	建议工作人数 × 有效工作时间
1	35～220 千伏输电线路带电拆除异物	每次	8	4×2
2	35～220 千伏线路带电更换耐张杆塔整串绝缘子	每串	20	10×2
3	35～220 千伏线路带电更换直线杆塔绝缘子	每支	9	6×1.5
4	35～220 千伏线路带电更换耐张杆塔单片绝缘子	每片	7.5	5×1.5
5	35～220 千伏线路带电补加、更换间隔棒	每支	10	5×2
6	35～220 千伏输电线路悬垂线夹带电开夹检查	每个	7.5	5×1.5
7	35～220 千伏输电线路带电硬梯法修补导线（单导线、双分裂、四分裂）	每处	17.5	7×2.5
8	35～220 千伏输电线路带电软梯法修补导线（单导线）	每处	18	6×3
9	35～220 千伏输电线路带电软梯法修补导线（双分裂）	每处	24	6×4
10	35～220 千伏输电线路带电软梯法修补导线（四分裂）	每处	27	6×4.5
11	35～220 千伏输电线路等电位带电校紧引流板（硬梯法）	每处	17.5	7×2.5
12	35～220 千伏输电线路等电位带电校紧引流板（软梯法）	每处	18	6×3
13	35～220 千伏输电线路等电位带电校紧引流板（平梯法）	每处	12	6×2
14	35～220 千伏输电线路地电位带电校紧引流板	每处	7.5	5×1.5
15	35～220 千伏输电线路带电滑车法修补架空地线	每处	10	5×2
16	35～220 千伏输电线路带电更换跳线整串绝缘子	每支	12	6×2
17	35～220 千伏输电线路带电更换、补加、复位防震锤（单导线）	每个	18	6×3

序号	专业工作名称	计量单位	标准工时	建议工作人数 × 有效工作时间
18	35～220千伏输电线路带电更换、补加、复位防震锤（双分裂）	每个	21	6×3.5
19	35～220千伏输电线路耐张杆塔绝缘子带电检测	每基	3	2×1.5
20	35～220千伏输电线路带电平梯法修补导线（单导线）	每处	12	6×2
21	35～220千伏输电线路带电平梯法修补导线（双分裂）	每处	15	6×2.5
22	35～220千伏输电线路带电平梯法修补导线（四分裂）	每处	18	6×3
23	35～220千伏输电线路地电位补加、更换弹簧销、开口销	每个	4	4×1
24	35～220千伏输电线路等电位补加、更换弹簧销、开口销	每个	9	6×1.5
25	35～220千伏输电线路带电敷设、跨接、更换引流线	每相	21	7×3
26	35～220千伏输电线路带电拆除鸟巢	每个	2	2×1
27	35～220千伏输电线路带电安装驱鸟装置	每个	2.4	3×0.8
28	35～220千伏输电线路带电取灰样瓷瓶	每处	4	4×1
29	35～220千伏输电线路带电断接空载线路（消弧绳法）	每处	8	4×2
30	35～220千伏输电线路带电补加塔材、校紧螺栓	每基	6	3×2
31	35～220千伏输电线路带电更换耐张杆塔外角吊串绝缘子（软梯法）	每串	12	6×2
32	35～220千伏输电线路带电更换耐张杆塔外角吊串绝缘子（平梯法）	每串	12	6×2
33	35～220千伏输电线路带电更换双分裂导线耐张杆塔整串绝缘子（平梯法）	每串	20	10×2

根据工作难易程度和员工角色的不同，构建员工工作角色积分系数（见表2），在工作数量积分一定的情况下，承担的工作责任越大、风险越高，系数越。

表2   工作角色积分系数

序号	工作角色	工作角色积分系数
1	工作负责人（监护人）	1.2
2	主要工作成员（等电位作业电工）	1.0
3	次要工作成员（地电位作业电工）	0.9
4	辅助工作成员（地面作业电工）	0.8

2. 确定评价事项，班组员工月度考核

围绕"安全生产、责任指标、工作失误、劳动纪律"等内容制定工作质量积分标准（见表3）。评价时，班组成员每发生一项影响工作质量事件，扣减相应积分。

表3   工作质量积分标准

序号	评价类型	评价内容	计量单位	积分标准
1	安全生产	安规考试不合格	每次	−5
2		发生违规信息安全事件	每次	−2
3		发生有责任的八级及以上安全事件	每次	−5
4		工器具管理、存放、实验、保养未按要求执行	每次	−0.5
5		违章作业	每次	−2
6		未按要求组织或参加安全活动，记录不规范	每次	−1
7		发生无票作业工作	每次	−5
8		带电作业工作票出现错票或者执行不规范	每次	−2
9		带电作业工作票未进行现场签名确认	每次	−1
10		工作票未按时整理、检查并上报	每次	−0.5
11		遮栏、围栏、警示牌等现场安全措施设置不规范	每次	−2
12		危险性较大的作业未制定安全措施和技术措施	每处	−1
13	工作质量	出现有责任的投诉、上访事件	每次	−2
14		带电检测工作不到位，未及时发现安全隐患	每次	−1

序号	评价类型	评价内容	计量单位	积分标准
15	工作质量	工作现场安全隐患未及时排查、整改	每处	−2
16		带电作业安全技术措施执行不规范	每处	−2
17		标准化作业指导书执行不规范	每次	−1
18		工序质量控制卡执行不规范	每次	−0.5
19		缺陷记录、上报、消除执行不规范	每次	−0.5
20		账卡物（含备品备件）不符	每次	−0.5
21		周、月、季等各项报表上报不规范	每次	−0.5
22		政治学习、事故预想、班组大讲堂等各种活动未按时开展、参与，记录不规范	每次	−0.5
23		公司安排的取证类考试和非竞赛类考试不通过	每次	−2
24		事故缺陷处理不及时、处理不当	每次	−2
25		作业现场民事问题处理不当	每处	−1
26	劳动纪律	不服从工作安排	每次	−2
27		工作期间做与工作无关的事情、脱岗	每次	−0.5
28		工作卫生环境脏、乱、差	每次	−0.5
29		迟到、早退	每次	−1
30		旷工	每日	−2
31		违反公司规章制度或管理规定	每次	−5
32		发生影响公司形象事件	每次	−5
33		个人原因被公司、车间通报批评	每次	−5

为全面衡量员工绩效表现，制定综合评价标准，分别从员工的工作纪律、工作态度、能力素质、团结协作等多个维度，衡量员工综合表现情况（见表4）。评价时，根据员工表现情况，将每个评价维度设立基本分，将评价结果分为A、B、C、D四个等级，分别对应1.0、0.75、0.5、0四个级别系数，最后通过基本分 × 级别系数得出员工的综合评价考核得分。

表4 员工综合评价标准

序号	缺陷类型	作业方式	A 级	B 级	C 级	D 级
1	工作纪律	4	努力超越 勇于担当	主动作为 勤奋敬业	按规出勤 态度端正	无故缺勤 工作消极
2	工作态度	4	富有激情 甘于奉献	以身作则 执行有力	遵章守纪 严谨细致	缺乏自律 工作懈怠
3	能力素质	8	业务精通 追求卓越	业务熟练 破解难题	履职尽责 工作主动	业务生疏 协调不畅
4	团结协作	4	系统思考 注重协作	激励他人 行动有力	主动学习 容忍差错	墨守成规 推诿敷衍

充分考虑带电作业工作特性，根据缺陷类型、作业方式等因素，制定带电作业消缺专项工作得分标准（见表5），消缺数量由班组长以月度为周期进行统计。评价时，按照缺陷难易、紧急程度，将缺陷划分为一般、严重、危急三类，并根据作业方式不同，分别制定相应的消缺得分标准，确保带电消缺专项考核客观公正。

表5 带电消缺专项积分标准

序号	缺陷类型	作业方式	消缺得分	备注
1	一般（消除即可）	地电位	0.4	
		等电位	0.6	
2	严重（7天内消除）	地电位	0.6	
		等电位	0.8	
3	危急（24h内消除）	地电位	0.8	
		等电位	1	

根据工作数量积分、工作质量积分、综合评价结果及带电消缺情况，完成员工的月度绩效考核。为全面评价员工绩效表现，根据承担班组的综合事务性工作的难易程度和工作量的大小，由班组长统计员工参与公司级重点工

作、创新成果、品牌推广、专项工作，作为"×"项考核。"×"考核项目见表6。

表6　　　　　　　　　　　综合性事务工作得分标准样表

参与上级重点工作	工作项目	级别	分数
	×× 工作	省公司级 /…	××
创新成果	级别	作者位次	分数
	国网公司级 /…	××	××
品牌推广	级别	数量	分数
	省公司级 /…	××	××
专项工作	级别	天数	分数
	省公司级 /…	××	××
合计	—	—	××

3. 公示月度考核结果并召开绩效沟通会

公示每位员工的考核结果及考核原因，对落后员工进行绩效沟通，制定提升措施，妥善处理员工绩效申诉，确保考核结果公平公正。帮助低绩效员工制定明确的绩效改进计划，切实巩固和提升员工绩效，从而有效支撑各级组织的任务目标。

◎ 经验心得

（1）因地制宜制定工作量化积分标准。充分考虑工作环境、地域特点等因素，结合工作任务的难易程度，可适度增设工作数量积分标准的调节系数。

（2）差异化制定工作质量积分标准。根据员工现有工作质量水平及队伍素质，优化工作质量积分标准，引导员工积极主动承担更多更难的工作任务，同时更加注重工作效率，从而促进员工有效提升自身综合素质和岗位技能水平。

（3）合理派发工作任务。派发工作任务时，充分考虑工作量大小及班组成员能力素质水平，力求派发合理，避免出现忙闲不均的现象。

（4）严格执行绩效公示制度。班组成员量化积分结果应每周至少公示一次，确保班组全员、全过程参与绩效管理，形成班组"比业绩、看贡献、树标杆、争排头"的浓厚氛围。

实践案例

国网山东潍坊供电公司于 2018 年 3 月正式应用带电作业"3+1+X"考核工具，切实发挥了绩效考核的正向激励作用，班组成员工作积极性进一步提高、工作质量不断提高。下面以输电带电作业班 5 月份班组考核为例进行展示。

1. 确定标准工时，班组派发工作

"35～220 千伏线路带电更换直线杆塔绝缘子"作业标准工时为 9，参与作业人数 6 人，工作角色积分系数为 0.8～1.2，计算出该项工作每位作业人员的量化积分（见表 7）。班组长根据每位员工每天的工作开展情况进行量化积分考核，做到日清日结。

表 7　　　　　　　　　　　工作数量积分考评示例

角色名称	姓名	系数	工作数量积分
工作负责人	于**	1.2	1.86
主要操作人	赵**	1.0	1.55
次要操作人	尹*	0.9	1.4
辅助操作人	段**	0.8	1.24

2. 确定评价事项，班组员工月度考核

班组长对每位员工工作完成质量进行考评，得出员工工作质量积分。

综合评价考核：从员工的工作纪律、工作态度、能力素质、团结协作等多个维度，衡量员工综合表现情况，得出员工综合评价考核得分。

带电消缺专项考评：班组长统计每位员工月度带电消缺情况，计算带电消缺量化积分（见表 8）。

表 8　　　　　　　　　　　　带电消缺专项考评示例

姓名	输电带电作业								带电消缺积分
	等电位作业 / 次数				地电位作业 / 次数			地电位检零	
	负责人	等电位	杆上	地面	负责人	杆上	地面	监护人	杆上	
于 **	2				3					3.8
尹 *		1		1	2		2			4.2
段 **			1	1		5				4.2

提交"X"加分项：班组员工根据本月工作完成情况，提交"X"加分项及支撑材料，由班组长进行审核。班组长根据本月各项工作完成情况、消缺工作以及"X"工作项开展情况，确定综合评价，得出合计绩效考评得分，通过班组绩效沟通会审议后提交最终考核结果。

3. 公示月度考核结果并召开绩效沟通会

公示输电带电作业班 5 月份绩效考评情况见表 9，包括每位员工的考核结果及考核原因，对落后员工进行绩效沟通，制定提升措施，妥善处理员工绩效申诉，确保考核结果公平公正。帮助低绩效员工制定明确的绩效改进计划，切实巩固和提升员工绩效，从而有效支撑各级组织的任务目标。

表 9　　　　　　　　　　　输电带电作业班 5 月份绩效考评情况

姓名	工作数量积分	工作质量积分	工作积分合计	工作积分归算	带电消缺	上级工作	稿件	创新成果	绩效得分	综合评价	合计
于 **	225.5		225.5	113.6	3.8	3			120.4	20	116.3
刘 **	208.3	−0.5	207.8	104.7	1.4		4		110.1	18	106.0
尹 *	203.5		203.5	102.5	4.2	3	2		111.7	16	105.4

注　工作积分归算 = 个人积分 / 班组平均积分 ×100。

　　通过实施带电作业"3+1+X"考核法，国网山东潍坊供电公司建立起与输电带电作业班相匹配的月度考核办法，实现了标准科学适用、流程规范可靠，确保绩效得分真实客观体现员工的工作态度、能力素质、团结协作、业绩贡献等，员工月度绩效考核分差达到 25 分，大幅提高了输电带电作业班活力，切实发挥了绩效考核的正向激励作用。

　　选送单位：国网山东潍坊供电公司
　　编　制　人：杨　军　尹广晓　赵秉聪　王俊凯
　　　　　　　　王欣梅　秦丽伟　刘　鹏

29 变电站对标考核法
——科学评价班组团队协作业绩

导　入： 近年来，变电运维规模的持续扩大和精益化水平的逐步提高，对现场运维效能不断提出了新要求。运维团队逐步呈现按作业类型细分、按作业区域相互协作的专业特点。国网上海检修公司引入变电站对标考核法，在技术上保证专业性的基础上进行绩效二次评价，兼顾横向比较和自身成长两个维度，更精准地评价了团队协作业绩。

工具概述

变电站对标考核法，即以变电站所关联的运维班组群作为对标对象，建立考核专业指标，组织评价部门（职能部门、关联业务机构等）首次评分，在"专业性"和"成长性"两个维度进行二次量化评分，最终应用到团队、班组。

适应场景：本工具适用于有团队协作关系的运维班组。

实施步骤

变电站对标考核法，主要包括以下步骤：一是确定对标分组和对标对象；二是按专业要求和考评期内主要生产任务，设立对标指标和评价标准并予以公布；三是开展具体的对标评价工作；四是考核结果应用，实施绩效激励。

1. 确定对标分组和对标对象

将公司所辖变电站，根据运维班组实际的协作关系，整合成若干对标对象，同类站点设成一组进行对标。如：交流变电站将若干变电站纳入一个对标对象，成组进行对标；换流站每个站独立作为对标对象，成组进行对标。

进行对标分组时，主要考虑站点业务考核指标是否相同或相近。划分对标对象时，应尽量保持团队规模相近。使用无人值守模式的站点，可以按运维班组最大工作范围，将若干站归并为一个对标对象。

2. 设置对标指标和评价标准

成立变电站对标考评委员会，由分管领导、职能部门负责人组成，绩效考评机构落实承办。委员会的任务，一是根据生产实际确定本评价期内的对标指标及其评价标准；二是确定评价周期内对标对象各自的关联业务机构（如变电检修、输电等其他有协作关系的业务机构）。

从安全管控质量、两票工作、运维基础管理（制度执行及隐患治理）及综合管理（非生产业务）四个维度设置对标指标、量化评价标准。

3. 对标评价工作

评价期结束的第二个月，首先由各对标对象所在业务机构自评、关联业务机构复评；变电站对标考评委员会对评价得分进行审议、按双维度折算考核系数，并在完成评价的当季季度绩效考核中予以应用。

对所有对标对象评价分值从"专业性"和"成长性"两个维度按排名赋予标准分，前者根据各对标对象间评分横向比较，后者根据各对标对象上轮评分纵向比较。

（1）"专业性"系数 A。横向比较本轮评分分值，前 25% 获 0.7 分，中间 50% 获 0.5 分，最后 25% 获 0.3 分。当出现并列排名时均分系数，如：对标对象 8 站，其中 1～3 名并列，则此 3 站各得（$8 \times 0.5 - 2 \times 0.3 - 3 \times 0.5$）/3=0.633。当对标对象无法被 4 整除时，排名两端名额四舍五入。以下处理方法与此相同。

（2）"成长性"系数 B。纵向比较自身上轮评分，根据上升百分比排名，前 25% 获 0.6 分，中间 50% 获 0.5 分，最后 25% 获 0.4 分。

最终考核系数计算方式为：

$$考核系数 = "专业性"系数 A + "成长性"系数 B$$

考核系数将两个维度并列，一是引导业务机构在关注短期生产效率的同时，也关注长效培养；二是各维度排名分段赋分，缓冲外部客观因素对人员积极性的影响。

4. 考核结果应用

评价完成后，发布各对标对象总评分与考评排名。一是设立对标考核奖励，与对标评价结果紧密挂钩；二是将"专业性"对标排名成绩作为年度评优评先参考依据。

对标考核奖励计算方式为：

$$X 站对标奖 = 人均基数 \times 运维班组群总人数 \times 考核系数$$

各运维班组对班员的绩效奖金分配方式不变。

经验心得

（1）考核体系设计要全面合理、求同存异。指标设计要考虑到客观因素对工作量的影响（如停电计划），专项任务、设备情况等方面的不同，分项指标权重可以差异化设置（不同对标对象权重不同），但评委会应事先与对标对象沟通好，指标及其权重、评分规则应公示。

（2）做好前期宣传工作。可以利用开展专题会议、座谈会和专题培训等工作进行充分沟通，及时发现和解决问题，确保方案在实际推广落地过程中更具可操作性和延续性。

实践案例

国网上海检修公司于 2018 年 1 月开始应用变电站对标工具，实现了各运维班组业绩的直观比较，在同一对标团队内迅速凝聚向心力，同类班组间营造出"你追我赶"的竞争氛围。下面以2019年上半年变电站对标工作为例进行展示。

1. 确定对标分组和对标对象

公司下属交流特高压站1座，换流站3座，均为独立站（运维班组相互独立）；其余交流变电站百余座，采用分片区无人值守方式，每片区4~5个运维班负责约20座变电站的所有运维工作（监盘值守、维护操作、辅助设备管理等）。

因此设立2个小组：特直组和交流组。其中，特直组共4个对标对象（每个对象包括2个运维班），交流组共7个对标对象（每个对象包括4~5个运维班）。

2. 设置对标指标和评价标准

以特直组为例，对标对象记为变电站1~4。成立变电站对标考评委员会，由检修公司绩效工作分管副总、各专业副总师及运检部、安监部、人资部主要负责人组成。选取输电运检中心、变电检修中心、智能运检管控中心作为关联机构。

特直组对标考核指标设置从4个大方面（安全工作、运行维护、运维管理、中心综合考核）设置32项二级指标，见表1。

表1　　　　　　　　　　　　特直组对标评分表

考核方面		指标名称	评分标准
安全工作（30%）	1	安全作业质量（10分）	本项基本分10分，具体标准如下： （1）根据现场安全监督情况以及公司两级查岗情况进行评价，每发现一项扣1分，最高扣10分。 （2）根据技防、车辆等管理方面发现的不规范或者违规行为进行评价，每发现一项扣1分，最高扣10分。 （3）其他各级通报情况发生的扣分

考核方面		指标名称	评分标准
安全 工作 （30%）	2	年度安规普考 （5分）	按照考试合格率排名进行加分，排名第一得5分，排名第二得3分，排名第三得2分，排名第四得1分
	3	消防设施管理 （4分）	根据消防及其他安全用器具等管理方面发现的不规范或者违规行为进行评价，每发现一项扣1分，最高扣4分
	4	隐患排查 （6分）	根据公司隐患排查的认定情况进行评价，根据不同等级（重大、较大、一般）进行不同分值加分，认定一项重大得4分，较大得2分，一般得1分，最高得6分
	5	质量事件报告 （5分）	根据公司相关规定的具体条文确定，符合要求得5分，有不符合相关要求的情况，每发生一次扣2分
	合计	综合评分	本项合计得分最高30分
运行 维护 （20%）	6	操作票执行情况 及操作票质量 （2分）	根据公司相关规定具体条文确定，符合要求得2分，有不符合相关要求的情况，每发生一次扣2分，扣完为止
	7	工作票执行情况 及工作票质量 （2分）	根据公司相关规定具体条文确定，符合要求得2分，有不符合相关要求的情况，每发生一次扣2分，扣完为止
	8	缺陷报送质量 （2分）	缺陷发现及时并录入相关系统的，得基本分2分；有缺陷未能及时发现的，每发生一次扣1分，扣完为止；缺陷录入不及时的，每发生一次扣0.5分，扣完为止；缺陷上报出现遗漏的，每发生一次扣1分，扣完为止。 通过巡视手段发现重大设备缺陷，及时处理并汇报并经公司运检部认可的，每次加1~2分，最多加5分
	9	PMS维护（1分）	PMS系统按要求及时、正确进行维护的，得基本分1分，每发生一次系统维护不及时或有错漏等情况，扣0.5分，扣完为止
	10	事故异常汇报 及处理情况 （5分）	异常上报出现遗漏的，每次扣1分，不及时的，每次扣0.5分，扣完为止。重大缺陷和故障发生后汇报不及时、原因分析不清、报告不完整的，视情况扣1~5分
	11	输变电工程 生产准备 （2分）	根据公司相关规定具体条文确定，符合要求得2分，有不符合相关要求的情况，每发生一次扣2分，扣完为止

考核方面		指标名称	评分标准
运行维护（20%）	12	红外检测地电波等带电检测（2分）	根据公司相关规定具体条文确定，符合要求得2分，有不符合相关要求的情况，每发生一次扣2分；使用红外检测、地电波等带电检测手段发现重大设备缺陷，及时处理并汇报并经公司运检部认可的，每次加1~2分，最多加5分
	13	防台防汛准备情况（2分）	根据公司相关规定具体条文确定，符合要求得2分，有不符合相关要求的情况，每发生一次扣2分，扣完为止
	14	智能巡检机器人应用（2分）	根据公司相关规定具体条文确定，符合要求得2分，有不符合相关要求的情况，每发生一次扣2分，扣完为止
	合计	综合评分	本项合计得分最高20分
运维管理（40%）	15	五通落地及表单应用（2分）	根据公司变电运检五项通用制度（运维管理）相关规定具体条文确定，符合要求得2分，有不符合相关要求的情况，每发生一次扣0.5分，扣完为止
	16	防误装置管理（2分）	根据公司相关规定具体条文确定，符合要求得2分，有不符合相关要求的情况，每发生一次扣0.5分，扣完为止。解锁操作不符合规定，本项一次扣完，运维管理其他项不得加分
	17	运维专业反措（3分）	根据公司相关规定具体条文确定，符合要求得3分，有不符合相关要求的情况，每发生一次扣1分，扣完为止
	18	辅助设备管理情况（2分）	根据公司相关规定具体条文确定，符合要求得2分，有不符合相关要求的情况，每发生一次扣0.5分，扣完为止
	19	上级专业要求执行情况（3分）	根据公司相关规定具体条文确定，符合要求得3分，有不符合相关要求的情况，每发生一次扣1分，扣完为止
	20	防小动物管理（2分）	根据公司相关规定具体条文确定，符合要求得2分，有不符合相关要求的情况，每发生一次扣1分，扣完为止。因小动物导致设备异常，本项一次扣完，运维管理其他项不得加分
	21	设备临停（9分）	本项基本分9分。发生因运维责任导致的设备临停情况，一次性扣完，运维管理其他项不得加分

考核方面		指标名称	评分标准
运维管理（40%）	22	应急抢修工作（2分）	根据公司相关规定具体条文确定，符合要求得2分，有不符合相关要求的情况，每发生一次扣1分，扣完为止
	23	停电计划申报（2分）	根据公司相关规定具体条文确定，符合要求得2分，有不符合相关要求的情况，每发生一次扣1分，扣完为止
	24	年度检修验收（4分）	根据公司相关规定具体条文确定，符合要求得4分，有不符合相关要求的情况，每发生一次扣1分，扣完为止
	25	备品备件管理（2分）	根据公司相关规定具体条文确定，符合要求得2分，有不符合相关要求的情况，每发生一次扣1分，扣完为止
	26	配合检修专业管理（4分）	考核期内有效配合各专业工程师完成各项检修管理工作的，得基本分4分，未能及时完成相关工作的，每发生一次扣1分，扣完为止
	27	运检类调考（3分）	有员工参与运检类调考培训的，每1人次得1分，最多得3分；有员工参与运检类调考并取得省公司及以上奖项的，每1人次得2分，最多得4分
	合计	综合评分	本项合计得分最高40分
中心考核（10%）	28	新闻信息投报（2分）	按时完成新闻信息投稿的，得基本分2分；未按时完成约稿，不得分
	29	科创论文申报（2分）	按时完成科创论文申报的，得基本分2分；未按时完成申报的，不得分
	30	党团工会综合（2分）	积极落实公司党团工会各项举措的，每落实一项得1分，最多得2分
	31	人力资源培养（2分）	积极落实公司人力资源各项举措的，每落实一项得1分，最多得2分
	32	站容站貌维护（2分）	根据公司相关规定具体条文确定，符合要求不扣分，有不符合相关要求的情况，每发生一次扣0.5分，最多扣2分
	合计	综合评分	本项合计得分最高10分

3. 对标评价工作

4个变电站得分情况见表2。

表2　　　　　　　　　　4个变电站得分情况（节选）

考核方面	指标名称	变电站1	变电站2	变电站3	变电站4
安全工作	安全作业质量	10	10	10	10
	年度安规普考	5	1	2	3
	消防设施管理	4	4	3	4
	…	…	…	…	…
运行维护	操作票执行情况及操作票质量	2	2	2	2
	工作票执行情况及工作票质量	2	2	2	2
	缺陷报送质量	2	1.5	2	2
	…	…	…	…	…
运维管理	五通落地及表单应用	2	1.5	2	2
	防误装置管理	2	2	2	2
	运维专业反措	2	1	1	2
	…	…	…	…	…
中心考核	新闻信息投报	2	2	1	1
	科创论文申报	2	2	2	2
	…	…	…	…	…
总分		94	86	88	92

根据评分结果，最终变电站1排名第一，变电站4和变电站3分列第二、第三位，变电站2排名第四。

根据上一年度（2018年度）评价记录，变电站1评分下降1.2%，变电站2评分上升4.8%，变电站3评分上升1.6%，变电站4评分不变。根据系数计算规则，见表3。

表 3   绩效积分计算

对标对象	专业性系数 A	成长性系数 B	绩效考核系数
变电站 1	0.7	0.4	1.1
变电站 2	0.3	0.6	0.9
变电站 3	0.5	0.5	1.0
变电站 4	0.5	0.5	1.0

4. 考核应用

取部门每季度绩效工资的 20% 作为当期对标考核奖金。从特直组实例来看，在 2018 年首轮对标中，变电站 2 与变电站 1 绩效系数差距达到 0.6，奖金收入差距高达 3000 元。

在 2019 年度对标中，变电站 2 团队班组在各项指标中努力追赶，凭借 4.8% 的高"成长性"，使平均收入差距缩小到约 1000 元。该站各项指标也得到了明显改善。

变电站对标考核法，在传统的工时积分制基础上，将对标思路引入有协作关系的班组团体。一是最大限度挖掘班组团队协作潜力，激发内生动力；二是将公司指标体系直接向班组渗透，导向明确，提高员工参与感，增加协作合力。

报送单位：国网上海检修公司

编 制 人：陆正红　陈　宁　尚芳屹　朱　凤

30 同工种人员工时量化积分考核法
——统一相同工种人员积分标准

> **导　入：** 同工种不同班组之间的考核标准的差异，制约了对员工绩效的精准考评。国网上海电力运用同工种人员工时量化积分考核法，促进考评更精准、激励更有效，让基层班组对绩效考核更加认可，比学赶超氛围更加浓厚，促进工作积极性和质效提升。

工具概述

同工种人员工时量化积分考核法，是指在各单位同工种班组实行统一的量化积分标准，并根据积分结果兑现一线员工绩效工资，有助于强化同类企业、相同工种的专业对标，推进员工收入能增能减。

适用场景：本工具适用于变电检修、电气试验等生产一线班组。

实施步骤

同工种人员工时量化积分考核法的实施步骤包括：科学设计工作积分标准、固化积分考核方法流程。

1. 科学设计工作积分标准

（1）分类细化班组工作积分标准。工作积分标准涵盖数量积分和质量积分。数量积分标准为作业性工作任务的积分标准，根据各专业工作特点归纳总结工作大类以及其对应的工作细类，确保工作项目全覆盖。质量积分标准为非作业性工作任务的积分标准，引入"周边绩效"的概念，补充形成工作质量、安全考核、班组建设、突发额外工作等细分项目，促进班组建设工作的综合提升。不同工种均可以运用同一套质量积分标准。

（2）确定合理工时积分范围。综合考虑地市供电公司一线班组的差异性，结合历史台账数据，开展一线班组工作内容对应工时范围的测算，以确定各项工作的合理工时范围。

（3）确定积分修正系数。综合考虑作业现场的工作环境（恶劣天气、危险地区等）、电压等级、工作难度、担任的工作角色（工作负责人、主要操作人、一般操作人、辅助工）等因素，确定不同因素影响下的工作积分修正系数。

2. 固化积分考核流程

（1）记录工作积分。班组长建立积分记录流程，统一工作积分记录模板，作业小组或任务团队负责人在工作任务结束后根据模板规范、准确、及时记录工作积分。

（2）修正工作积分。作业小组团队负责人根据成员在该项作业或任务中的角色、责任或表现，选定其角色系数修正该项工作的积分。同时根据该项作业的现场环境、难度等综合因素，对工作积分进行二次修正，合理计量成员的工作积分。

（3）审核确认工作积分。作业小组或任务团队须每日提交工作积分记录，由班组长审核确认、留存备案，确保日清日结。

（4）月度累计工作积分。次月初，班组汇总、累加本班人员的日工分，得到所属员工、班组的月度积分，上报专业部门审核，并交人资部汇总、确认、兑现月度绩效工资。

经验心得

（1）运用系统，准确记录备案。可以运用国网全员绩效管理平台的一线员工模块进行工作积分记录，每日工作积分记录和审核表单在当日或次日提交班组长及时审核确认、留存备案，确保日清日结。

（2）创新形式，减轻基层负担。有条件的单位可以开发移动端积分记录工具，方便一线员工工作派单、抢单、统计。

（3）结合实际，单价灵活设置。各单位之间同工种班组工作积分对应的工分单价不需要保持一致，由各单位根据实际情况自行设定。

实践案例

2019年1月开始，国网上海电力对11家供电公司的调度控制、变电运维、变电（配电）一次运检、变电（配电）二次运检、电气试验、电缆等6个工种开展一线员工同工种人员工时量化积分考核，统一编制六大工种共计722项工作积分标准，有效增强同工种横向可比性，拉开绩效工资差距，以下以变电（配电）二次运检工种为例说明。

1. 设计工作积分标准

由国网上海市南供电公司牵头编制该工种工作积分，组织其他供电公司同工种班组长成立专家组，讨论审核工作积分标准，根据变电（配电）二次运检班相关岗位职责、管理制度、作业指导书、技术要求、操作流程等，制定包括主变压器回路校验等13项工作大类、110千伏主变压器保护校验等50项工作细类的积分标准。将"周边绩效"细分为包括工作质量等4项工作大类、不参加"三会"等38项工作细类的质量积分工作事项。参考历史台账数据确定每项工作事项的积分为2~9分。视不同的校验性质，确定新装校验、全部校验、部分校验三种情况下各自的修正积分系数；视不同的工作角色，确定担任负责人、主要操作人、一般操作人、见习员四种不同角色的修正积分系数。形成标准积分库后，由国网上海电力确认后以文件形式下发执行，见表1。

表1　　　　　　　　　　变电（配电）二次运检班标准积分库

一、数量积分												
类别	工作要项	序号	工作内容	工分标准	校验性质系数			角色系数				备注
					新装校验	全部校验	部分校验	负责人	主要操作人	次要操作人	见习员	
日常工作	主变压器回路校验	1	110千伏主变压器保护校验	8	1	0.8	0.5	1.2	1	0.8	0.6	
		2	35千伏主变压器保护校验	6	1	0.8	0.5	1.2	1	0.8	0.6	
		3	主变压器带负荷测六角图	4	1	0.8	0.5	1.2	1	0.8	0.6	
		4	主变压器通380伏试验	4	1	0.8	0.5	1.2	1	0.8	0.6	
		5	主变压器有载调压装置改整定及校验	3	1	0.8	0.5	1.2	1	0.8	0.6	
	线路、电容器、站变校验	1	110千伏出线校验	4	1	0.8	0.5	1.2	1	0.8	0.6	
		2	35千伏出线校验	4	1	0.8	0.5	1.2	1	0.8	0.6	
		3	10千伏出线校验	3	1	0.8	0.5	1.2	1	0.8	0.6	
		4	10千伏电容器校验	3	1	0.8	0.5	1.2	1	0.8	0.6	
		5	10千伏站变校验	3	1	0.8	0.5	1.2	1	0.8	0.6	
	自切回路校验	1	35千伏分段自切校验	6	1	0.8	0.5	1.2	1	0.8	0.6	
		2	10千伏分段自切校验	6	1	0.8	0.5	1.2	1	0.8	0.6	
		3	110千伏分段自切校验	6	1	0.8	0.5	1.2	1	0.8	0.6	
	按周波校验	1	35千伏按周波校验	4	1	0.8	0.5	1.2	1	0.8	0.6	
		2	10千伏按周波校验	4	1	0.8	0.5	1.2	1	0.8	0.6	
	母差保护校验	1	110千伏母差校验	4	1	0.8	0.5	1.2	1	0.8	0.6	
		2	35千伏母差校验	4	1	0.8	0.5	1.2	1	0.8	0.6	
		3	10千伏母差校验	4	1	0.8	0.5	1.2	1	0.8	0.6	
		4	自愈系统保护校验	6	1	0.8	0.5	1.2	1	0.8	0.6	
		5	母差带负荷测六角图	4	1	0.8	0.5	1.2	1	0.8	0.6	
	变配电站巡视	1	变电站特巡及自切重合闸实跳试验（3个站及以下）	4	1	0.8	0.5	1.2	1	0.8	0.6	
		2	变电站特巡及自切重合闸实跳试验（4至6个站）	6	1	0.8	0.5	1.2	1	0.8	0.6	
		3	变电站特巡及自切重合闸实跳试验（7个站及以上）	8	1	0.8	0.5	1.2	1	0.8	0.6	

续表

类别	工作要项	序号	工作内容	工分标准	校验性质系数			角色系数				备注
					新装校验	全部校验	部分校验	负责人	主要操作人	次要操作人	见习员	
日常工作	变配电站巡视	4	PMS 资料现场采集（一般）	3	1	0.8	0.5	1.2	1	0.8	0.6	
		5	PMS 资料现场采集（复杂）	6	1	0.8	0.5	1.2	1	0.8	0.6	
		6	现场改铭牌	3	1	0.8	0.5	1.2	1	0.8	0.6	
		7	继保／自动化巡视	3	1	0.8	0.5	1.2	1	0.8	0.6	
	加装电能表及各类表计校验	1	加装电能表及各类表计校验（4 个及以上）	6	1	0.8	0.5	1.2	1	0.8	0.6	
		2	加装电能表及各类表计校验（4 个及以下）	3	1	0.8	0.5	1.2	1	0.8	0.6	
	流变调换	1	流变调换	4	1	0.8	0.5	1.2	1	0.8	0.6	
	故障录波保护校验	1	故障录波保护校验	4	1	0.8	0.5	1.2	1	0.8	0.6	
		2	故障数据读取及分析	4	1	0.8	0.5	1.2	1	0.8	0.6	
	交直流屏改造	1	交直流屏改造（半天）	4	1	0.8	0.5	1.2	1	0.8	0.6	
		2	交直流屏改造（全天）	8	1	0.8	0.5	1.2	1	0.8	0.6	
		3	交直流现场统计（半天）	3	1	0.8	0.5	1.2	1	0.8	0.6	
		4	交直流现场统计（全天）	6	1	0.8	0.5	1.2	1	0.8	0.6	
	新设备验收	1	10 千伏站点送电	3	1	0.8	0.5	1.2	1	0.8	0.6	
		2	10 千伏站点验收	4	1	0.8	0.5	1.2	1	0.8	0.6	
		3	10 千伏站点改造	6	1	0.8	0.5	1.2	1	0.8	0.6	
		4	35 千伏站点送电	7	1	0.8	0.5	1.2	1	0.8	0.6	
		5	35 千伏站点验收	5	1	0.8	0.5	1.2	1	0.8	0.6	
		6	35 千伏站点改造	7	1	0.8	0.5	1.2	1	0.8	0.6	
		7	110 千伏站点送电	9	1	0.8	0.5	1.2	1	0.8	0.6	
		8	110 千伏站点验收	9	1	0.8	0.5	1.2	1	0.8	0.6	
日常工作	新设备验收	9	110 千伏站点改造	9	1	0.8	0.5	1.2	1	0.8	0.6	
		10	验收／改造前现场勘查	9	1	0.8	0.5	1.2	1	0.8	0.6	
	安全工器具校验	1	安全工器具校验	4	1	0.8	0.5	1.2	1	0.8	0.6	

续表

类别	工作要项	序号	工作内容	工分标准	校验性质系数			角色系数				备注
					新装校验	全部校验	部分校验	负责人	主要操作人	次要操作人	见习员	
抢修消缺	消缺、反措、抢修（复杂缺陷）	1	复杂缺陷	6	1	0.8	0.5	1.2	1	0.8	0.6	
	消映、反措、抢修（一般缺陷）	2	一般缺陷	4	1	0.8	0.5	1.2	1	0.8	0.6	
	消缺、反措、抢修（简单缺陷）	3	简单缺陷	3	1	0.8	0.5	1.2	1	0.8	0.6	
内勤工作	人员外借	1	人员外借	4	–	–	–	–	–	–	–	
	PMS 维护	2	PMS 台账维护	2	–	–	–	–	–	–	–	
	外出开会	3	外出开会	4	–	–	–	–	–	–	–	
	外出培训	4	外出培训	4	–	–	–	–	–	–	–	
其他工作	完成领导布置的突发或额外工作	1	完成领导布置的突发或额外工作	4	–	–	–	–	–	–	–	

二、质量积分

工作分类	工作项目	加扣分标准	加扣分值	备注
日常质量	不参加"三会"	未参加班前会、现场站班会、收工会／每次	−6	
	"三会"质量不好	未录音、未抽问、抽问回答不全等／每次	−6	
	负责人不进行二交一查	现场站班会，带班负责人不进行二交一查（或不详细者）／每次	−6	
	不服从工作安排	不服从工作安排／每次	−10	
	完工后工作现场未清理	现场施工做到工完料净场地清，违反者扣负责人和当事人／每次	−2	
	在修试工作中不按作业指导书操作	在修试工作中不按作业指导书漏项、跳项者／每次	−2	
	工作质量不良，未造成影响	工作质量不良，未造成影响／每次	−4	

工作分类	工作项目	加扣分标准	加扣分值	备注
日常质量	工作质量不良，造成轻微影响	工作质量不良，造成轻微影响 / 每次	−6	
	工作质量不良，造成较大影响	工作质量不良，造成较大影响 / 每次	−8	
	工作质量不良，造成事故	工作质量不良，造成事故 / 每次	−10	
	不及时完成任务	接到任务不及时完成，有拖延情况 / 每次	−6	
	电网重大故障抢修表现突出	电网重大故障抢修时有突出表现 / 每次	10	
	发现重大隐患	及时发现并组织避免了危及生命及设备安全供电者 / 每次	10	
	发现危急缺陷	发现危急缺陷 / 每次	6	
	发现严重缺陷	发现严重缺陷 / 每次	4	
	发现一般缺陷	发现一般缺陷 / 每次	2	
安全考核	安规考试优秀	安规考试 90 分以上者 / 每次	2	
	安规考试不合格	参加年度安规考试，考试需合格，无故缺席考试或者考试不合格 / 每次	−2	
	不参加班组安全活动	无故不参加班组安全学习，安全培训和每周的班组安全活动 / 每次	−2	
	违章现象	查岗中发现违章现象 / 每次	−10	
	安全互保、安全措施落实不到位	安全互保、安全措施工作不落实，或落实不到位 / 每次	−10	
	同题整改	发现问题未及时整改 / 每次	−10	
	安全岗位责任制落实	安全岗位责任制落实不到位 / 每次	−10	
	工作票签字	工作票未按规定签字或者代签 / 每次	−2	
	现场安全措施	现场施工安全措施没做好 / 每次	−4	
班组建设	获市级及以上荣誉	参与各类竞赛、评比，获市级荣誉的 / 每次	10	
	获电力公司级荣誉	参与各类竞赛、评比，获电力公司级荣誉的 / 每次	8	

工作分类	工作项目	加扣分标准	加扣分值	备注
班组建设	获供电公司级荣誉	参与各类竞赛、评比，获市区公司级荣誉的 / 每次	4	
	参与各类创新活动按时保质完成的	参与科技创新活动，班组 QC 小组、合理化建议活动，按时保质完成的 / 每次	4	
	参加各类业务技能竞赛、评比等	参与各类业务技能竞赛、评比活动，按时保质完成 / 每次	8	
	积极参加各种团委工会活动及通讯投稿	每次	4	
	协助班长搞好班组基础建设	协助班长搞好班组基础建设，有效提高班组管理水平和凝聚力 / 每月	4	
	完成相关台账整理归档工作	完成班组管理相关台账整理归档工作，资料完整，方便索引 / 每月	2	
	受用户或公司书面表扬	由于工作原因受到用户或公司的书面表扬 / 每次	8	
	参与各类竞赛、评比、创新活动，无故不参加	参与各类竞赛、评比、创新活动，无故不参加的 / 每次	−8	
	参加各类培训工作	参加班组业务技术的培训工作，事故预想、技术问答，无故缺席的 / 每次	−4	
	每周参加各类学习无故缺席	每周参加政治思想和企业文化学习，无故缺席者 / 每次	−4	
其他工作	违反公司信息安全保密要求	违反公司信息安全保密要求 / 每次	−10	

2. 固化积分考核方法流程

班组负责人按日对每名班员的工作项进行工作积分记录、修正和审核。人资部按月汇总专业工种积分数据，并根据月度累计积分兑现月度绩效工资，见图 1。

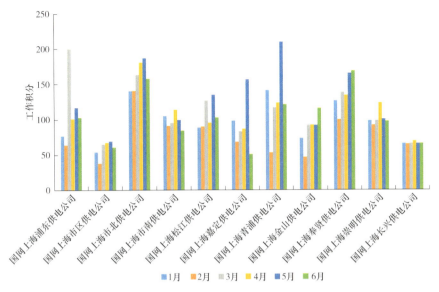

图1 变电（配电）二次运检班人均月度工作积分

2019 年 1—6 月期间，变电（配电）二次运检工种绩效薪金的平均差额由试点前的 500 元左右提升到 2000 元左右，员工最多增长 37.24%，最多减少 25.03%，实现了同工种不同班组之间员工工作积分的横向可比。

报送单位：国网上海电力

编 制 人：楼俊尚 虞 劼 王 闻

31 综合量化绩效考核法

——科学量化班组和员工绩效

> 导　入：大锅饭式的绩效分配办法导致班组工作量和员工贡献度难以精准量化，无法体现多劳多得、多能多得，难以充分调动员工积极性。国网浙江温州供电公司创新实行一线班组综合量化绩效考核法，建立"检修试验全工序工分库"和"个人考核系数指标体系"，量化不同班组绩效奖金额，拉开班组员工绩效奖金差距，充分调动员工工作积极性，有效提升班组团队凝聚力，实现员工与企业共赢。

工具概述

综合量化绩效考核法采用"班组工分 + 个人考核系数"考核模式，建立"检修试验全工序工分库"精准量化班组月度工分，量化不同班组绩效奖金额，建立"个人考核系数指标体系"综合评价个人考核系数，拉开同一班组员工绩效薪金差距。

适用场景：本工具适用于生产一线变电检修、电气试验等班组。

实施步骤

综合量化绩效考核法的实施步骤包括：量化班组月度工分、量化个人考核系数、绩效奖金分配三步。

1. 量化班组月度工分

"班组工分"考核量化对象为全班组的月度工作量。依据《浙江省检修工程预算定额（2010 版）》，将工程预算定额与绩效工分分值相挂钩，建立一套成熟度高、操作性强的"检修试验全工序工分库"。"检修试验全工序工分库"分为"检修工分库"和"试验工分库"两个部分，300 余条工序，全面涵盖检修试验各项工作内容。检修工分换算公式为：检修工序工分 =[（人工费 + 机械费）×1.73+ 材料费]×30%，即一个工序检修费的 30% 为相应检修工序工分，其中 1.73 为各种费用（如规费、税金、企业管理费等）的合计系数。试验工分换算公式为：试验工序工分 =[（人工费 + 机械费）×1.73+ 材料费]×20%，即一个工序试验费的 20% 即为相应试验工序工分。

2. 量化个人考核系数

个人考核系数指标体系由员工岗位档级和考核系数调整区间值共同决定，个人考核系数指标体系见图 1。

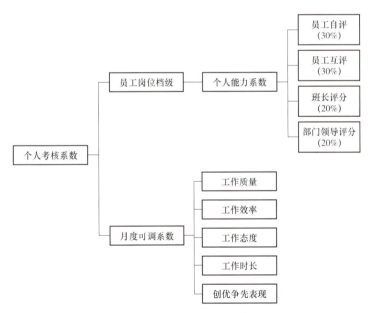

图 1　个人考核系数指标体系

（1）员工岗位档级。每年通过员工自评（占比 30%）、员工互评（占比30%）、班长评分（占比 20%）、部门领导评分（占比 20%）多维度核定员工个人能力系数，根据员工个人能力系数并结合历年表现确定员工岗位档级。员工岗位档级原则上每年调整一次。

（2）月度可调系数。班组长考核系数由部门主管领导确定，原则上一年一定。班员考核系数（以月为考核周期）由班组长根据员工每月的工作完成质量、工作效率、工作态度、工作时长以及创优争先表现在员工相应岗位档级的考核系数区间值范围内来调整确定。

（3）个人绩效占比 K。计算公式为：

$$K= 个人考核系数 / 班组员工考核系数总和$$

其中：个人考核系数 = 员工岗位档级基准系数 ± 月度可调系数

3. 绩效奖金分配

各岗位档级设定相应个人基础奖金，依据班组月度工分和个人绩效占比，计算个人月度绩效。

个人月度绩效 =（班组月度总工分兑现金额 − ∑个人基础奖金）× K+ 个人基础奖金

经验心得

（1）"检修试验全工序工分库"是依据《浙江省检修工程预算定额（2010版）》与工分分值相挂钩制定的，推广实施应套用相应省份定额。另外，随着时间推移，工分库也要随着定额的更新而升级。

（2）检修工分换算公式中的 30% 和试验工分换算公式中的 20%，该比例依据公司员工平均工资、公司用工成本、个人基础奖金等因素综合测算得出，推广实施要结合各地方、各公司的具体情况，处理好效率和公平的关系，先行试点，调整比例，再全面推广。

实践案例

国网浙江温州供电公司于2018年12月开始应用一线班组综合量化绩效考核工具，实现了多劳多得、多能多得，进一步打破了大锅饭式的绩效分配办法，拉开了绩效分配差距，充分调动了员工的工作积极性。下面以试验班组配电室项目为例进行展示。

1. 量化班组月度工分

"检修试验全工序工分库"分为"检修工分库"和"试验工分库"两个部分，其中"检修工分库"由变压器、配电装置、母线绝缘子、控制设备及低压电器等10项、298个工序组成。"检修试验全工序工分库"部分内容见表1。

表1 "检修试验全工序工分库"部分内容

序号	定额编号	工程项目名称	单位	单位价值				工分
				安装费	其中：（元）			
					人工费	材料费	机械费	
1		一、变压器						
2	4-1	油浸电力变压器支装≤250千伏安	台	703.02	321.48	106.23	275.31	341
3	4-2	油浸电力变压器安装≤500千伏安	台	840.65	412.39	127.06	301.2	408
4	4-3	油浸电力变压器安装≤1000千伏安	台	1292.22	706	168.14	418.08	633
5	4-4	油浸电力变压器安装≤2000千伏安	台	1601.95	914.64	204.58	482.73	785
6	4-5	油浸电力变压器安装≤4000千伏安	台	2565.38	1647.81	297.6	619.97	1264
7	4-8H	干式变压器安装≤100千伏安（带保护罩）	台	492.374	314.304	79.01	99.06	238
8	4-9H	干式变压器安装≤250千伏安（带保护罩）	台	859.3096	608.4629	79.78	171.0667	258
9	4-10H	干式变压器安装≤500千伏安（带保护黑）	台	1089.773	806.2205	85.65	197.9027	327 1
10	4-11H	干式变压器安装≤800千伏安（带保护罩）	台	387.1541	956.3572	96.01	238.1464	648

续表

序号	定额编号	工程项目名称	单位	单位价值				工分
				安装费	其中：（元）			
					人工费	材料费	机械费	
11	4–12H	干式变压器安装≤1000 千伏安（带保护罩）	台	1783.953	1055.951	108.95	619.0522	900
12	4–13H	干式变压器安装≤2000 千伏安（带保护罩）	台	2081.984	1260.216	115.68	706.088	1053
13	4–14H	干式变压器安装≤2500 千伏安（带保护罩）	台	2427.256	1512.122	118.57	796.5637	1232
14		二、配电装置						
15	4–45	户内隔离开关、负荷开关电流≤600 安	组	249.19	96.13	138.21	14.85	99
16	4–46	户内隔离开关、负荷开关电流≤2000 安	组	325.57	156.74	153.98	14.85	135
17	4–52	户外隔离开关电流≤1000 安	组	384.11	213.51	149.82	20.78	166
18	4–53	电压互感器	台	70.15	36.57	27.64	5.94	30

"试验工分库"由变压器调试、高压柜调试、低压柜调试、10 千伏电缆试验等 8 项、34 个工序组成。"试验工分库"部分内容见表 2。

表 2　　　　　　　　　　"试验工分库"部分内容

序号	定额编号	工程项目名称	单位	单位价值				工分
				安装费	其中：（元）			
					人工费	材料费	机械费	
1		一、10 千伏变压器						
2	4–893	电力变压器系统调试≤ 560 千伏安	系统	544.01	294.12	14.12	235.77	186
3	4–894	电力变压器系统调试≤ 2000 千伏安	系统	1166.21	665.64	31.95	468.62	398
4	4–895	电力变压器系统调试≤ 4000 千伏安	系统	1375.81	712.08	34.18	629.55	470
5	4–893H	干式电力变压器系统调试≤ 560 千伏安	系统	435.208	235.296	11.296	188.616	149

序号	定额编号	工程项目名称	单位	单位价值				工分
				安装费	其中：（元）			
					人工费	材料费	机械费	
6	4–894H	干式电力变压器系统调试 ≤ 2000 千伏安	系统	932.968	532.512	25.56	374.896	319
7	4–895H	干式电力变压器系统调试 ≤ 4000 千伏安	系统	1100.648	569.664	27.344	503.64	376
8		二、10 千伏高压柜						
9	4–900	送配电装置系统调试 ≤ 10 千伏以下交流供电负荷隔高开关	系统	289.04	193.5	9.29	86.25	98
10	4–901	送配电装置系统调试 ≤ 10 千伏以下交流供电断路器	系统	517.2	309.6	14.86	192.74	176
11	4–902	送配电装置系统调试 ≤ 10 千伏以下交流供电带电抗器	系统	593.14	356.04	17.09	220.01	202
12	4–903	直流供电 ≤ 500 伏	系统	102.67	61.92	2.97	37.78	35
13	4–930	母线系统 ≤ 10 千伏	段	314.31	170.28	8.17	135.86	107
14	4–931	避雷器 ≤ 10 千伏	组	164.52	92.88	4.46	67.18	56
15	4–933	电容器 ≤ 10 千伏	组	164.72	92.88	4.46	67.38	56

以试验班组某一个配电室项目为例，工程量及工分计算过程见表3。

表 3　　　　　　　　　　工程量及工分计算表

项目名称	工序名称	工分	个数	工序工分	工程工分
某配电工程1号配电室	2 台 1000 千伏安变压器	319	2	638	2383
	4 台高压柜	176	4	704	
	4 条电缆 10+10+318+320（米）	1024	1	1024	
	1 个接地	17	1	17	

2. 量化个人考核系数

以试验班为例，具体考核系数见表4。

表4　　　　　　　　　　　　　　试验班考核系数

工种	见习岗	试验工 （一档）	试验工 （二档）	试验工 （三档）	副班长	班长
考核基准系数	0.65	0.95	1.15	1.25	1.4	1.6
考核系数调整区间	0.5 ～ 0.8	0.8 ～ 1.1	1.0 ～ 1.3	1.1 ～ 1.4	1.4	1.6

以试验班某员工为例，在本年度通过员工自评、员工互评、班长评分和部门领导评分，该员工被评定为试验工（二档），考核基准系数为1.15。经班组长从工作完成质量、工作效率、工作态度、工作时长以及创优争先表现五方面考核认定，该员工本月表现优异，考核系数调整为1.2。

3. 绩效奖金分配

绩效奖金分配流程为：班组按月提交本月完成工作量，由相关部门核定并根据工分库计算相应工分总额，主管部门依据个人考核系数分配工分总额。

以试验班某员工为例，该员工月度考核系数为1.2，班组员工考核系数总和7.6，个人基础奖金为 a 元，所在班组月度工分总额为 b 元，全班组基础奖金总和为 c 元，则该员工本月绩效奖金 $=a+（b-c）\times 1.2/7.6$。

国网浙江温州供电公司某试验班实施综合量化绩效考核法后，打破了大锅饭式的绩效分配方式，拉开了绩效分配差距。选取2019年两位员工绩效收入情况，员工A与员工B为同工种员工，考核基准系数相同，因员工A表现优异，大部分月考核系数均在调整区间内有所提高，最终全年绩效奖金员工A比员工B多20%。

报送单位：国网浙江温州供电公司

编 制 人：陈婷婷　余 一　林 峰　邹晓冰

32 "黄金搭档"优势互补法
——激励"老司机"和"新伙伴"发挥各自优势

> **导 入：** 近年来，部分基层班组人员结构呈现两极分化，既有实践经验丰富但理论知识和管理能力欠缺的"老司机"，也有学历层次高、工作热情饱满但经验不足的"新伙伴"。如何合理利用二者优势、取长补短，成为班组管理的新难题。国网安徽芜湖供电公司变电二次运检班创新组建"黄金搭档"微团队，设计了配套的绩效工资分配方案，激励"老司机"和"新伙伴"发挥各自优势，有效解决班组新老员工接替、技术传承和班组管理提升难等问题。

工具概述

"黄金搭档"优势互补法，是将技术、技能型班组中的老师傅、业务骨干和青年员工，按照优势互补原则，以自愿结对子、导师带徒等方式，组成"黄金搭档"微团队，合力开展技术攻关、专项工作。制定绩效目标时，纳入能力成长指标，实施绩效考核时，巧妙引入"捆绑系数"，团队二人绩效得分共进同退，形成"1+1 > 2，1+0 < 1"的捆绑激励约束模式。

适用场景：本工具适用于人员结构多样化的技术型、技能型班组（团队），尤其是年龄层次、学历层次、技术水平差异明显的技术型、技能型班组（团队）。

实施步骤

"黄金搭档"优势互补法实施步骤包括："黄金搭档"组建、合理设置绩效目标、设定"捆绑系数"、实施考核兑现、过程辅导与改进。

1. "黄金搭档"组建

分析班组成员知识结构、技术技能水平、工作积极性等因素，总结提炼不同人员胜任力，结合员工个人意愿，合理搭配组成"黄金搭档"。如：老师傅现场经验丰富、应变能力强，但管理工作水平欠佳；业务骨干知识、经验俱佳，但工作热情欠缺；青年员工理论知识丰富、工作积极性高，但动手能力不足。

2. 合理设置绩效目标

根据实际情况，以季度、半年或年度为考核周期，绩效经理人依据员工个人能力及成长预期，为搭档二人量身定制契合班组业绩和个人成长的绩效目标。

3. 设定"捆绑系数"

在搭档二人绩效薪金中引入捆绑系数，双方均达到绩效目标时，系数上浮；有人未达标时，系数下调，即实现"1+1 > 2，1+0 < 1"的效果。

4. 实施考核兑现

依据"黄金搭档"考核周期内任务目标完成情况计算出"捆绑系数"，用"捆绑系数"乘以考核周期内奖金基数兑现微团队绩效奖金。

5. 过程辅导与改进

绩效经理人根据搭档双方工作开展情况，定期以谈心谈话、实战测验等方式，掌握搭档工作成效。适时总结该方法在实际操作中存在的问题和不足，制定针对性的改进措施。

经验心得

（1）结合员工意愿和个人优势情况等因素，合理组成搭档，不可强人所难。

（2）"捆绑系数"的设置，要结合班组和员工实际情况，人员结构要满足设置"捆绑系数"的条件，否则难以操作。

（3）合理设置考核周期，考核周期过短，不利于衡量工作成效；考核周期过长，薪酬激励难以及时体现。

实践案例

国网安徽芜湖供电公司变电二次运检班于 2018 年 1 月开始应用"黄金搭档"优势互补法，实现了班组业绩提升和员工成长的"双目标"。下面以该班组老张和小王的搭档组合在 2018 年上半年的实施情况为例进行展示。

1. "黄金搭档"组建

建立和运用岗位胜任素质测评，分析员工优势和短板，以变电二次运检班老张和小王两位同志为例，老张从事继电保护专业工作十余年，经验丰富，但对 PMS 系统操作、安全管理等工作水平有限；新员工小王学历高、可塑性强，但欠缺现场实践经验。按照优势互补的原则，老张和小王组成"黄金搭档"微团队，签订考核周期内绩效合约书。变电二次运检岗位胜任素质测评表见表 1。

表 1　　　　　　　　　　变电二次运检岗位胜任素质测评表

素质	能力评价标准		
	强	中等	弱
现场技能	能胜任各种类型的大型技改工作和 220 千伏变电站验收工作，能独立处理各种缺陷和故障	作为工作负责人能承担中型及以下技改工程和 110 千伏变电站验收工作	作为工作负责人只能承担小型技改工作和 35 千伏变电站验收工作或多作为工作班成员参加现场工作
理论知识	系统深入掌握专业理论知识，能够灵活运用所学原理，具备参加专业竞赛的理论基础	对常用专业理论有一定的学习和了解	对专业理论的了解不系统、不全面、不深入

素质	能力评价标准		
	强	中等	弱
管理能力	能熟练运用 PMS 等系统，能够合理安排工作程序，具备安全管理、生产管理、班组管理能力	能完成 PMS 等常用操作，能配合完成安全管理、生产管理、班组管理辅助工作	PMS 等系统操作不熟练，较少承担安全管理、生产管理、班组管理工作
执行能力	工作热情高，积极主动，勇于承担责任，对个人处理的事情保持高度责任感	能完成个人基本工作，在指导下完成配合工作	工作缺乏热情，在督促下才能完成本岗位工作

2. 合理设置绩效目标

考核周期：2018 年 1—6 月。

老张的绩效目标：学会 PMS 系统工作票流程管理、安全工器具管理等班组管理性工作。

小王的绩效目标：胜任 220 千伏开关、变压器等设备保护装置年度校验等现场例行检修工作。

3. 设定"捆绑系数"

"捆绑系数"设定：在考核周期内，双方均达到绩效目标，搭档双方均得到捆绑系数 1.15（以 1 为基准）的奖励；有人未达目标时，两人的捆绑系数下调至 0.85。

4. 实施考核兑现

2018 年 7 月，当搭档二人均完成绩效目标时，班组个人月度奖金分配见表 2（以奖金基数 2000 元为例）。

表2　　　　　　　　　　目标均完成时绩效奖金分配情况

序号	员工	岗位系数	应发绩效奖金（元）	捆绑系数	实发绩效奖金（元）
1	A	1.65	3300	1	3300
2	B	1.55	3100	1	3100
3	老张	1.55	3100	1.15	3565
4	小王	1.45	2900	1.15	3335
5	C	1.45	2900	1	2900

当搭档双方有人绩效目标未完成时，班组绩效奖金分配见表3。

表3　　　　　　　　　　目标有人未完成时绩效奖金分配情况

序号	员工	岗位系数	应发绩效奖金（元）	捆绑系数	实发绩效奖金（元）
1	A	1.65	3300	1	3300
2	B	1.55	3100	1	3100
3	老张	1.55	3100	0.85	2635
4	小王	1.45	2900	0.85	2465
5	C	1.45	2900	1	2450

通过横向、纵向等多方面对比发现：与自身比，老张和小王绩效目标达成与未达成时候，绩效薪金差距可达900多元（加入考核得分因素）；与同岗级同事比，差距也达400多元。这促使班组员工纷纷配对搭档，共同提升。

5. 过程辅导与改进

变电二次运检班班长根据老张和小王的工作开展情况，通过谈心谈话的方式，充分肯定了两人搭档以来所取得的工作成效，同时也指出了两人在工作中存在的问题和不足，并提出了改进希望。

实施"黄金搭档"优势互补法后，一方面，员工工作态度、技术水平和管理能力均有了长足的进步，通过"微团队"搭档考核以及配套薪酬激励，班组内老将、骨干、青工各司其职，各显其能，共同成长进步；另一方面，有效激励员工提升业务能力，班组业绩实现了显著提升。以更换一台容量 12 兆伏安变压器保护为例，以往的停电时间为 7 天，现在 6 天内就圆满完成检修计划，一天以 10 兆伏安供电和电费 0.5 元 / 千瓦时计算，隐形的经济效益多达 12 万元。

报送单位：国网安徽芜湖供电公司
编 制 人：杜鸣亮 王 芸 束 畅 周海兵 王 欣

33 四维工作积分制考核法
——有效提高检修类班组考核工作效率

导　入： 检修类班组现有考核模式是按具体业务和角色划分分项计算工作积分，统计复杂、工作量大，影响班组推进绩效考核积极性，同时积分项设置与班组日常管理和员工素质提升结合不紧密，不能满足班组管理实际需要。国网河南检修公司创新实行四维工作积分制考核法，将工作积分简化为基础积分、工作任务积分、专项奖励积分和考核扣分四个维度，使得考核与班组管理全面融合，降低考核成本，提升检修班组绩效考核质效。

工具概述

四维工作积分制考核法，是从基础积分、工作任务积分、专项奖励积分和考核扣分四个维度，计算检修班组工作积分，将按具体业务和角色划分分项计算，简化为以出勤天数计算为主，降低考核成本，提升检修班组绩效考核质效。

适用场景：本工具适应于已实行工作积分制考核的检修类班组。

实施步骤

四维工作积分制考核法实施步骤包括：梳理确定工作积分分类及项目、制定班组考核规则、实施月度积分考核统计、依据工作积分开展绩效考核。

1. 梳理确定工作积分分类及项目

将检修班组工作积分划分为基础积分、工作任务积分、专项奖励积分和考核扣分四个维度。基础积分综合衡量员工岗位能力差别和兼职贡献；工作任务积分统计工作量；专项积分奖励科技创新、合理化建议、竞赛获奖等个人素质提升相关事项；考核扣分用于管控关键事件、工作质量和员工行为。积分类别及具体积分项目见表1。

表 1 积分类别及具体积分项目

维度	积分类别	积分项目
维度一	基础积分	基础积分、岗位积分、兼职贡献积分
维度二	工作任务积分	外勤工作：变电站消缺，分部及班组安排到县域或外地市工作
		内勤工作：班组办公室日常工作及出差、外培、调考、竞赛集训，包括市区零星外出工作
维度三	专项奖励积分	科技创新：获得专利授权、发表论文、科技成果、QC 成果、五小创新等
		竞赛调考：各类竞赛、调考获奖等
		素质提升成果：学历、职称、技能等级提升等
		班组管理：合理化建议、典型经验被上级采纳、新闻宣传获奖、其他贡献奖励等
维度四	考核扣分	安全目标：不发生安全和质量责任事件、不触犯公司"安全红线"、不发生现场违章事件、不发生交通安全和车辆管理违规事件
		工作质量：非客观原因未按计划时间完成工作任务、已完成工作质量存在瑕疵、班组被上级考核扣分等
		行为规范：劳动纪律、违反公司保密制度、违反廉洁从业规定、违反工作纪律等

2. 制定班组考核规则

根据班组内部管理制度和工作实际，集体讨论确定积分项目对应的积分标准。界定正常出勤、加班、节假日值班、休假、请假、外部支援、特殊工作、兼职工作等各种情况下具体积分规则。将班组管理要求细化量化为具体的积分标准，合理衡量员工贡献。

基础积分根据员工岗位和兼职情况直接确定。工作任务积分和考核扣分由班长登记填报。奖励加分由员工申报，班长审核。考勤员汇总统计考核结果，班长审核，班组人员确认签字留存。每月月底在班会上公布考核结果，对考核结果有异议的，5 日内反馈班长审核修正。

3. 实施月度积分考核统计

班组绩效考核表与班组工作日志相结合，覆盖班组全月工作任务及其时间、地点、参与人员、工作要求、遗留问题、兼职司机、所用车辆，以及员工工作积分、重要工作备忘等各类信息，是班组工作痕迹化管理的有效工具。

4. 依据工作积分开展绩效考核

工作积分直接与月度绩效考核挂钩，原则上按个人积分占班组员工总积分比例直接兑现。

经验心得

（1）要加强对工作时间的管控和对工作质量的考核，避免出现工作拖延和质量下降。

（2）积分规则要全面、合理、细致，制定积分标准时要全面考虑工作中可能遇到的情况。规则在先，减少主观判断，提升工作效率，使考核更加公开、公平、公正。

（3）要建立完善的班组管理制度，使考核有理、有据、有力，同时要结合班组阶段性工作要点使用好其他奖励积分，发挥好考核的指挥棒作用。

实践案例

国网河南检修公司于 2017 年 2 月开始应用四维工作积分制考核法，实现了绩效考核与专业管理全面融合，有效提升班组绩效考核效率，绩效激励效果显著。下面以变电检修中心洛阳变电二次运检班为例进行展示。

1. 梳理确定班组工作积分分类及项目

在四维工作积分库框架基础上，结合工作实际，组织制定班组工作积分标准库，见表2。

表2　　　　　　　　　　　洛阳变电二次运检班工作积分库示例

维度	积分类别	积分项目		积分标准
维度一	基础积分	基础分		100分/（人·月）
		岗位技能积分		班长：40分；副班长：30分；工作负责人：20分；班员：0分
		兼职贡献积分		班组七大员每月加7分，工作被上级表扬再加3分
维度二	工作任务积分	外勤工作		2分/天，兼职司机另加0.5分
		内勤工作		0.5分/天，兼职司机另加0.5分
维度三	专项奖励积分	科技创新	获得专利授权	每项加6分
			发表论文	每项加6分
			科技成果	科技项目申报加8分，完成科技项目鉴定加20分
			QC成果、五小创新	公司一等奖加10分，二等奖加8分，三等奖加6分。在省公司获奖加分翻倍
		竞赛调考获奖		公司一等奖加10分，二等奖加8分，三等奖加6分。在省公司获奖加分翻倍
		素质提升成果	学历、职称、技能等级提升	在原基础上每提升一个档次加5分
		班组管理	合理化建议、典型经验	被公司采纳加3分，被部门纳加2分，被班组采纳加1分
			其他贡献奖励	其他需要奖励的事项，根据重要程度每次加1~5分
			…	…

维度	积分类别	积分项目	积分标准
维度四	考核扣分	安全目标	发生对公司造成重大负面影响的事件	主要责任人当期和年度绩效等级为D，当期和年度绩效奖金为0，取消年度所有评优评先资格

维度	积分类别	积分项目		积分标准
维度四	考核扣分	安全目标	发生对公司造成重大负面影响的事件	主要责任人当期和年度绩效等级为D，当期和年度绩效奖金为0，取消年度所有评优评先资格
			发生安全和质量责任事件	每发生一起六级事件扣主要责任人50分，每发生一起七级事件扣责任人40分，每发生一起八级事件扣责任人30分。相关责任人减半
			…	…
		工作质量	非客观原因未按计划时间完成工作任务	每次扣3分
			…	…
		行为规范	劳动纪律	迟到、早退，每次扣0.5分。旷工每次扣4分。情节严重被处以纪律处分的，当期和年度绩效等级直接划为D级
			…	…

2. 制定班组考核规则

结合实际进一步细化考核规则，针对加班、节假日值班等特殊情况，在日常内勤或外勤积分的基础上分别作适当加减，准确评价员工贡献。见表3。

表3　　　　　　　　　　洛阳变电二次运检班工作积分考核规则

一、外勤内勤考核规则	
1.1	外勤工作界定：变电站设备消缺、中心及班组安排到县域或外地市的工作。变电站工作按照2分/天统计；开车司机另加0.5分
1.2	内勤工作界定：班组办公室日常工作及出差、外培、调考、竞赛集训；市区零星工作等。内勤正常上班工作按照0.5分/天统计；专项工作按照1分/天计算；较难的专项工作1～2分/天酌情计算

续表

	二、加班请假调休考核规则	
2.1	加班：下班及休息日的工作，当日工作至晚上 21：00（变电站结束工作时间），记 4 分，调休 0.5 天；超过 24：00 调休 1 天；办公室加班同变电站时间计算。第一天加班计分计加班，第二天只是回程，没有到站工作，按照正常内勤计分	
2.2	节假日及周末值班按 2 分计算，出勤按照 4 分统计，不影响以后加班奖金报送；超过加班时间累加 2 分计算	
2.3	特殊工作加分：专家人才审核按照 2 分 / 天，共 4 分计算；PMS 系统票填报 3 分 / 月	
2.4	工作调休：由本人申请，班长根据生产任务批准，方可调休；不得擅自调休，若发生按照旷工扣除 4 分 / 天计算	
2.5	工休、疗养记 0 分，奖金分配按照中心规定执行	
2.6	请假：请假期间 1 天扣 2 分，半天扣 1 分；不请假按旷工扣 4 分。请假超出 1 天需向中心主任请假，不得连续请假（换休需提前向班长申请）。当月累计旷工 2 天，绩效基础分按照 50 分计算，连续旷工 2 天或年度内累计旷工 3 天及以上的，年度绩效等级为 D 级	
	三、其他考核规则	
3.1	月底绩效奖按照工作记录分值核算	
3.2	外出支援的工作，给予正常的出勤、加班积分，上报审定的奖励分值 ×2 奖励参与者	
3.3	班组被考核扣减绩效奖金的，责任人承担 50%，其他人员按照岗位系数承担	
3.4	征文活动、心得、感想等 1 篇记 0.5 分，网络答题 1 人次记 0.5 分	
3.5	班组 7 大员每月 7 分，根据每月分管工作执行情况给予 0~10 分的积分，受到中心及上级表彰奖励时按照满分积分	
	四、工作记录管理流程	
4.1	工作记录和考核扣分由班长登记填报。奖励加分由员工申报，班长审核。考勤员汇总统计考核结果，班长审核，班组人员确认签字留存	
4.2	每月月底公布，存在异议者于当月 5 日前反馈班长，及时修正	

3. 实施月度积分考核统计

变电检修二班 2019 年 4 月绩效考核表见表 4。

表4　变电检修二班 2019 年 4 月绩效考核表示例

| 日期 | 星期 | 工作类别 | 主要工作任务 | 负责人 | 车辆 | 驾驶人 | 派工单 | 餐费 | 材料费 | 班组人员及分值 | | | | | | 备注 |
										王*	张*	李*	刘*	徐*	罗*	间隔	上次停电	
…	…	…	…	…	…	…	…	…	…	…	…	…	…	…	…	…	…	…
4 月 27 日	星期六														0.5			
4 月 28 日	星期日	部门任务	继电保护专业排查	徐*						0			1.5	1.5	0.5			
		牡丹变	电量计费表计更换	张*	豫A***	张*					2.5							
		嘉和变	1 号监控机无法启动缺陷处理	李*	豫A***	李*						2.5						
4 月 29 日	星期一	部门任务	商旅培训班培训；继电保护专业排查	刘*	坐车					0			2	1.5	0.5			
		济源变	自动化设备的"排雷"行动自查	李*	豫A***	李*							2.5						
		牡丹变	电量计费表计更换	张*	豫A***	张*						2.5							
4 月 30 日	星期二	部门任务	继电保护整站整线综合治理 6 年计划报送	刘*	坐车					0			2		0.5			

续表

日期	星期	工作类别	主要工作任务	负责人	车辆	驾驶人	派工单	餐费	材料费	王*	张*	李*	刘*	徐*	罗*	间隔	上次停电	备注
		济源变	自动化设备的"排雷"行动自查	李*	豫A***	李*												
		嘉利变	告警直传业务至中调业务中断缺陷处理	张*	坐车						2	2.5		2				加班至9：30
		牡丹变	电量计费表计更换	张*	豫A***	张*					2.5							
		工作任务积分小计								27	63	46	42.5	47	17			
		月度奖惩分值									9		−1	5				
		考核扣分																
		基础积分								120	130	120	110	110	110			
		合计								147	202	166	151.5	157	132			
		工作提醒								"检查端子箱一次接地与二次等电位地网隔离"项目，利用停电机会及时将一、二次地网彻底隔离								【线路跳闸】（1）请按此模版整理。（2）以后请在该跳闸当日或下一工作日提供该报告。（3）录波器没有录波必须给出说明

制表：王**　　　审核：　　　日期：2019 年 4 月 30 日

班组人员签字：

4. 依据工作积分开展绩效考核

根据考核得分计算，班组内绩效奖金高低倍比为 1.53。参与班组奖金分配的 6 名员工中，张 * 基础积分 130 分（基础分 100，副班长加 30 分），工作任务积分 63 分（根据出勤情况），专项奖励积分 9 分（因参与 2019 年国网继电保护竞赛集训成绩优秀），考核扣分 0 分，月度考核得分 202 分，为当月最高。罗 * 基础积分 110 分（基础分 100，班组七大员加 7 分，获得上级表扬加 3 分），工作任务积分 17 分（根据出勤情况），专项奖励积分 5 分（因获得牡丹变"排雷行动"标杆受到分部表扬），考核扣分 0 分，月度考核得分 132 分，为当月最低。具体积分和绩效奖金分配情况见表 5。

表 5　　　　　　　　变电二次运检班 2019 年 4 月绩效分配表

序号	姓名	考核得分					月度绩效奖金	备注
		基础分	工作任务积分	奖励积分	考核扣分	合计		
1	张 *	130	63	9		202	****	
2	王 *	120	27			147	****	
3	李 *	120	46			166	****	
4	刘 *	110	42.5		−1	151.5	****	
5	罗 *	110	17	5		132	****	
6	徐 *	110	47			157	****	
合计						955.5	****	
绩效总额：****			工分单价：****					

根据 2019 年 1—12 月统计数据分析，洛阳变电二次运检班员工月度绩效奖金高低倍比平均值 1.415，最高 1.61，最低 1.24。考核结果清晰展现了员工业绩表现，多劳多得、按劳取酬已经成为班组共识，切实调动了员工工作积极性。

报送单位：国网河南检修公司

编 制 人：王　阳

34 "三要素"同步考核法
——提升检修人员综合业绩量化考核精准度

> **导　入：** 现场工作量化积分的考核模式不能全面评价员工在班组综合管理、个人履职能力提升及创新创效等方面的绩效。国网甘肃检修公司运用"三要素"同步考核法，从岗位履职、工时积分、专项激励三个维度优化绩效考核标准，一方面拉开绩效差距，另一方面鼓励员工通过提升履职能力、增加工时积分、投身重点工作等多种方式提高绩效，形成能者多劳、多劳多得的正面引导，促进员工工作积极性和综合业务能力全面提升。

工具概述

"三要素"同步考核法按照岗位履职、工时积分、专项激励分块考核。其中，岗位履职按照岗位价值和基本履职责任建立岗位履职责任系数；工时积分按照工时定额库实行同专业同标准积分，上不封顶、下不保底；专项激励根据当月重点工作任务和员工个人综合贡献，由中心核定，班组长差异化分配，突出关键事项的直接激励。

适用场景：本工具适用于从事变电检修、电气试验工作的一线员工。

实施步骤

"三要素"同步考核法实施步骤包括：建立岗位履职责任系数、统一专业工时积分标准、设置专项激励标准、考核与兑现。

1. 建立岗位履职责任系数

根据岗位胜任能力动态评价模型，明确各岗位层级胜任资格条件和履职要求。按岗位层级控制比例，分班长、副班长、三级员工、二级员工、一级员工、见习员工六个层级，建立员工阶梯式职业成长通道，不同层级设定相应的岗位履职责任系数并应用到绩效分配，综合体现不同岗位层级价值贡献和承担的安全风险责任，见表1。

表1　　　　　　　　　　岗位履职责任系数表

岗位层级	二次检修班组	一次检修班组	电气试验班组	责任系数
层级一	班长	班长	班长	1.45
层级二	副班长、技术员	副班长、技术员	副班长、技术员	1.35
层级三	三级检修工	三级检修工	三级检修工	1.30
层级四	二级检修工	二级检修工	二级检修工	1.25
层级五	一级检修工	一级检修工	一级检修工	1.20
层级六	见习员工	见习员工	见习员工	0.96

2. 统一专业工时积分标准

结合变电一次检修、二次检修、电气试验等专业特性，分专业制订典型作业包干工时定额。选择"规律性强""受人为影响较小的"可控项目作为定额管理对象，通过经验评估、实录计时等方式将日常工作、检修消缺、技改大修等工作项目任务科学量化，形成"工时标准定额库"，直观反映工作量的多少。同时，结合甘肃地域狭长的特性，针对工作任务在不同地域、不同环境等因素影响下产生的劳动付出差异，设定距离工时定额标准，统筹形成各专业工时定额库，经员工讨论通过后实施，并在实践中不断优化完善，见表2、表3。

表2　　　　　　　　　　　变电一次检修专业典型作业工时标准定额库

工作类型	工作任务	工作内容	单位	包干工时
设备更换	330千伏断路器更换	① 旧设备拆除及新设备就位安装；② 设备线夹及引流线制作；③ 敷设电缆、二次线接入及回路验证；④ 继电器及密度继电器校验；⑤ 信号核对、传动试验	台	800
	…	…		
设备大修	750千伏隔离开关大修	① 一次引线拆除；② 动静触头拆卸、清洗、检查；③ 传动部件拆卸检查；④ 操作机构检查、敷设电缆、二次线接入；⑤ 机构箱二次元件更换及回路检查；⑥ 设备构架外观除锈喷漆；⑦ 传动试验及信号核对；⑧ 现场清理，配合运维人员验收、供电	组	640
	…	…		

表3　　　　　　　　　　　　　　距离工时定额标准

序号	变电站名称	离驻地乘车距离（千米）	往返乘车时间（小时）	工时定额（工时/人）
1	750千伏兰州东变电站	66	3	1
2	750千伏白银变电站	152	5	2
3	750千伏河西变电站	347	10	3.5
4	750千伏张掖南变电站	503	14	5
5	…	…	…	…

注　1. 驻地与变电站间乘车距离计算原则：各变电站所在地理位置名称与变电检修中心之间的距离，通过导航软件计算得出。

2. 此工时每位参与工作人员均有，不考虑工作角色系数。

3. 设置专项激励标准

突出电网运检质效、创新创效、各类荣誉、重大工作任务以及跨区域工作等方面的突出贡献，对各类创新、"五小"活动以及生产管理领域中具有全局性、重要性、先进性和典型性贡献的集体或事项进行及时奖励。专项激励标准为具体金额，具体事项由考核领导小组集体讨论商议按照当月重点任务和员工个人贡献核算并分配到个人或班组，让员工每一个行为、每一分努力都能及时得到回报和反馈。

4. 考核与兑现

突出责任贡献和多劳多得，每个考核周期末，按照岗位履职占 40%，工时积分占 50%，专项激励占 10%，分别计算各模块绩效工资总额，由班组长根据岗位履职责任系数、工时积分多少、实际贡献大小进行二次分配。

经验心得

（1）岗位履职责任系数要合理设定。充分考虑岗位职责、岗位强度、个人贡献等多重因素，在合理设置系数的基础上，突出动态管理，强化以班组长为主导的内部二次考核和分配。

（2）工时积分标准要客观公正。工时定额标准要科学，定额指标应覆盖工作任务流程各环节，既要易操作，还要有前瞻性和先进性，避免激励或约束失灵。

（3）专项激励要正面导向。专项激励要发挥示范引领作用，宁缺毋滥、实时激励，激励事项要在班站内部公开、透明，切实向贡献突出、成效明显的员工倾斜。

实践案例

国网甘肃检修公司于 2019 年 1 月开始应用"三要素"同步考核法，有效提升了员工主动成长、自我提升、自我管理的意识，考核的激励效应更加明显。下面以国网甘肃检修公司变电检修中心变电一次检修一班 2020 年 4 月考核为例进行展示。

1. 建立岗位履职责任系数

变电一次检修一班共有员工 9 人，其中班长 1 名，三级检修工 3 名，二级检修工 3 名，一级检修工 2 名。各岗位的责任系数设置见表 4。

表 4　　　　　　　　　变电一次检修一班岗位责任系数表

班站	人员	岗位	岗位责任系数
变电一次检修一班	A1（1 人）	班长	1.45
	A2（3 人）	三级变电检修工	1.3
	A5（3 人）	二级变电检修工	1.25
	A8（2 人）	一级变电检修工	1.2

2. 统一专业工时积分标准

变电一次检修一班工时积分标准统一执行国网甘肃检修公司变电检修中心典型作业工时标准定额库。

3. 设置专项激励标准

专项激励由考核领导小组集体讨论，按照当月重点任务和员工个体贡献直接分配到个人或班组。当月无奖励事项则分摊到全体人员，专项激励由班组长按内部价值贡献量化分配到员工本人。2020 年 4 月变电一次检修一班的专项激励情况见表 5。

表 5　　　　　　　　　变电一次检修一班专项激励事项

班站	专项激励事项	分值	激励金额（元）
变电一次检修一班	750 千伏敦煌变 1 号可控高抗刀闸 B 相断股引流线更换工作准备充分，奖 1.5 分；紧急处理 750 千伏敦煌变 330 千伏 2 号电抗器 A 相波纹管漏油缺陷，避免设备迫停，奖 0.5 分；执行工作票及三措一案审批，奖 0.4 分；宣传报道，奖 0.8 分	3.2	1670
	（1）3 人参与跨区域工作支援，5 天共计 1500 元。 （2）省公司网站专项工作报道共奖励 790 元		2290

4. 考核与兑现

（1）核算各模块绩效奖总额。2020 年 4 月份，变电一次检修一班考核得分 98.5 分，绩效奖金总额为 46000 元，其中岗位履职奖金 18400 元，工时积分奖金 23000 元，专项激励奖金 4600 元。

（2）核算岗位履职奖金分配，见表 6。

表 6　　　　　　　　　变电一次检修一班岗位履职奖金分配

岗位	姓名	岗位责任系数	岗位履职绩效（元）
班长	赵＊	1.45	2320
三级变电检修工	王＊	1.3	2080
三级变电检修工	李＊	1.3	2080
三级变电检修工	韩＊	1.3	2080
二级变电检修工	张＊	1.25	2000
二级变电检修工	刘＊	1.25	2000
二级变电检修工	马＊	1.25	2000
一级变电检修工	宋＊	1.2	1920
一级变电检修工	杨＊	1.2	1920

（3）核算工时积分奖金分配，见表 7。

表 7　　　　　　　　　变电一次检修一班工时积分奖金分配

岗位	姓名	工时积分	工时单价（元/分）	工时绩效奖（元）
班长	赵＊	73.23	33.53	2455.40
三级变电检修工	王＊	97.63	33.53	3273.53
三级变电检修工	李＊	68.26	33.53	2288.76
三级变电检修工	韩＊	49.53	33.53	1660.74

续表

岗位	姓名	工时积分	工时单价（元/分）	工时绩效奖（元）
二级变电检修工	张 *	78.62	33.53	2636.13
二级变电检修工	刘 *	83.54	33.53	2801.10
二级变电检修工	马 *	91.82	33.53	3078.72
一级变电检修工	宋 *	77.63	33.53	2602.93
一级变电检修工	杨 *	65.65	33.53	2201.24

（4）核算专项激励分配。根据2020年4月变电检修中心对班组专项激励情况，由班组长按照责任贡献度对应量化分配到具体事项责任人，员工最高1260元，最低71元（仅获得专项奖励剩余金额的平均值）。

报送单位：国网甘肃检修公司

编 制 人：方　勇　魏永波　赵广杰　冯江涛

35 "三定二评一考"绩效管理法
——解决配网专业指标绩效考核问题

> **导　入：**专业指标管理是目标任务制考核的重要内容，也是专业部门历来管理工作的重点，但配网专业指标日常管理涉及因素多，管控难度大，制约着配网专业各项工作的高质量推进。国网宁夏宁东供电公司通过实施"三定二评一考"绩效管理法，定指标任务、定对标排名、定提升措施，常态化开展对标结果评比与沟通评价，制订考核工作实施细则，有效促进配网专业落后指标提升，从而推动配网专业工作管理水平不断提升。

工具概述

"三定二评一考"绩效管理法，是指对专业管理工作实施"三定"（定指标任务、定对标排名、定提升措施），常态化开展"二评"（对标结果评比与沟通评价），通过"一考"（制定考核工作实施细则），细化落实考核分配机制，高效完成配网专业工作绩效考核。

适用场景：本工具适用于配网专业班组。

实施步骤

"三定二评一考"绩效管理法实施步骤包括：开展"三定"管理、实施"两评"管理、落实"一考"管理。

（一）开展"三定"管理

供电服务指挥中心（配网调控中心）作为对内、对外统一的供电服务和配电运营指挥机构，紧紧围绕"统一指挥、协调督办、过程管控、监控预警、分析评价"等核心职能，在专业管理部门的协同指导下，建立"三定"工作模型（见图1），积极推进中心深化运营工作。

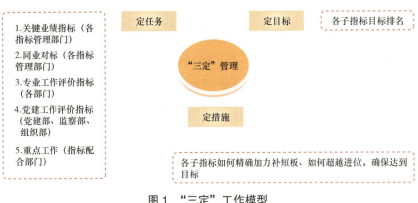

图1 "三定"工作模型

1. 定指标任务

根据国网宁夏电力配网月报通报，确定配电自动化应用（终端在线率、遥控成功率）、供电服务指挥系统应用（停电信息精准通知到户率、派单及时率、抢修平均到达时长）两大项（五小项）作为供电中心配网专业管理指标项目。

2. 定对标排名

组织部门负责人、专业负责人召开专业管理同业对标分析会议。对比兄弟单位配网专业管理指标数值及公司平均值，分析本单位专业管理短板指标的主、客观原因，分析劣势指标提升空间，确定配网专业管理对标排名。

3. 定提升措施

针对通报的短板指标，结合供服中心各班组（室）业务，经专业班组、负责人讨论确认，制订原因清晰、责任明确、措施可行、完成时间符合工作实际的专业管理提升措施，并依此形成月度改进常态机制。

（二）实施"两评"管理

1. 对标结果评比

（1）横向对比。针对上级专业管理部门每月、每周下发的配网运维月报、周通报，横向对比各地市公司专业管理重点工作指标完成情况及公司平均水平，查找专业管理工作中存在的问题。

（2）向标杆单位看齐。结合单位专业管理工作中指标提升难的问题，向优势指标单位学习，分析标杆单位指标管控措施和专业管理实际情况，对比分析指标管理存在的差距和问题。

2. 沟通评价

部门负责人针对同业对标通报结果，结合本部门优势指标和劣势指标，综合分析落后指标的主、客观因素，准确、客观评价相关主管、班组长工作成绩，同时提出明确的改进要求。各级绩效经理人逐级沟通评价，延伸至每位员工，增强团队凝聚力。

（三）落实"一考"管理

专业管理考核严格按照考核细则执行（见图2）。

因各部室（班组）工作性质和专业特点不同，应以贡献度作为衡量各部室（班组）工作绩效的评价依据。贡献度是指每一个指标（分管理与业绩指标两类）对标得分与省公司该指标对标得分平均分的比值，其中业绩指标贡献率占30%，管理指标贡献率占70%，如只负责业绩或管理中一类指标，该类指标贡献率占100%。按贡献度进行加减分统计。

电力服务有限公司、盐池县供电公司、各乡镇供电所（班组）。

第四章　考核内容

第八条　考核内容主要包括配电运维质量、专业管理质量及专项工作开展质量三大组成部分。

配电运维质量主要针对是否按规定对配电设备进行维护；是否按规定进行周期巡视；是否按规定进行消缺；是否存在未能发现重大安全隐患情况；是否对重大安全隐患及时组织处理；是否存在频繁跳闸、重复跳闸、越级跳闸等情况。

专业管理质量主要针对配电运检工作管理是否到位；对上级工作安排是否落实；对管理存在的漏洞是否认真自查、上报；对相关安全事件是否漏报、瞒报、避重就轻；对相关总结、分析报告是否保质、如期完成等情况。

专项工作开展质量主要针对上级单位决策部署的重点工作是否严格落实、按时反馈；对上级单位安排

1. 未按规定对配电线路及相关设备进行周期性巡视的考核 0.1 分/条；

2. 对巡视发现的缺陷未按规定进行及时消除的考核 0.1 分/处；

3. 重大安全隐患未能及时发现的考核 0.5 分/处，因重大隐患未能及时发现且引起安全事故的考核 1 分/次，发现重大安全隐患及时上报并组织处理的奖励 0.5 分/处；

4. 配电线路越级跳闸的考核 0.5 分/次，重复跳闸的 3 次及以上的按 1 分/次翻倍进行考核，对发生跳闸时开关正确动作的奖励 0.3 分/次；

5. 配电自动化终端在线率在公司平均值以下，每低 5 个百分点考核 0.5 分，高于公司平均值以上，每 5 个百分点奖励 0.5 分；

6. 线损合格率在公司平均值以下，每低 5 个百分点考核 0.1 分，高于公司平均值以上，每 5 个百分点奖励 0.1 分；

图 2　配电专业考核细则

依据业绩和管理工作得分确定各部室（班组）贡献度得分（见表 1），根据公司人员薪酬水平和心理接受程度，暂按 3000 元 / 分标准进行奖惩。

表 1　　　　　　　　　　　　按贡献度评价标准

序号	贡献度	评价标准
1	110%（不含）～115%	加 3 分
2	105%（不含）～110%	加 2 分
3	100%（不含）～105%	加 1 分
4	100%	不加不减
5	100%（不含）～95%	减 1 分
6	95%（不含）～90%	减 2 分
7	90%（不含）～85%	减 3 分
8	85%（不含）以下	减 4 分

经验心得

（1）责任分担统筹兼顾。在关联指标责任分担比例设置中，要充分考虑多方原因，选择合适的主责部门（班组）与配合部门（班组）承担比例，既要体现考核的公平性，也要符合工作实际。

（2）指标分解定责到人。结合部门（班组）专业特点及个人综合管理能力，指标分解、定责到人要具体，对于关联性指标必须指定第一责任人、第二责任人，确定好分配比例，避免出现指标人人管、无人管，杜绝出现指标管理责任真空。

（3）绩效沟通及时客观。绩效沟通评价要结合指标管理过程中发生的异常情况，及时与专业管理指标负责人进行沟通，准确分析指标落后的原因，正确客观地评价专业管理指标负责人的工作业绩，少批评、多鼓励，形成正向激励机制。

实践案例

国网宁夏宁东供电公司于 2019 年 3 月开始应用"三定二评一考"绩效管理法，实现了对配网指标管理的有效管控和考核，配网专业指标排名显著提升。具体情况如下：

（一）开展"三定"管理

1. 定指标任务

依据国网宁夏电力设备部 2019 年 3 月份配网月报中被点名通报的指标，确定"终端在线率、遥控成功率、继电保护正确动作率、派单及时率、抢修平均到达时长、停电信息精准通知到户率"6 个排名倒数第一的指标为供电服务中心配网管理重点提升指标。

2. 定对标排名

部门负责人召开重点工作专业管理指标分析会议，结合指标现状与排名，确定终端在线率、遥控成功率、继电保护正确动作率、派单及时率、抢修平均到达时长、停电信息精准通知到户率赶超公司平均水平，预期目标六家地市综合排名第三。

3. 定提升措施

组织召开问题指标专题分析会，逐条进行原因分析、提出整改措施及制定时间表，见表2。

（二）实施"两评"管理

1. 对标结果评比

通过本单位指标完成情况及同业对标排名，检验专业管理指标提升措施的执行效果，各项指标均达到预期目标。

2. 沟通评价

配网继电保护正确动作率排名靠后，供服中心负责人及时与管理专责、班长进行沟通，发现本单位设备体量小，设备保护拒动影响占比大，指标容错能力小，是影响指标提升的问题根源。

（三）落实"一考"管理

以配网专业指标管理贡献度为主要考核内容，对各部室（班组）进行考核。如运营管控室涉及的业绩子指标"95598派单及时率"指标，省公司通报各地市公司指标平均得分21.98分，宁东公司得分23.32分，专业贡献度为23.32/21.98=106.1%；涉及的管理子指标"抢修信息录入精准度"，省公司通报各地市公司指标平均得分21.98分，宁东公司得分16.24分，专业贡献度为16.24/16.38=99.14%，综合贡献率为106.1%×0.3+99.14%×0.7=101.22%。参

表2　供服中心落后指标整改措施示例

序号	类型	明细	原因（简要描述）	提升措施	解决时间	责任部门	配合部门	责任人	公司负责人
1	配电自动化运行情况	终端在线率最低为79.79%，最低于公司平均值	（1）150台配电自动化终端因SIM卡欠费停机，导致通道退出。（2）9台自愈开关因本体电源模块、通信模块故障，导致数据不能转发	（1）更改SIM卡流量套餐，保证SIM卡业务不中断。（2）结合月度计划，及时对PT损坏、接线错误终端进行消缺。（3）安排专人值班，实时监测大四区在线率，做到及时处理	2020.4.30前	供服中心	盐池县公司 灵州公司	××	××
		遥控成功率方面，最低仅为47.62%	早操遥控业务开展，发现环网柜、分支箱构卡送机构回路异常，导致遥控失败	（1）给设备运维单位下发督办单，对存在问题的一次路进行检修，设备试验及传动机构保养等工作内容。（2）月度检修计划及配网应急抢修，对已安装停必遥控端设备线路进行筀遥控	2020.4.30前	供服中心	—	××	××
2	供电服务指挥系统应用	供服系统停电信息精准通知到户率为64.37%，其中宁东为0%	业务模块功能应用能力差，未按要求开展业务，造成停电通知信息为零，精准通知到户率也为零	（1）按照4月后续停电计划，全部开展电通知户工作。（2）加强服务指挥业务人员系统功能应用培训	2020.4.16前	供服中心	—	××	××
…	…	…	…	…	…	…	…	…	…

照前文贡献度评价标准，属于做贡献加 1 分，同时按贡献度得分 3000 元 / 分标准对各部室（班组）进行奖惩，体现分配差异。各部室（班组）贡献度得分及奖励情况见表 3。

表 3　　　　　　　　　　　　各部室（班组）贡献度

部门	专业贡献率（30%）	管理贡献率（70%）	综合贡献率	贡献度	考核得分	奖励金额
综合技术室	–	109.5%	109.5%	做贡献	+2	6000 元
配电二次室	105.35%	104.84%	104.99%	做贡献	+1	3000 元
运营管控室	106.1%	99.14%	101.22%	做贡献	+1	3000 元
配网调控班	–	100%	100%	尽职责	0	0 元
服务指挥班	95.3%	99.3%	98.1%	落后	–1	–3000 元

通过实施"三定二评一考"绩效管理法，部门指标责任人竞争意识、责任意识不断增强，结合月度指标晾晒，奖勤罚懒，重奖优势指标责任人，引导全员积极履行岗位职责。相关部室（班组）每月得分差距进一步拉大，专业指标管理工作奖惩金额最高最低差距达 9000 元，促进专业管理水平不断提升，公司指标综合排名提升到省公司第三，绩效改进效果良好。打破了员工之间固有的岗级壁垒，绩效管理的激励导向作用愈发明显，充分调动了全体员工参与各项工作的积极性和主动性，有效促进专业管理综合水平稳步提升。

报送单位：国网宁夏宁东供电公司

编 制 人：翟虎成　王　丹　景　涛　徐亚军

运行类考核工具

36 "能效"驱动绩效评价体系修正法
——解决员工工作"挑肥拣瘦"难题

导　入： 随着工作积分制的深入推进，部分员工出现高分活抢着干、低分活没人干的"挑肥拣瘦"行为，导致个别投机取巧员工干活少反而积分高，工作积分与实际工作量不匹配，挫伤其他员工的工作积极性。国网江苏徐州供电公司创新应用"能效"驱动绩效评价体系修正法，形成以"能效"驱动提升为支撑的工作积分互动修正机制，改变原有固定的工作积分模式，动态调整积分标准，准确反映个人工作业绩，推动班组绩效持续改进提升。

工具概述

"能效"驱动绩效评价体系修正法，是以生产一线人员作业指标积分为基础，构建班组生产综合"能效"计算模型，表征班组生产效能、效率，并以"能效"是否提升为指导标准，通过定期听取班组人员改进意见，互动修正作业项积分标准数值，持续优化改进班组绩效管理。

适用场景：本工具适用于已实行工作积分制开展绩效考核管理的调控运行班组或相近业务模式的生产班组。

实施步骤

"能效"驱动绩效评价体系修正法实施步骤包括：制订初始工作积分考核评价体系、确定班组生产工作的能效计算方法、互动修正积分绩效考核体系、动态评估发布积分绩效考核体系。

1. 制订初始工作积分考核评价体系

梳理班组业务，遴选所有可量化的工作项目，结合工作难度，初步设定每项工作的积分，形成班组人员初始工作积分考核评价体系。

2. 确定班组生产工作的能效计算方法

从岗位能力、任务分类、工作时长及平均耗时 4 个维度，建立生产综合能效评价数学模型，计算公式为

$$\eta = 1 - \sum_{i=1}^{n} x_i y_i \Big/ \sum_{i=1}^{m} a_i b_i$$

式中：η 为班组生产综合能效；x_i 为评价周期内单项工作完成数量；y_i 为单项工作平均耗时；n 为评价周期内参与积分的工作项目数量；m 为评价周期内值班人员总数量；a_i 为人员工作能力系数（按照班长、值班长、正值、副值不同岗位分别对应能力赋值 1.4、1.3、1.2、1.0）；b_i 为评价周期内人员工作总时间。

3. 互动修正积分绩效考核体系

开展绩效评价体系的宣贯与试运行工作，组织班组成员开展绩效评价体系民主意见征集会，收集成员的修正意见并运用上述公式对生产综合能效进行测算，形成绩效评价体系试行版。

4. 动态评估发布积分绩效考核体系

依据试行版的评价体系动态开展绩效管理，每月公布评价结果，结合生产综合能效指标的变化情况，决定是否采纳员工修正意见修改相应积分，形成绩效评价体系正式版。

经验心得

（1）互动修正方法的关键在于人，尊重人员对绩效考核参与的意愿与权利，充分参考吸纳人员意见，了解人员对于绩效考核的期望。

（2）做好方法宣贯，与参与人员充分沟通，把班组生产综合能效能否提升作为员工意见是否采纳的主要依据。

（3）本方法旨在改变原有的指标体系或人员单方面驱动问题，在实施过程中应避免陷入一方强势驱动另一方改变的模式，最终形成工时积分制的绩效评价与人员行为互动修正、人员心态与业务成绩双优的绩效管理新局面。

实践案例

国网江苏徐州供电公司于 2018 年 3 月实施"能效"驱动绩效评价体系修正法，实现了依据员工意愿对绩效管理工具的互动修正，班组凝聚力与工作效率得到显著提升。下面以调控中心地区监控班为例进行展示。

1. 制订初始工作积分考核评价体系

梳理班组所有工作业务并进行评估赋值，参考历史指标体系的应用经验，形成初始工作积分考核评价体系。地区监控班主要生产运行业务包含倒闸操作、事故处理、缺陷发现及处置、电压力率管控、信息验收等，对每项业务进行量化积分，考核细则见表 1。

表1　　　　　　　　　　　　地区监控班绩效积分考核细则

岗位名称：地区监控班	考核周期：月度考核人：班长		2018 年
考核指标	考核内容	适用人员	考核标准
加分项	值班工作	缺陷处理：发现电气缺陷，按照缺陷类别（紧急、严重、一般）进行处置并填写电气缺陷记录	调控运行全员	发现缺陷并及时处置记录正确，每项加1分
		监控操作：对于调度正令和调度口令，认真核对变电站及开关双重名称，做好复诵、录音、记录和监护工作		监护人加0.5分/次，执行人加1分/次
		事故处理：220千伏全停事故、110千伏全停事故、主变压器停电事故、220千伏线路跳闸事故、110千伏线路跳闸事故、35千伏及以下线路跳闸事故		正确处置并记录跳闸事故汇报人、通知记录人分别加2分/次
		置牌信息：根据现场工作情况填写置牌信息记录		置牌正确、记录填写规范，置牌人、拆牌人各加1分/次
		通信自动化异常：发现、处置并填写通信自动化异常记录		及时发现并处置记录，报缺人、验收人各加1分/次
		单相接地记录：发现、处置并填写单相接地记录		及时发现并处置记录，发现人、记录人各加1分/次（拉路操作不另外加分）
		告警抑制：发现异常频发信息并填写告警抑制记录		及时发现并处置记录，抑制人加1分/项
		发现新增源网荷缺陷并正确汇报记录		处置人加1分/次
		变电站设备信息验收：地县调自动化信息接入（变更）维护管理（审核、流转、检查、终结）、检修申请审核流转、信息对点验收，并填写验收记录		验收信息遥测、遥信每条加0.1分，遥控每条加1分（遥控预置每条加0.5分）

续表

岗位名称：地区监控班	考核周期：月度考核人：班长		2018 年	
考核指标	考核内容	适用人员	考核标准	
加分项	班组运行管理	调控中心工作周报	调控运行全员	报送者加 2 分 / 次
		调控中心工作月报		报送者加 5 分 / 次
		班组人员年度绩效考评及月度绩效考核		实施、参与者每人加 5 分 / 次
		年度及半年度工作计划与总结		实施、参与者每人加 2~10 分 / 次
		牵头或配合完成省调年度重点工作		实施、参与者每人加 2~20 分 / 项
		地县调运行管理月报		填报准确、及时，填报者加 10 分 / 次
		监控地区运行月报（国调报表）		填报准确、及时，填报者加 15 分 / 次，审核者加 5 分
		徐州地区监控缺陷遗留统计表		填报准确、及时，填报者加 10 分 / 次
		监控月度运行通报		填报准确、及时，填报者加 10 分 / 次，
		徐州地区每日告警信息数量统计分析		报送准确、及时，填报者加 1 分 / 次
		信息表管理系统版本维护		版本维护及时，加 0.5 分 / 次
		监控台账和限值维护		台账限值维护及时、准确，加 2 分 / 次
		集中监控许可材料收集、编制、检查、归档		集中监控许可流程，每站加 5 分
		县公司调控数据月度考核指标统计		报送准确、及时，填报者加 5 分 / 次
		监控远方遥控操作月报		填报准确、及时，填报者加 10 分 / 次
		事故跳闸分析报告：填写 220 千伏事故跳闸分析报告		填写准确、完整，报送及时加 5 分 / 次
		设备监控业务评价指标		填报准确、及时，填报者加 10 分 / 次

2. 互动修正积分绩效评价体系

在 2018 年 3 月开展试运行评价，依据人员的工作量与每项工作的分值，得到班组人员月度工作积分，见表 2。

表 2　　　　　　　　　　　地区监控班 3 月工作积分示例

序号	姓名	缺陷处理	监控操作	事故处理	业务联系事项记录	置牌信息	通信自动化异常	单相接地记录	告警抑制	总积分
1	肖 *	6	132	14	20	55	8	5	4	244
2	董 *	6	107	16	20	60	5	4	2	220
3	范 *	14	62	35	39	40	16	7	3	216
4	陈 *	3	117	18	17	36	10	5	0	206
5	…									

试运行评价结果完成后，组织全体人员开展绩效评价体系讨论会，广泛征求人员意见，得到班组成员对单项工作积分值的修改需求，见表 3。

表 3　　　　　　　　　　　积分修正民主意见征集表

序号	原积分指标	修正意见	修改期望值
1	单条遥控验收加 1 分	单条遥控验收加 2 分	17
2	倒闸操作，监护人加 0.5 分，执行人加 1 分	倒闸操作，监护人及执行人均加 1 分	19
3	事故处置汇报，每人加 2 分	按电压等级加 2~5 分	16
4	与现场开展正常业务联系不加分	与现场开展正常业务联系加 0.5 分	13

注　修改期望值为同意人数减去反对人数的数值。

从表3中可以看出，班组成员普遍希望增加单项工作的得分值，但是在人员业务承载力不变的前提下，增加单项工作得分值，必然影响到其他工作的开展，也就是影响到了班组总的生产综合能效，因此计算得出班组总的生产综合能效变化趋势将是员工意见是否被采纳的关键。

3. 动态评估发布积分绩效考核体系

按照班组成员的修改期望值高低顺序，对遥控验收等四项工作赋分值进行修改，同时逐月对班组生产综合能效进行计算分析，计算得出积分绩效考核体系修正与生产综合能效对应变化趋势，见表4。

表4　　　　　　　　　积分修正与生产综合能效变化趋势

月份	积分指标修订情况	班组生产综合能效
3 月	无修订	0.8263
4 月	倒闸操作监护人及执行人均加 1 分	0.8395
5 月	单条遥控验收加 2 分	0.8427
6 月	事故处置按电压等级加 2～5 分	0.8511
7 月	与现场开展正常业务联系加 0.5 分	0.8403

由表4可见，4—6月指标积分修订相继实施后，班组生产综合能效逐月提高，而7月"与现场开展正常业务联系"的指标积分修订实施后，班组综合能效不升反降，因此不予采纳。其他3项单项工作积分修改的建议写入指标评价体系，定稿版本在8月正式实施。

国网江苏徐州供电公司地区监控班应用"能效"驱动绩效评价体系修正法后，班组累计收集人员绩效意见11条，实际应用7条，依据修正后的评价体系得到的绩效积分考核结果，不再出现"挑肥拣瘦"的员工排名反而靠前的情况，绩效考核正向激励作用更加凸显。2018年8—10月班组综合能效平均值较初始值提升 5.2%，较试行期（4—7 月）综合能效平均值上升 3.07%，有效推动了班组生产运行工作的高效开展。

报送单位：国网江苏徐州供电公司

编 制 人：张　乐　刘坤鹏　王　浩　白玉东

37 "红黄牌"诚信度考核法
——强化员工责任意识

> **导　入：** 变电站巡视工作是个"良心活"。如何长效提升员工责任意识，成为摆在班长面前的一道难题。国网江苏徐州供电公司通过引入"红黄牌"诚信度考核法，有效解决了员工责任心不强的问题，提升了安全保障能力，降低了安全管控的成本。

工具概述

"红黄牌"诚信度考核法，是通过增设"诚信积分"，将诚信度引入一线员工"积分制"考核管理方法。将员工安全意识不强、缺乏责任心导致的不诚信事件，划分为"红牌"与"黄牌"进行长期警告和考核，并建立守信激励机制，督促员工不断提高安全意识和责任心。

适用场景：本工具适用于变电运维班组。

实施步骤

"红黄牌"诚信度考核法实施步骤包括：设置诚信积分区间、建立不诚信行为的"红黄牌"约束机制、建立守信激励机制。

1. 设置诚信积分区间

根据员工安全意识和责任心情况，在工作积分中差异化设置"诚信积分区间"，见表1。

表1　　　　　　　　　　　　　诚信积分差异化设置

诚信积分与工作积分分值设置	适用班组
诚信积分 10 分， 工作积分 90 分	适用于安全生产局面好、员工安全意识强的班组
诚信积分 20 分， 工作积分 80 分	适用于部分员工存在侥幸心理，偶尔发生违章的班组
诚信积分 40 分， 工作积分 60 分	适用于近期发生过安全生产事件、员工安全意识急需提升的班组

为保证一线员工"积分制"考核的科学性，建议区间外的工作积分比例不宜低于 60%。其中个人诚信度分值 = 诚信初始分值 − 失信扣分 + 守信加分。

2. 建立不诚信行为的"红黄牌"约束机制

梳理不诚信行为清单，并根据轻重程度划分为"黄牌"事件和"红牌"事件。一次"黄牌"事件扣一个考核周期诚信积分，置"黄牌"警告，警告期保持多个连续考核周期，且警告期内再度发生"黄牌"事件，则按照"红牌"事件处理；一次"红牌"事件扣多个连续考核周期的诚信积分，置"红牌"警告，警告期保持多个考核周期。

3. 建立守信激励机制

对于忠实履职、诚实守信的员工，从安全荣誉、发现设备缺陷或隐患等方面设置加分标准，满足加分条件时，可进行加分。个人诚信加分溢出分值累计计入个人诚信档案，可在年度"诚信标兵"等表彰中进行兑现嘉奖。

◎ 经验心得

（1）严格执行公示制度。班组每月召开一次民主管理会（民主生活会），对诚信考核结果实行阳光公示，保证诚信度考核的公正、透明。

（2）应建立"员工—班委会—运维室"二级沟通机制，确保运维室、班组、个人信息共享，意见反馈畅通无阻。个人对考核结果有异议时，可向所在班组、运维室考评执行小组逐级申诉。

📝 实践案例

国网江苏徐州供电公司变电运维室于 2017 年 2 月实施"红黄牌"诚信度考核法，工作不负责、作业不规范现象大大减少。下面以变电运维室某月数据为例进行展示。

1. 设置诚信积分区间

各运维班组安全生产局面较好、员工安全意识较强。变电运维室"诚信积分区间"设置为 10。

2. 建立不诚信行为的"红黄牌"机制

梳理不诚信行为清单，制订"红黄牌"考核规则，并予以讨论、公示，见表 2。

表 2　　　　　　　　　　　　　不诚信行为"红黄牌"机制

类别	序号	不诚信事件	内容释义	考核规则
黄牌事件	1	办理工作票未按流程规定进行许可验收的行为	（1）应进行现场许可的工作，工作许可人未履行现场许可程序。（2）工作终结不进行现场验收，未及时发现明显的设备、设施遗留问题（含未及时恢复的标准化设施破坏）	（1）发生"黄牌"诚信考核事件，扣责任人当月诚信分值 5 分，次月恢复；个人诚信记录记"黄牌警告"；"黄牌警告"保持 12 个月。（2）个人诚信分值加分溢出部分（满值 10 分 + 诚信加分溢出分值 ×× 分），可对冲"黄牌"月度考核扣分。
	2	核查上报设备状况、管理数据弄虚作假	（1）重要时段、关键设备运行监测数据造假。（2）在上级下达的、涉及安全生产的专项检查和管理措施执行过程中弄虚作假	

续表

类别	序号	不诚信事件	内容释义	考核规则
黄牌事件	3	人为因素造成的验收把关不到位而遗留安全隐患的行为	讲情面、图省事，不严格履行验收标准，导致新增或检修设备遗留安全隐患	（3）一个"黄牌"警告周期内（两张黄牌间隔12月内），第二次出现黄牌考核事件，个人诚信记录记"红牌"。诚信度"红牌"考核原则处理。 （4）受到"黄牌"警告的，当年绩效评为C级
	4	不巡视或巡视造假	由所在班组、运维室考评执行小组联合查证属实的不作为行为	
红牌事件	1	私藏、配制或未经许可擅自使用解锁钥匙	由所在班组、运维室考评执行小组联合查证	（1）发生"红牌"诚信考核事件，个人诚信分值扣10分/每月×12月，诚信记录记"红牌警告"；"红牌警告"保持12个月。 （2）发生"红牌"警告事件，个人诚信溢出分值冻结使用。 （3）"红牌"警告周期内，再次发生"黄牌"或"红牌"考核事件，诚信度考核均按"红牌"考核原则累计处理。诚信记录记第二次"红牌警告"。
	2	未经许可倒闸操作跳项、漏项	（1）新建变电站投运、大型停送电操作等，经现场把关人员确认同意的跳项操作不在考核范围。 （2）不严格执行倒闸操作流程，擅自变更、简化操作顺序的跳项、漏项的行为	
	3	不按规定装设接地线	心存侥幸，以省时、省力为目的，擅自简化接地措施或不按规定装设接地线	
	4	严重违反工作纪律	（1）玩忽职守，违反操作规程和安全规程，造成安全、质量等责任事故。 （2）工作时间饮酒、赌博、打架斗殴。 （3）不履行岗位职责，不听从指挥，拒不执行企业规章制度和决定	
	5	发生违反安全保密承诺的事件	以《员工安全保密承诺书》所列条款为准	
	6	造谣、传谣，或恶意举报中伤他人的诚信事件	（1）通过网络、短信或其他媒介传播、散布谣言，发布不实信息，损害公司、单位形象。	

续表

类别	序号	不诚信事件	内容释义	考核规则
红牌事件	6	造谣、传谣，或恶意举报中伤他人的诚信事件	（2）违规信访，捏造事实，恶意诽谤，诬陷他人	（4）受到"红牌"警告的，当年绩效评为 D 级
	7	其他	经运维室考评执行和领导小组核定的，应给予"红牌"警告的诚信考核事件	

3. 建立守信激励机制

对忠实履职、诚实守信的员工，可进行加分，积分规则见表 3。

表 3 守信激励积分规则

序号	加分内容	加分标准
1	获得运维室及以上安全荣誉及"领头雁""金手印"称号	变电运维室安全先进，3 分 / 次；市公司级安全先进或"领头雁"称号，5 分 / 次；地市级安全先进或"金手印"称号，10 分 / 次
2	主动发现重大设备缺陷或危及变电站运行的安全隐患	一般及重大安全隐患，5～10 分 / 项；危急及严重设备缺陷，5～10 分 / 项
3	及时制止严重危及安全生产的违章作业行为	5～10 分 / 项
4	反映或纠正运维管理过程中特别严重的弄虚作假事件	5～10 分 / 项
5	事故抢修、重大操作、重要保电成绩突出，有立功表现的	5～10 分 / 项

个人诚信加分溢出分值累计计入个人诚信档案，个人诚信度溢出分值在年度"诚信标兵"表彰中，按照 1（分）：200（元）比率进行分值对冲和嘉奖，个人诚信记录作为岗位晋升和年终评先的重要依据。

4. 考核结果

变电运维室通过远程视频监控、扫码操作、投放虚拟缺陷小贴士等手段，对工作诚信进行全过程监督和考核。例如，诚信度考核实施当月，青山泉运维班张＊在35千伏站巡视中因巡视漏项被黄牌警告，并扣当月诚信分值5分。同年3～6月，该员工巡视认真负责，先后发现两起设备缺陷和安全隐患，被考评小组认定后，提前解除"黄牌警告"。

"红黄牌"诚信度考核法强化了员工遵章守纪的责任意识，员工职业操守、契约精神得到了巩固和培树。通过建立基于诚信的运维职业生态，提升了员工的工作质量，加强了安全保障能力，降低了安全管控的成本。

报送单位：国网江苏徐州供电公司

编 制 人：董 立 刘坤鹏 耿 伟 王晓辉

38 变电运维"三模二维"考核法
——科学评价班组内部团队业绩

导 入： 传统的班组绩效管理多以员工个人的工作量化积分来评定员工绩效，但由于电力生产工作特点，以工作组等小团队的作业组织模式更为常见，当前的绩效考核体系缺乏对这类组织单元的考核激励。国网江苏镇江供电公司创新实施变电运维"三模二维"考核法，从工作业绩、工作质量、工作综合三个方面同时对团队和个人进行考核，既强调团队业绩的核心地位，又注重员工个人差异，从而有效提升了绩效考核的系统性、科学性和公平性，促进了团队业绩和员工能力双提升。

工具概述

变电运维"三模二维"考核法，是一种针对班组内部团队业绩的积分考核法。"三模"是指工作业绩、工作质量、工作综合三个模块，"二维"是指团队和个人两个维度。"三模二维"考核法能够充分发挥团队业绩的引领作用，注重员工个人差异，有效促进团队业绩和员工能力双提升。

适用场景：本工具适用于团队化开展工作的变电运维班组。

实施步骤

变电运维"三模二维"考核法实施步骤包括：确立考核体系、明确考核内容及标准、考核结果公示及应用。

1. 确立考核体系

设置月度考核工作业绩、工作质量、工作综合三个模块，班组集体协商确定各个模块的权重占比，一般为65%、15%、20%。

2. 明确考核内容及标准

（1）工作业绩模块。工作业绩以团队为单位，采用工作任务计数与工作分组分类对比的方式考核计算。同一月度内同一团队内员工的积分相同。

（2）工作质量模块。工作质量考核包括稳定班次、贡献嘉奖、专项指标和减分项考核四个维度，权重占比由班组讨论确定，对应得分上限分别为4、5、6分，见表1。

表1　　　　　　　　　　　　工作质量考核标准

考核内容	分数	项目	备注（支撑内容）
稳定班次 （4分）	2分	满足规定工作时间	考勤表及会议签到表
	1分	按规定参加会议，无请假	
	1分	无调班、请假事项	
贡献嘉奖 （5分）	1~2分	为班组争取荣誉	荣誉贡献和考勤表
	1~2分	完成班组安排突击工作或为班组提出建设性建议	
	1分	参与各项工作，延迟下班	
专项指标 （6分）	1~2分	白班负责人2分，配合人1~2分	白班负责制，班组分管工作，包括班组、部门及以上项目
	1~2分	班组成员完成分管工作	
	1~2分	承担班组及部门以上项目	
减分项	0.5~1分	24小时及白班工作未完成	未按时交接班扣0.5分，工作遗漏未完成扣1分，上限1分
	0.5~20分	两票错误、违章操作	
	3~10分	工作中的不足被上级领导批评	被部门通报批评扣3分，被市公司通报批评扣5分，省公司通报扣10分，上限10分

续表

考核内容	分数	项目	备注（支撑内容）
减分项	1~5分	违反劳动纪律	迟到、早退被部门通报批评扣1分，被市公司通报批评扣3分，被省公司通报扣5分，上限5分

（3）工作综合模块。工作综合考核包括个人安全指标、个人表现、个人综合素质三个维度，权重占比由班组讨论确定，对应得分上限分别为10、5、5分，见表2。

表2　　　　　　　　　　工作综合考核标准

考核内容	分数	项目	备注（支撑内容）
个人安全指标（10分）	10分	不发生人身死亡事故	发生任一事项，扣减全部分值
		不发生一般及以上电网、设备、火灾和质量事故（事件）	
		不发生五级及以上信息系统事件	
		不发生110千伏及以上恶性误操作事故	
		不发生较大施工机械设备损坏事故	
		不发生负同等及以上责任的特大交通事故	
		不发生其他对公司和社会造成重大影响的事故（事件）	
个人表现（5分）	0.5分	完成班组核心或兼驾工作	核心与兼驾工作加分不叠加，上限为0.5分
	0.5分	完成班组技术问答及相关培训	以培训员提供相应材料和佐证为准
	4分	个人取得荣誉	部门荣誉1分，市公司荣誉2分，省公司及以上荣誉4分
个人综合素质（5分）	5分	根据个人综合素质定义得分，每年将人员素质提升评定作为考核依据	个人综合素质评定细则见表3，综合折算上限为5分

表3 个人综合素质评定细则

理论水平 / 技能水平 / 技术水平（取最高值）	班组工龄	态度维度 / 能力维度	年龄	职务
研究生 / 高级技师 / 高级工程师	15 年及以上	领军级	50 岁及以上	班长
10 分	10 分	10 分	10 分	10 分
本科 / 技师 / 工程师	10 年及以上	成熟级	40 岁及以上	副班长
8 分	8 分	8 分	8 分	8 分
大专 / 高级工 / 助理工程师	5 年及以上	成长级	30 岁及以上	班委
6 分	6 分	6 分	6 分	6 分
中专 / 中级工 / 一般	5 年以下	入门级	20 岁及以上	班员
4 分	4 分	4 分	4 分	4 分

3. 考核结果公示及应用

将三大模块得分相加，即可得到员工月度综合考核得分，并由班组长审核确认后在班组内进行公示。

公示后，依据月度考核得分情况，班组长对员工按一定比例分档，并分配月度团队绩效工资。高档人员分配金额不低于基准金额 1.15 倍，低档人员分配金额不高于基准金额 0.9 倍。

◎ 经验心得

（1）班组长或者当月工作负责人应每日对员工提交的工作记录进行审核确认，合并或删除无效数据。

（2）班组长或者当月工作负责人应对各团队及成员的工作任务累计情况进行监控，并应根据团队成员的能力素质对工作任务分配情况进行动态调整，保证团队间、员工间任务量的均衡。

（3）班组应结合工作实际，对工作质量考核、工作综合考核标准进行动态调整，并履行民主程序。

📝 **实践案例**

国网江苏镇江供电公司于 2016 年 3 月实施变电运维"三模二维"考核法，期间不断修订完善，团队绩效理念深入人心，团队合力大大提升。下面以京口变电运维班某月数据为例进行展示。

1. 确立考核体系

京口变电运维班月度考核分为工作业绩、工作质量、工作综合三个模块，经过班组集体协商，各模块权重占比分别为 65%、15%、20%。

2. 明确考核内容及标准

（1）工作业绩考核。工作业绩采用工作任务计数与工作分组分类对比的方式考核，见图 1。

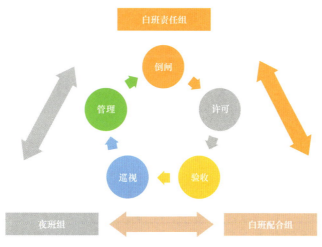

图 1　工作业绩考核方式

1）团队划分。根据员工工作时间段与工作职责划分为白班责任组（由班组长或由其指定的工作负责人组成）、白班配合组、夜班组（24 小时组），相关人员一个周期内相对固定，一般以月度为周期进行调整轮换。

2）工作任务划分。根据变电运维班组工作内容，将工作任务分为倒闸操作、许可工作、监护验收、巡视工作、管理工作五大类，当日工作开展前进行看板公示，由员工自行认领或由班组长（或工作负责人）分配。工作任务完成后员工自行按工作类别维护班组工作记录表，并由班组长（或工作负责人）审核确认。

3）业绩考核得分。以团队为单位计算工作任务次数，根据团队完成的各类别工作在该类别月度工作总量中的占比之和计算团队业绩得分，团队业绩得分即为团队员工的个人考核得分。团队业绩得分计算公式为

团队业绩得分 = 基准分值 + 浮动分值 × Σ（团队单项工作任务次数/单项工作任务总次数 × 折算系数）

基准分值、浮动分值由班组全体成员讨论决定，如基准分值50，浮动分值15。折算系数根据员工人数及每周有效工时数计算，具体规则如下：

a.白班责任组一般仅设1组，员工1人，每周有效工时数 =8 小时/天 × 5 天/周 =40 小时/周，折算系数定为1。

b.白班配合组一般仅设1组，人数为责任组以外的其他白班人员，每周有效工时数 =8 小时/天 × 5 天/周 × 人数，折算系数 = 40/每周有效工时数。

c.夜班组一般每组2人，组数根据排班情况确定，每周有效工时数 =24 小时/天 × 7 天/周 ×2 人 × 有效工时权重系数，折算系数 =40/（每周有效工时数/组数），有效工时权重系数一般定为2/3。

该班组共有10名员工，以某月分组为例，白班责任组1人，白班配合组5人，夜班组共2组各2人。当月月度工作分类、团队划分、作业次数统计见表4。

表4 月度工作量统计

团队	员工	倒闸操作	许可工作	监护验收	巡视工作	管理工作
白班责任组	员工1	5	4	2	2	6

续表

团队	员工	倒闸操作	许可工作	监护验收	巡视工作	管理工作
白班配合组	员工2	5	1	3	4	8
白班配合组	员工3	0	3	0	5	5
白班配合组	员工4	3	2	0	3	4
白班配合组	员工5	2	3	1	5	11
白班配合组	员工6	5	2	2	4	1
夜班一组	员工7	0	1	2	2	4
夜班一组	员工8	3	1	2	5	4
夜班二组	员工9	0	2	0	6	8
夜班二组	员工10	4	1	0	5	3

根据折算系数计算规则，白班责任组、白班配合组、夜班组的折算系数分别为1、0.2、0.36。各组当月按折算系数折算后的各项作业次数及团队业绩得分见表5。团队业绩得分就是团队内员工的个人工作业绩积分。

表5 月度工作业绩考核得分

团队	倒闸操作	许可工作	监护验收	巡视工作	管理工作	考核得分
白班责任组	5	4	2	2	6	60.7
白班配合组	15	11	6	21	29	58.0
夜班一组	3	2	4	7	8	54.7
夜班二组	4	3	0	11	11	54.2

（2）工作质量考核。工作质量考核包括稳定班次、贡献嘉奖、专项指标和减分项考核四个维度。稳定班次采用扣分制，根据工作考勤情况及班组规定会议出勤情况等按标准实施。贡献嘉奖采用加分制，根据班组各类荣誉、

重点工作参与等情况实施。专项指标和减分项考核根据班组制定的专项加减分标准实施。

班组团队成员员工 1、员工 4、员工 8 当月工作质量考核得分情况见表 6。

表 6 月度工作质量考核得分

员工	稳定班次	贡献嘉奖	专项指标	减分项	得分
员工 1	4	2	2	0	8
员工 4	4	2	2	−1	7
员工 8	4	5	3	0	12

（3）工作综合考核。个人安全指标采用扣分制，根据发生安全事故事件扣减相应分值，不发生安全事项得满分。个人表现采用加分制，根据完成班组培训、个人荣誉获得等情况实施。个人综合素质得分根据学历、技能技术水平、年龄、班组工龄、态度及职务（岗位）计算。

员工 1、员工 4、员工 8 当月工作综合考核得分情况见表 7。

表 7 月度工作综合考核得分

员工	个人安全指标	个人表现	个人综合素质	得分
员工 1	10	1	2.8	13.8
员工 4	10	1.5	3.4	14.9
员工 8	10	1	3.8	14.8

3. 考核结果公示及应用

员工 1、员工 4、员工 8 当月工作综合考核得分情况见表 8。

表8 月度个人绩效考核综合得分情况

员工	工作业绩	工作质量	工作综合	汇总得分
员工1	60.7	8	13.8	82.5
员工4	58.0	7	14.9	79.9
员工8	54.7	12	14.8	81.5

考核结果公示后，班组长依据表8的月度考核得分，将人员分为"高、中、低"三档，分配月度团队绩效工资。员工1、员工4、员工8当月分配金额见表9。

表9 月度个人团队绩效工资分配情况 单位：元

员工	档次	基准金额	分配金额	分配差距
员工1	高	6000	6950	950
员工4	低	6000	5000	−1000
员工8	中	6000	6050	50

自2016年实施变电运维"三模二维"考核法以来，该班组实现了绩效人人参与、主动记录、自动采集、及时呈现的效果，员工个人分配差距显著拉开，员工干事热情与队伍活力有效激发，推动了班组工作质效提升和员工个人争先进位。该班组获得"全国质量信得过班组""全国现场管理星级评价五星班组""国家电网公司工人先锋号""国家电网公司先进班组""江苏省用户满意班组"等荣誉称号。班组平均每年取得各类荣誉7.5项，平均每年有4.25人取得个人荣誉，平均每年获得专利授权5.25件。

报送单位：国网江苏镇江供电公司
编制人：谭翔 刘牛

39 柔性团队抢单考核法
——缓解基层班组结构性缺员压力

导 入： 近年来，部分基层班组存在结构性缺员情况，各班组忙闲不均，当遇到时间紧、任务重的工作时，责任班组工作压力倍增，工作人员紧缺，实际工作中经常存在"一人多责"现象。国网福建厦门供电公司创新运用柔性团队抢单考核法，发布工作任务，约定绩效奖励分配规则，由跨班组组建的柔性团队进行抢单，按规则开展员工绩效考核，激发工作主动性，调和不同班组忙闲不均的情况，提高人力资源利用率，缓解一线人员结构性缺员压力，高效完成急难险重任务。

工具概述

柔性团队抢单考核法，是依托"共享经济"思维模式，在遇到急难险重任务时，跨部门、班组、专业组建柔性团队，发布抢单任务，按照任务数量、工作质量等维度对柔性团队进行绩效评价并兑现奖励，从而打破专业或班组壁垒，提升人力资源利用效率，形成基于动态工作单元的柔性组织，发挥绩效管理正向激励作用，缓解一线班组缺员压力。

适用场景：本工具适用于专业工作相近、结构性缺员或忙闲不均的一线班组。

实施步骤

柔性团队抢单考核法实施步骤包括：任务发起、抢单实施、评价与考核。

1. 任务发起

由抢单任务发起部门领导及专业负责人组成管理组，负责"抢单"任务发布及绩效考核兑现。由"抢单"任务发起部门专业分管领导、专业负责人等组成评价组，负责细化业务内容，明确绩效考核方案，任务过程中及时对工作组进行绩效沟通与改进。抢单柔性团队组成与管理流程见图1。

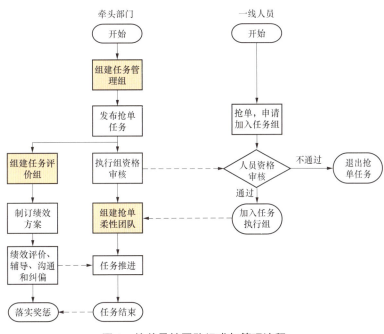

图1 抢单柔性团队组成与管理流程

2. 抢单实施

（1）发布任务。管理组发布抢单任务，确认工作内容，团队层级并指派项目负责人。评价组从工作量、工作难度、环境因素等维度制订绩效方案，报上级审核。

（2）进行抢单。评价组分解工作任务，由各专业、各班组人员按照自愿报名、择优录取原则进行抢单，并依据本专业年限、职称、技能等级等条件进行任务划分，负责人选定，经管理组审核后组建抢单柔性团队，团队按照各自分工推进各项工作。当工作任务无人抢单时，由管理组重新组织核定绩效任务分，直至有员工抢单为止。

（3）工作辅导沟通。任务推进中，评价组对抢单柔性团队进行绩效评价、辅导、沟通和纠偏。因团队人数不足或团队成员能力不符合工作要求时，管理组重新组织抢单，递补或更换员工进入柔性团队。

3. 评价与考核

任务结束后，评价组将评价结果报管理组审核，落实绩效奖惩，兑现专项奖金和年度绩效积分。

（1）个人绩效积分根据任务分、质量系数进行计算。

个人绩效积分计算公式为

$$
\begin{cases}
p = \alpha \cdot q \\
P = \sum_{i=1}^{n} p_i
\end{cases}
\tag{1}
$$

式中：p 为单项绩效积分；α 为绩效任务分（具体见任务清单对应分数）；q 为单项质量系数（完成优秀 $q=1$，良好 $q=0.6$，一般 $q=0.3$，未完成 $q=0$）；P 为个人年度绩效积分；i 为任务数量。

计算个人年度绩效积分 P 后，用于年度绩效专项加分，在年终个人工作评价时兑现。

（2）个人绩效奖励根据工日数、工日单价、作业环境系数、质量系数进行计算。

个人绩效奖励金额计算公式为

$$
\begin{cases}
m = \beta \cdot d \cdot q \cdot \gamma \\
M = \sum_{i=1}^{n} m_i
\end{cases}
\tag{2}
$$

工作日 d 折算公式为

$$d = h/8 \qquad\qquad (3)$$

两式中：m 为单项任务绩效奖励金额；β 为作业环境系数（按作业环境评估，现场工作 $\beta=1.8$，内业工作 $\beta=1$）；d 为单项总工日；q 为单项质量系数（完成优秀 $q=1$，良好 $q=0.6$，一般 $q=0.3$，未完成 $q=0$）；γ 为日工作奖金（文中假设为 100 元）；M 为个人绩效奖励总额；i 为任务总项目数；h 为单项总工时。

个人绩效奖励在抢单任务完成后及时兑现。

经验心得

（1）实际工作推进过程中应根据工作难度、工作数量、作业环境、工作质量等进行绩效积分修正。

（2）任务推进中，评价组要对抢单柔性团队进行绩效评价、辅导、沟通和纠偏，形成闭环管控，有序推进各项工作任务。

实践案例

国网福建厦门供电公司于 2019 年 3 月实施柔性团队抢单考核法，有效缓解基层班组结构性缺员压力，高效完成急难险重任务。下面以变电工区 220千伏浦边变电站投产送电为例进行展示。

1. 任务发起

220 千伏浦边变电站投产送电时间紧、任务重，责任班组高浦运维班人员紧缺，国网福建厦门供电公司变电工区运用柔性团队抢单考核法，发动其他班组青年员工积极参与，成立柔性团队。管理组由部门领导、相关专责和各运维班班长组成，评价组由分管领导、相关专责和高浦运维班管理人员组成，抢单柔性团队按照自愿报名、择优录取的原则，由各运维班青年员工组成。

管理组发布了含 9 大项 30 细项内容的业务包，由抢单柔性团队成员自主选择业务包，柔性团队抢单情况见表1。

表1 柔性团队抢单情况

业务包	现场筹备工作	参与人员	远程办公	参与人员
台账	台账拍摄	张*、李*	台账信息录入	李*
	科室牌、铭牌统计	张*、李*	与亿力吉奥人员对接工作	张*
	屏眉、铭牌张贴	李*		
一次规程	规程相关资料现场收集	张*	一次规程编写	王*
交、直流规程	规程相关资料现场收集	张*	交、直流规程编写	王*
二次规程	规程资料现场收集	李*	二次规程编写	李*、吴*
	说明书、定值单等资料收集	陈*、李*		
图纸	主接线图校核	陈*、李*	主接线图绘制	李*
	消防平面图校核	陈*、李*	消防平面图绘制	李*
五防逻辑	防误逻辑系统校核	李*、吴*	防误逻辑典表校核	李*、吴*
精益化	精益化台账统计	李*、吴*	精益化台账编制	李*、吴*
……				

2. 抢单实施

抢单任务正式启动后，评价组根据任务安排将工作内容划分成若干模块并进行分组分工，制订生产准备项目计划，设定完成期限。抢单柔性团队充分利用倒班轮休空档，有序推进各项工作。对于推进中发现的问题，评价组及时向管理组反馈改进。

例如，初期计划一、二次设备台账的拍摄工作主要在3月初进行，由于筹建现场环境复杂，不适合进行完整台账拍摄，且拍摄标准不一，造成低效和重复性劳动，增加实际工作时间。为此，评价组向管理组反馈后统一拍摄标准，待设备全部进场后，集中组织人员拍摄并录入台账，提高工作效率。

同时，相应核减部分重复劳动工时，将台账拍摄、台账录入的任务分由 1 分核增为 2 分。

3. 评价与考核

2019 年 5 月，220 千伏浦边变电站顺利启动送电，抢单任务完成。评价组核定抢单专项绩效奖励，报管理组审核后兑现，评定任务分列入个人专项考核得分并纳入年度绩效加分项。以抢单柔性团队成员李＊绩效评价为例：

（1）通过式（1）计算出李＊的单项绩效积分 p 及年度绩效专项加分 P。例如，在"台账拍摄"任务中，李平获得了 1 分的质量分，该任务绩效任务分为 0.2，单项绩效积分为 $1 \times 0.2 = 0.2$（分）。

（2）通过式（2）计算出李＊的单项绩效奖励金额 m 及个人绩效奖励总额 M。例如，在"台账拍摄"任务中，李平耗时 2 个工作日，获得 1 分质量分，该任务作业环境系数为 1.8，日工作奖金为 100 元，单项绩效奖金为 $2 \times 1 \times 1.8 \times 100 = 360$（元）。

通过计算可得，李＊在本次抢单任务中共获得 2632 元的专项奖金及 2.58 分的年度绩效加分，见表 2。

表 2 抢单绩效评价情况

业务包	任务细项	工时数 h	工日数 d	质量分 q	绩效任务分 α	奖励系数 β	日工作奖金 γ（元）	单项绩效积分 p	奖励金额 m（元）
台账	台账拍摄	16	2	1	0.2	1.8	100	0.2	360
	科室牌、铭牌统计	2	0.25	0.6	0.1	1.8	100	0.06	27
	屏眉、铭牌张贴	8	1	1	0.1	1.8	100	0.1	180
	台账信息录入	8	1	1	0.2	1	100	0.2	100
二次规程	规程资料现场收集	8	1	1	0.1	1.8	100	0.1	180

续表

业务包	任务细项	工时数 h	工日数 d	质量分 q	绩效任务分 α	奖励系数 β	日工作奖金 γ（元）	单项绩效积分 p	奖励金额 m（元）
二次规程	说明书、定值单等资料收集	20	2.5	1	0.2	1.8	100	0.2	450
	二次规程编写	40	5	1	0.4	1	100	0.4	500
图纸	主接线图绘制	16	2	1	0.2	1	100	0.2	200
	主接线图校核	2	0.25	1	0.1	1.8	100	0.1	45
	消防平面图绘制	8	1	1	0.2	1	100	0.2	100
	消防平面图校核	4	0.5	1	0.1	1.8	100	0.1	90
五防逻辑	防误逻辑系统校核	4	0.5	1	0.2	1.8	100	0.2	90
	防误逻辑典表校核	8	1	1	0.2	1	100	0.2	100
精益化	精益化台账统计	10	1.25	0.6	0.2	1.8	100	0.12	135
	精益化台账编制	6	0.75	1	0.2	1	100	0.2	75
总计	—	—	—	—	—	—	—	2.58	2632

　　国网福建厦门供电公司在实施柔性团队抢单考核后，员工跨区域跨班组自愿报名组建柔性团队，自主选择工作任务，从被动工作变主动作为。基于抢单制的绩效差异化考核，实现团队责任共担、个人绩效精准量化，员工工作热情充分激发，有效缓解了一线班组人员紧缺压力。柔性团队抢单机制既能够帮助公司出色完成急难险重工作任务，也锻炼了队伍，同时也为青年员工搭建了施展才华的舞台和成长成才的平台，实现了跨区域跨班组人力资源高效利用。

　　报送单位：国网福建厦门供电公司
　　编制人：刘志平　张　楠　李盛川　林筱慧　黄　凌　胡小乐

40 "2+2" 模式绩效考核法
——提升运维人员工薪匹配度

> **导　入：** 随着电网规模持续扩大，公司面临运维业务增长、技术发展和设备精益运维工作新形势，对变电运行专业承载力、设备安全运维提出新要求。国网江西萍乡供电公司结合运维人员队伍现状，探索采用 "2+2" 模式绩效考核法，激发员工内生动力，不断提升运维人员业务能力，发挥工作潜能，提高工作积极性和主动性，实现 "人尽其用、人尽其责"。

工具概述

　　"2+2" 模式绩效考核法，是将变电运行工作划分为固定性工作和临时性工作，将变电运行从业人员划分为会变电运行所有工作者和会变电运行部分工作者，形成按工作性质和人员水平分类的 "2+2" 模式，分类细化后开展绩效考核。根据工作和人员分类将变电运行工作分为基础工作、承包工作、指派工作和抢单工作四类，每类工作对应相应的分值，员工根据自己实际完成的工作任务取得相应分值，最终将所有分值折算成金额即为该员工本月绩效工资。

　　适用场景：本工具适用于变电运行所有班组。

实施步骤

　　"2+2" 模式绩效考核法实施步骤包括：开展调研分析、制订绩效考核细则、营造公开氛围、试运行中不断优化完善。

1. 开展调研分析

（1）梳理任务清单，将需要完成的工作全部罗列出来，明确哪些工作是固定性的，哪些工作是临时性的，分析各类工作的难易程度以及需要花费的时间和精力，初步确定积分细则。

（2）分析员工胜任力，全面了解哪些人能够胜任班组所有工作，哪些人只能胜任基础工作，哪些人擅长完成某项工作，哪些人工作积极性高，哪些人工作态度好，哪些人工作责任心强。

2. 制订绩效考核细则

首先根据工作任务和人员能力分析结果将变电运行所有工作分为基础工作（所有人都会的固定工作）、承包工作（部分人会的固定工作）、指派工作（所有人会的临时性工作）和抢单工作（所有人都可参与的临时性工作）四类，然后组织所有班员召开班会，商榷各项工作积分细则。

绩效换算中，基础工作对应的是基础绩效工资，承包工作对应的是承包绩效工资，指派工作对应的是指派绩效工资，抢单工作对应的是抢单绩效工资。每位员工每月绩效工资计算方法为

$$G_i = J_i + C_i + Z_i + Q_i$$

式中：G_i 是第 i 名员工月度绩效工资；J_i 是第 i 名员工基础绩效工资；C_i 是第 i 名员工承包绩效工资；Z_i 是第 i 名员工指派绩效工资；Q_i 是第 i 名员工抢单绩效工资。

指派绩效工资和抢单绩效工资均通过工时积分实现，即每月相应类型工作所得积分与每分价值相乘。每月每分价值 p 为

$$p = \frac{P - \sum_{i=1}^{n} J_i - \sum_{i=1}^{n} C_i}{\sum_{i=1}^{n} F_i}$$

式中：P 是当月班组工资总额；n 是班组总人数；F_i 是第 i 名员工当月指派工时积分与抢单工时积分之和。

3. 营造公开氛围

通过"阳光班务，温馨小家"班务公开栏公开绩效评价过程，形成"心中明、家底清、人心顺、企业兴"的良好氛围。设置"出勤公开大家看""任务公开大家干""考核公开大家鉴"模块，按期公开班组职工出勤情况，提前公示班组短期工作内容和长期工作计划，确保工作任务时间到点、任务到件、责任到人，工作难点和攻坚重点提前知晓。定期公示承包绩效工资明细表、指派工作积分明细表、抢单工作积分明细表和最终月度绩效汇总。

4. 试运行中不断优化完善

试运行"2+2"模式绩效考核法，根据每月运行结果和员工反馈分析该绩效管理工具是否公平公正，是否准确体现运维人员工作价值，是否可以提高员工工作积极性，工作分类是否合理，该考核办法是否还可简化等。根据分析结果对该绩效管理工具进行优化完善后下月试行。

经验心得

（1）要分配好基础工作、承包工作、指派工作和抢单工作所对应绩效工资的比例，做到与实际工作量和重要程度相匹配。

（2）积分细则的制订应通过班组全员参与、集体讨论、共同认定和本单位领导审核。承包类工作如同一任务多人有承包意向时应实行竞标制。

（3）积分的审核统计尽量日结，最多三天结一次，否则时间一长，工作量就会变大，也容易遗漏。

实践案例

国网江西萍乡供电公司于2019年1月实施"2+2"模式绩效考核法，一年多以来，员工精、气、神得以全面提升，责任意识增强，逐渐从"我不会、我不干"向"我要多学、我要多干、我要干好、我要多得"转变。下面以变电运维一班为例进行展示。

1. 制订绩效考核细则

变电运维一班在统计分析本班工作任务和人员技能的基础上，将所有工作分为四类：基础工作、承包工作、指派工作和抢单工作，并对每项工作制定考核标准，考核细则见表1。

表 1　　　　　　　　　　　变电运维一班绩效考核细则

工作类别	工作项目	考核标准	
基础工作	巡视（全巡/例巡/夜巡/特巡/压板巡视/红外测温）	基础绩效工资（人资一次分配总额1400元）	
	维护（按照维护周期表完成本月维护内容）		
承包工作	三种人	150元/月	
	调度联系人	100元/月	
	兼职司机	150元/月	
	消防/劳保用品管理员	50元/月（若当月无此项工作，则为0元/月）	
	两票审核员	50元/月	
	会议记录/运维分析员	50元/月	
	培训/考勤/后勤管理员	50元/月	
	记录审核/两票统计员	50元/月	
	维护记录人（PMS+纸质）	100元/月	
	班组负责人	200元/月	
指派工作	操作票类	50项以下操作	12分/次
		50项以上操作	24分/次
		录音	6分/次
		50项以下开票	9分/次
		50项以上开票	18分/次
		双重监护	18分/次

工作类别	工作项目	考核标准	
指派工作	工作票类	签发	50 分 / 次
		一种票许可 / 终结	10 分 / 次
		二种票许可 / 终结	5 分 / 次
		工作负责人	20 分 / 次
	设备缺陷、缺陷类	隐患	5 分 / 次
		一般缺陷	10 分 / 次
		严重缺陷	30 分 / 次
		危急缺陷	50 分 / 次
	事故处理	小型	15 分 / 次
		大型	30 分 / 次
抢单工作	加班	20 分 / 次	
	凌晨操作、QC 工作、PMS 台账处理、数据资料统计	30 分 / 次	
	车辆清洗	10 分 / 次	
	开会、听讲座、陪检	20 分 / 次	
	其他	视具体工作量而定	

2. 执行绩效考核细则

绩效考核细则经所有班员认定签字以及变电运行中心主任审核后开始执行。目前变电运维一班每人拿出月度绩效的三分之一参与二次分配，后期考核力度将不断增大。

基础工作整体标价，各设备主人负责自己责任站的基础工作，拿相应绩效工资；承包工作整体标价，在竞标后分配给专人，每月均由专人完成，拿相应绩效工资。指派工作和抢单工作均通过工时积分的形式实现，完成一次记一次分，完成人每天下班前将工作内容和应得积分写在便利贴上，贴在工作量化积分看板上（见图1），绩效管理员每隔1~2天核查统计本班班员的积分，月末汇总所有积分。

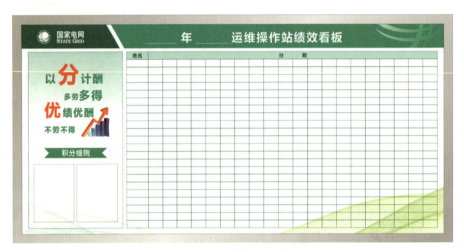

图1　工作量化积分看板

所有工作任务均实行追责制，即若某项工作被检查出不合格，则会扣罚当月相应绩效。每月初，绩效管理员结合基础工作绩效、承包工作绩效、指派工作积分和抢单工作积分汇总计算出每位班员当月绩效，再结合上级部门考核做出最终月度绩效工资表，见表2。

表2展示了每位员工当月绩效来源，其中蓝色部分为基础绩效工资，绿色部分为承包绩效工资，紫色部分为指派工时积分，黄色部分为抢单工时积分。每分价值＝（总考核金额－基础绩效工资－承包绩效工资）/（指派工时积分＋抢单工时积分），计算出来为1.50239元。应得绩效为四种工作对应的绩效之和。

表3和表4分别是变电运维一班2019年9月绩效指派工作次数统计表和绩效抢单工作统计表。表3中记录了每项工作的完成次数、每小类工作的得分情况以及指派工作的综合得分情况。表4中记录了每项工作的完成次数和综合得分情况。

表2

月度绩效工资表

序号	姓名	本月奖金基数 基础绩效工资（元）	三种人	调度联系人	兼职司机	消防劳保用品管理员、会议记录员、培训考勤管理员、两票记录审核两票统计员〔承包绩效工资（元）〕	维护记录人（负责本组的维护记录）（组里人可轮换）	班组负责人（负责本组审两票、晚班打操作票、务时打操作票）（组里自选、可单人）	主要部分（两票、隐患）指派工作积分	辅助部分工作积分 抢单工作积分	应得奖金（元）
1	王*	4480	150	100	150				826	360	6662
2	黄*	6120							0		6120
3	陈*	4200	150	100			100	200	1126	120	6622
4	叶*	4200	150	100	150				304	30	4952
5	张*	4200	150	100		50			214	75	4934
6	刘*	4200	150	100			100	200	264	60	5237
7	易*	4200	150	100		100	100	200	370	150	5531
8	张*	4200	150	100			100	200	91	135	5190
9	张*	4200	150	100					1014	90	6209
10	邓*	5600							0	0	5600
11	李*	4200	150	100		100		200	1285	165	6828
12	刘*	4200	150			100			54	525	5170
13	唐*	4200	150	100		150			639	180	5580
14	周*	4200	150	100					163	−15	4672
15	徐*	4200	150	100		100	100		329	30	5289
16	叶*	4200	150	100				200	1283	120	6558
17	杨*	4200	150	100					729	150	5621
18	万*	4200	150	100					266	150	4825
19	参与考核	22400	1650	1200	300	500	600	1200	8957	2325	101600
	工资总额	101600									

注：1. 红色为借用、新员工，本月不参与考核。
2. 维护记录人、班组负责人负责部分出现问题，只对个人进行考核。

表3

绩效指派工作次数统计表

姓名	操作票类 50项以下（12分/次）	50项以上（24分/次）	录音（6分/次）	开票1（9分/次）	开票2（18分/次）	双监护（18分/次）	操作总计（分）	签发人（5分/次）	一种票（5分/次）	二种票（5分/次）	工作负责人（5分/次）	配合（5分/次）	工作总计（分）	隐患（5分/次）	一般（10分/次）	严重（30分/次）	危急（50分/次）	缺陷隐患总计（分）	指派工作总分
王*	3	0	3		0	19	396	0	16	16	28		300		10	1		130	826
陈*	32	11	43		0	0	906	0	4	12	16		160		1		1	60	1126
叶*	41	11	52		0	0	1068	0	0	11	0	20	155		1		1	60	1283
徐*	8	1	9		0	0	174	0	26	5	0		155					0	329
叶*	8	1	9		0	0	174	0	0	0	0	26	130					0	304
刘*	3	0	3		0	0	54	0	16	4	12		160		2	1		50	264
张*	2	0			0	0	24	0	0	0	0	28	140		2	1		50	214
张*	2	0	2		0	0	366	0	4	7	0		55					0	91
周*	6	1	7		0	0	138	0	0	1	0	4	25					0	163
易*	10	1	11		0	0	210	0	6	10	0		80		1	1	1	80	370
万*	7	1	8		0	0	156	0	0	0	0	6	30		1	1	1	80	266
刘*	3	0	3		0	0	54	0	0	0	0		0					0	54
唐*	0	0	0	49	11	0	639	0	0	0	0		0					0	639
杨*	5	0	5	49	11	0	729	0	0	0	0		0					0	729
张*	28	8	36		0	0	744	0	4	18	4	8	170		2	1	1	100	1014
李*	40	9	49		0	0	990	0	8	21	0	8	185		3	1	1	110	1285
汇总	198	44	240	98	22	19	6492	0	84	105	60	100	1745	0	21	7	6	720	8957

表 4 绩效抢单工作统计表

姓名	凌晨操作（23:00-06:00）	巡视维护考核	两票考核	提前进站	会议	QC	PMS台账更改	数据收集资料统计	考勤	现场监护	迟到、早退	维修	着装	带电检测	维护记录考核	其他	辅助部分总积分
王*	5															7	360
陈*	4																120
叶*	4																120
徐*	1																30
叶*	1																30
刘*	2																60
张*	2									0.5							75
张*	0				−2	2	2		−0.5							3	135
周*	0								−0.5								−15
易*	5																150
万*	5																150
刘*	0	1					5	2	2	0.5						7	525
唐*	0															6	180
杨*	0															5	150
张*	3																90
李*	5								0.5								165
汇总																	2325

变电运维一班将基础绩效工资明细表、承包绩效工资明细表、工时积分明细表和最终月度绩效汇总表贴在站内"阳光班务，温馨小家"班务公开栏上公示，见图 2。

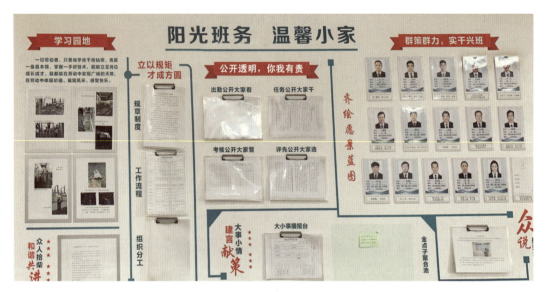

图 2　班内事务展示板

　　国网江西萍乡供电公司变电运维班在实行"2+2"模式绩效考核法后，员工工作积极性有了很大提高，同一班组最高绩效和最低绩效差距达到 2000 元；员工的薪酬收入与实际工作量的匹配度进一步提高，真正体现了多劳多得；同时设备缺陷隐患的发现率和及时率有了明显的提高，设备的跳闸率和非停率明显下降。国网江西萍乡供电公司 3 个变电运维班中有 2 个运维班获得省公司精益运维红旗班（站）称号，而全省 150 个运维班（站）仅有 15 个运维班（站）获评此荣誉。

　　报送单位：国网江西萍乡供电公司
　　编制人：周金菊　刘　荣　刘　斌　漆爱萍　刘　燕　黎　浩

41 运维班组员工绩效积分 At统计法
——提高工作积分录入及时性和评价准确性

> **导　入：** 近年来，如何切实做好"基层减负"工作，同时高效便捷开展绩效考核，成为基层绩效经理人管理的重点和难点问题。国网江西九江供电公司根据变电运维专业性质和专业特点，打造了一个基于 smart 原则的运维专业绩效积分实时分析系统，一键下拉，便捷操作，既提高了绩效管理效率，又不增加基层负担。

工具概述

运维班组员工绩效积分 At 统计法，采用"四位一体"全视角考核法，遵循 smart 原则（具备明确性、衡量性、可实现性、相关性和实时性），是基于为一线班组减负、为班组长提质、为员工精准评价而打造的实时监控日常工作的综合性绩效统计分析方法，其中 A 表示 accurately（准确地），t 表示 timely（及时地），At 表示（实时在线）。

适用场景：本工具适用于对变电运维班组员工的绩效考核。

实施步骤

运维班组员工绩效积分 At 统计法的实施步骤包括：确定班组绩效分配方案、搭建 Excel 积分平台。

（一）确定班组绩效分配方案

采用"四位一体"全视角考核法，将个人绩效考核分成了四个维度，分别是岗位绩效分、工作量化积分、综合评价积分和考核扣分，360°全视角对员工各项工作进行考核。考核扣分采取负分制，针对员工违反安全生产、文明生产有关规定、工作质量欠佳等情况进行扣分。

个人月度绩效＝岗位绩效＋工作量化绩效＋综合评价绩效＋考核扣分

（1）根据个人岗位设置岗位绩效分值。

（2）根据具体工作基础分、个人角色系数、变电站系数、电压系数、时间段系数设置工作量化绩效。

（3）根据班组成员劳动纪律、工作积极性等综合表现情况确定综合评价绩效。

（4）针对员工违反安全、文明生产有关规定、作业违章、巡视不到位、记录不完善等情况，给予考核扣分。

（二）搭建 Excel 积分平台

班长根据班组工作，遵循 smart 原则，综合考虑各类因素，与班组内全体成员共同确定所需录入平台的积分数据项、积分库，明确各项 KPI 分值，尽可能涵盖所有工作内容，确保操作方便，数据准确明了，可实时更新分数和排名。

1. 数据录入

（1）员工录入。平台数据录入基本上采用下拉式菜单，方便员工及时准确选择、录入工作时间、地点、人员、工作内容等信息。

（2）班长评定。班长在平台上对每条输入的数据进行审核评定，操作也采用下拉式菜单。

2. 逻辑计算

班组个人月度绩效采取的是工作积分制，平台中已设定运算公式，自动进行逻辑计算工作积分。

设定的主要逻辑运算公式为

月度绩效 = 岗位绩效分 + 工作量化分 + 综合评价分 – 文明生产扣分

工作量化积分 = Σ（单项工作量化积分 × 岗位系数 × 变电站系数 × 电压等级系数 × 时间段系数 + 协同工作分）

3. 评价结果

数据录入和逻辑计算后，平台中制作了子项显示和汇总显示。每录入一项工作，平台中的分数和排名会实时更新并动态显示，以数据说话，客观公正，让员工能实时了解自己的工作量和在班组中的绩效分数与排名情况。

经验心得

（1）在制定积分库标准时，应组织被考核人员进行协商讨论，达成一致意见。工作考核分的具体积分事项，应追求更高标准的绩效目标要求，以提升整体的工作质量。

（2）积分标准在推进过程中要根据工作难度、工作量、作业环境、角色系数等进行动态调节，坚持滚动修编更新，以适应各种新工作要求。

（3）绩效经理人（班组长）要充分掌握该绩效考核办法的思想和实施细则，做好客观公正地解释工作。推进过程中要在特定的时间开展员工对平台的评价，不断优化平台各项内容。

实践案例

国网江西九江供电公司于 2019 年 1 月实施运维班组绩效积分 At 统计法，对所属 6 个变电运维班组开展绩效考核评价，实现了考核结果客观公正，每月用于绩效评价的时间减少三分之二以上，工作效率明显提高，班组工作管理和绩效管理形成了有机互动、互相促进的良好态势。下面以变电运维四班为例进行展示。

（一）确定班组绩效分配方案

以 2019 年 3 月变电运维四班主值付 * 为例，其当月的绩效考核得分由四部分组成，分别为岗位绩效分、工作量化分、综合评价分、考核扣分（见表 1）。

表 1　　　　　　　　变电运维专业"四位一体"全视角积分标准

考核维度	积分类别	积分项目	积分标准	备注
维度一	岗位绩效分（30%）	岗位分	副班长 50 分，带班值长 46 分，值班长 43 分，正值 39 分，副值 35 分	根据工作电压等级（220、110、35、10千伏，其他）分别乘以 1.5、1.3、1.2、1.1、1.0 的电压等级系数，22：00 —次日07：00 的工作乘以 2.0 的时间系数，根据员工岗位分别乘以 1.25（副班长）、1.2（值班长）、1.15（正值）、1.1（副值）的岗位系数
维度二	工作量化分（60%）	巡维工作	全面巡视 30 分 / 次，例行巡视 6 分 / 次，熄灯、特殊巡视 4 分 / 次，专业巡视 10 分 / 次	
		操作票	操作人 0.3 分 / 项，监护人 0.1 分 / 项，值班负责人 0.1 分 / 项	
		工作票	一票许可、终结 5 分 / 张，二票签发、许可、终结 0.5 分 / 张，二票工作负责人、专责监护人 1 分 / 张	
		其他工作	除巡维、两票之外的工作，如发现隐患缺陷、统计排查、培训加班等工作，结合工作难度、工作量每次给予 1 ~ 20 分的积分	
维度三	综合评价分（10%）	劳动纪律	采取满分100分制，班长（副班长）根据班组员工日常综合表现打分	
		工作积极性		
		兼职工作		

续表

考核维度	积分类别	积分项目	积分标准	备注
维度四	考核扣分	安全目标	违反安全生产禁令扣 20 分 / 次，严重违章扣 10 分 / 次，一般违章扣 5 分 / 次	屡次出现同一问题考核翻倍
		工作质量	巡视不到位、记录不完善、缺陷未及时闭环等情况扣 5 ~ 10 分 / 次	
		文明生产	违反文明生产规定扣 5 ~ 10 分 / 次	

（二）搭建 Excel 积分平台

1. 岗位绩效分（39 分）

根据初始设置，付 * 岗位为变电运维四班主值，因此其岗位绩效分为固定分值 39 分，见图 1。

编号	姓名	岗位	值次	当月岗位分
YF001	熊 *	带班值长	1值	46
YF002	王 *	值长	1值	43
YF003	张 *	主值	1值	39
YF004	江 *	主值	1值	39
YF005	丁 *	副值	1值	35
YF006	金 *	值长	2值	43
YF007	蔡 *	带班值长	2值	46
YF008	邢 *	主值	2值	39
YF009	郭 *	主值	2值	39
YF010	李 *	副值	2值	35
YF011	李 *	带班值长	3值	46
YF012	余 *	副站长	白班	43
YF013	李 *	主值	3值	39
YF014	付 *	主值	3值	39
YF015	谭 *	副值	3值	35
YF016	王 *	值长	3值	43
YF017	郑 *	副站长	3值	50
YF018	郭 *	副值	1值	35
YF019	黄 *	非统计	白班	0
汇总				733.8

图 1　岗位绩效分

2. 工作量化分（109.96分）

工作量化分 = 巡维工分 + 工作票工分 + 操作票工分 + 其他工作工分 + 考勤工分

（1）巡维工分。付＊全面巡视3次，例行巡视1次，熄灯巡视4次，排名第9，合计工分231.847分，见图2。

2019年3月 巡维工分

编号	姓名	岗位	值次	巡视总次	全面巡	例行巡	熄灯巡	特殊巡	工作分	个人排名	占比
YF001	熊＊	带班值长	1值	17	3	4	9	1	329.868	第2名	8.91%
YF002	王＊	值长	1值	10	3	1	4	2	319.516	第3名	8.63%
YF003	张＊	主值	1值						95.988	第15名	2.59%
YF004	江＊	主值	1值	12	1	3	8		192.374	第11名	5.20%
YF005	丁＊	副值	1值	15	3	4	7	1	297.178	第6名	8.03%
YF006	金＊	值长	2值	18	2	4	11	1	305.832	第4名	8.26%
YF007	蔡＊	带班值长	2值	7	1	1	5		150.216	第13名	4.06%
YF008	邢＊	主值	2值	12	3	2	6	1	275.974	第7名	7.45%
YF009	郭＊	主值	2值	9	2	3	4		194.002	第10名	5.24%
YF010	李＊	副值	2值	6	2	2	2		165.852	第12名	4.48%
YF011	李＊	带班值长	3值	15	4	1	10		333.687	第1名	9.01%
YF012	余＊	副站长	白班							第18名	
YF013	李＊	主值	3值	7			6	1	117.951	第14名	3.19%
YF014	付＊	主值	3值	8	3	1	4		231.847	第9名	6.26%
YF015	谭＊	副值	3值	12	3	1	7	1	247.853	第8名	6.69%
YF016	王＊	值长	3值						67.167	第17名	1.81%
YF017	郑＊	副站长	3值	1			1		76.167	第16名	2.06%
YF018	郭＊	副值	1值	10	1	4	2		300.889	第5名	8.13%
YF019	黄＊	非统计	白班								
汇总	19								3702.36		100%

图2　巡维工分

（2）工作票工分。付＊一票许可3次，一票终结3次，二票许可16次，二票终结13次，排名第4，合计工分84.773分，见图3。

（3）操作票工分。付＊作为操作人0次，作为监护人131次，作为值班负责人131次，排名第3，合计得到工分81.254分，见图4。

（4）其他工作工分。将付＊发现的缺陷、隐患和临时安排的工作等进行累加后排名第3，合计得到工分300.087分，见图5。

2019年3月 工作票工分

编号	姓名	岗位	值次	一票许可	一票终结	二票签发	二票许可	二票终结	工作负责	专责监护	工作分	排名	占比
YF001	熊＊	带班值长	1值	4	4		9	8			91.565	第3名	10.75%
YF002	王＊	值长	1值	3	3		3	7			70.577	第6名	8.28%
YF003	张＊	主值	1值				1	1			22.702	第11名	2.66%
YF004	江＊	主值	1值	6	6		8	8			115.277	第1名	13.53%
YF005	丁＊	副值	1值								21.437	第12名	2.52%
YF006	金＊	值长	2值	1	2		9	8			54.80	第7名	6.43%
YF007	蔡＊	带班值长	2值	3	2		4	3			52.004	第8名	6.10%
YF008	邢＊	主值	2值	1	1		7	7			31.559	第9名	3.70%
YF009	郭＊	主值	2值				2	4			14.792	第16名	1.74%
YF010	李＊	副值	2值								10.94	第17名	1.28%
YF011	李＊	带班值长	3值	3	3		7	6	4		75.867	第5名	8.90%
YF012	余＊	副站长	白班				2	3			3.644	第18名	0.43%
YF013	李＊	主值	3值				4	4			26.387	第10名	3.10%
YF014	付＊	主值	3值	3	3		16	13			84.773	第4名	9.95%
YF015	谭＊	副值	3值								21.327	第14名	2.50%
YF016	王＊	值长	3值								21.327	第14名	2.50%
YF017	郑＊	副站长	3值	4	4	4	4				111.552	第2名	13.09%
YF018	郭＊	副值	1值								21.437	第12名	2.52%
YF019	黄＊	非统计	白班										
汇总	19			28	28	4	76	76	4		851.97		100%

图3 工作票工分

2019年3月 操作票工分

编号	姓名	岗位	值次	操作人	监护人	负责人	工作分	排名	占比
YF001	熊＊	带班值长	1值		92	124	50.056	第7名	4.96%
YF002	王＊	值长	1值		100	100	46.773	第9名	4.64%
YF003	张＊	主值	1值				16.749	第16名	1.66%
YF004	江＊	主值	1值	45	40	8	42.214	第11名	4.18%
YF005	丁＊	副值	1值	92			56.039	第6名	5.55%
YF006	金＊	值长	2值		58	58	26.666	第15名	2.64%
YF007	蔡＊	带班值长	2值		95	95	38.662	第12名	3.83%
YF008	邢＊	主值	2值	81	14	14	49.16	第8名	4.87%
YF009	郭＊	主值	2值	86			44.474	第10名	4.41%
YF010	李＊	副值	2值				11.354	第17名	1.13%
YF011	李＊	带班值长	3值				35.673	第13名	3.54%
YF012	余＊	副站长	白班					第18名	
YF013	李＊	主值	3值	48	37	37	68.303	第4名	6.77%
YF014	付＊	主值	3值		131	131	81.254	第3名	8.05%
YF015	谭＊	副值	3值	297			201.907	第1名	20.01%
YF016	王＊	值长	3值				35.673	第13名	3.54%
YF017	郑＊	副站长	3值	44	221	221	147.958	第2名	14.66%
YF018	郭＊	副值	1值	95			56.154	第5名	5.56%
YF019	黄＊	非统计	白班						
汇总	19			788	788	788	1009.07		100%

图4 操作票工分

2019年3月 其他工分

编号	姓名	岗位	值次	个人得分	值总分	协同分	工作分	排名	占比
YF001	熊 *	带班值长	1值	76.44	648.129	64.813	141.253	第11名	4.31%
YF002	王 *	值长	1值	150.67	648.129	64.813	215.483	第4名	6.58%
YF003	张 *	主值	1值	131.196	648.129	64.813	196.009	第6名	5.98%
YF004	江 *	主值	1值	98.777	648.129	64.813	163.59	第8名	4.99%
YF005	丁 *	副值	1值	90.20	648.129	64.813	155.013	第10名	4.73%
YF006	金 *	值长	2值	56.478	297.582	29.758	86.236	第17名	2.63%
YF007	蔡 *	带班值长	2值	61.89	297.582	29.758	91.648	第16名	2.80%
YF008	邢 *	主值	2值	85.905	297.582	29.758	115.663	第14名	3.53%
YF009	郭 *	主值	2值	24.648	297.582	29.758	54.406	第18名	1.66%
YF010	李 *	副值	2值	68.66	297.582	29.758	98.418	第15名	3.00%
YF011	李 *	带班值长	3值	75.70	799.119	79.912	155.612	第9名	4.75%
YF012	余 *	副站长	白班	467.679	467.679	46.768	514.447	第1名	15.70%
YF013	李 *	主值	3值	49.776	799.119	79.912	129.688	第13名	3.96%
YF014	付 *	主值	3值	220.175	799.119	79.912	300.087	第3名	9.16%
YF015	谭 *	副值	3值	117.355	799.119	79.912	197.267	第5名	6.02%
YF016	王 *	值长	3值	55.25	799.119	79.912	135.162	第12名	4.13%
YF017	郑 *	副站长	3值	280.863	799.119	79.912	360.774	第2名	11.01%
YF018	郭 *	副值	1值	100.846	648.129	64.813	165.659	第7名	5.06%
YF019	黄 *	非统计	白班		467.679				
汇总	19			2212.508		1063.908	3276.416		100%

图 5　其他工作工分

（5）考勤工分。付 * 共上倒班 10 天，合计得到工分 100 分，见图 6。

将上述分数求和后得到总工作量化积分为 797.961 分，付 * 工作量化积分在总工作量化积分中占比为 7.49%，折算得到工作量化分为 109.96 分，工作量化积分排名第 1，见图 7。

3. 综合评价分（13.589 分）

根据付 * 当月表现，班长对其工作态度和工作完成质量评价为 90 分，折算综合评价分为 13.589 分，见图 8。

4. 考核扣分（0 分）

付 * 当月未违反文明生产规定，未遗留布置的工作任务，考核扣分为 0。

综合以上得分进行求和，付 * 当月绩效考核评价为 163 分，排名第 2，见图 9，其当月绩效分数已超过值班长。

2019年3月 考勤工分

编号	姓名	岗位	值次	倒班天数	白班天数	工作分
YF001	熊*	带班值长	1值	10		100.00
YF002	王*	值长	1值	10		100.00
YF003	张*	主值	1值	10		100.00
YF004	江*	主值	1值	10		100.00
YF005	丁*	副值	1值	10		100.00
YF006	金*	值长	2值	10		100.00
YF007	蔡*	带班值长	2值	10		100.00
YF008	邢*	主值	2值	10		100.00
YF009	郭*	主值	2值	10		100.00
YF010	李*	副值	2值	10		100.00
YF011	李*	带班值长	3值	10		100.00
YF012	余*	副站长	白班		22	110.00
YF013	李*	主值	3值	10		100.00
YF014	付*	主值	3值	10		100.00
YF015	谭*	副值	3值	10		100.00
YF016	王*	值长	3值	10		100.00
YF017	郑*	副站长	3值	10		100.00
YF018	郭*	副值	1值	10		100.00
YF019	黄*	非统计	白班		22	
汇总	19			170	44	1810.00

图6　考勤工分

2019年3月 工作量化分

编号	姓名	岗位	值次	巡维	工作票	操作票	其他	考勤	工作积分	排名	占比	积分
YF001	熊*	带班值长	1值	329.868	91.565	50.056	141.253	100.00	712.743	第5名	6.69%	98.22
YF002	王*	值长	1值	319.516	70.577	46.773	215.483	100.00	752.35	第4名	7.06%	103.68
YF003	张*	主值	1值	95.988	22.702	16.749	196.009	100.00	431.449	第15名	4.05%	59.46
YF004	江*	主值	1值	192.374	115.277	42.214	163.59	100.00	613.455	第10名	5.76%	84.54
YF005	丁*	副值	1值	297.178	21.437	56.039	155.013	100.00	629.668	第8名	5.91%	86.77
YF006	金*	值长	2值	305.832	54.80	26.666	86.236	100.00	573.534	第11名	5.39%	79.04
YF007	蔡*	带班值长	2值	150.216	52.004	38.662	91.648	100.00	432.529	第14名	4.06%	59.6
YF008	邢*	主值	2值	275.974	31.559	49.16	115.663	100.00	572.355	第12名	5.37%	78.87
YF009	郭*	主值	2值	194.002	14.792	44.474	54.406	100.00	407.675	第16名	3.83%	56.18
YF010	李*	副值	2值	165.852	10.94	11.354	98.418	100.00	386.564	第17名	3.63%	53.27
YF011	李*	带班值长	3值	333.687	75.867	35.673	155.612	100.00	700.839	第6名	6.58%	96.58
YF012	余*	副站长	白班		3.644		514.447	110.00	628.09	第9名	5.90%	86.55
YF013	李*	主值	3值	117.951	26.387	68.303	129.688	100.00	442.329	第13名	4.15%	60.96
YF014	付*	主值	3值	231.847	84.773	81.254	300.087	100.00	797.961	第1名	7.49%	109.96
YF015	谭*	副值	3值	247.853	21.327	201.907	197.267	100.00	768.355	第3名	7.21%	105.88
YF016	王*	值长	3值	67.167	21.327	35.673	135.162	100.00	359.329	第18名	3.37%	49.52
YF017	郑*	副站长	3值	76.167	111.552	147.958	360.774	100.00	796.452	第2名	7.48%	109.76
YF018	郭*	副值	1值	300.889	21.437	56.154	165.659	100.00	644.14	第7名	6.05%	88.766
YF019	黄*	非统计	白班									
汇总	19			3702.36		1009.07		1810.00	10649.8		100%	1467.60

图7　工作量化分

2019年3月 综合评价分

编号	姓名	岗位	值次	打分	得分	排名	占比	积分
YF004	江*	主值	1值	90	90	第1名	5.56%	13.59
YF005	丁*	副值	1值	90	90	第1名	5.56%	13.59
YF006	金*	值长	2值	90	90	第1名	5.56%	13.59
YF007	蔡*	带班值长	2值	90	90	第1名	5.56%	13.59
YF008	邢*	主值	2值	90	90	第1名	5.56%	13.59
YF009	郭*	主值	2值	90	90	第1名	5.56%	13.59
YF010	李*	副值	2值	90	90	第1名	5.56%	13.59
YF011	李*	带班值长	3值	90	90	第1名	5.56%	13.59
YF012	余*	副站长	白班	90	90	第1名	5.56%	13.59
YF013	李*	主值	3值	90	90	第1名	5.56%	13.59
YF014	付*	主值	3值	90	90	第1名	5.56%	13.59
YF015	谭*	副值	3值	90	90	第1名	5.56%	13.59
YF016	王*	值长	3值	90	90	第1名	5.56%	13.59
YF017	郑*	副站长	3值	90	90	第1名	5.56%	13.59
YF018	郭*	副值	1值	90	90	第1名	5.56%	13.59
YF019	黄*	非统计	白班					
汇总	**19**			**1620.00**	**1620.00**		**100%**	**244.60**

图 8　综合评价分

变电运维四班　首页　巡维录入　工作票录入　操作票录入　其他录入　巡维工分　工作票工分　操作票工分　其他工分　考勤工分　工作量化分　文明生产分　综合评价分

2019年3月　**月度绩效**

变电运维四班　**2019年3月 月度绩效**

月度绩效前三：郑*　付*　王*

月度绩效后三：郭*　王*　李*

编号	姓名	岗位	值次	岗位分	工作量化	文明生产	综合评价	绩效	百分制	排名	占比
YF017	郑*	副站长	3值	50	109.755		13.589	173	100.00	第1名	7.07%
YF014	付*	主值	3值	39	109.963		13.589	163	94.22	第2名	6.65%
YF002	王*	值长	1值	43	103.678		13.589	160	92.49	第3名	6.53%
YF001	熊*	带班值长	1值	46	98.22		13.589	158	91.33	第4名	6.46%
YF011	李*	带班值长	3值	46	96.579		13.589	156	90.17	第5名	6.39%
YF015	谭*	副值	3值	35	105.883		13.589	155	89.60	第6名	6.33%
YF012	余*	副站长	白班	43	86.554		13.589	143	82.66	第7名	5.83%
YF018	郭*	副值	1值	35	88.766		13.589	138	79.77	第8名	5.63%
YF004	江*	主值	1值	39	84.537		13.589	137	79.19	第9名	5.61%
YF005	丁*	副值	1值	35	86.771		13.589	136	78.61	第10名	5.55%
YF006	金*	值长	2值	43	79.036		13.589	135	78.03	第11名	5.53%
YF008	邢*	主值	2值	39	78.874		13.589	131	75.72	第12名	5.37%
YF007	蔡*	带班值长	2值	46	59.605		13.589	119	68.79	第13名	4.88%
YF013	李*	主值	3值	39	60.955		13.589	114	65.90	第14名	4.64%
YF003	张*	主值	1值	39	59.456		13.589	112	64.74	第15名	4.58%
YF009	郭*	主值	2值	39	56.18		13.589	109	63.01	第16名	4.45%
YF016	王*	值长	3值	43	49.517		13.589	106	61.27	第17名	4.32%
YF010	李*	副值	2值	35	53.271		13.589	102	58.96	第18名	4.18%
YF019	黄*	非统计	白班								
汇总	19			733.8	1467.6		244.6	2447			100%

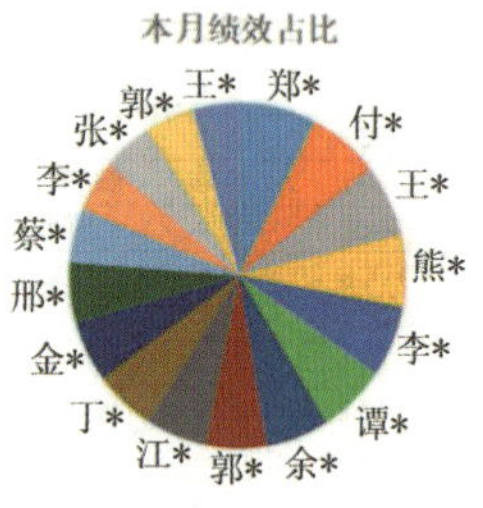

本月离散率：69.61%　合格

本月薪金倍比：1.2162　合格

图 9　月度绩效分

推行运维班组员工绩效积分 At 统计法后，基层站所员工仅需通过平台实时填报工作量，统计平台根据员工录入数据和审核人审核的结果，自动对所有记录进行逻辑计算和分类汇总，得到具体情况分析和统计结果，考核结果客观公正。班组长的绩效管理由统计工作量变为审核工作量，每月用于绩效评价的时间减少三分之二以上，工作效率明显提高。绩效管理工具在基层的应用激发了员工的工作积极性，充分体现了绩效管理奖优罚劣的导向作用。

报送单位：国网江西九江供电公司

编 制 人：黄 翔 吕雪松 余 萍 詹颖祺 黄建生

42 监控班"阳光赛跑"考核法
——激发班组员工争先意识

导 入： 班组绩效管理初期普遍存在评价标准的科学性、全面性不高的问题，评价结果不能客观准确反映员工业绩贡献，直接将评价结果与薪酬兑现挂钩，容易导致员工不认同，对绩效管理产生消极情绪。国网江西吉安供电公司引入监控班"阳光赛跑"考核法，把工作数量与质量均纳入积分标准，并将积分排名、绩效工资分配结果公示在"阳光下"，提升监控班班员工作责任感和积极性，有效激发班员争先意识。

工具概述

监控班"阳光赛跑"考核法，是将调度监控班组日常工作细化分类后赋予不同分值形成工时积分标准，经过"讨论—空转—过渡—运行"四个全员参与的程序，充分保证员工对评价标准的认同度，对考核结果进行公示，激励先进、鞭策后进。

适用场景：本工具适用于各地市级供电公司调度监控班组。

实施步骤

监控班"阳光赛跑"考核法实施步骤包括：全员参与制定积分标准、"空转"修订积分标准、引入"折算法"过渡、做实做细班组积分考核。

1. 全员参与制定积分标准

监控班全员根据日常工作进行讨论，细化为业务管理、培训管理、班组建设管理评分项目，差异化设置各类积分标准、统计频次和质量要求。

（1）业务管理。围绕监控班核心工作事项设立，进行加减分考核，包括值班管理、报表等日常工作。

（2）培训管理。围绕公司日常培训、师带徒、竞赛等事宜展开。该类工作数量相对较少，采取加减分方式。

（3）班组建设管理。围绕 QC 活动、资料整理等方面展开，原则上采用加分制。

2. "空转"修订积分标准

监控班利用 3 个月的时间对积分标准进行"空转"，仅记录各班员积分情况，对绩效工资换算结果进行公示，不与实际绩效工资挂钩。在试运行期间，班组多次开会讨论，反复对项目、质量要求、积分分值进行修改，直至获得一致认可。

3. 引入"折算法"过渡

监控班分为 4 个值实行两班倒制度，在"空转"试运行期间，发现不同值之间的积分差距很大，造成当月绩效工资相差 1500 元左右，班员的不满情绪日益严重。通过数据分析发现，造成差距的主要原因并非是班员工作失误、不够积极主动，而是轮班性质导致。积分标准中培训类和班组建设类并非常态化工作，业务管理类占主要部分，班员当值时遇到需处理的状况少就会造成当月绩效工资低的情况。考虑到监控班的特殊性和班员的接受情况，引入"折算法"进行平稳过渡。

折算法是指通过公式计算，将员工月度绩效得分 40% 与班员平均绩效挂钩，60% 与个人成绩挂钩。该方法仅在过渡期（一般为半年）内使用，用于缩小员工的绩效差距，让绩效考核方案能够平稳过渡，给班组员工一个适应调整的过程。

折算后员工月度绩效得分 =0.4×当月班组员工平均绩效得分 +0.6×当月

本人绩效得分

4. 做实做细班组积分考核

经过过渡期后，监控班"阳光赛跑"考核法正式投入运行。每月监控班班长按照"积分填报—积分复核—积分公示—绩效面谈—寻找差距—绩效提升"的程序管理，保证数据实时更新与透明化，每月评选出"赛跑冠军"树立模范，通过实时更新"积分榜"，有力激励班组员工工作积极性。

经验心得

（1）积分标准集体参与并获得认可。班组的积分考核标准要充分考虑岗位职责、工作强度、个人贡献等多重因素，在合理设置系数的基础上，确保公平、公正，具有可操作性，且必须全体员工共同参与制定并认同，给予一段时间的适应期，逐步调整至最优。

（2）畅通"绩效面谈"沟通机制。开展绩效积分考核前，必须做好员工的思想工作。每月对于积分落后降薪的员工，主动帮助查找不足，明确调整方向。

（3）严格执行公示制度。班组对绩效积分实时更新复核，班员可随时查看，每月对考核结果实行阳光公示，保证考核的公平、公正和透明。

实践案例

国网江西吉安供电公司于 2019 年 7 月实施监控班"阳光赛跑"考核法，提高了班组员工工作积极性，树立起"工资靠挣"的导向。

1. 全员参与制定积分标准

监控班全员根据日常工作进行探讨，制订出业务管理、培训管理、班组建设等 3 级 21 类绩效管理评分细则，见表 1。

表 1   绩效管理评分细则

一级工作分类	二级工作分类	三级工作分类	工作项目	适用班组	积分标准分值	积分统计频次	质量积分标准
业务管理	值班管理	全月出勤工分	日常值班	地区监控班	10	每值	每出勤一班（分白、晚班）得 10 分，休年休假（含疗养）每天得 10 分，出差每天得 5 分，班里安排加班每值得 10 分
		执行省调操作指令票	执行省调操作指令票	地区监控班	1	每次	执行一份省调操作指令票得 1 分，每发生一份指令票不合格的当值人员扣 2 分
		事故处理	正确进行异常处置、事故处理及事故跟踪	地区监控班	1	每次	每正确处理一起事故得 1 分（220 千伏开关得 2 分），每发现一次异常信号并处置得 1 分，错误的事故处理、异常处置每起正值扣 5 分，副职扣 3 分
		缺陷处理	缺陷跟踪闭环管理，并完善记录	地区监控班	2	每条	每正确完善登记缺陷一起得 1 分，每正确完善消缺流程一起得 1 分，缺陷未闭环管理或记录不完善的当值人员扣 2 分
	报表	运行方式核查	每月 27 日运行方式核查	地区监控班	2	每月	按要求完成个人得 2 分，不合格造成被省公司考核的扣 10 分
		值班日常报表	每日图像监控报表等报表	地区监控班	1	每值	按要求完成每种报表得 1 分，不合格扣 1 分
	无人值班管理	监控信息核对联调	核对遥信、遥测、遥控实传点数	地区监控班	1	每次	1 分 /100 点，以联调点表记录为准
		新设备移交	新设备投运移交，核对信号，做好光子牌信息	地区监控班	2	每次	按要求完成整站投运每次得 2 分，未完成不得分，造成考核的扣 5 分，单个间隔投运每次得 1 分

一级工作分类	二级工作分类	三级工作分类	工作项目	适用班组	积分标准分值	积分统计频次	质量积分标准
业务管理	无人值班管理	监控权移交	厂站工况退出，履行移交手续	地区监控班	1	每次	按要求完成每次得1分，未完成不得分，造成考核的扣5分
	其他工作	材料收集编写	方案、预案编写，数据收集	地区监控班	2	每次	方案编写、修订每种得2分，数据收集统计每次得1分
		加班	由于班上工作原因，需加班	地区监控班	2	每半天	10分/白天，半天得5分；10分/晚，半天得5分（涉及操作项不重复加分）
培训管理	日常培训	技术培训	按时参加班组技术培训	地区监控班	4	每月	全月得0分，每缺一次扣1分
		安全培训	按时参加班组安全活动	地区监控班	10	每月	全月得0分，每缺一次扣1分
	其他活动	参加活动	公开授课，参与中心及以上单位组织的各类活动代表班组性质	地区监控班	2	每次	每授课一次0分，每参加中心及以上单位组织的活动得1分
	师带徒	师带徒	兼职师带徒	地区监控班	5	每月	按要求完成带徒任务每月得3分，否则不加分，如果徒弟三个月后不能按时上岗则师傅每月扣3分，直至上岗
	竞赛	调考或竞赛	参加各类调考或竞赛并取得名次	地区监控班	2	每次	参加公司级1分，省公司级2分，国网公司级5分
班组建设管理	创新管理	QC活动	QC活动	地区监控班	5	每年	主持QC活动者全年包干加10分，参与者全年包干加10分，获得名次加分翻倍（一年仅加一次分）
		合理化建议	为班组工作提出合理化建议	地区监控班	3	每条	每条建议被公司采纳加1分，被省公司采纳加2分

一级工作分类	二级工作分类	三级工作分类	工作项目	适用班组	积分标准分值	积分统计频次	质量积分标准
班组建设管理	资料管理	资料整理	利用休息时间进行资料整理、录入等工作	地区监控班	2	每半天	每半天加5分
	日常管理	兼职担任"五大员"	"两长，五大员"人员	地区监控班	2	每月	每月加4分，未完成不加分，造成班上考核的扣5分
		撰写报道文章	撰写新闻报道并发表	地区监控班	2	每篇	每篇加2分

2. "空转"修订积分标准

对积分标准进行"空转"，仅记录各班员积分情况、绩效工资换算结果，不与实际工资挂钩。根据换算结果对积分标准进行讨论、修订。

3. 引入"折算法"过渡

过渡期引入折算法，平稳推进"阳光赛跑"考核法落地。

（1）积分填报复核。班员每日将积分情况上报，班长次日对每类工作积分情况联合系统数据进行汇总复核，见表2。

表2　　　　　　　　　　　监控班班组积分统计表

班员	王*							李*							...
项目日期	早中晚班	联调	远方操作	操作指令票	事故处理	缺陷处置	变电站操作	图像监控报表	早中晚班	联调	远方操作	操作指令票	事故处理	缺陷处置	变电站操作	图像监控报表
1日															
2日	10.5		1		2	1			10		1		2	1		

续表

班员	王*								李*								...
项目 日期	早中晚班	联调	远方操作	操作指令票	事故处理	缺陷处置	变电站操作	图像监控报表	早中晚班	联调	远方操作	操作指令票	事故处理	缺陷处置	变电站操作	图像监控报表	
3 日	10.5		5		5			1	10		5		5			1	
4 日																	
...																	
合计	176	17	90	6	45	13	74	4	168	17	90	6	45	13	74	4	
总计工分	220.41								总计工分	212.41							
全班总工分	1843.84																
第一周	总计工分	48.5							总计工分	46.5							
第二周	总计工分	47.4							总计工分	43.9							
...																	

（2）积分公示。将班组"积分榜"进行公示，班员进行核对并寻找自身差距，见表3。

表3　　　　　　　　　　　　监控班班组积分公示表

序号	班组	姓名	岗位名称	月工作积分	折算调整分数	其他分数	总计得分	备注
1	地区监控班	李*	副班长	218.47	213.482	2.00	215.482	政治学习员 +2
2	地区监控班	王*	值长	220.41	214.646	1.00	215.646	27 日报表 +1

续表

序号	班组	姓名	岗位名称	月工作积分	折算调整分数	其他分数	总计得分	备注
3	地区监控班	艾*	正值	212.41	209.846	0.00	209.846	
4	地区监控班	胡*	值长	205.06	205.436	0.00	205.436	
…								
平均分				206				

（3）折算法进行调整。本月监控班员工绩效平均得分为 206 分。以李 * 为例，按照修正法调整后得分为 0.4×206+0.6×218.47=213.482（分）。

（4）积分与薪酬联动兑现。员工绩效工资 = 班组绩效工资总额 / 班组当月积分总额 × 员工当月绩效得分。

4. 做实做细班组积分考核

过渡期后"阳光赛跑"考核法正式投入运行，实时更新"积分榜"，按月评选出"赛跑冠军"，激发员工争先动力，实施监控班"阳光赛跑"考核法后，监控班员工月度考核结果晒在阳光下，每名员工都能清晰地看到自己的考核结果，大大提升了监控员工作的主观能动性，以及监控各类信息的处置效率，并且各类记录更加规范完善。之前无人愿意担任的"两长，五大员"职责，员工也愿意主动担起职责。

报送单位：国网江西吉安供电公司

编 制 人：万 晨 胡庆晖 王军强 曾剑芳

43 "3+N" 绩效工资考核分配法
——解决运行班站绩效考核难题

导 入： 为解决员工薪酬收入平均主义、吃"大锅饭"问题，国网陕西渭南供电公司借助"3+N"绩效工资考核分配法，打破员工绩效工资靠个人岗位系数分配的传统考核模式，改变"干多干少一个样，干好干坏一个样"的现象，实现员工差异化绩效薪酬分配，有效解决运行班站绩效考核管理难题。

工具概述

"3+N"绩效工资考核分配法，是指在核定绩效工资分配中的基础绩效工资、班组对标绩效工资、工作积分绩效工资的基础上，班组结合自身特点，为业务中无法量化的工作及临时性工作制定其他专项工作考核形式，通过"3+N"扩展考核法，将考核与绩效工资分配挂钩，实现员工差异化绩效薪酬分配。

适用场景：本工具适用于运行班站一线生产班组。

实施步骤

"3+N"绩效工资考核分配法实施步骤包括：核定基础绩效工资、核定班组对标绩效工资、核定工作积分绩效工资、核定专项工作绩效工资。

1. 核定基础绩效工资

针对各种原因造成的班组人员编制与配置不符的情况，组织部依据每年省公司下达的内控核定定员进行核定，通过引入超缺员系数，降低超员班组人均绩效工资基数，增加缺员班组人均绩效工资基数，从而体现班组工作强度、效率的差异。

2. 核定班组对标绩效工资

将公司现有的业绩指标、同业对标指标分解至班组（员工），以指标结果作为考核依据，更客观、更清晰、更具体地指导班组工作，同时通过业绩考核指标带动管理、服务和效率提升，推动公司发展。

3. 核定工作积分绩效工资

在部门（单位）层面建立以标准工分为单位的衡量员工工作的绩效考核机制，将各班组之间相同且可以用时间衡量的工作，按照统一的劳动作业工时计量，将效率评价直观地体现在每一项任务的工分核算中，根据积分标准对应承担的责任，直接核算员工工作积分，实现班组管理工作从定性评价向定量分析的有效转变。

4. 核定专项工作绩效工资

班组结合自身工作特点制订独特的绩效考核方式，可以是设备主人制、停电计划执行情况、工作任务、偏远艰苦系数、考勤管理、综合评价考核或其他任何能够通过工作数量、工作效率、工作质量反映结果的一种或多种方式组合。

◎ 经验心得

（1）根据工作特点自由调整模块占比。各项考核比例要根据人员结构变化、工作重点变化等情况及时进行灵活调整。

（2）及时调整考核分值及对应金额。各班组应建立绩效工资"奖金池"，允许跨月调剂使用，原则上在当年度内分配完结，同时及时修订考核分值及对应金额。

（3）要做好员工绩效沟通。做好相关政策的宣贯及培训，让员工积极参与方案制订，多维度汲取建议，形成客观公正评价体系。

📝 **实践案例**

国网陕西渭南供电公司于2016年1月实施"3+N"绩效工资考核分配法，制定多维度考核标准，将运行班组员工绩效考核做实做精，实现了员工考核差异化。下面以2019年4月考核为例进行展示。

1. 核定基础绩效工资

依据定员定编标准，结合班组实际超缺员情况设置班组基础绩效工资系数，计算出绩效工资分配系数。

（1）实际人员配置与定员一致时，绩效工资分配系数＝班组人员岗位系数 × 班组现有人数。

（2）班组缺员时，绩效工资分配系数＝班组人员岗位系数 × 现有人数＋缺员人数 ×0.2。

（3）班组超员时，绩效工资分配系数＝班组人员岗位系数 × 现有人数－超员人数 ×0.1。

2019年4月绩效工资分配系数示例见表1。

表1　　　　　　　　　　2019年4月绩效工资分配系数示例

班组	定员	实际人数	缺员	现有人数	缺员调节系数	绩效工资分配系数
一班	21	17	4	17	0.2	17.8
二班	22	15	7	15	0.2	16.4
…						
合计	349	232	88.5	180	2.9	256.1

2. 核定班组对标绩效工资

围绕运维专业核心业务及工作流程梳理考核指标，形成以人均设备数量、安全工器具管理、设备缺陷管理、培训管理、PMS记录管理、计划管理、临时工作完成情况、安全信息事件管理、反违章管理、PMS台账及工单管理、设备运维管理、两票管理共12个指标69项数据为核心的"班组指标体系"。

由工区开展对班组指标、同业对标考核。通过班组重点指标考核得分、月度绩效工资基数、绩效工资分配系数，综合计算班组月度对标绩效工资。2019年4月对标指标结果示例见表2。

表2　　　　　　　　　2019年4月对标指标结果示例

班组	人均设备数量（共30分）胡*		安全工器具管理（共80分）孙*		设备缺陷管理（共80分）付*		培训管理（共60分）刘*		PMS记录管理（共80分）陈*		计划管理（共40分）付*		临时工作完成情况（共100分）张*		安全信息事件管理（共30分）刘*		反违章管理（共80分）刘*		PMS台账及工单管理（共120分）胡*		设备运维管理（共150分）董*		两票管理（共150分）刘*		得分（总分1000分）	排名
	得分	排名	得分	排名	得分	排名	得分	排名	得分	排名	得分	排名	得分	排名	得分	排名	得分	排名	得分	排名	得分	排名	得分	排名		
一班	30	1	80	1	80	1	60	1	80	1	40	1	101	7	30	1	80	1	120	1	120	12	150	1	971	12
二班	30	1	80	1	80	1	60	1	80	1	40	1	101	7	30	1	80	1	120	1	140	6	150	1	991	6
三班	20	15	80	1	80	1	60	1	80	1	40	1	100	14	30	1	80	1	120	1	135	10	150	1	975	11
四班	30	1	80	1	80	1	60	1	80	1	40	1	105	1	30	1	80	1	120	1	145	3	150	1	1000	9
五班	25	11	80	1	80	1	60	1	80	1	40	1	101	7	30	1	80	1	120	1	140	6	150	1	986	7

3. 核定工作积分绩效工资

采用实录工时法计量统计，由工作负责人依据工作票、操作票、巡视卡、作业卡及工作实际耗时情况对工作组成员进行统计。同时根据员工在该项工作任务中担任的角色进行角色系数修正：总工作负责人（值长）1.3、工作负责人（操作监护人）1.2、主要专责工（操作人）1.0、辅助工作成员（协助操作人员）0.9。由工区按月对班组操作票、工作票、工作日志等内容进行审核，结合班组工作积分标准，确定班组内所有员工月度工作积分总额（见表3）。

按照工作人员的总积分计算员工的月度绩效奖金，通过这种方法使得同一工种工作人员的奖金差距达到近 4000 元，实现多劳多得。

表3　　　　　　　　　　2019 年 4 月工作积分示例

班组	负责人	分值	内勤积分	外勤积分	总积分
一班	张＊	4.5	100	1776.6	1876.6
二班	史＊	4.5	210	1498	1708
三班	郭＊	4.5	100	2948	3048
四班	董＊	4.5	100	2014.62	2114.62
五班	张＊	4.5	100	1424	1524

4. 核定专项工作绩效工资

专项工作绩效工资是以《安全生产奖惩规定》为基础，对班组安全管理、生产管理、教育培训、竞赛调考、临时工作 5 个方面工作进行考核。设立统一的奖惩标准，每月根据各运维班组具体工作完成情况进行考核，奖励处罚到人，并纳入绩效工资分配管理中。

根据实际临时工作以及贡献度进行绩效奖惩，最终得到各班组专项工作绩效工资分配值，见表4。

表4　　　　　　　　　2019 年 4 月专项工作绩效考核示例

班组	奖励原因说明	奖励对象	金额（元）	单项合计（元）	合计（元）
一班	一班未及时整改 3 月月度检查遗留的问题	张＊	−100	−100	150
		张＊	−100	−100	
		张＊	−100	−100	

续表

班组	奖励原因说明	奖励对象	金额（元）	单项合计（元）	合计（元）
一班	辛市变电站 110 千伏 Ⅱ 母线停电	张＊	300	300	150
	4 月 18—19 日，一班现场检查并处理固市变电站 10 千伏 Ⅱ 母 YH 三相高压熔断器熔断异常	张＊	50	150	
		张＊	50		
		陈＊	50		
六班	六班认真核查保护压板投退准确性，确保保护装置可靠运行	党＊	200	100	1300
		陈＊	200		
		徐＊	200		
		白＊	200		
		翁＊	200		
	及时发现 1131 龙贾线隔离开关侧线夹有发热缺陷	骆＊	300	300	

根据"3+N"所得最终结果，计算当月各班奖金数值。其中基础绩效工资、班组对标绩效工资由人资部门、工区核定，专项工作绩效工资、工作积分绩效工资由班组员工累积。在各项已经加权的基础上，总奖金＝基础奖金＋对标奖金＋工作积分奖金＋专项工作绩效奖金。

班组按照工区核定月度绩效工资总额、班组员工对应的指标管理及重点工作职责分工、班组员工工作积分情况，开展班组内部二次考核分配。

通过实施"3+N"绩效工资考核分配法，2019 年 4 月变电运维缺员班组与超员班组之间考核系数差距为 0.325，人均兑现绩效工资最大差距达 1.34 倍，缺员班组较超员班组平均收入高出 1950 元 / 人，合理拉开了运维班组间与班组内部绩效工资分配的差距。

报送单位：国网陕西渭南供电公司

编 制 人：牛海萍　陈　瑞　王亚萍

第四章

电力营销考核工具

绩效考核（Performance Assessment），是绩效管理中的关键环节，是指考核主体对照工作目标和绩效标准，采用科学的考核方式，全面客观评定组织和员工的工作任务完成情况、工作职责履行程度和发展情况的过程。常见的绩效考核方法包括 KPI（关键业绩）、MBO（目标管理）、360 度考核、BSC（平衡记分卡）等。

国家电网有限公司经过长期实践，在上述考核方法的基础上，创造性地提出了适合自身实际的"关键业绩制""目标任务制""工作积分制"等考核模式。同时各单位在推进全员绩效管理过程中，按照"实用、适用、管用"的原则，因地制宜地优化、创新了多种绩效考核方式，充分发挥了绩效考核的激励约束作用。

本章针对电力营销考核，总结提炼了业扩工程全过程责任考核法、供电所业务集成化绩效平台、"棘手易错"业务抢单考核法等绩效工具共 25 项，引导各单位和各级绩效经理人通过科学考核，对员工的工作绩效、胜任工作岗位的程度作出客观评价，提升考核的针对性、公正性和认可度，促进考核更精准。

营配专业考核工具

44 业扩工程全过程责任考核法
——破解 10 千伏业扩工程提质提速难题

> **导　入：** 近年来，客户反映办电流程烦琐，主要症结在于业扩流程中各部门班组无法高效协同，缺乏相应的督办考核机制。国网浙江台州供电公司推行业扩工程全过程责任考核法，针对公司客户服务中心和承接 10 千伏业扩工程的产业单位所属各部门，进行"全过程、各环节、分角色"考核，破解了业扩工程提质提速难题。

工具概述

业扩工程全过程责任考核法，是通过细化项目分类，明确各环节时限标准以及责任单位／人，并设置关键指标，针对公司客户服务中心和承接用户工程的产业单位所属各部门（单位），进行"全过程、各环节、分角色"考核，并协同政府监管部门对分包单位等第三方单位进行评估监督。

适用场景：本工具适用于客户服务中心和承接 10 千伏业扩工程的产业单位所属各部门。

实施步骤

业扩工程全过程责任考核法实施步骤包括：梳理业扩报装全流程、明确考核责任、制订考核细则并组织实施。

1. 梳理业扩报装全流程

认真梳理业扩流程环节，推行一岗多责，按照"能并则并、能减则减"工作原则，最大限度地优化流程环节。将业扩工程全过程工作任务进行细分，统一内部操作标准，将任务落实到部门、落实到人。

2. 明确考核责任

从环节工作效率和工作质量两方面入手，结合业扩工程实际情况，按工程复杂程度对业扩工程进行分类，分别绘制业扩时限流程图。按照各环节时限标准倒排计划，明确各环节考核时限及考核责任单位 / 人；围绕"时限、质量、安全、客户满意度"设立相关关键指标，如图纸变更率、验收通过率、客户满意度等。

3. 制订考核细则并组织实施

（1）在现有绩效考核奖金划分出业扩报装工程专项奖金，并确定单个业扩工程基础奖金。

（2）按照工程不同类别，结合实际工作实践，设置不同难度系数 A_1、A_2、A_3、$\cdots$、A_n，制订标准化对照表。

（3）依据各环节对工程贡献度，针对业扩工程全过程的内部单位各环节责任人，经各责任部门讨论通过，统一设置环节责任人角色系数 K_1、K_2、K_3、$\cdots$、K_n。

（4）根据制订的关键指标奖扣细则，将考核结果与绩效考核奖金挂钩，加强考核力度。责任人月度专项绩效奖金 = $\sum A_n \times K_n \times$ 单个业扩工程基础奖金 + 关键指标奖扣金额。

◎ 经验心得

（1）确保内部环节分工明确。公司营销部作为业扩工程责任考核管理的主体，商定业扩工程所涉及的各环节、各部门分工，分类制订环节标准时限表，建立业扩工程环节责任管理机制和绩效考核办法，实现流程透明、制度完善。

（2）强化外部单位施工质量管控。针对第三方单位承接的用户受（送）电装置工程施工质量、电气设备运行安全状况等问题，建立电力行政执法常态化机制，发挥综合行政执法与电力企业等"1+N"联动机制，并邀请第三方监理单位对工程施工单位施工质量进行验收考评，保障电网安全稳定运行。

✎ 实践案例

国网浙江台州路桥区供电公司于2019年3月实施业扩工程全过程责任考核法，开展业扩工程绩效考核，解决了制约10千伏业扩工程提质提速的难题，提高了服务效率和客户满意度。下面以10千伏高供低计业扩项目为例进行展示。

1. 梳理业扩报装全流程

绘制高供低计业扩报装项目流程，见图1。

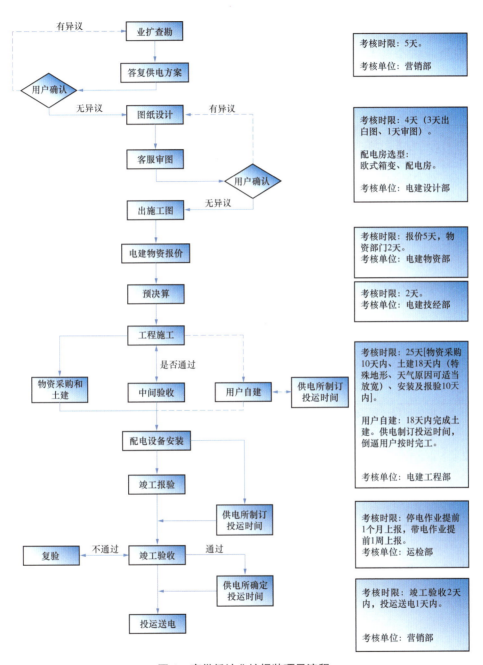

图 1 高供低计业扩报装项目流程

2. 明确考核责任

按照业扩全流程环节分别明确管控、实施部门（单位）责任分工，见表1。

表 1   业扩工程职责分工

部门（单位）	环节流程	职责分工
主业部门	客户服务中心营业班（窗口）	负责业扩报装受理、业务收费、竣工报验受理等用户资料收集受理及系统流程
	客户服务中心营业班（业扩）	负责现场查勘、供电方案答复、电气图纸审图、土建中间检查、电气设备验收、用电合同签订、工程投运等系统流程及工作环节
	客户服务中心计量班	负责互感器校验、装表接电等系统流程及工作环节
	客户服务中心用电检查班	负责临时用电销户、设备移装等系统流程及工作环节
	运维检修部	负责2000千伏安及以上高供高计、小区综合体现场查勘、电气图纸审图、接入电源点答复、投运会协调各部门工作等工作环节
	各供电所	负责现场查勘、接入电源点答复、中间验收检查、停送电计划上报、预付费合同签订、工程投运等工作环节
产业单位	电力建设公司设计部	负责电气、土建图纸设计等工作环节
	电力建设公司物资部	负责设备物资采购及报价等工作环节
	电力建设公司技经部	负责工程（预）决算等工作环节
	电力建设公司工程部	负责土建施工、配电设备安装、中间验收检查等工作环节
	电力建设公司客服部	负责用户咨询、业扩工程环节对接、用户满意度评价等工作环节

3. 制订考核细则并组织实施

（1）制订关键指标考核奖扣细则，部分示例见表2。

表 2   业扩工程关键指标考核细则示例

关键指标	奖扣内容
单个高压业扩时长责任人考核	对超期环节责任人进行考核，每起扣300元
现场踏勘到岗率考核	按到岗数量，对责任人进行考核，每起扣200元

关键指标	奖扣内容
供电方案答复变更率考核	按变更数量，对责任人进行考核，每起扣600元
典型设计图纸返工率考核	按返工数量，对责任人进行考核，每起扣300元
物资报价及时率考核	按工程数量，对责任人进行考核，每起扣300元
物资到货及时率考核	按工程数量，对责任人进行考核，每起扣200元
停电计划、带电作业计划考核	每月度按延期数量，每起扣200元
预决算准确率考核	按返工数量，对责任人进行考核，每起扣300元
装表接电准时率考核	按客户要求接电准时率，每起扣200元
高压业扩满意度考核	每月度按不满意工单数量，每起扣500元；每季度按满意率排名，前三名分别奖励1000、800、500元

若发生因天气等不可抗力因素造成带电作业计划延期的，或因用户用电需求变更，要求暂缓投运的，对当前施工环节免于考核。环节责任人月度专项绩效奖金 $= \sum A_n \times K_n \times$ 单个业扩工程基础奖金 + 关键指标奖扣金额。

（2）组织开展评价。以单个高压业扩时长责任人考核为例，按照每起扣300元，对超期环节责任人进行考核。单个10千伏业扩项目时长，取数来源于营销精益化管控平台，直接兑现责任人。高压业扩时限表（标准化作业）见表3。

表3　　　　　　　　　　高压业扩时限表（标准化作业）　　　　　　　单位：天

部门（单位）		客户服务中心	产业单位					客户服务中心		主业时长	产业单位时长	合计时长
			设计部		物资部	技经部	工程部						
流程环节		受理→答复供电方案	设计	审图	物资报价	预决算	土建施工	电气安装	验收	投运			
临时用电	双杆	5	2	1	2	2	10	3	1	1	7	20	27
	租赁							4				21	28

部门（单位）		客户服务中心	产业单位						客户服务中心		主业时长	产业单位时长	合计时长
			设计部		物资部	技经部	工程部						
流程环节		受理→答复供电方案	设计	审图	物资报价	预决算	土建施工	电气安装	验收	投运			
高供低计	箱变（250、315、400千伏安）	5	2	1	2	2	10	4	1	1	7	21	28
	配电房		3		3		18	10				37	44
高供高计	箱变（500、630千伏安）	7	5	1	3	2	15	15	2	1	10	41	51
	配电房						23					49	59
小区和综合体		10	50	10	10	7	45	25	3	2	15	147	162

以上环节标准时限表主要针对公司客户服务中心和承接用户工程的产业单位所属各部门（单位）进行考核，产业单位对工程分包第三方单位通过合同约定等方式进行二次考核。本考核时限不包括土建由用户自行施工的情况。

（3）考核兑现。每月汇总业扩工程考核明细和考核结果，通过邮件发送至各环节责任部门，提供申诉时间。由营销部召开业扩例会审议责任环节是否可豁免。公司绩效考核会通过后，兑现业扩考核专项奖金。单个业扩工程基础奖金设定为 200 元，员工本月业扩专项绩效奖金 $=200 \times$ 角色系数 $K_n \times \sum A_n$。该公司 2019 年 5 月业扩工程专项考核情况见表 4，该月获得专项绩效激励最多的员工比最少的多 548 元（666–118=548）。

表4   2019年5月业扩工程专项考核表

姓名	环节职责	角色系数 K_n	工程难度系数 A_n	关键指标奖扣金额	业扩专项绩效奖金（每分200元）
王*	受理→答复	0.9	3.7		666元
吴*	线路设计	1	2.8		560元
吴*	变电设计	1.1	1.9	系统超时扣罚300元	118元
洪*	审图	1	2.7		540元
牟*	物资报价	1.1	1.9		418元
胡*	预决算	1.1	1.9		418元
王*	电气安装	1.1	1.9		418元
王*	验收、投运	1.1	2		440元
蒋*	客户经理	1	2.8	业扩满意度考核扣100元	460元

国网浙江台州路桥区供电公司2018年业扩全流程时长为44.41个工作日，从业务受理到供电方案答复为3.31个工作日，用户意向接电时间准确率为98.83%；2019年3月开始应用业扩工程全过程责任考核法后，2019年业扩全流程时长为28.79个工作日（同比下降35.17%），供电方案答复为3.11个工作日（同比下降6.04%），用户意向接电时间准确率为98.94%（同比提升0.11%）。

报送单位：国网浙江台州供电公司
编 制 人：王振坤 张振东 张学鹏 陈章祥 郑羽希

45 供电服务抢派单考核法
——激发营销专业员工主动性

导　入： 在班组工作中，人员缺乏、效率不高，员工绩效与薪酬挂钩不明显，动能不足，员工提升技能主动性不够，成为制约班组绩效提升的关键。国网辽宁沈阳浑南区供电公司通过智能化抢派单服务App，实施供电服务抢派单考核法，提升了员工能力业绩与薪酬收入的匹配度，激发了员工干工作、提素质的主动性。

工具概述

供电服务抢派单考核法，是将所有的工作进行工单化处理、流程化运转，通过划定工作类别、细化工作等级、划分客户经理等级，并设计工作任务交互流程，由管理组发布任务，实施组受理任务并完成工作，产生响应绩效积分。管理组根据绩效积分设置标准，对员工在一个绩效考核周期内的抢派单完成情况和奖惩情况进行分值计算，依据获得的积分进行奖金兑现，提升绩薪匹配度，激发员工"抢着干"的积极性。

适用场景：本工具适用于供电服务类一线班组、供电所。

实施步骤

供电服务抢派单考核法实施步骤包括：开发"抢派单制"软件系统、划分工单类型、确定工单分级及客户经理级别、绩效积分兑现。

1. 开发"抢派单制"软件系统

开发"抢派单制"软件系统后台端，将所有的工作录入系统并通过工单的形式进行派发。

开发"抢派单制"软件系统手机端，员工可以使用该手机软件进行自由抢单。新型抢派单智慧服务系统界面见图1。

图1　新型抢派单智慧服务系统界面

2. 划分工单类型

管理组根据工单难易程度及质量要求等因素划分为普通工单、问题工单和团队工单。

（1）普通工单是将具体工作任务按照既定规则转化而成的工单。一至五级难度的工单对应3~7分的基础分。

（2）问题工单是现场处理有难度、有疑点，普通员工未能在规定时间内处理解决，需技术水平较高人员处理的工单。积分要加入难度系数权重。

（3）团队工单是单人无法完成，需要两人以上协作完成的工单。积分按承担工作量多少进行分配。

3. 确定工单分级及客户经理级别

（1）按照工单的难易程度及工作质量要求将工单分为一至五级，对应不同积分值。

（2）按照客户经理技能水平划分为一至五级5种级别，每一级的客户经理可以抢派自己当前等级及以下任务。例如：一级客户经理可以抢派一级任务，二级客户经理可以抢派一级和二级任务，以此类推。

（3）设定抢派单奖励系数，抢单为1.2，指派为1.0。

4. 绩效积分兑现

（1）绩效积分规则如下：

普通工单绩效积分 = 工单分值 × 抢派单奖励系数 × 服务奖励系数

其中：服务奖励系数要根据管理组对每次工单完成后员工服务情况给出对应评价，分别为服务优秀1.1、服务良好1.0、服务有待提升0.9。

问题工单绩效积分 = 工单分值 × 工作难度奖励系数 + 奖惩积分

团队工单绩效积分 = 工单分值 × 所需人数 ×（当前人员级别系数 / 人员总级别系数）

其中：一级客户经理系数0.5，二级客户经理系数0.6，三级客户经理系数0.8，四级客户经理系数1.2，五级客户经理系数1.6。

（2）员工保留基数为 K_1 的基本奖金，其余奖金收入均通过绩效积分进行兑换，即1积分对应 K_2 元。

$$绩效奖金 = K_1 + 绩效积分 × K_2$$

经验心得

（1）助推任务完成。通过"抢派单制"的应用促使公司与员工的目标达成一致，实现工作任务由"没人干"到"抢着干"，提高员工工作热情，提升公司运转效率。

（2）助力个人成长。利用云端大数据库，公司从每一位员工完成各工单类型的数量、工单完成时长、工单完成质量及团队对其工作情况的认可程度等方面出发，对员工进行深度剖析，挖掘员工自身的闪光点，判断其发展方向。

（3）辅助上层决策。利用信息化、平台化、智能化系统，通过故障类任务的统计分析找到电网的薄弱环节，辅助决策，精准投资，改善网架结构，提升供电可靠性；精准分析负荷增长情况，缩短用户与电力公司的距离，科学开发市场，做好"电管家"。

📝 实践案例

国网辽宁沈阳浑南区供电公司于2016年5月实施供电服务抢派单考核法，实现了员工工作状态的实时监控、工作积极性的充分调动，并提高了企业管理效率效益和客户满意度。下面以自贸区供电所为例进行展示。

自贸区供电所共有职工22人，其中管理组人员3人，客户经理15人，其余工作人员4人。供电服务抢派单考核法的主要应用对象为所内的客户经理，其具体做法如下：

1. 开发系统录入工单

将所有的工作录入系统并通过工单的形式进行派发。

2. 确定工单分级（分值）及客户经理等级

以普通工单为例，将常规任务分成33类、五个等级。具体工单等级及对应的工单分值见表1。

表1　　　　　　　　　　　普通工单分类明细

序号	工单等级	评定依据	工单名称	工单分类定义	工单分值
1	一级	外部	欠费复电登记	受理客户交清欠费后要求恢复供电的业务诉求	3

序号	工单等级	评定依据	工单名称	工单分类定义	工单分值
2	一级	外部	表计封印装拆	受理客户需要供电企业对供用双方计费电能表封印进行拆封的业务诉求	3
3			远程应急送电申请	受理居民客户远程应急送电申请	3
4			电力短信变更	受理客户新增、变更、取消电力短信的诉求	3
5		内部	整理班组资料	整理、汇总班组相关活动资料	3
6			修改系统图	将单线图变动部分在系统图中做相应修改	3
7			修改 PMS2.0、GIS 等基础数据	修改 PMS2.0 基础台账、GIS 图形等工作	3
8			协同三级以上人员进行线路巡视	配合三级以上人员进行线路巡视工作	3
9	二级	外部	抄表数据异常	受理客户反映抄表数据与历史数据比较存在较大差异，或引起电量突增、突减，要求核实的业务诉求	4
10			预约抄表	受理客户未到抄表例日，因出租、出售等原因要求配合抄表的业务诉求	4
11			校验电能表	受理客户申请对电能计量装置进行校验的业务诉求	4
12			低压业扩报装预受理	受理客户低压新装、增容业扩报装业务	4
13		内部	故障处理（简单）	故障现象明显，易于发现，不可以现场处理	4
14			10 千伏电缆运维	简单隐患	4
15			撰写班组文件	撰写班组各种方案、汇报材料等	4
16			故障处理（复杂）	故障现象明显，易于发现，可以现场处理	4
17	三级	外部	巡线	进行两人以上巡线工作，并作为主巡线员	5
18			电能表异常	受理客户反映电能表出现潜动、表快、死机、报警、不走字、显示异常、怀疑接错线等，要求处理的业务诉求	5

续表

序号	工单等级	评定依据	工单名称	工单分类定义	工单分值
19	三级	外部	客户侧用电需求侧配合	受理客户需要供电企业配合客户侧施工断开供电电源、打开或封闭供电电源、打开或封闭供用电双方计费电能表表箱进行处理的业务诉求	5
20			供电企业供电设施消缺	受理客户告知的供电设施存在树障、电杆倾斜、拉线断线、电力设施搭挂、电力井盖轻微破损等安全隐患情况	5
21			10千伏保护	保护的整定，现场调试	5
22		内部	巡线	进行单人巡线	5
23			整理设备资料	对设备卡片进行整理、汇总，并对其是否符合现场设备情况进行核查	5
24			工程资料整理	对新增、技改、大修工程资料进行汇总、整理，并进行设备卡片填写工作	5
25	四级	外部	简单的带电作业	用户带电接引送电，带电摘除异物	6
26			电力施工后废弃物清理及地面恢复	受理客户反映电力施工结束后，现场仍有废弃物或者破损路面未及时恢复的业务诉求	6
27		内部	协调当地政府的征地审批业务	协调沟通，了解电网结构	6
28			大型故障查找	进行大型故障查找	6
29	五级	外部	路灯报修登记	受理客户路灯报修的业务诉求	7
30			3000千伏安以下的方案审批	实现业扩业务一步到位	7
31		内部	担任工作负责人	能正确组织工作，检查现场安全措施正确完备，对工作人员明确告知危险点、安全措施、工作任务等相关信息，监督工作人员正确使用劳动防护用品和安全工器具。关注工作人员身体及精神状态是否正常，人员变动是否合理	7
32			担任工作票签发人	确保工作必要性和安全性，所列安全措施正确完备，所派人员适当、充足	7
33			电网规划、设计	对电网规模进行分析，明确电网薄弱环节，合理设计，确保电网稳定运行	7

根据前期评估将所内客户经理同样划分为五个等级，任务难度系数越高，所对应的客户经理等级越高，见图2。

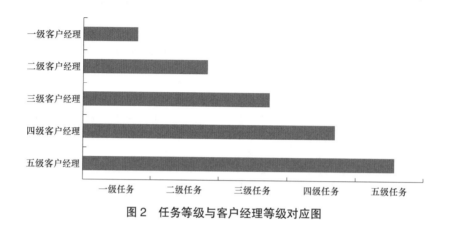

图2　任务等级与客户经理等级对应图

自贸区供电所内共有一级客户经理4人（A、B、C、D）、二级客户经理4人（E、F、G、H）、三级客户经理3人（I、J、K）、四级客户经理2人（L、M）和五级客户经理2人（N、O）。

3. 开展日常抢派单考核及兑现

当一个巡线工单生成时，系统判断该工单为普通工单，且为三级任务。当派单人员将此工单发布至新型抢派单智慧服务系统后，四级客户经理M抢了该工单，完成该项任务后，经外部评定，此项工作服务奖励系数为1.1，则得分情况为：$5 \times 1.2 \times 1.1 = 6.6$（分）。

以客户经理M为例，在一个绩效考核周期内，系统通过计算可得其绩效积分为64.8分，见图3。

根据供电服务抢派单考核法，自贸区供电所制订配套奖惩制度，通过计算一个绩效考核周期内客户经理的抢派单情况，对其进行绩效积分兑现。

自贸区供电所在应用新型管理模式后，人员管控力度与服务能力得到提升，人员故障发现时长平均缩短2小时，到达现场时长平均缩短20分钟，客

图 3　一个绩效考核周期内客户经理 M 的绩效积分

户投诉由 2013 年的 29 件减少至 2016 年的 12 件，客户满意度大幅度提升，较比原来提升 30%。同时推进了公司大数据的应用，利用"互联网 +"新技术，强化了设备管控力度，实现了"隐患早知道，故障早解决，用户无感知"的服务理念，并通过线上和线下两个渠道，实现"线下主宣传，线上主办理"的工作管理方式。

报送单位：国网辽宁沈阳供电公司
编 制 人：邵春锋　陈　亮　耿　威　白　韬
　　　　　孙　亮　张维宁　孙佳琪

46 营销专业"千分制"考核法
——提升营业及电费专业一线员工考核有效性

> **导　入**：营业及电费专业一线员工，是企业形象的第一宣传人，是优质服务的第一责任人。如何对一线员工进行有效的考核和激励，一直是基层营销单位的努力方向。国网吉林四平供电公司结合基层员工实际情况，设计了营销专业"千分制"考核法，以1000分为基数，制订更细致的考核项目，每项工作设置更高的加减分值，强化了员工对得分的"感观差距"，使考核更加精准高效，对员工行为起到了很好的约束和激励作用。

工具概述

营销专业"千分制"考核法，是指以1000分为个人绩效基础分，每加减1分对应绩效奖罚若干元，采取"积分管理、按分定酬"的方式，对营业及电费专业一线员工进行考核和兑现的一种模式。

适用场景：本工具适用于营业及电费专业人员。

实施步骤

营销专业"千分制"考核法实施步骤包括：制订考核指标体系、成立绩效经理人团队、汇总和公示考核结果、按结果兑现员工奖金。

1. 制订考核指标体系

制订覆盖营业及电费室全专业、全体员工及全部工作任务的"三全"考核指标体系，邀请各级、各类员工代表全过程共同参与，充分征求意见，指标和积分体系经确定公示，得到全体员工认可后再开展实施。

2. 成立绩效经理人团队

成立绩效经理人团队，针对每条考核项目设置明确的考核责任人，使每名绩效经理人充分知晓自身的职责所在，建立绩效经理人"一站式"负责制，及时跟进考核落实过程中的各项事宜。

3. 汇总和公示考核结果

绩效经理人如实记录员工每月工作完成情况，月底公示员工得分及加减分明细，全体员工互相监督考核执行情况，保证考核的公平、公正。

4. 按结果兑现员工奖金

员工考核得分确认无疑后，根据得分计算员工绩效奖金。员工加减 1 分对应奖罚 N 元（N 值可以根据各单位工资实际水平自行设置）。

绩效奖金 = 当月奖金基数 × 员工系数 + 千分制奖罚额。其中：当月奖金基数 =（部门或工区等组织绩效奖金总额 − 所有员工当月加扣分之和 × N 元 / 分）/ 员工系数之和；员工系数根据员工岗位确定（岗位变动系数随之变动）；千分制奖罚额 = 员工个人月度加扣分 × N 元 / 分。

说明：当月奖金基数每月动态调整，与组织绩效得分以及每名员工的加减扣分密切相关。

◎ 经验心得

（1）建立完善的指标体系是前提。考核体系由全体员工共同参与制订，考核尺度在不同岗位、不同专业间相对均衡，员工对考核标准达成共识，是考核真正发挥激励约束作用的前提。

（2）落实绩效经理责任制是关键。绩效经理人作为考核的第一责任人，通过建立绩效经理人"一站式"负责制，促使其充分发挥绩效经理人履职能力，实事求是地评价员工表现，激发员工活力，是考核落地的重要保障。

（3）推动全员绩效监督机制是核心。考核明细按月公示，全体员工均可对结果进行监督，大大减少了考核造成的矛盾，员工对结果认可度越高，寻找自身短板、向绩优员工学习的意向越明显，是考核成效显著的途径。

实践案例

国网吉林四平供电公司于 2016 年实施营销专业"千分制"考核法，通过得分体现工作业绩、核算奖金并及时兑现奖罚，增强了员工对考核的重视程度，整体认可度较高。下面以营业及电费室为例进行展示。

1. 制订考核指标体系

将营业及电费室专业内所有业务活动进行分类，按不同类型分别制定考核标准，分为专业工作考核（见表 1）、通用工作考核（见表 2）、台区管理考核（见表 3）、优质服务考核（见表 4）。根据年度公司的重点管理方向进行调整，其中 2019 年的指标体系包括专业工作考核 17 类、通用事项考核 10 条、台区管理考核指标 13 个、优质服务考核 8 条。

表 1　　　　　　　　　　　专业工作考核分类

序号	专业分类	具体类别
1	一线员工	高压用电检查员、高压检查班长
2		营业员、营业班班长
3		核算发行员、核算发行班长
4		电费账务员、电费账务班长
5		采集员、采集运维班长
6		抄表员、抄收班长

序号	专业分类	具体类别
7	综合管理	人资管理员、综合管理员
8	专业管理	合同管理、服务专责、线损专责

表 2　　　　　　　　　　　　　　通用工作考核指标

序号	考核标准
1	迟到、未签到、请假均扣 10 分 / 次。内勤人员及班长迟到扣 1 分 / 次，请一天假扣 10 分 / 次
2	脱岗、早退、因故未参加会议及其他集体活动，扣 2 分 / 次
3	按值日轮流表做好值日工作，未履行责任，扣 2 分 / 次
4	因故不能上班，且未请假者，扣 20 分 / 次
5	工作期间，内勤人员临时事假必须向班长申请，未经批准视为早退，扣 10 分 / 次
6	班长每天负责检查本班组卫生情况，发现不合格，扣 5 分 / 次
7	因故不能按时签到，班长必须向主管领导请假，其他人须向班长请假。请假单须在当月月末前由批准人签字，送达人资管理员，方可生效，过期按旷工处理
8	工作中不听从指挥，不服从分配，不能按要求完成工作任务，视情节扣 10~30 分 / 次
9	下班后检查门窗是否关好、是否有火灾隐患等问题，发现问题及时汇报，发生上述失职行为，视情节扣 10~50 分 / 项
10	每月 3 日前全体人员必须补齐休假手续，过期纳入考核

表 3　　　　　　　　　　　　　　台区管理考核指标

序号	考核项目	考核标准
1	抄表例日 100% 无串动	未按抄表例日抄表，每册扣 50 元（5 分）。班长负连带责任，每册扣 10 元（1 分）
2	实抄率达到 100%	未实抄表或非正常原因划零，居民每户扣 20 元（2 分），非居民每户扣 30 元（3 分），100 千伏安及以上用户每户扣 50 元（5 分）
3	电价执行正确率达到 100%	所辖台区客户电价执行错误，每户扣 50 元（5 分）

序号	考核项目	考核标准
4	退补工单原因正确率达到100%	非正常原因造成减额退补工单，居民每户扣50元（5分），非居民每户扣100元（10分）。班长负连带责任，居民每户扣10元（1分），非居民每户扣20元（2分）
5	台区用户无违章、窃电	发现违章、窃电户，每件扣5分。自己检查发现并按规定处理的每户加10分
6	台区计量箱体完好率达到100%	及时上报计量箱体缺陷，每个计量箱加5元（0.5分）（每个箱体只加一次）。台区表人为损害或计量不准，每个扣500元（50分）
7	采集故障表处理及时率达到100%	未完成处理采集故障表，居民每块表扣10元（1分），非居民每块表扣20元（2分）。连续两个月未换表的用户将加倍扣罚
8	营销系统处理工单质量合格率达到100%	工单质量不合格、信息填写错误、超期，每件扣50~100元（5~10分）
9	新装用户验收准确率达到100%	新装用户未按规定验收，发生串表、表号不符、TA变比错误、计量装置接线错误、开关无合格证、表箱无锁、封印缺失等情况，每件扣50元（5分）
10	台区同期线损达标率90%	达到标准的每人每月奖励600元（60分）。班长、副班长每人每月奖励120元（12分），检查员每人每月奖励100元（10分）
11	采集率达到99.65%及以上	达到标准的每人每月奖励300元（30分），班长、副班长每人每月奖励120元（12分），检查员每人每月奖励100元（10分）
12	优质服务指标	台区内发生有责任投诉，每件次扣1000元（100分）。班组内发生有责任投诉，每件次扣罚班长500元（50分）
13	电费回收必须月清月结	在规定时限内（未跨月）结账的，每人每月奖励300元（30分），班长每月奖励120元（12分）；当月未结账并且未按规定对用户采取停电措施，每人每月扣罚1000元（100分），班长每月扣罚1200元（120分）

表4 优质服务考核指标

序号	考核标准
1	对私自停电，松动电线，事后狡辩开关跳闸的，经核实后每户扣100元（10分）
2	不管何种原因，换表前未通知客户，没有让客户确认表底数签字的，每次扣罚责任人1000元（100分）。工作人员承诺客户却未做到，或未按约定时间履行承诺的，每次扣罚责任人1000元（100分）

序号	考核标准
3	客户缴清电费后 24 小时未给予恢复供电的，每次扣罚责任人 1000 元（100 分）
4	在下达催费通知时，必须使用单位统一印刷版本的温馨提示单，禁止私自粘贴白条。一经发现每户扣 100 元（10 分）
5	远采集抄的用户，抄表时间和周期与系统中不一致的（报备更改日期的除外），每次扣罚责任人 1000 元（100 分）。远采集抄的用户，客户反映连续用电，但 3 个月及以上（包含 3 个月）抄表数据为 0 的，每次扣罚责任人 1000 元（100 分）
6	发生属实有责投诉，但能够配合服务专责做成不属实投诉，并审核通过的，每次扣罚责任人 500 元（50 分），每次扣罚班长 200 元（不扣分）；发生属实有责投诉，且未能做成不属实投诉的，每次扣罚责任人 1000 元（100 分），每次扣罚班长 500 元（不扣分）
7	营业大厅工作人员在未到下班时间，以结账为由，拒绝为客户办理业务的，每次扣罚责任人 1000 元（100 分）
8	向客户乱收费，收取的费用与系统中对应的收费项目不相符的，每次扣罚责任人 1000 元（100 分）

2. 成立绩效经理人团队

营业及电费室成立了以主任、书记、副职领导、管理专责及班组长为成员的绩效经理人团队，作为绩效考核的主体对所属员工进行考核。明确规定每名绩效经理人负责考核的对象、考核内容、权利及义务、考核尺度，形成以绩效经理人团队为主体的"一站式"负责制。绩效经理人团队成员如实记录被考核员工每月工作完成情况，对考核结果负责，对员工申诉进行解释，做员工绩效的第一"管理者"和"辅导者"。

3. 汇总和公示考核结果

绩效经理人团队对员工月度工作完成量与完成质量进行登记，对照考核体系汇总每名员工月度得分，并标记考核人（见表 5）。在公示期绩效经理人对考核结果负有解释责任，实现绩效管理公开、透明。

表 5　　　　　　　　　　　　部分员工考核结果示例

序号	姓名	岗位	扣分项			加分项			当月得分
			扣分说明	考核人	扣分	加分说明	考核人	加分	
1	刘＊	抄表员	未换表1块	厚＊	1分	当月电费在规定时间内结账；监测率完成93.54%；采集率完成99.77%；台区达标率达到95%	刘＊、厚＊、徐＊	125分	1124分
2	李＊	抄表员	未换表3块，事假1天	厚＊、杨＊	13分	当月电费在规定时间内结账；监测率完成95.83%；采集率完成99.65%；台区达标率达到95%	刘＊、厚＊、徐＊	125分	1112分
3	孙＊	抄表员	事假3天	杨＊	30分	当月电费在规定时间内结账；监测率完成91.3%；采集率完成99.81%。发生属实投诉一次	刘＊、厚＊、徐＊	15分	985分

4. 按结果兑现员工奖金

每月绩效经理人团队将所分管考核对象的绩效结果上报至上级绩效管理员，由绩效管理员汇总形成当月的绩效看板，并由绩效经理人及每名员工对考核结果进行签字确认，有异议者可直接携带相关证明材料向考核领导小组申诉，绩效经理人负有对考核结果的解释权。考核结果确定后，按得分兑现绩效奖金。

以 2019 年 5 月两名抄表员为例，抄表员柴＊和刘＊的绩效得分分别是1135 分和 1053 分（见表 6）。通过考核明细，可直观看出个人指标完成情况以及工作差距，形成员工间互相监督、主动向高绩效员工看齐的工作氛围。

表 6　　　　　　　　　　2019 年 5 月两名抄表员考核结果

被考核人	抄表员柴＊	抄表员刘＊
考核项目	月度个人基础分 1000 分	月度个人基础分 1000 分

续表

被考核人	抄表员柴 *	抄表员刘 *
考核项目	当月电费在规定时间内结账，加30分	未换表2块，扣2分
	监测率要求97%，完成100%，加5分	事假1天，扣10分
	采集率要求99.65%，完成99.85%，加30分	当月电费在规定时间内结账，加30分
	台区达标率达到95%，加60分	监测率要求97%，完成100%，加5分
	完成临时交办任务，加10分	采集率要求99.65%，完成99.85%，加30分
最终得分	1135分	1053分

根据国网吉林四平供电公司5月考核结果，营业及电费室得分100.5分，共108人，按岗位确定的员工系数之和为115.9（其中正职1.8，副职1.55，管理人员1.3，班组长1.2，一线员工1），市公司核算总绩效奖金为372503.25元。5月员工考核的加减分共计10719分，"千分制"考核法核定1分为10元。

当月奖金基数 =（372503.25−10719×10）/115.9=2289.16（元）

抄表员系数为1，按"千分制"考核法，个人绩效奖金为

柴 * 奖金 =2289.16×1+135×10=3639.16（元）

刘 * 奖金 =2289.16×1+53×10=2819.16（元）

营销专业"千分制"考核法实施以来，各项指标层层落实，员工个人目标和组织目标趋于一致，上下形成合力，月度线损率指标屡获加分，服务质量大幅提升，用户满意度提高。员工在绩效考核制度激励下，收入差距明显拉开，一线抄收班组员工绩效工资倍比达1.7倍，工作积极性得到提高。在2017—2019年市公司业绩考核中，营业及电费室连续三年获得A级。

报送单位：国网吉林电力

编 制 人：李琳琳　孙　晶

供电所考核工具

47 供电所业务集成化绩效平台
——实现供电所综合业务精准考核

> **导　入：**业务数据（包括业务类型、数量、质量等）的收集、获取是员工绩效考评的基础，人工统计难免出现遗漏和松紧不一的问题。国网河北石家庄供电公司通过建立供电所业务集成化绩效平台，将公司乡镇供电所综合业务监控平台和员工绩效考核有机结合，打通业务和管理信息的壁垒，实现了数据的实时归集、员工的在线监管和绩效考核的电算化，并根据历史考核数据对员工能力进行画像，为绩效改进指明方向。

工具概述

供电所业务集成化绩效平台是在公司乡镇供电所综合业务监控系统上拓展的智能化应用。通过拓展工作任务池、电子智能派工、移动作业终端应用、工作质量评价、员工能力画像和科学动态绩效六个方面的管理功能模块，打通底层数据链条，构建多业务系统数据集成的员工绩效管理平台，实现对员工工作过程的线上管控、工作结果的在线考核以及对员工绩效改进方向的精准确认。

适用场景：本工具适用于已使用公司乡镇供电所综合业务监控平台开展信息化建设的供电所。

实施步骤

供电所业务集成化绩效平台实施步骤包括：绩效管理系统构建、线上工作管控、线上绩效考评、考核数据分析。

1. 拓展功能模块，构建绩效管理系统

依托乡镇供电所综合业务监控平台，按照"1+X"的工作思路，在平台中添加工作任务池、电子智能派工、移动作业终端管理、工作质量评价、员工能力画像和科学动态绩效六个方面的应用功能，打通数据链条，设置指标参数和数学模型，搭建好供电所业务集成化绩效平台。

2. 汇集多维数据，实现线上工作管控

将营销业务应用系统、PMS2.0 系统、用电信息采集系统等数据信息推送至乡镇供电所综合业务监控平台，形成工作任务池，实现工单综合管控与智能派工。在"i 国网"手机 App 添加打卡签到功能、工作进度上传功能，结合地理信息系统（GIS 系统）地图和考勤数据推送监控平台，完成工作任务的在线分配、统计和工作结果的在线录入、展示，实现管理人员对现场工作人员工作轨迹的线上把控。

3. 开展线上考评，提升绩效考核效果

在绩效管理功能下，将员工绩效分为四部分：基础绩效、指标绩效、派工单绩效和其他。

（1）基础绩效。自动打分，主要反映考勤情况。

（2）指标绩效。由管理人员设置员工所承担指标的目标值和评分标准后，系统根据指标完成值自动打分。

（3）派工单绩效。由平台提取相应业务系统的各环节过程数据，系统计算结合人工评价得到每个工单得分，主要反映员工完成工单数量和质量。

（4）其他。由供电所管理人员进行主观评价打分，主要反映员工在供电所其他工作任务和绩效方面的得分情况。

通过多维数据汇总计算，绩效考评结果自动生成，实现工作成绩有据可查、公开透明。

4. 考核数据分析，明确绩效改进方向

通过数据分析功能，描绘员工能力画像，查找员工的业绩情况与工作短板，明确改进方向，实行精准培训，提升员工业务能力。

经验心得

（1）在系统推广过程中，需要设置专人负责系统的调试、过程监控和系统维护等工作。

（2）应做好系统使用的培训工作，确保各类表单数据更新及时、数据完整。

（3）对可开放接口的业务系统数据可直接推送至平台，其他类业务数据如有需要，可手动录入。

（4）在绩效评价过程中，建议采用系统自动积分和绩效经理人评价相结合的方式，避免因系统无法识别等原因导致系统绩效评价与事实不符。

实践案例

国网河北石家庄鹿泉区供电公司于2018年7月应用供电所业务集成化绩效平台开展线上绩效管理工作，实现了业务数据与绩效管理的信息化融合。下面以大河供电所为例进行展示。

1. 拓展平台功能，构建管理流程

通过逐本溯源的方式，全面梳理供电所工作任务，构建工作任务池；开展多维度员工评价，绘制员工能力画像，查找短板、补齐差距；进行承载力

分析，使网格化台区经理合理组合，实现智能派工；执行数据印证，通过基础绩效、指标绩效、派工单绩效、其他绩效动态融合，生成多维绩效考核结果。

2. 汇集业务数据，实施线上管理

监控平台汇集各业务系统工单到工作任务池后，分析每项任务的类型、性质、重要等级、时间、地点、资源需求等特性。供电所管理人员对工作任务进行派工（见图1）。工作人员通过手机现场接收任务工单（见图2）。

图1　管理人员线上派工

图2　工作人员手机端任务接收

3. 开展科学评价，提升管理效能

系统根据不同来源和不同类型的绩效数据分别自动计算员工的基础绩效得分、派工单绩效得分、指标绩效得分和其他绩效得分，再按照预设的公式计算员工的月度综合绩效得分，见图3。

岗位	基础绩效得分	指标绩效得分	派工单绩效得分	其他得分	综合得分	绩效排名	绩效年月	未参加考核原因	绩效状态
台区经理	20	23.33	70	-	113.33	6	201905		已归档
台区经理	20	22.33	70	-	112.33	7	201905		已归档
台区经理	20	22.33	68.8	-	111.13	8	201905		已归档
台区经理	20	23	63	-	106	10	201905		已归档
台区经理	20	23	61.8	-	104.8	11	201905		已归档
班长	40	30	-	30	100	13	201905		已归档
副班长	41	30	-	29	100	14	201905		已归档
台区经理	21	23.33	50	5	99.33	16	201905		已归档
台区经理	22	23.33	50	-	95.33	26	201905		已归档
台区经理	22	21.33	50	-	93.33	29	201905		已归档
台区经理	20	23.33	50	-	93.33	30	201905		已归档
台区经理	20	23	50	-	93	31	201905		已归档
台区经理	20	23	50	-	93	32	201905		已归档
台区经理	20	23	50	-	93	33	201905		已归档
台区经理	20	22.67	50	-	92.67	34	201905		已归档
台区经理	19	23	50	-	92	35	201905		已归档

1 - 17 共17条

绩效标准设置　派工分标准设置　模板下载　手工绩效导入　取消考核设置　计算　发布

图3　月度综合绩效得分结果

4. 精准员工画像，指引绩效改进

根据员工绩效得分情况，系统以雷达图方式展示员工能力的综合得分和每个维度得分（见图4），并能追溯到该影响因素的历史工单记录信息。供电所管理人员基于员工能力画像的综合信息分析，发现员工相对得分较低的技能和专业知识领域，明确绩效改进方向，并安排展开针对性的员工培训工作。

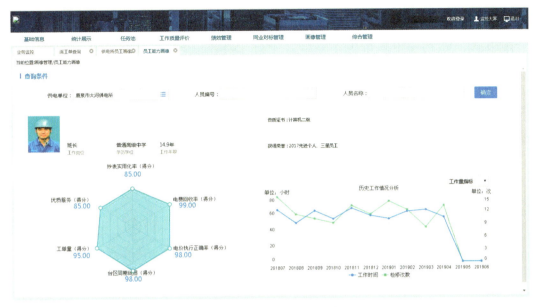

图 4 员工绩效表现分析雷达图

国网河北石家庄鹿泉区供电公司大河供电所自应用供电所业务集成化绩效平台以来，在快速响应、提升客户感知的指标方面成效明显。指标数据变化情况见表 1。

表 1　　　　　　　　　　　　指标数据变化情况

序号	工作项目	使用前	使用后						
			1个月	2个月	3个月	4个月	5个月	6个月	平均值
1	低压居民装表接电时间（天）	2.8	2.6	1.9	1.8	1.2	1	1	1.58
2	计量日常故障处理时间（小时）	11	6.3	5.2	4.1	4.2	3.1	2.5	4.23
3	远程费控用户现场复电时间（小时）	2	1.5	1.1	1.2	1	0.9	0.9	1.1
4	采集故障处理及时率（%）	85	95	96	97	99	99	100	97.66
5	10千伏配网故障平均恢复时间（小时）	2.9	0	1.5	1.9	1	0	0.75	1.29
6	低压居民故障抢修到场时间（小时）	1.7	1.6	1.5	1.2	1.2	0.8	1.2	1.25

依托供电所监控平台，实现对员工的精准考核，打破原来"大锅饭"的分配方式，做到"干多干少不一样，干好干坏不一样"。试点供电所外勤一班某员工绩效工资较上年增长 29.6%；外勤班人员收入最高和最低差距年内提高 2.5 倍。同时，本着"缺什么补什么"的原则，开展精准培训，员工业务水平明显优化提升。

报送单位：国网河北石家庄供电公司
编 制 人：罗 真 乔 琰 王 峥 董世骏 王明霞

48 供电所内部模拟市场指标价值量化考评法
——解决供电所重生产、轻经营问题

导 入：供电所作为公司业务最前端、组织机构最基层单元，承担着对外提升客户服务水平、对内提升管理质效的重要职能。国网福建龙岩供电公司将供电所作为独立经营核算单元，建立内部模拟市场，实施供电所内部模拟市场指标价值量化考评法（以下简称"内模考评法"），将供电所经营业绩与员工利益挂钩，促进供电所由"生产型"向"经营型"转变，让一线员工主动参与经营，进而实现"全员参与经营"。

工具概述

内模考评法是指将供电所组织单元模拟成市场主体，以模拟利润为抓手，设置供电所主观努力可实现"创利润、降成本、提质效"的指标，采取"业务工作量 × 交易价格"的方式核算内部模拟利润，并根据内部模拟利润进行绩效奖金的分配，实现供电所由原来"完成任务型"向"价值创造型"转变，促进供电所员工参与经营。

适用场景：本工具适用于已经建立内部模拟市场的供电所。

实施步骤

内模考评法的实施步骤包括：明确市场交易要素及方式、内模利润核算及结果应用、市场要素传递到班组员工。

1. 明确市场交易要素和方式

按照"传导明确、评价简单、应用显性"的思路，分别设置价值创造类、成本压降类、质量管控类等内模评价指标，引入市场化运行机制，采取"业务工作量 × 交易价格"的市场交易方式，按照供电公司与供电所达成的交易单价、交易规则，将供电所从事的实际工作量化成具体创造的价值利润。同时，针对供电所超缺员情况，应用标杆定员测算结果，设置超缺员绩效工资，实行"增人不增资，减人不减资"的绩效激励机制，推动供电所有效配置人力资源。

2. 内模利润核算及结果应用

根据各市场要素的结算规则，开展各供电所内模利润核算，并将内模利润直接作为供电所内模绩效工资，与各供电所的效益效率直接挂钩。内模效益按照一定比例（一般来说不低 30%）挂钩绩效工资，可以根据内模体系的完善程度，提高内模绩效工资占比，进而引导供电所从"要钱、要人、要物"向"内部挖潜、提质增效"转变。

3. 市场要素传递到班组员工

将供电所开展的交易要素分解为具体的业务活动，并将其融入班组绩效工分库体系，避免开展两次工作评价，增加班组工作负担。同时，提高内模业务活动工分标准（一般比传统业务活动分值高 50% 以上），引导员工由"完成任务"向"价值创造"的观念转变，支撑公司经营效益的提升。

◎ 经验心得

（1）内模绩效与内模利润直接挂钩。内模市场考核结果作为供电所组织绩效重要组成部分，宜将供电所内模绩效工资与内模利润直接挂钩，可以让员工直观理解完成某项要素产生的利润与效益。

（2）充分做好前期数据测算工作。内模市场开展前期，应由财务部牵头负责，对各市场要素业务活动和价格开展测算，确保价值传导明确，交易价格符合内模市场规律，制订合理的交易体系。

（3）严格控制市场要素数量。内模关键业务活动不宜设置过多，以能够体现市场主体贡献最大利润为原则。业务活动对应的工分要融入现行供电所执行的绩效工分库体系中，减少重复性工作。

（4）简化要素核算工作量。内模关键业务活动应尽量能从系统取数，减轻核算工作量。

实践案例

国网福建龙岩供电公司于 2019 年 4 月实施内模考评法，考核供电所内模市场运行情况，有效激发了供电所全员参与经营的热情，提升了供电所的经营效益，促进供电所内模市场建设落地及推广工作。下面以罗坊乡供电所为例进行展示。

1. 明确市场交易要素和方式

围绕"创利润、降成本、提质效"设置评价指标，采取"业务工作量 × 交易价格"的市场交易方式，显性化模拟计算供电所创造的价值。

"量"为各交易对象的目标值；"价"则根据公司年度工资总额、内部模拟市场利润增长情况，动态设置交易价格，原则上一年一定，对某些短板业务、降本成效明显的业务，可通过适当提升价格的方式予以定价，充分发挥市场价格决定机制的作用。罗坊乡供电所各项交易要素及核算规则见表1，供电所内模业务利润核算表见表2。

表 1 供电所各项交易要素及核算规则

交易要素	交易价格	核算规则
意见工单	管控意见单	根据近三年的意见工单总数，取每月平均值，部门按总意见单平均每月 14 单为基数，每月上升一单扣 200 元，每月下降一单奖励 200 元。以此类推，供电所按近三年月平均单数，每月上升一单扣 200 元，每月下降一单奖励 200 元
配网故障贡献利润	不超过 220 元 / 人	（1）根据发生配网运检高、低压（故障）抢修情况，核算配网故障成本。当月无高压故障单按供电所人均 100 元核减成本，无高压故障及运检类 95598 工单按供电所人均 220 元核减成本。 （2）故障单成本核算以高、低压故障单数量和处理时长两个维度测算，分为供电所自行处理和外协队伍处理两种情况。配网故障成本 = ∑高压故障单 × 高压故障抢修基准单价 + ∑低压故障单 × 低压故障抢修基准单价 + ∑外委施工队委派人数 × 外委人工单价。 1）高、低压故障工单数从 PMS 系统取数。 2）处理时长分层计算，参照 2018 年处理平均时长，高压在 3 小时内计算 1 单，超过 3 小时计算为 2 单；低压在 0.5 小时内计算 1 单，超过 0.5 小时计算为 2 单。 3）供电所自行处理配网运检高压故障按照平均 4 人 / 次，低压故障按照平均 2 人 / 次，单价为 40 元 / （人·次）。 4）根据抢修零星用工合同，技工约 305 元 / （人·天），辅助工为 193 元 / （人·天），综合考虑，内部模拟计算外协队伍按照 200 元 / （人·天）计算。 （3）如发生外部供电所积极促成向肇事人索赔成功，则外委抢修发生的成本不作为供电所成本核算。 （4）设置配网故障成本调节系数。为平衡大小供电所管辖区域、线路设备等方面的差异，实现相对公平，根据线路长度、公用变压器台数、用户数等对配网故障成本设置调节系数 K（K 值用于调节大小供电所工单数）。各供电所当月配网故障成本高于核定的基础成本时，核增成本，反之核减成本。 （5）为防止不可控因素造成供电所成本突增，供电所月度核增成本不得超过 220 元 / 人
线损损耗贡献利润	当月平均购电均价	（1）取供电所当月台区线损值与该所目标值的差额核算成本。线损目标值 = 该所上年度（∑供电量 – ∑售电量）/ ∑供电量 × 100% × K。 1）K 值为目标线损率与上年度累计线损率的百分比，供电所上年度累计线损率大于等于 3% 时，K 取 95%；供电所上年度累计线损率小于 3% 时，累计线损率每下降 0.1 个百分点，K 值上升 1 个百分点（基础值为 95%）。K 最大值为 1.0。

续表

交易要素	交易价格	核算规则
线损损耗贡献利润	当月平均购电均价	2）每度电成本取当月平均购电均价（取财务报表数据）。 3）数据均取自电力用户用电信息采集系统。路径：高级应用→日线损考核（新）→台区综合线损报表。 （2）当某台区月线损率出现负损，且大于等于 2% 时，该台区供售电量不纳入本所线损率计算。 （3）因采集异常或其他非人为因素导致的高损台区可申请增加实际供售电量
反窃电违约用电查处贡献利润	10%	反窃电及违约用电专项行动奖励，将查处的窃电、违约用电用户中实收违约电费的 10% 用于奖励，每户奖励金额不超过 2000 元
业扩报装贡献利润		（1）业扩报装成本是以报装外委与自行安装人工成本差额所计算报装成本，即业扩报装成本 = 外委安装人工成本 – 自行安装人工成本。 （2）供电所移表业务，主要以与其他供电所之间的"抢单"活动实现，当供电所发生外部移表业务时，"抢单"供电所根据移表数量核减成本，"被抢单"供电所根据移表数量核增成本。 （3）装表业务为外委业务，该部分成本不设目标值、不核增成本，装表成本 = 装表数量 × 单价（该项成本为负值）。 （4）数据来源：营销部提供业扩报装相应类别数据
超缺员专项成本贡献利润	月度绩效工资基数	（1）供电所"标杆定员"测算。根据各供电所截至 2018 年 12 月底线路长度、变压器数量、用户数量等基础数据，结合 2014 年版、2018 年版定员和供电所 2018 年 12 月底实际在岗人数，测算各供电所"标杆定员"。 （2）月度绩效工资总额包干。供电所月度绩效包干工资 = 供服分公司月度绩效工资基数 × ∑供电所员工岗位系数，自 2019 年 1 月起，在"标杆定员"基础上涉及人员增加或减少的次月该供电所员工岗位系数之和不变，实现"增人不增资，减员不减资"。增减人员的绩效工资即为超缺员绩效贡献利润
自用电量能耗贡献利润	现行居民电价	以城区供电服务中心、供电所月度用电量与上年同期相比增减电量为准。计算公式：（当月供电所用电量 – 上年同期用电量）× 现行居民电价 ×10%
物资退库管理贡献利润	50 元 / 个	项目竣工后 30 天内 100% 完成物资退库流程及实物交接的，奖励 50 元 / 个；超过 30 天，扣减 50 元 / 个
办公能耗成本贡献利润	能耗增减额的 5%	财务部提供的办公消耗费用（办公费剔除通信费、报纸杂志费）+ 水电费，与上年同期对比。计算公式：（本年办公消耗费用 – 上年同期办公消耗费用）/ 总人数 × 部门人数 ×5%

表2 罗坊乡供电所内模业务利润核算表示例

交易要素	交易价格	核算规则
线损损耗贡献利润	当月平均购电均价	（1）取供电所当月台区线损值与该所目标值的差额核算成本。线损目标值 = 该所上年度（∑供电量 − ∑售电量）/ ∑供电量 × 100% × K。 （2）当某台区月线损率出现负损，且大于等于2%时，该台区供售电量不纳入本所线损率计算。 （3）因采集异常或其他非人为因素导致的高损台区可申请增加实际供售电量
超缺员绩效贡献利润	月度绩效工资基数	（1）供电所"标杆定员"测算。根据各供电所截至2018年12月底线路长度、变压器数量、用户数量等基础数据，结合2014年版、2018年版定员和供电所2018年12月底实际在岗人数，测算各供电所"标杆定员"。 （2）月度绩效工资总额包干。供电所月度绩效包干工资 = 供服分公司月度绩效工资基数 × ∑供电所员工岗位系数，自2019年1月起，在"标杆定员"基础上涉及人员增加或减少的次月该供电所员工岗位系数之和不变，实现"增人不增资，减人不减资"。增减人员的绩效工资即为超缺员绩效贡献利润
物资退库管理贡献利润	50元 / 个	项目竣工后30天内100%完成物资退库流程及实物交接的，奖励50元 / 个；超过30天，扣减50元 / 个

2. 内模利润核算及结果应用

（1）内模利润核算。根据上述确定的市场交易要素及核算规则，计算罗坊乡供电所各交易要素的内模利润，并将各供电所所有交易要素的内模利润相加，作为供电所的月度内模利润，见表3。

表3 罗坊乡供电所月度内模利润示例 单位：元

交易主体	意见工单	配网故障贡献利润	线损损耗贡献利润	反窃电违约用电查处贡献利润	业扩报装贡献利润	超缺员专项成本贡献利润	自用电量能耗贡献利润	物资退库管理贡献利润	办公能耗成本贡献利润	供电所内模利润
*供电所	−170	−298	−229.92	0	3600	−520	−332.18	0	−103.51	1946.39
罗坊乡供电所	190	−88	−530.46	413.37	0	5460	−63.18	0	−155.27	5226.46

（2）考核结果应用。将罗坊乡供电所计算的内模利润（5226.4 元）直接作为供电所月度内模绩效工资，与供电所组织绩效工资（应用对标考核结果，核定组织绩效为 22650 元）一起核定为供电所绩效工资总额（即27876.4 元）。

3. 市场要素传递到班组员工

推进组织绩效与个人绩效双向融合，将供电所承担的市场交易要素进行传导，内模指标相关业务活动在供电所员工工分库中以高于传统工分50% 左右的标准分作为增量工分进行体现，嵌入现行"四维度"工分库 ❶ 中，见表 4。

表 4　　　　　　　　　　　罗坊乡供电所工分库示例

序号	工作类别（一类）	工作类别（业务活动，二类）	标准分	备注
1	业扩报装贡献利润	业扩装表成本（单相）	6	抢单
2	配网故障贡献利润	节假日前特巡（包括故障后）	5	抢单
3	服务优质贡献利润	当月无工单成本	5	95598 工单
4	线损管理贡献利润	线损成本	2	2019 年线损目标值3.25%，每降一个百分点 2 分
5	反窃电违约用电查处贡献利润	查处窃电、违约用电	10	按户计算

供电所根据已核定的绩效工资总额（27876.4 元）和员工工分考核结果，兑现个人绩效。以罗＊为例，4 月其绩效工分为 239 分，整个班组工分总和

---

❶ "四维度"工分库是为推进全能型供电所建设而提出的绩效管理措施，由基础工分、指标分、加分项、减分项 4 个考核维度构成。基础工分根据每个台区经理管辖的设备数量、服务的客户数等进行核定设置；指标分根据台区指标完成结果情况进行核定设置；加分项主要体现职责范围外的工作，鼓励员工完成并予以鼓励加分；减分项根据员工违章违规通报批评、工作质量差错等进行核定设置。

为 1868 分，平均每工分为 14.923 元，计算其月度绩效工资为 3566.63 元。罗坊乡供电所员工绩效工资见表 5。

表 5　　　　　　　　　　　　罗坊乡供电所员工绩效工资

序号	员工	供电所月度绩效工资总额（元）	员工月度绩效得分	工分单价（元）	员工个人应发月度绩效工资（元）
1	罗＊		239	14.923	3566.63
2	林＊		214	14.923	3193.55
3	阙＊		195	14.923	2910.01
4	张＊		201	14.923	2999.53
5	陈＊	27876.4	213	14.923	3178.63
6	袁＊		211	14.923	3148.78
7	黄＊		189	14.923	2820.47
8	吴＊		198	14.923	2954.78
9	卢＊		208	14.923	3104.02
合计			1868		27876.40

通过以上方式，员工能够直观理解特定业务活动所产生的价值，并主动参与内模相关业务活动，月度绩效与平均内模工分显著提升，实现员工从原来的"完成任务"向"价值创造"的转变。以罗＊为例，未开展内模评价的 1—3 月，其绩效平均工分为 238.53 分，绩效工资为 3925.78 元；开展内模评价后，其个人绩效工分提升了 16.96%，其中内模工分占比为 20.61%，同时平均绩效工资也提升了 14.2%。罗坊乡供电所开展内模前后员工绩效、工分对比见表 6。

表6   罗坊乡供电所开展内模前后员工绩效、工分对比

员工	未开展内模前平均绩效工资（1—3月）（元）	1—3月平均工分情况	开展内模后平均绩效工资（4—9月）（元）	绩效增幅（%）	4—9月工分情况		
					平均工分	内模工分占比（%）	工分提升幅度（%）
罗*	3439.41	238.53	3925.78	14.2	279	20.61	16.96
张*	3454.76	184.07	3695.83	6.3	205.9	12.5	11.85
黄*	3022.82	181.33	3163.54	5	190.37	10.59	4.98

通过开展供电所内模量化考评6个月以来，已初步建成供电所内部市场化管理机制，激发全员参与经营热情，有效促进了公司整体效益的提升。故障报修平均修复时长同比下降6.1%，投诉工单累计同比下降71.1%，其他类服务工单同比下降32.0%，节约购电成本389万元，供电所用电量比去年同期减少13%，节约97个汽车台班，降低车辆使用成本11.3%，直接降低装表接电和配网抢修业务外包成本5.6%。"以效定酬"合理拉开收入差距，员工最高绩效工资与平均绩效工资倍比达1.25。23名供电所员工为满足抢单条件，主动申请提升本岗位和跨岗位能力认证等级，提高了人力资源效用。

报送单位：国网福建龙岩供电公司

编 制 人：李聚聪　陈银霞　吴文日　罗明周　林　斌

49 供电所多元化绩效奖金核定法
——引导供电所"减员增效"

> **导　入：** 绩效奖金核定是实施组织绩效、员工绩效的重要前提。随着供电所营配融合的深入推进，传统的"按人头"核定绩效奖金模式与设备运维量日益增多、人员相对紧缺不相适应，需要更加科学的绩效奖金核定机制。国网江西电力因地制宜，大胆探索供电所多元化绩效奖金核定方式，将绩效奖金核定与定额、定员、冗缺员系数挂钩。供电所承担设备运维量越大，绩效奖金越多；冗员越严重，绩效奖金越少。通过多元化核定绩效奖金，引导供电所主动承担工作，实现"增人不增资、减人不减资"。

工具概述

供电所多元化绩效奖金核定法，是以供电所设备台账、运维工作量为重要依据，通过定额法（按设备运维量核定绩效奖金）、定员法（按测算定员核定绩效奖金）、冗缺员系数法（按实际冗缺员率核定绩效奖金）的应用，建立与供电所基本绩效核定的挂钩机制。

适用场景：本工具适用于各类供电所。

实施步骤

供电所多元化绩效奖金核定法分为定额核定法、定员核定法、冗缺员系数法三种。

（一）定额核定法

定额核定法实施步骤包括：制订定额分类、精准盘点工作量、赋单价算奖金。

1. 制订定额分类

按照供电所营配融合实际情况，将日常运维设备主要分为10类，即10千伏线路、0.4千伏线路、10千伏断路器、环网柜、公用变压器、专用变压器、居民用户以及专用变压器用户等，其中居民用户按地域划分为偏远山区、乡镇、小区用户。

2. 精准盘点工作量

在定额分类基础上，准确统计设备名称、数量多少、距离远近，合理区分户表处于偏远山区、乡镇、小区等地域差别，由供电所申报，职能部门（运检部、营销部）核实，人资归口汇总后确定。

3. 赋单价算奖金

根据上年度供电所月度绩效，综合考虑相关因素，预测本年度人均绩效奖金基数以及增长比例情况，测算每单位设备维护工作量的月度运维单价，再根据设备运维量、户表数核定供电所月度绩效工资总额。

（二）定员核定法

定员核定法实施步骤包括：测算定员、核定冗缺员人数、计算基本绩效。

1. 测算定员

将各供电所线路长度、变压器台数和营业户数等作为典型参数，综合考虑偏远供电所地域因素设置系数，参照国网公司供电企业劳动定员标准，对供电所定员进行测算与分解，确定各供电所定员。

2. 核定冗缺员人数

供电所实际用工人数与核定定员相比，多于核定定员的，属于冗员；少于核定定员的，属于缺员。人资部每月核定各供电所具体冗缺员人数。

3. 计算基本绩效

供电所基本绩效 = ∑（实配人员岗位系数 × 月绩效工资基数）± 冗缺员核定金额。每冗（缺）员 1 人按月绩效工资基数进行核减（增）。

（三）冗缺员系数法

冗缺员系数法实施步骤包括：测算定员、计算冗缺员系数、按比例核增（减）绩效。该方法多用于冗员的供电所。

1. 测算定员

依据供电区域内 10 千伏线路长度、0.4 千伏线路长度、公用变压器台数、专用变压器台数和户表数等台账，参照劳动定员标准，测算并分解供电所定员。

2. 计算冗缺员系数

冗缺员率 =（实配人数 – 定员人数）/ 定员人数 × 100%，分别计算各供电所冗缺员率与供电所整体冗缺员率，二者之差即为冗缺员系数。

3. 按比例核增（减）绩效

冗缺员系数大于零，即为供电所相对冗员，按比例（如每高于整体冗员率 1%，按人均月绩效工资基数 1% 递减）核减绩效工资总额；小于零即为缺员，按比例（如每低于整体冗员率 1%，按人均月绩效工资基数 1% 递增）核增绩效工资总额。

以上三种方法均可确定供电所基本绩效，最终绩效考核奖金兑现应与月度（季度）组织绩效考核结果、绩效评级等挂钩。

经验心得

（1）严格执行台账公示制度。设备、营销等部门应定期对供电所定额台账、定员台账动态更新，并对核定结果进行公示，及时收集意见进行调整，做到基础数据公开透明。

（2）合理设置挂钩比例。采用定员法核定基本绩效时，如暂时不能做到100%与冗缺员人数挂钩，可采取按一定比例挂钩的形式逐步过渡；采用冗缺员系数法核定时，可根据实际情况合理调整核增（减）绩效奖金的比例。

（3）畅通员工申诉渠道。每月绩效考核会，公司领导、各单位绩效经理人均要求参加会议，"面对面"妥善解答处理供电所员工诉求，化解各类矛盾，减少绩效管理实施中的障碍和阻力，确保绩效管理工作平稳实施。

实践案例

国网江西电力自2017年以来逐步在全省推广供电所多元化绩效奖金核定工作。下面以国网江西井冈山市、吉安吉州区、玉山县供电公司为例进行展示。

（一）定额法核定基本绩效案例（国网江西井冈山市供电公司）

1. 制订定额分类

将供电所设备分为10类，根据上年度供电所月度绩效、人均基数以及增长比例情况，测算设备月度运维单价，见表1。

表 1   供电所设备月度运维单价

序号	设备名称	单位	运维单价（元）
1	10 千伏线路	千米	80
2	0.4 千伏线路	千米	50
3	10 千伏断路器	台	50
4	环网柜	台	30
5	公用变压器	台	60
6	专用变压器	台	50
7	居民用户（偏远山区）	户	2
8	居民用户（乡镇）	户	1
9	居民用户（小区）	户	0.5
10	专用变压器用户	户	20

2. 精准盘点工作量

统计各类设备的维护数量，各供电所主动申报，职能部门通过 PMS 系统核实，人资部归口汇总进行公示。台账实行月度更新、季度核定。

3. 根据单价算奖金

根据设备台账计算各供电所月度基本绩效，见表 2。

月度基本绩效 = ∑（设备运维单价 × 设备数量）

由表 2 可以看出，厦坪所最高 92301 元，罗浮所最低 19172 元，相差 73129 元。

表2　供电所月度基本绩效核定表

序号	设备名称	单位	单价(元)	新城所		茨坪所		大陇所		黄坳所		龙市所		罗浮所		厦坪所	
				数量	小计(元)	数量	小计(元)	数量	小计(元)	数量	小计(元)	数量	小计(元)	数量	小计(元)	数量	小计(元)
1	10千伏线路	千米	80	191.097	15287.76	180.085	14406.8	178.8275	14306.2	126.649	10131.92	185.407	14832.56	66.91	5352.8	234.052	18724.16
2	0.4千伏线路	千米	50	250.01	12500.5	198.057	9902.85	233.76	11688	229.05	11452.5	263.527	13176.35	93.674	4683.7	355.38	17769
3	10千伏断路器	台	50	88	4400	66	3300	55	2750	50	2500	69	3450	12	600	81	4050
4	环网柜	台	30	—	0	89	2670	—	0	—	0	8	240	3	90	44	1320
5	公用变压器	台	60	163	9780	127	7620	145	8700	110	6600	164	9840	64	3840	263	15780
6	专用变压器	台	50	71	3550	147	7350	8	400	34	1700	53	2650	15	750	142	7100
7	居民用户(偏远山区)	户	2	7178	14356	1317	2634	4942	9884	4537	9074	3940	7880	140	280	2399	4798
8	居民用户(乡镇)	户	1	3285	3285	1609	1609	1324	1324	1220	1220	12206	12206	2773	2773	8548	8548
9	居民用户(小区)	户	0.5	—	0	11195	5597.5	—	0	—	0	2814	1407	1125	562.5	22744	11372
10	专用变压器用户	户	20	71	1420	119	2380	8	160	27	540	30	600	12	240	142	2840
	测算绩效金额合计(元)	—	—	—	64579.26	—	57470.15	—	49212.2	—	43218.42	—	66281.91	—	19172	—	92301.16

（二）定员法核定基本绩效案例（国网江西吉安吉州区供电公司）

1. 测算定员

确定定员台账，综合考虑地域、营业户数、管辖范围等因素测算定员、核定冗缺员人数。

2. 核定冗缺员人数

梳理实际用工配置人数，与定员数比较测算冗缺员人数，见表3。

表3 供电所定员台账及冗缺员情况

供电所名称	管辖乡镇个数	营业户数	售电量（万千瓦时）	辖区面积（平方千米）	辖区内平原占比（%）	辖区内丘陵占比（%）	辖区内山区占比（%）	人均户数	系统测算定员	正副所长定编	三大员及客户经理定编	营业员定编	供电所实际配置人数	核减工伤及长病人数	冗缺员情况
吉州供电所	2	21596	14896	60	20	80		1800	22	3	12	7	25	1	2
青原供电所	2	17046	7758	103.7		100		1136	22	2	15	5	22		0
长塘供电所	2	23727	10622	192.04		100		1249	26	3	19	4	26		0
兴桥供电所	2	15666	4689	177		100		1119	20	2	14	4	21		1
富滩供电所	2	21642	5533	238.8		100		1082	27	2	20	5	27	0	0
新圩供电所	3	23093	2659	305.76		100		1215	29	2	19	8	30	2	−1
东固供电所	1	8077	842	243			100	808	14	2	10	2	12		−2
合计	14	130847	46999	1320.3				8409	160	16	109	35	163	2	0

3. 计算基本绩效

月度基本绩效 = 实配人员核定金额 ± 冗缺员核定金额。供电所员工月绩效基数为 2600 元，各供电所每缺员 1 人按 2600 元 / 月进行核增；考虑过渡期，对于超过 20% 冗员率的，每超过 1 人按 2600 元 / 月进行核减。供电所月度基本绩效见表 4。

表 4　　　　　　　　　　供电所月度基本绩效　　　　　　　　　　单位：元

供电所名称	实配人员核定金额	冗缺员核定金额	月度基本绩效
吉州供电所	63416	冗员率未超过 20%	63416
青原供电所	57560		57560
长塘供电所	67600		67600
兴桥供电所	56300	冗员率未超过 20%	56300
富滩供电所	69300		69300
新圩供电所	79980	2600	82580
东固供电所	31560	5200	36760
合计	425716	7800	433516

（三）冗缺员系数法核定基本绩效案例（国网江西玉山县供电公司）

1. 测算定员

按照设备台账测算国网江西玉山县供电公司 13 个供电所定员数。

2. 计算冗缺员系数

供电所人均月度绩效工资基数为 2600 元，乡镇供电所整体冗缺员率为 5.91%。

供电所月度绩效工资总额 = 实际配置人数 ×2600×（1– 冗缺员系数）

冗缺员系数 = 供电所冗缺员率 –5.91%

3. 按比例核增（减）绩效

（1）仙岩所为缺员所，冗缺员率为 –10%，人均月绩效工资按 2600 元的基数以百分比递增。月度绩效总额 =9×2600×1.1591=27123（元）。

（2）紫湖所为冗员所，冗缺员率为 7.69%，人均月绩效工资按 2600 元的基数以百分比递减。月度绩效总额 =14×2600×[1-（7.69%-5.91%）]=35751（元）。

（3）分别计算各供电所绩效工资总额，供电所人均月度绩效工资最高 3093 元，最低 2210 元，人均月度绩效工资最大差距达到 883 元。

供电所月度绩效奖金核定见表 5。

表 5 供电所月度绩效奖金核定

供电所	核定定员（不含所长三员）	实际配置人员	冗缺员率（%）	供电所绩效总额（元）	人均月绩效奖金（元）
紫湖供电所	13	14	7.69	35751	2554
双明供电所	12	15	25.00	33150	2210
四股桥供电所	11	13	18.18	29652	2281
仙岩供电所	10	9	-10.00	27123	3014
六都供电所	18	19	5.56	49575	2609
下镇供电所	14	14	0.00	38551	2754
必姆供电所	23	20	-13.04	61856	3093
横街供电所	12	14	16.67	32485	2320
岩瑞供电所	19	17	-10.53	51465	3027
临湖供电所	13	14	7.69	35751	2554
文成供电所	10	12	20.00	26520	2210
怀玉供电所	21	22	4.76	57857	2630
樟村供电所	12	11	-8.33	32674	2970
合计	188	194		512409	2633

供电所多元化绩效奖金核定工作的有效开展，真正意义上实现了"增人不增资、减人不减资"。一方面，转变了员工思想观念，彻底扭转了供电所以往"我要人"的局面，合理引导人员有序流动，均衡用工；另一方面，供

电所各项业绩指标有效提升。例如国网江西井冈山市供电公司 2019 年售电量同比增长 9.77%，主营业务收入同比增长 3.37%，内部模拟利润同比增长 18.91%，10 千伏线损 3.56%、台区线损 3.05%，35 千伏主变压器和线路实现零跳闸，配电线路跳闸同比下降 64.28%。

报送单位：国网江西电力

编 制 人：付晓奇　廖　文　刘品福　史晨霞　肖为民　万　晨

50 供电所绩效工资量化核算法
——实现供电所绩效奖金的科学动态分配

导　入： 近年来，随着新型业务推广，存量业务快速增长，供电所供电服务业务量不断增加，传统的根据岗级核定供电所绩效工资的做法不能充分地调动员工的工作积极性。国网重庆綦南供电公司创造性提出供电所绩效工资量化核算法，将供电所作为单独核算主体，建立与业务量关联的供电所绩效工资考核机制，实现供电所绩效工资的动态调整，充分发挥绩效工资的激励作用。

工具概述

供电所绩效工资量化核算法是把供电所业务分为网格化管理、营业厅综合业务、内勤工作、管理工作、协同工作 5 个工资核算单元，按以件核算、包干核算、关联核算的原则，分项赋分计算求和，得出月度绩效工资积分基数，并与供电所月度绩效考核评价结果挂钩，动态核定供电所绩效工资。

适应场景：本工具适用于已实行网格化管理的全能型供电所的组织绩效工资核定。

实施步骤

供电所绩效工资量化核算法实施步骤包括：划分绩效工资核算单元、核算单元分值、实施考评、核定绩效工资。

1. 划分绩效工资核算单元

将供电所作为单独核算主体，打破原有按人头和岗级"硬切蛋糕"的绩效工资分配模式，建立与业务量关联的供电所绩效工资决定机制，设定网格化管理、营业厅综合业务、内勤工作、管理工作、协同工作5个核算单元进行分类核算，见图1。

图 1 供电所组织绩效核算单元示意图

2. 核算单元分值

测算总体思路是根据绩效工资总额，结合公司设备台账数量核定设备单价积分。首先根据供电所管辖设备台账数量，结合调节系数计算确定网格化管理积分基数，以此为基准，综合考虑管理难易程度、协同工作量，对营业厅综合业务、内勤工作、管理工作、协同工作、4个核算单位赋予不同的权重系数。

（1）网格化管理核算单元方面，根据当年度绩效工资计划，结合设备台账，分别对公用变压器用户数、专用变压器用户数、公用变压器台区数、0.4千伏线路电杆数量、10千伏线路长度测算设定分值，见表1。综合考虑户数密度、公用变压器密度、低压台区改造率、地域难度等因素差异，利用趋同性为台区、线路设置A、B、C、D四个等级，并设置1.1、1.05、1.03、1四级调节系数，进行合理赋分。

表1 供电所设备台账基准分值

项目	公用变压器用户数（户）	专用变压器用户数（户）	公用变压器台区数（台）	0.4千伏线路电杆数量（基）	10千伏线路长度（千米）
分值	0.03	0.9	1.5	0.04	1.5

（2）营业厅综合业务核算单元方面，根据营业厅定员，按营业厅业务包干进行赋分。

（3）内勤工作核算单元方面，系统操作与应用项按关联供电所网格化管理核算单元分值进行赋分，其余工作内容按工作项包干进行赋分。

（4）管理工作核算单元方面，主要针对"一长三员"和片区负责人，按基础管理包干和关联本所网格化管理核算单元分值进行综合赋分。

（5）建立重点工作协同积分制，对需要供电所之间协同配合完成的各类专项工作任务、重点指标提升等具体事项，结合供电所参与程度，设置重点工作协同工作积分，按关联本所网格化管理核算单元分值进行综合赋分。其中重点工作积分，主要是为推动某一重要工作，经绩效委员会确定给予供电所组织绩效的加分。

3. 实施考评

按"专业管理＋过程管控"方式对供电所实施考评，考评分值各占绩效工资积分基数的50%。专业管理从安全、生产、营销、服务、综合管理5个方面细化工作目标和考评指标，设定A、B、C、D四个段位，B段供电所执行绩效积分基数，A段供电所上浮10%，C段、D段供电所分别下浮6%、10%；过程管控对重点工作进行细化，按照考评标准进行加减分，加分上限为10分。考评内容及标准每年依据公司年度工作目标进行调整。

4. 核定绩效工资

以供电所绩效工资积分基数为基础，根据"专业管理＋过程管控"评价得分，最终得出供电所月度绩效工资积分，按照分值兑现绩效工资。

◎ 经验心得

（1）供电所工时积分同价计酬绩效管理涉及的积分测算、考核指标基础数据来源于国网一级部署下的生产和营销系统，具有一定参考意义和推广价值。

（2）在应用过程中，积分项的分值、参与人员的角色权重设置、应用初期绩效挂钩比例等方面需充分结合专业工作和管理现状，由专业部门深度参与规则和积分项的设计。

（3）每年需根据年度工资计划重新核定绩效积分分值金额。

◎ 实践案例

国网重庆綦南供电公司于 2018 年 10 月实施供电所绩效工资量化核算法，动态核算供电所组织绩效。通过建立供电所同价计酬绩效管理体系，彻底打破绩效工资岗级化，从量上体现"干多干少不一样"，从质、期上体现"干好干坏不一样"。下面以赶水供电所为例进行展示。

1. 根据核算单元确定分值

（1）网格化管理核算单元。供电所网格绩效分值 = Σ 公用变压器台区数 ×1.5× 调整系数 + Σ 0.4 千伏线路电杆数量 ×0.04× 调整系数 + Σ 10 千伏线路长度 ×1.5× 调整系数 + Σ 公用变压器用户数 ×0.03× 调整系数 + Σ 专用变压器用户数 ×0.9× 调整系数，调整系数根据地域难度、户数密度、低压台区改造率、公用变压器密度设置，区间为 1 ~ 1.05，见表 2。

表2　　　　　　　　　　供电所网格化管理组织绩效核定表

班组	低压营业户数				10千伏线路长度				0.4千伏及以下线路电杆数			
	数量（户）	单价（分）	调整系数	小计（分）	数量（千米）	单价（分）	调整系数	小计（分）	数量（基）	单价（分）	调整系数	小计（分）
赶水	33059	0.03	1.05	1041	399	1.5	1.05	629	22991	0.04	1.05	966

班组	公用变压器台区数量				专用变压器客户数量				网格化管理工作组织绩效（分）
	数量（台）	单价（分）	调整系数	小计（分）	数量（户）	单价（分）	调整系数	小计（分）	
赶水	427	1.5	1.05	674	63	0.9	1.05	60	3369.62

（2）营业厅综合业务核算单元。营业厅综合业务分值＝营业厅配置人数×150。营业厅综合业务包干分值为450分（定员3人，其中2人为营业厅固定人员，1人为营业厅临时值守人员）。

（3）内勤工作核算单元。根据工作时长及难易程度，通过民主协商，对内勤具体单项工作统一量化赋分。内勤工作分值＝（值班管理分值＋工机具管理分值＋材料管理分值＋表计管理分值＋食堂管理分值＋费用报销分值＋物业管理分值＋培训工作分值＋工会工作分值＋党群工作分值＋系统操作与应用分值）＋供电所网格绩效分值×5%。

（4）管理工作核算单元。管理工作分值＝全面管理工作分值＋生产管理工作分值＋安全管理工作分值＋营销管理工作分值＋片区管理工作分值。

全面管理工作分值＝270＋供电所网格绩效分值×1.5%。其中：270＝3000×0.9÷10，取3000为所长月度绩效基数；0.9为90%的工作量；10暂定为每分单价10元。

生产管理工作分值 =195+ 供电所网格绩效分值 ×1.5%。其中：195=2167×0.9÷10，取 2167 为生产专责月度绩效基数；0.9 为 90% 的工作量；10 暂定为每分单价 10 元。

安全管理工作分值 =195+ 供电所网格绩效分值 ×1.5%。

营销管理工作分值 =195+ 供电所网格绩效分值 ×1.5%。

片区管理工作分值 = 供电所网格绩效分值 ×5%。

（5）重点工作协同积分。协同工作分值 = 供电所网格绩效分值 ×35%+ 其他重点工作分值。其中：重点工作积分主要是为推动某一重要工作，经绩效委员会确定给予供电所组织绩效的加分。

上述分值及关联考核系数根据公司绩效工资计划总额，经测算确定。赶水供电所绩效工资积分基数见表 3。

表 3   赶水供电所绩效工资积分基数

月份	网格绩效分值	营业厅综合业务分值	内勤工作分值	管理工作分值	协同工作分值	合计绩效分值
4 月	3369.62	450	758.48	1732.61	1179.37	7490.08

根据核算规则，该所网格绩效分值为 3369.62 分；营业厅综合业务分值为 450 分；内勤工作分值为 758.48 分（除系统操作、应用分值与网格绩效分值关联核算外，其他工作项包干核算）；管理工作分值为 1732.61 分（与网格绩效分值关联核算）；协同工作分值为 1179.37 分（与网格绩效分值关联核算）。合计该所组织绩效分值为 7490.08 分。

2. 按"专业管理+过程管控"方式对供电所实施考评

（1）专业管理评价。供电所专业管理考核评价标准见表 4，月度专业管理考核评价结果见表 5。

表 4 供电所专业管理考核评价标准

指标类别	指标名称	指标分值	评价标准	牵头部门	配合部门
安全考评指标	安全目标管理	10	发生七级及以上电网事件、设备事件和信息系统事件，发生八级及以上人身事件，发生电气误操作事故，发生火灾事故，发生同等及以上责任交通事故，扣 5～35 分。发生一般工伤 次，根据工伤性质，扣 2～10 分；发生农村人身触电事件，根据责任划分，扣 5～10 分	安全生产部	公司安监部
	"三提升"管控	10	发现无票作业行为，扣 5 分 / 次；发现不合格工作票，扣 1 分 / 张；未按期评审，扣 1 分 / 张；全口径作业信息发布平台，一项未发布扣 1 分 / 条；信息发布时间滞后的，扣 0.5 分 / 件，信息发布与现场工作不一致的，扣 1 分 / 项；外包施工单位资料不齐，准许开工的，扣 2 分 / 次；《安规》考核不合格，綦南公司级扣 2 分 /（人·次），无故不参加考试或作弊，扣 3 分 /（人·次）；《安规》考核不合格，市公司及以上扣 3 分 /（人·次），无故不参加考试或作弊，扣 4 分 /（人·次）	安全生产部	公司安监部
	安全效能督查	5	未完成督查件次，扣 1 分 / 件；问题指数未满足要求，扣 1 分 / 件；检查弄虚作假，扣 2 分 / 次；安全卫士执法仪未按要求使用，扣 1 分 / 次	安全生产部	公司安监部
	质量事件管理	5	存在安全质量事件瞒报、漏报的，扣 1～5 分 / 件；未按计划上报安全质量事件的，扣 1 分 / 件	安全生产部	公司安监部
	安全隐患管理	10	未按要求报送安全隐患的，扣 2 分 / 次；安全隐患未能及时发现的，扣 1 分 / 处；未按要求建立一患一档的，扣 1 分 / 项	安全生产部	公司安监部
	交通和消防管理	5	未使用派车单的，扣 1 分 / 次；未建立消防器材台账的，考核 1 分，台账不齐全的，扣 0.5 分；未按要求开展消防器材检查的，扣 0.5 分 / 次	安全生产部	公司安监部
…					

表 5 供电所月度专业管理考核评价结果

序号	供电所	专业管理考评得分	本月排名	上月排名	与上月比	段位
1	通惠	147.40	1	1	→	A
2	赶水	145.80	2	14	↑	A
…						
合计						

（2）过程管控评价。供电所过程管控考核评价标准见表6，月度过程管控考核评价结果见表7。

表6 供电所过程管控考核评价标准

评价内容	指标分值	评价标准
业务培训	3	未按时开展安全教育和专业技能培训的，扣1分/次；培训记录填写不符合要求的，扣1分/次；未建立员工培训档案的，扣1分/次；未及时更新员工培训档案的，扣1分/次
资料平台等基础管理	2	未按要求每月及时更新的，扣0.1分/项；未建立相应管理制度的，扣1分/项；未建立相应台账的，扣0.5分/项；台账与实物不一致的，扣0.5分/处；未建立相应记录的，扣0.5分/项；相应记录不规范的，扣0.1分/处
宣传报道	3	指标完成率100%，各业务站按要求完成高质量稿件投送任务，稿件内容要求积极向上，主题不限，但必须是原创，严禁转载和抄袭，非原创文章投稿无效。每月至少投送两篇，少一篇扣1分。每篇稿件字数在300字以上，稿件内容涉及人物、会议时配相关图片，图片要求清晰、人物端正，稿件不符合要求的，扣0.5分
加分项		（1）获得綦南公司和市公司及以上单位表彰、表扬的，所属营业所可向分公司申请加分，加分标准为1~2分，具体分值由分公司根据事件的重要程度确定。分公司受理营业所申请加分时间为每月5日前。 （2）职工技能比武加分：获得国网重庆电力及以上个人或团体前三名的加1分。 （3）知识调考加分：获得国网重庆电力及以上个人或团体前三名的加1分。 （4）列入专项重要生产、经营指标任务且超额完成的，纳入年度总评价加分。如单个营业所完成加0.1分；2个营业所完成分别加0.2分和0.1分；3个及以上营业所完成，则对排名前三位的，分别加0.3、0.2、0.1分，排名并列按照就高的原则加分。 （5）宣传报道上稿加分。在市公司媒体（含区级媒体）上稿加0.2分/篇，在国家电网媒体（含省部级以上媒体）上稿加0.5分，在中央级媒体上稿加1分。同一稿件在当月多次符合加分条件者，按照就高原则进行加分，如在后续月份更高级别媒体上稿，按照就高原则补足差额分值。 （6）在生产经营活动中为企业发展作出贡献，分公司绩效管理委员会认定可以加分的，给予加1~3分
…		

表7 供电所月度过程管控考核评价结果

供电所	过程管控得分	奖惩说明
通惠	100	
赶水	100	
…		

3. 绩效工资兑现

供电所绩效工资积分 = 绩效工资积分基数 × 50% × （1+ 上浮或下浮比例)+ （绩效工资积分基数 × 50%+ 奖励或考核分值) + 上级奖励 – 上级考核。公司根据积分兑现各供电所工资。

赶水供电所根据考评规则，该所专业管理考评排名 A 段，奖励 10% 即 374.5 分；过程管控考评奖励 0 分，上级奖励 397.9 分，上级考核 0 分。该所实得绩效工资积分 8262.48 分，见表 8。

表8 供电所月度考核结果积分兑现表

序号	部门（班组）	绩效工资积分基数			专业管理			过程管控		上级考核分值	上级奖励分值	绩效工资积分
		合计	专业管理绩效积分基数	过程管控绩效积分基数	3月专业管理班组排名段位	上浮或下浮比例	奖励或考核分值	4月过程管控得分	奖励或考核分值			
1	赶水	7490.08	3745.04	3745.04	A	10%	374.5	100	0	0	397.9	8262.48
2	东溪	5727.36	2863.68	2863.68	D	–10%	–286.37	100	0	68.3	0	5372.69
3	城南	9877.24	4938.62	4938.62	B	0	0	100	0	120.4	0	9756.84

供电所绩效工资核定通过实行量化核算法，有效提升了供电所工作质效。依托同分同价模式下产生的积分数据，为推行员工竞聘上岗、人员跨所流动、岗位胜任能力评价和建立契约化管理奠定基础，供电所综合员、系统管理员

等内勤工作实现新一轮兼职组合，经初步测算，盘活富余人员 15 人，有效解决改革前台区经理"只要收回电费、处理好报修便已尽职"的"贵族化"倾向问题，运维质量得到明显提高。树障清理、绝缘子更换数量较改革前分别同比增加 1.7、2.6 倍；单人违章作业得到根本杜绝。农网 10 千伏分线线损合格率 96.08%，台区线损合格率 95.14%，采集成功率 99.73%，分别较改革前提升 26.16、4.79、0.5 个百分点。

报送单位：国网重庆綦南供电公司
编 制 人：甘仁民　廖　萌

51 供电所二次分配考核法

——充分发挥绩效工资的激励作用

> **导　入：** 随着全员绩效管理工作的深入推进，越来越多的单位开始注重加强绩效考核结果与薪酬分配挂钩联动，以期激发了员工工作积极性。国网蒙东林西县供电公司通过实施供电所二次分配考核法，直接将指标分解到人，使每位员工明确目标和任务，根据工作完成情况进行奖金分配，对员工进行绩效考核激励约束，实现了按劳分配、多劳多得的目标，合理拉开了薪酬分配差距，形成了一套有效的激励模式。

工具概述

供电所二次分配考核法，是指县公司设置 10 项专业考核指标对供电所实施一级考评，供电所将 10 项专业考核指标分解至所内各岗位人员并实施二级考评，依据二级考评结果在供电所实施绩效奖金二次分配。

适用场景：本工具适用于各类供电所。

实施步骤

供电所二次分配考核法实施步骤包括：县公司专业部门一级考评、供电所员工二级考评、员工绩效奖金二次分配。

1. 县公司专业部门一级考评

县公司人资部门牵头组织专业部门制定 10 项专业考核指标和考核标准，

依据考核标准对各供电所实施月度综合考核。供电所月度综合考核维度构成见图 1，月度工资总额考核核定标准见表 1。

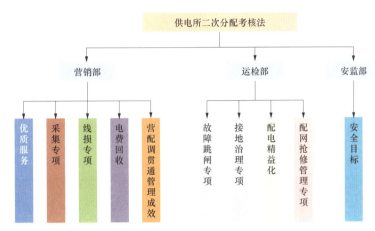

图 1　供电所月度综合考核维度构成

表 1　　　　　　　　　　　供电所月度工资总额考核核定标准

序号	考核项目	考核标准
1	优质服务	考核金额：供电所基准奖金 100 元 /（月·人）。 考核项目： （1）发生一、二类营销服务不规范投诉、服务不规范举报，经调查行为属实的，扣除供电所当月所有供电服务人员的营销类优质服务专项考核奖金。对投诉责任人及其领导按照（国网营销 /3）377—2014《国家电网供电服务奖惩规定》进行考核。 （2）配网抢修到达现场超时，每发生一次扣除该供电所优质服务专项考核奖金 1000 元。 （3）…
2	采集专项	考核金额：供电所基准奖金 200 元 /（月·人）。 考核项目： （1）费清复电平均时长指标值在 30 分钟以下的不进行考核，大于等于 30 分钟的，在"团队绩效"奖励占比中扣减采集专项考核金额的 10%。 （2）采集运维闭环管理功能应用率要求完成 100%。闭环管理工单要求在当日内处理完毕，若当日未处理完毕，在"团队绩效"奖励占比中扣减 5 元 /（人·次）。 （3）…

序号	考核项目	考核标准
3	线损专项	考核金额＝各供电所总设备量×（2020年专项奖励总额/全公司总设备量），其中总设备量＝（公司资产线路长度＋公用变压器数量＋专用变压器数量）×50%＋线路总条数×50%。其中，线损率完成值占20%，同期线损占80%。 考核项目： （1）按上年度高压损失完成情况制订当年各供电所高压线损值，按月考核，未能按指标值完成的按占比扣除当月高压线损完成值奖励。 （2）同期线损考核标准。 1）分线同期日线损考核。按月考核，当月日分线达标（0%＜线损率＜10%）天数≥（M-5），M为当月天数，视为线路合格；当月高压线损金额＝∑（合格线路×该线路对应钱数），考核期为月度。 2）机井启停考核。机井未走工单进行启停的，扣除奖励200元/次，上不封顶。 （3）…
4	电费回收	考核金额：供电所基准奖金100元/（月·人）。 考核项目： （1）电费回收率未达到指标值100%的不进行奖励。收费人员做到日清日结，实收电费与进账金额一致。在每月的月末前三日完成电费收缴工作并将全部电费上缴至电费账户，逾期未完成的，扣发全部电费回收奖金。 （2）远程自动核算比率指标为99.9%，完成指标值99.9%以上的供电所每提升0.05%从"团队绩效"奖励占比中追加10元/（月·人），未达到指标值的每降低0.05%在"团队绩效"奖励占比中扣减10元/人。 （3）…
5	营配调贯通管理成效	考核金额：供电所基准奖金50元/（月·人）。 考核项目： （1）进行换表、批量调整线路台区等业扩工单操作后，必须保证站—线—变—户关系，现场与营销及PMS系统内一致。发现问题数据，在"团队绩效"奖励占比中扣减5元/户。 （2）各供电所的线路、设备等变动时要在当月23日前完成全部工作，并与现场一致。如出现指标问题，扣减此项全部奖金。 （3）…
6	故障跳闸专项	考核方式：按"考核次数"进行积分。 考核项目： （1）跳闸指标以运维检修部下达的指标为准。 （2）同一条线路跳闸次数≥3次/月，扣除月度跳闸奖金并在公司例会上说清楚；同一条线路跳闸次数≥5次/月，扣除3个月跳闸奖金并在公司例会上说清楚。 （3）…

序号	考核项目	考核标准
7	接地治理专项	考核金额 = 各供电所设备量 ×（当年专项奖励总额 / 全公司设备量），设备量 = 公用出口线路长度 + 公用变压器数量 + 专用变压器数量。 考核项目： （1）月度跳闸考核积分未超出供电所月度跳闸次数，则本月跳闸考核奖金全部兑现；超出供电所月度跳闸次数，则本月跳闸考核奖金全部扣除。 （2）接地考核按月考核，供电所管辖线路发生接地故障≤2 次 / 月全部兑现，接地故障≥3 次 / 月扣除本月全部奖金。 （3）…
8	配电精益化	考核方式：按照积分制进行考核，第一、四季度积分上限为 75 分，第二、三季度积分上限 125 分。 考核项目： （1）奖金按照公司的设备总数平均分配，设备总数 = 公司资产线路长度 + 公用变压器数量，林西镇供电服务中心因有供电区域类别和巡视周期的要求，以及电缆线路较多等，对其设备总量进行调整，其设备总量 = 实际设备量 × 调整系数 1.5。 （2）运检部安排巡视任务后，交回"巡线员取回"标识牌，每少一块扣 20 分；检查无巡视标记扣 1 分 / 处，连续发现 5 处及以上无巡视标记，本项全部扣除，并另行通报。 （3）…
9	配网抢修标准化管理专项	考核方式：积分制考核，按照 15 元 / 积分进行兑现，只统计次数，不考虑人数。 考核项目： （1）配抢次数 = 95598 配抢工单数量 + 线下用户报修数量。严格按照《国家电网公司配网故障抢修管理规定》与《国网赤峰供电公司运维检修部配电故障抢修流程标准》执行，违反以上规定的，不予积分。单人作业等严重违章的将通报处理，本月积分清零，并扣除优质服务奖金 500 元 / 次。 （2）安质部、运检部、营销部、调控分中心相互配合，每月初对上月 95598 报修工单、线路故障、采集系统中线路、台区停电情况进行核对，对隐瞒、漏报的配网抢修工作进行考核，视情节扣除 1~20 分 / 次，存在严重违章的另行通报处理。 （3）…

序号	考核项目	考核标准
10	安全目标	考核金额：供电所基准奖金150元/（月·人）。 考核项目： 考核系数计算公式为 $E=1-(a+b)/(c+d)$，若 $E\leqslant0$，则扣除所有反违章专项考核奖励，季度考核扣10分；若 $E>0$，则以考核基数 × 考核系数 × 分配系数进行奖励，季度考核扣 $E×10$ 分（a：现场发现问题数量。数据来源：各级安全督察通报、正式红头通报文件，市县两级通报同样问题不重复计数。b：未按要求上传照片次数。数据来源：各单位每月25日报送照片情况，1个现场未报送照片记为1次，1个现场照片不符合报送要求记为1次。c：计划作业数量。数据来源：调度发布的月、周停电计划。d：抢修作业数量。数据来源：95598报修工单、运检部"配网抢修标准化管理专项考核"报送的配抢次数，相同作业不重复计数）

2. 供电所员工二级考评

供电所根据县公司专业部门下达的考核指标和考核目标任务，直接分解到供电所内设岗位人员，依据任职人员承担的指标及任务完成情况，对所内人员实施二级考核。

3. 员工绩效奖金二次分配

针对优质服务、采集专项、线损专项、电费回收、营配调贯通管理成效等10项指标，制订所内考核细则，根据指标完成情况进行奖金核定，体现多劳多得、奖优罚劣。供电所员工绩效奖金二次分配规则见表2。

表2　　　　　　　　　供电所员工绩效奖金二次分配规则

序号	考核项目	考评标准	计算公式
1	优质服务	发生投诉扣除该项全部绩效奖励；发生主观责任意见，每件扣除10元	考核基数 × 投诉完成结果 – 意见件数 ×10
2	采集专项	采集成功率完成值小于目标值扣除该项全部绩效奖励；大于等于指标值，每提升0.01%，增加奖励1元	考核基数 ×（1+采集成功率完成结果）×1

续表

序号	考核项目	考评标准	计算公式
3	线损专项	线损率完成值小于目标值扣除该项全部绩效奖励；大于等于指标值获得基数值30%绩效奖励。分台区同期线损达标率小于目标值扣除绩效奖励60%。分台区同期线损可监测率小于目标值扣除绩效奖励10%	考核基数×（0.3×线损率完成结果+0.6×分台区同期线损达标率完成结果+0.1×分台区同期线损可监测率完成结果）
4	电费回收	电费回收率完成值小于目标值扣除该项全部绩效奖励。远程自动抄表核算比率完成值较目标值每波动0.05%，按10元标准进行考核	考核基数×（电费回收率完成结果+远程自动抄表核算比率完成结果）
5	营配调贯通管理成效	营配调贯通管理成效完成值小于目标值不得绩效奖励	考核基数×营配调贯通管理成效完成结果
6	故障跳闸专项	以下达跳闸指标为准，完成值小于目标值扣除绩效奖励	考核基数－跳闸次数
7	接地治理专项	以下达接地指标为准，完成值小于目标值扣除绩效奖励	考核基数－接地次数
8	配电精益化	按照配电缺陷、异常台区及资料管理完成值进行绩效奖励	考核基数×配电精益化完成结果
9	配网抢修标准化管理专项	按照完成抢修次数进行奖励	考核基数×抢修完成结果
10	安全目标	发现严重违章扣除绩效奖励的60%；发现一般违章扣除绩效奖励的40%	考核基数－严重违章结果－一般违章结果

◎ **经验心得**

实施绩效奖金二次分配，要坚持"按劳分配、多劳多得、兼顾公平"的分配原则和"集中考核、直接兑现"的管理原则，对工作业绩突出人员加大激励力度，对业绩差、工作不积极的人员加大处罚力度，使员工清醒地认识到自己工作的不足，有效发挥绩效考核指挥棒作用和激励约束作用。

📝 **实践案例**

国网蒙东林西县供电公司于 2017 年 12 月实施供电所二次分配考核法，对供电所员工进行工作业绩考核，有效激发了员工工作积极性。下面以官地镇供电所 2019 年 7 月绩效奖金二次分配考核为例进行展示。

1. 县公司专业部门一级考评

国网蒙东林西县供电公司专业部门主要从优质服务、采集专项、线损专项、电费回收、营配调贯通管理成效等 10 项指标，对官地镇供电所实施一级考核。2019 年 7 月官地镇供电所一级考评结果见表 3。

表 3   2019 年 7 月官地镇供电所一级考评结果

序号	考核项目	考评标准	考核金额（元）
1	优质服务	考核人数：5 人；基础奖金：100 元；系数：供电所长 4.5，副所长 3.7，综合、营配班长、片区经理 1.2。 扣减项：5 月份无；应发基础奖金 100 元	1186.96
2	采集专项	考核人数：5 人；基础奖金：200 元；应发基础奖金算法：基础奖金 + 超出指标值（超出指标 0.01% 奖励 0.5 元）=200+（99.99–99.8）× 100 × 0.5=209.5（元）。 扣减项：5 月 14、16 日低压抄表失败，明细未反馈，每人扣减 10 元，5 月官地 1 户费控档案错，每人扣减 2 元，实际基数为 209.5–12=197.5（元）	1246.9
3	线损专项	考核人数：5 人；基础奖金：100 元；系数：所长 3.0，副所长 3.1（营销）和 2.4（运检），客户服务员、运检技术员、片区经理 1.2，营配班长 1.1，其他人员 1.0。 扣减项：10 千伏线路日损失达标率在高压线损中占比为 55 元 / 人，完成值在 40%～95% 线性得分，1 个百分点得 1 元 / 人。5 月 10 千伏线路损失达标率完成 49.19%，得 9 元 / 人。 加分项：帮助运检部核对各所线变关系、高压线损奖励 10 元 / 人，应发基础奖金 100 元	1297.67

序号	考核项目	考评标准	考核金额（元）
4	电费回收	考核人数：5 人；基础奖金：150 元 /（月·人）；系数：供电所长 4.5，副所长 3.7，客户服务员、片区经理 1.2，综合、营配班班长 1.1，其他人员 1.0。 5 月线上缴费完成 88.22%，较指标值上升 18.22%，线上缴费应发 100+30=130（元）；远程自动核算比率指标为 99.9%，完成指标值 99.9% 以上的供电所，每提升 0.05% 从"团队绩效"奖励占比中追加 10 元 /（月·人），5 月远程自动核算比率指标完成 100%，远程自动核算应发 20 元	1100.8
5	营配调贯通管理成效	考核人数：5 人；基础奖金：25 元。 扣减项：无；应发基础奖金 25 元	356
6	故障跳闸专项	跳闸指标以运维检修部下达的指标为准。接地指标为零。本月发生 3 次，超出 2 次指标，扣除全部绩效奖励	0
7	接地治理专项	供电所管辖线路发生接地故障≤2 次 / 月全部兑现，接地故障≥3 次 / 月扣除本月全部奖金。本月未发生接地故障	228
8	配电精益化	配按照积分制进行考核，本月完成值为 28.1 分	421.73
9	配网抢修标准化管理专项	按照 15 元 / 分进行兑现，本月获取 21 分，帮扶其他供电所奖励 60 元	375
10	安全目标	未发现严重违章事项	851.65
合计			7064.71

2. 供电所员工二级考评

官地镇供电所根据县公司专业部门下达的考核指标和考核目标任务，直接分解到其内设岗位人员，并签署绩效合约。月度末，官地镇供电所考评小组依据绩效合约约定的考核事项完成情况及评价标准，对所内人员实施二级考评。2019 年 7 月官地镇供电所员工二级考评结果见表 4。

表4 2019年7月官地镇供电所员工二级考评结果

序号	姓名	考评情况
1	宋*	（1）负责全所采集指标监控，奖励196.35元。 （2）负责高低压线损监控，奖励711.3元。 （3）负责线上缴费引流，7月线上缴费完成88.22%，较指标值上升18.22%，奖励280元
2	邱*	（1）所管辖台区采集成功率未达标，扣减106元。 （2）所管辖台区低压损失率未达标，扣减83.74元
3	李*	负责线上缴费引流，7月线上缴费完成88.22%，较指标值上升18.22%，奖励320.8元
4	张*	所管辖台区采集成功率未达到指标，扣减42元
5	吴*	所管辖台区采集成功率超出指标值，奖励161.55元

3. 员工绩效奖金二次分配

按照各部门制订的10项考核指标，召开月度绩效例会，对考核期内员工的工作任务及质量进行考核，完成指标较好的给予奖励，未达到指标要求的按考核细则扣减绩效奖金。宋*采集专项指标及线损指标完成较好，奖励金额较高，最终当月奖金较其他员工多发1000元左右。2019年7月官地镇供电所员工绩效奖金二次分配明细见表5。

表5 2019年7月官地镇供电所员工绩效奖金二次分配明细 单位：元

序号	姓名	优质服务奖金	采集专项奖金	线损专项奖金	电费回收奖金	营配调贯通管理成效奖金	故障跳闸专项奖金	接地治理专项奖金	配电精益化奖金	配网抢修标准化管理专项奖金	安全目标奖金	合计应发绩效奖金
1	宋*	204.08	396.35	911.30	380	197		38			158.33	2285.06
2	邱*	204.08	94	16.26	100	53		114	421.73	330	188.33	1521.4
3	李*	370.64	237		420.8						188.33	1216.77
4	张*	204.08	158	167.63	100	53		76		15	158.33	932.04

续表

序号	姓名	优质服务奖金	采集专项奖金	线损专项奖金	电费回收奖金	营配调贯通管理成效奖金	故障跳闸专项奖金	接地治理专项奖金	配电精益化奖金	配网抢修标准化管理专项奖金	安全目标奖金	合计应发绩效奖金
5	吴*	204.08	361.55	202.48	100	53				30	158.33	1109.44
合计		1186.96	1246.9	1297.67	1100.8	356	0	228	421.73	375	851.65	7064.71

官地镇供电所实施二次分配考核法，实现了员工的业绩指标和工作任务责任分解到人，明确了业绩指标和工作任务责任界限，在责任考核时有据可循，展示了员工工作业绩成果，提升了员工责任意识和团队意识，管理水平和服务效率显著提高，促进了供电所员工逐步向"复合型""全能型"成长。

报送单位：国网蒙东赤峰供电公司

编 制 人：王雅伦 孙自强 佟 岩

供电所员工考核工具

52 "棘手易错"业务抢单考核法
——让员工抢着干"不好干、易出错"的工作

> **导　入：** 2018年3月，国网天津宝坻供电公司装表接电与检验检测班班长与班组员工例行绩效沟通。针对一些员工提出对于"不好干、易出错"的工作不敢主动承担的情况，班长联想到班组工作是不是也可以采用"抢单式"来让班组员工积极参与，从而打消一些员工"干得多，错得多，扣得多"的顾虑呢？他将想法与绩效理论知识相结合，制订了"棘手易错"业务抢单考核法，经过班组集体协商后开始实施，有效提升了班组员工的积极性，合理拉开收入差距，促进员工工作能力提升。

📝 工具概述

　　"棘手易错"业务抢单考核法，是指在绩效合约中设置"棘手易错"任务模块，针对班组日常工作中"不好干、易出错"工作，制订"棘手易错"任务清单，采用"抢单"形式组织员工参与，按照"承担任务可得分，出错扣分，不承担不得分"方式，开展考核，纳入员工合约评价。

　　适用场景：本工具适用于工作技术要求较高、工作条件有限、应急类工作较多的班组。

实施步骤

"棘手易错"业务抢单考核法实施步骤包括：制订"棘手易错"任务清单、确定考核规则及考核模式、任务抢单、任务考核、考核应用。

1. 制订"棘手易错"任务清单

梳理班组日常工作中"不好干、易出错"和员工积极性不高的工作，集体讨论确定任务难度及任务分值，形成"棘手易错"任务清单。

2. 确定考核规则及考核模式

班组讨论确定"棘手易错"任务考核规则：员工合约设定"棘手易错"任务模块。合约满分100分，基础职责任务70分，"棘手易错"任务20分，综合评价10分。"棘手易错"任务采用"抢单式"，承担任务即可得任务满分分值，出错或质量不合格再进行扣分制考核，不承担任务不得分。

3. 任务抢单

月初班组召开抢单会，员工根据意愿及个人能力举手抢单，参与"棘手易错"任务，会议讨论通过确定是否抢单成功。每月"棘手易错"任务指标一般设5~10个，员工每抢到一项任务即可取得该项指标全部分值，如果合约中10个指标任务全部参与，得满分20分；如果只参与2项，得该两项任务对应的分值。

4. 任务考核

根据"棘手易错"任务完成情况，对任务进行扣分制考核。在考核办法中列明出现错误对应的扣分值，按照员工工作中出现的差错，在"棘手易错"任务已取得的分值基础上扣除出现差错对应的扣分值。

5. 考核应用

月底，统计本班组员工"棘手易错"任务得分及员工月度考核结果。

月度得分 = 基础职责任务得分 + "棘手易错"任务得分 + 综合评价得分

◎ 经验心得

（1）"棘手易错"任务清单编制要定义清晰、标准明确。对于清单内容应向班组员工充分征求意见，履行班组决策程序。

（2）强化激励导向，营造竞争氛围，突出鼓励效应。可结合实际确定扣分上限，如"抢单"参与的任务出现差错所扣分值不高于"抢单"任务对应分值的 80%。

（3）严格执行公示制度。班组每月将绩效指标完成情况进行分析排序，并在绩效考核看板对考核结果进行公布，对绩效考核实施全过程监控，保证考核的公正、公开。

🖊 实践案例

国网天津宝坻供电公司于 2018 年 5 月实施"棘手易错"业务抢单考核法，有效提升了班组员工的积极性，促进了员工工作能力提升。下面以营销部计量室装表接电与检验检测班为例进行展示。

1. 制订"棘手易错"任务清单

班组通过集体协商，制订该班组的"棘手易错"任务清单，见表 1。同时，为保证工作任务完成质量，每位员工每个月抢单分值达到 20 分时自动封顶，不能再进行抢单。

表1　　　　　　　　　　　　"棘手易错"任务清单

序号	指标名称	考核分值	目标值	指标定义	考核方式
1	计量装置首检、周期现场校验完成率	4	100%	计量装置首检、周期现场校验完成率达100%	计量装置首检、周期现场校验完成率达100%，得指标分值的100%。 减分项： （1）未及时完成此项工作，造成计量装置首检、周期现场校验超期的，每发现1户超期1个工作日，扣指标分值的0.1分。 （2）首检、周期、临时现场校验未发现已存在的计量故障，扣指标分值的0.3分
2	计量差错率	4	100%	电能表、互感器、计量终端现场安装正确率达100%	工作中不发生计量差错，得指标分值的100%。 减分项： （1）电能表、互感器、计量终端现场安装错误或接线错误，差错电量每次1万千瓦时以下，扣指标分值的0.2分。 （2）电能表、互感器、计量终端现场安装错误或接线错误，差错电量每次10万千瓦时以下、1万千瓦时及以上，扣指标分值的0.5分。 （3）电能表、互感器、计量终端现场安装错误或接线错误，差错电量每次10万千瓦时以上，扣指标分值的1分；如情节特别严重的，此项指标扣至0分
3	计量装置用电信息异常检测	4	98%	系统所报计量异常工单检测及时率达98%	每天监测SG186系统中计量异常的终端、集中器，并分析异常原因，需要现场处理的派发工单，及时率达到99%可得指标分值的100%。 减分项： （1）计量工单。未及时监测出报表中异常问题，每发现1户超期1个工作日，扣指标分值的0.1分。 （2）采集工单。台区计量点每发现1户超期1个工作日，扣指标分值的1%；高压计量点每发现1户超期3个工作日，扣指标分值的0.1分

续表

序号	指标名称	考核分值	目标值	指标定义	考核方式
4	SG186系统工单流程处理	4	100%	SG186系统工单流程正确率达100%	SG186系统工单流程正确率100%，得指标分值的100%。 减分项： （1）流程配置错误，每个环节扣指标分值的0.1分。 （2）换装流程，每推迟1个工作日扣指标分值的0.1分。 （3）流程未及时处理导致超期，每个环节扣指标分值的0.2分
5	数据更新后采集系统档案接入	4	100%	数据更新后采集系统档案接入及时率达100%	接收数据处理后，SG186系统做档案同步，同步成功后当天进行采集导入，并及时核对相关信息，得指标分值的100%。 减分项： （1）档案接入每推迟1天，扣指标分值的0.1分。 （2）档案基础数据正确率每降低1%，扣指标分值的0.1分

2. 确定考核规则及考核模式

员工合约设定"棘手易错"任务模块。合约满分100分，基础职责任务70分，"棘手易错"任务20分，综合评价10分。

3. 任务抢单

班内员工积极"抢单"，班长做好记录。若出现有单无人抢的情况，则提高业务考核分值，班组集体讨论通过后进行二次"抢单"，5月工作"抢单"情况见表2。

表2   5月工作"抢单"情况

指标名称	参与人员
计量装置首检、周期现场校验完成率	张＊、李＊、刘＊
计量差错率	张＊、田＊
计量装置用电信息异常检测	张＊、李＊、田＊
SG186 系统工单流程处理	张＊、李＊、刘＊
数据更新后采集系统档案接入	赵＊、李＊、刘＊

4. 任务考核

月末班长根据本月统计的出现差错情况，对应到各项指标。5月工作考核情况，见表3。

表3   5月工作考核情况

差错分类			责任人	扣分分值
一级分类	二级分类	三级分类		
计量差错率	人为造成计量接线错误（错接线、串户、从其他用户反出线当电源线）	轻微人为差错：差错电量每次1万千瓦时以下	张＊	0.2
计量差错率	人为造成计量接线错误（错接线、串户、从其他用户反出线当电源线）	四类差错：差错电量每次10万千瓦时以下、1万千瓦时及以上	张＊	0.5
SG186 系统工单流程处理	流程配置错误	两个环节错误	田＊	0.2

5. 考核应用

根据工作参与情况和完成情况，统计"棘手易错"任务得分及员工考核结果。根据差错统计对应考核，张＊参与 4 项工作任务，得 16 分，但是出现两次差错，应扣 0.7 分，"棘手易错"任务得 15.3 分；李＊参与 4 项工作任务且无差错，得 16 分；刘＊参与 3 项工作任务且无差错，得 12 分；田＊参与 2 项工作任务，得 8 分，但是出现一次差错，应扣 0.2 分，"棘手易错"任务得 7.8 分；赵＊参与 1 项工作任务且无差错，得 4 分；王＊和孙＊未参与"棘手易错"任务，该项不得分。5 月班组员工绩效成绩见表 4。

表 4　　　　　　　　　　　　　　5 月班组员工绩效成绩

姓名	基础职责任务分值	"棘手易错"任务分值	综合评价分值	总分值
李＊	70	16	10	96
张＊	70	15.3	10	95.3
刘＊	70	12	10	92
田＊	70	7.8	10	87.8
赵＊	70	4	10	84
王＊	70	0	10	80
孙＊	70	0	8	78

装表接电与检验检测班自实施"棘手易错"业务抢单考核法以来，每月的抢单参与人数占比超 70%，成功解决了"棘手易错"任务承接积极性不高的问题，班组各项工作顺利完成。班组员工绩效工资与考核结果挂钩，实施精准考核，合理拉开了考核差距，绩效薪金倍比最高达 1.18 倍，建立了"多劳多得、干错少得、不干不得"的正向激励机制，营造了和谐的绩效氛围，实现了组织和员工业绩的同步提升。部门指标稳步提升，以计量综合采集成功率为例，2018 年指标完成值为 99.13%，2019 年指标完成值提升至 99.27%。

报送单位：国网天津宝坻供电公司

编 制 人：黄　赛　张朝乾　孙晓晔　张小伟

53 网格责任"双包"制考核法

——激发全能型供电所人员活力

> **导　入：** 2012 年，国网天津城南供电公司小站供电服务中心积极探索低压营销管理新模式，建立了以定量为主导的工作积分绩效管理体系。但随着全能型供电所营配业务融合、服务职能整合的深入推进，用工形式"市场化"不足、组织绩效与个人绩效关联度不够清楚的问题逐渐显现。国网天津城南供电公司创新实行网格责任"双包"制考核法，指标包干到网格组，组内任务包干到个人，承包指标和任务与考核结果直接挂钩，拉大了考核兑现差距，激发了员工工作热情与活力。

工具概述

网格责任"双包"制考核法，是指将指标包干至网格组，根据网格组的业绩表现核定奖金总额；组内任务包干至人，网格组承包人根据组员所承担任务完成情况，对其进行绩效评价兑现。

适用场景：本工具适用于已实现业务营配融合的全能型供电所中的运维班组。

实施步骤

网格责任"双包"制考核法实施步骤包括：合理划分网格组、网格组包干考核、网格组内考核包干到人。

1. 合理划分网格组

根据其辖区内的 10 千伏线路、台区数量、10 千伏用户数和低压用户数量等，依据公平公正、历史同期可比原则，经大家共同协商决定，划分设立供电服务网格组，分解指标和任务至网格组，实现横向对标。

2. 网格组包干考核

（1）设置网格组包干的指标目标。结合考核重点、历史指标成果数据，设定各网格组包干考核目标，经会议审议通过，明确承包指标。同时，考核目标值在季度、半年度和年度进行动态调整。

（2）网格组考核兑现。根据每项指标的月度完成情况，分别考核兑现，汇总每项指标的奖励金额，兑现到各网格组。

3. 网格组内考核包干到人

网格组组长根据与网格组成员约定的工作内容，结合工作完成质量，按照内部分配方案兑现个人绩效。组长可随工作安排对分配标准进行修订。

◎ 经验心得

（1）设定网格组人数下限。在确保安全生产、完成工作任务的前提下，网格组人员一般不少于 4 人。

（2）实行网格组组长竞聘。在供电所层级公布网格组组长竞聘令，列明竞聘的必要条件和加分项。成立评审委员会，采用民主集中制的方式确定最终人选。网格组组长竞聘成功上岗后，承担网格组的工作任务。

（3）实行网格组成员双向选择。避免网格组承包人因个人因素或个人情感产生对成员的不公平分配。成员也具有自主权，可提出进行网格组变更的要求。

📝 实践案例

国网天津城南供电公司于 2017 年实施网格责任"双包"制考核法，开展全能型供电所人员考核。下面以小站供电服务中心运维班 3 月绩效考核为例进行展示。

1. 合理划分网格组

小站供电服务中心运维班划分设立 5 个供电服务网格组，明确各组管辖线路数量、台区数、10 千伏用户数和低压用户数。小站供电服务中心网格组包干的设备台账见表 1。

表 1　　　　　　　　　小站供电服务中心网格组包干的设备台账

网格组	管辖线路数量	管辖台区数	10千伏用户数	低压用户数
网格 1 组	18	186	354	20351
网格 2 组	27	124	389	13677
网格 3 组	22	245	322	21282
网格 4 组	18	123	328	13076
网格 5 组	12	168	212	17438
合计	97	846	1607	85823

2. 网格组包干考核

（1）设置网格包干的指标目标。目标结合公司专业考核重点内容和指标，参考历史指标成果数据测算，且经过大家共同协商，核定出包干到组的指标。网格组包干指标目标见表 2。

表 2　　　　　　　　　　网格组包干指标目标

序号	任务项	指标值	月度考核值					中心指标
			1组	2组	3组	4组	5组	
1	安全	发生违反安全规程事件	0	0	0	0	0	0

序号	任务项	指标值	月度考核值					中心指标
			1组	2组	3组	4组	5组	
2	采集成功率	平均采集成功率（%）	98.00	98.00	98.00	98.00	98.00	98.00
		平均日100%台区占比（%）	86.10	85.10	85.00	85.00	86.00	85.00
3	低压线损	低压线损率（%）	4.00	5.50	5.00	6.00	4.00	4.88
		台区线损达标率（%）	90.00	90.00	90.00	90.00	90.00	90.00
4	高压线损	高压线损率（%）	3.30	3.30	3.30	3.30	3.30	3.30
		高压线损达标率（%，单线低于4%达标）	90.00	90.00	90.00	90.00	90.00	90.00
5	违约金	高压违约金（万元）	2.5（年度30）	2.5（年度30）	1.67（年度20）	2.1（年度25）	1.67（年度20）	10.5（年度125）
		低压违约金（万元）	0.17（2）	0.38（4.5）	0.17（2）	0.38（4.5）	0.17（2）	1.25（15）
6	电费回收	高压电费回收率（%）	5日100	5日100	5日100	5日100	5日100	5日100
		停电通知下发率（%）	100	100	100	100	100	100
		低压欠费下降率（%）	29	31	33	29	30	30
7	优质服务	属实投诉	0	0	0	0	0	0
8	异常处理	异常处理完成率（%）	100	100	100	100	100	100
		异常处理及时率（%）	100	100	100	100	100	100

序号	任务项	指标值	月度考核值					中心指标
			1组	2组	3组	4组	5组	
9	配电设备运维	线路故障数（每季度更改）	2	3	3	4	2	14
		缺陷管理	合格	合格	合格	合格	合格	合格
		标准化标志标识	合格	合格	合格	合格	合格	合格
10	工程管理	施工方案编制准确率（%）	100	100	100	100	100	100
		标准化现场施工	合格	合格	合格	合格	合格	合格
		施工现场路由等协调工作	合格	合格	合格	合格	合格	合格
		废旧物资处置及时率（%）	100	100	100	100	100	100
		业扩工程完工次	X次	X次	X次	X次	X次	X次
11	PMS 相关工作	PMS 工作完成合格率（%）	100	100	100	100	100	100
12	保电工作	保电次数及等级	X级保电任务X次	X级保电任务X次	X级保电任务X次	X级保电任务X次	X级保电任务X次	X级保电任务X次
13	不定期专项工作	专项工作完成率（%）	100	100	100	100	100	100
14	部门奖惩	根据具体情况填写说明	—	—	—	—	—	—

（2）网格组考核兑现。

1）当月指标完成情况统计。经统计，月度指标完成情况见表 3。

表 3   月度指标完成情况

序号	任务项	指标值	月度考核值					中心指标
			1组	2组	3组	4组	5组	
1	安全	发生违反安全规程事件	0	0	0	0	0	0
2	采集成功率	平均采集成功率（%）	99.94	99.96	99.96	99.96	99.99	99.96
		平均日 100% 台区占比（%）	97.65	99.28	98.88	97.66	99.28	98.55
3	低压线损	低压线损率（%）	2.36	2.39	2.30	2.79	2.14	2.36
		台区线损达标率（%）	98.45	98.65	99.19	98.71	97.11	98.47
4	高压线损	高压线损率（%）	−4.43	0.62	0.68	0.82	−0.41	0.98
		高压线损达标率（%，单线低于 4% 达标）	94.12	92.59	95.45	94.44	91.67	93.75
5	违约金	高压违约金（万元）	0	0	0	0	62585.94	62585.94
		低压违约金（万元）	0	0	0	0	2966.88	2966.88
6	电费回收	高压电费回收率（%）	100	100	100	100	100	100
		停电通知下发率（%）	100	100	100	100	100	100
		低压欠费下降率（%）	38.00	36.00	48.00	44.00	43.00	42.00
7	优质服务	属实投诉	0	0	0	1	0	1
8	异常处理	异常处理完成率（%）	100	100	100	100	100	100
		异常处理及时率（%）	100	100	100	100	100	100
9	配电设备运维	线路故障数	0	0	2	0	0	2
		缺陷管理	合格	合格	合格	合格	合格	合格
		标准化标志标识	合格	合格	合格	合格	合格	合格
10	工程管理	施工方案编制准确率	—	—	—	—	—	—
		标准化现场施工	—	—	—	—	—	—
		施工现场路由等协调工作	—	—	—	—	—	—
		废旧物资处置及时率（%）	100	100	100	100	100	100
		业扩工程完工次	2	1	1	2	1	7

续表

序号	任务项	指标值	月度考核值					中心指标
			1组	2组	3组	4组	5组	
11	PMS 相关工作	PMS 工作完成合格率（%）	100	100	100	100	100	100
12	保电工作	保电次数及等级	2 级保电任务1 次	3 级保电任务1 次	3 级保电任务 1 次，2 级保电任务 1 次	1 级保电任务 1 次	3 级保电任务 2 次，1 级保电任务 1 次	
13	不定期专项工作	专项工作完成率（%）	100	100	100	100	100	
14	部门奖惩	—	—	—	—	—	—	—

2）各任务项奖励兑现。根据任务项的考核要求，对应设置了分配原则。

其中，以低压台区线损率任务项为例，指标为台区线损达标率和台区合格率分别设置奖励原则。低压台区线损率奖励原则见表 4。

表 4   低压台区线损率奖励原则

任务项	指标值	得分说明	奖励原则
低压线损	台区线损达标率（项目奖励 2000 元）	（1）根据各组线损治理难易程度设定不同的考核值。小组月平均低压线损率低于考核值为合格，高于考核值为不合格。合格小组按照与考核值的差值确定排名并取得积分，不合格小组积分为 0。 （2）第 1 名，得项目奖励的 30%；第 2 名，得项目奖励的 25%；第 3 名，得项目奖励的 20%；第 4 名，得项目奖励的 15%；第 5 名，得项目奖励的 10%。 （3）低压线损指标未完成时，查处窃电追回电量，可折算为售电量计算线损率，但不改变排名	合格小组参与低压线损奖励分配，按台区线损合格率指标发放奖励

续表

任务项	指标值	得分说明	奖励原则
低压线损	台区合格率（单台区金额15元）	（1）针对每台区设定一个线损考核值，单台区本月线损率在0~考核值为合格台区，合格台区数占总管辖台区数的比例为台区合格率。台区合格率达到90%及以上为合格，否则为不合格。合格小组按照排名取得积分，不合格小组积分为0。 （2）第1名，得项目分值的30%；第2名，得项目分值的25%；第3名，得项目分值的20%；第4名，得项目分值的15%；第5名，得项目分值的10%	（1）台区合格率排名奖励 = 该项排名奖励总额 × 小组积分 / 指标项标准分值。 （2）合格台区奖励 = 单台区奖励金额 × 达标台区数 × 倍比 × 小组台区。 其中，台区合格率达到98%及以上，倍比为1.5；合格率95%~98%，倍比为1.2；合格率90%~95%，倍比为1；合格率80%~90%，倍比为0.85；合格率70%~80%，倍比为0.75；合格率60%~70%，倍比为0.7；合格率低于60%，不予发放奖励

以网格3组为例，按照以上原则，本月低压线损率为2.3%，已完成低于5%的指标要求，可以参与奖励分配。

台区线损达标率指标奖励：台区线损达标率为99.19%，排名第1，因此可拿到项目奖励的30%（2000元 × 30%=600元）。

合格台区奖励 = 单台区奖励金额 × 达标台区数 × 倍比 × 小组台区。本月网格3组台区线损合格数量为244个，合格率为99.19%。按照表4中的规定，合格率达到98%及以上，倍比为1.5，因此奖励金额为15 × 1.5 × 244=5490（元）。

综上，本月网格3组在低压台区线损这一任务项上得到的奖励为600+5490=6090（元）。

3）汇总网格组每个任务项的总兑现金额。各组考核兑现金额情况见表5。

表 5 各组考核兑现金额情况

序号	任务项	项目奖励（元）	指标值	奖金分配（元）				
				1组	2组	3组	4组	5组
1	安全	0	发生违反安全规程事件	0	0	0	0	0
2	采集成功率	3 元 / 台区	平均日 100% 台区占比	1455	1110	1845	1162.5	1297.5
3	低压线损	2000	台区合格率	300	400	600	500	200
		15 元 / 台区		4297.5	3285	5490	3442.5	3024
4	高压线损	2000	10 千伏线路合格率	400	300	600	500	200
		80 元 / 台区		1280	2000	2016	1360	880
5	违约金	1000	高压违约金完成率	200	200	200	200	200
		1000	低压违约金完成率	200	200	200	200	200
6	电费回收	100	高压电费回收率	1000	1100	1500	1400	1000
		1000	停电通知下发率	200	200	200	200	200
		1000	低压欠费下降率	200	200	200	200	200
7	优质服务	1500	属实投诉数	300	300	300	0	300
8	异常处理	1000	异常处理完成率	200	200	200	200	200
		1000	异常处理及时率	200	200	200	200	200
9	配电设备运维	13000	线路故障数	1383.2	2879.5	2700.1	4020.9	2016.3
		1200	缺陷管理	240	240	240	240	240
		800	标准化标志标识	160	160	160	160	160
10	工程管理	500	施工方案编制准确率	0	0	0	0	0
		500	标准化现场施工	0	0	0	0	0
		500	施工现场路由等协调工作	0	0	0	0	0
		500	废旧物资处置及时率	100	100	100	100	100
		50	业扩工程完工次数	100	50	50	100	50
11	资产管理	1000	资产、版图及站址表资料提供	200	200	200	200	200
12	PMS 相关工作	800	PMS 工作完成合格率	160	160	160	160	160

续表

序号	任务项	项目奖励（元）	指标值	奖金分配（元）				
				1组	2组	3组	4组	5组
13	保电工作	按次数及等级	保电次数及等级	200	100	500	300	600
14	不定期专项工作	1500	专项工作完成率	300	300	300	300	300
15	部门奖惩			0	0	0	0	0
16	合计			13075.7	13884.5	17961.1	15145.9	11927.8

通过以上各组的包干考核总额可以看出，网格3组兑现金额最高17961.1元，网格5组最低11927.8元，差距达到6033.3元。

3. 网格组内考核包干到人

（1）个人任务设定。各网格组将任务包干至人，根据个人能力和专业特长对工作内容和指标进行组内分解并约定任务承包人。

（2）个人考核兑现。以低压台区合格率为例，根据网格3组内奖惩分配方案，个人考核奖励＝每月管理台区合格数×单台金额×中心规定的倍比。网格3组组员低压台区合格率项目奖金明细见表6。

表6　　　　　　　网格3组组员低压台区合格率项目奖金明细

组员	管理台区数	线损率（％）	负损	高损	超高损	合格数	合格率（％）	本次倍比	单台区金额（元）	金额（元）	调整金额（元）
程*	22	2.24	0	0	0	22	100.00	1.5	15	495	495
李*	22	1.46	0	0	0	22	100.00	1.5	15	495	495
廉*	45	2.84	0	0	0	45	100.00	1.5	15	1012.5	1102.5
王*	47	0.92	0	0	0	47	100.00	1.5	15	1057.5	1057.5
庞*	47	2.75	0	1	0	46	97.87	1.5	15	1035	1170
王*	22	1.97	0	0	0	22	100.00	1.5	15	495	0
刘*	41	2.66	0	1	0	40	97.30	1.5	15	900	1170

注　调整金额是指组内成员发生减分项情况时，扣罚该组员考核奖励金额，小组内其他承担工作的组员均分奖励金额。

（3）组内成员奖金分配情况汇总。汇总各任务项奖励明细，网格 3 组奖金总额 17961.1 元，由 24 项小指标分项考核兑现金额组成，每项小指标绩效兑现金额等于 7 名组员奖金分配金额之和。7 名组员各自奖金分配具体金额根据表 4 中的奖励原则及员工任务完成情况算出。

随着绩效分配机制的变革，各组从希望"活少人多"的旧观念逐渐转变为希望"活多人少"的新观念，实现减员增效思路在一线班组实际落地。网格责任"双包"制考核法的实施，充分发挥了绩效经理人的作用，同时根据个人业绩表现情况，合理拉开了兑现差距，打破了"大锅饭"模式，激发了员工动力与活力。

报送单位：国网天津城南供电公司

编 制 人：邓　毓　梁泽慧　冯　悦　安　然　孔德恒

54 台区经理"包干指标＋工作积分"考核法
——提高台区经理绩效考核精准度

> **导　入：** 乡镇供电所是打通供电服务的"最后一公里"，如何针对全能型供电所人员一专多能、服务一次到位的特点，实施精准的绩效考核，激发员工活力动力，是供电所管理水平提升面临的重要课题。国网冀北秦皇岛供电公司对供电所采用台区经理"包干指标＋工作积分"考核法，解决了台区经理绩效考核针对性不强、覆盖面不全、激励不到位等问题，调动了员工工作积极性和主动性，实现"劲往一处使，有活抢着干"。

工具概述

台区经理"包干指标＋工作积分"考核法，是指针对全能型供电所"人员一专多能、服务一次到位"的业务运作要求，围绕台区经理日常工作事项和承担的关键业绩指标，将绩效考核内容分为包干指标和工作积分两部分，实行责任包干、量化评价，有效提高考核精准度，最大限度激发台区经理活力。

适用场景：本工具适用于全面实行台区经理网格责任制的供电所。

实施步骤

台区经理"包干指标＋工作积分"考核法实施步骤包括：确定台区经理网格责任片区、制定考核内容和评价标准、月度兑现考核。

1. 确定台区经理网格责任片区

供电所管理层按照属地化管理和就近原则，综合考虑台区经理业务素质、技能水平、工作表现、个人意愿和设备线路、地形地貌、服务半径等因素，将辖区分为若干网格，分配给台区经理负责一对一管理。

2. 制定考核内容和评价标准

考核内容主要分为包干指标和工作积分两部分。

（1）对于包干指标，供电所按照上级单位下达的年度关键业绩指标和重点工作任务，建立台区经理包干指标考核体系，制定评价标准和计算方法。

（2）对于工作积分，供电所梳理实际工作内容，将巡视、检修等工作量确定的外勤工作归为常规积分项目，将台账整理、编制报表等工作量不确定的内务工作归为动态积分项目，通过集体协商制定积分分值和评价标准。

考核内容和标准制定后，经供电所管理层审核通过，并征求员工意见后下发执行。

3. 月度兑现考核

在上级下达的月度绩效工资总额基础上，供电所结合管理实际，按照6∶4比例确定包干指标奖金和工作积分奖金占比。

（1）对于包干指标的考核。根据指标重要程度，将包干指标奖金逐一分解到具体指标。供电所指标管理人员定期从SG186、用电信息采集等业务系统提取指标数据，统计指标实际值。供电所绩效管理员汇总月度指标结果，依据评价标准，逐一计算每个台区经理每个考核指标的包干奖金，汇总得出每个台区经理的责任包干奖金。

（2）对于工作积分的考核。根据工作团队成员承担的任务角色、工作环境和完成质量确定台区经理每日工作积分，供电所绩效管理员统计台区经理的日工作积分，汇总形成当月累计工作积分台账；再将工作积分奖金总额除以所有台区经理的工作积分总和，得出积分单价，最后计算每个台区经理的工作积分奖金。台区经理当月绩效工资＝包干指标奖金＋工作积分奖金。

经验心得

（1）科学设置绩效考核内容。结合供电所营销管理、优质服务和安全生产等实际情况，科学设置包干指标和工作积分项目，充分征求业务主管部门和人力资源部意见建议，确保指标设置科学，薪酬挂钩合理。

（2）注重绩效管理闭环。加强绩效过程管控，供电所绩效经理人通过日常谈话、工作指导等方式，灵活实施沟通辅导，引导员工制订改进计划，主动提升不足，提高自身业务水平。

（3）营造良好绩效管理氛围。依托信息系统统计指标完成情况，利用公示栏、网络信息平台等发布员工工作积分、考核结果等信息，增强绩效管理认同度和透明度。注重政策宣传解释，统一思想认识，消除员工顾虑，营造"多劳多得、干好多得"的管理理念。

实践案例

国网冀北秦皇岛供电公司于2019年1月开始应用台区经理"包干指标＋工作积分"考核法，对供电所台区经理实施精准考核。下面以昌黎县供电公司泥井镇供电所为例进行展示。

1. 建立包干指标考核体系

2019年，该供电所结合上级单位下达的年度关键业绩指标和重点工作任务，对台区经理设置台区同期线损率、采集成功率等包干指标考核共13项，并明确目标值、量化评价标准，见表1。

表 1   供电所包干指标

序号	指标名称	评价标准	指标奖金比例（%）
1	管理台区数	以平均管理的台区个数为基数（公用台区总数 / 台区经理总数），与基数相同得指标基本奖金，每低于基数 1 个台区扣 10%	5
2	管理用电用户数	以台区经理平均管理户数为基数（供电所辖区总用电用户数 / 台区经理总数），与基数相同或比基数少 5 户以内得指标基本奖金，低于此基数，每 5 户扣 1%；超过此基数，每多管理 5 户加 1%	5
3	台区同期线损率	奖励项：台区同期线损实际每比目标值低 1% 加 5%（不足 1% 部分不计）。 扣罚项：台区同期线损实际每比目标值高 1% 扣 5%（不足 1% 部分不计），扣完为止	15
4	采集成功率	低压用户日采集成功率取各数据项日采集成功率的平均值（不含已接入采集系统，运行标识为"调试"和"停运"状态的电能表和采集终端），指标合格范围为大于 98.5%。台区达到指标要求，得指标基本奖金。 扣罚项：未完成指标或未按要求对采集失败的表计进行现场抄表的，扣罚该指标基本奖金	10
5	95598 工单情况	月内无因台区经理责任的 95598 工单事件，得指标基本奖金。 扣罚项：每发现一起台区经理责任引起的 95598 工单事件，扣罚台区经理 10%。违反优质服务相关规定的，情节特别严重时根据实际情况另行处罚	10
6	电价执行规范率	台区内所有用电客户电费电价执行规范、准确，得指标基本奖金。 扣罚项：每发现一户电价执行错误，扣罚 10%，直至该指标包干奖金扣完为止。核算错误的电价电费由台区经理负责追补，无法追补的台区经理自行承担	10
…			

2. 明确工作积分项目

工作积分项目涵盖了供电所实际工作的各方面，通过集体民主协商方式确定项目分值，工作项目和分值根据供电所工作重点变化实时调整。每名台区经理对每项工作积分依据角色系数、完成情况等修正确定。供电所工作积分项目见表 2，项目角色系数见表 3。

表2 供电所工作积分项目

序号	类型	工作项目	计量单位	工作积分
1	常规积分项目	执行操作票，做安全措施	站	10
2		更换低压刀闸	支	10
3		线路停电消缺	处	4
4		线路交叉跨越测量	处	1
5		线路更换高压刀闸	处	8
6		线路更换柱上断路器	处	5
7		更换柱上变压器	台	16
8		更换高压保险	支	4
9		更换避雷器	支	4
10		砍伐线下树	棵	4
…				
1	动态积分项目	整理基础资料	类	3
2		完善各类台账	类	3
3		健全管理制度	项	4
4		软硬件设施升级	台	5
5		管理创新、典型经验编写	篇	10
6		论文发表	篇	10
…				

表3 工作积分项目角色系数

工作角色	工作负责人	普通成员	辅助成员	见习学徒
系数标准	1.2	1	0.8	0.6

3. 实施"包干指标＋工作积分"考核

（1）包干指标。以台区同期线损率指标为例，该指标按月度实施考核，台区经理张＊负责管理的8个台区中，5个台区达到目标值（可得基础奖金）；2个台区优于目标值3个百分点（可得额外奖励）；1个台区同期线损率超出考核目标值6个百分点（扣罚），则当月该指标可兑现绩效工资为 $5 \times 100 + 2 \times (100 + 3 \times 5) + 1 \times (100 - 6 \times 5) = 800$（元）。按照以上方法计算某月的台区经理包干指标奖金分配情况，见表4。

表4 台区经理包干指标奖金分配情况

序号	姓名	包干指标	单项指标所得奖金（元）	包干指标奖金（元）
1	张 *	管理台区数	200	3000
		管理用电用户数	180	
		台区同期线损率	800	
		采集成功率	300	
		…	…	
2	李 *	管理台区数	190	2200
		管理用电用户数	160	
		台区同期线损率	800	
		采集成功率	280	
		…	…	
3	王 *	管理台区数	210	2600
		管理用电用户数	195	
		台区同期线损率	980	
		采集成功率	200	
		…	…	
4	赵 *	管理台区数	195	2800
		管理用电用户数	200	
		台区同期线损率	1050	
		采集成功率	260	
		…	…	
…				

（2）工作积分。以台区经理张＊为例，某日以工作负责人角色完成线路更换柱上断路器1处，可得工作积分为5×1.2=6（分），当月累计获得工作积分200分。供电所该月工作积分奖金总额为8000元，所有台区经理月度工作积分合计为1000分，计算可得本月工分单价为8000/1000=8（元）。张＊当月工作积分兑现奖金为200×8=1600（元）。台区经理工作积分奖金分配情况见表5。

表5　　　　　　　　　　台区经理工作积分奖金分配情况

序号	姓名	当月积分	当月工作积分单价（元）	工作积分奖励金额（元）
1	张＊	200		1600
2	李＊	180		1440
3	王＊	230	8000/1000=8	1840
4	赵＊	190		1520
…				

4. 兑现绩效工资

按照包干指标奖金和工作积分奖金，计算该供电所台区经理2019年某月绩效工资，见表6。

表6　　　　　　　　　　台区经理绩效工资合计

序号	姓名	包干指标奖金（元）	工作积分奖金（元）	合计绩效工资（元）
1	张＊	3000	1600	4600
2	李＊	2200	1440	3640
3	王＊	2600	1840	4440
4	赵＊	2800	1520	4320
…				

台区经理张＊该月绩效工资最高，达 4600 元，较台区经理李＊高出 960
元，最高、最低绩效工资差距达到 20.8%，合理拉开了台区经理收入差距。

国网冀北秦皇岛供电公司通过实施台区经理"包干指标＋工作积分"考
核法，使包干指标结果、工作积分与绩效工资直接挂钩，合理拉开了收入差
距。2019 年台区经理月绩效工资差距最高达 1560 元、平均达 640 元，有效
激发了台区经理活力动力，促进了工作业绩提升。2019 年该所台区同期线损
率同比下降 0.5%，采集成功率同比提高 1%，电价执行规范率 100%，未出现
95598 投诉工单，顺利通过国家电网有限公司五星级供电所验收。

报送单位：国网冀北秦皇岛供电公司

编 制 人：张　婧　王　丹　李　芸　蔡金明　刘志杰

55 台区经理"N+2"质效考评法
——激发台区经理队伍活力

> **导　入：** 供电所台区经理管理是农电管理工作的基础，在星级供电所建设中，单一按管理户数考核台区经理的方法已不能适应星级供电所创建要求，"大锅饭"式的考核影响了台区经理的工作积极性，一些台区在台区经理到龄退休退岗后，往往无人愿意主动接手管理，给农电管理工作带来了被动局面。国网山东招远市供电公司创新实行台区经理"N+2"质效考评法，构建多维度量化考核评价机制，真正实现了收入"能增能减"和"多劳多得"，有效激发了台区经理队伍的活力。

工具概述

台区经理"N+2"质效考评法，是基于各专业部门制定的"N"个专项考核办法，以及"管户绩效奖励"和"团队绩效奖励"2个奖励分配原则而实施的考评，突出对重点工作完成、工作数量和质量的考核激励，以推动台区经理主动作为。

适用场景：本工具适用于已实施台区经理制管理的供电所。

实施步骤

台区经理"N+2"质效考评法实施步骤包括：合理设置绩效工资占比、制定"N"项重点考核内容、实施"管户绩效奖励"、实施"团队绩效"考核分配、计算台区经理绩效奖金总额。

（一）合理设置绩效工资占比

根据供电所实际，合理确定绩效工资分配比例，将重点工作"N"项考核、管户绩效考核、团队绩效考核纳入绩效考核范围，合理分配三者权重比例。

（二）制定"N"项重点考核内容

从公司重点工作入手，围绕供电所管理重点，如线损管理、投诉管理等，由发展部、营销部、运检部等职能部门牵头制定"N"个专项考核办法。所有台区经理采用统一的考核标准，以月度为周期，由供电所负责实施统一考核、统一兑现，做到指标责任到人、考核到人。

（三）实施"管户绩效奖励"，明确"多劳多得"导向

对台区经理承包的"四到户"（收费到户、服务到户、销售到户、抄表到户）户数进行量化奖励，实现按劳分配和多劳多得。每个供电所的管户绩效工资总额按照［＊元／（户·月）］×总户数来核算，每个台区经理按照每户1分量化个人管户得分。

台区经理管户绩效工资 = 供电所台区经理管户绩效工资总额／管户绩效量化积分总得分 × 台区经理个人管户量化得分。

（四）实施"团队绩效"考核分配，合理拉开收入差距

根据各供电所对标指标情况，对完成对标目标的供电所，按照台区经理数量（＊元／人）给予团队绩效奖励，将团队绩效与个人收入紧密挂钩，促进供电所整体指标提升。各供电所内部综合考虑台区经理的管户数量，以及台区经理日常工作中的安全生产、优质服务、营业电费等工作的质量情况，对团队绩效奖金进行二次分配。

1. 计算工作数量积分 S_1

台区经理工作数量积分 = 台区经理管户数量 / 供电所总户数 ×20× 台区经理数（20 为每个台区经理的基准分）。

2. 计算工作质效得分 S_2

各供电所内部根据台区经理的管户数量，以及台区经理在安全生产、优质服务、营业电费等工作中的质效进行考核评分。

3. 确定个人绩效奖励系数 α

每月根据台区经理工作质效考核排名，设定个人绩效奖励系数 α。排名前两名为 A 级（系数 1.1），排名最后为 C 级（系数 0.9），本月度存在优质服务考核为 D 级（系数 0.8），其余排名为 B 级（系数 1.0）。

4. 计算个人贡献得分与个人团队绩效奖励

个人贡献得分 =（工作数量积分 S_1+ 工作质效得分 S_2）× 个人绩效奖励系数 α。

台区经理个人团队绩效奖励 = 团队绩效奖金 / ∑个人贡献得分 × 个人贡献得分。

（五）计算台区经理绩效奖金总额

台区经理月度绩效奖金 = 重点工作"N"个专项考核金额 + 管户绩效奖励金额 + 团队绩效奖励金额。

◎ **经验心得**

（1）"N+2"考评机制建立，要突出公司重点工作，围绕公司专业管控重点开展考评。

（2）考核激励要坚持"按劳分配、能绩量化、兼顾公平"的分配原则与"集中考核、分级兑现、统一核定"的管理原则。

（3）要做好绩效沟通，单纯考评奖罚不是目的，推动员工绩效提高才是目标，要鼓励员工干好本职工作，实现多劳多得。

实践案例

国网山东招远市供电公司于2018年8月开始应用台区经理"N+2"质效考评法，实现了收入差距有效拉大和员工活力激发。下面以蚕庄供电所为例进行展示。

（一）合理确定绩效工资占比

根据上年度工资总额情况，在考虑员工基本收入情况下，适当加大考核力度，将月度工资的68%纳入绩效考核。经供电所内部民主协商，按照团队绩效、管户绩效、专项考核的优先顺序，设定重点工作专项考核占比15%、管户绩效考核占比20%、团队绩效工资占比33%，有效拉开收入差距。

（二）聚焦重点工作，实施"N"项考核

重点工作"N"个专项考核指标见表1。

表1　　　　　　　　　　　重点工作"N"个专项考核指标

考评内容	考评标准
网上国网推广考核	推广目标：截至3月底，每个台区推广绑定户数至少为该台区管理户数的15%。 1. 台区为供电公司接管到户小区的 （1）管理台区户数为400户及以上的，完成目标值，每台区奖励100元；未完成目标值，每台区罚100元。 （2）管理台区户数为20~400户的，完成目标值，每台区奖励50元；未完成目标值，每台区罚50元。 （3）管理台区户数不足20户的，暂不考核。

续表

考评内容	考评标准
网上国网推广考核	2. 台区为乡村的 （1）管理台区户数为 300 户及以上的，完成目标值，每台区奖励 100 元；未完成目标值，每台区罚 100 元。 （2）管理台区户数为 150～300 户的，完成目标值，每台区奖励 80 元；未完成目标值，每台区罚 80 元。 （3）管理台区户数为 20～150 户的，完成目标值，每台区奖励 50 元；未完成目标值，每台区罚 50 元。 （4）管理台区户数不足 20 户的，暂不考核
线损考核	月度线损：农村低压线损综合指标执行阶梯考核，对台区管理单位按照 0.4 千伏线损率实际完成值较考核指标降升、节超电量的百分比，依据平均电价月度计算奖罚金额。农村低压线损综合指标完成 4%～5.5%，奖励节约电量的 15%……线损率小于 2.5%，奖励节约电量的 35%；线损率 5.5%～6.5%，扣罚损失电量的 20%…… 负损台区本年度不参与考核
台区同期线损管理规范率	（1）月度台区线损率不合格，每出现一个台区，扣罚台区管理单位 100 元。同一台区发生多月线损不合格，每出现一个月加罚 100 元（台区线损率合格区间为 -1%～9%）。 （2）台区同期线损管理规范率指标月度未达到 96.50%，每低一个百分点扣罚责任单位 500 元。 （3）一个月内，同一台区每出现日线损不合格超过 6 天，扣罚台区管理单位 100 元，自第 7 天，每天加罚 100 元。 （4）每月 1 日 20：00 前完成采集系统异常台区原因分析，20：00 后由用电检查班负责统计，未分析一个台区，扣罚台区管理单位 100 元。 （5）每月 30 日 15：00 前完成各系统线损责任人维护，15：00 后由用电检查班负责统计，每月由用电检查班统计出一个台区，扣罚台区管理单位 100 元。 （6）对于线损异常台区，用电检查班到现场检查前两天发出异常台区整改通知，台区管理单位反馈异常整改情况后，用电检查班现场检查台区异常整改情况，每发现一项，扣责任单位 100 元
……	

蚕庄供电所"N"项考核情况见表 2。

表2   蚕庄供电所"N"项考核情况   单位：元

序号	姓名	投诉管理	网上国网推广考核	台区线损管理规范率	0～4%区间线损考核	台区线损考核	合计
1	林＊	0	−590	0	1800	457	1667
2	刘＊	0	−552	−400	22	−73	−1003
3	赵＊	0	−792	0	1266	383	857
4	孙＊	0	−80	−173	1100	266	1113
5	王＊	0	−806	0	1300	299	793
…							

台区经理重点工作专项考核的收入最高与最低绩效奖金相差 2670 元，体现出收入能增能减。

（三）实施"管户绩效奖励"，实现"多劳多得"正向激励

每个供电所的管户绩效奖励总额按照 1 元/（户·月）核算，蚕庄供电所各台区经理管户绩效工资情况见表3。

表3   蚕庄供电所各台区经理管户绩效工资情况   单位：元

序号	管户绩效工资总额	15742
	姓名	管户绩效奖励
1	林＊	980
2	刘＊	1109
3	赵＊	1894
4	孙＊	1145
5	王＊	1209
…		

蚕庄供电所台区经理的管户绩效奖励收入最高与最低绩效奖金相差914元。

（四）突出"团队绩效"考核分配，合理拉开收入差距

已完成供电所对标目标，按照800元／人给予团队绩效奖金，按照个人得分情况进行二次分配。

1. 计算工作数量积分 S_1

台区经理工作数量积分＝台区经理管户数量／供电所总户数 ×280（台区经理工作数量基本分为20分，14个台区经理总分为280分）。工作数量积分表见表4。

表4　　　　　　　　　工作数量积分表

供电所总管户数量		15742 户
序号	姓名	工作数量得分
1	林＊	17.43
2	刘＊	19.73
3	赵＊	33.69
4	孙＊	20.37
5	王＊	21.5
…		

2. 计算工作质效得分 S_2

各供电所内部根据台区经理日常工作中的安全生产、优质服务、营业电费等工作的质量进行考核。工作质效考核标准见表5。

表 5 工作质效考核标准

评价类型	评价内容	评价标准
安全生产	当月出现认定低电压、过电压客户	每户扣 5 分
	当月未出现认定低电压、过电压客户	每月奖 5 分
	当月出现累计 24 小时重载配电变压器	每台扣 5 分
	当月出现累计 24 小时过载配电变压器	每台扣 20 分
	当月未出现重过载配电变压器	每月奖 5 分
	当月电压合格率	99.95% 以上，奖 10 分
		99% ~ 99.95%，奖 5 分
		99% 以下，扣 10 分
	低压台区、线路非外力破坏故障跳闸停电	每次扣 5 分
	当月未出现非外力破坏台区、线路故障跳闸停电	每月奖 10 分
	违章作业	每次扣 10 分
	当月未发生违章操作和安全事件	每月奖 20 分
	未完成台区定期巡视计划	每次扣 5 分
	当月完成全部台区巡视计划	每月奖 5 分
	抢修工作超时限	每次扣 10 分
	当月未出现抢修超时限	每月奖 10 分
	当月每出现一次抢修工单	每次扣 1 分
	当月未出现抢修工单	每月奖 5 分
	违反交通安全法律法规	每次扣 2.5 分
优质服务	属实投诉	每次扣 50 分
	当月未出现属实投诉	每月奖 10 分
	95598 咨询、意见、服务、报修工单	每次扣 2.5 分
	95598 工单环节超时、退单	每次扣 2.5 分
	95598 工单回访客户不满意	每次扣 5 分
	当月未出现 95598 咨询、意见、服务、报修工单	每月奖 5 分
	抽查台区经理未按计划走访客户	每户扣 1 分
	按计划完成本季度台区经理走访计划	每季度奖 10 分

评价类型	评价内容	评价标准
优质服务	未严格落实"首接负责"	每次扣 5 分
	查处窃电行为	每次奖 10 分
营业电费	电价执行错误	每处扣 5 分
	当月电费回收自动化比例	90% 以上扣 15 分
		80%～90%（不包括 90%），奖 5 分
		70%～80%（不包括 80%），奖 3 分
		60%～70%（不包括 70%），奖 1 分
		40%～60%（不包括 60%），扣 5 分
	当月电费回收全部回收完成时限	每月 11 日前，奖 15 分
		每月 16—25 日，奖 5 分
		每月 26 日至月末，扣 5 分
	当月电费回收率	未完成 100%，扣 20 分
	远程费控推广比例	90% 以上，奖 15 分
		80%～90%（不包括 90%），奖 5 分
		70%～80%（不包括 80%），奖 3 分
		60%～70%（不包括 70%），奖 1 分
		40%～60%（不包括 60%），扣 5 分
	周期核抄未按计划完成	每台区扣 5 分
计量线损	采集异常、离线	当日未处理，扣 1 分
		2 日未处理，扣 3 分
		3 日及以上未处理，扣 10 分
	采集异常、离线当日处理	每月奖 20 分
	当月采集成功率	99.95% 以上，奖 10 分
		99.5%～99.95%，奖 3 分
		低于 99.5%，扣 5 分
	小区台区月线损率标准 0～4%	每降低 0.5%，奖 2 分
		每升高 0.5%，扣 2 分
		低于 -1%，扣 5 分

评价类型	评价内容	评价标准
计量线损	农村台区月线损率标准 0～6%	每降低 0.5%，奖 2 分
		每升高 0.5%，扣 2 分
		低于 –1%，扣 5 分
	农村台区日线损率标准 0～6%	每降低 0.5%，奖 2 分
		每升高 0.5%，扣 2 分
		低于 –1%，扣 5 分
	计量装置缺封少锁	每处扣 1 分
	计量装置串户	每次扣 10 分
	一个月内同一计量点换表两次及以上	每处扣 20 分
	一年内同一计量点换表三次及以上	每处扣 20 分
	人为责任造成设备损坏或丢失	每次扣 5 分
	未经计量周转柜，直接领用新表使用	每次扣 10 分
新型业务	电能替代项目推广	每次奖 10 分
	新型缴费方式推广	每户奖 2 分
	移动作业终端处理业务	每次奖 2 分
加分项	QC 发布获奖、取得专利发明	每次奖 30 分
	合理化建议	班组采纳奖 10 分
		部门采纳奖 20 分
		公司采纳奖 40 分
	发表稿件	市公司奖 5 分
		省公司奖 10 分
		国网公司奖 20 分
	获得个人奖项	班组奖 5 分
		部门奖 10 分
		市公司奖 15 分
		省公司奖 20 分

结合综合评价情况，计算个人工作质效得分，见表6。

表6 蚕庄供电所台区经理工作质效得分明细

| 姓名 | 工作质效积分 | | | | | | 合计（80%） | 综合评价（20%） | 工作质效得分 |
	安全生产	优质服务	营业电费	计量线损	新型业务	加分项			
王＊	70	25	50	32	0	20	197	20	177.6
孙＊	70	25	45	32	0	10	182	20	165.6
赵＊	70	25	45	32	0	0	172	20	157.6
……									
林＊	70	25	35	26	0	0	156	20	144.8
刘＊	70	25	35	20	0	0	150	20	140

3. 评定个人绩效奖励系数 α

每月根据台区经理工作质效考核得分进行排名，排名前两名孙＊、王＊的绩效奖励系数为1.1，刘＊工作质效排名最后，故绩效奖励系数为0.9。

4. 个人团队贡献得分计算及奖金分配

以刘＊为例，个人团队贡献得分为（19.73+140）×0.9=143.757，个人团队绩效奖励金额为12800/2741.63×143.757=671.17（元）。蚕庄供电所台区经理4月团队绩效分配明细见表7。

表7 蚕庄供电所台区经理4月团队绩效分配明细

团队绩效工资总额（元）	12800	全员累计总分		2741.63
姓名	工作数量得分 S_1	工作质效得分 S_2	绩效等级系数 α	绩效得分	个人团队绩效奖励金额（元）
林＊	17.43	144.8	1	162.23	757.41
刘＊	19.73	140	0.9	143.757	671.17
赵＊	33.69	157.6	1	191.29	893.08

续表

团队绩效工资总额（元）		12800	全员累计总分		2741.63
姓名	工作数量得分 S_1	工作质效得分 S_2	绩效等级系数 α	绩效得分	个人团队绩效奖励金额（元）
孙＊	20.37	165.6	1.1	204.567	955.07
王＊	21.5	177.6	1.1	219.01	1022.5
…					

蚕庄供电所台区经理的团队绩效奖励收入最高与最低绩效奖金相差 351.33 元。

（五）计算台区经理绩效奖金总额

蚕庄供电所 4 月绩效奖金明细见表 8。台区经理的 4 月绩效工资总收入最高、最低相差 2688.3 元。

表 8　　　　　　　　　蚕庄供电所 4 月绩效奖金明细　　　　　单位：元

序号	姓名	重点工作专项考核	管户绩效考核	团队绩效考核	合计
1	林＊	1667	980	757.41	3404.41
2	刘＊	−1003	1109	671.17	777.17
3	赵＊	857	1894	714.47	3465.47
4	孙＊	1113	1145	955.07	3213.07
5	王＊	793	1209	1022.5	3024.5
…					

台区经理"N+2"质效考评法，在供电所建立起以业绩为导向的激励机制，台区经理工资收入高低倍比最大达到 2 倍，打破了传统"大锅饭"的分配模式，解决了台区经理退休退岗后台区无人主动接手的问题，有效缓解了

人员短缺矛盾。供电所指标提升日益显现，投诉工单相对去年同期同比减少83.33%，线损低于4%的台区占比70.74%，位列烟台所辖县公司第1位，班组对标2020年一季度GPA完成值3.99，位列第2位。通过"N+2"质效考评，真正实现了"干多干少、干好干坏"不一样，有效推动了供电所活力激发和指标提升。

报送单位：国网山东烟台供电公司

编 制 人：杨 军 尹广晓 赵秉聪 于 峰

杨 涛 赵 鹏 尹国涛

56 台区经理荷兰式拍卖
——解决"真空"台区管理缺员矛盾

> **导　入：**近年来，供电服务公司管理的设备大幅增长，需要通过大幅提高台区经理的劳动效率，来满足用户需求。传统做法是直接给台区经理分配台区、指派任务，导致员工积极性不高。国网江苏泰州供电公司创新实行台区经理荷兰式拍卖，将台区管理责任和管理收益分配过程公开化、透明化、市场化，改变了台区经理管理责权利的分配模式，有效调动农电台区经理的积极性。

工具概述

荷兰式竞拍即减价竞拍，竞拍人按照起拍价和相应价格阶梯，逐步降价报价，直至无人再次报价或达到设定的最低价后，拍卖主持人倒数三次后落锤成交。台区经理荷兰式拍卖是指将台区作为标的物，标明台区每户单价，进行拍卖，由符合条件的台区经理竞拍，价低者得。

适用场景：本工具适用于已实行网格化管理，实行台区经理责任包干制考核的供电所。

实施步骤

台区经理荷兰式拍卖实施步骤包括：划分标的物、确定起拍价，组织"三价"流程竞拍，签订责任协议书并履行考核。

1. 划分标的物、确定起拍价

划分标的物，统筹全所"缺管"台区，组织所内业务骨干，梳理台区地理位置和服务用户数，划分成相应竞拍标段，竞拍标段来自增量、余量、存量三类台区。

增量台区是指由于行政区域调整、业务所整合、新增集中居住区等出现的新增台区。余量台区是指因人员自然减少出现的剩余台区。存量台区是指由于台区经理业务能力、年龄、身体等原因引起指标落后，需要协助管理的台区。

确定起拍价，根据标的物台区确定管理系数（管理系数是表征台区管理服务、运行维护难易程度的系数，台区管理服务和运行维护的难度越高，对应指标的系数越高）和户均起拍价。

2. 组织"三价"流程竞拍

对于划分的标的物，按照询价、定价、竞价流程组织竞拍，将台区管理责任和管理收益分配到竞得台区经理。

（1）充分询价。业务所通过多方咨询，综合各种因素测算本业务所各台区户均基准价，作为台区竞拍活动基准价。

（2）合理定价。业务所台区基准价乘以竞拍管理系数作为户均起拍价，竞拍标段中含多个台区时，起拍价由各台区加权确定。各台区管理系数可根据台区的营销、运维、服务指标现状每年进行动态调整。

（3）公平竞价。竞拍人员根据自身条件（包括自身管理能力、台区与自己的家庭距离等）以及台区现状，在价格区间内进行公平竞标。台区经理按照起拍价和相应价格阶梯，逐步降价报价，直至无人再次报价或达到设定的最低价（一般为起拍价的70%）后，双方达成一致，拍卖主持人倒数三次后落锤成交，竞拍人最后一次的报价即为均衡成交价。如果出现流拍，则在下次竞拍中重新划分核价，组织竞拍。

3. 签订责任协议书并履行考核

（1）签订责任协议书。竞得台区管理权的台区经理与业务所签订台区管理责任协议书，明确竞拍台区的日常管理和服务提升目标，按照成交的户均价格核算相应管理收益。

（2）严格奖惩考核。新拍台区在成交后，纳入该台区经理的综合工作考核，依据公司绩效体系对整体台区管理水平进行考核。

经验心得

（1）提前制定完善的制度和规范的流程。明确竞拍需要的奖励资金的来源和总额，明确各业务所进行竞拍工作进行的流程。

（2）多方征求意见及充分的公示。标的物和户均起拍价确定后，应在拍卖会举行前多方征求意见并制作成展板在所内进行充分公示，公示内容包括标的物名称、服务用户数、设备运维状况、在线缴费比例、历史投诉数量等各类台区综合指标和考核指标，供意向竞拍人充分了解。

实践案例

国网江苏泰州姜堰区供电公司于 2019 年共组织淤溪、姜堰、沈高三个业务所开展台区经理荷兰式竞拍。以下为竞拍主要情况。

1. 划分标的物、确定起拍价

相关拍卖标的物公示情况见图 1。

首先，就标的物向所有台区经理进行询价（户均管理费），再根据询价结果确定标的物的基准价。

其次，考虑台区线损率、超重载、服务半径等 7 项重点指标，确定管理系数（见表 1）。管理系数 =（线损率系数 ×0.5+ 电费回收率系数 ×0.5）×0.3+（配电变压器超重载系数 ×0.5+ 三相不平衡系数 ×0.5）×0.2+（故障报

第一个标的：黄村、梁徐东片共22个台区，合计1466户。

序号	台区名	用户数
1	黄村1#变	110
2	黄村2#变	90
3	黄村3#变	160
4	黄村4#变	60
5	黄村5#变	127
6	黄村6#变	7
7	黄村7#变	35
8	黄村8#变	38
9	黄村9#变	21
10	黄村11#变	55
11	梁徐2#变	75
12	梁徐3#变	63
13	梁徐4#变	63

14	梁徐5#变	82
15	梁徐6#变	60
16	梁徐10#变	54
17	梁徐11#变	3
18	梁徐19#变	7
19	梁徐20#变	112
20	梁徐21#变	100
21	梁徐28#变	102
22	梁徐39#变	42
	合计	1466

第一个标的：黄村、梁徐东片台区照片

黄村5#变配变

黄村7#变配变

梁徐2#变配变

梁徐28#变配变

第一个标的：黄村、梁徐东片台区指标情况

卡扣指标完成情况

总户数	卡扣户数	未扣户数	卡扣缴费率
1466	848	618	57.80%

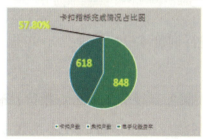

卡扣指标完成情况占比图

57.80%
618
848

■ 未扣户数　■ 卡扣户数　■ 电子化缴费率

上月台区线损情况统计表

序号	台区名称	供电量	售电量	线损率	年累计线损率
1	黄村1#变	83096	81829	1.52%	1.80%
2	黄村2#变	65005	63717	2.87%	3.16%
3	黄村3#变	75829	73978	3.18%	3.33%
4	黄村6#变	33129	31321	2.91%	2.50%
5	黄村5#变	99829	97895	3.31%	3.38%
6	黄村6#变	8156	8064	1.13%	1.28%
7	黄村7#变	37328	36815	1.91%	2.13%
8	黄村8#变	29536	29536	0.0305	0.0299
9	黄村9#变	16897	16783	0.90%	1.19%
10	黄村11#变	30856	30118	2.60%	2.89%
11	梁徐2#变	34397	33909	1.62%	1.83%
12	梁徐3#变	22567	21697	3.89%	3.69%
13	梁徐4#变	38887	38080	1.68%	1.73%
14	梁徐5#变	35643	34814	2.62%	1.97%
15	梁徐6#变	68716	67336	2.01%	2.02%
16	梁徐10#变	53087	51878	2.23%	2.03%
17	梁徐11#变	7386	7367	0.26%	0.62%
18	梁徐19#变	16190	16155	0.25%	0.23%
19	梁徐20#变	58615	53105	2.63%	2.37%
20	梁徐21#变	69797	67735	4.02%	3.37%
21	梁徐28#变	79687	77449	2.72%	2.87%
22	梁徐39#变	38118	37833	2.07%	0.85%
	合计	873944	853629	2.61%	

图1　相关拍卖标的物公示情况

修系数 ×0.3+ 三入完成率系数 ×0.3+ 服务半径系数 ×0.4）×0.5。

最后，起拍价 = 基准价 × 管理系数。

表 1　　　　　　　　　　　　　　　　　管理系数表

管理系数	营销指标（30%）		运维指标（20%）		服务指标（50%）		
	线损率（%）	电费回收率（%）	配电变压器超重载数	三相不平衡数	故障报修次数	三入完成率（%）	服务半径（千米）
0.8	≥0，≤4	100	≥0，<1	≥0，<1	≥0，<1	≥95	≤2
1.0	≥-1，<0 或>4，≤5	≥99.9，<100	≥1，≤3	≥1，≤3	≥1，≤3	<95，≥90	>2，≤5
1.5	>5，<-1	<99.9	>3	>3	>3	<90	>5

2. 组织台区经理竞价

组织业务所内台区经理参与现场竞拍，通过荷兰式竞拍（减价竞拍）的方式，竞拍人员根据自身条件（包括自身管理能力、台区与自己的家庭距离等）以及台区现状，在价格区间内竞标。达到设定的最低价或无人再次报价后，双方达成一致，拍卖主持人倒数三次后落锤成交，竞拍人最后一次的报价即为均衡成交价。由于竞拍流程经过前期对台区经理充分的询价，三次竞拍中没有出现无人竞拍的情况。

姜堰供电所台区管理招拍现场会见图 2。

3. 组织签订合约、按照合约兑现

组织竞得台区经理现场签订绩效合约，明确在线缴费率、投诉管控等日常管理标准（见表 2），按月、季度公布竞拍台区管理指标，兑现台区管理收益。明确台区管理指标有提升、退步情形的，在业务所日常绩效考核中兑现奖惩。

图2 姜堰供电所台区管理招拍现场会

表2   台区管理绩效指标

序号	指标	目标值
1	电费回收率	100%
2	台区线损合格率	99%
3	智能缴费率	95%
4	投诉次数	0
5	配变超重载数	0
6	三相不平衡数	0
7	低电压平均接电周期	8天

下面以沈高业务所公开竞拍的7个区域中第一标段城北村为例，计算分析采用荷兰式拍卖后台区经理管理收益的变化，见表3。

表3   沈高业务所公开竞拍的7个区域台区经理管理收益

序号	区域名称	台区性质	户数	咨询价（元/户）	初定基准价（元/户）	管理系数	起拍价（元/户）	最低竞得价（元/户）	实际竞得价（元/户）	月计增加收入（元）
1	城北村	增量	993	0.85	0.8	1.11	0.88	0.62	0.7	695.1
2	前堡村	增量	463	0.85	0.8	1.055	0.84	0.59	0.65	300.95
3	城东村	余量	698	0.98	0.8	1.175	0.94	0.66	0.7	488.6
4	朱云村（朱滩）	余量	504	0.95	0.8	1.1	0.88	0.62	0.68	342.72

序号	区域名称	台区性质	户数	咨询价（元/户）	初定基准价（元/户）	管理系数	起拍价（元/户）	最低竞得价（元/户）	实际竞得价（元/户）	月计增加收入（元）
5	朱云村（云树）	余量	525	0.95	0.8	1.1	0.88	0.62	0.66	346.5
6	双星（夏北、双桥）	存量	637	0.6	0.55	1.055	0.58	0.41	0.5	318.5
7	双星（美星）	存量	564	0.6	0.55	0.98	0.54	0.38	0.43	242.52

经多方询价，员工认为 0.85 元/户属于合理价格，业务所根据台区目前设备状况，确定 0.8 元/户为基准价。

城北村管理系数 =（1.5×0.5+1×0.5）×0.3+（0.8×0.5+0.8×0.5）×0.2+（1×0.3+1.5×0.3+1×0.4）×0.5=1.11。

起拍价 =0.8×1.11=0.888（元/户）。

最低竞得价 =0.88×0.7=0.62（元/户）。

最终以 0.7 元/户成交价竞拍到城北村的台区经理，在保质保量完成工作的同时，月收入增加 = 695.1 元。

沈高业务所在开展竞拍后，真正意义上实现了薪酬与绩效强挂钩，工作分配由派单变为抢单，薪酬"能增能减"工作有序推进，极大地调动了组织内活力。同时竞拍成交价低于原管理模式下的核定起拍价，一定程度上降低了用工成本，从根本上实现了企业与员工的"双赢"。台区线损率由 4.53% 下降至 3.48%，供电可靠率由 99.45% 上升至 99.80%，综合电压合格率由 99.73% 上升至 99.97%，三相不平衡率由 2.49% 下降至 0.68%，报修数量更是减少了 50%，极大地提升了客户体验。

报送单位：国网江苏泰州供电公司

编 制 人：刘东亮 栾忠飞 唐 进

57 供电所员工"四制"绩效考核法
——提升供电所员工绩薪匹配度

> **导　入**：针对部分供电所绩效考核"大锅饭"，员工工作责任心和主动性激励不够，以及人员技能未与薪酬挂钩等现象，国网浙江桐乡市供电公司综合考虑定员定编、能力素质、岗位贡献、工作增量、职业发展等因素，创新实施供电所员工"四制"绩效考核法，充分调动了员工主观能动性。

工具概述

供电所员工"四制"绩效考核法，是指将供电所奖金包干制度、绩效系数阶梯式管理制度、工作增量量化积分制度、供电所星级员工聘任制度综合运用于员工绩效考核，实现绩效与供电所薪酬总额、员工薪酬分配相结合，激发员工工作学习的积极性，完善供电所绩效管理体系。

适用场景：本工具适用于各乡镇供电所。

实施步骤

供电所员工"四制"绩效考核法实施步骤包括：实施供电所月度奖金包干制度、制定绩效系数阶梯式管理制度、完善工作增量量化积分制度、建立供电所星级员工聘任制度。

（一）实施供电所月度奖金包干制度

将供电所整体业务量与供电所薪酬总额挂钩。充分发挥绩效和薪酬的激励约束作用，增强各供电所在薪酬分配体系中的主导作用，有效缓解供电所人员短缺带来的负面影响。实施步骤如下：

（1）以国家电网有限公司定员测算标准为依据，结合自身实际，制定定员测算标准，并开展定员测算。

（2）由人资部根据定员结合冗、缺员情况以及年度工资总额情况下达月度奖金包干总额。

（3）各供电所制定二次分配细则，并根据下达总额，结合实际考核情况进行发放。

（二）制定绩效系数阶梯式管理制度

实行能绩量化融合的绩效考核模式，根据员工岗位层级、岗位贡献、能力素质合理设置员工绩效考核系数，实现绩效系数统一阶梯式管理，进而打破薪酬分配"大锅饭"现象。实施步骤如下：

（1）县公司层面统一梳理供电所岗位任职条件、上岗要求，明确各岗位层级、基础绩效考核系数与基础薪酬。

（2）优化岗位绩效考核系数区间设置，设置岗位浮动系数，将薪酬分配向绩效贡献大、工作年限长、岗位责任重、自我提升意愿强的人员倾斜。

（三）完善工作增量量化积分制度

建立增量积分制度标准，激励员工主动参与，满足供电所新型业务拓展和新增设备管理需要，实现多劳多得。实施步骤如下：

（1）在原有精益积分库基础上，根据供电所新型业务与年度重点工作任务开展情况，合理设置、动态调整增量工分库，并按季度进行薪酬兑现。

（2）根据供电所员工管辖设备的增量情况，建立绩效系数增量标准，对员工的绩效系数予以调整，实现基础薪酬浮动。

（四）建立供电所星级员工聘任制度

将员工素质、工作业绩、技能水平与薪酬待遇水平项挂钩，开展供电所星级员工聘任。明确星级员工的聘任资格、聘任程序、考核与待遇等，打通供电所员工晋升通道，有效补充员工岗位等级序列，形成岗位和星级"纵向并行"和"横向贯通"的激励格局，聘任一～六级技能型星级员工，并按星级兑现发放薪酬，实现供电所星级员工管理标准化、规范化。实施步骤如下：

（1）聘请第三方，采用"笔试＋实操"的方式开展各级员工的岗位技能评定，包括12项基本技能项与6项重点技能项，评定结果作为个人技能水平情况得分。

（2）开展各级员工的民主推荐和考察。由公司统一下达聘任职数，推荐结果作为民主推荐得票情况得分。

（3）根据综合推荐量化评分情况，包括民主推荐得票情况、个人技能水平情况、个人绩效考核情况、个人先进荣誉情况四项内容，拟定一～六级员工聘任人选，并确定绩效系数及薪酬标准。

◎ 经验心得

（1）月度奖金包干制度要坚持"按劳分配，能绩量化，兼顾公平"的分配原则与"集中考核、分级兑现，统一核定、自主包干"的管理原则。在定员测算过程中，坚持从实际出发，要充分考虑到用户数、台区数、线路长度、总保数与各供电所售电水平等多重因素。同时各供电所在制定二次分配细则时，在总体平衡的原则下，突出个性化考核。

（2）供电所星级员工聘任制度要重点突出员工技能水平，切忌论资排辈，要将技能评定作为综合量化推荐聘任方式主要参考依据，并聘请第三方参与技能评定，确保公平、公正、公开。

（3）在制度制定过程中需与各供电所、市场营销部、供电服务公司充分沟通，坚持以解决问题为根本出发点，不断完善，并做到全员宣贯到位。

实践案例

国网浙江桐乡市供电公司于 2019 年 1 月开始应用供电所员工"四制"绩效考核法，实现了绩效应用与实际需求的深度融合，员工积极性和业绩指标得到普遍提升，目前该考核法已从个别供电所试行拓展到全面推广。下面以洲泉供电所为例进行展示。

（一）实施供电所月度奖金包干制度

根据各供电所人员缺编情况，以及设备管辖数量情况，合理分配各类资源，实施供电所月度奖金包干制度。定员测算以各供电所台账数据为基础，将封闭小区用电户数、集聚区用电户数、农村用电户数、管辖台区数、管辖线路长度、管辖总保台数、人均应收电费作为主要变量，根据难易程度，合理设置变量系数，见表 1。由人力资源部进行统一测算后，下达缺员总额，见表 2。其中：测算变量积分 = 测算变量 × 变量系数；缺员总额 = 年度个人平均岗薪工资 × 缺员人数。

表 1 洲泉供电所设备台账及测算变量系数

单位	实际人数	封闭小区用电户数	集聚区用电户数	农村用电户数	管辖台区数	管辖线路长度（千米）	管辖总保台数	人均应收电费（千元）
洲泉供电所	58	5722	14042	43445	1060	1235	2066	4634.97
变量系数	—	0.04	0.07	0.14	0.20	0.20	0.10	0.25

表 2 洲泉供电所定员测算结果

单位	实际人数	封闭小区用电户数积分	集聚区用电户数积分	农村用电户数积分	管辖台区数积分	管辖线路长度积分	管辖总保台数积分	人均应收电费（千元）积分	积分占各所比例	测算人数	缺员人数	缺员总额（万元）
洲泉供电所	58	229	983	6082	212	247	207	1159	18.8%	66	8	12

2019 年，供电所定员测算最大缺员差距 12 人，缺员总额最大相差 18 万元，见表 3。各供电所缺员绩效工资纳入供电所月度绩效进行二次分配。

表 3 各供电所定员测算结果

单位	定员积分占比	最终人数	实际人数	缺员数	缺员总额（万元）
供电所 1	0.220	70	55	15	22.5
供电所 2	0.138	49	42	7	10.5
供电所 3	0.188	66	58	8	12.0
供电所 4	0.096	34	31	3	4.5
供电所 5	0.114	41	36	5	7.5
供电所 6	0.111	43	38	5	7.5
供电所 7	0.132	47	36	11	16.5

（二）制定绩效系数阶梯式管理制度

合理设置岗位绩效考核系数区间，优化浮动系数设置，见表 4。浮动系数在岗位基本系数的基础上累加，体现在各供电所月度工资总额中。

表 4 员工浮动系数设置

评价项目		系数提升
岗位浮动提升	基层岗位、特殊岗位浮动提升	0.02

	评价项目	系数提升
单位绩效贡献	绩效考核贡献，包括个人贡献鼓励指标（竞赛比武、模范典型等）、团体贡献鼓励指标（科技创新、管理创新、典型经验等）、其他鼓励指标贡献（履行社会责任、品牌宣传等）	0.01～0.1
	在乡镇供电所建设工作中有突出贡献	0.02
人才当量贡献	国家级高端人才，国网公司级、省公司级科技领军人才，专业领军人才，优秀专家人才，优秀专家人才后备	0.02～0.1
	教授级高级职称、副高级职称、高级技师、注册类资格	0.02～0.03
	中级职称、技师、硕士研究生学历学位	0.01

（三）完善工作增量量化积分制度

1. 建立工作增量工分标准，激励员工主动参与

为主动支撑供电所新型业务，由市场营销部、供电服务公司根据年度重点工作任务，共同商定工作增量评价项目与工分标准，如拓展能源综合服务、创建精品台区等方面，见表5。每季度由各供电所提交工作增量工分奖励申请表，经市场营销部、供电服务公司审核通过后，进行工作增量工分激励。

表5 工作增量工分标准

	评价项目	增量工分
拓展能源综合服务	负责、参与、接洽一项综合能源业务	600
创建精品台区	创建省级精品台区	1000
发表专业论文	在正式期刊上每发表一篇专业论文	600
…		

2. 建立绩效系数增量标准，鼓励员工主动担当

在原有精益积分法的基础上，建立绩效系数增量标准，见表6。直接调整员工绩效系数的好处在于，承担设备量的增加对应绩效考核系数发生相应变化更明显直观，更能激励员工的工作积极性。绩效系数提升总量控制在人力资源部下达的浮动总系数之内，由各供电所自行开展系数与薪酬分配。

表6 绩效系数增量标准

类型	台区 （每个）	配电房 （每个）	用户数 （每百户）	总保数 （每台）	电缆 （每千米）	架空线路 （每千米）
绩效系数提升	0.001	0.002	按区域	0.001	0.001	0.001

以洲泉供电所副班长张*为例，岗位系数区间为1.45~1.6。工龄13年，每三年提升0.01，共提升0.04。技师浮动0.01。2019年新增台区3个，线路10千米，总保3台，电缆4千米，共提升绩效系数0.02。2019年年度管理台区获评省公司精品台区，发表专业论文1篇，共获得工作增量积分1600分，个人年收入增幅约10%，见表7。目前，同一岗位员工绩效系数差距最大为0.06，因工作增量引起每月工分差额最大达到400分，全年收入差额最高可达约1.5万元。

表7 副班长张*2019年绩效系数与增量工分

姓名	岗位系数 区间	岗位基本 系数	工龄 浮动	技师 浮动	2019工 作增量	总系数	月度定额 工分	工作增 量积分
张*	1.45~1.6	1.45	0.04	0.01	0.02	1.53	1250	1600

（四）建立供电所星级员工聘任制度

星级员工共分一~六级，其中一级员工在正所长待遇基础上提升，二级

员工介于正所长和副所长待遇之间，三级员工介于副所长和副班长待遇之间，四级员工介于副班长和台区经理待遇之间，五级员工在台区经理待遇基础上提升，六级员工待遇不变，见表8。

任职条件突出岗位经历与工作能力，考核突出个人能力鉴定。下达聘任指数后，通过综合量化推荐的方式聘任，包括民主推荐得票情况（20%）、个人技能水平情况（60%）、个人绩效考核情况（10%）、个人先进荣誉情况（10%）4项内容。

2019年，参与星级员工聘任105人，通过聘任方式，聘任一级员工1名，二级员工2名，三级员工8名，四级员工21名；通过认定方式，认定五级员工38名，六级员工35人，在原薪酬待遇基础上有所提升。以某台区经理为例，通过星级员工聘任为三级员工，绩效考核系数由原有的1.15提升至1.55，个人年收入增幅约13%。

表8 岗位等级序列和星级员工序列路径

岗位序列			技能星级
管理序列	专业序列		
供电服务公司	供电所		
—			一级
部门主任	正所长级	—	
部门副主任	副所长级	—	二级
—	—	班长	三级
部门专职		副班长、综合班专职	
—		台区经理	四级
			五级
			六级
		运检工/内勤岗位	—

国网浙江桐乡市供电公司通过实施供电所员工"四制"绩效考核法，有效建立内部激励与约束机制，员工的工作效率、服务质量、自我提升意愿与综合素质都得到了有效提升，各供电所重要指标明显提升。2019 年，电费回收率达 100%，推广智能缴费 27.24 万户，推广率 90.36%，投诉工单同比下降 65.19%。台区同期线损管理水平提升至 98.14%。2 个供电所精益化排名进市公司前十。

报送单位：国网浙江嘉兴供电公司

编 制 人：茆　超　陈　琰　曾振源　郑　诚　倪鹏飞

58 供电所台区定额竞标承包法

——实现台区经理网格承包双向选择

> **导　入：** 在深入推进"全能型"供电所建设的背景下，外勤服务班逐步实现低压营配合一的网格化管理模式，新型业务不断拓展、运维设备数量大幅增加，但供电所出现了台区分配不均、部分台区经理由于年龄偏大工作积极性不高等问题，这在一定程度上制约了供电所业务管理水平的提升。国网浙江嵊州市供电公司实施供电所台区定额竞标承包法，实现台区经理网格承包双向选择，充分调动台区经理主动性，各项管理指标呈现出"你追我赶"的良好氛围。

🗨 工具概述

供电所台区定额竞标承包法，是一种通过搜集各类台区基本信息，测算台区标准工分，确定等价工作量，按照网格化管理要求进行打包，并组织台区经理根据个人意愿开展竞标，实现多劳多得的绩效分配方法。

适用场景：本工具适用于实施台区经理"网格化"管理的乡镇供电所。

⚙ 实施步骤

供电所台区定额竞标承包法实施步骤包括：收集台区信息、核定台区工分、划分台区网格、竞标台区经理、开展绩效考核。

1. 收集台区信息

供电所组织收集辖区内的台区相关信息，包括台区数量、设备数量、用户数量、改造计划、地形地貌、各项指标数据等。台区数量、设备数量、用户数量可用于核定台区工作量；地形地貌可用于核定台区工作难度；改造计划、指标状况可用于核定额外工分。

2. 核定台区工分

根据国家电网有限公司定员标准和内部工作量测算，核定台区设备月度定额工分，见表1。

表1 供电所台区设备月度定额工分核定表

分类	配电设备	营业户	线路	总保
定额工分	7.2分/（月·台）	0.58分/（月·户）	17.6分/（月·千米）	6.4分/（月·台）
地形系数 K	平原地区 K=1.0，丘陵地区 K=1.1，山区 K=1.2			

台区月度定额工分 = ［配电变压器台数 ×7.2分/（月·台）+ 低压线路长度 ×17.6分/（月·千米）+ 总保台数 ×6.4分/（月·台）+ 营业户数 × 0.58分/（月·户）］× 地形系数 K，并经所内公示。

3. 划分台区网格

遵循台区集中、就近、方便管理的思路，综合考虑台区月度定额工分，以若干农村公用变台区组合作为一个网格，汇总网格包含台区的总定额工分。将每个网格作为一个竞标单元，组织供电所内台区经理进行竞标。竞标单元数量根据供电所台区经理人数确定。

4. 竞标台区经理

通过所内公开招标、竞标，结合台区经理个人意愿以双向选择的方式产生各网格区的台区经理。中标的台区经理与供电所所长签订农村公用变台区经理绩效管理协议书，并按协议书履行契约。员工对标内台区组合不满意的，中标后可自愿互相交易部分台区，重新计算定额总分，报所长审批后再签订协议书。每次竞标有效期两年。

5. 开展绩效考核

台区经理完成当月工资任务后，需在次月 5 日前，对上月的工作质量进行自评并报供电所，供电所按照业绩考核标准，对台区经理上月所辖网格的考核指标进行月度评价并兑现。

经验心得

（1）要建立相应的供电所台区经理管理制度，梳理确定竞标岗位、竞标标的、网格管理区等，确定网格区要兼顾工作量和核定工分，考虑属地管理问题。

（2）前期工作量比较大，比较烦琐，但是前期准备工作对台区经理工作分配的合理性以及台区经理工作的积极性十分关键，要保证前期工作落实到位。

（3）要充分考虑山区和平原之间的管理难度，山区用户较为分散，管理难度较大，要合理划分网格分配山区台区。

实践案例

国网浙江嵊州市供电公司于2018年1月实施供电所台区定额竞标承包法，用看得见的工作量来进行网格包干，体现多劳多得，充分调动台区经理积极性，形成良性竞争氛围，供电所各项指标管理水平显著提升。下面以三界供电所为例进行展示。

1. 收集台区信息

以台区为单位，梳理各台区信息，主要统计各台区配电变压器台数、营业户数、线路长度、总保台数，为下一步核定台区工作做好基础工作。三界供电所台区相关设备及工作量清单见表2。

表2　　　　　　　　　三界供电所台区相关设备及工作量清单

台区名称	工作量清单			
	配电设备	营业户	线路	总保
	台	户	千米	台
三界12号公变	1	252	0.59	2
三界6号公变	1	208	0.4	2
下市头B台	1	76	0.37	1
……				

2. 核定台区工分

按标准逐个核定每个台区的定额工分，以表2中处于平原地带的三界12号公变为例：月度定额工分=1台×7.2分/（月·台）+0.59千米×17.6分/（月·千米）+2台×6.4分/（月·台）+252户×0.58分/（月·户）=176.544分/月，其他台区的月度定额工分也以此类推进行核定。最后将每个台区的工作量清单和月度定额工分汇总成表格，在所内进行公示。

3. 划分台区网格

根据供电所台区经理人数，按照相对集中、合理组合的原则，将若干个台区组成网格管理区，形成与台区经理人数相对应的竞标单元，一个竞标单元即为台区经理的一个网格区域。同时在每一个竞标单元的标书上明确安全生产、运行维护、营销管理、优质服务等指标及要求，作为标的组成。

4. 竞标台区经理

组织台区经理进行公开竞标、投标。每名台区经理可以申报3个志愿，按志愿顺序进行竞标。只有一名台区经理竞标时，该台区经理即为中标者。多人竞标某一网格区域时，按就近属地化原则，并综合投标人以往的管理业绩，取承诺线损率最低者中标。无人竞标的网格，原则上由工作小组讨论进行分配。中标的台区经理与供电所长签订台区经理绩效管理协议书，并按协议书履行契约。台区经理绩效管理协议书见图1。

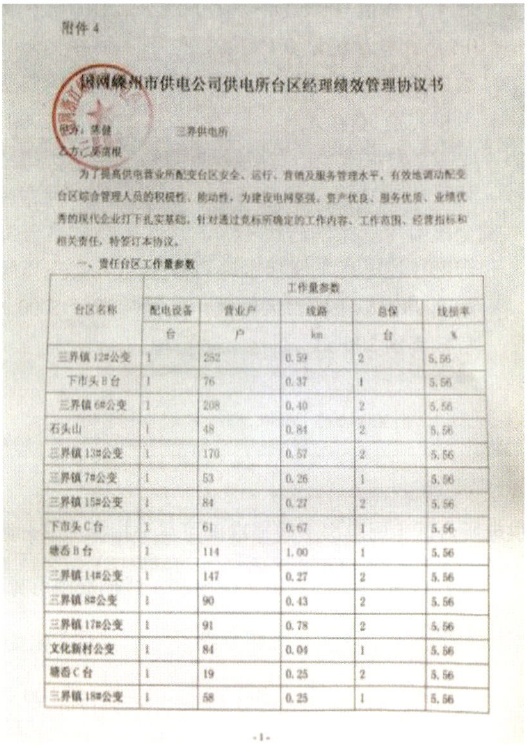

图1　台区经理绩效管理协议书

5. 开展绩效考核

次月5日，在台区经理工作业绩自评的基础上，供电所根据公司对供电所台区相关指标考核情况，对台区经理的绩效工资进行核定，并报人资部进行兑现。以该公司对供电所台区（配电房）线损准确可算率指标考核情况（见表3）为例，三界供电所对台区经理该项指标考核分解情况见表4。

表3　　国网嵊州市供电公司对供电所台区（配电房）线损准确可算率指标考核情况

指标名称	目标值	归口管理部门	考核方式或标准	考核结果	原因说明
台区（配电房）线损准确可算率	95%	营销部	（1）日考核。①目标值：配电房台区线损以PMS2.0台区线损为准，8月按95%考核，9月及以后按96%考核；②指标值每低于目标值0.1%（不足0.1%按0.1%计算，超过0.1%第二位小数四舍五入），责任部门扣绩效考核奖励3000元。（2）月度考核。台区经理考核：月采集成功率达到99.6%、台区全覆盖用户比率达到97%、月度台区（配电房）线损准确可算率达到98%以上的台区经理，月度考核奖励300元	客服中心扣奖金1000元；市郊所扣奖金2100元；黄泽所扣奖金1500元；崇仁所扣奖金2900元；长乐所扣奖金5400元；甘霖所扣奖金3800元；三界所扣奖金5000元	台区（配电房）线损准确可算率（日考核）：客服中心扣奖金1000元；市郊所扣奖金2100元；黄泽所扣奖金1500元；崇仁所扣奖金2900元；长乐所扣奖金5400元；甘霖所扣奖金3800元；三界所扣奖金5000元。由责任部门落实到具体责任人
…					

表4　　　三界供电所台区（配电房）线损准确可算率指标考核分解情况　　　单位：元

班组	台区经理	工分核定绩效工资	台区（配电房）线损准确可算率		最终绩效工资
			日考核金额	月考核金额	
低压供电服务班	王＊	2700	300	300	3300
	陈＊	2700	−252	0	2448
	杜＊	3300	−524	0	2776
	张＊	2700	−443	0	2257
	吴＊	3000	−470	0	2530
	郑＊	2700	−485	0	2215
	…				

国网浙江嵊州市供电公司实施供电所台区定额竞标承包法后，台区运行健康水平显著提升，核心指标提升明显。如三界供电所某公变台区在实施前，台区线损为 3%~4%，实施后月度线损保持在 2% 以下；长乐供电所推广应用台区定额竞标承包法后成效显著，并在 2019 年获得"国家电网有限公司五星级乡镇供电所"称号。

报送单位：国网浙江绍兴供电公司

编 制 人：陶佳迎 杜晗晗 高军娟 张宇翔 吴凌霄

59 供电所模拟合伙人制
——实现供电所提质增效

> **导　入：** 随着用电量增速趋缓，电价空间收窄成为新常态，供电公司经营压力前所未有，而供电所作为落实电网生产、经营的基础单元，如何实现提质增效显得尤为重要。国网福建泉州供电公司探索施行供电所模拟合伙人制，划小核算单元，配套构建"提质奖励、降质扣罚、增效激励"的供电所绩效考核体系，引导供电所关注经营效益，实现公司效率与效益双提升。

工具概述

供电所模拟合伙人制，是指通过赋能授权合伙人主体，让供电所成为自主经营、独立核算的经济实体，建立提质增效考核体系和绩效工资核算模型，激发供电所和员工内生动力及创造力。

适用场景：本工具适用于已经建立内部模拟市场的供电所。

实施步骤

供电所模拟合伙人制实施步骤包括：确定合伙人主体、明确权利和义务、划分业务类型、建立提质增效考核体系、构建绩效工资核算模型。

（一）确定合伙人主体

供电所模拟合伙人主体由供电所所长负责组建，原则上由供电所所长、副所长、三大员、班组长（格长）等组成。供电服务公司与合伙人主体签订合伙协议，合伙协议一年一签。

（二）明确权利和义务

充分授权合伙人主体，让供电所成为自主经营、独立核算的经济主体；明确责任和义务，模拟合伙人供电所可享有经营自主权、用人建议权、薪酬分配权、考核分配权、考勤调整权等权利，负有落实安全责任、加强内部管理、依规合理经营、签订合伙合同、加强资质管理等义务。

（三）划分业务类型

为建立有针对性的薪酬激励体系，对供电所业务进行划分。供电所业务分为传统业务、新兴业务以及其他业务。

（1）传统业务。是指传统的供电所综合业务、供电所辖区内电网运检业务、供电所辖区内的营销服务业务以及其他传统业务。

（2）新兴业务。分为综合能源业务、设备代维业务、能源金融业务。综合能源业务包括但不限于电能替代、综合能效、客户侧站房智能运维、市场化售电、智能家居、电动汽车服务（电动汽车及充电桩销售、租赁服务）、清洁能源推广（光伏、风电、生物质能等分布式电源发电设备销售、建设、安装服务）等。设备代维业务包括但不限于分布式电源设备代维、充电桩设备代维（定期巡视和抢修现场服务）、用户站房代维等。合伙人主体可自主决定是否承接，并与对方洽谈确定代维费用价格。能源金融业务包括但不限于与英大集团合作进行商业保险推广及销售、电 E 贷推广等业务。

（3）其他业务。

（四）建立提质增效考核体系

针对传统业务建立提质增效考核体系，分为提质业务考核、增效业务考核两个部分。

（1）提质业务考核主要是为促进供电所的效率提升，提取供电所中的关键业务设置指标，并制定考核标准，明确权重，按月考评。

$$提质业务考评得分 =Σ（提质业务分项考评得分 × 权重）$$

提质业务考评得分最高加至 120 分，最低扣至 80 分。

（2）增效业务考核主要是为促进供电所的效益提升，提取供电所中直接产生效益的业务，模拟量化收入，制定激励标准，进行绩效奖励，按季度考核兑现。

（3）提质增效考核体系由公司有关部门根据年度重点工作及提质增效专项行动方案每年滚动修订，并逐级分解到供电所、员工。

（五）构建绩效工资核算模型

供电所绩效工资分为存量包和增量包。存量包是对供电所承担的传统业务工作支付的绩效报酬；增量包是对供电所拓展新兴业务以及承接其他业务获得利润而核增的绩效激励工资。

1. 存量包

存量包包括提质奖金包、增效奖励包，适用于所有供电所。

供电所存量包 = 提质奖金包 + 增效奖励包，其中：

（1）提质奖金包 = 基础奖金包❶ × 提质业务考评得分 /100，按月兑现。

（2）增效奖励包❷ 根据增效业务效益激励标准核定，按季度兑现。

---

❶ 基础奖金包根据年度下达的工资总额计划及部门人数予以确定。

❷ 增效奖励包根据年度下达的工资总额计划单独核定。

2. 增量包

供电所增量包 =（新兴业务利润总额 + 其他业务利润总额）× 激励比例，目前仅适用于实行模拟合伙人制的供电所，按照月（季）度预发、年度清算的方式进行兑现。其中：

（1）新兴业务利润总额是指供电所参与市场化竞争，拓展新兴业务获得的利润。新兴业务营业收入以合同营业收入金额为准，营业成本包括拓展业务耗费的材料费、差旅费、车辆使用费等。

（2）其他业务利润总额是指供电所承接其他业务获得的模拟利润。其他业务模拟收入参照外部市场价格按照一定比例折算，成本包括耗费的材料费、车辆使用费等。

（3）核增绩效激励工资按创造的利润超额累进比例设置：利润总额在 0~20 万元的，激励比例为 30%；20 万~50 万元部分，激励比例为 40%；超过 50 万元部分，激励比例为 50%。

（4）供电所绩效工资增量按照月（季）度预兑现、年度清算的方式进行，月（季）度根据供电所完成业务情况、财务核算情况预兑现，年度根据财务核算的利润总额进行清算。

◎ 经验心得

（1）在充分授权合伙人主体的同时，要建立约束机制，对安全、廉政、服务、稳定等风险进行预判，制订防控措施并建立监督考核机制。

（2）供电所应修订工分库内容和标准，制订内部绩效分配方案，就考核方式、量化标准、计分规则、绩效工资兑现等进行充分协商讨论，广泛征求意见，达成共识，并切实做好工作积分、考核结果等的公示，确保考核公平公正。

（3）采用模拟合伙人制的供电所，需要建立内部核算机制，供电所能够独立核算，投入产出能够有效量化，同时需要具备一定的规模水平。人员整体素质高，管辖区域具备充足市场需求的供电所更易开展模拟合伙人制。

 **实践案例**

国网福建泉州供电公司于2020年1月开始应用供电所模拟合伙人制工具，有效引导、激励供电所员工干事热情，提升了供电所效率效益。下面以河市镇供电所为例进行展示。

（一）确定合伙人主体

合伙人主体由所长负责组建，包括供电所所长、副所长、三大员，班组长，负责对供电所重大事项进行决策，负责确定供电所员工绩效考核、薪酬分配方案。

（二）明确权利和义务

泉州市供电服务有限公司与河市镇供电所签订合伙协议，协议中明确双方的责任及义务，见图1。

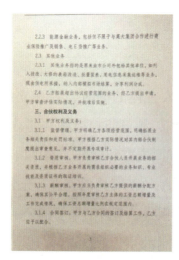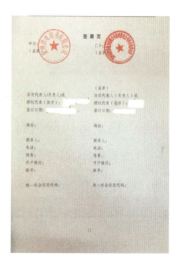

图1　模拟合伙人制供电所合伙协议（节选）

（三）划分业务类型

将供电所业务划分为传统业务、新兴业务以及其他业务。建立柔性团队，传统业务团队聚焦提质增效，新兴业务团队聚焦市场开拓，其他业务团队聚焦降本节支，发挥团队特长，促进新兴业务开拓，激发干事创业热情。

（四）核定下达存量包

（1）设置提质业务考核指标评价体系，见表1。明确增效业务绩效激励考核评价标准，见表2。

表1　　　　　　　　　　　提质业务考核指标评价体系

序号	考核内容	考核标准	权重（%）	考评部门
1	台区线损合格率	取同期系统数据，达到目标值得满分，高于目标值每0.1%的加0.1分，低于目标每0.1%的减0.3分（进入国网百强所的加1分）	20	营销部
2	停电管控率	达到目标值得满分，高于目标值每0.1%的加0.1分，低于目标每0.1%的减0.2分	10	营销部
3	电费回收率	达到目标值得满分，高于目标值每0.01%的加0.01分，低于目标每0.01%的减0.01分	25	营销部
4	市场开拓率	达到目标值得满分，高于目标值每0.5%的加0.5分，低于目标每0.5%的减0.5分	10	营销部
5	…			

表2　　　　　　　　　　　增效业务绩效激励考核评价标准

序号	考核内容	考核标准	考评部门
1	综合线损率下降收益	0.4千伏台区综合线损率 =（供电量 – 售电量）/供电量 ×100%；0.4千伏台区综合线损率下降收益 =（该评价单位上一年度同月台区线损率 – 当月台区线损率）× 该评价单位所属台区供电量 ×0.5 元 / 千瓦时。	营销部

序号	考核内容	考核标准	考评部门
1	综合线损率下降收益	评价标准：0.4 千伏台区综合线损率下降收益为正值时，按实际线损与目标值比测算减少的损失电量，按 0.50 元 / 千瓦时测算公司获利，按获利的 20% 进行绩效激励	营销部
2	业扩工程提速	业扩提速：低压业扩工单平均时长同比压缩 0.5 天，每单奖励 10 元；同比压缩 1 天及以上，每单奖励 30 元	营销部
3	窃电违约用电	根据下达的年度目标，完成目标者，按超额部分的 20% 进行绩效激励	营销部
4	计量差错追补收益	非人员责任的，按追补金额的 20% 进行绩效激励	营销部
5	…		

（2）开展考核评价。2020 年 3 月，提质业务考评情况见表 3。

表 3　　　　　　　　提质业务考评情况

序号	考核内容	考评得分
1	台区线损合格率	19.39
2	停电管控率	12
3	电费回收率	27.19
4	市场开拓率	10.92
5	客户满意率	11.05
6	配变故障停运变化率	22.4
	提质业务得分	102.95

2020 年第一季度，增效业务绩效激励情况见表 4。

表 4　　　　　　　　增效业务绩效激励情况

序号	考核内容	业务效益（元）	增效奖励（元）
1	综合线损下降收益	370167	74033.4

序号	考核内容	业务效益（元）	增效奖励（元）
2	业扩工程提速	—	1300
3	窃电违约用电	83467.2	16693.44
4	计量差错追补收益	8865	1773
	合计	462499.2	93799.84

设置提质奖金包、增效奖励包月度绩效工资上限，供电所提质奖金包（增效奖励包）总金额超过上限值后，回归修正供电所提质奖金包（增效奖励包），[提质奖金包（增效奖励包）×（奖金包上限/总金额）]，确保不突破工资计划。

（五）核定下达增量包

2020 年第一季度，河市镇供电所光伏发电、市场化售电推广等新兴业务，获得利润 0.77 万元；HPLC 模块更换、树障清理等业务，获得利润 8.2 万元。按获得利润 30% 进行绩效奖励，具体情况见表 5。

表 5　　　　　　　　　　增量工资绩效激励测算表

序号	业务类别	业务名称	业务利润（元）	增量工资绩效激励（元）
1	新兴业务	光伏发电	5000	—
2		市场化售电推广	2700	—
3	其他业务	HPLC 模块更换	70000	—
4		树障清理	12000	—
	合计		89700	26910

通过开展供电所模拟合伙人制，河市镇供电所 2020 年第一季度员工绩效

工资收入倍比达 2.4，较其他供电所人均绩效工资高出 1800 元，为公司减少成本支出 12.2 万元。供电所模拟合伙人制通过深耕传统业务、提升业绩指标，拓展增量市场、合伙共担共赢，使供电所员工树立对供电所负责就是对自己负责的意识，提升员工对企业的责任感和凝聚力，实现了员工由"要我工作"向"我要工作"转变。通过充分赋能授权合伙人主体，把管理骨干培养成"小老板"，树立"自主经营、自负盈亏"意识，通过组织创新、独立核算、自主经营，实现提质增效。

报送单位：国网福建泉州供电公司

编 制 人：朱　莹　阮丽双　许佳健　郭芳芳

60 台区经理"基础积分＋动态重点工作"考核法
——引导员工抓住工作重点

> **导　入：**在武汉光谷区域光电子信息产业园一个刚成立不久的"年轻"供电所里，有一个现象困扰着年轻的所长：供电所的业务培训和绩效考核机制都很健全，每次新业务培训和考核兑现也不折不扣落实，但台区经理们依然是整天忙于处理日常琐碎、疲于应对各种"疑难杂症"，上级下达的重点工作和关键业绩指标却迟迟不见起色。针对这种情况，国网湖北武汉光电园区供电所对台区经理实施了"基础积分＋动态重点工作"考核法，引导台区经理有序处理各项业务，推进重难点工作落地。

工具概述

台区经理"基础积分＋动态重点工作"考核法，是指在原有工作积分制考核的基础上，引入动态重点工作考核机制，督导台区经理阶段性攻破重难点工作任务。考核包含基础工作积分、动态重点工作积分、其他加分项三部分。

适用场景：本工具适用于已实行网格化管理的供电所台区经理绩效考核。

实施步骤

台区经理"基础积分＋动态重点工作"考核法实施步骤包括：设置指标体系、按周期调整重点工作、按月实施考核兑现。

1. 设置指标体系

依据供电所的各项工作任务和台区经理的岗位职责，从基础工作积分、动态重点工作积分和其他加分项三个方面提炼考核项目。基础工作积分以每月固定的岗位基础工作为考核内容，是在员工管辖的户数转化为量化积分的基础上，根据台区基础管理、安全管理、劳动纪律等岗位职责性指标完成情况实行加减分考核。动态重点工作积分以具备一定难度、需要一定技能完成的重难点工作为考核内容，供电所在每个周期结合当前的短板指标和重难点工作动态选取2～3个项目进行考核。其他加分项以临时性工作任务、供电所的综合管理工作和个人成长为考核内容，按照关键事件实行加分考核。

2. 按周期调整重点工作

供电所在每个考核周期，将最劣势的指标和最重要紧急的难点工作纳入考核范畴，并对考核内容根据实际需要进行周期性调整。当上一周期纳入考核的劣势指标获得持续改进或重难点工作得到有序推进后，及时对考核内容进行调整。

3. 按月实施考核兑现

基础工作积分采取打包积分和关键事件制相结合的考核方式，即完成责任台区内的常规工作任务，获得户数核定积分，岗位职责未履行到位的，扣减相应积分；常规工作超标准完成的，奖励相应积分。动态重点工作积分采取月考核，即根据相关工作或指标的月度完成情况直接赋分。其他加分项采取关键事件制考核，即有相关加减分事件发生时记录考核事件和对应积分。每月底，汇总三类积分得到员工的月度总积分，并进行结果公示和薪酬兑现。

◎ **经验心得**

（1）指标设置要突出重点。围绕不同时期的工作重点和难点，动态调整重点工作考核项目，引导员工在某一时间段集中力量主攻某一专项工作。

（2）积分统计注意简化工作量。对岗位职责中相对固定的工作任务，实行打包制积分，避免每日积分的统计量太大，提高考核实施的可操作性。

实践案例

国网湖北武汉光电园区供电所于 2019 年 3 月开始应用"基础积分 + 动态重点工作"考核法，实现了对台区经理的更精准激励。下面以东新光电园区供电所为例进行展示。

1. 设置指标体系

对基础工作积分、动态重点工作积分、其他加分项按照考核项目的加减分规则进行积分核算。

（1）基础工作积分的计算公式为：

基础工作积分 = 台区工作量积分 + 台区基础管理加减分 + 安全管理加减分 + 劳动纪律加减分

其中，台区工作量积分按员工管辖户数核算积分，当台区经理的管辖户数不发生变化时，该积分核定一次后可固定不变。

对于安全管理、劳动纪律等岗位职责指标，对未达到工作要求的进行扣分，对完成台区基础工作具有超前意识或是额外完成部分进行加分。

（2）在考核周期内，选取线损管理、优质服务和电费回收三个指标纳入动态重点工作积分项目，引导台区经理在本考核周期重点关注这三个指标。

（3）其他加分项将供电所内勤管理兼职工作、临时加班和参加上级竞赛获奖纳入考核范畴。

东新光电园区供电所台区经理"基础积分 + 动态重点工作"考核项目及积分标准见表 1。

表 1 东新光电园区供电所台区经理"基础积分 + 动态重点工作"考核项目及积分标准

类别	考核项目	积分标准
基础工作积分	台区工作量积分	基础 100 分，服务户数超过 10000 户，按 0.05 分 / 户核增积分；若服务户数低于 10000 户，按 0.04 分 / 户核减积分
	台区基础管理	（1）客户信息清理数量在 20 户及以下的清理成功后按照每户 50 分进行奖励；数量在 50 户及以下的清理成功后按照每户 20 分进行奖励；数量在 100 户及以下清理成功后按照每户 10 分进行奖励；数量在 200 户及以下清理成功后按照每户 8 分进行奖励；数量在 500 户以上清理成功后按照每户 4 分进行奖励；数量在 2000 户以上的清理成功后按照每户 1 分进行奖励。 （2）正确搜集一户更名、过户、新装等资料的，按照一户 2 分进行奖励。 （3）自动停电率（包含银行代扣用户）4—12 月指标分别为 60%、65%、70%、75%、80%、85%、90%、95%、97%，低于指标每 1% 扣 5 分，高于指标每 1% 加 2.5 分。从 5 月起，对电管家协议进行抽查，发现一户协议与用户信息对应不一致，按照一户 100 分进行扣罚。 （4）电费电价规范率、稽查工作质量中涉及班组对标扣分的，直接按供电所扣分分值对应到直接责任人
	安全管理	台区经理负责所辖网格内端子排、表箱、电能表、电缆井、公用变压器等电力设施安全隐患上报。具体包括：所辖网格内高层小区电缆竖井每层是否进行防火隔离，电缆竖井内是否堆放有杂物，是否存在容易引发公共计量装置烧毁的隐患，公用电力设施是否存在人为破坏、发生火花、异常声响等安全隐患以及窃电情况，巡查当天发现异常情况及时上报区域客户经理。 每一处安全隐患标注清楚并附图片佐证，一处隐患上报按照每处 10 分奖励。如果发现有未下达隐患的，按照一处 5 分进行扣罚。无票工作，被公司现场检查发现的，一次扣 10 分
	劳动纪律	工作日超过 8：30 到达单位的算迟到一次，按照一天 5 分进行扣除，被省市公司及公司通报的按照 10 分进行扣罚
动态重点工作积分	线损管理	台区经理负责协助所辖网格内低压台区线损管理工作，包括是否存在违约用电和窃电，采集装置及信号是否正常等，如发现异常情况，应立即拍照取证，在当天将相关资料上报区域客户经理。熟悉表箱位置及配置，配合台区线损综合治理。 每位台区经理负责的月台区线损合格率应达到 95%，每上升 1%，相应奖励 10 分；每不足 1%，相应扣 5 分。主动上报正在窃电行为的一次加 10 分，参与下达违约用电通知书一次加 10 分

续表

类别	考核项目	积分标准
动态重点工作积分	优质服务	（1）下派因人为责任造成投诉，每笔扣班长 5 分、直接责任人 10 分；申诉成功，每笔奖励责任人 8 分、班长 4 分。发生典型性投诉按东新公司相关管理办法另外执行，此考核不封顶。月度零投诉奖励 25 分，季度零投诉奖励 50 分，半年度零投诉奖励 100 分，年度零投诉奖励 200 分。所有人员当月无投诉，班长奖励 200 分。 （2）意见工单按照班组对标数据进行考核，一笔 10 分进行扣罚。月度零意见工单奖励 50 分，季度零意见奖励 100 分，半年度零意见奖励 200 分，年度零意见奖励 300 分。 （3）对小区物业网格知晓率进行抽查，凡一处物业不清楚网格信息的扣罚 100 分
	电费回收	月末电费实现结零，得 100 分，每提前一天结零加 10 分。次月 1—5 日结零依次得 60、50、40、30、20 分，超过 5 日结零的每天扣 200 分。结零前 5 名依次奖励 25、20、15、10、5 分
其他加分项	其他	（1）兼职内勤人员每月单独奖励 10 分。 （2）临时加班按照一次 20 分进行奖励。 （3）参加地市公司级竞赛，荣获个人一等奖、二等奖、三等奖及其他奖项分别奖励 80、60、40、20 分，荣获团体一等奖、二等奖、三等奖及其他奖项分别奖励 60、40、20、10 分

2. 按周期调整重点工作

每月月底，供电所所长对供电所整体完成最差的三项指标和推进最难、最慢的重点工作进行梳理，确定下月动态重点工作考核项目。如果考核项目发生调整，在下一考核周期开始前，通过会议形式重新发布考核内容。

3. 按月实施考核兑现

考核事件的记录由绩效兼职完成，所长负责审核。每月在绩效看板上公示积分明细和考核结果，并依据考核结果兑现薪酬。

2019 年 4 月，供电所 14 个台区经理的平均得分为 392 分，其中，高于平均分共计 5 人，低于平均分共计 9 人，最高与最低分数差距为 89 分。选取其中 3 人为例，考核得分与绩效工资见表 2。

表2　　　　　　　　　东新光电园区供电所装表接电班绩效考核表

姓名	基础工作积分				动态重点工作积分			其他加分项	考核得分	绩效工资（元）
	台区工作量积分	台区基础管理	安全管理	劳动纪律	线损管理	优质服务	电费回收			
张＊	175	20	0	0	−6	75	100	50	414	4968
李＊	145	40	0	−5	23	65	80	40	388	4656
王＊	125	0	0	0	25	75	90	10	325	3900

通过实施台区经理"基础积分＋动态重点工作"考核法，形成"岗位靠竞争、收入靠指标，能上能下、优胜劣汰"的动态管理机制，供电所关键指标起色明显，电费回收工作从以前的经常超时限结零转变为现在的每月提前结零，客户投诉量同比下降26%，综合线损率同比降低0.84%，各项指标在国网湖北武汉供电公司城区低压供电所中名列前茅。目前，供电所内人才梯队储备充足，人工成本仅占同类别站所平均水平的40%，月绩效工资高低差距达到1.27倍，良性竞争氛围浓厚。该供电所以绩效考核为抓手，促进了整体质效的显著提升。

报送单位：国网湖北武汉供电公司

编 制 人：伍丹黎　陈　希　侯　禹

61 一线班组"积分＋指标"考核法
——提高一线班组人员指标管理意识

> **导　入：** 近年来，一线班组对专业指标支撑力度越来越大，但传统的工作积分制主要对具体工作事项进行考核，导致一线员工对指标管理不积极。国网湖南岳阳供电公司创新实行一线班组"积分＋指标"考核法，量化专业管理指标，形成工作积分与指标考核积分相结合的综合绩效考核机制，有效提升班组人员参与指标管理工作积极性。

工具概述

一线班组"积分＋指标"考核法，是指在一线员工工作积分制的基础上，加入专业指标考核量化积分，形成工作积分与指标考核积分相结合的综合绩效考核办法。此考核法可提高班组员工参与指标管理的积极性，有效提升班组对于专业指标的支撑力度。

适用场景：本工具适用于已实行工作积分制考核的一线班组。

实施步骤

一线班组"积分＋指标"考核法实施步骤包括：建立指标量化分配机制、确定指标得分权重及指标基础分、确定指标考核得分、登记汇总月度日常工作积分、开展绩效实施过程管控。

1. 建立指标量化分配机制

首先根据省公司对标指标内容和班组内部实际工作现状开展专业指标细

化工作，其次根据各项指标考核要素及指标分值开展专业指标赋分量化工作，最后将细化指标分配到个人。分配原则主要根据员工岗位职责、所负责的流程环节、对指标支撑程度大小、所承担指标考核责任大小等。

2. 确定指标得分权重及指标基础分

采取数学测算、试点班组试运行、班员问卷调查、指标结果对照分析四种方法找出工作积分与指标得分融合的最佳平衡点。在不调整原工作积分标准及规则的前提下，综合考虑指标考核与日常工作积分的权重，确定指标基础分上限，并根据班员承担指标责任分值比例分档（三档或四档）确定指标基础分。

3. 确定指标考核得分

员工每月指标考核得分 = 指标基础分 × 指标排名系数 − 个人细分指标扣分

其中，指标排名系数根据当月指标的全省排名情况确定；个人细分指标扣分以省公司指标扣分为基准，根据班员负责该项指标的占比进行分摊。指标考核得分确定方法见表1。

表 1   指标考核得分确定方法

类别	考核依据	考核结果
指标考核得分 （依据全省排名）	全省 1 ~ 3 名	基础分 ×130%
	全省 4 ~ 6 名	基础分 ×115%
	全省 7 ~ 8 名	基础分 ×90%
	全省 9 ~ 11 名	基础分 ×80%
	—	—
指标扣分	人为责任指标扣分	省公司扣分值 ×2
	非人为责任指标扣分	省公司扣分值

4. 登记汇总月度日常工作积分

因前期经过多轮测算调整指标分值权重，本考核法不需要修改调整原工作积分标准，班组可保持原工作积分标准不变，按照之前的积分登记审核汇总方式进行工作积分日登记、月汇总，形成班组各员工月度工作积分。

5. 开展绩效实施过程管控

最终员工月度考核得分 = 月度工作积分 + 指标考核得分

每周班委会负责对月度绩效计划执行情况进行通报，对班员工作质量进行点评，对班组负责指标最新情况进行通报。在班组内部营造一种比学赶超的良好氛围。

经验心得

（1）指标量化方法各单位可结合专业、业务特点、单位实际情况进行创新，但最终要符合"三可"原则的要求，即可执行、可衡量、可考核到人。

（2）坚持抓好绩效实施与监控。再好的绩效考核方式，不落到具体执行上，也是一纸空文；而再好的绩效制度也不可能永远有效，必须在绩效考核实践过程中抓好监控，并及时纠偏。

（3）坚持不断创新，做好"加法"。一线班组"积分 + 指标"考核，比较难把握的一点就在于这"+"上，采取何种方式将两种不同的积分体系融合，并很好地促进员工、组织绩效共同进步，是一个需要认真研究的地方。

实践案例

国网湖南岳阳供电公司于 2018 年 2 月开始应用一线班组"积分 + 指标"考核法，实现了工作与指标综合绩效考评。下面以客服中心计量室资产班负责的"资产规范率"指标为例进行展示。

1. 专业指标细化量化分配

将"资产规范率"指标细分为"计量业务数据规范率、计量器具质量监督规范率"2 大类 5 方面 19 小项，指标标准分设置为 300 分，并按员工岗位职责和负责的流程环节进行指标标准分分配，最终员工指标分配值见表 2。

表2　资产班负责的"资产规范率"指标的量化分配

资产规范率	计量业务数据规范率												计量器具质量监督规范率							指标分配值
	计量业务数据		运行管理						库房管理				计划管理		故障表集中率	故障表鉴定率	拆回表管理			
	新上用户全寿命业务环节数据准确性	MDS库房管理系统与营销系统计量资产档案一致率	运行抽检及用户申校	资产使用规范率	安装及时率	资产异常监测	智能库存储率	出入库规范率	盘点工作	实物与系统一致率	合理化库存	库龄管控	计划上报规范率	项目订单匹配率	故障表集中率	故障表鉴定率	故障表复核正确率	技术鉴定及时率	拆回表处置完成率	指标分配值
标准分	30	30	10	10	10	10	15	15	10	20	10	10	20	20	20	20	10	10	20	
高*	10	10				10									20	20				70
李*	10	10	5				10	10					10	10						65
谭*		5	5				5	5	10	20			10							60
吴*											10			5			10	10	20	55
童*	10	5		10	10							10		5						50

2. 确定指标得分权重及指标基本分

经过多次测算调整，确定"资产规范率"指标基础分上限为100分，并根据资产班员工指标分配值占指标标准总分的比值确定指标基础分分档规则，见表3。

表3　　　　　　　　　　专业指标基础分分档规则

指标占比分档	指标分配分值占比	指标基础分
第一档	21% 及以上	100分
第二档	18% ~ 21%	80分
第三档	18% 及以下	70分

根据表2员工指标分配值，按指标基础分分档规则，得出员工指标基础分，见表4。

表4　　　　　　　　　资产班员工专业指标基础分确认表

姓名	指标分配值	指标总分	指标分配系数（%）	基础分
高 *	70	300	23	100
李 *	65	300	22	100
谭 *	60	300	20	80
吴 *	55	300	18	70
童 *	50	300	17	70

3. 确定指标考核得分

2018年10月，国网湖南岳阳供电公司"资产规范率"指标全省排名第1，没有发生上级单位考核扣分现象，当月员工月度指标考核得分情况见表5。

表5　2018年10月员工指标考核得分情况

指标排名	指标基础分	指标排名得分	资产规范率 — 计量业务数据规范率														资产规范率 — 计量器具质量监督规范率					指标得分
			计量业务数据		运行管理						库房管理				计划管理		计量器具	拆回表管理				
			新上用户全寿命周期数据准确性	MDS库房管理系统与营销系统计量资产档案一致率	运行抽检及用户申校	资产使用规范率	安装及时率	资产异常监测	智能库存储率	出入库规范率	盘点工作	实物与系统一致率	合理化库存	库龄管控	计划上报规范率	项目订单匹配率	故障表集中率	故障表鉴定率	故障表复核正确率	技术鉴定及时率	拆回表处置完成率	
第1名			30	30	10	10	10	10	15	15	10	20	10	10	20	20	20	20	10	10	20	
高*	100	130	10	10	5			10									20	20				/
李*	100	130	10	10	5				10	10					10	10						130
谭*	80	104	10	5						5	10	20	10		10							104
吴*	70	91		5		10	10									5			10	10	20	91
童*	70	91	10						5					10		5						91

4. 登记汇总月度日常工作积分

班组日常工作任务由班长或班长指定的专人按照资产班工作积分标准进行积分登记，月初汇总上月工作积分并公示确认。当月员工工作积分汇总见表 6。

表 6　　　　　　　　　　2018 年 10 月员工工作积分汇总

姓名	工作积分	修正积分	确认积分
李 *	200	0	200
谭 *	254	0	254
吴 *	257	0	257
童 *	251	0	251

5. 开展绩效实施过程管控

每月第一个工作日，班组晨会上公布上月考核结果并进行绩效讲评，同时班长与班组成员确认通过当月指标考核分配考核确认单，全面、真实地评价员工指标业绩贡献，有效提升班组人员参与专业指标管理工作积极性。

通过在客服中心计量室一线班组推广"积分+指标"考核法，考核指标由员工的负担变为工作动力，不仅满足了上级单位的管理要求，而且促进了班组绩效提升，实现了"1+1＞2"的效果。计量室资产规范率指标明显提升，由 2017 年全年的全省第 10 名上升到 2018 年 11 月的全省第 1 名。

报送单位：国网湖南岳阳供电公司
编制人：成　帆　傅　钟　文彦英　杨薪霖

62 "三重"积分量化考核法

——实现供电所员工"目标、价值"双提升

> **导　入：**近年来，随着供电所设备日益增多、优质服务要求不断提高，现有的绩效考核与供电所快速发展显现出一定的不适应，员工认领工作任务积极性不高，绩效考核未能真正体现工作量和工作质量，考核激励需要进一步强化。国网江西玉山县供电公司以"三项制度"改革为契机，实施供电所绩效工资核定与定员挂钩，高质量推进"数量＋质量＋附加"三重积分量化考核，充分体现员工"干多干少、干好干坏"不一样，激发员工在目标、价值上的不断追求与提升。

工具概述

"三重"积分量化考核法是指"数量积分＋质量积分＋附加积分"的考核方式。以定员核定供电所绩效工资为基础，围绕供电所核心业务，从工作数量、工作质量、工作增量三个方面，科学设计数量积分、质量积分、附加积分的考核项目和评价标准，考核评价聚焦员工承载力、业务能力、工作主动性，考核结果兑现实行以分计酬、多劳多得。

适用场景：本工具适用于供电所内部员工考核。

实施步骤

"三重"积分量化考核法实施步骤包括：核定供电所绩效工资总额、统一设置积分项目、积分计算及兑现。

（一）核定供电所绩效工资总额

1. 核定定员，计算绩效工资总额基数

通过数据分析、实地调研，选取供电所关键设备台账作为定员计算项目，按关键程度排定定员项目计算占比，制定合理的定员测算标准。以各供电所测算定员数核定月度绩效工资总额，实现总额包干。

2. 实施组织评价，确定最终绩效工资总额

每月对供电所进行组织绩效评价，按最终评分确定供电所月度绩效工资总额。

（二）统一设置积分项目

统一设置员工积分基准值 1000 分，按照 5∶4∶1 的比例，数量积分 500 分、质量积分 400 分、附加积分 100 分。

1. 设置数量积分

以设备主人管辖设备台账设置数量积分，体现干多干少不一样。取台区户表数、公（专）用变压器台数、高压线路长度、低压线路长度，按照乡镇供电所人均管辖户表数、线路有效管理长度、周期巡视时长等设定数量积分标准，以 500 分为基准，拟定个人月度总积分占比约 50%。按照个人承载力、台区线路地域分布情况，采取认领、分配相结合方式，计算员工个人数量积分。

2. 设置质量积分

针对重点指标和阶段性重点工作设置质量积分，体现干好干坏不一样。质量积分总体框架分安全管理、供电服务、运维生产、经营管理四项，总分 400 分，每项 100 分，约占总积分 40%，公司对考核指标和内容适时进行动态调整。各供电所也可结合自身实际和重点工作推动情况，进行适当补充。

3. 设置附加积分

以承担计划外工作或其他设置附加积分，解决员工执行力问题。把增派工作或临时重点工作（包括各类抢修、保电生产任务）、获得荣誉表彰等纳入附加积分设计，基础分 100 分，约占总积分 10%。由所长、班组长派单，员工通过抢单获得附加分。

（三）积分计算及兑现

1. 计算积分

根据管辖设备台账、工作完成质量情况、承担增派工作或临时重点工作情况实施评价。员工个人月度积分 = 数量积分 + 质量积分 + 附加积分。

2. 应用兑现

根据供电所月度最终核定总额与员工积分实行以分计酬。员工个人月度绩效工资 = 员工个人月度积分 × 供电所月度核定绩效工资总额 / ∑供电所月度员工积分。

经验心得

（1）定员标准和计算公式应力求简单、易操作。定员标准、总额核定计算过程应简便易懂，使员工易于理解和接受。由上级单位统一积分项目、考核模式，更有利于借鉴和推广。

（2）地市供电公司统一制定数量积分标准。地市公司统计所辖供电所设备总台账，计算客户经理人均设备数，供电所可结合客户经理数量积分基准值，按管理难度、维护工作量合理调整积分标准。

（3）动态调整质量积分标准。质量积分内容和标准应尽可能从各应用管理系统可采集的指标中选择，体现公平公正，并根据重点工作、关键指标变化适时动态调整。通过质量积分也可以反映员工承载力，作为数量积分分配参考。

实践案例

国网江西玉山县供电公司于 2019 年实施"三重"积分量化考核法，对员工实施评价考核。下面以仙岩供电所为例进行展示。

（一）核定定员，计算供电所月度绩效工资总额基数

梳理确定设备台账，明确供电所定员测算标准，见表 1。按定员测算标准和供电所设备台账测算仙岩供电所定员数为 14 人（实际配置人数为 11 人），再根据工资总额计划测定 2400 元 / 人作为供电所员工月绩效工资基数。

该所员工月度绩效工资总额基数 = 定员数 × 月绩效工资基数 =14×2400=33600（元）。

表 1　　　　　　　　　　　供电所定员测算标准

序号	项目	数值	单位
1	管辖用户数（户）	1400	户 / 人
2	高压配电线路	35	千米 / 人
3	公用变压器	60	台 / 人
4	专用变压器	500	台 / 人
5	年供电量	4000	万千瓦时 / 人
6	供电面积	180	平方千米 / 人

（二）实施组织评价，确定最终月度绩效工资核定总额

按照组织绩效考核评分（基准分 100 分），仙岩供电所在高损台区治理方面加 1.5 分，其他无扣分，则月度得分为 101.5 分。

3 月月度绩效工资最终核定总额 =33600/100 × 101.5=34104（元）。

（三）计算个人数量积分

仙岩供电所通过数量积分落实了责任划分，使设备主人制台账更加清晰明确，供电所网格化、属地化管理切实落地。员工吴＊按管辖设备计算数量积分为587.1分，见表2。

表2 员工月度数量积分统计计算表

姓名	管辖10千伏线路名称	低压线路名称	专用变压器明细	管辖公用变压器名称	户数（表计）	公用变压器数	低压线路长度（千米）	用户数	专用变压器数	10千伏线路长度（千米）
吴＊	10千伏仙岩线	黄茅坞线	姜水根专用变压器	仙岩枫树底公用变压器	91	18	4.2	1714	1	12.44
				仙岩官溪鄢家公用变压器	41		1.7			
				仙岩邱家公用变压器	100		3.6			
				仙岩八都鄢家公用变压器	131		3.1			
				仙岩Ⅱ线仙岩黄茅坞公用变压器	103		0.8			
		毛家线		仙岩Ⅰ线仙岩里宅公用变压器	91		1.3			
				仙岩毛家公用变压器	110		1			
				仙岩毛家02号公用变压器	133		0.9			
				仙岩毛家03号公用变压器	133		0.9			
				仙岩毛村弄公用变压器	47		5.58			
				仙岩镇政府公用变压器	59		4.7			

姓名	管辖10千伏线路名称	低压线路名称	专用变压器明细	管辖公用变压器名称	户数（表计）	公用变压器数	低压线路长度（千米）	用户数	专用变压器数	10千伏线路长度（千米）
吴＊	10千伏仙岩线	毛家线	姜水根专用变压器	10千伏仙岩毛家新区2号公用变压器	81	18	2.9	1714	1	12.44
				仙岩祝家山公用变压器	66		4.1			
				仙岩驸马基公用变压器	63		3.2			
				仙岩黄茅坞2号公用变压器	144		1.2			
				仙岩黄茅坞3号公用变压器	104		2.7			
				群力变915仙岩Ⅱ线仙岩后陈公用变压器	148		1.72			
				仙岩千张棚公用变压器	69		4.5			
				台区基础工分合计	587.1					

序号	工分标准	数量	工分	计算过程
1	公用变压器：每台5分	18	90	公用变压器工分 =18×5=90
2	低压线路：每千米2分	48	96	低压线路工分 =48×2=96
3	表计：台区用户数每百户（每百只表）15分	1714	257.1	表计工分 =17.14×15=257.1
4	专用变压器：每台10分	1	10	专用变压器工分 =1×10=10
5	10千伏线路：每千米10分	13.4	134	10千伏线路工分 =13.4×10=134
台区基础工分合计		587.1		台区基础工分合计 =90+96+257.1+10+134=587.1

（四）计算个人质量积分

仙岩供电所在单位总体框架内，对质量积分中"供电服务"增加工单指标考核内容，按照发生一条工单30分进行扣分，并在之后按每条30分增长扣罚标准。员工月度质量积分标准示例见表3。

通过系统数据及工作质量完成情况，3月吴*无三相不平衡公用变压器，较上年同期相比减少毛家台区一台，奖励30分，未完成公（专）用变压器计量加封及封签号登记，扣10分，月度质量积分得420分。

表3　　　　　　　　　　　员工月度质量积分标准示例

序号	积分类别	考核项目	考核内容	积分标准分值	考核标准	
					比实现	比变化
1	质量积分	安全管理	设备管理	50	未发生设备烧毁事件，得50分	（1）发生配电变压器烧毁事件，扣200分/次。（2）发生一般性设备烧毁事件（跳线烧断、隔离开关烧毁等），扣50分/次
2			作业管理	50	未发生人员轻伤以上伤亡事件，得50分	（1）发生人员轻伤以上伤亡事件，连续半年扣100分。（2）对巡视发现的重大安全问题并通过安监部认同的，加100分
3		供电服务	服务意见工单管理	100	未发生工单投诉的，得100分	（1）发生一起工单扣30分，第二起扣60分，第三起扣90分，以此类推。（2）较上年同比有所下降的，每减一起加5分
4		运维生产	10千伏线路及设备	50	未发生线路跳闸的，得50分	发生线路跳闸（含电流突变），扣100分/次；当月同一线路重复停运2次，扣200分/条；当月同一线路重复停运3次，扣400分/条；以此类推
5			公用变压器停运	30	未发生公用变压器停运的，得30分	当月公用变压器停运2次扣50分，停运3次扣100分，停运3次以上扣200分，因上级线路停运造成公用变压器停运，考核上级线路的设备主人，变电站停运不列入考核

序号	积分类别	考核项目	考核内容	积分标准分值	考核标准	
					比实现	比变化
6	质量积分	运维生产	电能质量	20	—	出现三相不平衡台区，未及时处理，根据时长扣分（每台小于等于5小时扣10分，大于5小时小于等于20小时扣50分，大于20小时扣100分）
7			日均采集成功率	20	—	（1）月均值低于99.9%，每下降0.1%扣5分。 （2）连续3天失败数大于2户的，扣10分/户；有连续7天失败的，扣20分/户
8		经营管理	线损	30	—	（1）当天台区日均线损率不达标，扣10分/（台·次），高损的扣30分/（台·次）。 （2）台区月均线损率不达标，扣20分/（台·月）
9			电价	20	—	未按规定执行电价类别，一经查实，扣20分/户
10			电费回收	30	零停电、电费回收100%，得30分	（1）零停电催费率所内第一名不扣分，按（每人完成值/第一名完成值-1）×30计算扣分。 （2）每月30日前电费回收率所内第一名不扣分，按（每人完成值/第一名完成值-1）×30计算扣分。 （3）未按规定时间完成电费结零任务，扣责任人200分

注 每小项考核分值可突破标准分值。

（五）计算个人附加积分

仙岩供电所采取由班长或网格长记录班组员工完成的额外工作，按标准进行加分，统计汇总报所长，并经所里例会通过，纳入个人月度附加积分，见表4。吴*3月22日参与10千伏塘底支线010号杆断杆抢修（外力破坏），23日参与10千伏八都支线059号杆后段线路跳闸巡线，26日协助胡*曹家坞台区查高损，获得附加积分奖励共70分。

表 4　　　　　　　　　　　　　　员工月度附加积分标准示例

序号	积分项目	评价标准
1	增派工作或临时重点工作（包括各类抢修、保电生产任务）	（1）较好地完成班长及上级领导交办的增派工作或临时重点工作，按工作重要、难易程度进行加分。完成重大临时性工作的，加 10 分 / 次；完成较大临时性工作的，加 5 分 / 次；完成一般性临时工作的，加 2 分 / 次。 （2）推诿或未完成班长及上级领导交办的增派工作或临时重点工作的，扣 5 分 / 次
2	工作纪律、劳动纪律、队伍稳定、舆情事件	（1）不服从工作安排、工作拖拉、不遵守工作纪律、工作时间内脱岗的，视情节轻重扣 5～10 分 / 次。 （2）工作处理不当、不及时，导致发生影响公司形象的舆情事件的，按风险等级进行扣分。重大风险的，扣 10 分 / 次；较大风险的，扣 5 分 / 次；一般轻微风险的，扣 2 分 / 次
3	表彰荣誉	（1）获得省公司级及以上竞赛、调考、典型经验、管理创新表彰的，一等奖加 40 分 / 次，二等奖加 30 分 / 次，三等奖加 20 分 / 次；获得市公司级的按省公司 50% 标准执行。 （2）获得省公司级荣誉或通报表扬的，加 10 分 / 次；获得市公司级荣誉或通报表扬的，加 5 分 / 次

（六）按积分兑现绩效

吴 *3 月绩效工资 = 员工个人月度积分 × 供电所月度核定绩效工资总额 / ∑供电所月度员工积分 =（587.1+420+170）× 34104/13240=3084（元）。

仙岩供电所 2019 年 3 月员工积分及绩效工资明细见表 5。

表 5　　　　　　仙岩供电所 2019 年 3 月员工积分及绩效工资明细

序号	姓名	数量积分	质量积分	附加积分	总积分	月度绩效工资（元）
1	吴 *	587.1	420	190	1197.1	3084
2	刘 *	722.4	460	180	1362.4	3509
3	胡 *	652.63	360	160	1172.63	3020
4	姜 *	568.49	360	170	1098.49	2830
5	李 *	587.33	370	110	1067.33	2749

序号	姓名	数量积分	质量积分	附加积分	总积分	月度绩效工资（元）
6	程＊	603	375	170	1148	2957
7	方＊	733.2	480	224	1437.2	3702
8	高＊	518.5	400	155	1073.5	2765
9	徐＊	576.2	390	186	1152.2	2968
10	孙＊	885.75	350	180	1415.75	3647
11	张＊	565.4	400	150	1115.4	2873
合计		7000	4365	1875	13240	34104

从表5可以看出，数量积分最高、最低相差367分，质量积分高低差为130分，附加积分高低相差为114分，合理拉开了积分差距。月度绩效最高、最低相差953元，最高是平均的1.19倍，最低是平均的0.88倍，拉开了绩效工资分配差距。

国网江西玉山县供电公司通过实施"三重"积分量化考核法，大幅提升了员工的工作热情及工作效率。员工对工作积分考核有了清晰的认识，对工作目标、工作重点更加明确，自我提升改进、实现个人价值的意识增强。目前"工作靠竞争、收入靠贡献"的观念已深入人心，员工思想由"要我干"向"我要干"发生了根本性转变。同时，国网江西玉山县供电公司各项业绩指标大幅提升，2019年售电量同比增长22.51%，综合线损率同比下降2.17%，电费回收率100%，内部模拟利润同比增长26.59%。

报送单位：国网江西玉山县供电公司

编 制 人：付晓奇 王澄宇 肖为民 陈年生 王嘉铭 王燕清

63 台区经理责任包干计酬考核法
——有效开展供电所台区经理绩效考核

> **导 入：**随着"三项制度"改革的深入推进，优化收入分配机制，落实员工收入"能增能减"给绩效管理工作提出了新要求，原台区绩效管理方式存在一定局限性。国网重庆合川供电公司推行台区经理责任包干计酬绩效考核机制，将绩效工资与员工工作任务量及重点目标完成情况密切挂钩，让绩效管理深入业务的各个环节，充分发挥绩效考核导向，进一步激发了员工内生动力。

工具概述

台区经理责任包干计酬考核法，是通过"任务＋指标"包干两个维度建立台区经理绩效考评体系并根据考核结果赋予相应绩效薪酬。工作任务主要包括台区总保建设、配电运检"两票"执行等工作任务；指标包干主要包括台区经理责任管辖区域内的安全、生产、营销等主要业绩指标，结合指标完成质量及工作量，分区段设定绩效奖惩标准。

适用场景：本工具适用于营配业务融合的供电所台区经理绩效评价。

实施步骤

台区经理责任包干计酬考核法实施步骤包括：建立指标体系、确定考评标准、月度考核兑现。

1. 建立指标体系

综合考虑公司业绩指标目标和本单位管理短板，确定台区经理绩效考核指标体系。台区总保建设等3项工作任务实行工作计件奖励；台区同期月线损合格率等7项关键业务指标实行分档计酬，采用正向激励的方式，按指标完成质量分档设定奖励标准，绩效奖不保底，增强激励性。

2. 确定考评标准

结合指标具体情况和班组绩效工资总额预算，测算并确定各项指标奖励标准。工作任务类指标实行工作量量化计件奖励，明确每件次奖励标准。包干类指标分别按照量化分档、关键事件、任务型进行分类，确定指标考评标准。

3. 月度考核兑现

对照指标考核体系，以月度为考核周期，由公司营销部统一考核兑现至所有的台区经理。强化全程绩效沟通，从目标制定、过程实施、结果反馈到绩效改进均保持持续沟通，确保绩效管理工作顺利实施。

◎ 经验心得

（1）精简绩效指标设置。承接上级公司考核指标库，将公司业绩指标、重点工作与供电所职责相结合，紧扣薄弱环节，选取客观性强、可量化、系统取数、重点突出的项目设置为台区经理考评指标，指标体系精炼明确，目标导向清晰。

（2）坚持正向激励原则。充分调动台区经理积极性，在台区经理个人目标设置时，考虑台区实际情况和员工个人能力水平的不同，对目标实行差异化设置。

（3）螺旋设置绩效目标。按照"保优、提中、去短"的思路，对采集成功率、台区同期线损合格率、两票开票率等可量化可提升的指标，分季度、年度差异化设置考核目标值，推动工作逐步螺旋提升。

（4）培训支撑保障。制定《供电所台区经理责任包干计酬考核绩效管理办法》，分层分级开展全员培训，提升绩效经理人履职水平，增强台区经理认同感。

实践案例

国网重庆合川供电公司于2016年1月实施台区经理责任包干计酬考核法，有效增强了台区经理工作主动性，供电所经营管理指标明显提升。下面以大石供电所为例进行展示。

1. 建立指标体系

对全能型供电所台区经理设置责任包干计酬指标体系，工作积分与员工工作量挂钩，指标包干与员工指标完成情况挂钩。台区经理指标体系见表1。

表 1　　　　　　　　　　　　台区经理指标体系

序号	类型	指标名称	备注
1	工作任务	台区总保建设	量化指标，计件奖励，人工统计
2		客户档案清理	量化指标，计件奖励，人工统计
3		配电运检"两票"执行	量化指标，计件奖励，通过信息系统统计
4	指标包干	台区线损合格率	量化指标，分档计奖，通过信息系统统计
5		采集成功率	量化指标，分档计奖，通过信息系统统计
6		不发生属实投诉	关键事件法，无属实投诉得相应奖励
7		不发生配电变压器烧损	关键事件法，无配电变压器烧损得相应奖励
8		不发生树竹障引发的配网故障	关键事件法，无树竹障引发的配网故障得相应奖励
9		完成运维工作任务	任务型指标，人工检查统计，完成任务得对应奖励
10		完成工程属地化管理任务	任务型指标，人工检查统计，完成任务得对应奖励

2. 确定考评标准

将绩效考核与台区经理的能力提升、工作积极性紧密联系。台区经理考核评价标准见表2、表3。

表2 台区经理考核评价标准1

序号	指标名称	考核标准
1	台区总保建设	按要求配置总保且正确投运，农网改造台区按10元/（台·月）进行奖励，非农网改造台区按20元/（台·月）进行奖励
2	不发生属实投诉	员工当月不发生属实投诉，奖励每人150元/月，若当月发生1件及以上属实投诉，则收回该责任人当年内已领取的该项奖励金额。奖励从不发生投诉的月份开始执行
…		

表3 台区经理考核评价标准2（台区线损合格率）

类别	单位	完成值（%）	奖励标准			
			一季度	二季度	三季度	四季度
台区奖励标准	元/台	98	7	7	7	7
		95	6	6	6	6
		90	5	5	5	5
		85	4	4	4	
		80	3	3		
		75	2			
户数奖励标准	元/户	98	0.07	0.07	0.07	0.07
		95	0.06	0.06	0.06	0.06
		90	0.05	0.05	0.05	0.05
		85	0.04	0.04	0.04	
		80	0.03	0.03		
		75	0.02			

例如台区经理张＊共管辖 30 个公用变压器台区，2019 年 7 月，按要求配置总保且正确投运农网改造台区 15 个，非农网改造台区 10 个，台区总保建设指标当月奖励 $15 \times 10 + 10 \times 20 = 350$（元）；管理的台区有 27 个台区线损率合格，台区线损合格率 90%，对应台区客户数 2700 户，台区线损合格率指标当月奖励 $5 \times 27 + 0.05 \times 2700 = 270$（元）；当月未发生有责任的投诉事件，优质服务指标当月奖励 150 元。

3. 月度考核兑现

通过自主开发的供电所业务辅助管控平台（见图 1、图 2），每月对台区经理各项工作任务及关键指标进行评价并考核兑现。台区经理月度考核结果见表 4。

图 1　供电所业务辅助管控平台 App 主界面　　图 2　台区经理线损指标实时绩效

表4   台区经理月度考核结果

姓名	工作任务计酬				指标包干计酬					合计（元）
	台区总保建设			…	台区线损管理		采集成功率		…	
	农网改造	非农网改造	金额（元）	…	指标（%）	金额（元）	指标（%）	金额（元）	…	
张*	10	5	200	…	98.57	679.49	99.96	393	…	3272.49
黄*	12	4	200	…	98.57	679.49	99.96	393	…	3072.49
黄*	8	5	180	…	98.72	649.83	99.86	296	…	3125.83
王*	4	1	60	…	98.72	649.83	99.86	296	…	2505.83
董*	7	3	130	…	77.78	0	99.90	217	…	1647
周*	4	8	200	…	77.78	0	99.90	217	…	2317
…										

国网重庆合川供电公司实施台区经理责任包干计酬考核法以来，进一步优化了绩效考核分配机制，合理拉开了收入差距，台区经理绩效奖金倍比达到2倍以上，实现了收入能增能减，体现了干多干少、干好干坏不一样。供电所的经营管理指标明显提升，台区低电压、重过载、三相不平衡比例同比下降45%、26.4%、26.6%，客户服务满意率达到95.90%，台区同期线损达标率提升至99.29%。台区经理工作的主动性和积极性普遍增强，业务技能素质也得到有效提升。绝大部分台区经理已通过职业技能认证，具备担任"三种人"资格。

报送单位：国网重庆合川供电公司

编 制 人：杨泽武 刘 娟

64 全业务抢单简化考核法
——让员工从"只干自己的活"变为"抢着干活"

导 入：近年来，随着基层班组工作积分制的全面覆盖，班组成员对核心业务的重视程度与日俱增，但对班组的其他事务不管不问，尤其对辅助性和临时性工作推三阻四，班组运行不畅。传统做法是由班长强行分派，或者长期由班组内部的年轻人分担，导致员工工作积极性不高。国网辽宁抚顺望花区供电分公司抄表五班采用全业务抢单简化考核法，充分调动了班员积极性，从"只干自己的活"变成了"抢着干活"，员工的工作热情高涨。

工具概述

全业务抢单简化考核法，是将班组业务按工作类型分为固定工作和辅助临时工作。其中，固定工作在年初时统一开展派单、抢单，并将所有工作积分固定化，完成工作即得到积分；辅助工作和临时工作，由班长在微信群中随时发单，员工抢单得分。

适用场景：本工具适用于供电企业基层全部班组。

实施步骤

全业务抢单制考核法实施步骤包括：梳理日常工作内容、制订评分细则，召开抢单会议、签订责任书并履行考核，辅助性和临时性工作微信群派发抢单得分，月中打分、月末汇总并兑现绩效。

1. 梳理日常工作内容、制订评分细则

年初梳理班组日常工作内容，制订班组绩效考核加扣分细则，细化每一条考核指标。

2. 召开抢单会议、签订责任书并履行考核

每年召开一次抢单派发会，能者抢单，固定全年工作责任人，大家一致签字确认通过，签订责任书并履行考核，确定年度的累计积分。

3. 辅助性和临时性工作微信群派发抢单得分

班组员工没有完成的正常工作、辅助工作、临时工作在微信群中进行派单，员工通过抢单来进行认领，从而赢得积分。

4. 月中打分、月末汇总并兑现绩效

班长月中进行一次打分，提醒班员按时完成工作。月末汇总得分，录入绩效管理系统，经插值换算得月度绩效分（90～120分），根据月度绩效得分评定绩效等级，兑现绩效奖金。

◎ 经验心得

（1）针对老同志不会打字或打字慢而抢不着任务的情况，规定老同志只要输入相关表情符号就算抢单成功。

（2）打分环节要公开透明，可以减少班员之间不必要的猜忌，有利于班组的团结。

（3）及时将所有得分定期统一录入绩效管理系统，月度、年度绩效得分与绩效等级由系统自动生成，每月在班组微信群中公示加减分明细。

（4）每个月公示的绩效得分、绩效等级必须让员工每个人签字确认。

（5）要保持双向沟通，指标、分数的制订由班组内部共同表决。

📝 **实践案例**

国网辽宁抚顺望花区供电公司于 2018 年年初实施全业务抢单简化考核法，充分调动班组成员工作积极性，从"只干自己的活"变成了"抢着干活"。下面以抄表五班为例进行展示。

1. 梳理日常工作内容、制订评分细则

梳理班组的日常工作（重大事项贡献、行为规范、数据管理、电费回收、辅助工作、培训会议、班组兼职），制订绩效考核指标加减分明细，给予相应的赋分值。班组日常工作项目及分值见表 1。

表 1　　　　　　　　　　　　　班组日常工作项目及分值

序号	重大事项	分值
1	获得市公司及以上荣誉	+100
2	管理化建议被采纳	+50
3	技术比武获奖（市公司及以上）	+100
4	…	…
序号	行为规范	分值
1	客户投诉	−200
2	脱岗	−100
3	…	…
序号	数据管理	分值
1	数据档案管理	+30
2	统计报表	+30
3	检查是否有遗漏的送电归档	+30
4	…	…

续表

序号	电费回收	分值
1	年户均欠费结零	+200
2	未按规定发放欠费通知单	−10
3	主动多承担户数，每增加 100 户	+2 分
4	…	…
序号	培训与会议	分值
1	师带徒工作师傅尽心履职	+150
2	准备相关培训或会议材料	+30
3	培训讲师按计划进行培训	+50
4	…	…
序号	班组兼职	分值
1	兼职通讯员	+30
2	兼职工具保管员	+30
3	兼职会议记录	+30
4	…	…
序号	辅助工作	分值
1	更换快速打印机色带	+100
2	为客户解决难题	+40
3	扫雪	+40
4	…	…

2. 召开抢单会议、签订责任书并履行考核

2018 年 1 月，召开班组抢单派发会议，进行 2018 年度固定工作抢单（见图 1），抢单完毕后，大家一致签字确认通过，并签订责任书。

班组固定工作年度抢单得分															
年度抢单	重大事项贡献	得分	行为规范	得分	特殊工作	得分	数据管理	得分	电费回收	得分	培训会议	得分	班组兼职	得分	全月固定加分
					1	30			1	5					35
					2	30			2	20					50
															0
							1	30		25			1\3\5	50	105
					4	40			1	40					80
									1	40			7	30	70
									1	20					20

图1 班组固定工作抢单得分情况

3. 辅助性和临时性工作微信群派发抢单得分

班组员工没有完成的正常工作、辅助工作、临时工作在微信群中进行派单，员工通过抢单来进行认领，从而赢得积分（见图2）。

图2 微信抢单

4. 月中打分、月末汇总并兑现绩效

在25日前完成月度得分汇总，提醒当月未完成指标的员工按时完成工作。月度得分汇总完毕后（见图3），发到微信群中。

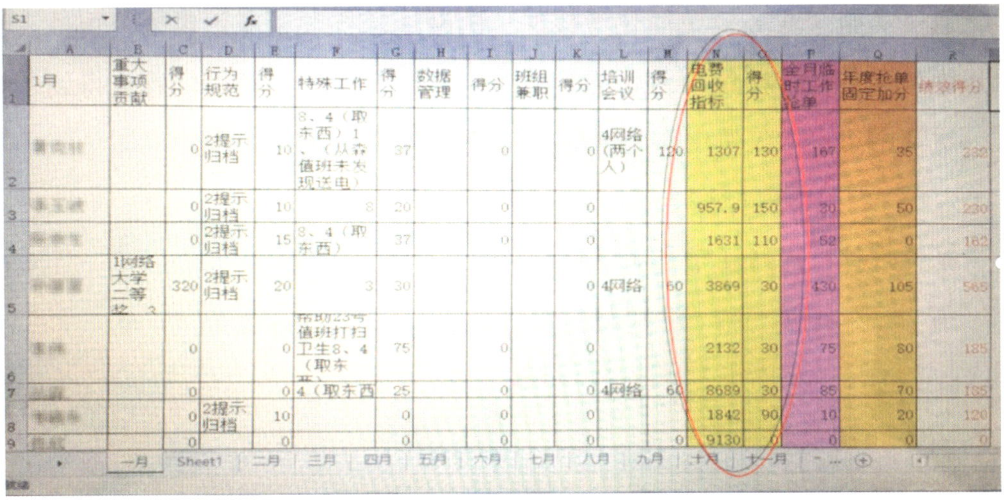

1月	重大事项贡献	得分	行为规范	得分	特殊工作	得分	数据管理	得分	班组兼职	得分	培训会议	得分	电费回收指标	得分	全月临时工作抢单	年度抢单固定加分	绩效得分
[illegible]		0	2提示归档	10	8、4（取东西）1、（从森值班未发现送电）	37		0		0	4网络（两个人）	120	1307	130	167	35	232
[illegible]		0	2提示归档	10	8	20		0		0			957.9	150	20	50	230
[illegible]		0	2提示归档	15	8、4（取东西）	37		0		0			1631	110	52	0	162
[illegible]	1网络大学二等奖 3	320	2提示归档	20	3	30				0	4网络	60	3869	30	430	105	565
[illegible]		0		0	帮助23号值班打扫卫生8、4（取东西）	75		0		0			2132	30	75	80	185
[illegible]		0		0	4（取东西	25		0		0	4网络	60	8689	30	85	70	185
[illegible]		0	2提示归档	10		0		0		0			1842	90	10	20	120
[illegible]		0		0		0		0		0		0	9130	0	0	0	0

图 3　月度得分情况

将本月临时工作抢单积分、年度抢单固定加分、重点工作任务得分录入绩效系统。绩效系统自动将班组成员工作积分按照插值法计算，折算为 70 ~ 100 分，再加上劳动纪律 20 分，得到月度总得分，同时生成绩效等级并按照每分 10 元兑现月度奖金（见图 4）。

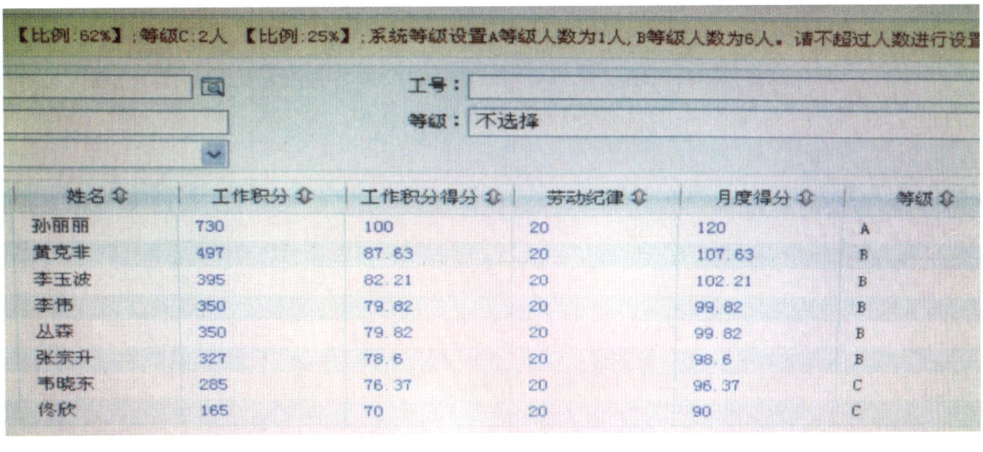

【比例:62%】;等级C:2人 【比例:25%】;系统等级设置A等级人数为1人,B等级人数为6人。请不超过人数进行设置
工号：
等级：不选择

姓名	工作积分	工作积分得分	劳动纪律	月度得分	等级
孙丽丽	730	100	20	120	A
黄克非	497	87.63	20	107.63	B
李玉波	395	82.21	20	102.21	B
李伟	350	79.82	20	99.82	B
丛森	350	79.82	20	99.82	B
张宗升	327	78.6	20	98.6	B
韦晓东	285	76.37	20	96.37	C
佟欣	165	70	20	90	C

图 4　绩效系统图

通过实施全业务抢单简化考核法，国网辽宁抚顺望花区供电公司抄表五班班组员工的工作热情得到了充分激发，员工的荣誉感和责任感也得到了提升，所辖用户户均欠费由实施前的 0.15 元下降为 0.06 元。

报送单位：国网辽宁抚顺供电公司

编 制 人：刘 丛 李绘妍 王 爽

65 "积分计奖"考核法
——科学量化供电所员工工作量

> **导　入：**随着网格化供电服务模式逐步推广，供电所工作任务日益复杂，部分单位存在常规工作抢着干、急难险重任务推着干的情况。国网甘肃平凉供电公司通过实施"积分计奖"考核法，将积分考核与附加考核结合起来，实现员工收入能增能减，形成"绩效是干出来的，工资是挣出来的"良好氛围。

工具概述

"积分计奖"考核法，是通过设定供电所月度积分总分，按照急难险重任务、月度重点工作进行分解，并在考核周期内动态调整各项工作积分分值，科学量化员工工作贡献的积分考核法。

适用场景：本工具适用于供电所一线员工考核。

实施步骤

"积分计奖"考核法基于"工作积分制"考核基础，将员工月度工作细化为积分考核、附加考核两个模块。

（一）积分考核

积分考核由资产量积分、日常工作积分、考勤积分三部分构成。总积分 = 所内员工人数 ×100。供电所可结合工作实际和重点关注事项，合理分配三部分占比（设定资产量积分占比 $a\%$，日常工作积分占比 $b\%$，考勤积分占比 $c\%$）。

1. 资产量积分

资产量积分体现所内员工资产量多少，内设 5 个参量，分别为客户数量 25%、公用变压器台数 20%、专用变压器台数 5%、0.4 千伏线路千米数 20%、10 千伏线路千米数 30%。

资产量总分 = 所内员工人数 $\times 100 \times a\%$

客户数量总积分 = 资产量总分 $\times 25\%$

客户数量积分 = 客户数量总积分 $\times$（个人客户数量 / 供电所客户数量总量）

其他参量个人积分计算同客户数量积分。

员工个人资产量积分 = 客户数量积分 + 公用变压器台数积分 + 专用变压器台数积分 +0.4 千伏线路千米数积分 +10 千伏线路千米数积分

2. 日常工作积分

日常工作积分主要从安全运维、营销管理、工程管理、基础管理四个方面对供电所员工每天工作任务进行日积分。

日常工作总分 = 所内员工人数 $\times 100 \times b\%$

供电所所长根据安全运维、营销管理、工程管理和基础管理四个部分工作量核定各模块总分，并根据四个专业月度重点工作任务进行积分分解。员工日常工作积分 = 安全运维积分 + 营销管理积分 + 工程管理积分 + 基础管理积分。

3. 考勤积分

考勤总分 = 所内员工人数 $\times 100 \times c\%$

个人考勤积分 =（考勤总分 $\times$ 个人出勤天数 / 供电所全员出勤总天数）+ 加减分项。加减分项包括：迟到、早退、事假每天减 1 分，病假每天减 0.5 分，旷工每天减 10 分，加班每天加 1 分，夜班每个加 0.2 分。

（二）附加考核

附加考核侧重员工工作积极性激励，在个人积分考核基础上，对特殊事项进行加减分考核，一般不超过考核积分的 5%，突出"考重点""考短板"。

◎ 经验心得

（1）成立民主监督小组。"积分计奖"考核法在考核项目设置及考核分值设置方面具有较大灵活性。供电所要成立由所长、班长、1~2 名班员组成的民主监督小组，监督所长绩效履职的同时，负责确定供电所"积分计奖"考核事项中涉及灵活应用部分的规则、分值及比例；负责供电所员工考核实施过程的监督；负责供电所员工绩效考核结果的审定。

（2）统一规范绩效看板。为便于"积分计奖"考核推广使用，可统一制作"积分计奖"绩效看板，方便供电所推广使用。

◎ 实践案例

国网甘肃平凉供电公司于 2018 年 1 月实施"积分计奖"考核法，实现了供电所员工收入能增能减，更加体现多劳多得。下面以泾川县丰台供电所 2019 年 5 月考核为例进行展示。

丰台供电所有员工 8 名，其中综合服务班班长 1 名，台区经理（含配电运维）6 名，综合柜员 1 名。为突出阶段性管控重点，经民主协商，按照日常工作、资产量、考勤优先顺序，确定资产量积分占比 30%、日常工作积分占比 60%、考勤积分占比 10%。

（一）积分考核

1. 资产量积分

$$资产量总分 =8 \times 100 \times 30\%=240（分）$$

根据资产量积分 5 个参量分配占比，客户数量资产量总分 60 分，公用变压器台数资产量总分 48 分，专用变压器台数资产量总分 12 分，0.4 千伏线路千米数资产量总分 48 分，10 千伏线路千米数资产量总分 72 分。

员工王 * 客户数量个人积分 = 客户数量总积分 ×（个人客户数量 / 供电所客户数量总量）=60×1306/10850=7.2（分）。综合王 * 承担的其他资产，个人资产量总分为 29.5 分。

2. 日常工作积分

日常工作总分 =8×100×60%=480（分）

2019 年 5 月，丰台供电所营销工作量较大，无工程建设任务，所长根据当月工作安排，将积分总分分配为安全运维 185 分、营销管理 215 分、工程管理 0 分和基础管理 80 分。汇总安全运维、营销管理、工程管理和基础管理四个模块积分情况，员工王 * 日常工作积分为 54.5 分。

3. 考勤积分

考勤总分 =8×100×10%=80（分）

根据员工月度出勤天数进行计算。员工王 *2019 年 5 月出勤 25 天，夜班 10 个，无迟到、早退、旷工、加班、夜班，未请事假、病假，考勤积分为 11.3 分。

积分考核明细见图 1。

（二）附加考核

丰台供电所结合实际，将附加考核细化为网格管理评价、重点管控激励、其他 3 项，依据对应评价标准，对员工进行考核，见图 2。员工王 *2019 年 5 月网格管理评价得 3 分，重点管控激励得 1.87 分，无其他奖惩事项，合计 4.87 分。

序号	姓名	资产量（30%）											日常工作积分（60%）					考勤积分（10%）														
		客户数量		公变台数		专变台数		低压线路长度		高压线路长度		资产量积分合计	安全运维	工程管理	营销管理	基础管理	工作任务日积分合计	事假		病假		迟到早退		旷工		加班		夜班		出勤天数	出勤积分	考勤得分小计
		60		48		12		48		72		240	185	0	215	80	480	-1		-0.5		-1		-10		1		0.2		80		
		量	分	量	分	量	分	量	分	量	分		得分小计	得分小计	得分小计	得分小计	480	量	分	量	分	量	分	量	分	量	分	量	分	量	分	
1	[illegible]	1323	7.3	19	5.9	5	1.5	32	5.9	21	8.8	29.3	0.0	0.0	52.8	0.0	52.8		0.0	0	0.0	0	0.0	0	0.0		0.0	10	2.0	27	10.1	12.1
2	[illegible]	1306	7.2	20	6.1	3	0.9	36	6.5	21	8.9	29.5	22.4	0.0	18.6	13.5	54.5		0.0		0.0		0.0		0.0		0.0	10	2.0	25	9.3	11.3
3	[illegible]	1407	7.8	23	7.0	2	0.6	37	6.7	19	8.0	30.0	14.0	0.0	18.6	13.5	46.0		0.0		0.0		0.0		0.0		0.0	10	2.0	27	10.1	12.1
4	[illegible]	1247	6.9	12	3.6	4	1.2	21	3.8	14	5.9	21.4	35.3	0.0	43.6	8.7	87.6	2	-2.0		0.0		0.0		0.0		0.0	11	2.2	25	9.3	9.5
5	[illegible]	1341	7.4	22	6.7	10	2.9	33	5.9	23	9.7	32.6	33.5	0.0	20.6	0.0	54.0	1	1.0		0.0		0.0		0.0	1	1.0	10	2.0	24	9.0	11.0
6	[illegible]	1272	7.0	19	5.8	5	1.5	30	5.4	22	9.3	28.9	27.7	0.0	18.6	17.3	63.5	1	-1.0		0.0		0.0		0.0	1	1.0	10	2.0	29	10.8	12.8
7	[illegible]	1366	7.6	20	6.1	6	1.8	38	6.9	26	11.0	33.2	34.4	0.0	18.6	13.5	66.5		0.0		0.0		0.0		0.0		0.0	10	2.0	27	10.1	12.1
8	[illegible]	1588	8.8	23	7.0	6	1.8	39	7.0	25	10.5	35.1	17.7	0.0	23.7	13.5	55.0		0.0		0.0		0.0		0.0	1	1.0	10	2.0	30	11.2	14.2
		0	0.0	0	0.0		0.0		0.0		0.0	0.0	0.0	0.0	0.0	0.0	0.0		0.0		0.0		0.0		0.0		0.0		0.0		0.0	0.0
		0	0.0	0	0.0		0.0		0.0		0.0	0.0	0.0	0.0	0.0	0.0	0.0		0.0		0.0		0.0		0.0		0.0		0.0		0.0	0.0
		0	0.0	0	0.0		0.0		0.0		0.0	0.0	0.0	0.0	0.0	0.0	0.0		0.0		0.0		0.0		0.0		0.0		0.0		0.0	0.0
		0	0.0	0	0.0		0.0		0.0		0.0	0.0	0.0	0.0	0.0	0.0	0.0		0.0		0.0		0.0		0.0		0.0		0.0		0.0	0.0
		0	0.0	0	0.0		0.0		0.0		0.0	0.0	0.0	0.0	0.0	0.0	0.0		0.0		0.0		0.0		0.0		0.0		0.0		0.0	0.0
小计		10850	60.0	158.5	48.0	41	12.0	266.2	48.0	170.8	72.0	240.0	185.0	0.0	215.0	80.0	480.0		-4.0		0.0		0.0		0.0		3		16.2	214	80.0	95.2

图 1　积分考核明细

序号	姓名	网格管理评价																				重点管控激励									其他	
		服务评价								运维评价				线损评价																		
		系统客户投诉件数		系统客户意见件数	系统急修派单件数	所内接待客户量件数	直接受理彻底处理业务量	直接受理未彻底处理数量	得分小计	高压线路故障次数	变台故障次数	低压线路故障	得分小计	目标值	完成值	完成比率	台区数量	合格台区数量	不合格台区数量	得分小计	网格管理评价得分合计	营业厅服务规范		外勤服务规范		电费回收率		采集成功率100%台区数量		重点管控激励得分合计	在积分计奖考核中难以列支的考核项目，可在特殊奖惩中进行考核兑现	
		普通	红线																			小计	得分	小计	得分	小计	得分	小计	得分		奖惩事项	奖惩分值
1	[illegible]	0	0	0	0	0	0	0	0				0	7.50%	7.50%	0.00%	20	18	2	-1.00	-1.00	1.4	0.1	0	0	0	0	30	1.51	1.64	报装资料混乱，起草合同随意。	-10
2	[illegible]	0	0	0	0	0	0	0	0			2	-4	7.50%	7.10%	0.40%	20	18	2	7.00	3.00	0	0	1.3	0.1	1	0.2	31	1.55	1.87		
3	[illegible]	0	0	0	0	0	0	0	0			2	-4	7.50%	6.55%	0.95%	23	20	3	12.70	8.70	0	0	1.4	0.1	0.6	0.1	35	1.74	2.00		
4	[illegible]	0	0	1	0	0	0	0	-1			2	-4	6.60%	6.75%	-0.15%	12	9	3	-10.50	-15.50	0	0	1.3	0.1	0	0	18	0.89	1.02		
5	[illegible]	0	0	0	0	0	0	0	0			2	-4	7.50%	7.10%	0.40%	22	19	3	1.64	-2.36	0	0	1.3	0.1	0	0	34	1.68	1.81		
6	[illegible]	0	0	0	0	0	0	0	0			2	-4	7.50%	6.95%	0.55%	19	15	4	-1.11	-5.11	0	0	1.5	0.2	2	0.4	29	1.45	2.00		
7	[illegible]	0	0	0	0	0	0	0	0			2	-4	7.50%	7.21%	0.29%	20	17	3	0.70	-4.70	0	0	1.4	0.1	0.6	0.1	30	1.5	1.76		
8	[illegible]	0	0	0	0	0	0	0	0			2	-4	7.50%	6.93%	0.57%	23	22	1	15.97	11.97	0	0	1.6	0.2	0.6	0.1	35	1.74	2.02		
									0				0			0.00%	0	0	0			0	0	0	0	0	0	0	0	0		
									0				0			0.00%			0			0	0	0	0	0	0	0	0	0		
									0				0			0.00%			0			0	0	0	0	0	0	0	0	0		
									0				0			0.00%			0			0	0	0	0	0	0	0	0	0		
									0				0			0.00%			0			0	0	0	0	0	0	0	0	0		
		按受理投诉一次扣10分，触碰红线一次扣20分，受理意见一次扣1分，受理急修工单一次扣1分，所内接待处理客户诉求一次加1分，直接受理处理客户业务一次+2分，直接受理未彻底处理一次扣2分进行评价								按照网格划分高压线路跳闸或接地一次扣20分，变台故障一次扣5分，低压线路故障一次扣2分				线损按照所管辖台区供售电量均进行累加后计算，按照目标值和完成值对比，高出或低计划值一个百分点加/减2分；合格线损台区按照百分比每10%加1分，不合格线损台区按照每台扣5分计算，数据来源于同期线损系统，目标值不得高于7.5%。																		

图 2　附加考核明细

（三）考核结果及应用

2019 年 5 月，丰台供电所员工考核得分最高的杨 *118.27 分，考核得分最低的赵 *84.84 分，员工王 *100.2 分。根据绩效积分进行薪金分配后，供电所员工绩效薪金差距最高为平均值的 1.16 倍，最低为平均值的 0.83 倍，员工王 * 绩效薪金为 1704.93 元。

丰台供电所 2019 年 5 月绩效看板见图 3。

班组：

序号	班组	姓名	积分考核			附加考核			月度绩效积分	绩效总额 10413.59	5+2+1总额 3441.68	总额	本人签字
			资产量积分	日常工作积分	考勤积分	网格化管理评价	重点管控激励	特殊奖惩					
1	丰台供电所	赵*磊	29.27	52.84	12.09	1.00	1.64	-10.00	84.84	1085.01	358.60	1443.61	
2	丰台供电所	王*森	29.46	54.53	11.35	3.00	1.87	0.00	100.20	1281.42	423.51	1704.93	
3	丰台供电所	王*香	30.01	46.04	12.09	8.70	2.00	0.00	98.84	1263.95	417.73	1681.68	
4	丰台供电所	王*	21.39	87.57	9.55	-15.50	1.02	0.00	104.02	1330.23	439.64	1769.87	
5	丰台供电所	蒙*菲	32.65	54.04	10.97	-2.36	1.81	0.00	97.10	1241.75	410.40	1652.14	
6	丰台供电所	向*芳	28.93	63.54	12.84	-5.11	2.00	0.00	102.21	1307.10	432.00	1739.09	
7	丰台供电所	焦*鹏	33.17	66.50	12.09	-4.70	1.76	0.00	108.82	1391.64	459.94	1851.57	
8	丰台供电所	杨*鑫	35.12	54.95	14.21	11.97	2.02	0.00	118.27	1512.49	499.88	2012.37	
			0.00	0.00	0.00		0.00	0.00					
			0.00	0.00	0.00		0.00	0.00					
			0.00	0.00	0.00		0.00	0.00					
			0.00	0.00	0.00		0.00	0.00					
			0.00	0.00	0.00		0.00	0.00					
	小计		班组人数	8.00					814.31	10413.59	3441.68	1731.91	
所长5+2+1兑现	朱宏伟										430.21		
		小计											

说明：此表是各班组对一线员工考核结果的汇总，不含班长及所长助理，次月 5 日前报综合管理部，纸质及电子表同时填报。

班组负责人：　　　　　　　　　　　　　　　　　　　　　　　　　制表：

图 3　丰台供电所 2019 年 5 月绩效看板

"积分计奖"考核法科学量化了员工贡献度和工作任务完成情况。一是实现了供电所考核重点突出、一目了然。随重点工作变化动态调整积分分配，员工随高积分工作任务联动，供电所内团结一致，助力急难险重任务全面落实，2019 年国网甘肃泾川县供电公司线损合格台区较年初增加 3468 台，达标率上升 43.24 个百分点。二是实现了员工收入能增能减。供电所员工对"积分计奖"考核接受度较高，认为现行的"积分计奖"考核是适用于供电所实际的公平公正的考核方式。通过动态调整所内积分分配，在树立鲜明导向的同时，供电所薪酬差距普遍达到1.15倍以上，合理拉开员工收入差距，普遍形成"绩效是干出来的，工资是挣出来的"良好氛围。

报送单位：国网甘肃平凉供电公司

编 制 人：马 勇 车凯文 赵广杰 冯江涛 田春燕

66 "责任承包 + 工作积分制"考核法

——有效考核供电所一线员工

导 入：2018 年 9 月，国网甘肃电力在达标评价过程中发现供电所员工绩效管理还不平衡，个别供电所绩效工资未合理拉开差距，吃"大锅饭"现象依然存在；部分供电所长管理能力不强、供电所员工素质不高，结合实际制定科学有效的绩效积分标准还存在困难。在深入一线调研的基础上，国网甘肃电力实施了供电所"责任承包 + 工作积分制"考核，制定了《操作实例指引》，健全完善了奖优罚劣、奖勤罚懒的绩效管理机制，供电所员工争先创优的自觉性和主动性不断提高，业务水平和综合素质明显提升。

💬 工具概述

"责任承包 + 工作积分制"考核法，是以工作责任、承包工作量确定基础积分，以工作质效考核为主，辅以工作任务、综合评价结果确定考核积分，并按照最终积分兑现员工个人绩效工资的绩效管理方法。

适用场景：本工具适用于供电所内一线员工考核。

⚙ 实施步骤

"责任承包 + 工作积分制"考核法实施步骤包括：确定基础积分标准、确定工作质效考核标准、确定工作任务积分标准和综合评价内容、实施考核与兑现。

1. 确定基础积分标准

基础积分包括承包积分和固定职责积分。

（1）承包积分。将服务居民客户设定为 1 分 / 户，组织供电所相关人员分别对低压非居民和高压客户的积分标准进行测算，计算平均值并作为本所服务客户积分标准。根据台区调节系数，计算所有台区的承包积分。对运维公用变压器台区、低压线路、高压线路的承包积分标准进行测算，计算平均值并作为本所运维设备积分标准。根据线路调节系数，计算供电所所有线路承包积分。调节系数见表 1。

台区承包积分 =（居民积分标准 × 居民客户数 + 低压非居民积分标准 × 低压非居民户数 + 低压线路积分标准 × 低压线路长度）× 本台区积分调节系数

线路承包积分 =（公用变压器台区积分标准 × 公用变压器台数 + 高压线路积分标准 × 高压线路长度 + 高压客户积分标准 × 高压客户数）× 本线路积分调节系数

表 1　　　　　　　　　　　　　　调节系数

	近	中	远
距离系数	1	1.1	1.2
难度系数	小	中	大
	1	1.1	1.2

注　系数在供电所内根据实际情况设定，不宜过多；系数值在供电所内经民主协商确定。

（2）固定职责积分。固定职责积分分为综合柜员职责积分、管理职责积分、兼职职责积分。根据供电所现有台区经理和配电运检员等外勤人员平均承包积分值，按照供电所自行制定的挂钩标准分别得出综合柜员职责积分标准、管理职责积分标准、兼职职责积分标准。

外勤人员平均承包积分 =（台区承包积分合计 + 线路承包积分合计）/（台

区经理人数＋配电运检员人数）

2. 确定工作质效考核标准

（1）指标考核。供电所根据工作和管理需要，从上级考核指标、同业对标指标、星级供电所评价标准、全能型供电所评价标准、供电所达标创优评价标准以及专业管理要求中收集、选取必要的指标，分解后确定本所指标考核标准。

指标考核一般采取加、扣分制。

（2）质量考核。质量考核是对没有按时完成工作任务，未达到规范要求或出现不当行为、差错的，进行考核。供电所根据工作需要，立足实际确定工作质量考核标准。

质量考核一般采取扣分制。

3. 确定工作任务积分标准和综合评价内容

（1）工作任务积分。对员工承担常规工作以外的额外工作量和贡献度进行考核，以加分为主；对没有按照要求时限、质量和方法完成的工作任务可采取减分方式考核。工作任务积分主要针对责任承包和固定职责以外的较大型作业、专项任务以及其他工作内容。供电所要广泛征集并经过相关人员讨论后，确定工作任务积分标准。

（2）综合评价。综合评价内容包括员工遵守劳动纪律、出勤、工作态度、团队意识、责任心等情况。对员工遵守劳动纪律情况、出勤情况以考勤为准，扣分考核为主；对团队意识、责任心，以扣分考核为主，也可采取加、扣分结合方式。

4. 实施考核与兑现

积分和考核标准制定后，供电所采取竞争上岗为主、双向选择和组织指定为辅的方式确定岗位，明确台区线路承包人、管理岗位和兼职岗位，并签订绩效合约。根据确定的"责任承包＋工作积分制"考核标准，对员工进行月度考核，并按照积分兑现月度绩效工资。

员工月度积分＝基础积分（包括承包积分＋固定职责积分）＋指标考核扣分＋质量考核扣分＋工作任务积分＋综合评价得分

员工个人绩效工资＝（供电所当月绩效工资总额－所长当月绩效工资）/供电所员工绩效积分总和 × 员工个人绩效积分

供电所当月绩效工资总额由县公司经考核后确定。

经验心得

（1）结合供电所实际确定考核项目和标准。"责任承包＋工作积分制"考核的目标、框架、流程、方法在各供电所应统一，但每个供电所设计的指标和标准等可各不相同，由各供电所根据本所实际情况选取和制定。

（2）制定考核项目和标准要充分发扬民主。供电所长要组织相关人员讨论，测算制定工作积分标准，并在供电所范围内公示，征集员工意见建议达成共识，经所务会议讨论通过后实施。员工月度绩效工资应严格按照工作积分兑现，并在一定范围内进行公示，增加绩效考核的透明性，激励员工多劳多得。

实践案例

国网甘肃电力于 2019 年 3 月实施"责任承包＋工作积分制"考核法，推动了供电所达标创优。下面以国网甘肃张掖供电公司某供电所"责任承包＋工作积分制"考核为例进行展示。

1. 确定基础积分标准

（1）承包积分。承包积分标准见表 2。

表2 服务客户和运维设备积分标准

考核内容		单位积分	积分方式
客户数	低压居民	1分/户	累加计分
	低压非居民	1.5分/户	累加计分
	高压	5分/户	累加计分
设备数	公用变压器	5分/台	累加计分
	低压线路	2分/千米	累加计分
	高压线路	3.5分/千米	累加计分

（2）固定职责积分。供电所外勤（台区经理、配电运维员）与综合柜员绩效工资系数一致，计算得外勤人员平均承包积分1136分，参考确定综合柜员职责积分标准为1100分。管理职责积分标准见表3，兼职职责积分标准见表4。

表3 管理职责积分标准

岗位/职责	计算式	积分标准（取整）
所长		县公司考核
副所长	$1136 \times 80\% = 909$	910
安全员（兼）	$1136 \times 30\% = 341$	340
营销管理员（兼）	$1136 \times 10\% = 114$	110
运检技术员（兼）	$1136 \times 10\% = 114$	110
供电服务班班长	$1136 \times 30\% = 341$	340
综合班班长	$1136 \times 30\% = 341$	340
配电运检班班长		未设置

注 对测算出的管理岗位积分应充分论证，过低或过高的酌情调整到合理区间。

表 4 兼职职责积分标准

职责分工	积分标准
党建工会	200
营销系统	100
办公系统	50
PMS 系统	100
采集系统	50
同期线损系统	50
财务报账	50
工器具材料管理	100
兼职驾驶员	100

2. 确定工作质效考核标准

供电所根据工作和管理需要，确定指标考核标准和工作质量考核标准，见表 5 和表 6。

表 5 指标考核标准

序号	指标	单位	考核标准
1	电费回收率	%	（1）当月 28 日完成回收率 100% 加 50 分，每提前 1 天另加 5 分。 （2）次月 1 日完不成 100%，每逾期 1 天扣 10 分，并按公司相关制度和规定执行
2	供电可靠率	次	不发生因管辖范围线路、设备故障导致客户停电。 （1）因巡视不到位引发故障停电，扣 10 分 / 次。 （2）发生设备烧毁或故障原因引起客户家电、设备烧坏该项不得分，并按公司相关制度和规定执行
3	属实投诉次数	次	不发生属实投诉。 （1）每发生一次客户属实投诉扣 200 分。 （2）情节严重或触碰红线的同时按照公司通报或红线处理规定执行

序号	指标	单位	考核标准
4	智能缴费应用率	%	基准值为所内年初下达指标。 （1）每升（降）1个百分点加（扣）5分。 （2）加（扣）20分封顶
5	采集成功率	%	数据来源：采集系统。计算公式：采集成功率 =100×（已采集电表数量 / 应采集电表数量）。 （1）基准值为99%。 （2）每升（降）0.1% 加（扣）5分，加 20 分封顶。 （3）采集运维故障处理不及时，扣 2.5 分 / 次
…			

表 6　　　　　　　　　　　　　工作质量考核标准

类别	工作要求	考核标准	考核周期	考核对象
安全管理	不发生七级及以下人身事件	发生七级及以下人身事件扣20分/次，发生八级人身及以下事件扣10分/次	月	相关责任人
	不发生七级及以下电网、设备事件	发生责任性质的七级及以下电网设备事件扣20分/次，八级及以下电网、设备事件扣4分/次，停电超过1小时的每小时扣1分	月	台区经理人
	不发生八级及以上信息系统事件	发生八级及以上信息系统事件扣10分/次	月	相关责任人
	不发生责任性的一般交通事故	发生责任性的一般交通事故扣10分	月	相关责任人
	不发生一般性火灾事故	发生一般性火灾事故扣50分	月	相关责任人
…				

3. 确定工作任务积分标准和综合评价内容

供电所广泛征集并经过相关人员讨论后，确定工作任务积分标准和综合评价内容，见表 7 和表 8。

表 7 工作任务积分标准

项目	积分标准
宣传报道	积极投稿，发表后加 20 分 / 篇
合理化建议	对班组管理、安全、文明生产提出合理化建议并取得实效加 10 ~ 20 分
工作业绩	在工作中表现突出，为班组争得荣誉加 10 ~ 20 分
创新创效争先创优	积极参加各类竞赛、技术比武和其他活动，积极申报科技成果、国家专利、管理创新项目、QC 成果、五小创新等项目，为班组争得荣誉加 10 ~ 50 分
参与故障抢修	加 5 ~ 20 分
日常报修处理	加 2 ~ 10 分
采集故障排除	加 2 ~ 10 分
异动工单处理	加 2 ~ 10 分
现场勘查	加 2 分
计量故障排查处理	加 2 ~ 20 分
报装接电	加 2 ~ 20 分
设备线路巡视检修	加 2 ~ 20 分
配合工作	配合公司相关部门各项工作任务，视情况加 5 分 / 次
其他临时派工	其他未涉及的临时工作，视情况加 1 ~ 30 分 / 次

表 8 综合评价内容

类别	事项	考核标准
劳动纪律	迟到	扣 2.5 分 / 次
	早退	扣 2.5 分 / 次
出勤	事假	扣 5 分 / 次
	病假	扣 2.5 分 / 次
	全勤	加 10 分 / 月
其他	工作态度	工作态度不好，酌情扣 1 ~ 30 分
	责任心	责任心不强，酌情扣 1 ~ 30 分
	团结协作	缺乏团结协作意识，酌情扣 1 ~ 30 分

4. 实施考核与兑现

月度考核表见表 9。

表 9　　　　　　　　　　　　月度考核表

序号	姓名	基础积分	指标考核	质量考核	任务积分	综合评价	合计
1	伍＊	1652	5	−10		10	1657
2	王＊	1027	8	−5	80	10	1120
3	史＊	1484	2	−15		10	1481
4	张＊	1311	−18	5	20	10	1328
5	郭＊	1408	2	−20		10	1400

以史＊为例，经过竞争上岗，史＊岗位确定为台区经理，经过协商，承包 14 个台区，同时史＊为兼职驾驶员。

史＊的基础积分包括承包积分 1384 分、兼职积分 100 分，合计 1484 分。史＊当月指标考核积 2 分、质量考核扣 15 分、任务积分 0 分、综合评价 10 分。

史＊当月绩效积分 =1484+2−15+10=1481（分）

供电所当月在县公司考核中得分 98.16 分，兑现绩效工资 32175 元，其中供电所长绩效工资 3575 元，剩余绩效工资 28600 元。根据月度考核结果，工资兑现情况见表 10。

表 10　　　　　　　　　　月度绩效工资兑现情况

序号	姓名	岗位	积分	月度绩效工资（元）
1	梁＊	所长	县公司考核	3575
2	李＊	副所长、安全员兼党建工会	1640	3245
3	伍＊	供电服务班班长、运检技术员、配电运维兼驾驶员	1657	3278

序号	姓名	岗位	积分	月度绩效工资（元）
4	王＊	综合班班长、营销管理员、台区经理兼采集系统	1120	2216
5	史＊	台区经理兼驾驶员	1481	2930
6	张＊	台区经理	1328	2627
7	郭＊	台区经理	1400	2770
8	曹＊	配电运检兼库管员	1043	2063
9	韩＊	台区经理兼同期线损	1022	2022
10	王＊	综合柜员、财务报账兼办公系统	1255	2483
11	李＊	综合柜员兼营销系统	1280	2532
12	魏＊	综合柜员兼生产系统	1230	2433

　　通过供电所"责任承包＋工作积分制"考核，员工活力、团队合力显著提升。经过一年多的实践，供电所台区线损合格率完成90.01%，同比提升9.51个百分点；低压线损率完成6.16%，同比下降2.23个百分点；2019年各类属实责任投诉4637件，同比下降36.19%。

　　报送单位：国网甘肃电力

　　编 制 人：任东元　王振国　赵广杰　冯江涛　朱茜莉

67 "工作积分 + 关键指标"考核法
——科学评价一线员工业绩指标贡献

导 入： 随着专业精益化管理不断深入，一线班组常常承担部分管理类关键指标任务，但由于管理类指标难以量化积分，影响班组员工参与指标管理的积极性和主动性。国网青海黄化供电公司创新实行"工作积分 + 关键指标"考核法，制定指标任务积分标准，全面、真实地评价员工指标业绩贡献，有效提升班组人员工作积极性和主动性。

工具概述

"工作积分 + 关键指标"考核法，是将一线班组承担的关键绩效指标分解、细化、落实至班组员工，制定工作任务积分标准，最终形成工作积分标准与月度关键绩效指标相结合的多元绩效考评方法。

适用场景：本工具适用于已实行工作积分制考核的一线班组。

实施步骤

"工作积分 + 关键指标"考核法实施步骤包括：瞄准班组定位，分析业务构成；梳理关键指标，分解细化下达；制定工作积分标准，涵盖全部业务；试点运行分析，调整优化完善。

1. 瞄准班组定位，分析业务构成

分析班组不同业务的构成，梳理出可以用关键绩效指标进行评价的业务

以及可以按照工作量统计的工作任务。做好前期业务梳理，瞄准班组定位，为后期班组分类执行"工作积分＋关键指标"考核法做好准备。

2. 梳理关键指标，分解细化下达

针对班组的工作性质，梳理出与班组密切相关的关键绩效指标，并将指标进行分解、细化、落实至班组成员，让班组承担的指标能有落脚点，使得员工绩效与班组绩效挂钩，实现个人与班组绩效结果同进步。

3. 制定工作积分标准，涵盖全部业务

根据班组业务特点罗列出适用于工作积分统计的工作任务，并对每项任务量体裁衣、综合考虑、反复对比，通过班组全员参与、集体讨论、领导审核等民主决策程序，形成一套实用性强、覆盖面广、操作便捷的工作积分标准，同步制定工作任务评价标准，最终形成班组工作积分标准库，见表1。

表1 班组工作积分标准库

工作任务分类	工作任务名称	工作任务描述	评分标准	信息来源	统计人员
关键工作	所含各项工作任务名称	各项工作任务具体描述	各项工作任务评分标准	阐述各类工作任务数据信息来源	
重要工作					
中等工作					
一般工作					
综合性事务					
临时性工作					
禁绝事件					

4. 试点运行分析，调整优化完善

试运行"工作积分＋关键指标"考核法，收集关键绩效指标完成情况及工作积分统计数据，分析指标设置是否合理、能否突出重点、是否有效落地，分析工作积分涵盖是否全面、工作安排是否均衡，查找不足、及时纠偏，不断优化完善。

◎ 经验心得

（1）在推广应用时应深入分析各班组特点，梳理班组业务构成，根据绩效导向合理分配工作积分与关键指标权重。

（2）关键业绩指标分解细化过程中，应均衡确定各岗位关键业绩指标及评分标准，避免出现"厚此薄彼"，造成绩效考核的不公平。

实践案例

国网青海黄化供电公司于2018年2月实施"工作积分＋关键指标"考核法，实现了全面真实评价一线员工关键业绩指标的贡献，充分调动了一线员工参与指标管理的积极性。下面以客户服务中心电费核算班为例进行展示。

1. 瞄准班组定位，分析业务构成

电费核算班在绩效考评实施过程中，发现部分工作任务如电费核算、计费信息审核等工作完成情况侧重于结果性的考评，采用单一工作量积分考核不能客观体现员工真实业绩水平，需要将有关工作纳入关键指标，进行量化积分。

2. 梳理关键指标，分解细化下达

结合业务特点，将电费发行及时率、电费核算正确率等关键业绩指标进行分解、细化、落实至班组成员。

3. 制定工作积分标准，涵盖全部业务

通过班组全员参与集中讨论，形成了一套适合班组工作性质、覆盖班组全部日常工作、融入关键业绩指标、易于评价打分、可操作性高的工作积分标准，见表 2。同时详细制订工作任务评价标准，以此评定每项工作质量，最终形成了工作积分标准与月度关键绩效指标相结合的绩效考评方法。最后根据任务重要程度和工作性质，将工作任务进一步细分为"重要工作、中等工作、一般工作、综合性事务、临时工作、禁绝事件"，使工作积分库内容更加全面。

表 2   电费核算班工作积分标准

工作任务分类	工作任务名称	关键绩效指标定义及目标值 / 具体工作任务描述	评分标准
关键工作（关键绩效指标）	电费发行及时率	电费发行及时率 = 及时发行笔数 / 应发行笔数 × 100%；电费发行及时率 ≥ 99%	电费发行及时率达到 99% 加 10 分，且每高于 0.5 个百分点，奖 1 分；低于 99% 不得分，同时每降低 0.5 个百分点，扣 1 分
	电费核算正确率	电费核算正确率 = [1-（核算差错户数 / 全部户数）] × 100%；电费核算正确率 100%	不发生因错发引起的客户投诉、全减另发、电量（费）退补行为，加 10 分；发生上述行为不得分，并承担公司考核
	...		
重要工作（发行户数）	电费计算、审核、发行管理	发行户数分类为居民户数、专用变压器户数、大工业户数，每月按照每人实际发行笔数与户数类型相乘	居民 0.002 分 / 户，专用变压器 0.2 分 / 户，大工业 1 分 / 户。因公出差未参与当月电费发行时按上月此项平均值的 50% 计入
中等工作	电费抽审	每人每月均需开展电费抽审工作，户数自定	抽审中发现对方存在问题得 10 分，未查出对方客户存在问题的不得分；对查出的问题与营业所联系并得到纠正的，每纠正 1 户加 1 分；对除换表等原因应整改而未整改的，每户扣 2 分
	异常工单	审核中对于用户异常信息，必须在营销系统里发送异常工单，并督促及时有效处理	每月按照每人实际发起的工单数与户数类型相乘。其他问题 0.1 分 / 单；档案信息错误、计费信息错误 1 分 / 单。异常工单发现的问题在当月可整改未整改的，扣 5 分 / 单

工作任务分类	工作任务名称	关键绩效指标定义及目标值／具体工作任务描述	评分标准
中等工作	…		
一般日常性工作	业务记录管理	及时登记《高压增容用户登记表》《高压新增增容用户登记表》《大工业用户登记表》《电力营销业务审核及质量差错记录本》等本岗位形成的记录	按照登记条数计算加分。每记录一条加 0.5 分，发现一条应记录而未记录，业务记录管理项将不加分
	电价文件管理	月度对相关电价文件、通知进行整理、归档，年底装订成册	及时进行整理、归案、装订，对负责人加 2 分／（份·月）；未及时整理、归案、装订，扣相应分数
	…		
综合性事务	QC 活动	开展 QC 活动，根据对应角色加分	年内完成 1 个 QC 项目参赛，班长、工作负责人作为 QC 活动的主要负责人，其他人员全员参与开展创新活动。月内未开展 QC 活动，班长、负责人扣 5 分，年内参评班长、负责人在年底绩效各奖 10 分
	制度标准	对优化业务流程、规范业务操作等方面编写制度	起草相关的制度加 5 分／份
	…		
临时性工作	对临时事物的办理人员按照事物性质相应加分		按照临时工作的性质分为重要 5 分／件、一般 3 分／件、较轻 1 分／件
禁绝事件	不发生电费资金风险		发生禁绝事件，当月工作任务指标不得分
	不发生增值税票套开、丢失等严重违规事件		
	…		

4. 试点运行分析，调整优化完善

通过"工作积分 + 关键指标"考评方法的运行，能够将班组的全部工作内容客观清晰地分类量化，做到了全覆盖，考评有据可依。在班组月度考评过程中，员工 1 在"电费发行及时率""电费核算正确率"等方面指标完成突出，完成率均达 100%，并主动承担了电费计算、审核、发行管理等重要工作，工作积分得 13 分，月度绩效总得分达 118 分；员工 2 在关键绩效指标中完成率不高，仅完成了一般日常性工作，月度绩效得分为 103 分。两位员工绩效得分相差达 15 分，上述月度绩效得分反映出了员工的全部月度工作的工作量及关键业绩指标完成水平，考核维度得到了丰富，考评精度进一步提高。该班组组织绩效平均得分从原来的 95.3 分提升至 100.4 分，提高了 5.1 分。

国网青海黄化供电公司实施"工作积分 + 关键指标"考核法以来，班组工作积分标准及指标细化分解从制定到使用，从考核评价到结果运用，班组成员都全程参与其中，积分标准更加符合实际，考核过程更加公开透明，有效调动了员工的工作积极性和主动性。班组员工瞄准差距、有的放矢，高质量完成关键绩效指标及分配的工作任务，促进了班组整体业绩的提升。

报送单位：国网青海黄化供电公司

编 制 人：郭治壮　王海成　李　凯　王海莉　姜松峰　汪鹏博

68 台区经理承包制考核法

——解决供电所员工工作积极性不高的问题

> **导　入：** 2019年以来，随着配网整治的深入推进，原有供电所绩效管理分配体系的不足之处也逐渐显现，存在隐性的"大锅饭"绩效分配现象。为有效提升台区经理的工作积极性，国网新疆巴州供电公司推进实施台区经理承包制考核法，将绩效分配与工作量和指标完成情况挂钩，绩效分配更加合理，员工的工作积极性普遍得到提高。

工具概述

台区经理承包制考核法包括两级承包：一级是在一个地市公司内，由地市公司统筹核定城区供电所和乡镇供电所的奖励总额，根据设备台账分别测算城区（乡镇）供电所承包奖励单价，所有供电所参与承包，按量分配；二级是在一个供电所内，将线路专（公）用变压器、台区、台区低压用户等承包到人，对承包人负责线路、台区的达标情况按月考评、按量兑现。

适用范围：本工具适用于供电所员工考核。

实施步骤

台区经理承包制考核法实施步骤包括：确定承包总量、核定奖励总额、测算承包单价、承包到人、考核兑现。

1. 确定承包总量

收集供电区域内配网线路条数、线路长度、线路专（公）用变压器数量、台区数量、台区低压用户数量等基础数据，形成承包清单。

2. 核定奖励总额

根据辖区城区（乡镇）供电所核定人数（不含所长）计算绩效工资总额，按照一定比例计提线路（台区）达标奖励总额。

3. 测算承包单价

根据统筹计提的绩效工资奖励总额，承包线路及台区的达标数量、专（公）用变压器用户数量及线路长度，分别测算城区（乡镇）10千伏线路专（公）用变压器用户奖励单价、线路长度奖励单价及台区低压用户数量奖励单价。

4. 承包到人

供电所发布辖区线路、台区任务承包清单，根据员工个人意愿和工作能力，选定线路（台区）承包人，签订承包合同，明确承包线路、台区的工作标准，按月开展绩效考核。

5. 考核兑现

按照员工承包量、奖励单价及考核结果兑现奖励。

经验心得

（1）合理设置奖励额度。地市供电公司应准确掌握县公司线路和台区等基础数据，合理设置浮动绩效工资奖励总额，科学测算奖励单价，按照员工承包线路的达标数、专（公）用变压器用户数、线路长度和台区低压用户数量兑现浮动绩效工资，体现多劳多得。

（2）积极营造实施氛围。要积极引导员工了解台区经理承包制考核法的作用，确保各级绩效经理人能够正确履行考核权和分配权，合理进行内部分工，确保员工清楚地了解承包任务和管理要求，逐步增强全体员工的契约意识。

实践案例

国网新疆巴州供电公司于 2019 年 8 月起，在所辖 8 个县公司的 53 个供电所全面推行台区经理承包制考核法，取得了良好成效。

1. 确定供电所线路承包总量及奖励总额

统计国网新疆巴州供电公司所有城区供电所和乡镇供电所管辖的配网线路条数、线路长度、线路专（公）用变压器数量，确定承包总量，分别测算城区、乡镇供电所 10 千伏线路奖励总额和 400 伏台区线损奖励总额。

城区（乡镇）供电所 10 千伏线路奖励总额 = 所有供电所 10 千伏线路条数 × 150 元。其中：150 包括线路达标奖励（50 元 / 条）、线路专（公）用变压器用户数奖励（50 元 / 条）和线路长度奖励（50 元 / 条）三部分。

城区（乡镇）供电所 400 伏台区线损奖励总额 = 所有供电所 400 伏台区数 × 25。其中：25 包括台区达标奖励（15 元 / 台）和台区低压用户数奖励（10元 / 台）两部分。

2. 测算奖励单价

地市公司统筹测算城镇、乡镇供电所的奖励单价。

供电所 10 千伏线路专（公）用变压器用户奖励单价 = 城区（乡镇）供电所线路专（公）用变压器用户数奖励总额 / 城区（乡镇）供电所线路专（公）用变压器用户数

供电所 10 千伏线路长度奖励单价 = 城区（乡镇）供电所线路长度奖励总额 / 城区（乡镇）供电所线路长度

供电所 400 伏台区低压用户数量奖励单价 = 城区（乡镇）供电所 400

伏台区低压用户数奖励总额 / 城区（乡镇）供电所 400 伏台区低压用户
总数

3. 进行任务分工，开展绩效考核

供电所根据实际情况，结合员工工作能力和个人意愿，合理分配工作任
务，地市公司按月公布线路、台区指标达标情况。对连续 2 个月线路、台区
同期线损不达标的承包人单独给予绩效考核，更换任务承包人。

4. 按照测算单价及考评情况核定承包人奖励额度

根据奖励标准，按照承包人负责线路的达标线路数量、达标线路专（公）
用变压器用户数、达标线路长度、达标台区数和达标低压用户数，确定承包人
的奖励额度。达标线路、达标台区按核定的固定单价计算，其余按测算核定单
价计算。

供电所员工线路台区承包奖励 = 达标线路数量 × 奖励标准 + 专（公）用变
压器奖励单价 × 达标线路专（公）用变压器用户数 + 每千米线路奖励单价 ×
达标线路千米数 + 达标台区数 × 奖励标准 + 台区每户低压用户奖励单价 × 达
标台区低压用户数

以石化大道城区供电所为例，考核结果见表 1。

国网新疆巴州供电公司通过实施台区经理承包制考核法，使地市公司所
有供电所参与竞争分配，各县公司业绩提升意识明显增强，工作成效显著
提升。巴州供电公司 10 千伏公用线路日线损平均合格率由 77.83% 提升至
94.56%；400 伏台区日线损平均合格率由 91.97% 提升至 95.35%。

报送单位：国网新疆电力

编 制 人：张宇航　程　亮　李金凤

表1　　石化大道城区供电所绩效考核兑现表

姓名	10千伏线路奖励 — 达标情况 分管线路数	合格线路数	奖励(元)	专(公)用变压器用户数 线路专(公)用变压器数	合格线路专(公)用变压器数	奖励(元)	线路长度 线路千米数	合格线路千米数	奖励(元)	10千伏线路奖励合计(元)	400伏台区奖励 — 达标情况 分管台区数	合格台区数	奖励(元)	低压用户数量 台区用户数	合格台区用户数	奖励(元)	400伏台区奖励合计(元)	该员工应得奖励合计(元)	该员工实际奖励合计(元)
李*			0			0			0	0	30	25	375	12178	9915	496	871	1059	871
刘*	4	4	200	56	56	53	15.4	15.4	89	342	17	11	165	6252	5176	259	424	910	766
刘*	6	5	250	183	144	137	23.0	19.678	114	501	65	43	645	28479	17691	885	1530	3006	2030
申*	4	4	200	151	151	143	13.9	13.9	81	424	45	30	450	10037	8030	402	852	1601	1276
张*	4	3	150	250	239	227	43.8	41.963	243	620	26	15	225	10293	5817	291	516	1595	1135
张*			0			0			0	0	33	26	390	8573	5305	265	655	924	655
邹*			0			0			0	0	50	38	570	16041	11547	577	1147	1552	1147
王*	1	1	50	81	81	77	0.848	0.848	5	132			0			0.0	0	132	132
王*	1	1	50	86	86	82	6.887	6.887	40	172			0			0	0	172	172
陆*	3	1	50	274	120	114	38.1	15.298	88	252			0			0	0	630	252
李*	1	1	50	40	40	38	3.712	3.712	21	109			0			0	0	109	109
范*	1	1	50	6	6	6	0.202	0.202	1	57			0			0	0	57	57
丁*	3	2	100	149	65	62	39.9	20.615	119	281			0			0	0	522	281
戴*	1	0	0	31	0	0	3.696	0	0	0			0			0	0	101	0.0
张*	1	1	50	51	51	48	6.598	6.598	38	137			0			0	0	137	137
合计	30	24	1200	1358	1039	987	196.0	145.088	839	3026	266	188	2820	91853	63481	3174	5994	12506	9020

国家电网绩效管理工具箱

中册

国家电网有限公司 编

中国电力出版社

CHINA ELECTRIC POWER PRESS

图书在版编目（CIP）数据

国家电网绩效管理工具箱：全 3 册／国家电网有限公司编．—北京：中国电力出版社，2021.5
ISBN 978-7-5198-5060-9

Ⅰ．①国…　Ⅱ．①国…　Ⅲ．①电力工业－工业企业管理－企业绩效－中国　Ⅳ．① F426.61

中国版本图书馆 CIP 数据核字（2020）第 194910 号

出版发行：中国电力出版社
地　　址：北京市东城区北京站西街 19 号（邮政编码 100005）
网　　址：http：//www.cepp.sgcc.com.cn
责任编辑：石　雪（010-63412557）　孙世通　胡堂亮　高　畅
责任校对：黄　蓓　郝军燕　李　楠　王海南
装帧设计：北京宝蕾元科技发展有限责任公司
责任印制：钱兴根

印　　刷：北京瑞禾彩色印刷有限公司
版　　次：2021 年 5 月第一版
印　　次：2021 年 5 月北京第一次印刷
开　　本：787 毫米 ×1092 毫米　16 开本
印　　张：83.75
字　　数：1150 千字
定　　价：368.00 元（全三册）

　　绩效管理是企业管理的"指挥棒"，是保障企业战略执行、提升效益效率的有力工具，是调动各级管理者与员工工作积极性的重要手段，是人力资源管理的核心工作之一。无论是营利性组织还是非营利性组织，大企业还是小企业，本土化企业还是全球化企业，绩效管理对于提升企业经营效益和管理效率都是至关重要的。

　　国家电网有限公司自成立以来就高度重视绩效管理工作。多年来，公司认真贯彻落实国务院国资委关于中央企业经营管理的各项工作要求，结合集团公司特点和改革发展实际，先后经历了建章立制、探索实践、统一规范、纵深推进、支撑高质量发展五个阶段，通过持续创新绩效考核激励方式，探索构建了一套较为完备的适用于大型集团公司的分级分类绩效管理体系。公司紧紧围绕"建设具有中国特色国际领先的能源互联网企业"战略目标和"一业为主、四翼齐飞、全要素发力"的发展布局，建立了"全方位、全动力"企业负责人业绩考核体系，对所属企业开展分级分类差异化考核，将指标任务层层分解落实到每一级组织和每一位员工；建立了"多元化、强激励"全员绩效管理体系，顶层设计体系框架和管理流程，各级组织以"实用、适用、管用"为原则，因地制宜创新丰富各类人员考核方式，统一实行考核结果分级制度，将绩效考核结果与员工薪酬分配、职业发展、评优评先等紧密挂钩，不断提高考核针对性和实效性，精准评价各级组织和各类人员业绩贡献，有效激发各级组织和广大干部员工干事创绩的积极性。公司连续 16 年、5 个任期获评国务院国资委业绩考核 A 级,持续保持《财富》世界 500 强排名前列。公司系统各单位积极开展绩效管理实践,涌现出一大批行之有效的做法。为固化实践成果,加快优秀经验的推广,促进系统内各单位相互学习借鉴,共同提升绩效管理水平,推动公司经营管理再上新台阶,公司组织系统内相关专家编制了本书。

本书分为上中下三册,共八章,系统阐述了公司绩效管理体系,收录了近年来公司系统内 171 项最具代表性、操作性和推广性的优秀实践工具,覆盖了绩效计划、绩效考核、绩效监控与辅导、绩效结果应用等绩效管理各个环节,并将绩效考核工具按业务类别进行细分,划分为电力生产、电力营销、科研、产业、金融等章节。每项工具从工具概述、实施步骤、经验心得、实践案例等四个方面,全景展现了工具产生的背景、管理思路、实操做法和解决的重难点问题,并附有实际工作中使用到的指标体系、文件表单、成效数据等内容,图文并茂,便于理解和借鉴推广。

第一章系统介绍了公司绩效管理体系、主要做法和特点;第二章收录了 13 项绩效计划制订工具,重点解决如何有效分解战略目标、承接上级指标、分配临时工作等问题,是绩效管理的发端源头;第三至六章收录了 106 项绩效考核工具,涵盖了电力生产、电力营销、职能管理、科研和产业金融等各类业务考核工具,是绩效管理的关键环节;第七章收录了 29 项绩效监控与辅导工具,重点解决绩效实施过程监控难、绩效经理人履职缺位、绩效沟通改进效果不佳等问题,是绩效管理的全面监测;第八章收录了 23 项绩效结果应用工具,重点介绍了绩效结果在员工薪酬分配、职业发展、评优评先等方面的全面应用,以更好激发员工内生动力,强化正向激励,是绩效管理的闭环体现。

本书源于基层实践,是公司广大员工集体智慧的结晶,既可以作为企业各级人力资源管理者的指导用书,也可以作为各级绩效经理人的工具用书，同时也可供其他企业借鉴参考。希望本书能让广大读者进一步了解国家电网有限公司绩效管理工作，从中汲取对日常管理工作有启发、有帮助的绩效管理理念、思路、技巧、方法。

本书收录的工具案例，来源于近年来各级单位总结提炼的 600 余项绩效实践案例，经不断丰富完善，系统内相关专家精心审核，数易其稿、最终成书。本书的编制和出版，得到了公司各级领导和各单位的大力支持，由公司人力资源部牵头，国网江苏、天津电力大力协助，国网河北、冀北、山西、山东、上海、浙江、福建、湖南、江西、四川、陕西、宁夏电力，国网电商公司、英大传媒集团、中国电科院、英大长安等多家单位积极参与编审。在此，向所有参与本书编制、编辑、审核的单位和人员致以诚挚的谢意。

全书最后设置了名词解释和索引，便于读者查阅使用。书中出现的各项指标、薪酬数据仅作示例使用。

由于时间仓促，如有不足或疏漏之处，敬请读者指正。

编者

2021 年 4 月

前言

上　册

中　册

第六章　科研和产业金融业务考核工具 ……………………… 771

科研类业务考核工具

产业金融业务考核工具

下　册

第七章　绩效监控与辅导工具 ……………………………………………………… 933

绩效信息化与业务融合工具

绩效过程监控工具

第五章

职能管理考核工具

绩效考核（Performance Assessment），是绩效管理中的关键环节，是指考核主体对照工作目标和绩效标准，采用科学的考核方式，全面客观评定组织和员工的工作任务完成情况、工作职责履行程度和发展情况的过程。常见的绩效考核方法包括 KPI（关键业绩）、MBO（目标管理）、360 度考核、BSC（平衡记分卡）等。

国家电网有限公司经过长期实践，在上述考核方法的基础上，创造性地提出了适合自身实际的"关键业绩制""目标任务制""工作积分制"等考核模式。同时各单位在推进全员绩效管理过程中，按照"实用、适用、管用"的原则，因地制宜地优化、创新了多种绩效考核方式，充分发挥了绩效考核的激励约束作用。

本章针对职能管理考核，总结提炼了"3+1"精益量化考核法、三维总结式积分考核法等绩效工具共 27 项，引导各单位和各级绩效经理人通过科学考核，对员工的工作绩效、胜任工作岗位的程度作出客观评价，提升考核的针对性、公正性和认可度，促进考核更精准。

管理部门考核工具

69 "3+1" 精益量化考核法
——解决管理部门考核量化难题

导　入： 管理部门工作具有常规性、例行性与突发性、阶段性等情况并存的现象，非计划类专项工作任务较多，难以制订统一固定的工作计划，工作成果难以量化评估、效果不易显现，评价结果受绩效经理人主观因素影响较大。国网北京电力采用"3+1"精益量化考核法，从框架设计、指标分解、专项任务、综合评价、沟通反馈等方面设计全流程量化考核体系，提高管理部门和人员考核工作的科学性、系统性、精准性。

🗨 工具概述

　　"3+1"精益量化考核法是指通过建立指标分解评价、三维量化任务池管控、上下穿透综合评价反馈等3种机制，构建1个涵盖人力、技术、组织等要素的全方位支撑平台，全面激发组织与员工活力，提升部门管理效能。其中，指标分解评价机制是把指标任务与奖惩力度挂钩，使得责任越大、承担指标越重的部门，奖惩力度越大，实现部门责权对等；三维量化任务池管控机制主要解决部门任务差异问题，让任务评价标准更明确，形成个人与组织绩效结果联动，实现员工量化可比较；上下穿透综合评价反馈机制是对管理部门及员工的综合表现进行多角度全方位评价，帮助找准管理提升的着力点。此外，从高层推动、绩效经理人履职、信息化建设、工作评价、全面激励等方面分别构建人力、技术、组织全动力支持平台，保障考核精准高效。

适用场景：本工具适用于管理部门及员工的量化考核。

实施步骤

"3+1"精益量化考核法的实施步骤包括：构建考核框架，建立指标分解评价机制，建立三维量化任务池管控机制，建立上下穿透综合评价反馈机制和搭建人力、技术、组织全动力支持平台。

（一）构建考核框架

根据管理部门定位和员工岗位职责，结合关键成功因素，确定管理部门和员工的四大考核模块：考核指标、重点工作任务、减项指标和综合评价。根据各模块价值创造方式的不同，确定其内容来源、得分来源、指标赋值方法、激励约束导向和得分方式。

（二）建立指标分解评价机制

开展指标分解，横向明确主责和配合部门，量化各自承担的管理权重；纵向分解落实到具体岗位，明确岗位工作内容，形成横向协同、纵向贯通的指标支撑体系。建立权责对等的"双重三级联动"机制，即根据上级单位指标发布结果，按照统一、规范、科学的程序和方法对指标完成情况进行考核评价，"双重联动"即责任部门与配合部门考核联动，"三级联动"即单位、部门、员工考核联动。实现绩效评价统一标尺、同一标准，促进单位、部门间、部门内的紧密协同和同频共振。

（三）建立三维量化任务池管控机制

根据每年公司"两会"和员工岗位职责确定重点工作任务，形成"任务池"，并进行滚动修编；从数量、质量和期限三个维度进行量化评价。通过将公司重点工作任务分解到各个管理部门和员工，使各部门和员工就组织目标及其实现路径达成共识，明确各部门、各岗位工作的重点及其工作与组织目标实现之间的关系，将组织目标有效分解到各部门、各岗位。

（四）建立上下穿透综合评价反馈机制

管理部门综合评价内容主要为管理（技术）创新、配合协作和服务效能、绩效经理人履职评价；管理员工综合评价指标主要为工作纪律、工作态度、能力素质、团结协作等。根据不同的评价内容，设计差异化的评价主体和方式，灵活设置得分权重，开展 360 度综合评价。绩效经理人应对评价结果与管理部门或员工进行沟通交流，探讨工作中取得的业绩成果和存在的不足，分析绩效原因，制订绩效提升计划。

（五）搭建人力、技术、组织全动力支持平台

从高层推动、绩效经理人履职、信息化建设、工作评价、全面激励等方面分别构建人力、技术、组织全动力支持平台，确保绩效考核体系高效运转。

◎ 经验心得

（1）上下穿透，科学公平。考核指标来源于企业负责人业绩考核指标，重点工作任务由单位"两会"确定，确保各类指标得分与上级一致（部门指标及其考核要素得分与单位相应指标得分一致，员工指标得分与部门相应指标得分一致），使评价标准客观公正。

（2）权责对等，横向可比。重点工作任务实施归口管理，按比例择优

加分，解决难度大小不一、量化评价困难的难题，操作性更强。考核指标按部门横向分解、责权匹配，建立权责对等的指标联动分解机制，推动主责部门与配合部门高效协同，加大对责任重、指标多、完成好的部门的激励力度。

实践案例

国网北京电力于 2018 年起开始应用"3+1"精益量化考核法，构建了一套完整的管理部门及员工考核评价和沟通反馈体系，实现了考核更精准、精细、精确。下面以国网北京电力本部管理部门考核为例进行展示。

（一）构建考核框架
1. 管理部门考核方式（见表 1）

表 1　　　　　　　　　　　管理部门考核方式

考核模块	内容来源		得分来源	指标赋值方法	激励约束导向	得分方式
考核指标（基础分 50 分）	业绩考核指标	业绩考核指标、考核要素	上级单位	排序计分法	加减分双向激励	考核指标（基础分 50 分）
重点工作任务（基础分 50 分）	公司"两会"确定的任务池		对应归口	固定赋分法	加减分双向激励	基础分上加减分，得分区间为 0~65 分
减项指标	减项指标库		归口部门	扣分法	负向考核	减分，最高减 30 分
综合评价（20 分）	360 度考核		主观等级评价、关键事件法、民主测评		正向加分	百分制折算，最高 20 分

2. 管理员工考核方式（见表2）

表2　　　　　　　　　　　　　管理员工考核方式

考核模块	内容来源		得分来源	指标赋值方法	激励约束导向	得分方式
考核指标（基础分50分）	业绩考核指标	业绩考核指标、考核要素、分解指标	部门得分	排序计分法	加减分双向激励	考核指（基础分50分）
重点工作任务（基础分50分）	部门重点工作任务池		部门得分	固定赋分法	加减分双向激励	基础分上加减分，得分区间为0~65分
	岗位职责		绩效经理人	扣分法	绩效经理人	基础分上减分
减项指标	减项指标库		部门扣分	扣分法	负向考核	减分，最高减30分
综合评价（20分）	360度考核		主观等级评价、关键事件法、民主测评		正向加分	百分制折算，最高20分

（二）建立指标分解评价机制

1. 开展指标分解

指标责任部门按照"指标协同横向到边，指标分解纵向到底"的原则开展考核指标量化分解，形成业绩指标分解矩阵表，见表3。

根据表3，在同一项指标上，承担责任越大的部门，权重越大，加减分幅度越大。责任部门权重与协同部门权重总计为100%。以利润总额为例，$a_1+a_2+a_3+a_4+a_5+a_6+a_7+a_8+\cdots=100\%$，作为主责部门 a_1 不小于50%。各部门在该指标上的加减分分别为 $A\times a_1$，$A\times a_2$，$A\times a_3$，$A\times a_4$，$A\times a_5$，$A\times a_6$，$A\times a_7$，$A\times a_8\cdots$。

表3

业绩指标分解矩阵表

考核维度	序号	指标名称	考核要素	指标加减分	考核责任部门	考核责任部门权重	考核要素协同部门指标管理权重							
							办公室	发展部	组织部	人资部	财务部	安质部	XY部	…
		合计（Ⅰ＝Ⅱ＋Ⅲ）					0.00	10.93	0.00	4.00	37.30	3.45	7.65	…
		主责权重（Ⅱ）					0		0	4	34.7		4.9	…
		协同权重（Ⅲ）					0.00		0.00	0.00	2.60		2.75	…
经营效益	1	利润总额	利润总额	A	财务部	a_1	a_2	a_3	a_4	a_5	a_6	a_7	a_8	…
	2	经济增加值（EVA）	经济增加值（EVA）	B	财务部	b_1	b_2	b_3	b_4	b_5	b_6	b_7		…
投入产出	3	资产投入产出效率	1.发展投资效率	C	发展部	c_1	c_2	c_3	c_4	c_5	c_6	c_7		…
			2.净资产收益率	D	财务部	d_1	d_2	d_3	d_4	d_5	d_6	d_7	d_8	…
			3.资产负债率	E	财务部	e_1	e_2	e_3	e_4	e_5	e_6	e_7		…
			4.资产全寿命周期成本比入比	F	安监部	f_1	f_2	f_3	f_4	f_5	f_6	f_7		…
	4	人工成本效率	人工成本效率	G	人资部	g_1	g_2	g_3	g_4	g_5	g_6	g_7	g_8	…
市场竞争	5	市场开拓效率	1.售电量	H	发展部	h_1	h_2	h_3	h_4	h_5	h_6	h_7		…
			2.市场占有率指数	I	营销部	i_1	i_2	i_3	i_4	i_5	i_6	i_7		…
			3.新能源消纳完成率	J	调控中心	j_1	j_2	j_3	j_4	j_5	j_6	j_7	j_8	…
…	…	…	…	…	…	…	…	…	…	…	…	…	…	…

各部门承担责任越多，承担业绩指标越多，加减分项也越多，加减分幅度也越大。以办公室为例，办公室加减分计算公式为 $A \times a_1 + B \times b_1 + C \times c_1 + D \times d_1 + E \times e_1 + F \times f_1 + G \times g_1 + H \times h_1 + I \times i_1 + J \times j_1$。若其他部门承担指标较少，则加减分项相对较少，加减分幅度也越小。以某部门为例，其加减分计算公式为 $A \times a_8 + D \times d_8 + G \times g_8 + J \times j_8$。

2. 建立"双重三级联动"机制

从上级单位给予指标结果和较上一个考核周期进退步情况两个维度对管理部门进行指标考核。具体公式为：

考核指标得分 = 基础分 + 考核指标加减总分 + 管理改进加减分

其中：

（1）基础分为 50 分。

（2）考核指标加减总分 = ∑ 单位指标加减分 × 管理权重。

单位指标加减分根据业绩考核指标排名确定，计算公式为（排名基准值 −100%）× 指标标准分值。

（3）管理改进加减分 = ∑ 指标排名基准值差距 × 指标标准分值。考核要素排名基准值，见表4。

表4 考核要素排名基准值

考核要素排名	1	2	3	4	5	6	7	8	9
基准值	130%	126%	123%	120%	118%	116%	114%	112%	110%
考核要素排名	10	11	12	13	14	15	16	17	18
基准值	108%	106%	104%	102%	100%	99%	98%	97%	96%
考核要素排名	19	20	21	22	23	24	25	26	27
基准值	95%	94%	93%	92%	91%	90%	89%	88%	87%

（三）建立三维量化任务池管控机制

1. 管理部门重点工作任务考核方式

首先，依据公司"任务池"，各单位领导与各管理部门负责人共同讨论，明确各管理部门的单位级重点工作任务，以及相应的主责部门与协同部门。为解决不同管理部门承担工作任务数量多少、重要性大小和难度高低的问题，在设定管理部门重点工作任务时，由主责部门与协同部门讨论确定各部门管理权重的分配。

其次，将各管理部门划分为生产、经营、党群、综合4个归口，从数量、质量和期限3个维度对各部门重点工作任务完成情况进行考核评价，并分别推荐可奖励的任务事项，推荐比例不超出归口任务总量的20%。

最后，各归口小组对承担相应任务的部门达到奖励事项标准的，每项加固定分值，各管理部门重点工作任务得分最高不超过65分；按照量、质、期三维考核的要求，对未完成工作任务的部门进行扣减，每未完成一项，扣减同等分值。

2. 员工重点工作任务考核方式

员工重点任务考核内容来源于两部分：一是部门重点工作任务池及其子项任务，该部分加减分与部门相关任务加减分相同；二是岗位职责，由绩效经理人对员工未完成的工作任务进行减分考核。员工重点工作任务得分最高不超过65分。

（四）建立上下穿透综合评价反馈机制

1. 针对不同指标设计差异化的评价主体和方式

分别针对管理部门及员工设计差异化的综合评价框架，见表5。

表 5   综合评价框架

评价对象	综合评价指标	评价主体	评价方式
管理部门	管理（技术）创新	绩效经理人	关键事件评价
	配合协作	协同指标主责部门	主观等级评价
	服务效能	所服务的目标部门	主观等级评价
	绩效经理人履职	上级绩效经理人、直接下属、人力资源部	行为考核、民主测评
管理人员	工作纪律	绩效经理人	主观等级评价
	工作态度	绩效经理人	主观等级评价
	能力素质	人力资源部	能力素质达标考试
	团结协作	协同指标主责人员	主观等级评价
	绩效经理人履职	上级绩效经理人、直接下属、人力资源部	行为考核、民主测评

2. 开展 360 度综合评价

管理（技术）创新、工作纪律、工作态度等要素由绩效经理人进行评价；管理部门的配合协作指标由协同目标任务指标的主责部门进行评价，服务效能指标由该部门所服务的目标部门进行评价；管理人员的能力素质由人力资源部进行评价，团结协作指标由部门内协同目标任务指标的主责人员进行评价；绩效经理人履职则根据评价项目分别由其上级绩效经理人、直接下属和人力资源部进行评价。

配合协作、服务效能、工作纪律、工作态度和团队协作通过主观等级评价的形式进行考核，统一建立上述指标的等级标准和对应得分，由绩效经理人根据管理部门或人员的表现情况进行定性评价。主观等级评价标准及得分，见表 6、表 7。

表 6 配合协作主观等级评价标准及得分

等级	评价标准	得分
优秀	为其他部门和整个企业做出贡献，主动支持与配合跨部门、跨职能合作	90~100
良好	具有横向贡献意识，总能及时有效地协同其他部门的合作	80~90
合格	能够做到配合需协同部门的工作，并要求下属进行配合，协同部门对其配合很少有抱怨	60~80
不合格	缺乏协作精神，很少支持其他部门的工作，协同的态度、及时性和质量都很难保证	0~60

表 7 工作态度主观等级评价标准及得分

等级	评价标准	得分
优秀	工作积极，主动做职责范围之外的事情；主动推动职责交叉或者模糊的工作；遇到困难任务在别人后退时，主动站出；具有非常强的责任意识，从不迟到早退；工作注重细节，基本上没有出过任何差错	90~100
良好	对于领导交办的工作不推诿、不敷衍、不拖沓；遇到困难时不找借口回避，努力解决问题，而不是将问题抛回给领导；责任意识良好，很少迟到早退；工作认真负责，很少出现低级工作失误	80~90
合格	能够完成职责要求的工作任务，很少做职责之外的事情，不乐意承担领导交办的临时工作；责任意识一般，偶尔会迟到早退；有时会因为个人马虎犯一些低级错误	60~80
不合格	推卸责任，不愿承担困难的工作任务；遇到问题或责任时总是找借口回避；不愿意承担没有收益的任务；缺乏责任意识，经常迟到早退；工作中经常出错，并重复犯同样的错误	0~60

　　管理（技术）创新通过关键事件进行考核，管理部门或人员每做出一项管理（技术）创新，可以得到一定的分数，最高不超出该项指标的权重分。

　　能力素质由人力资源部通过能力素质达标或通关培训考核的方式进行，将考核得分按权重转化为该指标得分。

3. 灵活设计得分权重

综合评价满分为 20 分，各项指标的权重可由各绩效经理人根据各部门或人员的工作情况具体设置。由于综合评价本身已是在目标任务指标 100 分基准分基础上增设的加分项，因此不再另行设置加分项目，管理部门或员工做出的突出贡献可由各单位另行奖励，以此避免加分项过多冲淡目标任务指标的情况，或加分项与目标任务指标扣分和减项指标扣分抵消，出现"功过相抵""奖罚不明"的情况。

4. 反馈结果促进提升

评价主体在给出优秀或较差的综合评价结果时，须阐明打分理由和相应的关键事件，作为绩效经理人提出员工绩效改进意见的依据。绩效经理人应采取面谈等方式与管理部门或员工进行沟通交流，探讨工作中取得的业绩成果和存在的不足，分析绩效原因，制订绩效提升计划。绩效经理人在下一个绩效周期内还应对管理部门负责人或管理人员开展绩效辅导、进行绩效提升计划监督，以便快速有效地提升整体绩效。

（五）搭建人力、技术、组织全动力支持平台

1. 高层推动

开展"一把手讲绩效""一把手抓绩效""一把手促绩效"等专项活动，让高层领导充分参与绩效管理工作调研、绩效管理政策宣贯、绩效管理氛围营造等宣传工作，并在绩效管理制度制定、组织目标任务分解、考核方式与考核标准确定、绩效考核评价、绩效考核结果应用等方面进行决策。通过高层领导的亲身示范向各级部门和人员传递公司开展绩效管理的决心，也通过高层领导的亲自参与让各级部门和人员就公司或单位发展目标、重点工作任务等达成一致，为其工作开展和目标达成提供更好的指导。

2. 绩效经理人履职

开展绩效经理人履职评价，并将评级结果纳入绩效经理人绩效考核内容，将优秀绩效经理人树立为学习榜样，将不称职的绩效经理人直接认定为 C 级或 D 级。精准分析绩效经理人履职优劣势，向其反馈低分行为并提供针对性的培训，帮助绩效经理人改进提升。

3. 推动绩效管理信息化建设

加快研究绩效信息系统与业务系统数据集成，推进数据集成通道建设，为开展多元量化考核、个性化考评奠定基础，继续推进"统计分析模块""绩效薪金自动计算"模块建设，不断提升绩效专业管理工作效率。通过信息系统建设，有效规避人情因素、评价结果分布不合理等绩效经理人履职中存在的不足。

4. 加强绩效管理工作评价应用

通过开展绩效管理工作评价，发现实施绩效管理过程中的不足之处，并不断改进，实现阶梯式上升。根据评价得分建立雷达图（见图 1），进行

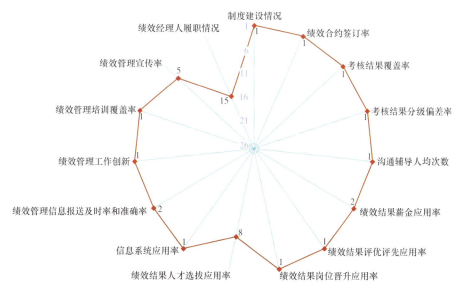

图 1　管理部门考核得分雷达图

公司内对标，深入分析并准确定位绩效管理工作的短板之处，形成诊断分析报告，开展一对一结果反馈，并要求相关责任人提出改进计划，由上级组织对此进行跟踪，不断提升其绩效管理工作成效。

"3+1"精益量化考核法，针对管理部门和员工工作特点，从体系搭建、指标分解、考核方法、考核内容、评价反馈等方面构建了全方位、多维度的量化考核体系，推动企业、部门、员工考核上下联动，不同管理部门、人员之间考核结果横向可比，有效增强管理部门组织活力，激发各部门和员工担当作为、争先进位，同时为各层级单位管理部门和人员量化考核提供了系统性参考。

报送单位：国网北京电力

编 制 人：戴 泓 尹志明 武子超 黄 奕 杨 娜

70 竞赛夺旗制考核法
——提升专项工作考核激励精准度

导　入： 专项工作考核激励对有效推进安全生产、重要政治保电、重大工程建设等重点专项工作具有重要意义，然而在实际操作中往往存在考核一刀切、分配方式粗放等问题，激励效果不明显、不到位。在劳动竞赛机制 ❶ 的基础上，国网北京通州供电公司采用竞赛夺旗制考核法，制订全年夺旗计划，分解各部门任务权重，对夺旗完成情况进行量化评估，精准考核重大专项工作中各部门的支撑贡献大小，激发争先动力。

工具概述

竞赛夺旗制考核法是将上级单位专项工作劳动竞赛任务分解到相应各部门，制订年度夺旗计划，设置红旗奖金额度，明确牵头部门和配合部门权重，根据公司竞赛项目和分项指标完成情况，对相应部门进行考核和奖惩，激发公司各部门在上级单位各项竞赛中全面争先进位。

适用场景：本工具适用于管理部门专项工作考核激励。

实施步骤

竞赛夺旗制考核法的实施步骤包括：制订全年夺旗目标计划、确定红旗基础奖励额度、开展权重分解、开展考核奖励、反馈汇总与审核分析、公开公示。

---

❶ 劳动竞赛机制是由国网北京电力统一组织，为鼓励全体员工"干到最好、做到最优"而推行的一种竞赛方式。从 2016 起开始实施，主要围绕年度重点工作设置竞赛项目，每个项目设分项指标，各二级单位围绕各项目开展竞赛，按月评比竞赛结果，各项目的前三名获得该项目的劳动红旗。

1. 制订全年夺旗目标计划

通过分析上年度各单位夺旗数量和本年度的夺旗竞争态势，确定本单位本年度夺旗目标，并分解下达至各竞赛项目牵头部门。由各牵头部门根据全年重点任务和自身优势，结合任务推进时间进度，将夺旗时间细化到月度。夺旗计划实施动态调整，鼓励各部门提前夺旗或计划外夺旗。

2. 确定红旗基础奖励额度

将工资总额的 $M\%$ 用于劳动竞赛夺旗奖励，并结合全年夺旗计划 X 面，确定每面红旗基础奖励额度为 N 万元：$N=$ 工资总额 $\times M\%/X$。对目标计划外获得的红旗追加奖励额度 Y 万元，具体由考核领导小组根据当年度工资总额计划情况确定。

3. 开展权重分解

组织各部门确定在各竞赛项目中的工作权重。工作权重由竞赛项目牵头责任部门根据各部门承担指标权重、专业协同内容等初步分配，经协同部门负责人确认后形成，在竞赛项目实施过程中根据实际工作量大小、部门工作职责调整等因素进行修正。各部门工作权重合计为 100%。

4. 开展考核奖励

对照全年夺旗目标计划，开展各部门夺旗考核，制定奖金分配方案，具体包括：

（1）当月竞赛项目排名位于后三名的或未完成年度夺旗计划的，扣减月度（年度）绩效奖金，扣减额度由考核领导小组商定。相关部门具体扣减额度由红旗牵头部门根据业务配合及协作程度对配合部门进行考核分配。

（2）当月完成夺旗任务的，根据每面红旗奖励额度和各部门工作权重，得出各部门红旗基本奖金，即部门红旗基本奖金 = 红旗基础奖励额度 N 万元 × 部门工作权重。对目标计划外获得的红旗，部门红旗基本奖金 =（红旗基础奖励额度 N 万元 + 额外追加奖励 Y 万元）× 部门工作权重。相关部门奖励额度由红旗牵头部门负责分配。

此外，结合竞赛项目分项指标完成情况进行二次调整。调整规则如下：

（1）对于未获红旗，但分项指标进入前三的部门，增加红旗基本奖金的 20%，2 个及以上分项指标进入前三的增加 30%。

（2）对于获得红旗，但分项指标未进入前六名的，扣减责任部门所获红旗基本奖的 20%，2 个及以上分项指标未进入前六名的扣减 30%。

（3）其余情况，不奖励不扣减。

5. 反馈汇总与审核分析

各部门依据员工贡献程度，反馈个人奖励额度；组织部进行汇总审核，并开展统计分析。

6. 公开公示

将公司劳动竞赛夺旗奖励分配及分析情况纳入月度绩效看板，并在月度绩效工作会上印发通报。

◎ 经验心得

（1）各竞赛项目的工作权重应在竞赛开展前确定，可根据实际情况动态调整，调整前要征集相关部门意见。

（2）部分竞赛项目的分项指标由多个部门管理，在进行红旗基本奖金二次调整时，由此类指标的牵头部门明确责任部门。

实践案例

2019 年 3 月，国网北京电力下发全员劳动竞赛通知，明确 2019 年竞赛项目包括"可靠供电""电网建设""精准供应"等 9 个。国网北京通州供电公司细化分解劳动竞赛项目落实责任，开展各部门竞赛夺旗制考核。

1. 制订全年夺旗目标计划

通过分析上年度国网北京电力下属各二级单位夺旗数量和本年度的夺旗竞争态势，国网北京通州供电公司确定全年夺旗目标为"保障 20 面、力争29 面"，明确牵头部门和配合部门，并按月制订夺旗计划，见表 1。

表 1　　　　　　　国网北京通州供电公司 2019 年劳动红旗夺旗计划

序号	项目名称	北京公司主管部门	公司牵头部门	公司配合部门	红旗目标	夺旗计划（■—保旗；〰—争旗）								
						4月	5月	6月	7月	8月	9月	10月	11月	12月
1	可靠供电	设备部	运检部	调控中心、营销部	保2争3	保			保			争		
2	电网建设	建设部、后勤部	建设部	各部门	保2争3	争		保					保	
2	电网建设	建设部、后勤部	综服中心	营销部	保1争1								保	
3	精准供应	物资部	建设部	发展部、财务部、监审部、调控中心、运检部、营销部、综服中心、潞电公司	保3争4	保			保			保	争	
4	降损增效	发展部	发展部	运检部、营销部、调控中心、建设部	保2争3		保			争		保		
5	优质服务	营销部	营销部	运检部、党建部	保3争4	保		保		保			争	
6	提质增效	财务部	财务部	各部门	保1争2		保			争				
7	改革创新	经法部	办公室	发展部、运检部、组织部、调控中心、综服中心	保2争3								保	争
8	安全发展	集体办	潞电公司	组织部、财务部、安监部、运检部、营销部	保2争3	保	保	争						

序号	项目名称	北京公司主管部门	公司牵头部门	公司配合部门	红旗目标	夺旗计划（🚩—保旗；🏳—争旗）								
						4月	5月	6月	7月	8月	9月	10月	11月	12月
9	队伍建设	人资部	组织部	各部门	保2争3	🚩					🏳	🚩		

2. 确定红旗基础奖励额度

2019 年，计划将工资总额的 $K\%$ 用于劳动竞赛夺旗奖励，确定每面红旗基础奖励额度为 N 万元：$N=$ 工资总额 $\times K\%/20$。

3. 开展权重分解

公司组织各部门召开研讨会，对照国网北京电力下发的《劳动竞赛实施方案》进行权重分解。每个竞赛项目的权重分解由该项目的牵头部门组织完成。

例如，组织部牵头"队伍建设"项目，该项目的分项指标是"绩效激励与分配管理成效"（指标权重 40%，组织部负责）、"岗位培训与人才培养成效"（指标权重 40%，组织部负责）、"后勤支撑保障成效"（指标权重 20%，综服中心负责）。组织部召集公司各部门召开研讨会，以上述三个分项指标权重为基础，考虑绩效和培训工作与各部门工作均有关系，形成了组织部占比 41%，综服中心占比 20%，其他部门按照人数、业务量等因素占比 1%~5% 不等的工作权重分解。权重设置见表 2。

表 2　　　　2019 年队伍建设竞赛项目各部门权重分解

部门	办公室	发展部	组织部	财务部	安监部	建设部	监审部	党建部	调控中心	运检部	营销部	综服中心	潞电公司
权重分解	3%	3%	41%	3%	3%	3%	3%	3%	5%	5%	5%	20%	3%

权重分解在竞赛开始时完成，并随公司实际调整。截至 10 月，国网北京通州供电公司共进行三次权重分解。4 月完成权重分解；5 月夺旗奖励兑现后，根据相关部门需求进行了权重调整；9 月，由于公司互联网办的设立，对权重再次进行调整。调整后的各部门权重见表 3。

表 3　　国网北京通州供电公司 2019 年各部门劳动红旗权重（9 月调整）

部门	可靠供电	电网建设（基建）	电网建设（后勤）	精准供应	降损增效	优质服务	提质增效	改革创新	安全发展	队伍建设
办公室		2%					1%	40%		3%
发展部		3%		3%	48%		1%	20%		3%
组织部		2%					10%	10%	5%	40%
财务部		2%		6%			17%		5%	3%
安监部		3%					1%		10%	3%
建设部		69%		45%	8%		11%			3%
监审部		2%		3%			13%			3%
党建部		2%				5%	1%			3%
调控中心	25%	5%		3%	2%		2%	10%		5%
运检部	65%	5%		5%	16%	20%	9%	10%	5%	5%
营销部	10%	5%	10%	5%	26%	75%	11%		5%	5%
综服中心			90%				21%	10%		20%
互联网办										1%
潞电公司				30%			2%		70%	3%
合计	100%	100%	100%	100%	100%	100%	100%	100%	100%	100%

注　表中标黄部门为竞赛项目牵头部门。

4. 开展考核奖励

以 9 月劳动竞赛为例，国网北京通州供电公司获得电网建设、降损增效、队伍建设三面劳动竞赛红旗，较年初计划多夺 3 面红旗。

（1）确定各部门的红旗基本奖金。

红旗基本奖金 = 红旗比重 ×（N+Y）万元

9 月各部门获得红旗权重及基本奖金分配见表 4。

表 4　　　　　　　　9 月各部门获得红旗权重及基本奖金分配

部门	电网建设	降损增效	队伍建设	红旗比重	基本奖励（万元）
办公室	2%		3%	5%	5%×（N+Y）
发展部	3%	48%	3%	54%	54%×（N+Y）
组织部	2%		40%	42%	42%×（N+Y）
财务部	2%		3%	5%	5%×（N+Y）
安监部	3%		3%	6%	6%×（N+Y）
建设部	69%	8%	3%	80%	80%×（N+Y）
监审部	2%		3%	5%	5%×（N+Y）
党建部	2%		3%	5%	5%×（N+Y）
调控中心	5%	2%	5%	12%	12%×（N+Y）
运检部	5%	16%	5%	26%	26%×（N+Y）
营销部	5%	26%	5%	36%	36%×（N+Y）
综服中心			20%	20%	20%×（N+Y）
互联网办			1%	1%	1%×（N+Y）
潞电公司			3%	3%	3%×（N+Y）
合计	100%	100%	100%	300%	3×（N+Y）

（2）依据分项指标完成情况进行二次调整。按照国网北京电力劳动竞赛网站发布各竞赛项目完成情况，9 月共涉及奖金增减的部门为运检部（1 项

未进前 6，扣减 20%）、营销部（2 项前 3，1 项第 7，调增 10%）、监审部（1 项未进前 6，扣减 20%）、综服中心（1 项第 1，4 项未进前 6，扣减 20%）、潞电公司（1 项第 2，调增 20%）。9 月各部门劳动红旗奖励实际分配见表 5。

表 5   9 月各部门劳动红旗奖励实际分配

部门	红旗比重	9 月奖金分配		
		按权重分配（万元）	分项指标调整	二次调整后奖金（万元）
办公室	5%	5%×（$N+Y$）		5%×（$N+Y$）
发展部	54%	54%×（$N+Y$）		54%×（$N+Y$）
组织部	42%	42%×（$N+Y$）		42%×（$N+Y$）
财务部	5%	5%×（$N+Y$）		5%×（$N+Y$）
安监部	6%	6%×（$N+Y$）		6%×（$N+Y$）
建设部	80%	80%×（$N+Y$）		80%×（$N+Y$）
监审部	5%	5%×（$N+Y$）	扣减 20%	5%×（$N+Y$）×80%
党建部	5%	5%×（$N+Y$）		5%×（$N+Y$）
调控中心	12%	12%×（$N+Y$）		12%×（$N+Y$）
运检部	26%	26%×（$N+Y$）	扣减 20%	26%×（$N+Y$）×80%
营销部	36%	36%×（$N+Y$）	调增 10%	36%×（$N+Y$）×110%
综服中心	20%	20%×（$N+Y$）	扣减 20%	20%×（$N+Y$）×80%
互联网办	1%	1%×（$N+Y$）		1%×（$N+Y$）
潞电公司	3%	3%×（$N+Y$）	调增 20%	3%×（$N+Y$）×120%
合计	300%	3×（$N+Y$）		

5. 反馈汇总与审核分析

按月收集审核各部门员工个人奖励额度，并按职务层级和人员类别进行分析，召开月度绩效工作会。

6. 公开公示

印发绩效结果，在月度绩效工作会上通报公司及各部门劳动竞赛夺旗奖励分配情况，见图1。

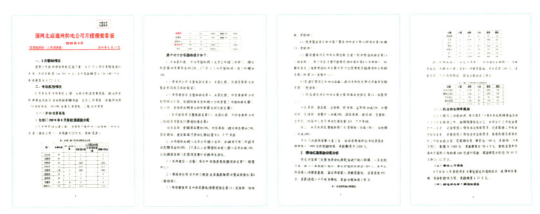

图1　国网北京通州供电公司8月劳动竞赛奖励分配情况

方法实施以来，国网北京通州供电公司竞赛牵头部门与配合部门的协同配合更加密切，员工积极性有效激发，公司内部管理合力显著提升，劳动竞赛夺旗数量在国网北京电力所属单位中名列前茅。同时，各级绩效经理人通过实践和学习，充分认识到绩效管理的抓手作用，对于如何精准开展专项任务考核、合理分配重点工作奖金有了更深入的了解和掌握。

报送单位：国网北京电力

编 制 人：戴　泓　尹志明　武子超　王显锋　翟　京

71 管理部门差异化指标权重考核法
——提高管理部门考核横向可比性

> **导　入：** 在管理部门考核中，横向可比一直是考核难点。有的部门侧重承担关键业绩指标，有的部门不承担关键业绩指标但承接公司重点任务指标，难以落实精准有效考核。国网天津电力采取差异化指标权重考核法，将承接指标结构不同的各个部门放在同一个平面上，科学公正进行考核，准确衡量贡献价值。

工具概述

差异化指标权重考核法，是指统一设置管理部门的关键业绩指标、内部管理指标、重点任务指标和特殊贡献指标考核维度基础上，差异化设置该四项指标的权重，充分考量各部门对指标考核的参与度，对完成指标优秀的部门予以加分，发挥绩效考核的正向引导作用，鼓励各部门创造佳绩。

适用场景：本工具适用于管理部门考核。

实施步骤

差异化指标权重考核法实施步骤主要包括：构建考核指标体系、差异化设置指标权重、基于价值贡献实施考核评价。

1. 构建考核指标体系

承接国家电网公司企业负责人业绩指标、公司重点工作任务，提升部门专业管理水平，构建部门考核指标体系，各部门绩效合约统一设置关键业绩指标、内部管理指标、重点任务指标和特殊贡献指标四项目标任务指标。

2. 差异化设置指标权重

依据部门是否承接关键业绩指标、是否承接内部管理指标，差异化设置考核指标权重（见表1），保证各部门考核处于同一水平线。

表1　　　　　　　　　　差异化指标权重对照表

序号	是否承接关键业绩指标	是否承接内部管理指标	关键业绩基础分	内部对标基础分	重点任务基础分	特殊贡献基础分	合计
1	是	是	30	30	25	10	95
2	是	否	30	20	30	15	95
3	否	是	20	30	30	15	95
4	否	否	20	20	35	20	95

3. 基于价值贡献实施考核评价

（1）关键业绩考核。主要围绕国家电网公司企业负责人业绩指标完成情况进行考核，在综合考量指标名次的基础上，将指标分值占比引入加减分计算。加分上限为指标分值的30%。不承担关键指标的部门不加分。

（2）内部对标考核。主要围绕国家电网公司内部管理指标，以及大型供电企业、省级专业机构对标责任进行考核，按照部门承担指标多少，设定不同加分档次，根据公司整体排名、各指标段位以及专业管理标杆情况进行加减分核算。加分上限为指标分值的30%。不承担对标指标的部门不加分。

（3）重点任务考核。主要从重点任务重要性、难度、过程评价以及横向互评等四个维度进行评价，加分上限为基础分值的30%。

（4）特殊贡献指标。根据各部门申报的1~2项突出重点工作，由绩效委员会从经济效益、社会影响、重要程度、工作难度等维度综合考虑进行加分。

◎ **经验心得**

（1）业绩考核指标和内部管理指标权重浮动比例可根据各单位管理实际进行合理设置。

（2）特殊贡献部分指标数量可根据管理实际进行限制。

（3）目标任务指标维度可以增加，增加指标需要设置基础分值。

📝 **实践案例**

国网天津电力于 2018 年 4 月开始应用差异化指标权重考核法，实现了管理部门考核横向可比。下面以国网天津电力本部为例进行展示。

1. 构建考核指标体系

目标任务指标包括关键业绩指标、内部管理指标、重点任务指标、特殊贡献指标，同时增加了支部建设指标。绩效考核体系见表 2。

表 2　　　　　　　　　　国网天津电力本部绩效考核体系

序号	考核内容	基础分值	考核责任部门	评价方式
1	关键业绩指标	30 分 /20 分	人资部	承担指标的部门基础分值为 30 分，加分上限为指标分值的 30%。 不承担指标的部门基础分值为 20 分
2	内部管理指标	30 分 /20 分	企协	承担指标的部门基础分值为 30 分，加分上限为指标分值的 30%。 不承担指标的部门基础分值为 20 分
3	重点任务指标	25 分 /30 分 /35 分	办公室	承担关键业绩和内部管理指标的部门，基础分为 25 分；承担关键业绩或内部管理指标的部门，基础分为 30 分，不承担指标的部门，基础分为 35 分。加分上限为基础分值的 30%
4	特殊贡献指标	10 分 /15 分 /20 分	绩效委员会	自主申报 1～2 项，由绩效管理委员会评价

序号	考核内容	基础分值	考核责任部门	评价方式
5	支部建设指标	5分	党建部	围绕机关党委党建工作落实，以党支部标准化建设为考核内容，采取减分方式开展考核

2. 差异化设置指标权重

根据各部门指标承担情况及表1，合理分配各部门指标权重，见表3。

表3　　　　　　　国网天津电力本部部分部门指标权重

序号	部门名称	关键业绩	内部对标	重点任务	特殊贡献	支部建设	总计
1	监察部	30	20	30	15	5	100
2	企协分会	20	30	30	15	5	100
3	运监中心	20	20	35	20	5	100
4	设备部	30	30	25	10	5	100
5	物资部	20	30	30	15	5	100

3. 基于价值贡献实施考核评价

2018年年底，根据各部门目标任务完成情况，国网天津电力组织实施了本部管理部门考核。其中监察部、企协分会、运监中心因为承接关键业绩指标和内部管理指标权重较少，将主要工作重心放在重点任务、特殊贡献等指标上，年度完成结果较好，最终取得了A级考核结果。考核结果见表4。

表4　　　　国网天津电力本部部分部门2018年绩效考核结果

序号	部门名称	关键业绩	内部对标	重点任务	特殊贡献	支部建设	总计	绩效等级
1	监察部	30.000	20.000	38.710	13.507	4.500	106.717	A

序号	部门名称	关键业绩	内部对标	重点任务	特殊贡献	支部建设	总计	绩效等级
2	企协分会	20.000	30.000	37.780	12.693	4.900	105.373	A
3	运监中心	20.000	20.000	44.610	15.097	4.500	104.207	A
4	设备部	30.745	30.000	31.210	6.060	4.500	102.515	B
5	物资部	20.310	30.000	35.530	9.821	4.500	100.161	B

2018 年，国网天津电力通过运用差异化指标权重考核法，统一考核维度，让各部门站在同一"起跑线"上，实现了管理部门横向可比；通过设置差异化指标权重，承担关键业绩指标和内部管理指标的部门可集中优势力量聚焦指标完成；不承担此两项指标部门可聚焦重点任务和特殊贡献部分，同样能够取得考核结果 A 级机会。本考核模式强化了各部门的价值贡献导向，体现了考核的科学性和公平性，充分激发了各部门争先进位意识。

报送单位：国网天津电力

编 制 人：刘洪亮　张朝乾

72 "两条线考核、双挂钩激励"考核法
——解决公司业绩与员工激励挂钩的问题

> **导　入:** 公司业绩是专业管理部门关注的重点，而业绩提升的源泉是员工动力，如何最大限度激发员工工作热情是实现公司业绩整体提升的关键。国网河北武强县供电公司创新应用"两条线考核、双挂钩激励"考核法，将业绩考核和全口径对标排名关联部门结果，部门结果对应绩效工资分配和全员绩效等级，大大激发了员工动能，促进了公司业绩和员工绩效双提升。

工具概述

　　"两条线考核、双挂钩激励"考核法，即依据部门"业绩考核得分、全口径对标排名"两条主线，确定部门绩效考核结果。"双挂钩激励"为绩效工资分配激励、员工年度绩效等级比例调增。"两条线考核、双挂钩激励"考核流程图见图1。

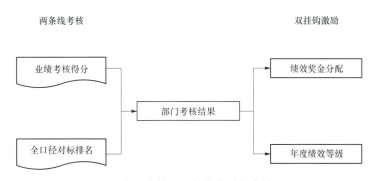

图1　"两条线考核、双挂钩激励"考核流程图

适用场景：本工具适用于地市、县级供电公司内部各部门及管理人员。

⚙ 实施步骤

"两条线考核、双挂钩激励"考核法实施步骤包括：计算部门业绩考核得分、全口径对标排名划档、确定部门绩效考核结果、挂钩部门绩效工资分配和挂钩年度绩效等级。

1. 计算部门业绩考核得分

部门业绩考核分数 = 标准分值 + 月度业绩考核得分。

标准分值为部门基础分。

月度业绩考核得分 = 市公司考核（加减分）+ 公司日常考核（加减分）。其中，市公司发布的考核指标考核分值对管理部门和责任单位 5 倍考核（加减分）；日常考核内容，由各专业管理部门提出考核意见，报公司绩效办公室汇总公示。

2. 全口径对标排名划档

依据上级单位发布的全口径对标排名结果，对各部门开展横向排名考核，分为上游、中游、下游三档，并赋予相应分值，合理拉开差距。

3. 确定部门绩效考核结果

公司绩效委员会依据各部门业绩考核得分和全口径对标排名情况，确定部门月度、年度考核结果。

月度绩效得分 =（月度业绩考核得分 + 月度全口径对标得分）/2。

年度绩效得分 =[（ $\sum$ 1–12 月月度业绩考核得分）/12+（ $\sum$ 1–12 月月度全口径对标得分）/12]/2。

4. 挂钩部门绩效奖金分配

部门月度绩效工资总额 =（部门月度绩效考核工资 + 部门全口径对标排名奖励工资）× 部门员工人数。

（1）部门月度绩效考核工资＝部门月度业绩考核得分／标准分值 × 绩效工资基数。

（2）部门全口径对标排名奖励工资＝全口径对标奖励标准 ± 排名浮动奖罚金额。

其中，绩效工资基数和全口径对标奖励标准依据公司年度工资计划和工资月发放进度，综合公司效益情况核定。

排名浮动奖惩金额按照实际排名情况奖惩金额浮动，对于指标排名上游的部门，人均奖励按实际名次逐名递增；中游部门按照奖励基数执行；下游部门人均奖励按实际名次逐名递减。

绩效奖金基数、全口径对标奖励标准、排名浮动奖罚金额，根据上级有关政策、上级下达当年工资总额和公司效益水平等因素，由公司总经理办公会审议确定。

5. 挂钩年度绩效等级

（1）部门绩效等级的确定。汇总年度考核得分后，对各部门年度得分进行综合评定，依据年度绩效等级评定实施方案规定分级比例，按照规定分级比例确定各部门绩效等级。

（2）员工绩效等级的确定。部门主要负责人的绩效等级为部门绩效等级。部门内员工绩效等级名额与部门等级挂钩，对年度绩效等级为 A 的部门，给予额外 1 个 A 级员工名额奖励。

◎ **经验心得**

应紧密结合各单位工作实际，抓准公司管理中的重点、要点，尽量选取可横向对标的指标及考评内容，科学确定考核责任，在确定奖罚标准以及绩效工资挂钩比例时，要避免操之过急引发抵触情绪，并在实施过程中注意循序渐进，做好政策宣贯引导。

实践案例

国网河北武强县供电公司于 2017 年 6 月开始应用"两条线考核、双挂钩激励"工具，实现了"考核抓重点、挂钩挂痛点"，加大绩效考核结果与奖金分配挂钩力度。以下以党建工作部为例进行展示。

1. 计算部门业绩考核得分

各部门标准分值均设为 100 分，月度业绩考核得分以公司月度考核通报分值为准。依据 2018 年 3 月业绩考核通报（市公司奖励：主动做好品牌宣传工作，根据投稿情况奖励 1 分，党建工作部作为管理部门加 5 分、责任单位加 5 分，总计 10 分；公司日常工作奖励 5.4 分），党建工作部绩效奖励加分 15.4 分。

部门月度绩效考核得分 =100+15.4=115.4（分）。

2. 全口径对标排名划档

各部门排名位次分为上游、中游、下游三档，其中，部门排名在前 4 名为上游，排名在 5 ~ 8 名为中游，排名后 3 名为下游，依据上（100 分）、中（80 分）、下游（60 分）三档位赋予相应分值。依据市公司 2018 年 3 月全口径对标结果，党建工作部全口径对标结果排名第 2 名，位于上游，给予 100 分。

3. 确定部门绩效考核结果

月度绩效得分 107.70 分 =（月度业绩考核得分 115.40 分 + 月度全口径对标得分 100.00 分）/2。

4. 挂钩部门绩效工资分配

（1）部门绩效考核工资。绩效工资基数设置为 1500 元，部门绩效考核工资 =（115.4/100）× 1500=1731（元）。

（2）部门全口径对标排名奖励工资。全口径对标排名奖励工资基数设置为 1000 元，第一档在基数上依次递增 100 元，最高为人均 1400 元；第二档执行基础奖励人均 1000 元；第三档在基数上依次递减 100 元，最低为人均

700元。党建工作部排名第2名且高于基准名次3位，对标奖励工资基数按1300元执行。党建工作部员工人数为5人。

部门绩效工资总额=（1731+1300）×5=15155（元）。

5. 挂钩年度绩效等级

（1）部门绩效等级的确定。党建工作部年度绩效得分103.35分=[（∑1–12月月度业绩考核得分1335.5分）/12+（∑1–12月月度全口径对标得分1145.0分）/12]/2，部门年度绩效等级为A级。

（2）员工绩效等级的确定。依据相关制度规范比例要求确定员工年度绩效等级（A级占比不超过20%）。党建工作部年度绩效等级为A级，给予额外1个A级员工名额奖励。部门主任的最终绩效结果为部门绩效等级A级，部门副主任与部门其他人员一起进行评价排名，确定绩效等级。

以党建工作部员工石*为例，石*年度绩效得分=（石*12个月绩效平均得分+石*12个月全口径对标平均得分）/2+综合评价得分=100.00分，年度绩效综合得分在本部门排名第一，年度绩效等级为A级。党建工作部员工年度绩效等级评价见表1。

表1　　　　　　　　　党建工作部员工年度绩效等级评价

月份	许*		魏*		石*		王*		梁*	
	月度绩效得分	全口径对标得分	月度绩效得分	全口径对标得分	月度绩效得分	全口径对标得分	月度绩效得分	全口径对标得分	月度绩效得分	全口径对标得分
1月	85.00	100.00	73.50	65.00	85.00	80.00	76.00	70.00	79.50	75.00
2月	88.00	96.00	78.00	79.00	86.00	85.00	80.00	78.00	79.00	80.00
3月	85.00	100.00	73.50	65.00	85.00	80.00	76.00	70.00	79.50	75.00
4月	78.00	79.00	79.50	75.00	79.00	85.00	85.00	80.00	73.00	88.00
5月	73.50	65.00	79.00	80.00	79.50	88.00	86.00	85.00	69.00	70.00
6月	9.00	87.00	83.00	83.00	75.00	82.50	83.00	78.00	77.00	78.00
7月	85.00	100.00	80.00	79.00	85.00	80.00	76.00	70.00	79.50	75.00
8月	85.00	80.00	79.50	78.00	76.00	83.00	79.50	75.00	73.50	65.00

月份	许*		魏*		石*		王*		梁*	
	月度绩效得分	全口径对标得分	月度绩效得分	全口径对标得分	月度绩效得分	全口径对标得分	月度绩效得分	全口径对标得分	月度绩效得分	全口径对标得分
9月	86.00	85.00	73.50	72.30	73.50	65.00	73.50	65.00	78.00	79.00
10月	85.00	80.00	85.00	80.00	83.00	75.00	79.50	75.00	73.50	65.00
11月	85.00	100.00	73.50	65.00	85.00	80.00	76.00	70.00	79.50	75.00
12月	85.00	80.00	80.00	78.00	79.00	80.00	85.00	80.00	71.00	76.00
1—12月份得分合计	999.50	1052.00	938.00	899.30	971.00	963.50	955.50	896.00	912.00	901.00
月平均得分	85.29	87.67	78.17	74.94	80.92	80.29	79.63	74.67	76.00	75.08
综合评价得分	12.52		18.45		49.40		11.85		17.46	
年度绩效得分	98.00		95.00		100.00		89.00		93.00	
年度绩效等级	A		B		A		C		B	

通过实施"两条线考核、双挂钩激励"考核法，员工队伍活力充分激发、企业核心竞争力显著增强。通过加大绩效考核结果与薪酬分配挂钩力度，2018年相同岗位层级的中层干部、管理人员的绩效薪金倍比分别达到1.17倍、1.23倍。两年来累计岗位晋升22人，降岗处理7人、待岗处理3人。2018年武强公司在河北公司98家县公司综合评价中排名第17位，46家"Ⅲ＋Ⅳ"型县级公司中排名第5位，业绩得到显著提升。

报送单位：国网河北武强县供电公司

编制人：罗　真　乔　琰　封延君　张　静　刘　伟

73 绩效合约"三维目标"法
——制订"合身"的绩效合约

导 入: 近年来,随着工作要求不断提升,如何调动管理人员的积极性,提升员工能力素质,实现人尽其用,成为摆在绩效经理人面前的一道迫在眉睫的"必答题"。国网江苏无锡供电公司通过打造"三维目标"绩效合约,量身定制绩效指标,有效调动员工积极性,充分发挥全体员工的价值,实现了业绩和能力双提升。

工具概述

绩效合约"三维目标"法,即针对不同员工的特点,绩效经理人在与员工进行充分的绩效沟通基础上,分解部门绩效合约中的指标和任务,量身定制涵盖"三维目标"(基本目标、提升目标、能力目标)的绩效合约。

适用场景:本工具适用于存在指标难以量化、岗位可比性不强的管理部门。

实施步骤

绩效合约"三维目标"法的实施步骤包括:设置基本目标、设置提升目标、设置能力目标。

1. 设置基本目标

基本目标是管理人员在岗位工作中必须做到的、必须做好的个人常规性工作,包括基础专业工作、部门公共事务和专项工作等,基准分值直接体现其日常工作的"量"，鼓励员工把基础工作做精做优。公共事务积分规则见表1，专项积分规则见表2。

表1　　　　　　　　　　　　公共事务积分规则

序号	项目	对口部门	积分	序号	项目	对口部门	积分
1	文书档案收资	办公室	3	11	卓越绩效日常管理	运监中心	6
2	保密工作	办公室	3	12	同业对标指标管理	运监中心	6
3	协同办公（出差管理）	办公室	3	13	人资联络员	人资部	6
4	资产全寿命周期	安质部	6	14	部门报销员	财务部	3
5	班组建设	党建部	6	15	部门预算员	财务部	3
6	协同监督	监察部	3	16	部门信息员	信通公司	3
7	党风廉政	监察部	3	17	部门用车申请	汽服公司	3
8	作风建设	监察部	3	18	工会小组长	党建部	3
9	巡察、审计	监察部 审计部	6	19	党小组长	党建部	3
10	运营监测月报	运监中心	3	20	党建联络员	党建部	6

表2　　　　　　　　　　　　专项工作积分规则

序号	项目	积分	备注
1	关键业绩指标	以前三个季度指标排名的平均成绩为目标值。 （1）达到目标值得指标分值，超过最高值加1~2分；达到最高值加0~1分，低于目标值扣0~1分，低于最低值扣1~2分。 （2）连续处于第一位的指标，从第4次开始加0.5分	
2	承担项目小组协调工作	10分	
3	承担内部专业培训工作	10分	
4	承担迎检讲解工作	6分	
5	参加上级专业竞赛、调考	（1）队员15分。 （2）教练10分	

序号	项目	积分	备注
6	撰写通讯报道	（1）公司网站 2 分。 （2）省公司录用 3 分。 （3）国网公司录用 4 分	
7	管理创新项目管理	（1）出成果 5 分。 （2）获省公司二、三等奖 7 分。 （3）获省公司一等奖、推荐国网公司 10 分。 （4）获国网公司奖 12 分	一稿多投，就高加分
8	卓越绩效项目管理	（1）出成果 5 分。 （2）入选省公司 7 分。 （3）入选国网公司 10 分	
9	同业对标典型经验项目管理	（1）出成果 5 分。 （2）入选省公司 6 分。 （3）入选国网公司 7 分	

2. 设置提升目标

提升目标主要包括根据管理创新项目、上级试点工作、公司级重点工作任务等确定的绩效目标，需要由管理人员努力争取，旨在体现他们的价值贡献。

3. 设置能力目标

能力目标是将职称、人才称号以及文字、沟通等管理岗位应该具备的能力，进行定量和定性的等级划分，明确各等级对应的分值（见表 3），与绩效结果相关联。

表 3　　　　　　　　　　管理人员能力清单

		评价项目	赋分值
岗位能力	文字能力	高级：具备国网公司级媒体文章撰写能力（每年有国网公司级媒体文章刊登）	1
		中级：具备省公司级报刊媒体文章撰写能力（每年有省公司级媒体文章刊登）	0.5

		评价项目	赋分值
岗位能力	文字能力	初级：具备公司级媒体文章、部门综合性总结材料撰写能力（每年有公司级媒体文章刊登，撰写部门综合性总结材料1~2次）	0.2
	组织协调能力	高级：具备参与上级公司协调工作的能力（作为重要角色，能够承担上级公司安排的组织协调工作或专业性会议）	1
		中级：具备协调公司部门间事宜的能力（能够独立承担公司各部门、单位间组织协调工作，组织公司物资专业性会议）	0.5
	组织协调能力	初级：具备协调部门内部事宜的能力（能够独立承担部门综合专业工作、组织内部会议）	0.2
	专业能力	高级：具备两个及以上岗位履职能力，能够统筹专业间的业务管理	1
		中级：能够独立承担岗位工作，较好完成岗位各项工作	0.5
		初级：无法独立承担岗位工作，只能够配合专业工作开展	0.2
	沟通能力	高级：组织内部评价，获得80%以上员工的评分认可	1
		中级：组织内部评价，获得61%~80%员工的评分认可	0.5
		初级：组织内部评价，获得50%~60%员工的评分认可	0.2
技能等级		双高（高级技师、高级职称）	2.8
		高级技师	2.5
		技师/双师（技师、中级职称）	2.0/2.3
		高级工	1.5
		中级工	1
		初级工	0.5
职称		教授级	3
		高级职称/双高（高级职称、高级技师）	2.5/2.8
		中级职称/双师（中级职称、技师）	2.0/2.3
		初级职称（助理级）	1.5
		初级职称（员级）	1
		注册师一级	2.5
		注册师二级	2
学历		博士研究生（含博士学位）/双硕士	3
		硕士研究生	2.5

续表

	评价项目	赋分值
学历	双学士学位或硕士学位	2
	本科（含学士学位）	1.5
	大学专科	1
	中专及以下	0.5

三类目标的设置、基础分值与权重均因人而异，打破了绩效合约的统一模式，让绩效合约更"合身"，见图1。

传统绩效合约	
考核内容	权重（%）
关键业绩指标	40
重点工作任务	40
综合评价	20

"三维目标"绩效合约	
考核内容	权重（%）
基本目标	0～100，与绩效经理人商定
提升目标	0～100，与绩效经理人商定
能力目标	0～100，与绩效经理人商定

图1 "三维目标"绩效合约

注 基本目标权重 + 提升目标权重 + 能力目标权重 =100%。

◎ 经验心得

（1）要遵循实事求是的原则，尤其是能力目标，对各类员工要在充分沟通的基础上量身定制，且目标应是员工在一个考核周期内通过主观努力能够达成的，以利于充分调动员工积极性。

（2）要遵循公开公正的原则，在通过自主竞标设定能力目标时，需要做到任务公开；在由任务接单人牵头自由组建团队时，需事先明确各组员的绩效目标与评价标准，在绩效评价时要做到评价公正。

实践案例

国网江苏无锡供电公司于 2017 年 10 月开始应用绩效合约"三维目标"法，实现了业绩和能力双提升。以下以物资部为例进行展示。

1. 设置基本目标

国网江苏无锡供电公司物资部核定与岗位职责密切相关的指标任务基准分值，同时将与岗位关系不大的部门公共事务、专项工作剥离开来，通过绩效沟通，把公共事务和专项工作分配到相应员工，纳入基本目标，核增相应基准分值，基准分值直接体现其日常工作的"量"，鼓励员工把基础工作做精做优。

2018 年，物资部仓储专职翁 * 除了承担本岗位指标和任务外，还兼了党小组工作、审计配合事务，承担了项目小组协调、迎检讲解等职责，她基本目标的基准分值比其他同事多了十来分。当年四季度绩效考核中，在圆满完成基本目标的基础上，审计配合与迎检讲解任务还获得了公司领导的高度肯定，最终得到了 81 分，位居部门第一。

翁 *2018 年二季度绩效合约见表 4。

2. 设置提升目标

在原来单一的"指派型"任务分配模式基础上，对于一些综合性较强、难度较大的工作实施竞标，由管理人员自主选择是否接单，部门根据实际开展情况进行持续跟踪考评，并最终赋予绩效分值；对于需要各专业相互配合的工作任务，由接单人员牵头，挑选合适的人员组建团队，共同完成任务，也共同分享绩效分值，旨在体现他们的价值贡献。

2018 年初，国网江苏无锡供电公司配农网物资库存居高不下，物资部把库存消减任务作为竞标任务，被计划专职丁 * 夺标。随后他招募了 4 名成员组建了团队，定期深入分析库存物资现状，从根源寻找库存形成的规律，多

表4

*2018年二季度绩效合约

部门：物资中心　岗位：仓储管理　履约周期：2018年二季度

序号	指标名称		指标层级	标准分值	评价标准	考核得分	原因
					（一）基本目标（75分）		
1	关键业绩指标	物资供应完成率	单位级	10	以前三个季度指标排名的平均成绩为目标值；达到目标值得15分，超过最高值加1~2分，达到最高值加0~1分，低于目标值扣0~1分，低于最低值扣1~2分；连续处于第一位的指标，从第4次开始加0.5分	10	
2		物资合同到货结算率	单位级	10	前三个季度指标排名的平均成绩为目标值；达到目标值得15分，超过最高值加1~2分，达到最高值加0~1分，低于目标值扣0~1分，低于最低值扣1~2分；连续处于第一位的指标，从第4次开始加0.5分	9	履约指标B段
3		仓储规范性管理	单位级	10	以前三个季度指标排名的平均成绩为目标值；达到目标值得15分，超过最高值加1~2分，达到最高值加0~1分，低于目标值扣0~1分，低于最低值扣1~2分；连续处于第一位的指标，从第4次开始加0.5分	9	仓储指标B段
4	常规性重点工作任务	物资到货核查提升工作	部门级	6	完成工作方案编写，定期组织开展检查，发现问题及时报并组织整改，得10分；发现问题不及时被上级通报，减1~2分/次	6	

续表

序号	指标名称		指标层级	标准分值	评价标准	考核得分	原因
5	常规性重点工作任务	完善结余物资管理流程	部门级	6	完成流程优化并实施，完成经验总结，得10分 经验做法在上级媒体报道、推广，得1～3分	9	组织跨省调拨工作成效显著
6		库存管控工作	部门级	5	每月按时形成库存月度分析报告，得5分 分析报告滞后，扣0.5分；分析报告出现疏漏，扣1～2分 库存清理工作出色，推进有力，加1～3分	7	持续推进借用库清理工作，完成已核实物资的领用出库
7	日常行为规范		日常级	3	劳动纪律：不发生违反劳动纪律制度的行为 工作态度：服从上级工作安排，积极主动完成上级分配的各项工作任务；认真履行工作职责，爱岗敬业，保质保量完成各项生产任务，主动作为，善于思考，为提高工作质量和水平献计献策 维护稳定：不发生影响和损害公司重大事件；不发生越级上访、集体上访等影响企业稳定的事件；不发生影响公司形象的负面新闻宣传事件 优质服务：坚持履行社会职责，坚持服务宗旨，不发生违反纪律违法问题；不发生重大职务犯罪或符合优质服务的行为 党风廉政：不发生违纪违法，造成较大社会影响；不发生违反党风廉政建设责任制的行为 单位犯罪，造成较大社会影响、造成责任制问题的规定》《关于实行党风廉政建设责任制的规定》事件	3	

续表

序号	指标名称		指标层级	标准分值	评价标准	考核得分	原因
7	日常行为规范		日常级	3	精神文明：不发生违反职业道德规范的行为；不发生参与黄赌毒及封建迷信的行为；不发生打架斗殴等行为 安全生产：不发生违章，安全生产事故；不发生有人员责任的安全事件		
8	兼职工作	承担项目小组协调工作	部门级	10	发生相应问题，根据情节轻重扣0～3分 完成协调工作任务，得10分 出现问题，扣1～2分	10	
9		承担迎检讲解工作	部门级	6	完成迎检任务，得5分 得到迎检国网，省公司认可，加1～3分 出现问题，扣1～2分	9	五化仓库迎检国网检查并获表扬
10		党小组工作	部门级	3	每月组织党小组活动，完成党小组台账，得3。 未按时或未按要求组织党小组活动，不得分 党小组台账未按时或未按要求完成，扣1分	3	
11		审计配合工作	部门级	6	完成审计配合工作，得6分 每出现一次配合不到位，扣1～2分	6	

续表

序号	指标名称	指标层级	标准分值	评价标准	考核得分	原因
				（二）提升目标（4分）		
1	红旗仓库建设工作	单位级	4	完成红旗仓库建设得4分，得到公司领导认可再加1～2分；未按期完成当期考核不予加分，并酌情再减1～2分	0	
				（三）能力目标（0.5分）		
1	岗位能力提升（文字能力：中级提升为高级）			详见《物资供应中心管理人员能力清单》	0	

合计总分　81

绩效经理人签名：　　庄 *

日期：　2018.4.30

被考核人签名：　　翁 *

日期：　2018.4.30

次会同运检部、财务部、建设部商讨平衡利库、清仓利库等库存消减措施，集中协调处理问题物资。2018 年年底，无锡全地区库存金额消减 2175 万元，消减比例达 18%。该团队也因此获得了提升目标绩效加分，同时团队成员也根据角色和贡献获得了相应绩效分值，品尝到了团队合作的"甜头"，纷纷表示明年还想承接更多的任务。

3. 设置能力目标

根据管理岗位应该具备的能力进行定量和定性的等级划分，设置文字能力、组织能力、专业能力、沟通能力、技能等级、职称和学历等能力项，并对各能力项设置不同的分级标准，鼓励管理人员自主选择弱势能力项作为年度能力目标，每年自主调整，为团队未来的发展做好能力储备。

2019 年年初，物资部开展了重点岗位人员交流换岗，换岗后专业能力成为短板，万 * 便是其中之一。对此，部门与员工商议设定了能力目标，换岗员工 1 个月内通过岗位专业能力测试，即可获得相应绩效得分。通过绩效引导、压力传递，换岗员工适应新岗位的速度明显加快，最终万 * 等 6 人顺利通过了 3 月的岗位专业能力测试，并如愿取得了绩效加分。

通过绩效合约"三维目标"法，充分发挥了绩效考核引导效应。一是工作效率高、积极性高的员工积极承接更多兼职工作，获取更高的基本目标得分；二是工作能力强、喜欢挑战自我的员工主动竞标重点工作任务，获取更高的提升目标得分；三是让能力素质有欠缺、学习能力强的员工主动提升能力素质，获得更高的能力目标得分。同时，绩效得分与绩效奖也直接挂钩，"做多做少一个样"的顾虑得以彻底消除，精神面貌也发生了巨大的转变，形成了"多劳多得""高薪养能"的良好绩效氛围，原先的"消极被动"不复存在。

报送单位：国网江苏无锡供电公司

编 制 人：庄 艇 许 杰 程大蓓 朱 琪

74 指标柔性管理团队考核法
——推进单位级指标多部门协同考核

> **导　入：**"线损率"是供电企业一项重要的关键业绩指标，在供电单位内部多由发展部牵头负责，运检部、营销部和调控中心等多个部门配合。指标责任分解后，如果配合部门支撑责任落实不到位，协同配合的动力不足，极易产生推诿现象。国网江苏泰州供电公司采用指标柔性管理团队考核法，合理组建柔性团队，明确考核规则，有效解决了单位级指标多部门协同考核难题。

工具概述

指标柔性管理团队考核法是指业绩考核指标归口管理部门，将主观影响因素较多、需要部门协同配合、相对弱势劣势的指标列为重点提升对象，针对性选择配合部门人员，组建跨部门协作的柔性管理团队，通过设定指标"目标锚"，对指标柔性管理团队进行考核兑现，并由团队经理进行二次考核分配的方法。

适用场景：本工具适用于需要多部门协同配合的考核指标或事项。

实施步骤

指标柔性管理团队考核法主要步骤是：确定提升指标、组建柔性团队、签订团队合约；明确团队内部考核分配规则、定期协调管控；团队考核兑现和二次考核兑现。

1. 确定提升指标、组建柔性团队、签订团队合约

指标归口管理部门将符合主观影响因素较多、需要部门协同配合、相对弱势劣势特性的指标列为候选指标，经分管领导审核确认后，自主申报组建柔性管理团队。团队经理根据指标影响因素和配合部门会商，确定配合部门的团队成员，明确职责权限。由公司分管领导与团队经理签订业绩考核指标柔性管理团队绩效合约。

2. 明确内部规则、定期协调管控

业绩考核指标柔性管理团队在绩效合约中进一步补充明确指标目标计划、团队二次考核规则、奖惩办法和人员职权。团队经理定期组织总结复盘，挖掘指标改进提升的空间，进行创新突破；重组团队内部协作的机制、方法、流程，进行归纳提炼，形成指标提升合力。团队组织、流程机制建设和管控协调工作成效作为团队经理考核内容。

3. 团队考核兑现和二次考核兑现

针对指标柔性团队间工作不好横向比较的问题，由公司预先设定指标"目标锚"，确定统一的考核基数进行考核，考核结果与指标权重和最终排名挂钩。团队经理依据团队成员表现，在团队获得的奖惩额度内，依据既定合约进行二次考核兑现，确保考核激励及时、指标可控在控。柔性团队的兑现周期与省公司业绩考核结果发布同步，定期考核兑现。

◎ 经验心得

（1）组建指标团队的指标必须是需要其他部门配合的。单独部门责任指标建议直接由部门管控，不需要组建团队。

（2）给予团队经理充分的考核权和分配权，但必须建立内部二次考核规则并报人力资源部备案。

（3）团队成员的薪酬奖惩由团队直接决定，不经过团队成员原部门，但

团队成员的工作表现由团队经理向原部门反馈，作为年度绩效等级评定的重要参考。

 **实践案例**

国网江苏泰州供电公司于 2018 年 1 月开始应用指标柔性管理团队考核法，实现了年度 6 项跨部门指标 1 项领先、5 项进步明显。以下以当年示例进行展示。

1. 确定提升指标、组建柔性团队、签订团队合约

2018 年，围绕省公司业绩考核体系，经专业部门申报、人力资源部甄别和分析，国网江苏泰州供电公司最终组建了"用户平均停电时间""交易中心专业工作评价指标""线损率""业扩报装提升率""综合能源服务业务收入目标完成率""综合电压合格率" 6 个指标柔性管理团队，分别签订相应的柔性团队绩效合约，图 1 所示为"交易中心专业工作评价指标"柔性团队绩效合约。

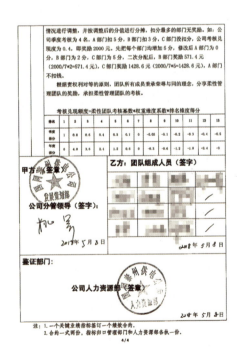

图 1 "交易中心专业工作评价指标"柔性团队绩效合约

2. 明确内部规则、定期协调管控

各部门组建指标柔性团队，协商确定内部二次考核评价和兑现规则，定期组织团队分析研究，取得较好的管控成效。

3. 团队考核兑现和二次考核兑现

根据柔性团队管理指标各考核周期考核结果，对团队进行考核兑现，考核兑现额度＝柔性团队考核基数 × 权重维度系数 × 排名维度得分。

柔性团队考核基数暂定为 5000 元，可进行调整。

（1）权重维度系数。根据指标的权重大小，赋予相应的权重维度系数，以体现指标的重要程度。例如设置为：指标权重小于等于 5 分，权重维度系数为 1；指标权重大于 5 分、小于等于 10 分，权重维度系数为 1.5；指标权重大于 10 分，权重维度系数为 2；专业工作评价的权重维度系数为 1。

（2）排名维度得分。根据所管理指标全省排名，赋予相应的排名维度得分，在制定排名维度得分时，按正向激励原则，名次进步加分多，退步减分只减一半。公司业绩考核按照保六争五为目标，所制定的"目标锚"标准见表 1。

表 1　　　　　　　　　　　指标排名维度得分标准

排名	1	2	3	4	5	6	7	8	9	10	11	12	13
季度得分	1	0.8	0.6	0.4	0.2	0.1	0	−0.05	−0.1	−0.2	−0.3	−0.4	−0.5
年度得分	6	4.8	3.6	2.4	1.2	0.6	0	−0.3	−0.6	−1.2	−1.8	−2.4	−3

经测算，一个 5 分权重指标，4 个季度及年度均保持第 1，团队将获得 50000 元团队奖励，同时由于团队成员为指标相关各部门重点人员，人均奖励在 5000 元以上。各指标柔性管理团队承担的指标排名及最终奖惩见表 2。

表 2　　　　　　　　　　　　指标柔性管理团队运行情况表

序号	归口部门	指标名称	一季度排名	二季度排名	三季度排名	四季度排名	年度排名	年度得分	全年奖惩（元）
1	发展部	线损率	1	1	1	1	1	10	50000
2	营销部	业扩报装提升率	未考核	1	5	2（2）	2（2）	6.8	34000
3	安质部	用户平均停电时间	7	9	3	1	4（2）	3.9	19500
4	运检部	综合电压合格率	6	6	未考核	4（2）	4（2）	3	15000
5	营销部	综合能源服务业务收入目标完成率	未考核	6（4）	6（5）	4（8）	4（8）	0	0
6	发展部	交易中心专业工作评价	未考核	13	3	10（2）	6（3）	-0.1	-500

注　2（2）表示 2 家单位并列第 2，中间位算第 2 名；6（5）表示 5 家单位并列第 6，中间位算第 8 名。遇并列名次时加分取中间位次，扣分取并列位次，保证像 6（4）、4（8）这样的表面上在第 7 名之前，实际上在第 7 名之后的名次，既不会被扣分，也不会被奖励。

通过实施指标柔性管理团队考核法，实现了薪酬与指标结果强挂钩，多部门协同指标责任得到有效落实，牵头部门工作开展有了抓手，配合部门有了压力，相关专职有了动力，极大地激发了组织内部活力。发展部"线损率"指标全年保持第 1 名，营销部、安质部、运检部团队负责的指标进步明显，特别是交易中心指标也由去年第 11 名进步到年度综合第 6 名，公司业绩明显提升。

报送单位：国网江苏泰州供电公司

编 制 人：刘东亮　唐 进

75 动态任务分解抢单制
——提高综合事务和临时性工作的质效

> **导 入：**部门技术人员日常本职工作相对饱满，综合事务、临时性工作任务不易分配，影响了整个部门的工作质效。国网湖南供电服务中心（计量中心）运用动态任务分解抢单制，加强任务分解的双向沟通，提升技术人员主动做事的意愿，有效提升员工积极性，改进工作质效。

工具概述

动态任务分解抢单制是指绩效经理人将部门承担的所有工作任务细化并设置分值，先按职责分工派发给员工，对于无人接单的综合事务、临时性工作，或员工因故不能接单的专业工作，实行全员抢单，建立多劳多得分配机制，绩效评价结果与承担工作量挂钩。

适用场景：本工具适用于部门内部技术人员。

实施步骤

动态任务分解抢单制的实施步骤主要包括：制定任务清单、任务调整和派发、工作任务接单、工作任务抢单。

1. 制定任务清单

月初由绩效经理人将所有工作任务（含业务工作及综合事务工作）进行细化，并根据工作量和难度大小设置工作分值，按照岗位职责分工指定首选责任人。

2. 任务调整和派发

部门人员对于安排不合理、遗漏的工作，可提出调整意见，绩效经理人同意后，更新任务清单后派发。月中发生临时性工作任务，绩效经理人在任务清单中追加并派发。

3. 工作任务接单

工作任务首选责任人员逐一接单，因故无法承担工作时（如较长时间脱产培训、休假等），经绩效经理人同意，可放弃该项工作接单。

4. 工作任务抢单

对于首选责任人员放弃的工作任务、无人接单的综合事务和临时性工作任务，绩效经理人提升工作分值，划入部门全员抢单范畴，直至有人领取工作任务。抢单人可邀请配合人员参与，并商定好工作分值分配。

经验心得

（1）各项工作分值应根据其重要程度、完成难易程度等因素进行设定，将差距控制在合理范畴。

（2）绩效经理人应告知员工，常态化的综合事务工作第一次认领确定后，一定时期内不变更人员，不应频繁变更人员而影响整个单位的综合管理工作效率。

实践案例

国网湖南供电服务中心（计量中心）于 2019 年 4 月开始应用动态任务分解抢单工具，实现了任务下达和接单抢单全过程公开，员工收入与工作量、难度直接挂钩，使员工工作积极性大幅提高。以下以营销稽查部为例进行展示。

1. 制定任务清单

月初，绩效经理人编制部门 4 月工作任务清单（见表 1），包括单位级重点工作任务、部门级重点工作、综合事务工作任务共 30 项，每项工作明确了首选责任人和分值。

表 1 部门 4 月工作任务清单

序号	工作任务类别	工作任务	首选责任人	工作分值
1	单位级	建立稽查事前预警工作机制	刘*	2
2	单位级	协同运营部开展营商环境监控稽查	陈*	2
3	单位级	进行高损台区分析，对落后单位启动专项稽查	邝*	2
4	部门级	开展永州宁远挂岗挂职经验总结和分享	刘*	1
…	部门级	…	…	…
29	综合事务	部门绩效和劳动考勤管理日常工作		0.5
30	综合事务	配合党建部开展 4 月联学联创活动		0.5

2. 任务调整和派发

工作任务清单下达后，部门刘*等 5 名员工分别进行了接单，有 1 项单位级工作（分值 2 分）的首选责任人因休年假放弃接单，2 项综合事务工作（分值 0.5 分）无人接单。

3. 工作任务接单

绩效经理人将无人接单的单位级工作分值提升至 2.5 分，2 项综合事务工作分值提升至 1 分，实施全员抢单。其中综合事务工作被 2 名员工抢接，仍有 1 项无人抢单。绩效经理人再次提升分值至 3 分，刘*联合许*接单，商定分值分配为 2.5 和 0.5。

4. 工作任务抢单

月末，绩效经理人对刘*所负责的 7 项工作进行评价（见表 2），分为优秀、良好、合格、差四档，对应评价系数分别为 1.5、1.2、1、0.8。按照基础分 120 分 + 每项工作分值 × 评价系数，计算得出 4 月绩效分为 133.15 分，在部门员工中排名第一。

表 2　　　　　　　　　　　工作评价得分

工作内容	工作分值	工作责任人	部门负责人评价	得分	本月绩效评分	说明
任务 1	1	刘 *	优秀	1.5		工作分值 1 × 优秀系数 1.5
任务 2	1	刘 *	优秀	1.5		工作分值 1 × 优秀系数 1.5
任务 3	1	刘 *	良好	1.2		工作分值 1 × 良好系数 1.2
任务 4	1	刘 *	良好	1.2	—	工作分值 1 × 良好系数 1.2
任务 5	1	刘 *	合格	1		工作分值 1 × 合格系数 1.0
任务 6	2	刘 *	优秀	3		工作分值 2 × 优秀系数 1.5
任务 7	3	刘 *	优秀	3.75		合作抢单，按 2.5 分 × 优秀系数 1.5 计算
合计				13.15	133.15	120+13.15=133.15（分）

国网湖南供电服务中心（计量中心）开展动态任务分解抢单后，任务下达、接单、抢单全过程公开，工作量、责任人、配合人明确清晰，员工收入与工作量、难度挂钩，体现了干多干少不一样、干好干坏不一样，提升了员工的认可度和获得感。

报送单位：国网湖南供电服务中心（计量中心）
编制人：卿　曦　文　桓　许　阳

76 职能部门业绩对标考核法
——科学评价职能部门的业绩贡献

> **导 入：** 在职能部门考核的过程中，部门因分工不同带来的"价值贡献"不同、指标责任难分解等矛盾逐渐凸显。传统绩效考评因部门指标数量易造成"天然差距"，挫伤了部门的工作积极性。国网新疆博尔塔拉供电公司通过实行业绩对标考核，以承担指标正、倒序排名结合的方式进行评价，增强了部门间的横向可比性，更加客观、量化体现部门对公司业绩的贡献度。

工具概述

职能部门业绩对标考核法是将业绩对标考核（包含关键业绩指标和专业工作考核）纳入部门考核指标；根据上级单位考核发布结果，计算相关部门两项指标得分，折算出各部门在同类别单位中的排名；对排名优于单位排名的部门给予加分，对排名劣于单位排名的部门给予减分，从而得出各部门业绩对标考核得分，实现了指标考核结果横向可比。

适用场景：本工具适用于职能部门考核。

实施步骤

业绩对标考核法的实施步骤包括：将业绩对标考核纳入部门考核内容、计算关键业绩指标得分、计算专业工作考核得分、计算关键业绩指标和专业工作考核的总得分、计算业绩考核对标得分以及设置绩效责任系数。

1. 将业绩对标考核纳入部门考核内容

合理设置业绩对标考核在部门考核中所占的分值。业绩对标考核占部门考核权重越大，正序倒序排名得分差距越大，对本部管理部门最终绩效考核结果的影响越大。

2. 计算关键业绩指标得分

对各部门归口负责指标的加、减分情况进行统计汇总，负责多个关键业绩指标的部门，得分取合计值。

3. 计算专业工作考核得分

对各部门归口负责的专业工作考核得分进行统计，负责多个专业工作的部门，得分取平均值。

4. 计算关键业绩指标和专业工作考核的总得分

将计算得出的关键业绩指标和专业工作评价得分直接进行相加，计算总得分。

5. 计算业绩考核对标得分

以本单位整体排名为基准，在计算正序排名得分的基础上，考虑排名并列因素，引入倒序排名得分，提升考核的公平性、科学性。对排名优于单位的部门给予加分，对排名劣于单位的部门给予减分，正序和倒序排名合计得出部门业绩对标考核得分，即对标得分=（公司正序排名－部门正序排名）+（部门倒序排名－公司倒序排名）。

6. 设置绩效责任系数

根据上级单位的业绩考核指标体系，统筹考虑职能部门承担的业绩指标的数量和权重、指标主客观因素占比和提升难易程度以及部门的工作性质，设置绩效责任系数，核增部门绩效工资总额。

◎ **经验心得**

（1）搭建沟通机制，明晰工作目标。充分听取各部门对考核方案的意见建议和管理诉求，提高考核方案的实操性和公信力。

（2）立足管理实际，设置对标权重。业绩对标考核权重越大，越能体现部门"与标杆比的差距"和"对单位整体业绩的贡献度"，对部门最终绩效考核结果的影响越大。

（3）合理拉开差距，引入调节方法。当部门间正序和倒序得分差距较大时，可采用标杆法进行折算；当部门间正序和倒序得分差距较小时，可采用插值法进行折算。

📝 **实践案例**

国网新疆博尔塔拉供电公司于 2019 年 1 月开始应用业绩考核对标工具，实现了职能部门绩效考核的横向可比。下面以国网新疆博尔塔拉供电公司职能部门 2019 年度考核为例进行展示。

1. 将业绩对标考核纳入部门考核内容

考虑实际管控需要，业绩对标考核在公司职能部门考核中占 5 分，见表 1。

表 1　　　　　　　　　　本部部门考核指标权重分配表

序号	考核内容	考核分值
1	目标任务指标	标准分 42 分
2	业绩对标考核	5 分
3	综合评价	标准分 30 分
4	党建工作考核	17 分
5	安全工作考核	最多减 15 分
6	公司领导评价	±6 分

2. 计算关键业绩指标得分

根据上级单位发布的关键业绩指标加（减）分情况，在100分的基准上，对指标承担部门进行加（减）分。承担多项指标的部门，部门得分为各指标加（减）分累计值。如：发策部负责1项关键业绩指标"线损率"，上级单位发布指标加分为1.14分，发策部关键业绩指标得分101.4分。关键业绩指标得分见表2。

表2   地州公司各部门关键业绩指标得分

部门	国网乌鲁木齐供电公司	国网昌吉供电公司	国网吐鲁番供电公司	国网奎屯供电公司	国网哈密供电公司	国网博尔塔拉供电公司	国网伊犁供电公司
办公室	100	100	100	100	100	100	100
发策部	101.41	101.016	99.246	100.65	101.473	101.321	100.26
人资部	100	100	100	100	100	100	100
财资部	107.5	107.25	105.38	106.5	106	105.25	106.25
安监部	100	100	100	100	100	100	100
运检部	101.914	101.689	101.078	101.146	101.059	99.47	101.35
营销部	103.1	103.18	102.35	102.7	103.05	102.85	103

注   因篇幅限制，案例仅以7个地州公司和7个考核部门举例说明。

3. 计算专业工作评价得分

上级单位发布的专业工作评价得分直接应用至被考核部门。被多个专业考核的部门取各项专业工作评价得分的平均分。如：人资部负责人资业务和人董业务2项专业工作考核，人资业务得分30.3分，人董业务得分30分，人资部专业工作评价得分=（30.3+30）/2=30.15分。专业工作考核得分见表3。

表 3　　　　　　　　　地州公司各部门专业工作考核得分

部门	国网乌鲁木齐供电公司	国网昌吉供电公司	国网吐鲁番供电公司	国网奎屯供电公司	国网哈密供电公司	国网博尔塔拉供电公司	国网伊犁供电公司
办公室	31.43	30.51	30.00	30.00	30.15	30.60	30.11
发策部	30.00	30.00	30.00	30.00	30.00	30.00	30.00
人资部	30.15	30.03	28.68	28.71	30.09	30.15	29.43
财资部	30.00	30.00	30.00	30.00	30.00	30.00	30.00
安监部	30.00	29.94	29.91	30.18	25.71	26.82	30.00
运检部	30.60	30.00	29.10	29.70	29.55	28.95	29.40
营销部	30.51	30.15	30.15	30.00	29.96	30.00	29.93

注　因篇幅限制，案例仅以 7 个地州公司和 7 个考核部门举例说明。

4. 计算关键业绩指标和专业工作考核的总得分

将表 2 和表 3 中计算得出的关键业绩指标得分和专业工作评价得分直接相加，计算总得分。业绩考核总得分见表 4。

表 4　　　　　　　　　地州公司各部门业绩考核总得分

部门	国网乌鲁木齐供电公司	国网昌吉供电公司	国网吐鲁番供电公司	国网奎屯供电公司	国网哈密供电公司	国网博尔塔拉供电公司	国网伊犁供电公司
办公室	131.430	130.510	130.000	130.000	130.150	130.600	130.110
发策部	131.410	131.016	129.246	130.650	131.473	131.321	130.260
人资部	130.150	130.030	128.680	128.710	130.090	130.150	129.430
财资部	137.500	137.250	135.380	136.500	136.000	135.250	136.250
安监部	130.000	129.940	129.910	130.180	125.710	126.820	130.000
运检部	132.514	131.689	130.178	130.846	130.609	128.420	130.750
营销部	133.610	133.330	132.500	132.700	133.010	132.850	132.930

5. 计算业绩考核对标得分

依据表4中计算出的总得分，在同类别考核单位中进行正序、倒序排名，并计算部门的正序、倒序得分。各部门业绩指标对标得分见表5。

表5　　　　　　　　　　　各部门业绩指标对标得分

序号	部门	正序排名	倒序排名	正序得分	倒序得分	对标得分
1	办公室	2	6	3	3	6
2	发策部	3	5	2	2	4
3	人资部	并列1	并列6	4	3	7
4	财资部	7	1	−2	−2	−4
5	安监部	6	2	−1	−1	−2
6	运检部	7	1	−2	−2	−4
7	营销部	5	3	0	0	0

注　1. 以公司预期目标正序排名第5名、倒序第3名为例。
　　2. 对标得分 =（公司正序排名 − 部门正序排名）+（部门倒序排名 − 公司倒序排名）。

6. 设置绩效责任系数

绩效责任系数划分为三档：营销部、运检部为第一档，绩效责任系数为1.1；发策部、财务部、人资部、安监部为第二档，绩效责任系数1.06；办公室等其他部门为第三档，绩效责任系数为1.03。部门在全疆地州公司同类部门中正序排名前三名时使用绩效责任系数，使用绩效责任系数核增部门绩效工资总额。

根据表5中正序排名成绩，办公室、发策部和人资部为前三名，可使用绩效责任系数核增部门绩效工资总额。其中，发策部和人资部绩效责任系数为1.06，办公室绩效责任系数为1.03，其他部门未达前三名，不适用绩效责任系数。

实施业绩对标考核后，各部门更加关注工作成效与工作标准比，更加准确衡量部门对单位整体的业绩贡献，增强了职能部门组织绩效的横向可比性，有效促进了公司整体业绩提升，公司业绩考核排名晋升前五名。职能部门考核结果满意率达到95.5%，与之前相比有了大幅度提升。

报送单位：国网新疆电力

编 制 人：田武涛　程　亮　李金凤

77 "目标＋亮点"双重评分法
——提高工作任务指标考核客观性

> **导　入：** 工作任务完成情况是管理机关"目标任务制"考核的重要组成部分，但工作任务指标的考核存在评分标准难以标准化、评分者打分尺度不一、主观性较大等问题。国家电网有限公司交流建设分公司创新实行"目标＋亮点"的双重评分法，对工作任务完成的程度和质量同时进行评价，较为有效地对工作任务指标开展考核。

工具概述

"目标＋亮点"双重评分法，是指在管理机关工作任务指标考核中，对于较难量化评价的管理类工作任务，根据月度计划完成情况进行评分，重点考核"是否完成工作目标"；同时，根据季度工作完成质量和亮点进行评级，重点考核"工作完成质量如何"。通过两种方式，对工作任务完成的程度与质量、达到的预期效果和时效性等方面进行全面考核评价。

适用场景：本工具适用于采用目标任务制考核的管理机关工作任务部分的考核评价。

实施步骤

"目标＋亮点"双重评分法实施步骤包括制订月度计划、评价月计划完成情况、提交季度总结、评价季度工作完成质量、计算考核得分5个步骤。

1. 制订月度计划

每月末，各部门根据公司年度重点工作计划、二十四节气表、公司党委会、总经理办公会、月例会决定的工作事项、督察督办事项及各部门管理职责等设定下月工作目标，并与分管领导沟通确定下月重点工作计划。

2. 评价月计划完成情况

月末，各部门对当月重点工作计划进行自评，由公司领导班子进行审核确认。绩效办公室统计各部门当月重点工作计划完成情况，核算各部门重点工作计划完成情况得分。该部分满分为 100 分，未完成的工作根据实际情况每项扣 1～2 分。

3. 提交季度总结

每季度末月 25 日至月底，各部门编制《部门季度工作总结》，重点提炼本季度部门工作亮点，提交绩效办公室。

4. 评价季度工作完成质量

公司组成绩效考核工作组并召开考评会议，采取"述职＋归口部门评价＋工作组打分"的工作机制。首先由各部门结合工作总结，就季度工作完成情况进行陈述；其次由每项工作的归口管理部门根据工作难度、亮点、完成质量等要素给出评价等级建议（如 A+、A、A- 等）并由考核组组长确认等级建议；最后由考核组在等级建议的基础上对各部门季度工作任务完成情况进行评分，不同评价等级对应不同的得分区间，评价结果经参会人员签字确认后报送公司人力资源分管领导审核。考核组成员对某项工作任务评分结果的平均值作为该项任务考核得分，各项工作任务考核得分的平均值作为季度工作完成质量得分。

5. 计算考核得分

绩效办公室根据各部门各月重点工作计划完成得分、季度工作完成质量得分，汇总计算出季度工作任务指标得分。计算公式如下：

季度工作任务指标得分 = 各月重点工作计划完成得分平均值 ×50%+ 季度工作完成质量得分 ×50%

经验心得

（1）季度工作总结条目不宜过多，应选取本季度亮点最突出的工作，原则上不超过 10 条。

（2）评分时应注意统一评分标准，避免出现尺度不一的问题。如 A+ 得分区间为 113 ~ 115 分，A 得分区间为 111 ~ 113 分，A− 得分区间为 110 ~ 111 分。

（3）各部门总结整理完成后，绩效办公室应提前发送给考核组成员，以提高评价意见准确性和会议效率。

实践案例

国家电网有限公司交流建设分公司于 2019 年 7 月开始应用"目标 + 亮点"双重评分法，有效解决管理机关工作任务指标考核存在的评分标准难以标准化、评分者打分尺度不一、主观性较大等问题，下面以综合管理部 2020 年一季度考核情况为例进行展示。

1. 制订月度计划

每月末，综合管理部主任与分管领导沟通后，向绩效办公室提交部门月度重点工作计划，列出下月需完成的重点工作目标，见表 1。

表 1　　　　　综合管理部 2020 年 3 月工作综合计划

序号	项目名称	主办部门	协办部门
1	下达 2020 年教育培训计划	综合部	各部门、各建设部
2	公司保密委员会安排部署 2020 年度保密重点工作	综合部	—
3	完成职工薪档积分年度核对及调整工作	综合部	各部门、各建设部

序号	项目名称	主办部门	协办部门
4	开展 2019 年度专家人才考核	综合部	各部门、各建设部
5	按计划推进国有企业退休人员社区化管理，完成《北京市国有企业退休人员社会化管理基本信息表》填报	综合部	各部门、各建设部
6	开展公司 2019 年度文件材料的收集归档工作	综合部	—

2. 评价月计划完成情况

月末，综合管理部对当月重点工作计划进行自评，由公司领导班子进行审核。绩效办公室统计其当月重点工作计划完成情况，填写《部门月度工作评分表》。2020 年一季度各部门重点工作计划完成得分情况见表 2。

表 2　　　2020 年一季度各部门重点工作计划完成得分情况

部门	1 月得分	2 月得分	3 月得分	平均分
综合管理部	99	100	98	99
计划部	100	99	100	100
财务部	98	99	100	99
安全质量部	100	99	99	99
工程管理部	100	98	100	99
信息环保部	99	100	100	100
党委党建部	100	100	99	100
宜昌建设部	100	99	98	99
武汉建设部	100	98	100	99
郑州建设部	100	99	100	100
华北建设部	98	100	99	99
华东建设部	100	99	100	100

3. 提交季度总结

每季度末月 25 日至月底，综合管理部填写《部门季度工作总结》，列出不超过 10 项的季度工作亮点，经分管领导和部门负责人签字后提交绩效办公室，见表 3。

表 3　　　　　　　　　　综合管理部 2020 年一季度工作总结

序号	工作任务
1	筹备并召开公司 2020 年第一次职工大会暨工作会议，组织各部门、各工程建设部学习贯彻会议精神
2	全力做好疫情防控工作，摸排公司职工及家属身体健康状况，积极筹措口罩等防护物资，及时下发给职工和工程现场，定期报送防疫信息
3	编制印发公司 2020 年度重点工作、规章制度建设计划、会议计划、保密工作安排；下达 2020 年教育培训计划和福利预控计划
4	组织完成领导人员个人有关事项报告工作；开展领导人员年度考核，将各级领导人员年度考核结果反馈到部门负责人和本人，并根据考核情况组织专项谈话
5	组织开展 2019 年度薪档积分核对工作，根据积分情况进行薪档调整
6	组织开展 2019 年四季度及年度绩效考核工作；按照表彰计划，开展 2019 年度评先表彰工作
7	组织开展公司优秀专家人才及后备 2019 年度考核；组织开展科级干部培训（线上）
8	落实北京市社保减免政策，开展企业社保缴费分析；完成 2018 年度稳岗补贴金申领；开展公司补充医疗保险风险评估
9	按计划推进国有企业退休人员社区化管理工作，积极与退休员工沟通，完成《北京市国有企业退休人员社会化管理基本信息表》填报及核对
10	编制报送定点扶贫县招聘计划、人力资源"放管服"工作报告、2020 年人力资源重点工作清单、统计年报及诊断报告、2019 年度合规管理报告；编制 2020 年京外调动落户需求

4. 评价季度工作完成质量

绩效考核工作组组织各部门召开会议，会上实行"述职＋归口部门评价＋工作组打分"机制。由考核组对综合管理部季度工作进行评分。归口部门评价等级得分区间设置情况见表 4，考核组评分情况见表 5。

表 4 归口部门评价等级得分区间设置情况

未完成	部分完成或质量欠佳	完成					
		C 级（合格）	B 级（良好）	A 级（优秀）			
				A−	A	A+	
0 分	60~80 分	100 分	101~109 分	110~111 分	111~113 分	113~115 分	

表 5 2020 年一季度综合管理部季度任务评分情况

序号	工作任务指标	考核组成员评分								平均分
		李总	综合部	计划部	财务部	安质部	工程部	信环部	党建部	
1	筹备并召开公司 2020 年每一次职工大会暨工作公议，组织各部门、各工程建设部学习贯彻会议精神	114	113	114	114	114	113	113	113	113.50
2	全力做好疫情防控工作，摸排公司职工及家属身体健康状况，积极筹措口罩等防护物资，及时下发给职工和工程现场，定期报送防疫信息	114	113	114	114	114	113	113	113	113.50
3	编制印发公司 2020 年度重点工作、规章制度建设计划、会议计划、保密工作安排；下达 2020 年教育培训计划和福利预控计划	114	113	114	114	114	112	113	112	113.25
4	组织完成领导人员个人有关事项报告工作；开展领导人员年度考核，将各级领导人员年度考核结果反馈到部门负责人和本人，并根据考核情况组织专项谈话	114	113	114	114	114	113	113	113	113.50
5	组织开展 2019 年度薪档积分核对工作，根据积分情况进行薪档调整	113	112.5	113	113	113	112	112	112	112.56

续表

序号	工作任务指标	考核组成员评分								平均分
		李总	综合部	计划部	财务部	安质部	工程部	信环部	党建部	
6	组织开展2019年四季度及年度绩效考核工作；按照表彰计划，开展2019年度评先表彰工作	113	112	112	112	112	111	112	112	112.00
7	组织开展公司优秀专家人才及后备2019年度考核；组织开展科级干部培训（线上）	114	112.5	113	113	113	111	113	112	112.69
8	落实北京市社保减免政策，开展企业社保缴费分析；完成2018年度稳岗补贴金申领；开展公司补充医疗保险风险评估	113	113	112	112	112	111	112	111	112.00
9	按计划推进国有企业退休人员社区化管理工作，积极与退休员工沟通，完成《北京市国有企业退休人员社会化管理基本信息表》填报及核对	114	113	114	114	114	113	113	113	113.50
10	编制报送定点扶贫县招聘计划、人力资源"放管服"工作报告、2020年人力资源重点工作清单、统计年报及诊断报告、2019年度合规管理报告；编制2020年京外调动落户需求	113	112	112	112	112	111	112	111	111.88
季度工作完成质量得分										112.84

参会部门确认得分后，在评分表上签字，最后经人力资源分管领导签字后生效。2020年一季度各部门工作完成质量评分情况见表6。

表6 2020年一季度各部门工作完成质量评分情况

序号	被考核部门	考核组评分
1	综合管理部	112.84
2	计划部	112.96
3	财务部	112.74
4	安全质量部	112.92
5	工程管理部	112.79
6	信息环保部	112.69
7	党委党建部（党委宣传部）	113.03
8	宜昌工程建设部	112.47
9	武汉工程建设部	112.34
10	郑州工程建设部	112.63
11	华北工程建设部	112.32
12	华东工程建设部	112.91

5. 计算考核得分

由绩效办公室根据月度、季度得分情况核算综合管理部工作任务指标得分。其中季度得分情况折算为百分制计算，保障月度、季度考核占比相同。

综合管理部季度工作任务指标得分 $=99 \times 50\% + 112.84 \times 100/115 \times 50\% = 98.56$（分）。

"目标＋亮点"双重评分法基于事实依据，通过目标、述职、评分、复核等步骤，有效地提高了评价主体打分的客观性，能够从工作完成程度和完成质量两个层面更加全面且较为客观地对各部门工作任务完成质量进行评价。

报送单位：国网交流公司

编 制 人：刘洪涛　王晓楠

78 重点工作任务"标幺值"折算考核法
——提升部门"目标任务制"考核合理性

> **导　入：** 各单位对管理部门的绩效考核，通常采用"目标任务制"考核方式，考核重点为各部门的工作任务完成情况。但由于各部门职责和业务特点不同，工作任务的数量、重要程度存在较大差别，单纯按工作量或工作质量考核，结果往往会偏差较大，甚至会出现"干多错多""小部门永远排名末位"等不合理情形。国网客服中心在开展部门绩效考核时，创新提出重点工作任务"标幺值"折算考核法，将各部门工作任务的绝对数量进行转换，提升管理部门绩效考核合理性。

工具概述

重点工作任务"标幺值"折算考核法是以各部门的人均工作任务量相对于整个单位人均工作量作为该部门的"标幺值"（部门繁忙程度相对值），以"标幺值"为评分调整要素，以此来减小不同类型部门工作量、重要程度等因素带来的考核结果差异。

适用场景：本工具适用于采用"目标任务制"考核方式的不同管理部门、项目团队等绩效考核。

实施步骤

重点工作任务"标幺值"折算考核法实施包括重点工作任务量化、标幺值核算、部门绩效考核评价 3 个步骤。

（一）重点工作任务量化

部门重点工作任务是依据公司战略目标、阶段性工作重点等提炼而得，是年度工作目标的具体细化措施，是落实上级要求、实现公司发展战略目标的关键步骤。为了将不同专业、不同层面的工作任务放在同一个维度进行考核评价，需要对各类重点工作任务进行量化处理。依据重点工作任务的重要性、所需的工作量，将重点工作任务分成Ⅰ、Ⅱ、Ⅲ三大类（分类标准见表1），每项任务牵头部门得分对应最高值设为12分、6分、3分，配合部门分值由牵头部门分配，最高值不高于该任务牵头部门分值的1/3。各部门重点工作任务分值计算公式如下：

$$部门重点工作任务分值 = 牵头任务分值 + 配合任务分值$$

表1　　　　　　　　　　重点工作任务量化分类清单

类别	重点工作任务	最高分值
Ⅰ类	（1）公司领导布置的重点工作任务。 （2）由公司总部部门安排的重点工作任务（列入公司督办事项）。 （3）根据中心发展战略、年度工作会议分解且列入中心年度重点工作任务计划的。 （4）由中心主要负责人安排涉及中心全局性的重点工作任务（列入中心督办事项的）	最高分值为12分
Ⅱ类	公司总部部门通过函、通知、工作联系单、公务邮箱等形式安排的重点工作任务，主要包括：总部要求编写非周期性的（每年度都需要编写的视为周期性的）统计分析报告、专项工作报告、调研报告、综合分析报告等，或是受总部委托牵头编制公司级工作方案、规章制度、工作计划等。 公司总部部门及政府安排的以下工作不纳入Ⅱ类重点工作任务： （1）要求报送优秀成果、案例、典型经验的。 （2）要求报送会议材料、相关素材、交流发言材料、工作总结、节假日各类分析报告及周期性、日常性问题分析材料的。 （3）要求报送评先评优、推荐材料、人员名单及反馈审查评价意见的。	最高分值为6分，工作时间跨度不超过3个月的最高分值为3分

类别	重点工作任务	最高分值
Ⅱ类	（4）要求报送论文、课件、课题申报及各类参评材料的。 （5）要求报送检查、自查、督查相关材料及梳理台账信息的。 （6）要求报送资料材料审核，或参加总部组织的集中编写、审查、研讨等工作的。 （7）要求各专业部门安排布置工作任务的会议（职代会除外），报送会议精神传达、学习及落实措施的。 （8）要求组织签订各类责任书、承诺书的。 （9）要求对方案、制度、标准等征求意见的和临时性、周期性报送统计报表、数据的	最高分值为 6 分，工作时间跨度不超过 3 个月的最高分值为 3 分
Ⅲ类	各类会议或中心领导对部门直接下达的，明确要求完成的重点工作任务（列入中心督办事项）为Ⅲ类重点工作任务。 以下工作任务不纳入Ⅲ类重点工作任务：（1）未列入中心督办事项的工作。 （2）节假日、重大活动的服务及系统保障工作	最高分值为 3 分

（二）标幺值核算

对于重点工作任务的考核，如按传统赋分法，必然会存在大部门任务多得分高、小部门任务少得分低的问题；如按传统扣分法，必然会存在大部门扣分多、小部门扣分少的问题。通过引入"标幺值"来开展考核，能有效避免上述问题。标幺值计算过程如下：

1. 核算各部门整体工作任务分值

由于不同部门重点工作任务、事务性工作占比存在差异。部门重点工作任务分值作为部门重点工作任务承载情况的量化表示，无法准确体现事务性工作占比较多部门的整体工作任务承载量。为能够较为准确地反映部门整体工作任务量，在"标幺值"计算过程中设置部门重点工作任务承担系数（K_{ZD}）对部门整体工作任务分值进行修正。该系数按照部门职责定位分档设定，事务性工作占比较多部门该系数较低。各部门整体工作任务承载量计算公式如下：

部门整体工作任务分值 = 部门重点工作任务分值 $/K_{ZD}$

2. 核算部门及公司人均工作任务分值（P_{BM}、P_{GS}）

按照部门整体工作任务分值及各部门人数核算部门及公司人均工作任务分值，其中在计算各部门用工总人数时，应包含各部门的挂职培养锻炼、借用人员。

$$P_{BM} = \frac{部门整体工作任务分值}{部门用工总人数}$$

$$P_{GS} = \frac{\sum(部门整体工作任务分值)}{公司总人数}$$

3. 部门"标幺值"计算

部门的"标幺值"（B_{BM}）等于部门人均工作任务分值和公司人均工作任务分值的比值，具体公式如下

$$B_{BM} = P_{BM}/P_{GS}$$

为避免部门重点工作任务承载量差异较大，导致标幺值出现过大差距，国网客服中心标幺值取值范围设定为 0.2～2，计算结果小于 0.2 的，每低于 0.01 个值，重点工作完成情况得分对应扣 2 分。

（三）部门绩效考核评价

部门重点工作任务考核为重点工作完成情况得分占 90%、重点工作任务量评分占 10%、专业工作考核评分（-10～0 分）。

专业工作考核评分是指相关部门从专业管理角度出发，对各部门常规工作落实、制度执行等情况的评价考核，每一项扣 0～2 分，累计最多扣 10 分。如：督办工作按时完成率、综合计划执行进度、预算执行进度、安全管理工作等。

部门季度考核得分 = 重点工作完成情况得分 ×90%+ 重点工作任务量评分 ×10%+ 专业工作考核评分

在计算重点工作任务完成情况得分中，为了避免"大部门干多错多"问题，

同样使用"标幺值"来对扣分分值进行折算，公式如下：

$$重点工作完成情况得分 =100- 重点工作考核扣分 /B_{BM}$$

$$重点工作考核扣分 = 牵头任务扣分 + 配合任务扣分$$

为了鼓励各部门多承担各类重点工作任务，在部门季度考核中增加了工作任务量的评分，公式如下：

$$重点工作任务量评分 =100 \times B_{BM}/B_{BMmax}$$

经验心得

（1）重点工作任务"标幺值"折算考核法应用在"目标任务制"考核中，考核的重点还是工作任务完成情况，在实际操作过程中，除已列入公司重点工作任务计划的，其他重点工作应以事前督办立项为主，避免事后集中申报带来的"事无巨细"或"申报遗漏"等问题。

（2）各部门重点工作任务承担系数根据部门工作特点和常态重点工作任务量进行划分，每年调整一次。

（3）在计算各部门"标幺值"时，应将挂职培养锻炼、借用人员考虑在部门人数中，方能确保部门完成的工作任务和部门人数保持对应，准确反映部门人均工作任务量。

实践案例

国网客服中心从 2019 年一季度起开始应用重点工作任务"标幺值"折算考核法，考评结果的合理性得到大幅提升。以下以国网客服中心本部 2019 年三季度组织绩效考核为例进行展示（以下数据均为示例值，并非实际值）。

1. 重点工作任务量化

根据重点工作任务计分规则，国网客服中心本部 2019 年三季度各部门牵头重点工作任务数量和量化得分见表 2。

表 2　　　　　　　　各部门牵头重点工作任务数量和量化得分

部门	重点工作任务数量	牵头重点任务总分	单个任务平均得分
办公室	7	29.25	4.2
发展部	4	15.75	3.9
组织部	9	37.5	4.2
财务部	5	16.5	3.3
党建部	10	35.25	3.5
监审部	4	13.5	3.4
业管部	25	102	4.1
质量部	14	57	4.1
科信部	10	33.75	3.4
大数据部	12	49.5	4.1

各部门配合重点工作任务得分由该项工作的牵头部门行赋分。国网客服中心本部 2019 年三季度各部门配合重点工作任务量化得分见表 3。

表 3　　　　　　　　各部门配合重点工作任务量化得分

部门	办公室	发展部	组织部	财务部	党建部	监审部	业管部	质量部	科信部	大数据部
办公室		0.5	1		0.5		1	0.5	0.5	
发展部	1			1						
组织部	1			1			1.5			
财务部							1.5		0.5	
党建部	1	0.5	1.67			2	1	1	1	1
监审部										
业管部								1		
质量部			1		1		1.75			
科信部	0.5						1.75			
大数据部	1				0.5		1			
合计	4.5	1	3.67	1	3	2	9.5	2.5	2	1

　　根据各部门牵头和配合重点工作任务量化得分情况，得出部门重点工作任务量化总分值，最高分为 111.5 分，最低分为 16.75 分，最高最低比值达到 6.7 倍。国网客服中心本部 2019 年三季度各部门重点工作任务得分见表 4。

表 4　　　　　　　　　　　各部门重点工作任务得分

部门	牵头分值	配合分值	得分合计
办公室	29.25	4.5	33.75
发展部	15.75	1	16.75
组织部	37.5	3.67	41.17
财务部	16.5	1	17.5
党建部	35.25	3	38.25
监审部	13.5	2	15.5
业管部	102	9.5	111.5
质量部	57	2.5	59.5
科信部	33.75	2	35.75
大数据部	49.5	1	50.5
平均	39	3.02	42.02

2. 标幺值核算

　　按照国网客服中心本部各部门职责特性，分档设置各部门重点工作任务承担系数（K_{ZD}），设置情况见表 5。

表 5　　　　　　　　　　　各部门重点工作任务承担系数

类别	部门名称	K_{ZD}	备注
I	办公室、发策部 财务部、监审部	40%	事务性工作相对较多
II	组织部、党建部、质量部	60%	重点工作、事务性工作占比介于 I 、III类之间
III	业管部、科信部 大数据部	70%	重点工作任务相对较多

根据各部门重点工作任务承担系数计算各部门及中心整体工作任务分值，最高为 159.29 分，最低为 38.75 分，最高最低比值为 4.1 倍；再根据各部门人数计算人均任务得分，最高为 10.62，最低为 6.56，最高最低比值为 1.6 倍。国网客服中心本部 2019 年三季度各部门人均工作任务得分见表 6。

表 6　　　　　　　　　　各部门人均工作任务得分

部门	重点工作承担系数	得分合计	折算分值	人数	人均任务量
办公室	0.4	33.75	84.38	11	7.67
发展部	0.4	16.75	41.88	4	10.47
组织部	0.6	41.17	68.62	9	7.62
财务部	0.4	17.5	43.75	6	7.29
党建部	0.6	38.25	63.75	7	9.11
监审部	0.4	15.5	38.75	4	9.69
业管部	0.7	111.5	159.29	15	10.62
质量部	0.6	59.5	99.17	10.33	9.60
科信部	0.7	35.75	51.07	5.5	9.29
大数据部	0.7	50.5	72.14	11	6.56
合计		420.17	722.78	82.83	8.73

注　计算各部门人数时，包含挂职培养锻炼和借用人员，不含产假、封闭参加竞赛等本季度未参与部门工作人员。

根据各部门人均工作任务得分和整体人均工作任务量得分，计算各部门"标幺值"，最高为 1.22，最低为 0.75。国网客服中心本部 2019 年三季度各部门"标幺值"见表 7。

表7   各部门"标幺值"

部门	折算分值	人数	人均任务量	部门标幺值
办公室	84.38	11	7.67	0.88
发展部	41.88	4	10.47	1.20
组织部	68.62	9	7.62	0.87
财务部	43.75	6	7.29	0.84
党建部	63.75	7	9.11	1.04
监审部	38.75	4	9.69	1.11
业管部	159.29	15	10.62	1.22
质量部	99.17	10.33	9.60	1.10
科信部	51.07	5.5	9.29	1.06
大数据部	72.14	11	6.56	0.75
合计	722.78	82.83	8.73	1.00

3. 部门绩效考核评价

根据部门绩效考核计分规则，分别计算重点工作完成情况得分和重点工作任务量评分，综合专业工作评价分（本季度无扣分），最终得出部门季度考核得分。部门考核得分的应用，一是影响部门负责人的绩效兑现系数；二是直接作为部门绩效奖金包的系数，决定部门人均绩效奖的高低水平；三是根据部门考核得分排名，确定各部门绩效分档比例，得分前三名的，A档比例增加5%，C、D档不做比例要求，得分后三名的，A档比例降低5%，C、D档比例增加5%。国网客服中心本部2019年三季度各部门绩效考核得分见表8。

表8   各部门绩效考核得分

部门	部门标幺值	工作任务扣分值	专业工作评价分	重点工作完成情况得分	重点工作任务量评分	季度考核得分
办公室	0.88	1	0	98.86	72.23	96.20
发展部	1.20	0	0	100.00	98.58	99.86

部门	部门标幺值	工作任务扣分值	专业工作评价分	重点工作完成情况得分	重点工作任务量评分	季度考核得分
组织部	0.87	0	0	100.00	71.80	97.18
财务部	0.84	1.5	0	98.20	68.67	95.25
党建部	1.04	0	0	100.00	85.76	98.58
监审部	1.11	0.5	0	99.55	91.23	98.72
业管部	1.22	2	0	98.36	100.00	98.52
质量部	1.10	1	0	99.09	90.40	98.22
科信部	1.06	0	0	100.00	87.44	98.74
大数据部	0.75	2	0	97.34	61.76	93.78

重点工作任务"标幺值"折算考核法的应用，进一步提高了部门绩效考核的合理性。不同部门相同的工作任务扣分，由于部门标幺值不同（繁忙程度不同），反映在部门重点工作任务完成情况得分会有差异，标幺值越高，相同扣分值在最终得分上的影响越小（解决部门人均工作任务多、被考核概率更大的问题）。一方面，打消了各部门"干多错多"的顾虑；另一方面，体现出对重点工作任务负担较重的部门在绩效上予以倾斜。

报送单位：国网客服中心

编 制 人：徐　斌　王志伟

79 以促进协同创新为导向的 OKR 考核法
——提升项目团队创新、协同工作成效

> **导　入：** 当前，互联网发展环境复杂多样，客户需求不断变化，企业战略目标在发展中需不断调整和修正。为有效应对战略目标变化，集中资源推动关键工作任务的落地，国网客服中心在网上国网运营中心创新实施以促进协同创新为导向的 OKR 考核法，实现目标和关键任务自上而下层层分解落实，营造突破创新、紧密协作的工作氛围，以适应网上国网产品更新迭代快、技术创新要求高的互联网企业特性，推动业务快速发展。

工具概述

以促进协同创新为导向的 OKR 考核法，是一套明确和跟踪目标及完成情况的管理工具。O 为目标，KR 为关键结果，由上至下定目标方向，由下至上按目标方向全员参与，共同协作设置可实现的目标，并明确制订可衡量的关键结果，遵循"制订 – 执行 – 评价 – 复盘"的循环方法，从而提升项目团队创新、协作工作成效。

适用场景：本工具适用于创新工作要求高的互联网类型单位。

实施步骤

以促进协同创新为导向的 OKR 考核法实施步骤包括：制订 OKR 指标、执行过程管控、评价考核结果、复盘分析问题。

1. 制订 OKR 指标

以网上国网运营中心战略目标、业绩指标、重点工作任务为依据层层分解、共同参与制定网上国网运营中心 OKR、部门（产品线）OKR 及员工 OKR，达成共识。对所有层级的 OKR 指标按重要程度划分权重，并对应设置相应的评分标准规则，形成 OKR 指标表，同时明确各部门共同承担 OKR 指标责任，强化组织间协作，保持员工紧密协作。

2. 执行过程管控

公开发布各级 OKR 指标，执行过程对工作进程、质量、存在问题进行反馈，及时解决执行过程中存在的问题，强调过程自查与辅导。

3. 评价考核结果

对所有关键结果完成情况对照评分标准评出分值。部门（产品线）OKR 得分以各部门（产品线）的 OKR 完成情况结合权重标准进行加权计分。员工 OKR 作为员工绩效季度评价的依据。

4. 复盘分析问题

OKR 的核心在于执行过程中复盘总结，根据 OKR 评价考核结果，复盘内容应包括制定目标的目的，执行过程中存在的问题、困难、亮点和不足，下一步如何改进等内容，通过复盘审视关键任务和目标的合理性，对执行措施迭代优化，确保各项工作在正确轨道上运行，提升工作成果成效。

◎ 经验心得

（1）通过共同制订指标过程，激发员工使命感，聚焦每个阶段需要投入更多资源、更优先的指标或工作任务，设定更具有挑战性的关键结果，以促进组织和个人实现更高的目标，完成更高绩效，形成鼓励突破创新的工作氛围。

（2）公司 OKR 指标由各部门参与讨论，围绕公司战略目标和重点工作任务"自上而下"制订，各部门（产品线）OKR 指标则由各部门（产品线）员工"自下而上"讨论确定，实现全员参与，确保从公司业绩到部门（产品线）绩效、员工绩效的分解和传递。

（3）坚持绩效过程管控，通过 OKR 制订过程的持续跟踪和执行完成后的复盘总结，培养员工主动总结、主动思考、主动提升的意识和能力，推动组织和员工绩效的同步提升。复盘环节要着重优化设计复盘工作流程，保证全员参与、全面总结，确保复盘效果。

📝 实践案例

国网客服中心网上国网运营中心自 2019 年 11 月成立以来开始应用以促进协同创新为导向的 OKR 考核法工具，激发了团队创新力，强化协同实现共同目标。以下以网上国网运营中心业务中台部 2020 年第二季度的 OKR 实施为例进行展示。

1. 制订 OKR 指标

网上国网运营中心通过组织绩效委员会，讨论确定网上国网运营中心 OKR 指标。设定 OKR 目标 1 "提升关键业绩指标"，并据此分解为 4 个关键结果，明确网上国网运营中心的目标和对应的关键结果分别由相应的业务部门共同承担，并依据工作参与程度划分权重，充分发挥各部门业务协同作用。网上国网运营中心 2020 年第二季度 OKR 指标示例见表 1。

表 1　　　　网上国网运营中心 2020 年第二季度 OKR 指标示例

目标 O	关键结果 KR	KR 权重（%）	责任部门	协作部门
DO1：提升关键业绩指标	KR1：提升月活指标，6 月底达到 2800 万	40	业务中台部	产品策划部、运营支撑部
	KR2：6 月底，网上国网线上交费率达到 6%，较 3 月底增长 130%	20	业务中台部	产品策划部、运营支撑部

目标 O	关键结果 KR	KR 权重（%）	责任部门	协作部门
DO1：提升关键业绩指标	KR3：6 月底，网上国网高、低压线上办电率均达到 90%，较 3 月底分别增长 40% 和 70%	20	产品策划部	业务中台部、运营支撑部
	KR4：电量电费数据准确率提升至 90% 以上（数据准确率 = 省公司实际上传电量数据量 / 应传数据量）	20	运营支撑部	业务中台部、产品策划部

根据网上国网运营中心 2020 年第二季度 OKR 指标，业务中台部结合重点工作，组织部门内员工共同制订本部门第二季度 OKR，明确评价标准和具体执行人。业务中台部根据网上国网运营中心设定目标"提升月活指标，6 月底达到 2800 万"，设置本部门目标 1"网上国网线上交费率达 6%，月活达 3000 万"，该目标权重为 20%，并围绕该目标制订具体的工作任务，明确了相应关键结果、具体责任人和执行人。在指标逐级分解过程中，全员参与讨论确认，实现从下到上的目标一致。业务中台部 2020 年第二季度 OKR 指标示例见表 2。

表 2　　　　　　　　业务中台部 2020 年第二季度 OKR 指标示例

部门	部门季度目标 O	目标权重（%）	部门季度关键结果 KR	责任人	执行人
业务中台部	DO1：网上国网线上交费率达 6%，月活达 3000 万	20	DKR1：达到月活 3000 万，完成消息推送体系中自动触发消息功能上线，全网上线至少 10 条，总体超过 800 万以上转化；完成资讯编辑器迁移外网上线，完成热点频道 2.0 改版上线，热点点击量翻倍，促活推广地市高质量活跃用户 8 万；完成任务体系全网上线，新用户次月留存率达到 40% 以上	余*	郭*、周*、李*、龚*、侯*、何*、谢*

部门	部门季度目标 O	目标权重（%）	部门季度关键结果 KR	责任人	执行人
业务中台部	DO1：网上国网线上交费率达 6%，月活达 3000 万	20	DKR2：提升交费率，线上交费率达 6%；完成新版交费活动上线，完成推荐有礼活动上线，完成积分任务体系上线，完成查账单—去交费、查电量—去交费活动上线	余*	付*、周*、李*
			DKR3：注册用户当月交费转化率达 40%，次月留存达 40%；提高认证转化、绑定转化以及交费场景优化，完成首次"交费送电费券"活动、"交费随机返"活动上线	余*	付*、周*、李*
			DKR4：配合网上国网高、低压线上办电率指标提升工作，两项指标均达到 90%，较 3 月底分别增长 40% 和 70%；配合电量电费数据准确率指标提升工作，该指标提升至 90% 以上	余*	曲*、朱*、苏*、田*、周*

2. 执行过程管控

根据业务中台部 OKR 指标表确定的目标和关键结果内容，各员工明确个人工作目标，绩效经理人通过周会及月度会与员工双向沟通，掌握员工工作动态、工作成果完成进度，并及时提出意见建议，帮助具体执行人及时跟进工作，调整策略，确保关键成果执行效果。

3. 评价考核结果

季度结束后，网上国网运营中心根据第二季度 OKR 指标执行情况，对业务中台部"网上国网线上交费率达 6%，月活达 3000 万"目标完成情况进行评价，针对该目标的 4 个关键结果，达成 1 个，部分完成 3 个，根据设置的评分权重标准，得出该目标的总得分为 7.2 分。业务中台部 2020 年第二季度 OKR 指标评分示例见表 3。

表3　　　　　　　业务中台部 2020 年第二季度 OKR 指标评分示例

部门	目标	目标权重（%）	关键结果 KR	KR权重（%）	评分标准	完成情况	KR得分	总分
业务中台部	DO1：网上国网线上交费率达6%，月活达3000万	20	DKR1：达到月活3000万，完成消息推送体系中自动触发消息功能上线，全网上线至少10条，总体超过800万以上转化；完成资讯编辑器迁移外网上线，完成热点频道2.0改版上线，热点点击量翻倍，促活推广地市高质量活跃用户8万；完成任务体系全网上线，新用户次月留存率达到40%以上	30	完成月活3000万得150分，月活2800万得120分，未完成得0分	已完成，截至6月底，月活达到2800.55万	120	7.2
			DKR2：提升交费率，线上交费率达6%；完成新版交费活动上线，完成推荐有礼活动上线，完成积分任务体系上线，完成查账单—去交费、查电量—去交费活动上线	25	线上交费率达8%得150分，线上交费率达6%得120分，未完成得0分	未完成	0	
			DKR3：注册用户当月交费转化率达40%，次月留存达40%；提高认证转化、绑定转化以及交费场景优化，完成首次"交费送电费券"活动、"交费随机返"活动上线	25	完成得100分，未完成得0分	未完成	0	
			DKR4：配合网上国网高、低压线上办电率指标提升工作，两项指标均达到90%，较3月底分别增长40%和70%；配合电量电费数据准确率指标提升工作，该指标提升至90%以上	20	完成得100分，未完成得0分	未完成	0	

针对本部门每个目标和对应的 KR 进行核实评分，根据目标达成情况进行评价，得出部门分值。

在绩效等级评定环节，根据网上国网 OKR 指标完成情况，筛选出突破完成 OKR 指标的组织和个人，由绩效管理委员会审核后可直接评定为 A 级或 B+ 级。同时针对突破完成目标的组织和个人，在工作上给予肯定，用以绩效鼓励。

4. 复盘分析问题

评价考核结果后，业务中台部对本部门第二季度 OKR 执行情况进行了复盘，总结前期执行经验，分析问题，形成了复盘分析材料。通过对实现该指标过程中采取的措施，总结经验和不足，及时调整工作计划和策略，厘清下一步工作方向。经过不断改进，6 月与 5 月相比月活用户数提高 14%。业务中台部 2020 年第二季度 OKR 月度复盘示例见表 4。

表 4　　　　　业务中台部 2020 年第二季度 OKR 月度复盘示例

分析原因			
	目标	好的做法	启发
亮点	网上国网线上交费率达 6%，月活达 3000 万	以目标为导向开展活动设计与产品设计，有助于提升活动、产品设计效率，找准迭代方向	新用户注册减少，老用户留存不足，导致指标提升较慢，应提高产品活跃度，加强用户留存
		不足的做法	改善
不足		策划推广手段局限，省公司联动不足	应加强省公司联动作用，提高省公司参与度和积极性
总结规律			
应加强省公司联动作用，提高省公司参与度和积极性，根据热点进一步推出热点产品，优化网上国网产品推广，提出优化省公司指标措施和方案，达到互利共赢的效果			

下一步行动		
继续	更新	取消
继续推动产品迭代优化，提高产品质量，促进引流和用户留存，推进指标提升	（1）与省公司加强深入沟通，利用现有活动形式深化开展推广工作。 （2）围绕省公司关注的指标开展产品推广活动，调整产品推广方式，将促活经验、策略及待促活用户同步省侧，推动省侧开展短信促活工作。 （3）开展品牌基础搭建工作，如百科、问答、贴吧、论坛等平台，提升基础曝光	无

以促进协同创新为导向的 OKR 考核法在网上国网运营中心的应用与实践，符合互联网业务特点，聚焦网上国网运营中心工作重点，鼓励过程试错、重大业务突破，强化协同，关注结果，弱化过程评价，强调复盘和过程管控，对执行措施不断迭代优化，实现高质量目标和结果的达成，营造开拓创新、快速迭代、分享协作的互联网工作氛围。

报送单位：国网客服中心网上国网运营中心

编 制 人：李书慧　马　鑫　王志伟

80 部门分类精准考核法
——提升部门考核针对性和精准性

导　入： 公司内各部门按专业条线设置，不同部门功能定位和业务属性迥异，客观上存在横向不可比性，绩效考核结果的排序难以客观全面反映部门价值贡献。国网经济技术研究院有限公司创新实施部门分类精准考核法，根据部门业务属性和导向侧重，将所属18个部门划分为市场效益、支撑服务和职能管理三类，设置差异化的考核维度、指标及权重，聚焦体现了各部门核心使命与考核导向，提升了考核的针对性和精准性，有效助力部门提升绩效水平。

工具概述

部门分类精准考核法是指根据公司各部门不同的功能定位、业务属性和职责分工，对所有部门进行针对性分组考核，精准反映各部门价值贡献的考核方法。

适用场景：本工具适用于公司本部部门、分（子）公司等组织绩效考核。

实施步骤

部门分类精准考核法实施主要包括六步：绘制战略地图、划分部门类别、确定关键成功要素、设计部门考核维度、明确关键绩效指标和实施考核评价。

1. 绘制战略地图

根据国网经研院功能定位及战略目标，梳理绘制院战略地图，从经营效益层面、支撑服务层面、内部运营层面、学习与成长层面四个维度进行战略解码，清晰描述和界定当前阶段的战略主题，明确发展的战略目标与重点任务。

2. 划分部门类别

根据国网经研院各部门功能定位及业务属性，将现有各部门划分为市场效益类、支撑服务类、职能管理类三类，对应承接国网经研院战略目标和重点任务分解出的关键成功要素，明确部门的核心使命和主要职责。

3. 确定关键成功要素

根据国网经研院经营效益层面、支撑服务层面、内部运营层面、学习与成长层面四个维度的战略目标与重点任务描述，分解形成关键成功要素，为工作责任落实与绩效指标提取提供基础。

4. 设计部门考核维度

根据国网经研院各部门所属类别的特点，对市场效益类和支撑服务类部门建立"部门经营效益＋部门核心业务＋领导评价"为关键业绩指标的考核框架，对职能管理类部门建立"部门成本控制＋专业管理＋服务评价"为关键业绩指标的考核框架，差异化设置考核权重，体现不同类别部门的考核导向。在设计考核原则方面，对市场效益类部门坚持经营效益与核心业务考核并重，建议经营效益与核心业务两项考核权重之和不应低于80%，领导评价主要指对各部门工作态度、管理能力、任务执行情况进行综合评定；对待支撑服务类部门重点考核核心业务，建议考核权重不应低于55%；对职能管理类部门依据其职能中服务性质工作的比重可以灵活设定专业管理与服务评价两项的考核权重，所有考核维度权重合计等于100%。

5. 明确关键绩效指标

根据各类部门考核维度优化设计具体考核指标，部门经营效益采用部门产值、部门成本产值比、部门人均产值进行衡量，引导部门注重经济价值创造，提高经营管理效率效益。部门核心业务重点考核部门承担的核心业务完成情况、客户满意度等，引导部门提高专业技术能力、科研创新能力和支撑服务水平。部门成本控制采用可控费用预算完成率进行考核，专业管理重点对例行性工作、专项性工作、流程性工作等进行考核，服务评价重点对工作态度、服务质量、服务效率等进行考核。

6. 实施考核评价

各绩效考核指标加权计算得出年度组织考核基准分，额外设置贡献类加分和控制类扣分项，具体计算公式为：组织绩效得分 =∑（指标考核维度 × 指标权重）+ 贡献类加分 + 控制类扣分。其中贡献类加分指对突出完成各项支撑保障任务、经营效益提升明显、科技创新较为突出、核心业务能力成长明显、管理效能较为卓越等方面加分奖励，加分累计不超过 30 分；而控制类扣分指对重点督办工作落实、专业规范管理、合规经营等方面存在问题进行扣分，扣分累计不超过 –30 分。加减分可突出对部门卓越贡献的正向激励，强化对部门规范管理的有力约束。

计算出所有部门的组织绩效得分后在同类部门中进行排序确定绩效等级，绩效等级可分 A、B+、B、B–、C 和 D 共 6 个等级，原则上 A 级不超过 20%，B+ 级不超过 20%，B 级不超过 40%，B– 级、C 级和 D 级合计不低于 20%。依据绩效结果开展绩效反馈和结果应用，促使各部门绩效不断提升，实现绩效管理的闭环。

◎ **经验心得**

（1）部门分类精准考核法需要科学合理的部门设置作为前提，并且各部门应定位清晰、分工明确，业务侧重明显不同。如果部门职能不清、职责交叉、分工混乱则不适宜。

（2）部门类别划分要充分尊重各部门的业务特点，完全符合各部门的工作实际，体现不同类别部门核心业务的差异性，在划分过程中广泛听取各方意见，群策群力达成共识，确保大家对类别划分高度认同。

（3）部门分类精准考核法的实施并非一劳永逸，随着组织发展目标、各部门职能和侧重点的调整，部门类别、考核维度、关键绩效指标等内容也需要及时进行动态更新和优化完善，不断提升精细化管理水平。

实践案例

国网经济技术研究院有限公司于 2019 年 4 月开始应用部门分类精准考核法，有效引导各部门聚焦重点开展工作，下面以 2019 年度绩效考核为例进行展示。

1. 绘制战略地图

根据国网经研院功能定位及战略目标，梳理业务发展规划，绘制战略地图，从经营效益、支撑服务、内部运营、学习与成长四个维度清晰描述了公司 2019 年的发展目标与重点任务，见图 1。

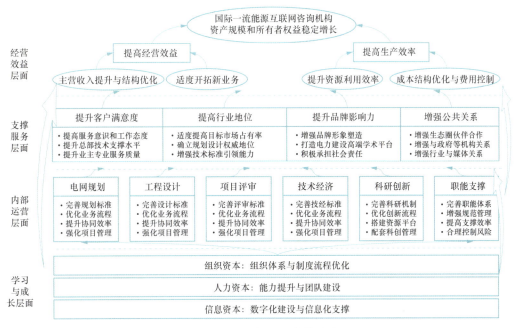

图 1 国网经研院 2019 年战略地图

2. 划分部门类别

根据院 2019 年战略地图内容描述，结合当前各部门功能定位及职能分工，将现有 18 个部门划分为市场效益类、支撑服务类、职能管理类三类，分别突出经济效益创造、总部支撑服务、内部专业管理与服务支持导向，实现差异化和针对性考核，见表 1。

表 1 部门类别划分示例

部门类别	业务特点	具体部门
市场效益类	优先创造经济效益，提高投入产出效率 同时兼顾总部支撑服务与专业能力提升	直流中心、设计中心、监造中心、徐州中心、自控中心、新能中心
支撑服务类	优先支撑总部需要，提供专业技术服务 适度兼顾经济效益，提高投入产出效率	规划中心、配网中心、技经中心、数据中心、管评中心、杂志社
职能管理类	贯彻公司战略，落实专业管理工作 提供支撑服务，提高职能服务质效	办公室、组织部、财务部、党建部、计划部、科技部

3. 确定关键成功要素

在战略地图基础上，进行关键成功要素分解，明确实现每一个战略主题必然采取的关键举措和要求，见表 2。

表 2 关键成功要素分解示例

维度	战略主题	关键成功要素	关键绩效指标	责任部门		
				市场效益类	支撑服务类	职能管理类
经营效益层面	提高经营效益	主营收入提升与结构优化	部门产值成本产值比人均产值	√	√	
				√	√	
		适度开拓新业务		√	√	
				√	√	
	提高生产效率	提升资源利用效率		√	√	
				√	√	
		成本结构优化与费用控制		√	√	

维度	战略主题	关键成功要素	关键绩效指标	责任部门		
				市场效益类	支撑服务类	职能管理类
支撑服务层面	提升客户满意度	提高服务意识和工作态度	重大电网项目前期工作完成率 电网规划咨询工作满意率 电网项目评审工作完成率 项目可研经济性与财务合规性评审完成率 设备监造工作满意率 技术服务满意率 科研任务完成率 科技成果获奖率 核心期刊排名	√	√	
		提升总部技术支撑水平		√	√	
		提升业主专业服务质量		√	√	
	提高行业地位	适度提高目标市场占有率		√	√	
		确立规划设计权威地位		√	√	
		增强技术标准引领能力		√	√	
	提升品牌影响力	增强品牌形象塑造				
		打造电力建设高端学术平台		√	√	
		积极承担社会责任		√	√	
	增强公共关系	增强生态圈伙伴合作				
		增强与政府等机构关系				
		增强行业与媒体关系		√		
内部运营层面	电网规划	完善规划标准	重点工作 党建工作 规范管理 安全工作 专业管理 服务质效	√	√	
		优化业务流程				
		提升协同效率		√	√	
		强化项目管理		√	√	
	工程设计	完善设计标准		√	√	
		优化业务流程		√	√	
		提升协同效率		√		
		强化项目管理		√	√	
	项目评审	完善评审标准				
		优化业务流程		√	√	
		提升协同效率		√	√	
		强化项目管理		√		
	技术经济	完善技经标准		√	√	
		优化业务流程		√	√	

维度	战略主题	关键成功要素	关键绩效指标	责任部门		
				市场效益类	支撑服务类	职能管理类
内部运营层面	技术经济	提升协同效率	重点工作 党建工作 规范管理 安全工作 专业管理 服务质效	√	√	
		强化项目管理		√	√	
	科研创新	完善科研机制		√	√	
		优化创新流程		√	√	
		搭建资源平台		√	√	
		配套科创管理		√	√	
	职能支撑	完善职能体系				√
		增强规范管理				√
		提高支撑效率				√
		合理控制风险				√
学习与成长层面	组织资本：组织体系与制度流程优化	优化组织模式	组织建设 机制建设 人才培养 团队建设 信息化建设	√	√	√
		健全体制机制		√	√	√
		优化制度流程		√	√	√
	人力资本：能力提升与团队建设	提升员工专业能力和综合素质		√	√	√
		吸引和保留"高精尖缺"卓越人才		√	√	√
		不断优化团队结构		√	√	√
	信息资本：数字化建设与信息化支撑	提高企业信息化水平		√	√	√
		提供优质数据服务		√	√	√

4. 设计部门考核维度

按照部门类别业务特点，分类承接落实公司战略目标与重点任务，将关键成功要素的要求压实到具体部门，通过权重调整部门考核侧重，见表3。

表3　　　　　　　　　　部门考核维度及权重分布示例

序号	部门类别	考核维度	权重
1	市场效益类	部门经营效益	40%
		部门核心业务	40%
		领导评价	20%
2	支撑服务类	部门经营效益	25%
		部门核心业务	55%
		领导评价	20%
3	职能管理类	成本控制	10%
		专业管理	70%～80%
		服务评价	10%～20%

5. 明确关键绩效指标

根据各类部门考核维度设计具体的关键绩效指标及权重，市场效益类部门见表4，支撑服务类部门见表5，职能管理类部门见表6。

表4　　　　　　　　市场效益类部门关键业绩指标示例

考核维度	考核指标	考核权重	标准分值	考核部门	备注
部门经营效益（40%）	部门产值	20%	100	计划部	
	部门成本产值比	10%	100	财务部	
	部门人均产值	10%	100	组织部	
部门核心业务（40%）	电网项目评审工作完成率	10%	100	计划部	
	科研任务完成率	10%	100	科技部	
	…	…	100	…	

表5　　　　　　　　支撑服务类部门关键业绩指标示例

考核维度	考核指标	考核权重	标准分值	考核部门	备注
部门经营效益（25%）	部门产值	10%	100	计划部	
	部门成本产值比	5%	100	财务部	
	部门人均产值	10%	100	组织部	

续表

考核维度	考核指标	考核权重	标准分值	考核部门	备注
部门核心业务 （55%）	电网规划咨询工作满意率	10%	100	计划部	
	科研任务完成率	10%	100	科技部	
	…	…	100	…	

表 6　　　　　职能管理类部门关键业绩指标示例

考核维度	考核指标	考核权重	标准分值	考核部门	备注
部门成本控制 （10%）	可控费用预算完成率	10%	100	财务部	
部门专业管理 （70%~80%）	例行性工作	70%~80%	100	计划部	
	专项性工作		100	财务部	
	流程性工作		100	组织部	
部门服务评价 （10%~20%）	工作态度	10%~20%	100	计划部	
	服务质量		100	科技部	
	服务效率		100	…	

6. 实施考核评价

按照上述考核指标实施评价，以直流中心为例，该部门属于市场效益类部门，依据其部门绩效得分=部门经营效益得分×40%+部门核心业务得分×40%+领导综合评价×20%+贡献类加分+控制类扣分，见表 7。

表 7　　　　　直流中心部门 2019 年度绩效得分明细

考核维度	考核权重	标准分值	实际得分
部门经营效益	40%	100	99.5
部门核心业务	40%	100	98.7
领导综合评价	20%	100	98

续表

考核维度	考核权重	标准分值	实际得分
贡献类加分	不占权重	—	19.63
控制类扣分	不占权重	—	−2

根据上表数据，计算直流部门绩效得分为：99.5×40%+98.7×40%+98×20%+19.63+（−2）=116.51（分）。

同理，可计算出国网经研院 2019 年度考核所有部门绩效得分，依据各等级分布比例确定绩效等级，见表 8。

表 8　　　　　　　国网经研院 2019 年度考核部门绩效结果示例

序号	类别	部门	绩效得分	绩效等级	备注
1	市场效益类	直流中心	116.51	A	
2		设计中心	115.30	B+	
3		徐州中心	112.32	B	
4		监造中心	111.89	B	
5		自控中心	110.86	B	
6		新能中心	110.47	B−	
7	支撑服务类	规划中心	119.22	A	
8		技经中心	118.39	B+	
9		配网中心	117.62	B	
10		杂志社	115.33	B	
11		数据中心	114.95	B	
12		管评中心	113.55	B−	
13	职能管理类	财务部	117.15	A	
14		组织部	116.77	B+	
15		办公室	116.54	B	

序号	类别	部门	绩效得分	绩效等级	备注
16	职能管理类	党建部	115.84	B	
17		计划部	114.13	B	
18		科技部	114.01	B−	

通过部门分类精准考核法，实现对各部门价值贡献和核心业务的针对性评价，考核结果与各部门真实业绩表现更加吻合一致，有效避免了全单位部门混合排序的"大杂烩现象"，提高了考核的公平性、公正性和客观性，使得绩效管理真正成为支撑和保障院战略目标落地的有力工具。

报送单位：国网经研院

编 制 人：成 为

81 管理部门"八定"任务清单考核法
——提升管理部门工作任务考核操作性

> **导　入：** 不同岗位工作的差异性导致管理部门的考核内容横向不可比，且常规性、例行性工作与突发性、阶段性工作并存，计划外专项工作任务较多，工作计划往往需要动态调整，考核评价标准难统一，考核数据难获取，工作结果难判定。国网大学（国网高培中心）为了解决该问题，从明确目标入手，以管理部门"八定"任务清单考核法为工具，将任务督察督办与绩效管理工作相结合，考核操作性显著提高。

工具概述

　　"八定"任务清单考核法，是指将管理部门任务目标进行分解，通过滚动更新下达任务清单，并在任务清单中明确目标任务、任务等级、完成期限、责任部门、配合部门、分管领导、责任人和承办人八项基本信息，为后续的绩效考核评价奠定基础。

　　适用场景：本工具适用于管理部门绩效考核。

实施步骤

　　"八定"任务清单考核法的实施主要包括：长期目标层层分解、短期目标动态更新、目标督办、目标考核四个步骤。

1. 长期目标层层分解

　　部门绩效考核目标根据企业负责人业绩考核指标和部门职责内容分解而

成，员工绩效考核目标由部门绩效考核目标与个人岗位职责分解而成，从内容和机制上确保考核导向层层落实、长短期目标紧密契合。

2. 短期目标动态更新

在长期目标分解落实的基础上，通过综合会议、专项会议部署工作传达落实机制，实时更新补充短期目标。短期目标是对长期目标的细化落地，是对企业战略最新要求的及时反映，通过对短期目标的跟踪督办，能够实现对企业长期目标方向和执行情况的整体把控。

3. 目标督办

建立"八定"清单任务看板，实时更新各部门任务清单，使部门员工能清晰看到各项任务的"八定"信息，对工作目标要求有明确认识，以月度为时间节点填写任务完成情况，对各部门和员工完成情况进行按月督办。

4. 目标考核

年度绩效考核时，各部门挑选全年最突出的 5 个工作亮点申报加分项，未列入年度"八定"任务清单的任务，年底不能参与加分项评选。牵头部门获得绩效管理委员会分配给该任务的全部分数；牵头部门根据该项任务"八定"清单中明确的配合部门工作量和配合程度给出评价系数（0～1），配合部门加分分值计算方法为牵头部门分配分数 × 评价系数。

经验心得

（1）企业战略的实现，关键在于每个人的目标是否与企业目标一致。当二者的方向一致时，上下同欲，整体效率才会提高；当二者的方向背道而驰时，个人的目标就会制约企业目标的实现。

（2）短期目标服务于长期目标，对分解后的短期实施目标，适当进行整合，确保目标体系清晰，从而产生更强的导向作用。

实践案例

国网大学（国网高培中心）于 2019 年下半年起应用管理部门"八定"任务清单考核法，对部门及员工进行绩效考核，并在 2020 年加大考核评价分数占比，进一步强化任务目标的刚性执行，确保企业战略的高效落地。下面以 2020 年国网大学（国网高培中心）教学研究部部门及员工绩效考核为例进行展示。

1. 长期目标层层分解

部门目标分解为三类内容：

（1）承接公司企业负责人业绩考核关键业绩责任指标（可量化）。

1）重点培训项目方案设计任务完成率。

2）所设计项目授课师资满意率和课程设计满意率。

3）创新工作指数。

4）综合影响力指数。

5）培训资源开发任务完成率。

6）内网发布研究文章、媒体发文、正式出版物论文数量。

（2）部门职责赋予的部门责任目标（不易量化）。

1）企业大学"十四五"规划任务完成率。

2）科研管理和课题研究任务完成率。

（3）"八定"清单任务完成率。员工绩效责任目标也按此结构、结合岗位职责进一步分解，同时"八定"任务清单分配工作也参与考核。

2. 短期目标动态更新

在长期目标分解落实的基础上，通过综合会议、专项会议部署等形成阶段性重点工作任务，实时更新补充短期目标。

3. 目标督办

建立"八定"清单任务看板（见图 1），部门员工可实时查看任务情况，并根据自己承办内容以月度为时间节点填写任务完成情况，对各部门和员工完成情况进行按月督办。

4. 目标考核

每个绩效考核周期，绩效评价人参考"八定"清单任务看板内容进行评分，看板"八定"目标任务清晰，一定程度上降低了绩效经理人主观因素对评价结果的影响。

图 1 "八定"清单任务看板

（1）对"八定"任务清单完成情况进行扣分制考核，存在以下情形的予以扣分，见表 1。

表 1　　　　　　　　　　扣分标准示例

序号	评价内容	考核标准
1	非客观原因未完成重点任务，并发生严重失误或弄虚作假的	每项扣 5 分

续表

序号	评价内容	考核标准
2	非客观原因未完成重点任务	每项扣 3 分
3	组织不力、进度拖沓，逾期完成重点任务的	每项扣 2 分
4	完成重点任务，但工作质量未达到要求的	每项扣 1 分
…	…	…

（2）将"八定"任务清单内容纳入国网大学年度突出贡献加分范围，根据任务等级确定加分标准，见表2。

表 2   加分标准示例

序号	评价内容	考核标准
1	高质量完成国网大学"八定"清单任务的★★★事项，在国网大学价值创造、管理创新、品牌建设等方面做出突出贡献	每项加 2 分
2	高质量完成国网大学"八定"清单任务的★★事项，在国网大学价值创造、管理创新、品牌建设等方面做出重要贡献	每项加 1 分
3	高质量完成国网大学"八定"清单任务的★事项，在国网大学价值创造、管理创新、品牌建设等方面做出贡献	每项加 0.5 分
…	…	…

实行该绩效工具后，教学研究部所承担的突发性、临时性重点工作任务纳入了"八定"任务清单，激励各部门自我加压、主动担责、高质量完成年度重点工作任务，同时领导班子对工作任务进度也实现了"心中有数"，评价结果一致性有所提高。同时将"八定"任务清单赋予加分权限，也是对主动担责部门的奖励，实现"多劳多得"，拉开了绩效差距，有效提升了管理部门考核的操作性。

管理部门绩效考核引入"八定"任务清单工具，有效缓解了管理部门部门任务计划难以固定、难以量化的双重问题，增强了绩效考核的客观性，同时将个人绩效与企业绩效更紧密地结合在一起，上下同欲，使队伍迸发出更多活力。

报送单位：国网大学（国网高培中心）

编 制 人：刘佳琪

管理人员考核工具

82 三维总结式积分考核法
——对员工绩效考评化繁为简和统一规范管理

> **导　入：** 因为工作性质、目标导向不一致，一线员工与管理员工经常被分隔、独立考核，导致员工绩效计划制订工作繁琐、实施步骤众多、考核评价困难、结果兑现复杂。国网天津滨海供电公司通过实施三维总结式积分考核法，将过程性工作积分、结果性目标任务化繁为简，统一规范一线员工、管理员工考核模式，对员工绩效简化考核过程、统一评价标准、规范结果应用起到极大的促进作用。

工具概述

　　三维总结式积分考核法是以员工履行岗位职责为基础，从"承担关键指标、完成重点任务、引领工作导向"三个维度开展总结式考核的积分方法。该考核法统一一线、管理员工考核模式，考核过程简单、关键重点突出、价值导向明显、标准统一规范。

　　适用场景：本工具适用于所有管理部门、业务支撑与实施机构员工。

实施步骤

三维总结式积分考核法实施步骤包括：履行岗位职责设置、三维积分标准制定、绩效积分薪金兑现。三维总结式积分考核构成见图1。

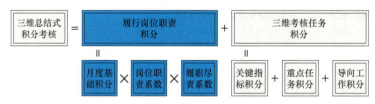

图1　三维总结式积分考核构成

1. 履行岗位职责设置

岗位职责积分 = 月度基础积分 × 岗位职责系数 × 履职尽责系数。

（1）月度基础积分。一般按照8分/工日或100分/月设置，由组织协商确定。

（2）岗位职责系数。由组织根据员工专业性质、岗位责任、安全风险、技能等级、任务繁简、业务导向等实际情况设置，经组织民主协商一致后确定，主要向重点、关键、技能、短板类岗位倾斜。

（3）履职尽责系数。部门、专业、班组负责人对员工履职尽责行为进行评价，根据不同层级领导表扬、问责情况设置履职尽责系数。各系数设置见表1。

表1　　　　　　　　　　　　　　履职尽责系数设置

序号	积分维度	系数设置
1	基础积分	一般按照8分/工日或100分/月设置，由组织协商确定
2	岗位职责	1. 职能部门 （1）二级职员：1.8。 （2）副总师、三级职员：1.6。

序号	积分维度	系数设置
2	岗位职责	（3）中层正职：1.5。 （4）四级职员、正科级巡视员：1.45。 （5）中层副职：1.4。 （6）副科级巡视员：1.3。 （7）五级职员：1.25。 （8）管理员工：1.2。 （9）班组长、六级职员：1.1。 （10）七级职员：1.05。 （11）其他员工：1。 2. 专业班组 可设置副班长、安全员、技术员、值长、正值、许可人、持票人、项目经理等角色，系数由班组协商确定
3	履职尽责	（1）员工工作获得公司领导、部门负责人、专业经理表扬表彰，系数分别设置为1.2、1.1、1.05。 （2）员工工作获得公司领导、部门负责人、专业经理警示批评，系数分别设置为0.8、0.9、0.95。 （3）员工完成岗位职责范围内工作，无过错失误、行为偏差，未受到奖励或处罚，系数设置为1

2. 三维考核任务积分标准制定

三维积分考核任务来源于组织每月初发布的"关键指标、重点任务、导向工作"考核事项，从任务完成数量、质量、进度、重要性、影响度等确定积分标准。

（1）关键指标。关键指标由上级部室定期发布，涉及安全生产、工程建设、经营管理、供电服务等关键性、重要性指标，由组织根据关键指标的重要性确定指标权重、完成度确定指标积分。关键指标评价标准见表2。

表2　　　　　　　　　　　　　　　关键指标评价标准

序号	指标名称	指标来源	积分标准
1	关键指标	1. 关键业绩 2. 同业对标 3. 专业部室	1. 指标权重 （1）国网级：6。 （2）省公司级：5。 （3）地市公司级：4。 2. 指标积分 指标积分 = 指标权重 × 指标排名（或组织根据完成情况确定得分比例） 指标排名 n，得指标分值的 70%+（4-n）×10%

（2）重点任务。重点任务由省公司重点工作、地市公司督办任务组成，由组织根据重点任务影响度确定指标权重、完成度确定指标积分。重点任务评价标准见表3。

表3　　　　　　　　　　　　　　　重点任务评价标准

序号	指标名称	指标来源	积分标准
1	重点任务	1. 省公司重点 2. 地市公司督办 3. 地市公司重点	1. 指标权重 （1）国网级：6。 （2）省公司级：5。 （3）地市公司级：4。 （4）部门级：3。 2. 指标积分 指标积分 = 指标权重 + 指标表彰加分（或处罚减分） 完成重要任务，得指标分值 100%。受到省公司及以上主要领导表扬奖励 1 分/项，部室主要领导表扬奖励 0.7 分，公司主要领导表扬奖励 0.5 分。 受到省公司及以上主要领导批评减 1 分，部室主要领导批评减 0.7 分，公司主要领导批评减 0.5 分

（3）导向工作。导向工作由组织根据正向奖励（表扬表彰、管理创新、典型经验、QC 成果、专利申报、竞赛调考、合理化建议、安全隐患、技术难题、优质服务、短板治理）、负向处罚（通报批评、警示问责、劳动态度、纪

律考勤）等引导性事项确定。由组织根据导向工作重要性确定指标权重、完成度确定指标积分。导向工作评价标准见表 4。

表 4　　　　　　　　　　　导向工作评价标准

序号	指标名称	指标来源	积分标准
1	导向工作正向激励	1.行为过程 2.创新创效 3.表扬表彰 4.短板治理 5.亮点打造 6.组织导向	1.行为过程 （1）参加竞赛、调考，加 1 分。 （2）恶劣天气、困难环境施工，加 1 分。 （3）参加重大活动，加 1 分。 （4）其他需要加分的条件，由组织确定。 2.创新创效 根据创新创效项目完成度、影响度加分。 （1）国网级：6。 （2）省公司级：5。 （3）地市公司级：4。 （4）部门级：3。 （5）专业级：2。 （6）班组级：1。 根据员工在创新创效中的角色分工、责任担当，确定员工得分比例。 3.表扬表彰 根据表彰级别、表彰性质加分。 （1）综合类：国网级 6、省公司级 5、地市公司级 4。 （2）专业、专项类：在综合类基础上同级别减 1 分。 （3）月度过程考核：天津公司月度过奖励事项按重大 5、较大 2、通报表扬 0.3 奖励，其中主要责任主体奖励 100%、次要责任主体奖励 50%。 4.短板治理 组织需要治理的短板指标、重点任务、季度工作作为加分项，根据重要度、影响度、关键度设置权重，并根据员工角色分工、责任担当确定员工得分比例。 5.亮点打造 组织实施年度内计划的特色亮点、管理创新、典型经验、试点建设、推广项目、QC 成果、专利授权等，根据重要度、影响度、关键度设置权重并根据员工角色分工、责任担当，确定员工得分比例。

序号	指标名称	指标来源	积分标准
1	导向工作正向激励	1. 行为过程 2. 创新创效 3. 表扬表彰 4. 短板治理 5. 亮点打造 6. 组织导向	6. 组织导向 由组织根据员工工作持票、安全责任、技术技能、岗位贡献、部门指标、重点任务、合理化建议、安全隐患、技术难题、优质服务、竞赛调考等设置导向性加分项，组织的导向性要求，就是设置员工加分的依据，权重根据导向性工作重要性、关键性确定
2	导向工作负向处罚	1. 行为过程 2. 批评警告 3. 短板治理 4. 组织导向	1. 行为过程 （1）考勤记录：2~6（迟到早退、旷工或日常工作质量问题等行为），迟到早退2，旷工6。 （2）劳动纪律： 2~6（工作态度差，工作拖沓，不能完成本职工作或是不服从指挥等），拖沓2~6，不服从或不完成6。 （3）工作质量： 2~6（工作不按时、不保质、不保量完成、现场违章等）。 2. 批评警告 根据批评警告级别处罚减分。 （1）国网级：6。 （2）省公司级：5。 （3）地市公司级：4。 （4）部门级：3。 （5）专业级：2。 （6）班组级：1。 （7）月度过程考核：天津公司月度过程问责事项按重大5、较大2、警示0.3处罚，其中主要责任主体100%、次要责任主体50%处罚 3. 短板治理 未完成组织交办的短板治理任务处罚减分，根据重要度、影响度、关键度设置权重，完成进度确定处罚分值，并根据员工角色分工、责任担当，确定员工减分比例。 4. 组织导向 未完成组织确定的导向性工作处罚减分，根据工作重要性、关键性、完成进度确定处罚分值，并根据员工角色分工、责任担当，确定员工减分比例

3. 绩效积分薪金兑现

员工每月月末总结、上报考核任务完成情况，绩效经理人按照积分标准、共担原则确定员工考核任务积分。

共担原则是由组织根据员工在导向工作管理、实施过程中的角色分工和责任担当，确定员工得分比例。角色分工按主要负责人 1.2、主要工作人员 1.1、工作人员 1、辅助人员 0.8 设置，责任担当按承担责任比例或是任务完成数量设置。

待员工考核得分公示发布、反馈无误后兑现，积分、薪金挂钩方式见图 2。

员工月度绩效薪金 = 组织绩效薪金总额 × 员工月度绩效积分 / ∑ 员工月度绩效积分汇总

图 2　绩效积分薪金兑现

经验心得

1. 实施经验

（1）考核过程简化。一般性、常规性、基础性等通用工作统一纳入岗位职责积分，减少 80% 以上任务录入、汇总、计算，积分过程简化。

（2）考核重点突出。重要性、关键性、导向性等特殊任务统一设置成考核任务积分，取消通用性、常规类工作任务积分，考核重点突出。

（3）价值导向明显。岗位职责积分向技能等级高、安全责任重、管理任务多的岗位倾斜。只有重点、关键、导向类特殊任务才能积分。

（4）规范员工行为。强化员工岗位履职尽责、突出员工承担关键指标、完成重点任务、引领工作导向，规范员工过程行为及价值导向。

2. 推广注意事项

（1）岗位职责分级不宜过多，组织内3～4级比较适中，层级过多易造成因人设岗、分配不公。

（2）三维考核任务事项是指关键性、重要性、倾向性或是短板类考核事项，而非常规性工作任务。

（3）岗位职责积分属于员工常规性、过程性积分，三维考核任务积分属于业绩、成果、导向类积分。

实践案例

国网天津滨海公司于2019年1月开始实施三维总结式积分考核，积分与薪金直接挂钩兑现，实现以分计酬、同分同酬。下面以配电运维四班和监察审计部2019年3月积分考核为例进行展示。

1. 配电运维四班考核

员工根据班组月初下达考核任务、积分标准，通过主动申领或抢单开展工作，月末积分汇总见表5。

表5　　　　　　　　　　配电运维四班考核积分汇总

序号	考核维度	考核指标及完成情况	分值	共担分解积分			
				王*	杨*	李*	陈*
1	岗位职责	（1）月度基础积分100分。 （2）岗位职责系数：王*1.1、李*1.05、杨*1、陈*1。 （3）履职尽责系数：员工履职尽责，未受到表彰或批评，系数为1	415	110	100	105	100

续表

序号	考核维度	考核指标及完成情况	分值	共担分解积分			
				王*	杨*	李*	陈*
2	关键指标	配电线路故障同比下降10%	8	4	2	4	−2
3		运维检修计划执行情况完成90%	−4	−1	−1		−2
4	重点任务	完成主动配电网配电端配变终端以及低压故障传感器的安装	4	1	1	1	1
5		营配贯通工作未完成，被通报	−1			−1	
6	导向工作	短板：春季鸟害防治，共消灭鸟巢59个（1分/个）	59	18	12	21	8
7		短板：当月台区治理数量不达标	−4	−1	−1	−1	−1
8		创新：带电作业机器人攻关小组工作	8		6	2	
9		表扬：党员建功"1001工程"表彰	3	3			
10		导向：持票现场工作（一种票3分/张、二种票1分/张）	34	13	4	12	5
11		导向：95598工单处理（1.5分/张）	13.5	3	3	1.5	6
12		行为：迟到	−2				−2
13		月度积分汇总	533.5	150	126	144.5	113
14		月度绩效薪金	26568	7469	6274	7198	5627

以表5中第2项关键指标"配电线路故障同比下降10%"为例，按任务完成数量设置责任担当比例。当月要求故障下降3次即可同比下降10%，实际当月同比下降4次，超额完成指标，指标分值由6分增加为8分。各员工故障下降次数为王*2次、杨*1次、李*2次、陈*−1次，根据下降数量占比，指标共担分解积分为王*8×2/4=4、杨*8×1/4=2、李*8×2/4=4、陈*8×（−1）/4=−2。

汇总配电运维四班3月积分结果为：王*150分、李*144.5分、杨*126

分、陈 *113 分。3 月班组绩效薪金总额为 26568 元，则月度绩效薪金为王 *7469 元、杨 *6274 元、李 *7198 元、陈 *5627 元。积分过程大幅简化，考核重点突出，收入差距高达 1842 元，体现了多劳多得、少劳少得，过程简单明了，结果公平公正。

2. 监察审计部考核

员工根据部门月初下达考核任务、积分标准，通过主动申领或抢单开展工作，月末积分汇总见表 6。

表 6　　　　　　　　　　　监察审计部考核积分汇总

序号	考核维度	指标名称及数据来源	分值	共担分解积分			
				赵 *	高 *	张 *	刘 *
1	岗位职责	（1）月度基础积分 100 分。 （2）岗位职责系数：赵 *、高 *1.5、张 *1.25、刘 *1.2。 （3）履职尽责系数：员工履职尽责，未受到表彰或批评，系数为 1	545	150	150	125	120
2	关键指标	天津公司行风建设对标排名第 1	4	1			3
3	重点任务	结合 2019 年协同监督项目立项工作，开展廉政风险排查工作	2	1		1	
4		完善行风建设明察暗访操作手册，进一步规范和统一管理依据	2				2
5		开展大数据廉政风险排查工作	3	1	1	1	
6		做好营销、建设等 3 个项目审计记录确认及后期整改工作	2		2		
7		完成 13 个专项工程审计配合	2		2		
8		开展案件审查和问题线索初核	2	2			
9		制定纪委监督责任二十四节气表	2				2
10		领导班子民主生活会问题整改	2	1.2		0.8	
11		以文件形式下发公司 2019 年内部巡察方案和廉洁文化建设方案	2	1		1	

序号	考核维度	指标名称及数据来源	分值	共担分解积分			
				赵*	高*	张*	刘*
12	重点任务	依规对违纪党员进行处理	2	1		1	
13		逐级签订差异化年度党风廉政建设责任书、承诺书	2	1			1
14	导向工作	表扬：国网天津电力2018年廉政党课"讲、评、展"活动优秀廉课	3	1	1		1
15		表扬：国网天津电力2018年度协同监督优秀项目成果	3	1	1	1	
16		月度积分汇总	578	161.2	157	130.8	129
17		月度绩效薪金	40129	11192	10900	9081	8956

以表6中第10项重点任务"领导班子民主生活会问题整改"为例，具体分工安排为赵*负责完成整改措施落实、审核、上报，张*负责问题收集。按承担责任比例计算责任共担积分，赵*为主要负责人1.2，积分为 $2 \times 1.2/2 = 1.2$ ；张*为辅助人员0.8，积分为 $2 \times 0.8/2 = 0.8$ 。

汇总监察审计部3月积分结果为：赵*161.2分、高*157分、张*130.8分、刘*129分。3月部门绩效薪金总额为40129元，则月度绩效薪金为赵*11192元、高*10900元、张*9081元、刘*8956元。绩效薪金的分配充分体现了岗位职责价值、月度核心工作完成成效和业绩贡献情况。

三维总结式积分考核法对统一员工考核模式、简化积分考核标准、强化员工履职尽责、引领员工价值导向起到了重要积极作用。考核公平公正，持续有效激励员工干事创业、创新创效，有力支撑了公司各项关键指标、重点任务的完成。

报送单位：国网天津滨海供电公司

编 制 人：田 松 李 刚

83 管理人员"一站式"考核法
——提升管理人员考核效率和质量

导　入：职能部门管理人员虽然工作内容存在差异，但共性特征均为运用管理手段组织、协调资源解决问题，且多数情况下均能基于岗位职责完成相应工作任务，造成部门负责人往往难以区别评价、拉开差距。同时传统的管理人员绩效考核主要按计划申报、完成情况填报、评价打分、沟通反馈等流程执行，步骤相对固化、考核环节区分度不高，考评效率有待提升。国网天津城南供电公司创新实行管理人员"一站式"考核法，精准定位差异考评内容，将工作总结、考核评价和沟通辅导等过程同步完成，解决了管理人员考核流程复杂问题，提升了绩效管理工作的效率和质量。

工具概述

管理人员"一站式"考核法即科学设计考核模块，将员工月度工作总结、考核评价和沟通辅导同步完成，从而提升了考核区分度，简化了考核流程，提高了绩效沟通效率，缩短考核工作耗时。

适用场景：本工具适用于对管理人员进行绩效考核。

实施步骤

管理人员"一站式"考核法实施步骤包括：科学设计考核模块、员工填报当月业绩表现、开展考核评价和薪酬兑现。

1. 科学设计考核模块

依据"横向可比、纵向分级"的原则，横向设计上，分为指标评价、重点工作任务、改进提升和综合评价四大模块；纵向设计上，分为省公司级、地市公司级、部门级。结合部门自身特点，突出业务导向，增减考核维度，设计《管理人员月度考核总结表》。员工月度绩效考核总结表见表1。

表 1　　　　　　　　2019 年 * 月 ** 部员工月度绩效考核总结

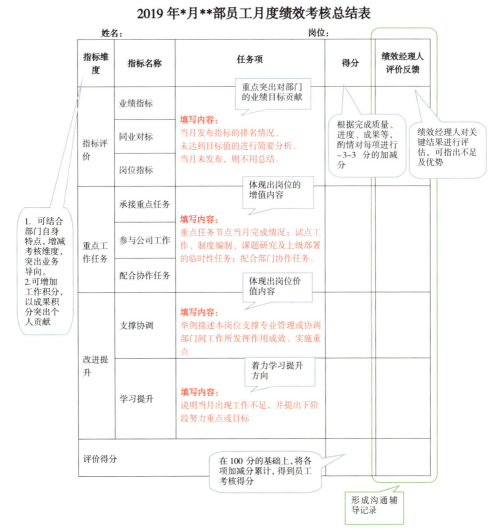

2. 员工填报当月业绩表现

员工根据当月任务完成情况、业绩成果等，填写《管理人员月度考核总结表》中的任务项内容，员工自评内容突出业绩成果、岗位价值贡献、差距不足、改进提升等。

3. 开展考核评价

得分的基础分为 100 分，绩效经理人对员工自评内容从完成质量、进度、成果等维度，每项酌情进行 –3 ~ 3 分加减分，求和得出员工考核结果。同时，对每项内容批注评价，形成沟通辅导记录。

4. 根据考核结果进行薪酬兑现

汇总部门内管理人员考核得分，根据部门制定的考核分配原则，可按照得分排序等差兑现管理人员月度的绩效工资。其中，兑现差额可根据本月工作重点工作难度、任务量、成果成效等设置为 200 ~ 500 元。

◎ 经验心得

（1）客观评价工作结果。在实施"一站式"考核法过程中，要充分发挥绩效经理人履职成效作用，尤其在绩效经理人审定环节，需客观评判。

（2）动态调整考核标准。《管理人员月度考核总结表》可根据业务实际，进行指标小类调整，同时增减工作积分、责任包干等多元考核模式。

📝 实践案例

国网天津城南供电公司自 2019 年 1 月开始运用管理人员"一站式"考核法，进一步简化考核流程，实现了绩效理念由"重考核"向"重管理"转变，提升了考核工作效率。下面以组织部 2019 年 3 月管理人员月度考核为例进行展示。

1. 科学设计考核模块

依据组织部的管理职责，考核指标和年度重点任务等维度，设置考核指标维度为指标评价、重点工作任务和改进提升。其中，指标评价包括业绩指标、同业对标和岗位指标；重点工作任务包括承接重点工作任务、参与公司工作和配合协作任务；改进提升包括支撑协调和学习提升。

2. 员工填报当月业绩表现

月度考核启动，由员工根据当月工作任务对应考核维度逐项填写，总结任务项完成情况及成果，将《管理人员月度考核总结表》提交给部门绩效经理人。

3. 开展考核评价

对每项关键成果进行加减分，其中指标评价维度当月无发布不得分，重点工作任务维度得 8 分，改进提升维度得 1 分，汇总考核为 100+9=109（分），绩效经理人填写评价反馈。2019 年 3 月组织部员工月度绩效考核总结表见表 2。

表 2　　　　　　　　　　2019 年 3 月组织部员工月度绩效考核总结

姓名：张＊　　　　　　　　　　　　　岗位：绩效与员工档案管理

指标维度	指标名称	任务项	得分	绩效经理人评价反馈
指标评价	业绩指标	本月指标未发布	0	—
	同业对标	全员绩效管理指标本月未发布		
	岗位指标	自查无扣分隐患		
重点工作任务	承接重点工作任务	任务名称： （1）提升企业负责人业绩考核领先优势。构建指标支撑联动关系；优化管理人员绩效合约；修订部门绩效考核方案。 （2）创新完善全员绩效管理多元化评价模式，本月已经完成 13 个专业室，19 个部门绩效管理方案	+3	任务完成出色，望重点任务专业内考虑要全面，争取更多公司试点任务
	参与公司工作	任务名称：完成深化全员绩效管理制度、绩效经理人履职评估制度编制。配合天津公司完成绩效经理人履评估方案	+3	
	配合协作任务	任务名称：辅导营销部绩效经理人根据部门管理重点。形成该部门的绩效考核方案	+2	

指标维度	指标名称	任务项	得分	绩效经理人评价反馈
改进提升	支撑协调	成效点：逐步转变绩效经理人的绩效管理理念。 工作实施：由指派工作转向引导部门绩效思路统一，前置思考节点要求布置任务。通过安排工作，让部门绩效员主动向部门负责人汇报工作内容和开展工作意义	+3	成效突出
	学习提升	工作不足：人资其他专业了解不深，缺少专业思考问题能力，遇事易急躁。 提升重点：沟通能力有待提升，专业知识需要进一步加强	-2	本月工作节点有延迟现象望改正
合计得分				109

4. 汇总部门内员工得分进行薪酬兑现

汇总部门内管理人员考核得分，列出员工的考核结果排序。当月奖金基数为4000元，以300元为差额按排序兑现月度绩效奖金。组织部员工月度绩效奖金兑现表见表3。

表3　　　　　　　　　　　组织部员工月度绩效奖金兑现

员工姓名	得分	绩效结果排序	金额（元）
员工1	109	1	4600
员工2	105	2	4300
员工3	103	3	4000
员工4	101	4	3700
员工5	100	5	3400

通过实施管理人员"一站式"考核法，员工绩效考核分差和月度绩效工资差距明显拉大，年度绩效薪金倍比达到1.16；考核工作周期从10天缩短

为 5 天，考核效率进一步提升。绩效经理人科学使用考核权、分配权和用人建议权，履职成效得到充分发挥；员工自我考量不断强化，更加关注工作完成质量，促进了企业绩效持续提升。

报送单位：国网天津城南供电公司
编 制 人：冯　悦　孔德恒

84 "三级三维"目标量化考核法
——准确衡量管理人员业绩贡献度

导　入：在管理机关考核中，因各职能部门专业性质、任务类型、工作要求等各不相同，客观存在着工作任务难以量化、专业横向不可对比、业绩贡献无法准确衡量等问题。为解决这一问题，国家电网有限公司经过多年的理论研究与实践探索，创新建立"三级三维"目标量化考核法，围绕管理人员工作特点的共性，从三个级别、三个维度将管理人员的业绩贡献评价方式统一起来。国网山西阳泉供电公司扎实推行"三级三维"目标量化考核，有效激发了管理机关员工活力。

工具概述

"三级三维"目标量化考核法是指围绕"区分工作差异"和"量化工作质效"两个核心要素，将管理人员的各项工作划分为"单位级、部门级、日常工作级"三个级别，从"量、质、期"三个维度分别制定考核标准并实施量化考核的方法。将不同业务人员的绩效，通过统一划定承接任务级别来准确识别贡献度，精准衡量管理人员业绩贡献。

适用场景：本工具适用于对管理机关职能部门及管理人员的绩效考核。

实施步骤

"三级三维"目标量化考核法统筹考虑管理机关工作任务的多样性和

机关管理的复杂性，科学采用以定量为主、定性为辅二者相结合的考核方式，实施步骤包括：界定"三级"标准、量化"三维"评价、严格考核评价。

1. 界定"三级"标准

将职能部门和管理人员承担的指标和工作，依据重要程度统一规范为"单位级""部门级"和"日常工作级"三个级别，见图1。

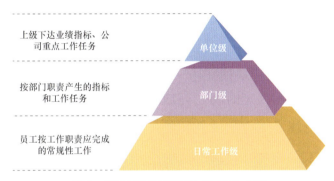

图1　规范目标任务指标"三级"标准

指标和工作级别的划分以工作的提出渠道为主要依据，"单位级"指标一般指上级单位下达的业绩考核指标，或列入公司重点工作按照职责分解到部门和个人的工作任务。"单位级"指标最高可以加至指标分值的130%。"部门级"指标指根据部门职责产生的指标，或按照部门重点工作计划分解到组织或个人的工作任务。"部门级"指标最高可以加至指标分值的115%。"日常工作级"指标指员工按照岗位职责应该完成的常规性工作。"日常工作级"指标完成不加分。

2. 量化"三维"评价

"三维"考核是指对职能部门和管理人员的工作成效从"量、质、期"三个维度考核评价，见图2。

"量"是对工作数量的描述，量的多少反映工作的繁忙或复杂程度；"质"

图2　量化目标任务指标"三维"评价

是对工作质量的评价，质的高低反映员工的工作能力和工作态度；"期"是对工作进度的考核，是在规定时间内完成工作是最基本的要求。"量、质、期"从三个方面全面反映了工作完成的质效，对于工作优质高效、超额完成的应予以加分，对于工作拖拉、消极应付的应予以扣分。目标任务指标适合采用三元比较法（与目标比、与历史比、与标杆比）考核的，可在评价标准中加入三元比较评价因子，实现考核评价更加科学、客观。

3. 严格考核评价

管理机关绩效考核按照考核周期分为月度（季度）、年度考核，其中月度、季度考核根据单位实际情况自行选择。采用"月度＋年度"考核方式，月度重点考核可分解量化的目标任务和事项，年度重点考核工作业绩成果，月度考核结果按 20% 权重计入年度考核得分。

管理机关考核分两个层面进行，一是组织层面的考核，由考核办公室对各部门的指标完成情况进行考核；二是员工层面的考核，由各部门对本部门员工进行考核。考核结果按考核得分从高到低顺序排列，排名前 20% 的考核等级评为 A 级，C 级、D 级比例不做强制要求，根据各单位优化绩效等级评定细则"对号入座"，如触犯相关条款则评为 C 级或 D 级。

◎ **经验心得**

（1）"三级三维"目标量化考核，难点是指标层级的界定。指标界定需遵循自上而下、分级界定的原则，单位级指标由绩效办公室界定，部门级和日常工作级指标由各部门界定。绩效办公室与专业部门、专业部门与员工之间在设置指标时应进行充分沟通，以取得大家一致认同。

（2）"三级三维"目标量化考核，关键是评价标准的制定。评价标准既要全面体现"量、质、期"，还要科学配置三者之间的权重，真正使干得多、干得好的得分高，合理拉开考核差距。考核指标和评价标准应事前以绩效合约的形式予以明确，使得考有所依、罚有所据。

（3）绩效考核要加强全过程沟通，各部门绩效经理人都要注重加大在绩效沟通上的精力投入，从计划制订到绩效实施，从考核评价到结果反馈，沟通无处不在。沟通能够统一思想、沟通能够凝聚合力、沟通能够创造效益，从某种程度上，可以说沟通就是生产力，管理机关考核尤其要重视沟通，打通部门壁垒，营造积极的绩效氛围。

📝 **实践案例**

国网电网有限公司于 2017 年推广管理人员"三级三维"目标量化考核法，有效区分目标任务，以量化评价的方式准确衡量了管理人员的业绩贡献度。下面以国网山西阳泉供电公司 2020 年管理机关考核为例进行展示。

1. 界定"三级"标准

2020 年共确定单位级指标 11 项，单位级重点工作任务 48 项，各部门根据部门职责和公司年度重点工作分别制定部门级指标及部门级重点工作若干项。以财务部、设备部、物资部为例，指标分解情况见表 1。

表1　　　　　　　　2020年考核指标及重点工作任务分解表（部分）

单位级		部门级		责任部门
关键指标	重点工作	关键指标	重点工作	
（1）内部模拟利润。 （2）可控费用。 （3）内部输配电价	（1）深化多维精益管理体系建设。 （2）实施成本精益管控。 （3）严格执行国家各项降价降费政策。 （4）优化资产管理策略，夯实有效资产。 （5）深入推进"1233"新型资金管理体系建设，实现资金管理转型升级。 （6）强化工程竣工决算及时性管控	（1）资金归集率。 （2）"两金"压降率。 （3）工程项目预算执行偏差率。 ……	（1）科学编制2020年预算方案。 （2）全面落实"两金"管控专项任务。 （3）优化资产管理策略。 ……	财务部
（1）设备运行可靠率。 （2）用户平均停电时间	（1）完成2020年农网改造升级工程。 （2）完成供电设施改造建设任务。 （3）完成"新一轮"农网改造升级工程验收准备工作	（1）技改大修项目完成率。 （2）综合电压合格率。 （3）输变电设备严重及以上缺陷消除率。 ……	（1）完成自然灾害预警系统和高压电缆管理平台建设。 （2）开展电缆通道火灾隐患治理"回头看"。 （3）推进供电可靠性提升，严控计划停电，压降故障停电，推进不停电作业。 ……	设备部
无	完成供应链运营中心建设任务	（1）物资供应计划完成率。 （2）仓储资源利用率。 （3）协议库存执行完成率。 ……	（1）推进供应链全面智慧运营。 （2）加快自选功能开发融合。 （3）持续推进采购策略创新。 ……	物资部
……	……	……	……	……

其中，财务部承担单位级指标3项，重点工作任务6项；设备部承担单位级指标2项，重点工作任务3项；物资部没有单位级指标，承担单位级重

点工作任务 1 项。

2. 量化"三维"评价

对于落实到各部门的目标任务指标，明确"三维"量化评价标准，对各项指标完成的数量、质量、进度等情况进行考核评价，其中，"日常工作级"指标最高可以得指标分值的 100%，"部门级"指标最高可以加至指标分值的 115%，"单位级"指标最高可以加至指标分值的 130%。工作数量按照工作饱和度给予 ±10% 考核；工作质量按照任务完成效果，如通报表扬、经验推广、工作出现失误等，根据工作级别分别给予 ±10%～30% 考核；工作进度按照月度工作计划进行评价，因客观原因未完成不扣分，因主观原因未完成每项工作按进度根据工作级别给予 0～100% 扣分，提前完成根据工作级别给予 10%～30% 加分。

3. 严格考核评价

2020 年 4 月管理机关部门考核，关键指标方面，财务部 3 项指标中，内部模拟利润未完成进度目标，被扣分，可控费用和输配电价完成进度目标，得满分；设备部 2 项指标，设备运行可靠率和用户平均停电时间均完成考核目标，得满分。重点工作方面，财务部本月有 2 项单位级重点工作，分别为制订落实国家降价降费政策工作方案、启动部署提质增效专项行动；设备部有 1 项单位级重点工作，为有序组织开展 2020 年春检工作；物资部没有单位级重点工作，仅有部门级重点工作，为开展春季物资管理安全风险防控专项监督。经考核，各部门 4 月均完成重点工作任务，均得满分。综合考核得分情况，财务部考核得分 135 分，设备部考核得分 127 分，物资部考核得分 115 分，见表 2。

表2 4月绩效考核汇总表

序号	部门	目标任务指标得分（满分130分）	减项指标扣分（最多 –30分）	综合评价得分（满分20分）	最终得分
1	财务部	117	0	18	135
2	设备部	111	0	16	127
…	…	…	…	…	…
7	物资部	105	0	10	115
…	…	…	…	…	…

部门考核结果在内网公示后，各部门均没有提出异议。在部门考核的基础上，进行员工考核，在考核过程中要进行充分的沟通，取得员工认同。

"三级三维"目标量化考核法综合考虑管理机关工作任务的重要性、复杂性、难易程度等因素，将指标划分为单位级、部门级、日常工作级三个层级，对工作任务的数量、质量、完成时限等方面进行考核，有效解决了不同部门之间、同部门不同员工之间工作任务重要程度难区分、工作质效难衡量的问题，避免了以往考核不量化、打分凭印象的弊端，真正实现了管理机关精准考核。

报送单位：国网山西电力

编 制 人：陈海鹏 郭小燕 韩 煜 高 蓉 王丽红

85 管理人员"2+X"考核法

——解决职能部门管理人员精准考核难题

导 入： 近年来，各单位部门管理人员普遍实施"目标任务制"考核，主要考核目标任务完成情况，但在实践过程中往往存在评价涵盖面不足、工作内容难以量化、无法准确衡量管理人员工作付出和贡献程度等问题。国网山东潍坊供电公司实施管理人员"2+X"考核法，构建全面覆盖、科学统一的考核标准，综合量化考评工作质量、工作态度和贡献程度，有效提升了管理人员考核的精准性。

工具概述

管理人员"2+X"考核法是指通过"绩效计划考评""个人综合考评"两个项目和 X 个"自主申报加分项目"评价部门管理人员绩效。其中，"绩效计划考评"和"个人综合考评"分别考核工作任务完成质量和工作态度，"X"考核工作贡献程度、工作强度等其他要素。

适用场景：本工具适用于对部门一般管理人员考核评价。

实施步骤

管理人员"2+X"考核法的实施步骤包括：设置考核项目及标准、员工申报贡献、负责人定量考评、形成考评结果。

1. 设置考核项目及标准

"2+X"考核项目包括通用项目和加分项目，通用项目中绩效计划由员工本人依据当月重点工作内容确定，个人综合考评包含劳动纪律、工作能力态度、创新精神等。加分项由综合管理人员日常工作特点确定，包括承担的关键业绩指标、承担参与上级重点工作、创新工作及加班等方面。"2+X"考核项目及相应考评标准见图1。

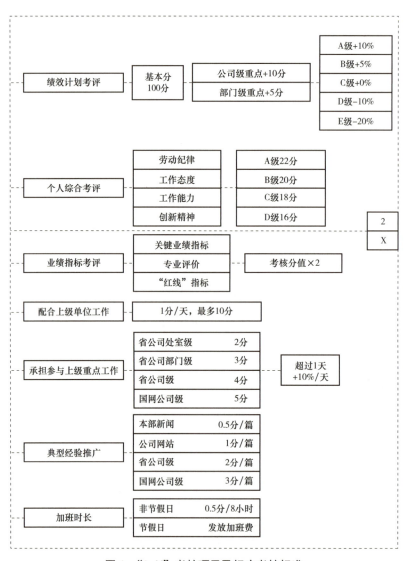

图1 "2+X"考核项目及相应考核标准

2. 员工申报贡献

员工月末提报工作完成情况，区分"公司级""部门级"和"日常工作级"重点工作，报部门负责人评价。提报"X"加分项和支撑资料，报绩效专责初审、分管负责人复审。员工贡献申报示意表见表1。

表1 　　　　　　　　　　　　员工贡献申报示意表

序号	姓名	工作完成情况	类别	分数
1	××	制定公司中层干部考核管理办法	公司级重点	30
2	××	完成市县公司机构设置优化工作	部门级重点	30
3	××	制定实施新员工培训方案，并组织执行		20
4	××	完成社保对账缴纳等常规工作		20
绩效计划合计分数（基础100分）				100
业绩指标	指标类别	得分		分数
	关键业绩指标	××		××
	专业评价	××		××
	"红线"指标	××		××
承担参与上级重点工作	工作项目	天数		分数
	××工作	××		××
	××工作	××		××
典型经验总结推广	级别	数量		分数
	省公司级/…	××		××
加分项得分合计				××

3. 负责人定量考评

部门负责人根据员工工作"量、质、期"和个人综合表现，完成通用项目（绩效计划和个人综合考评）考核评价，按照分管负责人和主要负责人各50%的权重计算综合得分。

4. 形成考评结果

绩效专责汇总部门负责人对通用项目的考评得分，审核员工提报的加分项支撑材料，计算员工个人"2+X"考核综合得分。其中：员工绩效考评得分＝（绩效计划考评得分＋"X"加分项得分）×80%+个人综合评价得分。每月召开绩效沟通会，公示员工月度绩效考评结果及支撑资料。

经验心得

（1）严格按照标准考评。考评项目和评价标准经部门审议通过后，绩效经理人应严格按照工作"量、质、期"和综合表现进行量化评价，实现考评结果公平公正。

（2）定期开展绩效沟通。每月定期召开部门绩效沟通会，对员工业绩全面考评、实时跟踪，公示考核结果，做好沟通辅导，明确员工改进方向，确保考核结果公开透明。

（3）动态调整考核标准。保持员工意见反馈通道畅通，及时对员工反馈的意见进行答复，不断完善考核指标的合理性，提高考核结果的认同感，推动各项工作高效推进。

实践案例

国网山东潍坊供电公司于 2017 年 12 月起对部门管理人员应用"2+X"考核法，获得管理人员广泛认可，推动组织与员工绩效"双提升"，以下以党委组织部为例进行展示。

1. 设置考核项目及标准

由部门全体成员共同确定考核项目及分值设置标准，其中：绩效计划项目总分 100 分，公司级重点加 10 分、部门级重点加 5 分（加分上限，可根据岗位参与配合情况适当调整）。考评等级"A、B、C、D、E"分别对应"10%、

5%、0、–10%、–20%"的加、减分；个人综合考评"A、B、C、D"分别对应"22分、20分、18分、16分"。

"X"加分项目：承担业绩指标的根据省公司排名结果，按照部门月度得分的2倍计算；外出配合上级单位工作的，每天加1分，上限10分；承担牵头上级重点工作按重要性加2~5分/天，超过1天的每天多加10%；典型经验总结推广根据发表媒介的级别，加0.5~3分；加班时长在非节假日折算为每8小时加0.5分，节假日加班发放加班费。

2. 员工申报贡献

根据月度工作开展情况，员工完成绩效计划自评，报分管副主任和主任评价；提交"X"加分项及支撑材料，由绩效专责初审、分管负责人复审。

3. 负责人定量考评

分管副主任与主任对各岗位提报的绩效计划完成情况进行评价，员工绩效计划基础分合计100分，各项工作基础分值由员工与分管副主任协商确定。评价标准按"量、质、期"三个维度进行量化评级并赋分。绩效计划及综合评价考评示意表见表2。

表2　　　　　　　　绩效计划及综合评价考评示意表

姓名	工作计划完成情况	基础分	加分	合计	等级评价	系数	计划得分	得分小计	综合评价
马*	完成公司中层干部年度考核	30	4	34	A	1.1	37.4	119.4	A
	制订县公司内设机构优化调整方案	30	—	30	A	1.1	33		
	制订公司中层干部轮训工作实施方案	20	5	25	A	1.1	27.5		
	完成县公司领导干部培训工作，获公司领导好评	10	—	10	A	1.1	11		
	配合营销部制订电费回收奖方案，完成奖金发放	10	—	10	B	1.05	10.5		

续表

姓名	工作计划完成情况	基础分	加分	合计	等级评价	系数	计划得分	得分小计	综合评价
孙＊	完成人资信息化系统功能优化提升和数据整改	30	1	31	A	1.1	34.1	107.6	B
	完成国家电网有限公司党建检查人事档案、民主生活会材	20	—	20	B	1.05	21		
	完成省公司人事档案系统实用化检查工作报告编写	20	—	20	B	1.05	21		
	完成新员工入职手续办理	20	—	20	B	1.05	21		
	完成8月薪酬核对发放	10	—	10	B	1.05	10.5		

4. 形成考评结果

绩效专责审核"X"加分项完成情况，应用面部识别考勤系统计算加班时长，汇总形成各岗位月度绩效考核得分表，具体见表3。通过绩效沟通会审议后完成考评，将综合得分录入SAP系统，推送至薪酬专责计算绩效工资。

表3　　　　　　　　　　　月度绩效考核得分公示表

姓名	"2"	"X"申报加分项				绩效计划及加分小计	"2"	合计
	绩效计划	加班	承担业绩考核指标	典型经验总结推广	承担上级重点任务		综合评价	
	①	②	③	④	⑤	⑥	⑦	⑧
马＊	119.4	7.6	—	3	—	130	22	125.96
孙＊	107.6	4.5	3	—	6.5	121.6	20	117.28
计算说明：⑥=①+②+③+④+⑤ ⑧=⑥×0.8+⑦								

通过实施"2+X"考核法，实现了精准考核、按绩取酬，党委组织部管理人员2018年月度平均绩效得分最高121.3分、最低99.4分，差距达到

22.03%，有效拉开了考核差距；同时促使员工主动承担各项试点任务和创新工作，工作积极性明显提升。

报送单位：国网山东潍坊供电公司
编 制 人：杨 军 赵秉聪 尹广晓 王俊凯 王欣梅
　　　　　　刘志诚 李媛媛

86 管理人员岗位贡献度考核法
——解决不同岗位目标任务制考核的量化平衡问题

> **导　入：** 一直以来，管理人员较多采用目标任务制考核，考核得分反映的是本岗位履职成果，但由于不同岗位关键指标难易度、工作量等不同，与岗位岗级没有关联的绩效工资不能体现岗位贡献的差异，降低了量化考核的科学性及价值引导性。国网上海市区供电公司采用岗位贡献度考核法，综合评估岗位对重点工作支撑度、责任强度等因素，优化岗位岗级与绩效贡献度综合得分的奖金兑现比例，实现综合量化考核，提升了考核结果准确性，提高了员工的积极性。

工具概述

　　岗位贡献度考核法，即从不同岗位对本年度重点工作的支撑程度、岗位责任强度、岗位工作压力强度、岗位工作环境友好程度等多维度进行综合评估，得出岗位贡献度评分。相较于岗位岗级，岗位贡献度更具有实时性、灵活性、多样性等特点。各单位可以根据自身需要，调整岗位岗级与绩效贡献度综合得分的奖金兑现比例，实现以绩效贡献度为引导的考核新模式，使考核激励精准化、奖金分配差异化。

　　适用场景：本工具适用于采用目标任务制考核方式的一般管理人员。

实施步骤

　　岗位贡献度考核法的实施步骤包括：构建机构岗位贡献度指标模型、编制机构岗位贡献度指标权重、开展岗位贡献度评估、计算综合绩效得分。

1. 构建机构岗位贡献度指标模型

根据公司战略、业务需求以及各机构内部工作环境等要素，从关键业绩指标支撑程度、面临的风险和责任强度、额外工作量大小、工作紧张程度、集中程度以及工作环境的危险程度等层面设计指标模型，评价模型可根据战略变化不定期调整。岗位贡献度指标模型见表1。

表1　　　　　　　　　　　　　　　　岗位贡献度指标模型

评价模型	一级评价指标	二级评价指标	指标说明
岗位贡献度	战略支撑度	战略规划支撑度	评价岗位对公司本年度战略的支撑程度，工作内容相关度高则评分高
		重点工作支撑度	评价岗位对公司本年度重点工作的支撑程度，工作内容相关度高则评分高
	岗位责任强度	风险管控责任强度	评价内部风险控制环节中处于本岗位工作内容中的关键节点数量，关键节点多则评分高
		法律风险责任强度	评价本岗位廉洁自律责任风险的强度，风险大则评分高
		外部协调责任强度	评价本岗位需要进行外部协调或者与外部客户接触的风险强度，风险大则评分高
	工作压力强度	工作集中程度	评价本岗位月度工作集中程度，集中度高则评分高
		工作紧张程度	评价本岗位加班频率，频率大则评分高
		额外工作量	评价超出本岗位原定工作内容的工作量大小，额外工作量大则评分高
	工作环境友好度	危险程度	评价工作危险程度，危险程度高则评分高

2. 编制机构岗位贡献度指标权重

运用二元比较量化法赋予指标权重。对各指标进行二元比较重要性排序，即比较两个因素之间的相对重要程度，构建二元对比判断矩阵，标度表见表 2。

表 2　　　　　　　　　　　　构建判断矩阵的标度表

标度	因素 i 与因素 j	标度	因素 j 与因素 i
1	i 与 j 同等重要	1	j 与 i 同等重要
3	i 比 j 稍微重要	1/3	j 与 i 稍微重要
5	i 比 j 明显重要	1/5	j 与 i 明显重要
7	i 比 j 强烈重要	1/7	j 与 i 强烈重要
9	i 比 j 绝对重要	1/9	j 与 i 绝对重要
2，4，6，8	两相邻判断的中间值	1/2、1/4、1/6、1/8	两相邻判断的中间值

以一级评价指标为例，根据表 2 标度打分，建立"战略支撑度""岗位责任强度""工作压力强度""工作环境友好度"之间的重要性对比矩阵，见表 3。将行数值相加得到"总计"列数据，将"总计"列数据进行归一化处理，得到"战略支撑度""岗位责任强度""工作压力强度""工作环境友好度"权重公式，见表 4，即一级评价指标相对重要度。

表 3　　　　　　　　　　　　一级评价指标判断矩阵示例

评价指标	战略支撑度	岗位责任强度	工作压力强度	工作环境友好度	总计	权重
战略支撑度	1	6	1/2	1/3	7.8	0.29
岗位责任强度	1/6	1	1/2	4	5.67	0.21
工作压力强度	2	2	1	4	9	0.34
工作环境友好度	3	1/4	1/4	1	4.5	0.16

表 4　　　　　　　　　　　矩阵方程计算公式

	A1	A2	A3	A4	总计	权重
A1	W1	W2	W3	W4	总计 1= W1+W2+W3+W4	$\dfrac{总计1}{总计1+总计2+总计3+总计4}$
A2	X1	X2	X3	X4	总计 2= X1+X2+X3+X4	$\dfrac{总计2}{总计1+总计2+总计3+总计4}$
A3	Y1	Y2	Y3	Y4	总计 3= Y1+Y2+Y3+Y4	$\dfrac{总计3}{总计1+总计2+总计3+总计4}$
A4	Z1	Z2	Z3	Z4	总计 4= Z1+Z2+Z3+Z4	$\dfrac{总计4}{总计1+总计2+总计3+总计4}$

如果指标数量较多，可运用相应的软件代入判断矩阵进行计算（SPSS、MATLAB、YAAHP 等）。按此方法（见表 3）继续计算二级评价指标得出各级重要度权重，即得岗位贡献度各层指标权重，见表 5。

表 5　　　　　　　　　　　岗位贡献度评价指标权重

一级分类	权重	二级分类	权重
战略支撑度	29%	战略规划支撑度	43%
		重点工作支撑度	57%
岗位责任强度	21%	风险管控责任强度	40%
		法律风险责任强度	36%
		外部协调责任强度	24%
工作压力强度	34%	工作集中程度	15%
		工作紧张程度	39%
		额外工作量	46%
工作环境友好度	16%	危险程度	100%

3. 开展岗位贡献度评估

成立由部门专业负责人牵头，人力资源部参与，总师室督导的评估小组。在每年管理人员绩效合约内容编制后或指标任务重大调整后，对岗位贡献度开展评估，得出各岗位贡献度。

4. 计算综合绩效得分

综合考虑岗位贡献度评分和绩效考核结果，确定员工绩效奖金。员工绩效综合得分 = 员工绩效考评得分 × 岗位贡献度评分，对员工绩效综合得分进行排名，确定绩效奖金发放比例。

经验心得

（1）岗位贡献度需动态调整。岗位贡献度可根据公司战略变化、重点工作安排、岗位工作内容变动等情况进行灵活调整，既可以精准反映岗位贡献大小，弥补岗位系数难以调整的不足，体现实际价值差异，又可以使个人绩效与公司整体绩效更加贴合，更好地支撑公司整体绩效的实现。

（2）提升评估数据真实有效性。对岗位贡献度评估数据的处理是整个岗位贡献度评估过程中的重点工作之一，首先需要对评估数据进行核查，在确认数据有效的基础上，进行数据统计工作。如发现数据存在异常，应立即通知评估小组进行再确认，如有必要，还要组织评估小组对个别岗位进行重新评估。

（3）岗位评估前需开展充分培训。确保评估人员对岗位贡献度评价指标内涵的正确理解，以及把握评分标准的尺度趋于一致。人力资源部需在评估工作开展前对评估小组成员进行充分到位的培训，确保评估人员正确理解评价指标的内涵。特别注意评价指标对应的是全年工作，不是阶段性工作；评价的是正常业绩水平下的岗位贡献度，而不是超高或者超低的业绩表现下的岗位贡献度。

📝 **实践案例**

国网上海市区供电公司于 2019 年起应用岗位贡献度考核法，实现对管理人员工作成效公平、精准量化评估，有效拉开收入差距，进一步提升了管理人员内生动力。以下以安全监察部岗位为例进行展示。

1. 构建机构岗位贡献度指标模型

在充分沟通下，根据公司整体情况，从战略支撑度、岗位责任强度、工作压力强度、工作环境友好度四方面，一级评价指标，以及战略规划支撑度、危险程度等九方面二级评价指标设计指标模型。

2. 编制机构岗位贡献度指标权重

2019 年度线缆监察专职参与的公司年度重点工作包括线路"三跨"整治、城市电缆隐患排查治理、制叮咛整改计划等，因此重点工作支撑度评分为最高分 5 分。该岗位今年还需负责电力井盖问题情况治理工作，参与上级公司组织安排的集中工作，额外工作量较大，加班频率高，因此额外工作量和工作紧张程度评分也较高。本岗位不具备重大法律风险，危险程度低，因此这两项评分较低。通过各级指标评分加权，得出线缆监察专职岗位贡献度为 3.3067 分，见表 6。

表 6　　　　　　　　　线缆监察专职岗位贡献度评分

岗位贡献度（线缆监察专职）				3.3067 分
一级评价指标和权重	计算得分	二级评价指标和权重	计算得分	评分（1～5）
战略支撑度 29%	1.3253	战略规划支撑度 43%	1.72	4
		重点工作支撑度 57%	2.85	5
岗位责任强度 21%	0.5124	风险管控责任强度 40%	1.6	4
		法律风险责任强度 36%	0.36	1
		外部协调责任强度 24%	0.48	2

岗位贡献度（线缆监察专职）				3.3067 分
一级评价指标和权重	计算得分	二级评价指标和权重	计算得分	评分（1~5）
工作压力强度34%	1.309	工作集中程度 15%	0.45	3
		工作紧张程度 39%	1.56	4
		额外工作量 46%	1.84	4
工作环境友好度16%	0.16	危险程度 100%	1	1

3. 开展岗位贡献度评估

以线缆监察专职岗位测算方式类推，对安全监察部其他所有岗位进行贡献度测算，部门各岗位贡献度评分见表 7。

表 7　　　　　　　　2019 年度安全监察部岗位贡献度

岗位名称	岗位贡献度评分
主任	4.35
副主任	3.867
线缆监察专职	3.3067
应急管理专职	3.45
防火治安专职	2.756
变电监察专职	3.723
电力设施专职	3.2543

4. 计算综合考核得分

各岗位员工期末考核得分见表 8，员工绩效综合得分＝员工绩效考核评分 × 岗位贡献度评分，对员工绩效综合得分进行排名，确定绩效奖金发放比例。

表 8　　　　　　　　　　2019 年度安全监察部综合绩效得分

姓名	岗位名称	岗位贡献度评分	绩效考核评分	综合绩效得分	排名
朱 *	线缆监察专职	3.3067	92	304.22	3
周 *	线缆监察专职	3.3067	85	281.07	5
陆 *	应急管理专职	3.45	93	320.85	1
王 *	防火治安专职	2.756	94	259.07	6
张 *	变电监察专职	3.723	86	320.18	2
陈 *	电力设施专职	3.2543	90	292.89	4

通过运用一系列科学测算与客观的多维度量化比对，计算各岗位对部门岗位贡献度，实现对员工工作业绩进行公正、精准地量化评估，从而可使不同工作岗位人员在同一纬度进行对比或排名，最终使绩效激励更准确、更精准、更高效。

报送单位：国网上海市区供电公司
编 制 人：汪传毅　王　迪　黄　凡　陈思源

87 跨部门协同考核工具
——解决协同配合工作时推诿扯皮问题

> **导 入：** 实际工作中，很多业绩指标、工作任务是复合型指标、跨部门协同任务，这类工作往往需要多部门协同配合，如何提升多部门协同配合效率成为企业管理的热点难点问题。国网安徽蚌埠供电公司创新实施"跨部门协同考核"，推动树立公司工作"一盘棋"的整体意识，实现主协办部门"权责利"的科学划分，从多个维度精准考核、精确兑现，形成工作主协动力叠加合力，有效解决多部门协同配合时推诿扯皮问题，提升整体工作效率效益。

工具概述

跨部门协同考核工具是指对需要多部门协同配合的工作任务或指标，主办部门事先明确协办部门，绩效经理人按照既定规则，从质量、履责、时效等多个维度差异化加减分，在月度组织绩效中精准兑现，并作为部门年（季）度绩效考核重要依据。

适用场景：本工具适用于跨部门工作任务或指标考核，多用于职能部门的组织绩效考核。

实施步骤

跨部门协同考核工具的实施步骤包括：制订跨部门协同考核规则、常态开展协同考核和精准兑现考核结果。

1. 制订跨部门协同考核规则

人资部门依据上级规章制度、公司年度重点任务、部门职责等内容，向专业部门征集协同配合类工作考核需求，并共同研讨商定考核规则及奖惩标准。考核规则应明确协办部门、配合任务、工作要求和考核标准等，奖惩标准应客观公正，体现权责利对等。

2. 常态化开展协同工作考核

协同配合类工作完成后，绩效经理人按照既定考核规则和奖惩标准，从责任大小、完成质量、配合效率、时间节点等多个维度，对主、协办部门按一定比例考核加减分。人资部门按月汇总整理考核情况，并将考核结果提交绩效管理委员会。

3. 精准兑现考核结果

考核结果经绩效管理委员会审批后，在月度绩效考核会议上公布，并由人资部门在月度绩效薪酬中实施奖罚兑现。其中，关键行为（事件）或涉及个人考核内容将作为年（季）度绩效考核的重要参考材料，应用于部门（个人）的评先评优。跨部门协同类工作考核流程见图1。

◎ 经验心得

（1）关键环节是考核办法和实施细则的制订。实施过程中，应根据实际情况对加减分值、是否纳入年度考核等细节进行完善纠偏，避免造成考核的不严谨和随意性。

（2）各专业部门制订相应的考核细则后，公司绩效管理委员会调整、平衡各部门制订的协同配合细则的奖惩幅度，体现不同专业间的公平合理性。

（3）绩效经理人应积极引导协同配合类工作考核的正向激励，以半年、年度为周期复核各部门考核情况，避免造成部门间无效考核。

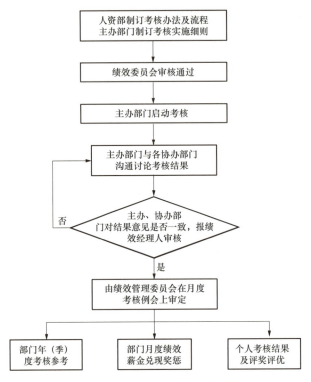

图 1　跨部门协同类工作考核流程

实践案例

国网安徽蚌埠供电公司于 2018 年 6 月开始应用跨部门协同考核工具，树立了公司工作"一盘棋"意识，实现了跨部门协同配合效率提升。下面以安全生产工作为例进行展示。

1. 制订跨部门协同考核规则

2018 年 5 月，人资部牵头，安监部作为主办部门，共同协商制订了《安全生产协同工作考核实施方案》，明确了安全生产工作的协办部门、工作要求、考核流程和标准等，方案示例见表 1。例如，安全稽查工作的主办部门为安监部，协办部门为运检部、各检修运维工区以及所属各县公司等生产单位，稽查工作严格按照《电力安全工作规程》、国网"十不干"、国网安徽电力典型违章示例等内容开展，方案规定了各类违章处罚扣分及考核标准。

表 1 《安全生产协同工作考核实施方案》示例

序号	事项名称	主办部门	协办部门	工作要求	考核标准	备注
1	作业现场安全稽查	安监部	运检部、生产工区、县公司	《电力安全工作规程》、国网"十不干"、国网安徽电力典型违章示例	四星级及以上规范现场加分，发现违章行为，当事人按照相关标准扣分	
2	安全工器具管理	安监部、各工区	运检部	《国网公司安全工器具管理规定》《国网安徽电力安全工器具管理细则》	结合安全生产检查，定期安全工器具室检查，发现问题，对所在班组进行考核扣分	

2. 考核及兑现情况

2018 年 7 月 6 日，省公司安全稽查队现场检查发现某县公司作业现场有一起严重违章行为。按照既定考核方案，安监部是安全生产主办部门，县公司为协办部门，根据安全生产职责权重的大小，分别对主办部门（安监部）、协办部门（县公司）进行相应的扣分考核，并在部门（单位）月度绩效薪金中兑现，见表 2。

表 2 7 月绩效考核及薪酬兑现示例

考核类别	主办部门	协办部门	事件详述	月度加（减）分	考核兑现情况	是否计入年度考核
安全生产	安监部	某县公司	2018 年 7 月 6 日，省公司安全稽查队在某县公司作业现场发现一起严重违章行为	主办部门扣 1 分，协办部门扣 4 分	核减主办部门月度绩效薪金约 1500 元、协办部门月度绩效薪金约 6000 元	否

通过实施跨部门协同考核工具，实现了主、协办部门一体化考核、责权共担，确立了"优必赏劣必罚"的具体尺度标准，促进了部门间横向沟通和协同配合，有效解决了长期以来主管部门与执行部门权、责、利界定模糊的问题。

报送单位：国网安徽蚌埠供电公司

编 制 人：王 冬 周海兵 王 欣 束 畅

88 四维模拟产值考核法
——解决管理人员绩效的产值量化问题

> **导 入：** 管理人员量化考核难、横向可比难，绩效量化难以有效落地，一直是绩效管理的难题。国网重庆合川供电公司以复合价值、一专多能、多劳多得为思路，创建四维模拟产值考核法，将管理人员的工作按时间和经济效益进行"价值量化"，有效解决了管理人员绩效量化难、执行难的问题，激发了员工干事热情。

工具概述

四维模拟产值考核法是指围绕管理人员承担岗位职责、指标、重点工作等，通过价值量化和责任分解两种途径，将管理人员绩效拆分为岗位产值、结果产值、公共产值、扩展产值四个维度进行考评，把管理人员的工作职责、工作内容、工作项目、工作结果等以标准化、规则化、价值化的方式进行量化考核计算，并直接与员工的收入挂钩，形成多劳多得的绩效工资分配机制。此方法有效区分了业绩贡献，使管理人员工作量得到平衡，权责利得到体现，部门专业工作逐步融合。

适用场景：本工具适用于管理部门员工。

实施步骤

四维模拟产值考核法的实施步骤包括：确定岗位产值、核算结果产值、设置公共产值和扩展产值加分（专项激励）。

1. 确定岗位产值

管理人员对本岗位重点工作进行梳理、分类，量化各项重点工作花费时间、分布规律、工作强度、难度等。绩效管理小组据此对岗位重点工作确定量化产值金额并平均分摊到每月，形成该岗位每月的岗位产值。为实现各岗位的价值平衡，可将公共的固定工作（如部门月度总结等）按此方法折算出每月价值，交由部门岗位产值较少的人员。管理人员完成相应岗位重点工作，获得相应岗位产值的绩效奖。

2. 核算结果产值

将管理人员岗位职责对应的指标（企业负责人业绩考核、同业对标、内部模拟市场关键指标等年度重点指标）或专业工作要求责任分解落实到人，区分主次责任，建立评价规则，并根据考评结果兑现绩效。某岗位结果产值奖 =（结果产值得分 / 部门结果产值总分）× 部门结果产值总额。其中，结果产值得分 =100+ 结果产值加减分。

3. 设置公共产值

将部门内不属于专业管理（如新闻宣传等）或岗位职责范围内、可开放给其他岗位的公共工作任务纳入公共产值奖。由绩效经理人根据工作重要程度、工作难度确定公共工作任务加分标准、完成时限，部门内部协商一致后公开发布。管理人员对公开发布的公共工作任务主动申请（抢单），并按申请先后顺序确定公共工作任务承办人员，承办人员完成公共工作任务加相应公共产值分。

4. 扩展产值加分（专项激励）

在创先争优、竞赛比武、管理创新等扩展产值设置高比重加分，激励管理人员发挥创新能力，培养一专多能管理人员，进一步提升人效。

◎ **经验心得**

（1）岗位产值是将岗位职责内容按工作时间、难易度进行量化，解决管理人员专业工作不均衡、无法量化问题，针对如何合理计算、量化这一问题，由部门负责人审核、权衡，对有争议的内容可会同同类单位相同岗位人员分析讨论确定，使岗位产值更趋于公平合理。

（2）结果产值是对指标或专业评价结果采取组织绩效分解法和KPI指标责任分解法，解决部门KPI指标责任落实。该部分与部门业绩及指标挂钩，在整个绩效分配比例中所占权重应为最重。

（3）公共产值是对岗位职责范围外的部门工作进行量化积分评价，解决临时工作、非专业管理工作无人承担问题，该部分所占绩效分配的比重应最小，可为绩效总额的10%~20%。

（4）扩展产值加分是对管理人员的创新能力进行正向激励，推动解决创新动力不足、员工潜能未充分发挥等问题。专项激励加分分值的设置应该充分体现其正向激励作用和效果。

实践案例

国网重庆合川供电公司于2018年5月开始运用四维模拟产值考核法开展绩效考核，有效解决了管理人员绩效量化难、执行难的问题。以下以党委组织部（人力资源部）为例进行展示。

1. 确定岗位产值（占30%）

管理人员对本岗位重点工作进行梳理、分类，量化各项工作的花费时间、分布规律，测算岗位产值。测算出不同岗位的岗位产值后，绩效经理人再依据产值大小平衡工作量，例如将员工报销工作固定分配给岗位产值相对较小的社会保险管理岗位，将统计报表工作固定分配给岗位产值较低的教育培训管理岗位等，使各管理人员的岗位产值趋于平衡。通过讨论、测算，党委组织部（人力资源部）所有管理人员月工作平均小时数约为70小时/人，将绩效总额的30%作为岗位产值总额，计算出每小时岗位产值为13.2元。以社会保险管理岗位为例，汇算出该岗位的月度工作平均时间约为 68 小时，月度岗位产值总额约为 900 元，岗位产值体系见表 1。

表 1　　　　　　　　　　　　社会保险管理岗位产值体系

工作项目	工作内容及标准说明	工作频率	单位消耗时间（小时）	数量（次数）	折算为月度数量合计消耗时间（小时）	岗位产值（元）	备注
养老保险	每年底汇总公司每位职工的年收入，并分算出在岗职工月平均工资	年	6	1	0.5	6.6	
	每年 1 月底将职工基数导入 ERP 系统中	年	3	1	0.25	3.3	
	每年 3 月向合川区人力社会保险局申报职工保险基数，并在网上核对无误	年	3	1	0.25	3.3	
	每月在社会保险网上系统核对人员及缴费金额，汇缴养老保险当月养老保险费	月	4	1	4	52.8	
	办理保险增减，网上填报保险增加减少表，并打印纸质件 3 份，盖章	月	1	1	1	13.2	
	…		…	…	…	…	
合计					68 小时（岗位月度工作平均时间）	900 元（月度岗位产值总额）	

2. 核算结果产值（占 50%）

党委组织部（人力资源部）的结果产值以正向激励为主，指标段位完成目标均以能达到、能完成的段位进行设置，结果产值指标共 7 项，目标均设为 B 段。

以 7 月为例，除"全口径人工成本投入产出效率指数"为 B 段，其余完成为 A 段。根据月度考评标准，完成 B 段加 1 分、A 段加 2 分，7 项指标合计加 13 分。相关人员结果产值得分为：熊＊105.4 分，高＊104.26 分，易＊103.07 分，陈＊100.27 分。若当月本部门结果产值奖总额为 7200 元，则熊＊当月结果产值奖 =105.4÷413×7200=1837.48（元）。

党委组织部（人力资源部）通过结果产值考评，使部门 KPI 指标责任得到有效落实。指标责任考核体系见表 2。

表 2　　　　　　　　　　　　　指标责任考核体系

序号	指标名称	指标目标	指标责任人（占 60%）	配合人员（占 40%）	考评标准
1	全口径人工成本投入产出效率指数	B 段	熊＊	—	年度：完成 A 段加 4 分，完成 B 段加 2 分，完成 C 段扣 2 分，完成 D 段扣 4 分，完成 E 段扣 8 分。季度（月度）：考评标准减半
2	高端人才及"三无"人员指数	B 段	高＊	—	
3	人力资源计划完成率	B 段	熊＊	易＊、高＊、陈＊	
4	内部人力资源市场配置指数	B 段	熊＊	易＊	
5	全员绩效管理规范指数	B 段	易＊	—	
6	竞赛及调考成绩	B 段	高＊	—	
7	福利保障评价指数	B 段	熊＊	—	

3. 设置公共产值（占 20%）

绩效经理人在部门内公开发布（如部门会议、部门微信群、"企讯通"等）公共工作任务，部门人员根据实际工作情况及自身完成能力情况进行抢单，第一个应答的人员即为抢单成功，绩效经理人确认其为公共工作任务承办人员。若无人抢单，则由绩效经理人将工作任务指定安排给相应人员，加分打折。次月，由绩效经理人按工作记录统计部门所有人员上月公共产值得分，算出公共产值奖，明细见表3。

某岗位公共产值奖＝（公共产值得分/部门公共产值总分）× 部门公共产值奖总额。其中，部门公共产值奖总额＝部门绩效奖总额－岗位产值奖总额－结果产值奖总额－扩展产值奖总额。

表3　　　　　　　　　　　　部门人员公共产值奖明细

序号	部门人员	第一周积分	第二周积分	第三周积分	第四周积分	本月合计积分	公共产值奖（元）
1	熊*	10	15	10	18	53	397.50
2	陈*	10	15	10	16	51	382.50
3	高*	20	15	20	13	68	510.00
4	易*	10	15	10	9	44	330.00
合计		50	60	50	56	216	1620

4. 扩展产值加分（专项激励）

统计部门人员创先争优、竞赛比武、管理创新等扩展产值，设置高比重加分。奖励标准见表4。

表4　　　　　　　　　　　　扩展产值奖励标准

序号	奖励标准
1	专业管理受到通报表扬的，市公司级加20分/项，公司级加10分/项
2	参加专业竞赛、调考获得通报表扬的，市公司级加20分/项，公司级加10分/项
3	管理创新成果获得市公司三等奖的20分/篇，获得市公司二等奖及以上的40分/篇

　　四维模拟产值考核法通过岗位产值量化，岗位产值较低的管理人员主动承担部门公共业务作为岗位产值奖，管理人员之间的工作量得以平衡；通过结果产值量化，部门 KPI 指标责任得到有效落实；通过公共产值量化，管理人员积极承揽保密工作、新闻宣传、综合材料等公共产值任务，解决了临时工作、非专业管理工作无人承担等问题；通过扩展产值量化，解决了管理人员创新动力不足、潜能挖掘不足等问题。

　　报送单位：国网重庆合川供电公司
　　编 制 人：邓文强　刘　娟

89 "基本＋浮动"绩效考核法
——提升管理人员考核精准度

> **导　入：** 管理人员工作内容各不相同，在开展绩效管理时往往存在工作量化难、横向不可比等问题，容易形成"高岗绩效低不了，低岗绩效高不了"现象。国网重庆市南供电公司针对管理人员绩效管理中的难点、痛点，采取"基本＋浮动"绩效考核法，针对性制定不同岗位的评价体系，充分调动员工的积极性、主动性。

工具概述

　　"基本＋浮动"绩效考核法是指在厘清岗位职责分工的基础上，将原有绩效收入总量按比例划分出基本绩效和浮动绩效两部分，并分别按"评分 × 岗位系数"和"分档兑现"的方式开展绩效考评的方法。其中，基本绩效主要根据员工岗位基本职责履行情况进行考评，形成基本绩效得分，按照其得分和岗位系数兑现基本绩效；浮动绩效主要根据员工承担的月度重难点、临时性工作完成情况进行评分，形成浮动绩效得分，按照其得分实行分档兑现浮动绩效。

　　适用场景：本工具适用于管理部门员工。

实施步骤

　　"基本＋浮动"绩效考核法的实施步骤包括：明确岗位职责分工及岗位系数、制订职责对应评分标准、制订月度绩效计划并开展过程管控、实施绩效考评、绩效分档兑现。

1. 明确岗位职责分工及岗位系数

明确岗位职责分工，划分职责范围，避免职责分工界限不清。划分岗位职责对应的基本工作与重难点、临时性工作范围，明确基本工作和重难点、临时性工作评判标准。开展工作分析，根据员工岗位基本职责的难易程度、工作量等因素确定岗位系数，用于基本绩效分配。

2. 制订职责对应评分标准

针对基本绩效对应的岗位本职工作，设置基本分60分，基本绩效得分 = 基本分60分 × 岗位系数；针对浮动绩效设置重大工作、综合任务等加分项和工作差错、纪律涣散等减分项。加分项不超过40分，减分项不超过30分。同时针对具有周期性的与本职工作无专业关联的常规综合性工作，分类明确其主要工作事项、责任人和评分标准。

3. 制订月度绩效计划并开展过程管控

每月初，制订月度工作计划，分解落实至责任人，包括岗位职责对应的基本工作和月度重点、难点、临时性工作任务。绩效经理人实时监督员工履责情况，对工作质量、工作态度、劳动纪律等事项进行记录，必要时提醒更正，强化过程管控。

4. 实施绩效考评

考核期末，采取"员工自评——绩效经理人评价——计算月度绩效得分"方式，由绩效经理人根据部门人员申报的基本绩效得分、综合性工作和重点工作完成情况进行评分。

5. 绩效分档兑现

（1）计算评分结果。根据绩效评分标准考评出基本绩效得分和浮动绩效得分。

（2）匹配浮动绩效分档得分。浮动绩效分档得分按照浮动绩效得分排序从高到低分为五个档次，分别匹配10、8、7、6、5~0分。

（3）兑现基本绩效和浮动绩效。员工月度绩效奖金由基本绩效奖金和浮动绩效奖金构成。基本绩效奖金由基本绩效得分、岗位系数、基本绩效奖金基数计算得出；浮动绩效奖金由浮动绩效分档得分、部门浮动绩效分档总分、浮动绩效奖金基数、部门人数计算得出。员工月度绩效奖金 = 基本绩效奖金 + 浮动绩效奖金。其中：

基本绩效奖金 =（基本绩效得分 /100）× 岗位系数 × 基本绩效奖金基数

浮动绩效奖金 =（浮动绩效分档得分 / 部门浮动绩效分档总分）× 浮动绩效奖金基数 × 部门人数

经验心得

（1）评分标准唯一，跨月任务避免重复加分。同一加减分工作项得分一致，不能主观随意赋分，避免出现不公平现象；加分工作跨月的，在完成月份兑现加分，不重复计算。

（2）严格按标准评分，统一评价标尺。绩效经理人评价需严格按评分标准进行评分，如存在同一部门两名绩效经理人分别评价的情况，评价人之间应充分沟通，逐项审核，统一评价标尺，避免晕轮效应、近因效应、与我相似等误差出现。

（3）及时有效反馈，合理疏导矛盾。绩效考评结束后，绩效经理人应就员工当月加减分原因和表现情况及时反馈员工本人，提出改进建议，取得员工理解和认同。

实践案例

国网重庆市南供电公司于 2018 年 6 月开始运用"基本 + 浮动"绩效考核法，有效解决了管理人员工作考评难、"大锅饭"和综合性工作推动难等问题。以下以党建部为例进行展示。

1. 明确岗位职责分工及岗位系数

岗位职责分为基本岗位职责和综合性工作职责。

基本岗位职责指管理人员专业相关的日常或周期性本职工作。党建部根据各管理人员专业及工作量将岗位职责分为7个岗位，明确各岗位职责范围，并附对应岗位系数。岗位基本职责及岗位系数以团委书记兼党委秘书、宣传管理为例，见表1。

表1 　　　　　　　部门内部岗位基本职责和对应岗位系数

岗位名称	岗位职责	岗位系数
团委书记兼党委秘书	（1）负责组织协调公司共青团和青年工作。 （2）负责共青团组织建设与管理。 （3）负责公司青年思想引导、团青理论研究、青年岗位建功、服务青年成长成才、青年志愿服务和团组织建设等管理工作。 （4）负责组织团青评选表彰、开展团青活动。 （5）负责公司学联会的日常管理工作。 （6）负责公司团委的日常工作。 （7）负责服务公司党委的政治学习、政治教育、组织活动等工作。 （8）负责公司党委理论中心组学习的组织服务工作。 （9）负责公司领导班子民主生活会的协调组织工作。 （10）牵头负责党建课题研究工作。 （11）负责起草党委总结等文字材料。 （12）协同完成公司领导班子综合考评工作。 （13）协同完成党建信息化相关工作。 （14）完成部门负责人交办的其他工作	1.4
宣传管理	（1）负责宣传贯彻党和国家的各项方针、政策和上级有关指示精神。 （2）负责公司宣传工作有关管理标准和制度的制订、修订和复审。 （3）负责落实党委决策，围绕中心工作，积极策划主题传播。 （4）负责与辖区政府区委宣传部、网信办的常态沟通联络。 （5）负责与社会主流媒体、行业媒体形成宣传联动态势，保持策划、实施、评估、改进全过程联动。 （6）负责加强与重庆公司专业部门的沟通交流，及时上报有关工作报表，积极配合完成新媒体重点传播要求。	1.3

岗位名称	岗位职责	岗位系数
宣传管理	（7）负责管理、建设、运用好公司网站、新媒体等宣传阵地，加强公司新浪微博、微信公众号平台管理，增强主题传播可读性和影响力。 （8）负责公司新闻宣传工作有关的汇报材料、典型经验、先进事迹的提炼撰写工作。 （9）负责做好舆情处置闭环管理。 （10）负责新闻发布、新媒体管理、舆情管理方面的保密及信息安全。 （11）负责宣传队伍的建设、稿件积分量化管理、对党支部宣传工作进行评价。 （12）负责全面社会责任管理工作，指导部门车间开展履责实践活动并提炼相关案例材料。 （13）完成部门负责人交办的其他工作	1.3

为解决综合性工作布置难问题，在绩效评分标准中有针对性地对综合性工作进行了范围界定和赋分。综合性工作事项及赋分标准见表2。

表2　　　　　　　　　　综合性工作事项和赋分标准

序号	工作名称	对口部门	现负责人	拟负责人	拟设加分
1	月度总结计划	办公室	陈*	—	2
2	月度重点工作完成情况报送	办公室	陈*	—	1
3	职代会重点任务完成情况	办公室	王*	—	1
4	半年、年度总结	办公室	王*	—	5（每半年）
5	执规报送	组织部	张*	—	1
6	综合员	组织部	吴*	詹*	3
7	党小组长	党建部	陈*	朱*	4
8	党支部委员	部室一支部	陈*、王*	—	4、2
9	工会小组长	工会办	吴*	张*	2
10	信息员	信息中心	段*	—	1
11	考勤员	组织部	段*	石*	1
12	保密员	办公室	刘*	—	2

序号	工作名称	对口部门	现负责人	拟负责人	拟设加分
13	购买办公用品	物资部	段＊	—	2（每半年）
14	卓越绩效报表	办公室	刘＊	—	2
15	绩效考评员	组织部	王＊	—	5
16	安全清单梳理	安监部	王＊	—	2
17	部门厂务系统维护员	工会办	石＊	—	1
18	废旧物资报废	物资部	陈＊	—	3（每年）
19	部室工会委员	工会办	吴＊、李＊	张＊、詹＊	1
20	工会财务	—	石＊、段＊	—	3、2
21	党费管理	—	朱＊、陈＊	—	2、1

2. 制订职责对应评分标准

细化职责分工对应加减分项，尤其有针对性地对重难点、临时性工作、协同工作绩效评价标准进行赋分，充分发挥绩效导向作用。评价标准见表3。

表3　　　　　　　　　　职责分工评价标准

绩效积分	工作分类		工作内容	分值	
基本绩效	本职工作		国网公司、市公司、本公司、本部门涉及本岗位的专业工作	基本分60分 × 岗位系数	
浮动绩效	加分项	重大工作	包含承担企业负责人业绩考核、同业对标指标、公司级月度重点工作、企业和个人重大荣誉、承办公司级别以上重大活动、中央级媒体重大宣传报道、重大舆情风险防控、得到公司主要负责人及以上级别领导表扬的工作等	5～20分	由部门负责人根据任务的层级、难易程度、工作量和完成情况确定分值
		综合任务	工会、党建等综合性事务	1～5分	
		临时任务	承担公司领导或部门负责人临时交办任务或临时承担部门其他同事分内工作	2～10分	

续表

绩效积分	工作分类		工作内容	分值	
浮动绩效	加分项	其他加分	部门人员参加市公司及以上调考、普考、竞赛取得本专业个人名次；经验总结、提炼工作亮点的，在重庆电力信息（动态）等刊物上稿或进行专业工作交流；撰写典型经验、调研课题、管理创新项目等，在市公司或重庆市层级获奖的；其他临时奖励	1～5分	由部门负责人根据任务的层级、难易程度、工作量和完成情况确定分值
	减分项	工作差错	重大工作失误、重大违规违纪，或者受到公司及以上部门或领导点名通报、批评的情况	10～20分	
		劳动纪律	不遵守劳动纪律、工作态度差等情况	1～5分	
		其他扣分	包括部门人员参加市公司及以上调考、普考、竞赛不合格	1～5分	

3. 制订月度绩效计划并开展过程管控

每月初，绩效经理人梳理月度部门工作计划，并赋予各项工作相应分值，根据专业分工及工作量平衡，通过双向沟通与员工一同制订员工月度绩效计划，明确月度工作目标。以企业文化管理岗位为例，编制月度绩效合约，见表4。

表4　　　　　　　　企业文化管理岗位月度绩效合约

刘＊2018年6月月度合约编制					
部门：党建部		岗位：企业文化管理		履约周期：2018年6月	
序号	指标名称	指标层级	分值/权重	评价标准	目标值
一、目标任务指标（80分）					
（一）关键业绩指标					

续表

	刘 * 2018 年 6 月月度合约编制				
部门：党建部		岗位：企业文化管理		履约周期：2018 年 6 月	
序号	指标名称	指标层级	分值/权重	评价标准	目标值
1	组织建设标准化	单位级	10	坚持党的组织于行政机构同步设置，正式党员 3 人以上的单位、部门或其他内设机构应成立党支部；正式党员不足 3 人的，应与邻近或业务相近的单位党员联合成立党支部	—
2	…	…	…	…	…
（二）重点工作任务					
1	完善企业文化展厅资料	单位级	20	按照要求定期完善企业文化展厅资料	进一步完善企业文化展厅各类资料
2	…	…	…	…	…
（三）难点工作、临时性任务等					
1	参加市公司及以上调考、普考、竞赛	单位级	10	取得本专业个人名次	—
2	经验总结、提炼工作亮点	部门级	5	在重庆电力信息（动态）等刊物上稿或进行专业工作交流	—
3	…	…	…	…	…
二、综合评价指标（20 分）					
序号	指标名称	分值/权重	Ⅰ级	Ⅱ级	Ⅲ级	Ⅳ级

序号	指标名称	分值/权重	Ⅰ级	Ⅱ级	Ⅲ级	Ⅳ级
1	考勤	100	旷工	迟到	消极怠工	按时上下班

绩效经理人签名：

被考核人签名：

日期：

日期：

同时，绩效经理人实时监督员工履责情况，对工作质量、工作态度、劳动纪律等事项进行记录，必要时提醒更正。例如：6月18日王＊迟到一次，6月21日因故请事假等，按照绩效评分标准，以上两项均为扣分项，与当事人沟通后，在月末考评时执行。

4．实施绩效考评

（1）个人月度绩效积分申报。月底部门管理人员按照个人完成工作的实际情况，申报个人月度绩效积分，见表5。

表5　　　　　　　　管理人员月度绩效积分申报表

党建部管理人员月度绩效积分申报表						
姓名	岗位	基本分		自评得分	绩效经理人评分	备注
刘＊	企业文化建设	72		72		
		加分项				
		清理并汇总部门各岗位内容，向物资公司报送党建部"非招标授权采购台账"		2		
		部门保密员加分		2		
		部门卓越绩效填报并汇总加分		2		
		填报并汇总部门各岗位内容，向办公室报送党建部相关涉密事项		2		
		牵头张＊、杨＊、马＊，填报并修改三份市公司外联部主题访谈资料		2		
		将微电影上传到优酷网，并融合宣传海报发布在朋友圈；配合工会工作，撰写文字资料并成功刊出，获得公司内外一致好评		2		
		配合两次迎检工作		4		
		组织部门人员签订廉政建设岗位责任书		2		
		编写综合材料		2		

（2）绩效经理人综合评分。绩效经理人根据部门管理人员申报的基本绩效得分、综合性工作和重点工作完成情况进行评分。个人绩效得分包含基本绩效得分和浮动绩效得分。其中，基本绩效得分 = 基准分 60 分 × 岗位系数，浮动绩效得分 = 加分项得分 + 减分项扣分。得分明细见表 6。

5. 绩效分档兑现

（1）分档确定浮动绩效得分。个人浮动绩效分档得分按照个人月度绩效得分排序从高到低分为五个档次，分别匹配 10 分、8 分、7 分、6 分、5~0 分。

（2）员工月度绩效奖金 =[（基本绩效得分 /100）× 岗位系数 × 基本绩效奖金基数] + [（浮动绩效分档得分 / 部门浮动绩效分档总分）× 浮动绩效奖金基数 × 部门人数]。

以该部门有 7 名员工、个人绩效基数 1500 元为例，其中，基本绩效基数 1000 元，占比 66.7%；浮动绩效基数 500 元，占比 33.3%。根据上述绩效薪金计算公式，核算月度绩效奖金，具体分配统计见表 7。

绩效得分明细

表6

姓名	岗位系数	基本绩效分	综合任务加分	重大工作加分	临时任务加分	其他加分	扣分	浮动绩效得分
王*	1.4	84	绩效员（5）	获青年五四奖章（3）	按公司领导要求组织参与为民服务活动（5）	0	6月18日迟到2小时以内（1）	12
			安全清单梳理（2）		迎接兄弟单位交流学习（2）		6月21日请假1天（4）	
			部室一支部委员（2）				6月26日请假1天（2）	
张*	1.3	78	执规报送（1）	公司获全国"安康杯"竞赛优胜单位（6）	组织参与重庆市供电服务之星比赛并获奖（2）	重庆电力信息上稿1篇（1）	0	20
			部室工会委员（1）	完成兄弟单位结对帮扶计划（5）	迎接兄弟单位交流（2）			
			工会小组长（2）					
陈*	1.3	78	月度总结计划（2）	国网故事汇5月优秀作品（5）	处置大范围停电重大舆情（5）	信息"推动顺利复工建设"上重庆公司《品牌建设通报》（2）	0	19
			月度重点工作完成情况（1）					

续表

姓名	岗位系数	基本绩效分	综合任务加分	重大工作加分	临时任务加分	其他加分	扣分	浮动绩效得分
陈*	1.3	78	部室一支部委员（4）					19
刘*	1.2	72	保密员（2）	重大传播（5）	迎接兄弟单位交流（2）	0	0	15
			卓越绩效报表（2）	参与调研迎检工作（2）	组织签订廉洁责任书（2）			
詹*	1.2	72	综合员（3）	组织参与调研迎检工作（4）	组织公司篮球队集训比赛（2）	重庆电力信息上稿1篇（1）	0	15
			部室工会委员（1）	公司获全国"安康杯"竞赛优胜单位（5）				
石*	1.2	72	厂务系统维护员（1）	配合调研迎检工作（2）		0	0	5
				公司获全国"安康杯"竞赛优胜单位（2）				
吴*	1.2	72	0	0	0	0	0	0

表7 部门管理人员月度绩效奖金分配统计表

序号	姓名	岗位系数	基本绩效得分	基本绩效奖金（元）	浮动绩效得分	浮动绩效分档得分	浮动绩效奖金	员工月度绩效奖金（元）
1	张＊	1.3	78	1010	20	10	805	1815
2	陈＊	1.3	78	1010	19	8	630	1640
3	王＊	1.4	84	1170	12	6	488.37	1658.37
4	刘＊	1.2	72	860	15	7	560	1420
5	詹＊	1.2	72	860	15	7	560	1420
6	石＊	1.2	72	860	5	5	385	1245
7	吴＊	1.2	72	860	0	0	0	860

通过实施"基本＋浮动"绩效考核法，使员工本职工作以外的工作布置顺畅，员工不再推诿，相互配合更协调，员工更愿意在重难点工作中取得更好效果和成绩，积极性、主动性增强。绩效分配更加公平、合理，低岗位系数员工通过努力降低了岗位系数差距、提高了绩效，体现了多劳多得、优劳优得的激励导向。

报送单位：国网重庆市南供电公司

编 制 人：伍 怡 丁 可

90 绩效等级评定对偶比较法
——解决"小部门"员工年度绩效评定难题

> **导　入:** 有些部门人数较少,在每位员工都很好完成了目标指标和工作任务的情况下,业绩好坏不易区分,单纯的扣减标准分数不合理,年度绩效等级难以评定。国网黑龙江黑河供电公司采取绩效等级评定对偶比较法,员工之间相互比较,逐对呈现,依据比较结果排序确定年度绩效等级。

工具概述

绩效等级评定对偶比较法,是针对某一项或几项绩效评估要素,把每一个员工都与其他员工相比较来判断谁"更好",记录每一位员工和其他员工比较时被认为"更好"的次数,根据获胜次数所获得的分数对员工绩效进行排序,确定员工年度绩效等级。

适用场景:本工具适用于人数较少、员工业绩相当的管理部门的员工。

实施步骤

绩效等级评定对偶比较法的实施步骤主要包括:确定评估要素、员工配对、考核比较、等级排序。

1. 确定评估要素

评估要素主要由日常重点工作任务、临时性工作任务、常规性工作纪律等组成。当部门内员工工作关联性一般,员工个人工作完成难度差异不大时,优先使用日常工作结果作为评估要素；当员工日常工作关联性较强，部门内兼职现象较为普遍时，适宜将临时性工作任务完成情况、日常考勤作为评估要素。

2. 员工配对

以员工为单位，将部门内参与绩效考核的员工两人一组配成对，假设部门内有 4 人，配对结果即为 AB、AC、AD、BC、BD、CD，参考世界杯循环赛制，务必保证所有员工一对一对呈现。

3. 考核比较

选取一个或几个考核项作为考核特性进行比较，以 n 代表员工的总数，比较的次数为 $n（n-1）/2$ 次。胜者加 1 分，输者不得分。

4. 等级排序

将每位员工的考核要素得分相加，做出排序，绩效经理人依据顺序表即可为部门内员工评出绩效等级。

◎ 经验心得

（1）对偶比较法适合人数较少的部门进行绩效等级评价使用，如果人数较多，比较次数过多，操作比较麻烦。

（2）因为是通过两两比较而得出的优劣次序，所以得到的结果更为可靠和有效，更容易让员工接受，侧面量化了员工的工作成效。

✍ 实践案例

国网黑龙江黑河供电公司于 2019 年 1 月开始应用绩效等级评定对偶比较法，实现了年度绩效等级的合理评定。下面以建设部为例进行展示。

1. 合理确定评估要素

建设部业绩指标、重点工作任务都是建立在某项工程基础上，部门员工职责互相关联，统一的工作评价标准不适用于实际，因此采用员工出勤率与临时工作完成量作为评估要素进行比较。

2. 开展员工配对

建设部共有 5 人参与考核，配对结果为 AB、AC、AD、AE、BC、BD、BE、CD、CE、DE，共 10 对，即每个评价要素比较 10 次。

3. 实施考核比较

将员工出勤率与临时工作完成量分别开展比较。员工出勤率与临时性工作完成情况记录见表 1。

表 1　　　　　　　　　　员工出勤率与临时性工作完成情况记录

姓名	出勤率（%）	临时工作完成（次）
A	95	13
B	99	20
C	99	15
D	97	16
E	97	18

首先比较员工出勤率，每次比较，胜者加 1 分，员工总数共 5 人，可比对 10 次。员工出勤率对比情况见图 1。

根据柱状图对比结果显示，员工"B"和"C"得 3 分，"D"和"E"得 1 分，"A"得 0 分。

其次比较临时工作完成量，规则同上。员工临时工作对比情况见图 2。

根据柱状图对比结果显示，员工"B"得 4 分，"E"得 3 分，"D"得 2 分，"C"得 1 分，"A"得 0 分。

4. 开展等级排序

将两种评估要素得分相加得出总分，员工"B"得 7 分，"C"得 4 分，"E"

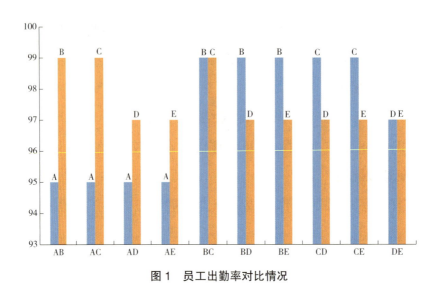

图1 员工出勤率对比情况

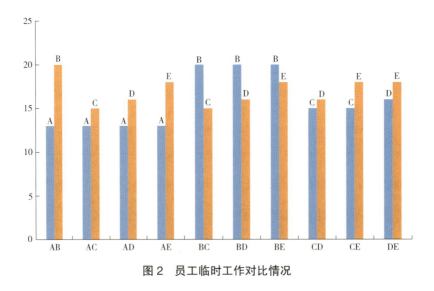

图2 员工临时工作对比情况

得4分，"D"得3分，"A"得0分。根据绩效等级评定对偶比较法得出年度绩效等级，员工"B"绩效等级为A，员工"C""D""E"绩效等级为B，员工"A"绩效等级为C。

对偶比较法将员工年度绩效等级评定工作化繁为简、化难为易，在业绩不分上下的情况下，使员工充分理解和容易接受，保持了团队的和谐稳定。

同时，可以聚焦对照评估要素，排位靠前的员工越干越勇，排位靠后的员工持续改善，充分调动了内部的主动性和积极性。

  报送单位：国网黑龙江黑河供电公司
  编 制 人：崔喜民　李本松　额日和图

91 "基础考核 + 争先奖惩" 量化考核法
——增强管理部门考核量化程度、拉开分配差距

> **导　入：** 管理部门不同专业、不同部门的职责和工作内容迥异，客观上存在横向不可比性，同时各部门常规性与突发性、例行性与阶段性多种工作并存，工作成果不易直接体现，精准量化考核程度不够，难以拉开分配差距。国网陕西电力创新实践"基础考核 + 争先奖惩"量化考核法，运用"目标任务制"和"奖金包"两种考核方式进行激励，充分激发各部门动力和活力，取得了良好成效。

工具概述

"基础考核 + 争先奖惩"量化考核法即综合运用"目标任务制"和"奖金包"两种方式进行考核激励。其中，"基础考核"采用"目标任务制"考核，对部门承担的指标任务，按分值设置考核标准，计算部门考核得分，兑现部门绩效工资；"争先奖惩"采用"奖金包"考核，根据企业年度生产经营目标，按金额设置完成目标所能获得的"奖金包"，给予部门奖励。

适用场景：本工具适用于以关键业绩指标、重点工作任务为重点的各级管理部门。

实施步骤

"基础考核 + 争先奖惩"量化考核法的实施步骤主要包括：分解公司年度目标任务、开展季度过程考核、开展年度结果考核。

1. 分解公司年度目标任务

编制业绩考核管控手册，全面分解国家电网有限公司下达的业绩考核目标任务，确定各部门承担的指标任务和考核权重。手册涵盖公司年度关键业绩指标、安全工作考核、专业工作考核、党建工作考核4方面指标任务，包括指标的目标及进度分解、横向及纵向责任分解、关键加分点及扣分风险点管控措施等内容，将指标考核具体为可量化的工作任务，通过"定责、定人、定时"的方式组织推进，确保指标管理可控、再控，并作为本部部门考核兑现依据。

2. 开展季度过程考核

一、二、三季度考核为季度考核。季度考核由基础考核、特殊贡献奖两部分组成。本部部门季度绩效考核体系见图1。

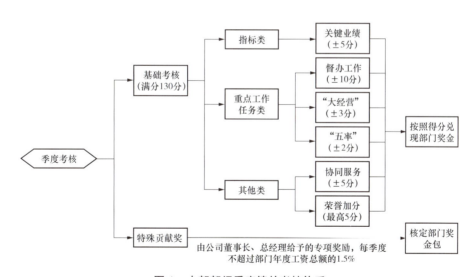

图1 本部部门季度绩效考核体系

（1）基础考核。满分130分。应用目标任务制考核，其中基础分100分，关键业绩指标 ±5分，专项工作 ±15分（重点工作任务 ±10分、"大经营"

重点工作❶ ±3分、"五率"指标❷ ±2分），协同服务 ±5分，荣誉最高加5分。公司依据部门基础考核得分、人数等计算部门整体绩效工资，由部门根据绩效工资兑现总额、内部员工考核结果开展绩效工资二次分配。

（2）特殊贡献奖。由公司董事长、总经理根据公司重大工作任务完成情况，对为公司做出重大突出贡献或产生重大积极影响的部门进行专项奖励，以"奖金包"形式整块兑现至部门，由部门进行内部二次分配。

3. 开展年度结果考核

四季度考核为年度考核。年度考核由基础考核、争先奖惩两部分组成。本部部门季度绩效考核体系见图2。

（1）基础考核。满分200分。应用目标任务制考核，其中基础分100分，安全生产满分20分，关键业绩指标 ±10分，专项工作 ±15分（与季度考核保持一致），党建工作满分34分，专业工作 ±10分，荣誉最高加5分，公司领导评价 ±6分，"红线"指标最高减30分。公司依据部门基础考核得分、人数等计算部门整体绩效工资，由部门根据绩效工资兑现总额、内部员工考核结果开展绩效工资二次分配。

（2）争先奖惩。对接国家电网有限公司业绩考核体系，设置关键业绩指标奖惩、专业工作奖惩、党建工作奖惩、安全工作指标奖惩4个考核项目，进一步加大对实现公司业绩考核目标的激励力度。其中，关键业绩指标从指标排名、同比进退位两个维度进行奖惩；专业工作根据专业排名进行奖惩；党建工作依据上级对公司的考评结果进行奖惩；安全工作指标根据部门承担的指标数量和扣分情况进行奖惩。

年度奖惩总额设置上限，部门兑现总额按部门人均奖惩上下限控制。考

---

❶ "大经营"重点工作考核主要针对公司经营管理，根据公司每月"大经营"分析会议部署重点工作完成情况，设置规则进行考核激励。

❷ "五率"指标考核主要针对公司投资计划下达的电网基建等9类项目，考核开工、投产、结算、转资和决算及时率。

虑各部门管理规模和难度，设置区间在 1～1.5 之内的部门争先奖惩管理人员编制系数。部门争先奖惩金额整块兑现至部门，由部门进行内部二次分配，进一步拉开收入分配差距，激励部门和员工争先创优。

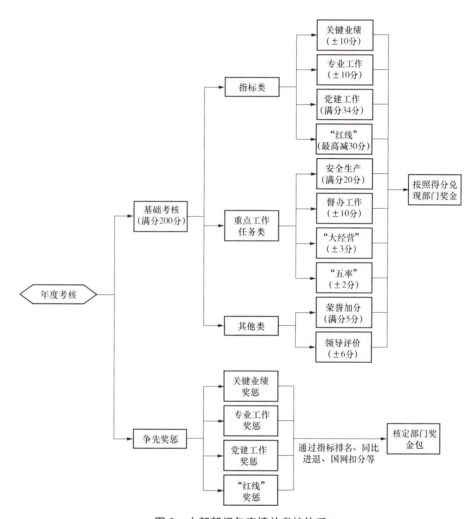

图2 本部部门年度绩效考核体系

经验心得

（1）要明确绩效管理组织体系的责权，重点发挥相关职能部门的执考作用，给予充分的考核权，共同加强对公司各方面工作的监督、管控、考核。

（2）考核模块设计要根据公司发展战略和各阶段发展需求动态优化调整，坚持考核导向明确、突出重点、简洁实用的原则，控制考核模块数量，简化工作流程，提升绩效考核的针对性和实用性。

（3）围绕本部绩效管理办法，配套制定专项考核制度和各部门绩效考核细则，需履行相关决策程序和民主程序后实施，做到制度体系全覆盖、考核管理有凭有据、让部门员工"认可、服气"。

📝 实践案例

国网陕西电力于2016年开始实施"基础考核＋争先奖惩"考核法，使得"凭业绩挣工资"理念深入人心，各级组织和员工活力持续激发。下面以2019年度国网陕西电力本部部门绩效考核为例进行展示。

1. 分解公司年度目标任务

根据国家电网有限公司下达的年度业绩考核责任书及业绩考核指标评价标准，制定企业负责人业绩考核管控手册，明确各部门承担的指标任务及考核权重，细化指标具体管控措施。业绩考核管控手册部分内容见图3。

2. 开展季度过程考核

（1）基础考核。按周期组织各执考部门开展季度过程考核。根据执考部门的评价结果汇总公司本部部门得分，本部部门三季度基础考核情况见表1。同时以会议纪要和指标通报形式进行任务督办落实，持续加强业绩考核指标过程管控，业绩考核会议情况及业绩考核指标执行情况见图4。

2019年公司业绩考核关键业绩指标目标责任分解表

考核维度	序号	指标名称	标准分值	目标得分及得分率	目标排名	责任部门	配合部门及配合权重	公司分管领导
经营效益指标(50%)	1	利润总额	15分	18.2分(121.3%)	11名	财务部	发展部(8%)营销部(12%)交易公司(12%)调控中心(6%)审计部(5%)	***
	2	经济增加值(EVA)	12分	14.64分(122%)	5名	财务部	发展部(10%)营销部(10%)交易公司(8%)调控中心(8%)建设部(5%)审计部(5%)	***
	3	线损率	10分	12.9分(129%)	5名	发展部	设备部(10%)营销部(35%)调控中心(5%)	***
	4	资产负债率	8分	9.7分(121.3%)	7名	财务部	发展部(20%)营销部(15%)建设部(10%)审计部(5%)	***
	5	人工成本利润率	5分	6.162分(123.2%)	7名	人资部	财务部(50%)	***
运营效率指标(20%)	6	发展投资效率	10分	12.2分	12名	发展部	设备部(15%)建设部(25%)营销部(5%)交易公司(5%)	***
	7	电网运行优质率	10分	12.625分(126.3%)		设备部(80%)调控中心(20%)	建设部	***
优质服务市场竞争指标(20%)	8	市场占有率	10分	12.8分(128%)	1名	营销部	发展部(30%)财务部(3%)调控中心(3%)建设部(3%)	***
	9	获得电力指数	5分	6.05分(121%)	9名		设备部(30%)物资部(5%)调控中心(5%)发展部(5%)财务部(5%)	***
	10	新能源消纳率	5分	5.725分(114.5%)	10名	调控中心	发展部(20%)交易公司(30%)	***
年度重点工作(10%)	1	输配电价核定	5分	6.07分(121.4%)	7名	财务部	发展部(8%)组织部(5%)营销部(5%)设备部(5%)审计部(5%)	***
	2	泛在电力物联网建设	5分	6.25分(125%)	10名	互联网部	发展部(15%)财务部(10%)营销部(5%)设备部(5%)科技部(5%)	***
合计			100分	123.322分				

2019年公司业绩考核安全工作考核责任分解表

序号	指标名称	责任部门	责任人	配合部门
一、生产安全				
1	发生电网、设备、大火责任事故	安监部	王立新、徐越峰、杨震强、王实	设备部营销部建设部调控中心保卫部
2	发生有责任的人身伤亡事故	安监部	王立新、徐越峰、游强、冯杰	设备部营销部聚集办后勤部
3	发生网络安全、信息系统责任事件	安监部	王立新、徐越峰、游强、冯杰	互联网部调控中心
4	发生恶性误操作	安监部	王立新、徐越峰、杨震强、王实	设备部建设部调控中心
5	发生安全生产突发事件处置不当并造成较大影响	安监部	王立新、倪建立、于波、李伟健	设备部建设部营销部宣传部调控中心
6	发生五级、六级电网和设备责任事件	安监部	王立新、徐越峰、杨震强、王实	设备部建设部营销部调控中心
7	发生环境污染事件	科技部	郭云涛、张燕涛、刘子瑞、马悦红	设备部建设部
二、廉政安全				
8	发生干部违法违纪案件	监察部	高旭、谭欣、梁小勇、王昆	各部门
9	发生违反中央八项规定精神事件	监察部	高旭、贾柱、周蓬、李明栋	各部门
10	发生失泄密事件	办公室	余松、张锐、查贝妮、袁得	各部门
11	发生保密工作违规事件	办公室	余松、张锐、查贝妮、袁得	各部门
12	发生档案丢失、损毁责任事件和涂改造假等违法行为	办公室	余松、张锐、查贝妮、袁得	各部门
13	发生违反重大事项请示报告制度的事件	办公室	余松、李永庆、罗明、王俊鹏	各部门

图3 业绩考核管控手册部分内容

表1　　　　　　　　公司本部部门三季度基础考核得分汇总

序号	部门名称	总得分	基础分	关键业绩指标得分(±5分)	专项工作考核得分(±15分)				协同服务考核得分(±5分)	荣誉加分(满分5分)
					小计	公司督办工作(±10分)	"大经营"工作(±3分)	"五率"指标(±2分)		
1	办公室	115.19	100	—	9.89	7.89	2.0	—	5	0.3
2	发展部	117.18	100	2	10.18	7.18	2.5	0.5	5	—
3	财务部	118.13	100	2	11.13	7.83	2.8	0.5	5	—
4	安监部	112.49	100	—	7.29	7.29	—	—	5	0.2
5	设备部	117.33	100	1	10.83	7.68	2.8	0.35	5	0.5
6	营销部	116.37	100	−1	12.37	8.57	2.8	1	5	—
7	科技部	110.36	100	—	7.41	5.41	2.0	—	2.75	0.2
8	建设部	115.23	100	—	9.83	7.83	2.0	0	5	0.4

注　表中数据仅作为示例，不代表实际情况。

图 4　业绩考核会议纪要及业绩考核指标执行通报

（2）特殊贡献奖。由办公室向公司董事长、总经理根据季度重大工作任务完成情况提出特殊贡献奖励建议，奖励对象包括承办重大工作任务的牵头部门、配合部门，提高对重点工作推进的激励力度和及时性。本部部门特殊贡献专项绩效兑现情况见表 2。

表 2　　　　　公司本部部门特殊贡献专项绩效兑现汇总　　　　　单位：元

序号	部门	强化经营统筹，公司经营发展及财务状况保持稳健	按时建成高新（训善）330千伏输变电工程	深化推进公司安全生产风险管控平台建设及应用	深入挖掘宣传扶贫典型，成功选树国家电网公司唯一一名全国脱贫攻坚先进个人	西安城南、延安吴起330千伏输变电工程核准批复	奖励金额
1	办公室	13000	3000	4000	6000	—	26000
2	发展部	19000	3000	6000	—	27000	55000
3	财务部	19000	—	6000	4000		29000
4	安监部	—	—	39000			39000
5	设备部	19000	6000	12000			37000
6	营销部	19000	3000	9000	30000		61000
7	科技部	7000	3000	—			10000
8	建设部	16000	15000	9000			40000
	合计	112000	33000	85000	40000	27000	297000

注　表中数据仅作为示例，不代表实际情况。

3. 开展年度结果考核

（1）基础考核。以 2019 年年度考核为例，根据上级单位发布指标任务完成情况，组织各执考部门精准开展年度结果考核。本部部门年度基础考核情况见表 3。

表 3　　　　　　　　公司本部部门年度基础考核得分汇总

序号	部门	总得分	基础分	安全生产（满分20分）	关键业绩指标（±10分）	专项工作（±15分）				党建工作（满分34分）	专业工作（±10分）	荣誉加分（满分5分）	公司领导评价（±6分）	"红线"指标（最高减30分）
						小计	公司督办工作（±10分）	"大经营"工作（±3分）	"五率"指标（±2分）					
1	办公室	168.27	100	17.5	—	11.23	9.23	2.0	—	32.98	1		5.56	
2	发展部	167.00	100	17.5	−1	12.62	9.57	2.6	0.45	32.13			5.75	
3	财务部	172.50	100	17.5	3	12.97	9.67	2.8	0.5	31.28	1	1	5.75	
4	安监部	165.95	100	19	—	9.13	9.13	—	—	32.13			5.69	
5	设备部	170.24	100	19	−1	13.18	9.63	2.8	0.75	31.56		2	5.50	
6	营销部	174.84	100	19	2.5	13.40	9.60	2.8	1	32.13	−1	3	5.81	
7	科技部	163.04	100	16	—	8.63	6.63	2.0	—	30.60		3	4.81	
8	建设部	167.79	100	17.5	—	13.13	9.33	2.0	1.8	31.85	−1	2	5.31	−1

注　表中数据仅作为示例，不代表实际情况。

（2）争先奖惩。争先奖惩兑现金额＝（业绩指标金额＋专业工作金额＋党建工作金额＋红线指标金额）×管理人员编制系数，再根据部门内部分配规则兑现到员工。本部部门争先奖惩考核情况见表 4。

通过实施"基础考核＋争先奖惩"量化考核法，考核模块清晰，考核重点突出，考核管理有凭有据，让部门员工"认可、服气"。年度基础考核兑现中部门负责人最大差距为 1.33 倍，争先奖惩考核中人均奖励最大差距达 2.7 倍，解决了兑现差距小的难题。

表 4　　　　　　　　公司本部部门争先奖惩考核结果汇总

序号	部门	争先奖惩金额（万元）					部门管理人员编制系数	兑现金额（万元）
		小计	业绩指标	专业工作	党建工作	红线指标		
1	办公室	13.00	—	2	3	8	1.22	15.86
2	发展部	12.35	5.05	—	1.8	5.5	1.23	15.19
3	财务部	26.31	14.01	4	1.8	6.5	1.31	34.47
4	安监部	9.50	—	—	1.5	8	1.15	10.93
5	设备部	7.10	-1.5	—	3.6	5	1.32	9.37
6	营销部	23.00	17.9	-0.5	1.6	6	1.25	28.75
7	科技部	7.75	-0.25	—	2	6	1.02	7.91
8	建设部	11.50	6	-0.5	3	3	1.25	14.38

注　表中数据仅作为示例，不代表实际情况。

报送单位：国网陕西电力

编 制 人：娄亚宁　王　宁　王　刚

92 基层管理技术人员"三值"分级考核法
——解决部门"老中青"激励问题

> **导　入：** 基层管理技术部门普遍存在老、中、青员工考核难题，老员工兢兢业业、履职尽责，中年员工在完成本职工作的同时承担了大量临时工作和创新任务，青年员工虽尚不能完全胜任岗位，但学习快、进步快，如何公平、公正地区分考核非常棘手。国网新疆哈密供电公司创新实行"三值"分级考核法，建立履职尽责保值、奉献担当增值、创新提升附加值三个层级的考核机制，全面、客观评价员工工作业绩，激发不同类型员工的工作积极性。

工具概述

　　"三值"分级考核法是通过履职尽责保值、奉献担当增值、创新提升附加值三个维度建立的量化考核激励机制。履职尽责保值是基于岗位职责的履职评价，是基础；奉献担当增值是履行本岗位职责之外的工作成效，是激励；创新提升附加值是员工自身能力提升、创新成果等，是目标。

　　适用场景：本工具适用于员工年龄层级跨度较大的基层管理技术部门。

实施步骤

　　"三值"分级考核法的实施步骤包括：搭建"三值"分级考核体系、开展员工绩效考核评价、合理分配员工绩效工资。

1. 搭建"三值"分级考核体系

履职尽责保值是基础，最高分值100分；奉献担当增值是激励，加分区间设定为0～50分；创新提升附加值是目标，加分区间设定为0～50分。"三值"分级考核体系见表1。

表1　　　　　　　　　　　　　"三值"分级考核体系

层级	考核内容	考评方式
履职尽责保值	业务素质、工作成效、劳动纪律、工作纪律	员工自评与绩效经理人评价相结合
奉献担当增值	承担空缺岗位工作、专项指标管理、临时性工作	员工提请加分事项，绩效经理人评价
创新提升附加值	职业素质提升、创新成果、荣誉获奖等	员工提请加分事项

2. 开展员工绩效考核评价

按照保值、增值、附加值各层级对应的考核内容，由绩效经理人组织员工开展绩效评价工作。员工绩效得分＝基础保值分＋激励增值分＋附加值分，具体计算方式如下：

基础保值分＝员工自评分 × 绩效经理人评价系数，绩效经理评价系数为0.6～1，低于0.8时需开展专项绩效沟通，确保绩效经理人与员工在绩效评价中统一认识、达成共识。

激励增值分＝承担空缺岗位工作得分＋专项指标管理工作得分＋临时性工作得分。

附加值分是对员工职业素质提升、管理创新成果、荣誉获奖、合理化建议等提升内容进行加分。

3. 合理分配员工绩效工资

根据员工绩效等级及得分进行绩效工资分配，合理体现收入差距，提升考核的精准度。

（1）依据员工绩效得分确定员工绩效等级，A级员工比例不超过20%，C级员工比例不低于10%。

（2）按照绩效等级确定等级系数，A级系数为1.2，B级系数为1，C级系数为0.9。

（3）按照考核得分确定得分系数，得分系数＝考核得分/100。

（4）计算员工绩效工资，员工绩效工资＝绩效工资基数 × 等级系数 × 得分系数。

◎ 经验心得

（1）绩效经理人在评价过程中应保证"对事不对人"，对老员工、中年员工和青年员工的业务素质、工作成效、劳动纪律等应按照评价标准客观评价，有效反映不同类别员工的绩效特点，并针对性地进行沟通辅导。

（2）将时间价值的理念融入学历职称提升、创新成果、荣誉获奖等创新提升附加值中，显效越早获得加分越多，避免年初、年末效果一样、评价一样。

▤ 实践案例

国网新疆哈密供电公司于2019年1月开始应用"三值"分级考核法，根据员工绩效等级系数和得分系数兑现员工绩效工资，客观合理地拉开员工收入差距，有效解决了"老中青"激励问题。以下以物资部为例进行展示。

1. 搭建"三值"分级考核体系

物资部绩效经理人组织召开部门绩效专题会议，经过全体员工协商达成一致后，确定了"履职尽责保值、奉献担当增值和创新提升附加值"三个维度的考核内容及考核标准，见表2～表4。

表 2 履职尽责保值评价指标

指标内容	指标定义	计算方法
（1）员工业务素质评价包括履职能力评价、学习能力评价、沟通能力评价。 （2）员工工作成效评价指履行本岗位的工作成效评价	（1）员工业务素质评价分值 =（员工履职能力自评价 × 绩效经理评价系数 + 员工学习能力自评价 × 绩效经理评价系数 + 员工沟通能力自评价 × 绩效经理评价系数），总分 30 分。 1）履职能力最高 10 分。 2）学习能力最高 10 分。 3）沟通能力最高 10 分。 4）绩效经理评价系数为 0.6～1，低于 0.8 时安排专项绩效沟通。 （2）员工工作成效评价分值 = 员工工作成效自评价 × 绩效经理评价系数，总分值 30 分。 1）工作成效自评最高 30 分。 2）绩效经理评价系数为 0.8～1。 3）仓储配送班员工按照员工工作成效自评价 × 班长（或指定承担班长职责的人员）评价系数 × 绩效经理评价系数计算	员工履职尽责评价分值 = 员工业务素质评价分值 + 员工工作成效评价分值
遵章守纪执行评价分值 = 劳动纪律执行评价分值 + 工作纪律执行评价分值 + 廉洁自律执行评价分值	（1）劳动纪律执行评价分值 = 在岗分值 – 违反劳动纪律扣分，满分 30 分。 已履行请假手续的疗养假、年休假等带薪假、因临时安排加班后已安排的调休时长均按照在岗统计，事假、病假等不带薪假按照不在岗统计，未履行请假手续者按照 0.125 分 / 小时 +10 分 / 次统计扣减。 （2）工作纪律满分 5 分，违反工作纪律者扣减全部分值。 （3）廉洁自律满分 5 分，违反廉洁自律纪律者扣减全部分值	遵章守纪执行评价分值 = 劳动纪律执行评价分值 + 工作纪律执行评价分值 + 廉洁自律执行评价分值

表 3 奉献担当增值评价指标

指标内容	指标定义	计算方法
奉献担当增值评价是对员工在履行本岗位职责以外的工作成效评价。包括： （1）承担空缺岗位的工作。 （2）承担专项指标管理工作。 （3）承担临时性工作	（1）奉献担当增值分值 1= 承担空缺岗位数 × 岗位工作成效 × 分担系数。其中： 1）岗位工作成效 20 分。 2）承担空缺岗位全部职责的分担系数为 1，承担空缺岗位部分职责分担系数为 0.1～0.9。 （2）奉献担当增值分值 2= 专项指标分值 × 责任系数，责任系数根据承担角色设置为 0.5～1。 （3）奉献担当增值分值 3=Σ0.5 分 × 难度系数 + 0.125 分 / 小时 × 工作耗时，难度系数为 0.5～1	奉献担当增值评价分值 = 奉献担当增值分值 1+ 奉献担当增值分值 2+ 奉献担当增值分值 3

表4　　　　　　　　　　　　创新提升附加值评价指标

指标内容	指标定义	计算方法
创新提升附加值是指员工通过自身努力和团队合作，为本部门、本企业创造出有价值成效工作的评价，其中包含： （1）员工职业素质提升价值。 （2）科技创新成效价值。 （3）管理创新成效价值。 （4）荣誉价值。 （5）合理化建议价值。 （6）专业培训价值	（1）员工职业素质提升价值（与上年度相比），自获得的次月至12月按月计入，包括学历5分、学位5分、技术职称（高级8分、中级5分、初级3分）、技能等级（高级8分、中级5分、初级3分）。 （2）科技创新成效价值。自获得成效的次月至12月按月计入，包括QC、科技型论文、经本部门批准列入实施计划的科技创新项目、专利等，其中，项目建议人5分，第一顺序者5分，第二顺序者4分，第三及以后顺序者3分。本部门级1分，地市公司级2分，省公司级3分，国网公司级5分。到期经批准延期完成者，自批准延期当月按照50%计入；经批准终止者，对已核加的分值按照自批准当月至日历年12月的剩余月份均摊扣除。 （3）管理创新成效价值。 （4）荣誉价值评价分值。 （5）合理化建议价值评价分值。 （6）专业培训价值评价分值	创新提升附加值评价分值=员工职业素质提升价值评价分值+科技创新成效价值评价分值+管理创新成效价值评价分值+荣誉价值评价分值+合理化建议价值评价分值+专业培训价值评价分值

2. 开展员工绩效考核评价

按照保值、增值、附加值各层级对应的考核内容，各考核周期结束后，由绩效经理人组织员工开展绩效考核评价工作。基础保值分由员工先自评，绩效经理人再确定评价系数；激励增值分由员工提请加分事项，绩效经理人确定评价系数；附加值分由员工提请相应加分事项，绩效经理人审核确定，最后汇总员工绩效三部分总得分，见表5。

表5 物资部员工绩效考核评价

序号	绩效内容	张*	郭*	王*	陈*	杨*	李*	刘*	黄*	任*	师*	张*	侯*	杨*	王*	庞*	吴*
1	履职尽责保值	100	100	100	96	100	100	100	100	100	98	98	98	100	95	100	100
1.1	业务素质	30	30	30	30	30	30	30	30	30	30	30	30	30	30	30	30
1.2	工作成效	30	30	30	26	30	30	30	30	30	28	28	28	30	25	30	30
1.3	遵章守纪	40	40	40	40	40	40	40	40	40	40	40	40	40	40	40	40
2	奉献担当增值	12	37	0	0	48	5	6	15	17	6	6	6	6	0	16	5
3.1	空缺岗位工作	—	20	—	—	30	—	6	10	10	6	6	6	—	—	16	5
3.2	专项指标管理	10	15	—	—	18	5	—	5	7	—	—	—	—	—	—	—
3.3	临时性工作	2	2											6			
3	创新提升附加值	21	31	0	3	7	5	5	5	5	9	0	4	3	1	15	0
3.1	职业素质提升	—	—	—	—	—	—	—	—	—	—	—	—	—	—	—	—
3.2	科技创新	5	—										4				
3.3	管理创新	12	28		3	5		5	5	5	9					15	
3.4	荣誉价值	2	2			2											
3.5	合理化建议	2	1	—		2		—		—		—		3	1	—	
3.6	专业培训						3										
	合计	133	168	100	99	155	110	111	120	122	113	104	108	109	96	131	105
	员工绩效等级	A	A	B	C	A	B	B	B	B	B	B	B	B	C	B	B

3. 合理分配员工绩效工资

物资部现有员工 16 人，按照绩效等级比例确定 A 级 3 人、B 级 11 人、C 级 2 人，以绩效工资基数 4000 元为例，根据得分系数和等级系数计算员工的绩效奖金，见表 6、表 7。

表 6　　　　　　　　　　　B 级员工绩效奖金计算明细

姓名	王*	李*	刘*	黄*	任*	师*	张*	侯*	杨*	庞*	吴*
绩效等级	B	B	B	B	B	B	B	B	B	B	B
等级系数	1	1	1	1	1	1	1	1	1	1	1
绩效得分	100	110	111	120	122	113	104	108	109	131	105
得分系数	1	1.1	1.11	1.2	1.22	1.13	1.04	1.08	1.09	1.31	1.05
绩效奖金（元）	4000	4400	4440	4800	4880	4520	4160	4320	4360	5240	4200

表 7　　　　　　　　　　　A、C 级员工绩效奖金计算明细

姓名	张*	郭*	杨*	陈*	王*
绩效等级	A	A	A	C	C
等级系数	1.2	1.2	1.2	0.9	0.9
绩效得分	133	168	155	99	96
得分系数	1.33	1.68	1.55	0.99	0.96
绩效奖金（元）	6384	8064	7440	3564	3456

实施"三值"分级考核法后，激发了基层管理技术部门不同年龄阶段员工斗志，老员工善管理、经验足的长处得到了有效发挥，中年员工爱学习、好钻研的精神得到鼓舞，青年员工不怕苦、不怕累的劲头得到肯定。如上述月度考核，老员工张*认真负责指标管理，获得 10 分的指标管理加分，最

终得分 133 分、绩效奖金 6384 元；中年员工郭＊管理经验丰富，获得 31 分的创新提升附加值得分，最终得分 168 分、绩效奖金 8064 元；青年员工杨＊在干好本职工作外，主动承接空缺岗位工作，获得 30 分加分，最终得分 155 分、绩效奖金 7440 元。同时，部门管理水平不断提高，2019 年多人获上级荣誉表彰，多篇管理创新论文发表，物资部关键业绩指标在国网新疆电力排名第二。

报送单位：国网新疆电力

编 制 人：李玲玲　程　亮　李金凤

93 企业副职负责人全方位评价法
——提高企业副职负责人业绩考核的精准性

> **导 入：**近年来，企业副职负责人业绩考核的传统做法是由绩效经理人进行评价，这种做法存在一定局限性，不能全面反映副职负责人的工作业绩。国网西藏电力创新实施企业副职负责人全方位评价法，采取"季度＋年度"、多维度、全方位的考核方式，按季度兑现奖罚金额，有效提高了二级单位副职负责人的工作积极性。

工具概述

企业副职负责人全方位评价法，即将上级单位分管领导评价、上级单位本部专业部门评价、本单位正职评价、个人年度综合考核以及所在单位年度考核得分纳入对企业副职负责人的评价范围，评价周期分为季度和年度。其中，季度评价包含上级单位分管领导评价、上级单位本部专业部门评价及各单位正职评价；年度评价包含季度考核综合情况、年度综合考核、年度单位业绩考核。考核结果按单位类别分别进行排名，并根据得分及排名情况进行奖惩。

适用场景：本工具适用于各级组织副职负责人业绩考核。

实施步骤

企业副职负责人全方位评价法的实施步骤包括：确定考核内容及考核周期，季度评价与兑现，年度评价与兑现。

1. 确定考核内容及考核周期

（1）编制企业副职负责人业绩考核方案，明确考核周期为季度和年度，实行百分制评价。

（2）确定季度考核内容。包含上级单位分管领导评价（30分）、本单位正职评价（30分）和上级单位本部专业部门评价（40分）三个方面。其中，上级单位分管领导和上级单位本部专业部门评价的主要内容为统筹协调、业务能力、重点工作和贯彻落实情况，本单位正职评价的主要内容为工作态度、分管工作协同配合、履职尽责、工作风险及工作量大小、工作执行与落实等。

（3）明确年度考核内容。包含季度考核结果得分的加权平均分（70分）、个人年度综合考核得分（10分）、年度单位绩效考核得分（20分）三个方面。

2. 季度评价与兑现

（1）考核评价。每季度结束，根据各单位报送的副职负责人职责分工，分别提交上级单位分管领导、上级单位本部专业部门和各单位正职进行评价打分。

（2）绩效兑现。根据最终评价得分按照单位分类排名，按参评人数的10%分别确定奖罚人员，提交公司审定后按定额进行奖罚。

3. 年度评价与兑现

（1）汇总得分。汇总季度考核结果，结合副职负责人个人年度综合考核得分和所在单位年度考核得分，计算每位副职负责人的年度考核得分。

（2）结果应用。根据最终评价得分按照单位分类排名，按参评人数的10%分别确定奖罚人员，提交公司审定后按定额奖罚；对于年度综合得分80分以下且排名靠后的副职负责人进行约谈，连续2年综合得分80分以下且排名末位的由党委组织部进行调整或降级。

◎ 经验心得

（1）企业副职负责人是一个特殊群体，开展副职负责人全方位评价首先要做好充分调研，确保考核内容设置精准有效；其次，要做好制度宣贯，确保每位被考核人熟悉考核内容及要求。

（2）考核内容中各部分考核权重可根据需要设置；奖惩比例及约谈规则可根据组织需要进行调整。

（3）坚持激励与约束并重的原则，做好考核结果应用。将考核结果与副职负责人薪酬直接挂钩，并作为副职企业负责人奖惩和职务任免的重要依据。

实践案例

国网西藏电力有限公司于2019年度对企业副职负责人采取"季度 + 年度"、多维度、全方位的考核方式，按季度兑现奖罚金额，取得了较好成效。下面以2019年度国网西藏电力二级单位副职负责人业绩考核工作开展情况为例进行展示。

1. 确定考核内容及考核周期

2017 年 10 月，国网西藏电力印发《国网西藏电力有限公司所属二级单位副职负责人业绩考核办法（试行）的通知》，明确考核内容及考核周期。上级单位分管领导、专业部门评价表及本单位正职评价表见表1~表3，年度考核登记表见表4。

表 1 　　　　　　　　　　　　上级单位分管领导评价表

序号	单位名称	姓名	职务	分管业务	评价主要内容	评价情况				
1	国网**供电公司	张*	党委委员、纪委书记、工会主席	负责公司纪检监察和工会工作，分管监察审计部（纪委办公室）	贯彻落实、统筹协调、重点工作、业务能力	优秀（27~30）	良好（24~26）	一般（21~23）	及格（18~20）	不及格（0~17）
2	国网**供电公司	李*	党委委员、副总经理	分管营销部（客户服务中心）、综合服务中心		优秀（27~30）	良好（24~26）	一般（21~23）	及格（18~20）	不及格（0~17）

表 2　　　　　　　　　　　　　　上级单位本部专业部门评价表

序号	单位名称	姓名	职务	分管业务	评价主要内容	评价情况				
						优秀（36～40）	良好（32～35）	一般（28～31）	及格（24～27）	不及格（0～23）
1	国网**供电公司	张*	党委委员、纪委书记、工会主席	负责公司纪检监察和工会工作，分管监察审计部（纪委办公室）	贯彻落实、统筹协调、重点工作、业务能力					
2	国网**供电公司	李*	党委委员、副总经理	分管营销部（客户服务中心）、综合服务中心		优秀（36～40）	良好（32～35）	一般（28～31）	及格（24～27）	不及格（0～23）

表 3　　　　　　　　　　　　　　本单位正职评价表

序号	单位名称	姓名	职务	分管业务	评价主要内容	评价情况				
						优秀（27～30）	良好（24～26）	一般（21～23）	及格（18～20）	不及格（0～17）
1	国网**供电公司	张*	党委委员、纪委书记、工会主席	负责公司纪检监察和工会工作，分管监察审计部（纪委办公室）	工作态度、分管工作协同配合、履职尽责、工作风险及工作量大小、工作执行与落实					
2	国网**供电公司	李*	党委委员、副总经理	分管营销部（客户服务中心）、综合服务中心		优秀（27～30）	良好（24～26）	一般（21～23）	及格（18～20）	不及格（0～17）

表 4　　　　　　　　　　　　年度考核登记表

指标		姓名	单位	职务
分管业务		考核得分	权重	加权分
考核事项				
季度考核得分	一季度			
	二季度		—	—
	三季度			
	四季度			
	平均分		70%	
公司党委组织部年度综合考核得分			10%	
所在单位年度考核得分			20%	
公司绩效办公室汇总得分		总得分	优秀	良好	一般	较差

> **注**　考核总得分 90～100 分为表现优秀，80～89 分为表现良好，60～79 分为表现一般，60 分以下为表现较差。

2. 季度评价与兑现

（1）考核评价。每季度末，组织公司各单位开展副职负责人分工情况梳理，分别编制上级单位分管领导评价表、上级单位本部专业部门评价表及本单位正职评价表，并组织做好打分及统计工作。

（2）绩效兑现。根据最终评价得分按照单位分类排名，对各类别单位排名前 10% 且评价优秀的副职人员给予奖励，排名后 10% 且评价一般及以下的副职人员给予扣罚。

以 2019 年一季度考核情况为例，奖励人员名单见表 5，扣罚人员名单见表 6。

表 5　　　　　　　　　　　　　　　　奖励人员名单

序号	单位名称	姓名	职务	公司领导打分（30分）	各单位党政负责人打分（30分）	公司专业部门打分（40分）	得分合计	综合评价	应用得分合计	奖励金额（元）
供电单位										
1	A 供电公司	刘 *	副总经理、党委委员	29	28	36	93	优秀	93	3000
2	B 供电公司	廖 *	副总经理、党委委员	26.25	29	37	92.25	优秀	92.25	2000
3	C 供电公司	程 *	总会计师、党委委员	26.75	29	36.5	92.25	优秀	92.25	1000
发电单位										
4	E 发电公司	边 *	党委委员、副总经理	26.625	29	36.5	92.125	优秀	92.125	3000
5	F 发电公司	尹 *	党委委员、副总经理	27	29	36	92	优秀	92	2000
支撑保障单位										
6	G 公司	措 *	党委委员、副院长	27	29	36.667	92.667	优秀	92.667	3000
7	H 公司	曹 *	党委委员、副院长	26.5	29.5	36	92	优秀	92	2000
8	K 公司	尼 *	党委委员、副总经理	27	28	37	92	优秀	92	1000

表 6　　　　　　　　　　　　　　　　扣罚人员名单

序号	单位名称	姓名	职务	公司领导打分（30分）	各单位党政负责人打分（30分）	公司专业部门打分（40分）	得分合计	综合评价	应用得分合计	扣罚金额（元）
供电单位										
1	A 供电公司	张 *	副总经理、党委委员	17	18	34.5	69.5	及格	69.5	3000

续表

序号	单位名称	姓名	职务	公司领导打分（30分）	各单位党政负责人打分（30分）	公司专业部门打分（40分）	得分合计	综合评价	应用得分合计	扣罚金额（元）
2	B供电公司	黄*	副总经理、党委委员	23	18	32	73	一般	73	2000
3	C供电公司	次*	党委委员、纪委书记、工会主席	22.2	21	33.333	76.533	一般	76.533	1000
支撑保障单位										
4	D公司	郝*	党支部委员、副主任	21.25	23	31.667	75.917	一般	75.917	3000

3. 年度评价与兑现

（1）汇总得分。供电单位 31 人参评，综合评价优秀 8 人，良好 23 人；发电单位 18 人参评，综合评价优秀 4 人，良好 14 人；支撑单位 27 人参评，综合评价为优秀 7 人，良好 19 人，一般 1 人。

（2）结果应用。各类别单位排名前 10% 且评价优秀副职人员奖励，排名后 10% 且评价一般及以下副职人员扣罚，共奖励 8 人 2.7 万元，扣罚 1 人 0.4 万元，并约谈了年度评价一般的副职负责人 1 人。奖励人员名单见表 7，扣罚人员名单见表 8。

表7

奖励人员名单

序号	单位名称	姓名	职务	季度结果加权平均分（70%）					综合考核应用分（10%）	年度单位绩效考核应用分（20%）	得分合计	综合评价等级	奖励金额（元）
				一季度	二季度	三季度	四季度	加权得分					
					供电单位								
1	A供电公司	刘*	党委委员、副总经理	93	93.167	96	89.056	64.964	9.193	18.113	92.270	优秀	4000
2	B供电公司	贡*	党委委员、副总经理	91	93.667	95	93.556	65.314	9.489	17.353	92.156	优秀	3000
3	C供电公司	程*	党委委员、总会计师	92.25	94.098	91.833	90.56	64.530	9.595	17.738	91.863	优秀	2000
					发电单位								
4	D发电公司	格*	党委委员、副总经理	90	89.45	92	91.483	63.513	9.598	18.071	91.182	优秀	4000
5	D发电公司	索*	党委书记、工会主席	86.25	88.25	93	92	62.913	9.631	18.071	90.615	优秀	3000
6	E发电公司	尹*	党委委员、副总经理	92	88.85	91.565	88.598	63.177	9.734	17.641	90.552	优秀	2000
					支撑保障单位								
7	F公司	祝*	党委委员、副总经理	91.667	92.333	96	91	64.838	9.685	18.329	92.852	优秀	4000
8	G公司	措*	党委委员、副院长	92.667	92.375	91.667	92.98	64.696	9.208	18.023	91.927	优秀	3000
9	H公司	武*	党委委员、副总经理	89.875	91.375	93.375	90.195	63.844	9.722	18.329	91.895	优秀	2000

表 8 扣罚人员名单

序号	单位名称	姓名	职务	季度结果加权平均分（70%）					综合考核应用分（10%）	年度单位绩效考核应用分（20%）	得分合计	综合评价等级	扣罚金额（元）
				一季度	二季度	三季度	四季度	加权得分					
1	I公司	郝**	支部委员、副主任	75.917	77.167	75.667	78.056	53.691	8.44	17.482	79.613	一般	4000

副职负责人全方位评价法实施以来，评价结果基本客观反映了企业副职负责人的真实业绩情况，让每位参与评价的副职负责人找到了自身工作中存在的不足，获得了各单位副职负责人的广泛认可，显著提升了副职负责人工作积极性，有效促进了履职尽责和专业"领头羊"作用的发挥。

报送单位：国网西藏电力

编制人：周　斌　杨　丰

94 管理人员归一化考核法
——增强管理人员量化考核和横向可比有效性

> **导　入：** 管理人员量化考核是考核管理的一大难点，受岗位职责、工作角色等因素影响，管理人员工作难以量化、临时性任务多、工作任务差异大、工作成效不明显，无法进行精准量化评价，且考核结果可比性较差。中国电科院结合管理人员工作特性，采用归一化考核法，通过制定统一评价标准，分类核算岗位履责和重点工作任务完成情况系数，加权得出绩效考核结果，使管理人员工作业绩考核可量化、可比较，有效激发管理人员内生动力。

工具概述

归一化考核法是指结合管理人员工作特点，划分不同的考核内容，通过设置统一的评价标准，分别对各部分考核内容进行评价，并采用归一化方式，以各部分考核的人员平均得分为基数，折算出各部分考核内容的考核系数，加权计算管理人员考核得分，实现不同岗位职责、不同工作任务的管理人员绩效考核内容可量化、结果可比较。

适用场景：本工具适用于管理人员绩效考核。

实施步骤

归一化考核法的实施主要包括：确定考核内容、制定评价标准、核算考核结果三部分。

（一）确定考核内容

管理人员考核主要包括岗位履责考核和重点工作任务考核两部分。其中，岗位履责主要考核管理人员承担的岗位职责履行情况，要求按时、准确、无遗漏地履职并达到规定要求；重点工作任务主要考核管理人员承担的重点工作任务完成情况。

（二）制定评价标准

1. 岗位履责考核

由绩效经理人依据评价标准（见表 1）对管理人员逐项评分。岗位履责考核采用百分制扣分方式进行评价。

表 1　　　　　　　　　　　岗位履责考核评价标准

分级	岗位履责考核事项	评价扣分标准
I	圆满完成岗位职责规定工作，按时、准确、无遗漏，并达到规定要求	不扣分
II	确认考核期内无不应该发生的岗位职责履行事项，视同完成	不扣分
III	已经完成岗位职责规定工作，但工作质量或效率达不到规定要求，给工作带来一定程度的影响，按照影响程度进行扣分	（1）影响轻微，按基准分值的 10% 扣分。 （2）影响一般，按基准分值的 20% 扣分。 （3）影响较大，按基准分值的 40% 扣分。 （4）影响严重，按基准分值的 50% 扣分
IV	岗位职责规定应该完成的工作内容，未完成或发生遗漏的，给工作带来一定程度的影响，按照履职及影响程度进行扣分	（1）发生未完成或履职遗漏，不论何种原因，按基准分值的 30% 扣分。 （2）影响轻微，按基准分值的 10% 扣分。 （3）影响一般，按基准分值的 20% 扣分。 （4）影响较大，按基准分值的 40% 扣分。 （5）影响严重，按基准分值的 50% 扣分
V	岗位工作存在被其他部门考核扣分或被投诉的情况，责任岗位的员工应承担相应的扣分责任	（1）本部门被其他部门每扣 1 分，责任岗位员工扣 2 分。 （2）考核期内每被投诉 1 次扣 10 分

2. 重点工作任务考核

采用单项重点工作任务基准分值为 10 分进行评价，综合考虑工作任务的重要程度和工作角色确定考核结果。重点工作任务完成情况评价标准见表 2，重要程度和工作角色对应系数见表 3。

表 2 重点工作任务完成情况评价标准

分级	重点工作任务考核事项	分值
A⁺	成效显著：考核期内承担的重点工作任务按照预计计划有序推进，工作成果达成的程度高，在组织管理提升中发挥较大作用	[8，10]
A	成效正常：考核期内承担的重点工作任务按照预计计划有序推进，工作成果达成的程度一般，在组织管理提升中发挥一定作用	[6，8）
A⁻	成效较差：考核期内承担的重点工作任务推进较慢，工作成果达成的程度较差，在组织管理提升中发挥的作用不明显	[4，6）

表 3 重要程度和工作角色对应系数

重要程度		工作角色	
院级重大	1.2	负责人	1.0
院级重点 / 督察督办	1.1	分项实施人	0.8
部门级重点	1.05	配合人	0.4

（三）核算考核结果

采用归一化方式分别对岗位履责考核和重点工作任务两部分考核结果进行核算，使两部分不同内容的评价结果具备加权和对比的条件（两部分内容考核系数原则上不大于 1.2）。具体计算公式如下：

岗位履责考核系数 = 考核期内员工岗位履责考核得分 / 考核期内部门所有管理人员岗位履责考核得分平均值

重点工作任务考核系数 = 考核期内员工承担各项工作任务累计评价得分之和 / 考核期内部门所有承担工作任务的员工累计评价得分平均值

考核期内员工承担各项工作任务累计评价得分之和 = Σ（单个重点工作任务考核评价得分 × 重要程度系数 × 工作角色系数）

考核期内员工业绩评价结果 = 岗位履责考核系数 ×50%+ 重点工作任务考核系数 ×50%

员工月度绩效薪金 = 员工月度绩效薪金基数 × 考核期内员工业绩评价结果

经验心得

（1）绩效经理人在日常管理过程中，要做好对考核对象的过程跟踪督导和事实记录，为期末考核提供评价依据。

（2）绩效经理人在充分理解考核评价标准和归一化考核思想的基础上对管理人员进行客观评价，并在部门内部进行公示。做好员工答疑，及时进行绩效沟通，确保沟通反馈达成一致。

实践案例

中国电科院于 2018 年 1 月开始应用"归一化考核法"，实现了不同岗位职责、不同工作任务的管理人员绩效考核内容可量化、结果可比较。以下以中国电科院人力资源部员工 2018 年四季度考核为例进行展示。

（一）确定考核内容

2018 年四季度末，人力资源部组织部门员工对四季度岗位履责情况和重点工作任务完成情况进行总结。其中，岗位履责情况主要阐述考核期内本岗位实际承担的工作事项、完成情况、取得成效及是否存在相关问题和困难等；

重点工作任务完成情况主要对考核期内承担的重点工作任务内容及完成情况进行逐项总结。

（二）结合评价标准，开展分项考核

1. 岗位履责考核

绩效经理人结合员工季度工作总结和平时掌握情况，按照《岗位履责考核评价标准》进行评价。2018年四季度，人力资源部员工岗位履责评价结果见表4。

表4　　　　人力资源部员工2018年四季度岗位履责考核结果

员工姓名	岗位履责分级评价					评价得分	归"1"系数
	Ⅰ	Ⅱ	Ⅲ	Ⅳ	Ⅴ		
A1			90			90	0.9643
A2		100				100	1.0714
A3	100					100	1.0714
A4				80		80	0.8571
A5				90		90	0.9643
A6			90			90	0.9643
A7		100				100	1.0714
A8				90		90	0.9643
A9			80			80	0.8571
A10	100					100	1.0714
A11	100					100	1.0714
A12		100				100	1.0714

2. 重点工作任务考核

绩效经理人结合员工季度工作总结和平时掌握情况，按照《重点工作任务量质期完成情况评价标准》进行逐项评价。2018 年四季度，人力资源部员工重点工作任务考核评价结果见表 5。

表 5　　　　　　　　人力资源部员工 2018 年 4 季度重点工作任务考核结果

员工姓名	工作任务 1			工作任务 2			工作任务 3			工作任务 4			工作任务 5			评价得分	归"1"系数
	重要程度	工作角色	评价得分	重要程度	工作角色	评价得分	重要程度	工作角色	评价得分	重要程度	工作角色	评价得分	重要程度	工作角色	评价得分		
A1	1.2	1	9	1.2	0.4	7	0.8	1.1	10	1.1	—	0	1.05	0.4	8	29.80	1.0892
A2	1.2	0.8	9	1.2	0.4	6	0.4	1.1	6	1.1	—	0	1.05	—	0	18.80	0.6872
A3	1.2	0.4	8	1.2	0.4	6	0.8	1.1	6	1.1	0.4	8	1.05	—	0	22.80	0.8334
A4	1.2	0.4	8	1.2	0.8	8	0.8	1.1	7	1.1	—	0	1.05	0.4	7	27.40	1.0015
A5	1.2	0.4	8	1.2	1	10	0.4	1.1	7	1.1	—	0	1.05	0.8	9	29.60	1.0819
A6	1.2	—	0	1.2	0.8	8	0.8	1.1	8	1.1	0.8	8	1.05	1	8	37.70	1.3780
A7	1.2	—	0	1.2	0.4	8	1	1.1	10	1.1	0.8	9	1.05	0.8	10	33.00	1.2062
A8	1.2	—	0	1.2	0.8	9	0.8	1.1	8	1.1	0.4	9	1.05	0.4	6	27.00	0.9869
A9	1.2	0.8	10	1.2	0.8	10	0.8	1.1	8	1.1	—	0	1.05	0.4	6	32.20	1.1770
A10	1.2	0.8	7	1.2	0.8	7	0.8	1.1	8	1.1	0.4	10	1.05	0.4	8	31.80	1.1624
A11	1.2	0.4	6	1.2	0.8	7	0.8	1.1	9	1.1	0.4	7	1.05	—	0	22.80	0.8334
A12	1.2	—	0	1.2	—	0	0.4	1.1	10	1.1	1	10	1.05	—	0	15.40	0.5629

（三）核算考核结果

按照岗位履责考核和重点工作任务考核各占 50% 的比例，加权计算得出人力资源部员工 2018 年 4 季度考核结果，具体考核结果见表 6。

表 6 人力资源部员工 2018 年 4 季度考核结果

员工姓名	岗位履责考核（50%）		重点工作任务考核（50%）		考核结果	排名
	评价得分	归"1"系数	评价得分	归"1"系数		
A1	90	0.9643	29.80	1.0892	1.0268	4
A2	100	1.0714	18.80	0.6872	0.8793	11
A3	100	1.0714	22.80	0.8334	0.9524	8
A4	80	0.8571	27.40	1.0015	0.9293	10
A5	90	0.9643	29.60	1.0819	1.0231	5
A6	90	0.9643	37.70	1.3780	1.1712	1
A7	100	1.0714	33.00	1.2062	1.1388	2
A8	90	0.9643	27.00	0.9869	0.9756	7
A9	80	0.8571	32.20	1.1770	1.0171	6
A10	100	1.0714	31.80	1.1624	1.1169	3
A11	100	1.0714	22.80	0.8334	0.9524	8
A12	100	1.0714	15.40	0.5629	0.8172	12

　　未实施归一化考核法前，不同岗位管理人员的岗位履责考核得分和重点工作任务考核得分进行简单加权（如各占 50%），得出绩效考核总分。这种方式受各项指标分值设定水平影响较大。例如，在重点工作任务考核指标分值标准一致的情况下，当岗位履责考核满分设定为 100 分时，考核结果为表 7 的"考核得分 1"；当岗位履责考核满分设定为 50 分时，考核结果为表 7 的"考核得分 2"。两种赋分方式导致结果排名有显著差异。实施归一化考核法后，排除了指标分值高低的干扰，排名固定，更具有客观性和科学性。

　　人力资源部员工 2018 年四季度归一化考核法实施前后的结果对比情况见表 7。

表 7　　　　人力资源部员工 2018 年四季度归一化前后考核结果对比表

员工姓名	归一化考核法实施前						归一化考核法实施后	
	考核得分 1	排名 1	考核得分 2	排名 2	最终得分	最终排名	考核结果	排名
A1	119.8	6	74.8	4	97.3	6	1.0015	4
A2	118.8	8	68.8	10	93.8	9	0.9569	9
A3	122.8	4	72.8	6	97.8	4	1.0005	5
A4	107.4	12	67.4	11	87.4	12	0.9002	12
A5	119.6	7	74.6	5	97.1	7	0.9994	7
A6	127.7	3	82.7	2	105.2	3	1.0876	3
A7	133	1	83	1	108	1	1.1116	1
A8	117	9	72	9	94.5	8	0.971	8
A9	112.2	11	72.2	8	92.2	10	0.9525	10
A10	131.8	2	81.8	3	106.8	2	1.0985	2
A11	122.8	4	72.8	6	97.8	4	1.0005	5
A12	115.4	10	65.4	12	90.4	11	0.9198	11

将人力资源部员工 2018 年 4 季度考核系数结果与绩效薪金分配挂钩，在 2019 年 1 月兑现，核算情况见表 8。

表 8　　　　人力资源部员工 2019 年 1 月绩效薪金核算表

员工姓名	绩效薪金基数（元）	2018 年四季度员工业绩考评结果	可发绩效薪金（元）	备注
A1	6550	1.0015	6559.83	
A2	6550	0.9569	6267.70	
A3	7800	1.0005	7803.90	
A4	5500	0.9002	4951.10	
A5	4580	0.9994	4577.25	

员工姓名	绩效薪金基数（元）	2018年四季度员工业绩考评结果	可发绩效薪金（元）	备注
A6	4580	1.0876	4981.21	
A7	4580	1.1116	5091.13	
A8	5500	0.971	5340.50	
A9	5500	0.9525	5238.75	
A10	5500	1.0985	6041.75	
A11	7400	1.0005	7403.70	
A12	6800	0.9198	6254.64	

　　归一化考核法实现不同岗位、不同工作任务的管理人员在同一个评价标准下进行考核评价，让管理人员绩效考核可量化、可比较，大大增强了管理人员考核的科学性和精准性。同时营造了"比学赶超"的良好竞争氛围，进一步激发了管理人员工作积极性，推动管理人员能力不断提升，薪酬水平能增能减。

　　报送单位：中国电科院

　　编 制 人：邵　蕾　赵长财

95 部门一把手工作清单考核
——做好部门主要负责人工作业绩月度评价

> **导　入：** 教学单位绩效考核管理工作起步较晚，学院对各部门考核形式相对单一、激励性不足，不利于部门负责人履职担当、主动作为。国网技术学院通过实施部门一把手工作清单考核，重点考核一把手工作担当，持续激发一把手"想干事、能干事、会干事"内生动力，积极推动学院战略和各项重点工作落实落地，取得良好成效。

工具概述

部门一把手工作清单考核，指将各部门工作考核项目分为急、难、险、重、新工作（A类）和常规性重点工作（B类）两类，每月各部门一把手逐项填报工作清单完成情况，汇报具体工作内容和成效，由绩效管理委员会进行审核评价，按综合评价成绩确定绩效等级并与月度绩效奖金联动，提升负责人内生动力，增强学院在专业建设、对外交流、管理创新等领域竞争力。

适用场景：本工具适用于教学单位各部门党政主要负责人考核。

实施步骤

部门一把手工作清单考核分为三个步骤，分别为提报审核工作清单、绩效管理委员会评价、成绩统计及结果应用。

1. 提报审核工作清单

各部门主要负责人根据月度重点工作任务，在工作任务管控系统线上提报月度工作清单，反馈全部重点工作任务完成情况、工作成效及标志性成果，并提报支撑材料。

办公室根据单位重点工作安排，对各部门一把手提报的工作清单进行审核，确认工作内容，审定工作类别，确保工作清单质量。工作清单内容分为 A、B 两类，其中 A 类为急（A1）、难（A2）、险（A3）、重（A4）、新（A5）工作，B 类为常规性重点工作。

2. 绩效管理委员会评价

绩效管理委员会对工作清单完成情况逐项评价，实行百分制。其中，党政主要负责人对全部工作进行逐项评价，分管领导根据工作分工，对分管部门或专业工作完成情况进行逐项评价，绩效管理委员会其他成员对全部工作进行逐项评价。

3. 成绩统计及结果应用

人资部门进行成绩统计，按照考核方案确定负责人得分，并在学院月度会及内网网站公布。考核得分成绩由高到低排名，前 20% 月度绩效等级为 A，后 15% 为 C，其中低于 60 分的为 D。绩效等级与一把手月度绩效薪金挂钩，各等级奖金兑现系数区间为 0.8 ~ 1.05。

◎ 经验心得

（1）与部门重点工作任务合理区分。一把手清单体现的是部门主要负责人月度工作情况，而非部门全部工作，要有明显的"一把手"痕迹。急、难、险、重、新工作（A 类）必须是负责人亲自策划、靠前指挥、组织落实的工作。部门常规重点（B 类）工作主要指对学院全局性工作有重要影响的部门或学院重点工作。

（2）做好工作内容审核把关。纳入一把手清单工作的内容要体现部门负责人履职担当、主动思考、守正创新等方面的工作，要体现"一把手"发挥的作用，取得的成效或阶段性成果，不能以片面的事务性工作取代。工作清单在绩效管理委员会评价前，必须做好审核把关，确保工作清单质量。

（3）积极借助信息化工具。工作清单考核是一项系统性的工程，提报、审核、评价点多面广，涉及人员众多，数据计算量大。学院积极借助信息化手段，自主研发工作任务管控系统，实现线上便捷、准确、高效开展各环节工作。

实践案例

国网技术学院于 2018 年 3 月起实施一把手工作清单考核，有效拉开了各部门负责人收入差距，提升了工作积极性。下面以 2020 年 5 月部门一把手工作清单考核为例进行展示。

1. 提报审核工作清单

各部门负责人统筹年度重点工作任务清单和季度、月度重点工作，提炼能够体现一把手责任担当的重点事项，明确工作类别、主要工作及成效等内容，并通过系统上传支撑材料。办公室对工作内容、工作类别进行审核确认，对于不符合要求的事项予以驳回修改。2020 年 5 月一把手工作清单见表 1。

表 1　　　　　　　　　　2020 年 5 月一把手工作清单

序号	部门	姓名	工作内容	类别	完成情况及成效
1	办公室	**	发挥疫情防控综合协调组职能，统筹抓好疫情防控工作，协同推进春季学期学生返校复学工作	A4	认真梳理春季学期开学核验相关资料等
2	党委组织部	**	创新开展数字化师资培训与认证工作	A5	积极响应国资委及国网公司关于企业数字化建设座谈会的精神和要求，助力学院"网上去学"建设，协助学院培训师提高网上直播课和数字媒体应用水平，组织首批次数学化师资认证与实战训练营等

续表

序号	部门	姓名	工作内容	类别	完成情况及成效
3	教务管理中心	**	全力做好线上线下培训工作	A5	（1）打造"电网云学"品牌。组织开展"电网云学"系列直播课堂活动16次，完成直播培训师授课指导和技术支持工作。（2）继续开展"国网新员工网上学堂"等
4	教务管理中民	**	加快推进职业教育"双高"建设	B	加强校企合作，推动与济南大学签署合作协议，启动联合开设本科层次智能电网信息化前期工作专业等

2. 绩效管理委员会评价

进一步细化工作清单评分计算办法，设 A 类工作任务权重为 0.4，B 类工作任务权重为 0.6；学院党政主要领导与分管领导评分比例按 3：3：4 设置；绩效管理委员会其他成员评价得分取加权平均值后与院领导得分各占 50%。工作清单得分实行百分制，计算公式如下：

单项工作得分 = 院领导评分加权平均值 ×50%+ 绩效考核委员会其他成员评分平均值 ×50%

工作清单得分 =A 类工作平均分 ×0.4+B 类工作平均分 ×0.6

2020 年 5 月一把手工作清单考核汇总表见表 2。

表 2　　　　　　　　2020 年 5 月一把手工作清单考核汇总表

序号	姓名	职务	工作类别	数量	评价1 单类分	评价1 综合分	评价2 单类分	评价2 综合分	评价3 单类分	评价3 综合分	评价4 单类分	评价4 综合分	工作清单得分	月度工作得分	负责人得分	绩效等级
1	××	××××	A	3	92.67	93.47	94	94.6	93.67	93.27	90.33	89.86	89.86	91.79	94.78	92.99	A
			B	1	94		95		93		89.55						
2	××	××××	A	2	93	93	94	93.4	93	93	89.75	89.42	89.42	91.27	92.71	91.85	B
			B	1	93		93		93		89.2						

| 序号 | 姓名 | 职务 | 工作类别 | 数量 | 评价1 | | 评价2 | | 评价3 | | 评价4 | | 工作清单得分 | 月度工作得分 | 负责人得分 | 绩效等级 |
					单类分	综合分	单类分	综合分	单类分	综合分	单类分	综合分				
3	××	××××	A	2	93	92.4	92.5	92.2	95	95	89.43	89.14	91.26	92.29	91.67	B
			B	1	92		92		95		88.95					
4	××	××××	A	2	91.5	92.4	92	92	95	95	89.12	88.78	91.05	91.9	91.39	C
			B	1	93		92		95		88.55					
5	××	××××	A	2	93	92.4	94	94	93	92.4	89.25	89.79	91.34	92.37	91.75	B
			B	1	92		94		92		90.15					
...																

注 共29人。A ≤ 20%，应为5人，本月4人；C ≥ 15%，应为4人，本月4人。

3. 成绩统计及结果应用

人资部门进行成绩统计，确定部门负责人得分，并按得分成绩由高到低排名，根据比例要求划分绩效等级。实行绩效薪金联动机制，工作清单得分与负责人月度绩效奖金直接挂钩，评价A、B、C、D级分别按照1.05、1.0、0.9、0.8系数乘算绩效奖金，月均最高与最低差距增加至1400余元。

通过实施一把手工作清单考核，各部门党政主要负责人工作主动性明显提升，2019年国网技术学院关键业绩考核指标41项、重点工作任务965项，除5项工作取消、12项工作正在进行外，其余989项全部按期达标完成，学院专业建设、管理创新、对外交流等核心竞争力进一步增强，实现了高质量发展。

报送单位：国网技术学院

编 制 人：杨　斐

第六章
科研和产业金融业务考核工具

绩效考核（Performance Assessment），是绩效管理中的关键环节，是指考核主体对照工作目标和绩效标准，采用科学的考核方式，全面客观评定组织和员工的工作任务完成情况、工作职责履行程度和发展情况的过程。常见的绩效考核方法包括KPI（关键业绩）、MBO（目标管理）、360度考核、BSC（平衡记分卡）等。

国家电网有限公司经过长期实践，在上述考核方法的基础上，创造性地提出了适合自身实际的"关键业绩制""目标任务制""工作积分制"等考核模式。同时各单位在推进全员绩效管理过程中，按照"实用、适用、管用"的原则，因地制宜地优化、创新了多种绩效考核方式，充分发挥了绩效考核的激励约束作用。

本章针对科研和产业金融业务考核，总结科技项目柔性团队"3+2"考核法、设计人员"4C"积分考核法等绩效工具共24项，引导各单位和各级绩效经理人通过科学考核，对员工的工作绩效、胜任工作岗位的程度作出客观评价，提升考核的针对性、公正性和认可度，促进考核更精准。

科研类业务考核工具

96 科技项目柔性团队"3+2"考核法
——准确衡量项目类团队成员工作绩效

> **导 入：**在科技项目实施过程中，参与项目人员往往来自不同专业和部门，参照原部门职责分工难以进行有效的绩效考核，最终导致项目成员管理松散、团队效率偏低。国网天津电科院通过实施科技项目柔性团队"3+2"考核法，以项目实施为主线分解落实考核目标，责任落实到人，科学合理地对从事科技项目的柔性团队进行考核，引导员工积极投入科技项目工作。

📖 工具概述

科技项目柔性团队"3+2"考核法，是指以项目实施为主线，按照项目实施"前分级、中管控、后评价"的3步骤操作流程，对项目完成情况、项目成员工作成效进行2个维度考核评价的方法。综合运用项目薪酬包、课题目标分解等方法，对项目团队的创新能力、成果质量进行考核评价，充分发挥绩效考核在柔性团队中的"指挥棒"作用。

适用场景：本工具适用于科技项目柔性团队考核。

实施步骤

科技项目柔性团队"3+2"考核法实施步骤包括：项目分级、团队成员构建、项目目标分解与落实、项目后评价与兑现。

1. 项目分级

根据项目对于公司和电网发展的支撑作用及影响程度，设定不同等级，级别系数与项目薪酬包核定挂钩。

2. 团队成员构建

打破传统部门划分业务界限，构建跨部门、跨专业的科技项目柔性团队，项目成员构成包括：项目组长、项目副组长、主研人、研究助理等。同时，根据各成员参与度和角色重要程度，设定角色系数，与考核兑现挂钩。

3. 项目目标分解与落实

项目组长对项目目标进行分解，责任落实到人，与小组成员签订项目绩效合约。目标通常包括总目标和分目标。总目标为项目成员共同承担的整体目标，如项目验收结果等级、取得科技进步奖、发明专利、发表论文、不能发生安全事故、提前完成目标任务等；分目标由项目组长结合任务书，将具体项目目标切割，以子课题等方式落实到个人后形成。

4. 项目后评价与兑现

在科技项目完成验收工作后，按照验收结果，设定项目后评价系数，与项目薪酬包兑现挂钩，项目薪酬包由参与项目成员结项当年年终绩效兑现的10%额度汇总构成。组内各项目成员绩效兑现 =（项目成员角色系数 × 工作考评分）/∑（各项目成员角色系数 × 工作考评分）× 项目薪酬包总额 × 项目后评价系数。

经验心得

（1）充分发挥高等级人才示范引领和传帮带作用，培养优秀青年创新人才，

国家电网绩效管理工具箱（中册）

每个团队需至少配置 1 名研究助理，且研究助理应为 30 岁及以下的青年员工。

（2）项目分级和验收结果需征求科技管理部门意见。

实践案例

国网天津电科院于 2018 年 1 月开始应用科技项目柔性团队"3+2"考核法，实现了团队内生驱动，有效提高工作成效。下面以"售电市场环境下的智慧城市多能源综合利用关键技术研究及应用"科技项目柔性团队为例进行展示。

1. 项目分级

依据对公司和电网发展的支撑作用及影响程度，科技项目分为三级：A 级、B 级、C 级。与之对应设定不同等级，级别系数与项目薪酬包核定挂钩，见表 1。

表 1　　　　　　　　　　项目级别系数

项目级别	评价标准	级别系数
A 级	重大关键技术研究；基础性和前瞻性技术研究；重大设备首台首套试点、示范应用；重大试验能力提升等	1.5
B 级	重大关键技术配套研究；电网规划、设计、建设、运行和公司经营管理共性技术研究；重点先进适用技术示范与应用；重点试验能力提升等	1.3
C 级	电网规划、设计、建设、运行和企业经营管理中应用技术研究；先进适用技术推广应用；群众性技术创新等	1.1

2. 团队成员构建

项目组长通过"竞聘制"确定。项目组长根据项目情况跨部门、跨专业选择团队成员，组成项目柔性团队，见表 2。

表 2　　　　　　　　　　项目团队成员及系数

姓名	角色	角色系数
李 *	组长	1.4
王 *	副组长	1.2

·774·

续表

姓名	角色	角色系数
霍 *	主研人	1.0
戚 *	主研人	1.0
吴 *	研究助理	0.8
李 *	研究助理	0.8

3. 项目目标分解与落实

项目组长将项目课题"售电市场环境下的智慧城市多能源综合利用关键技术研究及应用"分解为多个子课题，作为分目标落实到个人，见表3。

表3　　　　　　　　　　　　　项目目标分解表

项目目标分解	承担人	角色
负责整体技术方向把关和技术指导，负责与上级单位和合作单位的总体协调，负责示范工程选点和建设	李 *	组长
完成课题1"面向智慧城市的多能源利用价值挖掘及应用场景分析"关键技术研究，把握整体技术方向，按照任务书进度要求推动项目执行，定期向项目组长汇报工作进度	王 *	副组长
完成课题2"智慧城市多能源互联供给下的综合调控关键技术"和课题3"智慧城市多能源综合利用关键装备研制及应用"技术研究，配合项目组长完成示范工程建设	霍 *	主研人 A
完成课题4"面向新型售电市场的智慧城市多能源互联运营模式研究"技术研究	戚 *	主研人 B
协助完成课题1"面向智慧城市的多能源利用价值挖掘及应用场景分析"和课题2"智慧城市多能源互联供给下的综合调控关键技术"的研究内容，负责与合作单位开展沟通	吴 *	研究助理 A
协助完成课题3"智慧城市多能源综合利用关键装备研制及应用"和课题4"面向新型售电市场的智慧城市多能源互联运营模式研究"的研究内容，负责与合作单位开展沟通	李 *	研究助理 B

结项后，填写项目成员考核评价表，从项目目标、综合评价、突出贡献三个方面展开评价，以"自评＋他评"结合的方式，计算项目成员工作考评分，见表4。

表 4 项目成员考核评价表

项目名称	售电市场环境下的智慧城市多能源综合利用关键技术研究及应用					
被评价人	霍＊		角色		主研人	
考核内容	考核项目（标准分）	评价标准	分数	自我评价	组长评价	
项目目标（60分）	工作任务计划履约率（40分）	没有按照既定计划完成规定目标（≤70%）	8			
		基本按照既定计划完成规定目标（71%～90%）	16			
		按照既定计划完成目标较好（91%～100%）	24			
		比既定计划完成目标完成得多（101%～120%）	32	√	√	
		比既定计划完成目标完成得既好又多（>120%）	40			
	任务难度（20分）	目标任务完成非常容易，任务完成轻松	4			
		目标任务完成容易，任务完成较为轻松	8			
		目标任务完成一般，工作难度适中	12			
		目标任务完成困难，部分工作需要克服一定困难完成	16			
		目标任务完成非常困难，协调、研究等方面工作极具挑战	20	√	√	
综合评价（40分）	工作态度（20分）	经常不接受工作安排，严重影响工作开展	4			
		偶尔不愿接受工作安排，需督促勉励完成	8			
		愿意接受工作安排，并在规定时间内完成	12			
		主动接受工作安排，并能较快付之行动	16			
		对待交办的工作，处处体现主动性，工作积极，热情饱满	20	√	√	
	工作效率（10分）	工作效率低，经常完不成任务	2			
		工作效率较低，需要别人帮助才能完成任务	4			
		工作效率一般，能按时完成任务，基本保证质量	6			
		工作效率较高，能及时保质保量完成任务	8			
		工作效率高，完成任务速度快、质量高、效益好	10	√	√	

考核内容	考核项目（标准分）	评价标准	分数	自我评价	组长评价
综合评价（40分）	技术资料归档及时率（10分）	归档严重滞后，相当混乱	2		
		在既定计划内，有一定的归档，但仍旧影响生产等相关流程实施	4		
		在既定计划内，基本能够指导生产相关流程工作运转，仍有部分改进	6		
		在既定计划内，存在局部改进，但程度不大	8		
		完全在既定计划内达到公司规定的技术文档的归档要求，很少有改进要求	10	√	√
突出贡献（5分）		积极推进智慧城市多能源互联供给下综合调控关键技术研发过程，积极协调关键装备研制及应用有关事项，课题2研究成果丰硕	—	5	5
项目成员工作考评分				97	

注　1. 突出贡献加分，为项目成员围绕项目推进、项目协调、成果培育等方面作出贡献的，最高加5分，项目成员自主申报。

　　2. 自我评价得分权重20%，组长评价得分权重80%。

4. 项目后评价与兑现

在科技项目完成验收工作后，按照验收结果，设定项目后评价系数，与项目薪酬包兑现挂钩，取结项当年各项目成员年终绩效兑现额度10%组成项目薪酬包总额。项目后评价系数见表5。

表5　　　　　　　　　　项目后评价系数

项目验收结果	通过验收	同意结题	未通过验收
项目后评价系数	1.0	0.5	0

2019年年底，该项目顺利通过验收，项目后评价系数认定为1.0。依据

各成员角色系数及工作考评分，进行项目薪酬包二次分配。组内各项目成员绩效兑现额度＝（项目成员角色系数 × 工作考评分）/ ∑（各项目成员角色系数 × 工作考评分）× 项目薪酬包总额 × 项目后评价系数。项目团队成员绩效兑现见表6。

表6　　　　　　　　　　　　　　项目团队成员绩效兑现

姓名	角色	角色系数	工作考评分	原额度（元）	兑现额度（元）	涨幅（%）
李*	组长	1.4	94	7360	10601	44
王*	副组长	1.2	95	6900	9183	33
霍*	主研人	1.0	97	5980	7814	31
戚*	主研人	1.0	93	5980	7492	25
吴*	研究助理	0.8	88	4600	5671	23
李*	研究助理	0.8	82	4600	5284	15

通过开展科技项目柔性团队"3+2"考核法，有效解决了传统项目团队管理松散、激励不足等问题，提高了员工参与科技项目的积极性。本案例中团队成员评价绩效工资平均增幅28%，实现了收入能增能减。通过该工具的深化应用，国网天津电科院广大职工积极投入科技项目相关工作，取得了丰硕的科技创新成果。

报送单位：国网天津电科院

编 制 人：陈昊炜　杨　媛　耿瑞芹

97 专职培训师精准积分制考核法
——提高培训师考核的精准性

> **导 入：** 近年来，培训中心专职培训师对未纳入绩效的工作任务参与积极性普遍不高，不同部门对专职培训师的考核标准不太统一，收入差距也不够大，绩效考核未能体现多劳多得的导向。国网冀北技培中心采用精准积分制考核法，统一科学量化培训师的工作内容，公平公正评判培训师业绩，充分调动了培训师的工作积极性。

工具概述

专职培训师精准积分制考核法，主要通过问卷调查和层次分析法，精准构建培训师考核指标体系，研究建立工作积分标准、积分单价标准，根据工作积分和指标权重计算考核结果，科学核定培训师绩效工资。

适用场景：本工具适用于专职培训师。

实施步骤

专职培训师精准积分制考核法实施步骤包括：确定培训师考核指标、确定指标权重、制定工作积分标准和积分单价标准、实施考核、兑现绩效工资。

1. 确定培训师考核指标

采用问卷调查的方式，以分管领导、相关部门负责人、全体培训师为调查对象，全面了解培训师工作内容，分类归纳后形成若干个维度的评价指标。

2. 确定指标权重

（1）调查评价指标重要程度。评价指标重要性标度见表1。

表 1 评价指标重要性标度

重要性标度（赋值）	涵义
1/1	表示两项内容相比，具有同等重要性
3/1	表示两项内容相比，前者比后者稍微重要
5/1	表示两项内容相比，前者比后者明显重要
7/1	表示两项内容相比，前者比后者强烈重要
9/1	表示两项内容相比，前者比后者极端重要
2/1，4/1，6/1，8/1	表示上述判断的中间值
倒数（1/3，1/5，1/7，1/9…）	表示两个因素的反比较

（2）统一评价指标重要程度。汇总分析重要性标度，针对任意两项指标之间的重要程度，取全部判断值的众数（即一组数据中出现次数最多的数据），得出重要程度值，形成权重判断矩阵。

（3）计算各指标权重。将权重判断矩阵标准化，计算得出各项评价指标的权重。

3. 制定工作积分标准和积分单价标准

细化评价指标，组织相关部门负责人、管理专家研究制定工作积分标准和积分单价标准。

4. 实施考核

（1）员工按月申报工作积分。培训师结合月度工作完成情况，对照工作积分标准，分类申报月度工作积分。

（2）负责人审核修正积分。部门负责人结合员工工作实际，修正各类工作积分。

（3）计算季度考核结果。人力资源部按季度统计培训师各评价指标的工作积分情况，结合指标权重，计算考核得分，按照强制分布比例确定培训师的考核等级。

季度考核得分 = 指标 1 季度工作积分 × 权重 1+…+ 指标 N 季度工作积分 × 权重 N

季度工作积分 = 月度 1 工作积分 + 月度 2 工作积分 + 月度 3 工作积分

5. 兑现绩效工资

根据培训师月度工作积分及积分单价标准，核定培训师的月度绩效工资。

月度绩效工资 = 评价指标 1 月度工作积分 × 积分单价 1+…+ 评价指标 N 月度工作积分 × 积分单价 N

◎ 经验心得

（1）注意调查问卷填报中的逻辑性。参与问卷调查的员工在判断各项评价内容的重要程度时，要注意判断的一致性和连续性，有逻辑错误的问卷应作废或重新填写。

（2）在使用层次分析法计算各指标权重时，可以适当简化，或使用适合本单位的计算方法。

实践案例

国网冀北技培中心于 2018 年 1 月实施专职培训师精准积分制考核法，从一个部门试点到培训部门全面推广，拉开了员工之间的收入差距，促进了培训师自主成长提升。下面以技术技能培训一部和二部为例进行展示。

1. 确定培训师考核指标

国网冀北技培中心通过对分管领导、相关部门负责人、全体培训师进行问卷调查，确定了专职培训培训授课及鉴定考评、培训班管理、赛考集训等9项评价内容。

2. 确定指标权重

（1）调查并统一评价指标重要程度。问卷调查9项内容的重要程度，统一各项评价内容的重要程度，见表2。

表2　　　　　　　　　　　　　　考核指标重要性标度

序号	指标内容	1 培训授课及鉴定考评	2 培训班管理	3 培训资源建设（二类项目）	4 培训资源建设（三类项目）	5 赛考集训	6 培训科研	7 培训与能力提升	8 重要任务与专项活动	9 其他工作
1	培训授课及鉴定考评		2/1	2/1	1/1	1/3	1/1	4/1	1/3	5/1
2	培训班管理	1/2		1/1	1/2	1/4	1/2	3/1	1/4	4/1
3	培训资源建设（二类项目）	1/2	1/1		1/2	1/4	1/2	3/1	1/4	4/1
4	培训资源建设（三类项目）	1/1	2/1	2/1		1/3	1/1	4/1	1/3	5/1
5	赛考集训	3/1	4/1	4/1	3/1		3/1	5/1	1/1	6/1
6	培训科研	1/1	2/1	2/1	1/1	1/3		4/1	1/3	5/1
7	培训与能力提升	1/4	1/3	1/4	1/4	1/5	1/4		1/5	2/1
8	重要任务与专项活动	3/1	4/1	4/1	3/1	1/1	3/1	5/1		6/1
9	其他工作	1/5	1/4	1/4	1/5	1/6	1/5	1/2	1/6	

（2）计算各指标权重。运用层次分析法，对权重判断矩阵进行归一化处理，按行相加求得特征向量 W，将特征向量 W 标准化后，根据培训工作实际进行调整，得出 9 项评价内容的权重，见表 3。

表 3　　　　　　　　　　　考核指标权重

序号	重点及常规工作项目	项目内涵	项目权重（％）
1	培训授课及鉴定考评	包括中心（学院）内外部培训班授课、学历教育授课、技能鉴定考评等工作	9
2	培训班管理	包括中心（学院）内外部培训班管理	7
3	培训资源建设（二类项目）	列入公司、中心（学院）年度计划并实施的二类建设项目	12
4	培训资源建设（三类项目）	列入公司、中心（学院）年度计划并实施的三类建设项目	14
5	赛考集训	列入国家电网有限公司年度计划并实施的竞赛调考项目	13
6	培训科研	指主持或参与中心（学院）以上级别的课题、项目研究；发表论文、出版教材、专利研发等	11
7	培训与能力提升	培训师参加中心（学院）以上级别的培训；企业调研与实践；在中心（学院）以上级别竞赛中获奖	11
8	重要任务与专项活动	公司职工技能运动会、职工创新创效竞赛、QC 活动等大型活动的组织管理	15
9	其他工作	指第 1~8 项之外的其他工作任务，如：中心（学院）培管系统一级部署、实训室管理、新教师帮带及其他工作兼职等	8
合　计			100

3. 制定工作积分标准和积分单价标准

（1）建立覆盖 9 项评价指标的工作积分标准，见表 4。

表4 考核指标工作积分标准

评价指标	具体工作内容	积分标准（工作日）
培训软件资源建设（二类项目）	二类项目管理（包括立项、招投标、建设及验收等环节）	8
	二类项目课件的设计、制作	5
	案例编制	3
	重点项目培训方案编制	2
	非常规培训班方案编制	1
	项目题库试题编制（至少100道）试题	4
培训硬件资源建设（三类项目）	三类项目管理（包括可研、初设、立项、招投标、建设及验收等环节）	25
培训科研	主持制订或修订本单位制度，编写技术规范、技术规程、技术标准、技术手册、工作标准	3
	主持制订或修订本单位以上级别的制度，编写技术规范、技术规程、技术标准、技术手册、工作标准	6
	作为第一作者，发表SSCI收录论文	13
	作为第一作者，发表EI、ISTP、ISR、核心期刊收录论文	10
…	…	…

（2）建立覆盖9项评价指标的积分单价标准，见表5。

表5 考核指标积分单价标准

序号	评价指标	积分单价标准
1	培训授课及鉴定考评	教授120元/课时、副教授95元/课时、讲师80元/课时、助教70元/课时
2	培训班管理	60元/课时
3	培训软件资源建设（二类项目）	50元/分
4	培训硬件资源建设（三类项目）	50元/分
5	赛考集训	60元/课时
6	培训科研	60元/分

序号	评价指标	积分单价标准
7	培训与自我能力提升	对获得竞赛类表彰的，按照国家电网有限公司表彰奖励工作管理办法给予一次性奖励
8	重要任务与专项活动	30 元 / 分
9	其他工作	30 元 / 分

4. 实施考核

以 2019 年一季度为例，部门培训师工作积分及考核结果见表 6。

表 6　　　　　　　　　　培训师工作积分考核表

员工	培训授课及鉴定考评	培训班管理	培训软件资源建设	培训硬件资源建设	赛考集训	培训科研	培训与自我能力提升	重要任务与专项活动	其他工作	考核得分	绩效等级
员工 A	0	4	55	0	0	50	138	78	1	39.34	A
员工 B	75	69	0	25	0	42	24	62	3	31.25	B
员工 C	23	10	0	0	0	90	24	85	9	28.78	B
员工 D	0	39	9	0	0	82	26	58	6	24.87	B
员工 E	57	17	16	0	0	8	12	12	5	12.64	C
…	…	…	…	…	…	…	…	…	…	…	…

如员工 A，根据工作积分及其所占权重计算考核得分为 $4 \times 7\% + 55 \times 12\% + 50 \times 11\% + 138 \times 11\% + 78 \times 15\% + 1 \times 8\% = 39.34$。根据考核得分排名，绩效等级为 A 级。这样准确衡量了员工业绩贡献，为评定员工季度和年度绩效等级奠定了基础。

5. 兑现绩效工资

以 2019 年 7 月为例，部门培训师绩效工资分配情况见表 7。专职培训师最高绩效工资为 8780 元，最低绩效工资为 4010 元，最高绩效工资与最低绩效工资倍比可达 2.19 倍。

表 7　　　　　　　　　　培训师绩效工资分配表

员工	职称	培训授课及鉴定考评	培训班管理	培训软件资源建设	培训硬件资源建设	赛考集训	培训科研	培训与自我能力提升	重要任务与专项活动	其他工作	绩效工资（元）
员工 A	讲师	12	50	16	0	0	3	0	60	68	8780
员工 B	助教	30	29	18	25	0	13	0	26	0	7550
员工 C	副教授	32	30	0	25	0	10	0	12	3	7140
员工 D	讲师	42	18	0	0	0	9	0	15	3	5520
员工 E	助教	20	7	6	0	0	12	0	28	11	4010
…	…										…

国网冀北技培中心通过实施专职培训师精准积分制考核法，统一了培训实施部门的绩效量化考核标准，减少了主观因素的影响，客观科学判定了绩效等级。将培训研究、兼职工作等常规工作全部纳入绩效考核后，激发了培训师潜能。2017—2019 年，培训师教学质量平均分由 91.31 分提升至 93.6 分，培训师发表论文由 19 篇增至 24 篇，课题申请由 4 项提升至 7 项，专利由 2 项提升至 5 项，培训师中技培中心级及以上专家人才占比由 10% 提升至 18%。

报送单位：国网冀北技培中心

编 制 人：王　龙　王俊伟　牛宏艳

98 科研人员"多元量化"全过程考核法
——有效调动科研人员工作积极性

> **导　入：** 对科研人员的传统考核方式往往偏重于论文、专利等成果考核，对项目申报、成果提炼等科研过程方面的业绩涉及不多，影响了科研人员系统参与科技项目的积极性。国网山东电科院创新提出科研人员"多元量化"全过程考核法，结合科研指标和专项激励，建立科研工作全过程奖惩激励机制，打破传统单一激励模式，有效解决了科研人员工作积极性不高的问题。

工具概述

科研人员"多元量化"全过程考核法，指将绩效考核打分与现金考核奖励相结合，从科研指标、专项激励等方面设置量化考核指标和评价标准，涵盖科技项目立项、科技获奖、技术标准、论文专利、成果转化等方面，采取月度和年度考核，对科研人员进行全过程工作考评和激励。

适用场景：本工具适用于科研人员和身兼科研任务的其他员工。

实施步骤

科研人员"多元量化"全过程考核法实施步骤包括：制定科研全过程考核标准、确定考核目标和专项激励占比、开展全过程考核及兑现。

（一）制定科研全过程考核标准

1. 制定关键指标考核标准

从科技项目立项、科技获奖、技术标准、论文专利、成果转化等方面设置关键指标，明确指标定义、考核标准及加减分限值，引导员工聚焦科研工作全过程。

2. 制定专项激励考核标准

专项激励考核分为现金激励考核及科研等值工作量考核，涵盖高层次、高级别科技项目立项、重大科技创新、专利、软件著作权、技术标准、专著、论文等专项考核标准。其中，科技项目申报、立项，科技成果申报，技术标准奖励分配至部门，由部门按员工贡献进行二次分配，论文专利等其他项目直接奖励到个人。

（二）确定考核目标和专项激励占比

1. 确定年度考核目标值

根据上级单位年度科研下达指标及本单位科研工作计划，将科研指标分解至各科研部门，确定年度考核目标值，并由各科研部门将指标二次分解至各责任人。

2. 确定专项激励占比

结合年度科研计划，确定专项激励金额占科研部门年度工资总额的比例，统筹考虑各项创新工作进度安排，分配各月度科研专项考核奖金。

（三）开展全过程考核及兑现

1. 开展年度考核及兑现

根据指标考核标准，核算各部门年度指标考核得分，结合年度考核目标，开展部门及员工考核兑现。

2. 开展月度考核及兑现

根据现金考核及等值工作量考核结果，核算部门月度考核奖金，同时由部门对考核奖金进行二次分配，完成员工考核。

经验心得

（1）设置专项激励考核应充分考虑本单位实际收入水平和本单位科研工作实际开展情况，避免考核激励过大或过小。

（2）在制定关键指标及专项激励考核标准时，要注重成果的实用性和成果的级别，合理拉开奖励标准，尤其是制定关键指标考核标准时，专利、论文等指标分值不宜过高，避免为了完成考核目标而过分追求专利、论文数量。

（3）根据上级单位指标下达情况及本单位科研人员科研工作参与情况，科研工作量及成果产出会有差异，为确保专项激励金额能覆盖所有科研工作，保障激励有效性，应按年度对专项激励占比进行调整。

实践案例

国网山东电科院于 2017 年 1 月开始应用科研人员"多元量化"全过程考核法，实现了科研工作考核全方位覆盖、全过程跟踪，合理拉开了部门间薪资差距，推动员工收入能增能减。下面以 2019 年 6 月和 2019 年度主要考核情况为例进行展示。

（一）制定科研全过程考核标准

1. 制定关键指标考核标准

从科技立项指数、专利论文指数、技术标准指数、科技获奖指数、成果转化推广指数 5 个方面制定关键指标考核标准，具体见表 1。

表1　　　　　　　　　　　　关键指标考核标准

序号	指标名称	指标定义	考核标准
1	科技立项指数	科技立项指数等于所有立项项目得分之和。其中，中央政府部门科技项目牵头立项并牵头承担子课题50分、参与承担子课题30分，参与立项并牵头承担子课题30分、参与承担子课题20分；省部级（国网公司、行业级部门、省级人民政府部门、五大发电集团）科技项目牵头立项并牵头承担子课题20分、参与承担子课题15分，参与立项并牵头子课题15分、参与承担子课题10分	比指标目标分值每高出10%加0.2分，每降低10%扣0.2分，最高加减2分
2	专利论文指数	专利论文指数等于所有发表的专利论文得分之和。其中，发明专利每项0.5分，SCI论文每篇1分，EI期刊论文每篇0.6分，核心期刊论文每篇0.5分，EI会议论文每篇0.2分，山东电力技术优秀论文每篇0.5分、普通论文每篇0.2分	
3	技术标准指数	技术标准指数等于所有立项技术标准得分之和。其中，牵头立项国际技术标准50分，牵头立项国家技术标准20分，牵头立项行业技术标准12分，牵头立项国网企业标准10分，牵头团体技术标准4分	
4	科技获奖指数	（1）科技获奖指数等于所有获奖项目得分之和。其中，国家级科技奖一等奖50分，二等奖30分，三等奖20分；省部级及以上科技奖一等奖20分，二等奖15分，三等奖10分；行业及其他等同省部级的奖励一等奖10分，二等奖5分，三等奖2分。（2）省部级及以上科技奖指中国专利奖、省科学技术奖、中国电力奖、国网公司科学技术奖，以上科技产出得分均需乘以系数K，K=1/（单位排名 × 个人最高排名）	
5	成果转化推广指数	成果转化推广指数等于进入公司成果转化推广目录的项目得分之和。其中，进入国网公司转化推广目录每项10分，进入省公司转化推广目录每项5分	

2. 制定专项激励考核标准

专项激励考核包括现金激励考核和等值工作量考核，考核标准见表2、表3。

表 2 专项激励考核标准（现金部分）

序号	考核内容		考核标准
1	科技项目申报	牵头申报中央政府部门立项的科技项目，牵头承担子课题	每项奖励 8000 元
		牵头申报中央政府部门立项的科技项目，参与承担子课题	每项奖励 5000 元
		参与申报中央政府部门立项的科技项目，牵头承担子课题	每项奖励 5000 元，参与承担子课题的奖励标准减半
		牵头申报省部级科技项目（国网公司、行业级部门、省级人民政府部门、五大发电集团），牵头承担子课题	每项奖励 6000 元，参与承担子课题的奖励标准减半
		参与申报省部级科技项目（国网公司、行业级部门、省级人民政府部门、五大发电集团），牵头承担子课题	每项奖励 3000 元，参与承担子课题的奖励标准减半
2	科技项目立项	牵头立项中央政府部门科技项目，牵头承担子课题	按照"60000 元 / 个人最高排名"的数额奖励，参与承担课题的奖励标准减半
		牵头立项省部级科技项目（国网公司、行业级部门、省级人民政府部门、五大发电集团），牵头承担子课题	按照"30000 元 / 个人最高排名"的数额奖励，参与承担课题的奖励标准减半
		参与立项省部级科技项目（国网公司、行业级部门、省级人民政府部门、五大发电集团），牵头承担子课题	立项后奖励 5000 元
		参与立项省部级科技项目（国网公司、行业级部门、省级人民政府部门、五大发电集团），参与承担子课题	立项后奖励 2000 元
3	科技成果申报	牵头申报国家奖、中国专利奖、中国电力奖、国网奖、山东省奖	项目通过形审后，奖励申报团队 3000 元，通过网评后，再奖励申报团队 3000 元
4	论文、专利、软著	SCI 国际期刊论文	每篇奖励 6000 元
		EI/ISTP/ISR 国际期刊论文	每篇奖励 4000 元
		EI/ISTP/ISR 国际会议论文	每篇奖励 1000 元
		北大中文核心期刊论文	每篇奖励 3000 元

续表

序号	考核内容		考核标准
4	论文、专利、软著	山东电力技术论文	优秀论文每篇奖励 1000 元，普通论文每篇奖励 500 元
		发明专利	每项奖励 2000 元
		计算机软件著作权	每项奖励 200 元
5	技术标准	牵头 / 参与完成国际技术标准制修订项目	标准发布后按照"20000 元 / 单位排名"的数额奖励
		牵头 / 参与完成国家技术标准制修订项目	标准发布后按照"12000 元 / 单位排名"的数额奖励
		牵头 / 参与完成行业技术标准制修订项目	标准发布后按照"8000 元 / 单位排名"的数额奖励
		牵头 / 参与完成团体技术标准制修订项目	标准发布后按照"6000 元 / 单位排名"的数额奖励
		牵头 / 参与完成国网公司技术标准制修订项目	标准发布后按照"6000 元 / 单位排名"的数额奖励
		牵头 / 参与完成山东省地方技术标准制修订项目	标准发布后按照"5000 元 / 单位排名"的数额奖励

表 3　　　　　　　　　专项激励考核标准（等值工作量部分）

序号	考核内容	考核标准
1	科技项目过程考核等值工作量	（1）牵头每项中央政府部门科技项目奖励 40 工作量，参与每项中央政府部门科技项目奖励 20 工作量。 （2）牵头省部级科技项目（国网公司、行业级部门、省级人民政府部门、五大发电集团）奖励 10 工作量，参与省部级科技项目奖励 5 工作量。 （3）牵头每项省公司科技项目奖励 6 工作量
2	鉴定验收等值工作量	（1）通过项目验收的项目，验收工作量为 20 工作量。 （2）通过成果鉴定的项目，鉴定工作量为 30 工作量
3	科技成果申报等值工作量	完成各级别科技成果申报的项目，申报工作量为 20 工作量
4	专利申请等值工作量	（1）发明专利受理后奖励 20 工作量。 （2）实用新型专利受理后奖励 10 工作量

（二）确定考核目标和专项激励占比

1. 确定年度考核目标值

每年初，根据省公司业绩考核指标下达情况及电科院年度科研工作计划，将科研指标分解至电科院科研一线部门，根据表1中关键指标考核标准，确定各项指标目标值及年度考核目标值，结果见表4。

表4　　　　　　　　　各部门关键指标考核目标值

部门	立项目标值	科技奖励目标值	发明专利目标值	论文目标值	软著目标值	技术标准目标值	成果转化目标值	年度考核目标值
A	120	65	25.2	18	4.5	23	10	265.7
B	145	65	28	18	3.5	46	10	315.5
C	50	20	2.4	3.6	0.5	23	10	109.5
D	50	40	16	8	0.5	23	10	147.5

2. 确定专项激励占比

专项激励考核占比需统筹考虑部门工作实际，合理确定比例，可按年度进行调整。2019 年，专项激励占比为 $a\%$。

（三）开展全过程考核及兑现

1. 开展年度考核及兑现

每年 2 月初，由科研管理部门统计上年度各部门科研工作实际完成情况，根据表1制定的考核标准，计算关键指标得分，并根据年度考核目标值确定考核得分。2019 年各部门关键指标完成情况及考核得分情况见表5。

表5　　　　　　　　　　2019 年各部门关键指标完成情况及考核得分情况

部门	立项考核完成值	科技奖励完成值	发明专利完成值	论文完成值	软著完成值	技术标准完成值	成果转化完成值	年度考核目标值	年度考核完成值	完成率（％）	考核得分
A	140	44.1	19.2	24.2	4.7	22	15	265.7	269.2	101	0
B	165	102.5	10.4	23.2	4.1	52	10	315.5	367.2	116	0.2
C	50	10	10.4	7.2	0.7	32	10	109.5	120.3	109	0
D	100	47	20.8	24.4	0.5	50	15	147.5	247.7	168	1.2

从表 5 中数据看出，四个部门考核最高分为 1.2 分，最低分为 0 分，最高最低相差 1.2 分，换算成部门年度考核兑现工资总额，最高最低部门相差 1.2%。

2. 开展月度考核及兑现

根据专项激励考核占比 $a\%$ 及 6 月科研部门工资总额分配情况，电科院各部门科研专项激励考核情况见表 6。专项激励考核总额为 18.63 万元，其中，现金奖励 8.61 万元，等值工作量奖励 10.02 万元。

将等值工作量奖励按等值工作量考核结果分配至各部门。分配金额 $K=10.02\times D$，其中，D 为某部门科研等值工作量占比，$D=D_i /（D_1+D_2+\cdots+D_N）$。$D_i$ 为某部门科研等值工作量，$i=1\cdots N$，N 为参与考核部门数量。

表6　　　　　　　　　　6 月各部门科研专项激励考核情况

序号	部门	现金考核			等值工作量考核				奖金分配（元）	人均奖励（元）
		专利奖励（元）	技术标准、立项奖励（元）	专著、论文奖励（元）	基本科研工作量	专利申请等值工作量	合计等值工作量	合计等值工作量占比（％）		
1	A	3600	—	19600	267	—	267	28.46	53041.91	795.9
2	B	2400	—	21000	280.5	40	320.5	34.17	63670.16	1087.8

序号	部门	现金考核			等值工作量考核				奖金分配（元）	人均奖励（元）
		专利奖励（元）	技术标准、立项奖励（元）	专著、论文奖励（元）	基本科研工作量	专利申请等值工作量	合计等值工作量	合计等值工作量占比（%）		
3	C	1200	—	2500	137.5	—	137.5	14.66	27315.59	375.4
4	D	8000	16600	11200	213	—	213	22.71	42314.33	629.7
合计		15200	16600	54300	898	40	938	100	186342	—

完成对各部门考核后，由部门根据员工在各项目中的角色、贡献度等进行二次分配，并在绩效系统中提报内部考核结果，完成部门内部绩效考核。

从表6中数据看出，6月，各部门人均科研专项考核奖励最高为1087.8元，最低为375.4元，最高最低相差712.4元，考核激励效果明显。

报送单位：国网山东电科院

编 制 人：杨 军 尹广晓 赵秉聪 郝卫东 王 蒙 王 军

99 科研项目团队积分制考核法
——解决科研创新团队量化考核难题

> **导　入**：科研创新人才是推动公司创新发展的核心技术力量。传统绩效管理中，对科研创新团队的考核关注偏少，团队考核方式比较粗放，激励效果不明显。国网上海电科院采用科研项目团队积分制考核法，结合公司发展战略，统筹规划年度重点项目，设置项目积分，综合考虑项目价值、完成质量、后续效果等因素进行项目团队工作量化评估，指导团队奖励分配，充分调动了科研创新人才的创新热情，激发内生动力。

工具概述

　　科研项目团队积分制考核法，是对科研项目价值、完成情况、后续运行情况等进行评估，以量化积分的方式来评判项目团队工作成果，并与团队薪酬激励等挂钩，从而充分调动团队和个人的积极性和创造性，保障项目化重点工作任务圆满完成。

　　适用场景：本工具适用于以跨部门、跨业务团队组织方式开展重大课题研究、重点任务攻关、实验室建设等项目化工作的团队绩效考核。

实施步骤

　　科研项目团队积分制考核法实施步骤包括：确定年度考核项目、核定项目基础积分、核定项目价值系数、开展项目结项评估、开展项目后续评估、开展项目积分分配与薪酬激励。

1. 确定年度考核项目

成立项目评审专家小组，根据公司发展战略，评审年度重点工作任务等，确定列入项目积分制考核的项目和项目积分总额。

2. 核定项目基础积分

项目评审专家小组根据每个项目的前瞻性、创新性、重要性、急迫程度、难易程度等多个维度分配项目的基础积分，报送领导班子审批后发布。

3. 核定项目价值系数

根据项目重要性、紧急性、技术性三方面综合评估，确定项目价值系数。价值系数评估标准见表1。

价值得分 = Σ（基础分 × 指标得分）

价值系数 = 价值得分 /100 分

表 1　　　　　　　　　　价值系数评估标准

指标	基础分	1.5	1.25	1.0
重要性	40分	对以下六个维度进行打分，取各项得分的平均值		
		响应国家级合规要求（7~8分）	响应国网级合规要求（5~6分）	响应内部合规要求（0~4分）
		直接承接公司战略重点（7~8分）	间接承接公司战略重点（5~6分）	与公司战略重点关联较小（0~4分）
		对提升公司利润/营收有显著贡献（7~8分）	对提升公司利润/营收有间接贡献（5~6分）	对提升公司利润/营收贡献较小（0~4分）
		对节约公司成本有显著贡献（5~6分）	对节约公司成本有一定贡献（3~4分）	对节约公司成本贡献较小（0~2分）
		对提升公司运营效率有显著贡献（5~6分）	对提升公司运营效率有一定贡献（3~4分）	对提升公司运营效率贡献较小（0~2分）
		对公司技术有重大贡献（4分）	对公司技术有一定贡献（3分）	对公司技术贡献较小（0~2分）

续表

指标	基础分	1.5	1.25	1.0
紧急性	35分	项目时间非常紧急，项目所需标准时间/需求方要求时间＞1.5	项目时间紧急，1＜项目所需标准时间/需求方要求时间≤1.5	项目时间标准，项目所需标准时间/需求方要求时间≤1
技术性	25分	对以下两项进行打分，得分取两项平均值，最后一项为扣分项		
		技术具备行业前瞻性，目前尚未采用过（14~15分）	技术相对先进，一定程度上替代了传统技术（10~13分）	技术相对传统，基本沿用传统技术（0~9分）
		技术非常复杂，涉及8个及以上系统（8~10分）	技术相对复杂，涉及5个及以上系统（5~7分）	技术相对简单，涉及5个以下系统（0~4分）
		是否符合公司整体技术，为扣分项，不符合则酌情扣分（0、10、20分）		

4. 开展项目结项评估

项目积分由相应项目评审专家组打分，履行审批程序后执行。

项目结项时，根据成果满意度及交付质量两个维度进行综合评估，确定质量系数。质量系数评估标准见表2。

质量得分 = $\sum$（基础分 × 指标得分）

质量系数 = 质量得分 /100 分

表2　　　　　　　　　　　　　质量系数评估标准

指标	基础分		1.2	1.1	1
客户满意度	他评（20分）		自评（他评）根据评估对应维度进行打分，取各项得分的平均值		
		响应次数	响应次数很多，绝大部分变更需求都得到响应（5分）	响应次数较多，大部分变更要求都得到响应（3~4分）	响应次数一般（0~2分）
		响应时间	非常及时（5分）	绝大部分响应比较及时（3~4分）	部分响应不太及时（0~2分）

续表

指标	基础分		1.2	1.1	1
客户满意度	他评（20分）	响应程度	十分满意，均根据变更需求进行了响应（5分）	比较满意，大部分响应程度良好（3~4分）	基本符合要求，存在响应程度一般的情况（0~2分）
		需求理解	经过沟通，能够准确、全面理解（5分）	经过合理的沟通次数，可以准确理解需求（3~4分）	需要反复多次沟通后，才能基本理解需求（0~2分）
	自评（20分）	变更次数	变更次数非常多，超过合理范围（7~8分）	变更次数较多，但基本在合理范围内（5~6分）	变更次数较少（0~4分）
		变更时间	十分紧急，变更要求距关键里程碑或结项节点很近（5~6分）	变更要求距关键里程碑或结项节点较近（3~4分）	变更要求不存在十分紧急情况（0~2分）
		变更振幅	振幅很大，带来较多的额外工作（5~6分）	变更幅度比较大，造成一定的额外工作（3~4分）	振幅较小，造成的额外工作量合理（0~2分）
交付质量	60分		根据立项环节的设定要求		

5. 开展项目后续评估

项目结项后 3~6 个月，由业务需求及应用部门评估项目后续实施情况。根据项目后续运行质量，划分问题级别，直接扣除相应比例项目积分。扣除积分评估标准见表 3。

表 3 　　　　　　　　　　　扣除积分评估标准

不扣分	扣除 10%	扣除 30%	扣除 50%（从前期已分配积分中追溯 20%）
问题级别：轻微/微小	问题级别：一般	问题级别：关键	问题级别：严重

6. 开展项目积分分配与薪酬激励

由归口管理部门、项目评审专家小组根据各项目最终完成情况对项目进行评审和积分分配。

项目积分=结项实际分配积分（70%）+后续积分（30%），其中，结项实际分配积分=基础积分 × 价值系数 × 质量系数 ×70%。

后续积分=基础积分 × 价值系数 × 质量系数 ×30%– 扣除积分。

各项目最终积分确定后，结合当年度积分制项目激励总额和各项目积分进行激励薪酬分配。

单个项目激励金额=当年度可分配激励总额 / ∑（项目最终积分）× 单个项目最终积分。

经验心得

（1）对项目负责人的资质要求、能力分级和综合能力提升，需要建立规范基础并持续优化。

（2）对项目分级、调整系数等涉及最终项目积分结果的关键变量，需要结合实际情况，保持合理的维护更新。

（3）组建项目团队可通过双向选择模式或直接指派模式。风险可控的创新类项目可采用双向选择的团队组建模式。

（4）在完善项目积分制的前提下，可探索实施个人项目积分，实现项目团队成员的量化考核。

实践案例

国网上海电科院于 2018 年开始应用科研项目团队积分制考核法，大大提升了科研团队绩效考核的科学性和精准性，进一步激发了专业人才的创新动力。下面以国网上海电科院 2018 年度考核为例进行展示。

1. 确定年度考核项目

2018 年年初，国网上海电科院确定当年纳入项目积分制考核的项目共 10 项，可用于分配的积分总额为 10000 分，项目清单见表 4。

表 4　　　　　　　　　2018 年度纳入积分考核项目清单

序号	项目名称	项目人数
1	科技创新资源一站式管理及共享模式研究	5
2	基于典型工作周期的光储充一体化电站储能系统性能指标与测试方法研究	5
3	国家电网有限公司技术标准体系化实施与整体性反馈模式研究	5
4	智能配电网微型同步相量测量系统便携式主站监测技术研究	8
5	基于能源结构分析的城市综合能效评价体系研究	6
6	基于综合需求响应的区域综合能源系统设计与运行优化研究	4
7	储能技术应用与规划关键技术研究	5
8	基于机器视觉的电力设备振动可视化观测便携式终端研制	6
9	微应用开发标准研究	6
10	基于多感知终端的开关柜状态监测研究	10

2. 核定项目基础积分

经专家评审小组评审，各项目基础积分分配情况见表 5。

表 5　　　　　　　　2018 年度各项目基础积分分配情况

序号	项目名称	基础积分
1	科技创新资源一站式管理及共享模式研究	1700
2	基于典型工作周期的光储充一体化电站储能系统性能指标与测试方法研究	1200
3	国家电网有限公司技术标准体系化实施与整体性反馈模式研究	1200
4	智能配电网微型同步相量测量系统便携式主站监测技术研究	1200
5	基于能源结构分析的城市综合能效评价体系研究	1000

序号	项目名称	基础积分
6	基于综合需求响应的区域综合能源系统设计与运行优化研究	1000
7	储能技术应用与规划关键技术研究	800
8	基于机器视觉的电力设备振动可视化观测便携式终端研制	700
9	微应用开发标准研究	700
10	基于多感知终端的开关柜状态监测研究	500

3. 核定项目价值系数

经专家评审小组综合评估后确定项目价值系数，评价结果见表 6。

表 6　　　　　　　　　　2018 年度各项目价值得分汇总

序号	项目名称	基础积分	价值基础分	价值指标得分	价值得分	价值系数
1	科技创新资源一站式管理及共享模式研究	1700	1.30	95	124	1.24
2	基于典型工作周期的光储充一体化电站储能系统性能指标与测试方法研究	1200	1.25	90	113	1.13
3	国家电网有限公司技术标准体系化实施与整体性反馈模式研究	1200	1.25	90	113	1.13
4	智能配电网微型同步相量测量系统便携式主站监测技术研究	1200	1.20	88	106	1.06
5	基于能源结构分析的城市综合能效评价体系研究	1000	1.20	88	106	1.06
6	基于综合需求响应的区域综合能源系统设计与运行优化研究	1000	1.25	90	113	1.13
7	储能技术应用与规划关键技术研究	800	1.30	95	124	1.24
8	基于机器视觉的电力设备振动可视化观测便携式终端研制	700	1.05	82	86	0.86
9	微应用开发标准研究	700	1.05	82	86	0.86
10	基于多感知终端的开关柜状态监测研究	500	1.05	80	84	0.84

以表 6 中项目 1 举例，价值系数计算方法如下：经评审，给予项目 1 价值指标得分为 95 分，价值基础分为 1.3。因此，价值得分 = 价值基础分 × 指标得分 =1.3×95=124；价值系数 = 价值得分 /100=124/100=1.24。

4. 开展项目结项评估

各项目结项后，专家评审小组根据成果满意度和成果交付质量对各项目质量得分指标进行评价，评价结果见表 7。

表 7　　　　　　　　　　2018 年度各项目质量得分汇总

序号	项目名称	基础积分	价值系数	质量指标得分	质量基础分	质量得分	质量系数
1	科技创新资源一站式管理及共享模式研究	1700	1.24	95	1.1	105	1.05
2	基于典型工作周期的光储充一体化电站储能系统性能指标与测试方法研究	1200	1.13	98	1.2	118	1.18
3	国家电网有限公司技术标准体系化实施与整体性反馈模式研究	1200	1.13	96	1.1	106	1.06
4	智能配电网微型同步相量测量系统便携式主站监测技术研究	1200	1.06	90	1.0	90	0.90
5	基于能源结构分析的城市综合能效评价体系研究	1000	1.06	96	1.1	106	1.06
6	基于综合需求响应的区域综合能源系统设计与运行优化研究	1000	1.13	98	1.2	118	1.18
7	储能技术应用与规划关键技术研究	800	1.24	98	1.2	118	1.18
8	基于机器视觉的电力设备振动可视化观测便携式终端研制	700	0.86	90	1.0	90	0.90
9	微应用开发标准研究	700	0.86	88	1.0	88	0.88
10	基于多感知终端的开关柜状态监测研究	500	0.84	95	1.1	105	1.05

以表 7 中项目 1 举例，质量系数计算方法如下：经评审，给予项目 1 质

量指标得分 95 分，质量基础分 1.1。因此，质量得分 = 质量基础分 × 质量指标得分 =1.1×95=105；质量系数 = 质量得分 /100=105/100=1.05。

5. 开展项目后续评估

2018 年度各项目结项 6 个月内，各业务需求及应用部门均未对各项目的运行提出质量类问题和批评，因此各项目后续评估均无扣分。

6. 开展项目积分分配与薪酬激励

项目积分 = 基础积分 × 价值系数 × 质量系数。实际分配时分结项实际分配积分（70%）与后续积分（30%）两部分发放，其中，后续积分（30%）在项目后续评估结束后发放。2018 年度项目积分激励总额共 50 万元。经计算，各项目最终积分与激励金额见表 8。

表 8　　　　　　　　　　2018 年度各项目积分与激励汇总

序号	项目名称	基础积分	价值系数	质量系数	后续扣分	总积分	结项实际分配积分	后续积分	激励金额（元）
1	科技创新资源一站式管理及共享模式研究	1700	1.24	1.05	0	2194	1536	658	95732
2	基于典型工作周期的光储充一体化电站储能系统性能指标与测试方法研究	1200	1.13	1.18	0	1588	1111	476	69273
3	国家电网有限公司技术标准体系化实施与整体性反馈模式研究	1200	1.13	1.06	0	1426	998	428	62204
4	智能配电网微型同步相量测量系统便携式主站监测技术研究	1200	1.06	0.90	0	1140	798	342	49764
5	基于能源结构分析的城市综合能效评价体系研究	1000	1.06	1.06	0	1115	781	335	48658

序号	项目名称	基础积分	价值系数	质量系数	后续扣分	总积分	结项实际分配积分	后续积分	激励金额（元）
6	基于综合需求响应的区域综合能源系统设计与运行优化研究	1000	1.13	1.18	0	1323	926	397	57728
7	储能技术应用与规划关键技术研究	800	1.24	1.18	0	1162	813	349	50698
8	基于机器视觉的电力设备振动可视化观测便携式终端研制	700	0.86	0.90	0	542	380	163	23668
9	微应用开发标准研究	700	0.86	0.88	0	530	371	159	23142
10	基于多感知终端的开关柜状态监测研究	500	0.84	1.05	0	439	307	132	19151

截至 2019 年年底，国网上海电科院共有 28 个项目实施了积分制，共计 145 人次参与，占国网上海电科院总人数的 41.1%。同时，在实施积分制的项目中有 10 个项目获省公司级及以上等级科技进步奖。

通过项目积分设计，国网上海电科院完善了跨部门、跨专业"刚柔兼备"的项目团队攻关模式，打破人才壁垒，凝聚攻坚合力。同时也匹配了激励动能，提高了人才参与高水平项目的积极性，逐步夯实"举手、抢单"等培育孵化机制，加速创新成果的效益转化，从而真正做到推进人才综合激励，物质、精神、赋能激励并举，培育一批项目管理、运营和专业能力高端复合人才。

报送单位：国网上海电力

编 制 人：苏　磊　许　琨

100 研发团队"自助式"绩效考核法
——推动团队成员主动承担绩效任务

> **导 入：** 往常，国网江苏方天公司信息化研发团队在进行项目开发时采用分派任务的方式进行项目分工，实施过程中发现有时存在任务分工不合理、任务承担人不能胜任、成员对最终绩效考核存在不满等问题，这些将影响整个团队的绩效表现。公司项目团队负责人创新内部绩效管理方式，尝试由团队成员协同进行任务划分、任务度量、任务分配和任务考核，形成研发团队"自助式"绩效考核法，变团队成员被动考核为主动承担，对团队成员形成正向激励。

工具概述

研发团队"自助式"绩效考核方法，是通过项目团队成员自主或组队选择工作任务，承诺对任务完成负责，将被动接受变为主动承担，团队内定期跟踪任务进度，反馈存在的问题，从而提升团队整体绩效水平，对团队成员形成正向激励。

适用场景：本工具适用于从事科技研发和成果转化的项目团队。

实施步骤

研发团队"自助式"绩效考核法实施步骤包括：任务划分、任务度量、任务分配、任务监督、任务完成考核、项目绩效计算、绩效兑现。

1. 任务划分

团队全体成员共同完成任务划分，任务划分采用 SMART 原则，划分后的任务是具体的、可衡量的、可完成的、实际可行的，且具有时限性。

2. 任务度量

由项目团队成员共同对任务进行度量打分。考虑的打分因素有复杂度、技术难度、工作量、时长等。团队成员通过匿名方式对任务进行打分，平均分即为该任务的度量分值。

3. 任务分配

将所有工作任务以及任务间的关联性，采用直观的形式展现出来（可采取白板、投影等），由团队成员自主选择任务或组队选择关联任务等，并当众做出完成任务的承诺，从而激发团队内部工作热情，增加任务执行人的责任感。同时在任务分配时，根据任务选择人数的热门程度进行度量分值的适当调整，对于选择人多的热门任务适当降低任务度量分值，而无人选择的冷门任务适当提高度量分值，确保任务间的平衡。

4. 任务监督

对任务的进度以及任务执行过程中的问题进行监测，并将进度监测结果公布展示，可选择在团队微信群中或项目进度展示墙上进行。绩效经理人及时掌握团队工作动态与各项工作任务的完成进度，将任务过程监测计入任务过程绩效，并在团队内部公布。任务执行人若对绩效存疑，可进行申诉。

任务过程绩效分 $=\sum_1^m$ 任务监测绩效 $/m$。其中，m 为任务监测次数；任务监测绩效 $=100\times$（$1-$ 任务监测偏差）。任务监测偏差 $=$ 目标进度 $-$ 当前进度。

5. 任务完成考核

任务完成后，任务执行人提交考核申请。团队成员根据任务完成指标对任务进行考核打分，并计算考核平均分。评分维度有任务完成度、完成质量等。任务考核分满分为 100 分，考核通过分为 80 分。任务通过后方可领取下一个任务。若任务完成超预期或有某指标突出，可经团队讨论后适当加分（最高不超过 10 分）。

任务绩效分 = 任务度量分值 × 任务考核分值 /100

任务考核分值 = 考核平均分 + 加分

6. 项目绩效计算

团队成员的项目绩效度量为：

$$项目绩效分值 = \sum_{n-1}^{n} 任务绩效分 + \sum_{n-1}^{n} 任务过程绩效分 /n$$

7. 绩效兑现

成员绩效收益 = 团队绩效奖励总额 × （成员绩效值 / 团队绩效值）

$$团队绩效值 = \sum_{n-1}^{n} 成员绩效值$$

◎ 经验心得

（1）当项目团队在任务度量环节对某任务的打分存在较大偏差时，说明团队对任务的理解存在偏差，绩效经理需要组织团队成员对任务进行详细的讨论分析，最终对任务目标和相关完成指标达成共识后，重新进行任务度量打分。

（2）由于不可抗力因素（如身体不适、急事请假等）导致不能完成任务时，可向绩效经理人提出申请，通过审核后，由绩效经理人根据任务紧急程度，酌情增加任务积分，重新由团队选择或直接指派承担人。

（3）对于在执行过程中出现需要额外人员协助完成的情况，由领取任务团队（个人）与协助人员共同协商分配该任务的绩效分及任务过程绩效分。

实践案例

2019 年 1 月，国网江苏方天公司通过实施研发团队"自助式"绩效考核法，有效提升团队整体绩效水平，对团队成员形成正向激励。下面以某监测单元研制项目为例进行说明。

1. 任务划分

团队全体成员共同进行任务划分，采用 SMART 原则，将项目分为硬件设计、软件开发、测试联调三大块，由器件选型、数据采集、性能测试等 13 个小任务组成。

2. 任务度量

组织项目团队成员共同对任务进行度量打分，部分任务度量见表 1。

表 1 任务度量表示例

任务名称	类似任务度量分值参考	员工打分	任务度量分值
通信功能开发	30	员工 1：30 分； 员工 2：29 分； 员工 3：26 分； 员工 4：27 分	（30+29+26+27）/4=28
数据采集功能	28	员工 1：27 分； 员工 2：24 分； 员工 3：23 分； 员工 4：26 分	（27+24+23+26）/4=25
数据处理计算功能	24	员工 1：22 分； 员工 2：19 分； 员工 3：20 分； 员工 4：23 分	（22+19+20+23）/4=21
...			

3. 任务分配

团队成员自主选择任务或组队选择关联任务，见表2。

表2　　　　　　　　　　　　任务分配表

任务		度量分值	执行人
硬件设计	器件选型	25	张＊、刘＊
	板件设计	18	刘＊、高＊
	结构设计	23	李＊
	外壳设计	30	李＊、王＊
	整机组装	12	刘＊、高＊
软件开发	数据采集功能	25	陈＊
	数据处理计算功能	21	陈＊
	故障监测	31	葛＊
	通信功能开发	28	王＊
测试联调	性能测试	24	陈＊、王＊
	功能测试	15	陈＊、王＊
	EMC测试	10	刘＊
	温度影响	20	高＊

4. 任务监督

对任务的进度以及任务执行过程中的问题进行监测，各个任务执行人通过每天早上短会及时汇报任务执行情况：① 昨天做了什么；② 今天要做什么；③ 遇到了什么障碍。将进度监测结果通过团队微信群或项目进度展示墙公布展示。通过构建人人监督的机制，从而形成团队内部的"同行压力"竞争，提高工作效率，同时有助于绩效经理人及时掌握团队工作动态与各项工作任务的完成进度。

两周开一次阶段回顾会，总结讨论该阶段的项目进展以及存在的问题，给出解决措施，并讨论下一阶段的项目执行计划。

由绩效经理人将任务过程监测计入任务过程绩效，并在团队内部公布。部分团队成员任务过程绩效见表3。

表3　　　　　　　　　　部分团队成员任务过程绩效示例

任务	执行人	过程绩效得分1	过程绩效得分2	过程绩效得分3	过程绩效最终得分
数据处理计算功能	陈＊	100	91	97	（100+91+97）/3=96
性能测试	陈＊、王＊	97	90	95	（97+90+95）/3=94
故障监测	葛＊	100	100	97	（100+100+97）/3=99

5. 任务完成考核

组织团队成员对任务执行人的任务完成情况进行考核打分，得出任务绩效分值。任务考核申请表见表4。

表4　　　　　　　　　　任务考核申请表

任务名称	数据处理计算功能	执行人		陈＊
任务度量分值	21	任务考核分值		100
任务完成指标	考核打分		考核平均分	
	打分人	分数		
指标1：… 指标2：… 指标3：… 指标4：…	刘＊	100	（100+90+85+95+100）/5=94	
	李＊	90		
	高＊	85		
	葛＊	95		
	王＊	100		

任务名称	数据处理计算功能	执行人	陈＊
加分项（最高 10 分）		6	
存在的问题或优化建议：			
任务绩效分值	$21 \times 100/100=21$		

6. 项目绩效计算

根据每个项目成员所完成任务的任务绩效分值和任务过程绩效分值，计算出每个人的项目绩效分值（见表 5），作为后续绩效收益的分配依据（个人得分 = 任务绩效分值 / 人数）。

表 5　　　　　　　　项目绩效分值计算示例

团队成员	任务	任务度量分值	任务绩效分值	任务过程绩效分值	项目绩效分值
陈＊	数据采集功能	25	24	100	（24+21+14+10）+（100+96+94+91）/4 =164.25
	数据处理计算功能	21	21	96	
	性能测试	14	14	94	
	功能测试	10	10	91	
刘＊	器件选型	12	12	100	（12+12+10+6）+100=140
	整机组装	6	6	100	
	板件设计	12	12	100	
	EMC 测试	10	10	100	
葛＊	故障监测	31	30	99	30+99=129
…					

7. 绩效兑现

项目绩效的直接收益包含项目完成奖励和项目成果转化收益奖励，而团队内部分分配原则为根据成员绩效进行分配。部分团队成员绩效兑现奖金见表 6。

表6 部分团队成员绩效兑现奖金示例

团队成员	个人项目绩效分	团队绩效值	团队奖励总金额（万元）	个人奖励金额（万元）
陈＊	164.25	900	20	（164.25/900）×20=3.65
刘＊	140	900	20	（140/900）×20=3.1
葛＊	129	900	20	（129/900）×20=2.86
…				

  国网江苏方天公司自实施研发团队"自助式"绩效考核法以来，由团队成员自主共同进行任务划分、任务度量、任务分配和任务考核，将员工被动接受变为主动承担，监测单元研制项目5个月实现了成果转化，目前产品已投运超16万台，技术转让盈利达2000万元。

  报送单位：国网江苏方天公司

  编 制 人：孙 虹 杨乔乔 孔俊俊

101 科技创新工作量化考评法
——科学评价科研人员业绩贡献度

> **导 入：** 开展科技创新工作对提升企业核心竞争力和推动企业可持续健康发展具有重要意义，但在进行科技创新贡献度评价时，传统的做法是以科技进步获奖情况作为评判标准，这就导致科技创新过程中的工作量无法得到准确评估。国网河南电科院综合考虑各类科技创新工作内容，通过采用科技创新工作量化考评法，根据人力资源投入和往年科技创新成果制订当期科技创新目标，年底评价科技贡献并兑现增量奖励，解决了科研团队和技术人员贡献度难以量化评价问题，充分激发了科研人员创新内生动力。

工具概述

科技创新工作量化考评法，是指综合考虑各类科技创新工作内容，根据科技贡献等级细化积分标准，制订专项量化评价指标库；根据科研团队人力资源投入和往年科技创新成果，制订年度科技创新目标分值；充分考虑科研项目周期，组织专家开展考核评审；年度核算积分总值，针对超额完成目标部分制订增量奖励方案，根据贡献大小兑现到人。

适用场景：本工具适用于科研团队和技术人员。

实施步骤

科技创新工作量化考评法实施步骤包括：制定评价标准、计算目标分值、考核评价、绩效奖金兑现。

1. 制订评价标准

组织业内专家、本单位管理人员和科研人员进行充分研讨评估，广泛收集各方意见，综合考虑各类科技创新工作，涵盖科技项目立项、科技成果奖、科技成果推广应用、实验室及攻关团队、标准、论著、论文、专利和软件著作权等13类量化评价指标，按类、分等级进行量化评价，形成科技创新指标量化评价库。

2. 计算目标分值

（1）确定单位目标分值。综合考虑上级单位下达的业绩考核指标中科技创新内容、本单位人员变化情况以及科技创新指标历史完成情况等因素，提出考核周期内应完成的科技创新目标。

（2）确定团队目标分值。根据单位内部各科研团队和技术人员具体情况，制订年度科技创新目标分值 A_i

$$A_i = S \cdot (R_i / \sum R_i)$$

式中：S 是依据科技创新指标量化评价表，将考核周期内应完成的科技创新指标量化后的具体目标分值；R_i 是根据员工学历、职称、科研成果等情况，将各科研团队人员折算后的有效创新人才与科技贡献系数；$\sum R_i$ 是全院科研团队人才与科技贡献系数之和。

员工创新人才与科技贡献系数 R_i = max（学历系数、职称系数、历史科研成果系数），其取数规则见表1。

表1　　　　　　　　　　　人才与科技贡献系数取数规则

项目	级别	系数值
学历系数	博士	2
	硕士	1.5
	本科	1.3
	本科以下	1

项目	级别	系数值
职称系数	教授级高工	2
	高级工程师	1.5
	工程师	1.3
	助理工程师	1
历史科研成果系数	两年内获得国家级科技奖励	2.5
	两年内获得省部级科技奖励	2
	两年内获得省公司级科技奖励	1.5
	两年内无科技奖励	1

（3）确定个人目标分值。由创新团队综合考虑人才与科技贡献系数、工作能力及时间安排，合理分配团队年度科技创新目标分值，确定个人年度目标。

3. 考核评价

科学设置各科研项目周期，组织专家进行考核评审，按照评审结果、项目获奖情况、承担任务排名和分担比重等综合考虑，计算得分。

4. 绩效奖金兑现

科技创新增量奖励总额度根据本单位相关办法，按照一定的比例提取，经绩效管理委员会核准后确定。

依据科研团队和技术人员年终积分总值，对超额完成目标部分制订增量奖励方案，并及时兑现。

科研团队增量奖励额度 = 增量奖励总额度 $\times [(B_i - A_i) / \sum (B_i - A_i)]$

式中：A_i 是科研团队年度目标分值；B_i 是科研团队年度实际完成分值；$B_i - A_i$ 为正值时，可进行奖励。

◎ **经验心得**

（1）在考核指标和目标值确定过程中，应充分考虑团队员工学历层次、专业技术职称等级、历史科研成果情况等因素，用有效人才与科技贡献系数替代团队人数，使考核指标和目标值在不同团队中的分配更加科学，充分体现公平。

（2）在具体考核过程中，可邀请第三方专家组参与评价，按照评审结果、项目获奖情况、承担任务排名和分担比重等综合考虑，计算得分，使考核结果更加公正。

（3）考核责任部门应做好量化评价台账，并定期组织相关部门负责人和科研团队召开会议，对量化评价结果及奖励分配方案进行公示，确保考核公开透明。

实践案例

国网河南电科院于 2018 年 1 月开始应用科技创新工作量化考评法，实现了科研专业部门和科研团队以科技创新工作完成量为依据进行奖励分配，更加公平合理。下面以电力谐波实验室科研团队 2018 年度奖金分配为例进行展示。

1. 制定评价标准

组织业内专家、本单位管理人员和科研人员进行充分研讨评估，建立科技创新指标量化评价库，见表 2。

表 2 科技创新指标量化评价库

序号	指标名称	等级	分值
1	科技项目立项	国家级	100
		省部级	60
		地市级	15

序号	指标名称	等级	分值
2	科技成果奖	国家级一等奖	300
		国家级二等奖	180
		省部级特等奖	150
		省部级一等奖	120
		省部级二等奖	90
		省部级三等奖	75
		地市级特等奖	30
		地市级一等奖	20
		地市级二等奖	15
		地市级三等奖	10
3	专利、标准及发明奖	中国专利金奖	150
		中国专利优秀奖	90
		国家电网有限公司一等奖	90
		国家电网有限公司二等奖	75
		国家电网有限公司三等奖	30
4	群众创新及 QC 奖	省部级一等奖	30
		省部级二等奖	20
		省部级三等奖	15
		地市级一等奖	15
		地市级二等奖	10
		地市级三等奖	5
5	其他创新成果奖	推广优秀奖	5
		论著优秀奖	5
		论文优秀奖	5
		专利优秀奖	5

续表

序号	指标名称	等级		分值
6	实验室	国家级	申报	50
			命名	180
		省部级	申报	30
			省部级实验室命名	90
			省部级重点实验命名	100
		省公司级	命名	15
7	科技攻关团队（院士工作站）	省部级及以上	申报	30
			命名	90
		省公司级	命名	15
8	论著	已出版		20
9	论文	国际期刊检索		10
		国际期刊		6
		SCI 检索		8
		中文核心 EI 检索		6
		中文核心		4
		国际会议 EI 检索		2
10	标准	国际标准颁布		120
		国家标准颁布		100
		行业标准颁布		70
		团体标准		60
		国网及对应发电集团		60
11	软件著作权	已登记		6
12	专利	国际专利受理		15
		国际专利授权		30
		发明专利授权		10
		实用新型授权		4

序号	指标名称	等级	分值
13	科技成果推广应用	入选国家电网有限公司新技术推广目录	120
		入选省公司科技成果转化及推广项目	30
		院年度优秀推广应用成果	20

2. 计算目标分值

依据科技创新指标量化评价库，经过计算，国网河南电科院计划完成科技创新工作目标分值为 2200 分，根据员工学历、职称、历史科研成果等情况折算出全院科研团队有效人才与科技贡献系数为 178，其中，以电力谐波实验室科研团队为例，该团队核心成员 6 人，有效人才与科技贡献系数为 11，对照公式 $A_i = S \cdot (R_i / \sum R_i)$ 计算，该科研团队科技创新工作目标分值为 2200×（11÷178）=136（分）。

3. 考核评价

2018 年，电力谐波实验室科研团队考核周期内的主要成果为：牵头发布国家标准 1 项、行业标准 1 项，参与完成各类标准 3 项，发表 EI 论文 1 篇，发表中文核心期刊论文 1 篇，发明专利授权 3 项。由科技部组织专家对科研创新工作情况进行了考核评审，根据科技创新指标量化评价库标准参考分值，按照评审结果、项目获奖情况、分担任务排名和比重等综合评估，最终得分情况见表 3。

表 3　　电力谐波实验室科研团队 2018 年最终得分情况

名称	类别	角色	最终得分
并联型有源电能质量治理设备性能检测规程	国家标准	牵头完成	100
低压有源电力滤波器技术规范	行业标准	牵头完成	70
电能质量监测设备自动检测系统通用技术要求	国家标准	参与完成	7.7

名称	类别	角色	最终得分
中低压直流配电电压导则	国家标准	参与完成	5.3
电能质量监测终端检测技术规范	行业标准	参与完成	8.8
基于实测数据的电压暂降特性分析	EI 检索	第一作者	6
考虑电压前馈影响的 LCL 并网逆变器 WACC 加权系数计算方法	中文核心	第一作者	4
一种电压暂降过渡过程模拟装置及方法	发明专利	牵头完成	10
基于 ANSYS 的交联聚乙烯绝缘电缆温度场有限元计算方法	发明专利	牵头完成	10
基于有限元仿真和等效电路的单芯电力电缆谐振分析方法	发明专利	牵头完成	10
合计			231.8

该科研团队 2018 年科技创新工作目标分值为 136 分，实际得分为 231.8 分，圆满完成目标，超额完成 95.8 分。

4. 绩效奖金兑现

根据考核评审情况，经过计算统计，国网河南电科院全部科研团队本期超额完成科技创新指标分值合计 610.2 分，根据指标总体完成情况，经专家建议、绩效管理委员会核准，本考核周期设置增量奖励总额度 93 万元，对照公式：科研团队增量奖励额度 = 增量奖励总额度 $\times [(B_i - A_i)/\sum(B_i - A_i)]$，2018 年电力谐波实验室科研团队增量奖励额度为 93 × （95.8 ÷ 610.2 ）= 14.6 （万元），由团队负责人根据团队成员工作分担情况将奖励分配至核心成员 6 人，人均 2.4 万元。

其中，李 * 作为科研团队带头人，主导完成 1 项国家标准和 1 项行业标准发布，参与编写 3 项发明专利和 1 篇 EI 检索论文，超额完成 27.7 分，兑现奖励 14.6 × （27.7 ÷ 95.8 ）=4.23 （万元），为团队中最多。代 * 作为科研团队年轻成员，配合完成 4 项标准制定，参与编写 3 项发明专利，超额完成 12.2 分，兑现奖励 1.87 万元，为团队中最少。

　　国网河南电科院运用科技创新工作量化考核法后，科研团队和员工科研工作成绩更加清晰直观，目标导向更加清晰明确；打破了固定的考核周期，更加契合科技创新工作客观规律；对超额完成科研工作的额外兑现增量奖励，全院科研团队人均兑现奖励 1.5 万元，未参与科技创新的部门不参与分配，有效拉开了收入差距，充分激发了科研人员工作热情，推动科技创新水平更快提升。

　　报送单位：国网河南电科院

　　编　制　人：朱广杰　李珊珊

102 科技攻关团队"281"考核法
——准确衡量柔性科技攻关团队工作绩效

导　入： 科研项目团队的组建需要多个不同专业人员共同配合完成，使得员工的工作不再仅限于本部门内部。传统的考核手段无法准确评价柔性科技攻关团队员工的业绩成效。国网宁夏电科院创新采用科技攻关团队"281"考核法，以过程和目标为双导向，从八个维度全方位衡量团队绩效，以"一果多用"的激励方式，保证团队考核执行落地，有效解决跨部门人员难考评、积极性不高等问题。

工具概述

科技攻关团队"281"考核法，是从团队绩效考核和团队成员绩效考核两方面入手，以过程和目标为双导向，建立八个考核维度（人才培养、专家支撑、项目立项、科技获奖、论文专著、技术标准、知识产权、创新创效），围绕团队的财务收益、创新成果、团队建设、成员满意度等方面进行衡量考评，以"一果多用"的激励方式，力促团队考核执行落地。

适用场景：本工具适用于对科技攻关柔性团队的绩效考评。

实施步骤

科技攻关团队"281"考核法实施步骤包括：组建科技攻关团队、建立考核指标体系、过程与目标双考核、考核结果应用。

1. 组建科技攻关团队

根据单位发展战略和年度重点工作，结合工作业务性质，以各实施机构为依托主体，认定科技攻关团队，明确考核对象。

2. 建立考核指标体系

组建专家考核小组，构建团队考核指标体系，签订《科技攻关团队建设合同任务书》，以契约形式明确考核的内容、标准和目标。

3. 过程与目标双考核

对科技攻关团队开展日常跟踪、监督和管理，并按照月度过程考核和年度目标考核的方式进行绩效评估。

4. 考核结果应用

反馈考核结果，实施一项结果多方应用。对科技攻关团队取得的科技成果和创新创效成果实行精神与物质双重奖励；提拔科研成绩突出的成员到管理岗位或分支学科的负责人等；优先推荐成果突出的人员评先选优等。

◎ 经验心得

（1）考核标准的设置需综合考虑科研团队面临的环境，不仅仅考核任务目标是否完成，还应注重科技成果转化，培育新的生产力。

（2）动态优化科技攻关团队队伍。根据项目研究重点和考核结果，适时调整团队成员，排名靠后的 5% 成员，原则上予以调整或从事其他非科技团队工作。

（3）根据单位的性质和战略目标的不同设置符合单位实际的指标及权重，同一单位评价所有的团队时应采用相同的指标及权重。

实践案例

国网宁夏电科院于 2018 年 3 月实施科技攻关团队"281"考核法，考核方式更加贴近实际需求，团队内部形成了创新创效的良好氛围，激发了队伍活力和内生动力。下面以电力设备状态检测装置的可靠性及有效性评估技术攻关团队为例进行展示。

1. 组建科技攻关团队

围绕电科院核心业务特点，以国网宁夏电科院设备状态评价中心为依托主体，按照"公开、公平、公正、科学"程序进行攻关团队的认定，2018年7月成立"电力设备状态检测装置的可靠性及有效性评估技术攻关团队"。

2. 建立考核指标体系

（1）筛选各专业领域专家人才，成立专家考核小组。

（2）通过过程分析、专家访谈等，以战略目标为出发点，从加强财务收益、突出创新成果、强化团队建设、注重成员满意度等方面，构建考核指标体系，见表1。

表1　　　　　　　　　　　科技攻关团队绩效考核指标库

考核方式	一级指标	二级指标	三级考核指标	指标权重（%）
目标考核	团队提升	人才培养	国家级、省部级、公司级	20
过程考核	投入	专家职称	高层次专家及高职称人才占比	5
	产出	项目立项	国家级、地方、国网公司级、省公司级、院级	15
		科技进步奖	国家奖、中国电力科学技术奖、省部级、科技进步奖、公司级及院级	15
		论文、专著	ISBN、SCI、IEEE等，ISTP等，核心期刊，《宁夏电力》	15
		技术标准	国际标准、国家标准、行业标准、国网企标、团体标准	10
		知识产权	国际专利、发明专利、软件著作权	10
		创新创效	国家级、省部级、公司级、院级	10

注　1. 创新创效指各类QC、青创及管理创新等院级及以上单位颁发的奖项。
　　2. 指标权重：采用德尔菲法得出。

（3）签订《科技攻关团队建设合同任务书》，明确科技攻关团队的团队名称、基本情况、成员及目标任务等要求。

3. 过程与目标双考核

（1）月度过程考核。每月 25 号前，团队围绕项目完成进度、关键技术的应用情况、学术研究及专题讲座等交流活动的开展情况等内容进行自评整理，并将佐证材料提交科技部。科技部对各个团队提报的资料进行汇总、审查，并按照当月的创新成果考评标准进行评价，并将评价结果反馈至人资部。人资部依据评价结果进行月度考核兑现。月度团队评价积分奖励汇总见表 2。

表 2　　　　　　　　　　　月度团队评价积分奖励汇总

类别	科技团队			
	奖励积分	当月分值	累计得分分值	月度奖励（元）
论文软著	13.60	13.6	18.9	
科技获奖				
技术标准	15.00	15	15	
发明专利				
合计	28.60	28.60	33.90	3390

月度团队奖励金额 = 月度累计积分 × 积分得奖标准（设定每积分为 100 元）=33.90 × 100=3390（元）。

团队内部的考核由团队带头人组织实施，按照团队的积分成绩计算团队成员的奖励积分，并给予团队成员相应的贡献奖励，计算结果示例见表 3。

表 3　月度团队成员绩效奖励计算结果示例

成员	学历	投入		产出积分				贡献加/扣分	其他团队成员贡献事项	月度考核积分	月度奖励基数（元）	奖励金额（元）	发放金额（元）
		学历积分	职称	职称积分	投入积分	论文软著	科技获奖	技术标准	发明专利							

成员	学历	学历积分	职称	职称积分	投入积分	论文软著	科技获奖	技术标准	发明专利	贡献加/扣分	其他团队成员贡献事项	月度考核积分	月度奖励基数（元）	奖励金额（元）	发放金额（元）
何*	博士	1.2	副高级工程师	1.1	1.2	11.34		1.5				14.04	82.5	1158.3	1150
吴*	大学本科	0.8	正高级工程师	1.2	1	1.26		1.5				3.76	82.5	310.2	318
张*	硕士研究生	1	工程师	1	1	1.26		1.5		1	配合院里开展专项培训，加1分	4.76	82.5	392.7	393
周*	硕士研究生	1	工程师	1	1	1.26		3		-1	未及时进行数据核对及数据维护，扣1分	4.26	82.5	351.45	351
…															
合计	—	7	—	7.3	7.2	18.9	0	15	0	0	—	41.1	577.5	3390.75	3390

月度团队成员奖励金额 = 月度奖励基数 × 团队成员月度考核积分。

月度奖励基数 = 团队月度奖励 / 月度团队总积分 =3390/41.1=82.5（元）。

团队成员月度考核积分 = 投入积分 + 产出积分 + 其他团队贡献加 / 扣分。其中：投入积分是以团队成员投入的学历和职称，取平均值设定；产出积分根据当月团队的积分结果，按照主要完成人占 60%、其他完成人占 40% 进行奖励分配；其他团队贡献加 / 扣分由团队带头人实行定性考核。

（2）年度目标考核。以建设任务书为标准，由专家考核小组对攻关团队当年所取得的科技成果、人才培养结果进行审查，对攻关团队整体进行考核评价，见表 4。

表 4　　　　　　　　　技术攻关团队年度考核得分

考核内容		专家小组考核评价情况	考核得分
考核指标	人才培养	省部级 2 人，院级 1 人	59
	专家职称	高级 3 个，中级 4 个；博士 1 个，硕士 5 个，本科 1 个	5.3
	项目立项	国网级 3 个，地方级 1 个，公司级 1 个	20.5
	科技进步奖	国网公司级三等奖 1 个，公司级二等奖 2 个，其他奖项 1 个	150.8
	论文、专著	SCI 1 篇，核心期刊 2 篇，《宁夏电力》3 篇	33.6
	技术标准	国网企标 1 篇，行业标准 1 篇	40.6
	知识产权	发明专利 1 个	25.12
	创新创效	省公司三等奖 1 个，宁夏电科院二等奖 1 个	36
业绩计分			365.62
团队业绩排名			1

注　此表分值为专家打分后加权指标分值计算后的结果。

年度团队奖励金额 = 业绩积分 × 积分得奖标准（设定每积分为 100 元）= 365.62 × 100=36562（元）。

团队内部成员年度考核则由团队带头人组织实施，绩效奖励计算结果示例见表5。

表5　　　　　　　　　　　年度团队成员绩效奖励计算结果示例

成员	投入				投入积分	人才培养产出		年度累计积分	总积分	年度奖励基数（元）	奖励金额（元）	发放金额（元）
	学历	学历积分	职称	职称积分		专家人才	人才积分					
何*	博士	1.2	副高级工程师	1.1	1.2	院级	1.2	73.2	75.6	97.2	7348.32	7350
吴*	大学本科	0.8	正高级工程师	1.2	1			63.3	64.3	97.2	6249.96	6252
张*	硕士研究生	1	工程师	1	1			39.48	40.48	97.2	3934.66	3937
周*	硕士研究生	1	工程师	1	1	省部级	1	68.08	70.08	97.2	6811.78	6814
…												
合计	7		—	7.3	7.2		3.2	365.62	376.02	—	36549.16	36562

年度团队成员奖励金额＝年度奖励基数 × 团队成员总积分。

年度奖励基数＝团队年度奖励 / 年度团队积分 =36562/376.02=97.2（元）。

团队成员总积分＝投入积分＋人才培养产出积分＋年度累计积分。

团队成员的考核结果除了作用于考核奖励外，也会由团队带头人反馈至员工所在部门的一级绩效经理人，作为其年终定级、评优评先的重要依据。以该团队为例，在当年的年度绩效定级中，何*和周*的年度定级被评为了A级，团队其他成员年度定级均为B级。A级优秀率为28.6%。

4. 考核结果应用

团队和个人绩效考核结果全面应用于薪酬激励、人员流动、岗位晋升、员工退出、人才评价等方面，拉大了高绩效员工和低绩效员工的薪酬差距。2019 年科技攻关团队成员的平均绩效奖金高于其他同岗级岗位员工的 5%~10%。3 名高绩效员工实现岗位晋升，团队成员中、高级职称评审通过率达到 100%。

国网宁夏电科院总共成立了 8 只科技攻关团队，参与团队项目人数达 59 人，占电科院总人数的 32.6%。通过实施科技攻关团队"281"考核法，形成了稳定、富有特色的研究方向，取得一批标志性研究成果，而且团队合作更为紧密，队伍素质明显提升，形成了创新创效工作的良好氛围，增强了干部员工队伍活力和内生动力。2019 年，国网宁夏电科院获省部级奖项 23 项，授权发明专利 21 项；牵头制、修订国网企业标准、团体标准 6 项，牵头制定的 2 项电力行业标准已正式立项，参与编制国家技术标准 2 项，科技成果较 2018 年提升 43.67%。

报送单位：国网宁夏电科院

编 制 人：李 歆 杨 子

103 柔性项目团队矩阵式考核法

——精准衡量科研项目团队成员工作业绩贡献

> **导　入**：若员工一个考核期内参与多个团队项目，由于各个项目考评主体不同，具体项目的考核内容、评价标准和评价尺度存在差异，故考核得分不具有可比性。中国电科院通过实施柔性项目团队矩阵式考核法，充分赋予项目团队负责人考核分配权，采用归一化核算方式实现不同考核主体考核结果的可比性和精准性，有效调动科研人员创新创造的积极性和主动性，进一步促进科研项目完成质量的提升和科研成果水平的提高。

工具概述

柔性项目团队矩阵式考核法，是指柔性项目团队负责人按照各自规定的考核内容、评价标准和评价尺度等，对其管理的柔性项目团队成员进行考核评价，并在各自评价主体范围内作归一化核算，按照不同主体工作任务的实际工作量占比，确定不同考核主体评价权重，核算团队成员绩效系数。充分授予项目团队负责人考核分配权，达到准确衡量团队成员业绩贡献的目的。

适用场景：本工具适用于柔性项目团队成员评价。

实施步骤

柔性项目团队矩阵式考核法实施步骤包括：建立矩阵式考核管理关系、项目团队成员报工、项目团队成员矩阵式考核评价、矩阵式绩效考核结果核算。

1. 建立矩阵式考核管理关系

组建柔性项目团队，团队成员由团队负责人从项目立项申报时填报的成员中自行选拔，报项目隶属管理组织同意或通过竞聘方式确定。若项目申报时填报的人员不能满足项目研究需要，可通过组织内部或向组织外部进行公开招聘选拔，补足项目团队成员，一个员工可以同时进入多个项目团队从事技术研究攻关。

项目团队成员结合项目研究目标任务及个人专业特点提出本人OKR（目标与关键成果法）初稿，通过团队民主评议方式，开展团队成员个人OKR评阅。根据团队成员评阅意见，修改完善并形成个人的OKR，明确个人在团队中的努力方向。

2. 项目团队成员报工

项目团队成员根据个人在相应团队OKR承诺达成情况，通过员工报工管理系统向任务来源团队负责人报送任务完成情况、阶段标志性成果及工时投入量。任务来源团队负责人对其成员报工结果进行审核确认。按照团队成员所报实际工时投入情况，计算考核期内各任务来源团队的成员工时投入占比。

3. 项目团队成员矩阵式考核评价

考核期末，团队负责人根据成员个人OKR承诺达成情况，对其分别进行绩效考核评价。

4. 矩阵式绩效考核结果核算

人资部门依据员工在不同任务来源团队的实际工时投入占比，确定其所在不同团队考核评价权重，并核算员工考核期内综合绩效考核系数。依据综合绩效考核系数核算员工当期绩效工资。归一系数和绩效考核系数计算公式为

$$归一系数 = 单个成员考核得分 / 所在团队成员得分平均值$$

$$绩效考核系数 = \sum_{i=1}^{n}(项目i工作量占比 \times 项目i归一系数)$$

⊙ 经验心得

（1）做好绩效管理系统和员工报工管理系统同步建设，实现系统间业务数据相互贯通。

（2）做好对绩效考核评价主体的培训辅导，使其熟练掌握考核评价工具和系统操作。考核评价主体做好客观公正的评价，评价结果在团队内部公示。

（3）做好考核评价主体对管辖的团队成员过程跟踪督导的监督与评价，督促做好过程管理和事实记录。同时做好员工质疑解答，确保绩效沟通达成一致。

📝 实践案例

中国电科院于 2017 年开始应用柔性项目团队矩阵式考核法，实现了对员工工作业绩价值贡献的精准衡量。下面以 2019 年一季度 A 柔性项目团队矩阵式考核评价为例进行展示。

1. 建立矩阵式考核管理关系

项目团队成员考核内容、考核指标、考核标准、考核权重、考核周期由团队负责人在项目组绩效考核实施方案中予以明确，团队负责人负责本团队成员绩效考核实施工作，成员考核采用百分制评价。柔性项目团队成员管理与考核关系见图 1。

2. 项目团队成员报工

项目团队成员按照项目任务执行情况，每周五通过员工报工管理系统向任务来源主体进行周报工，报工数据经团队负责人确认后纳入统计范围。

3. 项目团队成员矩阵式考核评价

考核主体按照成员所在本团队工作任务完成情况及评价标准对其进行客

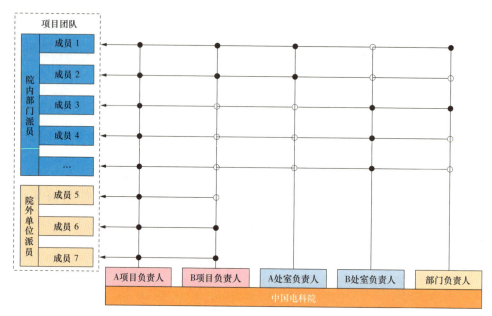

图 1　柔性项目团队成员管理与考核关系

观评价，其中项目工作评价由项目团队负责人负责评价，非项目工作评价由处室负责人负责评价。

4. 矩阵式绩效考核结果核算

张＊分别在 A、B、C 三个项目和 D 处室承担工作任务并按照执行情况接受团队、处室负责人的评价。下面以小张在 2019 年一季度各考核主体评价结果，通过归一方式换算出考核期内综合绩效系数，具体数据计算见表 1~ 表 3。

表 1　　　　　　　　　　　　　　团队成员矩阵式考核归一系数

人员	项目 A		项目 B		项目 C		D 处室	
	考核得分	归一系数	考核得分	归一系数	考核得分	归一系数	考核得分	归一系数
成员 1	98	1.0120	—	—	100	1.0582	95	0.9694

续表

人员	项目 A		项目 B		项目 C		D 处室	
	考核得分	归一系数	考核得分	归一系数	考核得分	归一系数	考核得分	归一系数
成员 2	88	0.9088	80	0.8715	76	0.8042	—	—
成员 3	90	0.9294	85	0.9259	88	0.9312	—	—
成员 4	—	—	105	1.1438	—	—	92	0.9388
成员 5	105	1.0843	—	—	120	1.2698	110	1.1224
成员 6	—	—	94	1.0240	98	1.0370	—	—
成员 7	90	0.9294	—	—	—	—	88	0.8980
张 *	110	1.1360	95	1.0349	85	0.8995	105	1.0714
平均值	96.83	1.0000	91.80	1.0000	94.50	1.0000	98.00	1.0000

注 归一系数 = 单个成员在某个团队中考核得分 / 所在团队成员得分的平均值。

表 2　　　　　　　　　　张 * 2019 年一季度工作量投入占比情况

人员	项目 A		项目 B		项目 C		D 处室		考核期内工作量投入合计（天）	占比合计（%）
	工作量投入（天）	占比（%）	工作量投入（天）	占比（%）	工作量投入（天）	占比（%）	工作量投入（天）	占比（%）		
张 *	20	30.77	10	15.38	5	7.69	30	46.15	65	100

表 3　　　　　　　　　　张 * 2019 年一季度综合绩效系数计算表

人员	项目 A		项目 B		项目 C		D 处室		综合绩效系数
	工作占比（%）	归一系数	工作占比（%）	归一系数	工作占比（%）	归一系数	工作占比（%）	归一系数	
张 *	30.77	1.1360	15.38	1.0349	7.69	0.8995	46.15	1.0714	1.0724

　　人资部门按照表 3 中综合绩效系数计算的结果兑现柔性项目团队成员 2019 年一季度绩效工资。同时，员工通过业绩考核结果反馈查找不足、发现

短板，与上级进行充分有效沟通并加以改进，进一步提升工作绩效。

通过实施柔性项目团队矩阵式考核法，采用工作量投入占比确定不同考核主体评价权重，按照考核得分在各自团队范围内作归一化计算绩效系数，达到员工考核评价结果相互之间可比性和加权计算，有利于赋予团队负责人考核权和分配权，实现对员工工作业绩价值贡献精准衡量，切实达到"多劳多得，少劳少得""业绩贡献大，成长空间广"的目的，有效激发了员工创新创造的主动性，进一步提升了员工绩效管理水平。

报送单位：中国电科院

编 制 人：邵　蕾　赵长财

104 基于 OKR 的研发团队绩效考核法
——解决研发团队绩效与创新管理难题

> **导　入：** 研发团队工作多为从 0 到 1 的过程，自上而下设定的 KPI 指标很难精准地考核研发团队绩效，也更容易限制研发团队的创新可能。国网电商公司天津技术研究院通过实施基于 OKR 的研发团队绩效考核法，以资源池模式灵活组织团队并精准考核组织绩效，通过自下而上、协同制定有挑战性的目标激发团队自驱力、创造力，增强团队合作精神，形成良性的团队氛围。

工具概述

基于 OKR 的研发团队绩效考核法，是指在 OKR 目标与关键结果法管理理念的基础上，对研发团队以资源池方式进行团队人力资源管理，结合团队绩效与工时占比精确对研发团队进行绩效考核并促进创新的一种绩效管理法。

适用场景：本工具适用于有互联网属性的研发、研究类型的各级组织。

实施步骤

基于 OKR 的研发团队绩效考核法实施步骤包括：确定目标与关键结果、过程实施与复盘、绩效结果评定、绩效奖金兑现。

1. 确定目标与关键结果

在确定目标方面，团队内全员集体讨论，确定考核周期内最优先的目标。团队的目标一般可以由来自上级目标的分解、团队之间的协作要求和团队自身提出的目标三个方面组成。经过上下融合、集体讨论后确定一致的目标更有助于团队内成员群策群力，强化协同与沟通。

在确定关键结果方面，应始终以总目标为起点和核心。关键结果按照度量类型可以分为比率型、数量型、里程碑型和主观型。使用比率型和数量型的关键结果一定要有明确的计算公式和数据收集来源。使用里程碑型的关键结果一般按照时间来度量。

2. 过程实施与复盘

所有目标与关键结果确定后总结形成 OKR 实施计划，并进行全员公示。公开的 OKR 实施计划有助于团队内员工随时校准工作方向、进度，并可以在自己能力范围内协助组内其他员工完成自己的 KR。

复盘形式可以通过每日站会、周会、月例会等方式进行。每日站会主要目的是让团队成员相互交流他们所承担的任务进度及遇到的难点，聚焦"障碍"的解决。周会即每周沟通进度并讨论障碍和方案，要注意周会不是批评和追责，要聚焦 OKR 和未来的行动，要营造沟通的氛围。月例议要总结完成进度、成功经验、更新 OKR、讨论未来的解决思路，管理者明确 OKR 的优先级并调配资源。

3. 绩效结果评定

原则上可将考核周期设为季度，太短或者太长的周期有可能造成考核趋向 KPI 管理法或者目标实现结果不可控。考核周期结束后，对所有关键结果完成情况对照评分标准评出分值。团队 OKR 评分作为员工绩效季度评价的基础，研发资源池员工结合在各团队中的报工工时占比进行加权计算后，最终得出每个员工的团队绩效得分，并依据得分排名确定绩效等级。

4. 绩效奖金兑现

开展绩效奖金兑现时，依据员工上一考核周期的绩效等级确定绩效兑现系数，系数应拉开差距以达到激励作用。结合员工个人绩效奖金基数核算员工月度或季度绩效奖金。计算公式为：员工月度 / 季度绩效奖金 = 员工绩效奖金基数 × 绩效兑现系数。

经验心得

（1）推行之初要进行理念宣贯，取得上下级支持。在推行 OKR 目标管理方法前，要获得公司领导的认可与支持，也要帮助团队及员工理解实施 OKR 的意义，确保参与人员理解一致、了解充分。

（2）精炼关键结果数量，避免关键结果过多导致重点不清。在设定关键结果时，要遵循少而精的原则，一般为 3 ~ 5 个。关键结果要易于衡量，不能含糊其辞。

实践案例

国网电商公司于 2019 年 3 月实施基于 OKR 的研发团队绩效考核法，选定天津技术研究院（以下简称"研究院"）进行试点管理。下面以研究院研发团队考核为例进行展示。

1. 确定目标与关键结果

结合年中工作会议安排，研究院内研发团队内部讨论确定目标为提升研发质效，团队全员讨论后确定最终形成三季度 OKR 计划，见表 1。

表 1　　　　　　　　　研发团队三季度 OKR 计划示例

目标（O）	关键结果（KRs）	信心指数	责任团队	协作团队
提升国网商城类业务研发质效	KR1：零星团队完成版本迭代，8 月底完成功能上线，系统月活指标较上一季度上涨 30% 以上	85%	零星团队	
	KR2：省管团队完成服务类功能优化，系统缺陷率不超过 10%	95%	省管团队	质控团队
	KR3：中台团队上线业务中台，缩短新平台上线周期 50% 以上	70%	中台团队	
	…			

对比传统自上而下的任务下达方式，基于 OKR 的理念可以让资源聚焦并投入上级未要求但是团队一致认为有利于实现远期目标的任务，所有关键结果共同作用于目标达成。信心指数由团队成员共同讨论决定，可以在一定程度上反映 KR 的难度，鼓励设置有挑战性的目标，以便激发创新可能。

以三季度为例，团队共同确定 O 与 KR 中，其中 KR1 和 KR2 来自上级工作要求分解，KR2 需要协同质控团队共同完成，KR3 为团队内部自发制定的目标，如果不引入 OKR 理念，团队会更倾向于能力范围内的工作，就不会有可以激发潜力和挑战性的 KR3。

所有 KR 在考核周期技术后进行综合评定，依据完成情况可以归类为超额完成（指标完成比例大于 5%）、基本完成（指标完成比例 ±5%）、未完成（指标完成比例小于 –5%）三类，结合 KR 的信心指数范围可以参考以下标准确定评分，见表 2。

表 2　　　　　　　　　　　关键结果评分标准

信心指数范围	KR 完成情况	关键结果评分
90% 以上	超额完成	110
	基本完成	95
	未完成	75
65% ~ 90%	超额完成	115
	基本完成	105
	未完成	80
65% 以下	超额完成	120
	基本完成	110
	未完成	85

2. 过程实施与复盘

在工作推进过程中，将研发工程师纳入研发资源池统筹调配，员工随各 KR 的进度灵活调整所在团队以达成关键结果。过程中团队以每日站会方式沟通前日研发工作障碍。周会与月例会主要是总结研发的技术障碍并讨论解决问题的思路、调配合适的资源与优先级，主要聚焦在整体目标上。研发团队关键结果进度看板见图 1。

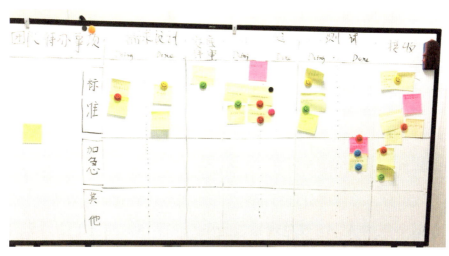

图 1　研发团队关键结果进度看板

在复盘过程中，每个团队都可以从审视目标、回顾过程、分析得失和总结规律四个步骤进行。团队成员之间对任务和目标的达成进行相互评议，找出不足和提升路径。

3. 绩效结果评定

三季度考核周期结束后召开复盘会，评定结果见表 3。

表 3　　　　　　　　　　　　　　研发团队 OKR 评分表

目标（O）	关键结果（KRs）	信心指数	完成情况	责任团队	关键结果评分
提升国网商城类业务研发质效	KR1：零星团队完成版本迭代，8月底完成功能上线，系统月活指标较上一季度上涨30%	85%	9月5日完成版本迭代，月活指标较上季度上涨23%，未完成KR	零星团队	80

目标（O）	关键结果（KRs）	信心指数	完成情况	责任团队	关键结果评分
提升国网商城类业务研发质效	KR2: 省管团队完成服务类功能优化，系统缺陷率不超过 10%	95%	完成 97 项功能优化，季度内系统缺陷率降低至 3.5%，超额完成 KR	省管团队	110
	KR3: 中台团队上线业务中台，缩短新平台上线周期 50% 以上	70%	业务中台功能上线，通过模块化系统功能，可以有效降低新平台或新功能研发周期，经测算上线周期可以降低 60% 左右，超额完成 KR	中台团队	115

关键结果评分即为团队得分，结合研发人员在各个团队内的报工进行加权计算绩效得分，总体得分进行排名，依据得分排名确定绩效等级，前 20% 的员工绩效等级为 A，绩效兑现系数为 1.2；后 15% 的员工绩效等级为 C，绩效兑现系数为 0.8；其余为 B，绩效兑现系数为 1。三季度员工绩效得分、等级和兑现系数见表 4。

表 4　　　　　　　　　三季度员工绩效得分、等级和兑现系数

员工	报工市场占比（%）			加权综合团队绩效得分	绩效排名	绩效等级	绩效兑现系数
	零星团队	省管团队	中台团队				
员工 A	0	0	100	115.00	1	A	1.2
员工 B	50	29	21	96.07	10	C	0.8
员工 C	12	43	45	108.69	6	B	1
员工 D	21	79	0	103.57	8	B	1
员工 E	0	14	86	114.29	2	A	1.2
员工 F	0	15	85	114.25	3	B	1
员工 G	0	100	0	110.00	5	B	1
员工 H	0	90	10	110.48	4	B	1
员工 I	50	20	30	96.50	9	C	0.8
员工 J	20	20	60	107.00	7	B	1

4. 绩效奖金兑现

基于员工绩效基数和绩效兑现系数计算员工绩效奖金，见表 5。

表 5　　　　　　　　　　员工绩效奖金发放表示例

员工	绩效基数（元）	绩效兑现系数	绩效奖金（元）
员工 A	6500	1.2	7800
员工 B	5000	0.8	4000
员工 C	6500	1	6500
员工 D	5000	1	5000
员工 E	5000	1.2	6000
员工 F	5000	1	5000
员工 G	4500	1	4500
员工 H	8000	1	8000
员工 I	8000	0.8	6400
员工 J	4500	1	4500

基于 OKR 的研发团队绩效考核法在应用过程中取得明显效果，是互联网行业中高度推崇的 OKR 理念与国网系统管理要求的有效融合，可促进组织内部团队方向一致、目标统一，以资源池管理方式可极大程度地提高研发团队的利用率，避免人力资源的浪费，也有效提升了团队协同的管理水平。以自上而下的方式确定组织目标也有别于传统绩效考核管理方式，激发了员工的积极性与创新思维，给予创新工作良好的孕育空间，助力公司创新发展。

报送单位：国网电商公司

编 制 人：傅　强　赵开强　张　宾　田晓芸

105 跨部门科研项目协同配合考核法

——提升配合部门参与跨部门科研项目的积极性

导 入：科研项目通常需要多部门合作开展研究，项目配合部门常常出现参与不积极的现象，导致跨部门合作项目耗时耗力，且成效不佳。国网能源院实施跨部门科研项目协同配合考核法，由项目负责人（主笔人）对项目配合情况进行打分评价，量化反映配合部门参与跨部门合作项目的效果，增进了配合部门参与跨部门合作项目的积极性，促使各部门树立合作共赢的理念，提升了跨部门合作项目的完成质量。

工具概述

跨部门科研项目协同配合考核法，是指赋予项目负责人（主笔人）考核的权利，对项目配合部门进行 1~5 分的考核打分，由科研管理部门汇总计算平均分数作为各部门指标得分。

适用场景：本工具适用于科研单位对跨部门合作科研项目中配合部门的工作情况考评。

实施步骤

跨部门科研项目协同配合考核法实施步骤包括：跨部门合作项目统计、项目负责人（主笔人）评价、考核得分汇总计算、考核情况反馈。

1. 跨部门合作项目统计

由科研管理部对国网能源院跨部门合作项目进行汇总，统计跨部门合作项目的个数及项目类型、责任部门、配合部门等信息，编制"跨部门合作项目情况表"。

2. 项目负责人（主笔人）评价

由项目负责人（主笔人）对配合部门的配合情况按照评价标准进行评价打分，评价标准见表1。

表1　　　　　　　跨部门科研项目协同配合考核评价标准

等级	描述	得分
1	配合部门全力支持跨部门合作项目，充分调配所内资源参与合作项目，对推进研究有很大贡献	4～5
2	配合部门对跨部门合作项目给予一定支持，调配有限资源参与合作项目，对推进研究有一定贡献	2～3
3	配合部门对跨部门合作项目支持很少，不积极参与合作项目，对推进研究贡献甚微	0～1

3. 考核得分汇总计算

由科研管理部收集所有项目负责人（主笔人）的打分表，并按部门进行汇总，计算平均分数，作为各部门指标得分。

4. 考核情况反馈

考核统计完成后，科研管理部将指标得分对部门负责人进行匿名反馈，如涉及扣分需说明相关情况，并将该指标得分纳入部门季度、年度考核，考核结果与部门季度、年度奖金挂钩。

◎ 经验心得

（1）跨部门科研项目，应充分授予项目负责人（主笔人）考核的权利，这样才能使项目负责人（主笔人）充分调动各部门的人力和资源，形成合力。

（2）考核完成后，如发生扣分情况，应与配合部门充分沟通，使其了解在配合其他部门工作中的不足，促进其积极调整、改进工作方式。

（3）考核结果应与部门的奖金挂钩，使考核真正发挥效力。

📝 **实践案例**

国网能源院于 2019 年三季度实施跨部门科研项目协同配合考核法，有效提升了配合部门参与跨部门科研项目的积极性。下面以经济与能源供需研究所（以下简称"供需所"）考核为例进行展示。

2019 年 10 月国网能源院组织开展三季度绩效考核，对 9 个业务部门的跨部门协同配合情况进行考核评价。

1. 跨部门合作项目统计

三季度国网能源院共有 49 个跨部门开展的科研项目，涉及重大战略课题、科技项目、管理咨询项目等 8 种项目类型，其中供需所作为配合部门参与研究的有 11 个项目。

2. 项目负责人（主笔人）评价

11 个项目的负责人分别对供需所进行打分，得分情况见表 2。

表 2　　　　供需所跨部门科研项目协同配合指标得分情况

序号	项目名称	项目类型	牵头部门	配合部门	对供需所评分
1	电力数据资源开发利用和价值挖掘深化研究	重大战略课题	数字经济所	供需所、管理所	4.5
2	能源互联网企业决策支撑关键模型研发（智库研究平台二期建设）	科技项目	互联网所	能源规划所、战略所、财审所、数字经济所、供需所、新能源所、电网所	5
3	全球能源研究统一平台模型体系研究与系统研发	科技项目	互联网所	供需所、能源规划所、战略所、管理所、新能源所、电网所、财审所	5

序号	项目名称	项目类型	牵头部门	配合部门	对供需所评分
4	中长期电力发展重大关键问题研究	科技项目	能源规划所	供需所、战略所	5
5	高比例可再生能源并网的电力系统规划与运行基础理论	政府委托项目	能源规划所	供需所、新能源所	5
6	新能源大数据管理平台（新能源云）	公司专项研究	新能源所	能源规划所、供需所、财审所、互联网所、数字经济所、战略所	5
7	中国能源电力发展展望（2019）	自主立项	互联网所	供需所、能源规划所	5
8	清洁电网发展2020—2050展望研究	自主立项	能源规划所	战略所、供需所、新能源所	5
9	中国能源自给问题研究	在线任务	能源规划所	供需所	5
10	电、油、煤单位产出经济效率研究	在线任务	能源规划所	供需所	5
11	泛在电力物联网业务投资运营主体有关问题研究	在线任务	互联网所	供需所、电网所、管理所	5
最终得分（平均分）					4.95

3. 考核得分汇总计算

供需所跨部门科研项目协同配合指标经汇总平均，最终得分为4.95分，在9个业务部门中排名第7。

4. 考核情况反馈

科研管理部将指标得分情况向供需所负责人进行匿名反馈，并说明扣分情况。同时，将得分汇入相应部门考核总分进行兑现。

采用跨部门科研项目协同配合考核法，赋予项目负责人（主笔人）考核权利，加强了项目负责人（主笔人）对跨部门科研团队的管理能力，有效提升了配合部门参与跨部门科研项目的积极性，进而提升了跨部门科研项目的完成质量。

报送单位：国网能源院

编　制　人：英帝超

产业金融业务考核工具

106 设计人员 4C 积分考核法
——有效提高设计岗位员工工作积极性

导　入: 近年来，随着电网规划建设速度的加快，设计业务工作量呈指数级增长，但由于设计岗位的新员工成长周期普遍偏长、部分老员工工作积极性不强，导致设计单位业务骨干数量不足，业务承载力遭受挑战。国网武汉设计院通过实行 4C 积分法，从四个维度梳理积分标准并按月考核兑现，改变了新员工成长慢、老员工不接活的现状，有效调动了新老员工工作积极性。

工具概述

设计人员 4C 积分考核法是从核心型积分（Core scores）、约束型积分（Control scores）、监督型积分（Check scores）、价值型积分（Contribute scores）四个方面全面梳理积分项目，按月对设计专业员工进行精准积分考核，全方位量化员工的工作贡献，引导员工自我施压，主动提高工作热情和业务能力，营造"抢业务、赚积分、争排名"的工作氛围。

应用场景：本工具适用于设计岗位的员工。

实施步骤

设计人员 4C 积分考核法实施步骤包括：确定四类积分项目、检验积分规则合理性、按月考核公示。

1. 确定四类积分项目

通过员工集体讨论协商，确定积分项目分类和积分标准。统筹考虑员工的综合表现与价值创造，将积分项目划分为核心、约束、监督、价值四类。核心型积分评价员工岗位要求的生产任务实际完成量，是员工核心价值的主要输出方式，考核内容包括设计工作、技术服务和其他支持工作。约束型积分评价员工已完成生产任务的质效水平，考核内容包括设计质量、进度管控和安全规范。监督型积分评价员工的日常行为表现，考核内容包括劳动纪律、工作态度和指令执行。价值型积分评价员工在完成核心职责输出之外，在科技创新、荣誉成果和业主评价等方面的价值再创造。

2. 检验积分规则合理性

按确定的积分规则实施考核试运行，主要检验积分项目的范围、积分分值大小、员工考核差距。通过一个月实际运行，结合具体需要对积分项目和评价标准进行优化完善，确定后每月对照使用。

3. 按月考核公示

部门负责人按月统计工作量并主持考核，部门副职协助开展日常积分记录工作。对员工实行按月考核兑现、公示反馈。员工对考核结果有异议时，可向部门负责人进行询问。根据考核情况，部门负责人针对性开展一对一绩效面谈。

经验心得

（1）坚持积分的精准管理。积分记录工作要细化到日常工作中，每日对工作积分进行统计，避免出现漏项或单次统计量过大。

（2）定期完善积分标准。对于确定的积分标准，可根据实际需要，经部门员工集体商议后进行调整和完善，以确保考核规则的科学合理性。

实践案例

国网武汉设计院于 2019 年 1 月开始应用设计人员 4C 积分考核法，有效拉开了绩效工资差距，促进新员工快速成长，老员工积极性明显提高。下面以变电室 2019 年 2 月考核为例进行展示。

1. 确定四类积分项目

召开部门集体会议，组织全体员工对所有工作项目进行全面梳理，对纳入考核的工作项目进行筛选，并按核心、约束、监督、价值四个类别进行分类汇总，完成工作积分项目和标准初稿的编制。设计人员 4C 积分考核项目及积分标准表见表 1。

表 1　　　　　　设计人员 4C 积分考核项目及积分标准表

积分类别	考核项目	积分标准
核心型积分	设计相关工作（30分）	设计相关工作积分 = ∑单个项目设计积分 + ∑单个项目校审积分。 （1）设计工作。 1）对于基建、用户、大型技改及专项通信项目： 单个项目设计积分 = 设计基准系数 × 难度系数 × 专业系数 × 角色系数 2）对于小型技改项目： 单个项目设计积分 = 批次数量 × 批次系数 （2）校审工作。 单个项目校审积分 = 单个项目设计积分 × 校对系数 其中，系数设置如下： 1）设计基准系数；110kV 新建变电站为基准系数为 1。 2）难度系数；综合电压等级、建设性质等因素，35 千伏—0.9，110 千伏—1，220 千伏—1.2；新建—1，改扩建—0.6 ~ 0.9；竞赛项目—3；三维设计—2。 3）专业系数：对于变电站项目，电气—1，通信—0.3，技经—1。对于专项通信项目，通信—1，技经—1。

积分类别	考核项目	积分标准
核心型积分	设计相关工作（30分）	4）角色系数：设总—1.2，设计—1，设计（非外委）—1.5（针对施工图）。 5）批次系数：对于小型技改项目，批次系数—0.5～1。系数根据1个批次内的单体项目数进行调整。 6）校对系数：对于基建、用户及大型技改项目，系数取0.2～0.3，可研初设0.2、施工图0.3；对于小型技改项目，系数取0.2～0.5；只计在考核周期内的工作量，校审时间以各项目"校审单"为准
	技术服务型工作（10分）	技术服务工作主要包括标书审查会、规范编制会（国网或省公司统一组织）、评标会（国网或省公司统一组织）和其他相关会议等。 根据相关会议或工作通知，每项工作为1次，积分＝次数×天数
	党建工作（5分）	基础分5分，未按要求参加党建活动，每次扣1分；非党员积极参加党建活动，每次加1分；在党建活动中表现积极，每次加1分。 对于党员同志，相关学习记录不全，每次扣1分；学习记录齐全并有深度，每次加1分
	培训工作（5分）	基础分5分，未按要求参加相关培训活动，每次扣1分；培训考试不合格，每次扣1分；作为培训主讲，每次加2分。 对于培训管理兼职，培训资料整理不齐全，未按时上报，每次扣1分；培训资料整理规范，每次加1分
	品牌建设（5分）	满分5分，计分公式为本单位上稿篇数×1+市公司上稿篇数×2+省公司上稿篇数×4。 对于品牌宣传兼职，要求监督完成每月新闻报道公司2篇、每季度新闻报道市公司1篇，每缺1篇扣1分
约束型积分	质量约束（15分）	满分15分，总加分不超过10分。 （1）设计正确率。 1）校审单中差错数量。对于单项工程，平均一册图纸中一般性差错超过10个或技术性差错超过2个，每个单项工程扣0.5分；对于单项工程，平均一册图纸中一般性差错少于2个且技术性差错0个，每个单项工程加0.5分。 2）设计变更单数量。对于单项工程，由设计原因造成的专业变更超过2个，扣0.5分；无设计变更，加0.5分。 3）评审情况。设计质量评价低于95分，且由于设计相关专业造成，扣0.5分；设计质量评价高于99分，加0.5分。 4）市公司考核情况。由于设计差错被市公司考核，每项扣0.5分。 5）物资申报差错数量。每个批次中，差错多于3条且被上级通报，给予扣分，每超过1条扣0.2分。差错为0加0.3分。

积分类别	考核项目	积分标准
约束型积分	质量约束（15分）	（2）校对正确率。重大设计差错未在校对中发现，每出现1次扣0.5分。 （3）质量分析完成率。针对所负责的项目中出现的质量问题，不按要求编写分析报告或不配合开展质量调查，每次扣1分；积极提供质量分析材料，质量分析会上积极发言，提出建设性意见，每次加1分。 （4）质量管理完成率（仅针对质量管理人员）。收集部门设计（技经）质量分析材料，展开提炼总结，每季度开展1次，缺1次扣1分，质量分析材料编写规范、深度高，每次加1分
	进度约束（5分）	满分5分，总加分不超过3分。 （1）图纸出版按时性。超过重要时间节点出版图纸，影响到工程进度，每超过1天扣0.2分。提前7天以上完成，加1分。 （2）收口资料按时性。超过时间节点提供收口资料，影响到文件批复，每超过1天扣0.2分
	安全约束（10分）	（1）安规考试不合格，扣3分；现场"三穿一戴"不规范，每次扣0.5分；无故缺席安全活动，每次扣1分；下班不关电脑等，每次扣0.5分；安全活动中踊跃发言，相关建议被采纳，每次加1分。 （2）对于安全管理员，每周安全学习1次，记录不齐全，每次扣1分；安全活动开展有效，记录翔实，加1分。满分10分，扣完为止，总加分不超过5分。考核期内如发生因设计质量引起的安全事故，质量及安全约束分直接得0分
监督型积分	劳动纪律（5分）	不履行请假手续，每次扣2分；考核周期内迟到早退超过5次，扣2分；出勤到岗情况良好，加1~3分；满分5分，扣完为止，总加分不超过3分
	工作态度（5分）	（1）工作积极性高，在工作上能提前完成相关工作，工作发生的问题能及时与上级反馈和沟通，4~5分。 （2）工作中比较努力，能够按时间完成相关工作对工作中产生的问题关注度不足，反馈的主动性较弱，2~3分。 （3）工作的主动性不高，在领导和上级的再三催促下开展工作，对工作中产生的问题漠不关心也不关心工作结果，0~1分
	指令执行（5分）	主要指对部门主任交办的其他工作的执行情况等。 领导交办工作推三阻四，完成质量不高，每次扣1~2分；高质量完成领导交办任务，每次加1~2分。满分5分，扣完为止，总加分不超过3分
价值型积分	科技创新（加分项）	依据《国网武汉供电公司创新工作实施方案》，参与科研、专利、QC、数据挖掘等工作，每参与一项加2分，总加分不超过10分
	荣誉成果（加分项）	（1）考核周期内，参与设计竞赛及设计评优，获省公司级奖项加1~3分，获国网公司奖项加4~6分。作为项目牵头人或设总，再单独加2分

续表

积分类别	考核项目	积分标准
价值型积分	荣誉成果（加分项）	（2）考核周期内，得到上级表彰，公司级每项加2分，市公司级每项加3分，省公司级每项加5分，国网公司级每项加8分
	业务评价（加分项）	若出现业主投诉且双方无法协调的，每次扣1分；对于情节严重，可根据实际情况扣3～5分；若获得业主好评，每次加1～3分

2. 检验积分规则合理性

经过一个月的试运行，变电室发现参加规范编制会、图纸审核会等技术服务型工作占用了员工很多工作时间，而且对员工提升业务能力起到帮助作用，部门内部集体商议后对技术服务型工作的相关分值进行了调增。

3. 按月考核公示

3月初，变电室将上月考核结果和积分明细在绩效看板上进行公示（见表2），量化的考核得分不仅体现了员工的劳动贡献，也合理拉开了员工的收入差距。结合考核情况，部门负责人针对每一位员工开展一对一面谈，指导员工针对性提升工作业绩。

国网武汉设计院通过实施全方位量化的4C积分法，员工的工作绩效全面转化为可视积分进行展现，潜移默化改变着员工的心态和行为，达到了引导员工提升业绩的效果。一是考核分数不仅直接应用于绩效薪金兑现，也应用于绩效等级评定，部分员工转变工作态度，更加关注自己的业绩。二是个别老资格员工从不愿意承担设计工作转变为主动找工作，逐步提高了工作积极性和工作质效。三是新员工成长速度加快，从培养3～5年才能独立承担设计工作缩短为2年可胜任核心工作任务。

报送单位：国网湖北武汉供电公司

编　制　人：伍丹黎　陈雁杰　王　羿

表2

2019年2月积分看板

序号	员工姓名	核心型积分（55分）								约束型积分（30分）				监督型积分（15分）				价值型积分				考核结果	绩效工资
		设计相关工作（10）		技术服务型工作（10）		党建工作（5）	培训工作（5）	品牌建设（5）	小计	质量（5）	进度（5）	安全（10）	小计	劳动纪律（5）	工作态度（5）	其他表现（5）	小计	科技创新	荣誉成果	业主评价	小计		
		实际积分	换算积分	实际积分	换算积分																		
1	李*	10.84	21.42	0	0	5	5	2.86	34.28	16	5	10	31	5	7	8	20				0	85.28	5791
2	陈*	15.18	30.00	6	7.5	6	5	0	48.50	14	3.6	10	27.6	5	6	5	16				0	92.10	6004
3	徐*	14.6	28.85	0	0	5	6	0	39.85	14	5	10	29	7	6	5	18				0	86.85	5885
4	吴*	1	1.98	8	10	6	5	5	27.96	15	5	10	30	5	5	5	15				0	72.98	4224

107 "四维一体"指标分解考核法
——有效提升地市级供电公司所属产业单位生产经营管控力

导　入： 受传统托管模式影响，地市级供电公司所属产业单位普遍存在生产经营积极性不高、盈利能力不强等问题，亟须全方位加强产业单位经营管控。国网宁夏银川供电公司创新实施"四维一体"指标分解考核法，从战略发展、经营效益、规范管理、党建引领四个维度设置经营管控考核指标体系，对产业单位进行科学管理、精准考评，发挥绩效考核战略导向和牵引作用，全面促进经营业绩提升和管理水平提高。

工具概述

"四维一体"指标分解考核法，是指从战略发展、经营效益、规范管理、党建引领四个维度，制定统一的产业单位考核评价体系，签订"一体化"业绩考核责任书，明确"责、权、利"，推动发展战略有效落地，引导产业单位科学统一规范管理，全面提升经营业绩水平。

适用场景：本工具适用于地市级供电公司管理的产业单位。

实施步骤

"四维一体"指标分解考核法实施步骤包括：构建"四维"指标体系、签订"一体化"业绩考核责任书、考核评价与结果应用。

（一）构建"四维"指标体系

将地市级供电公司、产业管理公司两个层级管理要求进行分解，从战略发展、经营效益、规范管理、党建引领四个维度，设置产业单位考核模块，并细化形成 10 个具体指标分类，每类满分为 100 分，明确考核导向并设置分值比例，见表 1。

表 1　　　　　　　　　　　　　指标考核导向及比例

序号	维度	考核导向	指标分类	示例	分值比例（%）
1	战略发展	契合上级单位的发展战略目标，促进战略目标全面落实	战略指标	能源互联网建设、改革创新完成率	20
2	经营效益	展现投入产出经营效益，引导产业单位不断拓展市场，提高产值利润，创造更大效益	核心业务指标	工程建设任务完成率	10
3			效益指标	收入总额、利润总额	40
4	规范管理	引导产业单位加强日常管理，提高依法规范经营能力，并不断创新、做出贡献	专业工作评价指标	制度建设	5
5			"红线"指标	安全管理目标	5
6			部门重点指标	员工素质提升通过率	5
7			领导评价指标	发展贡献、社会影响	5
8	党建引领	突出党的领导、加强党的建设，以党建引领各方面工作，巩固产业单位发展基础	党建工作	党员作用发挥	4
9			领导人员队伍建设	选人用人执行	3
10			党风廉政建设	机制建设工作	3

（二）签订"一体化"业绩考核责任书

根据宏观经济形势、上级单位考核目标、年度重点工作任务和发展目标，设定考核目标值。整理考核指标形成业绩考核责任书，明确责任期限、奖惩规则，由地市级供电公司法定代表人与产业单位主要负责人签订。

（三）考核评价与结果应用

1. 年度考核评价

每年末，由地市级供电公司对产业单位指标完成情况进行全面考核评价，计算年度考核得分。

年度业绩考核得分 = ∑各项指标得分 × 指标权重

2. 考核结果应用

根据评价结果兑现员工年终奖金总额、领导班子年薪，并应用于产业单位绩效评级。

员工年终绩效奖金总额 = 年终绩效奖金基数 ×（年终业绩考核得分 / 100）× 职工人数 × 经营难度系数

所有产业单位中考核得分排名前 20% 的单位评为 A 级单位。

◎ 经验心得

（1）要准确把握考核重点，指标设置要精简数量、提高质量，设置具有明确导向的关键指标，能真正引导产业单位提升工作业绩和经营效益。

（2）制定指标的评价标准时，要立足目标达成认真考虑对产业单位的工作要求，确保具有针对性和可操作性。

（3）设置指标目标值时，不仅要具有挑战性，体现"跳一跳摘桃"的原则，充分激励产业单位内生动力，而且要符合实际，具有公平性，不宜目标太高而挫伤积极性。

▤ 实践案例

国网宁夏银川供电公司从 2019 年 1 月运用"四维一体"指标分解考核法，指标全面、目标合理、评价精确，产业单位日常管理和年度业绩均得到显著提升。下面以元光公司 2019 年绩效考核为例进行展示。

（一）构建"四维"指标体系

1. 战略发展指标

战略发展指标应充分考虑公司发展战略，分解省公司下达关键业绩指标，结合年度重点工作任务进行合理设置，见表2。

表2　　　　　　　　　　　　　　战略发展指标示例

序号	考核指标	目标值	单位	标准分值	考核部门
1	能源互联网建设完成率	100	%	8	互联网部
2	一流企业示范创建达标率	100	%	6	产业管理公司
3	改革创新任务完成率	100	%	5	发展策划部
…	…	…	…	…	…

2. 经营效益指标

经营效益指标要引导产业单位创造价值利润，充分体现经营效益成果，见表3。

表3　　　　　　　　　　　　　　经营效益指标示例

序号	考核指标	目标值	单位	标准分值	考核部门
1	收入总额	49000	万元	30	产业管理公司
2	利润总额	300	万元	20	产业管理公司
3	应收账款回收率	100	%	10	产业管理公司
4	工程建设任务完成率	100	%	15	产业管理公司
5	历史陈旧欠款回收	300	万元	10	银川公司
…	…	…	…	…	…

3. 规范管理指标

管理指标用于全方位加强产业单位日常管理，主要包括专业工作评价指标、部门重点指标、"红线"指标、领导班子评价指标等，见表4～表7。

表4　　　　　　　　　　　　　　专业工作评价指标示例

序号	考核内容	标准分值	考核部门
1	制度建设	5	产业管理公司
2	资金管理	15	产业管理公司
3	投资管理	10	产业管理公司
4	关联交易管理	10	产业管理公司
5	信息系统深化应用	10	产业管理公司
…	…	…	…

表5　　　　　　　　　　　　　　部门重点指标示例

序号	考核指标	目标值	单位	标准分值	考核部门
1	调度业务开展质量	100	%	3	调控中心
2	员工素质提升通过率	50	%	3	党委组织部
3	信息安全保障指标	100	%	2	信息通信分公司
…	…	…	…	…	…

表6　　　　　　　　　　　　　　"红线"指标示例

序号	考核指标	评价标准	考核部门
1	发生负主要责任人身伤亡事故	每死亡一人减10分，每重伤一人减5分	安全监察部
2	发生违反因公出国规范管理的事件	每起减0.5~2分	办公室
3	发现设立账外账或"小金库"的事件	每起减1~2分	审计部
…	…	…	…

表7　　　　　　　　　　　　　　领导班子评价指标示例

序号	考核指标	指标定义	评价标准	考核主体
1	发展贡献（60%）	企业在电网建设、价值创造、管理创新等方面的综合情况	获得优秀、良好、一般、较差的情况，分别评为A、B、C、D级	领导班子成员

序号	考核指标	指标定义	评价标准	考核主体
2	社会影响（40%）	企业在履行重大社会责任、廉洁敬业、树立和维护公司形象方面的综合情况	获得优秀、良好、一般、较差的情况，分别评为A、B、C、D级	领导班子成员

4. 党建引领指标

党建引领指标应从党建工作、员工队伍建设、党风廉政建设等方面进行设置，见表8。

表8 党建引领指标示例

序号	一级指标	二级指标	标准分值	考核部门
1	党建工作	发挥基层党支部战斗堡垒作用	15	党委党建部
2		发挥党员先锋模范作用	15	
3		…	…	
4	员工队伍建设	选人用人机制建设	20	党委组织部
5		内部人力资源市场通用制度执行情况	40	
6		…	…	
7	党风廉政建设	研究部署党风廉政建设工作	20	监察部
8		党政主要负责人落实第一责任人职责	8	
9		…	…	

（二）签订"一体"化业绩考核责任书

汇总整理各模块业务指标、目标值并明确考核部门，形成年度业绩考核责任书，由国网宁夏银川供电公司法定代表人与元光公司主要负责人签订。

（三）考核评价与结果应用

2019年年底，各管理部门全面开展对产业单位年度业绩考核，评价结果见表9。

表 9 元光公司 2019 年考核结果

序号	维度	指标分类	考核部门	分值比例（%）	得分
1	战略发展	战略指标	产业管理公司	20	19.32
2	经营效益	核心指标	产业管理公司	40	39.43
3		效益指标	银川公司	10	10
4	规范管理	专业工作评价指标	产业管理公司	5	4.85
5		部门重点指标	银川公司	5	4.88
6		"红线"指标	银川公司	5	5
7		领导班子评价指标	银川公司	5	5
8	党建引领	党建工作	银川公司	4	4
9		员工队伍建设	银川公司	3	3
10		党风廉政建设	银川公司	3	3
合计					98.48

通过考核得分计算年度绩效奖金。元光公司年度考核得分排名第一，员工年终平均奖金是其他产业单位的 1.14 倍，被评为年度 A 级单位，有效拉开了差距，达到了激励效果。

国网宁夏银川供电公司通过实施"四维一体"指标分解考核法，合理设置产业单位考核指标体系，通过指标管控全面激励和约束经营行为，充分提高产业单位经营业绩，取得良好成效：一是准确衡量业绩成果，管理水平不断提升；二是形成齐抓共管良好局面，经营效益显著提高；三是考核结果全面应用，员工活力明显增强。

报送单位：国网宁夏银川供电公司
编制人：李福平 卢 璟 李 翔

108 "关键业绩 + 目标任务"双重矩阵考核法
——解决驻外总代表横向考核难问题

> **导　入：**驻外总代表隶属各驻外事业部管理，存在各事业部间管理水平参差不齐的情况，难以进行业绩横向对比和综合考量。中国电力技术装备有限公司采用"关键业绩 + 目标任务"双重矩阵考核法，由驻外总代表所在事业部和主管部门联合进行双重考核，全方位评价工作价值，有效解决驻外总代表横向考核难问题。

工具概述

"关键业绩 + 目标任务"双重矩阵考核法，是由各事业部对驻外总代表进行关键业绩的纵向考核，主管部门对于驻外总代表进行目标任务的横向考核，综合两个考核结果应用于总代表年度奖金分配的绩效考核管理法。

适用场景：本工具适用于考核驻外机构负责人。

实施步骤

"关键业绩 + 目标任务"双重矩阵考核法实施步骤包括：制订区域关键业绩指标、确定目标任务评价标准、实施考核评价、兑现绩效薪金四步。

1. 制订区域关键业绩指标

驻外总代表工作关系按照区域隶属于各个事业部，年初各事业部根据本部门业绩考核任务对关键业绩指标进行分解落实，确定所在区域的关键业绩指标，包括市场开发情况、新签合同额、项目执行情况、业务支出情况等。

2. 确定目标任务评价标准

年初，主管部门根据工作安排对各个驻外总代表下达目标任务，目标任务包括周/月报报送及回国审批指标、区域市场信息报送指标、策划会谈指标等。明确约定完成标准与得分定级规则，依据指标完成情况、指标权重加权计算目标任务评分，并依据评分结果确定档级，通过档级确定调节系数。

3. 实施考核评价

各个事业部按照考核周期对驻外总代表的关键业绩指标完成情况进行考核评价，考核评价结果确定绩效奖金基数，作为驻外总代表年度绩效薪金分配的主要依据。

总部分管部门经营法律部按照考核周期对驻外总代表目标任务完成情况进行评分定档，定档结果确定绩效奖金调节系数，作为驻外总代表年度绩效薪金分配的调节依据。

4. 绩效薪金兑现

驻外总代表的考核结果由所在事业部和总部分管部门的考核情况共同决定，通过矩阵考核模式，全方位、多维度衡量驻外代表工作绩效。考核结果应用在当年绩效薪金分配中，年末依据事业部整体业绩情况确定关键业绩指标的绩效等级对应的奖金基数，依据以下计算方式进行兑现：年度绩效薪金 = 年度绩效奖金基数 × 调节系数。

◎ 经验心得

（1）两个责任部门进行双重考核，要进行充分沟通，把握好两个考核部门的考核权重，明确管理责任的主次性，避免考核指标的重复和矛盾。

（2）要不断总结提炼考核方式，做到能够全盘衡量比较不同事业部之间的驻外总代表的工作成果，体现工作价值的差异性。

实践案例

中国电力技术装备有限公司自 2019 年 1 月引入"关键业绩＋目标任务"双重矩阵考核法以来，对驻外总代表实行多维度考核，更全面、准确地衡量驻外代表工作价值。下面以第一事业部驻外总代表考核评价为例进行展示。

1. 制定区域关键业绩指标

依据年初设定的目标，各事业部将驻外总代表的考核指标进行分解，覆盖了驻外总代表的关键业绩工作内容，并依据区域特性设定不同的权重，明确考核导向，见表 1。

表 1 区域关键业绩指标示例

姓名	指标类别	指标权重	单项分值
张 *	市场开发	30%	100
	项目执行	25%	100
	新签合同	25%	100
	商务安排	20%	100
李 *	市场开发	40%	100
	项目执行	25%	100
	新签合同	20%	100
	商务安排	15%	100
王 *	市场开发	20%	100
	项目执行	25%	100
	新签合同	25%	100
	商务安排	30%	100

依据指标完成情况、指标权重加权计算关键业绩评分，得分在 90 分以上为 A 级，70 分以上至 90 分为 B 级，50 分以上至 70 分为 C 级，50 分以下为 D 级。

2. 确定目标任务评价标准

依据年初设定的考核目标，总部分管部门经营法律部将驻外总代表的目标任务指标分解为三类，覆盖了驻外总代表的年度目标任务，依据区域特性设定不同的权重，明确考核导向，见表 2。

表 2   目标任务指标示例

姓名	指标类别	指标权重
张 *	周 / 月报报送及回国审批	25%
	区域市场信息报送	40%
	策划会谈	35%
李 *	周 / 月报报送及回国审批	25%
	区域市场信息报送	30%
	策划会谈	45%
王 *	周 / 月报报送及回国审批	25%
	区域市场信息报送	20%
	策划会谈	55%

依据指标完成情况、指标权重加权计算目标任务评分，加权计算后的总分在 80 分以上为一档，该档位调节系数为 1.05；60 分至 80 分为二档，该档位调节系数为 1；60 分以下为三档，该档位调节系数为 0.95。

3. 实施考核评价

在绩效考核周期结束后，由事业部及总部经营法律部联合对驻外总代表实施考核评价，分别确定绩效等级及调节系数，见表 3、表 4。

表 3　　　　　　　　　关键业绩评分表（由事业部进行考评）

姓名	指标类别	指标权重	加权得分	合计	绩效等级
张 *	市场开发	30%	27	91	A
	项目执行	25%	25		
	新签合同	25%	22		
	商务安排	20%	17		
李 *	市场开发	40%	30	78	B
	项目执行	25%	20		
	新签合同	20%	13		
	商务安排	15%	15		
王 *	市场开发	20%	10	69	C
	项目执行	25%	21		
	新签合同	25%	15		
	商务安排	30%	23		

表 4　　　　　　　　　目标任务评分表（由法律部考评）

姓名	指标类别	指标权重	加权得分	合计	档位
张 *	周 / 月报报送及回国审批	25%	25	76	二档
	区域市场信息报送	40%	30		
	策划会谈	35%	21		
李 *	周 / 月报报送及回国审批	25%	20	83	一档
	区域市场信息报送	30%	30		
	策划会谈	45%	33		
王 *	周 / 月报报送及回国审批	25%	20	58	三档
	区域市场信息报送	20%	18		
	策划会谈	55%	20		

4. 绩效薪金兑现

年末总部依据事业部总体业绩情况确定绩效奖金总额，事业部自行确定各绩效等级对应奖金基数为 A 级 10 万元，B 级 8 万元，C 级 3 万元和 D 级 1

万元。在确定各个驻外总代表的关键业绩指标和目标任务完成情况后，依据绩效薪金兑现规则计算各驻外总代表年度绩效薪金兑现情况，见表5。

表5　　　　　　　　　　　2019 年度第一事业部绩效薪金兑现表

姓名	奖金基数	调节系数	兑现奖金
张 *	10	1	10
李 *	8	1.05	8.4
王 *	3	0.95	2.85

实行"关键业绩＋目标任务"双矩阵考核法后，各事业部的驻外总代表受到事业部和总部分管部门的双重矩阵管理，较好地完成了年度关键业绩和目标任务。在各事业部之建立了统一的考核标准，横向加强对驻外总代表进行全方位的考核评价，同时绩效考核结果还将在次年岗级薪级调整、公司选拔竞聘等方面进行考核结果积分延伸兑现，充分发挥双重考核的激励约束作用。

报送单位：中国电力技术装备有限公司

编制人：王　超　王　沫

109 柔性团队成员三维考核法
——科学精准衡量机组团队成员业绩贡献

> **导　入：**一线项目团队生产人员劳动关系既隶属于用人部门也隶属于所在项目团队，传统的一线生产人员绩效考评完全由用人部门决定，存在"一线项目团队考核管理缺失、用人部门对项目团队成员日常绩效表现监控不到位、考核精准度不高"等问题。国网通用航空有限公司创新实施柔性团队成员三维考核法，通过研究建立机组团队标准化考评体系，充分赋予团队负责人考评权，从团队考核、团队负责人评价、用人部门专业评价三个维度采用加权核定团队成员业绩贡献，有效增强考核方式适用性，实现考核更精准，激励更有效。

工具概述

　　柔性团队成员三维考核法，是指一线项目团队成员的绩效考核由项目团队隶属管理组织、团队负责人与成员派出部门三个考核主体，分别从各自管控的角度进行考核评价的考核方式，分别从项目效益、质量、安全、团队管理等方面构建项目团队标准化考评体系，将团队整体业绩与员工个人绩效相联动；充分赋予团队负责人考评权，构建团队负责人综合评价体系；在提升员工个人考核精准度与激励性的同时，有效激发团队活力，促进团队整体业绩改进提升。

　　适用场景：本工具适用于跨组织的柔性项目团队。

⚙ **实施步骤**

柔性团队成员三维考核法实施步骤包括：建立团队整体考核体系、建立团队负责人综合评价体系、团队成员绩效考核管理、团队成员绩效考核结果评定与应用。

1. 建立团队整体考核体系

组织研究建立柔性团队考核机制。从项目效益、质量、生产安全、团队管理等维度综合衡量团队整体绩效表现，强化安全、效益、客户服务，明确考核指标、指标权重与评价标准，明晰各项指标考核责任部门、考核管理流程与考核结果评定规则。

2. 建立团队负责人综合评价体系

组织制定项目团队负责人综合评价体系，充分赋予团队负责人考评权，从劳动纪律、责任感、团队协作、积极主动性等维度量化设置指标评分标准，综合评价团队成员绩效表现，合理拉开考核分配差距。

3. 团队成员绩效考核管理

明确项目团队成员绩效考核体系构成。项目团队成员考核结果由团队考核、团队负责人综合评价与用人部门专业评价三部分组成。一线生产类员工，以月度作为最小化考核周期，明确不同考核周期员工个人绩效考核方式。

个人绩效考核月度得分＝所属项目团队月度绩效考核得分 × 权重1+团队负责人月度综合评价得分 × 权重2+用人部门月度专业评价 × 权重3。

4. 团队成员绩效考核结果评定与应用

用人部门依据员工三维考核评价得分，加权平均后计算员工各考核期内个人综合绩效得分，评定个人考核等级与绩效系数，人资部依据个人绩效系数核算员工当期绩效工资。

◎ **经验心得**

（1）应充分遵循"个人绩效与团队绩效联动、项目团队与用人部门考核管理有效衔接"的考评原则。

（2）构建柔性项目团队的考核评价机制是开展柔性团队员工三维绩效考核的要点。

（3）对于团队内部成员职责分工差异性大、不同质的情况，项目团队负责人采用综合评价量表或制定负面清单的评价方式；对于团队内部员工职责分工同质性高的组织，根据员工承担的任务和贡献度，采用横向量化考核的方式进行综合评价。

📝 **实践案例**

国网通用航空有限公司于 2019 年 8 月实施柔性团队成员三维考核法，实现了对 335 名机组生产作业人员工作业绩的精准衡量。下面以 2019 年三季度机组考核为例进行展示。

1. 建立团队整体考核体系

从作业安全、作业质量、作业任务量、现场管理四个维度综合考评各机组团队绩效表现，明确了机组团队的考核指标、权重、评价标准等，见表1。

表 1　　　　　　　　生产作业机组考核指标及评价标准

序号	指标分类	指标名称	指标分值	指标定义或计算公式	评价标准	考核责任部门
1	作业安全	安全生产	20分	（1）机组运行安全平稳，现场检查无违反公司安全规定行为。	（1）事故（事件）评价标准，遵照公司《安全质量工作奖惩操作规范》相关规定执行。 （2）未发生事故（事件）不扣分；如有发生，扣减相应分值。	航空电力安全部（保卫部）

序号	指标分类	指标名称	指标分值	指标定义或计算公式	评价标准	考核责任部门
1	作业安全	安全生产	20分	（2）机组运行期间，未发生《安全质量工作奖惩操作规范》中明确的不安全相关事项	（3）发生四级以上事故（含四级）扣20分，发生五级事件扣15分，发生事故征候或六级事件扣10分，发生严重差错或七级事件扣5分，发生一般差错或八级事件扣2分，发生其他违规行为（未达到八级）扣1分。 （4）公司范围内，半年内连续发生2次同类型事故（事件），第2次发生事故（事件）的机组，扣分提升1个等级标准；半年内连续发生3次同类型事故（事件），第3次发生事故（事件）的机组，扣分提升2个等级标准；依此类推。 特别说明：机组相关责任人员罚金扣减标准参照公司《安全质量工作奖惩操作规范》相关规定执行	航空电力安全部（保卫部）
2	作业质量	一般巡视、特殊巡视作业质量	20分	考核月度机组发生缺陷漏巡、错巡等巡视作业质量问题	严格执行国网线路缺陷判定标准及公司产品质量标准。 一般巡视、特殊巡视作业质量标准应满足： （1）危急缺陷不漏巡。 （2）平口及以上位置严重缺陷不漏巡。 （3）一般缺陷漏巡数不多于百千米$17.54 \times 5\% = 0.877$（处）。 激光扫描作业质量标准应满足： （1）经核查错判的通道隐患存在差异的不多于总隐患数量的5%。 （2）交跨识别率不低于95%，其中重要交跨识别率100%。 评价标准：完成目标值不扣分；未完成目标值，视严重程度进行减分考核。 内部自查发现的，严重及危急缺陷每发生1处漏检，扣减1分；激光扫描重要交跨识别，每存在一处差异扣1分。一般缺陷漏检每百千米漏检率超过5%，每超过1%，扣0.1分；每百千米激光扫	发展策划部电网作业中心

续表

序号	指标分类	指标名称	指标分值	指标定义或计算公式	评价标准	考核责任部门
2	作业质量	一般巡视、特殊巡视作业质量	20分	考核月度机组发生缺陷漏巡、错巡等巡视作业质量问题	描通道隐患、一般交跨识别错判和漏判率超过5%，每超过1%，扣减0.1分，最多扣减至0分。 　　受到客户投诉并核实确认后，应当发现的严重及危急缺陷每发生1处漏检，扣减2分；激光扫描重要交跨识别，每存在一处差异扣2分。一般缺陷漏检每百公里漏检率超过5%，每超过1%，扣0.2分；每百千米激光扫描通道隐患、一般交跨识别错判和漏判率超过5%的，每超过1%，扣减0.2分，最多扣减至0分。 　　特别说明：受到客户投诉并核实确认，超作业质量标准的，机组相关责任人员罚金扣减标准参照公司《安全质量工作奖惩操作规范》相关规定执行	发展策划部电网作业中心
3	作业任务量	飞行里程数	40分	考核月度机组飞行作业里程	对机组飞行任务量辅以作业区域天气条件、空域资源与具体作业科目的调节系数后，由高到低进行排序，以当月各机组的里程数均值为基准值，对应考核分值30分，按照实际里程数与平均里程数倍比关系×基准分值，核定各机组作业任务量得分。 　　作业任务量考核得分=30×（本机组实际飞行里程数/机组飞行里程数均值）	调度控制中心
4	现场管理	作业组织及管理	20分	（1）考核作业机组飞行四个阶段组织的规范性。 （2）考核作业机组阶段计划分解的合理性。	（1）飞行四个阶段组织有漏项的，次日计划和任务布置不清楚的，航前航后会未组织的，各阶段工作质量不高影响作业的，上述情况每发生1次扣1分。 （2）机组阶段性任务分解不合理，飞行作业缺乏计划性，导致生产效率明显降低的，扣2分。	调度控制中心

序号	指标分类	指标名称	指标分值	指标定义或计算公式	评价标准	考核责任部门
4	现场管理	作业组织及管理	20分	（3）考核作业机组每日飞行计划执行的准确性。（4）考核作业机组非正常事件处置的及时性	（3）无正当理由，飞行计划与前一日申报计划偏差较大的，联系放飞后1小时内未起飞的，地面转场组织不严密影响作业的，上述情况每发生1次扣1分。（4）机组非正常事件处置不主动、推诿扯皮，严重影响机组正常运行的，扣2分	调度控制中心

最终考核得分为各指标考核评分相加，并将考核结果划分为 A、B、C 三个等级，A 级机组取月度考核得分前 20% 的机组。同时，制定 C 类机组评定标准负面清单。

2. 建立团队负责人综合评价体系

常规生产作业机组成员由机长、副驾驶、放行人、机械员、航检员、保障车与油车司机构成，机组内部职责分工差异性大，机组负责人对机组成员进行综合绩效评价，其中对劳动纪律、责任感、团队协作等采用负面清单减分考核方式，对主动担当、建设性意见采纳与推广等采用加分考核方式。机组负责人综合评价指标及评价标准见表2。

表2　　　　　　　　　　机组负责人综合评价指标及评价标准

序号	指标分类	指标名称	指标分值	指标定义或计算公式	评价标准
1	劳动纪律	出勤率	30	缺勤包括旷工、病（事）假，缺勤半天以上按1天算	（1）全勤得指标标准分值。（2）病（事）假缺勤1天扣1分，半天扣0.5分。（3）旷工1天扣2分，半天扣1分
2		机组例会缺勤次数	—	考核期内因个人原因导致的缺勤次数，因组织安排其他任务而导致缺勤的，不计入缺勤数统计	按时参加机组例会得指标标准分值；因个人原因导致机组例会缺勤，每发生1次，扣减1分

序号	指标分类	指标名称	指标分值	指标定义或计算公式	评价标准
3	劳动纪律	进、退场不及时次数	—	考核期内因个人原因导致的进退场不及时次数，因不可抗力而导致的情况，不计入缺勤数统计	（1）未出现因个人原因导致进、退场不及时，得指标标准分值。 （2）因个人原因导致进、退场不及时，每发生1次，扣减2分
4		规范性	10	严格遵守民航法规、公司规章制度和机组作业有关规定和要求	（1）未违反相关规章制度要求，得指标标准分值。 （2）违反相关规章制度要求，该项指标不得分
5	责任感	—	30	对机组内本职工作认真负责，出现工作失误时，能够承担个人应负责任，不推诿、逃避	（1）工作认真负责，敢于担当，得指标标准分值。 （2）因工作懈怠、责任意识不强导致工作上出现差错，并影响到机组作业任务的正常开展，每发生1次，扣减2分。 （3）工作中出现差错，推诿、逃避责任，态度恶劣，每发生1次，扣减5分
6	团队协作	—	30	服从工作安排，尊重领导，团结同事，不发表对公司、团队不利影响的言论，重大事情及时报告，不误报、瞒报	（1）服从机组任务安排，认真履行岗位职责，得指标标准分值。 （2）出现无正当理由不服从机组工作安排、推诿扯皮、闹情绪，导致工作任务未完成，每发生1次，扣减5分。 （3）出现重大事情误报，每发生1次，扣减5分。 （4）出现重大事情瞒报，每发生1次，扣减10分。 （5）发表对公司、机组不利影响的言论，故意诋毁他人，制造矛盾，未对公司品牌信誉和生产作业造成影响，每发生1次，扣减5分。 （6）发表对公司、机组不利影响的言论，故意诋毁他人，制造矛盾，对公司品牌信誉造成负面影响或延误生产作业进度，每发生1次，扣减10分

序号	指标分类	指标名称	指标分值	指标定义或计算公式	评价标准
7	积极主动性	—	—	工作积极，主动分担职责以外的工作任务；善于发现问题、分析问题，主动提出建设性意见并被采纳，为机组或公司安全运营、提质增效等方面起到助推作用	（1）工作中，主动协助机组其他成员，分担职责以外的工作任务，每1次，加1分。 （2）提出有利于机组建设与生产的意见建议并被采纳： 1）能有效解决机组工作中的不合理情况，改善工作效率，消除安全隐患等，每1条，加2分。 2）意见建议被采纳并在公司内得到推广，形成典型经验，每1条，加5分。 加分项上限5分

3. 团队成员绩效考核管理

团队成员绩效考核包括所在机组考核、机组负责人综合评价与用人部门考核三部分。不同考核周期机组成员绩效考核方式不同：

月度机组成员绩效考核得分、等级＝所属机组绩效考核得分、等级。

月度机组成员绩效考核综合得分＝月度机组成员绩效考核得分 ×45%+机组负责人月度综合评价得分 ×15%+ 用人部门月度专业评分 ×40%。

季度机组成员绩效考核得分＝（∑月度机组成员绩效考核综合得分）/3。

4. 团队成员绩效考核结果评定与运用

（1）月度绩效评定。以 2019 年 9 月机组 SG1122 绩效为例，参与西藏、青海航巡任务，作业里程 1215 千米，机组作业效益排名第 4，作业安全指标得分 20 分，作业质量（内部自查）指标得分 20 分，作业任务量指标得分 32.16 分，现场管理指标得分 20 分，总分 92.16 分，考核等级为 A。

机组成员二类放行人小于，9 月月度绩效结果取所在机组 SG1122 绩效结果，考核得分 92.16 分，月度绩效等级 A。本月所在机组产出高，月度个人绩效与团队绩效充分联动。

（2）三季度绩效评定。

9月机组作业中，小于积极建言献策，提供消除安全隐患建议1条，月度机组负责人综合评价102分；用人部门专业考核得分90分。

9月个人绩效综合得分（季度绩效核算）=92.16×45%+102×15%+90×40%=92.77（分）。

7月、8月个人绩效综合得分分别为87分、82.55分，2019年三季度个人绩效得分=（87+82.55+92.77）/3=87.44（分）。

按照季度分数由高到低，用人部门员工得分前20%考核等级为A。小于所在部门总计有77人参与一线机组生产作业，其中14人季度考核等级评定为A。小于排名第28名，季度考核等级评定为B。

国网通用航空有限公司通过实施柔性团队成员三维考核法，将个人绩效结果与机组团队整体业绩联动，让机组负责人在考核上更有"发言权"，考核结果更精准，激励更到位，机组内部形成了"比学赶帮超，人人为我，我为人人"的良好团队风气，团队凝聚力与活力空前提升，有效解决了专业部门监管不到位、考核精度不高等问题。

报送单位：国网通用航空有限公司

编 制 人：刘云晨

110 "提质增效"差异考核法
——突出企业效率效益价值导向

> **导　入：** 2020年，国家电网有限公司积极应对严峻复杂的经营形势，开展提质增效专项行动。为确保提质增效行动持续推进，国网物资有限公司创新实施"提质增效"差异考核法，突出效益导向，推动提质增效专项行动落实落地。

工具概述

"提质增效"差异考核法是指在企业负责人关键业绩考核体系中纳入提质增效考核内容，针对不同部门（单位）所承担业务情况，从效益增长、成本压降、管理提升三个角度设置经营绩效考核加分指标，聚焦效益导向，对各部门（单位）实施精益化、差异化考核。

适用场景：本工具适用于需要加强提质增效效果的部门（单位）。

实施步骤

"提质增效"差异考核法实施步骤包括：分类被考核部门（单位）、差异化设置经营绩效指标、基于价值贡献实施考核评价。

（一）分类被考核部门（单位）

根据部门（单位）功能定位和业务特点，将公司各部门（单位）划分为职能管理类、主营业务类、支撑服务类、市场化业务类四大类。

（二）差异化设置经营绩效指标

为提高考核的针对性和有效性，将经营绩效指标按目标任务类型设置为效益增长指标、成本压降指标、管理提升指标三类。

1. 效益增长指标

效益增长指标主要针对主营业务和市场化业务两类部门（单位），提炼共性考核内容，剔除客观影响因素，引入多元比较法（与目标比、与历史最优比、与历史平均比）量化考核。

2. 成本压降指标

成本压降指标分为管理成本费用指标及业务成本费用指标。管理成本费用指标主要针各部门（单位）的可控费用，引入分档制目标核定方法，鼓励各部门（单位）"自树目标、自我加压"，充分调动部门（单位）的主动性，激发队伍活力。业务成本费用指标主要针对支撑服务类部门（单位）的业务成本费用，由部门（单位）自行申报业务成本压降目标，采取绩效目标和多元比较相结合的考核方式。

3. 管理提升指标

管理提升指标主要针对职能管理类部门，引导相关部门重视提高工作质量效率。

（三）基于价值贡献实施考核评价

基于价值贡献对职能管理、主营业务、支撑服务和市场化业务四类部门（单位）制定考核内容并实施。

（1）职能管理类。重点围绕年度重点工作、专业管理要求、部门成本管控等方面考核，完成考核目标得基准分，未完成考核目标的按评价标准进行扣分。加分实行"管理提升＋突出贡献"考评方式，在完成目标的基础上，根据完成情况给予加分，设置加分上限。

（2）主营业务类。重点围绕经营效益提升、业务成本管控、年度重点工作等方面考核，考核目标根据财务预算、专业管理要求，统筹考虑业务特点进行差异化设置。加分实行"效益增长＋突出贡献"考评方式，在完成预算目标值的基础上，根据超额完成情况给予加分，设置加分上限。

（3）支撑服务类。重点围绕业务成本管控、支撑保障服务、年度重点工作等方面考核，完成考核目标得基准分，未完成考核目标的按评价标准进行扣分。加分实行"成本压降＋突出贡献"考评方式，在完成考核目标值的基础上，根据实际完成情况给予加分，设置加分上限。

（4）市场化业务类。重点围绕经营效益、成长发展、市场拓展等方面考核。加分实行"效益增长＋突出贡献"考评方式，在完成预算目标值的基础上，根据超额完成情况给予加分，设置加分上限。"突出贡献"加分事项由各部门（单位）自主申报，设置加分上限。

◎ 经验心得

承担效益增长指标和业务成本压降指标的业务部门（单位）可以集中优势力量聚焦指标完成，不承担效益增长指标和业务成本压降指标的职能部门和支撑服务部门可聚焦管理提升，同样为企业负责人业绩考核做出贡献。

实践案例

国网物资有限公司于2020年3月应用"提质增效"差异考核法，落实提质增效专项行动，强化效益效率导向。

（一）分类被考核部门（单位）

根据部门（单位）功能定位和业务特点实行分类考核，将各部门（单位）

划分为职能管理、主营业务、支撑服务、市场化业务四大类，具体考核分类
情况见表1。

表1　　　　　　　　　　　　考核分类情况

部门（单位）类型名称	覆盖范围
职能管理类	综合管理部（党委办公室、董事会办公室）（法律事务部）、财务资产部、党委组织部（人力资源部）、纪委办公室（审计部、巡察办）、党委党建部（党委宣传部）、离退休工作部
主营业务类	招标工作一部、招标工作二部、招标工作三部、合同结算部、物资供应部、质量监督部
支撑服务类	物资计划部、技术支持部、供应链运营中心、综合服务中心
市场化业务类	中电国际货运代理有限责任公司、北京国网拍卖有限公司、蟒山（北京）会议中心

（二）差异化设置经营绩效指标

在保留部门负责人业绩考核原有安全工作、关键业绩、专业工作、党建工作、领导班子评价考核维度的基础上，在关键业绩中设置经营绩效考核加分指标。以主营业务类部门为例，从效益提升和成本压降两个方面设置经营绩效指标，见表2。

表2　　　　　　　　主营业务类部门负责人经营绩效考核体系

序号	指标名称	加分分值	指标定义或计算公式	评价标准
			效益提升指标	
1	招标代理综合费率提升指数	3	招标代理综合费率提升指数 =0.2×（本年度招标代理综合费率完成值 − 本年度目标费率）+ 0.4×（本年度招标代理综合费率 − 上年度招标代理综合费率）+0.4×（本年度招标代理综合费率 − 近三年平均费率）	加分分值 = 招标代理费率提升指数 × 最高加分分值 × 调节系数，设置最高加分分值

序号	指标名称	加分分值	指标定义或计算公式	评价标准
			成本压降指标	
2	管理成本费用压降率	2	重点考核部门可控费用压降率。 管理成本费用压降率=（当年度管理成本费用－上年度管理成本费用）/上年度管理成本费用×100%	见基于价值贡献考核评价标准
3	业务成本压降指数	3	业务成本压降指数=0.5×（当年业务成本压降指标－上年度业务成本压降指标）+0.5×（当年度业务成本压降指标－近三年平均业务成本压降指标）	加分分值=业务成本压降指数×最高加分分值×调节系数，设置最高加分分值

（三）基于价值贡献实施考核评价

1. 管理成本费用方面（2分）

评价方式采用绩效目标分档法，分基本目标、进取目标、卓越目标三档考核评价，见表3。

表3 绩效目标分档

指标名称	基本目标	进取目标	卓越目标
管理成本费用压降率	管理成本费用压降率≤0%	同比减少0~3万元且0%＜管理成本费用压降率＜30%	同比减少3万元以上且管理成本费用压降率≥30%
达成目的之后的指标考核加分	0分	1分	2分

2. 收入指标提升指数（3分）、业务成本压降指数（3分）方面

两个指标计算公式均与部门业务成本及业务量挂钩，依据相应业务量及业务成本，结合计算公式，计算经营绩效加分分值。

国网物资有限公司采用"提质增效"差异考核法后，经营绩效指标考核

体系进一步优化，各部六（单位）在关注关键业绩指标的同时，聚焦提质增效，持续提升自身核心竞争力，不断实现业绩突破。

报送单位：国网物资有限公司

编 制 人：孙晓蒙　武　莉　肖　民

111 新媒体人员 KPI+OKR 考核法
——解决新媒体业务人员考核激励问题

> **导 入：** 随着媒体转型融合发展，英大传媒集团新媒体业务不断发展成熟。新的业务发展催生新的管理需求，传统考核模式成为新媒体业务发展的桎梏，如何更好考核激励新媒体业务人员成为新媒体业务发展中的重要课题。新形势下，基于新媒体内容流量，英大传媒集团通过 KPI 量化考核新媒体人员关键业绩，辅以 OKR 进行新媒体产品生产管理、创新及改进优化，有效激励新媒体业务人员安全生产与流程创新，不断开创新媒体业务发展新局面。

工具概述

新媒体人员 KPI+OKR 考核法，是指基于内容流量，通过目标、指标体系层层分解，实现新媒体人员业务质与量的考核，保证实现组织目标并形成考核分配依据，通过目标 – 关键业绩成果管理鼓励新媒体作品内容、形式、设计等上的创新。KPI+OKR 考核法强调指标量化的同时重过程管理。

适用场景：本工具适用于绩效导向文化组织中复杂、创造性工作的场合，适用于新媒体人员绩效考核。

实施步骤

新媒体人员 KPI+OKR 考核法实施步骤包括：确定新媒体业务目标和工作重点、分解出部门级目标和 KPI、建立个人 KPI 和 OKR、回顾与评价。

（一）确定新媒体业务目标和工作重点

根据集团战略目标，通过会议形式采用头脑风暴法、鱼骨分析法等找出集团年度新媒体业务目标和工作重点。

（二）分解出部门级目标和 KPI

新媒体部门负责人运用价值树模型根据集团年度新媒体业务目标和工作重点分解到部门，形成部门目标和工作重点、建立部门 KPI。

（三）建立个人 KPI 和 OKR

新媒体部门考核分配小组对部门目标和工作重点、部门 KPI 进一步细分，从内容流量角度分解为更细的 KPI 及各职位的业绩衡量指标，充分听从新媒体业务人员意见，组织讨论支持目标和工作重点实现的 KRS。

新媒体部门考核分配小组，通过讨论各指标上分别应该达到什么样的水平，设定考核标准解决"被评价者怎样做、做多少"的问题，确保指标能够全面、客观地反映被评价对象的绩效，有效且易于操作。

（四）回顾与评价

新媒体部门负责人带领所有新媒体业务人员以月度、季度、年度为周期，进行正式的回顾、评价、总结，对实施过程进行深入分析，并适时调整、不断改进完善以确保目标实现。

◎ 经验心得

（1）指标分解、标准制定过程中让被考核人员充分参与。一是被考核人员能充分了解各层级目标、要求，有助于目标达成、战略落地；二是能激发员工主人翁精神，充分调动员工工作积极性；三是使目标和标准更科学、更有效、更接地气。

（2）KPI考核结果与薪酬挂钩、OKR管理过程发现人才。KPI指标重结果，是对员工工作质与量的量化衡量，薪酬为员工劳动所得的报酬，故员工的KPI指标考核结果作为硬指标应当与薪酬绩效分配挂钩。

OKR指标重过程，是对业务生产结果的促进与超越，能够聚焦核心目标，是阶段性的、变化的，强调过程中的进步、思想上的创新，有助于组织目标达成、员工不断超越自我，凸显综合能力水平，作为软指标可作为人才评选、晋升的重要参考依据。

实践案例

英大传媒集团于2019年开始实施新媒体人员KPI+OKR考核法，充分激发了员工工作热情、鼓励创新超越，新媒体宣传成效显著，优秀干部人才脱颖而出。下面以数字媒体中心为例进行展示。

（一）确定新媒体业务目标和工作重点

1. 数字媒体中心工作重点考核原则

（1）坚持公开公平公正，正向激励，按劳分配，多劳多得，让奋斗者有更多的获得感。

（2）坚持移动优先、视频优先，突出原创、视频等核心业务，激励员工快速成长成才。

（3）坚持员工主动创新，在选题策划、采访写作、编辑制作、运营推广等方面主动作为，多出精品力作。

（4）坚持全员一岗双责，业务工作与态度、作风一同考核，与遵章守纪、廉洁自律一同考核。

2. 数字媒体中心考核机制

（1）部门负责人为业务绩效考核第一责任人，负责业务标准制订、工作质量初评、工作量统计和业绩打分等工作。

（2）一般采取月度、年度考核相结合的方式，其中月度主要考核工作任务积分，通过 KPI 层层分解，基于内容和流量对工作完成情况进行量化考核计分。

（3）月度绩效评价与员工当月绩效工资挂钩，并作为年度绩效考核及评先表优的重要依据。

（4）OKR 作为过程管理贯穿新媒体生产整个过程，不作为薪酬分配依据，是流程管理、鼓励创新的重要方式，并作为人才选拔、晋升的重要参考依据。

3. 确定目标和考核重点

新媒体业务：微信、微博、微视频、客户端、手机报等产品生产。

安全：重点是政治和技术安全，考评文字差错率（不超过 0.03%），辅以发出后的差错、质量情况。

流程：主要考评是否违反流程规范及导致的后果。

创新：重点考评内容、形式、设计等主动创新情况。

（二）分解出部门级目标和 KPI

按不同新媒体业务分解基于内容流量的加项 KPI，见表 1。

表 1　　　　　　　　　基于内容流量的加项指标加分标准

新媒体业务	基于内容流量的加项指标定义与分值	备注
微信	（1）独立策划编辑制作阅读量 10 万以上作品，20 分 / 条。 （2）独立策划编辑制作一般专题或早安微信，10 分 / 条。未达到 10 万以上但获得重量级反馈（总部、集团领导等），加 10 分。 （3）独立完成原创类国网报微信，7 分 / 条（非原创聚合类 4 分 / 条）；单条阅读量 10 万以上，计 20 分。	二人各 1/2 三人各 1/3

新媒体业务	基于内容流量的加项指标定义与分值	备注
微信	（4）10万以上作品受到公司领导批示表扬，或被三大央媒转发，或有效运营推广阅读量大的，由主任酌情加分	二人各1/2 三人各1/3
微博	独立编发电网头条（国网报）微博当天10条以上新闻内容，0.5分/条，节假日重大应急新闻1分/条	
微视频	独立制作微视频阅读量10万~100万，2分/条；100万以上，10分/条；1000万~3000万，20分/条，3000万~5000万，30分/条；5000万以上，40分/条	抖音 快手
客户端	（1）聚合类：独立策划更新、上传聚合，0.5分/条，节假日重大应急新闻1分/条。 （2）原创类：独立完成现场采写类或观潮类深度作品20分/篇，一般原创如快评、新鲜π、图解力文案、西街杂货铺等10分/篇，综合整理类3分/篇，文化生活类如下厨房5分/篇。独立策划并维护原创专题20分/个，一般专题10分/个，下月不重复计分。 （3）视频类：独立完成现场原创专题类、纪录片类视频40分/个（策划及文案10分，出镜5分，拍摄5分，剪辑15分，字幕5分），独立完成现场原创VLOG类、街采类、访谈类视频20分/个（策划文案5分，出镜5分，拍摄剪辑字幕10分），独立完成原创新闻采访类、动新闻类10分/个（策划文案3分，出镜2分，拍摄剪辑字幕5分），独立现场直播15分/次（策划文案5分，出镜7分，拍摄3分），H5文案10分/次，策划基层直播3分/次，琥珀及点播1分/个。 （4）负责技术及直播保障、对接消缺应急等，4分/天。 （5）电子报抢先看的版面传递与制作，5分/（月·人）。 （6）有效推广、阅读量高的原创作品，由主任参照加分	二人各1/2 三人各1/3
手机报	独立编发当期国网报手机报无差错，5分/期。 独立完成地方版手机报代维工作，1分/期	
外部App	独立有效完成外部平台App更新任务，单篇阅读量1万以上，1分/条；单篇阅读量1万以下，0.5分/条	
代维业务	（1）代维发布微信公号且满足质量要求，3分/次。 （2）新源公司等网站运维且满足质量要求，3分/天。 （3）掌上电力、i国网、党建App等相关工作，1分/次	
媒体融合	在传统媒体刊发原创采访作品,500字以内的，3分/篇；500~1000字，5分/篇；1000字以上，10分/篇；自采的新媒体作品被传统媒体刊发，加5分/篇	

数字媒体中心新媒体人员基于内容流量的减项 KPI，见表 2。

表 2 基于内容流量的减项指标扣分标准

新媒体业务	基于内容流量的减项指标扣分标准
微信客户端代维业务	（1）因各种因素而删文，或被投诉且经查属实的，计 0 分。 （2）错字、别字、多字、少字、重字等文字差错，有明显病句，标点符号差错，应知应会的常识性差错，每处扣 1 分。 （3）时间、地点、单位、重要数据差错，副省部级、公司副总及以上领导姓名或职务差错，及时处理后视情况每处扣 3 分。 （4）大标题或二级小标题出错，及时处理后视情况一次扣 5 分。 （5）格式出现差错，每期扣 2 分。 （6）文字差错率（含标点符号）超过 0.03%，扣 50% 以上分值。 （7）同一差错，编辑与审核者、互查者同担责任
微博	微博转发量低于 8 次，单条扣 0.5 分。其他同微信与客户端
微视频	单条阅读量低于 10 万以上的，酌情扣分。其他同微信与客户端
手机报	（1）被投诉而重发的，当期计 0 分。 （2）文字差错率超过 0.03%，扣 3 分。 （3）其他同微信与客户端
外部 App	今日头条号、强国号、人民号、澎湃号等外部 App 单条阅读量低于 500，该条作品计 0 分。其他同微信与客户端

（三）建立个人 KPI 和 OKR

数字媒体中心目标 1（Objective1）：提升新媒体影响力。

KR1："10 万 +"新媒体作品量较上季度增长 5%。

KR2: 新媒体粉丝量较上季度增长 2%。

KR3: 新媒体总阅读量较上季度增长 5%。

（四）回顾与评价

1. 激发员工工作热情、鼓励创新超越

员工薪酬与个人绩效全面挂钩，充分体现多劳多得，杜绝好人主义、平均主义，新的管理变革极大激发新媒体业务人员干事创业的积极性和主动性。

OKR 管理过程促使组织成员聚焦阶段性目标，不断超越、大胆创新，在新媒体生产过程及作品成果中从选题、内容、形式、设计、最终表现形态等各方面、各环节不断超越、不断创新，催生了一系列传播效果卓越的新媒体产品。

2. 新媒体宣传成效显著、影响力不断攀升

截至 2020 年 4 月 22 日，英大传媒集团 2020 年共发布新媒体作品 26401 篇，平均每天发稿 300 篇，总阅读量 17.43 亿，共被外媒转载 335 篇次，唱响了主旋律、弘扬了正能量、增添了暖色调，宣传成效显著、影响力不断攀升。

3. 挖掘员工潜力、优秀干部人才脱颖而出

新的考核考试方法随着新媒体业务发展应运而生，符合英大传媒集团发展需要，同时是挖掘员工潜力、发现优秀人才的有效途径。近年来，不少新媒体部门年轻绩优员工薪酬跻身进入集团全体干部员工薪酬水平的前二十位，真正实现了"收入凭贡献、以奋斗者为本"的理念。新的考核管理模式下，新媒体部门有思想、有能力的 90 后干部脱颖而出，敢扛事、敢创新，成为集团最年轻的干部力量。

报送单位：英大传媒投资集团有限公司

编 制 人：张国庆 曾彩霞

112 "岗位履责＋任务积分"量化考核法
——解决管理人员量化考核难题

> **导 入：** 管理人员存在工作任务难量化、工作成果难评价、业绩贡献难衡量的问题。国网中兴有限公司采用管理人员"岗位履责＋任务积分"量化考核法，以常规重点工作任务积分为重点，量化考核工作任务，合理拉开考核差距，有效解决了管理人员量化考核难题。

工具概述

"岗位履责＋任务积分"量化考核法是指将"岗位职责完成情况""常规重点工作任务积分""综合评价和考核加减分"纳入管理人员季度绩效考核的方法。其中"岗位职责完成情况"采取扣分制方式，扣分分值与季度标准奖金挂钩；"常规重点工作任务积分"采取积分汇总计算方式，对考核周期内员工完成常规重点工作任务的数量和质量进行考核；"综合评价和考核加减分"采取绩效经理人评价方式。

适用场景：本工具适用于考核各单位职能部门、业务部门的管理人员。

实施步骤

"岗位履责＋任务积分"量化考核法实施步骤包括：岗位职责完成情况评价、常规重点工作任务积分考核、其他评价和考核结果应用。

1. 岗位职责完成情况评价

对分解到岗位人员的年度重点工作任务、月度计划及里程碑计划、督办工作任务、专业管理工作、二十四节气表等岗位职责任务完成情况和质量进行评价。

2. 常规重点工作任务积分考核

主要是对考核周期内员工完成常规及专项重点工作任务数量及质量进行考核，并设定不同系数得出差异化工作任务积分。

个人累计常规重点工作任务积分 = $\sum$（工作标准分值 × 角色系数 × 工作质量系数）

工作标准分值：依据工作任务类别、难易程度、技术含量等因素，可将分成关键、重要、中等、一般和较轻五个等级。

角色系数：按照员工在同一个任务中担任的不同角色以及所付出劳动的不同情况，可分为负责人、主要操作人、次要操作人、辅助操作人四类。

工作质量系数：依据完成工作任务的及时性、准确性、规范性等因素设置优、中、良、及格四个等级。

根据员工考核周期内累计常规重点工作任务积分确定其指标得分，计算公式如下：

个人常规重点工作任务积分指标得分 = 个人累计常规重点工作任务积分 / 部门个人累计常规重点工作任务积分最高值 × 指标分值（20分）

3. 其他评价

其他评价包含综合评价和考核加减分。绩效经理人通过对劳动纪律、工作态度、工作能力、创新精神等进行综合评价，并对员工梳理的个人岗位工作亮点和其他事项进行考核加减分。

4. 考核结果应用

考核结果直接用于绩效等级评定，划分"A、B、C、D"四个等级，定级结果符合员工定级标准，其中 A 级占比不超过 20%，考核结果低于 80 分评定结果不得高于 B 级。奖金系数与个人绩效等级挂钩，不同绩效等级奖金系数不同。相应奖金系数用于下个季度全员薪酬兑现。

◎ 经验心得

（1）考核期内，绩效经理人应客观记录岗位职责完成情况，对员工的考核评价结果予以公示，避免考核期末出现应考核未考核及考核不准确的情形。

（2）在工作任务量化考核过程中，重点工作任务积分中角色系数由个人赋分，需要员工按照工作任务完成实际进行客观评价。

（3）考核周期内常规工作任务需要以公司重点工作任务和督办工作为中心，协同办公室等相关部门配合提出。

✎ 实践案例

国网中兴有限公司自 2016 年 1 月 1 日采用管理人员"岗位履责＋任务积分"量化考核法，合理拉开了考核差距，督促员工优质高效完成工作任务，提高考核的透明度。下面以人力资源部二季度考核为例进行展示。

1. 岗位职责完成情况评价

岗位职责完成情况满分 60 分。由部门绩效经理人组织员工依照本人岗位职责提交年度重点工作、月度工作计划、承担督办工作完成情况。绩效经理人按照考核标准客观评价，按时履行所有工作职责、任务及计划，无明显失误得满分；岗位职责范围内某项工作、任务或计划未完成，每发生一次扣 3 分；未按时完成，每发生一次扣 2 分；出现差错或失误，每发生一次扣 1 分。各项扣分累计计算，每扣 1 分，扣发季度标准奖金的 2%，至扣完为止。

根据考核结果，员工 1、4、5、6 四名员工在"岗位职责完成情况"中出现考核扣分，具体情况见表 1。

表 1   岗位职责完成情况扣分表

姓名	岗位	岗位职责扣分事项	扣分分值	岗位职责完成情况得分（60分）	考核兑现
员工 1	干部人事高级主管	未及时签订劳动合同	2	58	扣发员工 1 下季度标准奖金的 4%
员工 4	组织绩效管理	人力资源工作部署会出现两处文字错误	2	58	扣发员工 4 下季度标准奖金的 4%
员工 5	综合计划管理	人力资源工作部署会出现两处文字错误	2	58	扣发员工 5 下季度标准奖金的 4%
员工 6	轮岗实习	2018 年度人力资源分析报告进展迟缓	2	58	扣发员工 6 下季度标准奖金的 4%

2. 常规重点工作任务积分考核

常规重点工作任务积分指标满分 20 分。同一工作角色分工由参与人员共同协商确定；工作标准分值、工作质量系数由绩效经理人确定，各系数划分标准见表 2。

表 2   各系数划分标准示例

分类	等级	系数分值
工作标准系数	关键	10
	重要	8
	中等	6
	一般	4
	较轻	2
角色系数	负责人	1.2
	主要操作人	0.9
	次要操作人	0.6
	辅助操作人	0.3

分类	等级	系数分值
工作质量	优	2
	良	1.5
	中	1
	及格	0.5

按照系数划分标准，将工作标准、角色系数、工作质量系数带入后，从而得到各员工常规重点工作任务积分，部分计算实例见表3。

表3　　　　　　　2019年二季度常规重点工作任务评价结果示例

序号	工作任务名称	工作标准分值（10、8、6、4、2）	工作质量系数（2、1.5、1、0.5）	员工1		员工2		员工3		员工4		员工5		员工6	
				角色系数（1.2、0.9、0.6、0.3）	积分	角色系数（1.2、0.9、0.6、0.3）	积分	角色系数（1.2、0.9、0.6、0.3）	积分	角色系数（1.2、0.9、0.6、0.3）	积分	角色系数（1.2、0.9、0.6、0.3）	积分	角色系数（1.2、0.9、0.6、0.3）	积分
1	完成一季度经营管理问题整改情况汇报，组织开展公司一季度绩效考核	8	1.5	0.3	3.6		0		0	1.2	14.4		0		0
2	完成2019年第二批高校毕业生招聘考试相关工作	8	1.5	1.2	14.4		0		0		0		0		0
3	修订公司领导人员相关制度	8	1.5	1.2	14.4		0		0		0		0		0
4	制订《干部人事档案专项审核工作方案》	8	1		0		0		0		0	1.2	9.6		0
…	…	…	…	…	…	…	…	…	…	…	…	…	…	…	…

核算各员工考核周期内累计常规重点工作任务积分并确定该项指标得分，常规重点工作任务积分、指标折算得分结果见表4。

表4 常规重点工作任务积分及指标折算得分示例

序号	姓名	累计常规重点工作任务积分	个人最高分	指标得分
1	员工1	213.30		20.00
2	员工2	171.00		16.03
3	员工3	135.00	213.30	12.66
4	员工4	122.40		11.48
5	员工5	108.60		10.18
6	员工6	28.80		2.70

3. 其他评价

其他评价满分30分。由绩效经理人对劳动纪律、工作态度、工作能力、创新精神等进行综合评价，结合员工提交亮点工作和其他事项进行加减分评价，评价结果见表5。

表5 其他评价结果示例

姓名	综合评价（20分）	劳动纪律（4分）	工作态度（4分）	工作能力（8分）	创新精神（4分）	考核加减分（10分）		
						亮点工作评价（5分）		其他加减分（±5分）
员工1	16.4	3.6	3.6	6.4	2.8	参与的公司调研报告获得国家电网公司优秀调研成果奖，部门二季度考核加获得加分	2	
员工2	14.8	2.8	3.6	5.6	2.8		2	投入较大时间和精力，积极核实有关人员社保、年金等事项，及时进行处理，加2分

续表

姓名	综合评价（20分）	劳动纪律（4分）	工作态度（4分）	工作能力（8分）	创新精神（4分）	考核加减分（10分）	
						亮点工作评价（5分）	其他加减分（±5分）
员工3	15.6	2.8	3.6	6.4	2.8		投入较大时间和精力调整遗留问题，梳理完善员工薪台账，整理历史数据，加2分 2
员工4	14.4	3.2	3.6	5.2	2.4	公司绩效管理经验被国网人资部采纳通报，部门二季度考核获得加分 2	（1）临时承担其他员工休假期间部分工作，加1分。（2）职员晋升条件审核有误，扣2分 −1
员工5	15.2	3.2	3.6	5.6	2.8		
员工6	13.2	2.4	3.6	4.8	2.4		

4. 考核结果应用

汇总计算得出部门各人员季度绩效考核得分，并应用于划分不同绩效等级。绩效经理人将考核结果通过全员绩效管理平台反馈给员工本人，组织开展季度绩效沟通工作，以适当形式对部门员工考核结果进行内部公开。绩效办公室对员工季度绩效考核等级为"A"的人员进行公示，依照考核等级相应奖金系数于下个季度组织进行全员薪酬兑现。

"岗位履责＋任务积分"量化考核法实施以来，国网中兴有限公司合理拉开管理人考核差距，建立岗位职责扣减机制，有效提高了员工履职尽责的意识，督促员工优质高效完成工作任务，通过绩效考核公示和沟通环节，提高了考核的透明度，避免出现绩效考核不平衡现象。

报送单位：国网中兴有限公司

编 制 人：王玉玺 张 璞

113 利润质量关键点考核法
——有效提升产业单位经营性现金流入

> **导 入：** 利润总额一直是许继集团有限公司考核下属产业单位的核心指标，由于对利润质量的忽视，导致产业单位虽然账面利润很高，但是存在现金流短缺、偿债能力下降、再融资能力弱、支付能力差等问题。许继集团有限公司通过实施利润质量关键点考核法，提高下属单位对现金流的重视程度，减少存货资金占用，加快应收账款资金回笼和运营资金周转速度，有效提升下属单位经营性现金流入。

工具概述

利润质量关键点考核法，是指围绕企业生产经营全流程，针对影响经营性现金流的"堵点"，从多个关键点对利润质量进行考核，加强过程跟踪管理，筑牢经营安全底线，畅通经营流程，提升经营性现金流入，促进企业资金的良性循环和运转的方法。

适用场景：本工具适用于对现金流管理重视不足、经营性现金流净额与净利润差距较大的产业单位。

实施步骤

利润质量关键点考核法的实施步骤包括：考核指标体系优化、实施考核管控。

1. 优化考核指标体系

关键业绩指标考核中，调整利润总额、回款额等两项指标权重，由原先的 0.5、0.4 调整为 0.45、0.45，重点考核运营质量和盈利能力，牵引提升现金流入；增加对应收账款回款率的考核，通过各单位完成与集团平均水平相比计算考核得分，每增加或减少 1 个百分点，加减 0.2 分，最高加减 5 分，加大回款的考核力度。对关键业绩指标进行年度考核和月度考核。

专业工作指标考核中，增加经营性现金流净额的考核，对经营现金流净额与净利润差额较大的情况进行减分评价，预防和减少"纸面富贵"。对该指标仅进行年度考核，不进行月度考核。

红线指标考核中，加强影响现金流的堵点环节考核，增加应收账款、逾期欠款、存货管理等红线指标。对红线指标进行年度考核和月度考核。

2. 实施考核管控

（1）开展考核。根据利润总额、回款额、新签销售合同额等关键业绩指标的规模、同比增长情况，及应收账款、逾期欠款、存货等红线指标的扣分情况，计算月度和年度考核得分；根据经营性现金流净额等专业工作指标考核年度扣分情况。

（2）通报考核结果。在集团的月度工作会议上通报考核结果，并在内网网站上进行公示，营造争先氛围，督促下属单位查漏补缺。

◎ 经验心得

（1）以问题为导向，结合经营性单位实际，从生产经营全流程剖析影响运营质量的根源，精准设置不同维度的考核指标，加强指标过程管控，实施正向激励机制，牵引提升经营性现金流入。

（2）本工具应用范围广泛，适用于所有高利润、缺资金的单位。

📝 实践案例

许继集团有限公司于 2020 年 1 月起开始应用利润质量关键点考核法，实现了产业单位经营性现金流净额大幅提升。

1. 优化考核指标体系

在关键业绩考核中，调整利润总额、回款额的指标权重，增加对应收账款回款率考核；在专业工作指标考核中，增加经营性现金流净额；在红线指标考核中，增加应收账款、逾期欠款、存货管理考核。优化调整后的考核体系见表 1。

表 1　　　　　　　　　　　优化调整后的考核体系

指标类别	2020 年指标		2019 年指标	
	考核指标	权重	考核指标	权重
KPI	KPI_1 利润总额	0.45	KPI_1 利润总额	0.5
	KPI_2 回款额	0.45	KPI_2 回款额	0.4
	KPI_3 新签销售合同额	0.1	KPI_3 新签销售合同额	0.1
	应收账款回款率（加减分项）	—	—	—
专业工作指标	新增经营性现金流净额		—	
红线指标	新增应收账款、逾期欠款、存货管理		—	

2. 实施考核管控

（1）开展考核。将回款额、利润总额、新签销售合同额等关键业绩指标考核得分的加权结果与应收账款、存货管理等红线指标减分相加，结果见表 2。

表2　　　　　　　　　许继集团各单位1~5月业绩考核结果示例

排名	产业单位	总得分	KPI得分	总减分	亏损合同	逾期欠款	内部欠款	应付必付	利润不实	存货管理	其他红线指标
1	配网公司	127.4	127.4	0	0	0	0	0	0	0	0
2	山东电子	125.45	125.45	0	0	0	0	0	0	0	0
3	德理施尔	119.70	119.95	0.25	0	0.13	0	0	0	0.12	0
4	保护自动化	119.21	119.51	0.3	0	0.3	0	0	0	0	0
5	制造中心	115.72	116.85	1.13	0	1.13	0	0	0	0	0
6	风电科技	115.21	115.28	0.07	0	0.07	0	0	0	0	0

　　经营性现金流净额考核结果见表3。截至2020年5月底，31家产业单位中有20家单位经营性现金流净额实现同比增长，经营性现金流普遍好转。

表3　　　　　许继集团各单位1~5月经营性现金流净额考核结果示例　　　单位：万元

序号	单位名称	累计完成	同期完成	同比增减
1	风电科技	9116	−2338	11454
2	电源公司	−620	−11676	11056
3	变压器	2838	−5584	8422
4	制造中心	3049	−4903	7952
5	柔性输电	8621	1039	7582
6	德理施尔	2569	−4546	7114
7	哈表所	6634	788	5846
8	厦门许继	−13	−5753	5741
9	配网公司	3883	−1852	5736
10	综合能源	2294	−1432	3726
…	…	…	…	…

（2）通报考核结果。对产业单位的业绩考核得分、应收账款回款率、红线指标（逾期欠款、应收账款、存货管理等指标）、专业工作指标完成情况，通过集团月度工作会议和内网网站进行月度通报。

通过实施利润质量关键点考核法，许继集团经营效益和运营质量得到大幅提升，提高了产业单位对经营性现金流的重视程度，有效疏通了影响经营现金流的"堵点"。截至 2020 年 5 月底，许继集团经营性现金流净额为 2287 万元，同比增加 8.16 亿元，净利润与经营性现金流净额的差值为 1.42 亿元，同比减少 6.12 亿元；应收账款余额为 87.2 亿元，较年初减少 8.62 亿元。

报送单位：许继集团有限公司

编 制 人：孟楠楠

114 管理人员标准分值量化考核法
——解决管理部门员工量化考核难题

> **导　入：** 因岗位职责各异，难以对管理部门员工的业绩水平进行科学合理的衡量，常规合约绩效和定性评估模式也就不再适用。国网山东电工电气安徽宏源铁塔公司采用管理人员标准分值量化考核法，为每一项工作设置标准分值，量化表示员工业绩水平，实现管理人员考核由感性评估向量化评价的有效转变，极大地发挥了员工的主观能动性，进而不断提升组织绩效。

工具概述

　　管理人员标准分值量化考核法是将管理部门承担的每一项工作任务，按照难易程度、完成时长两个维度量化形成标准分值，按照任务完成数量及质量进行积分考核，从而实现管理员工量化考核的一种考核方式。

　　适用场景：本工具适用于管理部门员工考核。

实施步骤

　　管理人员标准分值量化考核法的实施步骤包括：核算工作任务标准分值、制定完成质量评价标准、实施积分量化考核和考核兑现。

1. 核算工作任务标准分值

　　以部门为单位归集员工工作职责形成部门工作任务清单，核定每一项工作任务的完成时长并设定难度系数，完成时长与难度系数相乘即可得出工作任务标准分值。标准分值经部门所有员工达成一致意见后实施，并在实施中检验完善。

2. 制定完成质量评价标准

设置完成质量评价标准，对工作任务完成情况和个人综合表现情况进行修正补充。当一项工作任务完成情况较好，受到上级表扬或给部门带来正面影响时，根据贡献程度对照加减分标准进行加分，反之则给予减分。

3. 实施积分量化考核

员工每天填写自己的工作完成情况并对照工作任务标准分值进行自评，绩效经理人根据工作任务标准分值核实每位员工自评打分情况，并对照完成质量评价标准给予适当的加减分确定每日工作积分，积分情况每周公示，按月汇总。

4. 考核兑现

每月根据积分量化考核结果核算当月绩效薪金兑现金额，核算公式如下：

$$个人兑现金额 = \frac{个人月度综合得分}{部门全员月度综合得分总和} \times 部门绩效薪金总额$$

◎ 经验心得

（1）工作任务在完成数量、完成时限等方面的加减分标准应事先明示，为绩效考核提供依据，避免考核过程中过多主观因素的影响，杜绝"钻空子、讲人情"现象。

（2）大部分工作均能从工作时长、难度系数及工作质量等维度进行考核，但对于某些工作任务，可能会存在其他需要重点考核的维度。设置标准分值时，可结合实际情况选择最有考核价值的维度修正标准积分或评价标准，避免发生考核重点偏移的现象。

📝 **实践案例**

国网山东电工电气安徽宏源铁塔公司于 2014 年 3 月开始应用管理人员标准分值量化考核法，有效解决了管理人员量化考核难的问题。下面以财务审计部为例进行展示。

1. 核算工作任务标准分值

财务审计部组织每名员工系统梳理各岗位工作任务，由绩效经理人在充分调研后核定每一项工作任务的标准分值。标准分值制定后经部门全体员工开会审议，最终确定一致认可的标准分值方案（见表 1）。该方案在实践中不断修正完善，除重大工作调整外，一般每年修订一次。

表 1　　　　　　　　　　财务审计部量化考核标准表示例

工作任务	工　时	难度系数	综合得分
销售科回款考核表（次）	0.5	0.8	0.4
应付账款账龄表（外委）（次）	2	0.8	1.6
个税计算（月）	3	1	3
财政厅企业调查表（月）	2	1	2
出口退税报表（月）	4	0.8	3.2
重点税源报表（月）	4	0.8	3.2
购销合同台账（月）	4	0.8	3.2
国地税申报（月）	2	1.2	2.4
工业状况调查表（月）	0.5	0.8	0.4
水电费台账（月）	2	0.8	1.6
预算（含偏差说明）（月）	3.5	0.8	2.8
认证发票（月）	4	0.8	3.2
开票（张）	0.3	0.8	0.24
税收一致性报表及纳税情况表（月）	0.5	1	0.5
每周盘库及编制表格（次）	1.5	0.8	1.2

2. 制定完成质量评价标准

结合部门业务情况，财务审计部设置工作任务完成质量评价标准，见表 2。

表 2　　　　　　　　财务审计部工作任务完成质量评价标准

类别	考核标准	考核标准
扣分项	（1）迟到、早退半小时以内	−0.25 分 / 次
	（2）迟到、早退半小时以上	−0.5 分 / 次
	（3）请事假、病假	−0.5 分 / 半天
	（4）旷工	−2 分 / 半天
	（5）上报集团公司和上级机关各种报表因个人原因延误	−1 分 / 次
	（6）因工作失误，给部门带来一般影响	−0.5 分 / 次
	（7）因工作失误，给部门带来较大影响	−1 分 / 次
	（8）因工作失误，给部门带来重大影响	−1.5 分 / 次
	（9）无故离岗半小时以上造成部门被批评、投诉	−2 分 / 次
	（10）无正当理由不服从上级工作安排	−2 分 / 次
	（11）因工作原因，在部务会上被点名批评	−1 分 / 次
	（12）因工作原因，在公司会议上被点名批评	−2.5 分 / 次
加分项	（1）在公司级知识竞赛中获得名次或奖励	+1 分 / 次
	（2）在集团公司级知识竞赛中获得名次或奖励	+1.5 分 / 次
	（3）在国网公司级知识竞赛中获得名次或奖励	+2.5 分 / 次
	（4）因工作原因，在部务会上被点名表扬	+1 分 / 次
	（5）因工作原因，在公司会议上被点名表扬	+2 分 / 次
	（6）工作突出，给部门带来荣誉	+1.5 分 / 次
	（7）提出改进工作效率或利于公司发展的合理化建议被公司采纳	+1 分 / 次

3. 实施积分量化考核

以 2020 年 5 月财务审计部考核情况为例，该部门 6 名员工月度考核得分情况见表 3。

表 3 　　　　　　财务审计部 2020 年 5 月员工绩效考核情况

序　号	姓　名	月度考核得分	考核得分占比（%）
1	张 *	90.2	16.40
2	李 *	95	17.27
3	王 *	91.5	16.64
4	李 *	98	17.82
5	朱 *	89	16.18
6	于 *	86.3	15.69
合　计		550	100

4. 考核兑现

按照公司核定的当月部门绩效薪金总额及员工月度考核得分情况核算考核兑现金额。张 * 该月考核得分为 90.2 分，部门 6 名员工的总分为 550 分，张 * 个人月度绩效薪金兑现金额 =90.2/550× 部门月度绩效薪金总额。

国网山东电工电气安徽宏源铁塔公司实施管理人员标准分值量化考核法，极大地激发了员工的危机意识、责任意识和工作热情，执行力和绩效水平不断提高，同时绩效经理人不断完善部门量化考核的分值设置和流程设置，通过分数公示等方式接受部门全体员工的监督，在实践中不断改进，部门工作任务完成质量和管理水平显著提升，为公司持续发展不断注入动能。

报送单位：国网山东电工电气安徽宏源铁塔公司

编 制 人：纪　旭　武春洋

115 工程量系数修正考核法
——提升绩效考核结果的科学合理性

导　入： 以地域划分成立的工程建设部，其工程建设项目数量、人力资源配置不均衡，采用统一的绩效考核指标进行考核，难免会发生"不干不错、干多错多、鞭打快牛"的现象，很难体现绩效考核正向激励的导向。国家电网有限公司直流建设分公司采用工程量系数修正考核法，以工程建设任务量和人力资源配置情况对绩效考核结果进行修正，有效提高绩效考核结果的科学合理性。

工具概述

工程量系数修正考核法，是指根据在建工程任务量和人力资源配置情况，合理设置工程量系数，并对绩效考核结果进行修正的方法，有效解决同类组织因承担工作任务量不同、人员配备不均衡等对考核结果的影响。

适用场景：本工具适用于工程建设项目部。

实施步骤

工程量系数修正考核法的实施步骤包括：设计工程量系数计算公式、工程量系数应用。

1. 设计工程量系数计算公式

根据工作任务的核心要素，采用建筑安装工程投资额和工程项目数量体现工程建设任务量，人均建筑安装工程投资额体现单位人力资源价值。计算公式如下：

工程量系数 = 初始工程量系数 + 补充工程量系数。

初始工程量系数根据人均建筑安装工程投资额核定，最高值为 102%、最低为 100%，其他按插值法确定。

人均建筑安装工程投资额 =（当季完成的建筑安装工程投资总额 – 上季度完成的建筑安装工程投资总额）/（直签人员数量 + 劳务外包员工数量 × 50%）

补充工程量系数根据同期负责建设管理的在建工程项目数量核定，项目数量超过 1 个的，每增加 1 个，在初始工程量系数基础上增加 0.5%；同期无负责建设管理在建工程项目的，在初始工程量系数基础上核减 0.5%。

为控制工程量系数对绩效考核结果的影响程度，工程量系数范围设置为 100% ~ 104%，超过 104% 按 104% 计算。

2. 工程量系数应用

按照不同类别部门，承担重点任务的侧重点不同，设置工程量系数与月度或季度不同专项考核结果乘积，对考核结果产生一定影响，发挥不同导向作用。

方式一：考核得分 =（考核周期平均得分 + 目标任务得分）× 工程量系数 + 其他专项考核得分。

方式二：考核得分 = 考核周期目标任务得分 × 工程量系数 + 其他专项考核得分。

工程量系数主要是协调工作任务量、工作质量和工作人数的平衡。方式一较方式二工程量系数对考核得分影响更大，更能激励承担任务量较多的部门。

◎ 经验心得

（1）运用工程量系数修正考核法，避免了项目承担数量不同、人力资源配置不均衡对考核结果的影响，有效提高了考核结果的科学合理性。

（2）取值设置应控制在合理的范围内，即确定工程量系数上限值，可以避免部门之间因工程量系数出现考核结果偏差较大，对年终考核结果产生决定性作用。

实践案例

国家电网有限公司直流建设分公司于 2017 年 1 月运用工程量系数修正考核法，有效提高绩效考核的科学公平性，合理拉开了部门之间绩效考核差距。下面以工程建设部为例进行展示。

1. 设计工程量系数计算公式

工程量系数适用于工程建设部，按季度发布并关联绩效考核结果。计算季度各工程建设部工程量系数，具体数据见表 1。

表 1 工程建设部工程量系数表

考核项目		被考核部门			
		常州工程建设部	宜昌工程建设部	北方工程建设部	四川工程建设部
基建投资完成额（万元）		13241.73	16855.80	5727.00	6980.02
在岗人员数量	直签人员（人）	15	20	13	18
	劳务外包人员（人）	8	10	4	10
	折算后人员数量（人）	19	25	15	23
人均建筑安装工程投资完成额（万元）		696.93	674.23	381.8	303.48
初始工程量系数（%）		102.00	101.88	100.40	100.00
同期负责建设管理项目数量（个）		2	4	1	2
补充工程量系数（%）		0.50	1.50	0.00	0.50
季度工程量系数（%）		102.50	103.38	100.40	100.50

（1）人均建筑安装工程投资额核算。常州工程建设部人均建筑安装工程投资完成额 =13241.73÷（15+8×50%）=696.93（万元/人）；宜昌工程建设部人均建筑安装工程投资完成额 =16855.8÷（20+10×50%）=674.23（万元/人）；北方工程建设部人均建筑安装工程投资完成额 =5727÷（13+4×50%）=381.8（万元/人）；四川工程建设部人均建筑安装工程投资完成额 =6980.02÷（18+10×50%）=303.48（万元/人）。

常州工程建设部人均建筑安装工程投资完成额最高，初始工程量系数 102%，四川工程建设部人均建筑安装工程投资完成额最低，初始工程量系数 100%，宜昌工程建设部、北方工程建设部人均建筑安装工程投资完成额居中，根据差值占比，初始工程量系数分别为 101.88% 和 100.4%。

（2）承担工程项目数量核算。同期负责建设管理的在建工程项目数量超过 1 个的，每增加 1 个，最终工程量系数在初始工程量系数基础上增加 0.5%。常州、宜昌、北方和四川工程建设部同期负责建设管理项目数量分别为 2 个、4 个、1 个和 2 个，补充工作量系数部分分别为 0.5%、1.5%、0 和 0.5%。

（3）计算工程量系数。常州工程量系数 =102%+0.5%=102.5%；宜昌工程量系数 =101.88%+1.5%=103.38%；北方工程量系数 =100.04%+0=100.04%；四川工程量系数 =100%+0.5%=100.5%。

2. 工程量系数应用

季度考核得分 = 季度目标任务得分（30 分）× 工程量系数（100%～104%）+专业考核得分（60 分）+ 公司领导评价得分（10 分）+ 季度党建工作任务得分（20 分）+ 减分项指标分（最高减 30 分）。

以公司 A、B 两个工程建设部为例，A 工程建设部在建工程任务量较少，人力资源配置较多，B 工程建设部在建工程任务量较多，人力资源配置较少。2018 年使用、未使用工程量系数法计算的考核得分情况见表 2、表 3。

表2　　　　　　　　　　使用工程量系数法计算的考核得分情况

工程建设部	季度目标任务得分	工程量系数（%）	专业考核得分	公司领导评价得分	减项指标分	季度党建工作任务得分	总分	总分差值
A	29.5	100.50	60	9.5	0	19.93	119.08	0.04
B	28.5	103.04	59.92	9.75	0	20	119.04	

表3　　　　　　　　　　未使用工程量系数法计算的考核得分情况

工程建设部	季度目标任务得分	专业考核得分	公司领导评价得分	减项指标分	季度党建工作任务得分	总分	总分差值
A	29.5	60	9.5	0	19.93	118.93	0.76
B	28.5	59.92	9.75	0	20	118.17	

　　未使用工程量系数法时，B工程建设部因干多错多，考核结果较A工程建设部差0.76分，差距较大，极大挫伤了部门及员工多干、快干、干好的积极性。应用工程量系数法后，差距明显减小，实现了考核结果、工作任务量与质量、人数间的平衡，增强了考核的客观性和精准度，提升了部门绩效管理的公平公正公开性，激活了组织不断向更好更快更强发展的活力。

　　报送单位：国家电网有限公司直流建设分公司
　　编 制 人：谭启斌　邢瑶青　马仙菊

116 专项业务激励考核法
——提升收入分配的合理性和公平性

> **导　入：** 中国电力财务有限公司是一家全国性非银行金融机构，经营业务主要包括对成员单位办理财务和融资顾问、信用鉴证及相关咨询代理业务和经批准的保险代理业务等。中国电力财务有限公司山东分公司通过建立专项业务激励考核法，形成以"业绩决定薪酬"的考核分配方式，以"业绩增量带动绩效增量"，激励业务团队有效拓展存款业务及产业链金融业务，提升了业绩考核、收入分配的合理性和公平性。

工具概述

专项业务激励考核法是将员工激励细分为日常工作类、特殊贡献类和创新突破类三个模块，并设置专项奖励标准的考核方法，鼓励员工发挥主观能动性拓展工会、社保单位存款增量，在票据业务方面主动营销电财服务与产品，让电财服务走出去，以推动分公司产业链金融业务落地开花。

适用场景：本工具适用于运营市场化金融业务的各级单位。

实施步骤

专项业务激励考核法实施步骤包括：制定专项业务激励标准、专项业务成果公开对标和激励奖金兑现。

1. 制定专项业务激励标准

制定激励标准时一般需要组织员工代表讨论并经过民主决策决定，激励标准归纳形成日常工作类、特殊贡献类和创新突破类。

日常工作类是针对业务部门一线员工的工作业绩情况，制定日常工作评分制度，主要考核日常工作、季度加班时长、工作质量和工作效果四项指标，分别占比 50%、10%、20%、20%。

特殊贡献类是在市场化存款奖励中设立的，鼓励员工发挥主观能动性，拓展工会、社保存款业务，对单笔业务规模进行划档考核。

创新突破类是指对员工拓展新型业务时做出的创新性贡献进行加分的激励项。

2. 专项业务成果公开对标

专项业务成果一般以季度为周期进行考核，并与同类型团队进行公开对标，全体员工均可以直观看到团队之间及团队内部的季度绩效结果，建立公开、透明的绩效沟通环境。

3. 专项业务激励考核结果的应用

专项业务激励考核结果应用于市场化专项业务奖励分配，员工的专项业务奖励与日常工作、特殊贡献、创新突破三类考核结果挂钩，真正实现多劳多得、不劳不得。

◎ 经验心得

（1）多措并举提升员工综合素质。通过员工大讲堂等平台集中学习培训业务相关制度，让每位员工深入理解产业链金融业务，培养建立"产业链金融业务攻坚团队"，避免面对客户需求时因没有经验或不熟悉业务影响客户体验。

（2）细化考核结果应用，调动员工干事创业积极性。通过细化激励引导，深化考核结果应用，使工资总额真正向业绩优、能力强的员工倾斜，不局限于某个专业部门，调动每位员工积极参与业务营销与开拓，强化薪酬、绩效的正向激励。

实践案例

中国电力财务有限公司山东分公司于 2019 年施行了专项业务激励考核法，根据各项工作取得的进展及实现的奖励金额进行分配，客观公正地对员工工作效率进行评估，激发了员工的工作热情和积极性，取得了良好成效。下面以产业链金融业务攻坚团队 2019 年二季度考核为例进行展示。

1. 制定专项业务激励标准

经过民主决策程序后确定专项业务激励标准，其中：日常工作类得分以日常工作（满分 50 分）、季度加班时长（满分 10 分）、工作质量（满分 20 分）和工作效果（满分 20 分）四项指标分值加权计算得出，计算公式为：日常工作得分 = 日常工作得分 ×50%+ 季度加班时长得分 ×10%+ 工作质量得分 ×20%+ 工作效果得分 ×20%。其中，季度加班时长评分标准，见表 1，其他得分标准见表 2。

表 1　　　　　　　　　季度加班时长评分标准表

序号	加班时长（小时）	考核得分（分）
1	≥ 35	10
2	25（含）~ 35	8 ~ 9
3	15（含）~ 25	6 ~ 7
4	5（含）~ 15	4 ~ 5
5	3（含）~ 5	2 ~ 3
6	≤ 3	1 ~ 2

表2　　　　　　　　　　日常工作、工作质量、工作效果评分标准表

测评项目	具体内容	考核得分（分）	
		A	B
日常工作	积极与客户沟通，了解客户需求，基础工作扎实有效	21～30	0～20
	团队分工协作，工作积极性高	16～20	0～15
工作质量	全流程服务工作到位	8～10	0～8
	客户反馈良好	8～10	0～8
工作效果	业务拓展取得实效，成果已落地	8～10	0～8
	主动研究客户需求，形成课题或调研成果	8～10	0～8

特殊贡献类以拓展的工会、社保等单笔存款业务规模为基数，分三档进行考核：单笔金额在1000万元以下的奖励1000元，单笔在1000万元至5000万元的奖励2000元，单笔在5000万元以上的奖励3000元。

创新突破类根据团队成员贡献度及业务拓展完成情况进行打分，由分值确定两档系数，第一档系数为1.5，第二档系数为1。

2. 专项业务成果公开对标

每季度在分公司宣传栏上公示攻坚分队的对标情况（见图1），成员业绩情况由各团队进行内部公布。

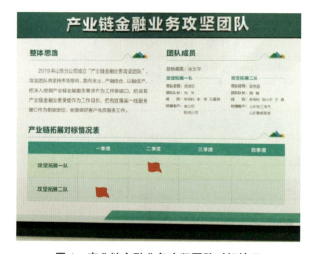

图1　产业链金融业务攻坚团队对标情况

3. 专项业务激励考核结果的应用

在日常工作奖励方面，2019 年二季度的奖励分配见表 3。按照存款奖励的 6% 确定日常工作奖金包为 6328 元，根据员工绩效得分进行奖金包分配，员工最高可以拿到奖励 1399.6 元，最低可以拿到奖励 1101.8 元，有效实现了绩效的激励功能，调动了员工的工作积极性。

表 3　　　　　　　　　　2019 年二季度日常工作类奖励分配示例　　　　　　（单位：分）

序号	姓名	日常工作分值（占比 50%，满分 50 分）	季度加班时长（占比 10%，满分 10 分）	工作质量（占比 20%，满分 20 分）	工作效果（占比 20%，满分 20 分）	分值合计	日常工作奖励金额（元）
1	邹 *	47	10（39 小时）	18	19	94	1399.5
2	王 *	42	6（17.5 小时）	15	16	79	1176.3
3	程 *	40	5（8 小时）	14	15	74	1101.8
4	李 *	46	8（30 小时）	17	18	89	1325.2
5	马 *	46	8（28 小时）	17	18	89	1325.2
合计		221	37	81	86	425	6328

在特殊贡献奖励方面，以员工达成的单笔业务规模核定奖励金额。若某员工通过市场开拓与营销，实现社保存款 591 万，按照特殊贡献激励标准获得奖金 1000 元。

在创新突破奖励方面，根据集体讨论确定的分数及档位系数，计算奖励金额。以二季度信贷创新业务为例，团队中第一档队员最高可以拿到奖励金额 3571.20 元，第二档队员可以拿到奖励金额 2380.80 元，有效调动了团队队员的积极性，促进了产业链金融创新业务的开展，具体奖励分配见表 4。

表 4　　　　　　　　2019 年二季度攻坚团队奖金分配示例

序号	姓名	分值（分）	考核系数	团队队员奖励金额（元）
1	邹 *	77	1.5	3571.2
2	程 *	78	1.5	3571.2

续表

序号	姓名	分值（分）	考核系数	团队队员奖励金额（元）
3	马＊	72	1.0	2380.8
…	…	…	…	…

2019 年二季度奖金分配汇总，见表 5。

表 5　　　　　　　　　　2019 年二季度奖金汇总示例

序号	姓名	日常工作类奖金（元）	特殊贡献类奖金（元）	创新突破类奖金（元）	合计（元）
1	邹＊	1399.5		3571.2	4970.7
2	王＊	1176.3			1176.3
3	程＊	1101.8		3571.2	4673
4	李＊	1325.2	1000	1500	3825.2
5	马＊	1325.2		2380.8	3706

施行专项业务激励考核法后，中国电力财务有限公司山东分公司 2019 年二季度各项工作取得突破性进展，6 月 20 日成功为省公司向 7 家电厂办理电票承兑 2.14 亿元，打开了电票业务拓展主渠道，实现了零的突破。6 月末又成功为山东核电公司、华润菏泽电厂办理"一头在外"票据贴现业务 2 笔，金额 9500 万元。攻坚团队还积极探索票据业务全品种实施路径，做好分公司票据全流程服务的基础工作。6 月末，山东分公司在中电财本部的大力支持下，完成"小微企业"上海谱盟 100 万票据再贴现工作。专项业务激励考核法让市场化奖励与市场业务紧密挂钩，不同业绩制定不同的绩效考核方法，有效调动了全员营销积极性，拓展了更多客户资源。

报送单位：中国电力财务有限公司山东分公司

编 制 人：张文平　顿　頔

117 目标任务分类分解考核法
——提高金融企业目标任务分解精准度

> **导 入：** 随着金融行业的市场化竞争不断加剧，公司对不同业务及职能部门的考核精准性要求日趋提高，力求能充分体现各版块对公司战略的贡献度。英大国际信托有限责任公司实行目标任务分类分解考核法，将公司战略目标差异化分解至业务部门和职能部门，业务部门以业务类指标为主、风控合规类指标为辅，职能部门以对前台业务的支撑能力、重点任务的达成情况为主，促进战略目标有效落地，支撑公司业绩稳步增长。

工具概述

目标任务分类分解考核法，是将公司宏观战略目标层层分解，对前台业务部门和中后台职能部门提出差异化的任务要求，将其转化为若干个定性或定量的关键性指标进行考核的方法。通过考察关键指标的完成情况对部门或员工的绩效进行全面跟踪、监测、反馈及应用。

适用场景：本工具适用于市场化的金融企业。

实施步骤

目标任务分类分解考核法实施步骤包括：绩效计划制订、绩效监控辅导、绩效考核评估、绩效结果运用、绩效结果审定。

1. 绩效计划制订

基于公司当期战略要求，分类明确前台业务部门、中后台职能部门年度经营目标及重点工作任务，设置清晰且易于测评的关键业绩指标，形成年度绩效计划，签订部门绩效合约书。同时，绩效经理人向部门内员工进行目标分解，签订个人绩效合约书。

2. 绩效监控辅导

管理者对部门或员工的工作给予支持，监控并修正工作任务与目标之间的偏差，记录工作过程中的关键事件或绩效数据，支撑绩效评价。管理者要辅导帮助其考核对象解决与工作有关的疑问及提供相关合理资源，人力资源部要解答与绩效技术层面有关疑问。

3. 绩效考核评估

在考核周期末，根据关键指标达成情况确定各部门考核得分，基于考核等级分布比例确定部门考核等级。绩效经理人根据部门内员工个人表现确定员工绩效考核等级。

4. 绩效结果运用

将绩效考核的结果与薪酬、职级及培训发展等进行挂钩，鼓励员工业绩支撑公司整体战略，不断改善绩效表现。

5. 绩效结果审定

部门及负责人的考评由人力资源部组织开展，考核结果由公司考核委员会审议通过后，作为最终审定结果。部门负责人以下人员的考评结果经对应分管领导审批后报人力资源部备案。

◎ 经验心得

（1）关键业绩指标的制定应遵从 SMART 原则，要具体、可衡量、可实现、相关、有时限。

（2）关键业绩指标在满足一定条件的情况才可适当调整。原则上绩效计划一经确认不再予以调整，仅当外部市场环境或内部战略规划发生重大变化，致使考核初期设置的关键业绩指标失去可考核性时调整绩效计划，且需经公司管理层审议通过。

 **实践案例**

英大国际信托有限责任公司于 2019 年 1 月开始运用目标任务分类分解考核法，以公司经营战略目标为基础，向前台业务部门及中后台职能部门分解目标，确定关键业绩指标并追踪考核，实现了公司整体经营业绩的提升。

1. 绩效计划制订

2019 年，公司以年度战略目标作为出发点，根据信托业务特性及对信托业务当前阶段的发展要求，并结合业务及风控相关指标，提炼关键业绩指标。

（1）业务部门关键业绩指标。信托业务类部门是公司收入及利润的直接贡献者，关键业绩指标应以业务类指标为主、风控合规类指标为辅。信托业务规模直接影响到信托业务收入，选取规模指标并设置较高考核权重，体现公司提升业务规模的战略导向。选取集合信托平均报酬率，体现公司创利的要求和实现股东价值。金融类业务合规风控既符合监管，又为核心业绩的提升保驾护航。具体指标及权重见表 1。

表 1　　　　　　　　　　业务部门关键业绩指标及权重

序号	指标内容	权重（%）
1	信托业务规模	50
2	风险资本收入比	20
3	集合信托平均报酬率	20
4	合规及风险管理情况	10
合计		100

（2）职能部门关键业绩指标。职能部门是前台部门业务开展的基础保障。对中台和后台部门，设置通用型指标和个性化指标。通用型指标旨在强调公司整体业绩导向，对公司收入、利润进行考核，且设置较高权重。个性化指标根据不同部门特点差异化设置，对于中台部门强调其对前台业务的支撑能力，对于后台部门着重考核部门重点任务的达成情况。具体指标设置情况见表2。

表2 职能部门关键业绩指标及权重 （单位：%）

考核内容		合规风控部门 资产管理部门	财富管理部门 发展研究部门	审计部门	其他职能部门
公司通用业绩指标	利润60	40	40	30	30
	收入40				
信托业务业绩指标（剔除电网业务）	信托业务利润完成率	10	—	—	—
	信托项目兑付完成比	10	—	—	—
部门日常工作		15	20	30	30
内部满意度考核		10	10	—	10
内审工作质量		—	—	10	—
年度重点工作任务		15	30		
合计		100			

2. 绩效监控辅导

对于业务部门，其业绩达成情况具有长期性，因此仅在半年度对其进行业绩追踪；对于职能部门，其年度重点工作通常贯穿全年，因此设立季度考核对其进行阶段性监控，公司实时掌握重大工作的完成进度及质量，及时跟进及时调整，保障公司整体目标的实现。

3. 绩效考核评估

公司设立考核委员会，下设考核委员会办公室，办公室设在人力资源部，由人力资源部组织开展考核。通过对财务数据采集、日常考核素材积累以及述职汇报的机制收集的绩效数据进行分析评估，确定各部门考核得分及等级。

4. 绩效结果运用

部门绩效考核结果直接影响部门绩效工资总包的核定，绩效经理人根据部门内员工的个人表现情况，对绩效工资进行二次分配。同时，年度绩效考核影响部门年度绩效奖金的核定。

5. 绩效结果审定

考核工作结束后，由人力资源部形成考核意见上报考核委研究审定，公司纪检部门负责对考核工作进行监督检查，确保考核结果公开、公平、公正。

英大国际信托有限责任公司通过实施目标任务分类分解考核法，对信托业务规模、公司收入、利润增长进行直接考核，同时对于辅助公司目标实现的关键业绩指标进行提炼和有效考察，将组织利益、部门利益、个人利益有效绑定在一起，使得员工实现个人目标的同时也在实现公司目标。2019 年，公司在营业收入、净利润及信托资产规模较上年均实现一定突破，分别增长35.03%、66.62%、24.82%。

报送单位：英大国际信托有限责任公司

编　制　人：吴冀杭　邱艾超　申　琳　朱海东

118 租赁项目风控考核法
——提升销售项目风险防控水平

> **导 入：** 销售业务在投放当年一次性兑现项目全周期绩效奖金，一些业务人员领取奖金后"跳槽"，导致风险项目增加。为此，国网租赁公司研究制定项目风控考核法，不再一次性兑现绩效奖金，并设定风险损失调减项，避免业务人员盲目追求短期利益，有效控制项目出险概率，确保业务健康发展。

工具概述

租赁项目风控考核法是将销售业务按年度内实现的项目毛利润，以一定比例确定销售业务绩效奖金，不再一次性兑现项目全周期绩效奖金。同时增加风险损失考核，项目一旦出险，核定的风险损失将直接从当年实现毛利润中进行扣减，直接影响业务人员绩效奖金，引导业务人员开拓期限较长的优质项目，并加强风险防控。

适用场景：本工具适应于公司系统市场化单位前端业务考核。

实施步骤

租赁项目风控考核法实施步骤包括：评估项目风险等级、核定当年实现毛利润、核定风险损失、确定兑现比例、核定毛利润绩效奖金。

1. 评估项目风险等级

风险管理部根据承租人的还款记录、还款能力、还款意愿、租赁资产的担保等因素评估项目风险等级，依据风险程度将项目分为正常、关注、次级、可疑和损失五类，后三类合称为不良项目，即出险项目。

2. 核定当年实现毛利润

财务部通过毛利润计算模型核定销售部门新增项目当年毛利润和以前年度投放项目在当年产生的毛利润。销售业务毛利润是指项目收入与标准资金成本的差额。

3. 核定风险损失

风险损失按照出险项目的毛利润、计提风险准备金额度中的较高额确定，以达到从严处罚的目的。已最终确定损失的风险项目按实际损失额确定；发生不可抗力、重大政策调整等影响所出现的损失，酌情确定损失额。

4. 确定兑现比例

根据公司整体业务开展情况及毛利润测算情况，结合国家电网公司工资管理、绩效考核管理有关规定，平衡测算后确定兑现比例。

5. 核定毛利润绩效奖金

毛利润绩效奖金 =（当年实现毛利润 – 风险损失）× 兑现比例。

经验心得

（1）对于市场化单位前端业务的绩效考核，在注重项目收益性的同时，应加强风险管控考核，保证项目安全性和稳定性。

（2）租赁项目风控考核法不是独立存在的，需要与其他风险合规管理手段配合使用，真正发挥 1+1 ＞ 2 的作用。

实践案例

国网国际融资租赁有限公司于 2019 年 1 月开始应用租赁项目风控考核法，实现了新增投放项目零出险的良好状态，下面以 A 销售部门 2019 年考核情况为例进行展示。

1. 评估项目风险等级

A 销售部门 2019 年度投放 4 个项目，经风险管理部评估，4 个项目还款正常，承租人能够按期履行合同，均评定为正常类项目。

2. 核定当年实现毛利润

A 销售部门 2019 年度实现毛利润，由财务部根据毛利润计算模型及当年项目投放月份进行核定。为鼓励项目尽早投放，减轻四季度投放压力，根据毛利润实现季度不同，设置不同的毛利润季度调节系数。一季度毛利润调节系数为 1.1，二、三季度的调节系数为 1，四季度的调节系数为 0.9。假设 A 部门 2019 年每个季度分别投放 1 个项目，则当年实现毛利润见表 1。

表 1　　　　　　　　　A 销售部门 2019 年度毛利润测算表

项目名称	项目期限（年）	投放时间	2019 年计算毛利润月份数（个月）	2019 年实现毛利润（万元）	季度调节系数	2019 年核定毛利润（万元）
项目 1	5	2019/1/31	11	200	1.1	220
项目 2	3	2019/4/30	8	180	1	180
项目 3	2	2019/7/31	5	160	1	160
项目 4	1	2019/10/31	2	120	0.9	108
合计				660		668

3. 核定风险损失

A 销售部门 2019 年投放的 4 个项目当年均未出险，风险损失金额为 0。

4. 确定兑现比例

2019 年市场形势较好，公司业务规模迈上新台阶，为了达到良好的激励约束效果，实现精准考核及科学兑现，经过平衡测算后，最终确定销售业务绩效奖金兑现比例为5%。

5. 核定毛利润绩效奖金

根据毛利润绩效奖金核定公式，A销售部门2019年毛利润绩效奖金为668×5%=33.4（万元）。

租赁项目风控考核法杜绝了业务人员"一劳永逸"思想，降低了业务人员离职率，加深了业务人员风险防控意识，提高了业务质量。近一年半来，公司新增的124个项目均未出现风险损失，项目风险防控工作成效显著，公司经营保持平稳健康发展。

报送单位：国网国际融资租赁有限公司

编 制 人：吴佳洋

119 价值贡献评价考核法
——解决不同类型部门绩效结果不可比的问题

> **导　入：** 国网海外投资有限公司成立时间短，部门总量少，前中后台业务区分不明显，难以进行部门分类考核。为科学、全面衡量不同类型部门对公司的贡献程度，国网海外投资有限公司创新实施部门价值贡献评价考核法，统一确定贡献程度衡量标准，科学评价部门贡献度，有效解决不同类型部门绩效结果不可比的难题，积极调动各部门改进提升绩效水平。

工具概述

价值贡献评价考核法是指根据公司战略目标和部门功能定位，从业绩贡献和管理提升两个维度设置考核指标和评价标准，统一确定贡献程度衡量标准，实现不同类型部门绩效结果横向可比且相对公平。

适用场景：本工具适用于部门总量少、业务区分不明显的各级组织。

实施步骤

价值贡献评价考核法实施步骤包括：确定统一共识的贡献评价维度、根据部门定位合理确定考核指标、设置横向公平的指标评价标准、按照规则实施部门绩效考核、拓展应用考核结果。

1. 确定统一共识的贡献评价维度

根据公司战略和经营管理要求，统筹考虑不同部门业务类型、发展阶段和管理方式等因素，经共同协商研究，多方达成共识，确定统一的部门贡献评价维度。

2. 根据部门定位设置考核指标

公司统一明确指标数量、指标分值和指标颗粒度，各部门根据实际情况申报具体考核指标，经公司绩效管理委员会审议后，最终确定各部门考核指标。

3. 制定横向公平的指标评价标准

根据部门类别，科学合理制定考核指标评价标准，职能部门主要对管理提升的质量进行定性评价，将评价标准统一设置为"显著、较大、一般"3个层次；业务部门主要对业务对标行业增幅进行定量评价，通过模拟测算确定贡献大小，将贡献程度对标职能部门，确保不同类型部门同等贡献程度下考核分值权重相同。

4. 实施部门绩效考核

各部门按照规则申报相关工作完成情况和得分情况，经所属绩效经理人评价后，报绩效管理委员会评定绩效考核等级。

5. 应用考核结果

根据绩效考核结果，兑现部门负责人和员工绩效工资，并将季度考核结果与年度考核结果挂钩，季度至少取得1次A级，才获得年度评A级资格。对于年度绩效考核结果A级的部门，优先参加先进评选。

◎ 经验心得

（1）贡献评价维度要充分分析公司当年工作重点和改进提升方向，适时修订调整，充分发挥绩效考核"指挥棒"作用，引导各部门聚焦目标。

（2）贡献评价维度要经过充分研讨，集体决策，达到统一共识，确保经营管理层、实施部门对管理目标、方向要求高度认可。

（3）各评价维度下的指标设定，要统一明确指标数量、指标分值和颗粒度，防止因个别因素偏差导致分值差距拉大，影响考核结果公平性。

📝 实践案例

国网海外投资有限公司于 2020 年 1 月开始应用价值贡献评价考核法，提升了不同部门横向比较公认度，促进了各部门改进提升的积极性。下面以一季度部门绩效考核为例进行展示。

1. 确定统一共识的贡献评价维度

公司组织召开经营管理层和部门负责人会议，根据公司企业负责人业绩考核目标和当年度管理任务，结合公司发展阶段和内部管理方式，经共同商议，确定将部门价值贡献作为公司级指标，从利润贡献和管理提升两个维度衡量各部门绩效差异。

2. 根据部门定位设置考核指标

各部门根据定位，从利润贡献和管理提升两个维度申报具体考核指标，每个考核维度下考核指标数量不超过 2 项，全部考核指标标准分值 50 分，加分不超过 15 分，最终各部门考核指标以公司绩效管理委员会审议通过为准。另外，部门级指标、日常工作级指标和综合评价指标标准分合计 50 分，加分不超过 5 分。

以投融资管理部和综合管理部为例。经各部门申报和公司绩效管理委员会审议通过后，投融资管理部从利润贡献度维度设定考核指标，具体为投资利润（标准分值 50 分）；综合管理部从管理提升度维度设定考核指标，具体为专业管理（标准分值 50 分）。

3. 制定横向公平的指标评价标准

根据部门分类，将不同类型部门评价标准统一设定为 3 个层次，按贡献"显著、较大、一般"程度统一设置对应指标加分值权重为 30%、20%、10%。公司级指标及评价标准设定情况见表 1。

表1 　　　　　　　　　　　　　　　公司级指标及评价标准示例

指标类别	指标维度	评价指标	标准分值	评价标准	责任部门
公司级指标	利润贡献度	投资利润	50	完成目标值得标准分，剔除市场和政策因素后，根据以下情况加分： （1）利差超行业均值50bp，加分值的30%。 （2）利差超行业均值40bp，加分值的20%。 （3）利差超行业均值30bp，加分值的10%	投融资管理部
		定存利润	30	完成目标值得标准分，剔除市场和政策因素后，根据以下情况加分： （1）利率超市场均值50bp，加分值的30%。 （2）利率超市场均值40bp，加分值的20%。 （3）利率超市场均值30bp，加分值的10%	财务资产部
	管理提升度	相关专业管理	50	完成管理任务得标准分，根据以下情况加分： （1）有显著提升，加分值的30%。 （2）有较大提升，加分值的20%。 （3）有一般提升，加分值的10%	综合管理部
		财务管理	20	完成管理任务得标准分，根据以下情况加分： （1）有显著提升，加分值的30%。 （2）有较大提升，加分值的20%。 （3）有一般提升，加分值的10%	财务资产部
		风控管理	50	完成管理任务得标准分，根据以下情况加分： （1）有显著提升，加分值的30%。 （2）有较大提升，加分值的20%。 （3）有一般提升，加分值的10%	风控管理部
		报告质量	50	完成管理任务得标准分，根据以下情况加分： （1）获得总部肯定，加分值的30%。 （2）获得公司主要领导肯定，加分值的20%。 （3）获得分管领导肯定，加分值的10%	研究室

4. 实施部门绩效考核

公司按照规则组织开展绩效考核评价，各部门根据工作完成情况，申报相应分值，由公司绩效管理委员会评定考核结果等级。

以投融资管理部和综合管理部为例，综合管理部因防疫应急管理有较大提升加 10 分，经汇总部门级指标、日常工作级指标和综合评价指标得分后，最终得 107 分，被评为 A 等级。投融资管理部因利差超行业均值 35bp 加 5 分，经汇总部门级指标、日常工作级指标和综合评价指标得分后，最终得 103 分，被评为 B 级。具体公司级指标评价得分见表 2。

表 2　　　　　　　　　各部门一季度公司级指标评价加分示例

指标名称	完成情况	加分分值	责任部门
投资利润	利差超行业均值 35bp	5	投融资管理部
定存利润	利差超市场均值 30bp	3	财务资产部
相关专业管理	防疫应急管理有较大提升	10	综合管理部
财务管理	资金管理有一定提升	2	财务资产部
风控管理	内控机制建设有一定提升	5	风控管理部
报告质量	资本动态研究获分管领导肯定	5	研究室

5. 应用考核结果

根据上述一季度考核结果，兑现部门及员工绩效工资，其中 A 级部门负责人绩效工资为 B 级部门负责人的 1.15 倍；A 级部门所属员工个人绩效工资与 B 级部门同级员工的 1.05 倍。

通过实施部门价值贡献评价考核，不同类型部门的价值贡献评价更加公平合理，有效引导了各部门聚焦价值贡献，以"没有最好，力争更好"的进取精神，与过往工作比，向先进水平对标，内部争先向上氛围浓厚，有效促进了各部门深耕细作，突破自我，持续提升。

报送单位：国网海外投资有限公司

编　制　人：张晓芬

国家电网绩效管理工具箱

下册

国家电网有限公司 编

中国电力出版社
CHINA ELECTRIC POWER PRESS

图书在版编目（CIP）数据

国家电网绩效管理工具箱：全 3 册／国家电网有限公司编．—北京：中国电力出版社，2021.5
ISBN 978-7-5198-5060-9

Ⅰ．①国…　Ⅱ．①国…　Ⅲ．①电力工业－工业企业管理－企业绩效－中国　Ⅳ．① F426.61

中国版本图书馆 CIP 数据核字（2020）第 194910 号

出版发行：中国电力出版社
地　　址：北京市东城区北京站西街 19 号（邮政编码 100005）
网　　址：http://www.cepp.sgcc.com.cn
责任编辑：石　雪（010-63412557）　孙世通　胡堂亮　高　畅
责任校对：黄　蓓　郝军燕　李　楠　王海南
装帧设计：北京宝蕾元科技发展有限责任公司
责任印制：钱兴根

印　　刷：北京瑞禾彩色印刷有限公司
版　　次：2021 年 5 月第一版
印　　次：2021 年 5 月北京第一次印刷
开　　本：787 毫米 ×1092 毫米　16 开本
印　　张：83.75
字　　数：1150 千字
定　　价：368.00 元（全三册）

编委会

主　任　吕春泉

副主任　尚锦山　李　峰

编审组

　　绩效管理是企业管理的"指挥棒",是保障企业战略执行、提升效益效率的有力工具,是调动各级管理者与员工工作积极性的重要手段,是人力资源管理的核心工作之一。无论是营利性组织还是非营利性组织,大企业还是小企业,本土化企业还是全球化企业,绩效管理对于提升企业经营效益和管理效率都是至关重要的。

　　国家电网有限公司自成立以来就高度重视绩效管理工作。多年来,公司认真贯彻落实国务院国资委关于中央企业经营管理的各项工作要求,结合集团公司特点和改革发展实际,先后经历了建章立制、探索实践、统一规范、纵深推进、支撑高质量发展五个阶段,通过持续创新绩效考核激励方式,探索构建了一套较为完备的适用于大型集团公司的分级分类绩效管理体系。公司紧紧围绕"建设具有中国特色国际领先的能源互联网企业"战略目标和"一业为主、四翼齐飞、全要素发力"的发展布局,建立了"全方位、全动力"企业负责人业绩考核体系,对所属企业开展分级分类差异化考核,将指标任务层层分解落实到每一级组织和每一位员工;建立了"多元化、强激励"全员绩效管理体系,顶层设计体系框架和管理流程,各级组织以"实用、适用、管用"为原则,因地制宜创新丰富各类人员考核方式,统一实行考核结果分级制度,将绩效考核结果与员工薪酬分配、职业发展、评优评先等紧密挂钩,不断提高考核针对性和实效性,精准评价各级组织和各类人员业绩贡献,有效激发各级组织和广大干部员工干事创绩的积极性。公司连续 16 年、5 个任期获评国务院国资委业绩考核 A 级，持续保持《财富》世界 500 强排名前列。公司系统各单位积极开展绩效管理实践，涌现出一大批行之有效的做法。为固化实践成果，加快优秀经验的推广，促进系统内各单位相互学习借鉴，共同提升绩效管理水平，推动公司经营管理再上新台阶，公司组织系统内相关专家编制了本书。

本书分为上中下三册，共八章，系统阐述了公司绩效管理体系，收录了近年来公司系统内 171 项最具代表性、操作性和推广性的优秀实践工具，覆盖了绩效计划、绩效考核、绩效监控与辅导、绩效结果应用等绩效管理各个环节，并将绩效考核工具按业务类别进行细分，划分为电力生产、电力营销、科研、产业、金融等章节。每项工具从工具概述、实施步骤、经验心得、实践案例等四个方面，全景展现了工具产生的背景、管理思路、实操做法和解决的重难点问题，并附有实际工作中使用到的指标体系、文件表单、成效数据等内容，图文并茂，便于理解和借鉴推广。

第一章系统介绍了公司绩效管理体系、主要做法和特点；第二章收录了 13 项绩效计划制订工具，重点解决如何有效分解战略目标、承接上级指标、分配临时工作等问题，是绩效管理的发端源头；第三至六章收录了 106 项绩效考核工具，涵盖了电力生产、电力营销、职能管理、科研和产业金融等各类业务考核工具，是绩效管理的关键环节；第七章收录了 29 项绩效监控与辅导工具，重点解决绩效实施过程监控难、绩效经理人履职缺位、绩效沟通改进效果不佳等问题，是绩效管理的全面监测；第八章收录了 23 项绩效结果应用工具，重点介绍了绩效结果在员工薪酬分配、职业发展、评优评先等方面的全面应用，以更好激发员工内生动力，强化正向激励，是绩效管理的闭环体现。

本书源于基层实践，是公司广大员工集体智慧的结晶，既可以作为企业各级人力资源管理者的指导用书，也可以作为各级绩效经理人的工具用书，同时也可供其他企业借鉴参考。希望本书能让广大读者进一步了解国家电网有限公司绩效管理工作，从中汲取对日常管理工作有启发、有帮助的绩效管理理念、思路、技巧、方法。

本书收录的工具案例，来源于近年来各级单位总结提炼的 600 余项绩效实践案例，经不断丰富完善，系统内相关专家精心审核，数易其稿、最终成书。本书的编制和出版，得到了公司各级领导和各单位的大力支持，由公司人力资源部牵头，国网江苏、天津电力大力协助，国网河北、冀北、山西、山东、上海、浙江、福建、湖南、江西、四川、陕西、宁夏电力，国网电商公司、英大传媒集团、中国电科院、英大长安等多家单位积极参与编审。在此，向所有参与本书编制、编辑、审核的单位和人员致以诚挚的谢意。

全书最后设置了名词解释和索引，便于读者查阅使用。书中出现的各项指标、薪酬数据仅作示例使用。

由于时间仓促，如有不足或疏漏之处，敬请读者指正。

编者

2021 年 4 月

目录 CONTENTS

前言

上 册

中　册

第六章　科研和产业金融业务考核工具 ·············· 771

下 册

第七章 绩效监控与辅导工具 …………………………………………………… 933

绩效信息化与业务融合工具

绩效过程监控工具

第七章

绩效监控与辅导工具

绩效监控与辅导 (Performance Monitor&Improvement) 是指在绩效实施过程中对各级组织和员工的行为表现、工作绩效以及综合素质进行全面监测，绩效经理人针对不足和差距，及时制定并实施针对性的辅导与改进，不断提高组织和员工业绩的过程。这是一个动态管理、不断改进的管理环节，直接影响着绩效管理的成败。

国家电网有限公司针对企业负责人业绩考核，建立了"月监控、季分析、年考核"绩效实施与改进提升的全过程监控机制，月度实行"红黄牌"预警，季度督导过程改进，年度辅导绩效提升。公司配套建立了绩效经理人管理制度，明确绩效经理人制定绩效目标、签订绩效合约、实施绩效评价、进行沟通反馈等职责，着力帮助员工查找问题并制定改进计划，助力员工绩效持续提升。

本章针对绩效实施过程监控难、绩效经理人履职缺位、绩效沟通改进效果不佳等问题，总结提炼了绩效考核信息"大数据"平台、班组绩效沟通"三步曲"、绩效改进 React 模型等绩效管理工具共 29 篇，引导各单位和各级绩效经理人聚焦绩效实施过程管理，推动绩效经理人的履职能力提升，促进绩效管理的诊断改进，实现组织绩效和员工绩效的双提升。

绩效信息化与业务融合工具

120 绩效考核信息"大数据"平台
——通过数据互通解决重复录入难题

导　入： 实际工作中，绩效系统与业务系统不能互联互通、数据共享，使得人工重复录入数据的问题凸显，有时还会发生考核信息时间滞后、准确性不高等情况。国网山东电力开发绩效考核信息"大数据"平台，实现业务系统与绩效系统数据交互，运用智能算法自动统计绩效积分，通过班组移动终端进行实时绩效考核，有效解决了绩效系统任务派发重复录入难题。

工具概述

绩效考核信息"大数据"平台依托全业务数据中心，将生产 PMS、调控 OMS、营销 MIS 等业务系统中的工作任务数据与绩效系统互通共享，自动生成绩效积分，实现对一线员工的精准、智能考核。同时，在班组移动终端中实现 7 类运检业务、5 类营销业务绩效积分自动统计，工作负责人在完成现场工作后，通过班组移动终端即时进行绩效评价，并将绩效积分自动同步至绩效系统。

适用场景：本工具适用于采用量化积分制考核的一线班组。

⚙ 实施步骤

绩效考核信息"大数据"平台的实施步骤包括：制定班组绩效量化积分标准、业务系统维护工作任务、绩效系统匹配统计积分、班组移动终端实时绩效评价。

1. 制定班组绩效量化积分标准

班组以劳动定额理论为指导，综合运用现场测量法、比较类推法、经验估算法、统计分析法和时间系数法5种方法，制定适用于通用业务或专业工作的绩效量化积分标准，明确各项工作任务有效工作时间及建议工作人数。经广泛征求意见、公示无异议后，在绩效系统中推广量化积分标准，并应用于绩效评价。

2. 业务系统维护工作任务

基层一线班组结合专业工作实际，在生产 PMS、营销 MIS 等业务系统中维护工作票、工单信息，填报工作内容、工作时间、工作班成员等数据，并将业务系统数据同步至全业务数据中心。绩效系统通过匹配组织机构信息，在全业务数据中心实时抓取数据，比对工作任务与量化积分标准工作项目，同步匹配至绩效系统任务派发模块。系统数据贯通过程见图 1。

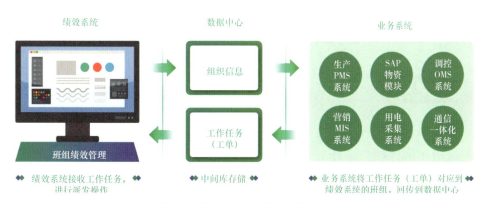

图 1　绩效管理系统与业务系统数据贯通过程示意图

3. 绩效系统匹配统计积分

一线班组绩效经理人派发工作任务后，绩效系统自动比对量化积分标准关键字并计算加权，匹配相似度最高的绩效量化积分标准项目。整个流程实现工作票、工单中的角色信息与员工信息的自动对接，工作任务积分的自动计算，员工绩效得分的自动分配。

4. 班组移动终端实时绩效评价

在现场工作任务完成后，工作负责人在班组移动终端完成现场工作信息录入，填报工作详细完成时间等信息，履行工作票终结手续。之后工作负责人可通过班组移动终端绩效评价模块自动地计算出每个工作班成员角色的绩效积分，并实时同步至绩效系统。

◎ 经验心得

（1）班组应结合所辖设备现状及运维难易程度，合理选取、不断完善量化积分标准，并根据工作职责确定角色系数，确保班组绩效考核客观准确。

（2）在应用量化积分标准对工作数量进行的考核，还应与工作质量考核配合，对工作任务完成的及时性、准确性、规范性提出要求。

（3）绩效积分自动统计功能的准确率超过98%，极大地提高了绩效评价准确性。在绩效经理人的复核校验下，可进一步确保准确率达到100%。

✎ 实践案例

国网山东电力于2017年开发绩效考核信息"大数据"平台，并在17家地市公司一线班组同步推广应用，下面以变电运维专业班组实施情况为例进行展示。

1. 制定班组绩效量化积分标准

在分析生产技术条件、总结先进经验、挖掘生产潜力、拟定合理操作方法的基础上，通过现场测时、比较类推、经验估算、统计分析、时间系数等方法，制定供电单位班组绩效量化积分标准。

经征求意见、公示后，通用工作、专业工作量化积分标准被上传至绩效系统。基层一线班组结合业务范围、所辖设备等情况，选用相关积分标准进行考核。部分通用工作班组绩效量化积分标准见表1，部分变电运维专业工作班组绩效量化积分标准见表2。

表1　　　　　　　　　　通用工作班组绩效量化积分标准示例

序号	专业工作名称	计量单位	标准工时	建议工作人数 × 有效工作时间
1	班组（周、月）工作计划编制、总结撰写	月	6	1×6
2	班组总结报告撰写（班组对标月度分析等）	次	3	1×3
3	班组成员绩效合约编制	人·次	2	1×2
4	组织签订安全承诺书、优质服务承诺书	次	1	1×1
5	班组任务派发、班组成员日工作量统计	次	1	1×1
6	绩效考核结果统计汇总与公示	次	1	1×1
7	班组月度考勤登记、统计	月	2	1×2
8	查禁违章档案整理	次	0.5	1×0.5

表2　　　　　　　　　　变电运维专业工作班组绩效量化积分标准示例

序号	专业工作名称	计量单位	标准工时	建议工作人数 × 有效工作时间
1	220千伏变电站全面巡视（含定期检查维护）	站	8	2×4
2	220千伏变电站例行巡视	站	6	2×3
3	110千伏变电站全面巡视（含定期检查维护）	站	5	2×2.5
4	110千伏变电站例行巡视	站	3	2×1.5
5	35千伏变电站全面巡视（含定期检查维护）	站	4	2×2
6	35千伏变电站例行巡视	站	2	2×1

序号	专业工作名称	计量单位	标准工时	建议工作人数 × 有效工作时间
7	设置第一种工作票（主变、母线）安全措施	票	3	2 × 1.5
8	设置第一种工作票（其他）安全措施	票	1	2 × 0.5
9	拆除第一种工作票（主变、母线）安全措施	票	3	2 × 1.5
10	拆除第一种工作票（其他）安全措施	票	1	2 × 0.5

2. 业务系统维护工作任务

变电运维班组在生产 PMS 系统中维护巡视记录信息，填报巡视类型、巡视人员姓名、巡视开始及结束时间等信息，见图 2。巡视记录信息同步传送至全业务数据中心，绩效系统自动抓取工作任务关键信息，匹配至任务派发模块。

图 2　生产 PMS 系统巡视记录汇总

3. 绩效系统匹配统计积分

生产 PMS 系统巡视记录同步至绩效系统后，绩效系统自动派发任务工单，匹配相似度最高的绩效量化积分标准项目，并根据巡视人员不同角色自动计算工作任务执行人的绩效积分，绩效管理系统积分自动计算界面见图 3。

工作计划	220千伏庆云变电站例行巡视		派发日期	2020.04.01			
指标名称	220千伏变电站例行巡视		单位	每站	标准工时	6.00	
建议工作人数*有效工作时间	2X3				工时合计	6.00	

全选　取消全选

是	角色名称	员工ID	姓名	系数	工作数量分	班组成员变更标识	班组成员变更原因
☐		00005024	魏 *	0.00	0.00	☐	
☑	主要操作人	00006113	刘 *	1.10	1.94	☐	
☐		00005133	李 *	0.00	0.00	☐	
☐		00005145	杨 *	0.00	0.00	☐	
☐		00005163	郝 *	0.00	0.00	☐	
☑	工作负责人	00005335	沙 *	1.20	2.12	☐	
☐		00005361	李 *	0.00	0.00	☐	
☐		00005385	王 *	0.00	0.00	☐	
☑	主要操作人	00005394	杨 *	1.10	1.94	☐	
☐		00005415	党 *	0.00	0.00	☐	
☐		00005524	王 *	0.00	0.00	☐	
☐		60001960	刘 *	0.00	0.00	☐	
☐		60000739	马 *	0.00	0.00	☐	
☐		60003470	赵 *	0.00	0.00	☐	
☐		90002155	陈 *	0.00	0.00	☐	

图 3　绩效管理系统积分自动计算界面

4. 班组移动终端实时绩效评价

变电站巡视工作结束后，工作负责人在现场使用班组移动终端绩效评价模块，对工作执行人进行绩效评价，按照量化积分标准，根据工作执行人角色系统自动计算绩效积分并实时同步至绩效系统。

国网山东电力通过开发应用绩效考核信息"大数据"平台，实现绩效系统与业务系统互联互通、数据共享，避免了工作任务信息在多个系统间的重复录入；自动生成一线员工的绩效积分，绩效评价更加方便、精准、客观。目前，绩效考核信息"大数据"平台已在变电运检、调度运行、营销服务、信息通信、物资仓储等一线班组应用，基层班组每月花费在绩效管理系统积分统计上的时间由 10.4 个工时减少到 1.7 个工时，基层一线班组管理负担大幅减轻。

报送单位：国网山东电力

编 制 人：杨　军　尹广晓　赵秉聪　张加岩

121 "手慢无"任务抢单平台
——强化对临时任务（突发事件）的考核

> **导　入：**部分单位对各类临时性工作任务缺乏有效的激励措施，使得员工承担临时性工作任务的积极性普通偏低。国网江苏无锡供电公司研发"手慢无"任务抢单平台，明确任务积分、发布工作任务，员工通过"抢单"争取提高自身积分值，提升了员工的工作积极性和主动性。

工具概述

"手慢无"任务抢单平台是在积分量化考核中引入"抢单"机制，改变传统的临时性工单派发模式，鼓励员工根据能力水平和忙闲程度，在平台上自主接收工单，有效解决部分员工承担临时性工作任务不积极、工作热情较低等问题。

适用场景：本工具适用于员工承担临时性工作任务不积极、忙闲度不均的部门和班组。

实施步骤

"手慢无"任务抢单平台的实施步骤包括：搭建抢单平台、完善班组工作任务积分库、发布临时性工作任务、开展任务抢单、任务汇报及验收。

1. 搭建抢单平台

开发"手慢无"任务抢单平台，可研发 PC 端系统或手机 App 等，实现工作任务发布、抢单、指派、终止、验收与积分汇总统计等功能。不具备条件的班组可通过班组绩效抢单微信群等方式来代替，实现部分功能。

2. 完善班组工作任务积分库

对日常工作、临时性工作任务进行全面梳理，明确每项工作的内容、专业程度、得分依据、工作周期、基本工时等，确定各项工作的基础绩效积分，形成本班组的基础工作任务积分库。确定基础绩效积分需履行的民主决策程序。

3. 发布临时性工作任务

绩效经理人对照班组工作积分库，结合临时工作任务完成时限、风险程度等设置权重系数，结合工作角色、工作开展时间等设置工分折算系数，核算任务积分（任务积分 = 基础绩效积分 × 权重系数 × 工分折算系数），在绩效抢单平台发布任务并明确有效期限。

当一项工作任务需要多人完成时，由绩效经理人将任务分解，设定相应的抢单规则，供班组成员进行抢单。

4. 开展任务抢单

员工根据自身情况（包括能力水平、忙闲程度等），在"手慢无"任务抢单平台进行抢单。

5. 任务汇报与验收

任务完成后，由接单者在"手慢无"任务抢单平台上传任务完成的佐证材料，如现场拍照、客户签字认可等。绩效经理人对工作完成情况进行验收确认后，可兑现工作积分。

经验心得

（1）考虑任务的临时性与突发性，需设定抢单人员范围，明确抢单有效期限，如半小时内抢单有效，超过半小时则直接指派等。

（2）不断完善工作任务积分库，对新的工时（积分）项目，由绩效经理人审核填写纸质工单，报分管领导审核后，与系统数据一并进行月度统计。新项目积分标准履行民主决策程序后，纳入积分库。

实践案例

国网江苏无锡供电公司于 2016 年初开始应用"手慢无"任务抢单平台工具，提高了员工承担临时性工作任务的积极性，激发了员工工作热情，下面以国网江苏无锡供电公司下属的物业公司为例进行展示。

1. 搭建抢单平台

委托软件公司开发智能平台"云服务"App，主要流程包括需求报送、中心下单、抢单维修和工时确认统计等，见图 1。

图 1 "云服务"App 界面

2. 完善班组工作任务积分库

对物业班组日常工作、临时性任务进行全面梳理，收集社会平均定额水平，统计往年主要维修项目工作量，计算员工前一年的工时数据，通过分析比较，结合现场工作实际，形成电气维修（安装）、暖通（空调维修）、给排水维修、五金配件安装、智能系统、土建装饰六大类专业工作的标准工时（见表1），为工时采集、统计、审核提供了条件。

表1　　　　　　　　　　工时定额样表

种类名称	上级名称	单位	定额工时
1. 电气维修 / 安装	—	—	—
10103. 节能灯杯安装（12伏/24伏/220伏）（个）	101. 灯具安装维修	个	30
2. 暖通 / 空调维修	—	—	0
20104. 空调冷凝水维修（处）	204. 空调末端检修	处	65
3. 给排水维修	—	—	0
30102. 冷热手柄龙头（DN25以内）（个）	301. 阀门安装	个	65
30102. 马桶冲水阀维修（个）（次）	301. 阀门安装	次	45
4. 五金配件安装	—	—	0
40103. 锁牌安装（把）	401. 门锁配件	把	20
5. 智能系统	—	—	0
50104. 消防联动模场故障检修（点）	501. 消防系统	点	65
6. 土建装饰	—	—	0
60115. 大理石修补维修（次）	601. 泥水施工	次	105

3. 发布临时性工作任务

（1）需求报送。公司各部门可通过拨打电话、App填报两种方式向物业提报维修需求。

（2）中心派单。监控中心根据物业需求的六大类项目及项目所需人数，在"云服务"App中向运维人员发布抢单任务，见图2。

（3）核算任务积分。在基础绩效积分的基础上，绩效经理人根据任务紧急程度、安全风险等因素设定权重系数，根据所负责的工作内容、工作开展时间等设定工分折算系数，如监护等工作的有效工时需按照实际工作时间的0.5倍计算；而对于国家法定节日期间的加班工作，其有效工时需按实际工作时间的2倍计算，确定最终任务积分。

图2 监控中心抢单任务池"界面"

4. 开展任务抢单

运维人员通过App抢单，接单者执行维修任务。接单者由不可抗力因素（如车辆故障、身体不适等）导致不能完成抢单任务时，可向绩效经理人提出申请，审批通过后，由绩效经理人视工作紧急程度，重新开展抢单或进行直接指派；接单者由于本人主观意愿无法完成抢单任务时，由绩效经理人视工作紧急程度，重新开展抢单或进行直接指派，并给予原接单者暂停三次抢单机会的惩罚。

5. 任务汇报及验收

（1）结束销单。维修结束后，维修人员通过选择维修项目明细、填写工作数量、对现场情况拍照上传 App 等步骤进行销单，系统自动记录维修结束时间，并分析显示实际工作时长等内容，见图3。

（2）工时（积分）月度统计。"云服务" App 对个人月度任务量和工时（积分）进行实时统计（见图4），管理部门和员工个人均可查询了解。运行人员统计工时时按照具体工作要求，排定工作时间表，计算综合工时，考核工作质量；运行人员兼维修人员的，按照维修工时定额单独核定，见表2。

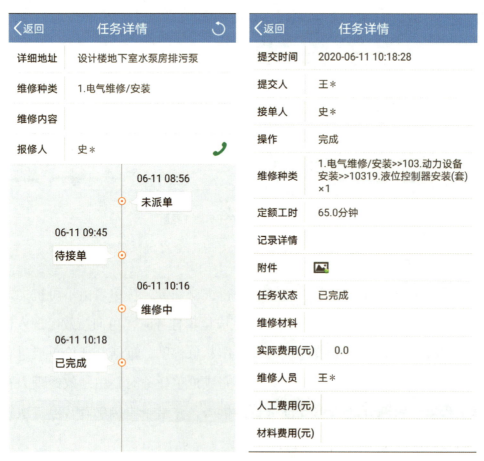

图3　完成的任务详情

图4 个人工时（积分）统计

表2   工时（积分）统计表

维修种类	所属项目	报修人	维修地点	维修内容	参考工时（分钟）	定额工时（分钟）	工作数量	总工时（分钟）	抢单人员	协助人员
电气维修/安装	大院	蔡*	老大楼	109库房电源线检查	62	65	14	910	王*	
电气维修/安装	大院	樊*	科技大楼	1206办公室加装一套日光灯	28	20	3	60	张*	
给排水维修	大院	李*	前场草坪	草坪水管漏水	7	30	1	30	王*	胡*

国网江苏无锡供电公司下属物业公司应用"手慢无"任务抢单平台后，运维人员人均实际工作时长较以往有了显著提升，效率也提高一倍以上。同时，员工为了能够争取更多的工作任务，积极参加公司组织的各类培训，学习其他维修技能，承担临时性工作任务的积极性明显增强。

报送单位：国网江苏无锡供电公司
编制人：万　磊　冯柏强　朱　琪

122 "点点用车"智能终端量化考核
——提高车辆驾驶人员工作主动性

导 入： 近年来，为解决驾驶人员工作主动性不足、车辆分配及使用不均衡等问题，国网重庆合川供电公司使用"点点用车"智能终端开展量化考核，对车辆、驾驶员与驾驶服务进行集约化、精益化、标准化管理，有效调动了驾驶人员工作积极性，实现了降本增效与服务水平双提升。

工具概述

"点点用车"智能终端量化考核，是通过智能车辆管理系统（简称"点点用车"），将用车申请、审批、调度、行车、评价、核算等纳入一体化平台管理，采用"抢单"机制，实现对驾驶员工作绩效全面量化考评。

适用场景：本工具适用于有独立车辆服务团队的各级单位。

实施步骤

"点点用车"智能终端量化考核实施步骤包括：建立智能终端量化考核机制、智能终端集约管理、积分激励与考核兑现。

（一）建立智能终端量化考核机制

梳理常用考核指标，全员参与制定驾驶员量化积分方案，从驾驶员绩效积分标准、抢单规则和奖惩标准三方面进行明确约定，建立合理的驾驶员绩效评价体系。

1. 驾驶员绩效积分标准

围绕车辆服务主要评估指标，从出车次数、行驶里程、行车时间、用车人满意度四个维度评估积分，并制定约谈、预警和退出的相应规定。驾驶员月度积分计算公式为：

$$驾驶员月度积分 = 出车总次数 \times 标准分 + \sum 行车时长 \times 不同时段对应的标准分 + 行车千米数 \times 标准分 + \sum 满意度评价 \times 不同级别对应标准分$$

2. 抢单规则

合理设计抢单规则，有效避免驾驶员挑肥拣瘦等情况。当用车人发起申请后，由驾驶员依据自身情况主动发起抢单，抢单成功后与用车人联系执行出车任务；若5分钟内无人抢单，则由系统自动派单给汽车班班长，由汽车班班长安排驾驶员接单，执行出车任务。

3. 奖惩标准

对于驾驶员，从奖励拼车、节约成本的维度设定奖励，从弄虚作假、未按规定执行用车任务、抢单积分过低等维度设定惩罚标准。

对于用车人，从用车规范性、无效占用公车情况以及弄虚作假等维度设定惩罚标准。

（二）智能终端集约管理

开发基于抢单模式和全方位绩效管理体系的智能终端，通过终端功能实现用车申请、调度员审核、驾驶员抢单等操作。车辆调度通过信息系统完成，驾驶员根据自己能驾驶的车型进行抢单。同时实现车辆实时位置可视化监管，行车里程精确计算，驾驶员与调度员信息交互，驾驶员行车安全状态预警。

（三）积分激励与考核兑现

驾驶员的月度绩效奖金用出车积分进行核算，计算公式为：

月度绩效奖金 = 个人积分 / Σ 组内总积分 × 绩效奖金总额

经验心得

（1）派车单要坚持通过用车部门和车管部门双审查后，在平台上发布并实行抢单模式。用车人应认真落实车辆出车时间和收车时间规定，确保驾驶员积分真实有效。

（2）建立驾驶员绩效激励机制，激发驾驶员队伍活力，适时完善调整积分规则，实行约谈和退出机制。

实践案例

国网重庆合川供电公司从 2019 年 1 月应用"点点用车"智能终端量化考核以来，驾驶员的工作积极性显著提升，实现了降本增效与服务水平双提升。

（一）建立智能终端量化考核机制

通过对驾驶业务的前期调研和走访，建立数学模型，科学设计驾驶员绩效积分标准表，见表1。

表 1 　　　　　　　　　　驾驶员绩效积分标准表

积分维度	计分标准		单位
出车次数	0.5 分		次
行车时长	00：00—08：30	0.6 分	小时
	08：30—17：30	0.2 分	
	17：30—24：00	0.4 分	
行车千米数	0.02 分		千米

积分维度	计分标准		单位
用车人满意度	优	0.1 分	次
	良	0	
	差	−0.2 分	

以驾驶员张师傅 1 月出车情况为例：

月度积分 = 出车 20 次 ×0.5 分 / 次 + 行车 60 小时 ×0.2 分 / 小时 +4550

千米 ×0.02 分 / 千米 + 满意度评价 "优" 20 次 ×0.1 分 / 次

=115（分）

为有效调动驾驶员工作积极性，国网重庆合川供电公司推行抢单机制，同时明确驾驶员和用车人的奖惩标准，见表 2。

表 2　　　　　　　　　　　　驾驶员和用车人奖惩标准

序号	适用人群	奖惩机制
1	驾驶员	（1）发现并举报工作票或派车单与实际乘车人员及人数不相符的，经核查属实，奖励驾驶员 50 元 / 次。 （2）鼓励组合拼车。凡组合合并用车，奖励驾驶员 10 元 / 次，同一次用车可以但不超过叠加 4 单（含往返）。 （3）驾驶员获得用车单后，未执行出车任务则扣积分 10 分 / 次。 （4）驾驶员对出车里程、出车时长等内容弄虚作假、虚增积分，对虚增积分予以扣除，并对其本人警告，凡有第二次弄虚作假行为，退回派遣单位。 （5）驾驶员一个季度抢单积分低于全体驾驶员季度积分平均分值的 50%，对其预警；低于平均分值的 30%，退回派遣单位
2	用车人	（1）用车人在申请用车时弄虚作假，实际乘车人员、工作内容与派车单工作票、操作票、抢险单、预单内容不相符，考核用车申请人 300 元 / 次。 （2）用车申请时间与实际用车时间相差较大（超 30 分钟）的，考核用车人 100 元 / 次。 （3）用车完毕不及时收车、评价，造成实际收车时间与用车时间差超 30 分钟的，考核用车人 100 元 / 次；一年内超三次暂停申请用车半年

（二）智能终端集约管理

利用信息技术，搭建"点点用车"智能终端 App 信息平台，将公司公务用车和车间（班组）的生产车辆全部纳入"点点用车"智能终端 App 进行统一调度，用车人申请、调度员审核、驾驶员抢单全在平台中进行。车辆实时位置可视化监管，行车里程精确计算，实现驾驶员与调度员信息交互，驾驶员行车可控在控。车辆调度员视角 App 操作界面见图 1。车辆实时轨迹可视化显示界面见图 2。

图 1　App 操作界面（调度员视角）

（三）积分激励与考核兑现

月末按照车队内绩效奖金总额、员工个人积分和总积分综合计算出月度绩效奖。以 1 月份为例，车队共有 67 名驾驶员，以人均 900 元的标准核算月

图2 车辆实时轨迹可视化显示界面

度绩效奖金总额为 60300 元，所有员工总积分为 5625 分。

员工张师傅积分排名第 3 名，累计获得 115 分，绩效奖金 =115/5625×60300=1232.8（元）。

员工李师傅积分排名倒数第 5 名，累计获得 55 分，绩效奖金 =55/5625×60300=589.6（元）。

国网重庆合川供电公司使用"点点用车"智能终端量化考核后，依据按劳分配、多劳多得的原则，合理有效地实现收入差距化，驾驶员出车从以前的"等着干"向现在的"争着干"转变。2019 年全年，国网重庆合川供电公司出车率同比增加 95%，行车里程同比增加 28%，服务态度评分提升 43%，驾驶员月度绩效工资差距倍比达到 4 倍，从根本上解决了驾驶人员主动性差、服务意识不足等问题，明显提升驾驶员的工作积极性。

报送单位：国网重庆合川供电公司

编制人：邓文强 张安彬 刘 娟

123 智能绩效监控平台
——提升组织和员工绩效管理效率

> **导　入：** 在"互联网＋"背景下，随着企业规模的逐步扩大，绩效管理要求越来越高，如何提高绩效管理效率显得尤为重要。国网电动汽车服务有限公司创新"智能绩效监控平台"，依托智能绩效监控平台，实施绩效管理全过程闭环管控，全方位跟踪管控员工绩效计划制订及绩效指标完成情况，有效提升了组织和员工绩效管理效率。

工具概述

智能绩效监控平台是对绩效进行智能监控的工具，可对组织和员工的绩效目标制订、计划执行、考核评价、改进提升等环节进行 PDCA 全过程实时管控，持续提升绩效管理水平。

适用场景：本工具适用于各级组织、各类人员的绩效考核。

实施步骤

智能绩效监控平台实施步骤包括：建立考核体系、确定考核流程、开展跟踪监控、兑现绩效奖金。

1. 建立考核体系

围绕考核对象、考核周期、考核内容、计算方式、比例权重、考核关系等要素，建立健全内容科学、程序严密、配套完备、有效实用的绩效考核体系。

2. 确定考核流程

综合考虑绩效目标、绩效责任、绩效运行、绩效评估、绩效提升等基本环节，建立组织和员工的绩效考核工作流程，包括维护考核方案、审核考核计划、进行数据采集、开展绩效评价、确定考核结果等系统操作。

3. 开展跟踪监控

通过智能绩效监控平台对组织和员工的绩效计划制订与执行、考核进度与结果进行过程监控，及时发现滞后指标存在的问题，更好地促进绩效改进提升。

4. 兑现绩效奖金

通过智能绩效监控平台核算绩效薪金，便于部门负责人对员工奖金进行分配。

经验心得

（1）在操作过程中，各角色需严格按照规定流程进行数据录入、采集、提交等操作，确保各环节按时完成、按序推进、实时跟踪。

（2）生成考核结果后，各考核主体需及时与被考核对象进行绩效沟通与反馈，尤其注意与绩效考核结果较差的管理者或员工进行绩效面谈，及时督促其改进。

（3）结合绩效考核管理情况，人资部可要求考核对象提供相应的佐证材料，佐证目标完成情况，提高考核的全面性、公平性。

实践案例

国网电动汽车服务有限公司于 2020 年 5 月开始应用智能绩效监控平台，实现组织和员工绩效管理全过程监控。

1. 建立考核体系

针对不同的考核对象，建立日常考核体系，见表1。

表1　　　　　　　　　　　　日常考核体系

对象	周期	考核内容	分数计算方式	权重	考核关系
组织	月度	部门指标	月度业绩指标	80%	业绩指标由绩效考核管理委员会下达并考核
		民主测评		20%	
组织	年度	部门指标	年度业绩指标	80%	业绩指标由绩效考核管理委员会下达并考核
		民主测评		20%	
助理总师、首席官及部门负责人	年度	KPI+BSC+GS+民主测评	年度业绩指标	100%	业绩指标由绩效考核管理委员会下达并考核
部门副职及员工	月度	KPI+GS	个人月度工作计划考核结果	80%	业绩指标由所在部门下达并考核
		工作态度	直接上级评价	20%	直接上级考核
	年度	KPI+GS	个人年度KPI考核结果均值	60%	业绩指标由所在部门下达并考核
		工作态度	直接上级评价	20%	直接上级考核
		工作能力	直接上级评价	20%	直接上级考核

按照不同的考核指标类型及其评价标准核算考核结果，其中民主测评为部门间的满意度测评，主要应用于业务部门与职能部门间的满意度考核；GS绩效评分是由被考评者的直接上级根据对考核内容的实际了解给出的打分。打分从1分到5分五个级别，见表2。

表 2   GS 评分标准表

评分标准	5分	4分	3分	2分	1分
评分定义	创造性地开展工作，完全按照计划的时间节点，毫无延误，成果显著并超越目标	很好地开展工作，基本按照计划的时间节点完成，达成了令人满意的目标	在计划时间内基本达成目标，但个别节点有延误，成果上有所不足	没有按计划完成且有较大延误，或者与目标有明显差距	与计划和目标有很大差距

将打分换算为 GS 得分：GS 得分 = 绩效打分（1～5 分）/ 总分值（5 分）×100× 权重占比。

2. 确定考核流程

根据公司考核体系，梳理构建绩效管理流程。见图 1、图 2。

3. 开展跟踪监控

人资部、各部门可依托智能绩效监控平台，实施查询、统计、提醒等流程操作，实时跟踪各项指标完成进度，见图 3；掌握重点工作完成情况，见

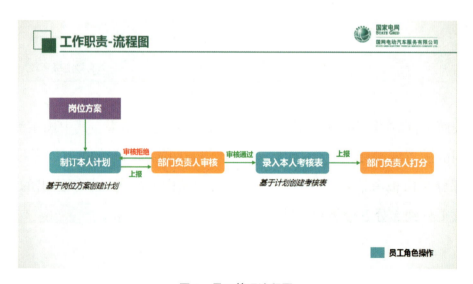

图 1   员工管理流程图

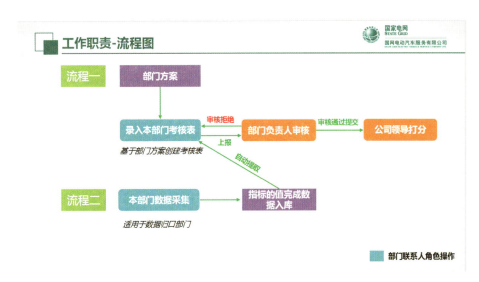

图 2　组织管理流程图

图 4；查询绩效结果，见图 5；查看绩效等级趋势图、提醒待办业务，见图 6，推进绩效考核全过程管理和指标管控进度。

图 3　指标完成进度

图4　重点工作情况

图5　查询绩效结果

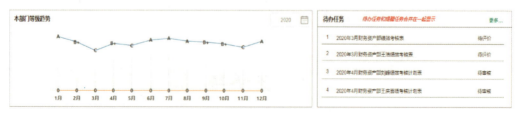

图6　绩效等级趋势图及待办业务

4. 兑现绩效奖金

（1）人资部根据部门绩效等级、奖金基数、考核系数、效益调节系数、奖罚金额计算得出部门奖金池，见图7。

图7　部门奖金池

（2）部门负责人根据员工绩效等级在奖金池范围内为员工进行奖金分配，见图8。

图8　员工奖金分配

通过应用智能绩效监控平台，实现了绩效考核的全过程闭环管控，助力员工和绩效经理人信息对等，提升组织和员工绩效管理实施满意率。

报送单位：国网电动汽车服务有限公司

编 制 人：刘志慧

绩效过程监控工具

124 工作目标累进激励法
——解决持续型目标的激励难题

> **导　入：** 公司在推进重大长期性生产经营发展战略时，基层员工往往较难保持长期的积极性和持续性动力。为解决这一难题，国网天津检修公司实行工作目标累进激励法，随着工作目标在时间和程度上的递进，逐级增大激励力度，有效激发员工主观能动性。

🗨 工具概述

工作目标累进激励法是对承担重要持续型工作目标的团队进行激励的一种考核方法。该方法以工资增量部分或专项奖的形式设置激励性奖金，对于符合重要性、关键性原则的工作目标，按照持续时间或项目完成度将其划分为若干级别，并按照任务角色向承担目标的各类员工发放奖励，奖励金额随达成的工作目标级别逐级递增；当发生终止累进事项时，则停止奖励金额的累进。

适用场景：本工具适用于需要承担重要持续型工作目标的团队。

⚙ 实施步骤

工作目标累进激励法实施步骤包括：确定激励目标、确定累进激励分级及终止累进条件、确定受激励人群及角色分配系数、激励方案审核确定与实施。

1. 确定激励目标

按照重要性、关键性原则，确定受激励目标：

（1）对公司发展具有重大意义或对完成生产经营总体目标具有重大影响。

（2）工作目标的提升或维持具有一定难度。

2. 确定累进激励分级及终止累进条件

按照工作目标持续时间或实现程度对激励目标进行分级，并综合考虑工资总量、受奖励人群总数、各级别工作目标跨度等因素，确定各级别工作目标达成时的累进奖励金额或档位差距。同时，根据受激励目标性质，确定终止累进的条件，当发生终止条件列明的事项时，停止奖励金额的累进。

3. 确定受激励人群及角色分配系数

受激励人群包括直接责任人员及主要配合人员，根据角色划分定位人员工作任务承担情况，为受激励人员赋予不同的角色分配系数（例如：主要责任人员 1.0、专业管理人员 0.8、主要支撑保障人员 0.5），核算奖励金额：

奖励金额 = 对应挡位发放标准 × 角色分配系数

4. 激励方案审核确定与实施

由激励目标对应专业的职能管理部门将工作方案提交公司绩效管理委员会或党委会（总办会）审议，审议通过后正式实施。

每阶段工作目标达成后，按照对应阶段发放标准及受激励人群的角色分配系数核定累进奖励金额，制订当期发放计划。由激励目标对应专业的职能管理部门对工作目标完成情况及发放计划进行审核，并经专业分管领导确认后，由人力资源管理部门负责发放。

经验心得

（1）准确选择激励目标。应充分结合公司关键业绩指标、重点建设任务、前一年业绩情况等因素，选取当前形势下提升或维持需求最为紧迫的工作目标。

（2）科学设置工作目标档位。要在充分分析历史数据的基础上进行合理推算，目标跨级实现应具有可行性和一定难度。

（3）合理划分累进激励分级。累进奖激励分级的档位差应与跨级实现工作目标所投入的工作精力与管理成本等相匹配。

实践案例

国网天津检修公司于 2019 年开始应用工作目标累进激励法，有效减少了人为责任事件与线路跳闸事件的发生，下面以 2019 年全年具体实施情况为例进行展示。

1. 确定激励目标

2019 年，针对"保持 220 千伏及以上输电线路不发生人为责任事件"这一工作目标，国网天津检修公司按照重要性、关键性原则，设置输电线路运维累进奖，按照不发生人员责任事件时长累进激励金额。

2. 确定累进激励分级及终止累进条件

输电线路运维累进奖以年度为周期，按自然月考核并累积，每季度末发放奖励。以 500 元为首月工作目标达成奖励基数，依据"每月递增，每季度内各月增额相同"的规则，逐步拉开月间差距。

当发生 220 千伏及以上输电线路人为责任事件时，扣罚相关责任人员，并按照首月奖励标准重新累进。

各阶段累进激励情况见表 1。

表1　　　　　　　　　　　　　输电线路运维累进激励对照表　　　　　　　　单位：元

累计月份	1个月	2个月	3个月	4个月	5个月	6个月
奖励金额	500	600	700	900	1100	1300
档位差	—	100	100	200	200	200
累计月份	7个月	8个月	9个月	10个月	11个月	12个月
奖励金额	1600	1900	2200	2600	3000	3400
档位差	300	300	300	400	400	400

3. 确定受激励人群及角色分配系数

纳入输电线路运维累进奖的人员包括：输电线路运维班组人员、无人机巡检班组人员、输电线路监控室人员、输电运检中心技术人员。其中，输电线路运维班组人员为支撑工作目标完成的直接责任人员，其他人员为主要配合人员，各类人员角色分配系数见表2。

表2　　　　　　　　　　输电累进奖受激励人员角色分配系数

序号	班组	角色分配系数
1	输电线路运维班组人员	1.0
2	无人机巡检班组人员	0.5
3	输电线路监控室人员	0.5
4	输电运检中心技术人员	0.5

4. 激励方案审核确定与实施

输电线路运维累进奖经国网天津检修公司总经理办公会审议通过后，自2019年4月起正式实施。每季度末，由输电运检中心根据工作目标完成情况编制当季度累进奖发放计划，经公司专业管理部门、输电专业分管领导审核确认后发放。

　　输电线路运维累进奖的实施充分激发了输电运维专业人员的工作积极性，通过加强线路巡视力度、推进输电运检监控中心建设等有效管控措施，有效提升了线路精益化运维水平。截至 2019 年年底，所辖线路运行整体平稳，未发生人身、电网和设备事故，220 千伏及以上线路跳闸事件同比降低了 42.8%，创历年最佳运维记录，为天津电网整体平稳运行提供了有力支撑。

　　报送单位：国网天津检修公司
　　编 制 人：张　强　赵婧宇　王松波

125 基于日复盘的工作积分考核法
——提高一线员工积分量化评价精准度

> **导 入：** 一线员工工作积分通常通过月度累计计算，具有周期长、偶发积分偏差等问题。为更加准确地衡量一线员工工作业绩，国网河北沧州供电公司实施基于日复盘的工作积分考核法，对工作积分采用日复盘的方式，实现一线员工的及时精准评价，有效调动一线员工工作主动性和积极性。

工具概述

基于日复盘的工作积分考核法，是指一线员工每天对当日承担的工作事项完成情况进行精确复盘，绩效经理人根据复盘后的工作任务完成情况和工作积分标准核定员工当日工作积分。

适用场景：本工具适用于采用工作积分制考核的班组。

实施步骤

基于日复盘的工作积分考核法实施步骤包括：制定工作事项积分标准、实施问答式日复盘工作机制、考核兑现。

1. 制定工作事项积分标准

班组全体员工商讨制定工作事项积分标准。依据班组职责范围，对承担的工作任务适当细化为最小单元，按照最小单元工作事项的难易程度、劳动量大小、工作角色设定标准积分值。可根据工作事项调整及增减变化情况对相应的标准积分值进行修订。

2. 实施问答式日复盘工作机制

（1）填写工作日志。一线员工每完成一项工作事项，及时在工作日志中详细记录完成的工作内容、工作量投入、难易程度、工作角色、存在的问题及注意事项等。

（2）编制复盘卡。一线员工每日工作结束前，根据当天工作日志，按照一问一答的方式制作当日工作复盘卡，详细记录当日工作内容及完成情况、存在的问题、建议意见等，完成记录存档。

3. 考核兑现

每月初，班组长根据班组成员上月日复盘卡记录承担的工作事项完成情况、特殊贡献事项、减分事项发生情况等，对照工作事项标准积分核定员工的月度工作积分，核算其绩效薪酬。

员工月度工作积分 =100 分 + 现场工作积分 + 基础管理积分 + 技能培训积分 + 安全管理积分 + 文明生产积分 + 创新管理积分

班组全员月度累计积分 = ∑ 班组员工月度工作积分

员工月度绩效薪酬 = 员工月度工作积分 / 班组全员月度累计积分 × 班组全员月度可分配绩效薪酬总额

◎ 经验心得

（1）制定统一的工作事项积分标准时，除了综合考虑工作事项之间的差异性、难易程度、工作量投入及工作角色等因素外，还要坚持民主参与原则。

（2）建立一线员工工作事项积分看板，在班组内部公开，让每一位员工相互之间了解各自的工作业绩表现和考核结果，以便达到相互促进、共同成长的目的，形成你追我赶的良好工作氛围。

✍ **实践案例**

国网河北沧州供电公司于 2019 年 1 月开始应用基于日复盘的工作积分考核法，实现了日常有记录、考核有依据、量化更客观，有效提升班组成员绩效考核满意度。下面以变电检修室二次检修班为例进行展示。

1. 制定工作事项积分标准

二次检修班主要从现场工作、基础工作、安全管理、技能培训、创新管理、文明生产等六个方面细化工作事项，按照各事项的难易程度、劳动量大小、工作角色等因素综合设定标准积分值和角色系数，见表 1、表 2。

表 1　　　　　　　　　二次检修班工作事项标准积分评价表

序号	考评内容	考评分数
	第一部分：现场工作	
1	保护更换、综自改造等大型工作，按天统计	2
2	220 千伏及以上保护校验（不含母差保护），按天统计	1.5
3	110 千伏及以下保护校验（不含母差保护），按天统计	1
4	母差保护校验，按天统计	1.5
5	保护改定值，按天统计	0.5
6	自动装置校验，按天统计	0.5
7	Ⅰ、Ⅲ类缺陷疑难缺陷（如直流接地、寄生回路）处理，按天统计	1.5
8	一般缺陷处理，按天统计	0.5
9	节假日、公休日担任工作班成员	正常工作日 1.2 倍
10	连续作业超过当日 20 点，按次统计	正常工作日 2 倍
11	夜间抢修，按次统计	正常工作日 2 倍
12	工作日担任作业小组负责人	正常工作日 1.2 倍
13	工作日担任第二种工作票负责人	正常工作日 1.2 倍
14	工作日担任第一种工作票负责人	正常工作日 1.3 倍

序号	考评内容	考评分数
15	大型现场作业前，工器具、备品备件及材料准备，按天统计	0.5
16	因工器具准备不全，造成工作延误，按次统计	2
17	验收中未及时发现缺陷或汇报不准，造成设备带病运行，按项统计	5
18	检修不到位或质量不符合要求，按项统计	5
第二部分：基础管理		
19	按时上报工作计划和工作自评，按月统计	0.2
20	按时完成月、季、年运行分析总结，按月统计	0.3
21	校验报告、试验报告、工作日志、班组会议记录填写及时、保存完好，按月统计	0.1
22	及时完成新设备台账录入，按月统计	0.1
23	及时完成 PMS 中各模块填写，按月统计	0.2
24	及时准确完成责任设备状态评价，按月统计	0.1
25	工作计划和工作自评上报不及时或明显有误	−0.2
26	报告、记录填写不及时或内容有误，按项考核	−0.1
27	录入 PMS 的台账数据有误，按项考核	−0.2
28	未及时完成 PMS 中各模块填写，按项考核	−0.15
29	未按时完成状态评价，或评价结果明显不正确	−0.25
30	作业工器具因个人原因丢失或损坏，按件考核	−0.1
31	工器具账、卡、物不符或未按定置摆放；安全用具无合格标签、无试验报告、未定期检验，按件考核	−0.1
第三部分：安全管理		
32	当月未发生不安全现象，按月统计	0.3
33	发生一般违章行为，按次考核	−1
34	发生严重违章行为，按次考核	−2
35	工作票漏盖章、漏打钩、打错钩、漏签名、填写错误，作业指导书（卡）漏打钩、打错钩、漏签名或填写错误，按次考核	−0.2
36	组织安全日活动和安全专项活动，按月统计	0.2
37	安全活动没有录音或录音与记录内容不符；活动记录签名不全、未参加人员没有补课或补课不及时，按次考核	−0.3

续表

序号	考评内容	考评分数
38	安全活动次数、活动内容不符合规定要求	−0.1
39	应急预案不完善或修订不及时，按项考核	−0.5
第四部分：技能培训		
40	按时上报培训计划，按月统计	0.2
41	按时上报培训信息或典型经验，按月统计	0.1
42	培训计划完成率达到 100%，按月统计	0.5
43	参加公司及以上组织的培训，按天统计	0.05
44	参加全员培训师讲课达到规定课时，按月统计	0.1
45	参加兼职培训师授课，按次统计	0.05
46	在公司及以上各种考试、竞赛中取得个人或团体前三名，按次统计	0.5 ~ 1.5
47	未按时参加培训或填报培训记录，按次考核	−0.3
48	未完成培训计划内容，按月考核	−0.3
49	未按时上报培训计划或记录不全，按月考核	−0.5
第五部分：创新管理		
50	按时完成 QC、"五小"活动记录和成果填报	1
51	QC、"五小"成果获得公司及以上奖励	1 ~ 3
52	QC、"五小"成果获得国家专利	2
53	QC、"五小"成果在省公司范围得到推广	1
54	科技项目获得省公司及以上奖励，按项统计	1
55	在省级及以上期刊发表技术论文，按篇统计	2
第六部分：文明生产		
56	当月全勤，按月统计	1
57	非正常工作时间完成班长布置的临时任务，按次统计	0.5
58	宣传报道稿件被媒体采纳，按篇统计	2（国网公司或国家级媒体） 1.5（省公司或省级媒体） 1（公司或地市级媒体）

序号	考评内容	考评分数
59	现场作业不按规定着装或佩戴标志，按次统计	-0.5
60	工作现场未做到"四无"（无垃圾、无杂物、无积水、无油污），按次考核	-0.5
61	办公场所未做到"五净"（门窗、桌椅、资料柜、地面、墙壁干净）、"五齐"（桌椅放置、资料柜放置、桌面办公用品摆放、上墙图表悬挂、柜内资料物品摆放整齐），下班不关灯、空调、电脑，按次考核	-0.2
62	上班期间从事与工作无关的活动，影响正常工作，按次考核	-1
63	迟到、早退、脱岗、串岗，按次考核	-2
64	违反公司信息安全相关规定，按次考核	-1
65	发生不文明事件，受到上级批评，按次考核	-3

注　按天统计的工作积分，工作时间在 0.5~2 小时内的按考评分值的 25% 计算，2~4 小时的按考评分值的 50% 计算，4~6 小时的按考评分值的 75% 计算，6 小时以上的按全天计算。0.5 小时之内的不积分。

表 2　　　　　　　　　　　　工作角色系数表

序号	工作角色	角色系数
1	工作负责人	1.2
2	主要参与人	1.0
3	辅助人	0.8

2. 实施问答式日复盘工作机制

　　每天工作结束之后，根据员工工作日志记录的工作事项，班长逐一进行提问，班内成员一一应答，并记录形成当日工作复盘卡。日复盘卡主要记录日工作内容及完成情况、存在的问题、建议意见等与积分评价相关的内容，并在班内进行公示，见图 1、图 2。

班 组 工 作 日 志

序号	工作日期	工作内容	参与人员	工作角色	存在问题及注意事项
1.	2019.5.8	220kV章西站母差保护检验	王■■ 张■■ 于■■	讠签发人 讠参与人 工作负责人	无
2	2019.5.8	北郊取数据	李■■ 于■■	讠负责人 讠负责人	无
3	2019.5.8	狮城3站倒装	孙■■ 李■■	2作负责人 3负责人	无
4	2019.5.8	东洞3712断回断线消缺	张■■	3负责人	无
1.	2019.5.9	母差保护检验	于■■	3负责人	无
2.	2019.5.9	南皮配合带电池行试	张■■	讠参与人	无
3.	2019.5.9	新1配合消波指测	于■■	2作负责人	无
4.	2019.5.9	官厅2H接保护消缺	赵■■ 姚■■	3负责人 2作负责人	无
5	2019.5.9 PMS	PMS模块填顶写	于■■	3负责人	无
1.	2019.5.10	秋天、体育馆、朝阳众值	于■■ 张■■	3负责人 2作负责人	无

图1 班组工作日志示例

员工每日复盘卡

员工姓名：	于■■	日 期	2019.5.8
工作任务：	220kV章西站母差保护检验		
工作描述：	保护装置检验经结束，保护动作逻辑正确，但是最后装置走门灯熄灭，经检查电源件损坏，最后重新更换电源插件，并重新验证保护动作逻辑，未发现其他问题。		
核对人：	姚■■		

图2 日复盘卡示例

3. 考核兑现

班组长依据成员当日复盘卡，按照工作事项标准积分评价表核定当日工作积分，月底汇总班内成员积分统计数据并发布至看板。二次检修班班组员工王 *2019 年 5 月工作积分情况示例见表 3。二次检修班成员 2019 年 5 月积分汇总情况示例见表 4。

表 3 二次检修班王 *2019 年 5 月工作积分情况示例

班组名称	姓名	工作时间	工作内容	工作内容积分	工作角色	工作角色积分	当天积分
二级检修班	王 *	2019 年 5 月 8 日	220 千伏章西站母差保护校验	1.2	主要参与人	1	1.2
			保护改定值	0.5	主要参与人	1	0.5
小计							1.7
二级检修班	王 *	2019 年 5 月 9 日	母差保护校验	1.5	主要参与人	1	1.5
			及时完成 PMS 中模块填写	0.2	工作负责人	1.2	0.24
小计							1.74
二级检修班	王 *	2019 年 5 月 10 日	航天、体育场、朝阳改定值	0.5	主要参与人	1	0.5
			及时完成 PMS 中模块填写	0.2	工作负责人	1.2	0.24
小计							0.74
...							
月度总计							9.15

表 4 二次检修班成员 2019 年 5 月积分汇总情况示例

序号	姓名	月度班组员工得分
1	王 *	122.35
2	王 *	114.95

序号	姓名	月度班组员工得分
3	李 *	104.7
4	张 *	104
5	李 *	115.35
...		
合计		1476.4

二次检修班月度奖金总额为 6.2 万元，班组成员 13 人，班组成员月度累计积分值 1476.4 分，王某月度得分 109.15 分，依据绩效奖金分配规则，王某 2019 年 5 月的绩效工资为：

王某绩效工资 =109.15/1476.4 × 62000=4583.65（元）

国网河北沧州供电公司实施基于日复盘的工作积分考核法，建立日评价日校正机制，进一步实现了一线员工月度精准考核，调动了班组成员的工作积极性和主动性。

报送单位：国网河北沧州供电公司

编 制 人：袁建刚　陈　晨

126 "五步"式精准量化考核法
——解决工程属地协调考核难题

> **导 入：** 近年来，特高压工程陆续建设，工程涉及地区多，线路长度长，占地协调、房屋拆迁、树木清理等属地协调工作任务繁重，属地单位协调积极性不高。国网河北保定供电公司探索出"五步"式精准量化考核法，量化工作任务，明确兑现规则，有效地调动了特高压工程属地单位的工作热情，推动特高压属地协调工作快速开展。

🗨 工具概述

"五步"式精准量化考核法，是通过全面界定特高压工程属地协调工作范围、量化工作任务、明确兑现规则、实施过程管控、考核结果兑现等环节，对承担特高压工程属地协调任务的单位进行精准考核，科学评价其价值贡献，激发各属地协调单位、员工的工作热情。

适用场景：本工具适用于有特高压工程或其他工程属地协调工作的单位。

⚙ 实施步骤

"五步"式精准量化考核法实施步骤包括：界定工作范围、量化工作任务、明确业绩兑现规则、实施过程管控、兑现考核结果。

1. 界定工作范围

定义特高压工程属地协调工作范围，包括但不限于"先签后建"、占地协调及树木清理等重点工作。

2. 量化工作任务

从任务工作量、难易程度、时间长短三个维度，量化属地协调工作中的各项任务并分配权重，同时明确各单位承担的具体工作任务，分别设置与之对应的积分标准。

3. 明确业绩兑现规则

业绩分 = 积分得分 / 积分总分 × 特高压属地协调任务业绩总分

专项奖励 = 总金额 × ∑（每项工作完成量 / 该项工作总任务量 × 该项工作所占权重）

4. 实施过程管控

月度跟踪并统计各属地协调单位完成积分值，计算月度积分值与总积分的占比，推演出各属地协调单位完成进度，促进工作推进。

5. 兑现考核结果

公司绩效管理委员会按照各属地协调单位工作整体完成情况，进行工作考核评价，根据评价结果给予承担属地协调任务的单位专项奖励和业绩分的考核兑现。

经验心得

（1）特高压工程属地协调工作范围界定必须清晰、明确，避免含混不清；设置的考核任务量及时间节点需考虑实际情况，合理确定；量化的任务和积分标准要详细，可操作执行。

（2）要根据本单位实际情况合理控制奖励业绩分及总金额，有效控制收入差距。

实践案例

2018—2019 年，国网河北保定供电公司依据"五步"式精准量化考核法，对保定地区内的特高压工程涉及的定兴、徐水、清苑等7个县（市）级供电公司，实施特高压工程属地协调专项考核。

1. 界定工作范围

特高压属地工作包括房屋对户协议签订、房屋拆迁清理、塔基占地协调、林木砍伐、机井封停及其他等工作内容。

2. 量化工作任务

（1）从拆迁数量、塔基数量、树木砍伐、机井封停四个方面明确各县（市）级供电公司属地工作任务，见表1。

表1　　　　　　　　　　　属地工作任务明细表

序号	县域	拆迁数量（处）			塔基数量（基）	树木砍伐（棵）	机井封停（处）
		机井房	民房	厂矿企业			
1	定兴	3	0	2	9	621	6
2	徐水	6	34	34	81	7858	41
3	清苑	29	39	29	47	1700	4
4	高阳	3	1	0	23	287	14
5	蠡县	0	8	0	39	159	4
6	博野	1	11	15	36	958	10
7	安国	0	0	0	29	762	11
共　计		42	93	80	264	12345	90

（2）逐一明确各部分权重占比，见表2。

表2　　　　　　　　　　属地协调工作各项权重划分表

属地协调工作	房屋对户协议签订	房屋拆迁清理	塔基占地协调	林木砍伐	机井封停及其他	总计
权重划分	0.25	0.25	0.3	0.15	0.05	1

属地协调工作	房屋对户协议签订			房屋拆迁清理			塔基占地协调	林木砍伐	机井封停及其他	总计
分项工作权重划分	机井房	民房	厂矿企业	机井房	民房	厂矿企业	每基铁塔所占权重：1/塔基总数	每棵树木砍伐所占权重：1/林木总数	机井封停每处所占权重：1/机井总数	
	0.2	0.4	0.4	0.2	0.4	0.4				

（3）设置积分标准。"先签后建"工作积分标准：按房屋类型计算分值，对户拆迁协议签订工作：每处机井房、民房、厂矿企业分别对应积分3、6、9分；拆迁清理工作：每处机井房、民房、厂矿企业分别对应积分1、2、3分。占地协调工作积分标准：按塔基数量计算分值，每基塔积2分。树木清理工作积分标准：按时间节点计算分值，每次按时间要求完成树木砍伐工作积15分。

（4）计算积分。结合各县公司任务工作明细和积分标准，计算出所有工作任务积分总和是2392分。

3. 明确业绩兑现规则

（1）设定10分业绩分，作为该项工作专项业绩奖励分，各县公司业绩分兑现公式：业绩分=积分得分/2392×10。

（2）专项奖励金额计算公式。

专项奖励=总金额×（房屋对户协议签订完成情况×0.25+房屋拆迁清理完情况×0.25+塔基占地协调完成数/塔基总数×0.3+林木砍伐完成数/林木总数×0.15+机井封停及其他完成数/机井总数×0.05）。

其中：房屋对户协议签订完成情况=（机井已签协议数×0.2+民房已签协议数×0.4+厂矿企业已签协议数×0.4）/77.6。77.6为房屋总数权重折算值。

房屋拆迁清理完成情况＝（机井已拆迁数 ×0.2+ 民房已拆迁数 ×0.4+ 厂矿企业已拆迁数 ×0.4）/77.6。77.6 为房屋总数权重折算值。

4. 实施过程管控

通过月度跟踪并统计各属地协调单位完成积分值与总积分的占比，推演出各属地协调单位完成进度，及时开展督促，确保属地协调工作按进度推进。

5. 兑现考核结果

特高压工程属地协调工作涉及 7 个县公司，根据工程量和工程进度，以及各阶段考核完成情况，国网河北保定供电公司兑现业绩奖励分 10 分（各县公司属地协调工作业绩考核得分见表 3），各县公司专项奖励中最高的和最低的县公司奖励金额差距达到 70 万元，真正实现了科学界定工作量，科学分配专项奖励的目的。

表3　　　　　　　　　各县公司属地协调工作业绩考核得分

序号	县域	拆迁数量（处）	塔基数量（基）	树木砍伐（棵）	机井封停（处）	完成积分合计	业绩考核得分
1	定兴	5	9	621	6	93	0.39
2	徐水	74	81	7858	41	833	3.48
3	清苑	97	47	1700	4	708	2.96
4	高阳	4	23	287	14	133	0.56
5	蠡县	8	39	159	4	168	0.70
6	博野	27	36	958	10	336	1.40
7	安国	0	29	762	11	121	0.51
共　计		215	264	12345	90	2392	10

通过执行"五步"式精准量化考核法，充分调动了县公司及协调人员的能动性，完成了史无前例的拆迁任务（26.3 万平方米）。各县（市、区）

政府、国网河北保定供电公司与各参建单位并肩作战，全力以赴、攻坚克难，历经 16 个月艰苦卓绝的奋斗，提前完成属地协调工作，保证工程按期投运。

报送单位：国网河北保定供电公司
编 制 人：罗　真　乔　琰　梁　爽　王晓红　赵　颖　万捷木思

127 五色葡萄图考核法
——让绩效评价结果更加直观

> **导　入**："班长，我上个月出车次数这么多，绩效得分怎么会比老王低呢？"2019 年 1 月初的某个早晨，国网江苏无锡供电公司汽服公司驾驶员小张一上班就找到班长进行绩效申诉。班长翻出去年 12 月份的考核材料，向他指明了两条 12 月初的违章扣分项和老王的一条"全年无违章"加分项，小张回忆了半天，嘴里嘀咕："我还以为违章发生在去年 11 月呢。"汽服公司驾驶班组缺乏能实时呈现绩效考核过程的方式方法，员工容易产生质疑，进而引发绩效矛盾。为此，国网江苏无锡供电公司提出五色葡萄图考核法，通过看板实时呈现绩效考核过程与结果，解决绩效评价结果不直观的问题。

工具概述

五色葡萄图考核法，是通过五色葡萄图绩效管理看板直观呈现员工月度绩效结果，日清日结，班组员工可随时通过看板看到自己和他人的月度绩效累积情况，清晰直观。

适用场景：本工具适用于从事单一工作内容，可以日清日结简单分档的一线员工，如驾驶员等。

实施步骤

五色葡萄图考核法实施步骤包括：建立"五色葡萄"行为库、设置葡萄图绩效管理看板、日常考核实施、绩效结果沟通和绩效奖金兑现。

1. 建立"五色葡萄"行为库

对历史工作进行全面梳理，汇总后经全体员工集体讨论确定，对"日常工作表现、车辆行驶安全、规章制度执行、技能竞赛、团队合作、个人素养及贡献"六种行为进行评价，并就每种行为明确了五个层次的表现情况，对应"五色"，最终形成"五色葡萄"行为库。其中，红色代表有突出表现、黄色代表工作表现优秀、绿色代表正常完成工作、蓝色代表表现欠佳、黑出代表出现较大失误或违规行为，无色则代表没有绩效。

2. 设置葡萄图绩效管理看板

用一串"五色"葡萄呈现员工一个月的绩效，红、黄、绿、蓝、黑五种颜色代表不同等级，每位员工每日进行评价填涂。"心情图"则由员工个人每天更新，让绩效经理人及时了解班组员工心理状态，便于合理安排工作。

3. 日常考核实施

班组绩效管理小组每天根据员工的实际表现，对照"五色葡萄"行为库，填涂葡萄颜色。

4. 绩效结果沟通

班组每两周在例会上总结近期考核结果，对标记为红、黄葡萄的员工进行表扬或奖励，为标记为蓝、黑葡萄的员工指出努力方向。

5. 绩效奖金兑现

采用对"五色葡萄"赋分的方式，实施月度、年度积分制考核。每颗有颜色的葡萄基准分为5分，红色加5分，黄色加2分，蓝色扣2分，黑色扣5分，班组绩效管理小组按月（年）进行统计汇总、排名，形成月度、年度绩效考核结果，在班组公示，并以此为依据兑现绩效奖金。

◎ 经验心得

（1）在制定"五色葡萄"行为库时，应充分覆盖员工常见行为，建立明确的行为定义与颜色的对应关系，通过民主决议后执行。

（2）在推广本工具时，要做好沟通与宣贯工作，确保工具的适用性，以便让班组理解支持本方法，为推广做好准备。

（3）要做到考核结果公开透明，直观呈现绩效考核的过程与结果，才可产生立竿见影的正向激励与负向考核作用。

◎ 实践案例

国网江苏无锡供电公司于 2019 年 7 月开始应用五色葡萄图考核法，实现了绩效结果的直观呈现。下面以大王基小车班为例进行展示。

1. 建立"五色葡萄"行为库

通过对历史工作的全面梳理，全体员工集体讨论确定，针对"日常工作表现、车辆行驶安全、规章制度执行、技能竞赛、团队合作、个人素养及贡献"等六种行为设置"五色"评价标准，形成"五色葡萄"行为库，见表1。

表 1　　　　　　　　　　　　　"五色葡萄"行为库示例

葡萄颜色	考核维度		具体行为
红色	有突出表现	日常工作表现	参与公司重大活动、紧急抢修有优异表现，不计个人得失，突击完成公司重要、紧急任务，受上级单位或服务单位表扬
		车辆行驶安全	连续一年以上无违章
黄色	工作表现优秀	日常工作表现	（1）在车队日常工作中积极主动，受服务单位好评，受车队认可。 （2）出色完成车队重要任务、临时任务。 （3）因日常工作中突出表现，车队得到汽服公司加分

葡萄颜色	考核维度		具体行为
绿色	正常完成工作	日常工作表现	（1）及时完成当日出车单、行车日志及各类台账记录。 （2）保持车容车貌清洁卫生，随车配备装备完整齐全
		规章制度执行	（1）遵守汽服公司规章制度和劳务派遣公司规定。 （2）按公司规定要求规范着装
蓝色	表现欠佳	日常工作表现	（1）有迟到早退、上班时间打牌、玩游戏等违反工作纪律表现。 （2）在车辆、办公场所等禁烟区内吸烟
黑色	出现较大失误或违规行为	日常工作表现	（1）屡次不接受车队工作安排和管理要求。 （2）因自身原因未完成日常工作任务。 （3）服务不到位被用车人投诉
		车辆行驶安全	（1）发生有责交通事故、机械事故、碰擦事故。 （2）有交通违法记录

2. 设置葡萄图绩效管理看板

在每个班组设置葡萄图绩效管理看板，每串28～31个葡萄，代表每月天数，每个葡萄的颜色代表每一天的工作表现，见图1。

3. 日常考核实施

2019年7月，班组绩效管理小组根据车队班17名员工的日常工作和个人行为，对照"五色葡萄"行为库，根据每一天的综合表现，填涂葡萄颜色，所有员工的葡萄图实时公开、公布。班内17名员工均能很好地完成日常工作，多数人员当日得到了绿色葡萄，有几位员工因为受到服务单位好评，当日得到了黄色葡萄。同时，车队17名员工按日更新看板上自己的"心情图"状态，为班长开展工作安排提供了参考，确保服务质量与行车安全。

4. 绩效结果沟通

2019年的高考保电中，薛师傅连续三天放弃节假日，配合用车部门保质

图 1　葡萄图绩效管理看板

保量完成任务，6 月 9 日还参与抢修电缆故障，一直忙到次日凌晨 3 点才回家。对他来说这是"家常便饭"，此前一般都在年终评优时才会宣传奖励。现在车队填写了关键事项记录卡（见表 2）上报汽服公司，经综合部核定后，薛师傅取得了一颗红色葡萄，实现了及时激励。当月薛师傅绩效得分全班第一，年终评优时，如愿获得了汽服公司"生产标兵"荣誉，成了汽服公司的榜样。

表 2　　　　　　　　　　　　关键事件记录卡

关键事件记录卡		
车队：人王基小车班 日期：6.10	属性：正向■　　负面□	
	附件：有□　　　无■	
关键事件阐述： 　　薛＊于 6 月 7—9 日主动放弃端午节加班，高质量完成高考保供电任务，受到用车单位高度评价，为公司赢得了良好口碑，特申请一次"红色葡萄"加分。 　　　　　　　　　　　　　　　记录人：王＊　　　　车队负责人：周＊		
绩效考评意见： 　　经审核，薛＊的行为符合"红色葡萄"评定标准。		

5. 绩效奖金兑现

杨师傅平时大大咧咧，经常穿着凉鞋就来上班。班长指出他着装不规范并要求改正，可他第二天还穿着凉鞋来了单位。经考评小组商议，杨师傅当天的葡萄被涂成了蓝色。年度评定绩效结果时，几颗醒目的蓝色葡萄让杨师傅的绩效得分落在了全班的后面，年终奖相比班里其他同事也少了好多。年度绩效沟通后，杨师傅表示很后悔，以后着装会严格按照规范要求执行，还自发转变思维变成了班组内着装规范监督员，对于新来的驾驶员"现身说法"，监督大家规范着装。

国网江苏无锡供电公司在实行五色葡萄图考核法之后，实时公开员工每天的行为表现，对表现好的员工是极大的鼓励，也让存在不足或不良行为的员工感受到更大的压力，促使其主动改进，既保证了绩效考核过程与结果的"公平、公开、公正"，又促使各绩效经理人把绩效管理工作落实到每一天。班组开展月度（年度）绩效考核时，可直接根据每个人不同颜色葡萄的数量对其进行考核，班组员工对绩效结果的认可度由原先的不足80%提升至100%，工作积极性得到提高。

报送单位：国网江苏无锡供电公司

编制人：徐楚苗 谢 咏 王 钊 陈 勋 陈正峰 朱 琪

128 考评宽严度校准
——解决新员工绩效考评难题

导 入：目前，新员工考评一般完全交给用人部门或班组，与老员工在一个考评单元进行无差别考评，这就可能出现"新员工绩效考评结果普遍靠后，整个新员工群体无绩优人员"的现象。国网福建宁德供电公司通过对新员工绩效得分使用考评宽严度校准工具校准后，将新员工作为一个分组后再进行考核分档，有效解决了新员工绩效考评难题。

工具概述

考评宽严度校准，是将分散在不同单位、部门（班组）的新员工单独分组，通过设置校准系数，统一评判标准，再进行考核分档，打破不同单位、部门（班组）员工绩效不可比的壁垒，将新员工绩效分数归一化以便进行比较。

适用场景：本工具适用于各单位新员工（入职培养期结束后 1～2 年）的横向绩效考评以及其他需要在不同组织之间开展横向绩效评比的群体。

实施步骤

考评宽严度校准的实施步骤包括：组织分类和评价校准。

1. 组织分类

将新员工按照所在部门（班组）和单位分为小班组（部门、班组）和大组织（县公司级单位）两种类别。

2. 评价校准

评价校准按照小班组、大组织两个类别双重修正。

（1）设定标准值。标准值可设为 100 分，也可设为市公司业绩考核得分。

（2）小班组修正。主要修正因班组不同、绩效经理人考核尺度不一造成的赋分偏差。

计算新员工所在班组下所有员工绩效得分的平均值 α_i。

小班组的宽严度校准系数 K_i = 标准值 /α_i

（3）大组织修正。主要修正不同单位间的赋分偏差。

计算新员工所在县公司下所有员工绩效得分的平均值 β_i。

大组织的宽严度校准系数 P_i = 标准值 /β_i

（4）对新员工绩效得分进行校准，公式如下：

新员工绩效校准分 = 新进员工绩效原始分 $\times K_i \times P_i$

经验心得

（1）宽严度校准的应用，充分遵循"分级考核、统一校准、按绩量化"的管理原则。

（2）新员工通过宽严度校准后单独评级分档，可以有效解决新员工与老员工一并评价时，年度绩效分档处于劣势的问题。

（3）宽严度校准的应用范围广泛，适用于需要消除考评结果"手松手紧"现象的群体。

实践案例

2018 年起，国网福建宁德供电公司开始对新员工应用考评宽严度校准工具，对不同县公司新员工的绩效得分进行宽严度校准后，统一进行分档评价。下面以国网福建霞浦县供电公司变电运维班的新员工张 *2018 年考核为例进行展示。

1. 组织分类

按照张＊所在岗位进行组织分类。分为小班组、大组织两类，其中小班组为其所在的变电运维班；大组织为国网福建霞浦县供电公司。

2. 评价校准

2018 年新员工张＊个人绩效原始分为 85.45 分，评价校准的步骤如下：

（1）设定标准值。本案例标准值由市公司取全体员工绩效的平均值作为考评基准，即 88.18 分。

（2）小班组修正。张＊所在变电运维班共有 15 名员工，员工绩效平均分 α_i 为 72.97 分。小班组的宽严度校准系数计算如下：

K_i = 标准值 /α_i = 标准值 / 所在班组平均分 = 88.18/72.92 = 1.21

（3）大组织修正。国网福建霞浦县供电公司共有 402 名员工，公司所有员工绩效平均分 β_i 为 83.83 分。大组织（县公司）的宽严度校准系数计算如下：

P_i = 标准值 /β_i = 标准值 / 所在县公司平均分 = 88.18/83.83 = 1.05

（4）对新员工张＊进行绩效得分校准。张＊最终的绩效校准分 =85.45 × 1.21 × 1.05=108.56（分）。

国网福建宁德供电公司引入宽严度校准工具，对新员工年度绩效得分进行宽严度校准后，再进行统一考核分档，避免了新员工在原班组考核分档时评价偏低的情形，有效促进了新员工之间的良性竞争，同时各绩效经理人因材施教开展绩效辅导，带动员工正向积极发展，让新员工感受到组织的重视，推动新员工工作效率、服务水平、综合素质持续提升。

报送单位：国网福建宁德供电公司

编 制 人：彭翌春　陈燕君　潘樑垚　陈一平

129 重点工作任务 PDCA 循环考核
——提升重点工作任务考核精准度

> **导　入：** 在实际工作中，部门多采用自定目标、自我评价的方式开展重点工作任务考核，这会引发部门目标与公司目标脱节，过程管控不严，考核流于形式等问题。国网河南检修公司实施重点工作任务 PDCA 循环考核，以提升管理短板为导向，做实任务管理 PDCA 各环节，提升了重点工作任务考核精准度。

工具概述

重点工作任务 PDCA 循环考核，围绕公司年度工作目标，分析管理现状，梳理管理短板，确定重点工作任务、目标和实施计划，通过月反馈、季通报、年考核，将考核结果与部门月度和年度绩效考核得分挂钩，引导各部门弥补管理短板。通过做精做实任务管理每一环节，推动公司管理效能全方位提升。

适用场景：本工具适用于对重点工作任务的考核。

实施步骤

重点工作任务 PDCA 循环考核实施步骤包括：确定重点工作任务、强化过程管控、实施考核评价、反馈改进提升。

1. 确定重点工作任务

年初，各部门根据公司年度工作目标，结合省公司上年度考核评价结果较差、工作完成进度滞后、公司内部反映意见较多的事项，从基础管理、工作机制、管理效率、管理漏洞和风险防控等方面，梳理管理现状，提出重点工作任务，制定工作目标和计划措施，提交分管领导审核。对不易量化的任务目标，要详细描述工作内容、完成时间和工作成果评价标准。

公司主要领导听取分管领导建议，形成年度重点工作任务清单，经党委会审议通过后确定为年度重点工作任务，并结合公司年度工作重点、重点工作任务完成难易程度和工作量，将重点工作任务划分为公司级任务和部门级任务两类。

2. 强化过程管控

重点工作任务推进过程采取月反馈、季通报方式进行管控。

（1）月反馈。每个月最后一个工作日，各部门向绩效办公室报送承担的重点工作任务推进情况表，就每一项任务说明工作成效或完成进度，未及时推进进度的说明原因和下一步工作计划。

（2）季通报。每季度最后一个工作日，绩效办公室根据季度内各部门重点工作任务完成情况，总结阶段性成果、分析存在问题，在公司例会上予以通报，公司业务分管领导对阶段性目标完成情况进行点评，推动各部门理清工作思路、加快改进提升。

3. 实施考核评价

重点工作任务考核实行年度考核评价。每年12月底，召开公司年度重点工作任务完成情况考评会，由各部门负责人总结汇报承担的重点工作任务完成情况，提供佐证材料，公司领导班子根据各部门重点工作任务完成情况和评价标准，对各部门进行评价打分，打分结果与部门年度考核得分挂钩。

4. 反馈改进提升

次年初，根据省公司考核结果，结合公司对各部门重点工作任务考核评价情况，由绩效办公室牵头对上年度重点工作完成情况进行专题汇报并点评，反馈评价结果，对超计划完成目标任务的部门，总结经验，发布共享；对未完成目标的部门，指导分析问题成因，找准改进提升点，帮助改进提升。

经验心得

（1）重点工作任务确定方面，分析要客观、深入，直击重点；目标要详细、明确、尽可能量化，便于监控和考核。

（2）考核实施方面，考核方式的选择要符合管理现状和工作习惯，定量与定性相结合，考核过程要公开透明。

（3）过程管控方面，公司领导班子应尽可能全程参与任务审定、监控、点评和考核。

实践案例

国网河南检修公司于 2019 年开始应用重点工作任务 PDCA 循环考核，重点工作任务考核精准度进一步提高。下面以办公室为例进行展示。

1. 确定重点工作任务

2019 年年初，围绕公司"业务提升三年规划"目标，根据专业管理现状和管理短板梳理重点工作任务，办公室共确定两项重点工作任务，见表 1。

表 1 办公室年度重点工作任务

序号	类别	项目名称	存在问题或现状	2019 年提升目标	计划采取的措施
1	公司重点	管理创新	存在问题： （1）各级管理人员创新的主动性、积极性不够，公司管理创新的氛围和意识需提升。 （2）管理创新项目储备不足，缺少符合公司实际、立足公司特点的管理创新项目，在省公司层面缺乏竞争力。 （3）管理创新机制需要完善，公司内部管理创新的储备、评选、发布机制不健全，缺少管理创新的良好平台	储备一批公司层面相对优秀的管理创新项目。在公司内部营造良好的管理创新氛围。公司管理创新课题在省公司层面取得奖项	（1）编制下发加强公司创新管理工作通知，健全管理创新工作机制，明确管理职责、工作流程和管控考核措施等。 （2）建立管理创新体系，组织公司内部项目储备、创新策划、过程管理、成效评价等工作有序开展，不断提升管理创新成果的科学性、创新性、实践性。 （3）加强与省公司的沟通联系，树立精品意识，强化创新项目的质量管控，将优秀管理创新成果推荐至省公司，确保工作成效
2	部门重点	会议管理	存在问题： （1）统筹性不够，公司层面对各类会议的统筹与管控力度不够，存在交叉现象。 （2）计划性不够，计划外会议的审批程序不严格，在执行计划会议的刚性方面需加强。 （3）规范性不够，视频会议占比较少，个别会议效率不高，纪律不严	提升公司会议管理的统筹性、计划性、规范性。切实改进会风，改进会议组织方式，确保视频会议占比 50% 以上，进一步提高会议效率和效果	（1）加强会议统筹，能不开的不开，能合并的合并，尽可能采用电视电话、网络视频等形式召开会议。 （2）加强会议计划管理，严格履行计划外会议的审批程序。 （3）提升会议精益化管理水平。固化服务标准和规范，做好会场布置和准备。优化会议材料、会议模式、会议议程等相关的组织管理，保证会议效率。强化对会场纪律、会议计划的考核，保证会议质量

2. 强化过程管控

（1）月反馈。办公室 2019 年 3 月反馈的重点工作任务推进情况见表 2。

表2　　　　　　　　办公室 2019 年 3 月重点工作任务推进情况表

重点工作 任务一	项目内容：管理创新 项目类别：公司重点 提升目标：储备一批公司层面相对优秀的管理创新项目。在公司内部营造良好的管理创新氛围。公司管理创新课题在省公司层面取得奖项
	工作成效或当月工作进度： 3 月份，办公室根据省公司企协通知，组织对公司各部门管理创新课题进行收集初审，召开专题会议对各专业创新课题进行了逐一审查，从收集整理的 10 项课题中选择 1 项重点课题，在完善资料后上报省公司企协。正式启动了公司内部关于加强管理创新的相关工作，计划近期编发相应通知，构建内部管理创新课题评审机制，搭建管理创新项目培育平台，强化管理创新过程管控，促进优秀管理创新项目在公司内部储备立项
重点工作 任务二	项目内容：会议管理 项目类别：部门重点 提升目标：提升公司会议管理的统筹性、计划性、规范性。切实改进会风，改进会议组织方式，确保视频会议占比 50% 以上，进一步提高会议效率和效果
重点工作 任务二	工作成效或当月工作进度： 3 月份，组织各部门在认真梳理 2018 年会议执行情况和费用情况的基础上，结合年度工作目标和重点工作任务，按照从严从紧的原则，编制了 2019 年会议计划，并同步编制了关于规范会议管理的通知，目前该通知正在征求相关领导意见，将进一步加强会议的综合统筹，提高会议效率效果

（2）季通报。每季度最后一个工作日，绩效办公室根据季度内各责任部门得分情况，总结阶段性成果、分析存在问题，在公司例会上予以通报，业务分管领导进行点评，督促相关专业部门制定改进措施，加快推动落实。

3. 实施考核评价

2019 年 12 月底，公司领导班子审核各部门重点工作任务目标完成情况，对照评价标准逐项评价打分。部门重点工作任务年度得分 = 公司总经理评分 ×20%+ 公司党委书记评分 ×20%+ 其他公司领导评分平均值 ×60%，年度考核结果占部门年度考核得分的 20%。办公室重点工作任务年度考核得分见表 3。

表3 办公室重点工作任务年度考核得分

| 公司领导: |
| 请根据每项工作完成情况，在对应的打分栏划"√"。公司级任务"高质量完成"得标准分的120%，"完成"得100%，"未完成"不得分；部门级任务"高质量完成"得标准分的100%，"完成"得80%，"未完成"不得分。 |

序号	任务名称	责任部门	公司领导评分						考核得分
			***	***	***	***	***	***	
1	管理创新	办公室	79	88	85	77	80	83	82
2	会议管理	办公室	90	90	100	100	90	90	93
重点工作任务年度考核平均得分									95.75
计入部门年度考核分值									17.5

4. 反馈改进提升

2020年初，根据省公司考核情况，结合公司对各部门重点工作任务考核得分，反馈各部门重点工作任务考核结果，帮助各部门分析找出重点工作任务推进过程中存在的问题，提出改进提升建议，常态跟踪各部门重点工作任务完成情况，及时进行纠偏，确保公司各项工作顺利有序推进。

与常规重点工作任务考核相比，重点工作任务PDCA循环考核中，公司领导班子对各部门绩效管理的参与更加深入，能够充分调动各方资源，协同攻坚，精准解决制约企业目标顺利实现和核心业务能力提升的关键管理短板，并通过逐年梳理管理现状，更新提升任务和提升目标，助推公司精益管理水平螺旋式上升，解决重点工作任务考核中普遍存在的目标空泛、过程管控力度不足、考核流于形式等问题，全方位提升企业管理水平。

报送单位：国网河南检修公司

编 制 人：王 阳

130 "3+1"体检式绩效诊断法
——科学量化绩效考核结果

> **导　入：** 部分单位在员工绩效考核中不能科学客观地反映员工对组织的业绩贡献，始终存在考核得分拉不开差距的问题，在考核结果兑现时，绩优与绩劣员工的绩效薪金拉不开差距。国网江西检修公司实施"3+1"体检式绩效诊断法，设置客观有效的指标，匹配相关考核数据，运用累计分析法得出各部门、班组的绩效管理健康指数，倒逼绩效考核与结果兑现紧密衔接，实现绩效考核结果的科学量化。

工具概述

　　"3+1"体检式绩效诊断法是运用三个指标和一套方法，诊断各级组织员工考核结果的科学合理性。三个指标是指员工月度考核结果离散率、员工月度考核结果与绩效奖金兑现匹配率、员工月度绩效奖金倍比；一套方法是指累计分析法，通过赋予三个指标一定的权重，计算出绩效考核结果的健康指数和排名。

　　应用场景：本工具适用于已开展绩效考核的组织。

实施步骤

　　"3+1"体检式绩效诊断法实施步骤包括：计算"三个指标"、计算月度绩效管理健康指数、分析绩效管理健康指数。

1. 计算"三个指标"

（1）员工月度考核结果离散率。此指标用于分析员工月度考核得分和所在组织的绩效考核平均分差距，反映绩效考核结果拉开差距大小。指标值越大，离散率越高，表明员工月度考核结果拉开差距越大（见图1）。计算公式为：

员工月度考核结果离散率 = ∑［（员工月度考核得分 / 所在组织员工月度考核平均分）–1］/ 组织单元总人数

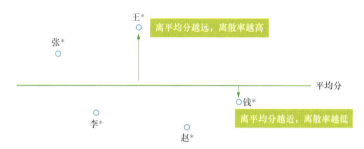

图1　员工月度考核结果离散率指标内涵示意图

（2）员工月度考核结果与绩效奖金兑现匹配率。此指标用于分析员工月度考核得分排名和绩效奖金排名的匹配情况，反映考核结果和工资兑现是否一致。指标值越小，匹配率越好（见图2）。计算公式为：

员工考核结果与绩效奖金兑现匹配率 = ∑［员工月度考核得分在组织单元内排名 – 员工月度绩效奖金在组织单元内排名］/ 组织单元总人数

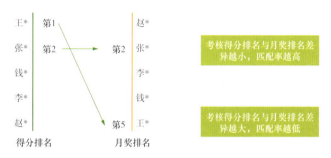

图2　员工月度考核结果与绩效奖金兑现匹配率指标内涵示意图

（3）员工月度绩效奖金倍比。此指标用于分析月度考核得分前 20% 员工平均绩效奖金和组织内人均绩效奖金的比值，反映员工绩效奖金兑现拉开差距的大小。指标值越大，倍比越大，表明差距越大（见图 3）。计算公式为：

员工月度绩效奖金倍比 = Σ（组织单元内月度考核得分前 20% 员工人均月度绩效奖金 / 组织单元内员工人均月度绩效奖金）/ 组织单元个数

可进一步拓展为两个小指标：

绩效奖金高平比 = 组织单元内考核得分前 20% 员工平均绩效奖金 / 考核单元内同层级平均绩效奖金

绩效奖金低平比 = 组织单元内考核得分后 15% 员工平均绩效奖金 / 考核单元内同层级平均绩效奖金

图 3　绩效奖金倍比指标内涵示意图

2. 计算月度绩效管理健康指数

员工月度考核结果离散率、员工月度考核结果与绩效奖金兑现匹配率、员工月度绩效奖金倍比，分别按 20、40、40 分权重，根据指标排名加权计算。计算公式为：

月度绩效管理健康指数 = Σ[指标权重 ×（1– 某项指标排名 / 单位数量）]

从 ERP 系统中导出"人员基础库信息""绩效考核信息"和"绩效兑现奖金"数据，将数据导入"3+1"体检式自动分析软件，自动得出结果和排名。

3. 分析绩效管理健康指数

对计算出的月度绩效管理健康指数和排名进行分析，实时了解各考核单元绩效考核开展成效，精准识别管理差距。其中"三项指标"的参考数据范围区间见表1。

表1 "三项指标"参考数据范围区间

考核指标	正常数据范围区间
月度考核结果离散率	5% 以上
月度考核结果与绩效奖金兑现匹配率	趋近于 0
月度绩效奖金倍比	1.15 以上

经验心得

（1）对人数较多的部门、班组月度（年度）绩效考核结果开展的诊断分析结果可参考性强，同时"一键分析"提高了绩效管理评价的工作效率，减少了评价工作量，提高了数据准确性。

（2）每月薪酬和绩效数据需按时发布，才能确保"人员基础库信息""绩效考核信息"和"绩效兑现奖"数据真实完整。

实践案例

国网江西检修公司于 2019 年开始应用"3+1"体检式绩效诊断法，有效诊断各单位、部门和班组月度绩效考核开展情况，倒逼绩效考核与结果兑现紧密衔接。下面以 2019 年 6 月考核结果分析为例进行展示。

1. 计算"三个指标"

通过 ERP 系统进行系统取数和简单的数据汇总处理，将数据导入"3+1"

体检式分析软件，可快速得到各部门以及所属一线班组的各项指标情况，见表2、表3。

表2　　　　　　　　　　　各部门指标情况示例

所在单位	部门名称	月度考核结果离散率		月度考核结果与绩效奖金兑现匹配率		月度绩效奖金倍比		月度绩效管理健康指数（前三项指标综合）	
		数据	排名	数据	排名	数据	排名	数据	排名
国网江西检修公司	南昌运维分部	21.90%	1	0.368	1	1.137	2	80.00	1
	赣州运维分部	13.60%	2	1.133	7	1.109	6	20.00	7
	鹰潭运维分部	11.30%	4	0.929	5	1.124	4	37.14	4
	输电运检中心	6.30%	6	0.619	3	1.145	1	60.00	2
	变电二次检修中心	5.90%	7	0.417	2	1.134	3	51.43	3
	变电检修中心（检修基地）	11.50%	3	1.033	6	1.112	5	28.57	5
	新余运维分部	11.10%	5	0.826	4	1.083	7	22.86	6

表3　　　　　　　　　　各部门所属班组指标情况示例

部门名称	班组	月度考核结果离散率		月度考核结果与绩效奖金兑现匹配率		月度绩效薪金倍比		月度绩效管理健康指数（前三项指标综合）	
		数据	排名	数据	排名	数据	排名	数据	排名
变电二次检修中心	变电二次运检二班	6.30%	2	1	3	1.074	3	13.33	3
	变电二次运检三班	5.90%	3	0	1	1.194	1	40	2
	变电二次运检一班	7.40%	1	0.25	2	1.133	2	46.67	1
变电检修中心（检修基地）	变电检修二班	1.40%	4	0.6	3	1.035	3	20	3
	变电检修三班	25.00%	1	1	4	0.986	4	15	4
	变电检修四班	15.70%	2	0	1	1.181	2	60	2
	变电检修一班	8.20%	3	0	1	1.244	1	65	1

续表

部门名称	班组	月度考核结果离散率		月度考核结果与绩效奖金兑现匹配率		月度绩效薪金倍比		月度绩效管理健康指数（前三项指标综合）	
		数据	排名	数据	排名	数据	排名	数据	排名
南昌运维分部	变电运维四班	15.20%	5	0	1	1.193	2	63.33	1
	变电运维一班	20.30%	3	1.167	4	1.252	1	56.67	2
	变电运维五班	32.10%	2	0.75	3	1.148	4	46.67	3
	变电运维六班	6.30%	6	0.5	2	1.157	3	46.67	3
	变电运维二班	17.90%	4	1.571	5	1.076	5	20.00	5
	变电运维三班	39.10%	1	1.6	6	0.995	6	16.67	6

2. 计算月度绩效管理健康指数

计算每个部门、班组的月度绩效管理健康指数，得出绩效健康水平，见表4、表5。

表4 　　　　　　　　　　　各部门绩效健康水平

所在单位	部门名称	月度考核结果离散率		月度考核结果与绩效奖金兑现匹配率		月度绩效奖金倍比		月度绩效管理健康指数（前三项指标综合）		健康水平
		数据	排名	数据	排名	数据	排名	数据	排名	
国网江西检修公司	南昌运维分部	21.90%	1	0.368	1	1.137	2	80.00	1	😊
	输电运检中心	6.30%	6	0.619	3	1.145	1	60.00	2	😐
	变电二次检修中心	5.90%	7	0.417	2	1.134	3	51.43	3	😐

续表

所在单位	部门名称	月度考核结果离散率		月度考核结果与绩效奖金兑现匹配率		月度绩效奖金倍比		月度绩效管理健康指数（前三项指标综合）		健康水平
		数据	排名	数据	排名	数据	排名	数据	排名	
国网江西检修公司	鹰潭运维分部	11.30%	4	0.929	5	1.124	4	37.14	4	😐
	变电检修中心（检修基地）	11.50%	3	1.033	6	1.112	5	28.57	5	😐
	新余运维分部	11.10%	5	0.826	4	1.083	7	22.86	6	😐
	赣州运维分部	13.60%	2	1.133	7	1.109	6	20.00	7	☹️

表 5　　　　　　　　　　南昌运维分部各班组绩效健康水平

部门名称	班组	月度考核结果离散率		月度考核结果与绩效奖金兑现匹配率		月度绩效奖金倍比		月度绩效管理健康指数（前三项指标综合）		健康水平
		数据	排名	数据	排名	数据	排名	数据	排名	
南昌运维分部	变电运维四班	15.20%	5	0	1	1.193	2	63.33	1	😊
	变电运维一班	20.30%	3	1.167	4	1.252	1	56.67	2	😐
	变电运维五班	32.10%	2	0.75	3	1.148	4	46.67	3	😐
	变电运维六班	6.30%	6	0.5	2	1.157	3	46.67	3	😐

部门名称	班组	月度考核结果离散率		月度考核结果与绩效奖金兑现匹配率		月度绩效奖金倍比		月度绩效管理健康指数（前三项指标综合）		健康水平
		数据	排名	数据	排名	数据	排名	数据	排名	
南昌运维分部	变电运维二班	17.90%	4	1.571	5	1.076	5	20.00	5	😐
	变电运维三班	39.10%	1	1.6	6	0.995	6	16.67	6	😞

3. 分析绩效管理健康指数

（1）部门健康指数分析。南昌运维分部健康指数排名第一，新余运维分部健康指数倒数第一。

（2）班组健康指数分析。以南昌运维分部6个班组为例开展健康指数分析，变电运维四班健康指数排名第一；变电运维三班健康指数排名倒数第一，其月度考核结果与绩效奖金兑现匹配率为1.6（第6）、月度绩效奖金倍比为0.995（第6），体现出该班组考核结果和绩效奖金兑现一致性差、挂钩不紧密，存在隐形"大锅饭"现象。

国网江西检修公司通过"3+1"体检式绩效诊断模型对各单位、部门和班组月度考核指标开展诊断分析，实现了绩效实操指导、强化绩效过程管控、突出考核结果应用。

报送单位：国网江西检修公司

编 制 人：付晓奇 曾 伟 廖 文 展 奕

131 团队绩效管理公示栏
——提升绩效经理人评价认同度

> 导　入：在员工年度绩效等级评定工作中，绩效考核过程不够透明，员工对考核结果多有异议。国网四川南充供电公司推行团队绩效管理公示栏，展示绩效管理过程中的关键环节，全员参与绩效监督，增强员工对绩效考核评价结果的认同度，进而提升员工对绩效经理人的认同度。

工具概述

团队绩效管理公示栏是把团队绩效管理过程中的关键环节，包括团队绩效考核结果、员工工作业绩、员工月度（年度）考核得分、绩效面谈及员工改进提升等，在规范化基础上进行固化展示，构建起全员参与的绩效监督管控机制。

适用场景：本工具适用于已实施绩效管理的各类团队，包括部门、班组、供电所、项目组等。

实施步骤

团队绩效管理公示栏实施步骤包括：编制印发公示栏操作手册、细化公示栏主要内容、公示栏固化展示。

1. 编制印发公示栏操作手册

地市级供电公司绩效管理部门编制出台团队绩效管理公示栏操作手册，

统一规范绩效管理公示栏内容、标准化格式、维护要求等。

2. 细化公示栏主要内容

按照团队绩效管理过程中的关键环节，各级团队公示栏应展示的主要内容包括团队管理层级、目标责任、绩效考核方案、员工业绩、绩效考核结果、沟通成效。

3. 公示栏固化展示

团队绩效管理公示栏应安装在团队办公场所显著位置的墙面上，方便全体成员查看和团队日常维护。

经验心得

（1）团队绩效管理公示栏操作要点要宣贯到每一位团队绩效经理人和兼职绩效员，明晰公示栏的核心内容要求。

（2）绩效管理部门要定期检查绩效公示栏的展示维护情况，及时通报"未及时公布、未按要求公布"的团队，并纳入绩效经理人履职评价考核，促进展示维护情况全面落地实施和完善提升。

（3）团队绩效公示栏展示内容可以存档保留，按年装订成册。

实践案例

国网四川南充供电公司于2018年1月开始组织应用团队绩效管理公示栏，团队绩效经理人的履职成效显著提升，得到了更大范围员工的认同，下面以党委组织部（人力资源部）为例进行展示。

1. 编制印发公示栏操作手册

国网四川南充供电公司绩效管理委员会编制印发绩效管理公示栏操作手册，明确公示栏的目的和意义，明晰管理职责，统一规范公示栏内容、标准化格式、维护要求等，见图1。

图 1　团队绩效管理公示栏操作手册

2. 细化公示栏主要内容

（1）团队管理层级。展示团队的绩效经理人和成员面貌，明确人员职责和管理层级。成员照片应免冠、着正装、党员佩戴党徽、蓝底、标注姓名和职务（专业）。当团队绩效经理人和成员发生调整后，需在一个月内完成相应更换。

（2）目标责任。展示团队承担的单位年度关键业绩指标和重点工作任务，明确工作目标，为团队工作指明方向。在团队年度目标及责任表中明确团队牵头负责的主要业绩指标、年度重点工作任务等；明确年度目标值；明确对应的责任人和主要配合人，实现"指标任务全分解、职责界面精划分"。在单位下达年度关键业绩指标和重点工作任务后一个月内，由团队绩效经理人与团队成员共同协商制定并上墙公示。

（3）绩效考核方案。展示团队绩效管理实施细则，作为团队成员绩效考核的依据，明确对团队成员的业绩考核依据、考核流程、评价标准、兑现方

20XX年团队目标及责任表

项目	内容	目标值	责任人：牵头负责	责任人：主要配合
业绩指标	人事费用率	19.20%	惠*	李茜、张爱文、邹健康
	改革攻坚（三项制度改革）	100.00%	惠*	王秋、李茜、杨晓红
对标指标	全口径劳动生产率	B段	杨*	李茜、马彩英
	全口径人工成本投入产出效率指数	B段	杨*	李茜、马彩英
	高端人才及“三无”人员指数	B段	唐*	梁锐
	人力资源计划完成率	A段	杨*	李茜、马彩英
	内部人力资源市场配置指数	A段	惠*	王秋
	全员绩效管理规范指数	A段	唐*	杨晓红
	竞聘调考成绩	A段	唐*	梁锐、董妮
	福利保障评价指数	A段	惠*	张爱文、邹健康
专业评价	用工、组织机构、员工	排名前五	惠*	王秋、潘玉江
	绩效、培训	排名前五	唐*	杨晓红、董妮
	薪酬、干部管理	排名前五	杨*	李茜、马彩英、梁锐
	福利保障	排名前五	唐*	张爱文、邹健康
重点工作任务	“素质提升年”活动	排名前五	唐*	梁锐、董妮
	“三项制度”改革任务	排名前五	惠*	全体员工

20XX 年绩效考核及兑现方案

党委组织部（人力资源部）

一、上级考核责任分解

（一）关键业绩指标的考核

当省公司发布关键业绩指标考核结果后，按照部门被考核分值的2倍，按人员责任比例兑现到专责。牵头人、主要配合人、一般配合人的兑现比例为60%：30%：10%。按照“全员参与，人人担责”的原则，事先明确指标和重点工作的牵头人、主要配合人、一般配合人名单。

（二）同业对标指标的考核

与关键业绩指标的考核方式相同。

（三）专业评价的考核

当省公司发布专业评价考核结果后，按照部门考核分值，对照考核事项分值占比兑现到专责，专业负责人、主要配合人的兑现比例为80%：20%。专业负责人和主要配合人根据实际情况计算，若无配合人员，则考核分值全部由专业负责人承担。

（四）重点工作任务的考核

当月度考核结果发布后，按照部门考核分值，对照考核事件的责任大小兑现到专责，牵头人员、配合人员的兑现比例为70%：30%。若无配合人员，则考核分值全部由牵头人员承担。

团队民主决策确认表

民主决策内容	《党委组织部（人力资源部）20XX年绩效考核及兑现方案》	
序号	姓名	意见及签名确认
1	杨*	
2	惠*	
3	唐*	
4	周*	
5	王*	
6	马*	
7	张*	
8	邹*	
9	潘*	
10	唐*	
11	易*	
12	李*	
13	董*	
14	杨*	

20XX 年度业绩考核情况

党委组织部（人力资源部）

一、关键业绩指标分析

1.人工成本效率指标

指标分值5分，年度考核得分5.29分，排名第16名，较20XX年下降1名。

2.原因分析

一是公司全口径用工总量偏大，人工成本总额较高；二是人工成本受省公司管控和国家政策影响较大，公司对人工成本总额决定影响的空间有限；三是因南充售电量及售电均价偏低，导致统计期内营业总收入净额、利润总额、劳动生产总值相对偏低。

3.改进提升措施

一是严格执行省公司下达的人工成本计划和用工计划，严控人工成本和用工规模；二是充分发挥相关业务部门的主观能动性，深挖内部潜力，增供促销，降低线损，减少非计划停电，提高售电量，努力提升劳动生产总值、营业总收入和利润总额。

二、专业评价分析

1.人力资源管理

年度得分102.00，积分1.00，专业排名第1，与2018年度排名一致。

2.原因分析

党委组织部（人力资源部）20XX年4月2日–4月4日工作总结

序号	专业	工作任务	责任人	分管主任	完成时间	目前进度
1	福利	根据省公司下达福利预控计划同步下达县公司福利计划	张爱文	潘卫贤		向县公司传递了计划
2	福利	基本医疗、生育保险信息变更申报	张爱文	潘卫贤		完成
3	福利	配合英大公司签订补充医保服务协议	张爱文	潘卫贤		完成
4	员工管理	完成3月份人员ERP系统调整。	[illegible]	潘卫贤	4月2日	
5	员工管理	完成张*离职相关手续办理。	[illegible]	潘卫贤	4月3日	
6	员工管理	报巡视组2015、2016、2017年员工花名册。	[illegible]	潘卫贤	4月4日	
7	员工管理	报巡视组2015年-2017年省公司系统外借出和借入人员花名册。	[illegible]	潘卫贤	4月4日	
8	教育培训	完成2016年入职员工调考前第三次模拟考试	[illegible]	[illegible]	4月4日	已完成
9	教育培训	完成2016年入职员工第二次模拟考试成绩通报	[illegible]	[illegible]	4月4日	已完成
10	保险	上报2015-2017年社保缴纳巡视资料	邹健康	潘卫贤	4月8日	已完成
11	劳动组织	完成“供区整合”人力资源操作方案初稿	[illegible]	潘卫贤	4月4日	已完成
12	劳动组织	完成国网劳动定员系统中南充公司本部及8家县公司定员测算工作信息填报工作	[illegible]	潘卫贤	4月4日	已完成

党委组织部（人力资源部）20XX年4月8日–4月13日工作总结

序号	专业	工作任务	责任人	分管主任	完成时间	目前进度
1	福利	在管控系统分解福利计划	张爱文	潘卫贤	4月13日前	
2	福利	跟踪落实巡视资料	张爱文	潘卫贤	巡视期间	
3	福利	跟踪福利管控系统实用化信息通报	张爱文	潘卫贤		
4	员工管理	完成业务外包现状梳理，上报省公司。	[illegible]	潘卫贤	4月9日	
5	员工管理	完成业务支部机构人员上岗情况梳理	[illegible]	潘卫贤	4月9日	
6	员工管理	组织“每周一课”创新主题宣讲月活动（QC活动）	[illegible]	潘卫贤	4月12日	
7	员工管理	完成审计部招聘岗位考核、公示、正式调入等工作	[illegible]	潘卫贤	4月13日	
8	员工管理	配合做好巡视检查各项工作	[illegible]	潘卫贤	4月13日	
9	教育培训	完成2016年入职员工调考前第四次模拟考试	[illegible]	[illegible]	4月13日	
10	教育培训	完成2016年入职员工调考前第三次考试通报	[illegible]	[illegible]	4月8日	
11	教育培训	督促各县公司完成4月培训系统录结工作	[illegible]	[illegible]	4月13日	
12	保险	五险一金缴费	邹健康	潘卫贤	4月20日	

20XX年11月员工绩效考核得分情况

序号	姓名	业绩考核得分	综合评价得分	11月度绩效得分	本人确认签字	备注
1	林*			101.25		部门11月份考核得分
2	杨*			101.25		部门11月份考核得分
3	惠*			101.25		部门11月份考核得分
4	唐*			101.25		部门11月份考核得分
5	王*	80.5	20	100.5		部门考核得分
6	滕*	80.5	20	100.5		部门考核得分
7	马*	80.5	20	100.5		部门考核得分
8	张*	80.5	20	100.5		部门考核得分
9	邹*	80.5	20	100.5		部门考核得分
10	潘*	80.5	20	100.5		部门考核得分
11	唐*	80.5	20	100.5		部门考核得分
12	潘*	80.5	20	100.5		部门考核得分
13	张*	80.5	20	100.5		部门考核得分
14	吴*	—	—	—		（省公司借职锻炼）

20XX年绩效面谈开展情况

序号	姓名	1季度	2季度	3季度	4季度	年度	备注
1	惠*	3月14日已开展					
2	唐*	3月14日已开展					
3	王*	3月14日已开展					
4	唐*	3月14日已开展					
5	马*	3月15日已开展					
6	张*	3月15日已开展					
7	邹*	3月15日已开展					
8	潘*	3月15日已开展					
9	易*	3月15日已开展					
10	董*	3月16日已开展					
11	梁*	3月16日已开展					
12	李*	3月16日已开展					

20XX年1季度员工改进提升方向

序号	姓名	提升内容
1	杨*	在本专业文件政策方面加强学习和掌握； 在应用上加强对基层单位的宣贯指导。
2	惠*	加强学习和掌握本专业文件政策方面； 在应用上加强对基层单位的宣贯指导。
3	唐*	在培训管理上加强管理精益化思考和管控； 在应用上加强对基层单位的宣贯指导。
4	李*	对本专业文件政策方面加强学习和掌握； 在应用上加强对基层单位的宣贯指导。
5	唐*	在绩效管理考核工作时效性； 在应用上加强对基层单位的宣贯指导。
6	马*	拓展专业面，提升综合业务水平； 在应用上加强对基层单位的宣贯指导。
7	张*	加强对基层单位的宣贯指导； 在本专业文件政策方面加强学习和掌握。
8	邹*	在管理创新上多思考； 在应用上加强对基层单位的宣贯指导。
9	潘*	在本专业文件政策方面加强学习和掌握； 在应用上加强对基层单位的宣贯指导。
10	易*	拓展专业面，提升综合业务水平； 在应用上加强对基层单位的宣贯指导。
11	董*	拓展专业面，提升综合业务水平； 加强本专业文件政策方面学习和掌握。
12	梁*	加强绩效管理和培训项目管理的学习和掌握； 在应用上加强对基层单位的宣贯指导。
13	李*	拓展专业面，提升综合业务水平； 在应用上加强对基层单位的宣贯指导。

图2　团队绩效公示栏公示内容模板

式以及年度评级规则；完成民主决策程序后由全体人员签字确认，同意率必须在 80% 及以上才能生效。各团队根据实际需要，在实施方案修订后要履行民主决策程序，并及时更换。

（4）员工业绩。展示员工关键业绩指标和重点工作任务的完成情况、完成进度、取得成效的具体情况，确保团队目标任务的实现。团队绩效经理人和员工要共同制订短期工作计划、完成时限、完成标准等；员工按照固定周期"条目化"编制工作计划和工作总结，按周（月）更新。

（5）绩效考核结果。公示团队绩效考核结果并进行分析，总结好的做法，制定提升措施，激励团队成员共勉。公示员工个人考核得分明细和排序，员工确认签字后进行一页展示，按考核周期及时更新。

（6）沟通成效。团队绩效经理人在绩效面谈结束后及时标注面谈进度，将面谈成果归纳总结，简明扼要地展示员工努力提升方向，按面谈周期及时更新。

团队绩效公示栏公示内容模板，见图 2。

3. 公示栏固化展示

统一制作与安装公示栏，团队全体成员可以随时查看，团队绩效经理人要注重日常维护，见图 3、图 4。

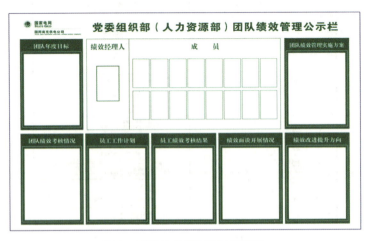

图 3　团队绩效管理公示栏模板

图 4　团队绩效管理公示栏安装效果图

国网四川南充供电公司团队绩效公示栏全面推广实施后，员工对绩效考核评价的认可度显著提升，团队绩效经理人的履职成效也明显提升，公司基于全员绩效考核结果的高认同度顺利完成了员工岗位动态调整，在支撑公司年度业绩考核中排名省公司系统第 3，比上年提升 4 名，首次获得 A 级。

报送单位：国网四川南充供电公司
编　制　人：唐伟峰

132 工时考核数据雷达图分析法
——有效促进一线班组科学分配工作任务

> **导　入：** 在采用实录工时积分对一线班组开展绩效考评过程中，逐步暴露出员工工作量分配不合理、技能人员成长差距大的问题。国网新疆检修公司通过实施工时考核数据雷达图分析法，对工作积分数据进行针对性地挖掘与分析，了解员工工作饱和度，发现能力短板，为统筹规划任务分工和开展针对性技能培训提供了依据，促进了公司安全生产稳定运行。

工具概述

工时考核数据雷达图分析法是指通过提取员工工作状态关键信息绘制雷达图，对工作积分数据进行综合分析，有效衡量员工工作饱和度，发现技能短板，为班组长调整和优化派工提供依据。

适用场景：本工具适用于实施工作积分制考核的一线班组。

实施步骤

工时考核数据雷达图分析法实施步骤包括：实地收集工作时长、汇总整理工时数据、绘制雷达图和综合分析。

1. 实地收集工作时长

依据班组长工作日志派发工作任务，由现场工作负责人按照实录6段法（即出发时间、上午开工、上午收工、下午开工、下午收工、返程到达时间）

实地收集员工每日工作时长，并对照工作项目积分标准计算日工作积分，形成日统计表。

2. 汇总整理工时数据

根据实地收集的日常工时数据，按月整理全班人员工作及外出状态、6个关键时间点和总工作积分情况，形成时间核对表和工作积分汇总表。

3. 绘制雷达图

每月月底，对每位员工的关键状态（办公室工作、一般外出、定检、验收、培训、各类休假等）天数进行分类提取，形成状态统计表，绘制班组、员工工作状态雷达图。

4. 综合分析

基于状态雷达图的直观反映，结合员工承载力和工作量分析，有效衡量员工当期工作饱和度，发现技能短板，为班组长下月统筹规划派工提供依据。

（1）进行工作类型分析。将状态雷达图呈现的6个关键状态信息归类为技能需求不同的工作类型，包括大型检修/定检/验收工作、日常运维/消缺工作、综合性工作、脱产集训，直观反映员工当月工作状态和对应技能点操练情况。

（2）进行员工承载力分析。将工作积分汇总表中当月累计工作积分（T）分为四个区段，当$T<174$时，表明该员工日均工作小于8小时，工作不够饱满，工作量偏少；当$174<T<217$时，表明该员工日均工作8~10小时，工作状态良好，工作饱和度适中；当$217<T<261$时，表明员工日均工作10~12小时，日均加班2~4小时，处于略疲惫的状态，班组长需及时调整该员工工作安排；当$T>261$时，表明员工日均工作超12小时，日均加班超过4小时，员工处于超负荷状态，须立即调整工作安排，并通过沟通辅导进一步了解员工身心状态，助其调整心态，树立信心。

说明：一个月按21.75个工作日计算，每日正常工作8小时，T=21.75×8（小时）=174（小时）。

（3）进行工作量分析。根据工作积分汇总表中当月累计工作积分制作"工作积分累计情况看板"，直观显示每位员工当月积分在班组内的排名情况，确定员工当月工作积分绩效奖金和绩效等级。同时，通过与本班组其他员工积分排名进行对比，帮助员工看清差距、补齐短板。

经验心得

（1）需要确定提取的关键信息点。例如实录工时中的6个关键时间点，雷达分析图中定检、验收、培训等6个关键状态等。

（2）在确定关键信息点的基础上对员工工作积分构成情况进一步综合分析。同时，基于可视化图表，便于与员工共同分析专业技能水平、综合管理、业务创新与学习等方面的差距。

实践案例

国网新疆检修公司于2017年3月开始应用工时考核数据雷达图分析法，有效促进了一线班组科学分配工作任务。下面以国网新疆检修公司变电检修一中心电气试验四班5月工作积分分析情况为例进行展示。

1. 实地收集工作时长

实地收集员工每日工作时长，形成日统计表，见表1。

2. 汇总整理工时数据

按月汇总整理，形成时间核对表和工作积分汇总表，见表2、表3。

表1

日统计表

本月16号 积分明细表　　星期四，本工作日　　2019年5月　本月共计31天

姓名	考勤统计	工时统计	工作角色	系数	出发	开工	午饭	开工	收工	到达	等待1	工作1	等待2	工作2	等待3	日工作时间	日等待时间	日工分
楚*	办公室																	8
张*	验收	09：00-09：50 13：30-13：00 20：20-21：10	小组负责人	1.1	09：00	09：50	13：30	13：30	20：20	21：10	0.83	3.67	0.00	6.83	0.83	10.50	1.67	11.3
樊*	一般外出	09：00-10：00 10：00-10：00 10：00-18：30	小组负责人	1.1	09：00	10：00	10：00	10：00	10：00	18：30	1.00	0.00	0.00	0.00	8.50	0.00	9.50	3.17
李*	一般外出	09：00-10：50 13：30-15：00 20：00-20：40	小组负责人	1.1	09：00	10：00	13：30	15：00	20：00	20：40	1.00	3.50	1.50	5.00	0.67	8.50	3.17	10.7
乔*	一般外出	08：00-13：00 19：00-19：00 19：00-20：00	小组负责人	1.1	08：00	13：00	19：00	19：00	19：00	20：00	5.00	6.00	0.00	0.00	1.00	6.00	6.00	10.1
黄*	办公室																	8
卢*	办公室																	8
罗*	验收	09：00-09：50 13：30-13：00 20：20-21：10	完成人	1.1	09：00	09：50	13：30	13：30	20：20	21：10	0.83	3.67	0.00	6.83	0.83	10.50	1.67	10.8

注 以2019年5月16日数据为例。

表 2 　　　　　　　　　　　　　　　　 时间核对表

班组成员	1 三	2 四	3 五	4 六	5 日	6 一	7 二
楚 *	—	—	—	—	办公室	办公室	办公室
张 *	—	—	—	—	10：00—16：00 16：00—16：00 19：30—20：30	09：00—09：40 13：30—15：00 19：30—21：20	09：00—09：50 13：00—13：00 20：20—21：10
樊 *	—	—	—	—	办公室	09：00—10：00 11：00—13：00 20：30—21：20	09：00—10：00 13：00—14：30 20：30—21：20
李 *	—	—	—	—	办公室	09：00—10：00 11：00—13：00 20：30—21：20	09：00—10：00 13：00—14：30 20：30—21：20
乔 *	—	—	—	06：00—18：00 18：00—18：00 20：00—21：00	07：30—08：00 12：30—14：00 18：30—18：30	07：30—08：00 12：30—14：00 18：30—19：00	07：30—08：00 12：30—14：30 18：30—19：00
黄 *	—	—	—		办公室	驻站值守	驻站值守
卢 *	—	—	—		08：00—09：00 13：30—13：30 21：30—22：30	08：00—09：00 13：30—13：30 21：30—22：30	08：00—09：00 13：30—13：30 20：30—21：30
罗 *	—	—	—		10：00—16：00 16：00—16：00 19：30—20：30	09：00—09：40 13：30—15：00 19：30—21：20	09：00—09：50 13：00—13：00 20：20—21：10

班组成员	8 三	9 四	10 五	11 六	12 日	…
楚 *	办公室	办公室	办公室	—	—	…
张 *	09：00—10：00 13：00—13：00 20：00—21：00	09：00—09：50 13：30—13：30 20：00—20：50	09：00—09：50 13：30—13：30 20：00—20：50	09：00—09：50 13：30—13：30 20：00—20：50	09：00—09：50 13：30—13：30 20：40—21：30	…

续表

班组成员	8 三	9 四	10 五	11 六	12 日	…
樊*	09：00-10：00 13：00-14：00 20：40-21：30	办公室	办公室	—	—	…
李*	09：00-10：00 13：00-14：00 20：40-21：30	办公室	办公室	—	—	…
乔*	07：30-08：00 12：30-13：30 18：30-19：00	08：00-08：00 08：00-08：00 08：00-20：00	办公室	—	—	…
黄*	驻站值守	驻站值守	驻站值守	驻站值守	驻站值守	…
卢*	办公室	办公室	08：40-10：00 12：00-15：00 23：30-24：00	09：00-10：00 14：00-15：30 20：00-20：40	09：00-10：00 14：00-15：30 20：00-20：40	…
罗*	09：00-10：00 13：00-13：00 20：00-21：00	09：00-09：50 13：30-13：30 20：00-20：50	09：00-09：50 13：30-13：30 20：00-20：50	09：00-09：50 13：30-13：30 20：00-20：50	09：00-09：50 13：30-13：30 20：40-21：30	…
…						

表 3　　　　　　　　　　　　　工作积分汇总表

班组成员	本月汇总	1 三	2 四	3 五	4 六	5 日	6 一	7 二	8 三	9 四	10 五	11 六	12 日	…
楚*	168.000	0	0	0	0	8	8	8	8	8	8	0	0	…
张*	303.091	0	0	0	0	8.54	10.9	11.3	11.2	11.1	11.1	11.1	11.5	…
樊*	187.561	0	0	0	0	8	10.9	11.1	11.3	8	8	0	0	…
李*	201.861	0	0	0	0	8	10.5	10.6	10.8	8	8	0	0	…
乔*	199.289	0	0	0	9.02	10.6	10.8	10.7	10.9	4	8	0	0	…
黄*	196.128	0	0	0	0	8	8	8	8	8	8	8	8	…
卢*	214.403	0	0	0	0	11.8	11.8	11.4	8	8	12.4	10.7	10.7	…
罗*	257.906	0	0	0	0	8.25	10.5	10.8	10.7	10.6	10.6	10.6	11	…
…														

3. 绘制雷达图

班组员工关键状态统计表 4。

表 4　　　　　　　　　　　　班组员工关键状态统计表　　　　　　　　　　单位：天

班组成员	办公室	一般外出	定检	验收	培训	乘车途中	年休假	婚假	探亲假	护理假	病假	事假	休息	上班天数
楚＊	21	—	—	—	—	—	—	—	—	—	—	—	10	21
张＊	—	—	—	27	—	—	—	—	—	—	—	—	4	27
樊＊	10	11	—	—	—	—	—	—	—	—	—	—	10	21
李＊	8	11	—	—	3	—	—	—	—	—	—	—	9	22
乔＊	7	9	—	6	—	—	—	—	—	—	—	—	9	22
黄＊	7	4	—	—	3	—	—	—	—	—	—	—	8	14
卢＊	10	7	3	3	—	—	—	—	—	—	—	—	8	23
罗＊	5	—	—	21	—	—	—	—	—	—	—	—	5	26
班组合计	68	42	3	57	6	—	—	—	—	—	—	—	8	22

注　因驻站值守为工作待命状态，故员工处于"驻站值守"状态时不计入员工关键状态。

绘制状态雷达图，见图 1。

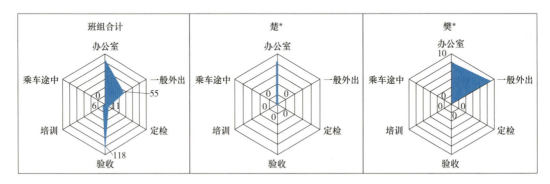

图 1　状态雷达图

4. 综合分析

（1）以卢＊5月工作积分累计情况（见图 2）为例，通过状态雷达图发现该员工 5 月工作主要集中在办公室内勤工作和小型分散作业现场，参加大型定检和基建验收现场较少，并没有安排参加外出技能培训。

通过查看该员工当月工作积分记录（见图3）发现，该员工累计工作积分在该班组排名中段（第六名），外出工作13天，最长连续外出6天，相较其他员工，参加大型定检、验收现场时间较少，技能培训不足。该员工当月累计工作积分共214.40分，表明其工作状态良好，但工作饱和度稍高，接近"略显疲惫状态"。

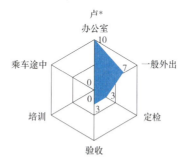

图2 个人雷达图

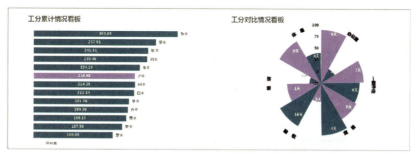

图3 卢*5月工作积分记录

班组长结合以上诊断分析，对其进行沟通辅导，在6月工作安排时，将其工作重点调整为大型定检和基建验收现场，同时考虑安排其参加外出技能培训。

（2）以罗 *5 月工作积分累计情况（见图 4）为例，通过状态雷达图发现该员工 5 月工作主要集中在基建验收现场，参加大型定检和一般检修现场较多，并没有安排小型分散作业现场作业和外出技能培训。

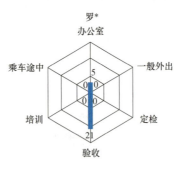

图 4　个人雷达图

通过查看该员工当月工作积分记录（见图 5）发现，该员工累计工作积分在该班组排名中上段（第二名），外出工作 21 天，最长连续外出 13 天，参加班组内勤工作和基建验收现场工作较少，技能培训不足。该员工当月累计工作积分共 257.91 分，表明其每天加班约 3.8 小时，处于"略疲惫"的状态临界值，接近超负荷状态。

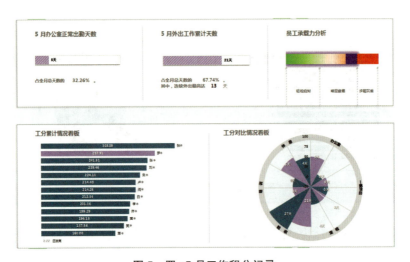

图 5　罗 *5 月工作积分记录

　　班组长结合以上诊断分析，对其进行沟通辅导，在 6 月工作安排时，将其工作重点调整为小型分散作业现场作业和外出技能培训，帮助其缓解疲劳，调整工作状态。

　　工时考核数据雷达图分析法强化了以人为本的安全理念，为班组长工作计划制订、人员出工安排、衡量员工技能水平提供了科学指导，为开展针对性技能培训提供了参考，有效避免了粗放型生产计划及超负荷工作现象，促进了公司安全生产稳定运行。

　　报送单位：国网新疆电力
　　编 制 人：隗　勤　程　亮　李金凤

133 "员工激励卡"工作法
——及时调动员工工作积极性

> **导 入：** 目前，各单位在员工绩效考核中往往更关注重点工作任务的完成情况，而缺乏对员工日常工作任务表现及时进行反馈评价，员工容易懈怠。国网南瑞集团国电南瑞配电公司实施"员工激励卡"工作法，对全体员工进行日常评价和及时激励，鼓励员工通过主动对标、改善个人行为获得成长进步，引导员工主动推进企业业务发展，持续保持高涨的工作热情。

工具概述

"员工激励卡"工作法针对不同激励对象和激励级别设置不同种类的卡片，向日常工作中表现突出的员工进行发放，及时肯定、激励、记录员工的优秀行为及工作贡献，作为员工绩效管理的有效补充。

适用场景：本工具适用于需要强化员工日常评价激励的单位。

实施步骤

"员工激励卡"工作法实施步骤包括：制定激励卡管理办法、及时发放员工激励卡、分类兑现奖励。

1. 制定激励卡管理办法

根据企业业务发展需要，员工激励卡管理办法主要明确员工激励卡种类、激励对象、发放方式、评价标准和兑现规则。

（1）种类设置。根据激励导向，可设置两种类型员工激励卡：为促进员工理解、践行企业文化，可设置企业文化激励卡；为促进员工业绩和能力提升，可设置企业贡献激励卡。激励卡会设置具体的评价要素、评分细则和奖励分值。

（2）积分规则。可按照"逐月累加、季度兑现、年度清零"的原则制定积分规则，对员工获得的激励卡积分进行动态管理。

（3）兑现规则。根据员工激励卡积分情况，在精神奖励和物质奖励相结合的方式前提下，明确具体的兑现形式。

2. 及时发放员工激励卡

各级绩效经理人每月拥有一定数量的激励卡，依据员工日常工作中的表现，结合激励卡分类设置规则，填写发放理由，及时发放。

3. 分类兑现奖励

在精神奖励方面，公司定期制作光荣榜，在单位（部门）周例会或月度例会上公布获奖情况。

在物质奖励方面，员工每获得一张激励卡可兑现相应的奖金和积分。奖金在季度予以兑现，积分可换取相应奖品并在年底清零。

员工激励卡积分与员工年底绩效考核得分关联，作为评优评先的重要参考依据。

经验心得

（1）激励卡种类设置应紧密结合企业文化，明确企业鼓励行为，引导员工不断向公司核心价值观靠拢，推动重点工作开展。

（2）激励卡的积分设置要恰当，要与员工常态化的绩效考核得分规则相适宜，并进行动态优化调整，促进员工绩效过程管理更加科学。

实践案例

国网南瑞集团国电南瑞配电公司于 2018 年开始应用"员工激励卡"工作法，对推动完成工作任务、提升岗位技能等方面发挥了积极作用，下面以智慧能源部 6 月激励卡发放情况为例进行展示。

1. 制定激励卡管理办法

管理办法中重点明确了两类激励卡的设置、积分规则、兑现规则。

（1）企业文化激励卡授予践行单位优秀特色文化的员工，单位领导和部门绩效经理人每人每月可发放 2 张，每张分别积 600 分和 300 分。

（2）企业贡献激励卡授予在各类竞赛活动、紧缺资质、品牌建设、宣讲培训等方面作出成绩或贡献的员工，由单位根据情况发放，并计算相应积分，见表 1。

表 1　　　　　　　　　　　　企业贡献激励卡设置

贡献类别	贡献行为	奖励分值
竞赛活动	参加省公司级各类文体竞赛、技能竞赛、青创赛、"五小"创新创效比赛等活动并获名次（科技项目除外）	100 分 / 项
	参加国家级、省部级、国网公司级各类文体竞赛、技能竞赛、青创赛、"五小"创新创效比赛等活动并获名次（科技项目除外）	200 分 / 项
紧缺资质	获得单位紧缺资质证书，如 C 类和 B 类安全员、一建、二建等，且资质在单位挂靠使用	根据紧缺程度进行适当调节，分值范围为 100～200 分 / 项
合理化建议	在质量提升、降低成本、管理模式方面提出合理化建议，且被单位采纳	50 分 / 条
	在质量提升、降低成本、管理模式方面提出合理化建议，且被上级单位采纳	100 分 / 条
	在质量提升、降低成本、管理模式方面提出合理化建议，且被国网公司采纳	200 分 / 条

贡献类别	贡献行为	奖励分值
品牌建设	工作得到用户认可并获得用户表扬信	10分/次，每年累计不超过100分
	获政府部门、上级单位嘉奖表扬	100分/次
	为单位"文化长廊"、文化景观等提供文字、图片，并被采用	文稿50分/篇图片20分/组
	撰写单位宣传稿件，且被外部纸媒、网站、微信公众号等媒体采用的第一作者	50分/篇
品牌建设	撰写单位宣传稿件，且被上级单位网站、微信公众号等媒体采用的第一作者	独立成篇的50分/篇，提供部分内容的20分/篇
	向上级单位报送业务类短信新闻，并被采纳	5分/条
	参与上级单位组织的文艺演出、小品、汇报演出等策划、表演	参与演出200分/节目参与策划100分/节目
宣讲培训	担任单位校园招聘宣讲、内部培训等活动讲师的	30分/场
特殊荣誉	其他未列入以上范围的任务（需经部门经理审核、领导班子成员批准）	20~100分/次

2. 及时发放员工激励卡

两级绩效经理人于每月月底向员工发放激励卡，给予公开表扬。6月份智慧能源部有6名员工各获得1张激励卡，其中企业文化激励卡3张，企业贡献激励卡3张，详细情况见表2。

表2　　　　　　　　智慧能源部6月份员工激励卡获得情况统计表

序号	姓名	激励卡类型	授予理由	授予人	积分
1	梁*	企业文化激励卡	抗高温、战酷暑，在苏州配网主动检修系统项目中认真负责、高效高质量完成现场检查的工作	金*	300
2	杨*	企业文化激励卡	在中国电力奖及江苏省科技进步奖前期准备工作中认真细致，吃苦耐劳	黄*	300
3	陈*	企业文化激励卡	在厦门863项目、苏州同里直流配电网协调控制技术研究等方面作出突出贡献	赵*	600

序号	姓名	激励卡类型	授予理由	授予人	积分
4	王*	企业贡献激励卡	参与苏州主动配电网综合示范工程项目建设，获国网江苏苏州供电公司表扬信	配电公司	10
5	顾*	企业贡献激励卡	代表配电公司参加集团乒乓球比赛获团体第 5 名	配电公司	100
6	张*	企业贡献激励卡	获得 C 类安全员证书，且资质供配电公司使用	配电公司	100

3. 分类兑现奖励

（1）精神奖励方面，制作光荣榜在部门周例会或月度例会上对获奖员工进行公开颁发，挑选部门最具代表意义的激励卡在单位宣传栏激励卡展示专区中进行展示。

（2）物质奖励方面，由智慧能源部逐月对员工个人积分进行统计和公示，按季度编制积分奖励清单，经审核后兑现奖励金。

2018—2019 年，国网南瑞集团国电南瑞配电公司"员工激励卡"工作法有力支撑了重大项目开展和技术创新突破。在 2018 年度绩效考核中，智慧能源部获得 A 级绩效的 7 名员工均获得过激励卡；在 2018 年度员工基础职级例行化认证中，智慧能源部职级晋升员工中获得过激励卡的员工占比超 83%。

报送单位：国网南瑞集团国电南瑞配电公司

编 制 人：周 磊 郑 妤

134 "绩效过程管理例会"推进法

——强化职能部门管理人员绩效管理过程管控

> **导　入：** 职能部门管理人员考核存在量化考核指标确定难、考核打分差距较小的问题。全球能源互联网研究院有限公司采用"绩效过程管理例会"推进法，建立部门负责人—员工双向沟通平台，有效解决职能部门管理人员工作考评难的问题。

工具概述

"绩效过程管理例会"推进法，即由部门负责人组织本部门员工每周召开一次部门例会，进行部门负责人—员工双向沟通，商定绩效计划、提升措施、结果应用，建立"事前计划、事中控制、事后总结"的过程管控机制。

适用场景：本工具适用于难以量化考核的职能部门。

实施步骤

"绩效过程管理例会"推进法实施步骤包括：会前准备、召开绩效例会、会后跟踪改进、薪酬兑现。

1. 会前准备

（1）报送员工总结与计划。员工总结当周工作任务完成情况并填写绩效例会沟通表，内容包含工作总结、工作进度、自我评价、工作亮点、存在问题、改进措施和下周工作计划等内容。绩效例会沟通表于绩效例会前一天提交至部门负责人。

（2）审阅例会材料。部门负责人在会前审阅员工的绩效例会沟通表，掌握员工工作动态，为绩效例会沟通做准备。

2. 召开绩效例会

（1）员工汇报工作要点。员工对当周重点工作完成情况及下周工作计划进行汇报，侧重汇报"重点、亮点、难点、进步点"工作，常规工作不做复述。员工开展自评，分为四个等级，其中 A++ 为优秀、A+ 为良好、A 为基本合格、D 为不合格。自评为 D 级的员工需详细汇报原因。

（2）负责人沟通与评价。部门负责人可在汇报后进行沟通指导、考核评价。根据员工工作完成情况，综合考虑工作难度、工作饱满度、工作质量等因素，对员工本期绩效进行总体评价，工作突出奖励 2 个 "+"、工作良好奖励 1 个 "+"、工作不到位不奖励，工作存在严重过失修改等级为 D 级，以便提高员工工作积极性。最后，根据本部门下周工作计划安排，将部门工作分解到各岗位，同时强调工作重点和注意事项，对部分难点工作给予指导，帮助员工理顺工作思路。

3. 会后跟踪改进

员工调整下周工作计划，于绩效过程管理例会后提交部门负责人备存。对于亟须改进的员工（如被评为 D 级的员工），部门负责人会后与其沟通，填写绩效改进计划书，员工根据计划安排逐步改进，并在下次绩效例会优先汇报改进情况。

4. 薪酬兑现

统计员工"绩效过程管理例会"评价结果，设置与员工月度（年度）绩效奖金的关联关系，与月奖和年终奖挂钩。根据各部门月度（年度）绩效考核结果分配各部门绩效奖金包，由各部门负责人依据员工月度（年度）考核结果，兑现员工月度（年终）绩效奖金。

经验心得

（1）把握好"管理"与"考核"的关系。例会是通过"管理员工"代替"考核员工"，侧重点不同。职能部门要充分认识到绩效例会制度是员工自我管理及部门负责人管理员工的过程工具。

（2）例会是沟通会、务虚会，侧重于信息沟通与绩效改进提升，负责人需引导大家积极发言，善于分享工作亮点敢于找出差距不足，针对员工工作问题点、难点，组织商讨提出解决方案。

实践案例

全球能源互联网研究院有限公司于 2019 年 1 月 1 日开始应用"绩效过程管理例会"推进法考核工具，有效提升员工自我管理能力，促进部门负责人履职担当。下面以知识产权运营中心为例进行展示。

1. 会前准备

明确考核流程，员工填写绩效例会沟通事项（见图 1）并提前一天提交部门负责人审阅。

2. 召开绩效例会

员工就"重点、亮点、难点、进步点"进行汇报，与部门负责人沟通。部门负责人进行评价，评价结果分为 A++、A+、A、D 四个等级。其中：

A++ 代表岗位工作完成得特别突出，有创新、有亮点、有改进，部门负责人应予以表扬，并可以将其作为绩效优秀者在部门绩效展板进行展示。

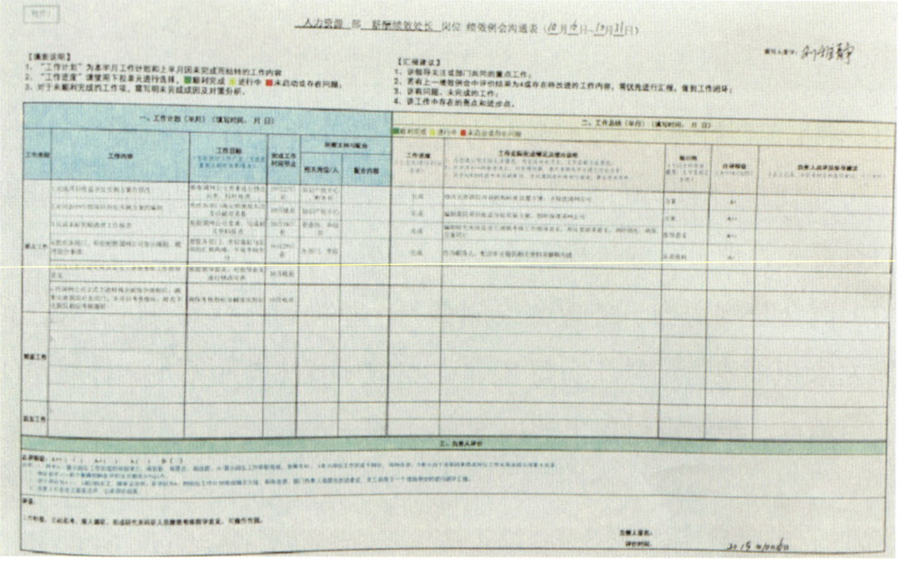

图 1　绩效例会沟通事项

A+ 代表岗位工作称职完成，效果良好。

A 代表岗位工作完成不到位，有待改进。

D 代表由于主观因素造成岗位工作未完成或出现重大失误，部门负责人须提出改进要求，员工根据沟通情况自拟员工绩效改进计划。

部门负责人客观、公正评价员工，对于评价为 A++ 的员工要重点表扬，并请其分享经验。鼓励员工在会上分享工作亮点和分享经验、互相学习、自我提升。评价为 A++ 的员工比例控制在总人数的 20% 以内，年度根据获得"+"的数量情况，确定获得年度绩效等级 A 级的员工名单。评价结果汇总事项见图 2。

知识产权运营中心2019年度11月评价结果汇总表

序号	在岗员工	前半月		后半月		月度"+"数量
		评价等级	评价理由说明（对于A++说明亮点，A或D需说明问题及原因）	评价等级	评价理由说明（对于A++说明亮点，A或D需说明问题及原因）	
1	崔*	A+		A+		2
2	杨*	A	工作质量有待提高	A+		1
3	王*	A++	牵头双创展厅建设，工作成效高	A+		3
4	擎*	A+		A+		2

注 每月填写此表后将电子版发送人力资源部

图 2　评价结果汇总事项

3．会后跟踪改进

员工调整、完善下周（双周）工作计划，于会后提交部门负责人备存，被评为 D 级的员工填写绩效改进计划书（见图 3）。

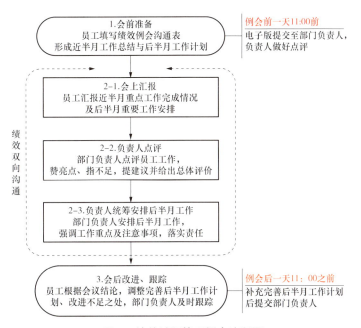

图 3　绩效改进计划书

绩效过程管理例会流程，见图 4。

图 4　绩效过程管理例会流程图

4. 薪酬兑现

（1）月度薪酬兑现。依据员工周（双周）例会评价结果，每月根据 A 的数量进行累计排名，排名在前 20% 得分为 100 分，排名在中间 60% 得分为 80 分，排名在后 20% 得分为 60 分，对应绩效系数分别为 1.2、1.0、0.8。知识产权运营中心月度绩效奖金兑现表见图 5。

序号	部门名称	员工编号	员工姓名	月度标准绩效奖金	月度"+"的数量	对应的考核分数	月度绩效奖金实际兑现
1	知识产权运营中心	12810016	崔*	8914	2	80	8747
2	知识产权运营中心	12810137	杨*	6915	1	60	5429
3	知识产权运营中心	12810216	王**	10134	3	100	11934
4	知识产权运营中心	12810252	綦*	7844	2	80	7697

2019年11月绩效奖金兑现表

负责人签名：

时间：

图 5　月度绩效奖金兑现表

（2）年终奖兑现。员工年度绩效考核结果分为 A、B、C、D 四个等级。A 级占比原则上不超过 20%，C、D 级占比原则上不低于 15%。

各部门根据优秀员工名额数量，按照月度考核得分排名情况，确定年度考核 A 级员工人选。C、D 级人选依据《C、D 级评价结果实施细则》确定。A、B、C、D 四个等级对应绩效系数分别为 1.2、1.0、0.8、0。

（3）兑现公式如下：

员工 A 月度绩效奖金 = 部门员工月度绩效奖金包 × 员工 A 标准月度绩效奖金 × 员工 A 绩效系数 /∑（员工标准月度绩效奖金 × 员工绩效系数）

员工 A 年终奖 = 部门员工年终奖奖金包 × 员工 A 标准年终奖 × 员工 A 绩效系数 /∑（员工标准年终奖 × 员工绩效系数）

随着"绩效过程管理例会"推进法在全球能源互联网研究院有限公司职能部门的推行，一方面员工自我管理能力得到了较大的提升，日常的绩效表现与员工的个人发展相挂钩，激发了员工内在动力；另一方面有效促进了部门负责人管理到位，确保部门工作实现"事先有计划、事中有管理、事后有点评、结果有兑现"闭环管理。

报送单位：全球能源互联网研究院有限公司
编 制 人：刘雅静

135 "两期三比"考核法
——有效提升金融产业公司业绩考核指标

> **导　入：**近年来，金融市场充满了机遇和挑战，金融产业类公司面临着业绩和市场表现的双重考验，直接影响到业绩考核指标的完成。英大证券有限责任公司逐级量化分解业绩考核指标，实施"两期三比"考核法，通过"年度和短周期（季度、月度）"两个周期，"与历史比、与市场比、与行业比"三个维度的比较评价，强化过程管控，注重分析改进，确保全面高效完成年度业绩考核目标。

工具概述

"两期三比"考核法是在逐级量化分解业绩考核指标的基础上，在年度和短周期（季度、月度）两个周期，对指标的完成情况，进行"与历史比、与市场比、与行业比"三个维度的考核，全方位评价指标完成情况，有效推动业绩考核指标的全面完成。

适用场景：本工具适用于市场化程度较高的金融单位。

实施步骤

"两期三比"考核法实施步骤包括：分解制定"两期"指标、开展"三比"评价、过程跟踪管控、考核清算分析改进。

1. 分解制定"两期"指标

明确各项业绩考核指标的责任部门和配合部门的职责。由责任部门负责指标整体完成，并对配合部门提出配合考核任务，提出考核建议。根据业务特点和工作阶段性要求，通过自上而下的指标层层分解，制定年度和短周期性（季度、月度）"两期"指标。同时按照"上下分开，留有余地，基数准确，增长适当，指标导向，推进转型，综合平衡，持续发展，挖掘潜力，鼓励先进"的原则制定目标值。

2. 开展"三比"评价

对"两期"指标按照考核周期分别开展"三比"评价。与过去比，将"达到历史最好水平的115%"设为卓越目标，"超越历史最好水平"设为进取目标，体现进取性和成长性；与市场比，充分考虑投资水平战胜市场的能力，体现周期性和客观性；与行业比，立足公司当前市场排名，对标行业平均水平，对标同位次券商，体现对标性和超越性。

3. 过程跟踪管控

加强部门考核联动，对指标完成情况进行定期跟踪，全面分析指标执行进度和完成质量，问时间进度、问完成质量、问进展效果，加强指标执行监督。

4. 考核清算分析改进

通过对"两期"指标的"三比"评价，对各部门进行年度考核，公布考核结果，并对考核结果进行回溯清算，从内、外部环境影响进行充分剖析，提出改进措施。

◎ 经验心得

（1）应准确把握考核导向，全面覆盖业绩考核指标，将工作重心统一到公司战略落地。

（2）要以量化评价为标准，逐级分解落实考核指标，压实考核责任。

（3）要加强过程监控，定期跟踪分析指标执行进度和完成质量，持续提升经营业绩。

📝 **实践案例**

英大证券于 2019 年 1 月起采用"两期三比"考核法，上下同心，业绩考核指标得到明显提升。下面以经纪业务 2019 年年度业绩考核指标考核情况为例进行展示。

1. 分解制定"两期"指标

通过工作职责划分，明确利润总额、营业收入、净资产收益率、综合成本率、人工成本利润率、服务主业满意度等 6 项关键业绩考核指标的责任部门和配合部门，并进行年度考核和短周期性（季度、月度）考核的"两期"分解，逐级量化分解到部门和员工，见表 1。

表 1　　　　　　　　　　"两期"指标分解明细表

类别	指标名称	公司整体目标	考核周期	公司分解目标值		责任部门	配合部门
关键业绩指标	利润总额	*万元	年度季度	经纪业务	*万元	战略部	计财部、各业务部门、分支机构、英大期货、英大投资
				信用业务	*万元		
				投行业务	*万元		
				资管业务	*万元		
				证投业务	*万元		
				固收业务	*万元		
				期货业务	*万元		
				小计	*万元		
	营业收入	*万元	年度季度	经纪业务	*万元		各业务部门、分支机构、英大期货、英大投资
				信用业务	*万元		
				投行业务	*万元		
				资管业务	*万元		
				证投业务	*万元		
				固收业务	*万元		
				期货业务	*万元		
				小计	*万元		

续表

类别	指标名称	公司整体目标	考核周期	公司分解目标值		责任部门	配合部门
关键业绩指标	净资产收益率	*%	年度	*%		战略部	计财部、各业务部门、分支机构、英大期货、英大投资
	综合成本率	*%	年度	*%			
	人工成本利润率	*%	年度	经纪业务	*%		组织部、各业务部门、分支机构、英大期货、英大投资
				信用业务	*%		
				投行业务	*%		
				资管业务	*%		
				证投业务	*%		
				固收业务	*%		
				期货业务	*%		
	服务主业满意度	*%	年度月度	*%			各业务部门、分支机构、英大期货、英大投资

2. 开展"三比"评价

（1）与历史比，按照2019年指标完成得分和近三年指标均值得分各50%的权重计算考核得分，并根据分支机构业务规模、客户体量及开业时间分为成长型分支机构与成熟型分支机构。其中成长型分支机构三年均值指标为指标增长率；成熟型分支机构三年均值指标为指标完成的数值。

（2）与市场比，根据近三年人均创收、人均创利，对分支机构设定调整系数（调整系数区间为0.9~1.1），该系数按照近三年人均创收40%、人均创利60%的权重计算得出，体现市场导向、效益优先。

（3）与行业比，结合分支机构的业务特性，在传统收入、利润指标之外，设置市场占有率、新增资产、信用业务日均规模、新增有效户及综合业务收入等行业对标及业务发展指标，推动公司重点业务的可持续发展。

计算公式如下：

2019 年考核指标得分 =[50%×2019 年指标完成得分 +50%×（2016—2018 年指标平均得分）]×调整系数

调整系数 =40%×人均创收 +60%×人均创利

3. 过程跟踪管控

组织部牵头，就各考评周期各项业绩考核指标完成情况、经营环境预测、拟采取的措施、改进意见和建议等方面进行全面分析，并形成季度和年度专项报告，送达各指标责任部门和配合部门，由其协同制订改进计划并执行。

4. 考核清算分析改进

根据公司年度业绩考核得分和年度目标完成情况，对各部门业绩考核指标的完成情况进行全面清算（见表 2）。同时对 2019 年内、外部影响要素进行查摆和分析，总结经验教训，提出 2020 年改进措施，并持续与同行业标杆单位进行对比分析，查找差距，弥补短板，进一步提升公司业绩。

表 2　　　　　　　　　　业绩考核指标得分清算情况表

类型	指标名称	满分	公司得分	同比增长	完成情况	牵头及配合落实部门
关键业绩指标	指标 1	52	*	539%	达到标准分，未达到满分	战略部、计财部、各业务部门、分支机构、期货
	指标 2	13	*	475%		
	指标 3	13	*	75%		
	指标 4	26	*	—	未达到标准分，未达到满分	战略部、各业务部门、分支机构、期货
	指标 5	13	*	488%	达到标准分，未达到满分	战略部
	指标 6	13	*	—		组织部

英大证券有限责任公司通过"两期三比"考核法，逐级量化分解业绩考核指标，并开展全方位评价，公司业绩考核指标完成实现平稳向上发展。

报送单位：英大证券有限责任公司

编 制 人：李科鹏

绩效沟通辅导工具

136 班组绩效沟通"三步曲"
——解决班组绩效沟通不规范问题

导　入： 在实际工作中，部分班组长进行绩效沟通时存在目标不明确、缺乏针对性、沟通效果不佳等现象。国网山东肥城市供电公司总结提炼出班组绩效沟通"三步曲"，为一线班组长组织好绩效沟通会提供了标准化模板，有效解决了班组绩效沟通不规范的问题。

工具概述

班组绩效沟通"三步曲"，包括班组计划完成情况通报、员工工作情况通报、下一周期工作计划三步，为班组绩效沟通提供标准化模板，强化组织与员工间的沟通辅导，确保绩效目标的上下统一和考核结果的公开透明。

适用场景：本工具适用于各类班组及供电所。

实施步骤

班组绩效沟通"三步曲"实施步骤包括：班组计划完成情况通报、员工工作情况通报、下一周期工作计划安排。

1. 班组计划完成情况通报

由班组长对考核周期内班组工作完成情况进行全面总结，通报班组绩效计划完成情况、绩效得分及在组织内的位次等，说明班组工作实际完成情况与计划目标的差距，研究制订改进计划。

2. 员工工作情况通报

由班组长对考核周期内员工工作完成情况进行通报。对每一名员工绩效表现进行点评，说明存在的问题，与员工进行绩效沟通，提出改进提升建议；对存在的共性问题，班组共同讨论确定解决措施；对特殊问题，班组长与相应员工进行"一对一"沟通辅导。

3. 下一周期工作计划安排

由班组长安排部署班组下一周期工作任务，明确各项工作目标，并对重点工作进行强调说明。这个阶段班组长可根据工作的轻重缓急及班组成员能力素质，布置派发班组工作任务；同时，班组成员可结合实际，主动争取更多的工作任务，承担更重要的工作角色，从而获取更多的工作积分。

◎ 经验心得

（1）首次布置班组成员工作任务时，应将工作职责、工作流程、相关制度、评价标准等准确下达给每一名班组成员，让班组成员明白工作谁来做、如何做、做到什么程度，以及工作任务考什么、如何考、结果如何用。

（2）在与班组成员绩效沟通过程中切实做到轻考核、重改进、多指导、少指责，及时给班组成员提供必要的帮助和资源保障。

（3）每月考核后应及时公示考核结果，确保考核结果公开透明。通过绩效沟通主动帮助低绩效员工制订明确的绩效改进计划，切实巩固和提升员工绩效。

📝 **实践案例**

2019 年，国网山东肥城市供电公司在所属班组及供电所实施绩效沟通"三步曲"工具。下面以变电检修一班 2019 年 9 月份班组绩效沟通情况为例进行展示。

1. 班组计划完成情况通报

班组长通报班组当月绩效考核得分情况，本班当月绩效考核得分为 108.5 分，位列第 1 名。重点通报情况示例如下：

（1）重点任务方面：110 千伏肥城变电站检修工作未在规定停电时间内完成检修任务导致延期送电扣 2.1 分，主要原因为检修工器具准备不充分，希望以后在检修工作前做好充分准备，避免发生类似问题。

（2）关键绩效指标：110 千伏粥店变电站 10 千伏盐厂线因检修工作不到位导致发生跳闸扣 1.5 分，主要原因为省略检修步骤，请务必在以后的检修工作中严格按照标准化流程进行工作。

2. 员工工作情况通报

班组长根据 9 月份员工派工情况和公司《绩效量化积分标准》，统计每一名班组成员工作数量得分、工作质量得分、综合评价得分和其他得分，计算月度绩效得分，并统一在绩效沟通会中进行反馈，在班务公开栏公示。

通报情况示例如下：

（1）赵 *9 月份承担工作数量最多，得 109.97 分，但因在重点任务 110 千伏肥城变电站检修工作中，作为工作负责人，准备检修工器具不充分导致延期送电，工作质量扣 4 分，综合评价得 110 分，最终得分 106.78 分。

（2）赵 *9 月份工作态度端正，积极承担班组各项工作任务，虽然工作中发生了一点失误，仍然得到了班组的最高分，希望赵 * 再接再厉，继续发挥优良传统，同时在工作中要注意认真细致，避免类似问题再次发生。

3. 下一周期工作计划安排

班组长安排下一周期工作，并向班组成员进行任务派发，班组成员也可向班组长申请更多工作任务，承担更重要的工作角色。

班组长布置任务示例：

下一周期班组的重点任务主要为110千伏道朗、天平等变电站的例行检修工作，其中道朗变电站因设备相对老旧，需要经验相对丰富的员工担任该工作的负责人，张＊工作10余年，检修经验丰富，作为此工作的主要负责人，魏＊、赵＊作为工作班成员参与该工作。

吕＊发言示例：我刚参加工作不久，工作经验相对不足，希望能参与道朗变电站检修工作，跟张＊学习更多的检修知识，尽快成长起来。

国网山东肥城市供电公司变电检修一班通过运用班组绩效沟通"三步曲"工具，有效提升了班组长的绩效沟通能力，改善了班组长与员工间的沟通与辅导效果，使经验丰富的老员工和干劲十足的年轻员工相互搭配，有效提升了班组工作效率。

报送单位：国网山东肥城市供电公司

编 制 人：杨 军 赵秉聪 尹广晓 刘子明

137 基于"平衡轮"模型的绩效诊断法
——高效开展绩效辅导

导　入： 近年来，随着全员绩效管理的深入推进，员工绩效考核结果差距逐渐拉大，部分员工对工作成果与绩效预期出现异议，对岗位工作努力提升方向存在疑惑。国网浙江绍兴供电公司创新实施基于"平衡轮"模型的绩效诊断法，让员工充分认识岗位工作现状与企业期望之间的差距，明确需要提升的方向，促进组织与员工共同成长。

工具概述

基于"平衡轮"模型的绩效诊断法是一套将管理目标引导到实际行动的工具，通过记录员工当下关于目标相关要素的真实情况，识别其各项能力与目标能力的差距，让员工认识到需要改进或加强的环节，使绩效管理者能针对员工岗位工作短板，因人而异地制订出改进计划。

适用场景：本工具适用于对团队中绩效排名后 10% 的员工进行的绩效沟通辅导和改进计划制订。

实施步骤

基于"平衡轮"模型的绩效诊断法实施步骤包括：收集辅导对象的能力要素、分析确定能力差距、绘制"平衡轮"模型、制订提升计划。

1. 收集辅导对象的能力要素

绩效经理人针对绩效排名后 10% 的员工的绩效目标偏差，总结归纳出其实现目标的关键素质能力，一般包括资源协调能力、计划制订能力、专业知识能力、沟通协作方式、执行能力、学习能力、自我检查能力、总结提升能力等方面。

2. 分析确定能力差距

结合"现状—期望"能力差距分析表（见表1），绩效经理人对每个能力要素情况打分，满分为10分（理想状态），最低为1分。此步骤在于分析确定能力现状与组织期望能力的差距。

表1　　　　　　　　　　"现状—期望"能力差距分析表

能力维度	A. 能力现状（现在）（1～10分）	B. 组织期望的能力状态（未来）（1～10分）	"现状—期望"能力差距（A-B）
1. 资源协调能力			
2. 计划制订能力			
3. 专业知识能力			
4. 沟通协作方式			
5. 执行能力			
6. 学习能力			
7. 自我检查能力			
8. 总结提升能力			

3. 绘制"平衡轮"模型

画出空白圆并分成5～8等份，绩效经理人将认为影响员工绩效偏差最重要的5～8个能力要素分别填写在每一等份中，进一步与员工共同商讨并确认这些能力要素的影响权重，绘制"平衡轮"模型，见图1。

4. 制订能力提升行动计划

绩效经理人准确识别员工绩效目标与现状存在的差距，帮助员工制订需要改善的具体目标和相应的行动计划，以便高效开展绩效辅导。

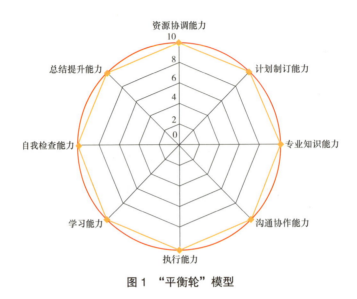

图1 "平衡轮"模型

经验心得

（1）"平衡轮"模型的高效应用建立在合理的绩效管理和能力管理基础上，要有目标导向和考核结果。

（2）员工职业发展综合积分体系要基于岗位胜任力，并由业绩积分、贡献积分、成长积分共同构建。

（3）绩效经理人要加强与员工的沟通，根据员工获得的综合积分及子项分类积分情况，与员工共同分析各方面能力发展上的差距。

实践案例

国网浙江嵊州市供电公司于2018年1月开始应用基于"平衡轮"模型的

绩效诊断法，实现组织与个人绩效双联动，促进组织和员工共同成长，下面以下属某部门6月的绩效诊断为例进行展示。

1. 收集辅导对象的能力要素

2018年6月，某部门发布了员工综合积分得分情况，见表2。

表2　　　　　　　　　　　　某部门员工综合积分得分情况

姓名	各项积分			积分排名		
	业绩积分	贡献积分	成长积分	业绩积分	贡献积分	成长积分
员工1	200.0	71.0	34.0	3	3	2
员工2	215.0	75.0	33.0	1	2	3
员工3	206.0	67.0	31.0	2	4	4
员工4	185.0	81.0	28.0	4	1	5
员工5	180.0	47.0	35.0	5	5	1

从上表可以看出，员工5的业绩积分、贡献积分排名均靠后，有必要及时地进行绩效辅导。

结合员工5的综合积分得分情况分析可以发现，影响其业绩积分和贡献积分的关键能力包括专业技能知识、资源协调能力、计划制订能力、沟通协作方式、执行能力等。

2. 分析确定能力差距

绩效经理人与员工5一起就其能力现状与岗位职责要求、员工职业发展阶段的组织期望状态进行分析，查找能力差距（见表3）。对于与排名靠前相关的学习能力、自我检查能力、总结提升能力不再进行分析。

表3　　　　　　　　　　员工5的"现状—期望"能力差距分析表

能力维度	A. 能力现状（现在）（1~10分）	B. 组织期望的能力状态（未来）（1~10分）	"现状—期望"能力差距（A-B）
1. 资源协调能力	6	7	-1
2. 计划制订能力	9	9	0
3. 专业知识能力	6	8	-2
4. 沟通协作方式	6	8	-2
5. 执行能力	5	6	-1

3. 绘制"平衡轮"模型

绩效经理人与员工5共同商讨后，进一步检视该五方面是否是最关键的影响因素，并绘制"平衡轮"模型（见图2），直观地反映现状和期望之间存在的差距。

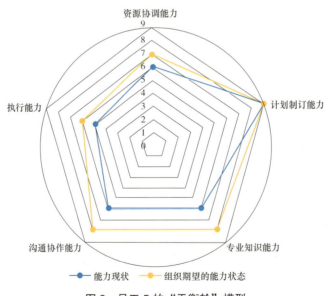

图2　员工5的"平衡轮"模型

4. 制订能力提升行动计划

通过比较分析，绩效经理人发现员工 5 在专业知识能力与沟通协作方式上与期望存在较大差距，进而帮助其制订了相应能力的提升行动计划，见表 4。

表 4 员工 5 的能力提升行动计划

行动步骤	何时开始	何时完成	衡量成功标准（指标类的衡量数据或者方法）	需要支持（人、财、物）	第一负责人
1. 寻求更多的资源	6.18	7.18	开展一次跨部门工作交流会，组织员工 5 工作上的相关部门领导、专职参加，为员工 5 的工作开展提供外部支持，一起优化员工 5 的工作流程	相关部门领导、专职	绩效经理
2. 提高专业知识	6.18	6.30	参加一期专业工作培训，了解掌握新业务、新知识	参与相关培训	员工 5
3. 沟通协作能力	6.18	8.18	组织两次部门团建活动，加强部门内部员工之间的交流	部门内部员工	绩效经理
4. 执行能力	6.17	9.18	开展工作纪实，按日记录每天开展的工作，由绩效经理进行点评、辅导	绩效经理	员工 5

国网浙江嵊州市供电公司采取基于"平衡轮"模型的绩效诊断法帮助各级绩效经理人有效识别有待提升的员工，针对性开展绩效辅导，制订相应的改进提升计划，确保员工的工作行为始终能够与公司战略目标方向保持一致，实现了组织业绩与员工职业发展共同进步、循环提升，促进经营业绩进步显著。2017 年公司业绩考核排名第 19 名，2018 年排名第 6 名，2019 年排名上升至第 3 名，足以证明该模型发挥的积极作用。

报送单位：国网浙江绍兴供电公司

编 制 人：陶佳迎 杜晗晗 张宇翔 吴凌霄

138 分层分级绩效看板
——提高绩效沟通真实性和实效性

导　入： 近年来，员工对考核结果越来越关注，对自我业绩提升的需求越来越强烈，集中公示绩效结果体现了考核的公开透明，但如果出现绩效申诉事件，绩效管理办公室需进行层层沟通核查，沟通"滞后性"影响了绩效诊断和改善的实效。国网湖北恩施市供电公司通过建立分层分级绩效看板，分层分级公示考核结果，畅通绩效沟通通道，绩效申诉事件显著减少，改善了绩效管理体系的健康状况。

工具概述

分层分级绩效看板是在班组、部门和地市（县）级供电公司等三个层面，按照内容标准化、形式多样化的原则，公示绩效实施过程中的关键环节，及时直观地展示企业内部组织和员工的工作业绩、考核评定结果等，降低绩效沟通中的信息沟通成本，有效促进绩效管理改善。

适用场景：本工具适用于已实施绩效量化考核的班组、部门、地市（县）级供电公司。

实施步骤

分层分级绩效看板实施步骤包括：规范看板公示内容、考核单元内部公示、公司集中公示、畅通申诉通道。

1. 规范看板公示内容

各层级考核单元分别确定需要公示的绩效实施关键环节及相关内容，见表1。

表 1 分层分级绩效看板内容

班组公示内容	部门公示内容	公司集中公示内容
岗位考核指标 班组积分标准 周期性工作计划 重点工作 员工月度积分 绩效考核结果 绩效等级评定结果	岗位考核指标 周期性工作计划 重点工作 对标结果 绩效考核分数 绩效等级评定结果	组织绩效考核分数 组织绩效等级评定结果 员工绩效等级评定结果

2. 考核单元内部公示

班组、部门以线下公示为主。班组公示以上墙公示为主要形式，部门公示采用绩效例会告知、员工签字确认等形式。

3. 公司集中公示

地市（县）级供电公司以线上公示为主。在内网开辟专栏，对考核结果等信息进行集中公示。

4. 畅通申诉通道

地市（县）级供电公司线上集中公示期间，保持员工所在县级和地市级公司绩效管理办公室两级部门联系畅通，规范申诉事件处理步骤。

◎ **经验心得**

（1）分层分级绩效看板公示内容为"金字塔"式结构，层级越低公示内容越丰富。

（2）分层分级绩效看板建设旨在监控过程、促进改善，确保信息传递的真实性和时效性是其核心和关键。

实践案例

国网湖北恩施市供电公司于 2014 年 1 月开始应用分层分级绩效看板工具，员工普遍认可度高，有效促进了员工与组织绩效的共同提升。

1. 规范看板公示内容

国网湖北恩施市供电公司结合绩效经理人履职关键点，确定不同层级绩效看板内容框架，见表 2 ~ 表 4。

表 2　　　　　　　　　　地市（县）级供电公司绩效看板内容

绩效过程管控	绩效结果公示内容
制度文件 组织绩效季度考核明细	组织绩效考核结果 全员绩效等级评定结果

表 3　　　　　　　　　　部门绩效看板内容

绩效计划公示内容	绩效结果公示内容
年度工作计划 年度重点工作 年度工作目标 员工岗位职责 岗位考核指标 学习园地	对标结果 员工绩效考核分数 员工绩效等级评定结果

表 4　　　　　　　　　　班组绩效看板内容

绩效计划公示内容	绩效结果公示内容
年度工作计划 年度重点工作 年度工作目标 绩效等级评定方案 班组工作职责 班组工作积分标准 学习园地	对标结果 员工工作积分明细 员工绩效考核分数 员工绩效等级评定结果 员工绩效工资分配结果

2. 考核单元内部公示

部门公示采用绩效例会告知、看板上墙等形式展示，见图1。班组公示以看板上墙形式展示，见图2。

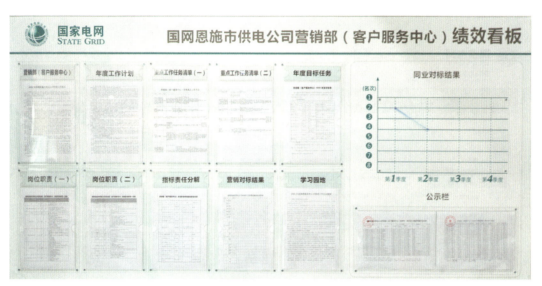

图1　国网湖北恩施市供电公司营销部（客户服务中心）绩效看板

图2　沐抚供电所内勤班绩效看板

3. 公司集中公示

国网湖北恩施市供电公司在内网开辟专栏，对考核结果等信息进行集中公示，见图3。2019年度绩效考核结果及员工绩效等级评定结果公示示例见表5、表6。

图3　国网湖北恩施市供电公司绩效看板

表5　　国网湖北恩施市供电公司2019年度绩效考核结果公示示例

序号	单位名称	关键业绩指标加扣分	专业工作考核指标加扣分	安全工作考核指标扣分	党建工作考核指标得分	综合评价得分	突出贡献加分	考核得分	考核排名
1	国网恩施市供电公司	0.2487	−0.0595	0.0000	30.22	10.0000	0.50	170.9093	1
2	国网宣恩县供电公司	0.7175	0.1283	0.0000	30.11	8.7500	0.50	170.2058	2

序号	单位名称	关键业绩指标加扣分	专业工作考核指标加扣分	安全工作考核指标扣分	党建工作考核指标得分	综合评价得分	突出贡献加分	考核得分	考核排名
3	国网鹤峰县供电公司	0.4350	−0.0005	0.0000	30.33	8.2143	1.00	169.9788	3
4	国网建始县供电公司	−0.9475	−0.0498	−0.2000	29.84	7.1429	1.00	166.7856	4
5	国网来凤县供电公司	0.4513	−0.1625	−1.0000	29.67	6.0714	0.50	165.5302	5
6	国网咸丰县供电公司	−0.6938	0.0092	−3.1000	29.93	7.1429	0.50	163.7884	6
7	国网巴东县供电公司	0.7425	−0.0308	−5.6000	29.99	6.0714	1.50	162.6732	7
8	国网利川市供电公司	−0.1800	−0.0188	−8.7000	29.67	6.0714	0.50	157.3427	8

表 6　　国网湖北恩施市供电公司 2019 年度员工绩效等级评定结果公示示例

序号	单位名称	部门名称	岗位名称	人员类型	员工工号	姓名	个人等级
1	国网巴东县供电公司	安全监察部（保卫部）	主任（兼一岗位）	实职正股	11797956	谭＊	B
2	国网巴东县供电公司	安全监察部（保卫部）	电网及设备安全监察管理	非班组员工	11797952	葛＊	B
3	国网巴东县供电公司	安全监察部（保卫部）	质量监督管理	非班组员工	11798136	郑＊	C

4. 畅通申诉通道

被考核者对公示结果存在异议的，可直接与绩效经理进行当面沟通；沟通无效则可向公司绩效管理办公室提出书面申诉，绩效管理办公室会在 3 个工作日内向考核责任部门下达书面通知，要求提出书面回复意见并提交相关支撑材料，并在收到回复后将沟通意见反馈给被考核方；反复沟通无效者，则由绩效管理办公室将有关意见提交绩效管理委员会审定。

国网湖北恩施市供电公司分层分级绩效看板直观展示了员工的工作绩效，充分体现了"三公"原则，员工对绩效考核结果的获取和申诉不再需要通过绩效办公室层层协调，促进了绩效经理人与员工的当面沟通，有利于员工及时发现自身短板，绩效改进措施制定更加具体有效。

报送单位：国网湖北恩施市供电公司

编 制 人：秦 瑞 张宏升 向应招

139 业绩指标口袋书
——让员工清楚知晓负责指标

> **导 入：**近年来，地市级供电公司的业绩考核管理出现了从领导到基层"上热、中温、下凉"困境。部分员工不清楚自己的牵头指标、配合指标，直到指标结果公布后才知晓指标的评价标准。国网河南平顶山供电公司创新实施业绩指标口袋书，准确制定过程管控措施，让员工搞清弄懂自己负责的指标，有效推动公司业绩指标提升。

工具概述

业绩指标口袋书，是根据业绩考核指标体系，在明确责任部门、负责人、责任占比、评价标准等内容的基础上，形成的各部门及员工的评价清单及责任清单，便于各部门员工随时查阅。通过领导班子带头讲指标、员工参与指标知识竞赛活动等方式，让员工精通指标体系，强化指标过程管控。

适用场景：本工具适用于地市级供电公司本部分解业绩考核指标。

实施步骤

业绩指标口袋书实施步骤包括：形成指标评价清单、形成指标责任清单、汇编下发指标口袋书、学习落实口袋书。

1. 形成指标评价清单

公司与指标牵头部门签订绩效合约，明确指标年度目标及评价标准，形成评价清单1。指标牵头部门确定本部门的指标责任人，明确配合部门责任占比，制定对配合部门的评价标准，配合部门确定配合指标的责任人，形成评价清单 2。

2. 形成指标责任清单

公司汇总各部门牵头负责及配合负责的各项指标，形成各部门指标责任清单。各部门汇总本部门责任人员负责的指标，形成每位员工指标责任清单，确保各部门员工清楚自己负责的指标及评价标准。

3. 汇编下发指标口袋书

汇总各项指标评价清单、责任清单，形成业绩指标口袋书。口袋书上半部分按指标分类，确保每项指标都可以清晰地查出牵头部门、配合部门、责任占比以及各责任人等信息；下半部分按部门分类，确保每个部门每位员工都清楚所负责的牵头指标、配合指标、指标目标以及评价标准等内容。

4. 学习落实口袋书

通过领导班子在各类会议上带领中层干部讲口袋书、以口袋书为硬杆尺开展绩效考核、组织员工参与指标竞赛、让新入职员工学习口袋书等多种方式，将学懂弄通指标的压力层层下达。

◎ 经验心得

（1）口袋书中涉及指标责任占比划分的，应充分考虑各专业实际情况，由牵头部门负责拟定各配合部门及责任占比，双方部门充分沟通达成一致，经部门负责人签字确认后执行。

（2）口袋书中涉及的指标评价标准应定量且具有可操作性。对牵头部门的评价标准宜为省公司公布的指标排名，牵头部门对配合部门的评价标准宜为具体事项。

（3）当在考核中出现争议扯皮时，应严格以口袋书中明确的指标权重、责任占比、评价标准为准，不变通执行。运行中发现某些内容确实不适合后应及时按规定流程修订，依据新修订标准执行考核。

📝 实践案例

国网河南平顶山供电公司于 2019 年 3 月编制印发了 400 本业绩指标口袋书（电子档人手一份），组织公司本部各级领导干部、班组、员工学习，严格根据口袋书中相关内容组织考核，使业绩考核指标深入人心。

1. 形成指标评价清单

根据公司年度目标任务，结合省公司下发的业绩考核指标体系，绩效办公室汇总形成指标考核清单 7 份，涉及牵头部门 7 个，被考核部门 22 个，分解形成三级指标共 174 条，指标考核清单清单示例见表 1。

表 1　　国网河南平顶山供电公司 2019 年度业绩考核指标考核清单示例

考核部门名称：运维检修部							
序号	指标名称	责任权重	评价标准	被考核部门	责任人	指标得分	考核原因
1	电网系统可靠率	0.15	（1）中心区、市区等二类用户地区10 千伏架空线路平均分段数 ≥ 2.5，完成奖励 1%，完不成扣 2%。 （2）10 千伏架空线路供电半径 ≤ 5 千米。完成奖励 1%，完不成扣 2%。 （3）10 千伏架空线路联络率 ≥ 95%，完成奖励 1%，完不成扣 2%。 （4）网架结构标准化率 ≥ 90%，完成奖励 1%，完不成扣 2%。 （5）10 千伏站间联络率 ≥ 75%，完成奖励 1%，完不成扣 2%。 （6）电网规划结构不清晰、联络不合理、交叉或迂回供电的每项目扣 2%。 （7）配网发展目标完成率，每下降一个百分点扣 2%，完成奖励 1%。 （8）项目前期工作计划完成率，每下降一个百分点扣 2%，完成奖励 1%	发策部	王 *		

续表

考核部门名称：运维检修部							
序号	指标名称	责任权重	评价标准	被考核部门	责任人	指标得分	考核原因
2	电网设备运检业务完成率—新增输变配设备PMS-PM对应率	0.06	主网新增设备账卡物一致率、匹配率应达到99%。配电新增设备账卡物一致率、匹配率均达到95%以上。负责督导各县公司及时进行新增设备账卡物对应匹配，如县公司不能达到95%以上要求，每单位对应率匹配率降低1%相应扣除财务部2%。年度均达标完成加分10%	财务部	郑*		
3	电网设备运检业务完成率—110（66）千伏及以上架空输电线路故障停运率	0.06	在指标权重的基础上加减分，扣分的上限为指标权重分值，加分上限为指标权重分值的20%。安全监督计划到位率完成率100%，每下降一个百分点扣2%，完成奖励1%。年度检查计划执行率100%，每下降一个百分点扣2%，完成奖励1%。线路隐患治理完成率100%，每下降一个百分点扣2%，完成奖励1%	安监部	支*		
…	…	…	…	…	…	…	…

2. 形成指标责任清单

制定部门指标责任清单22份，涉及部门22个，明确市公司责任人员184人，分解形成三级指标共174条。部门指标责任清单示例见表2。

表2　　　国网河南平顶山供电公司2019年度部门指标责任清单示例

被考核部门：发展策划部　公司主管领导：**　部门责任领导：**						
序号	指标名称	责任权重	年度目标	责任人	评价标准	考核部门
1	万元资产运维费	0.15	前10	李*	负责固定资产零购部分要及时入账并形成固定资产，按照年初预算数完成，并手续齐全转至财务部入账加20%，年初预算未完成或未能按照时间要求转至财务部入账减100%	财务部

被考核部门：发展策划部　公司主管领导：＊＊　部门责任领导：＊＊						
序号	指标名称	责任权重	年度目标	责任人	评价标准	考核部门
2	发展投资效率—电网基建投资效率	0.30	前6	王＊	第1名加权重的20%，第2~3名加权重的15%，第4~5名加权重的10%，第6名加权重的5%，第7名减权重的10%，第8名减权重的30%，第9名减权重的50%，第10名减权重的80%，10名以后权重全部扣除	绩效办公室
3	线损率—同期系统区域日网损率有效率≥60%，日网损率0%~8%为合格，月度有效天数占60%	0.12	前10	许＊	第6名加权重的20%，第7名加权重的15%，第8名加权重的10%，第9名加权重的5%，第10名得权重基础分值，第11名减权重的10%，第12名减权重的30%，第13名减权重的50%，第14名减权重的80%，15名以后权重全部扣除	
…	…	…	…	…	…	…

制定员工指标责任清单184份，涉及部门22个、三级指标共174条、市公司责任人员184人。员工指标责任清单示例见表3。

表3　　　　国网河南平顶山供电公司2019年度员工指标责任清单示例

被考核部门名称：财务资产部　指标负责人：刘＊　联系方式：0375-896＊＊＊＊							
序号	指标名称	责任权重	目标值	评价标准	考核部门	考核人	联系方式
1	有效资产及时形成率	0.75	前6	要按照工程里程碑计划管理，及时完成工程结算和入账，工程试运行后，3日内将投运单及时传递财务暂估转资的加20%，未能及时传递财务暂估转资的减100%	财务部	姬＊	896＊＊＊＊
2	万元资产运维费	0.75	前10	要按照工程里程碑计划，加快工程施工、结算、决算进度，工程试运行后，3日内及时提供投运单，配合财务部门做好工程转资。按照工程里程碑计划完成工程结算和入账并在10日内完成转资的加20%，未按照计划完成工程结算和入账的减100%	财务部	孙＊	896＊＊＊＊

序号	指标名称	责任权重	目标值	评价标准	考核部门	考核人	联系方式
				被考核部门名称：财务资产部　指标负责人：刘＊　联系方式：0375-896＊＊＊＊			
3	发展投资效率—电网基建投资效率	0.90	前6	35千伏及以上电网投资均按照年度投资计划下达额度完成且未因建设阶段项目调减的，得指标权重分值；发生项目调减的按照调减项目数量占年度计划项目总数比例扣分，最多减指标分值的20%。年度投资额度未完成年度投资计划下达额度的，按照投资未完成比例扣分；最多减指标分值的20%	发策部	王＊	896＊＊＊＊
…	…	…	…	…	…	…	…

3. 汇编下发业绩指标口袋书并组织学习落实

国网河南平顶山供电公司汇编下发了2019年度业绩指标口袋书，组织184名指标责任人员参加指标竞赛活动，2019年度业绩考核指标竞赛试题示例见表4。

表4　　　　国网河南平顶山供电公司2019年度业绩考核指标竞赛试题

分值	考试题目
20	请阐述国网平顶山供电公司加快推动公司综合实力重返并稳居全省第一方阵工作的总体目标
20	请您阐述所负责的指标的含义：1. 请写出您所负责的指标名称、2019年目标值。（应填写所有指标：包括牵头负责及配合负责的指标）
20	2. 请写出指标定义或计算公式、评价标准。（若负责指标大于三个，可以只解释权重最大的两个指标）
20	3. 请写出您所负责的指标当前在全省的排名，并分析指标当前有哪些优势，还存在什么短板。（若负责指标大于三个，可以只解释权重最大的两个指标）
20	4. 请您阐述指标的下一步提升措施。（若负责指标大于三个，可以只解释权重最大的两个指标）
20	附加题：请您阐述当前公司重返全省第一方阵所面临问题有哪些，请结合这些问题给出您的合理化建议

开展约谈等管控措施，对于年中排名低于年初预设目标的指标，约谈涉及部门（单位）负责人，督促及时整改提升，约谈通知单见表5。

表5　　　　　　　　　　国网河南平顶山供电公司约谈通知单

约谈人	国网河南平顶山供电公司总经理、党委副书记：**
被约谈人	××部主任**
约谈时间	2019年××月××日（周×）×时×分
约谈地点	××会议室
约谈内容	根据上半年各项指标完成情况统计，××部2项配合指标（两算审计完成率、综合计划执行率），指标排名低于年初预设目标，影响公司各项指标的综合排名，按照公司整体工作要求，对财务部负责人进行约谈，督促及时整改提升落后指标
有关要求	及时查找原因、分析问题，制定整改方案，确保完成年度考核目标

国网河南平顶山供电公司业绩指标口袋书的印发实施，使负责指标的员工可以随时随地查阅指标有关内容，解决了员工不清楚指标的问题，有效推动了业绩考核的落地。2019年国网河南平顶山供电公司年度综合考评等级为B级中段，比2017年进步7名，59%的业绩指标排名前6，比2017年提升43.6%；76%的业绩指标排名前10，比2017年提升18.9%。

报送单位：国网河南平顶山供电公司

编　制　人：胡松杰　武占奇　董　源

140 "7-step"标准化绩效面谈法
——助力绩效经理人精准面谈

> **导　入：** 对于新晋升或未经系统培训的基层绩效经理人，在开展绩效面谈时通常不太清楚怎么做才能达到实效。国网四川德阳供电公司试点开展"7-step"标准化绩效面谈法，通过固化的流程，帮助绩效经理人快速进入角色，紧紧围绕绩效改进，精准开展面谈，有效形成绩效闭环管理。

工具概述

"7-step"标准化绩效面谈法，是将绩效面谈流程固化为七个步骤，帮助绩效经理人与员工双方有效沟通工作中存在的不足及问题，分析查找出现问题和偏差的原因，解决绩效面谈流程不完整、沟通偏离主题、不能形成有效改进措施等问题。

适用场景：本工具适用于新晋升或未经系统培训的基层绩效经理人，与下属员工进行绩效沟通面谈。

实施步骤

"7-step"标准化绩效面谈法实施步骤包括：面谈前准备、"7-step"面谈。

1. 面谈前准备

绩效经理人面谈清单提供了面谈前应准备的相关资料，包括必备资料和信息资料。必备资料，如员工绩效合约书、面谈记录表、当期绩效评分表及工作完成情况表，这些资料作为事实依据，可提高绩效面谈的沟通效力。信息资料，包括但不限于了解掌握员工工作状况、工作能力、工作意愿及性格特征等。员工的自我评价尤其重要，了解员工对自己的期望，以人为本提出更适合员工的发展计划及改善措施，从而加强绩效反馈的效果。

2. "7-step" 面谈

"7-step" 面谈时分为七个步骤：开场白、员工自评、告知考核结果、达成共识、形成改善要点、约定下次面谈时间及内容、结束语。

（1）开场白。陈述公司绩效政策，并说明面谈目的，气氛和态度都应保持严肃。

（2）员工自评。通过员工自评区分员工类型，包括成熟型、忽冷忽热型、迷茫型、推诿型等。注重各类员工不同的关注点，可在下一步分类沟通。

（3）告知考核结果。向下属告知考核结果，针对改善点诚恳交流，直面告知员工自我看法。不模棱两可，不要过多的解释和说明，应简明扼要、准确清晰，定性和定量并重，利用设定的目标和绩效标准进行评价。

（4）达成共识。对员工有争议的方面进行商讨。注意就事论事，摆事实讲道理，用工作发生的事实依据来说服员工，避免出现极端化的沟通方式。

（5）形成改善要点。对员工绩效改进或发展计划进行商讨。明确具体步骤、完成时间和改进目标，全部详细记录在绩效面谈表中，并由绩效经理人确认。

（6）约定下次面谈时间及内容。无须等到考核周期结束后才面谈，中途也应跟进。

（7）结束语。再次肯定员工的贡献，以正面的动机重申绩效经理人对员工改进的信心。

◎ 经验心得

（1）"7-step"标准化绩效面谈法主要用于解决各级绩效经理人不能精准

履职的问题。已经能熟练运用绩效管理工具的绩效经理人可以借鉴该方法，并拓展个性化的面谈需求。

（2）推荐在周期性考核之后开展绩效面谈，也可根据需要在某项工作推进过程中实施，为了强调面谈的严肃性，应提前告知下属员工面谈计划，确保双方做好充分准备。

实践案例

国网四川德阳供电公司于 2017 年 1 月开始推广应用"7-step"标准化绩效面谈法，面谈效率和效能得到显著提升。下面以国网四川德阳市旌华供电公司营业班班长绩效面谈为例进行展示。

1. 面谈前准备

绩效经理人张 *（营业班班长）进行面谈前准备，分析每位员工日常表现及在上个季度的考核事项。与员工邹 * 面谈的准备资料见表 1。

表 1　　　　　　　　　　绩效经理人面谈准备清单

序号	准备内容	具体内容	备注
必备资料			
1	员工的考核指标或重点任务	业务受理、业扩办理、发票开具、95598 工单处理、高压合同管理、电费收取、临时性工作、报表填报、日常管理	—
2	员工的绩效考核结果	员工绩效打分表	—
3	绩效面谈记录表	统一工具表单	—
面谈内容			
1	绩效经理人总结员工考核周期工作业绩、工作行为表现等方面的表现	邹 * 是一个比较认真敬业的同志。团结同事，能较好地沟通协调班组安排的各项工作任务	—
2	绩效经理人分析每位面谈员工的个性特点，以及工作中弱势短板	责任心强，但需加强工作的系统统筹和总结能力	—

序号	准备内容	具体内容	备注
		面谈内容	
3	根据每位面谈员工工作表现制订其培训或提升计划	（1）加强系统规则、合同规则等学习 （2）提高技术技能等级	—
4	面谈过程中了解1~3项面谈员工的自我认识及需求	—	—
5	通过与面谈员工的谈话沟通，了解员工想法，告知其绩效考核结果及绩效经理人眼中的日常表现，提出绩效经理人的期望，共同探讨确定改进措施等	绩效考核：业务受理时，用电类别选择错误，在客户经理审核环节发现问题并退回修改	—
6	根据面谈结果记录绩效面谈表	绩效面谈表	—

员工在面谈前完成员工绩效自评表（见图1），重点针对考核事项分析原因。

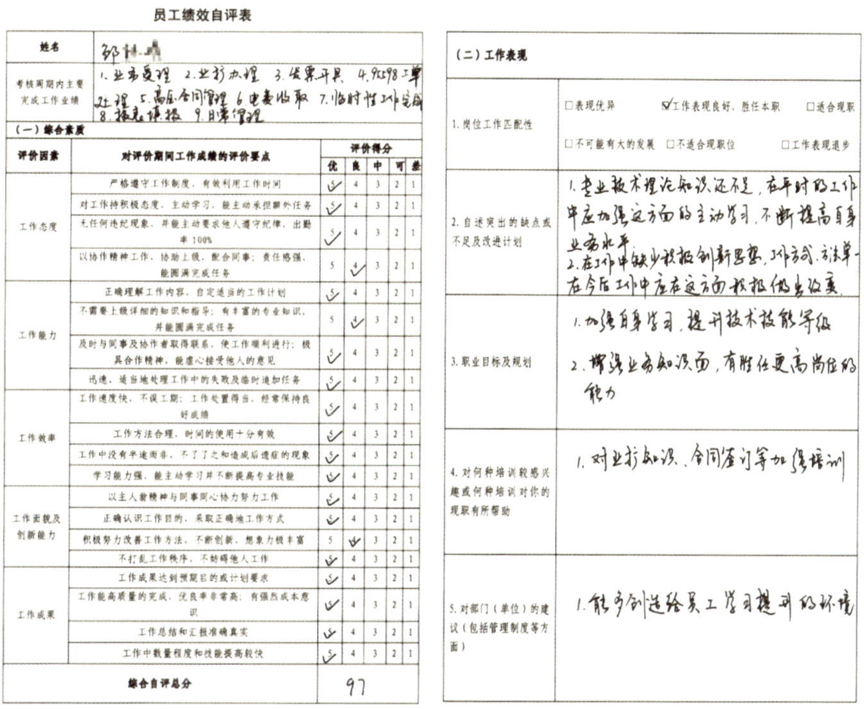

图1 员工绩效自评表示例

2. "7-step"面谈

（1）开场白。张班长面谈开场。"小邹，根据营业班员工绩效管理实施方案，班组进行了一季度员工的绩效评估，通过本次面谈主要达到两个目的：一是与你沟通本期考核结果；二是针对你的工作业绩表现，我们共同制订下一期绩效改进的计划和措施。"

（2）员工自评。张班长通过倾听小邹的员工自评发现其自评正面积极、自我认可度较高，初步判断为有意愿、能力稍弱的成熟型员工。后续需关注她可能因过高的期望落空出现负面情绪，以及绩效改进计划落实不到位造成的不良影响。

（3）告知考核结果。张班长向小邹告知绩效考核结果："你刚才自我评估中有许多方面我都很认同。回顾我们考核期初设定的目标：95598工单处理率等指标圆满完成。但业务受理时，用户用电类别选择错误被扣了业绩得分，本次考核得分98分。那么，针对用电类别选择错误这个问题如何解决，你是怎么思考的，请谈谈你的看法。"（略）

（4）达成共识。张班长与小邹就考核结果达成共识。小邹知道当期业绩被扣分了，可她觉得很委屈，张班长拿出绩效合约书和专项考核表，准确清晰地告诉她扣分的原因："业务受理岗位每出现人为失误导致用户档案出错一次扣当期绩效2分。上季度业务受理用户申请新装用电，档案错误：供电单位未选择正确，应选择供电所，但错选为公司导致用户抄表段不准确，因此被扣分了。"听后，小邹也意识到自己业务面窄的问题，谈了针对这个问题的改善想法。

（5）形成改善要点。张班长和小邹针对用电类别问题商讨改善计划。在小邹深入学习以后，由其牵头开展一次用电类别分类的专项培训，将可能出现的问题或遗漏的知识点向相关人员讲解。

（6）约定下次面谈时间及内容。确定下一次沟通的时间和内容。围绕解决用电类别问题的目标，综合考虑成熟型员工特质，张班长在考核期内安排两次跟进，一是在本月底前小邹需反馈制订好的培训计划，二是按照目标设定，在下月初开展培训，小邹培训前要提前告知，张班长参加。

（7）结束语。张班长结束语："你的表现有进步，但学习专业知识的主动性欠缺，经验积累稍显不足，会影响你的专业成长，我相信通过这次面谈，今后你会做得更好。"双方填写了绩效面谈表（见图2）并签字。

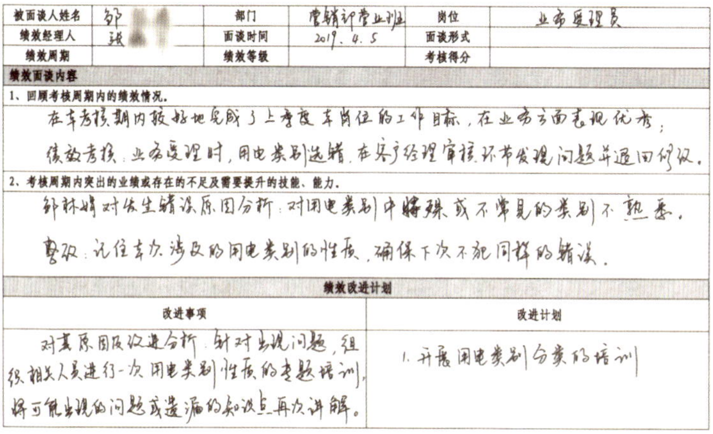

图 2　绩效面谈表

国网四川德阳市旌华供电公司营业班，在实施"7-step"标准化绩效面谈法后，班长能够在面谈过程中发挥主导、引导作用，能聚焦于核心问题与员工达成共识，班员能够充分感受到直接上级的关心和尊重，无论评价是肯定鼓励还是指出不足，都做到了反馈及时且针对性强，对下一步工作开展提供了很大帮助。营业班团队凝聚力增强，班组牵头负责的"获得电力"业绩指标年度排名国网四川德阳供电公司第一名。

报送单位：国网四川德阳供电公司

编 制 人：代　璇　李良城　张宇风　邹　宜

绩效经理人履职培养工具

141 "4+6" 培养管理模式
——加强绩效经理人履职培养

> **导　入：** 在实际工作中，由于绩效经理人履职意识淡薄、履职能力参差不齐，导致人为因素造成的薪酬分配"高水平大锅饭"现象屡见不鲜。国网北京通州供电公司建立了绩效经理人"4+6"培养管理模式，通过四种培养模式重点提升绩效经理人责任意识、履职能力，通过六个维度对绩效经理人履职情况进行评价，提升绩效经理人履职成效，为培养"修自己、管他人、带队伍、促发展"的优秀绩效经理人提供了有效途径。

🗨 工具概述

　　"4+6"培养管理模式，是指通过专题辅导、实务培训、一对一面谈、集中研讨等四种培养模式，全面提升绩效经理人责任意识和履职能力；通过建立包含组织绩效结果、合约履行成效、绩效结果分级、绩效薪金倍比、培训研讨成效及综合评价等六个维度的评价体系，实现绩效经理人量化评价，促进绩效经理人履职成效提升。

　　适用场景：本工具适用于部门、班组两级绩效经理人的履职培养。

实施步骤

"4+6"培养管理模式实施步骤包括：健全履职培养体系、"四种模式"实施培养、"六个维度"履职评价。

1. 健全履职培养体系

（1）成立绩效管理委员会和绩效管理办公室，明确职责分工，协调解决绩效经理人履职培养过程中的相关问题，健全绩效经理人培养体系。

（2）制定绩效经理人培养方案，明确绩效经理人履职培养重点。

2. "四种模式"实施培养

（1）专题辅导：通过早例会、专题会等形式，由公司领导进行专题辅导，着重培养绩效经理人绩效管理意识和工作思路。

（2）实务培训：面向部门负责人及班组长定期开展实务培训，通过问卷调查，准确定位绩效经理人短板及需求，提升其内部绩效管理、队伍建设等专业能力。

（3）一对一面谈：由组织部与各级绩效经理人进行不定期一对一面谈，了解其团队绩效工作情况及存在的问题，提出工作建议。

（4）集中研讨：召开研讨会，对各层面绩效管理存在的问题进行集中讨论，群策群力，提升各级绩效经理人履职能力。

3. "六个维度"履职评价

（1）组织绩效结果，占比20%，重点考察各级绩效经理人业绩考核及重点任务完成情况，由上级绩效经理人进行打分。

（2）合约履行成效，占比20%，重点考察各级绩效经理人与员工绩效合约签订覆盖率及沟通辅导成效。

（3）绩效结果分级，占比15%，重点考察各级绩效经理人管理的员工年度评级规范管理情况，其中A级员工占比不高于20%，C、D级员工采取"精准画像"方式确定。

（4）绩效薪金倍比，占比 15%，重点考察各级绩效经理人管理团队的 A 级、C 级及 D 级员工绩效薪金倍比。

（5）培训研讨成效，占比 10%，重点考察各级绩效经理人参加实务培训情况，以及集中研讨贡献程度。

（6）综合评价，占比 20%，重点考察各级绩效经理人年度绩效考核开展情况，由上级绩效经理人进行打分。

经验心得

（1）六个维度中的合约履行成效、绩效结果分级、绩效薪金倍比和培训研讨成效 4 个维度，可定期进行抽查统计，并通过月度绩效会、月度绩效看板通报，促使绩效经理人了解分管组织的绩效管理情况及不足之处。

（2）将绩效经理人履职评价结果与其年度评级挂钩，同时设置"金牌绩效经理人"，提升绩效经理人主动履职积极性。

（3）注意营造开放、轻松的氛围，以正向激励为主，强化短板管控和能力提升。

实践案例

国网北京通州供电公司于 2019 年初应用"4+6"培养管理模式，绩效经理人履职意识和履职能力显著提升。

1. 健全履职培养体系

一是成立绩效委员会和绩效办公室，明确职责分工，健全履职培养体系。二是印发《进一步加强绩效经理人管理、培训、评价的通知》，面向部门负责人、班组长进行全覆盖宣贯。

2. 四种模式实施培养

（1）公司领导召集绩效经理人，围绕组织绩效体系设计、内部绩效薪金分配、劳动竞赛奖励方案等安排3次专题辅导。

（2）聘请专业团队举办绩效管理、OKR考核方法、目标计划等5期业务培训。

（3）围绕内部绩效管控、队伍建设等开展一对一面谈，指导30余人次。

（4）围绕"全能型"供电所绩效体系建设、业绩考核管控方案开展5次集中研讨。

3. "六个维度"履职评价

针对6项评价标准，采取"月（季）通报、年考核"模式实施绩效经理人履职成效评价。

（1）开展月度通报，每月召开绩效工作会、发布绩效看板，对各部门绩效结果分级、绩效薪金倍比进行通报，每季度首月对组织绩效结果（包括业绩考核及重点任务完成情况）进行通报。

（2）开展监督检查，每月定期抽查2~3个部门（班组）绩效合约，重点督导内部评价体系的建立和绩效谈话的落实；4月对供电服务指挥中心和配电工程室开展了检查，员工绩效合约签订率为100%；建立绩效经理人档案，每月记录参加培训次数和集中研讨贡献情况。

（3）开展年度评价，对照考评标准，结合组织绩效结果、合约履行成效、绩效结果分级、绩效薪金倍比、培训研讨成效及综合评价6个评价指标得分，计算各绩效经理人年度考评结果，评价结果应用于优秀绩效经理人评选、岗位交流及调整晋升等，考评标准及考评结果分别见表1、表2。

表 1   绩效经理人履职评价情况表

国网北京通州供电公司绩效经理人履职评价情况表						
部门：					岗位：	
绩效经理人层级（企业负责人/部门负责人/班组长）：					评价日期：	
评价内容						评价结果
序号	指标名称	分值	目标值	指标定义	评价标准	得分
1	组织绩效结果	20	A	部门或班组的绩效结果，部门与组织绩效结果挂钩，班组长与其年度绩效评级结果挂钩，分类A、B、C三个等级	年度绩效结果为A的，得满分；结果为B的，得指标分值的80%；结果为C的，得指标分值的60%	
2	合约开展成效	20	100%	员工绩效合约签订率=已签订的员工绩效合约数量/应签订的员工绩效合约数量×100%	员工绩效合约签订率达到100%的，得指标分值，每减少一个百分点，扣指标分值的10%	
3	绩效结果分级	15	0	（1）员工考核结果分级偏差率=高于20%的A级比例。（2）未按照画像要求进行C、D级评价	（1）员工考核分级偏差率为0的，得指标分值的100%；每减少一个百分点，扣指标分值的5%；（2）未按照画像要求进行C、D级评价，发现1人扣减5分	
4	绩效薪金倍比	15	1.15	A级绩效薪金倍比=年度A级员工平均绩效薪金与全体员工平均绩效薪金之比	A级绩效薪金倍比按绩效薪金高低倍数排序，从低到高等距得指标分值的60%~100%；倍比超过1.15倍的，每增加0.01倍，加0.1分，最多加1分；绩效薪金倍比得分最高不超过15分	
5	培训研讨成效	10	0	培训成效指培训出勤等情况；研讨成效指集中研讨提出可行性建议	发生无故缺勤1次扣减1分，在绩效管理、队伍建设等方面提出建议并被公司采用或推广加1分	
6	综合评价	20	A	综合考量绩效经理人在绩效管理工作中的表现，包括但不限于参加绩效工作会情况、被通报次数等	由绩效管理办公室或上级绩效经理人进行定性评价，原则上分为A、B、C三个等级，A级得满分，B级得指标分值的80%；C级得指标分值的60%	
履职评价总得分			评价结果			
本人签字			日期			

表 2 　　　　　　　　绩效经理人履职评价结果

序号	被评绩效经理人	所在部门	职务	履职评价结果						总得分	履职评价结果（优秀/称职/不称职）
				组织绩效结果（20分）	合约开展成效（20分）	绩效结果分级（15分）	绩效薪金倍比（15分）	培训研讨成效（10分）	综合评价（20分）		
1	***	***部门	部门主任	19.64	19.12	14.56	14.12	9.12	18.67	95.23	称职
2	***	***部门	部门主任	18.55	19.34	14.78	14.88	9.34	19.75	96.64	称职
3	***	***部门	部门主任	18.41	19.28	14.39	14.62	9.87	19.98	96.55	称职
4	***	***部门	部门主任	19.95	18.19	14.38	14.29	9.46	19.64	95.91	称职
5	***	***部门	部门主任	17.66	18.97	14.12	14.35	9.25	19.55	93.9	称职
6	***	***部门	部门主任	18.88	19.54	14.68	14.86	9.78	19.36	97.1	称职
7	***	***部门	部门主任	19.13	19.39	13.89	14.77	9.16	19.73	96.07	称职
8	***	***部门	部门主任	19.87	19.69	14.86	14.92	9.92	19.82	99.08	优秀

国网北京通州供电公司通过应用"4+6"培养管理模式，各级绩效经理人履职意识和能力得到了显著提升，2020年5月A级员工月度绩效薪金倍比达到1.152，一线人员人均绩效环比上升7.5%，员工考核差距进一步拉开，各级绩效经理人履职意识和履职能力得到进一步加强。同时，公司绩效文化氛围更加浓厚，绩效考核的抓手作用发挥明显，多劳多得、少劳少得、不劳不得的收入分配理念深入人心，绩效经理人的履职能力进一步提高。

报送单位：国网北京通州供电公司
编 制 人：戴　泓　尹志明　武子超　翟　京　张国瑞　王显锋

142 绩效改进 React 模型
——促进绩效沟通反馈

> **导　入**：在绩效考核实施过程中，部分绩效经理人认为完成绩效考评意味着绩效管理流程的结束，因此沟通反馈往往过于简单和随意。国网北京门头沟供电公司建立绩效改进 React 模型，通过回顾目标、评估结果、分析原因、总结经验和提出新目标五个步骤，实现绩效沟通反馈的闭环管理，有效地提升了绩效沟通效果，促进了组织和员工绩效持续提升。

工具概述

绩效改进 React 模型，是通过构建回顾目标（R）—评估结果（E）—分析原因（A）—总结经验（C）—提出新目标（T）的闭环管理流程，开展绩效辅导，发现问题，及时纠正偏差；通过绩效结果反馈，提出改进建议，便于进一步改善提高，从而促进组织和员工绩效的双提升。

适用场景：本工具适用于指导绩效面谈。

实施步骤

绩效改进 React 模型实施步骤包括：回顾目标、评估结果、分析原因、总结经验、提出新目标。

1. 回顾目标

回顾在绩效计划制订阶段确定的关键举措和评价指标，作为绩效改进的基准。

2. 评估结果

对照目标和计划，评估实际工作完成情况是否与计划出现了偏差，工作结果与预期目标是否存在差距，并描述工作偏差和目标差距情况。

3. 分析原因

对比工作目标和实际成果，基于二者的差距找出不足之处，分析影响绩效或绩效不理想的原因。

4. 总结经验

总结本考核周期内工作开展的各项经验教训，建立典型经验库，为后续工作开展提供借鉴和监督规范。

5. 提出新目标

针对评估中发现的绩效管理问题，提出改进措施和绩效改进计划，结合下一阶段的工作安排，制订下一个考核周期的工作任务和目标。

绩效经理人在一个考核周期末，可利用此模型梳理素材，并进行绩效面谈，便于有的放矢，提高工作成效。

◎ 经验心得

（1）该模型对绩效计划的科学性要求较高，在一个考核周期内，若初始制订的绩效计划不科学，比如过于复杂、操作性差等，都会直接影响该工具的实际使用效果，甚至得出偏差较大的结论。

（2）绩效经理人职业素养也会影响该工具作用的发挥，应加强绩效经理人履职能力培养，帮助其掌握先进理念、方法和工具，便于在实际工作中灵活运用。

实践案例

国网北京门头沟供电公司于 2018 年开始应用绩效改进 React 模型，进一步激发了员工干事创效的积极性。

1. 目标回顾

单位绩效经理人与部门负责人一起回顾关键举措和评价指标，回想最初目标设定的主要依据、目标期望以及工作计划和行动方案（见表1），以此确定绩效改进的基准。

表 1　　　　　　　　　　　　　绩效目标回顾示例

序号	主要任务	目标期望	关键举措	评价标准
1	签订绩效合约	逐级签订绩效合约，签订率100%，强化契约管理	指导各级绩效经理人，根据部门（工区）、班组、员工所承担的指标任务，结合员工岗位职责，与员工充分沟通协商确定考核内容、绩效目标和评价标准	绩效合约内容科学规范，指标任务、目标值等内容经双方沟通形成
2	强化专项奖励激励力度	强化专项奖励对公司安全生产等重点工作的引导性与时效性，推进公司高质量发展	（1）编制年度专项奖励实施方案，科学设置奖项，合理安排资金预算，突出实效。 （2）编制"一奖一案"，重点向作出重要贡献、承担重要责任的员工倾斜，拉开激励梯次	（1）结合公司年度重点工作任务编制专项奖励实施方案，科学制定分配规则，合理安排资金预算，奖项设置重点突出、注重实效。 （2）"一奖一案"能够量化员工所作贡献，拉开激励梯次，对直接承担责任员工的分配额度不低于80%，奖励最高水平不低于平均水平的1.5倍
…	…	…	…	…

2. 评估结果

梳理工作实际完成情况，对照目标和计划，评估实际工作是否与计划出现了偏差，工作结果与预期目标是否存在差距，并描述工作偏差和目标差距情况，见表2。

表2   绩效评估结果示例

序号	重点任务	工作开展情况	是否完成	实际工作是否与计划出现了偏差	工作结果与预期目标是否存在差距
1	签订绩效合约	逐级签订绩效合约，覆盖率100%，强化契约管理	是	否	否
2	强化专项奖励激励力度	结合公司重点工作任务，拟安排专项奖励资金x万元，设置x项专项奖励项目，强化激励导向作用	基本完成	具体项目奖励方案还需进一步完善	专项奖励方案在体现"争先创效"方面，还有提升空间
…	…	…	…	…	…

3. 分析原因

对比工作目标和实际成果，单位绩效经理人与部门负责人一起找出绩效未到优秀或绩效不理想的原因，见表3。

表3   绩效不理想指标原因分析示例

序号	重点任务	工作开展情况	工作结果与预期目标是否存在差距	原因分析
1	强化专项奖励激励力度	结合公司重点工作任务，拟安排专项奖励资金x万元，设置x项专项奖励项目，强化激励导向作用	专项奖励方案在体现"争先创效"方面，还有提升空间	在奖励标准及梯次设计上，体现"完成情况越好，奖励力度越大"的导向不足
…	…	…	…	…

4. 总结经验

总结本绩效周期内工作开展的各项经验与教训，提出该阶段的工作进展和工作成就，形成典型经验库，为后续任务的完成提供指导借鉴和监督规范。

5. 提出新目标

针对评估中发现的绩效管理问题，提出改进措施和绩效改进计划，并结合下一阶段的工作安排，制订绩效改进目标和下一个考核周期的工作任务和目标，见表4。

表4　　　　　　　　　　　　　下一步改进建议示例

序号	重点任务	下一步改进建议
1	强化专项奖励激励力度	进一步完善具体项目的奖励标准设置，合理拉开激励梯次，强化"贡献越大、奖励越多"的激励导向
…	…	…

通过应用绩效改进React模型，国网北京门头沟供电公司的绩效经理人更加关注绩效计划制订的科学性、绩效计划执行和绩效目标达成情况，关心员工诉求，主动与员工开展绩效沟通。通过诊断分析，帮助员工制订绩效提升计划，督导员工落实执行，最大限度地发挥员工的个人能力，提升员工的工作积极性，做到才尽其用。

报送单位：国网北京门头沟供电公司

编　制　人：戴　泓　尹志明　武子超　郭　莹

143 履职提升五步工作法
——提高绩效经理人履职能力

> **导 入：** 在实施绩效管理过程中，绩效经理人常常因履职点掌握不明、操作技能水平不足，造成履职动力不足、效果不佳，难以有效激发员工干事创业热情。国网天津电力实施履职提升五步工作法，针对性开展培训辅导，有效提升绩效经理人履职能力。

工具概述

履职提升五步工作法是指通过明基础、建标准、做评估、促应用和可持续五个环节，梳理绩效经理人履职现状、存在问题和绩效管理工作成效考核评价标准，构建绩效经理人胜任力评估模型，开展绩效经理人履职评估，发现履职短板，从方法、技巧和培训角度提出改进建议，提升绩效经理人综合素质。

适用场景：本工具适用于综合提升绩效经理人能力。

实施步骤

履职提升五步工作法实施步骤包括：明基础、建标准、做评估、促应用和可持续。

1. 明基础：基于现状、诊断分析

梳理绩效经理人履职现状和人员基本信息，建立绩效经理人信息库；梳理历年绩效经理人工作的成果和绩效管理制度，发掘履职问题和弱项，提出

改进建议，指导本年度绩效经理人管理工作。

2. 建标准：问题导向、健全体系

（1）构建胜任力评估模型。以企业发展和员工成长为主线，结合绩效经理人职责、存在问题和履职弱点、绩效管理工作成效考核评价标准等，构建"刚柔并济"绩效经理人胜任力三角模型，见图1。

图1 "刚柔并济"绩效经理人胜任力三角模型框架

（2）建立评估指标体系。基于绩效经理人的职责及特质进行萃取、提炼和归类，形成涵盖绩效经理人八大核心职责的评估指标体系。

（3）设计调研问卷题库。题库设计采用行为事件法和情景模拟法相结合的方式，依托指标释义，结合相关案例设计调研问卷。

3. 做评估：全员参与、常态开展

依据绩效经理人胜任力模型，从题库中选取试题形成测评问卷。统筹协调"三融合"（与生产管理工作相融合、与信息系统应用相融合、与绩效规范率评价相融合），分步骤开展绩效经理人履职评估。收集评估数据，从层级、专业等角度开展多维总结分析，形成年度绩效经理人个人和单位履职分析总报告，发现履职短板，为绩效经理人履职提升和评估结果应用提供依据。

4. 促应用：深化应用、正向激励

（1）反馈测评结果。根据胜任力模型和履职评估结果，向绩效经理人反馈个人诊断报告，指导绩效经理人查找自身短板，并从方法、技巧和培训角度提出履职弱项的改进做法建议，明确提升方向。

（2）构建优秀绩效经理人模型。围绕"工作业绩 + 行为能力"两个维度构建优秀绩效经理人模型，工作业绩维度为绩效成效评估，行为能力维度为绩效经理人评估结果。

（3）拓展运用评估结果。归集绩效经理人评估数据，将履职成效考核评价结果与绩效评估、培训培养、人事调整、表彰奖励、薪酬福利、人才储备等挂钩，激发绩效经理人内生动力。

5. 可持续：管理闭环、良性循环

根据评估结果，优化测评问卷维度与内容，修订完善评估模型，适时调整、优化评估维度。常态开展绩效经理人测评工作，形成绩效测评数据库，全面分析绩效经理人成长趋势，构建科学有效的绩效经理人培养、激励及职业通道体系，持续诊断、检验改进、提升质效。

◎ 经验心得

（1）调研问卷题目设计要贴近工作实际，偏重口语化，答案选项要贴近现实工作中的做法，让测评人易接受和理解，使得测评结果更有说服力。

（2）结合实际选用测评方法，可综合考虑时间成本、经济成本、保密性和测评质量等需求，选择适用于本单位的测评方式，如 ipad 测评、纸质测评、网络大学测评和问卷星 App 测评等。

（3）评估结果应用需要领导的支持，工作开展时应积极向领导汇报，从绩效经理人履职能力提升对企业业绩提升的角度争取领导支持，推动评估结果深层次应用。

📝 **实践案例**

国网天津电力于 2019 年运用履职提升五步工作法开展 24 家基层单位绩效经理人考核与激励工作，成效显著。

1. 明基础

（1）建立绩效经理人信息库。梳理公司绩效经理人履职现状和人员基本信息，建立绩效经理人信息库（见图 2），保留绩效经理人历年测评结果，将数据结果作为绩效经理人标签，用于绩效结果应用。

	单位名称	部门名称	处室名称	部门类别	员工编号	身份证号	姓名	性别
出处	ERP取数	ERP取数后手	手填	ERP取数	ERP取数	ERP取数	ERP取数	ERP取数
示例	国网天津市	审计部		审计	1234567	1201041980030	张*	男

	出生日期	年龄	年龄区间	政治面貌	参加工作时间	进入本单位工作	个人身份	职务名称
出处	ERP取数	ERP取数	ERP取数	ERP取数	ERP取数	ERP取数	ERP取数	ERP取数
示例	29281	39	36岁至40岁	中共党员	38184	41548	干部	审计部主任兼审计中心主任

	职务级别	岗位名称	岗位分类	岗位分类大	管理层级	负责人类别	任职时间	当前层级绩效经理人任职时间
出处	ERP取数	ERP取数	ERP取数	ERP取数	下拉选项	下拉选项	ERP取数	手工填写
示例	县处级	副主任	行政中层	管理类	科级	部门负责人	2019-01-08	41913

	现学历	现学历所学	现学位	现学历毕业	现学历毕业时间	专业技术资格名	专业技术资格	专业技术资格等级
出处	ERP取数	ERP取数	ERP取数	ERP取数	ERP取数	ERP取数	ERP取数	ERP取数
示例	大学本科毕	电工类	工商管理硕	天津工业大	38169	高级工程师	工程技术专业	副高级

	单位业务类	职能部门业	专家人才类	正副职	科学决策得分	知人善任得分	适当授权得分	答疑解惑得分
出处	ERP取数	ERP取数	ERP取数	手工填写	手工填写	手工填写	手工填写	手工填写
示例	本部		公司级专业	副职	8	7.5	7.6	7.5

	沟通效果得	辅导帮助得	公平公正得	绩效反馈得	培养提升得分	总得分	所属星级	绩效考核方式
出处	手工填写	手工填写	手工填写	手工填写	手工填写	自动计算	手工填写	手工填写
示例	7.9	8	7.9	8.5	10	30.6	二星级	关键业绩制

图 2　绩效经理人信息库

（2）发掘履职问题和弱项。分析 2016 —2018 年基层单位模型构建情况和核心履职情况，存在以下履职问题和弱项：从历史模型来看，缺少通用模型和统一固化测评维度，单位间横向可比性差，测评中部分单位未完成刚性结果维度，不能全面展示绩效经理人履职能力；从测评工作上来看，单位测评范围没有涵盖绩效经理人全部层级，样本采集数量较少，有些数据缺乏真实性，测评结果参考价值不大；从测评结果来看，培养提升和答疑解惑为履职弱项，结果应用不够广泛深入，未能充分体现结果应用对绩效经理人的激励约束作用。

2. 建标准

创新设计"刚柔并济"指标评估体系，柔性履职行为指标与刚性履职结果指标相互补充、刚柔并济。评估体系包括模型、问卷库和评估标准三部分。模型为 3 个一级指标，8 个二级指标（核心履职维度）和 24 个三级指标，其中柔性指标 17 个，刚性指标 7 个；问卷库分下级他评、上级他评和自评，每个柔性指标对应多道题目，共 158 题；评估总分 100 分，柔性 75 分，刚性 25 分。绩效经理人职责与"刚柔并济"绩效经理人胜任力三角模型指标对应关系见表 1。

表 1　　绩效经理人职责与"刚柔并济"胜任力三角模型指标对应关系

一级指标	绩效经理人职责	二级指标名称	二级指标分值	三级指标名称	三级指标分值
目标管理	分解战略，构建绩效指标体系	战略管理	10	战略支持	5
				文化传递	5
	创先争优、责任担当	自我管理	10	创先争优	5
				责任担当	5
任务管理	签订绩效合约，落实目标责任	绩效计划	10	规则制定	3
				合约制定	3
				绩效合约签订率	4
	绩效看板监控，方法指导、纠偏改进	员工指导	10	沟通辅导	4
				答疑解惑	6
	协调解决绩效管理工作中问题	协调管控	10	适当授权	3
				跟踪控制	4
				考核完成率	3

一级指标	绩效经理人职责	二级指标名称	二级指标分值	三级指标名称	三级指标分值
任务管理	"公开、公正、公平"评价绩效工作成果	绩效评价	20	公平公正	3
				结果满意度	3
	考核结果分级，团队绩效工资二次分配			考核分配一致性	3
				A级员工绩效工资倍比	4
				C级员工绩效工资倍比	4
				考核结果偏差率	3
	反馈考核结果，分析制订绩效改进计划，肯定成绩，指明不足	绩效改进	10	绩效诊断	4
				培养提升	6
团队管理	将考核结果应用于知人善任、评优评先、培训开发、团队组织等方面，为团队成员提供有效的管理支持和资源，有效提高团队绩效实力	团队治理	20	知人善任	5
				培训开发	5
				团队组织	6
				评优评先	4

注　浅色底色为柔性指标，深色底色为刚性指标。

3. 做评估

（1）实施评估。试点阶段选取东丽公司和城南公司作为试点单位，分别采用 App 方式和网络大学两种测评方式，验证不同测评方式的优劣，最终测算结果证明模型指标及量表科学、有效、可行，可在各单位直接应用。推广阶段公司人资部组织召开绩效经理人履职成效评价工作推进会，部署 22 家单位开展绩效经理人评估。

1）统一框架，全员参与。充分考虑测评结果的单位横向可比性和单位内历史可比性，测评维度为八大核心履职维度；被测评对象为各单位所有层级正副职绩效经理人，参评人员为绩效经理人本人（自评），绩效经理人全部直接上级（他评上级）及直接下级员工（他评下级）。

2）创新测评内容。多维度任意选题，使测评问卷更符合各单位特点。建立自评题库、他评上级题库、他评下级题库，每类题库中 17 个柔性维度分别设计 3~6 题，各单位根据本单位实际情况从每个维度抽取一题，建立不同测评试卷。添加真伪题，确保测评结果的真实性，即测评问卷中设置两道重复题，两题的选项顺序变化，两道题答题答案不一致该套试题为无效问卷，真伪题不计入分值。

绩效经理人履职情况测评问卷库示例见图 3。

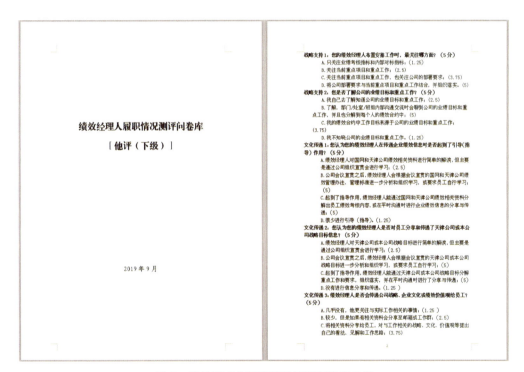

图 3　绩效经理人履职情况测评问卷库示例

（2）分析结果。对绩效经理人履职情况进行分析。

1）核心履职情况分析。从单位、业务（职能部门业务、实施机构业务）、层级、正副职等角度分析绩效经理人的核心履职情况。分析结果表明，绩效经理人在战略管理、自我管理、绩效计划、协调管控履职较好；在员工指导、绩效评价、绩效改进和团队治理履职较弱，亟须快速提升。

2）刚柔指标情况分析。柔性指标整体得分率为90.07%，刚性指标得分率为81.62%，柔性履职能力优于刚性履职能力，其中刚性指标中A级员工绩效工资倍比、C级员工绩效工资倍比、考核结果偏差率完成情况有待提高。

绩效经理人履职情况分析报告示例见图4。

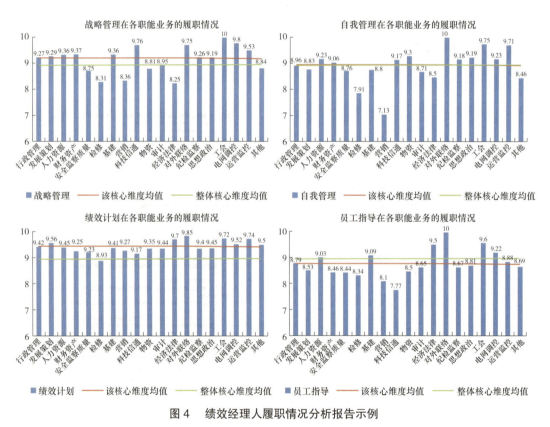

图4　绩效经理人履职情况分析报告示例

4. 促应用

依据"刚柔并济"绩效经理人胜任力三角模型和各单位测评结果，在3大方向18个维度29个末级维度进行了应用。下属单位可根据自身需求有针对性地选择激励组合方式，其中2家单位将履职评价结果纳入绩效经理人合约；6 家单位将履职结果纳入年度绩效评价；24 家单位开展整体测评结果反馈；7 家单位对得分较低的绩效经理人开展专项谈话、一对一诊断辅导；7 家单位开展专项培训和短板培训；1 家单位优化年度表彰标准，将履职评估结果应用于评优评先；4 家单位将履职评估结果应用于年度干部绩效兑现；2 家单位实现 A 级绩效薪金倍比与绩效经理人年度绩效奖金挂钩；24 家单位运用多种形式进行绩效文化氛围宣传和培养。部分单位特色做法如下：

（1）纳入干部年度评价。东丽公司将绩效经理人评估分数纳入干部年终绩效评价。干部年终测评得分 = 组织结果 ×50%+ 干部测评结果 ×30%+ 绩效经理人评估结果 ×20%，测评结果影响干部年度考核等级和绩效工资。另外，通过测评结果分析员工的绩效差距、能力短板和工作态度，将其作为制订员工培训计划、安排培训项目、更新培训项目储备库的重要依据。

（2）享有福利优先权。静海公司为 A 级绩效经理人设置福利优先权，与后勤部联动，A 级绩效经理人优先选择专属荣誉车位；与党建部联动推荐 A 级绩效经理人疗养、车保养等。

（3）评优评先。城东公司、东丽公司将绩效经理人履职能力测评结果作为加分项用于评优评先评比中，优先推荐履职能力强、绩效优的员工评优评先，更好地激励绩效经理人履职。

（4）技能人才培养工程。将绩效经理人评价结果应用于班组长技能人才的选拔、用人和考核工作中，助力技能岗位成长通道的拓宽和技能人才队伍的建设。

5. 可持续

根据评估结果反馈，对绩效经理人履职评估考核模型进行优化完善提升，对得分较低的核心职责，增加权重比例，提高绩效经理人对核心职责的重视程度；对得分较高的核心职责，在模型中保留，在测评中剔除，持续优化评估模型。推进评估结果应用，吸收试点单位测评结果的多维应用经验，持续推进多元绩效经理人应用工作。

国网天津电力通过推行绩效经理人履职提升五步工作法，构建了可复制、可推广的绩效经理人胜任力评估模型，2019 年共开展 24 次测评工作，参评 7163 人，回收问卷 9971 份，并根据考核结果开展短板集中培训和差异培训 12 次，同时在评优评先、绩效考核、薪酬激励等方面进行了深化应用。根据近两年测评结果对比，绩效经理人增强了履职责任意愿，在绩效计划、员工指导和绩效改进等核心履职方面有了明显提升，总体分别提高 0.11、0.17、0.39 分，员工对绩效经理人的满意度提升 4%，营造了高绩效文化氛围，提升了公司总体绩效水平。

报送单位：国网天津电力
编 制 人：张朝乾　刘洪亮　冯　悦

144 "四维四步"履职评价法
——提升绩效经理人履职能力

> **导　入：** 绩效经理人角色认知有偏差、能力掌握有欠缺、理念宣贯不到位等问题，会直接影响绩效管理效能充分发挥。国网河北定州市供电公司构建绩效经理人"四维四步"履职评价法，全角度全流程评价绩效经理人履职表现，发现其履职短板，开展针对性培训，有效提升绩效经理人履职能力。

工具概述

"四维四步"履职评价法是从理论知识、管理技能、行为特征、结果数据四个维度，分别结合绩效计划、实施、考核评价、反馈改进四个步骤构建评价模型，精确诊断绩效经理人履职短板，匹配相应培训课程，促进绩效经理人履职水平提升。

适用场景：本工具适用于各单位开展绩效经理人履职评价。

实施步骤

"四维四步"履职评价法实施步骤包括：构建评价模型、匹配测评工具、评价结果分析、评价结果应用。

1. 构建评价模型

基于冰山素质模型，结合绩效管理中绩效计划、绩效实施、考核评价、反馈改进四个步骤，从理论知识、管理技能、行为特征、结果数据分析四个维度构建绩效经理人履职评价模型。

（1）理论知识评价模型。根据绩效管理实际工作要求梳理需要绩效经理人掌握的知识点，开发测评题库资源，见表1。

表1　　　　　　　　　　　理论知识评价模型

序号	能力种类	能力项	知识点
1	绩效计划（P）	考核指标体系设计	指标体系类型
2			指标体系设计原则
3			指标体系设计方法
4		考核标准设计	考核标准类型
5			考核标准设计原则
6			考核标准评分方法
7		关键绩效指标设计	关键绩效指标设计原则
8			关键绩效指标提取方法
9		绩效计划制订工作内容	业绩目标和重点工作任务分解
10			绩效计划制订或审批
11			绩效合约签订
12	绩效实施（D）	绩效沟通与辅导	绩效沟通分类
13			绩效沟通内容
14			绩效沟通技巧
15		绩效实施工作内容	落实节点工作任务
16			绩效信息搜集
17			绩效计划执行纠偏
18	考核评价（C）	绩效考评方误差	考评误差识别
19			考评误差避免方法
20		考核结果及应用	考核结果分级
21			考核结果应用
22	反馈改进（A）	绩效结果反馈	绩效反馈面谈
23		绩效改进计划	绩效管理诊断
24			改进计划制订

（2）管理技能评价模型。按绩效管理工作流程分类，梳理绩效经理人掌握的技能点，见表2。

表2 管理技能评价模型

序号	管理流程	技能点
1	绩效计划	战略理解与执行
2		思考与分析
3		规划安排
4	绩效实施	任务分配
5		授权管理
6		影响说服
7	考核评价	检查反馈
8		应变调控
9	反馈改进	决策判断
10		激励推动
11		结果导向

（3）行为特征评价模型。基于任务绩效理论，以绩效管理流程为主线，提取绩效经理人在绩效管理过程中的行为要素词条并给出释义，用于评估绩效经理人在绩效管理过程中真实的行为倾向，见表3。

表3 行为特征要素词条

序号	绩效管理环节	行为要素词条
1	绩效计划	目标管理
2		科学决策
3	绩效实施	适当授权
4		跟踪控制
5		沟通表达
6		答疑解惑
7	考核反馈	公平公正
8		精准反馈

序号	绩效管理环节	行为要素词条
9	改进提升	成果驱动
10		培养提升
11		学习创新

（4）结果数据分析模型。选取绩效经理人履职评价指标，分析指标数据结果，并根据其他三个维度的测评结果进行验证，更加精准地分析绩效经理人履职过程，见表4。

表4　　　　　　　　　　　结果数据分析指标

序号	绩效管理工作阶段	履职指标
1	绩效计划	绩效合约签订率
2		考核周期规范率
3		指标设计达标率
4	绩效实施	绩效沟通辅导达标率
5		辅导沟通满意率
6	考核评价	员工等级评定结果偏差率
7		考核结果覆盖率
8	反馈改进	员工绩效申诉达标率
9		绩效改进计划评定率

2. 匹配测评工具

根据绩效经理人层级设置不同的测评权重，结合履职评价模型构建中四个维度的不同特性，匹配不同的评价方法和评价工具，见表5。

表5　　　　　　　　　　　测评权重及工具

层级 维度	企业负责人	部门负责人	班组长	测评方法
理论知识	20%	20%	10%	绩效知识测评
管理技能	40%	30%	25%	模拟情景判断
行为特征	30%	30%	45%	行为问卷调查
结果数据	10%	20%	20%	指标数据分析

理论知识维度评价采用"绩效知识测评"工具，根据管理导向和绩效经理人层级进行权重设置，以理论试卷形式进行测评。

管理技能维度评价基于情景绩效理论采用"模拟情景判断"工具，开发模拟情景，让绩效经理人根据设计的场景选择处理方式，从此考核相应技能的掌握程度。

行为特征维度评价采用"行为问卷调查"工具，问卷调查对象包括绩效经理及其下级，通过问卷结果分析及对比，评估绩效经理人在绩效管理过程中的行为倾向。

结果数据评价设定每个指标的评价标准，对履职指标结果进行赋权、数据统计、结果分析。

3. 评价结果分析

根据评价模型对绩效经理人进行评价后，将绩效经理人管理赋能风格分为指令型、教练型、授权型和团队型四种，绩效管理赋能风格地图见图1。

4. 评价结果应用

可直接应用于培训需求分析，也可根据单位管理需求，应用于薪点调整、干部竞聘等。

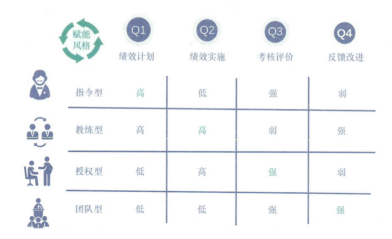

图 1　绩效管理赋能风格地图

（1）要通过制定制度和宣贯培训，加强各级绩效经理人对于履职评价重要性和意义的了解，为履职评价开展提供制度保障和思想基础。

（2）评价模型的构建应紧密结合绩效经理人管理过程中的实际情况，各评价维度的权重在实际操作过程中可根据绩效经理人层级灵活调整。

（3）针对不同的评价维度要匹配不同的评价方法，评价方法要具有可操作性和有效性，评价内容要具有针对性，评价标准要根据单位实际情况进行合理调整。

实践案例

国网河北定州市供电公司于 2019 年 10 月实施"四维四步"履职评价法，周期性、分批次、分层级地开展绩效经理人履职评价，对评价结果进行分析，持续完善履职评价体系。下面以 2019 年 11 月基层班组绩效经理人翁＊测评为例进行展示。

1. 构建评价模型

评价模型见"实施步骤"，不再赘述。

2. 匹配测评工具

测评工具见"实施步骤"，不再赘述。

3. 评价结果分析

翁＊测评结果及风格评价见表6。

表6　　　　　　　　　　　翁＊测评结果及风格评价

测评维度	理论知识（10%）	管理技能（25%）	行为特征（45%）	结果数据（20%）	统计得分	风格评价
绩效计划	12	10	18	17	15.2	低
绩效实施	20	23	24	24	23.25	高
考核评价	18	24	22	18	21.3	强
反馈改进	16	15	16	20	16.55	弱

根据绩效管理赋能风格地图，该绩效经理人为授权型风格绩效经理人。在绩效赋能过程中，授权型经理人更倾向于采用"你来决定，你来做"的行为模式，表现出较低的任务导向和关系导向，在沟通方式上倾向于双向沟通（问得少，说得多）。

授权型经理人比较适合工作能力和工作意愿较强的下属，授权型经理人的放权行为会给他们更多的施展空间、成长机会和成就感，下属会将其视为激励而实现更好的业绩。

授权型经理人需要改变对于能力不足或成长意愿不足的下属的管理方式：对于能力不足的下属，应给予更为清晰明确的任务和指导，而非放手让他自己去摸索；对于意愿不足的下属，应该通过沟通、激励、提供资源支持等方式提升其工作意愿。

提取绩效经理人在评价中各维度各环节数据进行分析，以理论知识测评数据为例，统计各能力项下该绩效经理人能力项及知识点得分情况（见图2），横向比较该层级平均得分率等数据，分析其在理论知识维度中各绩效环节能力优势项与待发展项，并从组织管理及自身发展等多个方面提出专业提升建议。

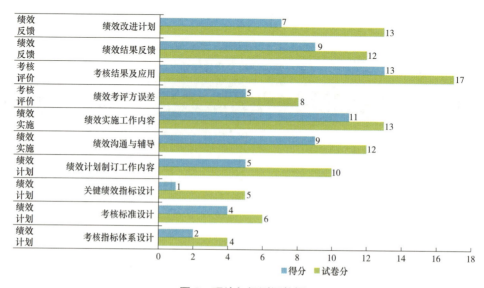

图2　理论知识测评数据

4. 评价结果应用

（1）培训开发应用。履职评价的结果可直接用于培训需求分析。"四维四步"履职评价法暴露出翁＊的技能弱项是在绩效计划环节中的"关键绩效指标设计""考核指标体系设计"，人资部可按需指定个性化的培训课程，对其进行订单式培训。

（2）干部竞聘应用。翁＊作为授权型风格绩效经理人，其行为模式表现出较低的任务导向和关系导向，适合于目标任务制的管理型部门。在推荐他申报职能管理部门的干部储备的同时，对其进行相应的职业发展指导，在下一年度干部竞聘时，纳入到职能管理部门类干部竞聘培养名单。

国网河北定州市供电公司通过推行"四维四步"履职评价法，使得绩效经理人管理工作更加认真，考核结果更加真实。该方法进一步破除了部分员工"绩效与我无关"的思想，提升了员工对绩效管理的认识，促使员工积极参与对绩效经理人履职情况的监督，为打造优秀的绩效管理团队奠定了基础。

报送单位：国网河北定州市供电公司

编 制 人：赵　华　李亚军　赵瑞强　于培悦

145 "二维三层"履职评价法
——提升绩效经理人履职能力

> **导　入：** 针对绩效经理人履职能力参差不齐、履职行为不规范等问题，国网福建宁德供电公司运用"二维三层"履职评价法，从定性和定量两个维度，评价公司领导、中层干部和班组长三个层级的绩效经理人的履职情况，引导各级绩效经理人树立绩效管理的主体责任意识，规范履职行为，落实绩效管理责任，有效提升了绩效经理人的履职能力。

工具概述

　　"二维三层"履职评价法是一种对绩效经理人履职情况进行全面评价的方法。"二维"是指定量、定性两个维度；"三层"是指公司领导、中层干部、班组长三个层级。其中，定量维度主要从员工绩效签订、评价、复评及时性等方面进行评价；定性维度主要从绩效目标制订、辅导沟通、过程监控、绩效评估、结果反馈、员工培养等方面进行评价。

　　适用场景：本工具适用于各层级绩效经理人履职能力评估和改进。

实施步骤

　　"二维三层"履职评价法实施步骤包括：梳理"三层"绩效经理人工作职责、制定定量维度评价规则、编制定性指标评价标准、综合评估分析与辅导改进提升。

1. 梳理"三层"绩效经理人工作职责

采取自下而上逐级制定、自上而下逐级审定的方式制定履职工作任务清单，明确绩效经理人角色定位和工作要求。

2. 制定定量维度评价规则

主要评价绩效经理人开展绩效合约签订、评价、复评各个环节的及时性，以每半年为评价周期。全员绩效管理系统通过对各层级绩效经理人的绩效管理各工作环节完成率进行取数统计评价，其中各环节完成率＝实评人数／应评人数。计算各环节完成率的平均值得到综合完成率，每下降5%扣减5分。

3. 编制定性指标评价标准

定性维度评价指标从绩效目标制订、辅导沟通、过程监控、绩效评估、结果反馈、员工培养等六个方面由下级进行评价，权重为 1∶3∶3∶1∶1∶1，评价结果分为"ABCD"四档，对应10、8、4、0分。

4. 综合评估分析与辅导改进提升

按照定量评价占40%，定性评价占60%的权重配比进行综合评估。结合评估结果，开展各层级绩效经理人履职分析，并通过送达评价结果通报和分析报告、"一对一"走访等形式，帮助绩效经理人进一步提升履职能力。

经验心得

绩效经理人素质提升是一项"百年树人"工程，难以立竿见影，"二维三层"评价法也需持续优化评价内容及评价标准，及时迭代更新，确保评价的科学性、可操作性。

实践案例

国网福建宁德供电公司于2018年开始应用"二维三层"评价法对各级绩效经理人开展履职评价，有效规范了绩效经理人的履职行为，提升了各层级绩效经理人主动履职意识和履职能力，公司业绩考核排名逐年提高。下面以班组长级绩效经理人的履职评价为例进行展示。

1. 梳理班组长工作职责

从绩效管理的"计划制订—过程管理—绩效考核—反馈改进"PDCA 流程出发，梳理了 14 条履职工作任务清单，见表 1。

表 1　　　　　　　　　　　　　班组长履职工作任务清单

类别	关键职责	职责	工作任务清单
班组长	计划制订	向班组员工明确工作目标，与员工共同制订岗位工作目标	（1）与部门负责人沟通确定年度重点工作任务和考核指标，签订班组绩效合约。 （2）将班组年度重点工作任务分解至月度工作计划。 （3）将月度工作任务分解至周、日工作计划。 （4）根据班组工作计划及员工能力与日常表现，合理安排当日工作任务。 （5）完善班组工作积分标准，与班组成员达成一致
	过程管控	督导管控班组员工绩效计划执行情况，及时沟通指导，及时纠偏	（1）指导帮助员工解决问题，高效完成工作任务，适时开展现场培训。 （2）定期召开班组周会或月会分析、查找班组绩效计划执行偏差和问题，执行改进措施并组织落实
	绩效考核	根据绩效考核指标和工作任务完成情况，对班组员工进行公正考核和客观评价	（1）每日根据班组员工工作任务及任务完成情况，确定当日工作积分。 （2）每月 10 日之前汇总上月班组员工工作积分，并上报至绩效管理系统。 （3）提出班组员工月度绩效工资二次分配方案。 （4）每年 12 月 24 日—次年 1 月 10 日对班组员工进行综合评价
	反馈改进	对每个周期的绩效管理工作进行总结，与班组员工开展绩效面谈，反馈绩效考核结果，制订绩效改进计划	（1）公布班组员工工作积分和考核结果。 （2）每季度初与部门员工开展上季度绩效面谈，帮助员工查找问题，辅导员工制订绩效改进提升计划。 （3）督导班组员工绩效改进计划落实

2. 制定定量维度评价规则

班组长绩效及时完成率 = 全年已录入工分员工数 / 全年需录入工分总员工数

其中，部分班组长定量评价结果明细，见表 2。

表 2 部分班组长定量评价结果明细

绩效经理人	部门	班组	及时完成率	得分
陈 *	郊区客户服务分中心	洋中镇供电所	40.00%	40
林 *	营销部	高压用电检查班	15.00%	15
郑 *	配改办	配电工程二班	10.00%	10

郑 * 的绩效及时完成率 =3/30=10%，定量评价按每下降 5% 扣 5 分，则郑 * 定量评价得分 =100-（100%-10%）/5%×5=10（分）。

2018 年国网福建宁德供电公司 47 位班组长定量评价平均得分为 86.79 分，其中，有 35 位绩效经理人的得分高于 80 分，占比 76.09%；有 3 位绩效经理人的得分低于 60 分，占比 7.52%；有 9 位绩效经理人的得分为 60~80 分，占比 17.39%。

3. 编制定性指标评价标准

从绩效目标制订、辅导沟通、过程监控、绩效评估、结果反馈、员工培养六个方面，提取了统筹计划、知人善用、沟通表达、协调能力、贯彻执行、监督把控、团队管理、公平公正、绩效反馈、人才培养等 10 项能力定性评价指标，见表 3。

表3 班组长履职能力定性评价指标

能力模块	能力素质项	评价内容及标准	分值	评价
目标制订	统筹计划	A.在工作计划经常被打乱的情况下能通盘统筹考虑，工作的调整能够围绕大局与总体目标进行	10	
		B.对上级下达的任务有自己的理解思考，梳理清楚关系，抓住重点	8	
		C.掌握自己手头的资源状况，分清任务轻重缓急，有投入重点	4	
		D.不重视做计划或不善于做计划，对手头工作做到哪里算哪里	0	
沟通辅导	知人善用	A.深谙人性本质、心理特点和行为倾向，善于调动人性深处的因素（如自尊心）来激励他人	10	
		B.把握他人深层稳定的个人特点、个人需求与能力优势，用其所长，避其所短	8	
		C.根据对自己与他人优劣势较为全面的认识，预计组合搭配的效果	4	
		D.认识不到他人的作用和价值，不清楚周围人的特点、特长	0	
	沟通表达	A.积极沟通汇报部门工作进展情况，重视过程管控	10	
		B.阶段性汇报部门工作进展情况	8	
		C.只汇报部门工作结果，缺乏过程沟通	4	
		D.很少进行工作沟通	0	
	协调能力	A.工作中出现疑难问题时，主动协调促使相关各方进行换位思考，将各方聚集起来共同解决问题	10	
		B.在自己所负责的专业管理工作中，分配好资源、指标及配套奖惩激励方式	8	
		C.对于工作衔接地带，主动走出去与其他部门衔接人员沟通，确认衔接无误	4	
		D.遇到冲突或矛盾时，以回避问题或冷战抗衡的方式来处理，不主动沟通协商	0	
过程监控	贯彻执行	A.遭遇困难有解决问题达成目标的坚定决心，围绕目标采用各种可能有用的行动	10	

能力模块	能力素质项	评价内容及标准	分值	评价
过程监控	贯彻执行	B.持续反复跟进工作情况，找出实际与计划的差异，动态调整持续推进工作	8	
		C.遇到突发情况或超越权限情况及时与上级沟通，不超越职权擅作决定或擅自行动	4	
		D.对有难度的工作有畏难情绪，规避工作或延迟开展	0	
	监督把控	A.事先明确约定未达目标的惩戒办法，从严惩罚未达标准的人员	10	
		B.就绩效问题与他人直接对话，对其工作中的错误或不良习惯，坚决要求其改正	8	
		C.明确对下级的工作期望和目标要求，建立明确量化的衡量标准	4	
		D.对下级的工作目标不清晰，容忍绩效不达标或质量不符要求	0	
	团队管理	A.团队凝聚力强，部门员工目标一致，团结协作	10	
		B.工作氛围融洽，互相配合协同解决工作问题	8	
		C.团结协作意识较薄弱，部门成员各自努力	4	
		D.不重视团队建设，成员之间如一盘散沙，战斗力薄弱	0	
绩效评估	公平公正	A.考核结果很公平客观，是根据员工个人业绩与贡献度进行评价	10	
		B.部分评价标准不明确，存在一定的主观性	8	
		C.考核依据不合理，轮流坐庄，不够公平	4	
		D.考核无依据，缺乏公平公正	0	
结果反馈	绩效反馈	A.及时进行面谈反馈，制订有针对性的改进计划	10	
		B.反馈改进计划不具体，缺乏针对性	8	
		C.反馈改进流于形式，未起到作用	4	
		D.忽视反馈改进环节，埋头投入下一阶段工作	0	
员工培养	人才培养	A.启发下级的思路，让他们自己发现答案或解决问题的方法，而不是直接告诉答案	10	

能力模块	能力素质项	评价内容及标准	分值	评价
员工培养	人才培养	B. 根据下级所处的不同发展阶段和个人的不同特点，采用不同的指导和培养方式	8	
		C. 正面评价下级，肯定其目前表现和发展潜力，鼓励其继续努力，改进工作	4	
		D. 不主动关心下级情况，很少关心下级的工作难处、所遇到的问题与能力提升	0	

绩效经理人定性评价得分 = $\sum$（定性评价指标第 1—10 题得分）；其中，每题得分 =（$\sum$下属员工评价该题得分）/ 下属员工数量。

其中，部分班组长定性评价结果明细，见表 4。

表 4　　　　　　　　　　部分班组长定性评价结果明细

绩效经理人	部门	班组	第1题	第2题	第3题	第4题	第5题	第6题	第7题	第8题	第9题	第10题	得分
陈 *	昌达公司	安全监察部	8.0	8.0	8.0	8.0	8.0	8.0	8.0	8.0	8.0	8.0	80.00
郑 *	配改办	配电工程二班	8.0	8.0	8.0	8.0	8.0	8.0	8.0	8.0	8.0	8.0	80.00
刘 *	东电公司	财务管理部	8.0	7.6	7.6	7.6	8.4	7.2	8.4	8.4	7.6	7.6	78.40
王 *	营销部	综合室	8.0	6.0	8.0	6.0	8.0	6.0	6.0	8.0	8.0	8.0	72.00

2018 年班组长定性评价部分平均得分为 94.77 分，其中，有 43 位绩效经理人的得分高于 80 分，占比 96.36%，有 2 位绩效经理人的得分为 60~80 分，占比 4.35%，低于 60 分的人数为 1，占比 2.17%。

4. 综合评估分析与辅导改进提升

2018 年度班组长级绩效经理人履职评价中，郑 * 排名末位。通过送达分析报告并走访辅导后，该绩效经理人表示之前对绩效管理关键节点重视度不够，后续针对落后环节加强评审及时性，针对能力测评弱项进行提升。在2019 年绩效经理人履职评价中，该绩效经理人在定量评价部分，对员工绩效合约评审综合完成率从之前的 10% 上升至 98%；定性评价从 80% 提升至98.61%。

国网福建宁德供电公司通过"二维三层"履职评价法，明确绩效经理人角色定位，梳理履职关键职责，细化工作要求，有效提升公司各级绩效经理人履职意识和履职能力。各级绩效经理人在团队中充分发挥合作伙伴、成长导师的双向作用，带动企业业绩稳步提升，国网福建宁德供电公司业绩考核在市公司排名向上提升了 2 个名次。

报送单位：国网福建宁德供电公司
编 制 人：陈一平　朱　莹　陈燕君　彭翌春　潘楪垚

146 修炼转身"三步法"
——提升绩效经理人履职实战能力

> **导　入**：绩效经理人如何在"理好事"基础上进一步"管好人"，从结果导向转型升级为价值引领，成为现阶段突破绩效管理瓶颈的关键。国网湖北检修公司从绩效经理人履职标准入手，搭建绩效经理人"1420"（1个目标、4项履职要素、20个能力项）履职能力模型，提炼"修自己、管他人、带队伍、培养人"4个维度20个要素的履职等级标准，形成修炼转身"三步法"，有效提升绩效经理人履职实战能力。

工具概述

　　修炼转身"三步法"，是分三个步骤促进绩效经理人履职能力循环提升。第一步：通过格物致知提升核心认知，构建绩效经理人履职能力模型，明确履职分级标准，匹配开发履职进阶课程，分阶聚类开展培训；第二步：通过赋能提升增强履职技能，创建绩效管理示范点、组织绩效经理人情境案例素质测评，针对性强化绩效经理人履职技能；第三步通过经验传承促进推广提升，综合提炼典型管理应用场景指导手册，汇编绩效经理人实操案例集。

　　适用场景：本工具适用于各单位培训、评价绩效经理人履职能力。

实施步骤

　　修炼转身"三步法"实施步骤包括：聚类进阶培训、情境案例素质测评、编制实践指导手册。

1. 聚类进阶培训

创建绩效经理人"1420"（1 个目标、4 项履职要素、20 个能力项）履职能力模型，从"修自己、管他人、带队伍、培养人"四个维度明确绩效经理人履职分级标准，开发绩效经理人履职进阶课程，根据绩效经理人不同职业阶段特点，分阶聚类开展培训，提升绩效经理人核心认知。

2. 情境案例素质测评

多维度还原绩效场景，综合采用自查、竞赛、现身说法、模拟演练、互动评价等方式，组织开展绩效经理人情境案例素质测评，针对性强化绩效经理人履职技能。

3. 编制实践指导手册

收集绩效经理人履职案例，综合提炼典型管理应用场景，引导绩效经理人总结经验、回顾得失，汇编形成绩效经理人实操案例集。

◎ 经验心得

（1）培训课程要紧贴实际。借鉴拉姆查兰的领导梯队理论，结合实际挖掘不同阶段的绩效经理人在自我管理、业务管理、团队管理方面的培训学习诉求，系统开发培训课程内容。培训方式要结合实际，采取差异化培养、融合化课程、定向化教学的聚类培训方式。

（2）情境案例设计应聚焦普遍存在的共性问题、影响效率的痛点问题，竞赛测评环节应从现场组织规范性、评委团队专业性和测评结果应用性等角度保证测评效果，将测评结果纳入绩效考核，确保绩效经理人充分重视。

（3）管理实践指导手册要立足于工作实际，使案例场景真实，解决方法采用专家意见和优秀经验总结，保证其实用性和可操作性，管理误区应筛选出具有代表性的具体语言和行为表现。要根据新问题新困惑，不断迭代更新，确保手册的时效性。

📝 **实践案例**

国网湖北检修公司于 2018 年开始总结形成绩效经理人修炼转身"三步法"，以管理项目研究的形式持续实践探索。

1. 聚类进阶培训

绩效经理人"1420"履职能力模型见图 1。

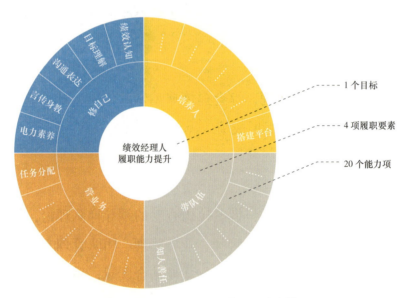

图 1　绩效经理人"1420"履职能力模型

从"修管带培"四个维度明确绩效经理人履职分级标准，依据测评结果将绩效经理人履职历程划分为适应期、成长期、成就期三个阶段，对处于不同阶段的经理人开发三级进阶课程（一阶：业务高手转变为绩效教练；二阶：创造高绩效的团队管理者；三阶：卓越绩效经理人履职修炼），实施聚类培训。

从适应期的转变自我角色、修炼管理技能，到成长期的实践中磨练、实干中出成绩，再到成就期的厚积管理经验、成就他人业绩出发，设计匹配不同阶段的差异化学习重点与课程，见表1。国网湖北检修公司已实施2个阶段6期绩效经理人履职进阶课程，该课程已入选2019年国网湖北电力"金领航"（科级管理人员轮训）课程体系，成为管理人员转型必修课。

表1　　　　　　　　　　　不同阶段绩效经理人的培训学习重点

课程维度 ＼ 干部阶段	适应期	成长期	成熟期
修自己	★★★	★★	★
管他人	★★	★★★	★★
带队伍	★	★★	★★★
培养人	★	★★	★★★

注　★代表一阶课程，★★代表二阶课程，★★★代表三阶课程。

2. 情境案例素质测评

（1）多维跟踪收集问题，还原场景设计案例。围绕绩效经理人"1420"履职能力模型20个能力项，制定绩效经理人分级履职标准（见表2），经理人对照标准进行管理行为自查。

表2　　　　　　　　　　　绩效经理人管理行为自查表示例

能力项	分级	关键判断点	行为描述	自查情况
督促改善	四级	及时主动地提供建议帮助，跟踪指导，督促改善效果	针对员工暴露的问题，能及时主动地采取适当的措施给予帮助和建议，制订相关计划，督促员工主动改善；对员工改善提升进行跟踪指导，了解情况，并及时纠偏或提供帮助	☐
	三级	偶尔提供建议帮助，关注员工改善效果	针对员工暴露的问题，采取适当的措施给予帮助和建议，协助员工改善，关注员工改善计划的执行情况	☐

能力项	分级	关键判断点	行为描述	自查情况
督促改善	二级	给出一些鼓励话语，较少关注员工的改进成效	语言鼓励为主，缺乏系统辅导和计划，对员工的改善计划执行情况和效果关注较少	☐
	一级	较少提供建议帮助，不了解员工改善效果	缺少针对员工业绩表现的改善建议，对员工的改善计划执行情况和效果不了解	☐
…	…	…	…	…

选取 10 个示范点从绩效差异化分配、积分制考核优化、反馈沟通面谈、经理人情景管理四个方面进行 8 个月实践探索，召开示范点创建经验总结大会，18 名绩效经理人现场进行经验交流。

通过问卷调研、一对一访谈的形式实地走访 7 家基层单位，对 51 名绩效经理人进行管理实践访谈，利用对比分析法、行为事件访谈法、关键成功要素分析法等方法收集团队管理工作中的实际困惑和管理经验，聚焦 10 类典型问题（见表 3），综合提炼形成 4 大类工作场景 24 个典型案例（见表 4），真实还原工作矛盾冲突。

表 3　　　　　　　　　　绩效经理人 10 类典型问题清单

序号	典型问题
1	如何因人而异进行任务安排和过程管控？
2	典型性格（温和／严厉）在工作推进中的影响？
3	如何做好正式／非正式的业绩交流和面谈？
4	如何开展制度规定内和规定外的公正评价？
5	如何平衡不同员工群体的诉求？
6	不同价值观念下的员工如何沟通、达成共识？
7	如何处理个人关系和工作关系？
8	如何高效发挥正职和副职间的协同关系？
9	如何做好团队精神和圈子文化管理？
10	企业核心价值观如何转变为员工个人行为？

表4　　　　　　　　　　　绩效经理人测评案例清单及测评案例示例

工作场景			
绩效薪酬	团队管理	队伍建设	企业文化
案例清单 （1）李主任的绩效面谈 （2）糟糕的面谈体验 （3）孙主任的绩效考评 （4）津贴怎么分 （5）业绩超预期的烦恼 （6）周总的新政	（1）齐江与陆正的分歧 （2）同学变成上下级 （3）"辛苦"的重点工作 （4）"温和"主任的脾气 （5）王主任不知如何是好 （6）说服不了的业务部门	（1）曹主任的困惑 （2）郭阳彻底崩溃了 （3）员工差异化管理 （4）老王该怎么办 （5）代主任很恼火 （6）段岩和万涛的嫌隙	（1）梁主任百思不得其解 （2）小团体与小圈子 （3）办公室的"风水" （4）95后的工作观 （5）朱磊与何唯的分歧 （6）落不了地的企业文化

典型场景	同学变上下级
问题聚焦	个人关系和工作关系、员工心理落差
案例内容	张天和李标是大学同学，两人积极上进，踏实肯干，一同竞聘到机关本部工作，张天到人资部任教育培训专责，李标到运检部任变电运检专责。 　经过几年的锻炼，李标被提拔为人资部副主任，分管培训业务，成了张天的直接上级。到任后第一项工作是策划运维专业的专项培训，李标将编制培训策划方案的工作交由培训专责张天负责。作为曾经成绩比李标好的张天，非常不情愿，但还是接受了工作安排。几天后，张天认为作为外行的李标没有资格对自己的方案指手画脚，积蓄已久的情绪终于爆发。李标对方案进行修改，一直到凌晨三点才完成。 　李标认为不尽快改善这种状况，定会影响今后工作的开展，于是决定找张天谈谈。 Q1：本案例中，您认为李标与张天的工作互动方式是否恰当？请说明理由。 Q2：从沟通表达和辅导的角度，李标应该如何与张天谈？
考察能力	沟通表达、辅导教练
解题关键	（1）以完成团队任务为目标，做好情绪管理。 （2）合理运用私人关系，客观正视、有效引导
评估维度	沟通表达、表达技巧、分析方法、角色认知、辅导教练、举止仪表等

（2）履职测评检验能力，点评互动实践教学。

1）拓展测评维度——以评代考。年度经理人履职测评分为组织业绩、履职过程、素质能力，权重占比分别为 40%、30%、30%，从单向测试转向面对面能力测评。组织业绩直接来源于组织绩效考核，履职过程考核并入年度干部综合测评，素质能力测评由专家小组现场实施。

2）创新测评方式——以赛代练。素质测评借鉴哈佛"案例分析法"测评模式，组建测评专家小组，以调研提炼的真实案例为依托，设计"情景再现式"履职能力竞赛。绩效经理人在规定时间内现场随机抽取管理案例，现场分享做法和经验，专家评委面对面剖析点评、针对性提出改善建议、指导管理技巧的灵活应用，现场进行综合打分和排名，形成测评报告。2019 年竞赛测评得分率达 82.76%，其中最高得分率 96.00%，最低得分率 61.40%，履职能力竞赛结果纳入当年度考核范畴。

3. 编制实践指导手册

借鉴华为公司 HRBP 培养方式中"学习回顾"方式，系统分析绩效经理人在测评、培训和竞赛中呈现的管理行为，提炼优秀管理方法和工作经验，以典型案例为牵引，给出推荐做法，指明管理误区，形成典型案例实践指导手册，内容涵盖绩效考核、冲突管理、员工建设等多个维度典型问题，从实践要点、管理场景、推荐做法和管理误区四个方面进行指导，为遇到类似管理问题的绩效经理人，提供行动指引和参考。

国网湖北检修公司通过修炼转身"三步法"，有效提升绩效经理人履职水平，营造了良好的绩效文化氛围，激发了员工内生动力和企业活力。绩效经理人年度履职为"优秀"的获得年度绩效 A 级占比达 91.48%，11 名绩效经理人晋升为中层管理人员，23 名绩效经理人聘用为公司技能类五级职员，3 名绩效经理人获得省公司优秀绩效经理人荣誉称号。

报送单位：国网湖北检修公司

编 制 人：尹秋旄　侯玉莲　龙　晨　陈海燕　汤　伟

147 "四位一体"履职评价法
——多维度量化绩效经理人履职评价

> **导　入：**目前，公司各级绩效经理人在实际履责中仍存在绩效管理角色缺失、管理不规范等问题。国网陕西铜川供电公司建立了"四位一体"绩效经理人履职评价模型，通过四个维度评价指标体系，科学评价绩效经理人履职情况，激励绩效经理人履职到位。

工具概述

绩效经理人"四位一体"履职评价法是从基础管理规范性、服务员工满意度、绩效管理规范度和绩效管理创新性四个维度对绩效经理人履职成效进行科学评价，调动各级绩效经理人履职尽责的主动性，发挥其在绩效管理过程中承上启下的作用。

适用场景：本工具适用于各级各类绩效经理人履职评价。

实施步骤

绩效经理人"四位一体"履职评价法实施步骤包括：构建考核评价模型、完善考核评价要素、实施履职综合评价。

1. 构建考核评价模型

以"健全绩效经理人履职评价机制、完善绩效经理人管控激励措施、打造合格的绩效经理人队伍"为出发点，构建基础管理规范性、服务员工满意度、绩效管理规范度、绩效管理创新性四个维度的考核评价模型，每个维度可再细分为若干评价因素。基础管理规范性主要反映绩效经理人工作的总体评价；服务员工满意度主要反映员工对绩效管理的认同程度；绩效管理规范度主要反映考评准确度、薪酬差距、结果应用的成效；绩效管理创新性主要反映参与课题研究等绩效创新工作的情况。

2. 完善考核评价要素

（1）基础管理规范性考核。包括绩效管理制度掌握情况、绩效管理工作开展情况和绩效氛围营造情况三个指标。由公司绩效管理办公室按季度（年度）组织实施，主要通过访谈提问、问卷测评、资料检查等方式考核，评价结果为各指标得分平均值。

（2）服务员工满意度考核。包括绩效计划制订、绩效实施、考核评价、反馈改进及结果应用五个指标，由绩效经理人所在部门（班组）员工按季度（年度）评价打分，评价结果为各指标得分平均值。

（3）绩效管理规范度考核。包括绩效合约签订率、考核结果覆盖率、绩效薪金倍比、考核结果应用规范率四个指标，权重占比分别是 20%、20%、30%、30%。由公司绩效管理办公室按季度（年度）组织实施，各评价因子完成值以全员绩效管理系统数据结合现场抽查原始资料等方式确定，评价结果为各指标加权得分。

（4）绩效管理创新性考核。包括绩效管理方法创新、绩效管理制度修订参与度和贡献度、绩效管理创新课题研究三个指标，以绩效经理人日常履职台账为准，由绩效管理办公室按照季度（年度）评价打分。可按照"基础分 + 加分"的模式开展评价。

3. 实施履职综合评价

绩效经理人履职成效综合评价基于绩效经理人四个维度的评价结果，根据实际应用场景调整各维度评价因素和权重，得到评价公式如下：

绩效经理人履职评价结果 = 基础管理规范性考核得分 × 20%+ 服务员工

满意度考核得分 ×30%+ 绩效管理规范度考核得分 ×30%+ 绩效管理创新性考核得分 ×20%

◎ 经验心得

（1）应尽可能选取可量化的要素作为评价因子，以减少人为主观因素对评价结果的影响。

（2）应让员工充分参与评价过程，公示评价结果，确保评价结果公开、透明。

（3）季度（年度）履职评价结果可作为开展周期性绩效奖金兑现、发放年度履职考核奖的重要依据，同时与年度绩效等级评定和评优评先挂钩。

实践案例

国网陕西铜川供电公司于 2019 年开始试点应用绩效经理人"四位一体"履职评价法，有效激发了各级绩效经理人履职尽责的积极性。下面以变电运维中心 2019 年二季度绩效经理人履职评价为例进行展示。

1. 构建考核评价模型

通过开展专题调研、问卷测评、数据分析等方式梳理绩效经理人在履职过程中存在的问题，着眼员工在绩效管理过程中最关切的事项，建立"四位一体"的绩效经理人履职评价模型。

2. 完善考核评价要素开展评价

（1）基础管理规范性考核。由绩效管理办公室通过与绩效经理人、员工谈话及发放调查问卷等形式进行考核，从三个方面分别对绩效经理人打分并计算平均分，作为最终计得分。评价结果见表 1。

表1 基础管理规范性评价结果

姓名	绩效管理制度掌握情况	绩效管理工作开展情况	绩效氛围营造情况	平均分
绩效经理人1	88	91	87	88.67
绩效经理人2	73	83	88	83
绩效经理人3	76	91	76	81
绩效经理人4	72	79	85	78.67
绩效经理人5	81	83	89	84.33

（2）服务员工满意度考核。以绩效经理人3为例，首先，所在班组全体员工从5个方面分别对绩效经理人3进行打分并取平均分（见表2）。其次，根据考核结果绘制评价因子分布趋势图（见图1），帮助绩效经理人3发现自身履职过程中存在的不足，便于后续改进提升。

表2 绩效经理人3服务员工满意度考核结果

员工姓名	计划制订	绩效实施	考核评价	反馈改进	结果应用	平均分
员工1	90	88	86	87	92	88.6
员工2	83	79	81	88	91	84.4
员工3	89	83	91	86	87	87.2
员工4	97	90	95	92	93	93.4
员工5	70	81	82	78	80	78.2
平均分	85.8	84.2	87	86.2	88.6	86.36

按照相同步骤对其他绩效经理人实施员工满意度考核，评价结果见表3。

表3 员工满意度考核评价结果

姓名	绩效经理人1	绩效经理人2	绩效经理人3	绩效经理人4	绩效经理人5
得分	78.24	81.52	86.36	89.17	90.08

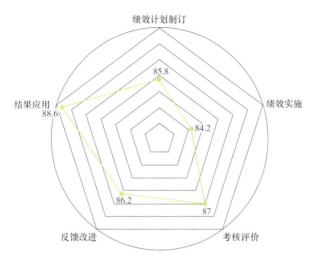

图 1 绩效经理人 3 服务员工满意度考核评价因子分布趋势图

（3）绩效管理规范度考核。年度考核评价指标（绩效合约签订率、绩效薪金倍比），在季度考核时按照标准分（100 分）进行计算；季度考核指标（考核结果覆盖率、考核结果应用规范率）通过全员绩效管理系统数据结合现场抽查原始资料等方式确定，评价结果见表 4。

表 4　　　　　　　　　　　绩效管理规范度考核评价结果

姓名	绩效合约签订率（20%）	考核结果覆盖率（20%）	绩效薪金倍比（30%）	考核结果应用规范率（30%）	平均分
绩效经理人 1	100	100	100	92	97.60
绩效经理人 2	100	99	100	91	97.10
绩效经理人 3	100	96	100	98	98.60
绩效经理人 4	100	89	100	96	96.60
绩效经理人 5	100	92	100	98	97.80

（4）绩效管理创新性考核。该组织 5 名绩效经理人在第二季度均参与公

司业绩考核管理办法修订，部分绩效经理人提出的建议被采纳，绩效经理人3提出的创新课题被公司立项，评价结果见表5。

表5 管理创新性考核评价结果

绩效经理人姓名	基础得分	绩效管理方法创新	绩效管理制度修订	绩效管理创新课题研究	总分
绩效经理人1	60	2	1	0	63
绩效经理人2	60	0	5	0	65
绩效经理人3	60	2	9	3	74
绩效经理人4	60	2	3	0	65
绩效经理人5	60	0	4	0	64

3. 实施履职综合评价

根据以上四个考核维度的评价结果，结合各维度指标权重，计算得到国网陕西铜川供电公司变电运维中心5名绩效经理人2019年二季度履职综合评价结果，见表6。

表6 履职综合评价结果

绩效经理人姓名	基础管理规范性（20%）	服务员工满意度（30%）	绩效管理创新（20%）	绩效管理规范度（30%）	加权得分
绩效经理人1	88.67	78.24	63	96.8	82.85
绩效经理人2	83.00	81.52	65	96.25	82.93
绩效经理人3	81.00	86.36	74	98.6	86.49
绩效经理人4	78.67	89.17	65	96.75	84.51
绩效经理人5	84.33	90.08	64	98	86.09

国网陕西铜川供电公司通过实施"四位一体"履职评价法，实现了对绩效经理人履职的科学评价，帮助绩效经理人发现管理短板，有针对性地改进提升，极大地激发了各级绩效经理人履职尽责的积极性。绩效经理人员工满意度测评从实施初期的 85.07% 提高到 96.32%，10 名优秀绩效经理人走向更重要的管理岗位。

报送单位：国网陕西铜川供电公司
编 制 人：王亚龙　王　宁　娄亚宁　李　宇

148 "四能"评价模型
——推动绩效经理人发挥"助推器"作用

导　入： 在生产工作中，绩效经理人缺乏持续的学习和创新热情、执行力不足、沟通协调不畅，将会直接导致企业创新乏力、管理效率低下、员工士气低落。国网宁夏检修公司构建"四能"评价模型，对绩效经理人进行全面评价，促进绩效经理人履职能力提升，推动绩效经理人发挥"助推器"作用，支撑公司经营效率效益持续提升。

工具概述

"四能"评价模型是从学习能力、创新能力、沟通能力、执行能力四个方面构建绩效经理人履职评价模型，明确评价标准和结果应用，调动绩效经理人提升履职能力的积极性和内生动力，提高公司和员工整体绩效。

适用场景：本工具适用于地市级供电公司及业务支撑单位开展绩效经理人履职评价。

实施步骤

绩效经理人"四能"评价模型实施步骤包括：确定评价因子、构建评价标准、深化结果应用。

1. 确定评价因子

梳理绩效经理人履职成功的关键因素。"四能"评价因子在结合单位特点的基础上提炼而来，作为评价绩效经理履职能力的关键因子，各个因子的权重配比不同。

2. 构建评价标准

（1）学习能力。提炼绩效经理人所需掌握的管理能力和操作技能，构建绩效经理人培训课程体系，确定课程目标、课程内容、课程学习方式，绩效经理人结合自身短板选择适合自己的培训学习课程，通过参培的次数和培训质量来评价绩效经理人学习能力。

（2）创新能力。评价内容包括绩效管理方法创新、绩效管理制度修订、绩效管理创新课题研究、绩效管理宣传报道、绩效论文发表情况等内容。采取原始分累计加分考核模式，设定原始分 60 分，最高可加分 40 分。

（3）执行能力。主要评价绩效经理人执行绩效管理制度的情况，通过全员绩效管理系统来评价绩效经理人合约签订、自评和评价的及时率和准确率，确保公司决策部署及时传导至员工。

（4）沟通能力。主要评价绩效沟通完成率和绩效沟通成效两个方面。其中，绩效沟通完成率指与部门员工的沟通次数要求的完成情况；绩效沟通成效指与上级领导的绩效沟通效果，依据全员绩效管理系统的绩效面谈情况进行评价。

3. 深化结果应用

绩效经理人年度履职评价结果与其个人年度绩效考核挂钩，占年度绩效考核 10% 的权重，并与其岗位晋升、评优评先和年度绩效考核等级评定挂钩。

◎ **经验心得**

（1）要让绩效经理人充分认识到绩效结果沟通反馈的重要性，指导其能及时具体地表扬员工好的行为，激励员工继续前进，及时指出员工工作中存在的不足，帮助员工重新回到预定的轨道。

（2）绩效经理人要做好自己的职位分析，清楚自己职位的职责和权限，明白组织对自己的目标要求。

（3）绩效经理人履职评价结果需进行不少于 5 个工作日的公示，公示期满无异议后，经绩效经理人本人签字确认，由绩效管理办公室形成绩效经理人履职档案。

实践案例

国网宁夏检修公司于 2019 年构建"四能"评价模型，开展绩效经理人履职评价，有效提升了绩效经理人的履职能力，下面以变电运维中心 5 名绩效经理人履职评价为例进行展示。

1. 确定评价因子

总结历年绩效经理人履职成功的关键因素，确定了学习能力、创新能力、沟通能力和执行能力"四能"评价因子，并明确各个因子的权重配比为 30∶30∶25∶15，见图 1。

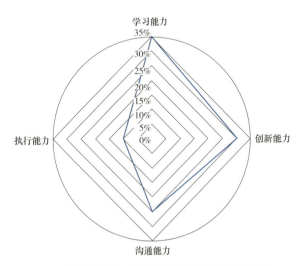

图 1　绩效管理人"四能"评价因子及其权重图

2. 构建评价标准

（1）学习能力。由绩效管理办公室按参加培训学习的次数进行评价，参加 1 次培训并通过考试的分值折算为 8.33 分，1 年学满 12 次并全部通过考试的得 100 分。考核评价结果经绩效管理委员会审议通过后，进行不少于 5 个工作日的公示。学习能力评价结果见表 1。

表 1   绩效经理人学习能力评价结果

绩效 经理人	一季度 （8.33 分 / 次）	二季度 （8.33 分 / 次）	三季度 （8.33 分 / 次）	四季度 （8.33 分 / 次）	总分 （100 分）
张 *	24.99	16.66	24.99	24.99	91.63
柯 *	24.99	24.99	24.99	24.99	100
汪 *	16.66	24.99	16.66	24.99	83.30
高 *	16.66	24.99	16.66	16.66	74.97
张 *	24.99	16.66	16.66	24.99	83.30

（2）创新能力。主要评价绩效管理方法创新、绩效管理制度修订、创新课题研究、宣传报道、发表绩效论文情况等，采取原始分累计加分考核模式，设定原始分 60 分，最高可加分 40 分。其中，绩效管理方法创新被公司级以上采纳的加 5～10 分 / 条；制度修订提出建设性意见并被公司级以上采用的加 2～10 分 / 条；宣传报道发表在省公司级以上刊物的加 1 分 / 篇，上限 3 分；发表绩效管理相关方面的论文加 4～10 分 / 篇。绩效管理创新性成果获公司级以上奖项的加 5～20 分 / 项。

由公司绩效管理办公室统一进行创新能力审核评价，评价结果见表 2。

表 2 绩效经理人创新能力评价结果

类型 姓名	基础得分	方法创新	制度修订	创新课题	宣传报道	绩效论文	总分
张 *	60	7	3	5	2	5	84
柯 *	60	5	7	8	3	5	78
汪 *	60	5	3	7	2	0	77
高 *	60	7	3	6	1	0	77
张 *	60	5	4	5	1	0	75

（3）执行能力。主要评价绩效经理人在年度合约编制、年度合约自评、月度合约编制、月度合约自评、月度合约考核 5 个环节的工作进度和质量情况，其中年度合约编制、自评每延迟一次扣 5 分，月度合约编制、自评每延迟一次扣 2 分，月度合约考核完成质量不高（如只加分不扣分），发现一次扣 1 分。评价结果以全员绩效管理系统记录的时间和绩效管理办公室原始资料确定，最终得分为 5 个环节的得分相加，评价结果见表 3。

表 3 绩效经理人执行能力评价结果

类型 姓名	年度合约编制（20分）	年度合约自评（20分）	月度合约编制（24分）	月度合约自评（24分）	月度合约考核（12分）	总分（100分）
张 *	20	20	20	20	10	90
柯 *	20	20	22	22	11	95
汪 *	20	20	24	22	11	97
高 *	20	20	20	22	12	94
张 *	20	20	20	20	10	90

注 年度合约编制（自评）20 分 / 次 / 年。月度合约编制（自评）2 分 / 次、12 次 / 年。月度合约考核 1 分 / 次、12 次 / 年。

（4）沟通能力。评价分为绩效沟通完成率和绩效沟通成效两个方面，其中绩效沟通完成率按照全员绩效管理系统的绩效面谈完成情况评价，标准分

100 分，占比 40%，绩效沟通成效采取上级绩效经理人评价，评价依据绩效面谈表，标准分 100 分，占比 60%，两项加权得分 90 分以上的沟通等级为优，80～90 分的沟通等级为良好，60～80 分为合格，60 分以下为不合格。

沟通能力评价以季度为评价周期，将绩效经理人四个季度绩效沟通评价结果加权得分后得出最终评价分数，见表 4。

表 4　　　　　　　　　　绩效经理人绩效沟通评价结果

类型\姓名	一季度		二季度		三季度		四季度		总分（100分）
	绩效沟通完成率（40%）	绩效沟通得分（60%）	绩效沟通完成率（40%）	绩效沟通得分（60%）	绩效沟通完成率（40%）	绩效沟通得分（60%）	绩效沟通完成率（40%）	绩效沟通得分（60%）	
张 *	40	54	40	57.6	40	54.6	40	54	95.05
柯 *	40	57	40	55.2	40	56.4	40	54	95.65
汪 *	40	53.4	40	52.8	40	48	40	51	91.3
高 *	40	57.6	40	55.2	40	54.6	40	55.8	95.8
张 *	40	55.8	40	52.2	40	51	40	53.4	93.1

按照"四能"评价模型，5 名绩效经理人 2019 年履职评价结果见表 5，绩效经理人的学习能力、创新热情、执行力以及绩效沟通能力均与履职能力成正比，反映出 5 名绩效经理人在绩效管理过程中发挥了应有的作用。

表 5　　　　　　　　　　绩效经理人 2019 年履职评价结果

绩效经理人姓名	培训学习评价结果（30%）	执行力评价结果（15%）	沟通能力评价结果（25%）	创新能力评价结果（30%）	总分
张 *	27.49	13.5	23.70	25.2	89.89
柯 *	30.00	14.25	24.01	23.4	91.66

绩效经理人姓名	培训学习评价结果（30%）	执行力评价结果（15%）	沟通能力评价结果（25%）	创新能力评价结果（30%）	总分
汪 *	24.99	14.55	22.83	23.1	85.47
高 *	22.49	14.1	23.95	23.1	83.64
张 *	24.99	13.5	23.28	22.5	84.27

3. 深化结果应用

绩效经理人履职评价按照管理层级或职务（岗位）层级以评价得分高低顺序分为优秀、良好、称职、不称职4个等级，其中，评价分值90分及以上评为"优秀"，评价分值80~90分评为"良好"，评价分值70~80分评为"称职"，评价分值70分以下评为"不称职"。

国网宁夏检修公司通过应用绩效经理人"四能"评价模型，有效提升了各级绩效经理人的履职能力，绩效经理人年度履职"优秀"的同比上升了3.03%，员工满意度同比上升了4.6%，5名绩效经理人晋升为中层管理人员，9人被评为五级职员。

报送单位：国网宁夏检修公司

编 制 人：乔成银　王　倩　朱　琳　张红霞　桑　苗

第八章
绩效结果应用工具

绩效考核结果应用（Application of performance appraisal results），即基于绩效考核结果对相关组织、员工进行系统激励的过程。绩效考核结果作为绩效管理的核心产物，是薪酬福利、职位变动、培训开发等方面的重要决策依据。考核结果应用的好坏，直接影响绩效管理的实施成效，同时也影响企业效率的提升。

国家电网有限公司通过建立绩效考核结果与薪酬体系联动机制，与各级单位工资总额以及各层级员工薪酬收入直接挂钩；在人员调动、岗位晋升、评优评先等方面刚性应用，加大绩优人员激励力度，鼓励员工立足岗位成才；同时，深入探索考核结果在员工关爱、后勤服务保障、疗休养等方面的关联应用，针对员工多样化需求，丰富差异化激励方式。

本章针对如何激发员工内生动力、如何压实业绩指标管控责任等问题，总结台区经理"量化积分制"考核法、班组长"环比＋累计"考核激励法等绩效工具共 23 项，引导各单位和各级绩效经理人强化执行考核结果应用，促进激励更直接、约束更有力，激发各级组织和员工活力。

149 台区经理"量化积分制"考核法

——有效提升供电所台区经理考核精准度

导 入： 由于历史原因，县级供电公司普遍面临着台区经理年龄偏大、工作积极性不高、退休后服务的用户无人愿意接管的问题，制约公司提质增效和服务水平提升。国网河北故城县供电公司创新提出台区经理"量化积分制"考核法，对工作数量进行量化考核、对工作质量进行积分制考核，有效提升了供电所台区经理考核精准度，激发了员工自身潜能，取得了良好的成效。

🗨 工具概述

台区经理"量化积分制"考核法是指依据台区经理管理户数、管理质量、难易程度等因素，综合评价工作绩效的考核方式。根据评价结果确定绩效收入，绩效薪金分为工作数量绩效、工作质量绩效两部分，实现了"多劳多得、绩优多得"的考核目的，强化了履职责任，调动了台区经理的积极性。

适用场景：本工具适用于县级供电公司供电所。

⚙ 实施步骤

台区经理"量化积分制"考核法实施步骤包括：量化计算工作数量绩效、积分制评价工作质量绩效。

1. 量化计算工作数量绩效

（1）台区经理管理户数测算及调整。计算台区经理管理户数时，本村户数按实际统计，外村户数按实际户数 ×1.1（难易系数）统计。根据供电所辖区用户情况和管理难易程度，合理调配台区经理管理户数。管理户数少量变更时，原则上每年调整一次。对于管理用户数据变更较大时（退休人员交接管理用户及其他特殊情况），由供电所提出书面申请，报请公司研究后，进行重新核定，次月调整。

（2）台区经理管理户数分类定价。集中式楼宇小区用户（单相、三相），每户按 0.3 元计算，农村用户（单相、三相），每户按 0.6 元计算。工作数量绩效奖金保底金额为 200 元，封顶金额为 1000 元。

2. 积分制评价工作质量绩效

（1）合理设置工作质量考评内容。将供电所工作质量分为营销管理指标、生产管理指标、安全管理指标、综合管理指标、所长评价五部分，按百分制设置相应权重，见表 1。

表 1 台区经理工作质量绩效考核表

考核项目及权重	营销管理（20%）	生产管理（20%）	安全管理（20%）	综合管理（20%）	所长评价（20%）
评价内容	营销专业全部指标达到目标值得 20 分	生产专业全部指标达到目标值得 20 分	安全指标实现零事故、零违规、零违章得 20 分	上班、值班、会议全勤得 20 分	所长交办的临时性工作及日常工作表现，优秀得 20 分

（2）确保考评的公平合理性。管理人员和内外勤班长根据实际工作情况对台区经理进行实时打分，由供电所绩效考核员按月统计最终工作质量分值。

（3）严格审核及时公开考核结果。核算结果报人力资源部审核后，兑现绩效薪金，并在供电所公示栏公示，接受监督。

◎ 经验心得

（1）按照工作数量多少，合理拉开台区经理收入差距，通过明确工作指标奖励内容与处罚界限，促使台区经理明确努力方向，清楚工作中不得逾越的"红线"。

（2）台区经理管理用户工作数量全部利用营销 SG186 系统进行核实，每位员工签字确认并公示，确保各项支撑数据科学合理、真实可溯源。

📝 实践案例

国网河北故城县供电公司于 2019 年 3 月开始应用台区经理"量化积分制"考核法，有效调动台区经理责任心和积极性，实现"多劳多得、绩优多得"。下面以郑口供电所为例进行展示。

郑口供电所现有台区经理 40 名，辖区用户 68000 户（集中式楼宇小区用户 46000 户、农村用户 22000 户）。县公司核定的工作质量绩效奖金基数为 1200 元。

1. 量化计算工作数量绩效

供电所工作数量绩效奖金 = 集中式楼宇小区用户 ×0.3 + 农村用户 ×0.6=46000×0.3+22000×0.6=27000（元）。

2. 积分制评价工作质量绩效

根据国网河北故城县供电公司月度考核结果，郑口供电所业绩考核得分是 120 分（考核基准分为 100 分），折算出考核系数为 1.2。

供电所工作质量绩效奖金 = 台区经理数量 × 供电所工作质量绩效奖金基数 × 考核系数 =40×1200×1.2=57600（元）。

供电所月度绩效奖金 = 供电所工作数量绩效奖金 + 供电所工作质量绩效奖金 =27000 + 57600 = 84600（元）。

经统计，该所 40 名台区经理工作质量绩效得分之和为 4300 分。

台区经理工作质量绩效得分，每 1 分对应绩效薪金 = 供电所工作质量绩效奖金 / 供电所所有台区经理工作质量绩效得分之和 =57600/4300=13.39（元）。

例如：台区经理李 * 管理户数 1500 户（集中式楼宇小区用户），工作质量绩效得分 80 分。李 * 本月绩效奖金 =1500×0.3+80×13.39=1521.2（元）。台区经理王 * 管理户数 1500 户（本村农村用户 500，外村农村用户 1000），工作质量绩效得分 100 分。王 * 本月绩效奖金 =500×0.6+1000×0.6×1.1+100×13.39=2299（元）。

台区经理月度绩效薪金对比见图 1。

由以上计算结果可知，王 * 虽管辖 1000 户外村农村用户，但绩效奖金明显多于李 *，起到了激励作用。

"量化积分制"考核法试行以来，国网河北故城供电公司 2019 年度业绩考核在全市综合排名第一，供电所同业对标全市排名第一，在全省 98 家县级供电公司综合评价排名第四；投诉数量较 2018 年降低了 97 件，降幅达

图 1 台区经理月度绩效薪金对比图

76.8%；跳闸次数较 2018 年减少 139 次，降幅达 34.15%，安全生产保持稳定局面。

报送单位：国网河北故城县供电公司

编 制 人：罗　真　乔　琰　慕理朝　封延君　马艳瑞　李　镇

150 班组长"环比＋累计"考核激励法
——提高跨班组积分制考核精准度

> **导　入**：对一线班组实施工作积分制考核时，不同班组之间工作积分难以比较，往往会出现积分差距小，班组第一名轮流坐的现象，对班组长的考核也难以与工作积分挂钩。国网上海长兴供电公司创新采用班组长"环比＋累计"考核激励法，提高班组长工作积极性，实现班组间的充分竞争，使积分制考核更精准，达到真实反映一线员工工作效率、有效避免轮流坐庄的效果。

工具概述

班组长"环比＋累计"考核激励法，是将一线班组长的月度考核与班组总积分的环比增长率，以及班员累计积分高低比率相挂钩，用以打破班组人数不同、工作不同导致积分无法对比的壁垒，消除班组内部"轮流坐庄"现象。

适用场景：本工具适用于采用积分制的班组。

实施步骤

班组长"环比＋累计"考核激励法实施步骤包括：统计积分、计算"两率"、设计系数表、计算绩效工资系数。

1. 统计积分

月初统计班组中每位班员的上月月度积分和当年月度累计积分。

2. 计算"两率"

计算班组总积分的环比增长率和班组累计积分高低比率。具体公式为：

班组总积分的环比增长率 =（∑当月班组员工月度积分 – ∑上月班组员工月度积分）/ ∑上月班组员工月度积分

班组累计积分高低比率 =（当年月度累计积分最高分 – 当年月度累计积分最低分）/ 当年月度累计积分最低分

3. 设计系数表

设计不同区间的积分环比增加率对应的班组长绩效工资系数（见表1）和不同区间的累计积分高低比率对应的班组长绩效工资系数（见表2）。

表1　　　　　　　与积分环比增加率挂钩的班组长绩效工资系数 *a*

环比增加率	班组长绩效工资系数 *a*
8% 及以上	1.20
5% ~ 8%（不包括8%）	1.12
2% ~ 5%（不包括5%）	1.06
0 ~ 2%（不包括2%）	1.02
–2% ~ 0（不包括0）	0.98
–5% ~ –2%（不包括–2%）	0.94
–8% ~ –5%（不包括–5%）	0.88
–8% 及以下（不包括–8%）	0.80

表2　　　　　　　与累计积分高低比率挂钩的班组长绩效工资系数 *b*

累计积分高低比率	班组长绩效工资系数 *b*
0 ~ 5%（不包括5%）	1.0
5% ~ 10%（不包括10%）	1.15
10% ~ 20%（不包括20%）	1.2

累计积分高低比率	班组长绩效工资系数 b
20%～30%（不包括30%）	1.25
30%～40%（不包括40%）	1.3
40%～50%（不包括50%）	1.35

4. 计算绩效工资系数

班组长绩效工资系数 = 系数 a × 系数 b

由此得出各班组长当月的绩效工资系数，并按照该系数兑现班组长当月绩效工资。

◎ 经验心得

（1）确保积分真实有效。定期检查班组积分台账和档案，核查班组成员月度积分的真实性，班组长应将每月积分结果在班务会上公布或者张贴于班组园地等公告栏内，受全体班组成员监督。

（2）适当增添其他系数。因一线班组工作特点，存在有些班组迎峰度夏期间月度工作数量积分普遍较低、春检秋检期间月度工作数量积分普遍较高的现象，因此在兑现月度绩效工资时，迎峰度夏期间和春检秋检期间的班组长绩效工资系数中还可以增加季节系数 c。同理，班组长绩效工资系数可以归纳其他规律，根据实际情况添加其他系数 d、系数 e 等。

📝 实践案例

国网上海长兴供电公司于2019年1月开始应用班组长"环比＋累计"考核激励法，实现了运维检修部所有班组长的绩效工资与"两率"挂钩。下面以变电（配电）二次运检班2019年1—6月考核为例进行展示。

1. 统计积分

变电（配电）二次运检班班组长每月统计所有班员的月度积分和年度累计积分，分别见表3、表4。

表3 变电（配电）二次运检班 2019 年月度积分表

序号	姓名	6月积分	5月积分	4月积分	3月积分	2月积分	1月积分
1	周*	522	541	428.2	468	531.6	488.0
2	徐*	507.9	548	515	504	460.8	542.2
3	邱*	563.52	590	557	540	438.8	470.0
4	张*	478.4	505.2	563.5	508	504	447.6
合计		2071.8	2184.2	2063.7	2020	1935.2	1947.8

表4 变电（配电）二次运检班 2019 年累计积分表

序号	姓名	6月累计积分	5月累计积分	4月累计积分	3月累计积分	2月累计积分	1月累计积分
1	周*	2978.8	2456.8	1915.8	1487.6	1019.6	488.0
2	徐*	3077.9	2570	2022	1507	1003	542.2
3	邱*	3159.3	2595.8	2005.8	1448.8	908.82	470.0
4	张*	3006.7	2528.3	2023.1	1459.6	951.58	447.6

2. 计算"两率"

根据环比增长率和累计积分高低比率的计算公式，得出 2019 年 1—6 月"两率"，见表5。

表5 变电（配电）二次运检班 2019 年"两率"表

比率	6月	5月	4月	3月	2月	1月
环比增加率	−5.15%	5.84%	2.16%	4.38%	−0.65%	—
累计积分高低比率	6.06%	5.66%	5.60%	4.02%	12.19%	21.13%

3. 计算绩效工资系数

人资部根据班组长反馈的积分情况，根据表1和表2计算出班组长对应的绩效工资系数，并按月兑现绩效工资。

以变电（配电）二次运检班班长沈＊为例，其2019年1—6月绩效工资系数见表6。

表6　　　　　　　　　　　沈＊2019年月度绩效工资系数

系数种类	6月	5月	4月	3月	2月	1月
系数 a	0.88	1.12	1.06	1.06	0.98	1.00
系数 b	1.05	1.05	1.05	1.00	1.10	1.25
绩效工资系数	0.92	1.18	1.11	1.06	1.08	1.25

国网上海长兴供电公司应用班组长"环比＋累计"考核激励法后，达到了两大成效。一是真实反映班组整体工作效率。将班组长绩效工资与班组总积分的环比增长率相挂钩，班组长月度绩效与班组月度整体工作量正相关，班组间评价考核不受班员人数影响，能客观反映不同班组的整体工作量和工作效率。为人资部后期在定员分析和内部人力资源流动中提供数据支撑。月度积分环比增加率有正有负，与实际工作契合度100%。二是鼓励适度合理拉开差距。将班组长绩效工资与班员累计积分高低比率相挂钩，班组长月度绩效与班员年度累计积分最高者和最低者之间的差距正相关，有效避免"轮流坐庄"，鼓励班组长合理拉开班员之间的绩效奖分配差距，在班组内形成了"多劳多得"的良好氛围。大部分班组累计积分高低比率保持在5%以上，积分有效"保真"。

报送单位：国网上海长兴供电公司

编 制 人：邢　婧　贺继盛

151 指标责任度考核法
——压实业绩指标管控责任

> **导 入：** 为提升业绩指标管理水平，加强考核结果与工资总额兑现之间挂钩力度，国网江苏淮安供电公司在现有业绩考核管理的基础上，研究提出指标责任度考核法，根据指标的工作关联性分解管理责任，建立与指标排名挂钩的部门负责人考核兑现机制，推动了年度业绩考核目标的顺利完成。

工具概述

指标责任度考核法是依据业绩指标涉及的工作关联性，分解指标管理责任至相关部门，同时结合指标分值权重、排名情况等因素对相关部门负责人开展专项考核。通过设置包括指标考核底数、权重系数、目标排名等维度在内的责任度考核模式，推动薪酬分配与业绩管理责任贡献相匹配，督促部门负责人强化责任分解、提升业绩绩效水平，实现薪酬分配"能增能减"有效落地。

适用范围：本工具适用于承担业绩指标管控责任的部门负责人。

实施步骤

指标责任度考核法实施步骤包括：明确指标目标、分解指标管理责任、构建计算模型、兑现考核结果、公示二次考核结果。

1. 明确指标目标

年初，考核办公室根据上级公司指标目标制定的原则（优于上年实际完成值或前三年实际完成值的平均值），同时考虑公司整体目标、历史成绩、客观因素等方面，合理确定公司当年各类指标进位争先目标，提交公司绩效管理委员会审定后执行。对于目标的确定，应有挑战性，确保考核不失去激励效果。

2. 分解指标管理责任

各指标归口部门根据考核指标工作关联性，分解并明确本部门和其他支撑部门责任比例，形成每个指标"1+N"（$N \geq 0$）责任团队（由相关部门负责人组成），提交公司绩效管理委员会审定后确定。指标责任分解标准见表1。

表1 指标责任分解标准表

定性	定量	备注
全部责任（贡献）	100%	
主要责任（贡献）	60%～90%	
次要责任（贡献）	30%～50%	所有责任（贡献）和应为100%
一般责任（贡献）	10%～20%	
微小责任（贡献）	0～5%	

3. 构建计算模型

人力资源部结合当年薪酬预控计划，合理测算全年兑现所需薪酬总额，确定指标考核底数、权重分值、排名进位等因子标准和兑现范围，建立相适应的计算模型。

（1）兑现模型Ⅰ。当期指标责任度考核兑现＝业绩指标底数 × 指标权重系数 × 目标排名分差 ± 完成目标兑现 ± 进退排名兑现。当期指季度、年度结果、年度综合结果共六次。兑现模型Ⅰ标准见表2。

表 2 兑现模型 I 标准表

考核因子	兑现标准	设置目的
指标底数	（1）每个关键业绩指标底数 5 万元。 （2）每个专业工作评价指标底数 1 万元	对关键业绩指标和专业工作评价考核重要程度做进一步区分
指标权重系数	指标权重分值 /100+1	体现不同分值业绩指标对公司整体贡献的差异
目标排名分差	指标当期得分 – 目标排名当期得分	鼓励相关指标多挣分，拉开（缩小）竞争对手差距
完成目标兑现	实现年度既定目标排名者，奖励 1 万元，反之则扣罚 1 万元；未差异化考核指标，兑现指标归口部门 5000 元	鼓励各指标归口部门努力实现目标
进退排名兑现	基数为 2000 元，每上升（下降）1 名，奖（罚）2000 元。未差异化考核指标不纳入考核	鼓励指标在完成目标的基础上进位争先

（2）兑现模型 II。当期指标责任度考核兑现 = 完成排名奖励 + 排名进位奖励。该模型简化考核因子，突出正向激励，实行高目标、高激励的目标分档兑现制。例如，在 13 家地市级供电公司考核中，公司年度目标为"保十争九"，兑现模型 II 标准包括完成排名奖励兑现表和排名进位奖励兑现表，见表3、表 4。

表 3 完成排名奖励兑现表

指标排名	关键业绩指标	党建工作评价	专业工作评价
1~9 名	1 万元	1 万元	0.5 万元
10~13 名	—	—	—
未差异考核	0.5 万元	0.5 万元	0.25 万元

注 因公司年度目标为"保十争九"，故 10~13 名不予奖励。

表 4　　　　　　　　　　　　　排名进位奖励兑现表

指标排名	关键业绩指标和党建工作评价	专业工作评价
1≤N≤3	（4–N）×3000+（9–3）×2000+（12–9）×1000	为关键指标和党建指标标准的一半
3＜N≤9	（10–N）×2000+（12–9）×1000	
9＜N＜13	（13–N）×1000	

注　设指标完成排名为 N。按上述标准，获第 1 名时、较目标提升 9 个名次，共奖励 24000 元，平均每名次 2667 元；获第 4 名时、较目标提升 6 个名次，共奖励 15000 元，平均每名次 2500 元，体现鼓励更高程度完成目标。

4. 兑现考核结果

（1）当期业绩指标考核结果发布后，人力资源部根据兑现规则对各指标核定奖励（扣罚）总额并下发至指标归口部门。

（2）指标归口部门根据自行制定的二次考核分配办法进行责任（贡献）度比例划分，分解至"1+N"责任团队。

5. 公示二次考核结果

人力资源部通过公司业绩看板、内网邮箱等公示当期各指标归口部门二次考核分配的结果，促进考核分配公开、公平、公正。

经验心得

（1）界定实施对象。原则上兑现范围为部门负责人。对承担指标的关键管理技术岗人员，也可由直线绩效经理人根据内部绩效考评办法进行考核评价与兑现。

（2）做好薪酬测算。因兑现范围较小，指标责任度考核兑现金额建议不超过绩效工资总额的 1%，防止出现薪酬层级比例失衡或倒挂的情况。

（3）完善二次分配。人力资源部应要求指标归口部门明确指标考核责任分工，在考核前会同支撑部门、单位修订指标考核责任网络和二次分配办法。每次考核后须公示二次分配结果。

实践案例

国网江苏淮安供电公司自 2018 年全面实施指标责任度考核法以来，得到公司内部广泛认可，业绩指标管理水平稳步提升。下面以财务部为例进行展示。

1. 明确指标目标

财务部承担两项指标，分别为关键业绩指标 A，分值 12 分，2018 年指标目标排名为全省第 8 名；专业工作评价指标 B，分值 1 分，2018 年指标目标排名为全省第 8 名。

2. 分解目标责任

财务部根据考核指标目标值，自行制定指标兑现二次考核办法，采用"定量＋定性"的方法分解并明确本部门和其他支撑部门责任比例，形成每个指标"1+N"（$N \geq 0$）责任团队。

3. 构建计算模型

采取兑现模型 I，人资部根据兑现规则对 A、B 指标核定奖惩金额并下发至财务部，计算过程如下：

关键业绩指标 A，2018 年最终结果完成第 6 名，第 6 名比第 8 名得分高 0.636 分，比目标值前进 2 名。关键业绩指标兑现结果测算示意表见表 5。

表 5　　　　　　　　　关键业绩指标兑现结果测算示意表

底数①（元）	权重系数②	目标排名分差③	完成目标兑现④（元）	进退排名兑现⑤（元）	奖励金额（元）①×②×③+④+⑤
50000	12/100+1	0.636	10000	4000	49616

专业工作评价指标 B，2018 年最终结果完成第 10 名，第 10 名比第 8 名

得分低 0.00239 分，比目标值后退 2 名。专业工作评价指标兑现结果测算示意表见表 6。

表 6　　　　　　　　专业工作评价指标兑现结果测算示意表

底数①（元）	权重系数②	目标排名分差③	完成目标兑现④（元）	进退排名兑现⑤（元）	扣罚金额（元）①×②×③+④+⑤
10000	1/20+1	−0.00239	−10000	−4000	−14025

4. 兑现考核结果

财务部根据自行制定的二次考核分配办法进行责任（贡献）度比例划分后，将奖惩金额分解至"1+N"责任团队。关键业绩指标奖金分解示意表见表 7，专业工作评价指标奖金分解示意表见表 8。

表 7　　　　　　　　关键业绩指标奖金分解示意表

部门（团队）	定性	定量	奖励总额（元）	负责人	分配金额（元）
财务部	主要贡献	60%	29769.6	董 *	11769.6
				李 *	9000
				杨 *	9000
支撑部门 1	次要贡献	30%	14884.8	张 *	8800
				范 *	6084.8
支撑部门 2	一般贡献	10%	4961.6	王 *	4961.6

表 8　　　　　　　　专业工作评价指标奖金分解示意表

部门（团队）	定性	定量	扣罚金额（元）	负责人	分配金额（元）
财务部	主要责任	80%	−11220	李 *	−6220
				陈 *	−5000
支撑部门 1	一般责任	20%	−2805	郑 *	−2805

注　上述奖金数额非实际发放金额，仅为示例。

5. 公示二次考核分配结果

待各指标归口部门分配完毕后，人力资源部通过公司业绩看板、内网邮箱等公示当期各指标归口部门二次考核分配的结果。

通过实施指标责任度考核法，国网江苏淮安供电公司将考核兑现与业绩指标的责任贡献精准匹配，与薪酬分配紧密挂钩，2019年绩效A级管理人员绩效工资达到同级别人员平均水平的1.15倍。部门负责人及承担指标的员工对待业绩指标的重视程度大幅提升，公司上下形成围绕关键业绩指标提升效益效率的良好氛围，员工聚焦强能力、提业绩、比贡献，实现业绩考核排名稳中有进，公司连续两年保持"苏北领先"水平。

报送单位：国网江苏淮安供电公司

编 制 人：颜庆国　张晓东　何小闯　郭　稼

152 任务清单定额考核法
——实现管理部门差异化考核分配

> **导　入：**现阶段，管理部门奖金分配的绩效导向不够鲜明，考核针对性不够突出，收入差距不够明显，存在一定程度的"平均主义""大锅饭"现象。国网浙江台州供电公司实施任务清单定额考核法，对管理人员承担的关键指标及重点任务的各方面因素进行评价，根据完成效果进行上下浮动奖罚，实现内部差异化分配。

🗨 工具概述

任务清单定额考核法以目标任务制为基础，将组织目标分解为个人工作任务清单，结合工作积分制，根据重要性、难易程度、办事效率等要素，对管理人员承担的关键指标及重点任务明确定额奖励标准，按照完成效果进行上下浮动奖罚，从而实现差异化分配。

适用场景：本工具适用于管理部门员工月度差异化考核分配。

⚙ 实施步骤

任务清单定额考核法实施步骤包括：制定考核标准、明确考核事项、确定奖惩标准、兑现绩效薪金。

1. 制定考核标准

人力资源部牵头制定单位考核标准，按层级规定考核事项标准和考核定额标准，明确整体考核框架，每年年初下发。

2. 明确考核事项

对部门月度所有任务根据差异化考核要求进行分类，分为单位考核事项和部门考核事项两类，其中单位考核事项主要包括员工参加专业管理部门统一组织的各项专业性活动；部门考核事项包括重点工作推进情况、督办任务、专项任务等事项。

3. 确定奖惩标准

根据确定的考核事项，综合事项级别、重要性、难易程度、工作量及成效等因素，逐项明确奖罚标准、事项参与人、员工参与程度等，依照民主协商原则细化各参与人分配比例。

4. 兑现绩效薪金

根据各事项考核分配标准，每月月末汇总统计员工奖金分配金额，报部门领导审核同意后兑现。

经验心得

（1）充分沟通。月度考核事项标准及定额标准的制订过程要全员参与，成文后下发并宣贯落实，保证部门成员应知尽知。

（2）看板发布。定时发布考核过程及结果，科学、准确地体现管理部门员工业绩，确保过程透明、结果公开、监督民主。

实践案例

国网浙江台州供电公司于 2019 年 1 月开始应用任务清单定额考核法，有效提升员工认领工作任务的热情。下面以人力资源部考核为例进行展示。

1. 制定考核标准

国网浙江台州供电公司人力资源部牵头制定了本单位任务清单定额考核标准，于 2019 年 1 月下发。

2. 明确考核事项

考核事项标准方面，人力资源部涉及的单位考核事项主要是参加统一组织的审计、巡察等专业性活动。部门考核事项分解为岗位职责任务、部门绩效经理月度评价等 12 项内容，来源于公司年度整体目标和重点难点工作的月度分解（见表 1）。

表 1 　　　　　　　　　　　人力资源部月度考核标准

构成	考核事项	考核标准
单位考核事项	专业管理部门统一组织的各项专业性活动	按单位加扣分产生的总额按贡献度大小兑现，直接参与人得 50%，该岗位 B 岗得 25%，部门资金池得 25%
部门考核事项	岗位月度指标、工作任务完成情况	未完成扣 ×× 元 / 项
	部门绩效经理月度工作评价	部门负责人员工工作质量点评，完成较好加 ×× 元 / 件，未完成扣 ×× 元 / 件
	重点工作任务推进情况	按时间节点完成加 ×× 元 / 件，未完成扣 ×× 元 / 件，被公司领导点评表扬的，再加 ×× 元 / 件，被公司领导批评的，加扣 ×× 元 / 件
	督办任务完成情况	按时间节点完成加 ×× 元 / 件，未完成扣 ×× 元 / 件，被公司领导点评表扬的，再加 ×× 元 / 件，被公司领导批评的，加扣 ×× 元 / 件
	专项任务完成情况	按时间节点完成加 ×× 元 / 件，未完成扣 ×× 元 / 件，被公司领导点评表扬的，再加 ×× 元 / 件，被公司领导批评的，加扣 ×× 元 / 件
	本专业外其他临时性事宜	完成较好加 ×× 元 / 件
	典型经验、管理创新、课题编写等	上报市公司加 ×× 元 / 篇；入选省公司 ×× 元 / 篇
	成果项目获奖	市公司 ×× 元 / 项；省公司级及以上成果获奖按照月度绩效考评标准执行
	同业对标	排名全省前 6，加 ×× 元 / 指标；排名后 2 名，扣 ×× 元 / 指标

构成	考核事项	考核标准
部门考核事项	承担上级单位工作情况	国网公司级任务 ×× 元 / 件；省公司级任务 ×× 元 / 件
	差错考核	扣 ×× ～ ×× 元 / 次
	其他	

考核定额标准方面，单位考核事项的奖金标准由牵头的专业管理部门对照标准确定，例如参与审计的标准由审计部确定。部门考核事项的奖金标准通过各级一般性任务需要的完成时长来测算，市公司级任务以 200 元 / 件计，省公司级任务以 500 元 / 件计，国网公司级任务以 800 元 / 件计，综合考量相关事项的重要性、难易程度等确定奖金额度，并根据部门领导对事项的成效评价，上下浮动奖罚金额。

月度考核事项标准及定额标准按"全员参与、民主决策"原则制订，一经部门会议讨论通过后，不再做重大调整。

3. 确定奖惩标准

员工可每月自主申报，或由领导指定，来确定当月的考核事项，一般应为公司领导督办事件、专项任务或其他重要事项，每月根据上级重点工作任务进度进行更新增补，并经部门领导成员讨论通过后列入考核事项明细表。相应的奖金参照如下方案分配。

（1）单位考核事项。员工参与审计、巡察等各项专业性工作的奖励，由单位按照参与贡献度大小将奖金分配到参与部门，部门按照如下比例分配到相应员工：

直接参与个人奖金＝该项奖励总额 ×50%

该岗位 B 岗奖金＝该项奖励总额 ×25%

部门资金池分配金额＝该项奖励总额 ×25%

（2）部门考核事项。对照月度考核标准，综合考核事项级别、重要性、难易程度、工作量及成效等要素，逐项明确奖金额度。根据参与人贡献度的不同，依照民主协商原则细化各参与人分配比例。

4. 兑现绩效薪金

根据各事项考核分配标准规定，每月月末汇总统计员工奖金分配金额，报部门领导审核同意后兑现。

国网浙江台州供电公司执行任务清单定额考核法以来，员工收入离散程度提高 18%，差距最大可达数千元，员工主动认领任务的热情明显提升，专业交叉型的工作任务推进时间平均缩短 29%，组织整体绩效大幅提升。

报送单位：国网浙江台州供电公司
编 制 人：张学鹏 陈章祥 章 鸽 江俊军

153 "S曲线"价值引导激励法
——激发班组不同类型员工内生动力

> **导 入：** 近年来，随着班组积分制考核工作深入推进，基层绩效考核工作呈现出新特点，班组绩效得分排名靠前的员工总是"忙忙忙"、排名靠后的始终"不想干"、排名中游的抱着"只要不是最差就好"的心态安于现状，对不同类型员工考核和激励方式有待进一步改进。国网安徽检修公司实施"S曲线"价值引导激励法，创新积分制考核的结果应用，对不同业绩表现的员工实行差异化薪酬激励，激发每位员工的活力，促进班组整体和员工个人业绩双提升，有效解决班组员工工作动力不足，改进提升意愿不强烈的问题。

工具概述

"S曲线"价值引导激励法，是在一线员工积分制考核的结果应用环节引入"价值工分"，构建"工作积分－价值工分"函数模型（即"S曲线"），实现价值工分与薪酬直接挂钩的激励机制。针对不同业绩表现的员工，采用不同的激励方式，有效引导各类员工向绩优型员工行列迈进。

适用场景：本工具适用于实行工作积分制考核，且员工个体工作业绩表现参差不齐的班组（团队）。

实施步骤

"S曲线"价值引导激励法实施步骤包括：构建激励模型、实行价值工分计酬、兑现价值工资与基础工资。

1. 构建激励模型

班组在定额工作积分库的基础上，分析工作计划和员工历史工作积分数据，测算员工工作积分分布，将工作积分由低到高划分为"低、中、高、满"四个不同区段，分别对应"不想干""努力干""干得好""工作狂"四种类型员工。根据班组绩效激励目标需求，对各类型员工设置个性化的"工作积分－价值工分"折算系数，从而建立"S曲线"价值引导激励模型，如图1所示。

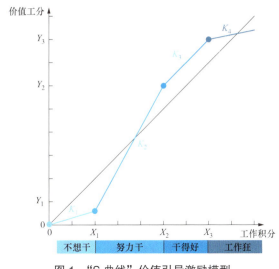

图1 "S曲线"价值引导激励模型

图1中蓝色曲线为"S曲线"，分为四段，给各段的曲线设置不同的斜率（即价值工分折算系数），以体现不同区段内工作积分所反映的价值差异性，实现对不同状态的员工进行差异化激励。特殊情况下，当各段曲线斜率设置相同时，如图中黑色直线所示，为无差别激励。"S曲线"价值引导激励模型函数如下：

$$Y = F(X) = \begin{cases} K_1 X , & 0 \leq X \leq X_1 \\ K_1 X_1 + K_2(X - X_1) , & X_1 < X \leq X_2 \\ K_1 X_1 + K_2(X_2 - X_1) + K_3(X - X_2) , & X_1 < X \leq X_2 \\ K_1 X_1 + K_2(X_2 - X_1) + K_3(X_3 - X_2) + K_4(X - X_3) , & X > X_3 \end{cases}$$

其中，X 为工作积分，Y 为价值工分，参数 K_1、K_2、K_3、K_4 分别为四段折线的斜率，0、X_1、X_2、X_3 分别为四个区段的边界值，参数设置见表1。

表 1 "S 曲线"模型参数设置参考表

工作积分区段划分	价值工分折算系数	工作积分升高时，价值工分的变化趋势	预期目标
第一段：0 至 X_1（X_1 取完成基本任务的工作积分值）	$0.1 \leq K_1 \leq 0.3$	价值工分没有明显的提升	鞭策"不干或少干"的员工向第二段前进
第二段：X_1 至 X_2（X_2 取工作积分优异区间门槛值）	$1.5 \leq K_2 \leq 2.0$	价值工分有显著提升	鼓励"努力干、想多干"的员工继续努力向第三段迈进，同时也是吸引第一段低工作积分员工向本段前进
第三段：X_2 至 X_3（X_3 取工作积分优异区间上限值）	$K_3 = 1.0$	价值工分有较大提升	鼓励"干得好"的员工多劳多得
第四段：X_3 以上	$0.2 \leq K_4 \leq 0.6$	价值工分较小提升	对于工作完成量已经足够优异的员工，不再大幅拉大劳动差异的价值，引导其合理平衡工作与生活，防止过度疲劳，或转而关注自身其他方面成长，提高综合素质

2. 实行价值工分计酬

将价值工分与绩效工资直接挂钩，计算公式为：员工价值工分计酬工资 = 个人价值工分 × 价值工分单价。其中，价值工分单价 = 价值工分计酬工资总额 / 价值工分总数，有以下两种计算方式：

（1）同分不同价（适用于月度）：月度考核后，根据当月价值工分计酬工资总额和价值工分总数，计算当月价值工分单价，因全年工作量分布不均匀，每个月的价值工分单价不相同。

（2）同分同价（适用于年度）：依据历史数据（例如上年度）测算价值工分单价，到年底考核时，将剩余额度依据全年工分完成额发放。每个考核周期的班组工分单价都是相同的。

3. 兑现价值工资与基础工资

把月度绩效工资分为价值工分计酬工资和基础绩效工资两个部分。价值工分计酬工资运用价值工分兑现。"基础绩效工资"可运用绩效等级系数、岗位系数等方式兑现。班组长结合管理工作需要，通过调整价值工分计酬工资占比，满足班组绩效考核激励强度的需求。

经验心得

（1）科学的工作积分量化考核标准是实施"S曲线"价值激励法的前提。班组应根据实际情况，不断完善定额工作积分标准库，以便对班组成员每月工作完成情况进行量化。

（2）班组可根据考核目标需求，综合考虑人员结构、年龄差异、班组总体工作量等客观因素，调整和优化"S曲线"模型的参数设置，实现更贴近班组管理实际的个性化考核。

（3）班组长应更加关注班组工作量的均衡分配，对于"努力干""干得好"的员工，应给予必要的支持，如组织岗位培训、增派工作任务等，促进班组考核激励目标的实现。

实践案例

国网安徽检修公司于2018年6月开始应用"S曲线"价值引导激励法，

实现了价值工分与薪酬直接挂钩，较好激发了员工内生动力。下面以某变电运维班为例进行展示。

1. 构建激励模型

班组结合员工的现状和考核激励目标，设置"S曲线"价值引导激励模型参数 X_1、X_2、X_3 分别为40、100、140，四个区段的价值工分折算系数 K_1、K_2、K_3、K_4 分别为0.3、1.8、1.0、0.2，则"S"曲线价值引导激励模型为：

$$Y=F(X)=\begin{cases} 0.3X, & 0 \leqslant X \leqslant 40 \\ 12+1.8 \times (X-40), & 40 < X \leqslant 100 \\ 120+1.0 \times (X-100), & 100 < X \leqslant 140 \\ 160+0.2 \times (X-140), & X > 140 \end{cases}$$

根据工作积分 X 的不同，可计算出员工个人价值2分 Y。

2. 实行价值工分计酬

班组采用价值工分计酬工资与基础绩效工资各占月度绩效工资总额50%的方式。以2018年6月为例，班组月度绩效工资总额70085元，按"S曲线"模型计算员工个人价值工分，班组11名员工价值工分总数为1124.2。用价值工分计酬总额除以班组月度价值工分总数，得到该月价值工分单价为31.17元，进而计算员工价值工分计酬绩效工资。

3. 兑现价值工资与基础工资

班组员工基础绩效工资按照基础绩效系数来分配，员工基础绩效系数为绩效等级系数乘以岗位系数。以"不想干"员工A、"努力干"员工B、"干得好"员工C、"工作狂"员工D四种类型员工为例，该月具体考核兑现情况见表2。

表2 班组2018年6月工作积分及绩效考核兑现表

员工	工作积分	价值工分	价值工分单价	价值工分计酬绩效工资	绩效等级系数	岗位系数	基础绩效系数	基础绩效工资	月度绩效工资
员工A	40	12	31.17	374.04	0.95	2.8	2.66	2716	3090.04
员工B	87	96.6	31.17	3011	1	2.8	2.8	2859	5870
员工C	112	132	31.17	4114	1	3	3	3061	7175
员工D	187	169.4	31.17	5280	1.05	3.4	3.57	3643	8923
…	…	…	…	…	…	…	…	…	…
总计	1127	1124.2	31.17	35042	—	—	34.34	35043	70085

注 表格内数据仅作示例展示。

2018年6～11月，班组平均工作积分增长20.58%，最高与最低工作积分之间差距缩小60.78%，见表3。

表3 班组最高与最低积分差距明细表

月份	员工A	员工B	员工C	员工D	…	班组平均工作积分	班组最高与最低之间差距
6月	40	87	112	187	…	102.5	153
7月	68	95	120	145	…	105.5	95
8月	76	102	125	133	…	109.8	86
9月	83	111	130	138	…	115.5	77
10月	92	117	132	140	…	120.7	67
11月	95	121	134	142	…	123.6	60

国网安徽检修公司通过实施"S曲线"价值引导激励法，引入因材施教的精益管理理念，针对不同工作表现员工，实施更精准、更直接、更强烈的薪酬激励，让"不想干"的员工沉不住气，给"努力干"的员工加油，为"工

作狂"的员工减负，解决了班组成员工分劳逸不均的管理难题，促进了班组整体和员工个人业绩双提升。

报送单位：国网安徽检修公司

编制人：陈　迎　洪　波　周海兵　王　欣　吴海艳　束　畅

154 "核心 + 骨干" 标杆引领进位法
——激励员工不断争先争优

> **导　入：** 近年来，随着综合性、复合型大班组的组建，公司迫切需要一岗多能、一专多能的业务骨干，但传统的积分制考核方式对核心骨干人员激励力度不够，员工创先争优动力不足，不能满足业务快速增长需求。国网安徽亳州供电公司通过实行"核心 + 骨干"标杆引领进位法，加大标杆人员薪酬激励砝码，实现绩效薪酬向核心、骨干等业绩优秀人员倾斜，激励员工向"核心、骨干"看齐，有效解决员工争先动力不足的问题，凸显了绩效薪酬分配的激励作用。

工具概述

"核心 + 骨干"标杆引领进位法，是依据班组积分制考核规则，将员工季度考核积分按既定规则进行排序，将积分排名靠前、工区绩效经理人认可的员工优选为当期"核心"和"骨干"，采用定额奖励、延期支付的方式兑现薪酬奖励，激发员工向标杆看齐，实现工作业绩争先进位。

适用场景：本工具适用于实行工作积分制考核，但缺乏争先进位动力的工区和班组。

实施步骤

"核心 + 骨干"标杆引领进位法实施步骤包括：丰富积分制考核评价维度；

设置 K 系数核查积分制考核力度；明确"核心 + 骨干"入选规则；兑现月度绩效工资。

1. 丰富积分制考核评价维度

在积分制考核基础上，从"量""质""贡献"三个维度全面评价员工工作业绩，从劳动纪律、工作态度两个层面综合评价员工工作表现，由班组长依据评价标准进行月度积分考核，按月报送至绩效考核办公室。

2. 设置 K 系数核查积分制考核力度

K 系数，即员工月度考核得分与班组员工考核得分平均值的比值。绩效考核办公室通过 K 系数核查班组内部考核力度，对 K 系数最高与最低差值小于 0.2 分的班组，取消当月"核心 + 骨干"评选资格。

3. 明确"核心 + 骨干"入选规则

每月，绩效考核办公室对具有评选资格的班组员工按考核积分由高到低排序，优选考核结果前 20% ~ 30% 的人员为核心骨干，按照核心与骨干比例约为 1∶2 的原则，严格按照积分排序评选出当月"核心 + 骨干"。

季度初，剔除上季度 K 系数之和小于等于 3.0（即个人月均考核积分低于本班组人员考核积分平均值）的人员后，对人员名单和考核结果进行公示。班组长入选核心骨干须由工区党政负责人及工区管理人员依据重点工作完成情况共同考核确定。

4. 兑现月度绩效工资

每月，绩效考核办公室根据绩效工资基数和岗位设置情况核定各班组绩效工资总额，由各班组长依据员工绩效积分进行二次分配，个人分配结果与 K 系数挂钩，充分向核心骨干人员倾斜。员工个人月度绩效工资 = 绩效工资基数 × 岗位系数 × K 系数。

季度初，对上季度核心人员、骨干人员进行专项奖励，奖励额度延期至本季度首月，并依据本月考核积分排名等情况进行考核兑现。对本月考核积分处于班组后 20%，或发生安全违章、违规违纪以及有责任的投诉事件的，停发当月专项奖励。通过延期兑现机制，有效杜绝了短期投机行为，树立了"核心＋骨干"长期标杆引领导向。

经验心得

（1）"核心＋骨干"奖励是在班组二次分配绩效工资的基础上，将收入分配进一步向一线倾斜、向绩优倾斜。因此，应用中必须充分征求工区（班组）绩效经理人的意见和建议。

（2）应用初期，可设置一定过渡期，让班组员工间收入差距逐步拉大，给员工一个心理缓冲期，更有利于员工队伍稳定。

（3）"K 系数核查、延期支付"是特殊机制，要兼顾考核过程的实际问题，做好跟踪，及时动态调整补充。

实践案例

国网安徽亳州供电公司于 2018 年 12 月开始应用"核心＋骨干"标杆引领进位法，有效解决了员工创先争优动力不足的问题。下面以调控中心 2019 年 1 月考核为例进行展示。

1. 丰富积分制考核评价维度

依据实施方案，班组按月报送一线员工月度积分考核结果。典型班组设备主人积分标准库见表 1，员工积分制考核明细见表 2，考核结果见表 3。

表1　　　　　　　　　　　　　　典型班组设备主人积分标准库

部门名称：电力调度控制中心
量化内容：EMS 系统、调度数据网及二次安全防护系统、电能量系统、UPS 电源系统、空调系统、其他系统、变电站电力监控系统、时间同步系统

序号	班组	设备名称	工作项目	数量积分标准分值	积分统计频次	质量积分标准
1	自动化运维班（主站）	EMS 系统	系统数据库	5	每次	数据库维护不到位，造成数据异常每条扣1分
2			硬件服务器	5	每次	因服务器异常告警不及时消缺扣2分，掉电造成不能使用扣5分
3			软件功能模块	20	每次	功能模块不完善或功能不能使用每次扣2分，重要功能模块造成系统瘫痪扣10分
4		调度数据网及二次安全防护系统	网络安全监控平台	5	每次	平台告警没有及时确认扣1分，被通报每次扣5分
5			硬件服务器	5	每次	因服务器异常告警不及时消缺扣2分，掉电造成不能使用扣5分
6			调度数据网设备	20	每次	因设备异常告警不及时消缺扣2分，掉电造成不能使用扣5分，因中病毒感染扣20分
7		调度数据网及二次安全防护系统	二次安全防护设备	5	每次	因设备异常告警不及时消缺扣2分，掉电造成不能使用扣5分
8		电能量系统	系统数据库	4	每次	数据库维护不到位，造成数据异常每条扣1分
9			硬件服务器	3	每次	因服务器异常告警不及时消缺扣2分，掉电造成不能使用扣3分
10			软件功能	20	每次	功能模块不完善或功能不能使用每次扣2分，重要功能模块造成系统瘫痪扣10分

序号	班组	设备名称	工作项目	数量积分标准分值	积分统计频次	质量积分标准
11	自动化运维班（厂站）	UPS电源系统	UPS设备	3	每次	因设备异常告警不及时消缺扣1分，掉电造成不能使用扣3分
12		空调系统	空调	3	每次	因设备异常告警不及时消缺扣1分，掉电造成不能使用扣3分
13		其他系统	自动化系统	2	每次	因造成设备或系统运行异常或停役，扣2分
14		变电站电力监控系统	系统数据库	10	每次	数据库维护不到位，造成数据异常每条扣1分
15			监控主机	10	每次	因监控主机或显示器故障不及时消缺扣2分，因故障影响正常运行操作或事故处理扣10分
16			软件功能模块	10	每次	功能模块不完善或功能不能使用每次扣2分
17		调度数据网及二次安全防护系统	调度数据网设备	20	每次	因设备异常告警不及时消缺扣2分，故障或掉电造成不能使用扣10分，因中病毒感染扣20分
18			二次安全防护设备	10	每次	因设备异常告警不及时消缺扣2分，故障或掉电造成不能使用扣5分

……

表2   员工积分制考核明细

模块	维度	评价标准	计算过程
工作业绩	量	工作数量积分是指依据设备责任人运维管理的设备数量、服务客户数及其他工作等固定业务的设备主人积分和工作标准库规定的工作标准积分	（1）工作数量积分（工作标准积分＋设备主人积分）引入最高标杆法：对工作数量积分中的工作标准分值（50分）和设备主人积分（30分）进行第一次最高标杆法折算。 （2）最终个人工作业绩积分按照满分80分进行第二次最高标杆法折算

模块	维度	评价标准	计算过程
工作业绩	质	工作质量积分以扣分形式实施考核评价；结合员工在安全生产、技能提升、优质服务等贡献工作进行累计积分	（1）工作数量积分（工作标准积分 + 设备主人积分）引入最高标杆法：对工作数量积分中的工作标准分值（50分）和设备主人积分（30分）进行第一次最高标杆法折算。（2）最终个人工作业绩积分按照满分80分进行第二次最高标杆法折算
	贡献	贡献积分在安全生产、技能提升、优质服务等贡献工作进行累计积分	
		个人工作业绩积分 = ∑（工作数量积分）+ 工作质量积分 + 其他贡献积分	
综合评价		绩效经理人根据员工在劳动纪律、工作态度两个方面的综合表现进行打分评价	
计算公式		员工月度考核得分 = 工作业绩积分考核得分 + 综合评价得分	

表3　　　　　　　　　　调控中心一线员工月度考核结果汇总表

班组	调度班								期间	1月		
姓名	工作标准分值积分	设备主人积分	工作标准分值积分考核得分（满50）	设备主人积分考核得分（满30）	工作质量积分	其他贡献积分	工作数量积分	工作业绩积分	工作业绩积分考核得分	综合评价得分	月度考核得分	K系数
张*	62.8	25.0	42.1	25.0	0.00	0.00	67.09	67.09	65.9	19.2	85.1	0.94
卜*	65.0	30.0	43.6	30.0	0.00	0.00	73.57	73.57	72.2	19.5	91.7	1.01
刘*	56.4	25.0	37.8	25.0	0.00	0.00	62.80	62.80	61.6	19.0	80.6	0.89
包*	70.0	30.0	46.9	30.0	0.00	1.00	76.92	77.92	76.5	19.8	96.2	1.06
肖*	74.6	30.0	50.0	30.0	0.00	1.50	80.00	81.50	80.0	19.8	99.8	1.10

2. 设置 K 系数核查积分制考核力

绩效考核办公室通过 K 系数核查班组月度考核力度，具体核查情况见表4。调度班 K 系数差值为0.21，自动化班 K 系数为0.2016，均高于0.2，因此，当月可保留"核心 + 骨干"评选资格；监控班 K 系数差值为 0.2，需工区负责人与班组长进行绩效沟通。若 K 系数小于 0.2，则取消班组当月评选资格。

表4 2019年1月调控中心各班组积分制 *K* 系数汇总表

单位	班组	姓名	*K* 系数	最高 *K* 系数与最低 *K* 系数差值	备注
电力调控中心	调度班	张 *	0.94	0.21	
		卜 *	1.01		
		刘 *	0.89		
		包 *	1.06		
		肖 *	1.10		
	监控班	李 *	1.08	0.20	工区负责人与班组长进行绩效沟通
		田 *	0.97		
		孙 *	1.06		
		张 *	0.91		
		崔 *	0.89		
		马 *	1.09		
	班组长	孙 *	1.0684		工区党政负责人及管理人共同考核确定
		金 *	0.9316		
	自动化班	李 *	0.8992	0.2016	
		马 *	1.1008		

3. 明确"核心+骨干"入选规则

绩效考核办公室按核心骨干人员评选规则，在规定比例范围内进行各班组核心骨干人员月度评选、季度公示，具体结果详见表5和表6。

表5 2019年1月公司各基层单位核心骨干测算人数

序号	单位	技能岗人数	核心骨干分配系数	核心骨干测算人数	分配总人数	核心10%	骨干20%	备注
1	电力调度控制中心	16	0.3	4.8	5	2	3	
2	输电室	20	0.3	6	6	2	4	
3	变电室（检修）	13	0.3	3.9	4	1	3	

序号	单位	技能岗人数	核心骨干分配系数	核心骨干测算人数	分配总人数	核心10%	骨干20%	备注
4	变电室（运行）	55	0.3	16.5	17	6	11	
5	配电室	34	0.3	10.2	10	3	7	
6	变电二次室	9	0.3	2.7	3	1	2	

表6　　　　　2019年一季度1月公司各基层单位核心骨干人员公示表

序号	单位	名额分配	姓名	所在班组	一季度K系数之和	类别	备注
1	电力调控中心	5人，核心2人，骨干3人	肖 *	调度班	3.1733	骨干	
			卜 *	调度班	3.0969	骨干	
			金 *	调度班	3.0020	骨干	班长
			李 *	监控班	3.3808	核心	
			孙 *	监控班	3.3808	核心	
2	输电运检室	6人，核心2人，骨干4人	田 *	输电运检二班	3.7724	核心	
			陈 *	输电运检一班	3.5881	核心	
			石 *	输电运检二班	3.5838	骨干	班长
			丁 *	带电作业班	3.4924	骨干	
			徐 *	输电运检二班	3.2865	骨干	
			许 *	输电运检二班	3.3077	骨干	

4. 兑现月度绩效工资

调控中心调度班肖 * 被评选为1月份核心，卜 * 被评选为1月份骨干，经严格核查，核心骨干人员不存在当月考核积分处于班组后20%的情形，也未发生安全违章、违规违纪以及有责任的投诉事件，因此，按月足额兑现奖励，4月份员工薪酬兑现详见表7。

表 7 月度薪酬兑现表

序号	班组	姓名	称谓	K 值	二次分配奖金（元）	备注					薪酬
						核心奖励（元）	骨干奖励（元）		兑现月份	资格审查	总计（元）
1	调度班	肖 *	核心	1.10	4400	1000	—		4 月	符合	5400
2	调度班	卜 *	骨干	1.01	4040	—	600		4 月	符合	4640
3	调度班	张 *	—	0.94	3760						3760
4	调度班	刘 *	—	0.89	3560						3560
5	调度班	包 *	—	1.06	4240						4240

注 本表格数据仅作为对比示例。

国网安徽亳州供电公司实施"核心＋骨干"标杆引领进位法后，截至 2019 年 12 月末，共选拔核心员工 95 人次、骨干员工 188 人次，班组员工月度薪酬差距最高达 2400 元，切实拉开了收入分配差距，在激励班组员工人人争先进方面取得了显著成效。

报送单位：国网安徽亳州供电公司
编 制 人：张珍珠 束 畅 周 彦 周海兵 夏春平 王 欣

155 季度考评结果延伸应用激励法
——有效促进班组持续改进与管理提升

> **导　入：** 近年来，多数工区对班组的考核结果实行当期应用，没有关注班组的持续改进与管理提升。国网安徽六安供电公司在常规月度考评基础上，实施季度考评结果延伸应用激励法，将季度综合考评结果延伸应用于下季度三个月班组绩效工资总额核定，引导班组在做好当前工作任务的同时，抓好疑难问题和历史遗留问题的解决，有效促进班组管理持续改进和有效提升。

工具概述

季度考评结果延伸应用激励法，是指在月度考评基础上，对班组增加季度综合考评，季度综合考评结果与月度考评结果进行加权，延伸应用于班组下季度各月绩效工资总额核定，促进班组解决前期工作中发现的问题和失误，有效发挥考核在精益化管理工作中的导向作用。

适用场景：本工具适用于对地市级、县级供电公司运检、营销、信通等工区班组日常考核。

实施步骤

季度考评结果延伸应用激励法实施步骤包括：构建班组绩效考评体系、季度综合考评、月度考评、月度绩效工资总额核定。

1. 构建班组绩效考核体系

采用月度考评和季度综合考评相结合的方式组织开展工区班组考核工作。月度考评是依据班组的职责、承担的主要工作任务及安全生产等方面要求，制定班组月度考评规范及评价标准。季度综合考评依据班组专业特点、管理短板和安全生产等方面要求，动态制定综合评价标准。

2. 季度综合考评

工区按照班组职责及业务范围，主要从安全管理、两票管理、上季度检查问题整改情况等维度设置考核指标和评价标准，重点突出疑难问题和历史遗留问题的解决成效考核。季度末，考核评价组对班组各项工作进行全面检查，按照评价标准逐项评价得出班组季度考评得分。

3. 月度考评

工区考核评价组主要从"两票三制"执行、变电安规及调度规程等执行、事故应急处置等七个方面对班组进行月度考评。月度末，对于班组违反制度规范、管理要求执行落实不到位的，布置工作任务未及时完成或明显质量较差的，按发生次数、评价标准进行考核扣分；对于符合上级单位奖励规定或考评人认定工作成效显著的，按加分项逐项加分。

4. 月度绩效工资总额核定

班组月度绩效工资总额 = 月度人均标准绩效工资基数 × ∑本班组各员工岗位系数 × 月度考评系数

月度考评系数 = 班组月度综合考评得分 / 工区内班组月度综合考评最高得分

班组月度综合考评得分 = 班组月度考评得分 × 60%+ 上季度综合考评得分 × 40%

其中，月度人均标准绩效工资基数和员工岗位系数按照上级单位统一规定执行。班组月度绩效考评系数依据各班组月度绩效考核得分采用"最高标杆法"确定。

经验心得

（1）考虑班组职责的差异性，在季度考核方案中设置差异化条款，使考核内容与班组职责范围保持一致。

（2）季度综合考评应坚持工区负责人带队，严格按照检查标准进行检查，检查后及时沟通反馈，切忌"走过场"，否则将失去季度延伸考核激励和约束效果。

（3）季度综合考评组成员采用工区指定和班组推荐相结合的方式确定，成员实行动态调整，在考评过程中加强班组间交流学习，作为青年员工现场培训锻炼的平台。

实践案例

国网安徽六安供电公司于 2018 年 1 月开始应用季度考评结果延伸应用激励法，实现了班组存量问题快速消化、新增问题即时解决，有效促进了班组精益化管理水平不断提升。下面以变电运检工区 2018 年二季度考评为例进行展示。

1. 构建班组绩效考核体系

变电运检工区从"两票三制"执行、相关规程规范的执行、事故应急处置等七个方面制定月度考评标准；按照班组职责及业务范围主要从安全管理、两票管理、上季度检查问题整改情况等维度设置考核指标和评价标准。月（季）度末，考评小组按照评价标准对各班组对照检查打分。变电运检工区班组季度综合考评标准见表 1。

表 1   变电运检工区班组季度综合考评标准示例

序号	评判项目	评判小项	检查方式	扣分原则
1	安全管理（15分）	班组应按要求认真组织学习上级通报各类事故的文件通知或安全规定，并在安全记录中留有学习痕迹	现场检查	无学习记录扣2分，抽问回答不出扣2分，回答不全扣1分，5分封顶
		"安全活动"记录中班组安全目标及措施齐全，按工区安全活动计划开展活动，内容符合现场实际，真实反映班组安全活动全过程，活动记录齐全	现场检查	未制定安全目标及措施扣2分，未按计划开展扣2分，记录不规范扣1分，5分封顶
		班组安全工器具管理规范、保存完好，按规定位置摆放，台账与检查记录齐全，合格标签试验日期清晰	现场检查	台账与实物不符合扣1分，未按规定位置摆放扣1分，工器具损坏扣1分，试验周期不合格每发现一次扣1分，5分封顶
		…	…	…
2	两票管理（10分）	倒闸操作票正确无误	抽查	一份不合格扣1分，5分封顶
		操作必须全程进行全程录音，录音文件应建立与调度指令相符合文件名并保存到办公计算机	现场调听	录音不全扣0.5分，每少一次扣1分，5分封顶
		A、B类操作应有危险点分析与相应的预控措施	现场检查	缺少危险点分析与预控措施，每次扣1分，5分封顶
		…	…	…
3	设备巡视管理（10分）	按规定开展巡视工作，巡视次数符合要求并按时录入PMS	现场检查	未按"五通"要求开展相关巡视每次扣1分，例行巡视未记录充气设备气体压力、注油设备油位等扣2分，巡视记录不规范或未按时录入PMS每次扣0.5分，每天利用视频监控系统巡视记录不全，缺少一次扣0.5分，5分封顶；应执行机器人巡检未执行扣1分（执行较好加1分）
		每天利用视频监控系统对变电站至少巡视一次，并做好记录	现场检查	
		巡视项目和标准按照巡视作业卡规范执行，具备机器人巡检的运维站执行到位	现场检查	
4	设备定期轮换试验（10分）	结合变电站实际编制设备定期轮换试验作业卡并按周期严格执行	现场检查	作业卡不全或执行不规范每项扣1分，5分封顶

序号	评判项目	评判小项	检查方式	扣分原则
5	交接班管理（5分）	严格执行交接班变电运维工作日志	现场检查	未执行1次扣2分，执行不规范扣1分，5分封顶
		认真执行日例会	现场检查	
6	设备管理（15分）	设备主人明确，管理到位，变电站上墙图标与设备实际一致	现场检查	未明确设备主人扣1分，无管理痕迹扣1分，5分封顶
		五箱、二次屏柜应锁闭，端子箱无渗漏水，保持干燥	现场检查	能锁未锁每处扣1分，端子箱渗漏未及时发现处理扣1分，5分封顶
		运行设备是否存在渗油、油位低、压力低、硅胶变色等情况，结合班组缺陷进行核对性复查	现场检查	在班组缺陷未记录每发现一处扣2分，5分封顶
		…	…	…
7	计划管理（5分）	各运维班组实行计划管理，计划包括倒闸操作、巡视、定期试验及轮换、设备带电检测及日常维护、设备消缺等工作内容	现场检查	未制订周、日计划，缺少一个扣2分，计划无针对性扣1分
		日运维计划中的每项具体工作都应明确具体负责人员和完成时限	现场检查	
		班组应每日对计划执行情况进行检查总结	现场检查	
8	培训管理（5分）	每月至少进行一次变电运维相关技术、技能培训	现场检查	班组未开展培训扣2分，无培训管理痕迹扣1分，5分封顶
		每月开展一次事故预想，每季度开展一次反事故演习	现场检查	事故预想每缺少一次扣1分，反事故演习未开展扣2分，5分封顶
		现场考问、填写典型操作票等符合要求	现场考核或填票	发现一人不合格扣1分，5分封顶
9	防误管理（5分）	防误闭锁逻辑正确	现场检查	每发现一处防误逻辑错误扣2分，5分封顶

序号	评判项目	评判小项	检查方式	扣分原则
9	防误管理（5分）	电脑钥匙能够正常使用，发现问题及时汇报，解锁操作严格履行审批手续	现场检查	电脑钥匙不能正常使用（未汇报）每发现一次扣1分，擅自解锁每发现一次扣5分，5分封顶
		挂锁必须定期进行维护，损坏及时更换，应有维护记录	现场检查	无维护记录扣1分，5分封顶
		…	…	…
10	党风廉政建设（10分）	严格落实作风建设各项要求，不发生违反省公司八项规定实施办法的行为	现场检查	每发现一次扣2分，5分封顶
		严以律己，不接受吃请、馈赠等可能影响公正履行岗位职责的一切好处，不发生其他违反廉洁自律的行为	现场检查	每发现一次扣2分，5分封顶
		严格执行车辆管理规定，不发生公车私用行为	现场检查	每发现一次扣1分，5分封顶
		…	…	…
11	6S管理及其他（10分）	站内各生产厂房应设置定置图，并定置摆放	现场检查	每发现一处不符合要求扣1分，5分封顶
		站内环境整洁、场地平整、道路畅通，生活区保持整洁、有序。变电站照明、围墙、大门完好	现场检查	
		站内工作场所，设备、材料放置整齐有序。工作完成之后，工作人员及时清理现场	现场检查	
		…	…	
12	上季度检查存在问题整改情况（5分）	上季度检查存在问题按要求进行整改到位	现场检查	未及时整改上季度检查反馈问题，以上次扣分值加倍扣分，5分封顶

2. 季度综合考评

2018 年 6 月底，工区负责人与各班组推荐人员共同组成考评小组，按照季度综合考评标准，对工区各班组进行检查评价，利用月度安全分析会向各班组作通报和反馈，反馈的问题全部纳入下季度大检查内容，如果问题下季度仍未解决，予以加倍扣分。2018 年二季度变电运检工区班组综合考评结果见表 2。

表 2　　　　　　　　2018 年二季度变电运检工区班组综合考评结果

序号	考评项目	变电运维一班得分	变电运维二班得分	变电运维三班得分
1	安全管理（15 分）	13	15	14
2	两票管理（10 分）	6	8	10
3	设备巡视管理（10 分）	9	6	10
4	设备定期轮换试验（10 分）	9	9	10
5	交接班管理（5 分）	5	3	4
6	设备管理（10 分）	10	9	10
7	计划管理（5 分）	5	4	5
8	培训管理（5 分）	5	5	5
9	防误管理（5 分）	5	4	5
10	党风廉政建设（10 分）	10	10	10
11	6S 管理及其他（10 分）	10	7	9
12	上季度检查存在问题整改情况（5 分）	5	5	5
	合计	92	85	97

3. 月度考评

考核评价组对于班组违反制度规范、管理要求执行落实不到位的，布置工作任务未及时完成或明显质量较差的，按发生次数统计扣分，每发生一次视情况扣 1～3 分；对于符合工区或公司等上级单位奖励规定或考评人认定工作成效显著的，每一项加 1～2 分。月度基础分值为 100 分。变电运检工区 2018 年 7 月考评结果见表 3。

表 3　　　　　　　　　变电运检工区 2018 年 7 月考评结果

考评人	职务	考评权重	变电运维一班得分	变电运维二班得分	变电运维三班得分
陶＊	主任	25%	112	104	116
史＊	书记	25%	96	90	101
郭＊	副主任	15%	102	97	100
费＊	副主任	15%	103	96	108
黄＊	一般人员	10%	96	103	102
何＊	一般人员	10%	105	100	92
合计		—	102.85	100	104.55

4. 月度绩效工资总额核定

按照各班组 7 月考评得分和二季度综合考评得分，加权计算各班组 7 月绩效考评系数。各班组 7 月绩效考评得分及绩效工资总额核定系数见表 4。

表 4　　　　　　　　　各班组 7 月绩效考评得分及核定系数

班组	二季度综合考评得分（40%）	7 月考评得分（60%）	加权得分	月度绩效工资总额核定系数
变电运维一班	92	102.85	98.51	0.97
变电运维二班	85	100	94	0.93
变电运维三班	97	104.55	101.53	1

人资部门根据班组成员岗位系数、月度人均绩效工资基数和月度绩效工资总额核定系数，核定各班组月度绩效工资总额，见表5。

表5　　　　　　　　　各班组7月绩效工资总额核定情况

班组	班组人数	班组成员岗位系数之和	月度人均绩效工资基数	月度绩效工资总额核定系数	月度绩效工资总额（元）
变电运维一班	6	7.7	3200	0.97	23900.8
变电运维二班	6	7.7	3200	0.93	22915.2
变电运维三班	6	7.7	3200	1.00	24640.00

国网安徽六安供电公司通过实施季度考评结果延伸应用激励法，倒逼班组形成"发现问题—解决问题—回头检查"良性循环，促使班组"上季度检查存在问题"整改率达到100%，基本实现工作中存量问题快速消化、新增问题即时解决，工作成效明显提升，班组安全生产工作持续向好，精益化管理水平不断提升。

报送单位：国网安徽六安供电公司

编制人：黄　池　束　畅　周海兵　王　欣

156 工程奖金分段计提法
——加强绩效薪金分配与工程量挂钩力度

导 入： 当前，电力施工企业同时具备市场化和体制内的经营特质，多存在依靠存量市场干工作的想法，主动开拓市场承接工程的动力不足。为应对这种局面，洛阳鼎和电力建设有限公司结合经营业务实际，实施工程奖金分段计提法，采用从工程合同额中提取并分配绩效奖金的方式，调动企业做大市场蛋糕的积极性，改变"重施工，轻经营"的现状，激发企业发展活力。

工具概述

工程奖金分段计提法是指针对以定额合同方式承揽的工程项目，依据合同金额和工程类型确立奖金分配额度，按计划准备、工程实施、竣工评审和尾款回收四个阶段分段核定奖金计提比例，兑现施工团队奖励，并按劳分配奖金到个人。

适用场景：本工具适用于工程建设单位和工程项目施工团队成员。

实施步骤

工程奖金分段计提法实施步骤包括：制定奖金可分配额度、明确分段核算奖金比例、实施奖金二次分配。

1. 制定奖金可分配额度

根据工程类型、任务量大小、合同金额、电压等级、完成时限、平均参与人数、员工薪酬水平等因素，确定计提比例。当月计提奖金额度，作为公司员工可分配奖金基准额。

2. 明确分段核算奖金比例

根据工程计划准备、工程实施、竣工评审和尾款回收四个阶段确定各阶段奖金额度计提比例。

3. 实施奖金二次分配

工程量绩效奖是月度绩效薪金的重要组成部分。承接工程数量和金额越大奖金越多，工程完成进度效率越高奖金越多。在月度绩效奖的发放兑现中实行三级分配，逐级考核兑现，充分保障每一级绩效经理人的绩效薪金分配权。总公司按照各个阶段实际完成情况分别计算各个分公司的绩效奖金额度并进行分配；分公司根据各班组当月的工作量、参与工程情况等进行考核分配；分公司各级绩效经理人根据各自团队所制定的考核办法，依据工作质与量、参与工程深度等因素，对所属员工开展月度考核并分配。

◎ 经验心得

（1）在测算工程项目可计提比例时，要充分考虑工程类型、任务量大小、合同金额、电压等级、员工薪酬水平等各方面因素，立足历史数据测算，既要鼓励多干，又要防止出现不公平。

（2）要加强工程项目管理和工程进度管控，避免在核实工程进度信息上耗费时间。

（3）可根据职工队伍适应程度，适度拉大或缩小工程量绩效奖在总体月度绩效薪金中的比重，在兼顾效率与公平的基础上，将"多劳多得"落到实处。

✎ 实践案例

洛阳鼎和电力建设有限公司于 2017 年 7 月开始应用工程奖金分段计提法，

积极做大市场蛋糕，员工的主观能动性得到充分发挥，有效激发企业发展活力。

1. 确定奖金可分配额度

洛阳鼎和电力建设有限公司日常经营中以承担配网工程为主，其余低压业扩报装配套项目、低压工程现场施工项目等为辅。在前期研讨的基础上，根据 2018 年工程类型、任务量大小、合同金额、电压等级、完成时限、平均参与人数、员工薪酬水平等因素，明确按照"配网工程合同金额的 5%、其他工程合同金额的 1%"计提每个合同的可分配奖金。

2. 明确分段核算奖金比例

按照工程计划准备、工程实施、竣工评审、尾款回收四个阶段，确定各阶段的奖金额度计提比例分别是 15%、45%、20%、20%。以鼎和一分公司 2018 年 5 月实施的配网类工程项目"2018 年洛阳城镇配网九标段陈潭开关站新建工程"为例，合同金额为 985378 元，绩效奖基数为 985378×5%=49268.9（元），则第一阶段计提绩效奖金为 49268.9×15%=7390.34（元），第二阶段计提 49268.9×45%=22171.01（元），第三、四阶段分别计提 49268.9×20%=9853.8（元）。

3. 实施奖金二次分配

2018 年 5 月，"洛阳城镇配网九标段陈潭开关站新建工程"已完成第二阶段施工，洛阳鼎和电力建设有限公司需给一分公司核定 22171.01 元的工程量绩效奖，与日常工作绩效奖合并发放给一分公司。分公司领导根据部门和班组职责分工、技术含量、所承担工程的付出等维度，量化评价各部门的工作业绩，并根据评价结果，将月度绩效薪金分配到各部门和班组，见表 1。部门各级绩效经理人从劳动纪律、工作执行能力、工作配合、工作创新、工程承担、计划内工作完成情况、临时交办工作完成情况等方面对员工进行评价，报分公司分管领导审核，见表 2。部门根据员工考核评价结果，按照"总金额/总分数×个人得分"进行奖金核算，形成分配明细表并报分公司领导审核后兑现，见表 3。

表1　　　　　　　　2018年5月鼎和一公司员工考评表示例

部门：生产经营部	岗位：配网专责				姓名：张*		
本月工作情况汇总： （1）参与完成2018年洛阳城镇配网九标段陈潭开关站新建工程第二阶段施工。 （2）完成完成2018年洛阳市配网第3批投标工作。 （3）完成配网往年余留物资核对工作。 （4）完成配合栾川旅游风情度假小镇供配电工程投标工作							
员工自评分		9.5					分值 （1~10分）

分公司领导打分	类别及评分标准								合计
	类别	劳动纪律	工作执行能力	工作配合	工作创新	工程承担	计划内工作完成情况	临时交办工作完成情况	
	分值	1~10分	1~20分	1~15分	1~10分	1~20分	1~15分	1~10分	74
	得分	8	18	14	3	10	13	8	
总得分									83.5
分公司领导评价	认真负责，在本月工作比较繁重的情况下，能够出色完成任务								

表2　　　　　鼎和一公司生产经营部2018年5月分配明细表

序号	姓名	考核总得分	金额（元）
1	张*	83.5	5888.58
2	李*	82	5782.79
3	蔚*	82	5782.79
4	张*	80.5	5677.01
5	叶*	80	5641.75
6	王*	78	5500.71
分公司领导签字：			

表3 2018 年 5 月生产经营部工作完成情况表示例

序号	工作名称	量（10 分制，从承担工作数量角度进行评价）	质（10 分制，从工作完成质量角度进行评价）	期（10 分制，从工作完成期限角度进行评价）	平均分
一、职责工作					
1	完成三供一业、轨道交通、迁建工程物资采购	10	10	10	10
2	组织协调供应商完成《框架入围协议书》签订及后续工作	10	10	10	10
3	完成《20 千伏及以下配电网工程预算定额》预算软件使用及操作培训	9	9	9	9
4	完成配网物资库存和配套费物资库存的核实清查工作	10	10	9	9.67
5	完成售电新增用户统计，建立客户信息台账	8	10	9	9
二、工程进度					
1	2018 年洛阳城镇配网九标段陈潭开关站新建工程实施完成	10	10	10	10
三、临时性工作					
1	做好上级单位巡视的相关配合工作	9	9	10	9.33
四、亮点工作					
1	编制完成年度第七、八批工程 630 里程碑计划	—	—	—	加 3 分

工程奖金分段计提法的推行，充分体现了一线岗位和员工贡献度，极大提升了员工参与公司主营业务的工作积极性和满意度。将计提的绩效奖金按照工程推进情况逐阶段兑现，实现了工程的全过程管控，体现了月度工程量

的"晴雨表"作用，推动各工程项目如期高质量完成。各级绩效经理人的奖金分配权的行使，打破了传统的按岗位发放固定工资奖金的模式，极大调动了各级员工工作活力。与实行前相比，各部门、班组内人员每月收入差距1000~2000元，承接工程量增幅15.62%，员工收入、公司业绩、氛围风貌都得到显著改观。

报送单位：国网河南洛阳供电公司

编 制 人：于扬眉　耿　欣　刘宇鹏

157 产值分配制考核法
——解决工程设计人员绩薪联动问题

> **导　入：** 工程设计人员考核一直采用简单的系数相乘的粗放型考核模式，考核不精准、收入未能拉开差距，存在设计人员干事创业活力不够、工作动力不足等问题。国网江西经研院运用产值分配制考核法，根据员工产值贡献程度进行奖金分配，有效解决了收入差距难以拉开的难题，实现了全员收入能增能减，激发了员工工作积极性。

工具概述

产值分配制考核法是指根据绩效考核系数和进度产值进行一次分配，部门内部再根据员工的产值贡献占比进行二次分配，将绩效工资与产值全面挂钩，以产值贡献程度拉开员工之间差距，体现贡献与收入相匹配。

应用场景：本工具适用于工程设计单位的技术人员。

实施步骤

产值分配制考核法实施步骤包括：制定考核标准、核定产值、考核评价与奖金兑现。

1. 制定考核标准

结合实际工作，制定安全生产、经营业绩、产值进度等通用月度绩效考核指标，根据评价结果确定各部门的月度绩效考核系数。月度预发奖金时，所有岗级员工的系数均设为1，打破原有的按岗级核定绩效系数的方式。

2. 核定产值

产值由设计业务、设计咨询业务和专题咨询业务等业务产值构成，见表1。

表1　　　　　　　　　　　业务产值核定依据

序号	业务内容	核定依据
1	可研设计	批复估算
2	工程设计	批复概算
3	接入系统设计和项目后评价	合同签订额
4	设计咨询业务中评审	批复估算或概算
5	专题咨询业务	省公司文件或合同签订额

产值核定每季度开展一次，工程的总产值乘以季度完成进度百分比得到季度阶段产值，然后根据各部门的工作量按比例分配至各部门。在产值核定时，为平衡各专业工作难度和工作量，体现向设计一线倾斜的导向，根据不同类别业务设置产值折算系数，设计业务设为1.0，设计咨询和专题咨询业务设为0.9。同时，考虑生产成本，在最终产值兑现时统计各单位的净产值（净产值＝总产值－劳务外包费用－业务外包费用－直接成本）。

3. 考核评价与奖金兑现

每季度末，由项目经理对参与本项目的部门进行评价并进行产值分配。各部门以季度预兑现绩效奖金总额为基数，根据部门产值占总产值的比例，提取产值奖总额。根据员工完成的产值贡献占比兑现产值奖金。

部门产值奖总额＝季度预兑现绩效奖金总额 × 部门产值 / 总产值

员工产值奖金＝部门产值奖总额 × 员工产值 / 部门产值

◎ 经验心得

（1）核定各部门的最终产值时应剔除各种生产成本，计算净产值。

（2）项目经理为项目的安全、质量和进度的第一责任人，在产值分配时，按一定比例单独核算至项目经理，作为其项目管理的奖励产值。

实践案例

国网江西经研院于 2019 年 11 月开始应用产值分配制考核法，实现了部门及员工按照实际完成产值进行产值奖金分配，体现了按劳取酬、多劳多得的激励导向，部门协调配合程度和员工工作积极性显著提升。下面以 2020 年一季度设计部门产值奖金分配为例进行展示。

1. 制定考核标准

分解省公司对企业负责人业绩考核指标及工资总额指标，制定安全生产、经营业绩等五方面 11 项考核指标（见表 2），根据评价结果确定各部门的绩效考核系数。

表 2　　　　　　　　　　　绩效考核系数评价指标示例

一、月（季）度绩效考核系数评价指标				
序号	指标名称	月（季）度目标	考核评价标准	指标管理部门	关联考核部门
1	安全生产	不发生安全生产事件	发生四级及以上人身、电网、设备、五级信息系统事件，扣 0.2 分	质监站办公室	各部门
2	风险管理	不发生风险管理事件	发生科级及以上党风廉政建设违法违纪案件部门，每人次扣 0.02 分	党委党建部财务资产部	各部门
3	工作任务	工作任务按期完成率 100%	一、常规工作任务：…	经营管理部党委党建部	各部门
4	经营业绩	季度经营业绩实现好，按期完成季度进度利润目标		财务资产部	经营管理部
…	…	…	…	…	…

二、年度绩效考核系数评价指标				
序号	指标名称	考核评价标准	指标管理部门	关联考核部门
（一）安全生产				
1	安全生产事件	发生四级及以上人身、电网、设备、五级信息系统事件，扣0.2分 ……	质监站办公室	各部门
（二）风险管理				
2	违法违纪案件及违反中央八项规定事件	发生科级及以上党风廉政建设违法违纪案件部门，每人次扣0.02分	党委党建部	各部门
……	……	……	……	……

2. 核定产值

产值计算每季度开展一次，工程的总产值乘以季度完成进度百分比得到季度阶段产值，各部门按提取比例进行产值分配，见表3。同时收集各部门季度生产成本，主要包括勘察设计外委、差旅等成本，扣除后得到各部门净产值。

表3　　　　　　　　　各生产部门设计产值分配比例情况表

项目类别	实施阶段	部门提取比例（%）		
		系统部	输变电工程部	质量评审部
220千伏输变电新建工程可研设计	可研比例	35	55	10
220千伏变电站新建工程设计	初设比例	24	66	10
	施设比例	33	67	—
220千伏线路新建工程设计	初设比例	5	85	10
	施设比例	2	98	—

项目类别	实施阶段	部门提取比例（%）		
		系统部	输变电工程部	质量评审部
220千伏变电站扩建工程设计	可研比例	45	45	10
	初设比例	32	58	10
	施设比例	35	65	—
线路送出工程和电铁供电工程设计	可研比例	30	60	10
	初设比例	12	78	10
	施设比例	6	94	—
变电站整站改造（线路局部改建）工程设计	可研比例	35	55	10
	初设比例	22	68	10
	施设比例	27	73	—
工程量清单及控制价编制	线路比例	—	15	85
	变电比例	5	10	85

3. 考核评价与奖金兑现

由各项目经理把工程产值分解到各部门，各部门汇总得到本部门总产值。以设计部门为例，一季度全院产值为1843万元，设计部门产值为610万元，考核系数为1，部门产值奖占比为33.1%。一季度预兑现绩效奖金总额为201.2万元，故该部门一季度产值奖为201.2×33.1%=66.6（万元）。部门内部根据员工的产值贡献及个人绩效情况进行二次分配，见表4。

表4 员工产值贡献程度与绩效奖金情况表

员工序号	产值（万元）	产值贡献占比（%）	产值奖金（万元）
1	30.7	5.03	3.943
2	53.1	8.70	5.045

员工序号	产值（万元）	产值贡献占比（%）	产值奖金（万元）
3	10.6	1.74	2.402
…	…	…	…

　　国网江西经研院通过应用产值分配制考核法，2020 年一季度设计部门总产值为全院最高，人均 3.3 万元，是其他生产部门的 1.13 倍，部门工作积极性和成效显著提升。设计部门根据员工产值贡献二次分配产值奖后，高低差距达 2.5 万元，员工收入差距明显增大。按照完成的业务产值贡献进行分配，促进了各部门主动承担业务、主动节约成本，形成浓郁的比学赶超氛围。

　　报送单位：国网江西经济技术研究院有限公司
　　编 制 人：熊艳芳　王琦珑　姚文昊　熊　艳

158 项目团队 Double 激励法
——提高团队跨层级跨部门协同力

> **导　入:** 企业年度重点项目工作顺利开展并取得成效,需要各层级、各部门的共同努力。国网四川德阳供电公司建立项目团队 Double 激励法,对重点项目的过程与目标进行双重约束管理,有奖有惩,双管齐下,提高了团队跨层级跨部门协同力。

工具概述

项目团队 Double 激励法,是对重点项目建立的"过程考核 + 目标奖励"的考核激励机制。其中,过程考核是在任务推进过程中按"量、质、期"三个维度进行负激励,目标奖励是在任务目标达成后,视完成情况给予正激励。通过正负双向激励,助力重点项目任务扎实有效推进并圆满完成目标。

适用场景:本工具适用于多团队(部门)参与的重点项目。

实施步骤

项目团队 Double 激励法实施步骤包括:过程考核、目标奖励。

1. 过程考核

分为任务推进情况考核和配合协作情况考核两类,过程考核结果纳入绩效考核的综合评价部分,按季度统一兑现。

(1)任务推进情况考核。一是明"量",制定《重点工作任务分解表》,明确牵头部门的工作任务和考核标准;二是提"质",每一个参与重点工作的专业部门，包括牵头部门和配合部门每月均需要申报亮点计划，根据亮点计划的申报及完成情况对各专业部门进行考核；三是定"期"，牵头部门每个季度需自行制定看板计划，无计划提报或未完成均会被考核。

（2）配合协作情况考核。专业部门要完成工作任务和亮点计划，需要其他部门和基层单位的配合。因此，需明确配合单位及配合评价标准，每个季度根据配合单位的工作完成情况提出扣分建议，并在季度绩效工资中予以兑现。

2. 目标奖励

分为项目任务评价奖励、专业成效评价奖励和基层配合评价奖励三类。其中：项目任务评价奖励是对重点项目任务整体推进完成情况的评价奖励；专业成效评价奖励是对各专业完成任务情况的评价奖励；基层配合评价奖励是对基层单位配合情况的评价奖励。目标奖励按年度统一兑现，具体方式如下：

（1）项目任务评价奖励 =（项目任务权重 × 奖励系数）/ ∑（项目任务权重 × 奖励系数）× 奖励总金额。项目任务评价奖励权重按照独立任务和综合任务进行确定，独立任务是指由单一团队完成的工作任务，综合任务是指由两个以上团队完成的工作任务，权重合计100%；奖励系数根据项目任务完成情况，取值为0~1。

（2）专业成效评价奖励 =（专业成效权重 × 奖励系数）/ ∑（专业成效权重 × 奖励系数）× 综合任务奖励金额。专业成效权重按照参与专业的个数平均分配，权重合计100%；奖励系数根据各专业与重点项目工作的贡献度确定，取值为0~1。

（3）基层配合评价奖励 =（配合组织年度得分 / ∑配合组织年度得分）× 该专业成效奖励金额。由各专业部门根据各配合单位配合参与度进行二次分配，专业部门的分配占比不超过30%，其余配合参与的组织合计占比不低于70%。

经验心得

（1）在确定当年重点项目后制定专项考核方案，明确重点项目活动办公室、专业牵头部门及其责权，不同的考核由对应的部门负责实施。

（2）各部门（中心）梳理纳入考核的指标，指标需量化为可实现的一个点，并确定指标评价标准、指标完成时限，通过过程考核评价配合单位（部门）的配合支撑情况。

（3）按月监控各部门（中心）看板计划完成情况，每季度进行过程考核，建立过程考核信息的台账记录，为年度目标奖励系数取值提供数据支撑。

实践案例

国网四川德阳供电公司于2018年6月开始推行项目团队Double激励法，陆续应用于经营效益、员工素质提升等6项重点工作，工作任务推进有序，项目成果层出不穷。下面以"大培训、大比武、大提升"活动（以下简称"三大"活动）为例进行展示。

1. 过程考核

（1）任务推进情况考核。重点项目活动办公室采用看板计划申报、目标考核的形式，从项目计划、开展频次、成果亮点、建设情况、其他事项等方面对各专业部门完成的"量、质、期"提出考核建议，考核周期为季度。当月未申报看板计划、看板计划未完成、看板计划完成质量不高的专业部门，每月分别扣0.1、0.05、0.02分，按月累计纳入季度考核。

"三大"活动任务专业配合部门20个，每个专业考核权重为5分，共计100分，每个季度"三大"活动办公室会针对活动任务，围绕8个维度，结合看板计划推进完成情况提出考核建议（见表1）。

表1 "三大"活动过程考核任务推进情况考核表

序号	考核专业	牵头部门	考核权重	开展专业队伍素质分析，科学制定培训计划，逐项消除短板	推行"订单式培训"模式，鼓励各部门（单位）结对（单位结对、个人结对）开展定向订单式培养	实施"全员大练兵"行动，分层级储备公司竞赛人才	积极配合省公司网络大学深化应用工作，实现相关课程专业人员学习的全覆盖，用户活跃度达到1000人	培养青年骨干100名、管理技术人员200名、技能人员300名	强化师资队伍建设，力争1人入选省公司十大"金牌培训师"	开展"精品课程"孵化，内部打造5门微课，5位名师，争当省公司"微课工程"建设主力	组织参加上级考调，保一争三（各专业竞赛调考团体成绩进入省前六名）
				培训计划	培训模式	人才梯队建设	学习频次	高端人才	师资情况	课程情况	竞赛成绩
1	办公	办公室（党委办公室）	5								
2	发展	发展策划部	5								
3	人资	党委组织部（人力资源部）	5								
4	财务	财务资产部	5								
5	安监	安全监察部	5								
6	建设	建设部	5								
7	运检	运维检修部	5								
8	营销（农电）	营销部（农电工作部）	5								
9	监察	监察部（纪委办公室）	5								
10	审计	审计部	5								

续表

序号	考核专业	牵头部门	考核权重	培训计划 开展专业队伍素质分析，科学制定培训计划，逐项消除短板	培训模式 推行"订单"式培训，鼓励各部门(单位)结对(单位结对、个人结对)开展定向订单式培养	人才梯队建设 实施"全员大练兵"行动，分层级储备公司竞赛人才库	学习频次 积极配合省公司网络大学深化应用工作，实现专业课程相关人员学习的全覆盖，用户活跃度达到1000人	高端人才 培养青年骨干100名、管理技术人员200名、技能人员300名	师资情况 强化师资队伍建设，力争1人入选省公司"十大金牌培训师"	课程情况 开展"精品课程"孵化，内部打造5门名课，争当省公司"微课"工程"建设主力	竞赛成绩 组织参加上级竞赛，保调考，争一三争二(各专业竞赛调考团体成绩进入省公司前六名)
11	党建(工会)	党委党建部(党委宣传部、工会、团委)	5								
12	调控	电力调度控制中心	5								
13	互联网	互联网办公室	5								
14	媒体	媒体业务中心	5								
15	离退休	人力资源服务中心	5								
16	法律	法律事务中心	5								
17	后勤	后勤服务中心	5								
18	物资	物资部	5								
19	培训	综合服务中心	5								
20	经研	电力经济技术研究所	5								
21	合计		100								

（2）配合协作情况考核。"三大活动"共23个工作任务，分配给3个牵头部门、20个配合部门和15个配合单位。各专业部门按照年初制定的评价标准，对配合项目的各单位、部门（中心）提出考核建议，考核周期为季度（见表2）。"三大"活动项目领导小组严格执行过程考核的要求，研究评比标准、做好过程管控，按季度推动主要工作内容实施和过程评价。

2. 目标奖励

重点项目活动办公室根据活动任务的完成情况提出奖励系数，结合任务的奖励权重对牵头部门及其配合单位进行评价奖励，其中独立任务的奖励由牵头部门进行二次分配，涉及多个部门的综合任务奖励根据情况提出奖励系数，结合各专业奖励权重进行评价奖励。基层配合评价由各专业部门对配合单位提出评价建议，结合配合单位的年度得分进行评价奖励。评价周期均为年度。

（1）项目任务评价奖励。结合任务权重、奖励系数计算得出奖励金额，见表3。

以搭建"双向互补式培养平台"项目任务为例，奖励总金额为 A，则该项目任务评价奖励 $=（3×0.5）/（15×3×0.5+4×6×0.6+7×0.7+3×8×0.8）×A=1.5A/61$。

（2）专业成效评价奖励。通过活动任务分配获得8个综合任务牵头奖励金额，结合专业权重及奖励系数得出各专业奖励金额，见表4。

以办公专业为例，奖励金额合计为 B，则该专业成效评价奖励 $=（5×0.5）/（3×5×0.5+14×5×0.3+5×0.7+5×0.8+5×1）×B=2.5B/41$。

（3）基层配合评价奖励。各专业牵头部门根据项目配合参与度对配合单位提出评价建议，20个配合单位均有一个百分制的年度得分，结合年度得分按照奖励规则进行兑现，见表5。

表2

配合协作情况过程考核示例

指标序号	指标类别	指标名称	指标单位	牵头部门	责任人	指标权重	评价标准	需配合部门/单位	19年目标值	检修分公司				客服	供电服务指挥中心（配网调控中心）	直管县级供电企业				子改分公司				
										变电运维室	变电检修室	输电运检室	配电运检室	客户服务中心		广汉市供电分公司	绵竹市供电分公司	什邡市供电分公司	罗江供电分公司	鑫华电分公司	中江县供电分公司	孝泉供电分公司	纹江供电分公司	绵东供电分公司
1	纪检专业	纪检队伍建设	%	监察部	罗红英	5分	年度目标考核事项 年内至少组织1期基层单位纪委书记、纪检专责培训，指导督促各基层单位开展纪检监察员教育培训，各单位相关人员培训覆盖率达到100%。 1.完成目标任务：部门（各单位）绩效加1分； 2.未完成任务，部门（各单位）绩效减1分。	党建部、各基层单位	100%	—	—	—	—	-1		—	—	—	—	—	—	—	—	—
2	法律专业	指标2	人次	法律事务中心	钟伟明	5分	配合开展"十讲十增强"法治巡讲活动，单位组织员工参与率50%以上。 1.完成目标任务：参与率60%以上，绩效考核综合评价（配合协作）项增加1分；参与率50%~60%（不含60%），绩效考核综合评价加0.5分； 2.未完成目标任务：参与率50%以下，绩效考核综合评价项减0.5分	基层单位、专业中心	参与率50%以上	-0.5	—	—	-0.5	—		—	—	—	-0.5	—	-0.5	—	—	—
3	调控专业	职称、技能等级提升	人次	电力调度控制中心	徐艳	3分	专业内至少完成10名员工职称或技能提升任务；完成任务，等级提升，完成单位绩效加0.2，任务分解目标未完成单位扣0.1分	电力调度控制中心、各县公司、供电服务指挥中心	10人	—	—	—	—	—		0.1	0.1	—	0.2	0.1	0.1	0.2	—	—

表 3 "三大"活动项目任务评价奖励

序号	任务内容	权重	奖励系数	奖励金额	备注
1	搭建完整的"培训管理作业平台"	3	0.5	1.5A/61	
2	搭建"企业内部知识传承平台"	3	0.5	1.5A/61	
3	搭建"双向互补式培养平台"	3	0.5	1.5A/61	
4	建立完善过程考核与目标奖励相结合的考评机制，构建与薪酬体系、晋升体系整合的长效培训激励机制	3	0.5	1.5A/61	
5	加大培训抽查力度，改进培训评价机制，促使现场培训和岗位练兵取得成效	3	0.5.	1.5A/61	
6	开展专业队伍素质分析，科学制定培训计划，逐项消除短板	6	0.6	3.6A/61	
7	搭建"两个"（培训资源共享、培训计划管控）平台，提高培训资源使用效率及培训计划执行力	3	0.5	1.5A/61	
8	推行"订单式培训"模式，鼓励各部门（单位）结对（单位结对、个人结对）开展定向订单式培养	6	0.6	3.6A/61	
9	协同公司专业部门，力争三年内构建"一基六室"（一个培训基地，六个实操技能训练室）	3	0.5	1.5A/61	
10	合理制定能级评价计划，有序推进能级评价工作	3	0.5	1.5A/61	
11	积极选派人员参加上级组织的新员工技能实操提升培训	3	0.5	1.5A/61	
12	结合新形势，开展中层管理干部培训	3	0.5	1.5A/61	
13	分层抓好"高端人才、青年员工"等重点人群的精准培养，培养高端人才 2 名	3	0.5	1.5A/61	
14	根据企业"三型两网"建设战略，提前谋划泛在电力物联网人才储备	3	0.5	1.5A/61	
15	积极参与省公司智能变电站沉浸式培训资源开发，争当试点单位	3	0.5	1.5A/61	
16	实施"全员大练兵"行动，分层级储备公司竞赛人才库	6	0.6	3.6A/61	
17	积极配合省公司网络大学深化应用工作，实现相关课程专业人员学习的全覆盖，用户活跃度达到 1000 人次 / 月	6	0.6	3.6A/61	
18	创建省公司大师工作室 1 个	3	0.5	1.5A/61	
19	培养青年骨干 100 名、管理技术人员 200 名、技能人员 300 名	7	0.7	4.9A/61	
20	加大青年人才储备力度，力争入选省公司"电力雏鹰""电力飞鹰"计划人数排名前三	3	0.5	1.5A/61	

序号	任务内容	权重	奖励系数	奖励金额	备注
21	强化师资队伍建设，力争1人入选省公司十大"金牌培训师"	8	0.8	6.4A/61	
22	开展"精品课程"孵化，内部打造5位名师、5门名课，争当省公司"微课工程"建设主力	8	0.8	6.4A/61	
23	组织参加上级竞赛调考，保三争一（各专业竞赛调考团体成绩进入省公司前六名）	8	0.8	6.4A/61	
24	合计	100	13	A	

表4　　　　　　"三大"活动基层配合评价奖励

序号	考核专业	牵头部门	考核权重	奖励系数	奖励金额
1	办公	办公室（党委办公室）	5	0.5	2.5B/41
2	财务	财务资产部	5	0.3	1.5B/41
3	安监	安全监察部	5	0.3	1.5B/41
4	建设	建设部	5	0.3	1.5B/41
5	审计	审计部	5	0.3	1.5B/41
6	离退休	人力资源服务中心	5	0.3	1.5B/41
7	法律	法律事务中心	5	0.3	1.5B/41
8	监察	监察部（纪委办公室）	5	0.7	3.5B/41
9	法律	法律事务中心	5	0.5	2.5B/41
10	营销（农电）	营销部（农电工作部）	5	0.3	1.5B/41
11	党建（工会）	党委党建部（党委宣传部、工会、团委）	5	0.8	4B/41
12	调控	电力调度控制中心	5	0.3	1.5B/41
13	发策	发展策划部	5	0.5	2.5B/41
14	物资	物资部	5	0.3	1.5B/41
15	运检	运维检修部	5	0.3	1.5B/41
16	互联网	互联网办公室	5	0.3	1.5B/41

续表

序号	考核专业	牵头部门	考核权重	奖励系数	奖励金额
17	培训	综合服务中心	5	0.3	1.5B/41
18	媒体	媒体业务中心	5	0.3	1.5B/41
19	后勤	后勤服务中心	5	0.3	1.5B/41
20	人资	党委组织部（人力资源部）	5	1	5B/41
21	合计		100	8.2	B

表 5　　　　　　　　　　　　　"三大"活动专项成效评价奖励

序号	配合单位	得分	奖励金额	备注
1	国网绵竹市供电公司	113.4	0.0694C	
2	检修分公司变电运维	113.1	0.0692C	
3	国网德阳市绵东供电公司	112.6	0.0689C	
4	国网德阳市罗江供电公司	111.85	0.0684C	
5	检修分公司输电运检	110.95	0.0679C	
6	检修分公司变电检修	110.4	0.0675C	
7	国网德阳市孝泉供电公司	110.3	0.0675C	
8	国网中江县供电公司	110.05	0.0673C	
9	客户服务中心	109.45	0.0669C	
10	国网德阳市鋈华供电公司	108.25	0.0662C	
11	检修分公司配电运检	107.55	0.0658C	
12	国网什邡市供电公司	106.8	0.0653C	
13	国网广汉市供电公司	104.65	0.0640C	
14	国网德阳市纹江供电公司	103.25	0.0632C	
15	供电服务指挥中心	102.25	0.0625C	
16	合计	1634.85	C	

以国网四川绵竹市供电公司为例，奖励金额为 C，该公司配合评价奖励 = （113.4/1634.85）× C=0.0694C。

通过项目团队"Double 激励法"，重点项目得到有效推进，"三大"活动 2019 年获得省公司特殊贡献奖，取得四川省竞赛团体奖 3 个、省公司级竞赛团体奖 6 个，1 人获得省公司"金牌内训师"称号。参与的项目团队根据工作量及成效获得不同的奖励金，团队员工的绩效收入较非团队成员增加 7% 左右，充分体现"业绩是干出来的，工资是挣出来的"绩效管理理念。

报送单位：国网四川德阳供电公司
编 制 人：李良城　代　璇　易　于

159 "上不封顶"开放式激励法
——用"绩效增量工资"挖掘班组内部潜力

> **导　入：** 绩效工资总额按人头核定，未与增加的工作量挂钩，致使班组增员需求强烈，绩效考核激励作用不明显、员工主观能动性不强。国网重庆合川供电公司通过采用"上不封顶"开放式激励法，用"绩效增量工资"来解决"增加用工需求"问题，促进班组积极挖掘内部潜力，提质增效。

工具概述

"上不封顶"开放式激励法是指按绩效承包的思路，通过取消绩效奖励上限，打破绩效工资原有分配模式，将绩效工资与业务量挂钩，实现同增同减，作业人员工作积极性极大提升，有效缓解因业务量日益增长而导致的增员需求。

适用场景：本工具适用于工作量易于统计或效益易于计算的班组或团队。

实施步骤

"上不封顶"开放式激励法实施步骤包括：确定实施对象、确定考核目标、明确考核规则、兑现绩效奖励。

1. 确定实施对象

对各项工作进行梳理，选取工作量易于统计或效益易于计算的工作项目作为实施对象。

2. 确定考核目标

对选定的工作项目近几年开展情况进行统计分析，结合作业人数与人员结构变化等情况，确定该项工作年度考核目标。

3. 明确兑现规则

根据班组年度绩效工资总额与年度考核目标，计算等效单次作业绩效金额。对超出年度目标次数的作业数明确奖励标准，以一年为周期，上不封顶。

4. 兑现绩效奖励

统计作业次数，根据设定规则，及时兑现绩效奖励。

经验心得

（1）主要可选取两类工作，一是工作量不断增长、易于统计的工作项目，如与户数有关的抄、核、收等工作；二是效益易于统计的工作项目，如带电作业、反窃电、无人机巡线等工作。

（2）年度考核目标一定要准确、合理，要兼顾现有作业人员承载能力范围内的基本任务和适量的超额任务，确保考核目标是"踮着脚可以够到"的。

（3）绩效考核过程中若受竞赛或疫情等特殊情况影响，需要汇报上级领导决议后，根据实际情况适当调整核算规则并执行。

实践案例

国网重庆合川供电公司于2019年5月应用"上不封顶"开放式激励法，在充分调动班组员工工作积极性的同时，有效缓解了班组缺员问题，提高了整体作业水平，实现了工作增量不增员。下面以带电作业班的不停电作业项目为例进行展示。

1. 确定实施对象

按照工作量易于统计、效益易于计算的原则，选定不停电作业作为实施对象。不停电作业按具体作业项目折算等效作业次数，作业次数与绩效工资挂钩。

2. 确定考核目标

根据班组每次不停电作业所需时间、2019 年度可开展不停电作业数量，并参考以往不停电作业完成总次数等，在 2018 年完成次数基础上增加 10% 作为 2019 年不停电作业等效次数考核目标。

3. 明确兑现规则

根据班组不停电作业等效次数考核目标和绩效工作总额，确定等效单次作业绩效金额，对超出年度目标次数的作业数按方案规定，以等效单次绩效工资的 80% 进行奖励。

（1）班组年度绩效工资总额核算方法。带电作业班有 1 名班长和 5 名员工，则全员全年绩效工资总额 = 班长全年绩效工资 + ∑ 一般员工全年绩效工资，其中：

班长全年绩效工资 = 绩效基数 × 1.35（绩效系数）× 月份

一般员工全年绩效工资 = 绩效基数 × 1（绩效系数）× 月份

将该班组全员全年绩效工资的 50% 作为开放式绩效基数，则不停电作业等效单次绩效工资 = 全员全年绩效工资总额 × 50% / 全年不停电作业等效次数。

（2）配网不停电作业等效次数计算方法。配网不停电作业等效次数 = ∑ 各类配网不停电作业次数 × 项目系数，其中各类项目系数见表 1。

表 1　　　　　　　　　　　配网不停电作业项目系数表

项目类别	工作内容			
	修剪树枝、清除异物	中断、接电缆终端引线	从环网箱（架空线路）等设备临时取电给环网箱、移动箱变供电	其他
第一、第二类	0.3			1
第三类		1		2
第四类			4	6

运检部根据佐证材料分类统计出作业次数，并根据配网不停电作业等效次数的计算方法，计算出不停电作业每月的等效次数，最终将不停电作业等效单次绩效按月核算到带电作业班（不包括第三类作业），其中对超出年度目标次数的作业数按方案规定，以等效单次绩效工资的 80% 进行奖励；对第三类项目按年度核算方式一次性分配到带电作业班，若全年第三类作业未完成目标次数，则按不停电作业等效单次绩效工资 × 未完成次数进行考核。

4. 兑现绩效奖励

（1）班组绩效工资总额。带电作业班每月将上月实际不停电作业的佐证材料（从调度 OMS 系统导出的计划检修申请单明细、PMS 系统内的对应工作票截图以及经相关人员签字确认后扫描的工作票），交至运检部校核月度绩效总额，包括基础指标在内的绩效工资和超额绩效工资，经公司审批后下发，见表 2。

表 2　　　　　　　　　带电作业班单月绩效核算表

	第一类作业次数	第二类作业次数	第三类作业次数	第四类作业次数	特殊情况说明	等效次数总数	单价（元）	金额（元）	备注
开放绩效	5	11	0	0					绩效核算参照《国网重庆合川供电公司 2019 年不停电作业管理提升方案（试行）》执行
	等效次数 16					16	1112.40	17798.40	
带电作业班基本绩效（50%）								12375.00	
6 月绩效总金额								30173.40	本月按照方案执行后，带电作业班相比原来基本绩效（100%）增加 5423 元

（2）员工绩效工资分配。主要考虑在不停电作业中担任的角色及日常班务完成情况等。一是将50%的班组绩效工资总额作为基础绩效工资，按照相关标准，对员工考勤、参与班组管理类工作、获得荣誉表彰等方面情况进行积分奖励。二是将50%的班组绩效工资总额作为量化绩效工资，根据员工在每次不停电作业中担任的角色（工作票签发人、负责人、专责监护人、作业人员等），对应不同积分标准进行积分，按每人的积分与班组总积分占比来量化分配绩效工资。

国网重庆合川供电公司采用"上不封顶"开放式激励法以来，成效十分显著。一是班组缺员问题得到缓解。绩效工资构成简单明了，新增业务工作完成质量成为绩效工资增量的主要来源，促进绩效管理负责人主动挖掘内部潜力，积极提高用工效率。二是激励作用明显。案例中的带电作业班2019年绩效工资共增加47170元（较上年提升了32%），极大提高了班组作业人员的工作积极性，班组员工由原来的等事上门转变为主动寻找工作任务，并促进了"带电立杆"等新的不停电作业项目形成。三是经营效益提升明显。2019年，国网重庆合川供电公司已竣工的不停电作业项目作业次数共计144次（较上年增加32次），减少停电时户数约为8298小时·户，相当于多提供供电量约28.47万千瓦时，创造经济效益达17.86万元。

报送单位：国网重庆合川供电公司

编 制 人：邓文强　李永茂　刘　娟

160 "三类三级三挂钩"考核法
——落实绩效经理人考核分配权建立绩薪联动机制

导　入： 在绩效考核实施过程中，如何落实绩效经理人考核分配权，将员工绩效和薪酬分配紧密挂钩，成为亟须解决的关键问题。国网辽宁鞍山供电公司创新探索"三类三级三挂钩"考核法，建立了一线班组（站所）行之有效、分配合理的绩效考核体系，压紧压实各级绩效经理人考核责任，实现绩效与薪金联动，突显了绩效考核的正向激励作用。

工具概述

"三类三级三挂钩"考核法是将绩效奖金划分为基本绩效奖、激励绩效奖、专项绩效奖三类，分别由所在班组（站所）负责人、单位专业分管领导、单位主要负责人三级绩效经理人进行考核分配，通过员工绩效评定与组织业绩、个人绩效、排名贡献三挂钩，压紧压实各级责权，强化考核管理，促进业绩提升。

适用场景：本工具适用于各类班组（站所）。

实施步骤

"三类三级三挂钩"考核法实施步骤包括：划分"三类"奖金、明确"三级"绩效经理人职责、实现"三层"挂钩。

1. 划分"三类"奖金

将单位绩效奖金"打包砍块"，60%作为基本绩效奖金，30%作为激励绩效奖金，10%作为专项绩效奖金，用于不同层级绩效经理人的考核分配。

2. 明确"三级"绩效经理人职责

（1）一级绩效经理人负责基本绩效奖金的考核分配，采取"责任包干+考核积分"制。即完成责任包干任务得基准分，超额完成或未完成分别按标准进行加扣分，根据最终绩效积分兑现基本绩效奖金。

（2）二级绩效经理人负责激励绩效奖金的考核分配，采取"业绩看板制"。即按月对班组（站所）实施考核评价并发布看板排名，根据排名划分为四个层级，分别与激励绩效奖金总额的50%、35%、15%、0关联兑现。

（3）三级绩效经理人负责专项绩效奖金的考核分配，采取"申请提报制"。即根据重要指标完成情况或重点、突发任务完成情况，由班组、站所向绩效管理办公室提报申请，经单位主要负责人审定后，在专项绩效奖金中予以兑现。

3. 实现三层挂钩

（1）一层挂钩即数量挂钩，具体是将组织内员工绩效等级A级数量与组织绩效考核结果挂钩，前10%的增加2个A级，后25%的取消A级资格。

（2）二层挂钩即资格挂钩，员工必须获得本人基本绩效奖金全额及以上，才有资格参与激励绩效奖金的分配，获得激励绩效奖金的员工才有获得月度绩效评A级的资格。

（3）三层挂钩即等级挂钩，班组员工月度和年度绩效等级，根据其考核期内获得基本绩效、激励绩效、专项绩效三类奖金总额，由高至低按各等级数量直接确定。

◎ 经验心得

（1）制定适合本组织的绩效考核方案，要遵循"奖优罚劣、多劳多得"

的原则，通过实行差异化分配、加大考核力度等，打破平均分配，杜绝"轮流坐庄"，充分发挥绩效的激励和约束作用，建立良好的业绩竞争氛围。

（2）各类组织应及时将绩效考核结果在本级组织、单位内部进行公示，接受员工监督。

（3）绩效办公室应对组织绩效考核结果进行统计分析，对平均发放、未能拉开差距、轮流坐庄等未形成有效激励的组织进行考核，并将考核结果作为组织负责人评判优劣、奖惩升降、调整任用的重要依据。

（4）成立职工诉求中心，员工对本人的绩效结果存疑时，可先向本组织绩效经理人提出，若未能解决，可向公司职工诉求中心申诉，由职工诉求中心报公司绩效办公室进行调查处理。

实践案例

国网辽宁鞍山供电公司于 2018 年 12 月开始应用"三类三级三挂钩"考核法，打破收入分配上的"大锅饭"，绩效"指标棒"作用得到充分发挥。下面以国网鞍山海城供电公司乡镇供电所为例进行展示。

1. 划分"三类"奖金

按照效率优先、兼顾公平的原则，将地市级供电公司切块下达的绩效奖金中的 60% 作为基本绩效奖金、30% 作为激励绩效奖金、10% 作为专项绩效奖金，赋予相应层级绩效经理人考核分配权。

2. 明确"三级"绩效经理人职责

一级绩效经理人为供电所所长，负责基本绩效奖金的分配，建立包括生产、安全、抄收、窗口服务等六个维度 78 项指标的考核体系，各供电所将考核指标落实到所内员工，采取"责任包干 + 考核积分"的模式，即完成责任包干任务得基准分，超额完成或未完成按标准进行加扣分，每天对被考核人员工作情况进行跟踪记录，每月将员工工作完成情况进行汇总计算，按员工积分结果兑现基本绩效奖金。

二级绩效经理人为专业分管领导，负责激励绩效奖金的分配，采取"业绩看板制"，从安全、生产、营销三个专业进行工作内容及工作项目进行分析，整理汇总形成 38 项考核指标，依据考核指标按月对各供电所实施考核评价。

根据各供电所的综合排名情况，划分为四个层级，第一层级得激励绩效奖金总额的 50%；第二层级得激励绩效奖金总额的 35%；第三层级得激励绩效奖金总额的 15%；第四层级不得奖，每个层级内再按照排名顺序依次分配。

三级绩效经理人为总经理、党委书记，根据重要指标完成情况或重点、突发任务完成情况，由供电所所长向绩效管理办公室提报申请，经主要领导审核后，从专项绩效奖中给予奖励。如海城西柳供电所成功创建国家电网有限公司五星级供电所，为国网鞍山海城供电公司争得了荣誉，符合专项绩效奖励条件，经公司总经理、党委书记批准，对西柳供电所兑现专项绩效奖励。

3. 实现三层挂钩

（1）根据国网鞍山海城供电公司乡镇供电所业绩看板排名，将各供电所的综合排名与激励绩效奖金及供电所员工 A 级绩效等级数量挂钩，见表 1。

表 1　　　　　　　　9 月份业绩看板排名及激励绩效奖分配明细表

排名	乡镇供电所	分数	激励绩效金额占比	A 档数量
1	孤山	99.41	10%	2
2	大屯	98.98	9%	2
3	岔沟	98.94	8%	2
4	牌楼	98.88	8%	1
5	西四	98.78	8%	1
6	析木	98.58	7%	1
7	西柳	98.51	7%	1

排名	乡镇供电所	分数	激励绩效金额占比	A 档数量
8	牛庄	98.42	6%	1
9	毛祁	98.38	6%	1
10	感王	98.33	6%	1
11	望台	98.27	5%	1
12	甘泉	98.25	5%	1
13	开发区	98.25	4%	1
14	接文	98.06	3%	1
15	南台	97.98	3%	1
16	八里	97.10	2%	1
17	高坨	97.08	2%	0
18	东四	96.95	1%	0
19	温香	96.88	—	—
20	马凤	96.71	—	—
21	英落	96.03	—	—
22	耿庄	95.82	—	—
23	中小	95.30	—	—
24	王石	93.93	—	—

（2）建立员工综合工作考核台账。基本绩效奖金 = 基本绩效奖金总额 / 所内人员总分值 × 本人综合得分，见表 2。

表 2　　　　　　　牌楼镇供电所本职综合工作考核台账

序号	姓名	扣分	扣分依据	加分	加分依据	综合得分	兑现金额（元）
1	牛 *	0	—	3	安全及生产工作获得上级表扬	103	1030

序号	姓名	扣分	扣分依据	加分	加分依据	综合得分	兑现金额（元）
2	李*	0	—	2	窗口服务态度好受到客户表扬	102	1020
3	张*	0	—	0	—	100	1000
4	王*	0	—	0	—	100	1000
5	仇*	5	空号错号整改率为73%，有42户客户联系方式没有及时更正	0	—	95	950

（3）员工激励绩效奖金根据月度绩效积分排名按照等差顺序赋予不同的分配权重，月度绩效有扣分的，不得激励绩效奖金。激励绩效奖金＝激励绩效总额 × 本人分配权重，如遇相同取平均值。如牌楼镇供电所 5 人按照排名顺序对应 40%、30%、20%、10%、0 分配权重。

（4）根据奖金高低确定月度绩效等级。计算员工个人月度总绩效奖金，确定所内月度绩效等级。本人月度绩效奖金＝基本绩效奖金＋激励绩效奖金，见表3。

表3　　　　　　　　　牌楼镇供电所绩效奖金及等级汇总表

序号	姓名	基本绩效奖金（元）	激励绩效奖金（元）	合计	月度等级绩效
1	牛*	1030	1720	2750	A
2	李*	1020	1290	2310	B
3	张*	1000	645	1645	B
4	王*	1000	645	1645	B
5	仇*	950	0	950	C

注　表内数字为示例使用。

通过实施"三类三级三挂钩"考核法，各供电所之间绩效奖金分配差距进一步加大，月度最高可达 2.6 倍。由于各供电所业绩和超缺员情况不同，全部供电所员工奖金月差可达 1.8 倍，A 级员工绩效收入达到其他员工人均收入 2.1 倍。同一所内 A 级员工绩效收入达到其他员工人均收入 1.7 倍。通过限定"三类"绩效奖金获得条件，实现了奖金向干活多、业绩优的员工倾斜，促进员工向缺员、偏远所流动，截至目前已有 26 人主动提出调整申请，绩效激励作用进一步彰显。

选送单位：国网辽宁鞍山供电公司

编 制 人：李 博 余 飞

161 "比例分割式"产值分配法
——解决技术人员正向激励问题

> **导　入：** 随着业务范围的扩展和市场竞争日益激烈，工程设计单位对设计人员的业务水平要求不断提高。传统按照岗位系数进行绩效考核的方式，导致员工收入差距较小，员工对争取更高绩效目标缺乏主动性、不同专业间协同配合积极性不高。国网宁夏经济技术研究院有限公司运用"比例分割式"产值分配法，按照不同业务、设计阶段等确定分配系数及比例，形成多劳多得、收入能增能减的分配机制，促进了专业工作融合和员工综合能力提升，形成了良性的竞争环境。

🗨 工具概述

"比例分割式"产值分配法，是指根据设计公司不同业务中心在不同设计工程中承接的工作量、工作难度以及价值贡献度，确定奖金提取比例、各业务中心奖金分配比例以及角色分配比例，辅以工作质量评价考核、奖惩激励等，最终兑现绩效薪金。

适用场景：本工具适用于工程设计单位的技术人员。

⚙ 实施步骤

"比例分割式"产值分配法实施步骤包括：确定产值奖提取比例、确定各业务中心分配比例、确定各工作环节分配比例和计算并发放产值奖。

1. 确定产值奖提取比例及总额

按照中国电力规划设计协会编制的《电力工程专业设计工日定额》等行业规定，综合设计公司营业收入、员工工资总额以及生产人员占比等因素，结合上一年度产值奖发放总体情况及设计公司经营发展方向，最终确定产值奖中可研编制费和设计费在工程总体造价中的提取比例（见表1），并根据合同金额计算产值奖总额。

表 1 产值奖提取比例

研究阶段	项目分类	变电工程	线路工程
可研阶段（可研编制费）	接入系统、专题规划、新能源本体可研等项目	2%	2%
	输电变电工程	14%	12%
设计阶段（设计费）	设计费总额	变电工程	线路工程
	500 万元以上	5.5%	4.5%
	10 万 ~ 500 万元	6.5%	5.5%
	5 万 ~ 10 万元	20% ~ 6.5% 差入法提取	20% ~ 5.5% 差入法提取
	5 万元以下	30%	30%

2. 确定各业务中心分配比例及总额

根据各设计专业在标准工作量下工日数[1]，结合业务中心在不同设计工程中承接的工作量、现场勘测工作难度以及各中心在工程设计阶段价值贡献度，确定各自产值奖分配比例，具体见表2。

---

[1] 工日数：在标准工作时间下，由一般独立承担分册设计人员在使用标准设备完成相应工作所对应的工日数量。

表2   各业务中心产值奖分配比例及金额

工程可研阶段			
变电工程	系统中心	变电设计中心	工程造价中心
	14%	70%	16%
输电工程	系统中心	输电设计中心	工程造价中心
	12%	73%	15%
工程设计阶段			
初设阶段	系统中心	输（变）电设计中心	工程造价中心
	4%	85%	11%
施工图阶段	系统中心	输（变）电设计中心	工程造价中心
	—	88%	12%

3. 确定各工作环节分配比例及金额

根据各环节工作人员工作难易程度和贡献度，确定分配比例。项目经理分配产值奖的7%，其他人员分配93%。设计人、校核人及审核人产值奖分配比例见表3。

表3   设计人、校核人及审核人产值奖分配比例

名称		设计人	校核人	审核人
接入系统等咨询类项目		0.9	0.1	—
变电工程	可研阶段	0.75	0.15	0.1
	初设阶段	0.75	0.15	0.1
	施工图阶段	0.7	0.15	0.15
输电工程	可研阶段	0.75	0.15	0.1
	初设阶段	0.75	0.15	0.1
	施工图阶段	0.7	0.15	0.15

4. 计算并发放产值奖

（1）每月由工程部门向财务部门提交"工程项目完成统计表"，由财务部门根据产值奖分配办法计算各业务中心当月产值奖。

（2）各中心主任按照员工完成具体工作内容兑现产值奖分配，同时根据项目经理对各工程的反馈情况、工程难易程度和工程特点进行部分调整，并将科技创新、管理创新、设计竞赛、业务支撑等无法量化的工作进行综合评价，但调整比例不应超过计算出的产值奖的20%。

经验心得

（1）贯彻落实二次分配机制。以公平公正和多劳多得为原则进行二次分配，中心主任可根据项目经理反馈情况、工程难易程度及实施进度进行整体评价，避免出现设计人员"挑工程"现象，提升工作效率。

（2）员工参与分配系数修订。根据员工的实际能力状况来制定分配比例及系数，确保系数合理并起到正向激励效果。

（3）严格产值奖分配与发放流程。各业务中心共同参与产值奖的管理和相关办法修订，确保产值分配公平合理。同时建立工程项目统计表和产值奖二次分配台账并存档，确保奖金分配工作流程合规、结果可溯。

实践案例

国网宁夏经济技术研究院有限公司于2012年5月开始应用"比例分割式"产值分配法，应用过程中不断修订完善，合理拉大员工之间的收入差距，强化绩效考核的正向激励作用，有效激发了员工工作学习的积极性。下面以2019年二季度产值奖分配为例进行展示。

1. 确定产值奖提取比例及总额

2019年二季度共完成84项输变电工程设计任务，根据合同金额及各阶段提取比例计算产值奖总额，见表 4。

表 4 　　　　　　　　　产值奖提取计算示例

序号	项目名称	设计阶段	可研编制费 /设计费（元）	工程类别	提取比例	产值奖提取金额（元）
1	某 120 兆瓦风电项目电力接入系统方案	接入系统	424000	变电工程	2%	8480
2	某 330 千伏变电站主变扩建工程	可研	215229	变电工程	14%	30132
				线路工程	12%	25827
3	某风电场 110 千伏升压站新建工程	施工图	597633	变电工程	6.5%	38846
…	…	…	…	…	…	…

2. 确定各业务中心分配比例及金额

以某 330 千伏变电站主变扩建工程可研阶段为例，计算系统设计中心、变电设计中心、工程造价中心在可研阶段产值奖分配金额，见表 5。

表 5 　　　　　　　　业务中心产值奖分配计算表

项目名称	设计阶段	可研编制费 /设计费（元）	工程类别	提取比例	提取产值奖金额（元）	业务中心	分配比例	分配产值奖金额（元）
某 330千伏变电站主变扩建工程	可研	215229	变电工程	14%	30132	系统设计中心	14%	4219
						变电设计中心	70%	21092
						造价设计中心	16%	4821
			线路工程	12%	25827	系统设计中心	12%	3099
						输电设计中心	73%	18854
						工程造价中心	15%	3874

3. 确定各工作环节分配比例及金额

各业务中心结合业务工作特点，制定本中心各专业二次分配比例及图纸校核考核细则。以某 330 千伏变电站主变扩建工程可研阶段变电设计中心产值奖（21092 元）二次分配情况为例说明，见表 6。

表 6　　　　　　　　变电设计中心产值奖二次分配计算表

工程名称	某 330 千伏变电站主变扩建工程 （工程兑现金额 21092 元）						
专业	各专业分配比例（％）	各专业分配金额（元）	岗位	分配比例（％）	计算金额（元）	考核金额（元）	应发金额（元）
项目经理	7	1476	项目经理		1476		1476
系统保护	7	1476	审核	1	148		148
			校核	15	221		221
			主设	75	1107		1107
系统通信（含光纤通信）	7	1476	审核	10	148		148
			校核	15	221		221
			主设	75	1107		1107
调度自动化	5	1056	审核	10	106		106
			校核	15	158		158
			主设	75	792		792
电气一次	30	6328	审核	10	633	−63	570
			校核	15	949	−95	854
			主设	75	4746	−475	4271
电气二次	22	4640	审核	10	464		464
			校核	15	696		696
			主设	75	3480		3480
土建	22	4640	审核	10	464		464
			校核	15	696		696
			主设	75	3480		3480
合计	100	21092	—	—	21092	−633	20459

4. 计算并发放产值奖

统计每个季度每项工程的分配金额，计算出每名员工的季度产值奖。以2019 年二季度产值奖分配情况为例，对变电设计中心各岗位员工以及各业务中心的产值奖进行举例说明，见表 7、表 8。

表 7　　　　　　　　　二季度变电设计中心员工产值奖对比

员工序号	二季度绩效工资合计（元）	岗位	最高值与最低值的差距
1	39857	土建设计	
2	33196	土建设计	
3	15371	土建设计	87.51%
4	14127	土建设计	
5	4977	土建设计	
6	24722	通信设计	—
7	35939	变电一次设计	
8	18406	变电一次设计	
9	16304	变电一次设计	
10	12678	变电一次设计	82.91%
11	8500	变电一次设计	
12	6794	变电一次设计	
13	6142	变电一次设计	
14	33620	变电二次设计	
15	21639	变电二次设计	
16	21563	变电二次设计	53.85%
17	15514	变电二次设计	

表8 二季度各业务中心员工产值奖对比

部室	最高值（元）	最低值（元）	最高值与最低值的差距
变电设计中心	39857	4977	87.51%
输电设计中心	44113	28034	36.45%
工程造价中心	40112	15647	60.99%
系统设计中心	39485	26443	33.03%

可以看出，实行设计人员"比例分割式"产值分配法后，各业务中心之间及内部员工之间产值奖均有效拉开差距，最高与最低差值在33.03%～87.51%，体现了生产岗位是靠设计成果来说话，实现"业绩是干出来的、工资是挣出来的"良好氛围。

国网宁夏经济技术研究院有限公司通过实施"比例分割式"产值分配法，取得良好成效。一是充分调动员工工作热情，提升工作满意度。产值奖分配法充分体现设计人员个人业务能力、工作态度及价值贡献程度。同时将科技创新、管理创新、设计竞赛等工作列入绩效考核细则，形成激励约束机制，有效提升设计人员的个人综合素质、工作热情和工作满意度。二是工作效率逐步提升，管理水平不断提高。在设计任务工期明确、压力逐级传递的前提下，设计人员工作变被动为主动，积极寻求提升设计质量工作思路，形成了公司上下积极协调沟通、全员履职尽责的良好氛围，公司经营管理水平得到进一步提升。

报送单位：国网宁夏经济技术研究院有限公司
编制人：王　丽　孙　悦　杨　阳　唐梦媛

162 突出贡献奖励法
——精准确定组织绩效考核责任贡献

> **导　入：** 在按重点工作任务完成情况进行打分的模式下，各部门（团队）报送的数据量普遍较大，"焦点"容易模糊，难以识别出亮点工作以及取得阶段性突破的重点工作。对此，国网国际发展有限公司实施了突出贡献奖励法，精准确定组织绩效考核责任贡献，更有针对性地进行考核评价，合理拉开差距。

工具概述

突出贡献奖励法是指部门或团队可就某一项重点工作申报突出贡献奖励，并根据工作贡献情况酌情分配一定权重给其他配合部门或团队。各部门（团队）在报送季度重点工作时，自主选取其中一项重点工作任务进行申报，公司领导班子成员根据申报内容的完成情况，给予加分意见。

适用场景：本工具适用于合作完成项目的部门或团队。

实施步骤

突出贡献奖励法实施步骤包括：突出贡献奖励申报、突出贡献奖励评价、突出贡献奖励计算。

1. 突出贡献奖励申报

开展季度绩效考核时，各部门（团队）在报送季度重点工作的同时，从中自主选取一项重点工作任务申报突出贡献奖励加分。部门（团队）申报突出贡献奖励加分时，可根据其他部门（团队）对该事项的协同配合情况（配合部门或团队不超过 5 个），同时申请加分分值的二次分配，分配总权重合计不超过 50%，其中以 5% 为一档，共设置十档。

2. 突出贡献奖励评价

公司领导班子成员根据申报内容给予加分意见，加分意见分为三档（1%、2%、3%）。每位领导班子成员给予加分的部门或团队个数不超过部门或团队总数的 1/3。例如，该季度参与绩效考核的部门数为 9 个，则每位领导班子可选择其中 3 个为其加分。公司正职领导评价结果各占 20% 权重，副职领导评价结果的平均值占 60% 权重，加权计算加分比例。

3. 突出贡献奖励计算

计算组织绩效考核的最终分值，计算方法为：基础分值 ×（1+ 突出贡献奖励比例）。

经验心得

（1）各部门、团队在申报突出贡献指标时可提交二次分配方案，分配一定权重奖励给配合部门、团队，但二次分配不是强制性操作，而且二次分配方案需在申报重点工作完成情况时一并报送，确保公平公正。

（2）计算突出贡献奖励时要注意二次分配的奖励比例，统计时减去分配出的比例并加上得到的奖励比例。

实践案例

1. 突出贡献奖励申报

公司各部门申报突出贡献奖励时，需描述突出贡献内容，同时提供分配给其他配合部门的奖励比例，具体分配比例由申报部门决定，见表 1。

表1   突出贡献申报表

申报部门	突出贡献内容	分配给其他部门的比例
部门 A	做成项目 A	部门 B10%、部门 D20%
部门 B	完成计划 B	部门 C5%、部门 D10%、部门 E10%
部门 C	实现目标 C	部门 A15%、部门 E20%
部门 D	解决问题 D	部门 B10%、部门 E30%
部门 E	突出贡献 E	部门 A50%
部门 F	突出贡献 F	部门 D15%、部门 E15%

2. 突出贡献奖励评价

公司领导班子成员根据申报内容给予加分评价，见表2。

表2   领导对突出贡献奖励的打分表

部门	正职 1	正职 2	副职 1	副职 2	副职 3	副职 4
部门 A	2%				1%	
部门 B		1%		2%		
部门 C		2%				1%
部门 D	2%			1%		
部门 E			2%		3%	
部门 F			3%			1%

3. 突出贡献奖励计算

部门分配前结果 = 正职 1×20%+ 正职 2×20%+[（副职 1+ 副职 2+ 副职 3+ 副职 4）/4]×60%

部门最终奖励 = 部门分配前结果 − 部门对外分配奖励 + 部门得到奖励

其中：部门对外分配奖励 = 部门分配前结果 × ∑部门对外分配比例

部门得到奖励 = Σ 其他部门分配给本部门的奖励

各部门所得到的突出贡献奖励最终结果见表 3。

表 3　　　　　　　　　　　突出贡献奖励结果一览

部门	分配前	分配出奖励	得到奖励	最终奖励
部门 A	0.55%	0.17%	0.46%	1.173%
部门 B	0.50%	0.13%	0.11%	0.735%
部门 C	0.55%	0.19%	0.03%	0.768%
部门 D	0.55%	0.22%	0.25%	1.020%
部门 E	0.75%	0.38%	0.14%	1.265%
部门 F	0.60%	0.18%	0	0.78%

综上，部门 A 的绩效得分 = 基础分值 ×（1+1.173%）；部门 B 的绩效得分 = 基础分值 ×（1+0.735%）；部门 C 的绩效得分 = 基础分值 ×（1+0.768%）；以此类推。

国网国际发展有限公司通过实施突出贡献奖励法，一是促使考核部门（团队）须做精做优本职工作，得到较高的基础分值，方可取得较高的加分；二是鼓励各部门（团队）积极参与公司重点工作，争取突出贡献奖励，获得"额外收益"，激发工作热情和主动性；三是通过对突出贡献奖励的二次分配，促进各部门形成合力，进一步强化部门专业协同，跨部门推进重点工作。

报送单位：国网国际发展有限公司

编 制 人：蔡晨光

163 KSF 薪酬全绩效考核法
——考准考实管理岗位业绩贡献

> **导　入：** 管理岗位考核时，如果薪酬分配不能体现员工的工作成效和价值贡献，就难以有效调动员工潜力、主动工作，激励效果不显著。国网信息通信产业集团有限公司亿榕信息公司创新实施 KSF 薪酬全绩效考核法以"结果导向、数据说话、效果付费"为原则，提取岗位关键成功因素，按关键成功因素确定考核指标、目标和标准，同时对每个指标赋予一定的价值，强化管理岗位自我驱动力，充分挖掘员工潜能，更好地衡量价值成果，实现了员工收入与关键业绩相匹配。

工具概述

KSF 薪酬全绩效考核法是指按照关键成功因素法（Key Success Factors，KSF）提炼工作岗位有价值的关键指标，并对关键指标进行全面绩效管理和价值评估，最后按照关键指标价值和考核情况支付薪酬，使得每个岗位都能清晰衡量出自己的工作价值和相应的工资，进而激励员工实现收入与组织成果的同步增长。

适用场景：本工具适应于中小微企业的管理岗位。

实施步骤

KSF 薪酬全绩效考核法实施步骤包括：分解核心指标、确定指标对应薪酬基数、分析每个指标的平衡点、设置指标激励规则。

1. 分解核心指标

根据年度目标，分解影响管理岗位目标达成的关键指标，设置为K_1、$\cdots$、K_n（其中 $n \leqslant 6$）。

2. 确定指标对应薪酬基数

分析 K_1、$\cdots$、K_n（其中 $n \leqslant 6$）对达成目标的影响力，根据影响力大小分别对应薪酬基数。

3. 分析每个指标的平衡点

通过历史数据分析往年目标达成情况，适度根据外部形势调整每季度预计达成比例，如二季度预计达成全年目标值的 15%，则以 15% 的目标值作为平衡点进行二季度考核。

4. 设置指标激励规则

超过平衡点有奖励，低于平衡点有惩罚。例如二季度设定的平衡点为完成全年目标值的 15%，目标达成率每超过 1%，对应奖励 20 元，每降低 1%，对应扣减 10 元。

经验心得

（1）找准目标平衡点是关键，需要进行较多的数据测算分析，同时做好沟通，确保最终达成一致目标。

（2）合理制定激励规则是重点，规则应既能激励员工又不大幅度增加公司成本。

实践案例

国网信息通信产业集团有限公司于 2017 年 1 月开始试点推行 KSF 薪酬全绩效考核法，真正实现了员工与公司共赢，共同发展。下面以亿榕信息公司业务部门管理岗位为例进行展示。

1. 分解核心指标

根据业务部门管理岗的岗位职责及目标任务，分析达成目标或胜任岗位的关键因素，萃取四个指标：进度收入、合同额、现金净值、项目健康度。

2. 确定指标对应薪酬基数

按照四个指标对目标达成的影响力大小，差异化确定指标对应的薪酬基数：进度收入对应薪酬基数 3200 元，合同额对应薪酬基数 2400 元，现金净值对应薪酬基数 1600 元，项目健康度对应薪酬基数 800 元。

3. 分析每个指标的平衡点

分析 2015 年、2016 年整体进度收入达成及增长情况，根据 2017 年预判的目标达成，确定指标平衡点为：进度收入目标 400 万元，合同额目标 700 万元，现金净值目标 100 万元，项目健康度目标 80 分。

4. 设置指标激励规则

进度收入指标激励规则设定如下：每多 10 万元奖励 100 元，每少 10 万元少发 60 元。

合同额指标激励规则设定如下：每多 10 万元奖励 100 元，每少 10 万元少发 60 元。

现金净值指标激励规则设定如下：每多 10 万元奖励 50 元，每少 10 万元少发 30 元。

项目健康度指标激励规则设定如下：每多 1 分奖励 50 元，每少 1 分少发 30 元。

以绩效工资 8000 元为例，当部门负责人 K_1、K_2、K_3、K_4 达到平衡点，当月可发放绩效工资为 8000 元；当部门负责人 K_1、K_2、K_3 各超平衡点 10 万元，K_4 多 1 分，当月可发放绩效工资为 8300 元（奖励 300 元）；当部门负责人 K_1、K_2、K_3 各少平衡点 10 万元，K_4 少 1 分，当月可发放绩效工资为 7820 元（少发 180 元）。

通过实施 KSF 薪酬全绩效考核法，部门负责人提高了数据经营意识，主动思考如何创造价值增量而获取奖励；有效整合了个人目标和组织目标，凝聚所有个体的力量形成合力，各司其职，共同服务于组织乃至公司的目标；进一步打破公司绩效分配"大锅饭"现象，个人绩效工资兑现率区间在 0～360% 之间，兑现率达到 100% 的人数占比约为 82%，其中达到 3 倍兑现率的人数占比约为 30%，有效实现绩效工资差异化分配，较好地发挥了绩效考核的激励约束作用。

报送单位：国网信息通信产业集团有限公司

编 制 人：庄 莉 谢 玮 康宝珍 林 颖

164 认可积分激励法

——激发青年员工内驱成长动力

> **导　入：** 面对员工队伍年轻化、个性化发展趋势，传统绩效管理方法逐步显露出管理方式僵硬、创新激励不足等弊端。为此，国网电子商务有限公司提出认可积分激励法，量化反映员工的综合贡献，调动员工创新激情，激发内驱成长动力。

工具概述

认可积分激励法，是通过建立认可积分机制，表达认可来激励员工持续成长的管理方法，以认可积分来体现组织对个人价值的认可，量化反映员工的综合贡献，并将积分与个人荣誉和福利挂钩，最终实现长效激励目标。

适用场景：本工具适用于青年员工。

实施步骤

认可积分激励法实施步骤包括：建立认可积分机制、记录积分事件和兑现荣誉福利。

1. 建立认可积分机制

明确认可积分的设定导向，约定认可积分的标准分值以及荣誉福利兑现的标准分值。认可积分激励机制要进行全员宣贯和解读，确保员工理解并接受。

认可积分包括五个方面：业绩积分、行为积分、文化积分、创新积分和成长积分，依据积分事件的重要程度和难易程度设定对应分值区间，既有正向认可积分也有负向惩戒积分。荣誉福利包含荣誉激励和福利激励两项，其中荣誉激励一般以积分排名、成就徽章为主，福利激励指在公司福利政策范围内以非物质激励为主的福利事项，如与外部企业的职业化交流、培训、读书卡等学习激励，领导深度座谈、慰问家属等关怀激励，还有调休假、运动券等健康激励。

2. 记录积分事件

搭建认可积分记录工具，对照积分标准，对员工认可积分进行记录统计，定期总结、排名及公示，随时关注、发现、认同、支持员工的价值贡献，打造透明、温馨、活跃的"工作圈"。

3. 兑现荣誉福利

当员工积累一定的认可积分后，可由单位定期进行公示，并给予荣誉表彰。同时，员工可自主选择用积分兑换相关福利，满足员工在个人发展、学习成长等方面的个性化需求，提升归属感。

◎ 经验心得

（1）"公开认可、及时反馈、关注未来"是认可积分激励法的主要特点，应科学全面设定认可积分项和标准，柔性地引导管理者转变权威式、粗放式的管理思路，让认可积分成为管理者的"隐形指挥棒"，共谱活力乐章。

（2）荣誉福利的兑换以非物质激励为主，充分挖掘企业潜在的隐形资源，适当满足员工的"小心愿"，以适度的投入获得最大程度的激励效果。

▤ 实践案例

国网电子商务有限公司自 2019 年 7 月开始应用认可积分激励法，获得青年员工的积极响应，显著提升了工作积极性、创造性，激发了员工自我成长的内驱动力。下面以天津技术研究院为例进行展示。

1. 建立认可积分机制

2019 年 7 月，天津技术研究院试行认可积分激励法，建立认可积分项标准与荣誉福利兑现标准，其中认可积分标准示例见表 1，荣誉福利示例见表 2。

表 1　　　　　　　　　　认可积分标准示例

序号	积分类型	认可积分标准	发放分值	发放周期
1	业绩积分	业绩排名前 20%	20	每月
2		完成专项、重点、攻坚、护网任务	100	每季度
3		中标外部项目，每 100 万合同额折合 10 分，10 分起算	10	每次
4	行为积分	资源引荐	10 ~ 100	每次
5		人才推荐最终成功入职	5	每次
6		不遵守工作纪律并产生严重后果	−20 ~ −10	每次
7	文化积分	撰写企业新闻并成功发布在外媒	2	每次
8		参与企业文化建设工作	2	每次
9	创新积分	引入新方法改善现有工作流程	50	每次
10		发表论文、专利等成果	10	每次
11	成长积分	技能提升	20	每次
12		参加培训学习	10	每次
13		在职期间，学历或职称提升	30	每次

表 2　　　　　　　　　　荣誉福利清单示例

序号	积分类型	荣誉福利清单	消耗分值	兑现类型
1	荣誉	潜力新星（成长积分专项累计达到 100 分）	0	公司统一发放
2		生产力之星（业绩积分专项累计达到 500 分）	0	公司统一发放
3		最牛技术（创新积分专项累计达到 150 分）	0	公司统一发放

续表

序号	积分类型	荣誉福利清单	消耗分值	兑现类型
4	福利	获得一次参加外部技术培训的优先权	50	员工自行申请
5		在线课程会员资格，有效期 1 年	25	员工自行申请

2. 记录积分事件

积分管理员依据认可积分标准进行日常记录，积分结果对所有员工公开展示，员工可以随时查看个人累计积分以及公开的排名结果。

3. 兑现荣誉福利

刚参加工作不久的 95 后开发工程师小王，2019 年 7 月获得在职研究生学历，9 月成功通过中级职称申报，12 月考取了 PMP 项目管理工程师证书，年内还参加了 2 次项目管理及大数据技术培训，技术水平有了明显增长，全年累计成长积分 100 分，符合"潜力之星"荣誉的颁发条件。在天津技术研究院年末总结大会上获得了表彰，并被邀请进行经验分享。这种全员范围的认可在很长一段时间内激励着小王和其他员工。小王用自己的个人积分换取了参加外部技术培训的优先权和两项线上技术课程，并表示 2020 年要更加提升技术水平，努力向最强技术荣誉发起挑战。

目前在天津技术研究院中，认可积分激励法在培养员工个人成长、科技创新成果、企业文化建设等方面取得显著成果。截至 2019 年年底，论文发表数量为 2018 年的 7 倍，初级及以上职称员工数量为 2018 年的 5 倍，新闻发布数量同比上升 150%，内部组织的大型分享交流会中有 53 人次进行经验分享，累计有近 4000 人次参与聆听分享。在认可积分激励法的引导下，青年员工的学习主动性显著增强，创新激情和团队活力显著提升。

报送单位：国网电子商务有限公司

编制人：傅 强 罗 鹏 张 宾 田晓芸

165 绩效薪金预留考核兑现法
——有效进行指标过程考核

> **导 入：** 关键业绩指标是部门绩效考核的重要内容，如何有效分解年度考核目标一直是个重点难点问题。国能昌图生物发电有限公司创新采用绩效薪金预留考核兑现法，预留因月（季）度关键业绩指标未完成而扣减的绩效薪金，在年度考评时根据全年目标完成情况来确定是否返还兑现，实现月（季）度过程考核与年度结果考核有机结合，强化了绩效考核的结果导向，进一步激发了员工的工作积极性。

🗨 工具概述

绩效薪金预留考核兑现法，是指在阶段性绩效考评结果兑现绩效薪金时，将扣发的绩效薪金预留延期至年底，根据年度考核结果一并兑现的绩效考核兑现方法。

适用场景：本工具适用于以量化指标考核为主的单位（部门）。

⚙ 实施步骤

绩效薪金预留考核兑现法实施步骤包括：阶段性考核绩效薪金预留和年终考核结果兑现。

1. 阶段性考核绩效薪金预留

将年度关键业绩指标分解至月度，形成月度考核指标及目标值，月度开展绩效评价（以满分 100 分为例），计算月度绩效薪金。

月度绩效薪金 = 月度绩效薪金基数 × 月度考核得分 /100

月度预留绩效薪金 = 月度绩效薪金基数 – 月度绩效薪金

年度预留绩效薪金 = ∑月度预留绩效薪金

2. 年终考核结果兑现

对年度关键业绩指标完成情况进行评价，若完成年度指标，则年度预留绩效薪金全额返还至被考核部门（个人）；若未完成年度指标，该部分绩效薪金不再返还。

经验心得

（1）要加强对员工的宣传引导，让员工充分认识到绩效薪金预留的目的，强调指标过程管控考核的同时，引导各级组织员工全力争取完成年度目标，树立结果导向。

（2）在组织（员工）完成年度考核目标后，注意及时兑现预留绩效薪金。

实践案例

国能昌图生物发电有限公司于 2019 年 1 月 1 日开始应用绩效薪金预留考核兑现法，当年发电量较去年同期增长 11.23%，利润增长 11.32%，员工人均收入增长 10.61%。下面以生产部月度考核评价为例进行展示。

1. 阶段性考核绩效薪金预留

生产部月度关键业绩指标体系及评价标准见表 1。2019 年各月考核得分及预留绩效薪金见表 2。

表 1 　　　　　　　　　　　生产部月度关键业绩指标体系

序号	考核指标	各项指标及评分方法	权重
1	发电量	最低分为 0。与计划值比，每升高 1 万千瓦时，加 0.5 分，最低分为 0；与计划值比，每降低 1 万千瓦时，减 0.5 分。（月度实际值为准，若未完成可从其他月份超发中扣除）	35%

序号	考核指标	各项指标及评分方法	权重
2	发电原杆单耗	部门得分：完成计划值，得满分；与计划值比，每升高 10 克 / 千瓦时，扣 0.5 分，最低分为 0；与计划值比，每降低 10 克 / 千瓦时，加 0.5 分（以月底盘库与皮带秤实际消耗相结合为准，月底盘库不亏库则满分）	20%
3	厂用电率	部门得分：完成计划值，得满分；与计划值比，每升高 0.1%，扣 0.5 分，最低分为 0 分；与计划值比，每降低 0.1%，加 0.5 分（月度实际值为准）	15%
4	生产材料出库	部门得分：完成计划值，得满分；与计划值比，每升高 1 万元，扣 1 分，最低分为 0 分；与计划值比，每降低 1 万元，加 1 分（生产部月度实际出库为准）	10%
5	非计划停运	部门得分：完成计划值，得满分；与计划值比，每发生一次，扣 5 分，最低分为 0（外网故障除外）；完成连续安全运行 100 天加 10 分，完成连续安全运行 200 天加 20 分	5%
6	燃料亏库	月度新增亏库每亏 50 吨扣 0.15 分，最低分为 0 分，涨库 50 吨加 0.15 分，最高加 5 分	5%
7	飞灰含碳量	计划值为 10%，每升高 1%，扣 0.15 分。每降低 1%，加 0.15 分，最低分为 0 分	2.5%
8	炉渣含碳量	计划值为 10%，每升高 1%，扣 0.15 分。每降低 1%，加 0.15 分，最低分为 0 分	2.5%
9	主燃料使用率	计划值为 85%，每升高 1%，加 0.5 分。每降低 1%，扣 0.5 分，最低分为 0 分	5%
10	安全约束项目	每发生一次轻伤扣 2 分，重伤扣 5 分，重大事故扣 10 分	
合计			100%

表 2 生产部月度关键业绩指标体系

月度	生产部			
	月度绩效薪金基数（元）	得分	月度绩效薪金（元）	预留绩效薪金（元）
1	90000	93.12	83808	6192
2	90000	88.32	79488	10512
3	90000	100	90000	0
4	90000	103.2	90000	0

月度	生产部			
	月度绩效薪金基数（元）	得分	月度绩效薪金（元）	预留绩效薪金（元）
5	90000	100	90000	0
6	90000	92.25	83025	6975
7	90000	84.3	75870	14130
8	90000	96.32	86688	3312
9	90000	95.77	86193	3807
10	90000	98.56	88704	1296
11	90000	100	90000	0
12	90000	100	90000	0
合计				46224

2. 年终考核结果兑现

生产部年度考核关键业绩指标与月度关键业绩指标一致，目标值为年初设定目标值，全年统算完成后，各项指标均达到或超过目标值，生产部月度预留绩效薪金全部发放。

年终考核预留绩效薪金 = ∑月度预留绩效薪金 =46224 元

通过实施绩效薪金预留考核兑现法，有效提升了绩效考评的客观性，促进员工在绩效落后的情况下"奋起直追"，紧盯工作目标，强调绩效考核的结果导向，带动公司经营效益稳步提升。

报送单位：国网综合能源服务集团有限公司

编制人：孟　丽

166 奖金包干制考核法

——提升绩效经理人和员工绩效意识

> **导　入：** 目前，绩效奖金由人资部门根据部门和员工考核得分进行计算和兑现，部门之间、部门内部员工的实际兑现结果以及因考核结果产生的差距不直观，导致绩效经理人和员工对绩效工作不重视，不能很好地调动员工的积极性。国家电网有限公司直流技术中心采取奖金包干制考核法，由人资部门根据各部门考核结果将奖金总额包干分配至各部门，由部门经理对内部员工进行二次分配，有效提升了绩效经理人和员工的绩效意识。

💬 工具概述

奖金包干制考核法是指人资部门根据部门考核得分将奖金总额包干分配至部门，由部门经理根据二级考核规则自行进行分配的考核法。

适用场景：本工具适用于各类单位的职能部门。

⚙️ 实施步骤

奖金包干制考核法实施步骤包括：部门绩效考核和员工绩效考核。

1. 部门绩效考核

部门经理代表部门制定部门季度绩效合约，经分管领导和中心主要领导审核后执行。季度末由分管领导和中心主要领导对各部门进行评分，得出部门季度绩效得分。部门经理及部门所有人员绩效薪金均与部门绩效分数挂钩，部门经理奖金额外计算，部门其他人员绩效奖金包干总额计算公式为：

部门绩效奖金包干总额 = ∑部门员工绩效奖金基数 × 部门绩效考核分数

2. 员工绩效考核

员工季度初制定季度绩效合约，经部门绩效经理人审核后执行，季度末由绩效经理人进行评分和定级，并将绩效奖金包干总额二次分配给部门员工，实现 A 级员工应不少于原标准的 1.15 倍，C 级员工应不多于原标准的 0.9 倍，D 级员工调减绩效薪金比例，应不多于原标准的 0.5 倍。

经验心得

（1）部门一级考核时，分管领导及中心主要领导根据部门季度工作表现进行科学合理评分，并适当进行加减分，体现出部门差距。对于表现优秀的部门，应给予足够加分，保证部门整体绩效薪金得到足够增长，足以涵盖部门绩效经理人对于表现优秀的 A 级员工给予 1.15 倍绩效奖励。

（2）部门内部分配时，部门绩效经理人应根据部门绩效得分和部门员工绩效表现进行合理评级。部门整体表现优秀，得到加分较高时，可给予绩效表现优秀的员工较高奖励；部门整体表现一般时，绩效经理人要合理区分部门内员工奖励水平；部门整体表现较差，没有加分或被扣分时，部门整体绩效薪金未增长或者减少，部门绩效经理人须明显区分部门员工绩效表现水平，体现出薪酬分配的差距。

实践案例

国家电网有限公司直流技术中心自 2019 年 4 季度开始实行部门绩效薪金预留考核兑现法，部门内部员工奖金差距明显拉开，员工积极性显著增强。下面以获得 A 级的党建部为例进行展示。

1. 部门绩效考核

党建部经分管领导和中心主要领导打分，最终得分为 103 分，是考核标准分（100 分）的 1.03 倍，评级为 A 级。

部门员工绩效薪金基数相应乘以 1.03 倍系数，得出部门绩效薪金。

2. 员工绩效考核

部门绩效经理根据部门绩效薪金总额和部门人员考核情况，分配绩效薪金。该部门共 6 人，最终确定 A 级员工 1 人，B 级员工 5 人，绩效薪金兑现情况见表 1。

表 1 　　　　　　　　　　2019 年 4 季度党建部员工个人绩效对比情况

姓名	绩效等级	实施后绩效奖金与原奖金基数倍比	实施前绩效奖金与原奖金基数倍比
张 *	B	1.03	1
杨 *	B	1.03	1
李 *	A	1.15	1
梅 *	B	1.039	1
张 *	B	1.03	1
王 *	B	1.05	1

通过以上奖金分配结果可以看出，实行部门奖金包干后，对于绩效优秀部门，在部门员工普遍受益的基础上，绩优员工受益更多，拉开了部门内部不同绩效员工的薪酬分配差距，避免了"大锅饭"式的薪酬分配模式，提升了绩效经理人和员工的权责意识和绩效意识。

国家电网有限公司直流技术中心通过实施绩效薪金预留考核兑现法，取得良好效果。一是绩效经理人履职意识明显提升。在明确中心业绩考核目标后，各部门绩效经理人进一步分解确定了部门的绩效目标。同时，绩效经理人被授予绩效薪金分配权后，更直观感受到了绩效考核结果对薪酬分配的影响力，进一步增强了权责对等意识，提高了将绩效管理方法应用于日常工作的自觉性和主动性。二是员工绩效意识明显增强。实行绩效薪金与个人和部门绩效双挂钩后，月度绩效薪金和年度绩效薪金累计占比超过年度总收入的70%，A 级员工绩效奖金超过同层级人员平均水平 15%，A 级部门员工均有不同程度收入增加，员工绩效团队意识增强，绩效考核的激励约束作用凸显，绩效文化范围日益浓厚。

报送单位：国家电网有限公司直流技术中心
编 制 人：翟　琮

167 绩效奖金逐级分配法
——加大部门绩效与奖金分配的挂钩匹配度

> **导　入：** 拉开同层级高绩效与低绩效部门员工的薪酬差距，可以更加科学合理地反映员工实际工作业绩贡献。国网英大国际控股集团有限公司推行绩效奖金逐级分配法，根据部门贡献核定部门奖金包，授权部门绩效经理人进行二次分配，实现薪酬与考核结果相匹配，充分体现奖勤罚懒、多劳多得的绩效激励导向。

工具概述

绩效奖金逐级分配法，是以部门为单位，根据部门考核结果核定部门奖金包，由部门负责人根据实际工作情况进行二次分配。绩效奖金按季兑现，绩效考核不好的部门，绩效奖金包将低于原有水平；绩效考核不好的员工，绩效奖金可以降为0。

适用场景：本工具适用于各类企业内部绩效奖金分配。

实施步骤

绩效奖金逐级分配法实施步骤包括：确定部门奖金系数、核定部门奖金包、核定部门负责人绩效奖金、核定部门员工奖金。

1. 确定部门奖金系数

根据各部门绩效考核得分与排序，确定绩效考核得分最高的部门奖金系数为1.5，得分最低的部门奖金系数为0.5，其他部门按线性分布方式计算相应奖金系数。

$$K_i = (S_i - S_{min})/(S_{max} - S_{min}) + 0.5$$

式中，K_i 表示部门 i 的奖金系数；S_i 表示部门 i 的考核得分；S_{max} 表示部门考核最高分；S_{min} 表示部门考核最低分。

2. 核定部门奖金包

以部门内全体员工的绩效奖金标准总量为基数，根据部门绩效奖金系数，核定部门奖金包。

部门奖金包 = 员工绩效奖金标准总量 × 部门绩效奖金系数

3. 核定部门负责人绩效奖金

部门负责人根据其绩效奖金标准占部门全体员工绩效奖金标准总量的比例，在部门奖金包中直接计算发放。

部门负责人绩效奖金 = 部门奖金包 × （部门负责人绩效奖金标准 / 员工绩效奖金标准总量）

4. 核定部门员工奖金

部门负责人根据员工考核结果提出分配建议，经分管领导审批后，反馈到人资部，由人资部兑现。

◎ **经验心得**

（1）员工与部门业绩考核结果高度挂钩，有利于将部门职责和重点工作捆绑到部门内每一位员工，进一步有效传导经营任务和压力。

（2）绩效经理人作为部门员工的直接管理人，更能真实有效地评价员工的贡献和作用，授予部门绩效经理人分配权，有利于充分发挥绩效经理人职责、树立绩效经理人权威，使"多劳多得"真正落地。

（3）拉开了同层级高绩效员工与低绩效员工绩效奖金差距，收入最高相差 4 倍，传递了绩效正向激励导向。

实践案例

国网英大国际控股集团有限公司于 2019 年 12 月开始应用绩效奖金逐级分配法，全体员工的绩效奖金分配更加科学、合理，营造了干事创业的良好氛围。下面以 2019 年底绩效奖金分配为例进行展示。

1. 确定部门奖金系数

公司对各部门进行考核排名。部门 A 得分最高为 118.42 分，部门 N 得分最低为 111.46 分，部门 K 得分 113.33 分。部门 A 系数为 1.5，部门 N 系数为 0.5，其余部门线性计算奖金系数，结果见表 1。

表 1　　　　　　　　　　各部门考核得分及奖金系数

序号	部门名称	考核得分	部门奖金系数
1	部门 A	118.42	1.5
2	部门 B	116.91	1.283045977
3	部门 C	116.35	1.202586207
4	部门 D	114.91	0.995689655
5	部门 E	114.64	0.956896552
6	部门 F	114.61	0.952586207
7	部门 G	114.52	0.939655172
8	部门 H	114.2	0.893678161
9	部门 I	114.14	0.885057471
10	部门 J	113.4	0.778735632
11	部门 K	113.33	0.768678161
12	部门 L	112.07	0.587643678
13	部门 M	111.69	0.533045977
14	部门 N	111.46	0.5

2. 核定部门奖金包

以部门 K 为例，共有员工 5 人，假如 5 名员工绩效奖金标准总量为 10000 元（此为示例数据），则部门 K 绩效奖金包为 10000×0.768678=7686.78（元）。

3. 核定部门负责人绩效奖金

根据部门负责人绩效奖金标准占 5 名员工绩效奖金标准总量的比例，计算得出其在部门奖金包中的分配比例为 34%（此为示例数据），则其绩效奖金为 7686.78×34%=2613.5（元）。

4. 核定部门员工奖金

部门 K 负责人进行二次分配。除部门 K 负责人外其余 4 人绩效奖金包为 7686.78-2613.5=5073.28（元）。员工 W 工作成效优异，绩效奖金 2573 元；员工 X 工作成效较好，绩效奖金 1500 元；员工 Y 工作成效一般，绩效奖金 1000 元；员工 Z 工作成效差，未完成考核要求，绩效奖金 0。

部门 K 负责人将分配建议报分管领导审核同意后，发送至人资部，由人资部进行兑现。

绩效奖金逐级分配法加大了部门绩效奖金包与部门绩效考核结果挂钩、员工绩效奖金与部门及个人绩效考核结果双挂钩的力度，合理拉开薪酬差距，充分体现"多劳多得""奖勤罚懒"的激励导向，进一步打破了管理机关"大锅饭"现象，有效激发部门及员工干事创业。

报送单位：国网英大国际控股集团有限公司

编 制 人：庞　潇

168 分管条线考核兑现法
——精准核定市场化单位分公司领导班子副职绩效薪酬

> **导　入：** 在传统管理上，一般按级别、按任职时间对分公司领导班子副职进行定岗定薪，普遍存在绩效薪酬占比较低的现象，机构规模大小、班子分管工作内容对分公司领导班子副职的绩效影响不明显，激励约束成效不高。英大泰和财产保险股份有限公司坚持从按劳分配向管理要素分配转变的原则，实现分支机构领导班子副职薪酬根据其分管条线业绩直接核定，从制度设计上杜绝了收入分配上的"搭便车"行为，有效提升了分支机构领导班子副职的积极性。

工具概述

分管条线考核兑现法，是指领导班子副职的薪酬标准核定、考核兑现完全由领导班子副职分管条线的工作内容、业务规模及业绩贡献决定，与年龄、任职时间先后等无关，打破"论资排辈"，杜绝"老好人"考核。

适用场景：本工具适用于市场化程度较高的分支机构领导班子副职绩效薪酬兑现。

实施步骤

分管条线考核兑现法实施步骤包括：确定薪酬标准核定规则、确定考核兑现规则。

（一）确定薪酬标准核定规则

根据同类型分支机构的经营管理特点，确定领导班子副职的工作职责内容，找出影响业绩的关键指标，作为分管不同工作的领导班子副职年度薪酬标准区间划分的依据，制定薪酬标准二维表。

（二）确定考核兑现规则

确定年度薪酬标准后，按一定比例确定薪酬的结构及考核兑现方式。

年度薪酬 = 基本薪酬 + 绩效薪酬

绩效薪酬 = 管理绩效薪酬 + 预留绩效薪酬 + 经营绩效薪酬

1. 基本薪酬兑现

基本薪酬 =30% × 年度薪酬标准 × 地区系数，其中地区系数由公司根据第三方提供的数据确定，基本薪酬随月度工资发放。

2. 管理绩效薪酬兑现

管理绩效薪酬标准为固定值，原则上不高于年度薪酬标准的 15%，随月度工资发放，年终根据分公司党建、风险合规考核情况清算。

3. 经营绩效薪酬兑现

经营绩效薪酬 = 月度经营绩效薪酬（40%）+ 年终经营绩效薪酬（60%）

月度经营绩效薪酬根据领导班子副职分管工作的业务执行进度进行兑现，并根据全年完成情况进行清算。

年终经营绩效薪酬根据领导班子副职年度考核结果进行兑现。年度考核包括规模、利润等 KPI 指标及部分健康指标组成，分公司年度考核根据考核成绩划分为卓越（考核得分 ≥100 分）、优秀（80 分 ≤ 考核得分 < 100 分）、良好（60 分 ≤ 考核得分 < 80 分）、待改进（考核得分 <60 分）四个等级，根据分公司年度考核排名情况，每个等级划分为三档，排名在前 30% 的为 1 档，排名在后 30% 的为 3 档，排名在 30% ~ 70% 的为 2 档，每个等级、每个档

位对应不同的年度经营绩效薪酬兑现系数，用于年度经营绩效薪酬核算，即：年度经营绩效薪酬 = 年度经营绩效薪酬标准 × 年度经营绩效兑现系数，兑现系数具体核定见表1。

表 1　　　　　　　　　　　　年度经营绩效薪酬兑现系数

系数　　档次 等级	1 档	2 档	3 档
卓越	1.3	1.2	1.1
优秀	1.0	0.9	0.8
良好	0.7	0.6	0.5
待改进	绩效管理委员会研究		

4. 预留绩效薪酬兑现

预留绩效薪酬与分公司年度整体经营绩效考核结果挂钩，预留绩效薪酬标准原则上不低于年度经营绩效薪酬标准的 20%，年终根据分公司年度考核情况发放。

经验心得

（1）确定薪酬标准原则时，要充分考虑公司的战略导向、业务分类及不同分支机构的规模差异，合理划分区间，标准薪酬太高或太低都起不到激励效果。

（2）绩效薪酬的结构、比例可结合各单位实际确定，要有明确的考核标准。

（3）兑现月度经营绩效薪酬时，如有月度考核，可按考核结果兑现；如月度不考核，可选用占考核主指标的月度完成情况作为兑现依据，以时时传导经营考核压力。

📝 **实践案例**

英大泰和财产保险股份有限公司于 2019 年开始应用分管条线考核兑现法，实现了薪酬与条线工作业绩完全挂钩。下面以两家分公司分管车险条线副职 2019 年度薪酬核定及兑现情况为例进行展示。

（一）薪酬标准核定

2020 年车险条线副职年度薪酬标准根据分公司车险保费规模及车险保费市场占有率情况进行核定，具体标准表见表 2。

表 2　　　　　　　　　　　　　年度薪酬标准　　　　　　　　　　单位：万元

保费	市场占有率			
	0.25% 以下	0.25% ~ 0.45%	0.45% ~ 0.65%	0.65% 以上
2 亿元以上	60	65	70	75
1.5 亿 ~ 2 亿元	55	60	65	70
1 亿 ~ 1.5 亿元	50	55	60	65
0.5 亿 ~ 1 亿元	45	50	55	60
0.5 亿元以下	40	45	50	55

A 分公司 2019 年度市场业务总保费规格 1.5 亿元，其中车险保费计划额度为 1.1 亿元，车险市场占有率为 0.4%，根据薪酬标准表进行核定，分公司分管车险班子成员年度薪酬标准为 55 万元，其中年度经营绩效薪酬为 20 万元，年度预留绩效薪酬为 5 万元，虽车险总体规模偏低但市场占有率较高，说明在充分市场竞争中车险业绩较好，较以往未实行条线考核年度薪酬标准提高 10 万元。

B 分公司 2019 年度市场业务总保费规模 2.2 亿元，其中车险保费计划额度为 1.35 亿元，车险市场占有率为 0.24%，根据薪酬标准表进行核定，分公司分管车险班子成员年度薪酬标准为 50 万元，其中年度经营绩效薪酬为 17 万元，年度预留绩效薪酬为 5 万元，较以往未实行条线考核年度薪酬标准降低 7.5 万元。

（二）年度绩效考核兑现

1. A 分公司考核兑现情况

A 分公司 2019 年度整体年度考核等级为卓越类 3 档，分管车险条线年度考核等级为良好 3 档（同年度兑现系数），分公司分管车险条线领导班子副职 2019 年度绩效薪酬兑现情况如下：

年度经营绩效薪酬 = 年度经营绩效薪酬标准 × 车险条线年度考核兑现系数 =20×0.5=10（万元）

年度预留绩效薪酬 = 年度预留绩效薪酬标准 × 分公司年度考核兑现系数 =5×1.1=5.5（万元）

年度绩效薪酬合计（不含管理绩效薪酬）= 年度经营绩效薪酬 + 年度预留绩效薪酬 =10+5.5=15.5（万元）

A 分公司 2019 年度整体考核情况较好，但车险条线年度考核结果较差，因此分公司车险条线副职年度绩效实际薪酬较年度绩效薪酬标准减少了 9.5 万元。

2. B 分公司考核兑现情况

B 分公司 2019 年度整体年度考核等级为优秀类 1 档，分管车险条线年度考核等级为卓越类 1 档，分公司分管车险条线领导班子副职 2019 年度绩效薪酬兑现情况如下：

年度经营绩效薪酬 = 年度经营绩效薪酬标准 × 车险条线年度考核兑现系数 =17×1.3=22.1（万元）

年度预留绩效薪酬 = 年度预留绩效薪酬标准 × 分公司年度考核兑现系数 =5 × 1.0=5（万元）

年度绩效薪酬合计（不含管理绩效薪酬）= 年度经营绩效薪酬 + 年度预留绩效薪酬 =22.1+5=27.1（万元）

B 分公司 2019 年度整体考核情况一般，但车险条线年度考核结果较好，因此分公司车险条线副职年度绩效实际薪酬较年度绩效薪酬标准增加了 5.1 万元。

英大泰和财产保险股份有限公司实行分管条线考核兑现法后，分管条线副职年度薪酬标准体现条线年度业绩规模，取消了分公司整体业绩规模对条线副职年度薪酬标准的影响，要想提升条线副职年度薪酬标准，只能增加条线业务年度计划目标。分管条线副职年度实际薪酬主要取决于条线年度考核结果，弱化了分公司年度整体考核结果对条线副职年度绩效薪酬的影响，强化了条线副职年度考核结果对年度绩效薪酬的激励约束作用。上述案例中 A 分公司车险条线副职年度标准绩效薪酬高于 B 分公司车险条线副职年度标准绩效薪酬，但是由于 2019 年度 A 分公司车险条线考核结果较差，B 分公司车险条线考核结果较好，因此 A 分公司车险条线副职年度实际绩效薪酬会低于 B 分公司车险条线副职年度实际绩效薪酬。

报送单位：英大泰和财产保险股份有限公司
编 制 人：赵付明　吴成广　张幺文

169 "贡献分档＋增量提奖"考核兑现法
——增强市场化单位分公司领导班子激励效果

> **导　入：**近年来，市场竞争日趋激烈，市场化金融单位分公司之间业务发展日益不均衡，应用于分公司领导班子的传统奖金激励模式与业务贡献关联度较低，影响了公司业务发展。英大泰和人寿保险股份有限公司实施"贡献分档＋增量提奖"考核兑现法，按照业务贡献分档确定业绩奖金基数，同时，对业务规模增量进行提奖的激励方式，拉大了不同业务规模分公司领导班子之间的收入分配差距，在一定程度上调动了业务管理者工作积极性，实现了奖优罚劣，带动了公司业绩增长。

工具概述

　　"贡献分档＋增量提奖"考核兑现法，是指以年度任务计划为目标，按照年度业务贡献，从达成值和增长值两个角度分别确定业绩奖金和效益奖金的考核兑现办法。其中，按照年内实际达成的业务规模进行分档，不同档位对应不同的业绩奖金基数，同时，辅以年度考核得分系数，确定年度业绩奖金；按照超出上年实际达成业务规模的一定比例进行提奖，确定年度效益奖金。通过实施"贡献分档＋增量提奖"考核兑现法，强化"按劳分配、多劳多得"，有效解决了分公司领导班子成员分配差距小、激励效果不佳等问题，激发分公司领导班子成员干事创业积极性。

　　适用场景：本工具适用于市场化金融单位分公司领导班子成员考核激励兑现。

实施步骤

"贡献分档＋增量提奖"考核兑现法实施步骤包括：确定分公司年度经营计划及考核指标、签订年度业绩考核责任书、制定年度绩效考核方案及奖金分配方案、年度绩效考核及奖金分配结果。

（一）确定分公司年度经营计划及考核指标

年初，根据公司年度"关键业绩"指标考核内容，结合公司年度发展战略，与总公司渠道部门沟通确定分公司年度经营计划，明确考核指标、目标值及考评标准。

考核指标中经营业绩类指标权重占比不低于80%，并对利润贡献设定清零标准。分公司年度关键业绩指标及评价标准见表1。

表1　　　　　　　　　分公司年度关键业绩指标及评价标准表

指标分类		目标值	评价标准
经营业绩类指标	利润贡献	比照历史情况、行业水平及年度考核要求确定目标值	得分＝标准分 ×（完成值／目标值）设定得分上限及清零标准
	保费收入		
	价值达成		
综合运营类指标	13个月保费继续率		完成值高于目标值加分，同时，设定得分上限及清零标准
	25个月保费继续率		
	费用控制		
	营销人员管理		根据管理要求设定
	机构管理		

（二）签订年度业绩考核责任书

公司根据《企业负责人业绩考核责任书》考核内容，确定分公司年度业绩考核内容及目标值。分公司年度业绩考核内容包括：分公司年度经营计划、党建工作、专业工作、安全工作、管理能力。目标值根据公司党委会审计结果确定后，公司领导与分公司负责人签订业绩考核责任书。

（三）制定年度绩效考核方案及奖金分配方案

公司制定绩效考核方案及奖金分配方案，明确绩效考核评价体系及奖金分配规则，并作为年度考核及奖金分配的依据。绩效考核方案及奖金分配方案经公司党委会审议后执行。

1. 绩效考核方案内容

由总公司统一确定班子成员考核指标体系，明确考核指标、权重、目标值及评价标准，建立考核结果核定规则。

2. 奖金分配方案内容

分公司领导班子成员年度绩效奖金由年度业绩奖金、年度效益奖金构成。

（1）确定年度业绩奖金的核定规则。

年度业绩奖金 = 业绩奖金基数 × 个人年度考核得分兑现系数 × 绩效奖金总量调节系数

根据各业务渠道业绩贡献分别核定奖金基数，划分为若干档，每档设定不同的奖金基数，见表2。渠道班子成员业绩奖金基数按照业务分档平台确定，主要负责人业绩奖金基数按照所辖分公司各业务渠道占比的加权值确定。

表2　　　　　　　　　　　业绩奖金基数分档表

档次	业务贡献区间（万元）	业绩奖金基数（万元）
第一档	4500（含）以上	20
第二档	3000（含）～4500	18
第三档	2000（含）～3000	15

档次	业务贡献区间（万元）	业绩奖金基数（万元）
第四档	1000（含）～2000	12
第五档	500（含）～1000	8
第六档	500以下	5

个人年度考核得分兑现系数 = 年度考核得分 /100

考核得分及考核等级直接应用于奖金兑现。年度考核等级为 D 及以下的，兑现系数直接为 0。

绩效奖金总量调节系数：根据公司当年度经营情况确定。

（2）确定年度效益奖金的核定规则。

年度效益奖金 = 效益奖金基数 × 提奖比例

效益奖金基数：根据业务达成结果与上年同比的增加值确定。渠道班子效益奖金基数按照所分管渠道的业务达成结果与上年同比的增加值确定。主要负责人效益奖金基数按照所辖分公司整体业务达成结果与上年同比的增加值确定。

提奖比例：根据业务结构及测算结果确定。

（四）年度绩效考核及奖金分配结果

年度考核期结束后，总公司各部门按照职责分工汇总各分公司、各业务渠道年度考核得分，并确定最终考核结果及奖金兑现结果，经公司领导审批后执行。

◎ 经验心得

（1）数据统计工作涉及总公司各部门，信息采集及统计的工作量较大，需要在年初确定有关部门的职责分工，特别是考核评分部门、业绩审核部门，确保考核期结束后能及时获取考核得分及业绩达成结果。

（2）年度任务计划对奖金方案测算影响较大，既要保证任务增幅大时，奖金池总量不超出年度预算，也要考虑市场因素影响下，未达成计划时营销队伍的稳定性。

（3）多方征求绩效考核小组成员意见，充分了解市场、公司年度经营计划、分公司领导班子配置和分工情况，减少对测算结果的影响。

📝 实践案例

英大泰和人寿保险股份有限公司自 2019 年 1 月开始使用"贡献分档 + 增量提奖"考核兑现法，实现了公司多项关键业绩指标超额达成，公司利润总额较上年增长 41%，保费收入较上年增长 79%。下面以湖北、山西、河北、山东、浙江 5 家分公司个人保险渠道模拟数据为例进行展示。

（一）确定分公司年度经营计划及考核指标

个险渠道经营指标及考核标准、部分单位经营指标目标见表 3、表 4。

表 3　　　　　　　　　　　个险渠道经营指标及考核标准

序号	分类	指标名称	标准分值	计算方法
1	价值达成	个险新业务价值	70	得分 = 分值 × 达成率，加分累计不超过标准分值的 20%
2	保费达成	个险新单标准保费	15	得分 = 分值 × 达成率，加分累计不超过标准分值的 20%
3	运营 KPI	月均有效活动人力	15	得分 = 分值 × 达成率，达成率 120% 封顶；同比负增长，该指标不得分
4		个险 13 个月保费继续率	—	高于目标值且实收续期保费平台超过 1000 万元，每高一个百分点加 1 分，最多加 3 分；低于目标值：82% ≤ 达成值 < 90%，每低一个百分点扣 2 分；达成值 < 82%，银保新业务价值得分清零，该指标不扣分

续表

序号	分类	指标名称	标准分值	计算方法
5	运营KPI	个险25个月保费继续率	—	高于目标值且实收续期保费平台超过800万元，每高一个百分点加1分，最多加3分；低于目标值：85%≤达成值＜94%，每低一个百分点扣2分；达成值＜85%，银保新业务价值得分清零，该指标不扣分
6		渠道费用控制率	—	达标不得分；每超过目标值一个百分点扣1分，最多扣10分

表4　　　　　　　　　部分单位经营指标目标

分公司	新业务价值（万元）	新单标准保费（万元）	运营KPI			
			月均有效活动人力	13个月保费继续率	25个月保费继续率	费用控制率
湖北	4500	3200	4760	≥90%	≥94%	≤100%
山西	3000	4000	1710	≥90%	≥94%	≤100%
河北	2000	3300	2530	≥90%	≥94%	≤100%
山东	500	3800	3470	≥90%	≥94%	≤100%
浙江	1500	3300	2530	≥90%	≥94%	≤100%

（二）签订年度业绩考核责任书

湖北分公司年度业绩考核责任书内容见图1。

图1　湖北分公司年度业绩考核责任书

（三）制定年度绩效考核方案及奖金分配方案

年度绩效考核方案内容见表5。

表5　　　　　　　　　　　年度绩效考核方案内容表

考核内容	权重	考核方法
年度经营计划及考核指标	70%	依据发展策划部门对分公司各业务渠道考核评定的分数确定。标准分100分
党建工作	20%	根据分公司党建工作考核得分确定。标准分100分
重点工作	5%	依据分公司重点工作完成情况进行评分。标准分100分
管理能力	5%	从贯彻执行、业务水平、管理创新、统筹规划、领导决策五个方面进行评分，标准分100分
安全工作	扣分项	对合规、审计、党风廉政、纪检监察、风险管理、信息安全、人力资源管理、财务管理及保密工作等相关事项进行综合评分
干部考核事项	参考项	参照公司干部管理相关规定考评

（四）年度绩效考核及奖金分配结果

1. 年度考核结果

各分公司A渠道经营计划考核得分及班子年度考核得分，分别见表6和表7。

表6

部分单位 A 渠道经营计划考核得分表

单位	新业务价值收入 70%					保费收入 15%					其他业绩指标 15%					经营计划得分
	年目标（万元）	完成值（万元）	达成率	分值	年度得分	年目标（万元）	完成值（万元）	达成率	分值	年度得分	年目标（人数）	完成值（人数）	达成率	分值	年度得分	
湖北分公司	4500	5400	120.0%	70	84.00	3200	3881	121.3%	15	18.00	4760	5000	105.0%	15	15.76	117.76
山西分公司	3000	2958	98.6%	70	68.99	4000	4323	108.1%	15	16.21	1710	1748	102.2%	15	15.33	100.53
河北分公司	2000	1922	96.1%	70	67.30	3300	3000	90.9%	15	13.64	2530	2553	100.9%	15	15.14	96.07
山东分公司	500	458	91.5%	70	64.03	3800	3895	102.5%	15	15.37	3470	2994	86.3%	15	12.94	92.34
浙江分公司	1500	900	60.0%	70	0.00	3300	2500	75.8%	15	11.36	2530	2553	100.9%	15	15.14	26.50

注 1. 考核指标中的 13 个月继续率、25 个月继续率及费用控制率未扣分。

2. 浙江分公司"新业务价值收入"考核达成率低于清零线标准，该指标得分为 0。

3. 湖北分公司"保费收入"考核达成率高于得分上限，按最高分取值。

表 7 部分单位 A 渠道班子年度考核得分表

单位	经营计划		党建工作		专业工作		管理能力		安全工作	考核得分	考核等级
	得分	权重	得分	权重	得分	权重	得分	权重	减分项		
湖北分公司	117.76	70%	88	20%	96	5%	90.00	5%	未扣分	109.33	A
山西分公司	100.53	70%	98	20%	95	5%	85.00	5%	未扣分	98.97	B
河北分公司	96.07	70%	95	20%	80	5%	90.00	5%	未扣分	94.75	C
山东分公司	92.34	70%	101	20%	100	5%	95.00	5%	未扣分	94.59	C
浙江分公司	26.50	70%	92	20%	85	5%	75.00	5%	未扣分	44.95	E

注 按照考核得分排序及考核等级人数分布比例，确定湖北分公司 A 渠道班子考核等级为 A；山西分公司 A 渠道班子考核等级为 B；浙江分公司考核得分排名最后，且经营计划得分低于 70 分，考核等级为 E，其他分公司 A 渠道班子考核等级为 C。

2. 年度奖金分配

部分单位年度业绩奖金及效益奖金核算结果分别见表 8 和表 9。

表 8 部分单位年度业绩奖金表

序号	单位	业绩奖金基数（万元）		兑现系数		业绩奖金（万元）
		业务达成值	基数	得分	系数	
1	湖北分公司	5400	20	109.33	1.09	21.8
2	山西分公司	2958	15	98.97	0.99	14.85
3	河北分公司	1922	12	94.75	0.95	11.4
4	山东分公司	458	5	94.59	0.95	4.75
5	浙江分公司	900	8	44.95	0	0

表 9　　　　　　　　　　　部分单位年度效益奖金表

序号	单位	效益奖金基数（万元）			提奖比例	效益奖金（万元）
		本年业务达成值	上年业务达成值	增加额		
1	湖北分公司	5400	5200	200	2%	4
2	山西分公司	2958	2558	400	2%	8
3	河北分公司	1922	1593	329	2%	6.58
4	山东分公司	458	378	80	2%	1.6
5	浙江分公司	900	1000	–100	2%	0

综上，年度绩效奖金总额见表 10。

表 10　　　　　　　　　　部分单位年度绩效奖金总额表

序号	单位	绩效奖金（万元）		合计（万元）
		业绩奖金	效益奖金	
1	湖北分公司	21.8	4	25.8
2	山西分公司	14.85	8	22.85
3	河北分公司	11.4	6.58	17.98
4	山东分公司	4.75	1.6	6.35
5	浙江分公司	0	0	0

　　通过应用上述激励模式有效拉大了收入差距，同一渠道班子成员奖金额度最低为 0，最高 25.8 万元，贡献越大，奖励越高，奖金下不保底。深化了"收入能增能减"的考核激励效果，提升了分公司领导班子成员工作积极性，推动了省公司业务整体发展。

报送单位：英大泰和人寿保险股份有限公司
编 制 人：刘　辉　孙媛媛

170 业务收入对标考核法
——强激励硬约束促市场业务大提升

> **导　入：** 作为市场化金融企业，在优质高效服务主业的基础上，奋力开拓市场业务、提升市场效益是公司做实做大做强做优的必由之路。在市场业务推进过程中，90%以上业务单位能够跳起来达到目标值，但也有少数业务单位在预计无法完成年度考核指标的情况下，松劲懈气，不能最后一拼。英大长安保险经纪有限公司通过实施业务收入对标考核法，坚持采取一系列强激励硬约束措施，强化"以绩定薪"导向，引导业务单位以"哪怕有一分希望，也要尽百分努力"的信念闯市场、提业绩、增效益。

工具概述

业务收入对标考核法，是指聚焦效益提升，对评价标准实行行业先进产值和自身历史值"双重对标"、对评价结果实行加减"双向计分"、对考核得分实行"除3"和"清零"等一系列强激励与硬约束机制，将最终得分直接应用于绩效薪金兑现，促进市场业务有效提升。

适用场景：本工具主要适用于市场化业务单位考核。

实施步骤

业务收入对标考核法实施步骤包括：确定业务收入对标值、实施业务收入对标评价、核定业务单位绩效薪金总额、业务单位自主二次分配。

（一）确定业务收入对标值

年初，以上级单位下达的公司业务总收入考核指标为基本目标，按照"对标行业、分类核定、追求卓越"原则，根据业务单位历史业绩和业务特点，结合实际展业情况，通过"两上两下"方式对各业务单位层层分解下达营销计划，确定各业务单位年度业务收入目标值。

（二）实施业务收入对标评价

根据业务收入完成情况进行目标值和历史值两个维度对标评价。超过目标值的，最高可加至指标分值的 130%；低于目标值 90% 但高于目标值 85% 的，考核得分要除以 3；低于目标值 85% 的，考核得分应清零。低于历史值的，考核得分直接减 5 分。对标评价具体规则详见表 1。

表 1   业务收入对标评价规则

序号	条件	考核得分计算公式
对标目标值		
1	完成值 ≥ 目标值	考核得分 = 本指标标准分 × （完成值 / 目标值），最高得分为本指标标准分的 130%
2	90% × 目标值 ≤ 完成值 < 目标值	考核得分 = 本指标标准分 × （完成值 / 目标值）
3	85% × 目标值 ≤ 完成值 < 90% × 目标值	考核得分 =[本指标标准分 × （完成值 / 目标值）] ÷ 3
4	完成值 < 85% × 目标值	考核得分 =0
对标历史值		
1	完成值 < 上年完成值	减 5 分
2	完成值 ≥ 上年完成值	不减分
3	上年完成值 > 完成值 ≥ 下达目标值	不减分，但考核得分最高为本指标标准分的 110%

（三）核定业务单位绩效薪金总额

业务单位绩效薪金总额包括企业负责人业务绩效年薪和员工业务绩效薪金总额两部分，与各单位经营业绩和考核结果直接挂钩，按不同方式核定。

企业负责人业务绩效年薪依据公司企业负责人薪酬管理办法核定。正职负责人业务绩效年薪与业务单位考核得分和个人考核结果直接挂钩，副职负责人业务绩效年薪在正职负责人标准的 85% ~ 90% 范围内依据个人任职年限和考核结果核定。

员工业务绩效薪金总额核定公式为：员工业务绩效薪金总额 = ∑（业务单位标准收入 × 计提比例）× 年度业务单位考核得分率。其中，标准收入根据业务单位各类业务收入乘以对应业务难度折算系数之和确定。计提比例根据公司业务结构发展状况及工资总额计划等因素测算确定。

（四）业务单位自主二次分配

各业务单位正职负责人业务绩效年薪由公司总部直接核定后下达。副职负责人业务绩效年薪和员工业务绩效薪金总额（以下统称绩效薪金包）由公司总部统一核定后整体打包下达，具体由各业务单位正职负责人根据本单位绩效考核与绩效薪金二次分配方案，依据业务贡献大小和绩效考核结果进行二次分配。

◎ **经验心得**

（1）考核目标值要让业务单位跳起来能达到。公司以追求卓越为目标，按照业务收入不低于自身历史值、不低于公司人均产值、不低于行业增长率的原则，分解下达业务收入目标值，让业务单位跳起来能达到。

（2）资源分配要贯彻问题导向、目标导向和结果导向。公司围绕战略目标，坚持资源分配向战略重点业务方向倾斜，要求各业务单位提前做好绩效考核与绩效薪金二次分配方案，聚焦效益提升，体现考核分配一致性。

（3）激励约束要双向到位。正向激励要真正起到激发干部员工干事创业积极性、主动性、创造性的作用，硬性约束要能够达到让干部员工"哪怕有一分希望，也要尽百分努力"的效果。

实践案例

英大长安保险经纪有限公司于2018年1月开始应用业务收入对标考核法，有效促进了公司市场业务发展。下面以甲、乙、丙三家单位年度考核结果为例进行展示。

（一）确定业务收入对标值

根据国家电网有限公司下达的考核指标和资产增长、行业市场业务增速等要求，按照业务收入指标分解原则（见图1），通过"两上两下"方式合理分解下达业务收入指标

（二）实施业务收入对标评价

对甲、乙、丙单位业务收入进行对标评价，具体得分情况见表2。

表2　　　　　　　　　　　业务收入对标考核得分情况

| 单位 | 总量业务收入 | | | | | | | 其他业务收入 | | 全部业务收入 | | |
	标准分值	目标值（万元）	历史值（万元）	完成值（万元）	完成率	较历史值增减情况（万元）	考核得分	标准分值	考核得分	标准分值	满分值	考核得分
甲	50	6840	6497.39	7141.9	104.41%	644.51	52.21	30	31.53	80	104	83.74
乙	50	1936	1808.94	1938.24	100.12%	129.3	50.06	30	31.13	80	104	81.19
丙	50	1877	1787.06	1632.99	87%	−154.07	9.5	30	10.47	80	104	19.97

注　本表以总量业务收入为例展示。

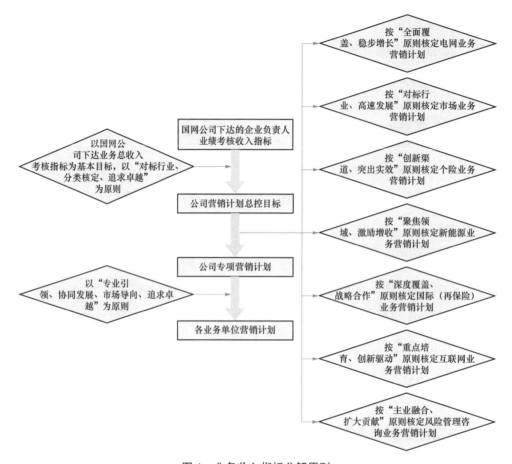

图 1　业务收入指标分解原则

对甲、乙、丙单位其他业绩指标完成情况进行考核，标准分值 50 分，满分 56 分，具体得分情况如下：甲得 40.7 分，乙得 18.67 分，丙得 20.03 分。

综上，甲、乙、丙 3 家业务单位年度考核得分情况为：甲得 124.44 分，乙得 99.86 分，丙得 40 分。

（三）核定业务单位绩效薪金总额

1. 核定企业负责人业务绩效年薪

（1）正职负责人业务绩效年薪测算表见表 3。

表3 正职负责人业务绩效年薪测算表

单位	业务绩效基数 a（万元）	年度单位考核得分率 b	年度个人考核系数 c	正职负责人业务绩效年薪 d（万元） d=a×b×c
甲	10	124.44%	1.15	14.31
乙	10	99.86%	1	9.99
丙	10	40%	0.9	3.6

注 1. 业务绩效基数：根据公司当年绩效薪金总量、上年度业务单位负责人平均年度绩效薪金，结合各层级人员薪酬分配关系等因素综合确定。按10万元测算。

2. 年度个人考核系数：A级等级系数为1.15，B级等级核系数为1.0，C级等级系数为0.9，D级等级系数为0.5。

（2）副职负责人绩效年薪按正职负责人标准的90%测算，则甲单位副职负责人绩效年薪为12.88万元，乙单位副职负责人绩效年薪为8.99万元，丙单位副职负责人绩效年薪为3.24万元。

2. 核定员工业务绩效薪金总额

英大长安对国家电网有限公司统一安排业务计提的绩效薪金总额实行人均封顶机制，每个业务单位人均封顶业务绩效薪金不得超过所有业务单位人均业务绩效薪金的1.5倍，超过部分予以核减。甲、乙、丙单位员工业务绩效薪金总额测算表见表4。

表4 员工业务绩效薪金总额测算表

单位	标准收入 a（万元）	计提比例 b	年度单位考核得分率 c	员工业务绩效薪金总额 d（万元） d=a×b×c	核减业务绩效薪金 e（万元）	核定员工业务绩效薪金总额 f（万元） f=d+e
甲	1761.09	5%	124.44%	109.58	−53	56.58
乙	475.74	5%	99.86%	23.75	—	23.75
丙	429.53	5%	40%	8.59	—	8.59

注 计提比例按5%测算。

（四）业务单位自主二次分配

甲、乙、丙三家单位依据公司总部下达金额兑现正职负责人业务绩效年薪，分别为14.31万元、9.99万元、3.6万元。

甲、乙、丙三家单位在公司总部下达的业务绩效薪金包（见表5）额度内依据本单位绩效考核与绩效薪金二次分配方案对副职负责人和员工进行自主分配。以乙单位二次分配结果为例，乙单位绩效薪金分配以业绩为导向，与个人岗位价值贡献和绩效考核结果挂钩，包括专项业务奖励和绩效考核兑现薪金两部分。

表5　　　　　　　　　各业务单位业务绩效薪金包测算表

单位	核定副职负责人业务绩效年薪a（万元）	核定员工业务绩效薪金总额b（万元）	下达绩效薪金包c（万元）$c=a+b$	人均业务绩效薪金水平d（万元）
甲	12.88	56.58	69.46	11.58
乙	8.99	23.75	32.74	4.68
丙	3.24	8.59	11.83	2.37

1. 二次分配规则

专项业务奖励：当年单位考核评价B等级及以上，电网业务完成率达到100%或市场业务完成率达到90%，可按核定绩效薪金包的20%提取专项业务奖励总额，用于鼓励市场业务及股东创新业务，具体分配金额依据个人实现业务收入占单位新增业务收入比例确定。

绩效考核兑现薪金：扣减专项业务奖励总额后的部分依据个人岗位价值贡献和年度绩效考核结果进行二次分配。

员工绩效考核兑现薪金 =（总部核定绩效薪金包 – 专项业务奖励）/（∑员工岗位价值系数 + ∑员工绩效考核等级系数）×（本人岗位价值系数 + 本人绩效考核等级系数）

2. 分配结果

乙单位可分配的绩效薪金包为 32.74 万元，其中，专项业务奖励 6.55 万元，绩效考核兑现薪金 26.19 万元。具体分配测算情况详见表 6。

表 6 　　　　　　　　　　乙单位员工绩效薪金二次分配测算表

姓名	个人实现业务收入（万元）	单位新增业务收入（万元）	业务收入占比	专项业务奖励金额（万元）	个人绩效考核结果	年度个人考核系数	岗位价值系数	绩效考核兑现薪金（万元）	二次分配总额（万元）
副职负责人	33.20	129.30	26.00%	1.70	A	1.15	0.8	4.22	5.92
员工 1		129.30	0.00%	0.00	C	0.9	0.68	3.42	3.42
员工 2		129.30	0.00%	0.00	B	1.0	0.31	2.84	2.84
员工 3		129.30	0.00%	0.00	B	1.0	0.17	2.53	2.53
员工 4	15.70	129.30	12.00%	0.79	B	1.0	0.43	3.1	3.89
员工 5	18.00	129.30	14.00%	0.92	B	1.0	0.31	2.84	3.76
员工 6	22.40	129.30	17.00%	1.11	B	1.0	0.6	3.46	4.57
员工 7	40.00	129.30	31.00%	2.03	A	1.15	0.6	3.78	5.81
合计	129.30	—	100.00%	6.55	—	8.2	3.9	26.19	32.74

通过实施"双重对标""双向计分""除 3"和"清零"等一系列强激励与硬约束相结合的业务收入对标考核，业务收入未达成目标值、低于历史值的单位人均业务绩效薪金水平明显低于完成目标值的单位，业务收入贡献突出的单位人均业务绩效薪金水平是业务收入水平最差单位的 5 倍，合理拉大了员工收入分配差距，切实提高了业务单位向市场要效益的主观能动性，有效促进了公司经营效益的提升，公司收入、利润连年迈上新台阶，2018 年和 2019 年实现营业收入同比增长 9.1% 和 20.06%、利润同比增长 10.9% 和 22.41%。

报送单位：英大长安保险经纪有限公司

编 制 人：成 崇　周晓斌　李 佳　李静璇

171 全方位立体式考核结果应用方法集锦
——实现物质奖励、精神鼓励和发展激励的全覆盖

> **导 入：** 国家电网有限公司自 2004 年推行绩效管理以来，各级单位结合自身企业性质和业务特点，创新机制、因地制宜，拓展绩效结果应用范围，丰富绩优人员正向激励方法，强化考核结果刚性执行，构建了涵盖物质奖励、发展激励、精神鼓励等方面的全面应用体系。

🗨 工具概述

全方位立体式考核结果应用方法集锦主要包括：物质奖励、发展激励、精神鼓励等考核工具。

1. 物质奖励

细化绩效考核结果在薪酬分配中的分档应用，合理拉开分配差距，探索与考核结果挂钩的中长期激励手段，激发员工干事活力。

2. 发展激励

强化绩效考核结果在人员晋升、专项培训、职称评定、能进能出等方面的应用，激发员工成长动力。

3. 精神鼓励

丰富差异化激励手段，拓展绩效考核结果在员工评优评先、送温暖、送服务等表彰福利方面的关联应用，全面满足员工的尊重、成就和自我实现等方面的精神需要。

实施步骤

全方位立体式考核结果应用方法集锦中各种工具的实施步骤主要包括明确绩效考核结果应用范围、实施考核结果应用两步。

1. 明确绩效考核结果应用范围

根据公司要求，以"实用、适用、管用"为原则，通过赋予各级绩效经理人考核权、分配权和员工发展建议权，将绩效考核结果应用于物质奖励、发展激励和精神鼓励等方面。

2. 实施考核结果应用

各级单位结合自身企业性质和业务特点，创新机制、因地制宜，明确具体考核结果应用规则，将绩效考核结果与绩效等级、薪酬福利、评先评优、岗位晋升、培训开发、员工关爱、后勤服务、疗休养等挂钩。

实践案例

1. 物质奖励

公司系统有 13 家单位从基本条件、优先条件和否决条件三个维度明确了 A 级员工评级条件，有 50 家单位从党规党纪、担当作为、绩效责任落实、劳动纪律等方面细化 C、D 级员工强制评定条件；部分单位细分 A+、A-、B+、B- 等级，提升激励精准性，并将员工年度考核结果与月、季度考核等级紧密挂钩。

国网福建、宁夏、黑龙江、蒙东电力，中国电科院，国网运行、直流、物资、国际、电动汽车公司，英大人寿等单位加大员工月度考核奖与组织、个人考核结果双挂钩力度，A 级组织的 A 级员工与 C 级组织的 C 级员工差距达 30% 以上；国网浙江电力缩小不同职级绩效奖金系数差距，依据考核累计积分动态调整奖金系数，绩优人员系数可持续提升，上不封顶，达到或超过上级水平；国网山东、湖南、新疆电力设立连续 A 级员工一次性特殊奖励，连获 3 年 A 级奖励 3000 元及以上，之后每连获 1 年 A 级奖励 1000 元；英大人寿、英大长安设立绩优奖金池，明确门槛提奖考核标准，达标绩优机构（不超 30%）方可提奖，明确年度评级 C 级及以下的负责人，下年不得提高基本年薪标准；国网宁夏、西藏电力，国网通航、物资公司，英大传媒明确年金企业缴费向绩优人员倾斜标准，预留企业年金增量缴费中的一部分用于绩优员工的激励分配，加大绩优人员中长期激励力度。

2. 发展激励

国网河北、辽宁、吉林、青海电力明确考核结果在员工"上挂下派""多岗位交流""选送青干班"及职称和技能等级评定等方面优先应用标准，加速绩优人员发展；国网湖北电力以近三年绩效 5.5 分为"优势线"，遴选 9% 骨干员工进行集中培养锻炼，优先为绩优人员搭建职业发展平台；国网浙江电力搭建绩效培训一体化管理体系，通过测算分析员工绩效与培训数据之间的关联度，实现因材施教、差异化培训；国网江西、重庆电力建立实用、高效的绩效不合格人员集中待岗管理工作机制，省公司统一组织"双 D""C–D"人员集中培训、改进绩效，解除基层单位后顾之忧，促进严格考核；信产集团、南瑞集团、英大人寿严格考核退出管理，根据 2018 年员工考核结果，三家单位执行降岗降级 55 人、待岗 13 人、辞退 68 人，退出人员接近员工总量的 1%；中电装备、南瑞集团、鲁能集团、平高集团、国网电商、国网租赁等市场化单位建立绩效结果末位淘汰机制，结合企业经营情况动态调整淘汰比例，加快推进人员能进能出。

3. 精神鼓励

国网天津、浙江、江西、冀北、湖南、河南、吉林、甘肃、宁夏、蒙东电力，国际公司积极探索非物质激励措施，制定绩优人员定制性体检、休假奖励、荣誉车位等方面考核激励标准，提升员工荣誉感；国网重庆电力、物资公司、信产集团提高绩优人员福利保障待遇，连续 3 年 A 级的职工，在同一疗养周期内增加一次疗养，上年 C 或 D 级的员工不能参加当期疗养；国网河南电力加强绩效经理人年度履职成效评价结果应用，排名在前 25% 的绩效经理人，方可参评省公司级综合类先进个人，有效增强绩效经理人的激励约束效果。

名词解释

名词	解释	工具序号
BSC	平衡计分卡（Balanced Score Card），是常见的绩效考核方式之一，是从财务、客户、内部运营、学习与成长四个角度，将组织的战略落实为可操作的衡量指标和目标值的一种新型绩效管理体系。	6
GS	工作目标设定（Goal System），是先由组织最高管理者提出组织在一定时期的总目标，然后由组织内各部门和员工根据总目标确定各自的分目标，并在获得适当资源配置和授权的前提下积极主动为各自的分目标而奋斗，从而使组织的总目标得以实现的一种管理模式。	123
KPI	关键绩效指标（Key Performance Indicator），是通过对组织内部流程的输入端、输出端的关键参数进行设置、取样、计算、分析，衡量流程绩效的一种目标式量化管理指标。KPI 将企业的战略目标分解为可操作的工具，可用于量化衡量工作人员工作绩效表现，是绩效计划的重要组成部分。	8
KSF	关键成功因素法（Key Successful Factors），是 1970 年哈佛大学教授 William Zani 提出的，以关键因素为依据来确定系统信息需求的一种 MIS 总体规划的方法。在现行系统中，总存在着多个变量影响系统目标的实现，其中若干个因素是关键的和主要的（即成功变量）。通过对关键成功因素的识别，找出实现目标所需的关键信息集合，从而确定系统开发的优先次序。	163
MBO	目标管理（Management by Objectives），是以目标的设置和分解、目标的实施及完成情况的检查、奖惩为手段，通过员工的自我管理来实现企业的经营目的一种管理方法。	6
OKR	目标与关键成果法（Objectives and Key Results），是一套明确和跟踪目标及其完成情况的管理工具和方法，其主要目标是明确公司和团队的"目标"以及明确每个目标达成的可衡量的"关键结果"，主旨在确保员工共同工作，并集中精力做出可衡量的贡献。	2

名词	解释	工具序号
PDCA	PDCA 循环又称戴明循环，是一个持续改进模型，它包括持续改进与不断学习的四个循环反复的步骤，即计划（Plan）、执行（Do）、检查（Check/Study）、处理（Act）。	123
QC	质量控制（Quality Control），是质量管理的一部分，指为达到质量要求所采取的作业技术和活动。	3
包干	一个主体（一般称发包人）委托另一主体（承包人）负责按规定的条件承担完成某项任务。	52
标幺值	电力系统分析和工程计算中常用的数值标记方法，表示各物理量及参数的相对值。	78
定员	根据企业既定的产品方向和生产规模，在一定时期内和一定的技术、组织条件下，规定企业应配备的各类人员的数量标准。	49
对标	企业以行业内或行业外的一流企业作为标杆，从各个方面与标杆企业进行比较、分析、判断，通过学习他人的先进经验来改善自身的不足，从而赶超标杆企业，不断追求优秀业绩的良性循环过程。	170
二次分配	收入在初次分配的基础上，各收入主体之间通过各种渠道实现现金或实物转移的一种收入再次分配过程。	50、167
复盘	项目或活动结束后，对已经进行的项目进行回顾，对经验和教训进行总结。	79
格里波特	将多数岗位都划分为数量、质量、成本、时效四个关键的业绩领域，并通过这四个维度对指标库中的指标进行归类整理的方法，从1996 年开始被广泛应用。	5
工作积分制考核	对一线员工工作数量和工作质量完成情况进行量化积累计分的考核方式。	34
绩效沟通	考核者与被考核者就绩效考评反映出的问题以及考核机制本身存在的问题展开实质性的沟通，并着力于寻求应对之策，服务于后一阶段企业与员工绩效改善和提高的一种管理方法。	63
绩效合约	员工与其上级签订的书面协议，记录在一段具体的时间内必须取得的成绩，而所取得的成绩应该对员工及 其公司均有益。	51
绩效经理人	实施绩效管理的责任主体，指员工的直线经理（直接上级）。其中，企业负责人是部门负责人的绩效经理人，部门负责人是部门员工和班组长的绩效经理人，班组长是班组员工的绩效经理人。	146、81
绩效薪金	员工工资收入中依据工作绩效发放的部分。	166

名词	解释	工具序号
雷达图	以从同一点开始的轴上表示的三个或更多个定量变量的二维图表的形式显示多变量数据的图形方法，主要应用于企业经营状况（收益性、生产性、流动性、安全性和成长性）的评价。	69
轮流坐庄	特指绩效考核中，被考核对象的绩效结果不是通过考核评价的方式确定，而是由被考核对象按照顺序轮换获得的现象。	150
目标任务制	对组织、员工所承担的经营、管理、生产目标和重点工作任务进行量化评价的考核方式。	77
内部模拟市场	按市场体系的要求，将供需机制、价格机制、利益机制和竞争机制引入企业内部，在企业内建立商品、金融、劳务市场，借鉴市场调控方式，合理地使用各种资源，变传统的行政管理模式为自我约束的管理方法。	48
三项制度改革	劳动、人事、分配制度改革，实现员工能上能下、人员能进能出、薪酬能增能减。	62
设备台账	掌握企业设备资产状况，反映企业各种类型设备的拥有量、设备分布及其变动情况的主要依据，其内容包括设备名称、型号规格、购入日期、使用年限、折旧年限、资产编号、使用部门使用状况等。	68
台区经理	根据"全能型"供电所的创建要求，台区经理须具备低压配电运维、设备管理、台区营销管理和客户服务等职能。	60
团队绩效	团队实现预定目标的实际结果，主要包括三个方面：①团队生产的产量（数量、质量、速度、顾客满意度等）；②团队对其成员的影响（结果）；③提高团队工作能力，以便将来更有效地工作。	54
信心指数	信心指数（confident index），最早是巴隆（Barron）运用债券市场数据计算出来的。理论前提是债券交易者的行为揭示了将要在股市出现的趋势。	104
鱼骨图	又名因果图、石川图，是一种发现问题"根本原因"的分析方法，常被用来梳理结构、分析原因、制定对策等。	5
月活	一个用户数量统计名称，指网站、app 等月活跃用户数量（去除重复用户数）。	79
展业	开展业务，是贷款、保险、理财等业务员为了寻找客户开展相应业务活动的总称。	170
战略地图	以平衡计分卡的四个层面目标（财务、客户、内部、学习与增长）为核心，通过分析这四个层面目标的相互关系而绘制的企业战略因果关系图。	7
驻外总代表	驻外机构区域负责人。	108
资源池	由同类资源构成的可供申请回收的资源集合。	104

索　引